JN428002

제 2 판

변호사법 주석

정 형 근

정독
DEEP READING

제2판 머리말

지난 2016년 변호사법에 관한 주석을 출간한 후에 그간의 연구성과를 반영하여 새로운 개정판을 내게 되었다. 변호사법은 1949년 제정된 이후 시대와 환경이 변화하였음에도 여전히 많은 규제중심으로 되어 있다. 변호사에 대한 직무규범이 이렇게 규제중심으로 이뤄진 것은 변호사의 자격만으로 살아가는데 어려움이 없었던 시절의 영향이다. 그러나 지금은 법조인양성제도의 변화로 변호사의 활동영역은 물론 변호사단체의 성격도 변화되었다. 이번 개정판에서는 그간 변호사법의 개정내용과 변호사단체를 중심으로 형성된 규범과 실무관행 등이 변호사법 해설에 부합되는지 여부와 현행 제도 중 새롭게 변화되어야 할 정책적 차원의 입법론을 많이 제시하였다.

이번 개정판에서 특히 강조하였던 부분을 예시하면 다음과 같다.

(1) 변호사 지위의 공공성과 관련하여 세무사와 관세사도 공공성을 지닌 전문가이며, 의료행위 역시 공공성이 인정됨, (2) 변호사가 의사능력없는 의뢰인과 위임계약 후 제소한 소송이 각하된 경우에 소송비용부담, (3) 위임계약 존속의 불안정성을 해소하기 위하여 해지 제한 약정의 유효성, (4) 변호사의 변리사 자격 자동부여 제도의 폐지 움직임과 공동소송대리 입법안, (5) 판사·검사에게 변호사 자격 부여와 전관예우 문제와 해결방안, (6) 국가의 공행정 사무를 위임받은 대한변호사협회의 법적 지위, (7) 법무부장관의 지방변호사회·대한변호사협회에 대한 감독권, (8) 지방변호사회·대한변호사협회 회칙에 대한 국가의 감독권 행사 필요성, (9) 사내변호사의 개업신고 여부, (10) 휴업변호사를 징계대상자로 한 회칙의 문제점, (11) 공익변호사의 공익활동과 제도개선 필요성, (12) 변호사의 겸직허가를 신고제로 전환 필요성, (13) 둘 이상의 법률사무소를 개설할 수 있는 경우, (14) 법률사무종사기관 실무수습 후에 취업하여 근무한 경우의 퇴직금 관계, (15) 변호사업무 광고에 관한 대한변호사협회 규정의 위헌·위법성, (16) 법무법인·법무법인(유한)·법무조합의 품위유지의무 준용 여부, (17) 공익활동의무 형해화와 다른 전문자격사와의 형평성 문제, (18) 법무법인·법무법인(유한)·법무조합과 그 분사무소의 경유 문제, (19) 회칙을 제정·개정하는 지

방변호사회·대한변호사협회 의무, (20) 공직퇴임변호사의 수임제한 대상 국가기관의 확대 및 지방자치단체 추가 필요성, (21) 법률사건 소개·알선·유인의 개념과 구별 문제, (22) 비변호사에 대한 변호사 보수 분배 금지, 변호사와 법조 관련 직역 전문자격사의 업무 공동수행, (23) 법무법인의 대표변호사와 담당변호사의 책임 관계, (24) 소속 변호사를 구성원 변호사로 등기한 경우, (25) 담당변호사의 지정 통지 누락, (26) 법무법인이 소송사건의 당사자인 경우 법무법인에 소속한 변호사를 담당변호사로 지정할 수 있는지 여부, (27) 수임사건과 관련된 법무법인·법무법인(유한)·법무조합과 담당변호사와 지휘·감독한 구성원의 책임, (28) 변호사단체의 임의화 및 복수화 문제, (29) 서울특별시에 복수의 지방변호사회 설립 필요성, (30) 대한변호사협회 총회의 종류와 소집 및 의안의 제출 관련, (31) 법조윤리협의회 현장조사와 보충성 문제, (32) 퇴직공직자의 활동내역 등 제출 제도 개선을 위한 입법론, (33) 변호사 징계사유에 관한 입법론, (34) 「변호사징계규칙」상의 징계사유 문제점, (35) 대한변호사협회의 변호사 징계권, 국가로 환원 검토 필요성, (36) 징계개시 신청권자의 확대, (37) 재판·수사기관 공무원에게 제공·교제 명목으로 수수된 금품등의 반환문제, (38) 변호사 선임서 등을 제출하지 않고 변론할 수 있는 정당한 사유 등.

지난 2007년 가을 경희대학교 교수로 임용된 이후 하루와 같이 연구실을 오가는 기쁨으로 지내왔다. 시간이 흘러 2022년 8월 말 정년퇴임을 하면서 「변호사법주석」 개정판을 낼 수 있도록 배려해 주신 도서출판 정독 김중용 대표님에게 감사의 말씀을 드린다. 그리고 저자가 저술한 「법조윤리강의 제11판」, 「행정법 제10판」, 「공법기록형 공법소송실무 제7판」 등과 같은 저서를 어려운 환경에서도 출간할 수 있도록 도와주신 피앤씨미디어 박노일 대표님과 김중용 대표님, 심성보 편집이사님께 감사의 인사를 올린다.

저자의 저서를 강의교재와 수업교재로 채택하여 주신 여러분들에게도 고마운 마음을 전한다. 본서가 변호사의 직무규범의 정립에 기여하고, 국민의 변호사 조력권 향유에 조금이라도 도움이 될 수 있기를 바란다. 특히 변호사법이 시대에 맞게 개정되어 변호사와 국민 모두의 권익향상에 이바지하기를 기원한다. 변호사에서 대학 교수로 이끌어 주신 은사님들과 연구에 전념하도록 격려와 사랑을 아끼지 않은 가족들에게도 감사를 전한다. 어린 시절 배움의 길을 걷도록 수고해 주었던 사랑하는 형제들의 수고에 대해서도 마음속 깊이 기억하고 고마움을 간직하고 있다. 고난의 시절 새로운 살 길을 열어주셔서 오늘에 이르기까지 매 순간 함께 해주시고 건강과 지혜를 주신 하나님께 감사와 영광을 올려드린다.

2022. 8. 20.
경희대학교 법학전문대학원
제2법관 512호 연구실에서
정 형 근 교수 씀

차 례

제1장 변호사의 사명과 직무

제3장 변호사의 등록과 개업

변 / 호 / 사 / 법 / 주 / 석

제4장 변호사의 권리와 의무

제 5 장의2 법무법인(유한)

제6장 공증인가합동법률사무소

제7장 지방변호사회

제9장 법조윤리협의회 및 수임자료 제출

제 1 장

변호사의 사명과 직무

제 1 조 변호사의 사명

제 1 조(변호사의 사명)
① 변호사는 기본적 인권을 옹호하고 사회정의를 실현함을 사명으로 한다.
② 변호사는 그 사명에 따라 성실히 직무를 수행하고 사회질서 유지와 법률제도 개선에 노력하여야 한다.

I. 연 혁

(1) 대한민국헌법[시행 1948. 7. 17.][헌법 제 1 호, 1948. 7. 17. 제정]은 제정 당시부터 변호인의 조력을 받을 권리를 국민의 기본권으로 선언하고 있었음에도 법원조직법 등 국가기본조직법의 제정이 늦어짐에 따라 변호사법의 제정도 늦어지게 되었다. 그때까지 미군정의 변호사법을 그대로 써 오다가 1949년 11월 7일 비로소 변호사법[시행 1949. 11. 7.][법률 제63호, 1949. 11. 7. 제정]이 제정·공포됨으로써 명실공히 자주독립국가의 변호사법을 가지게 되었다.[1] 이 변호사법은 대한민국 최초의 변호사법으로서 2021년 현재까지 39차례 개정을 거쳐 오늘에 이르고 있다.

(2) 1949. 11. 7. 법률 제63호로 제정된 변호사법은 변호사 사명에 관한 규정을 두지 않고 입법 '목적'만을 규정했다. 즉, 본법은 변호사제도를 확립함을 목적으로 한다(제 1 조). 당시 변호사법을 제정한 입법취지는 '정부기관의 준법 여부를 민간의 입장에서 감시 또는 보좌하는 변호사제도를 확립하려는 것임'이라고 밝히고 있다. 따라서 변호사는 헌법 제69조에 의하여 헌법준수의무를 지는 대통령은 물론 국가공무원법 제56조에 따라 법령준수의무를 부담하는 모든 공무원을 감시하는 역할을 해야 한다. 특히 국민의 신체의 자유를 제한할 수 있는 권한을 갖는 수사기관의 준법 여부를 철저하게 감시해야 한다. 변호사법 제정 당시는

1 대한변호사협회, 大韓辯協五十年史, 91면.

법치행정의 원리가 정착되지 않은 관계로 '정부기관'의 준법감시를 우선적으로 언급했던 것으로 보인다.

(3) 변호사의 감시 또는 보좌책무는 정부기관에 국한되지 않는다. 변호사는 소송대리인으로 법원의 재판에도 관여하기 때문에 사법부에 대해서도 준법 여부를 감시하게 된다. 입법부 역시 헌법과 국회법을 준수해야 하는 기관이다. 변호사는 국회의원의 의정활동이나 입법부작위에 의한 기본권의 침해 여부 등도 살펴야 한다. 결국 변호사는 모든 국가기관의 준법감시기관이면서 준법이 가능하도록 보좌하는 제도이다. 이런 역할은 국가기관뿐만 아니라 개인 간의 법률행위에도 필요하다. 따라서 변호사는 법령을 해석·적용하는 모든 영역에서 법치주의의 감시자이면서 조력자로 기능하도록 제도화되었다.

(4) 1973. 1. 25. 법률 제2452호로 개정된 변호사법에 이르러 최초로 변호사의 사명에 관한 규정이 신설되었다. 즉, 변호사는 기본적 인권을 옹호하고 사회정의를 실현함을 사명으로 한다(제1조 제1항). 변호사는 전항의 사명에 기하여 그 직무를 성실히 수행하고 사회질서의 유지 및 법률제도의 개선에 노력하여야 한다(제1호 제2항). 이 규정을 신설하면서 그 입법취지는 남겨두지 않고 있다.

Ⅱ. 기본적 인권옹호, 사회정의 실현

1. 사명의 의의

(1) 변호사는 기본적 인권을 옹호하고 사회정의를 실현함을 사명으로 한다(제1항). 사명(mission of an attorney-at-law)이란 변호사가 직무수행을 통하여 달성해야 할 것으로 부여된 궁극적인 목표를 말한다. 법원조직법이나 검찰청법에는 법관이나 검사의 사명에 관한 규정이 없다. 그렇지만 법관과 검사의 직무 역시 변호사의 사명과 같은 내용을 포함한다고 할 수 있다.[2] 사명의 주체는 원칙적으로 개인으로서의 변호사이다. 여기서 이 '변호사'의 개념 속에 법무법인이나 법무법인(유한)·법무조합도 포함되는지 문제된다. 일본 변호사법 제30조의2 제2항은 '제1조 규정은 변호사법인에 대하여 준용한다'고 명시하고 있다. 이와 달리 우리 변호사법에는 이런 준용규정이 없다.

(2) 법무법인·법무법인(유한)·법무조합은 변호사법과 다른 법률에 따른 변호사의 직무

2 「세무사법」은 1995. 12. 6. '세무사의 사명'에 관한 규정을 신설한 바 있다. 즉, 세무사는 공공성을 지닌 세무전문가로서 납세자의 권익을 보호하고 납세의무를 성실하게 이행하게 하는 데에 이바지하는 것을 사명으로 한다(세무사법 1의2). 「의료법」 제2조 제2항은 '의료인은 종별에 따라 다음 각 호의 임무를 수행하여 국민보건 향상을 이루고 국민의 건강한 생활 확보에 이바지할 사명을 가진다'고 규정하고 있다.

에 속하는 업무를 수행한다(변호사법 49①, 58의16, 58의30). 이처럼 단독 개업 중인 변호사나 법무법인·법무법인(유한)·법무조합은 물론 공동법률사무소는 업무내용에는 차이가 없다. 그러므로 변호사는 어떤 법률사무소에 있든지 변호사의 사명을 완성할 책무가 있다. 헌법은 피구속자에 대하여 변호인의 조력을 받을 권리를 인정하여 변호인의 인권보호기관으로서의 지위를 인정하고 있다. 그러나 변호사는 의뢰인으로부터 받은 보수로 생활하는 사인이다. 그 때문에 변호사의 고유한 직무를 상법의 상행위처럼 남용할 위험이 있다. 따라서 변호사의 사명은 헌법이 변호사제도를 창설하는 근간이며, 변호사가 상인처럼 이윤추구만을 위하여 활동하는 것을 방지하는 버팀목 역할을 하고 있다.

2. 기본적 인권의 옹호

(1) 변호사는 국민의 기본적 인권을 옹호하여야 한다. 국가는 개인이 가지는 불가침의 기본적 인권을 확인하고 이를 보장할 의무를 진다(헌법 10 후문). 여기서 기본적 인권은 국가 이전에 존재하는 천부인권적 성질을 갖는 것인데(헌재 1997. 1. 16. 90헌마110), 변호사가 옹호하여야 할 기본적 인권이 이에 해당된다. 그리고 헌법 제37조의 '국민의 자유와 권리 존중과 제한'에서 '국민의 자유와 권리' 역시 기본적 인권과 동일한 개념으로 볼 수 있다. 기본적 인권은 헌법 제2장이 규정하는 '국민의 권리'가 그 주요 내용이 된다. 「국가인권위원회법」에서는 "인권"이란 「대한민국헌법」 및 법률에서 보장하거나 대한민국이 가입·비준한 국제인권조약 및 국제관습법에서 인정하는 인간으로서의 존엄과 가치 및 자유와 권리를 말한다(제2조 제1호)라고 정의하고 있다.

(2) 헌법상 국가의 의무로 규정한 기본적 인권의 보장을 변호사의 사명으로도 하고 있다. 기본적 인권은 국가기관에 의하여 가장 잘 보호될 수는 있다. 반면, 국가권력에 의하여 인권침해가 행하여질 가능성도 크다. 변호사는 거대한 국가권력 앞에 스스로 방어할 수 없는 자의 인권옹호 기관으로 자리하고 있다. 변호사 개인뿐만 아니라 대한변호사협회와 지방변호사회 역시 인권옹호와 사회정의를 실현하기 위한 부단한 노력을 하여 왔다. 그 때문에 국가기관과 변호사는 긴장관계에 있을 수밖에 없다. 그로 인하여 직무수행의 제약(탄압)을 받을 가능성도 상존한다. 헌법은 체포 또는 구속을 당한 자의 변호사 조력권을 인정한다. 국민에 대한 변호사의 조력권은 형사사건에 국한되는 것은 아니다. 사인 상호 간의 관계에서 야기되는 인권의 침해도 옹호할 권리와 의무가 있다.

(3) 변호사가 기본적 인권을 '옹호'한다는 것은 국민이 그 인권을 향유하도록 돕는 일체의 행위를 말한다. 기본적 인권은 헌법의 기본권 규정뿐만 아니라 각종 법령에 규정되어 있다. 변호사는 인권을 침해받은 자에 대해서는 법령이 정하는 자유와 권리를 회복시켜 주어

야 한다. 침해가 현재화되지 않았더라도 침해의 위험성을 예방하는 행위도 해야 한다. 결국 변호사의 적법한 직무 수행은 이런 의미를 갖고 있다. 변호사가 그 직무에 대한 보수를 받더라도 그 사명과 충돌되는 것은 아니다.

(4) 대한변호사협회도 "기본적 인권의 옹호와 민주적 기본질서의 확립"을 가장 중요한 설립목적으로 하고 있다(대한변호사협회 회칙 2(1)). 서울지방변호사회 역시 "기본적 인권의 옹호와 사회정의의 실현"을 설립목적으로 삼고 있다(서울지방변호사회 회칙 2(1)). 다른 지방변호사회 역시 같은 설립목적을 명시하고 있다. 「변호사윤리장전」도 윤리강령에서 "변호사는 기본적 인권의 옹호와 사회정의의 실현을 사명으로 한다"고 선언하고 있다.

(5) 변호사의 인권옹호 사명은 인권유린이 일상화된 사법체제를 유지하였던 권위주의 정권 시대에 큰 의의가 있었다. 군사정권 아래서 민주화에 헌신한 인사들을 변호하였던 변호사를 '인권변호사'라는 명예로운 호칭도 주어졌다. 민주사회로 변한 오늘날 역시 인권옹호의 중요성은 가벼워진 것은 아니지만, 과거와 다른 의미로 조명될 필요는 있다. 변호사의 직접적인 인권옹호 활동은 수임사건의 처리라고 할 수 있으므로 유능하고 성실한 직무수행의 자세가 요청된다.

3. 사회정의를 실현

(1) 변호사는 사회정의를 실현해야 한다. 「변호사윤리장전」은 변호사는 '법을 통한 정의의 실현'을 규정하고 있다(제1조 제1항). 변호사가 실현하여야 하는 사회정의를 단언하기 어렵다. 정의론에 관한 철학적 측면보다는 규범론적으로 접근해 보는 것이 타당하다. 변호사법은 '정의'라는 용어 대신 '사회정의(social justice)'를 실현한다고 규정하고 있다. 그러나 양자는 같은 개념으로 이해된다. 우리 사회가 지향하는 사회정의는 헌법 전문에 표현되어 있다. 즉, 모든 사회적 폐습과 불의를 타파하며, 자율과 조화를 바탕으로 자유민주적 기본질서를 더욱 확고히 하여 정치·경제·사회·문화의 모든 영역에 있어서 각인의 기회를 균등히 하고, 능력을 최고도로 발휘하게 하며, 자유와 권리에 따르는 책임과 의무를 완수하게 하여, 안으로는 국민생활의 균등한 향상을 기한다. 이를 정의사회의 실현원리라고 할 수 있다.[3]

(2) 변호사는 정의사회를 향한 실천적 목표를 가져야 한다. 변호사는 사회적 폐습과 불의한 제도와 관행을 거부하고 이를 타파해 가야 한다. 그런 점에서 법조계의 폐습으로 지적되는 퇴직 공직자의 변호사 개업 후의 전관예우를 일소해야 한다. 전관예우는 전관이었던 특정 소수의 변호사에 대한 특혜에 그치는 것이 아니라, 고액의 수임료를 지불하고 전관변호사를 수임할 수 없는 대다수 국민에 대한 합리적 이유 없는 차별이라 할 수 있어 위헌적

3 허영, 한국헌법론 전정 10판, 161면.

인 관행이다. 그리고 변호사는 양극화로 치닫는 한국사회의 문제점을 직시하고, 노력하는 자가 인간의 존엄과 행복을 누리며 살아갈 수 있는 사회질서를 구현할 수 있는 정책도 제시해야 한다. 난민, 외국인 근로자의 권익보호 등 사회적 소수자를 위한 공익활동 등이 요청된다. 지역감정·세대 간의 갈등을 극복하여 자유민주적 기본질서를 확고히 하는 선거제도와 같은 정치제도의 개선에도 힘을 쏟아야 한다. 변호사의 기본적 인권의 옹호는 주로 수사기관이나 법정 활동으로 드러난다. 그러나 사회정의의 실현은 변호사의 고유한 직무수행만으로는 미흡하다. 지방변호사회와 대한변호사협회도 자유와 평등이 지배하는 사회를 향한 비판과 감시역할을 감당해 가야 한다.

4. 공무원이 아닌 사인의 지위에 있는 변호사 사명

변호사는 기본적 인권의 옹호와 사회정의의 실현을 위하여 마련된 제도이다. 헌법은 공무원이 아닌 사인의 지위에 있는 변호사에게 국가책무인 인권보호와 정의실현을 하도록 한다. 변호사에게 부여된 사명은 국가가 수행해야 하는 최우선적 과제이다. 그 때문에 인권옹호와 사회정의 실현을 위한 수많은 국가기관(수사기관은 물론 국가인권위원회, 국민권익위원회 등)이 존재한다. 그럼에도 변호사는 국가기관의 권한남용이나 직무해태로 야기될 수 있는 인권침해를 감시하여야 한다. 또한 불의한 사회제도나 관행이 정의로운 상태로 변화되도록 해야 한다. 이 점에서 변호사는 공무수탁사인과 유사한 지위를 갖는다. 변호사의 사명에 관하여 관념상으로는 구분할 수 있지만, 구체적 사안에서는 명확히 어떤 사명달성을 위한 것인지 특정하기 어렵다. 예컨대 변호사가 특정 법률조항에 대하여 헌법소원심판청구를 하는 경우 기본적 인권옹호와 사회정의의 실현이라는 취지가 함께 있음을 알 수 있다.

5. 일본, 독일 변호사법상 변호사의 사명

변호사는 기본적 인권을 옹호하고 사회정의를 실현하는 것을 사명으로 한다. 변호사는 전항의 사명에 기해 성실하게 직무를 행하고, 사회질서의 유지 및 법률제도의 개선에 노력하지 않으면 안된다(일본 변호사법 제 1 조). 변호사는 공무원이 아니어서 특별히 변호사법에서 국민의 기본적 인권을 옹호할 사명을 갖는다는 점을 분명히 하여 변호사의 의의에 대한 고양과 자각을 촉진하고, 국민에게도 이 점을 충분히 인식하게 하는 것이 중요하기 때문에 본 조를 두고 있다.[4]

독일 변호사법 제 1 조는 "변호사는 독립한 사법기관이다"라고 명시하고 있다. 따라서 변호사는 독립한 사법기관으로 모든 법률사무에서 상담자이자 대리인의 지위에 있다. 변호

4 일본변호사연합회조사실 편저, 조해 변호사법 제5판, 10면.

사는 의뢰인의 위임을 받아 타당한 판단에 이르도록 해야 할 임무와 법원, 검찰 또는 행정기관의 부당한 결정으로부터 의뢰인을 보호할 임무가 있다.

Ⅲ. 성실한 직무수행, 사회질서 유지와 법률제도 개선에 노력

1. 제 1 항과의 관계

변호사는 그 사명에 따라 성실히 직무를 수행하고 사회질서 유지와 법률제도 개선에 노력하여야 한다(제 2 항). 제 2 항은 변호사는 성실한 직무수행과 사회질서 유지와 법률제도 개선에 노력해야 한다고 한다. 제 2 항 역시 제 1 항과는 별개의 독자적인 사명에 관한 규정인지 의문이다. 제 2 항의 서두에 있는 '그 사명에 따라'라는 의미는 '사명을 달성하기 위하여'로 이해할 수 있다. 따라서 제 2 항은 제 1 항의 사명을 달성하기 위한 구체적인 직무지침 또는 방법론을 표현한 것으로 볼 수도 있다. 그렇다고 제 2 항이 행동지침적인 성격만 갖는 것이 아니다. 위임사무를 처리한 변호사에게 성실한 직무수행은 '인생'을 걸고 다투는 위임인에게 가장 필요한 덕목이다. 법률가로서 사회질서 유지와 법률제도 개선 역시 제 1 항의 사명과 불가분적인 관련을 갖는다. 일본 변호사법 제 1 조(변호사의 사명)는 "변호사는 기본적 인권을 옹호하고 사회정의를 실현하는 것을 사명으로 한다. 변호사는 전항의 사명에 기해 성실하게 직무를 행하고, 사회질서의 유지 및 법률제도의 개선에 노력하지 않으면 안된다"라고 규정하여 제 1 항을 실현하기 위하여 제 2 항이 존재함을 명시하고 있다.

2. 성실한 직무수행(성실의무)

(1) 변호사는 그 사명을 달성하기 위하여 성실하게 직무를 수행하여야 한다. 이를 변호사의 성실의무라고 한다. 제 2 항은 성실의무의 실정법상 근거가 되고 있다. '성실한 직무수행의무'는 국가공무원법 제56조의 '성실의무'와 같이 '전인격과 양심을 바쳐서' 직무를 수행할 것을 요구한다. 변호사는 공공성을 지닌 법률전문직이면서 보수를 받고 직무를 수행한다는 점에서 성실의무는 필수적이다. 변호사가 불성실한 태도로 직무에 임한다면 법률전문가로서의 전문성을 발휘할 수 없다.

(2) 변호사의 직무수행은 의뢰인과의 위임계약으로 시작된다. 따라서 변호사와 의뢰인의 관계는 민법상 위임계약에 따른다. 민법상 권리의 행사와 의무의 이행은 신의에 좇아 성실히 하여야 하며(민법 1①), 수임인은 위임의 본지에 따라 선량한 관리자의 주의로써 위임사무를 처리하여야 한다(민법 681). 변호사의 성실의무는 민법상 선관주의의무로 구체화된다. 따라서 수임인은 위임의 내용에 따라 선량한 관리자의 주의의무를 다하여야 하고, 특히

소송대리를 위임받은 변호사는 그 수임사무를 수행함에 있어 전문적인 법률지식과 경험에 기초하여 성실하게 의뢰인의 권리를 옹호할 의무가 있다(대법원 2004. 5. 14. 2004다7354).[5] 따라서 성실의무는 결국 위임의 본지에 부합한 법률 전문가로서의 '유능한 직무수행의무'를 말한다고 할 수 있다.

(3) 선관주의의무는 변호사뿐만 아니라 세무사,[6] 관세사,[7] 법무사[8] 등과 같이 위임인의 사무를 처리하는 자에게 인정되고 있다. 변호사가 성실의무를 위반하여 발생한 손해에 대하여 배상책임을 진다는 점에서 이 의무는 단순한 직업윤리가 아니라 법적인 의무에 해당된다. 변호사법이 법무법인(제58조 제1항)·법무법인(유한)(제58조의11)·법무조합(제28조의25)의 담당변호사과 지휘·감독 변호사에 대한 손해배상책임을 규정하고 있는 것은 이를 말해준다.

(4) 변호사의 성실의무는 전문적인 법률지식과 경험을 그 바탕으로 한다. 「변호사윤리장전」은 '변호사는 법률전문직으로서 필요한 지식을 탐구하고 윤리와 교양을 높이기 위하여 노력'(제2조 제4항)할 것을 강조한다. 대한변호사협회는 2014. 2. 24. 「변호사윤리장전」을 전면개정하면서 사내변호사의 독립성(제51조), 사내변호사의 충실의무(제52조)를 신설했다.

---

5 소송대리를 위임받은 변호사의 선관주의의무 위반으로 인하여 패소 부분에 대한 항소권이 소멸한 후 부대항소를 제기하였으나 상대방이 항소를 취하함으로써 부대항소가 효력을 잃게 되어 판결이 확정된 경우, **의뢰인이 항소를 통하여 얻을 수 있었던 금원 상당**이 변호사의 선관주의의무 위반과 상당인과관계가 있는 통상손해에 해당한다는 원심의 판단을 수긍한 사례(대법원 2004. 5. 14. 2004다7354).

6 납세자로부터 조세에 관한 신고를 위한 기장의 대행과 조세에 관한 신고의 대리를 위임받은 세무사는 위임의 본지에 따라 선량한 관리자의 주의로써 위임사무를 처리하여야 하는바, 특히 세무사는 공공성을 지닌 세무전문가로서 납세자의 권익을 보호하고 납세의무의 성실한 이행에 이바지함을 사명으로 하므로 그 위임사무를 처리함에 있어 위임인인 납세자가 위임사무의 처리에 필요한 자료를 제대로 제출하지 못하는 경우에는 그 경위를 구체적으로 확인한 다음 그 결과에 따라 세무전문가의 입장에서 적절한 설명과 조언을 함으로써 위임인인 납세자가 손해를 입는 일이 없도록 하여야 할 주의의무가 있다(대법원 2005. 1. 14. 2003다63968).

7 관세사 또는 관세사 법인과 그에게 통관 업무를 맡긴 수입업자 사이의 법률관계는 민법상의 위임관계와 같으므로, 관세사는 위임계약의 내용에 의하여 정해지는 구체적 위임사무 범위에서 위임의 본지에 따라 선량한 관리자의 주의로써 의뢰받은 통관 업무를 처리하여야 한다. (중략) 관세사가 의뢰인으로부터 위임받은 수입물품의 통관 업무를 처리하면서 관세청장에 대한 사전회시 등 수입물품의 관세율표 품목분류번호(세번)를 확정하는 데 필요한 조치를 취하지 아니한 채, 의뢰인의 요구에 따라 잘못된 세번과 세율로 수입신고함으로써 의뢰인으로 하여금 가산세를 무는 손해를 입게 하였다면, 관세사로서의 선량한 관리자의 주의의무와 설명조언의무를 위반한 것이라고 한 원심의 판단을 수긍한 사례(대법원 2005. 10. 7. 2005다38294).

8 일반인이 법무사에게 등기의 신청대리를 의뢰하고 법무사가 이를 승낙하는 법률관계는 민법상의 위임에 해당하는 것인데, 수임인은 위임의 본지에 따라 선량한 관리자의 주의로써 위임사무를 처리하여야 하므로, 수임인인 법무사는 우선적으로 위임인인 의뢰인의 지시에 따라야 할 것이지만 이 지시에 따르는 것이 위임의 취지에 적합하지 않거나 또는 의뢰인에게 불이익한 때에는 그러한 내용을 의뢰인에게 알려주고 그 지시의 변경을 요구 또는 권고할 수 있다. 압류등기가 되어 있는 부동산상에 설정된 의뢰인의 처 명의의 기존 근저당설정등기를 말소하고 의뢰인을 근저당권자로 하는 새로운 근저당설정등기를 의뢰받은 법무사에게 근저당권이전의 부기등기의 방법 등을 권유할 직무상 의무가 있다고 한 사례(대법원 2003. 1. 10. 2000다61671).

사내변호사는 변호사윤리의 범위 안에서 그가 속한 단체 등의 이익을 위하여 성실히 업무를 수행한다(변호사윤리장전 52).

(5) 변호사의 성실의무는 국민의 충분한 변호사 조력권 향유와 밀접한 관계가 있다. 오늘날 변호사 숫자가 3만 명에 이르렀기에 수임한 법률사건·법률사무를 능력있게 처리할 능력 있는 변호사를 선택하는 것이 매우 중요해졌다. 날이 갈수록 변호사의 선관주의의무 위반을 이유로 의뢰인과의 손해배상청구 사건 분쟁이 증가하는 것도 이런 이유라고 할 수 있다. 변호사는 법률전문가로 불리지만, 법률 관련 문제의 모든 분야에 전문가일 수 없다. 변호사의 배출 인원이 증가함에 따라 변호사에의 접근권은 넓어졌지만, 충실한 조력을 제공할 능력이 있는 변호사의 선택권이 중요한 시기가 되었다.

(6) 변호사가 국민에 대한 충실한 조력을 제공할 능력을 갖추도록 할 목적으로 변호사시험에 합격한 변호사는 6개월 동안 법률사무에 종사하거나 연수를 받도록 하는 실무수습제도를 두고 있다(변호사법 21의2). 개업중인 변호사에 대하여는 '변호사 연수'제도를 시행(변호사법 85)하여 각종 법령과 판례의 변화를 파악할 수 있도록 한다.

(7) 일본 변호사법은 변호사의 직무에 관한 근본기준을 제시하고 있다. 즉, 변호사는 항상 깊은 교양의 유지와 높은 품성의 도야에 노력하고, 법령 및 법률사무에 정통하여야 한다(제 2 조). 미국 변호사협회 「변호사 직무에 관한 모범규칙」(ABA Model Rules of Professional Conduct) Rule 1.1은 의뢰인과 변호사 관계에서의 '적격성'(competence)에 관하여 "변호사는 의뢰인을 적절하게 대리하여야 한다. 적절한 대리를 위해서는 법률지식, 숙련, 치밀함 및 그 대리를 위해 합리적으로 필요한 준비가 요구된다"고 한다. 그리고 '성실의무'(diligence)에 관하여는 '변호사는 의뢰인을 대리함에 있어서 성실하고도 신속하게 행동하여야 한다'(Rule 1.3)고 규정하고 있다. 변호사의 유능함은 성실함과 결합될 때 비로소 그 빛을 발할 수 있다.

3. 사회질서의 유지

변호사는 사회질서의 유지에 노력하여야 한다. 여기서 '사회질서'란 다양한 의미를 담고 있는 불확정개념이다. 경찰이 유지하려는 사회질서는 사실상의 평온한 상태를 지칭하는 경우가 많다. 변호사가 유지해야 하는 사회질서는 규범적인 측면에서 살펴볼 필요가 있다. 헌법 제 8 조 제 4 항은 '민주적 기본질서', 민법 제103조 및 제105조는 '선량한 풍속 기타 사회질서', 민사소송법 제217조 제 1 항 제 3 호는 '대한민국의 선량한 풍속이나 그 밖의 사회질서', 「경찰관직무집행법」 제 1 조는 '사회공공의 질서'를 규정하고 있다. 법에 따라 표현의 차이는 있지만, 여기서 공통적으로 말하는 '질서'는 법령이 바람직한 상태로 인정하고 지향하는 국가의 정치체제나 사회의 존재양식을 말한다. 그러므로 변호사가 유지해야 하는 사회질서 역시 이와 같은 의미를 가진다. 보다 구체적으로는 실천적으로 유지해야 할 대상은 '국가의 법령' 또는 '국가의 법질서'라 할 수 있다. 「질서위반행위규제법」 제2조는 '법률상의 의무위반'을 질서위반행위로 보고 있다는 점에서도 그러하다. 헌법의 민주적 기본질서나 법률상의 사회질서가 무너지면 공동체의 공존은 위협받게 되며, 기본적 인권의 보장과 사회정의의 실현은 기대할 수 없게 된다.

4. 법률제도의 개선

(1) 변호사는 법률제도의 개선에 노력하여야 한다. 법률제도의 개선은 법률제도의 유지를 전제하고 있다. 법률제도의 유지는 앞서 본 사회질서의 유지와 같다고 할 수 있다. 변호사가 유지하여야 하는 사회질서를 국가의 법질서로 본다고 하여 준법에 앞장선다는 소극적인 의미는 아니다. 변호사는 국가체제의 근간인 자유민주적 기본질서를 옹호하여야 하며, 사회질서를 파괴하는 행위에 나서거나 실정법상의 제도를 부인하여서는 아니 된다. 만약 헌법에 반하거나 인권을 침해하고 사회정의에 반하는 결과를 초래하는 법률제도가 있다면, 그 개선을 위하여 헌법소원의 제기 또는 입법청원을 하는 등의 노력을 해야 한다. 변호사의 이런 행위는 점진적이며, 평화적이어야 한다. 「변호사윤리장전」은 '변호사는 법령과 제도의 민주적 개선에 노력한다'(제1조 제2항)고 하여 그 취지를 같이하고 있다.

(2) 변호사가 개선해야 하는 법률제도의 영역에는 제한이 없다. 변호사법에 규정된 국선변호 협력의무(제72조), 분쟁의 조정(제74조), 변호사 조력권 보장을 위한 정보제공(제76조)은 가장 직접적인 제도개선의 대상이다. 법률제도의 개선노력은 개개의 변호사뿐만 아니라 지방변호사회나 대한변호사협회의 소임이기도 하다. 그 때문에 「대한변호사협회 회칙」 제5조 제1항은 '이 회는 법령의 제정과 개폐, 법제도의 운영과 개선 기타 모든 분야에 걸쳐 의견을 발표하거나 건의할 수 있다'고 한다. 변호사의 성실의무는 의뢰인과의 구체적인 계약관계에서 발생하지만, 법률제도의 개선에 노력할 의무는 국가사회의 발전을 위하여 변호사라는 직업에 부과된 영광스런 책무로 이해할 수 있다.

제 2 조 변호사의 지위

제 2 조(변호사의 지위)
변호사는 공공성을 지닌 법률 전문직으로서 독립하여 자유롭게 그 직무를 수행한다.

Ⅰ. 연 혁

(1) 1982. 12. 31. 법률 제3594호로 개정된 변호사법은 '변호사의 지위'에 관한 규정을 신설하여 오늘에 이르고 있다. 즉, 변호사는 공공성을 지닌 법률전문직으로서 독립하여 자유롭게 그 직무를 행한다(제 2 조). 변호사의 공공성 제고를 위하여 변호사직의 공공성을 선언하는 규정을 두게 되었다는 것이 입법취지이다.

(2) 변호사의 지위는 두 부분으로 구별된다. 먼저, 변호사는 공공성을 지닌 법률 전문직이다(공공성). 그리고 변호사는 독립하여 자유롭게 그 직무를 수행한다(독립성·자유성). 법문에서 '공공성을 지닌 법률 전문직으로서'(as a legal professional of public nature)는 '공공성을 지닌 법률전문직답게' 또는 '공공성을 지닌 법률전문직이기 때문에'라는 의미를 내포한다. 따라서 제 2 조는 '변호사는 공공성을 지닌 법률전문직이기 때문에 그 직무를 독립하여 자유롭게 수행해야 한다'는 의미로 볼 수 있다.

Ⅱ. 공공성을 지닌 법률 전문직

1. 변호사는 공공성을 지닌 법률 전문직

(1) 변호사는 공공성을 지닌 법률전문직이다. 변호사가 단순한 법률전문직이 아니라 '공공성을 지닌' 법률전문직이라는 것은 그 직무가 이윤추구를 목적으로 하는 상인의 업무

가 아니라는 의미이다. 실제로 상법상 기본적 상행위에 변호사의 직무는 포함되어 있지 않다(상법 46). 변호사의 지위에 공공성을 명시한 이유는 오로지 많은 보수를 얻고자 의뢰인의 이익을 위하여 수단과 방법을 가리지 않고 활동할 수 있는 위험성이 큰 직업이라는 측면도 있다. 변호사는 기본적으로 법률사건·법률사무를 의뢰인으로부터 수임하여 처리하는 직무는 인권옹호와 사회정의 실현과정이며, 수사기관과 사법부의 직무와 관련된 것이라서 공적인 성격을 갖는다고 인정하는 것이다.

그렇다고 변호사의 직무가 법관, 검사처럼 공무를 수행하는 것은 아니다. 변호사가 대리인의 지위에서 행하는 직무가 공무라고 할 수도 없다. 그 때문에 변호사의 지위에 공공성을 인정하는 것은 상인처럼 오로지 매출 증대를 위하여 활동할 수 없다는 것을 강조한 것이기도 하다. 따라서 다른 전문자격사와 달리 공익활동의무와 수임제한 등과 같은 많은 규제를 하고 있는 이유도 여기에 있다.

전문자격사 중에서 그 지위의 '공공성'을 명시한 것은 변호사법만이 아니다. 지난 1995. 12. 6. 개정·시행된 세무사법 제1조의2에서도 '세무사는 공공성을 지닌 세무전문가'로 명시했다. 관세사법은 2017. 12. 30. 관세사의 사명에 관한 제1조의2를 신설하여 "관세사는 공공성을 지닌 관세 전문가로서 납세자의 권익을 보호하고 건전한 통관질서의 확립에 기여하는 것을 사명으로 한다"고 하였다. 그 외의 전문자격사 등의 직무에 공공성이 존재하지 않는다고 할 수는 없다. 의사가 하는 의료행위도 공공성이 인정되고, 의료법에서 의료법인은 비영리성을 갖도록 한다.

(2) 외국의 입법례로 독일 「연방변호사법」 제1조는 '변호사는 독립한 사법기관이다'라고 한다. 독일 판례 역시 변호사는 진실과 정의를 수호해야 할 의무가 부여된 공무원과 유사한 지위에 있다고 한다. 미국의 「변호사 직무에 관한 모범규칙」 서문은 '변호사는 법률전문직에 있는 자로서 의뢰인의 대리인이며, 법제도의 공무담당자로 사법정의가 실현되도록 하는 특별한 책임을 맡은 공인이다(A Lawyer, as a member of the legal profession, is a representative of clients, an officer of the legal system and a public citizen having special responsibility for the quality of justice)'라고 규정한다.[9] 그리고 일본 변호사법에는 이에 관한 명시적 규정은 없지만, 변호사 직업의 공공성을 긍정하는 것으로 볼 수 있다.[10]

(3) 헌법과 변호사법 및 형사소송법 등에서는 변호사의 직무가 법관과 같은 사법기관은 아닐지라도 그에 준하는 고도의 공공성을 갖는 것으로 규정하고 있다.[11] 중세 이후 변호사는 성직자·의사와 함께 전문직업인으로 분류되어 왔다. 전문직의 특성으로는 이론적 전문

9 American Bar Association, ABA Compendium of professional responsibility rules and standards, p.19.
10 森際康友, 法曹の倫理, 222면, 344면.
11 정형근, "변호사 직무의 공공성," 한양법학 제21권 제2집(2010. 5), 195면.

성(expertise), 권위(authority), 사회적 중요성(social importance), 자율성과 자기규제(autonomy and self-regulation), 전문적 헌신(professional commitment), 그리고 보상(rewards)을 들 수 있고,[12] 이와 같은 요소를 기초로 하는 직업이론을 '전문직이론'이라고 한다.

(4) 변호사 직무의 공공성은 변호사 제도를 창설한 관련 법규에서도 그 근거를 찾을 수 있다. 헌법은 국민의 신체의 자유를 보장하기 위하여 변호사의 조력을 받을 권리를 규정하고 있다(제12조 제4항, 제5항). 헌법재판소는 헌법상 국민에게는 변호인의 조력을 받을 권리가 있듯이, 변호인에게는 국민에게 조력을 제공할 권리가 헌법상 기본권으로 보장되어 있음을 확인하고 있다. 즉, 변호인에게 고소장과 피의자신문조서에 대한 열람 및 등사를 거부한 경찰서장의 정보비공개결정은 변호인의 피구속자를 조력할 권리 및 알 권리를 침해하여 헌법에 위반된다.[13] 이에 따라 형사소송법과 민사소송법 및 변호사법에서 그 직무의 종류를 구체화하고 있다. 그리고 변호사법의 위임에 따라 대한변호사협회가 제정한 회칙과 「변호사윤리장전」 등의 자치법규를 두고 있다.

(5) 변호사가 공공성을 지닌 법률가라고 하여 오로지 공공의 이익만을 위하는 것은 아니다. 헌법이 보장하는 재산권을 행사하는 의뢰인의 이익을 위한 대리행위가 변호사 직무의 공공성과 충돌하는 것은 아니다. 아울러 국가적 법익을 침해하여 유죄판결을 받은 피고인을 변론하는 행위 역시 공공성을 가진 법률가로서의 정당한 행위이다. 이처럼 변호사가 사인의 권리실현 또는 피고인의 이익을 위하여 변론하는 행위는 민사법과 형사법에서 허용하는 적법한 행위이다. 이와 같은 직무수행을 통하여 변호사는 그 사명에 해당하는 기본적 인권의 옹호와 사회정의를 실현하게 된다. 그러나 변호사의 직무가 법제도에의 충성(loyalty to the system of law) 의무에 반하는 위법행위가 있을 때는 공공성을 훼손한 것으로 볼 수 있다. 그 때문에 변호사법은 공공성을 보장하기 위하여 변호사에 대한 수임제한과 징계제도와 같은 제도를 마련하고 있다.

2. 변호사 직무의 상인성 여부

(1) 문제의 제기

1) 변호사에 대한 통상적인 인식은 '변호사를 선임한다'는 말보다 '변호사를 산다'고 한다. '변호사를 산다'는 것은 변호사의 전문적인 법적 지식과 송무경험 등을 구매한다는 것이다. 변호사와 의뢰인은 용역제공에 대한 대가를 지급하는 상거래 관계로 볼 수도 있다. 이런 입장에서 변호사는 법적 서비스를 제공하는 상인으로 일종의 사업자라 볼 수밖에 없

12 Peter Y. Windt, *Professions and Professional Ethics*, pp.4~5.
13 헌재 2003. 3. 27. 2000헌마474 정보비공개결정 위헌확인.

다. 그래서 변호사 직무를 '비즈니스 모델' 또는 '시장 모델'로 설명하려고 한다. 시장 모델에서 변호사는 '상품으로서의 법률서비스를 공급하는 상인'(business man)이다. 그리고 변호사는 법률서비스를 매개로 한 영리행위의 주체로 상정된다. 변호사의 보수는 수요와 공급이라는 시장의 원칙에 의하여 정하여진다. 시장 모델에서 변호사는 시장의 규칙에 따라 행동한다. 따라서 공익을 염두에 둘 필요가 없고, 그 직무의 공공성도 인정될 여지가 없다.

2) 상법상 상인이란 자기명의로 상행위를 하는 자이다(상법 4). 상법 제4조의 당연상인은 상법 제46조에서 정하는 매매 등과 같은 22개에 해당하는 기본적 상행위를 영업으로 하는 자이다. 변호사의 직무는 기본적 상행위에 포함되지 않기 때문에 당연상인에 해당되지 않는다. 반면, 점포 기타 유사한 설비에 의하여 상인적 방법으로 상법 제46조의 기본적 상행위가 아닌 행위를 영업으로 하는 자를 의제상인이라고 한다(상법 5①). 의제상인은 점포 기타 유사한 설비를 갖춰야 하고(설비상인), 상인적 방법으로 영업을 하여야 한다(영업성). 변호사가 개업시에 개설하는 인적·물적설비인 법률사무소는 '점포 기타 유사한 설비'라 할 수 있다. 그 점에서 변호사도 의제상인의 외형을 띠고 있다. 특히 수백 명의 변호사로 조직된 법무법인 등의 설비를 보면 더욱 그러하다.

(2) 사경제 주체로서의 변호사 지위

1) 변호사의 직무가 공공성을 지닌다 하더라도 변호사는 사경제 주체로서의 성격도 있다. 「부가가치세법」은 변호사를 사업 서비스라는 용역을 제공하는 사업자로 본다(부가가치세법 4). 모든 사업자는 사업장마다 대통령령으로 정하는 바에 따라 사업개시일부터 20일 이내에 사업장 관할 세무서장에게 등록하여야 한다(부가가치세법 8①). 사업장 관할 세무서장은 등록한 사업자에게 대통령령으로 정하는 바에 따라 등록번호가 부여된 등록증(이하 "사업자등록증"이라 한다)을 발급하여야 한다(부가가치세법 8⑤). 따라서 개업 변호사는 사업자등록을 하여야 한다. 부가가치세의 납세의무자는 사업자등록의 의무가 있다. 사업자등록은 세금계산서의 수수와 함께 부가가치세제를 시행함에 있어 가장 중요한 사항이다. 사업자등록은 과세행정의 능률화를 위하여 설정된 제도이다. 과세관청은 납세의무자의 파악과 그 동태, 사업내용 등을 쉽게 알 수 있다. 그리고 납세번호를 모든 거래관계서류에 명시하도록 하여 과세자료의 양성화를 통해 근거과세 및 공평과세를 실현할 수 있다. 이 같은 취지에서 변호사도 사업자등록을 하였더라도 상인이라고 볼 수는 없다.

2) 「부가가치세법」이 정하는 용역의 범위에는 '공공행정, 국방 및 사회보장행정'(부가가치세법 시행령 3①(8))과 같이 영리를 목적으로 하지 않은 고도의 공공적 업무에 종사하는 자 역시 사업자등록을 하게 되어 있다. 영리 목적이 아닌 법인화된 학술단체 역시 사업자등록을 하고 있다. 변호사는 일반 사업자와 같은 지위에서 부가가치세를 납부할 의무가 있다.

뿐만 아니라 소득세를 납부할 의무도 있다(소득세법 2). 변호사 역시 국민의 한 사람으로 납세의무를 지고 있기 때문에 조세 정책적 필요에 의하여 변호사의 직무수행으로 발생한 소득을 사업소득으로 인정하여 종합소득세를 부과한다고 하여 상인으로 볼 수는 없다.

(3) 상법의 관점에서의 비교법적 검토

1) 독 일

독일에서는 변호사와 같은 자유전문직은 독일 상법상의 영업에 해당하지 않으므로 상법의 적용을 받지 않는다는 견해가 통설이다. 독일 「연방변호사법」(BRAO) 제 2 조 제 2 항도 변호사의 활동은 영업이 아니라고 명시적으로 규정하고 있다.[14] 한편 1997년 독일 상법개혁법(HRefG) 입법시에도 논란이 있었지만, 입법자는 자유전문직을 독일 상법의 적용범위에서 배제하는 기존의 입장을 재확인하였다.

2) 일 본

일본의 경우 일본상법이 독일의 구 상법 영향을 받아 제정된 탓에 독일법의 논의를 충실하게 답습하고 있다. 따라서 변호사, 의사, 음악가, 화가 등의 자유전문직은 실제로는 영리를 목적으로 하더라도 영업으로 볼 수 없다는 것이 통설이다. 그 이유로는 업무의 성질이 학문적·예술적인 것이라거나 업무의 특성상 개성적 특징이 현저하여 역사적으로 보았을 때 현재의 일반적 거래통념상 영업으로 보기 어렵다는 견해 등이 제시되고 있다.

3) 미 국

미국의 학설과 판례는 전통적으로 변호사는 상인이 아니라는 입장을 취하여 왔다. 제 2 차 세계대전 이후 경제환경의 변화에 따라 변호사의 업무 형태가 로펌(Law Firm)을 중심으로 급격하게 기업화됨에 따라 변호사 직역이 상업(business)에 속하는지 혹은 자유전문직(profession)에 속하는지 여부가 논쟁의 대상이 되어 왔다. 미국의 학설은 전통적으로 변호사의 업무가 단순한 재정적 성공(financial success) 이상을 추구하는 소명(calling)이라는 입장을 취하여 왔다. 이에 따라 변호사협회의 윤리규정(code of conduct)이나 주법(州法)은 변호사의 광고행위도 금지하고 있었다. 현재도 당위론으로서 변호사의 상인성을 부정하는 견해가 여전히 주장되고 있다. 그러나 최근의 지배적 견해는 기업의 규모가 확대됨에 따라 변호사의 업무도 로펌을 중심으로 기업화·대형화되었고, 그 결과 변호사의 업무가 「현실적으로」 영업성 내지 상인성을 갖게 되었음을 인정하고 있다.

판례는 법학, 의학, 신학과 같은 학문적 직업은 상업적 영역에는 속하지 않으며, 소비자법이나 반독점법과 같이 시장을 규율하는 법의 적용에서 제외되는 것으로 해석하고 있었

---

14 황남석, "변호사의 상인성에 관한 소고," 성균관법학 제22권 제 3 호(2010. 12), 1030면 이하.

다. 변호사나 의사는 전문적인 훈련과정과 기준에 의하여 의뢰인 혹은 환자에게 최선의 조치를 취하도록 통제를 받기 때문에 통상적인 상업을 규율하는 법규에 의하여 규제를 받을 필요가 없다는 것이었다. 현재도 대부분의 주대법원은 변호사에 대한 경업금지약정의 유효성과 관련하여서는 변호사의 상인성을 부인하는 입장을 취하고 있다. 그러나 연방대법원의 경우 골드팔브(Goldfarb) 사건[15]을 시초로 점진적으로 변호사의 상인성을 인정하는 입장을 취하여 왔다. 피고였던 버지니아주 변호사협회는 전문직(learned profession)은 셔먼법의 적용대상인 영업(trade or commerce)에 해당하지 않는다고 주장하였다. 이에 대하여 연방대법원은 유상으로 용역을 제공하는 행위는 상거래에 해당하며, 변호사의 활동에 이러한 상업적 측면이 내재되어 있음을 인정한다고 하더라도 변호사의 업무의 품격을 격하시키는 것은 아니라고 판시하면서 변호사협회의 가격유지(price fixing) 행위는 셔먼법에 저촉된다고 결론지었다.

연방대법원은 베이츠(Bates) 사건[16]에서는 전면적으로 변호사의 상인성을 긍정하였다. 미국 애리조나(Arizona) 주 변호사 베이츠(Bates)는 동료와 함께 법률사무소를 개설했다. 그들은 저렴한 보수를 받고 단순하고 일상적인 법률사건을 취급하였다. 약 2년 후에 많은 사건을 수임할 목적으로 그 지역의 일간신문에 합리적인 가격으로 서비스를 제공한다는 광고를 했다(DO YOU NEED A LAWYER? LEGAL SERVICES AT VERY REASONABLE FEES). 애리조나주 대법원이 정한 '징계규칙'은 변호사는 자기 자신, 파트너·소속 변호사가 신문·잡지·방송·전화번호부·기타 다른 상업적 광고수단을 통하여 광고하는 행위를 금지하고 있었다. 애리조나 변호사회는 베이츠가 광고를 했다는 이유로 1주일 자격정지 징계처분을 했다. 베이츠는 광고를 금지하는 '징계규칙'이 표현의 자유를 규정한 수정헌법 제1조 등의 위반이라며 애리조나 대법원에 심사를 청구하였으나 기각당했다.

그러나 연방대법원은 1977년 변호사의 광고를 규제하는 징계규칙은 수정헌법 제1조 위반이라고 했다. 다수의견은 변호사의 일상적 법률서비스 대한 가격광고를 포괄적으로 금지하는 것은 표현의 자유를 위반한다고 했다. 즉, 변호사와 같은 전문직 광고도 표현의 자유를 규정하는 수정헌법 제1조의 보호를 받는다. 변호사도 업무수행을 통하여 생계를 유지하는 직종이라서 변호사의 업무가 상거래보다 고차원적이라는 것은 시대착오적이다. 변호사가 보수 광고를 하는 것은 전문가 정신에 위반되는 것도 아니다. 광고는 자유시장경제에서 공급자가 잠재적 구매자에게 공급할 수 있음과 교환조건을 알려주는 장치로 사법제도의 운영에 혜택을 준다. 광고는 변호사 선임을 위한 정보를 제공하는 것이라서 새로운 변호

15 Goldfarb v. Virginia State Bar, 421 U.S. 773(1975).
16 Bates v. State Bar of Arizona, 433 U.S. 350(1977).

사의 시장 진입을 돕는다. 현재 미국 대부분의 주법원들도 변호사에 대하여 소비자보호법이 적용된다는 입장을 취하고 있다.

⑷ 우리 판례의 입장

1) 대법원은 변호사는 상인적 방법으로 영업을 하는 자가 아니라고 했다. 즉, 근래에 전문직업인의 직무 관련 활동이 점차 상업적 성향을 띠게 됨에 따라 사회적 인식도 일부 변화하여 변호사가 유상의 위임계약 등을 통하여 사실상 영리를 목적으로 그 직무를 행하는 것으로 보는 경향이 생겨나고, 소득세법이 변호사의 직무수행으로 인하여 발생한 수익을 같은 법 제19조 제1항 제11호가 규정하는 '사업서비스업에서 발생하는 소득'으로 보아 과세대상으로 삼고 있는 사정 등을 감안한다 하더라도, 위에서 본 변호사법의 여러 규정과 제반 사정을 참작하여 볼 때, 변호사를 상법 제5조 제1항이 규정하는 '상인적 방법에 의하여 영업을 하는 자'라고 볼 수는 없다 할 것이므로, 변호사는 의제상인에 해당하지 아니한다(대법원 2007. 7. 26. 2006마334 등기관처분에 대한 이의)고 판시했다.

2) 또한 변호사는 상법 제5조 제1항이 정한 '상인적 방법에 의하여 영업을 하는 자'에 해당되지 않는다는 다른 판례도 있다. 즉, 변호사의 영리추구 활동을 엄격히 제한하고 그 직무에 관하여 고도의 공공성과 윤리성을 강조하는 변호사법의 여러 규정에 비추어 보면, 위임인·위촉인과의 개별적 신뢰관계에 기초하여 개개 사건의 특성에 따라 전문적인 법률지식을 활용하여 소송에 관한 행위 등에 관한 대리행위와 일반 법률사무를 수행하는 변호사의 활동은, 간이·신속하고 외관을 중시하는 정형적인 영업활동을 벌이고, 자유로운 광고·선전활동을 통하여 영업의 활성화를 도모하며, 영업소의 설치 및 지배인 등 상업사용인의 선임, 익명조합, 대리상 등을 통하여 인적·물적 영업기반을 자유로이 확충하여 효율적인 방법으로 최대한의 영리를 추구하는 것이 허용되는 상인의 영업활동과는 본질적으로 차이가 있고, 변호사의 직무 관련 활동과 그로 인하여 형성된 법률관계에 대하여 상인의 영업활동 및 그로 인하여 형성된 법률관계와 동일하게 상법을 적용하지 않으면 아니 될 특별한 사회경제적 필요 내지 요청이 있다고 볼 수도 없으므로, 변호사는 상법 제5조 제1항이 규정하는 '상인적 방법에 의하여 영업을 하는 자'라고 볼 수 없다. 따라서 이 사건 성공보수금 지급채무가 민법 제467조 제2항 단서에서 의미하는 '영업에 관한 채무'라거나 혹은 재항고인의 변호사 사무소가 위 조항에서 의미하는 '영업소'라고 볼 수는 없다(대법원 2011. 4. 22. 2011마110).[17]

---

17 원심은, 변호사인 재항고인이 상대방과의 소송대리 위임계약에 따라 그 성공보수금의 지급을 구하는 소를 재항고인의 주소지 관할법원인 서울동부지방법원에 제기한 데 대하여, 위 약정금 소송은 재항고인이 그 영업에 관하여 발생한 채권의 변제를 구하는 것임이 분명하고, 민법 제467조 제2항 본문은 특정물인도 이외의 채무변제는 채권자의 현주소에서 해야 한다고 규정하고 그 단서는 영업에 관한 채무변제는 채권

3) 원고 법무법인 소속 변호사는 기획재정부장관으로부터 세무사자격증을 교부받은 후 피고 서울지방국세청장에게 세무사 등록신청을 하였다. 피고는 원고에게 '세무사법 제6조 제3항,[18] 같은 법 제16조 제2항[19] 규정에 의하여 세무사 등록이 불가하다'라는 이유로 원고의 위 신청을 거부하였다. 이에 대하여 서울고등법원은 2015. 10. 21. 법무법인은 영리를 목적으로 하는 법인이 아니므로 세무사 등록이 가능한 원고의 세무사 등록을 거부한 것은 위법하다고 판시한 바 있다.

변호사법 제49조 제2항은 법무법인이 변호사법 외의 다른 법률상의 업무를 예외적으로 수행할 수 있도록 한 특별규정이라고 보아야 하고, 세무사법상 세무사로 등록이 허용되는 변호사의 경우 등을 상정하고 있는 것으로 볼 수 있다. 따라서 법무법인은 소속 변호사가 세무사법에 따라 세무사로 등록하여 그 직무를 수행할 수 있을 때에는 이를 법인의 업무로 할 수 있으므로, 세무사로 등록한 변호사가 법무법인에서 세무사 업무를 수행하는 것을 두고 세무사법 제16조 제2항에 위배되는 것이라고 해석하는 것은 변호사법 제49조 제2항의 취지를 무시하는 결과가 된다. 나아가 세무사법상 세무사 등록이 가능한 변호사의 세무사 등록신청에 대하여 그 변호사가 법무법인의 소속 변호사라는 이유로 세무사법 제16조 제2항 위반으로 들어 등록신청을 거부하는 것 역시 위와 같은 세무사법 제16조 제2항 및 변호사법 제49조 제2항의 취지에 반하는 것으로 허용될 수 없다(서울고등법원 2015. 10. 21. 2013누12876 세무사등록거부처분취소).

(5) 소 결

1) 변호사법 제정 당시에는 변호사의 법적 지위에 관한 규정이 없었다. 현행 변호사법

자의 현영업소에서 해야 한다고 규정하고 있으므로, 위 약정금 채무의 의무이행지를 관할하는 법원은 서울동부지방법원이 아니라 재항고인의 영업소(변호사 사무소를 의미하는 것으로 보인다) 관할법원인 서울중앙지방법원이라고 하여, 상대방의 보통재판적이 있는 제주지방법원으로 이송한 제1심결정은 정당하다고 판단하였다. (중략) 이 사건에서 상대방의 이행채무는 지참채무로서 재항고인의 주소지 관할법원인 서울동부지방법원에 관할권이 있다고 할 것이므로, 결국 원심의 위와 같은 판단에는 민사소송법 제8조의 의무이행지에 관한 법리를 오해한 위법이 있다고 할 것이다.

18 「**세무사법**」 **제6조(등록)** ③ 기획재정부장관은 제1항에 따라 등록을 신청한 자가 다음 각 호의 어느 하나에 해당하는 경우에는 그 등록을 거부하여야 한다.
3. 제16조를 위반하여 공무원을 겸하거나 영리 업무에 종사하는 경우

19 「**세무사법**」 **제16조(공무원 겸임 또는 영리 업무 종사의 금지)** ① 세무사는 공무원을 겸할 수 없다. 다만, 다음 각 호의 어느 하나에 해당하는 경우에는 그러하지 아니하다.
1. 국회의원이나 지방의회의원이 되는 경우
2. 상시 근무를 할 필요가 없는 공무원이 되는 경우
3. 국가·지방자치단체와 그 밖의 공공기관(이하 "공공기관"이라 한다)에서 위촉한 업무를 수행하는 경우
② 세무사는 다음 각 호의 어느 하나에 해당하는 업무 외에는 영리를 목적으로 업무를 경영하는 자의 사용인이 되거나 **영리를 목적으로 하는 법인의 업무집행사원·임원 또는 사용인이 될 수 없다**.
1. 학교·학원 등 교육 분야 출강(전임인 경우는 제외한다)
2. 영리법인의 비상근 임원
③ 세무사가 휴업하면 제1항과 제2항을 적용하지 아니한다.

은 변호사를 '공공성'을 지닌 전문직으로 정의하고 있다. 형사소송법·민사소송법 등의 법령은 변호사를 의뢰인으로부터 독립하여 자유롭게 직무를 수행하는 독립된 법조기관으로 보고 있다. 독일 연방변호사법(BRAO) 제1조는 '변호사는 독립된 사법기관이다'라고 한다. 그래서 변호인의 법적 지위에 관해서도 사법기관설(Organ der Rechtspflege), 계약설(Vertragstheorie), 제한된 사법기관설(Organtheorie)이 있지만 사법기관설이 통설이다. 그러므로 독일에서 변호인은 법원과 검사와 함께 동등한 사법기관에 해당된다.[20] 구「변호사윤리장전」 제29조 제1항은 '변호사의 … 직무는 영업이 아니며'라는 규정을 둔 바 있다. 2014년 개정「변호사윤리장전」에는 삭제된 바 있지만 여전히 변호사 직무의 성질은 같다고 할 수 있다. 과거 '변호사의 보수기준'에 관한 사항이「독점금지 및 공정거래에 관한 법률」의 적용을 받아 폐지된 사례가 있다.[21] 그러나 그 법률의 특별한 입법목적을 달성하기 위한 조치일 뿐 그와 같은 점이 변호사의 상인성을 긍정하는 논거는 될 수 없다. 현재 정립되어 있는 변호사의 직업윤리 규범들은 변호사의 전문성과 공공성을 전제로 하면서 국민의 변호사에 대한 신뢰의 유지를 위하여 시민윤리를 대폭 증강하여 구축된 보다 엄격한 실천윤리로 평가된다.[22] 변호사를 상인으로 보면 변호사에 대한 고도의 직업윤리를 강조할 수 없으며, 공공성에 기초한 공익적 책임을 강제할 수도 없다.

2) 법무법인은 상법상 상인에 해당되는 합명회사에 관한 규정을 준용하고 있다. 법무법인의 제3자에 대한 책임관계에 관한 명시적인 규정이 변호사법에는 없다. 다만「상법」중 합명회사에 관한 규정을 준용하고 있다(변호사법 58①). 변호사법은 법무법인의 기본성격을 개인기업에 유사한 합명회사로 보고 있는 것이다. 회사는 기본적 상행위를 하든 하지 않든 상인으로 의제된다. 이에 따라 공공성을 갖는 법무법인과 영리를 목적으로 하는 합명회사의 법리가 법무법인에 적합한지는 의문이다. 합명회사의 책임규정이 준용된 결과 법무법인의 채무에 대하여 구성원들은 합명회사의 사원과 같이 직접·연대·무한책임을 지게 된다. 그러나 법무법인은 합명회사의 책임에 관한 규정의 준용에 그치므로 상행위에 의한 영리를 목적으로 하는 합명회사와 근본적으로 차이가 있다. 따라서 변호사가 직무를 조직적·전문적으로 행하기 위하여 설립한 법무법인의 정관에 '상호'가 아닌 '명칭'을 기재하도록 되어 있고, 설립등기시에도 '상호'가 아닌 '명칭'을 등기하도록 되어 있는 점에서도 상법상 회사

20 Klaus Volk(김환수·문성도·박노섭 공역), 독일 형사소송법, 136면.

21 **독점규제및공정거래에관한법률의적용이제외되는부당한공동행위등의정비에관한법률[시행 1999. 2. 5.][법률 제5815호, 1999. 2. 5. 일괄개정]**

제1조(변호사법의 개정) 변호사법 중 다음과 같이 개정한다.

제19조(보수)를 삭제한다.

제63조 제2호(회칙의 기재사항)를 삭제한다.

22 사법연수원, 법조윤리론, 251면.

의 설립등기나 개인 상인의 상호등기와 동일시할 수 없다.[23] 이 점에서 법무법인이 합명회사의 일부 규정을 준용한다는 점이 변호사의 상인성을 예표한다고 말할 수는 없다.

3) 특히 변호사가 사업자로서 생존을 위하여 또는 축재를 위하여 영리를 추구하는 것은 변호사제도의 존재의의와 부합되지 않는다. 변호사법은 변호사가 상업이나 그 밖에 영리를 목적으로 하는 업무를 경영하거나 이를 경영하는 자의 사용인이 되는 것 등의 행위를 소속 지방변호사회의 허가 없이는 할 수 없도록 하고 있다(변호사법 38②). 다만, 법률서비스의 공공성은 인정하면서도 한 사람의 사경제주체로서 의뢰인이 지급하는 보수로 경제적으로 생활하는 변호사에게 공익성만을 지나치게 강조하는 것은 현실성 없는 공허한 이상에 그칠 수 있다는 지적도 있다. 그러나 공익성 내지 공공성은 변호사제도의 본질에 해당하기 때문에 강조하지 않을 수 없다. 특별히 법학전문대학원을 통하여 법조인 양성이 이루어지고 있는 현실에서 변호사 직무의 상인성 강조는 법조인의 직업윤리의 실천 필요성을 감소시킨다. 아울러 신뢰받는 법률가 양성에 대한 건설적 대안도 제기하기 어렵다. 헌법재판소 역시 변호사의 업무에 관하여 다른 어느 직업적 활동보다도 강한 공공성을 내포하고 있다고 밝히고 있다.[24]

3. 전문성 확보를 위한 적정한 변호사 배출문제

(1) 변호사의 자격부여제도

변호사는 법률전문직다운 전문성을 가져야 한다. 여기서 '전문성'은 「변호사 전문분야 등록에 관한 규정」에 따른 전문분야에 등록한 변호사의 전문성과 정확히 일치하는 것은 아니다. 전문성은 최초로 변호사의 자격을 취득할 때부터 폐업할 때까지 유지해야 한다. 국가는 전문성을 구비한 자에게 변호사의 자격을 부여해야 한다. 변호사법 제4조는 변호사의 자격을 명시하고 있다. 「군법무관 임용 등에 관한 법률」 제7조도 군법무관에게 변호사의 자격을 인정하고 있다.[25] 판사·검사는 공직에서 그가 취급했던 직무경력 때문에 전문성을 인정할 수 있다. 판사·검사에게 변호사 자격을 부여하고 있는 현행법 아래서는 이들의 배

---

23 서울중앙지방법원 2007. 7. 18. 2005라165 등기관처분에 대한 이의; 대법원 2008. 6. 26. 2007마996 등기관처분에 대한 이의.

24 특히 변호사의 업무는 다른 어느 직업적 활동보다도 강한 공공성을 내포한다는 점 등을 감안하여 볼 때, 변호사의 업무와 관련된 수임사건의 건수 및 수임액이 변호사의 내밀한 개인적 영역에 속하는 것이라고 보기 어렵고, 따라서 이 사건 법률조항이 청구인들의 사생활의 비밀과 자유를 침해하는 것이라 할 수 없다(헌재 2009. 10. 29. 2007헌마667 변호사법 제28조의2 위헌확인).

25 **「군법무관 임용 등에 관한 법률」 제7조(군법무관의 변호사 자격)** 군법무관은 군법무관으로 임용된 때부터 「변호사법」 제4조에 따른 변호사의 자격이 있다. 다만, 제3조 제1호에 따라 군법무관으로 임용된 사람이 군법무관 시보로 임용된 날부터 10년을 복무하지 아니하고 전역(轉役)한 때(현역 복무에 부적합한 사람으로서 「군인사법」 제37조 제1항 제1호에 해당하여 각군 전역심사위원회의 심의를 거쳐 현역에서 전역하는 경우로서, 공무상 질병·부상으로 인한 전역임을 국방부장관이 확인한 경우는 제외한다)에는 그 때부터 그 자격을 상실한다.

출규모를 조정할 수 없다. 그래서 적정한 인원의 변호사를 배출하기 위하여 사법시험과 변호사시험의 합격자를 조정해 왔다. 사법연수원을 수료한 자와 변호사시험에 합격한 자에게 전문성이 있다고 변호사의 자격을 부여하고 있다.

(2) 사법연수원과 법학전문대학원의 설립취지

1) 사법시험은 판사·검사·변호사 또는 군법무관이 되려고 하는 자에게 필요한 학식과 능력의 유무 등을 검정하기(사법시험법 1) 위하여 실시한다. 사법연수생은 사법시험에 합격한 사람 중에서 대법원장이 임명하며, 별정직공무원으로 한다(법원조직법 72①). 사법연수생의 수습은 법률전문가로서의 이론과 실무를 연구·습득하고 높은 윤리의식과 국민에 대한 봉사정신을 함양함으로써 법치주의의 확립과 민주주의의 발전에 이바지할 수 있는 법조인을 양성함을 목적으로 한다(법원조직법 72의2).

2) 반면, 법학전문대학원을 수료한 자가 응시한 변호사시험의 합격은 '법학전문대학원의 도입 취지를 충분히 고려하여 결정'(변호사시험법 10①)하도록 한다. 법학전문대학원은 국민의 다양한 기대와 요청에 부응하는 양질의 법률서비스를 제공하기 위하여 풍부한 교양, 인간 및 사회에 대한 깊은 이해와 자유·평등·정의를 지향하는 가치관을 바탕으로 건전한 직업윤리관과 복잡다기한 법적 분쟁을 전문적·효율적으로 해결할 수 있는 지식 및 능력을 갖춘 법조인의 양성에 있다(법학전문대학원의 설치·운영에 관한 법률 2).

3) 이처럼 사법연수원은 법률전문가로서의 이론과 실무를 연구·습득하는 데 연수의 목적을 두고 있으며, 법학전문대학원은 법적 분쟁을 전문적·효율적으로 해결할 수 있는 지식 및 능력을 갖춘 법조인의 양성을 목적으로 한다. 표현은 달리하고 있지만 법적 분쟁을 잘 해결할 수 있는 법률전문가 양성이라는 점은 공통적이다.

(3) 변호사로서의 전문성 구비 여부가 기준

국가는 위와 같은 취지에 부합한 법률전문직의 자격을 구비한 자에게 변호사의 자격을 부여해야 한다. 적정한 변호사 배출규모를 논할 때 개업 중인 변호사의 수임상황을 고려하기도 했다. 개업 변호사가 많아 수임이 어려우니 신규 변호사의 숫자를 줄여야 한다는 주장도 강하다. 그러나 변호사제도는 변호사의 사명달성을 위하여 특별한 직무를 독자적으로 수행할 권한을 부여하고 있다. 변호사는 그 직무수행을 직업으로 삼고 살아간다. 따라서 국가는 모든 국민에게 충분한 변호사의 조력을 할 수 있는 전문성을 갖춘 자를 엄선하여 변호사로 선발해야 한다. 적정한 변호사의 배출규모는 이 기준으로 결정해 가야 한다. 변호사에게 수임사건은 여러 사건 중 하나일 수 있지만, 그 의뢰인에게는 일생일대의 가장 중요한 일일 수 있다. 변호사의 자격을 부여받은 자는 법률전문가다운 전문성으로 그 의뢰인의 사건을 처리해 줄 수 있어야 한다. 이 점에서 개업 중인 변호사의 전문성 유지와 제고를 위한 대책으로 연수교육 제도가 중요하다.

Ⅲ. 독립하여 자유롭게 직무수행

1. 개 념

(1) 변호사는 법 앞에 홀로 서 있는 사인이다. 변호사는 법무법인 등의 조직체에 소속될 수 있지만, 본질은 단독제 관청처럼 스스로 결정하고 행동한다. 법관, 검사는 국가조직의 구성원으로서 강력한 조직의 보호 아래 부여된 직무를 처리한다. 그러나 변호사는 법령이 인정하는 고유한 직무를 모든 변호사가 혼자 또는 공동으로 수행한다. 변호사의 직무는 변호사제도를 창설하고 고유한 권한을 부여한 국가의 행위를 비판하고 감시하는 내용을 담고 있다. 그 때문에 국가는 변호사를 권력의 통제하에 두려고 한다. 1949년 제정된 변호사법 제19조는 변호사의 징계권을 법무부에 두고 법무부장관이 징계위원회의 위원장을 맡았던 점은 이를 말해준다. 정부가 변호사 징계권을 행사하면 변호사의 정부 비판기능은 약화될 수 있다. 연혁적으로 변호사의 직무는 위법한 국가권력의 간섭과 통제로부터 벗어나는 것이 필요했다.[26] 그러나 오늘날은 법치행정의 원칙이 제도화되고 변호사 징계개시권이 변호사단체에 위임됨에 따라 사회단체나 의뢰인으로부터의 독립이 더 부각되고 있다.

(2) 그런데 대한변호사협회의 협회장 선출이 회원들의 직선제로 전환되었다. 협회장은 회원의 직접 무기명 비밀투표로 선출하되, 총 유효 투표수의 1/3 이상을 득표하여야 한다(대한변호사협회 회칙 24①). 이렇게 당선된 협회장과 그 임원들이 위헌·위법한 회칙을 제정하여 시행하면서 회원들을 징계에 처하겠다고 하는 등으로 징계권의 남용이 심각한 지경에 처하기도 한 사례가 발생하기도 하였다.[27]

전문자격사의 지위에 변호사처럼 '공공성'을 인정하고 있는 세무사와 관세사는 물론 다른 전문자격사에 대한 징계권이 대부분 해당 주무부처의 장이 행사하고 있다.[28] 따라서

---

26 직무수행의 독립성은 법관과 검사에게도 필요하다. 법관은 헌법과 법률에 의하여 그 양심에 따라 독립하여 심판한다(헌법 103). 검사는 검찰사무에 관하여 소속 상급자의 지휘·감독에 따른다(검찰청법 7①). 그러나 검사 역시 상사의 지휘·감독의 적법성 또는 정당성에 대한 이의제기권을 갖는다(검찰청법 7②)는 점에서 제한적인 범위에서 직무의 독립성을 인정한다.

27 정형근, "'변호사 광고에 관한 규정' 개정절차의 흠으로 무효", 법률신문 2021. 6. 7.자.

28 **세무사법 제17조(징계)** ① 기획재정부장관은 세무사가 다음 각 호의 어느 하나에 해당하면 세무사징계
관세사법 제27조(징계) ① 관세청장은 관세사가 다음 각 호의 어느 하나에 해당하는 경우로서 대통령령으로 정하는 바에 따라 세관장 또는 관세사회 회장이 징계를 건의한 경우에는 관세사자격심의·징계위원회의 의결에 따라 징계처분을 한다. 다만, 관세청장은 관세사가 제1호에 해당하는 경우에는 직권으로 관세사자격심의·징계위원회에 징계 의결을 요구할 수 있다. 위원회의 의결에 따라 제2항에서 정하는 징계를 명할 수 있다.
법무사법 제48조(징계처분) ① 지방법원장은 법무사가 다음 각 호의 어느 하나에 해당하면 제49조에 따른

현재의 대한변호사협회는 준사법작용인 징계권을 2년 임기의 임원들이 자의적으로 행사하여 남용할 우려가 있기 때문에 보다 공정하고 객관적인 징계권 행사를 위하여 변호사와 지방변호사회 및 대한변호사협회의 감독기관인 법무부에 변호사 징계권을 환원시킬 때가 되었다.[29] 이 점에 관한 상세한 내용은 변호사법 제92조(변호사징계위원회의 설치)에서 설명하고 있다.

(3) 변호사 직무의 독립성과 자유성은 동전의 양면과 같은 것아 엄격히 구분하기는 어렵다. 외국의 입법례 역시 그렇다. 독일 「연방변호사법」 제2조는 '변호사는 자유롭게 그 직업을 수행한다.' 제3조 제1항은 '변호사는 모든 법률 사안에 관하여 직업상 독립된 상담자와 대리인이다'라고 한다. 일본 「변호사직무기본규정」 제2조는 '변호사는 직무의 자율과 독립을 중시한다'고 규정하고 있다. 여기서 '자율'은 자유로 이해된다. 또한 프랑스 「변호사 직무에 관한 전국적 내부규칙」 역시 변호사 직무의 핵심 원칙들 중에 '변호사가 어떤 형태로 그 직무를 수행하는지를 불문하고 변호사의 직무는 항상 자유롭고 독립적인 것이다'(제1.1조)라고 한다.

2. 직무의 독립성과 자유성

(1) 변호사는 특정한 이념이나 정치적 성향 및 종교적 색채를 띠는 사회단체로부터의 독립도 필요하다. 변호사는 특정한 사회문제에 대하여 독자적 활동을 하는 단체로부터 동조 내지 지지요청을 받을 수 있다. 그 때 같은 의견을 표명하지 않을 때는 비난을 받게 된다. 더 나아가 조세포탈이나 환경오염 등으로 사회적 지탄의 대상이 된 대기업으로부터 탈법행위의 방법을 요청받을 수 있다. 이는 변호사의 조력을 받을 권리를 남용한 것이다. 사실 이런 요청을 하는 기업은 변호사가 선호하는 강력한 영향력을 갖는 잠재적 의뢰인에 해당된다. 그러나 변호사는 직무상의 독립을 위태롭게 하는 어떠한 구속관계도 맺어서는 아니 된다(독일 연방변호사법 제43a조(1)).[30]

법무사징계위원회에 징계의결을 요구하고 그에 따라 징계처분을 하여야 한다.

변리사법 제17조(징계) ① 특허청장은 변리사가 이 법 또는 이 법에 따른 명령을 위반하는 행위를 하였을 때에는 위원회의 의결에 따라 징계를 할 수 있다.

공인회계사법 제48조(징계) ① 금융위원회는 공인회계사가 다음 각호의 1의 사유에 해당하는 때에는 공인회계사징계위원회의 의결에 따라 제2항에서 정하는 징계를 할 수 있다.

행정사법 제30조(자격의 취소) ① 행정안전부장관은 행정사가 다음 각 호의 어느 하나에 해당하는 경우에는 그 자격을 취소하여야 한다.

29 정형근, "대한변호사협회의 법률플랫폼 규제에 관한 내용과 그 문제점", 「리걸테크와 법정책의 과제」 세미나 자료집(2021. 11. 11), 50면 이하.

30 영국 「사무변호사 행위규범」 1.03은, 변호사의 독립성을 위태롭게 할 만한 상황으로 ① 소속된 법률사무소에 대한 특정한 부대조건이 부가된 금융계약이나 대여, ② 소속 법률사무소를 외부의 단체에 종속시키는 행위, ③ 사건소개자 또는 자금제공자와의 계약상 사실상 법률사무소의 지배권을 외부단체에 양도하는 계약조건, ④ 변호사의 소속 법률사무소에 대한 지분을 명목적인 가격으로 매수할 수 있는 매수선택권의

(2) 직무상의 독립을 위태롭게 하는 구속관계는 변호사가 의뢰인의 불법의 도구로 전락하는 것을 말한다. 그러므로 변호사는 그 직무를 수행할 때에 진실을 은폐하거나 거짓 진술을 하여서는 아니 된다(변호사법 24②). 「변호사윤리장전」 역시 위법행위에 대하여 협조해서는 안 된다고 한다. 변호사는 의뢰인의 범죄행위, 기타 위법행위에 협조하지 아니한다. 직무수행 중 의뢰인의 행위가 범죄행위, 기타 위법행위에 해당된다고 판단된 때에는 즉시 그에 대한 협조를 중단한다(변호사윤리장전 11①). 변호사는 위증을 교사하거나 허위의 증거를 제출하게 하거나 이러한 의심을 받을 행위를 하지 아니한다(변호사윤리장전 11③). 이는 변호사의 진실의무의 내용이다. 그러므로 변호사는 자신의 개인적인 이익이나 외부의 압력으로부터 독립해야 한다(유럽변호사 행위규범 2.1.1.). 의뢰인과의 관계에서 독립성은 판단의 독립성, 행동의 독립성, 경제적 독립성으로 구분하기도 한다.[31]

(3) 변호사는 의뢰인을 대리함에 있어 의뢰인의 결정을 따르고 의뢰인과 상의하게 된다. 변호사는 상대방의 화해제의를 받아들일 것인가에 대해 의뢰인의 결정에 따라야 한다(변호사 직무에 관한 모범규칙 Rule 1.2(a)). 이는 수임인으로서의 위임의 본지에 따라 선량한 관리자의 주의로써 위임사무를 처리하여야(민법 681) 하는 변호사의 선관의무의 내용에 해당된다. 변호사는 위임인의 청구가 있는 때에는 위임사무의 처리상황을 보고하고 위임이 종료한 때에는 지체 없이 그 전말을 보고하여야 한다(민법 683). 이와 같은 의무는 변호사 직업에 따르는 당연한 의무로서 직무의 독립성과 자유성을 훼손하는 것은 아니다. 그러나 국선을 포함하여 변호사의 대리행위는 의뢰인의 정치적·경제적·사회적 또는 윤리적 관점이나 행위를 지지하는 것으로 해석되지 않는다(변호사 직무에 관한 모범규칙 Rule 1.2(b)). 예컨대 변호사가 병역법위반으로 기소된 양심적 병역거부자인 피고인을 변론한다고 하여 그 양심에 동조하는 것은 아니다. 그 점에서 변호사는 의뢰인의 견해나 행위로부터 독립되어 있다(Independence from Client's Views or Activities)고 할 수 있다.

(4) 변호사 직무수행의 자유는 특히 사건 수임에서부터 시작된다. 변호사는 원칙적으로 특정 사건을 수임할 것인지 여부를 결정할 자유가 있다. 명문의 규정은 없지만 수임은 민법상 위임계약이기에 당연하다. 영국의 「사무변호사 행위규범」은 '변호사는 일반적으로 특정 의뢰인으로부터 수임할 것인가의 여부를 자유롭게 결정할 수 있다'(규칙 2.01(1))고 명시하고 있다. 일본 「변호사직무기본규정」 역시 '변호사는 사건의 수임 및 처리에 있어서 자유와 독

부여, ⑤ 변호사의 고객에 대한 비밀정보에 제3자가 접근하도록 허용하는 것, ⑥ 비변호사들과의 보수분배기준을 허용하는 범위를 넘어서는 보수 분배 협정, ⑦ 제3자가 법적조치에 대한 자금을 제공하는 합의로서, 자금제공자의 적법한 이익을 초과하여 당해 사건처리에 제약을 주는 합의를 규정하고 있다(박준·이상원·이효원·박준석·윤지현, 주요 국가의 변호사 윤리규범, 12면).

31 高中正彦, 法曹倫理講義, 48면.

립의 입장을 유지하도록 노력한다'(제20조)고 규정하고 있다. 다만, 우리 변호사법 제31조 등에서는 수임의 자유를 제한하고 있다.

(5) 변호사의 직무수행의 자유는 의뢰인의 이익을 위한 소송행위에서 두텁게 보호되고 있다. 변호사의 소송대리권은 제한하지 못한다(민사소송법 91 본문). 소송대리인은 위임을 받은 사건에 대하여 반소(反訴)·참가·강제집행·가압류·가처분에 관한 소송행위 등 일체의 소송행위와 변제(辨濟)의 영수를 할 수 있다(민사소송법 90①). 형사소송에서도 변호인은 본인의 명시적인 의사에 반하여서도 행사할 수 있는 독립대리권으로 구속취소의 청구(형사소송법 93), 보석의 청구(형사소송법 94) 등이 있으며, 본인의 명시적인 의사에는 반할 수 없으나 묵시적인 의사에는 반하여 행사할 수 있는 독립대리권으로 기피신청(형사소송법 18②), 상소제기(형사소송법 341) 등을 들 수 있다.

Ⅳ. 사내변호사의 직무의 독립성 문제

1. 사내변호사의 의의

사내변호사는 변호사 자격을 가진 자가 국가나 지방자치단체의 공무원이 되거나 공공기관이나 민간기업 또는 단체에 취업하여 변호사 고유의 직무를 수행하는 자를 말한다.[32] 사내변호사라고 할 때 사내(社內)는 기업내부 또는 기업 자체를 말한다. 과거에는 민간기업에 고용된 변호사를 사내변호사 또는 기업변호사라고 분류하기도 했다. 그러나 오늘날은 이에 국한되지 않고 정부나 지방자치단체, 공공기관, 비영리단체, 기타 각종 조직체에서 근무하는 변호사를 통칭하여 사내변호사라고 한다. 따라서 여기서의 '사내'는 단독개업변호사 또는 법무법인·법무법인(유한)·법무조합이나 공동법률사무소 등의 전통적인 법률사무소를 제외한 개념으로 이해함이 타당하다. 사내변호사에게도 변호사 직무의 독립성 규정이 적용되는지 문제된다. 사내변호사가 근무하는 조직의 여건은 다양하다. 일률적으로 독립성 존재 유무를 단언하기는 조심스러울 수밖에 없다. 그렇기에 사내변호사의 근무처인 기관이나 기업의 문화를 염두에 둔 일반적인 관점에서 검토하게 된다. 2014. 2. 24. 개정된 「변호사윤리장전」은 사내변호사의 개념을 도입하고 독립성에 관한 규정을 신설한 바 있다. 즉, 정부, 공공기관, 비영리단체, 기업, 기타 각종의 조직 또는 단체 등(단, 법무법인 등은 제외한다. 이하 '단체 등'이라 한다)에서 임원 또는 직원으로서 법률사무 등에 종사하는 변호사(이하 '사내변호사'라 한다)는 그 직무를 수행함에 있어 독립성의 유지가 변호사로서 준수해야 하는 기본 윤리임을 명심하고, 자신의 직업적 양심과 전문적 판단에 따라 업무를 성실히 수행한다(제51조).

32 정형근, "사내변호사의 법적 지위에 관한 입법론적 고찰", 법조 통권686호(2013. 11), 169면 이하.

'법무법인 등은 제외한다'는 것은 법무법인 역시 기업과 같은 조직체이지만, 변호사의 법률사무소의 한 형태이기에 이를 제외하고 있다. 사내변호사 직무의 독립성을 선언한 「변호사윤리장전」 제51조는 변호사법 제2조의 '변호사의 지위'를 다시 확인한 규정이다. 「변호사윤리장전」에 사내변호사 직무의 '자유성'에 관한 규정은 없지만, 이 역시 부정될 수는 없다. 사내변호사 역시 공공성을 지닌 법률전문직으로서 독립하여 자유롭게 그 직무를 수행하기 때문이다.

2. 사내변호사의 독립성

(1) 변호사의 독립성은 특히 사건을 수임하고 처리하는 데 요구되는 규범이다. 사내변호사는 기업에서 요구하는 법률사무의 처리 여부를 결정하고 선택할 독립성을 주장하기는 어려울 것이다. 특정 사건의 소송대리의 경우 대리권을 수여하는 위임절차를 거치더라도 사내변호사에게 그 수임사건 처리 여부에 관한 독립성이 있다고 볼 수는 없다. 사내변호사는 개업 변호사와 달리 노동력과 노동시간을 임의로 사용할 수 없으며, 고용주의 지시를 받아 업무를 수행하는 등의 이유로 독립성이 문제된다. 그러나 로펌에 고용된 변호사 역시 상급 구성원 변호사의 지휘·감독을 받으며, 임금을 받는 근로자의 지위에 있다(대법원 2012. 12. 13. 2012다77006).[33] 로펌 변호사도 내부에서 자신의 소신대로 업무를 하는 것이 아니라 맡겨진 일을 하게 된다. 그 때문에 사내변호사가 고용된 근로자의 지위에 있다거나 상사인 변호사 아닌 자의 지휘·감독을 받는다는 점이 독립성을 부인할 근거는 되기 어렵다.

(2) 사내변호사의 직무상 독립성의 첫 요건은, 그에게 주어진 직무를 법률전문가로서의 양심에 따라 판단하여 그 의사를 표현할 수 있어야 한다. 변호사의 독립성은 의뢰인을 위하여 법이 허용하는 정당한 이익을 실현하기 위하여 노력하라는 측면에서 인정된다. 때문에 변호사는 불법한 이득을 얻기 위한 위법행위를 하여서는 아니 된다. 따라서 사내변호사에게 법률가로서의 양심에 따라 사안을 판단하고 의사표현의 기회가 주어지고 그 의사가 존중될 때 독립성이 있다고 할 수 있다. 사내변호사의 독립성의 둘째 요건은, 맡겨진 직무를 법에 따라 처리하되 불법의 도구가 되어서는 아니 된다는 것이다. 기업이 사내변호사에게 지시한 사안이 관련법률 또는 변호사윤리규정을 위반하는 것일 수 있다. 그 때 사내변호사는 직무규범을 잘 설명하여 적법행위로 나아가도록 해야 한다. 물론 기업은 사내변호사가

---

33 이 판결은 사법연수원 수료 후 신입변호사로 법무법인에 취업한 뒤 매달 일정한 금액의 급여를 받으며, 법무법인으로부터 배당받은 업무를 처리하는 것이 업무 내용이었고, 업무처리 역시 대표변호사의 지시·감독을 받는 선임변호사로부터 할당받은 업무를 수행한 점을 고려하여 구성원 변호사로 등기되어 있을지라도 임금을 목적으로 종속적인 관계에서 근로를 제공하는 근로자의 지위에 있었다고 보았다. 이와 달리 소속 변호사는 임금을 목적으로 하는 근로자의 지위에 있다고 인정되고 있다(서울중앙지방법원 2005. 11. 11. 2005가합33355).

그 요구에 복종하지 않았다는 이유로 해고와 같은 불이익을 줄 수 있다. 바로 이 같은 고용의 불안정성 때문에 독립성을 부정하는 견해가 나온다. 만약 그런 이유로 하는 해고는 정당한 이유 없는 위법한 것이라고 할 수 있다. 따라서 사내변호사의 독립성은 법률전문직으로서의 사명을 가지고 올바른 법적 판단을 하고 준법행위로 나아가는 것을 말한다. 사내변호사의 의사가 기업 내에서 관철되는 것이 독립성 판단의 요건은 아니다.

제3조 변호사의 직무

> **제3조(변호사의 직무)**
> 변호사는 당사자와 그 밖의 관계인의 위임이나 국가·지방자치단체와 그 밖의 공공기관(이하 "공공기관"이라 한다)의 위촉 등에 의하여 소송에 관한 행위 및 행정처분의 청구에 관한 대리행위와 일반 법률 사무를 하는 것을 그 직무로 한다.

I. 연 혁

(1) 1949. 11. 7. 법률 제63호로 제정된 변호사법 제2조는 '변호사는 당사자 관계인의 위촉 또는 관청의 선임에 의하여 소송에 관한 행위 기타 일반 법률사무를 행함을 직무로 한다'고 규정했다.

(2) 1982. 12. 31. 법률 제3594호로 개정된 변호사법은 종전의 변호사의 직무에 '행정처분의 청구에 관한 대리행위'를 추가했다. 즉, 변호사는 당사자 기타 관계인의 위임 또는 공무소의 위촉 등에 의하여 소송에 관한 행위 및 행정처분의 청구에 관한 대리행위와 일반법률사무를 행함을 그 직무로 한다(제3조).

(3) 2000. 1. 28. 법률 제6207호로 개정된 변호사법은 '공무소'를 '국가·지방자치단체 기타 공공기관'으로 구체화하여 현행 조문과 같은 내용으로 규정하였다.

II. 변호사 직무의 의의

(1) 변호사법 제3조는 변호사 직무의 내용을 확인하고 있는 일반적·추상적인 규정이다. 변호사의 직무권한은 민사소송법·형사소송법과 같은 개별 법률에 의하여 구체적으로 수권된다. 따라서 이 규정에 의하여 변호사의 직무수행 권한이 비로소 인정되는 것은 아니

다. 그렇지만 변호사의 지위와 권리의무를 규정하는 변호사법에 그 고유한 직무를 명시한 것은 변호사라는 신분의 정체성을 확인하였다는 점에서 그 의의가 있다.

(2) 변호사의 직무를 수행하려는 변호사는 대한변호사협회에 등록을 하여야 한다. 그러므로 변호사법 제3조의 '변호사'는 개업하기 위하여 자격등록을 마친 변호사를 말한다. 변호사법 제112조 제4호는 등록하지 않고 변호사의 직무를 수행한 변호사를 처벌하고 있다. 따라서 '변호사의 자격'이 있는 자에 불과하면 본조의 변호사 직무를 수행할 수 없다.

(3) 변호사는 당사자와 그 밖의 관계인의 위임에 관한 수임약정을 체결하거나 국가·지방자치단체와 그 밖의 공공기관의 위촉이 있어야만 그 직무를 수행할 수 있다. 의뢰인의 위임이나 위촉이 있어야만 비로소 고유한 직무를 수행할 수 있다는 점에서 변호사의 직무는 수동성을 갖는다고 할 수 있다.[1] 변호사 스스로 자주적으로 직무를 개시하는 경우는 많지 않다는 것이다. 이는 대부분의 전문자격사의 직무수행에서 나타나는 특징이기도 하다.

Ⅲ. 당사자와 그 밖의 관계인의 위임이나 공공기관의 위촉 등

1. 변호사 직무를 수행할 수 있는 변호사

변호사는 당사자와 그 밖의 관계인의 위임이나 국가·지방자치단체와 그 밖의 공공기관의 위촉 등에 의하여 직무를 수행한다. 변호사 고유의 직무를 수행할 수 있는 변호사는 대한변호사협회에 자격등록을 하고, 개업신고를 마친 변호사를 말한다. 변호사가 대한변호사협회에 등록을 하지 아니하고 변호사의 직무를 수행하면 3년 이하의 징역 또는 2천만원 이하의 벌금에 처한다(변호사법 112(4)). 이 조항은 변호사 자격등록을 하고 변호사의 직무를 수행할 수 있는 것처럼 되어 있지만, 개업신고까지 마쳐야 한다(변호사법 15). 변호사 자격등록과 개업 후에 휴업을 한 사람은 변호사 고유의 직무를 수행할 수 없다.

변호사시험에 합격한 변호사는 법률사무종사기관에서 법률사무에 종사하거나 대한변호사협회의 연수를 마친 후에 변호사 직무를 수행할 수 있다. 변호사법 제21조의2는 '법률사무소의 개설 요건 등'과 관련하여 변호사시험에 합격한 변호사의 6개월 실무수습 제도를 규정하고 있다. 그리고 휴업변호사는 변호사의 직무를 수행할 수 없지만, 겸직제한을 받지 않고 영리행위 등을 할 수 있다(변호사법 38).

2. 변호사의 의뢰인

변호사에게 법률상 조력을 요청하는 사람을 의뢰인이라 한다. 현재는 변호사와 수임약

1 일본변호사연합회조사실 편저, 條解 辯護士法, 20면.

정을 체결하지 않았지만, 장차 사건의 성숙성이 있으면 위임계약을 할 가능성이 있는 잠재적 의뢰인 또는 예상 의뢰인도 넓은 의미의 의뢰인 범주로 포함시킬 수 있다.

의뢰인은 사건 당사자와 관계인과 같은 자연인이나 국가기관 등의 법인 또는 법인격 없는 단체뿐만 아니라 외국인도 포함한다.[2] 변호사의 의뢰인에 관하여 제 3 조는 '당사자와 그 밖의 관계인, 국가·지방자치단체와 그 밖의 공공기관'으로 표현하고 있다.

(1) 당사자

여기서 '당사자'는 법률사건 또는 법률사무와 관련하여 직접적·구체적인 법적 이익을 갖고 있는 자를 말한다. 예컨대 헌법재판의 소송당사자는 자신의 이름으로 헌법재판의 심판청구를 하는 사람이 청구인이고, 그 상대방은 피청구인이 된다. 민사소송에서는 자기의 이름으로 국가의 권리보호를 요구하는 사람과 그 상대방을 말한다. 소송법상 형식적 당사자 개념에 의하면, 자기의 이름으로 판결을 요구하는 사람 및 그 상대방을 당사자로 본다. 형사소송의 당사자는 검사와 피고인을 말하는데, 변호사는 피고인의 변호인이 될 수 있다. 그리고 행정소송에서는 처분의 위법성을 주장하면서 그 처분의 취소(무효확인등)를 구하는 자와 공익을 대표하여 스스로 행한 처분이 적법하다고 주장하는 처분행정청을 말한다.

(2) 그 밖의 관계인

여기서 '그 밖의 관계인'이란 당사자는 아닐지라도 그 분쟁과 이해관계를 갖는 자로서 재판 등에 참가하여 소송행위를 하는 자를 말한다. 예컨대 헌법재판에서는 헌법재판소법에 따라 재판절차에 참여하는 사람이나 기관을 말한다.[3] 민사소송에서는 현재 계속 중인 다른 사람 사이의 소송에 자기의 이익을 옹호하기 위하여 관여하는 경우를 제 3 자의 소송참가라고 한다. 제 3 자의 소송참가는 종전의 당사자 가운데 어느 한쪽 당사자의 승소보조자의 지위에서 참가하는 보조참가와 종전의 당사자와 동등한 당사자의 지위에서 참가하는 당사자참가로 나눌 수 있다.[4] 그리고 행정소송에서도 제 3 자나 행정청의 소송참가가 인정되고 있다. 법원의 소송결과에 따라 권리 또는 이익의 침해를 받을 제 3 자가 있는 경우에는 당사자 또는 제 3 자의 신청 또는 직권에 의하여 제 3 자를 소송에 참가시킬 수 있다(행정소송법 16①). 법원은 행정청을 소송에 참가시킬 필요가 있다고 인정할 때에는 참가시킬 수 있다(행정

2 정형근, "변호사와 의뢰인의 수임관계에 관한 고찰", 외법논집 제34권 제 4 호(2010. 11), 209면.
3 위헌법률심판과 헌법소원심판에서 재판부의 필요에 따라 변론을 열어 이해관계인 그 밖의 참고인의 진술을 들을 수 있으며(헌법재판소법 30②), 위헌법률심판에서 당해 소송사건의 당사자 및 법무부장관은 법률의 위헌 여부에 대한 의견서를 제출할 수 있으며(헌법재판소법 44), 헌법소원심판에서 이해관계 있는 국가기관 또는 공공단체와 법무부장관은 그 심판에 관한 의견서를 제출할 수 있으며(헌법재판소법 74①), 권한쟁의심판과 헌법소원심판에서 우선적으로 준용되는 행정소송법에 따라 소송참가가 허용되는 제 3 자 또는 피청구인이 아닌 다른 행정청 역시 의견서를 제출할 수 있다(헌법재판소법 40① 후단).
4 이시윤, 신민사소송법 제15판, 783면.

소송법 30①). 행정심판법 제20조 역시 같은 내용을 두고 있다.

(3) 국가·지방자치단체와 그 밖의 공공기관

당사자와 관계인은 자연인뿐만 아니라 국가 등의 법인이나 단체도 포함된다. 이 점에서 법문의 '국가·지방자치단체와 그 밖의 공공기관'은 의뢰인의 한 종류를 예시한 것으로 볼 수 있다. 국가 등도 특정 사건의 당사자 또는 이해관계인의 지위에 있을 수 있는 것은 당연하다. 예컨대 헌법재판의 각종 심판절차에서 당사자인 국가기관 또는 지방자치단체는 변호사 또는 변호사의 자격이 있는 소속 직원을 대리인으로 선임하여 심판을 수행하게 할 수 있다(헌법재판소법 25②). 민사소송에서도 공법인인 국가·지방자치단체·영조물법인이나 공공조합 등도 민법상의 권리능력을 갖기 때문에 당사자능력이 있다. 그리고 법무부장관은 변호사를 소송대리인으로 선임(選任)하여 국가소송을 수행하게 할 수 있다(국가를 당사자로 하는 소송에 관한 법률 3④). 여기서 '국가소송'은 국가를 당사자 또는 참가인으로 하는 소송을 말한다. 또한 행정소송에서 행정청의 장은 변호사를 소송대리인으로 선임하여 행정소송을 수행하게 할 수 있다(국가를 당사자로 하는 소송에 관한 법률 5②). 공공기관은 한국방송공사·한국도로공사와 같은 공공단체를 지칭하며, 이들 역시 각종 법률행위의 주체이므로 당사자로서 변호사를 선임할 수 있다.

(4) 구별의 상대성

이처럼 '당사자와 그 밖의 관계인'의 의의를 구분해 볼 수 있지만 보는 시각에 따라 달리 정의할 수 있다. 예컨대 복효적 행정행위에서 수익적인 행정처분을 받는 직접 상대방(A)은 '당사자'이지만, 그로 인하여 불이익을 입게 되는 제 3 자(B)는 행정처분을 기준으로 하면 '그 밖의 관계인'에 해당된다. 그런데 제 3 자인 B가 A에 대한 처분의 취소를 구하는 소송을 제기한다면 취소소송의 당사자가 된다. 그 때문에 법문상의 '당사자와 그 밖의 관계인'은 엄밀하게 구분될 수 있는 개념은 아니고, 변호사의 조력을 구하는 의뢰인이라는 점에서는 모두 같다.

3. 당사자와 그 밖의 관계인의 '위임'

(1) 위임의 개념

1) 변호사는 당사자나 관계인의 '위임'을 받아 그 직무를 수행한다. 변호사법은 변호사가 사건을 맡는 것을 수임이라 하고, 의뢰인을 위임인으로 표현하고 있다(변호사법 31, 58의11 등). 법률에는 위임과 함께 '선임'이라는 용어를 사용하는 경우도 많다. 헌법재판소법은, 각종 심판절차에서 당사자인 사인(私人)은 변호사를 대리인으로 선임하지 아니하면 심판청구를 하거나 심판 수행을 하지 못한다(제25조 제 3 항). 그리고 피고인 또는 피의자는 변호인을

선임할 수 있다(형사소송법 30①).

2) 변호사와 의뢰인의 관계는 민법 제680조의 '위임'으로 보는 것이 일반적이다. 판례 역시 기본적으로 변호사와 의뢰인의 관계를 위임계약으로 파악하고 있다.[5] 변호사는 의뢰인과 위임계약을 체결한 후에는 위임의 본지에 따라 선량한 관리자의 주의로써 위임사무를 처리하여야 한다(민법 681). 위임의 본지란 의뢰인이 법률사무의 처리를 위탁하게 된 목적과 취지를 말한다. 변호사는 무상으로 계약을 체결한 경우에도 선관주의의무가 있다. 변호사는 의뢰인으로부터 독립하여 자유롭게 위임사무를 처리한다. 변호사는 반드시 승소 또는 무죄판결, 보석결정을 받아 낼 의무를 지는 것은 아니다. 만일 위와 같은 결과를 발생시킬 것을 약속하였다면 이론상 도급계약으로 볼 여지는 있다.

(2) 위임계약 후 변호사법상의 의무

변호사가 의뢰인과 수임계약을 체결하면 민법상 위임계약에서 정하는 내용뿐만 아니라 변호사법이 정하는 규율을 받게 된다.[6] 변호사는 성실하게 직무를 수행하여야 할 성실의무가 있으며(변호사법 1②), 품위유지의무(변호사법 24①), 진실의무(변호사법 24②), 비밀유지의무(변호사법 26), 수임제한으로 인한 이익충돌회피의무(변호사법 31) 등이 발생한다. 품위유지의무나 이익충돌회피의무는 오로지 수임계약 체결로 발생한 것은 물론 아니다. 변호사 개업 중이라면 언제나 준수해야 할 의무이다. 그리고 변호사가 사건을 수임하게 되면 수임장부의 작성·보관(변호사법 28), 수임건수 및 수임액의 보고(변호사법 28의2), 변호인선임서 등의 지방변호사회 경유(변호사법 29), 변호인선임서 등의 미제출 변호금지(변호사법 29의2), 수임제한 사유의 발생(변호사법 31①), 계쟁권리의 양수 금지(변호사법 32), 독직행위의 금지(변호사법 33) 등의 의무가 발생하게 된다.

(3) 의사능력없는 의뢰인과 위임계약 후 제소한 경우(소송비용부담)

1) 변호사는 의뢰인과 위임계약을 체결할 때는 의뢰인이 소송위임을 할 의사능력이 있는 자임을 확인해야 한다. 만약 소송위임을 할 수 있는 의사능력이 전혀 없는 의뢰인(원고)으로부터 소송위임을 받은 것처럼 소송을 제기한 경우에 그 대리권을 증명하지 못할 수도 있다. 이때 법원은 그 소가 소송대리권 없는 사람에 의하여 제기된 것으로서 부적법하다는 이유로 각하할 수 있고,[7] 민사소송법 제108조, 제107조 제2항은 소송대리인으로서 소송행

---

5 일반적으로 수임인은 위임의 내용에 따라 선량한 관리자의 주의의무를 다하여야 하고, 특히 소송대리를 위임받은 변호사는 그 수임사무를 수행함에 있어 전문적인 법률지식과 경험에 기초하여 성실하게 의뢰인의 권리를 옹호할 의무가 있으며, 구체적인 위임사무의 범위는 변호사와 의뢰인 사이의 위임계약의 내용에 의하여 정하여지는 것이다(대법원 2004. 5. 14. 2004다7354).

6 정형근, 법조윤리강의 제11판, 41면.

7 대법원 1997. 9. 22.자 97마1574 결정.

위를 한 사람이 그 대리권을 증명하지 못하여 소가 각하된 경우 소송비용은 그 소송행위를 한 대리인이 부담하도록 정하고 있다.[8]

2) 법정대리인·소송대리인·법원사무관등이나 집행관이 고의 또는 중대한 과실로 쓸데없는 비용을 지급하게 한 경우에는 수소법원은 직권으로 또는 당사자의 신청에 따라 그에게 비용을 갚도록 명할 수 있다(민사소송법 107①). 법정대리인 또는 소송대리인으로서 소송행위를 한 사람이 그 대리권 또는 소송행위에 필요한 권한을 받았음을 증명하지 못하거나, 추인을 받지 못한 경우에 그 소송행위로 말미암아 발생한 소송비용에 대하여는 제1항의 규정을 준용한다(민사소송법 107②). 민사소송법 제107조 제2항의 경우에 소가 각하된 경우에는 소송비용은 그 소송행위를 한 대리인이 부담한다(민사소송법 108).

3) 소송대리인의 대리권 존부는 법원의 직권조사사항이라 할 것이고, 그 소송대리권의 위임장이 사문서인 경우 법원이 소송대리권 증명에 관하여 인증명령을 할 것인지의 여부는 법원의 재량에 속한다고 할 것이나 상대방이 다투고 있고 또 기록상 그 위임장이 진정하다고 인정할 만한 뚜렷한 증거가 없는 경우에는 법원은 그 대리권의 증명에 관하여 인증명령을 하거나 또는 달리 진정하게 소송대리권을 위임한 것인지의 여부를 심리하는 등 대리권의 흠결 여부에 관하여 조사하여야 한다.[9] 직권조사사항에 관하여도 그 사실의 존부가 불명한 경우에는 입증책임의 원칙이 적용되어야 할 것인바, 본안판결을 받는다는 것 자체가 원고에게 유리하다는 점에 비추어 직권조사사항인 소송요건에 대한 입증책임은 원고에게 있다.[10]

4) 소송대리인으로서 소 또는 상소를 제기한 자가 법원의 인증명령에도 불구하고 그 대리권을 증명하지 못하는 경우에는 법원은 그 소 또는 상소가 소송대리권 없는 자에 의하여 제기된 부적법한 것임을 이유로 각하할 수 있고, 이 때 그 소송비용은 그 소송대리인이 부담하여야 할 것이며(민사소송법 제99조, 제98조 제2항), 이는 그 소송대리인이 법원에 대하여 사임의 의사를 표명한 경우에도 마찬가지라고 할 것이다.[11]

(4) 위임관계의 종료

1) 위임사무의 처리

(가) 민법상 위임계약의 가장 일반적인 종료사유는 약정한 위임사무의 처리가 완료된

---

8 [주문] 1. 이 사건 소를 각하한다. 2. **소송비용은 변호사 ○○○이 부담한다.**
9 대법원 2009. 10. 29. 2008다37247 [소유권이전등기등].
10 대법원 1997. 7. 25. 96다39301 [손해배상(기)](원고가 소재가 불명인 것으로 판명된 상태에서 원고의 소송대리인에 의하여 소가 제기되었고, 원고가 소송과정에서 어떠한 조치를 취한 바도 없으며, 송달 또한 공시송달의 방법에 의하여 이루어졌다면, 원고 명의로 소를 제기한 소송대리인이 원고로부터 적법하게 소송대리권을 수여받은 바 없었다고 할 것이므로, 이와 같은 경우 당해 소는 대리권이 흠결된 소송대리인에 의하여 제기된 부적법한 소로서 각하되어야 한다고 한 사례).
11 대법원 1997. 9. 22. 97마1574 [항고비용부담].

경우이다. 변호사가 소송대리를 하였다면 당해 심급의 판결이 선고되어 재판이 종료된 때에 소송대리인의 지위가 소멸되고 의뢰인과의 관계도 종료된다. 엄밀하게는 소송대리권의 존속시한은 당해 심급의 판결정본의 송달시까지이다.[12] 그 때문에 성공보수 약정이 제 1 심에 대한 것으로 인정되는 이상 보수금의 지급시기에 관하여 당사자 사이에 특약이 없는 한, 심급대리의 원칙에 따라 수임한 소송사무가 종료하는 시기인 제 1 심 판결을 송달받은 때로부터 그 소멸시효 기간이 진행된다(대법원 1995. 12. 26. 95다24609). 그리고 위임관계의 종료는 당사자 일방의 사망 또는 파산으로 인하여도 종료한다. 사망 등으로 위임관계의 존속이 어렵게 되었기 때문이다.

(나) 변호사는 위임관계가 종료되면 의뢰인 보호를 위한 긴급처리의무를 진다. 위임종료의 경우에 급박한 사정이 있는 때에는 수임인, 그 상속인이나 법정대리인은 위임인, 그 상속인이나 법정대리인이 위임사무를 처리할 수 있을 때까지 그 사무의 처리를 계속하여야 한다. 이 경우에는 위임의 존속과 동일한 효력이 있다(민법 691). 변호사는 위임인에게 인도할 금전 또는 위임인의 이익을 위하여 사용할 금전을 자기를 위하여 소비한 때에는 소비한 날 이후의 이자를 지급하여야 하며 그 외의 손해가 있으면 배상하여야 한다(민법 685). 변호사는 위임계약이 정하는 바에 따른 의무를 이행하지 않아 의뢰인에게 손해가 발생한 경우에는 채무불이행으로 인한 손해배상책임을 진다. 변호사의 사무직원 등의 이행보조자의 과실은 바로 변호사의 과실이 된다. 변호사 사무직원이 과실로 상소기간을 잘못 고지하여 의뢰인이 불이익을 받거나, 불변기일을 도과시킨 경우 등을 상정할 수 있다.

2) 위임계약의 해지

(가) 위임은 당사자 쌍방의 특별한 신뢰관계를 기초로 하는 계약이다. 그러므로 의뢰인이 신뢰할 수 없는 변호사에게 사무를 처리하도록 한다거나, 변호사 역시 의뢰인으로부터 불신을 당하거나, 신뢰할 수 없는 의뢰인을 위하여 사무를 처리한다는 것은 위임의 본질에 적합하지 않다. 이처럼 위임계약 성립 후에 신뢰관계에 금이 가는 사정은 얼마든지 있을 수 있다. 이런 경우에는 의뢰인이든, 변호사이든 서로 간에 위임계약을 자유로이 해지할 수 있도록 하는 것이 타당하다. 이런 취지에 따라 민법은 '위임의 상호해지의 자유'를 인정하고 있다(민법 689①). 판례 역시 민법상의 위임계약은 그것이 유상계약이든 무상계약이든 당사자 쌍방의 특별한 대인적 신뢰관계를 기초로 하는 위임계약의 본질상 각 당사자는 언제든지 이를 해지할 수 있다고 한다(대법원 2000. 6. 9. 98다64202).

(나) 판례는 위임계약의 일방 당사자가 타방 당사자의 채무불이행을 이유로 위임계약을

---

12 소송대리인의 소송대리권의 범위는 수임한 소송사무가 종료하는 시기인 당해 심급의 판결을 송달받은 때까지라고 할 것이다(대법원 2000. 1. 31. 99마6205 소송비용액확정).

해지한다는 의사표시를 하였으나, 실제로는 채무불이행을 이유로 한 계약 해지의 요건을 갖추지 못한 경우라도, 특별한 사정이 없는 한 위 의사표시에는 민법 제689조 제1항에 기한 임의해지로서의 효력이 인정된다고 한다(대법원 2015. 12. 23. 2012다71411). 여기서 '특별한 사정'이란 임의해지를 제한하는 특약과 같은 사유를 말한다. 따라서 수임약정은 원칙적으로 수임인의 채무불이행은 물론 위임인의 비밀을 공개하는 것과 같은 불법행위가 있을 때 또는 이런 사유가 없더라도 임의로 해지할 수 있다.

(다) 의뢰인은 변호사가 수임한 사무의 처리를 성실하게 수행하지 아니하여 좋은 결과를 기대할 수 없는 사정이 있을 때는 해임할 수 있다.[13] 의뢰인이 변호사에게 위와 같은 특별한 사유가 있어 변호사를 해임할 때는 부당해임의 문제는 발생하지 않는다. 반면, 변호사도 당해 사건에서 사임할 수 있는 경우가 있다. 의뢰인이 변호사에게 범죄행위 기타 위법행위에 협조하도록 요구하거나(변호사윤리장전 11① 전단), 변호사의 직무수행 중 의뢰인의 행위가 범죄행위 기타 위법행위에 해당된다고 판단된 때(변호사윤리장전 11① 후단), 특히 의뢰인이 법원을 속이려는 의도를 보일 때나 증인에게 위법한 수단과 방법으로 괴롭히는 태도를 드러낼 때에는 변호사는 의뢰인과의 관계를 종료시켜야 한다.[14]

(라) 수임금지 및 수임제한 사유에 해당될 경우에 당사자의 동의를 얻더라도 계속 대리할 수 없는 이익충돌회피의무를 위반하게 될 경우에는 사임할 수 있을 것이다. 그리고 의뢰인이 약정한 보수를 지급하지 않는 경우, 의뢰인이 소송의 진행에 협조하지 않는 경우, 변호사에게 혐오스러운 대리를 강요하는 경우 등의 사유가 있을 때에 사임할 수 있을 것이다.[15] 또한 의뢰인이 근거가 없는 부당한 주장을 고집하면서 변호사의 법적인 판단이나 조언에 반하는 행동을 하는 경우에도 사임할 수 있을 것이다. 이 같은 경우에도 변호사는 의뢰인의 부적절하며 위법한 행위를 그치도록 설득하는 노력을 게을리 하여서는 아니 될 것이다. 변호사의 사임은 민사소송과 사선인 형사사건의 변호인 지위에서는 의뢰인과의 합의하에 가능하지만, 국선변호인은 법원 또는 지방법원 판사의 허가를 얻어 사임할 수 있다(형사소송규칙 18①).

(마) 「변호사 직무에 관한 모범규칙」(Model Rules of Professional Conduct)에서는 ① 변호사가 사임하더라도 의뢰인에게 현저한 불이익이 없는 때, ② 의뢰인이 변호사의 사건처리과정에서 변호사가 범죄 또는 부정하다고 믿을 만한 것을 고집할 때, ③ 의뢰인이 범죄 또는 부정

13 예컨대 변호사가 재판기일에 2회 불출석하여 소 취하 간주될 지경에 이르게 하는 불성실한 태도를 보일 때, 의뢰인과 상의없이 화해를 시도하거나, 변호사에게 이익충돌회피의무를 위반한 사정이 발견된 경우, 당해 소송을 수행할 경험과 능력이 없거나, 다른 사건으로 구속되는 등의 사유가 있을 때 해임할 수 있을 것이다.

14 A.C. Hutchinson, *Legal Ethics and Professional Responsibility*, p.84.

15 이상수, "변호사와 의뢰인의 관계", 법조윤리(제3판), 155면.

을 준비하기 위하여 변호사의 업무를 이용한 때, ④ 의뢰인이 변호사가 모순되게 보이거나 근본적으로 동의할 수 없는 행위를 하도록 주장하는 때 등에는 사임할 수 있도록 하고 있다(Rule1.16(b)).

㈓ 변호사는 위임계약의 해지단계에서도 의뢰인의 이익보호에 최선을 다하여야 한다. 충분한 기간을 두고 사전에 사임 사실을 의뢰인에게 통보하고, 다른 변호사를 선임할 수 있도록 추천하거나 필요한 법적인 조언과 정보를 제공하여야 한다.[16] 그리고 이제까지 진행하여 온 재판기록을 교부하는 등 사후에 손해가 최소로 발생하도록 적절한 조치를 취한 후에 사임계를 법원에 제출하여야 할 것이다. 아울러 변호사는 의뢰인과 직무와 관련하여 나눈 의사교환을 한 내용이나 의뢰인으로부터 제출받은 문서나 물건을 외부에 공개하여서는 아니 된다(변호사윤리장전 18②) 등의 '비밀유지 및 의뢰인의 권익보호'를 위한 조치를 하여야 한다.

3) 위임계약의 해지의 제한

㈎ 위임계약의 해지의 자유에도 예외는 있다. 민법은 당사자 일방이 부득이한 사유 없이 상대방의 불리한 시기에 계약을 해지한 때에는 그 손해를 배상하도록 하였다(민법 689②). 여기서 '부득이한 사유'는 변호사에게 질병 또는 구금되는 사정이 발생하거나, 의뢰인이 장기간 연락두절 또는 약정 보수액의 미지급도 이에 포함된다. 그리고 '불리한 시기에 계약을 해지한 때'는 위임사무 처리 자체와 관련하여 상대방에게 불리한 시기를 말한다. 변호사가 구속적부심 재판이 예정된 날에 수임약정을 갑자기 해지하여 다른 변호사의 조력을 받을 기회를 갖지 못하도록 한 경우 등을 말한다. 그리고 의뢰인이 위임계약을 해지할 당시에 변호사는 약정한 성공보수를 청구할 수 있는 시점이 임박한 때라면, 상대방에게 불리한 시기에 해지한 것이 되어 상대방의 손해를 배상하여야 할 것이다. 상대방에게 불리한 시기에 해지함으로 인한 손해배상의무는 채무불이행을 원인으로 하는 것이 아니다. 그러므로 이 의무가 성립하기 위하여 상대방에게 불리하다는 사정을 해지자가 사전에 알아야 한다거나, 그 사정을 알지 못함에 대하여 고의, 과실이 있어야 할 필요는 없다.

㈏ 판례는 상대방이 불리한 시기에 해지한 때에는 그 해지가 부득이 한 사유에 의한 것이 아닌 한 그로 인한 손해를 배상하여야 하나, 그 배상의 범위는 위임이 해지되었다는 사실로부터 생기는 손해가 아니라 적당한 시기에 해지되었더라면 입지 아니하였을 손해에 한한다고 판시하고 있다(대법원 1991. 4. 9. 90다18968). 그러므로 위임계약을 해지하는 당사자가 부득이 한 사유로 상대방에게 불리한 시기에 해지하였을 때에는 손해배상의무가 생기지 않는다. 변호사가 질병으로 사무처리를 할 수 없게 된 경우와 같은 변호사의 해임사유가 발생

16 塚原英治, "受任·辭任と事件處理の倫理", 法曹の倫理と責任(上), 111면.

하였거나, 의뢰인이 재판 중에 당사자와 화해하여 더 이상 재판할 필요가 없어진 경우 등을 들 수 있다.

그런데 의뢰인이 변호사와 약정한 착수금이나 성공보수를 지급하지 않기 위하여 변호사를 해임시키는 경우가 있다. 당해 재판종료 직전에 더 이상 변호사의 도움이 필요 없게 되었을 때, 위임계약을 해지하여 소송대리인을 해임시키는 경우가 그러하다. 판례 역시 의뢰인이 1, 2심까지 각 일부 승소판결을 받은 상태에서 정당한 사유 없이 상고심에서 다른 변호사를 선임하겠다고 상고장을 빼앗고 재판서류를 반환해 갔다면, 특별한 사정이 없는 한 의뢰인은 변호사에게 약정한 보수금을 지급할 의무가 있다고 한 바 있다.[17] 이는 위임계약 해지의 자유에 대한 제한규정에 근거할 수도 있고, 신의칙에 기하여서도 보수금을 청구할 수 있다고 보아야 할 것이다.

4) 위임계약 해지의 제한 약정의 유효성

위임계약은 당사자가 언제든지 해지할 수 있기 때문에 사소한 불신이 쌓이면 해지로 이어진다. 변호사의 채무불이행 등과 같은 귀책사유가 없어도 언제든지 해지될 수 있다는 점에서 매우 불안정한 계약관계가 지속된다. 그래서 민법상 위임의 상호해지의 자유(민법 689)를 제한하는 특약을 체결할 필요성이 있다. 판례 역시 당사자가 위임계약을 체결하면서 민법 제689조 제1항, 제2항과 다른 내용으로 해지사유 및 절차, 손해배상책임 등을 정한 경우에는 약정에서 정한 해지사유 및 절차에 의하지 않고는 계약을 해지할 수 없다고 한다.

민법 제689조 제1항, 제2항은 임의규정에 불과하므로 당사자의 약정에 의하여 위 규정의 적용을 배제하거나 내용을 달리 정할 수 있다. 그리고 당사자가 위임계약의 해지사유 및 절차, 손해배상책임 등에 관하여 민법 제689조 제1항, 제2항과 다른 내용으로 약정을 체결한 경우, 이러한 약정은 당사자에게 효력을 미치면서 당사자 간의 법률관계를 명확히 함과 동시에 거래의 안전과 이에 대한 각자의 신뢰를 보호하기 위한 취지라고 볼 수 있으므로, 이를 단순히 주의적인 성격의 것이라고 쉽게 단정해서는 아니 된다. 따라서 당사자가 위임계약을 체결하면서 민법 제689조 제1항, 제2항에 규정된 바와 다른 내용으로 해지사유 및 절차, 손해배상책임 등을 정하였다면, 민법 제689조 제1항, 제2항이 이러한 약정과는 별개 독립적으로 적용된다고 볼 만한 특별한 사정이 없는 한, 약정에서 정한 해지사유

17 피고가 서울특별시를 상대로 한 손해배상청구소송을 처음부터 끝맺음할 때까지 원고에게 위임하고 승소시에는 원고에게 승소금의 40퍼센트를 보수금으로 지급하기로 약정하였던바, 제1,2심에서 각 일부 승소판결을 받고 원고가 제2심판결에 대하 상고하려고 할 때 피고측에서 정당한 사유없이 상고심에서는 다른 변호사를 선임하겠다고 하면서 상고장을 빼앗고 피고가 맡긴 서류를 반환해 갔다면, 비록 원고가 상고심에서 피고의 소송대리를 한 바 없다 할지라도 이는 피고의 귀책사유로 인한 이행불능이었으므로 특별한 사정이 없는 한 피고는 약정한 위 보수금을 지급할 의무가 있다고 할 것이다(대법원 1974. 12. 24. 73다800 보수금).

및 절차에 의하지 않고는 계약을 해지할 수 없고, 손해배상책임에 관한 당사자 간 법률관계도 약정이 정한 바에 의하여 규율된다고 봄이 타당하다.[18] 따라서 위임계약의 해지 사유, 시기, 방법에 대하여 다음과 같은 특약을 할 수도 있다. ① 수임인의 채무불이행 또는 불법행위가 있을 때만 해지할 수 있다. ② 수임사무인 재판의 변론종결 후에는 해지할 수 없다. ③ 해지는 서면으로 한다. 다만, 수임약정서에 부동문자로 "향후 이 계약은 해지할 수 없다"는 내용은 위임인의 해지권을 포기시키는 것이라서 무효라고 할 수 있다.

4. 국가·지방자치단체와 그 밖의 공공기관의 '위촉'

(1) 위촉의 개념

변호사는 국가·지방자치단체와 그 밖의 공공기관의 '위촉'을 받아 그 직무를 수행한다. 법문은 당사자 기타 관계인이 변호사를 선임하는 행위를 '위임'이라 하고, 국가·지방자치단체와 그 밖의 공공기관에 대해서는 '위촉'이라고 구분한다. 위촉이란 어떤 일의 처리를 타인에게 부탁하여 맡기는 것을 말한다.[19] 그 점에서 위임이나 위촉은 같은 개념이라 할 수 있다. 그 법적 성질은 민법상 위임계약에 해당된다고 하겠지만, 위촉의 종류에 따라 달리 평가될 여지는 있다. 1948년 제정된 변호사법 제 2 조는 '당사자 관계인의 위촉 또는 관청의 선임'이라고 표현한 후 1982년 개정된 변호사법 제 3 조는 '당사자 기타 관계인의 위임 또는 공무소의 위촉'으로 변경된 바 있다. 국가기관에서 변호사의 선임행위를 지난 1967년에 제정된 「고문변호사위촉규정」과 같이 '위촉'이라는 용어를 사용해 온 것을 볼 수 있다.

(2) 위촉과 위임의 구별

1) 국가기관이 변호사의 선임행위를 '위임'이라고 사용하지 않고 굳이 '위촉'이라고 표현한 이유가 무엇인지 문제된다. 이는 위임과의 구별 때문이다. 「행정권한의 위임 및 위탁에 관한 규정」 제 2 조는 "위임이란 법률에 규정된 행정기관의 장의 권한 중 일부를 그 보조기관 또는 하급행정기관의 장이나 지방자치단체의 장에게 맡겨 그의 권한과 책임 아래 행사하도록 하는 것을 말한다"라고 정의하고 있다. 행정법학에서 권한의 위임은 지휘·감독하에 있는 행정기관에 대한 위임을 '협의의 위임'이라 하고, 지휘·감독하에 있지 아니한 행정기관이나 단체에 대한 위임을 '권한의 위탁'이라 한다. 그리고 등기·소송에 관한 사무의

18 대법원 2019. 5. 30. 2017다53265 [손해배상(기)].

19 **「미수복지 명예시장·군수 등 위촉에 관한 규정」 제 2 조(위촉)** ① 명예시장·군수는 「이북5도에 관한 특별조치법」 제 2 조의 이북5도[이하 "미수복지"(未收復地)라 한다]에 대하여 1945년 8월 15일 현재의 시·군단위로 위촉하되, 당해 시·군을 상징적으로 대표하는 명예직으로 한다.
② 명예시장·군수는 해당 미수복지의 시·군 출신이거나 연고가 있는 사람으로서 학식과 덕망을 겸비하고 통일과업에 열성이 있는 사람 중에서 미수복지 도지사의 추천을 받아 행정자치부장관의 제청으로 국무총리를 경유하여 대통령이 위촉한다.

위탁을 '촉탁'이라고 한다.[20] 따라서 민법상 위임과 행정법상의 법령에서 사용하는 위임의 개념은 위와 같이 차이가 있다. 그렇기 때문에 국가 등이 변호사에게 법률사무의 처리를 위임하는 것을 '위촉'이라고 구별하여 사용하고 있다. 이 경우에는 국가 등도 '당사자나 그 밖의 관계인'의 지위에 있다. 최근에는 위촉이라는 용어보다는 '선임'의 개념을 사용하는 것을 볼 수 있다. 헌법재판소법은, 각종 심판절차에서 당사자인 국가기관 또는 지방자치단체는 변호사 또는 변호사의 자격이 있는 소속 직원을 대리인으로 선임하여 심판을 수행하게 할 수 있다(제25조 제2항). 법무부장관은 변호사를 소송대리인으로 선임(選任)하여 국가소송을 수행하게 할 수 있다(국가를 당사자로 하는 소송에 관한 법률 3④).

2) 국가기관이 법령에 따라 의무적으로 변호사에게 일정한 업무의 처리권한을 부여하는 위촉행위가 있다. 예컨대 형사소송법 제33조는 법원은 '피고인이 구속된 때'와 같은 사유가 있을 때는 직권으로 변호인을 선정하도록 하고 있다. 국선변호인은 피고인과 위임계약 관계가 직접적으로 성립하는 것은 아닐지라도 선량한 관리자로서의 의무를 진다고 할 수 있다.[21] 「채무자 회생 및 파산에 관한 법률」은 파산관재인은 관리위원회의 의견을 들어 법원이 선임하는데(제355조 제1항), 법원은 변호사를 파산관재인으로 선임할 수 있다. 구 형사소송법 제265조는 법원은 재정신청사건이 법원의 심판에 부(付)하여진 때에는 그 사건에 대하여 공소유지를 담당할 변호사를 지정하도록 한 바 있다. 2007. 6. 1. 개정된 형사소송법은 재판상 준기소절차에서 법원에서 지정한 공소유지변호사가 공소유지를 담당하였던 것을 검사가 공소를 제기하고 이를 유지하도록 개정했다.[22] 이처럼 법원이 국선변호인을 '선정'하거나 공소유지 담당변호사를 '지정'하는 행위 역시 위촉에 해당된다고 할 수 있다.

---

20 정형근, 행정법[제10판], 814면.

21 高中正彦, 辯護士法概說, 38면.

22 **「형사소송법」 [시행 2008. 1. 1.] [법률 제8496호, 2007. 6. 1. 일부개정] 재정신청제도의 합리적 개선**(법 제260조 내지 제262조, 법 제262조의2·제262조의3 신설, 법 제262조의4, 법 제264조의2 신설)

(1) 현행 「형사소송법」은 재정신청 대상범죄를 공무원의 직무에 관한 죄 중 직권남용, 불법체포·감금 및 폭행·가혹행위 등의 범죄로 한정함으로써 검사의 불기소처분에 대한 사법심사의 폭이 제한되어 있고, 재정신청에 대한 처리기간이 지나치게 단기이고 재정신청의 기각결정에 대한 불복수단이 없는 등 재정신청제도의 합리적 운영에 상당한 애로가 있었음.

(2) 재정신청의 대상범죄를 모든 범죄로 확대함으로써 국가 형벌권 행사의 적정성을 제고함.

(3) 재정신청의 남용을 방지하기 위하여 신청권자는 고소권자로 제한하되, 형법상 공무원의 직무에 관한 죄 중에서 직권남용, 불법체포·감금 및 폭행·가혹행위의 죄의 경우에는 현행대로 고발사건을 포함하도록 함.

(4) 재정신청 범위의 확대에 따른 피고소인의 장기간 법적 불안정 및 제도의 남용을 방지하기 위하여, 재정신청의 관할법원을 고등법원으로 조정하고, 재정신청인의 재정결정에 대한 불복을 금지하도록 하는 한편, 재정신청의 기각결정을 받은 자에 대한 비용부담 제도를 도입함.

(5) 법원은 재정신청이 이유 있다고 인정한 경우에는 공소제기를 결정하도록 하고, 공소의 제기는 검사가 수행하도록 하되, 이에 대하여는 공소취소를 할 수 없도록 함.

(6) 재정신청사건의 심리는 특별한 사정이 없는 한 공개하지 아니하도록 하고, 재정신청사건의 심리 중에는 관련 서류 및 증거물의 열람 또는 등사를 허가할 수 없도록 함.

Ⅳ. 소송에 관한 행위 및 행정처분의 청구에 관한 대리행위와 일반 법률 사무

1. 변호사의 직무

(1) 헌법은 체포 또는 구속을 당한 자는 변호인의 조력을 받을 권리가 있음을 규정하고 있다(제12조 제 4 항, 제 5 항). 형사소송법에는 변호인의 구체적인 직무권한이 규정되어 있다(제34조, 제35조, 제36조 등). 법령에 규정된 변호사의 직무를 개괄하여 보면, 소송에 관한 행위 및 행정처분의 청구에 관한 대리행위와 일반 법률 사무로 나눌 수 있다. 변호사법은 소송에 관한 행위 및 행정처분의 청구에 관한 대리행위를 제외한 나머지 사항을 '일반 법률사무'로 분류하고 있다. 여기서 '변호사'는 원칙적으로 사내변호사도 포함된다고 할 것이다. 다만, 각종 법률에서 인정하는 변호사의 권리가 사내변호사에게도 해당된다고 할 수는 없으므로 구체적인 검토가 필요하다.

(2) 민사소송에서 소송대리인은 위임을 받은 사건에 대하여 반소(反訴)·참가·강제집행·가압류·가처분에 관한 소송행위 등 일체의 소송행위와 변제(辨濟)의 영수를 할 수 있다(민사소송법 90①). 여기서 '위임을 받은 사건에 대하여 반소(反訴)·참가·강제집행·가압류·가처분에 관한 소송행위'는 변호사법 제 3 조의 '소송에 관한 행위'에 해당되며, 변제의 영수는 사법(私法)행위로서 '일반 법률사무'라 할 수 있다. 그렇지만 소송행위나 행정처분에 관한 대리행위 역시 넓은 의미로는 일반 법률사무의 예시로 볼 수 있다. 변호사법 제 3 조는 여러 법령에서 변호사에게 부여한 권한을 총괄하여 확인한 것이다. 따라서 변호사의 구체적인 권한은 변호사법이 아닌 개별 법률의 수권조항으로 발생한다. 예컨대 형사재판의 변호인으로 변론하려면 형사소송법이 정하는 바에 따라 변호인선임권자의 선임행위가 있어야 한다(형사소송법 30).

2. 소송에 관한 행위

(1) 소송에 관한 행위란 변호사가 대리인이나 변호인 지위에서 법원이나 헌법재판소에서 행하는 소송행위를 말한다. 전통적인 변호사 직무 중 가장 대표적인 행위유형으로 민사, 형사, 행정, 특허 소송은 물론 헌법재판에서의 소송행위를 포함한다. 예컨대 민사소송에서의 소송대리인은 소제기·소변경·중간확인의 소·상대방이 제기한 반소와 제 3 자의 소송참가에 응소·공격방어방법의 제출을 할 수 있으며, 그 소송에 대한 강제집행, 가압류·가처분 등을 할 수 있다.[23] 소송대리인은 반소의 제기, 소의 취하, 화해, 청구의 포기·인낙 또는 독립당사자참가소송에서의 탈퇴, 상소의 제기 또는 취하, 대리인의 선임 사항에 대하여는 특

23 이시윤, 신민사소송법(제15판), 188면.

별한 권한을 따로 받아야 한다(민사소송법 90②). 뿐만 아니라 변호사는 민사 및 상사비송사건에 관한 소송행위도 할 수 있다. 즉, 사건의 관계인은 소송능력자로 하여금 소송행위를 대리하게 할 수 있다(비송사건절차법 6①).

(2) 사건 당사자라도 변호사를 선임하지 않고는 소송행위를 할 수 없는 경우가 있다. 각종 심판절차에서 당사자인 사인(私人)은 변호사를 대리인으로 선임하지 아니하면 심판청구를 하거나 심판 수행을 하지 못한다. 다만, 그가 변호사의 자격이 있는 경우에는 그러하지 아니하다(헌법재판소법 25③). 변호사가 아닌 채권추심자(채권추심을 업으로 하는 자 및 그 자를 위하여 고용, 도급, 위임 등 원인을 불문하고 채권추심을 하는 자로 한정한다)는 채권추심과 관련한 소송행위를 하여서는 아니 된다(채권의 공정한 추심에 관한 법률 8의4).

3. 행정처분의 청구에 관한 대리행위

(1) '행정처분의 청구'란 사인이 행정청에게 인·허가와 같은 수익적 처분을 해줄 것을 요청하는 행위를 말한다. 예컨대 건축물을 건축하거나 대수선하려는 자는 특별자치시장·특별자치도지사 또는 시장·군수·구청장의 허가를 받아야 한다(건축법 11①). 사립학교 법인에는 임원으로서 7인 이상의 이사와 2인 이상의 감사를 두어야 하는데(사립학교법 14①), 임원은 관할청의 승인을 얻어 취임한다(사립학교법 20②). 변호사는 위와 같은 법률이 규정하는 건축허가신청이나 사립학교 임원승인신청을 대리할 수 있다. 또한 고소·고발인이 수사기관에 특정인을 처벌하여 줄 것을 요청하는 고소·고발하는 행위도 행정처분의 청구에 해당된다. 행정처분의 청구는 처분신청권을 가진 자가 하는 것이 대부분이지만, 처분으로 인하여 권익을 침해받고 있는 제3자 역시 처분 상대방에게 일정한 처분을 하여 줄 것을 요청하는 내용의 행정개입청구권을 행사할 수 있다.

(2) '행정처분의 청구에 관한 대리행위'란 행정처분 청구에 대하여 처분청이 거부처분과 같은 불이익처분을 한 경우에 그에 관한 불복행위를 대리하는 것을 말한다. 처분에 대한 불복은 행정소송법에 따른 행정소송의 제기가 일반적이지만, 이 점은 앞서 검토한 '소송에 관한 행위' 부분에 포함된다. 행정처분의 불복절차는 그 처분의 취소나 무효확인의 재결을 구하는 행정심판의 청구를 상정할 수 있다. 또한 변호사는 검사의 불기소처분에 불복하는 고소인이나 고발인을 대리하여, 그 검사가 속한 지방검찰청 또는 지청을 거쳐 서면으로 관할 고등검찰청 검사장에게 항고할 수 있다(검찰청법 10①).

(3) '처분의 청구에 관한'의 의미는 처분을 요청하는 행위만이 아니라 그 청구를 거부한 처분의 불복절차까지 포함된다. 행정심판 청구인은 변호사 등을 대리인으로 선임할 수 있다(행정심판법 18①). 뿐만 아니라 처분에 대한 이의신청도 대리할 수 있다. 예컨대 운전면허

의 취소처분 또는 정지처분이나 같은 조 제3항에 따른 연습운전면허 취소처분에 대하여 이의(異議)가 있는 사람은 그 처분을 받은 날부터 60일 이내에 행정안전부령으로 정하는 바에 따라 시·도경찰청장에게 이의를 신청할 수 있다(도로교통법 94①). 처분에 관한 불복절차의 대리는 일반 행정심판법에 국한되지 아니하고 국가공무원법상의 소청심사청구, 토지보상법상 토지수용위원회에 이의신청, 국세기본법상 조세심판원에 심판청구와 그 외 많은 특별행정심판청구까지지도 포함한다.

4. 일반 법률 사무

(1) 개 념

1) 변호사의 직무 중 소송에 관한 행위 및 행정처분의 청구에 관한 대리행위를 제외한 나머지 사무를 '일반 법률 사무'라 한다. 일반 법률 사무의 내용에 관하여는 비변호사의 법률사무 취급을 금지하며 처벌하는 변호사법 제109조를 참고할 필요가 있다.

제109조 제1호는 변호사가 아니면서 금품·향응 또는 그 밖의 이익을 받거나 받을 것을 약속하고 또는 제3자에게 이를 공여하게 하거나 공여하게 할 것을 약속하고 다음 각 목에 관하여 감정·대리·중재·화해·청탁·법률상담 또는 법률관계 문서 작성, 그 밖의 법률사무를 취급하거나 이러한 행위를 알선한 자는 7년 이하의 징역 또는 5천만원 이하의 벌금에 처한다.

가. 소송 사건, 비송 사건, 가사 조정 또는 심판 사건

나. 행정심판 또는 심사의 청구나 이의신청, 그 밖에 행정기관에 대한 불복신청 사건

다. 수사기관에서 취급 중인 수사 사건

라. 법령에 따라 설치된 조사기관에서 취급 중인 조사 사건

마. 그 밖에 일반의 법률사건

2) 여기서 제1호 본문에서의 '그 밖의 법률사무'와 제1호 마.목에서의 '그 밖에 일반의 법률사건'이 변호사 직무인 '일반 법률 사무'와 동일한 것인지 문제된다. 변호사법 제3조는 변호사의 직무를 규정한 것이고, 제109조는 변호사 아닌 자의 금지행위를 규정한 것으로 조문에 표현된 문언상의 차이는 있다. 그러나 제109조에서 금지하고 있는 비변호사의 행위는 변호사라면 할 수 있는 법률사무에 한정된다고 해석함이 상당하다(대법원 2010. 7. 15. 2010도2527)고 할 것이므로 양자는 그 내용이 동일하다고 하겠다.

3) 판례는 이에 관하여, '기타 일반의 법률사건'[24]이라 함은, 법률상의 권리·의무에 관

---

24 이 판결 당시의 변호사법[시행 2007. 7. 27.] [법률 제8271호, 2007. 1. 26. 일부개정] 제109조(벌칙)는 … '**기타 일반의 법률사건**에 관하여 감정·대리·중재·화해·청탁·법률상담 또는 법률관계 문서작성 **기타 법률사무**를 취급하거나 이러한 행위를 알선한 자'로 표현하고 있었다.

하여 다툼 또는 의문이 있거나, 새로운 권리의무관계의 발생에 관한 사건 일반을 의미하고, '기타 법률사무'라고 함은 법률상의 효과를 발생·변경·소멸시키는 사항의 처리 및 법률상의 효과를 보전하거나 명확화하는 사항의 처리를 뜻한다(대법원 2008. 2. 28. 2007도1039)고 한다.[25] 따라서 민사상의 법률사무로는 내용증명·계약서·유언장의 작성행위, 법인의 설립행위, 등기나 등록의 대리 등을 상정할 수 있다. 아울러 「채권의 공정한 추심에 관한 법률」 제 2 조의 '채권추심행위'인 채무자에 대한 소재파악 및 재산조사, 채권에 대한 변제 요구, 채무자로부터 변제 수령 등 채권의 만족을 얻기 위한 일체의 행위 역시 변호사의 직무인 법률 사무에 해당될 수 있다.

4) 다만, 「채권의 공정한 추심에 관한 법률」 제 2 조는 채권추심자를 변호사 자격이 없는 대부업자, 대부중개업자, 대부업의 등록을 하지 아니하고 사실상 대부업을 영위하는 자, 여신금융기관 및 이들로부터 대부계약에 따른 채권을 양도받거나 재양도 받은 자 등으로 인정하고 있다. 변호사가 아닌 채권추심자(제 2 조 제 1 호 라목에 규정된 자로서 채권추심을 업으로 하는 자 및 그 자를 위하여 고용, 도급, 위임 등 원인을 불문하고 채권추심을 하는 자로 한정한다)는 채권추심과 관련한 소송행위를 하여서는 아니 된다(채권의 공정한 추심에 관한 법률 8의4). 따라서 이 범위에서의 채권추심행위는 제109조 제 1 호 위반이라고 할 수 없다.

5) 독일은 2007년 변호사가 아닌 자들이 재판 외 법률서비스를 제공할 수 있도록 하는 내용의 법률서비스법(Rechtsdienstleistunggesetz, RDG)을 제정하였다.[26] 법률서비스법은 변호사가 아닌 자들이 재판 외 법률서비스를 제공할 수 있도록 하는 법률로서 관계당국의 허가를 받은 경우 법률상 정해진 법률서비스를 제공할 수 있다. 법률서비스법상 법률서비스로 추가로 인정되는 중요한 영역이 채권추심이다. 즉, 채권추심이 독립된 사업으로 운영되는 경우 제 3 자 채권추심 또는 제 3 자의 계산으로 양도된 채권을 추심할 목적으로 활동하는 것" 도 법률서비스에 포함된다(법률서비스법 2②).

5. 법률사건과 법률사무의 구분

(1) 개 념

법률사건과 법률사무에서 사건과 사무의 구별이 문제된다. 국어사전의 의미로 사건은 '우연히 발생한 일' 또는 '사회적으로 문제가 되거나 관심을 끌 만한 일' 등을, 사무는 '맡은

25 구 변호사법(2008. 3. 28. 법률 제8991호로 개정되기 전의 것) 제109조 제 1 호에서 정한 '기타 법률사무'라고 함은 법률상의 효과를 발생·변경·소멸시키는 사항의 처리 및 법률상의 효과를 보전하거나 명확하게 하는 사항의 처리를 뜻하는 것인데, 그러한 법률사무를 취급하는 행위는 법률상의 효과를 발생·변경·소멸·보전 또는 명확하게 하는 사항의 처리와 관련된 행위이면 족하고, 직접적으로 법률상의 효과를 발생·변경·소멸·보전 또는 명확하게 하는 행위에 한정되는 것은 아니다(대법원 2010. 10. 14. 2010도387).

26 오윤섭, 독일 법률서비스법 제정, (최신)외국법제 정보, 한국법제연구원, 2007, 59면 이하.

직무를 처리하거나 문서를 정리하는 일' 등으로 다양하다. 변호사법은 두 개념을 구분하지 않고 '법률사건' 또는 '법률사무'라는 용어를 사용하고 있다. 즉, ① 변호사법 제21조의2(법률사무소 개설요건) 제1항 '법률사무에 종사하거나', ② 제28조(장부의 작성·보관) 제2항 '수임한 법률사건이나 법률사무의 내용', ③ 제28조의2(수임사건의 건수 및 수임액의 보고) '수임사건의 건수', ④ 제29조(변호인선임서 등의 지방변호사회 경유) '법률사건이나 법률사무', ⑤ 제29조의2(변호인선임서 등의 미제출 변호 금지) '다음 각 호의 사건', ⑥ 제30조(연고 관계 등의 선전금지) '법률사건이나 법률사무', ⑦ 제31조(수임제한) '사건에 관하여는', ⑧ 제33조(독직행위의 금지) '수임하고 있는 사건', ⑨ 제34조(변호사가 아닌 자와의 동업 금지 등) '법률사건이나 법률사무', ⑩ 제35조(사건 유치 목적의 출입금지) '법률사건이나 법률사무', ⑪ 제36조(재판·수사기관 공무원의 사건 소개 금지) '법률사건이나 법률사무', ⑫ 제37조(직무취급자 등의 사건 소개 금지) '법률사건 또는 법률사무' 및 법무법인(제51조 공증한 사건)·법무법인(유한)(제58조의11 수임사건과 관련된 손해배상책임)·법무조합(제58조의25 수임사건과 관련된 손해배상책임)의 규정에서 이를 사용하고 있다.

(2) 법률사건과 법률사무의 내용

변호사법에서 법률사건과 법률사무를 비교적 분명하게 구분하고 있는 규정은 제109조 제1호라 할 수 있다. 법률사건에 관하여 '① 소송 사건, 비송 사건, 가사 조정 또는 심판 사건, ② 행정심판 또는 심사의 청구나 이의신청, 그 밖에 행정기관에 대한 불복신청 사건, ③ 수사기관에서 취급 중인 수사 사건, ④ 법령에 따라 설치된 조사기관에서 취급 중인 조사 사건, ⑤ 그 밖에 일반의 법률사건에 관하여'라고 규정하고 있다. 반면, 법률사무로 볼 수 있는 유형으로는 '감정·대리·중재·화해·청탁·법률상담 또는 법률관계 문서 작성, 그 밖의 법률사무'를 취급하거나 이러한 행위를 알선한 자로 규정하고 있다.

(3) 양자의 구별가능성 및 실익

변호사법 제109조에 의하면, 법률사건은 법원·수사기관·행정심판위원회·처분청·조사기관이 취급하고 있거나 취급했던 특정한 법적 분쟁이라고 할 수 있다. 법률사건에서 '법률'은 여러 법의 종류 중 대표적으로 '법률'을 말하는 것이고 이에 국한되는 것은 아니다. 그리고 법률사무는 법률사건을 처리하는 내용에 해당하는 구체적인 '행위유형'이라 할 수 있다. 또한 사건화되지 않은 업무 중에서 법적 관점으로 처리해 가는 일로 볼 수도 있다. 관념상으로 이렇게 구분해 볼 수 있지만, 명백하게 구분하기 쉽지 않다. 특정 문제에 대한 법률의견서를 작성한 경우 변호사의 입장에서는 자문사건이지만, 그 의뢰인은 법률사무를 처리한 것이라 할 수 있다. 변호사법은 두 개념을 구분해 사용하지만, 양자를 명확히 구분하고 있는 것은 아니다. 예컨대 변호사법 제28조 제2항은 수임장부에 수임사건과 수임사무의 내용을 기재하도록 하고 있다. 그런데 제28조의2 수임사건의 보고에서는 '수임사건의 건수와 수임료'를 보고하도록 한다. 그러나 수임장부에 기재한 '수임사무'에 대한 것은 보고하지 않아도 된다는 것은 아닐 것이다. 당연히 수임사무에 대한 수임건수와 수임료를 보고해야 한다. 또한 법무법인(유한)·법무조합은 '수임사건'과 관련된 손해배상책임이 있다. 여기서 수임사건이 아닌 '수임사무'와 관련해서도 손해배상책임이 있다고 해야 타당하고, 이 경우는 그 책임을 면제했다고 볼 수는 없다. 수임사건이란 용어도 수임한 소송사건과 법적 조력만 해주는 자문사건 또는 대리인으로 계약체결을 한 법률사무도 포함할 수 있다. 이 점에서 법률사건과 법률사무는 관념적으로 구별해 볼 수 있지만, 명확한 기준이 없어 결국 같은 개념을 달리 표현한 것으로 보아야 할 것이다.

6. 변리사·세무사 등의 직무 수행 여부

(1) 변리사법·세무사법의 규정

변호사는 변리사와 세무사의 직무를 수행할 수 있다. 변리사와 세무사의 직무는 변호사의 직무 중 일반 법률사무에 해당된다. 변호사법에 변리사와 세무사의 직무수행의 명시적인 근거는 두고 있지 않다. 다만, 해당 법률에서 별도로 그 자격과 업무범위를 규정하고 있다.

변리사시험에 합격한 사람과 「변호사법」에 따른 변호사 자격을 가진 사람으로서 대통령령으로 정하는 실무수습을 마친 사람은 변리사의 자격이 있다(변리사법 3⑵). 2016. 1. 27. 개정된 변리사법은 실무수습 이수제도를 신설한 취지를 다음과 같이 밝히고 있다. 즉, "현행법은 변호사 자격을 취득할 경우 자동으로 변리사 자격을 가질 수 있도록 되어 있으나 최근 정보기술의 발달과 산업의 다양화에 따라 변리사의 전문성을 제고하기 위해 변호사가 변리사 자격을 취득하려면 대통령령으로 정하는 실무수습을 이수하도록 하고, 변리사 결격사유를 강화하여 특허청 공무원이 정직 이상의 중징계 처분을 받을 경우 자격취득에 제한을 두도록 하며, 특허법인 설립의 최소구성원 요건을 완화하고 각종 규제에 대하여 3년마다 타당성을 검토하도록 하는 등 규제 개선 및 변리사 제도의 전문성과 공정성을 제고하려는 것임."

「변리사법」(이하 "법"이라 한다) 제3조 각 호(1. 집합교육, 2. 현장연수) 외의 부분에 따른 실무수습은 다음 각 호와 같이 구분한다(변리사법 시행령 2①). 제1항 제1호에 따른 집합교육(이하 "집합교육"이라 한다)의 시간은 250시간으로 한다(변리사업 시행령 2②). 제1항 제2호에 따른 현장연수(이하 "현장연수"라 한다)의 기간은 6개월로 한다(변리사법 시행령 2④).

세무사법에서도 세무사의 자격으로 변호사의 자격이 있는 자는 세무사의 자격이 있다(구 세무사법 3⑶)고 한 바 있다. 그러나 2017. 12. 26. 개정된 세무사법에서는 변호사의 자격이 있는 자에 대한 세무사 자격 부여 규정을 삭제하였다. 개정이유를 보면, "현행법은 변호사 자격을 취득할 경우 자동으로 세무사자격을 가질 수 있도록 되어 있으나 전문성이 요구되는 세무분야의 전문성을 제고하고 나아가 소비자들에게 고품질의 세무서비스를 제공하기 위하여 변호사의 세무사자격 자동취득을 삭제하려는 것임"이라고 밝히고 있다.

다만, 부칙 제2조(변호사의 세무사 자격에 관한 경과조치)에서는 "이 법 시행 당시 종전의 제3조 제3호에 따라 세무사의 자격이 있던 사람은 제3조 제3호의 개정규정에도 불구하고 세무사 자격이 있는 것으로 본다"라고 하여 기존에 이미 세무사 자격이 있는 변호사는 여전히 그 자격을 인정하고 있다.

(2) 직무수행의 범위와 한계

1) 우리와 달리 일본 변호사법 제3조는 '변호사는 당연히 변리사 및 세무사(세리사)의 사무를 행할 수 있다'고 명시하고 있다. 이는 변리사의 업무 또는 세무사의 업무는 어느 것이든 "일반 법률사무"에 해당하는 것으로 해석하기 때문에 이와 같이 규정한 것이다.[27]

2) 변호사법 제3조에서 규정한 법률사무는 거래당사자의 행위를 사실상 보조하는 업무를 수행하는 데 그치는 구 부동산중개업법(2005. 7. 29. 법률 제7638호 공인중개사의 업무 및 부동산 거래신고에 관한 법률로 전문 개정되기 전의 것) 제2조 제1호 소정의 중개행위와는 구별되는 것이고, 일반의 법률사무에 중개행위가 당연히 포함되는 것이라고 해석할 수 없다(대법원 2006. 5. 11. 2003두14888).

3) 세무사 자격시험에 합격하지 않은 변호사는 비록 세무사 자격이 있더라도 세무사법 부칙(2003. 12. 31) 제2조 제1항[28]의 적용 대상에 해당하지 않는 이상 세무사등록부에 세무사로 등록할 수 없다고 보는 것이 타당하다. 세무사와 변호사 등이 각자의 고유명칭으로 세무대리업무를 수행하게 하여 자격사별 책임을 명확히 하는 데 입법 목적이 있다(대법원 2012. 5. 24. 2012두1105 세무사등록신청반려처분취소).

4) 변리사법 제8조에 의하여 변리사에게 허용되는 소송대리의 범위 및 특허 등 침해를 청구원인으로 하는 침해금지청구 또는 손해배상청구 등과 같은 민사사건에서 변리사의 소송대리는 허용되지 않는다. 즉, 민사소송법 제87조는 "법률에 따라 재판상 행위를 할 수 있는 대리인 외에는 변호사가 아니면 소송대리인이 될 수 없다"라고 정하여 이른바 변호사

27 일본변호사연합회조사실 편저, 조해 변호사법, 25~26면.

28 **부칙〈법률 제7032호, 2003. 12. 31〉 제2조(세무사등록 등에 관한 경과조치)** ① 다음 각 호의 어느 하나에 해당하는 자는 제6조의 개정규정에도 불구하고 같은 조에 따라 세무사의 등록을 할 수 있다. 다만, 제3호의 사법연수생의 경우에는 사법연수원의 소정과정을 마치는 때부터 세무사의 등록을 할 수 있다. <개정 2011. 5. 2>

3. 이 법 시행 당시 종전의 제3조 제3호 및 제4호에 따라 세무사의 자격을 가진 자와 사법연수생(사법시험에 합격한 자를 포함한다)

소송대리의 원칙을 선언하고 있다. 한편 변리사법 제2조는 "변리사는 특허청 또는 법원에 대하여 특허, 실용신안, 디자인 또는 상표에 관한 사항을 대리하고 그 사항에 관한 감정과 그 밖의 사무를 수행하는 것을 업으로 한다"고 정하는데, 여기서 '특허, 실용신안, 디자인 또는 상표에 관한 사항'이란 특허·실용신안·디자인 또는 상표(이하 '특허 등'이라고 줄여 부른다)의 출원·등록, 특허 등에 관한 특허심판원의 각종 심판 및 특허심판원의 심결에 대한 심결취소소송을 의미한다. 따라서 "변리사는 특허, 실용신안, 디자인 또는 상표에 관한 사항의 소송대리인이 될 수 있다"고 정하는 변리사법 제8조에 의하여 변리사에게 허용되는 소송대리의 범위 역시 특허심판원의 심결에 대한 심결취소소송으로 한정되고, 현행법상 특허 등의 침해를 청구원인으로 하는 침해금지청구 또는 손해배상청구 등과 같은 민사사건에서 변리사의 소송대리는 허용되지 아니한다(대법원 2012. 10. 25. 2010다108104 [상표권침해금지등]).[29]

5) 변호사가 대한변리사회에 회원으로 가입하지 않았다는 이유로 변호사의 변리사 등록신청을 받아주지 아니한 대한변리사회의 처분은 부당하다는 재결이 확정된 바 있다(중앙행정심판위원회 2014. 6. 23). 아직 변리사등록조차 되지 않은 자에게 변리사회 가입의무가 존재한다고 볼 수 없으며, 변리사로 등록한 후 변리사법에 따라 대한변리사회에 가입하면 될 것이라고 밝히고 있다.

6) 법무법인이 구 「법인세법 시행규칙」(2014. 3. 14. 기획재정부령 제409호로 개정되기 전의 것, 이하 '구 법인세법 시행규칙'이라고 한다) 제50조의3[30] 및 구 「소득세법 시행규칙」(2013. 2. 23. 기획재정부령 제323호로 개정되기 전의 것, 이하 '구 소득세법 시행규칙'이라고 한다) 제65조의3[31]에 근거한 세무조정반 지정신청을 하였으나 관할 지방국세청장이 법무법인은 조정반 지정대상에 포함되지 않는다는 이유로 조정반지정 거부처분을 한 사안에서, 위 처분은 무효인 시행령 및 시행규칙에 근거하여 이루어진 것이어서 위법하다고 한 사례가 있다. 즉, 법인세법 시행령 제97조 제9항, 제10항과 소득세법 시행령 제131조 제2항, 제4항(이하 '시행령 조항'이라고 한다)

---

29 갑 등 변리사들이 상표권 침해를 청구원인으로 하는 민사소송에서 원고의 소송대리인 자격으로 상고장을 작성·제출한 사안에서, 위 상고는 변호사가 아니면서 재판상 행위를 대리할 수 없는 사람이 대리인으로 제기한 것으로 민사소송법 제87조에 위배되어 부적법하다고 한 사례(대법원 2012. 10. 25. 2010다108104 [상표권침해금지등]).

30 **「법인세법 시행규칙」[일부개정 2013. 9. 30.] [기획재정부령 제362호, 시행 2013. 9. 30.] 제50조의3(세무사)** ① 영 제97조 제10항에 따라 외부세무조정 대상법인의 세무조정계산서를 작성할 수 있는 세무사는 지방국세청장의 지정을 받은 조정반에 소속된 세무사로 한다. <개정 2010.3.31, 2010.6.30>

31 **「소득세법 시행규칙」[타법개정 2012. 8. 16.] [총리령 제992호, 시행 2012. 8. 18.] 제65조의3(세무사)** ① 영 제131조 제4항에 따라 조정계산서를 작성할 수 있는 세무사는 지방국세청장의 지정을 받은 조정반(이하 이 조에서 "조정반"이라 한다)에 소속된 세무사로 한다. <개정 2011. 3. 28>

② 조정반은 다음 각 호의 어느 하나에 해당하는 자 중에서 지정할 수 있다.

1. 2명 이상의 세무사(「세무사법」 제20조의2에 따라 등록한 공인회계사를 포함한다. 이하 이 조에서 같다)
2. 세무법인
3. 회계법인

및 법인세법 시행규칙 제50조의2, 구 법인세법 시행규칙 제50조의3과 구 소득세법 시행규칙 제65조의2, 제65조의3(이하 '시행규칙 조항'이라고 한다)이 정하는 것과 같은 내용의 납세의무자가 세무조정계산서의 작성을 외부 전문가에게 맡기도록 강제하는 제도(이하 '외부세무조정제도'라고 한다)는 국민의 기본권 및 기본적 의무와 관련된 것으로서 법률에서 정해야 할 본질적 사항에 해당하므로, 법률에서 적어도 적용대상 및 세무조정업무를 맡게 될 '외부'의 범위 등에 관한 기본적인 사항을 직접적으로 규정하고 있어야 하는데, 법인세법 제60조 제1항 및 제2항 제2호와 소득세법 제70조 제1항 및 제4항 제3호 중 조정계산서 관련 부분(이하 '모법조항'이라고 한다)에서는 단지 '대통령령으로 정하는 바에 따라 작성한' 세무조정계산서 등을 첨부해야 한다고만 정할 뿐, 외부세무조정제도에 관하여는 아무런 규정을 두고 있지 않으므로, 모법조항이 외부세무조정제도를 규정하고 있다고 볼 수 없는 점, 모법조항의 형식과 내용, 체계 및 취지에 비추어 보면 모법조항의 수권을 받은 시행령에 정해질 내용은 세무조정계산서의 형식 및 실질적 내용 등에 관한 것이라고 예상될 뿐 세무조정계산서의 작성 주체를 제한하는 내용까지 규정될 것으로 예상되지는 아니하는 점 등을 종합하여 보면, 시행령 조항은 모법조항의 위임 없이 규정된 것이거나 모법조항의 위임범위를 벗어난 것으로서 무효이고, 시행령 조항의 위임에 따른 시행규칙 조항 역시 무효이므로, 위 처분은 무효인 시행령 조항 및 시행규칙 조항에 근거하여 이루어진 것이어서 위법하다(대법원 2015. 8. 20. 선고 2012두23808 전원합의체 판결 조정반지정거부처분).

(3) 변호사의 변리사 자격 자동부여 제도 및 폐지 움직임

1) 변호사는 변리사법 제정 당시부터 변리사 자격도 인정받았다. 1961. 12. 23. 법률 제864호로 제정·시행된 변리사법 제3조는 변리사의 자격을 넓게 인정하였다.[32]

2) 변리사법 제정 당시에 변리사 자격을 널리 인정하여 변리사 직무의 활성화를 기하기 위해서는 그 자격사들이 많이 배출되어야 할 필요가 있었다. 세무사와 마찬가지로 단기간 내에 세무사와 변리사를 양산할 수 없었던 시대 상황 때문에 변호사에 대한 자동부여 제도가 도입되었다. 그러나 2014. 12. 12. 발의된 변리사법·세무사법안은 "변리·세무 분야는 고도의 전문성이 요구돼 변호사 자격을 취득했다는 이유만으로 변리사와 세무사 자격을 부여하는 것은 합리적 이유 없이 변호사에게 부당한 특혜를 주는 것"이라면서, 지적재산권 및 세무 분야의 전문성을 높여 소비자들에게 고품질의 변리·세무 서비스를 제공하기 위해

32 변리사법 [시행 1961. 12. 23.] [법률 제864호, 1961. 12. 23.] 제3조(자격) ① 만 20세 이상의 국민으로서 다음 각 호의 1에 해당하는 자는 변리사의 자격이 있다.
1. 변리사시험에 합격하여 1년 이상 실무수습을 마치고 전형에 합격한 자
2. 변호사법에 의하여 변호사의 자격을 가진 자로서 변리사등록을 한 자
3. 특허국에서 3급 이상의 공무원으로서 3년 이상 근속하여 심판 및 심사사무에 종사한 자

서는 변리사·세무사 자격 자동부여 제도는 폐지되어야 한다고 하였다. 그후 세무사법에서는 변호사에 대한 세무사 자격 자동부여 제도가 폐지된 것은 앞서 본 바 있다.

3) 변리사 자격 자동부여제도에 대하여 규제 또는 폐지하려는 움직임은 단순한 생존경쟁 차원에서의 직역분쟁으로 바라볼 문제는 아니다. 변호사의 직무에 변리사의 직무까지 포함된다는 일반론 외에 현실적으로 변호사에게 변리사의 직무를 수행할 충분한 능력이 있는지도 검토할 필요가 있다. 지금처럼 막연하게 변리사의 업무가 변호사의 법률사무에 해당된다는 이유만으로는 충분하지 않다. 변리사의 자격을 현재처럼 자동으로 부여받으려면, 변호사시험 과목에 지적재산법 등의 과목이 추가하는 등의 특단의 조치를 하여 변호사 자격 취득으로 변리사 직무수행도 가능하다는 객관적인 능력을 증명해야 한다. 그럼에도 변호사시험에 이런 과목을 추가하자는 논의도 찾아보기 어렵다. 따라서 대한변리사협회는 세무사법의 전례에 따라서 변호사의 변리사 자격 자동부여 제도를 폐지하려는 입법로비 활동을 치열하게 전개할 것으로 예상된다. 그러므로 변호사시험에 변리사의 자격을 유지할 수 있는 새로운 과목을 추가하는 등의 가시적 조치가 없으면, 장차 변호사에 대한 변리사 자격부여 법 조항도 삭제될 것으로 보인다.

⑷ 변리사의 특허 등의 침해소송대리권 문제

1) 변리사에게 인정되는 소송대리의 범위는 특허심판원의 심결에 한정되고, 특허침해소송의 소송대리권은 인정되지 않는다. 변리사에게 대리권이 허용되어야 한다는 특허침해소송의 구체적인 내용을 보면, 특허침해로 인한 손해배상, 침해금지, 가처분, 부당이득반환, 신용회복 청구 등이 포함된다. 특허침해로 인한 손해배상청구소송의 경우 민법 제750조 소정의 일반 불법행위와 마찬가지로 ① 특허권 등의 침해, ② 침해자의 고의 또는 과실, ③ 손해의 발생(적극적 손해, 소극적 손해, 정신적 손해), ④ 침해와 손해의 인과관계가 있을 것을 요한다. 특허권자는 손해배상청구 외에도 침해의 금지 또는 예방을 청구할 수 있고, 이에 대한 보전처분으로서 특허권침해의 금지를 구하는 가처분 신청도 활용되고 있다. 또한 특허권자는 신용회복을 위하여 필요한 조치를 청구할 수 있으며, 민법상의 부당이득반환청구권도 인정된다.[33]

2) 변리사가 특허침해소송의 대리권을 허용해야 한다는 주장은 다음과 같다. 변리사의 소송대리권의 범위에 대하여 변리사법은 '특허 등에 관한 사항'이라고 규정하고 있을 뿐 소송의 종류에 따른 제한을 하고 있지 않다. '심결취소소송'과 '특허침해소송'을 구분함이 없이 변리사의 소송대리권이 인정되는 것으로 규정하고 있다.[34] 그리고 ① 기술전문가인 변

---

33 헌재 2012. 8. 23. 2010헌마740 변리사법 제8조 등 위헌확인.

34 이승우, "변리사의 소송대리권에 관한 헌법재판소 결정의 평석 –변리사의 소송대리권의 범위를 중심으로–",

리사가 기술적 사항을 포함하고 있는 특허침해소송에 관여하는 것이 실체적 진실발견에 도움이 되고, 특허출원 단계에서부터 특허출원절차를 대리한 변리사가 특허침해소송을 하는 것이 능률적이다. ② 변리사법 제 8 조는 "변리사는 특허·실용신안·의장 또는 상표에 관한 사항에 관하여 소송대리인이 될 수 있다"는 규정이 민사소송법 제87조의 "법률에 따라 재판상 행위를 할 수 있는 대리인" 중에 변리사가 해당될 수 있다. ③ 특허전쟁시대에 국제적인 특허분쟁에서 우리의 기업을 보호하려면 기술전문성을 보유하고 있는 변리사의 특허분쟁처리능력을 활용하도록 할 필요가 있다고 한다. 그리고 변리사 시험과목으로 이미 민법개론, 행정법과 민사소송법이 포함됨으로 인하여 특허침해소송을 수행하는 데 필요한 과목은 대부분 검증을 거치고 있다고 한다.[35] ④ 특허침해소송에서 소송대리인의 능력은 특허, 실용신안, 디자인, 상표 등에 관한 기술에 대한 이해와 법적 판단능력이 요구되는데, 이러한 고도의 전문적 기술은 자연과학 및 공학계 출신의 실무적 경험이 있는 변리사가 변호사에 비하여 월등한 능력을 가지고 있고, 특허에 관한 법률적 판단에 관한 사항도 변리사가 변호사보다 더 많이 가지고 있다고 한다.[36]

3) 이와 달리 특허침해소송 대리권을 인정할 수 없다는 논거는 특허강국은 변리사 자격만으로 소송대리를 인정하지 않고 있으며, 변리사는 법률지식과 소송수행능력이 없고, 지식재산권 전문 변호사를 양성하는 법학전문대학원 도입 취지에도 반한다고 한다.[37] 그리고 변리사에게 특허법원의 심결취소소송 대리권이 인정된다고 하여 특허침해소송에서도 소송대리권을 주장하는 것은 무리이다. 민사소송법 제87조(소송대리인의 자격) 법률에 따라 재판상 행위를 할 수 있는 대리인 외에는 변호사가 아니면 소송대리인이 될 수 없다. 여기서 "법률에 의하여 재판상의 행위를 할 수 있는 대리인"은 상법상 지배인, 선박관리인, 선장처럼 당사자와 특별한 관계에 있는 자와 같이 법령이 특별히 소송대리권을 인정하는 대리인을 말하는 것이고, 변리사와 같이 개별 사건을 수임하여 처리하는 임의대리인을 말하는 것은 아니다.[38]

(5) 변호사와 변리사의 공동소송대리 주장

1) 특허침해소송에서 변리사의 단독대리가 허용되지 않는다면 원칙적으로 변호사와 공동으로 하도록 하되, 예외적인 경우에는 변리사의 단독대리를 인정하도록 하자는

헌법학연구 제19권 제 1 호(2013. 3), 299면.

35 신운환, "특허침해소송에서 변리사의 소송대리권 문제에 관한 연구 –과학기술 및 산업발전의 관점에서–", 행정법연구(2005년 하반기), 185~197면.

36 김남욱·최용전·정극원, "변리사 중심의 법조전문자격사 LDP 도입설계방안", 국가법연구(2018. 10), 63면.

37 대한변호사협회, 변리사법 개정안 반대의견, 2018. 5, 2~5면.

38 정형근, "법조 유사직역의 소송대리권 주장에 대한 비판적 검토", 경희법학 제54권 제 1 호(2019. 3), 58면 이하.

주장도 있다.[39] 예외적으로 단독대리를 허용하는 사유는 소송당사자가 변호사를 선임하려고 노력하였음에도 경제력 부족 등의 이유로 변호사를 선임하기 어려운 경우에는 변리사만을 단독 대리인으로 선임할 수 있도록 하자고 한다. 그러나 소송당사자가 변호사를 선임할 경제적 능력이 부족하다면 변리사 역시 선임하기 어려운 것은 마찬가지라 할 수 있다. 변리사의 선임비용은 변호사보다 저렴하다는 전제를 갖고 하는 주장인 것으로 보이지만, 결국 변리사 단독 소송대리권을 요구하는 것과 다름없는 주장이라 할 수 있다.

2) 이런 주장은 일본이 2002년 변리사법 개정을 통하여 변리사와 변호사 간 특허침해소송에 대한 공동대리권을 인정한 이후 더욱 강화되고 있다. 2002. 4. 17. 개정된 일본 변리사법 제6조의2(변리사의 업무) 제1항은 "변리사는 제25조의2 제1항에서 규정하는 특정침해소송대리업무시험에 합격하고, 또 제27조의3 제1항의 규정에 의하여 그 취지의 부기(附記)를 받은 때에는 특정침해소송에 관하여 변호사가 동일의 의뢰자로부터 수임하고 있는 사건에 한하여 그 소송대리인이 될 수 있다"라고 한다. 일본에서 변리사회에 등록만 하면 자동으로 변리사 자격이 주어짐에도 변리사회에 등록한 변호사 수는 전체 변리사 중에서 극소수(5%)라는 점에서 변호사와 변리사의 전문지식을 동시에 갖춘 변호사인력이 많지 않다는 점에서 공동대리권제도 도입의 기반이 되었다고 할 수 있다. 변리사법 제8조의 위헌성을 다투는 헌법소원심판 결정의 보충의견에도 변호사와 변리사의 공동소송대리를 허용함으로써 소송의 신속화 및 전문화를 도모하고 소송당사자의 권익을 충분히 보호할 수 있도록 입법적 조치를 취하는 방안을 검토하는 것이 바람직하다는 언급이 있다.[40]

(6) 변리사·세무사에게 소송대리권을 부여하자고 발의된 개정법률안

변리사·세무사·공인노무사·법무사들이 일부 영역의 소송대리를 할 수 있도록 하자는 개정법률안이 제출되고 폐기되는 일이 반복되고 있다. 특히 변리사·세무사의 진입규제 완화정책으로 해마다 많은 인원이 배출됨에 따라 직역확대를 위한 노력의 일환으로 변호사에게 주어진 자격을 삭제하려는 노력과 함께 소송대리권까지 획득하고자 하는 노력이 전개되고 있다. 세무사협회의 오랜 노력 끝에 2017년 세무사법 제3조 제3호 "변호사의 자격이 있는 자"를 삭제시키는 입법적 성공을 거두기도 하였다. 현재 법조 유사직역에서는 자신들의 업무와 관련된 소송대리권을 인정하는 개정법률안이 국

39 신운환, "특허침해소송에서 변리사의 소송대리권 문제에 관한 연구 – 과학기술 및 산업발전의 관점에서 –", 197면.

40 헌재 2012. 8. 23. 2010헌마740 변리사법 제8조 등 위헌확인.

회를 통과하도록 각종 시도를 다하고 있다.

1) 변리사법 개정안

2016. 6. 14. 발의된 변리사법 일부개정법률안은 변호사와 변리사의 공동 소송대리를 허용하자는 내용을 포함하고 있다.[41] 그 제안이유는 특허분쟁의 환경변화에 효과적으로 대응하지 못하고 있는 것이 현실이므로 소송당사자의 효과적인 권리구제를 위하여 소송당사자가 원하는 경우 특허 등의 권리에 관한 침해소송에 대하여 기술개발내용을 잘 알고 있는 변리사가 변호사와 공동으로 특허등 침해소송대리를 할 수 있도록 하자는 것 등을 제시하고 있다.

2016. 8. 31. 발의된 변리사법 일부개정법률안은 특허 등에 관한 침해소송(가처분, 가압류 등 보전처분을 포함한다)에 대하여 변호사와 공동으로 소송대리인이 될 수 있다는 내용과 함께 법원이 인정한 때에는 단독으로 출석할 수 있다는 내용을 포함하고 있다.[42] 이렇게 발의된 개정법률안은 변리사와 변호사와의 공동소송 단계에서 더 나아가 단독소송 대리권까지 확대시키고 있다. 이런 추세라면 변리사업무 관련한 형사사건의 변호인 지위도 허용하자는 개정법률안이 나올 것 같다. 그리고 국회는 2022. 5. 12. 특허권·상표권 등에 대한 침해소송에서 변리사의 공동소송대리권을 허용하는 변리사법 개정안을 상임위원회인 산업통상자원중소벤처기업위원회를 통과시킨 후 본회의 상정을 앞두고 있다.

2) 세무사법 개정안

2018. 11. 1. 발의된 세무사법 개정안에는 조세소송대리인 자격시험에 합격한 세무사는 조세소송대리인 자격을 부여하여 세무사의 조세소송대리권을 신설하는 내용을 포함하고 있다.[43] 그 제안이유는 현행 조세에 관한 사법절차상의 소송대리는 변호사에 전속되어

---

41 **변리사법 일부개정법률안**
변리사법 일부를 다음과 같이 개정한다.
제8조 제목 외의 부분을 제1항으로 하고, 같은 조에 제2항 및 제3항을 각각 다음과 같이 신설한다.
② 소송당사자의 효과적인 권리구제를 위하여 소송당사자가 원하는 경우 특허, 실용신안, 디자인 또는 상표에 관한 침해소송에 대하여 기술개발내용을 잘 알고 있는 변리사가 변호사와 공동으로 그 소송대리인이 될 수 있다.
③ 제2항에 따라 소송대리인이 된 변리사가 재판기일에 출석하는 경우에는 변호사와 함께 출석하여야 한다.

42 **변리사법 일부개정법률안**
변리사법 일부를 다음과 같이 개정한다.
제8조 제목 외의 부분을 제1항으로 하고, 같은 조에 제2항 및 제3항을 각각 다음과 같이 신설한다.
② 대통령령으로 정하는 바에 따라 대한변리사회가 주관하는 30시간 이상의 소송실무교육을 이수한 변리사는 특허, 실용신안, 디자인 또는 상표에 관한 침해소송(가처분, 가압류 등 보전처분을 포함한다)에 대하여 변호사와 공동으로 소송대리인이 될 수 있다.
③ 제2항에 따라 소송대리인이 된 변리사가 재판기일에 출석하는 경우에는 변호사와 함께 출석하여야 한다. 다만, 법원이 인정한 때에는 단독으로 출석할 수 있다.

43 **세무사법 일부개정법률안 주요내용**
가. 조세소송대리인 등록을 한 세무사의 경우 직무에 조세에 관한 소송대리를 추가함(안 제2조 제9호

있어 조세분쟁의 대부분을 차지하고 있는 소액조세분쟁의 경우 과다한 소송비용 부담 때문에 납세자가 소송을 포기하고 있다고 한다. 그리고 주요 선진국은 세무사의 소송대리 참여를 가능하도록 하여 조세소송에 있어서 소송당사자의 권리구제를 보다 효과적으로 지원하고 있으나, 우리나라는 아직까지 세무사의 조세에 관한 소송대리권이 인정되지 못하고 있는 현실이며, 법학전문대학원의 체제와 변호사 시험제도로는 세무를 전문으로 하는 변호사를 양성하기 어렵고, 세무를 전문으로 담당하는 법률가의 수가 너무 적기 때문에 납세자의 권리구제를 충분히 보장하기 위한 조세에 관한 소송대리를 담당하는 데에는 역부족이라고 한다. 따라서 조세에 관한 전문지식을 가진 세무사에게 조세에 관한 소송대리권을 부여함으로써 법률소비자의 선택권을 확대하고, 소송 전 포기되는 다수의 소액조세분쟁의 경우 저렴한 비용과 양질의 전문화된 법률서비스를 제공하는 등 납세자의 권리구제에 기여하려는 것이라고 한다.

신설).

나. 조세소송대리인 자격시험에 합격한 세무사는 조세소송대리인 자격을 부여함(안 제19조의16 신설).

다. 조세소송대리인 자격시험은 기획재정부장관이 매년 1회 이상 실시하고, 세무사 등록기간이 2년 이상인 세무사가 응시할 수 있도록 함(안 제19조의17 신설).

라. 조세에 관한 소송대리를 시작하려는 세무사는 세무사등록부에 조세소송대리인 등록을 하도록 함(안 제19조의18 신설).

마. 조세에 관한 소송대리를 시작하려는 세무사는 조세소송대리인 등록 전 조세소송 실무교육을 받도록 하고, 이후 매년 4시간 이상의 연수교육을 더 받도록 함(안 제19조의21 신설).

제 2 장

변호사의 자격

제4조 변호사의 자격

> **제4조(변호사의 자격)**
> 다음 각 호의 어느 하나에 해당하는 자는 변호사의 자격이 있다.
> 1. 사법시험에 합격하여 사법연수원의 과정을 마친 자
> 2. 판사나 검사의 자격이 있는 자
> 3. 변호사시험에 합격한 자

Ⅰ. 연 혁

(1) 1949. 11. 7. 제정된 변호사법은 성년 이상의 대한민국의 국민에게만 변호사의 자격을 인정했다. 즉, 성년 이상의 대한민국의 국민으로서 좌기 각호(① 수습변호사로서 1년 이상 수습을 마치고 고시에 합격한 자, ② 판사 또는 검사의 자격이 있는 자, ③ 수습변호사 또는 이와 동등 이상의 자격이 있는 자로서 국회사무처, 법원, 법무부, 검찰청, 법제처, 법원행정처, 국방부에서 2년 이상 법률사무를 전담한 자, ④ 수습변호사 또는 이와 동등 이상의 자격이 있는 자로서 2년 이상 공인된 법과대학의 법률학교수, 조교수의 직에 있던 자)의 1에 해당하는 자는 변호사의 자격이 있다(제3조 제1항). 전항 제1호의 실무수습과 고시에 관한 사항은 대통령령으로써 정한다(제3조 제2항).

당시의 민법은 20세가 되면 성년으로 인정하고 있었고, 변호사법에서도 성년은 변호사가 될 수 있도록 했다. 수습변호사로서 1년 이상 수습을 마치고 고시에 합격한 자 등 다양한 요건에 해당되는 자에게 변호사의 자격을 부여한 특징을 볼 수 있다. 그리고 변호사의 자격이 있는 외국인으로서 그 본국에서 변호사의 자격이 있는 대한민국 국민에 대하여 변호사의 자격을 인정하는 경우에 한하여 법무부장관의 인가를 얻어 변호사가 될 수 있도록 하였다(제6조). 다만, 외국인 또는 외국법 이외의 사항에 관한 사무는 처리할 수 없다(제6조 단서)고 하여 오늘날의 외국법자문사와 같은 역할을 인정한 바 있다.

(2) 1962. 4. 3. 개정된 변호사법 제 3 조는 성년 이상의 대한민국의 국민으로서 ① 고등고시사법과에 합격하여 사법대학원의 소정과정을 필한 자, ② 판사 또는 검사의 자격이 있는 자에게만 변호사의 자격을 인정한 바 있다.

(3) 1971. 12. 28. 개정된 변호사법 제 3 조 제 1 호는 '사법시험에 합격하여 사법연수원의 소정과정을 마친 자'로 변경하여 사법시험과 사법연수원 과정을 신설하게 되었다.

(4) 1996. 12. 12. 개정된 변호사법 제 3 조는 외국인도 변호사자격 취득이 가능하도록 변호사의 자격요건에서 '대한민국의 국민'이어야 한다는 국적요건을 삭제했다. 아울러 변호사등록취소사유 중 '국적상실'을 제외하였다. 이는 세계무역기구(WTO)체제의 출범과 우리나라가 경제협력개발기구(OECD)가입에 부응하여 외국인도 변호사자격을 취득할 수 있는 길을 열어주려는 취지에서였다. 국가공무원법에서도 원칙적으로 외국인도 공무원이 될 수 있도록 하고 있다.[1]

(5) 군법무관은 군법무관으로 임용된 때부터 「변호사법」 제 4 조에 따른 변호사의 자격이 있다. 그러나 군법무관은 여전히 국적요건을 필요로 한다. 즉, 「군인사법」 제10조 제 2 항 각 호(대한민국의 국적을 가지지 아니한 사람 또는 대한민국 국적과 외국 국적을 함께 가지고 있는 사람)의 어느 하나에 해당하는 사람은 군법무관 임용결격사유에 해당한다(군법무관 임용 등에 관한 법률 4(1)).

Ⅱ. 변호사의 자격이 있는 자

1. 사법시험에 합격하여 사법연수원의 과정을 마친 자(제 1 호)

(1) 사법연수원은 1970. 8. 7. 개정·시행된 법원조직법 제13장에서 신설되었다. 즉, 판사의 연수 및 사법연수생의 수습을 관장하기 위하여 대법원에 사법연수원을 둔다(법원조직법 8의3). 사법연수생은 사법시험에 합격한 자로서 대법원장이 임명하고 3급 상당의 공무원으로 하며(법원조직법 69의2①), 사법연수생의 수습기간은 2년으로 하고 수료 후 판사 또는 검사로서 5년 이상 근무하여야 한다(법원조직법 69의2②).

1 **국가공무원법 제26조의3(외국인과 복수국적자의 임용)** ① 국가기관의 장은 국가안보 및 보안·기밀에 관계되는 분야를 제외하고 국회규칙, 대법원규칙, 헌법재판소규칙, 중앙선거관리위원회규칙 또는 대통령령으로 정하는 바에 따라 외국인을 공무원으로 임용할 수 있다.
② 국가기관의 장은 다음 각 호의 어느 하나에 해당하는 분야로서 국회규칙, 대법원규칙, 헌법재판소규칙, 중앙선거관리위원회규칙 또는 대통령령으로 정하는 분야에는 복수국적자(대한민국 국적과 외국 국적을 함께 가진 사람을 말한다. 이하 같다)의 임용을 제한할 수 있다. <신설 2011. 5. 23.>
1. 국가의 존립과 헌법 기본질서의 유지를 위한 국가안보 분야
2. 내용이 누설되는 경우 국가의 이익을 해하게 되는 보안·기밀 분야
3. 외교, 국가 간 이해관계와 관련된 정책결정 및 집행 등 복수국적자의 임용이 부적합한 분야

(2) 그러나 당시의 변호사법(법률 제2329호, 1971. 12. 28. 일부개정)은 '사법시험에 합격하여 사법연수원의 소정과정을 마친 자'도 변호사의 자격을 인정하고 있었다. 따라서 사법연수원 수료 후에 판사 또는 검사로서 5년 이상 근무하여야 한다는 법원조직법의 규정은 훈시규정이었을 것으로 보인다.

(3) 검사는 ① 사법시험에 합격하여 사법연수원 과정을 마친 사람, ② 변호사 자격이 있는 사람 중에서 임명한다(검찰청법 29). 판사는 판사·검사·변호사 등의 직에 있던 사람 중에서 임용한다(법원조직법 42②). 이처럼 검사와 판사는 사법연수원의 수료 또는 법학전문대학원을 수료하고 변호사시험에 합격한 자를 전제하고 있다. 사법연수원은 통일적인 법조인 양성기관으로 판사·검사·변호사가 동일한 교육과정을 이수한 후 진로를 결정하게 되었기에 법조일원화의 근거가 되기도 했다.

2. 판사나 검사의 자격이 있는 자(제 2 호)

(1) 판사는 법원조직법에 따라 임용되며, 검사는 검찰청법에 따라 임명된다. 검찰청법은 '임명'이라고 하지만 '임용'의 의미이다. 공무원 관계의 발생·변경·소멸행위를 임용이라 한다.[2] "임용"이란 신규채용, 승진임용, 전직(轉職), 전보, 겸임, 파견, 강임(降任), 휴직, 직위해제, 정직, 강등, 복직, 면직, 해임 및 파면을 말한다(공무원임용령 2(1)). 공무원의 임용은 시험성적·근무성적, 그 밖의 능력의 실증에 따라 행한다(국가공무원법 26). 이를 임용의 원칙이라고 한다.

(2) 판사나 검사가 공무원으로 임용되어 판사와 검사의 자격을 갖게 되고 그 결과 변호사의 자격도 인정된다. 판사나 검사는 사법연수원 수료 또는 변호사시험의 합격으로 변호사 자격을 취득하고, 판사나 검사의 자격으로 다시 변호사 자격이 부여되는 특징이 있다. 판사와 검사가 사직하면 그 자격도 상실한다. 따라서 판사와 검사는 현직의 신분에서 변호사 자격을 취득하고 보유한다. 그러나 판사나 검사의 직에 있으면서 변호사의 자격자로서 그 직무를 수행할 수는 없다. 만약 판사나 검사가 변호사법 제36조 '재판·수사기관 공무원의 사건 소개 금지' 규정을 위반하거나, 변호사법 제37조 '직무취급자 등의 사건 소개 금지' 규정을 위반하거나 기타 보수를 받는 일에 종사하면 징계사유에 해당된다. 따라서 판사나 검사의 자격이 있는 자에게 인정하는 변호사 자격은 그 직을 사임한 후 변호사 직무를 수행할 수 있다는 의미를 지닌다. 판사나 검사 사직 후의 변호사 개업은 이른바 평생법관제 운영의 곤란과 전관예우의 문제점으로 지적되기도 한다. 그래서 판사나 검사 등의 공무원 직에 있다가 변호사 개업을 한 공직퇴임변호사에게 일정한 수임제한도 하고 있다

2 정형근, 행정법 제10판, 881면.

(변호사법 31③).

3. 변호사시험에 합격한 자(제 3 호)

(1) 2007. 7. 27. 제정된 「법학전문대학원 설치·운영에 관한 법률」[시행 2007. 9. 28.] 제 2 조(교육이념)는 국민의 다양한 기대와 요청에 부응하는 양질의 법률서비스를 제공하기 위하여 풍부한 교양, 인간 및 사회에 대한 깊은 이해와 자유·평등·정의를 지향하는 가치관을 바탕으로 건전한 직업윤리관과 복잡다기한 법적 분쟁을 전문적·효율적으로 해결할 수 있는 지식 및 능력을 갖춘 법조인을 양성하기 위하여 법학전문대학원을 설치하였다고 한다. 이는 기존의 사법시험을 통하여 판사·검사·변호사 또는 군법무관을 양성하여온 체제를 법학전문대학원을 신설하고 변호사시험을 도입하여 그 역할을 맡도록 한 데 그 의의가 있다.

(2) 법학전문대학원의 석사학위를 취득한 자는 변호사시험에 응시자격이 있으며(변호사시험법 5①), 법무부장관은 합격자가 결정되면 즉시 이를 공고하고, 합격자에게 합격증서를 발급하여야 한다(변호사시험법 11). 그러므로 변호사시험 합격발표가 있는 날부터 변호사의 자격이 인정된다. 법무부장관의 합격증서 교부는 합격사실을 확인하는 공증에 해당된다.

(3) 그리하여 2011. 5. 17. 개정·시행된 변호사법 제 4 조 '변호사의 자격'의 제 3 호에 '변호사시험에 합격한 자'라는 내용을 신설하였다. 다만, 변호사의 자격이 있더라도 법률사무종사기관에서 통산하여 6개월 이상 법률사무종사기관에서 법률사무에 종사하거나 대한변호사협회에서 연수를 마치지 아니하면 법률사무소의 개설과 법무법인 등의 구성원 변호사가 될 수 없고 일정한 수임제한을 받는다(변호사법 21의2①, 31의2).

(4) 따라서 변호사시험에 합격한 자는 합격 즉시 변호사 자격을 취득하여 자격등록도 할 수 있다. 그리고 호칭 역시 변호사로 불리지만, 6개월의 실무수습을 마치지 않으면 변호사의 직무는 수행할 수 없는 특징이 있다.

4. 군법무관의 변호사 자격

군법무관은 군법무관으로 임용된 때부터 「변호사법」 제 4 조에 따른 변호사의 자격이 있다. 다만, 제 3 조 제 1 호에 따라 군법무관으로 임용된 사람이 군법무관 시보로 임용된 날부터 10년을 복무하지 아니하고 전역(轉役)한 때(현역 복무에 부적합한 사람으로서 「군인사법」 제37조 제 1 항 제 1 호에 해당하여 각군 전역심사위원회의 심의를 거쳐 현역에서 전역하는 경우로서, 공무상 질병·부상으로 인한 전역임을 국방부장관이 확인한 경우는 제외한다)에는 그 때부터 그 자격을 상실한다(군법무관 임용 등에 관한 법률 7).

Ⅲ. 판사·검사에게 변호사 자격 부여와 전관예우 문제

(1) 법조계에 일상화된 전관비리 현상 앞에 변호사 직무의 공공성 규정은 흘러가는 물 위에 새겨놓은 듯 허망하다. 전관예우 근절을 위한 변호사법의 대책은 백약이 무효인 상태와 같다. 현재 전관예우 대책은 1년간 재직했던 법원, 검찰청 등 국가기관의 사건을 수임하지 못하게 하고, 법조윤리협의회가 뒤늦게 수임자료를 살펴보는 것뿐이다. 이는 실효성 없는 미봉책에 불과하다. 주기적으로 반복되는 법조비리는 문명사회의 수치요, 부끄러움이다. 이런 후진적 제도를 유지하고 있는 나라는 대한민국 외에는 없다.

(2) 사법정책연구원에서 발간된 연구보고서를 보면, 나이지리아, 중국 등의 일부 국가를 제외하고는 적어도 선진국 수준에서는 전관예우 현상이 잘 나타나지 않는다. 따라서 '예우'에 초점을 둔 좁은 의미의 전관예우 개념에 의하면 전관예우는 한국의 특유한 문제라고 할 수 있다.[3] 특권이 없고 정의로운 사회를 만들기 위한 궁극적인 해결책은 판사와 검사에게 변호사 자격을 부여하고 있는 변호사법 제4조 제2호를 삭제하는 것이다. 그리고 장차 개정될 헌법에 "법관, 검사는 변호사가 될 수 없다"라고 명시해야 한다.[4] 전관 변호사가 나오는 현행 제도 하에서는 법원, 검찰의 공정성은 의심받을 수밖에 없다. 일생을 고유한 직무에 전념하는 평생 법관제와 검사제를 위한 사법개혁이 필요하다.

(3) 판사는 판사로, 검사는 검사로 일생 동안 근무하다 퇴직하는 제도로 변경되어야 한다. 판사, 검사도 공직에 있는 것을 가치 있게 여기는 직업공무원 제도가 정립되어야 한다. 판검사의 변호사 개업제도는 권리로 인정되어 왔지만, 국민들의 눈에는 특권 중의 특권으로 보인다. 개업한 전관 변호사는 개인적 축재에 그친 것이 아니라, 법원 검찰의 명예는 물론 그 존립까지 위협하고 있다. 그들에 대한 온갖 의혹은 제대로 밝혀지지 않고 있다. 판검사의 변호사 개업 문제는 우리 시대에 폐지되어야 할 시급한 과제이다. 이렇게 해야 선진 문명국가의 사법제도로 발전할 수 있다. 앞으로 법원, 검찰은 재판, 수사업무에 전념하려는 소명감 가진 분들로 채워져야 한다. 따라서 경력법관이나 검사로 신규 임용되는 자는 향후 변호사 개업을 허용하지 않은 법 개정이 있어야 한다.

(4) 수사권 조정으로 경찰이 1차적인 수사종결권을 갖게 됨에 따라 경찰의 권한이 강력해졌다. 이에 따라 변호사 자격을 가진 경찰관이 퇴직 후에 변호사 개업을 하거나, 경찰 출신의 변호사들을 대규모 로펌에서 영입하는 경쟁을 벌리는 현상은 경찰에 대한 전관예우로 확산되어 가는 징조로 보인다.

---

3 사법정책연구원(연구책임자 차성안), "해외의 전관예우 규제사례와 국내 규제방안 모색(1) –퇴직법관의 변호사 개업에 대한 해외 규제사례–", 2019, 4면.

4 정형근, "법관, 검사는 변호사가 될 수 없다." 법률신문 2016. 6. 30.자.

(5) 변호사 자격 있는 공직자인 법관, 검사 등의 퇴직 후의 전관예우의 근절을 위한 구체적인 방안은 변호사법 제31조 제3항 '공직퇴임변호사의 수임제한' 관련 설명 중 "전관변호사의 개업금지와 법적 자문과 조언 역할 허용" 부분에 상세하게 기술하였다.

Ⅳ. 변호사의 자격과 호칭 문제

(1) 변호사는 변호사의 자격이 인정된 자이다. 사법연수원의 과정을 마친 자는 수료 후부터, 변호사시험에 합격한 자는 합격된 때로부터 변호사로 불린다. 반면, 판사나 검사로 있는 자는 변호사 자격이 있지만 변호사라고 하지 않는다. 변호사의 자격이 있다고 하여 변호사의 직무를 수행할 수 있는 것은 아니다. 변호사의 직무를 수행하기 위해서는 대한변호사협회에 등록하여야 한다(변호사법 112(4), 7①). 그리고 개업신고도 하여야 한다. 변호사 자격 등록과 개업을 한 후에 휴업을 한 변호사는 겸직제한을 받지 않고 영리행위 등을 할 수 있다(변호사법 38). 따라서 변호사는 그 고유의 직무를 수행하도록 창설된 제도이므로, 그 직무수행을 할 수 없는 자는 엄밀한 의미에서 변호사는 아니다. 변호사의 자격만으로 국민들의 변호사 조력을 받을 권리를 충족시킬 수 없기 때문이다.

(2) 그 때문에 변호사의 자격을 취득한 때부터 등록한 때(개업신고 포함)까지는 변호사로 표시하거나 호칭을 금지해야 한다는 변호사법 개정안이 제기되기도 하였다. 일반적으로 변호사의 자격 있는 자는 취업하거나 개업을 할 때 비로소 등록을 한다. 등록을 하지 않고 변호사의 직무를 하는 것을 방지하고, 관리감독의 충실을 기하기 위하여 등록 전에는 변호사 호칭을 쓸 수 없도록 할 필요는 있다. 반면, 변호사시험에 합격한 자가 6개월의 의무연수기간 동안에 변호사의 직무수행에 제한이 있다는 이유로 변호사의 호칭사용을 못하게 한다면 취업 등에서 불이익을 받는 문제가 있다. 또한 개업을 위한 등록을 하지 않더라도 변호사 호칭을 명예롭게 사용할 수 있는 사실상 이익도 고려해야 한다. 따라서 변호사의 자격만으로 그 직무를 수행할 때는 형사처벌(변호사법 112(4))로 규율하고 변호사의 호칭까지 금지할 일은 아니라 본다.

Ⅴ. 일본 변호사의 자격

일본 변호사법 제 4 조는 "사법 수습생의 수습을 종료한 자는 변호사가 될 자격을 가진다"라고 규정하고 있다. 변호사의 자격은 원칙적으로 1년간의 사법수습생의 수습을 마침으로써 취득한다. 변호사의 기본적인 자격은 판사·검사로 되기 위한 기본적인 자격과 동일하다. 1947년 최고재판소에 사법연수소가 설치된 이래 법조인양성제도가 운영되어온 결과 변호사에 대해서도 사법수습 종료자가 변호사의 대부분을 차지하게 되었다.[5] 그리고 일본 법무대신의 인정을 받은 자에 관한 변호사의 자격 특례규정을 두고 있다(변호사법 5). 우리나라는 변호사시험에 합격하는 순간 변호사 자격을 취득하고, 6개월 실무수습을 마친 후부터 변호사의 직무를 수행할 수 있는 것과 차이가 있다.

5 일본변호사연합회조사실 편저, 조해 변호사법, 31면.

제5조 변호사의 결격사유

제5조(변호사의 결격사유)
다음 각 호의 어느 하나에 해당하는 자는 변호사가 될 수 없다.
1. 금고 이상의 형(刑)을 선고받고 그 집행이 끝나거나 그 집행을 받지 아니하기로 확정된 후 5년이 지나지 아니한 자
2. 금고 이상의 형의 집행유예를 선고받고 그 유예기간이 지난 후 2년이 지나지 아니한 자
3. 금고 이상의 형의 선고유예를 받고 그 유예기간 중에 있는 자
4. 탄핵이나 징계처분에 의하여 파면되거나 이 법에 따라 제명된 후 5년이 지나지 아니한 자
5. 징계처분에 의하여 해임된 후 3년이 지나지 아니한 자
6. 징계처분에 의하여 면직된 후 2년이 지나지 아니한 자
7. 공무원 재직 중 징계처분에 의하여 정직되고 그 정직기간 중에 있는 자(이 경우 정직기간 중에 퇴직하더라도 해당 징계처분에 의한 정직기간이 끝날 때까지 정직기간 중에 있는 것으로 본다)
8. 피성년후견인 또는 피한정후견인
9. 파산선고를 받고 복권되지 아니한 자
10. 이 법에 따라 영구제명된 자

I. 연 혁

(1) 1949. 11. 7. 제정된 변호사법 제5조는 ① 금치산자 또는 준금치산자, ② 금고 이상의 형을 받은 자, ③ 징계처분에 의하여 면직된 자 또는 본법에 의하여 제명된 자로서 면직 또는 제명 후 2년을 경과하지 아니 한 자는 변호사의 자격이 없다고 하였다. 결격사유는 간략하지만 그 효과는 엄격하다. 금고 이상의 형의 선고를 받은 전력이 있는 자는 형집행 종료 여부와 상관없이 변호사가 될 수 없도록 하였다. 현행법은 형집행 종료 후 5년이 경과하면 변호사가 될 수 있도록 하는 점과 비교하면 상당히 가혹하다.

(2) 1962. 9. 24. 개정된 변호사법 제5조 제3호는 '탄핵 또는 징계처분에 의하여 파면이나 면직된 자 또는 본법에 의하여 제명된 자로서 파면, 면직 또는 제명 후 3년을 경과하지 아니한 자'라고 하여 '탄핵 또는 징계처분에 의하여 파면' 사유를 추가하면서 결격사유 기간을 2년에서 3년으로 연장하였다.

(3) 1973. 1. 25. 개정된 변호사법 제5조는 변호사의 품위향상과 변호사 직무의 성실성 및 적정성을 기하려는 취지로 결격사유를 대폭 확대하고 있다.[1] 그중 제1호 '금고 이상의 형의 선고를 받고 형법 제81조의 규정에 의한 형의 실효의 선고를 받지 아니한 자', 제2호 '형의 집행유예의 선고를 받고 그 기간이 만료된 후 3년을 경과하지 아니한 자', 제3호 '금고 이상의 형의 선고유예를 받고 2년을 경과하지 아니한 자', 제6호 '파산자로서 복권되지 아니한 자'를 신설하여 결격사유는 확대하면서 그 요건은 완화하여 일정기간이 경과하는 등의 사정이 있으면 변호사 자격을 회복하게 했다. 이처럼 결격사유의 확대는 변호사의 품위훼손 등의 심각한 문제에 대응하려는 의도와 결격사유에 비례한 제재규정을 구체화한 데 의의를 찾을 수 있다.

(4) 1982. 12. 31. 개정된 변호사법 제5조는 제1호 '금고 이상의 형을 받고 그 집행이 종료되거나 집행을 받지 아니하기로 확정된 후 3년을 경과하지 아니한 자', 제2호 '형의 집행유예를 받고 그 기간이 경과한 후 1년을 경과하지 아니한 자', 제3호 '금고 이상의 형의 선고유예를 받고 그 기간 중에 있는 자'로 종전의 결격사유를 다소 완화하였다.

(5) 2000. 1. 28. 개정된 변호사법 제5조는 대전과 의정부 등지에서 심각하게 대두된 법조비리를 척결하고 법조풍토를 쇄신하기 위하여 비리행위로 퇴직한 판사·검사 등에 대한 변호사 등록거부제도를 도입하면서 결격사유도 강화하였다. 그중 제1호와 제2호에서 금고 이상의 형과 집행유예 경과기간을 연장하였으며,[2] 변호사의 징계의 종류 중 영구제명제도를 도입하여 제7호에도 결격사유로 신설하였다.

(6) 2014. 5. 20. 개정된 변호사법 제5조 제6호는 '징계처분에 의하여 면직된 후 2년이 지나지 아니한 자'를 신설했다. 그런데 법관은 징계처분으로는 면직할 수 없으며(헌법

---

1 **변호사법[시행 1973. 1. 25.] [법률 제2452호, 1973. 1. 25. 일부개정] 제5조** 다음 각 호의 1에 해당하는 자는 변호사의 자격이 없다.

1. 금고 이상의 형의 선고를 받고 형법 제81조의 규정에 의한 형의 실효의 선고를 받지 아니한 자
2. 형의 집행유예의 선고를 받고 그 기간이 만료된 후 3년을 경과하지 아니한 자
3. 금고 이상의 형의 선고유예를 받고 2년을 경과하지 아니한 자
4. 탄핵 또는 징계처분에 의하여 파면이나 면직된 자 또는 이 법에 의하여 제명된 자로서 파면·면직 또는 제명 후 3년을 경과하지 아니한 자
5. 금치산자 또는 한정치산자
6. 파산자로서 복권되지 아니한 자

2 1. 금고 이상의 형을 선고받고 그 집행이 종료되거나 그 집행을 받지 아니하기로 확정된 후 5년을 경과하지 아니한 자
2. 금고 이상의 형의 집행유예를 선고받고 그 기간이 경과한 후 2년을 경과하지 아니한 자

106①),[3] 국가공무원법 제79조(징계의 종류), 경찰공무원법 제27조(징계의 절차) 역시 징계의 종류에 면직은 없다. 그러나 검사징계법은 징계의 종류로 '면직'을 두고 있다. 따라서 이 규정은 검사의 비위 행위를 예방하기 위하여 검사가 징계처분에 의하여 면직된 후 2년이 지나지 아니한 경우에는 변호사가 될 수 없도록 한 것이다.

(7) 2017. 12. 19. 개정된 변호사법 제 5 조 제 7 호를 신설하여 법관이나 검사 등이 정직 징계처분을 받은 후 퇴직하여 변호사 개업을 할 수 없도록 변호사 결격사유로 "공무원 재직 중 징계처분에 의하여 정직되고 그 정직기간 중에 있는 자를 추가"하였다.

Ⅱ. 변호사 결격사유의 의의

1. 변호사 자격취득을 위한 소극적 요건

변호사가 되려는 자에게 변호사의 결격사유가 존재하면 변호사가 될 수 없다. 법학전문대학원의 석사학위를 취득한 자는 변호사시험에 응시자격이 있지만(변호사시험법 5①), 그에게 변호사의 결격사유가 있으면 합격처분을 받을 수 없으며, 설령 합격되었더라도 취소될 것이다. 사법시험에 합격하여 사법연수원의 과정을 마쳤더라도, 또한 판사·검사의 자격이 있는 자라도 변호사의 결격사유가 있으면 변호사가 될 수 없다. 그 점에서 변호사의 결격사유는 최초로 변호사가 되려는 자의 소극적 자격요건이다.

2. 기존에 존재한 변호사 자격의 소멸사유

변호사의 결격사유는 이미 존재한 변호사 자격의 소멸사유에 해당된다. 변호사에게 결격사유가 발생하면 변호사의 자격이 박탈되기고 하고(영구제명), 일정기간 경과 후에 다시 그 자격을 회복하기도 한다. 개업변호사가 금고 이상의 형을 선고받거나, 형의 집행유예 또는 선고유예를 받아 결격사유에 해당되면 등록이 취소된다(변호사법 18①⑵). 결격사유 중 영구제명을 제외하고는 일정기간의 경과하거나 한정후견개시의 원인이 소멸된 경우 등에는 변호사의 자격을 회복할 수 있다. 그 점에서 여기서 결격사유가 발생하면 변호사의 자격이 그 기간 동안 정지된 것으로 이해할 수 있다. 변호사의 결격사유의 종류와 결격기간을 정하는 것은 중요한 입법정책에 해당된다. 변호사법은 국가공무원법 제33조 공무원의 결격사유에 관한 규정을 참조하고 있다. 공무원의 임용결격사유 중 변호사의 자격인정에 관한 소극적 요건은 동일하다.[4]

---

3 법관은 … 징계처분에 의하지 아니하고는 정직·감봉 기타 불리한 처분을 받지 아니한다(헌법 106①).

4 **국가공무원법 제33조(결격사유)** 다음 각 호의 어느 하나에 해당하는 자는 공무원으로 임용될 수 없다.

3. 변호사 결격사유 중 변호사 직무수행은 형사처벌

변호사의 결격사유에 해당되면 변호사가 될 수 없고, 변호사 자격을 가진 자는 그 자격등록이 취소된다. 현실적으로 자격등록이 취소되지 않았을지라도 변호사의 직무를 수행할 수 없다. 대한변호사협회가 변호사 자격등록을 취소한 행위는 결격사유에 해당됨을 확인하는 사후행위에 해당된다. 따라서 변호사가 결격사유에 해당된 상태에서 변호사의 직무를 수행한다면 변호사법 제112조 제 4 호 "대한변호사협회에 등록을 하지 아니하고 변호사의 직무를 수행한 자"에 해당되어 형사처벌의 대상이 된다.

Ⅲ. 변호사가 될 수 없는 결격사유

1. 금고 이상의 형(刑)을 선고받고 그 집행이 끝나거나 그 집행을 받지 아니하기로 확정된 후 5년이 지나지 아니한 자(제 1 호)

(1) 변호사가 '금고 이상의 형'을 선고받아야 한다.[5] '금고 이상의 형'이란 형법상 형의 종류 중 사형, 징역, 금고를 말한다(형법 41). 금고 이상의 형을 선고받은 이유는 불문한다. 죄의 종류를 불문하며, 고의범이나 과실범이든 묻지 않는다. 범죄의 피해자가 그 변호사의 의뢰인이든 제 3 자이든 상관없다.

(2) 변호사가 금고 이상의 형을 선고받고 그 집행이 끝나야 한다. '집행이 끝나거나'는 선고받은 금고 또는 징역형의 기간 동안 복역한 것을 말한다. 또한 변호사가 금고 이상의 형을 선고받고 '그 집행을 받지 아니하기로 확정'되어야 한다. 이는 형을 선고받은 후 복역 중 가석방되어 가석방 기간을 경과하거나(형법 76①), 선고받은 형의 시효가 완성되어 그 집행이 면제된 것(형법 77)을 말한다. 또한 사면법에 의하여 형의 집행이 면제되는 특별사면 또는 형의 집행을 경감하는 특정한 자에 대한 감형(사면법 5)을 받은 경우도 이에 해당된다.

---

1. 피성년후견인 또는 피한정후견인
2. 파산선고를 받고 복권되지 아니한 자
3. 금고 이상의 실형을 선고받고 그 집행이 종료되거나 집행을 받지 아니하기로 확정된 후 5년이 지나지 아니한 자
4. 금고 이상의 형을 선고받고 그 집행유예 기간이 끝난 날부터 2년이 지나지 아니한 자
5. 금고 이상의 형의 선고유예를 받은 경우에 그 선고유예 기간 중에 있는 자
6. 법원의 판결 또는 다른 법률에 따라 자격이 상실되거나 정지된 자

6의2. 공무원으로 재직기간 중 직무와 관련하여 「형법」 제355조 및 제356조에 규정된 죄를 범한 자로서 300만원 이상의 벌금형을 선고받고 그 형이 확정된 후 2년이 지나지 아니한 자

7. 징계로 파면처분을 받은 때부터 5년이 지나지 아니한 자
8. 징계로 해임처분을 받은 때부터 3년이 지나지 아니한 자

5 이하 변호사의 결격사유의 설명에서 변호사의 자격이 있는 자를 중심으로 기술한다.

(3) 등록된 변호사가 금고 이상의 형을 선고받아 그 형이 확정되면 그와 동시에 변호사 자격도 상실된다. 변호사에게 결격사유가 발생하면 대한변호사협회는 그 변호사의 등록을 취소할 수 있으며(변호사법 18), 법무부장관은 등록취소를 명할 수 있다(변호사법 19). 법무부장관의 등록취소명령은 변호사가 형의 선고를 받아 결격사유가 발생했음에도 대한변호사협회가 그 사실을 알지 못하고 있을 때 실효성이 크다.

(4) 변호사의 자격상실 시기가 언제인지 문제된다. 대한변호사협회의 등록취소가 있을 때 비로소 변호사의 자격이 상실되는 것은 아니다. 판례는, 등록취소는 변호사로서의 신분 또는 자격을 상실하고 있다는 사실을 공적으로 증명하는 행위라고 해석하여야 할 것이므로, 비록 변호사가 결격사유에 해당되면 바로 변호사로서의 신분 또는 자격을 상실하는 것으로서 가사 위와 같은 경우에 변호사명부의 등록이 취소되지 아니하고 남아있다 하더라도 이는 변호사라 할 수 없고, 변호사의 직무를 행할 수 없다고 할 것(대법원 1974. 5. 14. 74누2)이라고 한다. 따라서 결격사유에 해당되면 곧바로 변호사의 자격이 상실된다.

(5) 변호사가 금고 이상의 형을 선고받고 그 집행이 끝나거나 그 집행을 받지 아니하기로 확정된 후 5년이 지나지 아니하여야 한다. 여기서 '5년이 지나지 아니한 자'란 집행이 끝나거나 그 집행을 받지 아니하기로 확정된 다음날부터 기산하여(초일 불산입 원칙) 5년이 지나지 않은 자를 말한다. 그리고 대한변호사협회는 형의 집행을 종료하거나 집행을 면제받은 변호사의 재등록 신청이 있을 때 5년의 경과 여부를 확인한다.

(6) 헌법재판소는 이 규정이 직업선택의 자유를 침해하지 아니하며,[6] 변호사의 직무와 무관한 범죄로 금고 이상의 형을 선고받은 경우도 결격 사유로 규정하고 있더라도 평등원칙에 위배되지 않는다(헌재 2006. 4. 27. 2005헌마997)[7]고 결정한 바 있다.

---

6 입법자는 변호사제도를 도입하여 법률사무전반을 변호사에게 독점시키고 그 직무수행을 엄격히 통제하고 있으며, 일반적으로 법률사건은 당사자 및 이해관계인의 생명, 신체, 명예 및 재산 등의 권리, 의무에 관한 다툼이나 의문에 대한 사건으로서 그 사무처리에 있어서 고도의 법률지식을 요하고 공정성과 신뢰성이 요구된다는 점을 생각할 때, 이 사건 법률조항은 그 입법목적의 정당성이 인정된다. 또한 금고 이상의 형을 선고받고 그 집행이 종료된 후 5년을 경과하지 아니한 자가 변호사가 될 수 없도록 제한한 것은 변호사의 공공성과 변호사에 대한 국민의 신뢰를 보호하고자 하는 입법목적의 달성에 적절한 수단이며, 이 사건 법률조항은 결격사유에 해당하는 자의 변호사 활동을 영원히 박탈하는 조항이 아니라 5년간 변호사 활동을 금지하고 윤리의식을 제고할 시간을 주는 것으로서 직업선택의 자유를 일정 기간 제한하는 것이므로, 이로써 보호하고자 하는 공익이 결격사유에 해당하는 자가 직업을 선택할 수 없는 불이익보다 크다.
또한 법원이 범죄의 모든 정황을 고려한 후 금고 이상의 형의 판결을 하였다면 그와 같은 사실만으로는 사회적 비난가능성이 높다고 할 것이며, 사회질서유지 및 사회정의 실현이라는 변호사의 사명을 고려할 때, 변호사의 결격 사유인 금고 이상의 형의 원인이 된 범죄행위가 그 직무관련범죄로 한정되는 것은 아니다. 그렇다면 이 사건 법률조항이 청구인의 직업선택의 자유를 침해할 정도로 입법형성의 재량을 일탈한 것이라고 볼 수는 없다(헌재 2006. 4. 27. 2005헌마997).

7 변호사의 독점적 지위가 법률사무 전반에 미치는 점, 변호사의 직무에는 국가·지방자치단체 기타 공공기관의 위촉 등에 의하여 소송에 관한 행위 및 행정처분의 청구에 관한 대리행위와 일반 법률사무가 포함되어 있는 점 등을 고려할 때, 변호사의 직무는 보다 공공적인 성격이 강하여 변호사는 법제도 및 준법에

2. 금고 이상의 형의 집행유예를 선고받고 그 유예기간이 지난 후 2년이 지나지 아니한 자(제2호)

⑴ 변호사가 금고 이상의 형의 집행유예를 선고받아야 한다. 집행유예는 3년 이하의 징역 또는 금고의 형을 선고할 경우에 제51조의 사항을 참작하여 그 정상에 참작할 만한 사유가 있는 때에는 1년 이상 5년 이하의 기간 형의 집행을 유예할 수 있다(형법 62① 본문).

⑵ 선고받은 집행유예 기간이 지난 후 2년이 지나지 않아야 한다. 집행유예 기간이 경과한 후 다시 2년의 기간을 둔 것은 반성의 기회부여와 함께 선량한 시민으로서의 사회적응을 한 후에 변호사 자격을 취득하거나 재등록을 하라는 취지로 보인다. 집행유예 기간이 지난 후 결격사유가 소멸되는 기간을 몇 년으로 할 것인지는 입법정책 문제에 해당된다. 1973. 1. 25. 개정된 변호사법 제5조 제2호는 '형의 집행유예의 선고를 받고 그 기간이 만료된 후 3년을 경과하지 아니한 자'로 하였다가, 1982. 12. 31. 개정된 변호사법 제5조 제2호는 '형의 집행유예를 받고 그 기간이 경과한 후 1년을 경과하지 아니한 자'로 완화한 바 있다. 그 후 2000. 7. 29. 시행된 변호사법 제5조 제2호에서 현행 변호사법의 규정처럼 2년으로 변경하였다.

3. 금고 이상의 형의 선고유예를 받고 그 유예기간 중에 있는 자(제3호)

⑴ 변호사가 금고 이상의 형의 선고유예를 받아야 한다. 선고유예는 1년 이하의 징역이나 금고, 자격정지 또는 벌금의 형을 선고할 경우에 제51조(양형의 조건)의 사항을 참작하여 개전의 정상이 현저한 때에는 그 선고를 유예할 수 있다(형법 59①). 금고 이상의 형이 아닌 변호사의 자격정지 형을 선고받은 경우에는 그 정지 기간 동안 결격사유에 해당되지만, 벌금형을 선고받으면 결격사유에 해당되지 않는다.

⑵ 변호사가 선고유예를 받고 그 유예기간 중에 있어야 한다. 형의 선고유예를 받은 날로부터 2년을 경과한 때에는 면소된 것으로 간주한다(형법 60). 선고유예 기간은 언제나 2년이며, 집행유예처럼 유예기간을 별도로 정하는 것은 아니다. 따라서 선고유예를 받은 변호사는 2년 동안 변호사의 자격을 상실한다. 그 유예기간이 지난 후에는 재등록 신청을 할 수 있다.

대한 보다 고양된 윤리성을 갖추는 것이 필요하므로, 의료법, 약사법, 관세사법에서 결격사유가 되는 금고 이상의 형의 선고를 받은 범죄를 직무관련범죄로 한정하고 있는 것과 달리, 이 사건 법률조항이 변호사의 결격사유로서의 범죄의 종류를 당해 업무수행의 공익성 및 공정성을 저해하는 것으로 제한하지 아니하고 금고 이상의 형의 선고를 받은 모든 경우로 정하고 있다고 하더라도, 이러한 차별취급이 합리성과 형평에 반한다고 할 수 없다(헌재 2006. 4. 27. 2005헌마997).

4. 탄핵이나 징계처분에 의하여 파면되거나 이 법에 따라 제명된 후 5년이 지나지 아니한 자(제4호)

(1) 탄핵에 의하여 파면

1) 변호사의 자격 있는 공무원이 국회의 탄핵 소추를 받아 헌법재판소로부터 해당 공직에서 파면하는 결정을 받아야 한다. 대통령·국무총리·국무위원·행정각부의 장·헌법재판소 재판관·법관·중앙선거관리위원회 위원·감사원장·감사위원 기타 법률이 정한 공무원이 그 직무집행에 있어서 헌법이나 법률을 위배한 때에는 국회는 탄핵의 소추를 의결할 수 있다(헌법 65①). 여기서 '기타 법률이 정한 공무원'은 「검찰청법」 제37조(검사), 「경찰법」 제11조 제6항(경찰청장), 「선거관리위원회법」 제9조(각급 선거관리위원회 위원)를 들 수 있다. 탄핵심판 청구가 이유 있는 경우에는 헌법재판소는 피청구인을 해당 공직에서 파면하는 결정을 선고한다(헌법재판소법 53①).

2) 변호사의 자격을 가진 공무원이 탄핵을 받아 공직에서 파면결정을 선고받으면 변호사의 자격이 상실된다. 법관이나 검사 등과 같이 변호사의 자격이 있는 공무원이 탄핵을 받아 파면되면 5년이 지나지 아니하면 변호사가 될 수 없다. 개업 중인 변호사는 헌법상 탄핵대상자가 아니다. 그러므로 이 결격사유는 변호사의 자격이 있던 공무원이 탄핵으로 파면을 당하면 변호사 개업을 위한 등록을 할 수 없다는 데 그 의의가 있다. 변호사의 자격을 가진 대통령에 대한 탄핵소추 사건에서 헌법재판소의 인용결정이 있었다면 이 사유에 해당될 수 있다.[8]

(2) 징계처분에 의하여 파면

1) 변호사가 징계처분에 의하여 파면되어야 한다. 여기서 징계처분은 국가공무원법과 같은 공무원 관련법령에 의한 것이 당연히 포함된다. 공법인이나 기업체에도 인사규정과 같은 내부규범으로 '파면, 해임, 정직, 견책' 등의 징계를 할 수 있다.[9] 이 경우의 파면도 변호사의 결격사유에 해당되는지 문제된다. 파면이나 해임과 같은 징계처분은 신분상 불이익

---

8 국회는 2004. 3. 12. 제246회 국회(임시회) 제2차 본회의에서 유용태·홍사덕 의원 외 157인이 발의한 '대통령(노무현)탄핵소추안'을 상정하여 재적의원 271인 중 193인의 찬성으로 가결하였다. 소추위원인 국회 법제사법위원회 위원장 김기춘은 헌법재판소법 제49조 제2항에 따라 소추의결서의 정본을 같은 날 헌법재판소에 제출하여 피청구인에 대한 탄핵심판을 청구하였다(헌재 2004. 5. 14. 2004헌나1 대통령(노무현) 탄핵).

9 감사원이 2010. 12. 21부터 2011. 3. 25까지 2차례에 걸쳐 원고(교통안전공단)에 대한 감사를 하고, 그 후 수사기관이 위 감사 결과를 기초로 참가인들을 포함한 원고의 인사 관련 금품수수 비리혐의 의심자 등에 대하여 수사를 진행한 결과 참가인들의 위 금품수수 비위행위가 발견되었고, 원고가 피고보조참가인 1, 2의 위 금품수수 비위행위에 대하여 2011. 11. 20. 징계의결을 요구하여 징계위원회 의결 등을 거친 후 위 참가인들은 최종적으로 2011. 12. 13. 각 파면처분을 받았으며, 원고는 피고보조참가인 3, 4의 위 금품수수 비위행위에 대하여 2012. 1. 5. 징계의결을 요구하여 징계위원회 의결 등을 거친 후 위 참가인들은 최종적으로 2012. 1. 26. 각 파면처분을 받았다(대법원 2014. 6. 12. 2014두4931 부당해고구제재심판정취소).

이 큰 것이므로 징계사유가 명확해야 하고, 징계절차 역시 공정해야 하며, 그 처분에 대한 불복제도가 보장되어야 하고, 그 절차 역시 사법절차가 준용되어야 하는 등으로 엄격히 해석해야 된다는 점에서 공무원법상의 징계로 한정해야 할 것으로 본다. 그러므로 여기서 파면은 '공무원으로서 징계처분에 의하여 파면'된 경우로 볼 것이다.[10]

2) 일본 변호사법은 '특정한 직업'의 징계처분과 '공무원'의 징계면직(제 7 조 제 3 호)으로 구분하고 있다. 즉, "징계처분에 의하여 변호사 또는 외국법 사무 변호사로서 제명되고, 변리사로서 업무가 금지되고, 공인회계사로서 등록이 말소되고, 세무사로서 업무가 금지되거나 공무원으로서 면직되고, 그 처분을 받은 날로부터 3년을 경과하지 않은 자"는 변호사가 되는 자격을 가지지 아니한다. 이처럼 변리사, 공인회계사, 세무사가 업무금지처분을 받았을 때는 3년 동안 변호사가 될 수 없다. 변호사는 당연히 변리사 및 세무사의 사무를 행할 수 있다(일본 변호사법 3②). 따라서 변호사가 변리사, 세무사 지위에서 업무금지처분을 받았을 때도 3년간 변호사 직무를 수행할 수 없다. 공인회계사의 자격을 가진 변호사 역시 마찬가지로 해석된다.

우리나라 변호사 중에 변리사, 세무사 자격을 가진 자가 변리사, 세무사 업무 중에 징계처분을 받은 경우(변리사는 특허청장, 세무사는 기획재정부장관)에 변호사법에는 이를 결격사유로 정하지 않고 있다. 다만, 해당 변호사에 대하여 '직무의 내외를 막론하고 변호사로서의 품위를 손상하는 행위를 한 경우'라는 징계사유에 해당된다고 할 수 있으므로(변호사법 91②(3)), 해당 변호사를 징계할 수 있다.

3) 일본은 공무원이 '면직'된 경우만을 규정하고 있음에 반하여 우리 변호사법은 징계처분에 의하여 파면, 해임, 면직, 정직처분을 변호사 결격사유로 하고 있다. 법관, 검사 등의 공무원으로 재직 중 저런 징계처분을 받은 사례가 빈번하다 보니 변호사 결격사유가 날로 추가되고 있다. 이런 징계처분은 공무원으로 재직 중에 받은 것이라는 점은 변호사 등록거부사유에 관한 변호사법 제 8 조 제 1 항 제 4 호[공무원 재직 중의 위법행위로 인하여 형사소추(과실범으로 공소제기되는 경우는 제외한다) 또는 징계처분[파면, 해임, 면직 및 정직(해당 징계처분에 의한 정직기간이 끝나기 전인 경우에 한정한다)은 제외한다]에 따라 징계처분을 받거나 그 위법행위와 관련하여 퇴직한 자로서 변호사 직무를 수행하는 것이 현저히 부적당하다고 인정되는 자]를 보더라도 알 수 있다.

4) 「국가공무원법」상 징계는 파면·해임·강등·정직·감봉·견책으로 구분한다(제79조). 경찰공무원의 징계는 징계위원회의 의결을 거쳐 징계위원회가 설치된 소속 기관의 장이 하

10 변호사법 제22조(사무직원) 제 2 항 제 2 호는 '공무원으로서 징계처분에 의하여 파면되거나 해임된 후 3년이 지나지 아니한 자'로 하고 있다.

되,「국가공무원법」에 따라 국무총리 소속으로 설치된 징계위원회에서 의결한 징계는 경찰청장이 한다. 다만, 파면·해임·강등 및 정직은 징계위원회의 의결을 거쳐 해당 경찰공무원의 임용권자가 하되, 경정 이상의 파면·해임·강등 및 정직은 다음 각 호[11]의 절차에 따른다(경찰공무원법 27).「법원공무원규칙」은 소속 공무원에 대한 징계는 중징계 또는 경징계로 구분하고 있는데(제96조 제2항), 여기서 '중징계'란 파면·해임·강등 또는 정직을, '경징계'란 감봉 또는 견책을 말한다(법원공무원규칙 3(5)). 따라서 변호사의 자격이 있는 자가 행정부 또는 법원공무원 등으로 재직 중 파면처분을 당하면 변호사의 결격사유가 된다.

5) 징계처분 중 강등은 결격사유에 해당되지 않고, 등록거부사유(변호사법 8①)로도 분류하지 않고 있다. 강등은 1계급 아래로 직급을 내리고(고위공무원단에 속하는 공무원은 3급으로 임용하고, 연구관 및 지도관은 연구사 및 지도사로 한다) 공무원신분은 보유하나 3개월간 직무에 종사하지 못하며 그 기간 중 보수는 전액을 감한다. 다만, 제4조 제2항에 따라 계급을 구분하지 아니하는 공무원과 임기제공무원에 대해서는 강등을 적용하지 아니한다(국가공무원법 80①).

6) 강등은 1계급 아래로 직급을 내리는 징계처분으로 정직보다 무거운 징계의 일종으로 그 비위사실이 중하기 때문에 일정 기간 결격사유를 정함이 타당할 것이다. 법관과 검사징계법은 강등처분이 없지만, 다른 공무원에게는 해당될 수 있으므로 이를 규율할 필요가 있다. 변호사의 등록거부사유에 관한 변호사법 제8조 제1항 제4호 "공무원의 재직 중의 위법행위로 징계처분을 받거나 … 변호사 직무를 수행하는 것이 현저히 부적당하다고 인정되는 자"인 경우에는 등록심사위원회의 의결을 거쳐 1년 이상 2년 이하의 등록금지기간을 정하여야 한다. 이 규정에 근거하여 강등처분을 받고 퇴직한 자는 1년에서 2년 이하의 등록금지기간을 정할 수 있다.

7) 그러나 법관과 검사는 징계처분에 의하여 파면될 수 없다. 즉, 법관은 탄핵 또는 금고 이상의 형의 선고에 의하지 아니하고는 파면되지 아니하며, 징계처분에 의하지 아니하고는 정직·감봉 기타 불리한 처분을 받지 아니한다(헌법 106①). 법관에 대한 징계처분은 정직·감봉·견책의 세 종류로 한다(법관징계법 3①). 헌법은 법관이 금고 이상의 형의 선고에 의해서만 파면할 수 있도록 하였기에 법관징계법에는 파면을 두고 있지 않다. 아울러 검사의 징계는 해임, 면직, 정직, 감봉 및 견책으로 구분한다(검사징계법 3①). 따라서 파면대상 변호사의 자격자는 법관과 검사를 제외한 공무원이라 할 수 있다.

---

11 1. 경찰청 소속 경무관 이상의 강등 및 정직과 경정 이상의 파면 및 해임은 경찰청장의 제청으로 행정자치부장관과 국무총리를 거쳐 대통령이 한다.
2. 국민안전처 소속 경무관 이상의 강등 및 정직과 경정 이상의 파면 및 해임은 국민안전처장관의 제청으로 국무총리를 거쳐 대통령이 한다.
3. 총경 및 경정의 강등 및 정직은 경찰청장이 한다.

(3) 변호사법에 따른 제명

변호사가 대한변호사협회의 변협징계위원회 또는 법무부의 변호사징계위원회에서 제명처분을 받았어야 한다. 변호사에 대한 징계는 영구제명, 제명, 3년 이하의 정직, 3천만원 이하의 과태료, 견책 다섯 종류로 한다(변호사법 90). 제명에 해당하는 징계사유로는(3년 이하의 정직, 3천만원 이하의 과태료, 견책도 같다.) ① 이 법을 위반한 경우, ② 소속 지방변호사회나 대한변호사협회의 회칙을 위반한 경우, ③ 직무의 내외를 막론하고 변호사로서의 품위를 손상하는 행위를 한 경우이다(변호사법 91②). 대한변호사협회장은 제명 징계결정이 효력을 발생하면 즉시 징계혐의자의 변호사등록원부에 그 징계결정의 내용을 기재하여 등록을 취소하고 변호사등록원부를 말소한다(변호사징계규칙 43①(2)).

(4) 5년이 지나지 아니한 자

변호사가 탄핵이나 징계처분으로 파면되거나 제명을 당하면 5년간 변호사의 결격사유에 해당된다. 파면이나 제명에 대한 결격사유의 기간을 5년으로 한 이유는 국가공무원법과의 관계에서 찾아볼 수 있다. 국가공무원이 징계로 파면처분을 받으면 공무원관계로부터 일방적으로 배제되며, 5년이 지나지 아니한 자는 공무원이 될 수 없다(국가공무원법 33①(7)). 파면된 공무원은 5년이 지나야 공무원이 될 수 있는 것처럼, 변호사의 자격이 있는 공무원 역시 5년이 지나야 변호사가 될 수 있다고 해야 입법의 균형이 맞는다. 제명에 대한 결격사유 기간을 5년으로 한 것은 비리변호사의 제재라는 정책적 차원으로 이해할 수 있다.

(5) 다른 전문자격사의 결격사유인 탄핵결정

변호사법 제 5 조 제 4 호는 '탄핵이나 징계처분에 의하여 파면되거나 이 법에 따라 제명된 후 5년이 지나지 아니한 자'를 변호사가 될 수 없는 결격사유로 정하고 있다. 이처럼 공익적 성격이 강한 전문자격사 자격요건에는 탄핵결정으로 인한 파면 후 일정기간이 경과할 것을 규정한 다른 법률조항들도 많다[변리사법 제 4 조 제 5 호 가목(기간 제한 없음), 세무사법 제 4 조 제 4 호(3년), 공인회계사법 제 4 조 제 6 호(5년), 공증인법 제13조 제 7 호(5년) 등 참조]. 헌법재판소는 법관이 퇴직한 경우에는 탄핵대상이 될 수 없다고 하였다.[12]

5. 징계처분에 의하여 해임된 후 3년이 지나지 아니한 자(제 5 호)

변호사의 자격 있는 공무원이 징계처분에 의하여 해임되어야 한다. 여기서 징계처분으로 해임될 수 있는 공무원은 검사, 국가공무원, 법원공무원(법관 제외) 등을 들 수 있다. 검사의 징계는 해임, 면직, 정직, 감봉 및 견책으로 구분하며(검사징계법 3①), 국가공무원의 징계

12 헌재 2021. 10. 28. 2021헌나1 법관(임성근)탄핵 (법관에 대한 탄핵심판 사건).

종류는 파면·해임·강등·정직·감봉·견책을 두고 있다(국가공무원법 79). 경찰공무원 역시 파면·해임·강등 및 정직 등의 징계를 할 수 있다(경찰공무원법 27). 「법원공무원규칙」은 '중징계'로 파면·해임·강등 또는 정직을 규정하고 있다(법원공무원규칙 3(5)).

변호사의 자격 있는 공무원이 해임된 후 3년이 지나지 아니하여야 한다. 이 규정은 국가공무원법상 공무원의 결격사유와 동일하다. 징계로 해임처분을 받은 때부터 3년이 지나지 아니한 자는 공무원으로 임용될 수 없다(국가공무원법 33(8)).

6. 징계처분에 의하여 면직된 후 2년이 지나지 아니한 자(제 6 호)

이 결격사유는 2014. 5. 20. 개정된 변호사법 제 5 조 제 6 호에 신설된 내용이다. 비위행위로 면직처분을 받은 검사가 곧바로 변호사의 개업을 할 수 없도록 하려는 취지로 규정된 것이다. 징계처분에 의하여 면직처분을 받을 수 있는 공무원은 검사를 들 수 있다(검사징계법 3). 징계의 종류 중 면직처분을 두고 있는 법령은 흔하지 않다. 법관은 징계처분으로는 면직할 수 없고(헌법 106①), 징계의 종류에 관한 「국가공무원법」 제79조, 「경찰공무원법」 제27조에는 면직이 없다. 따라서 변호사의 자격있는 검사가 징계처분으로 면직되었다면 2년이 지나야 변호사가 될 수 있다.

7. 공무원 재직 중 징계처분에 의하여 정직되고 그 정직기간 중에 있는 자(이 경우 정직기간 중에 퇴직하더라도 해당 징계처분에 의한 정직기간이 끝날 때까지 정직기간 중에 있는 것으로 본다)(제 7 호)

2017. 12. 19. 개정된 변호사법 제 5 조 제 7 호를 신설하여 공무원 재직 중 징계처분에 의하여 정직되고 그 정직기간 중에 있는 자도 변호사의 결격사유로 추가하였다. 이 조항의 신설취지를 보면, 법관 및 검사의 비위를 예방하고 변호사에 대한 신뢰를 제고하기 위하여 공무원 재직 중 징계처분에 의하여 정직되고 정직기간 중에 퇴직하더라도 해당 정직기간 중에는 변호사 개업을 하지 못하도록 함에 있다.

지난 2014년에는 본조 제 5 호(해임: 3년), 제 6 호(면직: 2년)를 신설한 바 있는데, 그로부터 3년 후에 공무원 재직 중 징계처분으로 정직기간 중에 있는 자는 변호사가 될 수 없도록 하였다. 여기서 '공무원'은 변호사의 자격을 가진 모든 공무원을 말하는 것이지만, 실제로는 법관과 검사가 문제된다. 법관과 검사가 퇴직 후 변호사 개업을 할 수 있는 현행 변호사법의 제도로 인하여 전관예우 문제가 끊임없이 제기될 뿐만 아니라 공무원으로 재직하면서도 청렴의무를 다하지 않는 등으로 공직의 부패를 야기하는 요소가 되고 있다.

공무원에 대한 정직기간도 매우 단기간에 불과하다. 법관에 대한 정직은 1개월 이상

1년 이하의 기간 동안 직무집행을 정지하고, 그 기간 동안 보수를 지급하지 아니한다(법관징계법 3②). 검사에 대한 정직은 1개월 이상 6개월 이하의 기간 동안 검사의 직무 집행을 정지시키고 보수를 지급하지 아니하는 것을 말한다(검사징계법 3②). 따라서 정직기간 1년에서 6월 사이의 정직 기간 동안만 변호사 결격사유에 해당되므로 법관 및 검사의 비위를 예방하고 변호사에 대한 신뢰를 제고하기 위함이라는 입법취지를 달성하는데 매우 미흡하다.

8. 피성년후견인 또는 피한정후견인(제8호)

변호사법 제정 당시부터 규정된 대표적인 변호사의 결격사유이다. 2011. 3. 7. 개정된 민법[시행 2013. 7. 1.]은 종전의 금치산자를 피성년후견인으로(민법 10),[13] 한정치산자는 피한정후견인으로(민법 13)[14] 변경됨에 따라 변호사법 역시 개정되었다. 변호사에게 성년후견개시 또는 한정후견개시의 심판을 하면 그 때부터 변호사의 자격을 상실한다. 그러면 그 변호사에 대한 등록도 취소되는데(변호사법 18), 이는 결격사유의 확인에 해당된다. 성년후견종료 또는 한정후견종료의 심판이 있으면 변호사의 자격이 회복되며, 개업을 위해서는 다시 변호사 등록을 해야 한다.

9. 파산선고를 받고 복권되지 아니한 자(제9호)

변호사가 파산선고를 받으면 변호사의 자격을 상실한다. 채무자가 자신의 모든 재산으로도 채무를 변제할 수 없는 지급불능 상태에 빠지게 된 경우 파산선고가 이루어진다.[15] 즉, 채무자가 지급을 할 수 없는 때에는 법원은 신청에 의하여 결정으로 파산을 선고한다(채무자 회생 및 파산에 관한 법률 305①). 파산의 효력발생시기는 선고를 한 때부터 그 효력이 생긴다(채무자 회생 및 파산에 관한 법률 311). 민법도 대리인이 파산을 선고받으면 대리권의 소멸사유로 규정하고 있다(민법 127). 그러므로 의뢰인의 대리인으로 직무를 수행하는 변호사가 파산선고를 받으면 대리권이 소멸한다. 변호사가 채무에 대한 지급불능으로 극도로 궁박한 상태에서 의뢰인의 재산업무를 충실하게 처리하기를 기대할 수 없기에 결격사유로 하고 있다.

---

13 **민법 제9조(성년후견개시의 심판)** ① 가정법원은 질병, 장애, 노령, 그 밖의 사유로 인한 정신적 제약으로 사무를 처리할 능력이 지속적으로 결여된 사람에 대하여 본인, 배우자, 4촌 이내의 친족, 미성년후견인, 미성년후견감독인, 한정후견인, 한정후견감독인, 특정후견인, 특정후견감독인, 검사 또는 지방자치단체의 장의 청구에 의하여 성년후견개시의 심판을 한다.

14 **민법 제12조(한정후견개시의 심판)** ① 가정법원은 질병, 장애, 노령, 그 밖의 사유로 인한 정신적 제약으로 사무를 처리할 능력이 부족한 사람에 대하여 본인, 배우자, 4촌 이내의 친족, 미성년후견인, 미성년후견감독인, 성년후견인, 성년후견감독인, 특정후견인, 특정후견감독인, 검사 또는 지방자치단체의 장의 청구에 의하여 한정후견개시의 심판을 한다.

15 서울중앙지방법원 파산부 실무연구회, 개인파산·회생실무, 3면.

변호사가 파산선고를 받은 후 당연복권 또는 신청에 의한 복권사유가 있으면 복권된다(채무자 회생 및 파산에 관한 법률 574, 575).[16] 그 결과 파산선고 받은 변호사는 그 자격을 회복하게 된다. 파산선고를 받아 복권되지 않으면 국가공무원과 법관 및 검사는 물론 변리사, 세무사, 공인회계사, 법무사의 결격사유가 된다.

10. 이 법에 따라 영구제명된 자(제 10 호)

변호사가 영구제명의 징계처분을 받아야 한다. 영구제명은 변호사의 신분을 영구적으로 박탈하는 것이다. 2000. 1. 28. 개정된 변호사법은 심각한 법조비리를 척결하기 위하여 변호사의 징계의 종류 중 영구제명 제도를 도입하였다. 영구제명을 당하면 변호사의 자격이 상실되기에 당연히 변호사의 결격사유가 된다.

영구제명의 사유로는 ① 변호사의 직무와 관련하여 2회 이상 금고 이상의 형을 선고받아(집행유예를 선고받은 경우를 포함한다) 그 형이 확정된 경우(과실범의 경우는 제외한다), ② 이 법에 따라 2회 이상 정직 이상의 징계처분을 받은 후 다시 제 2 항에 따른 징계사유가 있는 자로서 변호사의 직무를 수행하는 것이 현저히 부적당하다고 인정되는 경우이다(변호사법 91①).

현재 우리나라 최초로 영구제명 징계를 받은 변호사가 그 처분의 취소를 구하는 재판이 진행 중이다.[17] 영구제명 징계를 받은 변호사는 부장판사로 퇴임하고 서울지방변호사회 소속 변호사로 대한변호사협회에 등록한 후 영구제명 징계결정을 받기 이전에 대한변협 변호사징계위원회로부터 3회 정직 징계를 받기도 하였다.

---

16 **제574조(당연복권)** ① 파산선고를 받은 채무자는 다음 각호의 어느 하나에 해당하는 경우에는 복권된다.
1. 면책의 결정이 확정된 때
2. 제538조의 규정에 의한 신청에 기한 파산폐지의 결정이 확정된 때
3. 파산선고를 받은 채무자가 파산선고 후 제650조의 규정에 의한 사기파산으로 유죄의 확정판결을 받음이 없이 10년이 경과한 때

② 면책취소의 결정이 확정된 때에는 제 1 항 제 1 호의 규정에 의한 복권은 장래에 향하여 그 효력을 잃는다.

제575조(신청에 의한 복권) ① 제574조의 규정에 의하여 복권될 수 없는 파산선고를 받은 채무자가 변제 그 밖의 방법으로 파산채권자에 대한 채무의 전부에 관하여 그 책임을 면한 때에는 파산법원은 파산선고를 받은 채무자의 신청에 의하여 복권의 결정을 하여야 한다.

② 파산선고를 받은 채무자는 제 1 항의 규정에 의하여 복권의 신청을 하는 때에는 그 책임을 면한 사실을 증명할 수 있는 서면을 제출하여야 한다.

③ 제 1 항의 결정에 대하여는 즉시항고를 할 수 있다.

17 정형근, 첫 영구제명된 변호사에 대한 1심 판결 검토(서울행정법원 2020. 8. 21. 선고 2019구합85256 판결), 법률신문 2020. 9. 10.자.

Ⅳ. 변호사 등록거부·등록취소와 관계

1. 변호사의 결격사유자의 등록거부

변호사로서 개업을 하려면 대한변호사협회에 등록을 하여야 한다(변호사법 7①). 변호사 자격이 있는 자가 변호사 직무를 수행하려고 개업을 할 때는 자격등록을 하여야 한다. 그런데 변호사의 결격사유가 있는 자가 등록신청을 한 경우에는 등록을 거부해야 한다(변호사법 8①). 등록거부는 처음으로 자격등록을 하는 변호사에 대한 것이라서 법관이나 검사, 경찰 등과 같은 공무원이 징계처분으로 파면, 해임, 면직, 정직처분을 받은 사실이 있을 때 적용된다. 변호사법은 이런 결격사유 외에도 공무원 재직 중의 위법행위로 형사소추나 (강등, 감봉, 견책과 같은) 징계처분을 받았을 때도 등록거부사유로 규정하고 있다(변호사법 8①(4)).

2. 이미 자격등록된 결격사유자는 등록취소

변호사의 결격사유자가 이미 자격등록을 한 상태라면 그 등록을 취소하여야 한다(변호사법 18①(2)). 등록취소사유는 주로 변호사에게 발생한 결격사유 등이 문제된다. 예컨대 변호사가 금고 이상의 형을 선고받고 그 집행이 끝나거나 그 집행을 받지 아니하기로 확정된 후 5년이 경과되지 아니한 경우에는 자격등록을 취소해야 한다. 이처럼 변호사 결격사유 있는 자가 변호사 직무를 수행할 수 없도록 변호사법은 등록거부와 등록취소 제도를 두고 있다. 뿐만 아니라 자격등록이 안되었거나 등록이 취소된 상태에서 변호사의 직무를 수행하면 형사처벌을 한다(변호사법 112(4)).

제6조 삭제 <2008. 3. 28.>

제6조(국가공로 외국변호사) (2008. 3. 28. 삭제)
① 법무부장관은 외국변호사로서 대한민국에 공로가 있거나 기타 변호사의 자격을 부여할 만한 상당한 이유가 있는 자에 대하여 변호사의 자격을 인가할 수 있다.
② 제1항의 규정에 의하여 변호사의 자격이 인가된 외국변호사는 그 본국에서 변호사의 자격이 있는 대한민국 국민에 대하여 변호사의 자격을 인정하고 개업을 허용하는 경우에 한하여 법무부장관의 허가를 받아 대한민국에서 개업할 수 있다. 다만, 외국인 또는 외국법에 관한 사항외의 법률사무는 행할 수 없다.
③ 법무부장관은 필요한 경우에는 제1항 및 제2항의 규정에 의한 인가 또는 허가를 취소할 수 있다.

Ⅰ. 외국변호사제도 폐지이유

1949. 11. 7. 제정된 변호사법은 국가공로 외국변호사 제도를 두고 있었다.[1] 이는 조선변호사령과 군정법령 제207호에도 규정되어 있던 것으로 외국인변호사는 외국인 또는 외국법 이외의 사항에 관한 사무는 처리할 수 없었다.[2]

그 후 2008. 3. 28. 개정된 변호사법은 이 제도를 폐지하였다. 폐지이유로는 ① 법조인력 선발 및 양성에 관한 기본 제도와 어울리지 아니하는 국가공로 외국변호사 제도를 폐지하며, ② 국내 변호사자격 제도를 일원화하고, 법률시장 개방에 대비하여 새로 도입될 외국법자문사 제도에 따른 외국변호사 관리의 통일성을 기할 수 있을 것으로 기대된다고 한다.

1 **제6조** 변호사의 자격이 있는 외국인으로서 전조의 실격사유가 없는 자는 그 본국에서 변호사의 자격이 있는 대한민국국민에 대하여 변호사의 자격을 인정하는 경우에 한하여 법무부장관의 인가를 얻어 변호사가 될 수 있다. 단, 외국인 또는 외국법이외의 사항에 관한 사무는 처리할 수 없다.
법무부장관은 필요에 의하여 전항의 인가를 취소할 수 있다.

2 대한변호사협회, 大韓辯協五十年史, 93면.

제 3 장

변호사의 등록과 개업

제 7 조 자격등록

제 7 조(자격등록)

① 변호사로서 개업을 하려면 대한변호사협회에 등록을 하여야 한다.

② 제 1 항의 등록을 하려는 자는 가입하려는 지방변호사회를 거쳐 등록신청을 하여야 한다.

③ 지방변호사회는 제 2 항에 따른 등록신청을 받으면 해당 변호사의 자격 유무에 관한 의견서를 첨부할 수 있다.

④ 대한변호사협회는 제 2 항에 따른 등록신청을 받으면 지체 없이 변호사 명부에 등록하고 그 사실을 신청인에게 통지하여야 한다.

Ⅰ. 연 혁

(1) 1949. 11. 7. 제정된 변호사법은 변호사 등록 제도를 비롯한 대부분의 사항을 법무부가 관장하도록 했다. 즉, 변호사로서 업무를 개시하자면 변호사명부에 등록되어야 한다(제 7 조 제 1 항). 변호사명부는 법무부에 비치한다(제 7 조 제 2 항). 등록에 관한 사항은 법무부장관이 정한다(제12조). 그리고 변호사의 징계권도 법무부에서 행사하도록 했다(제19조).

(2) 1982. 12. 31. 개정된 변호사법에서 현행 규정과 같이 개정하여 비로소 변호사활동의 기초가 되는 변호사의 등록업무를 법무부장관으로부터 대한변호사협회로 이관하는 등으로 변호사 자치의 기반을 마련하게 되었다.

Ⅱ. 직업선택의 자유와 자격제도

헌법 제15조는 "모든 국민은 직업선택의 자유를 가진다"라고 규정하여 직업선택의 자유를 보장하고 있으나, 입법자는 의사와 같이 국민의 생명과 건강을 다루는 직업과 변호사,

건축사 등과 같이 전문적 지식과 기술을 가져야만 직업을 원활히 수행할 수 있다고 판단되는 직업에 대하여는 그 공익목적을 위하여 헌법상 보장된 직업선택의 자유를 법률로 전면적으로 금지시켜 놓은 다음 일정한 자격을 갖춘 자에 한하여 직업선택의 자유를 회복시켜 주는 자격제도를 실시하고 있다(헌재 1997. 10. 30. 96헌마109, 판례집 9-2, 537, 543; 헌재 1998. 7. 16. 96헌마246, 판례집 10-2, 283, 308 참조). 따라서 입법자는 당해 직업의 업무를 수행하는데 충분한 능력과 지식 등을 갖춘 사람이면 모두에게 자격을 부여하는 것이 원칙일 것이다. 그러나 자격제도를 만들면서 각 직업에 실질적으로 필요한 자격요건이 무엇인가 하는 것은 그 업무의 내용과 제반여건 등을 종합적으로 고려하여 입법자가 결정할 재량사항으로서, 이러한 점에 대한 판단과 선택은 입법자에게 입법형성의 자유가 인정되며, 다만 그 자격요건의 설정이 재량의 범위를 넘어 명백히 불합리하게 된 경우에만 평등권 침해 등의 위헌 문제가 생길 수 있다(헌재 1996. 10. 4. 94헌바32, 판례집 8-2, 345, 350 참조).[1]

Ⅲ. 국가의 공행정 사무를 대한변호사협회에 위임

1. 1982. 12. 31. 개정된 변호사법 입법취지

변호사활동의 기초가 되는 변호사의 등록업무를 법무부장관으로부터 대한변호사협회로 전면 이관하고 다만, 그 적정을 기하기 위하여 부당한 등록 및 등록거부등에 대한 법무부장관의 시정명령권을 두고 법무부장관의 변호사 개업지지시권, 변호사단체의 총회등 림석권과 의사정지권 및 법무부장관에 대한 변호사단체의 총회등 신고의무를 삭제하며, 변호사단체의 기능을 강화하기 위하여 이사 및 감사제도를 신설하고, 임원의 임기를 회칙으로 정하도록 자율화함.

2. 변호사 등록사무의 이관

변호사법이 제정된 1949년부터 변호사 관련 사무는 법무부가 전부 관장하였다. 변호사의 등록 역시 법무부에 비치된 변호사명부에 하였다. 명부(名簿)에 등록을 하는 것은 등록된 자를 감독(개업, 휴업, 폐업, 소속변경, 징계 등)하기 위한 목적 때문이다. 법무부는 1982년 변호사단체의 자율성을 강화하여 그 기능을 활성화하기 위하여 변호사활동의 기초가 되는 변호사의 등록업무를 법무부장관으로부터 대한변호사협회로 전면 이관하였다.

변호사등록은 헌법상 보장된 직업선택의 자유를 공익목적을 위하여 입법자가 제정한 법률로 전면적으로 금지시켜 놓은 다음 일정한 자격을 갖춘 자에 한하여 직업선택의 자유

1 헌재 2000. 4. 27. 97헌바88 세무사법 제3조 제2호 위헌소원.

를 회복시켜 주는 '자격제도'의 일부로서, 법률에서 정한 자격을 갖추었는지를 심사하여 자격을 갖추었다고 판단되는 자를 명부에 등록함으로써 그 자가 적법하게 변호사로서의 직업에 종사할 수 있도록 하는 제도이다(헌법재판소 2019. 11. 28. 선고 2017헌마759 전원재판부 결정 참조).

3. 변호사 등록업무를 하는 대한변호사협회는 공권력 행사의 주체

헌법재판소는 변호사 등록을 신청하는 자에게 등록료 1,000,000원을 납부하도록 정한 대한변호사협회의 '변호사 등록 등에 관한 규칙'(2016. 2. 29. 전부개정된 것) 제12조 제1항(이하 '이 사건 규칙'이라 한다) 및 구 '변호사 등록 등에 관한 규정'(2017 .1. 31. 개정되고, 2018. 4. 9. 개정되기 전의 것) 제9조 제1호(이하 '이 사건 규정'이라 하고, '이 사건 규칙'과 합하여 '심판대상조항들'이라 한다)가 헌법소원심판의 대상이 되는 '공권력의 행사'에 해당한다고 판시한 바 있다(헌재 2019. 11. 28. 2017헌마759 변호사 등록 등에 관한 규정 제9조 제1호 위헌확인).[2] 헌법재판소의 결정 이유는 아래와 같다.

헌재 2019. 11. 28. 2017헌마759 변호사 등록 등에 관한 규정 제9조 제1호 위헌확인

가. 공권력 행사성

헌법재판소법 제68조 제1항에 의하여 헌법소원의 대상이 되는 행위는 국가기관의 공권력작용에 속하여야 한다. 여기서의 국가기관은 입법·행정·사법 등의 모든 기관을 포함하며, 간접적인 국가행정, 예를 들어 공법상의 사단, 재단 등의 공법인, 국립대학교와 같은 영조물 등의 작용도 헌법소원의 대상이 된다(헌재 2013. 5. 30. 2009헌마514).

(1) **변호사 등록에 관하여 변협이 공권력의 행사의 주체인지 여부**

(가) 변협은 변호사의 품위를 보전하고, 법률사무의 개선과 발전, 그 밖의 법률문화의 창달을 도모하며, 변호사 및 지방변호사회의 지도 및 감독에 관한 사무를 처리하기 위하여 변호사법에 근거를 두고 설립된 법인으로, 변호사법에 따라 변호사 등록, 개업·휴업·폐업신고, 변호사의 연

---

2 **다. 심판대상조항들이 변호사 등록을 하고자 하는 청구인의 직업의 자유를 침해하는지 여부(소극)**

변호사 등록료는 일부 입회비로서의 성격을 가진다는 점과 변호사단체는 변호사 직무의 자유로운 수행을 보장하기 위하여 마련된 제도적 장치임을 고려했을 때, 변협이 그 재원의 일부인 등록료를 어느 정도로 정할지에 대해서는 충분한 자율성과 재량이 보장된다. 다만, 변호사 등록을 신청하는 자 입장에서 변협은 사실상 강제로 가입해야하는 단체에 해당하므로, 변협의 등록료에 대한 자율성과 재량은 신규가입을 제한할 목적으로 또는 그와 동일한 효과를 가질 정도로 높아서는 아니 된다는 한계를 갖는다.

우리나라의 현재 경제상황과 화폐가치, 변호사 개업 후 얻게 될 사회적 지위 및 수입수준, 법정단체에 가입이 강제되는 유사직역의 입회비 등을 고려했을 때 금 1,000,000원이라는 돈이 신규가입을 제한할 정도로 현저하게 과도한 금액이라고 할 수는 없다.

따라서 심판대상조항들은 과잉금지원칙에 위반하여 청구인의 직업의 자유를 침해하지 않는다.

수, 징계 등의 업무를 수행한다(변호사법 제7조, 제15조, 제16조, 제17조, 제78조, 제85조, 제92조, 변협 회칙 제1조, 제2조 등).

(나) 변호사와 같이 전문적 지식과 윤리적 소양을 가져야만 직업을 원활히 수행할 수 있다고 판단되는 직업에 대해 실시되고 있는 '자격제도'는 헌법상 보장된 직업선택의 자유를 공익목적을 위하여 국회가 제정한 법률로 전면적으로 금지시켜 놓은 다음 일정한 자격을 갖춘 자에 한하여 직업선택의 자유를 회복시켜 주는 것이고(헌재 2008. 11. 27. 2007헌마389 참조), 변호사 등록제도는 위와 같은 자격을 갖추었는지 심사하여 자격을 갖추었다고 판단되는 자를 명부에 등록함으로써 그 자가 적법하게 변호사로서의 직업에 종사할 수 있도록 하는 것으로 자격제도의 일부를 구성한다.

그러므로 변호사 등록은 그 목적이 변호사들 간의 결속력 강화나 친목도모라기 보다는 변호사의 자격을 가진 자들로 하여금 법률사무를 취급하도록 하여 법률사무에 대한 전문성, 공정성 및 신뢰성을 확보하여 일반 국민의 기본권을 보호하고 사회정의를 실현하고자 하는 공공의 목적을 달성하기 위해 시행되는 것으로, 본질적으로 국가의 공행정사무에 해당한다. 만약, 변호사 등록이 단순히 사법상의 제한을 해제하여 주는 것에 불과하다면 그 위반행위에 대하여 형사처벌을 할 수 없을 것이므로, 미등록 변호사에 대한 제재가 형사처벌이라는 것(변호사법 제112조 제4호)은 변호사 등록이 공행정사무임을 당연한 전제로 하고 있는 것이라 볼 수 있다. 또한 변호사 등록은 변호사법이 제정된 1949년부터 법무부장관이 수행하던 업무였는데[구 변호사법(1949. 11. 7. 법률 제63호로 제정된 것) 제7조, 제8조, 제12조], 1982년 변호사단체의 자율성 강화의 일환으로 변호사법을 개정하여 변협으로 이관된 것이므로 연혁적으로도 국가의 공행정사무에 해당한다. 이와 같이 변호사 등록은 그 연혁이나 법적 성질에 비추어 보건대, 원래 국가의 공행정의 일부라 할 수 있다.

(다) 다만, 국가가 행정상 필요로 인해 변호사 등록사무에 대한 감독과 통제를 실시하면서, 변호사법 제7조 제1항에 근거하여, 변협에 변호사 등록과 관련한 권한을 이관한 것이다. 이에 변협은 변호사 등록과 관련하여 심사권, 거부권 등 일정한 권한을 가짐과 동시에, 법무부장관에게 등록 및 등록거부 등에 관한 사항을 보고해야 하고(변호사법 제20조), 법무부장관이 등록거부에 대한 이의신청사건을 처리하는 등(제8조 제4항, 제5항) 국가의 관리·감독을 받고 있다. 따라서 변호사 등록이 단순히 변협과 그 소속 변호사 사이의 내부 법률문제라거나, 변협의 고유사무라고 할 수 없다.

(라) 이와 같은 점을 고려할 때, 변협은 변호사 등록에 관한 한 공법인으로서 공권력 행사의 주체라고 할 것이다.

(2) 변협이 제정한 심판대상조항들이 공권력 행사에 해당하는지 여부

공법인이 정립한 규범은 일반적으로 헌법소원의 대상이 될 수 있지만, 그 중에서도 대외적 구속력을 갖지 않는 단순한 내부적 기준이나 사법적(私法的)인 성질을 지니는 것은 헌법소원의 대상이 되는 공권력의 행사에 해당한다 할 수 없다(헌재 2006. 11. 30. 2005헌마855 참조).

변호사법은 '변호사로서 개업을 하려면 변협에 등록을 하여야 한다'라고 하여 변호사 등록사무에 관하여 특별한 규정을 두고 있고(제7조 제1항), 변호사 등록을 하려는 자에게 변협은 대등한 지위가 아닌 고권적 권한을 행사하는 우월한 지위에 있다. 또한 변호사 등록이 단순히 변협과 그 소속 변호사 사이의 내부 법률문제라거나, 변협의 고유사무라고 할 수 없다는 점은 앞서 살펴본 바와 같다. 그렇다면 변호사 등록에 관한 한 공법인 성격을 가지는 변협이 등록사무의 수행과 관련하여 정립한 규범을 단순히 내부 기준이라거나 사법적인 성질을 지니는 것이라 볼 수는 없고, 변호사 등록을 하려는 자와의 관계에서 대외적 구속력을 가지는 공권력 행사에 해당한다고 할 것이다. 따라서 변협이 변호사 등록사무의 수행과 관련하여 정립한 규범인 심판대상조항들은 헌법소원 대상인 공권력의 행사에 해당한다.

나. 권리보호이익

청구인은 이 사건 심판청구 이후 등록료 1,000,000원을 납부하고 변호사 등록을 마쳤지만, 헌법소원은 주관적 권리구제뿐만 아니라 헌법질서 보장의 기능도 겸하고 있으므로 청구인의 권리구제에는 도움이 되지 아니한다 하더라도, 같은 유형의 침해행위가 앞으로도 반복될 위험이 있거나 당해 분쟁의 해결이 헌법질서의 수호·유지를 위하여 긴요한 사항이어서 헌법적으로 그 해명이 중대한 의미를 가지는 경우에는 예외적으로 심판청구의 이익을 인정할 수 있다(헌재 2016. 10. 27. 2014헌마626 참조).

이 사건 규정은 2018. 4. 9. 개정되어, 판사, 검사, 장기 군법무관의 경우 등록료가 1,500,000원, 그 외의 경우(재판연구원 포함) 등록료가 500,000원으로 변경되었다. 그러나 이 사건 규칙은 개정 없이 계속 적용되고 있고, 변협이 등록료를 전혀 받지 않는 것으로 규정을 변경하지 않은 바에야 등록료의 다과에 관한 문제는 여전히 남으며, 이 사건 규정에 의한 등록료의 책정은 변협의 총회도 아닌 이사회의 의결로 이루어지기 때문에, 이 사건 규정의 경우와 같이 변협이 등록료를 쉽게 인상할 수 있어 침해의 반복가능성이 인정된다고 볼 수 있다.

변호사 등록료는 청구인뿐만 아니라 변호사로 등록하고자 하는 자 모두에게 적용되는 것이므로 청구인에 대한 개별적 사안의 성격을 넘어 일반적으로 헌법적 해명의 필요성이 있고, 그 헌법적 해명이 변호사 등록을 하고자 하는 자의 직업의 자유와 관련하여 헌법질서의 수호·유지를 위하여 의미가 있으므로, 예외적으로 심판대상조항들에 대한 심판의 이익이 인정된다.

다. 소결론

그렇다면 이 사건 심판청구는 공권력 행사성, 권리보호이익 등 적법요건을 모두 갖추었다.

4. 지방변호사회 및 대한변호사협회의 법적 지위

국가의 사무였던 변호사에 관한 등록 등의 관련 사무를 처리하는 대한변호사협회는 공행정 사무를 처리하는 행정청의 지위에 있다. 대법원 역시 "대한변호사협회는 변호사와 지방변호사회의 지도·감독에 관한 사무를 처리하기 위하여 변호사법에 의하여 설립된 공법인으로서, 변호사등록은 피고 협회가 변호사법에 의하여 국가로부터 위탁받아 수행하는 공행정사무에 해당한다(헌법재판소 2019. 11. 28. 선고 2017헌마759 전원재판부 결정 참조). 따라서 피고 대한변호사협회 협회장은 국가로부터 위탁받은 공행정사무인 '변호사등록에 관한 사무'를 수행하는 범위 내에서는 국가배상법 제 2 조에서 정한 공무원에 해당한다"(대법원 2021. 1. 28. 2019다260197[손해배상(기)])고 판시한 바 있다.

지방변호사회 역시 공행정 사무를 처리하는 범위에서는 행정청이라고 할 수 있다.[3] 따라서 지방변호사회가 소속 변호사에 대하여 하는 겸직허가행위가 변호사회의 자치권에 해당하여 사법적 심사를 할 수 없는 것은 아니다.[4]

5. 법무부장관의 지방변호사회·대한변호사협회에 대한 감독권

상하 행정청의 관계는 권한행사의 감독관계에 있다. 상급관청은 하급관청의 권한행사에 관하여 감시권, 훈령권, 인가권, 취소·정지권, 주관쟁의결정권을 갖는다.[5] 대한변호사협회는 변호사의 등록 및 등록거부, 소속 변경등록 및 그 거부, 개업, 사무소 이전, 휴업 및 등록취소에 관한 사항을 지체 없이 소속 지방변호사회에 통지하고 법무부장관에게 보고하

---

3 **지방변호사회가 소속 변호사에 대하여 행하는 겸직허가행위의 법적 성격(=공공조합이 행하는 행정처분)** 변호사회는 공법상의 사단법인이고, 변호사회의 사무 중 변호사의 지도, 감독 등의 사무에 관하여는, 국가가 이를 공행정(공행정)의 일부로 인정하고, 그 사무에 대한 감독과 통제를 실시하면서, 지방변호사회에게 이와 관련하여 소속 변호사에 대한 공권(감독권이나 지방변호사회를 경유한 대한변호사협회 등록 등)을 부여하고 있는 점에 비추어 볼 때 지방변호사회는 행정주체의 하나인 공공조합에 해당한다고 봄이 상당하고, 지방변호사회가 소속 변호사에 대하여 행하는 겸직허가행위는 지방변호사회가 소속 변호사 사이에 맺는 공법관계에서 우러나는 것이고, 직업선택의 자유나 영업의 자유를 제한하는 것을 의미하는 변호사의 영리 목적 업무 경영 제한을 해제하여 주는 강학상 '허가'에 해당하는 것이므로, 지방변호사회의 겸직허가행위는 항고소송으로 그 위법 여부를 다툴 수 있는 행정소송법상의 처분에 해당한다(서울행정법원 2003. 4. 16. 2002구합32964 [겸직불허처분취소]).

4 변호사회의 자치권이란 변호사단체에 대하여 독립성과 자율성을 부여함으로써 변호사의 공공성을 유지하고 발전시키기 위하여 마련된 제도적 장치이고, 구체적으로는 변호사회가 자율적으로 변호사 등록을 심사하고, 소속 변호사를 징계하는 것 등을 내용으로 한다. 그런데 위와 같은 변호사 등록, 징계에 대하여 법무부장관에 대한 이의신청과 같은 불복절차(등록에 관하여는 변호사법 제 8 조 제 3 항, 징계에 관하여는 같은 법 제100조 등)를 두고 있음에 비추어 볼 때, 변호사회의 자치권이 다른 국가권력인 사법권의 심사를 받지 아니한다는 것까지 의미한다고 볼 수는 없다.

그리고 변호사에 대한 원칙적인 영리 목적 업무의 겸직 제한은 변호사의 공공성을 유지하기 위한 것으로서, 변호사에 대한 중대한 권익 제한 사항인 업무정지명령과 같은 사항은 국가행정기관이 직접 권한을 행사하는 반면, 상대적으로 권익 제한 정도가 경미한 겸직 허가와 같은 사항은 지방변호사회에 그 권한이 위임되어 있는 것이라고 봄이 상당하므로, 그러한 사항에 대하여 변호사회의 자치권에 관한 사항이라고 하면서 사법적 심사의 대상이 될 수 없다고 볼 수는 없다고 보여진다(서울행정법원 2003. 4. 16. 2002구합32964 [겸직불허처분취소]).

5 정형근, 행정법 개정10판, 808면 이하.

여야 한다(변호사법 20). 대한변호사협회가 등록 관련 업무의 적정을 기하기 위하여 부당한 등록 및 등록거부 등에 대한 법무부장관의 시정명령권을 두고 있다. 법무부장관은 변호사 명부에 등록된 자가 제 4 조에 따른 변호사의 자격이 없거나 제 5 조에 따른 결격사유에 해당한다고 인정하는 경우 대한변호사협회에 그 변호사의 등록취소를 명하여야 한다(변호사법 19).

지방변호사회와 대한변호사협회가 법령이나 회칙을 위반한 경우에는 감독권을 행사하여 시정할 수 있도록 하였다. 지방변호사회와 대한변호사협회는 총회의 결의 내용을 법무부장관에게 보고하여야 하며(변호사법 77②, 86②), 법무부장관은 총회의 결의가 법령이나 회칙에 위반된다고 인정하면 대한변호사협회의 장의 의견을 들어 취소할 수 있다(변호사법 77③, 86③). 지방변호사회와 대한변호사협회의 설립과 회칙의 제정과 변경(개정)은 법무부장관의 인가를 받아야 한다(변호사법 65, 79). 그리고 대한변호사협회 변호사징계위원회의 징계결정에 불복할 때는 법무부 변호사징계위원회에 이의신청을 할 수 있다(변호사법 100①).

Ⅳ. 개업을 하려면 대한변호사협회에 등록

1. 변호사 개업

변호사로서 개업을 하려면 대한변호사협회에 등록을 하여야 한다(제 1 항). 여기서 '변호사'는 변호사의 자격을 갖춘 자로서 변호사의 결격사유에 해당되지 않은 자이다. 변호사의 자격은 등록을 신청할 권리의 전제요건이다. 만약 변호사의 자격이 있더라도 변호사의 결격사유에 해당하면 등록을 신청할 권리가 없다. 변호사의 자격만으로는 변호사로서의 고유한 직무를 수행할 수 없다. 따라서 변호사는 등록을 한 때 비로소 그 직무를 행할 수 있다. 변호사법에서 말하는 변호사(제 4 조, 제 5 조 예외)와 헌법 제12조의 변호인, 민사소송법 제87조의 소송대리인, 형사소송법 제30조의 변호인은 모두 등록한 후 개업신고까지 마친 변호사를 지칭한다. 그러나 법관과 검사의 임명자격으로서의 변호사는 등록한 변호사인지 여부를 묻지 않는다(법원조직법 42; 검찰청법 29). 재판연구원은 변호사 자격이 있는 사람 중에서 대법원장이 임용한다(법원조직법 53의2③).

2. 개 업

여기서 '개업'은 변호사가 그 직무를 수행하기 시작한 것을 말한다. 자격등록은 개업의 전제조건이지만 등록(신청)이 곧 개업은 아니다. 개업을 위해서는 별도로 개업신고를 해야 하기 때문이다(변호사법 15). 따라서 자격등록을 신청할 때 개업신고를 필수적으로 해야 하는 것은 아니다. 개업의 통상적인 의미는 업무의 첫 시작을 말하는 것이지만, 변호사의 개업은 등록을 한 후에 계속적인 직무수행을 하고 있는 상태도 포함된다. 변호사의 개업형태는 스스로 법률사무소를 개설할 수도 있고, 기존의 법무법인 등에 구성원으로 가입할 수도 있다. 그리고 정부, 공공기관, 비영리단체, 기업, 기타 각종의 조직 또는 단체 등에서 법률사무에 종사하기 위하여 사내변호사로 취업하기도 한다(변호사윤리장전 51). 변호사가 폐업하려면 등록취소를 신청하여야 한다(변호사법 17).

3. 대한변호사협회에 등록

변호사가 개업하려면 대한변호사협회에 등록을 해야 한다. 변호사의 자격 있는 자라도 개업을 하지 않는다면 등록할 필요는 없다. 그 때문에 변호사의 자격 취득 후 얼마 후에 등록해야 한다는 제한은 없다. 대한변호사협회는 변호사 및 지방변호사회의 지도 및 감독에 관한 사무를 하기 위하여 설립되었다(변호사법 78①). 대한변호사협회의 등록심사는 변호사에 대한 전형적인 지도·감독행위이다. 등록행위는 변호사에 관한 인적 사항 등을 변호사명부에 기재하는 행위임과 동시에 적법하게 변호사의 직무를 수행할 권리가 있음을 확인하는 것에 해당된다. 변호사는 등록을 함으로써 대한변호사협회와 지방변호사회의 회원이 된다(변호사법 7②, 68①; 대한변호사협회 회칙 3②). 대한변호사협회에 등록하지 아니하고 변호사의 직무를 수행한 변호사는 3년 이하의 징역 또는 2천만원 이하의 벌금에 처한다(변호사법 112(4)). 다만, 「공익법무관에 관한 법률」로 정하는 법인에 근무하는 공익법무관은 「변호사법」에 따른 변호사 자격등록을 하지 아니하고 변호사로서 법률구조업무를 수행할 수 있다(법률구조법 33의2②).

4. 개업을 전제로 하지 않는 자격등록

변호사법은 자격등록은 곧 개업이라고 전제하고 있다. 그래서 변호사법 제112조 제4호는 "대한변호사협회에 등록을 하지 아니하거나 제90조 제3호에 따른 정직 결정 또는 제102조 제2항에 따른 업무정지명령을 위반하여 변호사의 직무를 수행한 변호사"는 3년 이하의 징역 또는 2천만원 이하의 벌금에 처한다고 규정하고 있다. 변호사로서 개업하려면 자격등록과 함께 별도로 개업신고를 해야 한다(변호사법 15). 그런데 자격등록만 하고 개업신고를 하지 않는 경우도 있다. 유학 등을 위하여 변호사 등록증이 필요한 경우에는 자격등록만 할 수 있다. 대법관 출신 변호사의 개업을 막으려는 대한변호사협회의 움직임이 있을 때 일단 자격등록만 하고, 개업신고는 나중에 하는 경우도 있었다. 자격등록에는 등록거부사유도 있지만, 개업신고만 할 때는 신고의 수리를 거절할 사유는 별도로 존재하지 않기 때문이다. 따라서 변호사법 제7조 제1항은 "변호사로서 '장차' 개업하려면 대한변호사협회에 등록을 하여야 한다"고 해석하는 것이 자연스럽다.

V. 가입하려는 지방변호사회를 거쳐 등록신청

1. 등록을 하려는 변호사

제1항의 등록을 하려는 자는 가입하려는 지방변호사회를 거쳐 등록신청을 하여야 한다(제2항). 개업을 위하여 등록을 하려는 자는 변호사의 자격이 있는 자이다. 사법연수원 과정을 수료한 후 곧바로 변호사 개업을 하려는 자는 물론 판사 또는 검사를 사직하고 개업하려는 자가 이에 해당된다. 그리고 변호사의 결격사유 소멸로 다시 등록을 하려는 자도 포함한다.

변호사시험에 합격한 자는 6개월 이상 법률사무에 종사하거나 연수를 마치지 아니하면 수임제한을 받는다(변호사법 31의2). 변호사시험에 합격한 자가 의무연수를 마치지 않고 등록신청할 수 있는지 문제된다. 이를 제한하는 규정이 없어 의무연수 종료 전이라도 등록을 신청할 수 있다. 등록실무 역시 이를 허용하고 있다. 6개월 연수기간 중이라도 법률사무소에 고용되어 일반 법률사무는 가능하기 때문에 의무연수를 마치기 전이라도 등록을 허용하는 것은 타당하다. 그러나 입법론적으로는 변호사로서의 모든 직무수행이 가능한 6개월의 법률사무 또는 연수 종료 후에 등록할 수 있도록 하는 것이 바람직할 것이다.

2. 가입하려는 지방변호사회 경유

변호사는 가입하려는 지방변호사회를 거쳐 등록신청을 하여야 한다. 변호사 등록을 하려면 지방변호사회의 경유가 필수조건이다. 지방변호사회의 설립과 변호사의 지방변호사회 가입은 법으로 강제하고 있으므로 지방변호사회는 강제단체이고 법정단체이기도 하다.[6] 지방변호사회는 변호사에 대한 지도·감독에 관한 사무를 처리한다(변호사법 64①). 지방변호사회는 지방법원 관할구역마다 1개를 둔다(변호사법 64).[7] 변호사는 등록신청을 가입하려는 지방변호사회에 하여야 한다. 곧바로 대한변호사협회에 신청하는 것은 아니다.

변호사는 등록시에 가입하려는 지방변호사회를 의무적으로 거쳐야 한다. 등록을 한 변호사는 가입하려는 지방변호사회의 회원이 된다(변호사법 68①). 변호사의 법률사무소는 소속 지방변호사회의 지역에 두어야 한다(변호사법 21②). 따라서 개업 변호사는 법률사무소

---

6 대한변호사협회, 大韓辯協五十年史, 95면.

7 1949. 11. 7. **제정된 변호사법 제26조** 변호사회는 지방법원의 관할구역마다 설치하여야 한다. 단, 당해구역의 변호사가 5인 미만인 때에는 변호사회를 조직하지 아니하고 법무부장관이 지정하는 인접 변호사회의 회원이 된다.

소재지의 지방변호사회에 가입하여야 한다. 그 점에서 가입하려는 지방변호사회의 선택권은 없다. 그리고 지방변호사회의 회원은 당연히 대한변호사협회의 회원이 된다(대한변호사협회 회칙 3②).

3. 등록신청

변호사는 법률사무소 소재지의 지방변호사회에 등록신청을 하여야 한다. 변호사법에는 등록신청시에 제출할 서류에 관한 규정은 없다. 대한변호사협회가 제정한 「변호사 등록 등에 관한 규칙」에서 이를 정하고 있다. 변호사 자격등록 신청은 전산정보처리시스템을 이용하여 전자문서로 제출하여야 한다(변호사 등록 등에 관한 규칙 11①). 등록신청은 규정에서 정한 신청서 기재사항에 대한 정보와 첨부서류를 전자문서로 송신하는 방법으로 하여야 한다(위 규칙 11②).[8] 자격등록 신청서의 첨부서류는 다음 각 호와 같다(변호사 등록 등에 관한 규정 8②).[9]

Ⅵ. 지방변호사회는 해당 변호사의 자격 유무에 관한 의견서를 첨부

1. 지방변호사회의 등록신청 접수

지방변호사회는 제2항에 따른 등록신청을 받으면 해당 변호사의 자격 유무에 관한

8 「변호사 등록 등에 관한 규정」 제8조(등록청서) ① 규칙 제11조 제2항에 따른 등록신청서에 기재할 내용은 다음 각 호와 같다
1. 변호사자격등록신청서
가. 성명·주민등록번호 또는 외국인등록번호
나. 등록기준지·주소 또는 국내 거소지
다 휴대전화번호 및 전자우편주소
라 자격취득의 연월일 및 사유
마 소속하고자 하는 지방변호사회
바 기타 이 회가 필요하다고 인정하는 사항

9 「변호사 등록 등에 관한 규정」 제8조(등록청서) ② 규칙 제11조 제2항에 따른 등록신청서의 첨부서류는 다음 각 호와 같다
1. 변호사자격등록
가 변호사의 자격이 있음을 증명하는 서면
나 범죄경력조회서 등 법 제5조의 결격사유가 없음을 증명하는 서면
다 위법행위사실확인서 등 법 제8조 제1항 제4호에 해당하는지 여부에 관한 서면
라. 가족관계증명서
마 주민등록표초본 또는 국내 거소사실을 증명하는 서면
바. 사진
사 학력 및 경력 사항 등을 증명하는 서면
아. 등록료납부서
자. 진술서
차. 개업계획서

의견서를 첨부할 수 있다(제3항). 지방변호사회는 등록신청을 하려는 자로부터 등록서류를 접수한다. 지방변호사회는 등록신청서류의 접수의무가 있다. 「변호사 등록 등에 관한 규칙」은 "이 규칙에 따른 신청(변호사 자격등록, 소속변경등록, 등록취소) 및 신고는 전산정보처리시스템을 이용하여 이 규칙에서 정하는 바에 따라 전자문서로 제출하여야 한다"(제5조)고 규정하고 있다. 지방변호사회는 제10조의 등록신청을 받은 때에는 의견서를 첨부하여 지체 없이 이 회에 등록신청서를 송부하여야 한다(위 규칙 13①).

등록신청을 받은 지방변호사회는 제출된 서류를 심사한 후 흠결이 있을 때는 보정을 명할 수 있다. 여기서 보정은 누락된 서류의 보완과 같은 형식적 심사에 그친다. 그렇기에 지방변호사회는 등록요건을 결여했다는 이유로 등록신청을 거부할 수는 없다.

다만, 등록거부사유는 없지만 사회적 물의를 야기한 변호사에 대한 등록 및 개업신고에 대하하여는 자숙의 시간을 갖도록 권고하는 등으로 지도하기도 한 바 있다. 그러나 권고에 불응한 때에는 등록신청을 보류시킬 수는 없다.

2. 해당 변호사의 자격 유무에 관한 의견서를 첨부

지방변호사회는 등록신청을 접수한 후 자격유무에 관한 의견서를 첨부할 수 있다. 등록신청적격을 가진 자의 신청에 대하여는 등록을 함이 타당하다는 의견을 첨부한다. 등록신청적격이 없는 자의 신청은 등록거부사유에 해당된다는 의견을 표시한다. 개업하려는 변호사의 자격 유무에 관한 의견서를 첨부할 수 있도록 한 것은 지방변호사회가 그 변호사의 자격유무에 관한 사정을 잘 알 수 있으며, 신중한 등록서류의 심사에 임하도록 하려는 목적 때문이다.

Ⅶ. 대한변호사협회는 변호사 명부에 등록하고 신청인에게 통지

1. 등록신청을 받으면 지체 없이 변호사 명부에 등록

대한변호사협회는 제2항에 따른 등록신청을 받으면 지체 없이 변호사 명부에 등록하고 그 사실을 신청인에게 통지하여야 한다(제4항). 대한변호사협회는 변호사명부인 '변호사 자격등록명세서'에 ①등록연월일, ② 성명, ③ 주민등록번호, ④ 등록번호, ⑤ 자격취득연월일 및 자격취득사유, ⑥ 소속하고자 하는 지방변호사회를 기재한다(변호사 등록 등에 관한 규정 별지 제8호 서식).

변호사명부란 특정 변호사의 신분정보가 기재된 명부로써 변호사의 자격취득 관련 사항과 개업, 휴업, 폐업 및 징계에 관한 사항 등이 기재되어 있다. 대한변호사협회가 등록신청서류를 검토한 후 변호사명부에 소정의 사항을 기재하면 등록은 완료된다.

2. 신청인에게 등록사실을 통지

이 회는 변호사자격등록을 한 경우 신청인에게 등록증서를 교부하고, 신청인 및 해당 지방변호사회에 그 뜻을 통지하여야 한다(변호사 등록 등에 관한 규칙 15①). 변호사 자격등록의 경우 ① 판사, 검사, 장기 군법무관의 경우: 1,5000,000원, ② 그 외의 경우(재판연구원 포함): 500,000원의 등록료를 납부하여야 한다(변호사 자격 등록 등에 관한 규정 9). 이와 별도로 지방변호사회에 입회할 때는 소정의 입회금을 납부하여야 한다(서울지방변호사회 회칙 9②). 서울지방변호사회 「입회 및 등록심사 규정」 제11조의 입회원서를 제출할 때에는 회칙 제9조 제2항에 의한 입회비를 납부하여야 한다. 다만 변호사자격을 취득한 당해연도 개업신고 시까지 입회비 납부를 유예할 수 있다(제12조 제1항). 소속변경등록으로 퇴회하였던 회원이 재입회하는 경우에는 다음 각 호에 정한 금액의 범위 내에서 입회비를 감면할 수 있다. 다만 제3항 제4호에 따라 입회비를 반환받은 회원은 입회비를 감면하지 아니한다(제12조 제2항).

1. 퇴회 후 6개월 이내에 재입회하는 경우에는 입회비 전액(2018. 10. 29. 신설)
2. 퇴회 후 6개월 이후에 재입회하는 경우에는 입회비 반액(2018. 10. 29. 신설)

[참고서식]

<table>
<tr><td colspan="4">변호사자격등록신청서</td></tr>
<tr><td rowspan="7">신
청
인</td><td>① 성 명</td><td></td><td>② 한 자</td></tr>
<tr><td>③ 주민등록
번 호</td><td colspan="2">–</td></tr>
<tr><td rowspan="2">④ 주 소</td><td colspan="2"></td></tr>
<tr><td colspan="2">□□□–□□□ 전화 : FAX :</td></tr>
<tr><td>⑤ 등록기준지</td><td colspan="2"></td></tr>
<tr><td>⑥ 휴대폰번호</td><td colspan="2"></td></tr>
<tr><td colspan="2" rowspan="5">⑦ 자 격 취 득</td><td colspan="2">년 월 일 제 회 사법시험 합격</td></tr>
<tr><td colspan="2">년 월 일 제 기 사법연수원 수료</td></tr>
<tr><td colspan="2">년 월 일 제 기 ( ) 법학전문대학원 졸업</td></tr>
<tr><td colspan="2">년 월 일 제 회 변호사시험 합격</td></tr>
<tr><td colspan="2">※ 년 월 일</td></tr>
<tr><td colspan="2">⑧ 소속하고자 하는 지방변호사회</td><td colspan="2">지방변호사회</td></tr>
<tr><td colspan="2" rowspan="2">⑨ 개업하고자 하는 사무소소재지</td><td colspan="2">□ 해당 없음</td></tr>
<tr><td colspan="2">□□□–□□□ 전화 : FAX :</td></tr>
<tr><td colspan="2">E – mail</td><td colspan="2"></td></tr>
<tr><td colspan="4">변호사법 제7조 제1항 및 대한변호사협회 변호사등록규칙 제7조에 의거하여
위와 같이 변호사자격등록을 신청합니다.

20 . . .

신 청 인 ㊞

대 한 변 호 사 협 회 귀중</td></tr>
<tr><td>첨
부
서
류</td><td>□ 가족관계증명서
□ 주민등록표등본 또는 외국인등록표등본
□ 이력서
□ 변호사법 제5조의 결격사유가 없음을 증명하는 서면
□ 변호사법 제8조 제1항 제4호에 해당하는지 여부에 관련된 서면
□ 사진
□ 의견서(지방변호사회)
* ⑦번 ※란은 사법대학원이나 군법무관시보 임용 사항 등을 기재</td><td>경
유
증
명</td><td>위 경유하였음.

20 . . .

지방변호사회장</td></tr>
</table>

제 8 조 등록거부

제 8 조(등록거부)

① 대한변호사협회는 제 7 조 제 2 항에 따라 등록을 신청한 자가 다음 각 호의 어느 하나에 해당하면 제 9 조에 따른 등록심사위원회의 의결을 거쳐 등록을 거부할 수 있다. 이 경우 제 4 호에 해당하여 등록을 거부할 때에는 제 9 조에 따른 등록심사위원회의 의결을 거쳐 1년 이상 2년 이하의 등록금지기간을 정하여야 한다.

1. 제 4 조에 따른 변호사의 자격이 없는 자
2. 제 5 조에 따른 결격사유에 해당하는 자
3. 심신장애로 인하여 변호사의 직무를 수행하는 것이 현저히 곤란한 자
4. 공무원 재직 중의 위법행위로 인하여 형사소추(과실범으로 공소제기되는 경우는 제외한다) 또는 징계처분[파면, 해임, 면직 및 정직(해당 징계처분에 의한 정직기간이 끝나기 전인 경우에 한정한다)은 제외한다]을 받거나 그 위법행위와 관련하여 퇴직한 자로서 변호사 직무를 수행하는 것이 현저히 부적당하다고 인정되는 자
5. 제 4 호에 해당하여 등록이 거부되거나 제 4 호에 해당하여 제18조 제 2 항에 따라 등록이 취소된 후 등록금지기간이 지나지 아니한 자
6. 삭제 〈2014. 5. 20.〉

② 대한변호사협회는 제 1 항에 따라 등록을 거부한 경우 지체 없이 그 사유를 명시하여 신청인에게 통지하여야 한다.

③ 대한변호사협회가 제 7 조 제 2 항에 따른 등록신청을 받은 날부터 3개월이 지날 때까지 등록을 하지 아니하거나 등록을 거부하지 아니할 때에는 등록이 된 것으로 본다.

④ 제 1 항에 따라 등록이 거부된 자는 제 1 항에 따른 통지를 받은 날부터 3개월 이내에 등록거부에 관하여 부당한 이유를 소명하여 법무부장관에게 이의신청을 할 수 있다.

⑤ 법무부장관은 제 4 항의 이의신청이 이유 있다고 인정할 때에는 대한변호사협회에 그 변호사의 등록을 명하여야 한다.

Ⅰ. 연 혁

(1) 1949. 11. 7. 제정된 변호사법에는 등록거부 규정이 없었다. 변호사로서 업무를 개시하자면 법무부에 비치된 변호사명부에 등록되어야 한다(제7조)는 규정만 두었다.

(2) 1982. 12. 31. 개정된 변호사법에 이르러서야 등록신청한 자가 변호사의 자격이 없거나 결격사유에 해당한다고 인정할 때에는 등록을 거부할 수 있다고 했다(제8조 제1항). 변호사의 자격이 없거나 변호사의 결격사유의 존재는 가장 전형적인 등록거부사유이다.

(3) 1995. 12. 29. 개정된 변호사법은 위 두 가지 사유에 ① 심신장애로 인하여 변호사의 직무를 수행함이 현저히 부적당하다고 인정되는 자, ② 변호사 결격사유에 해당하였다가 그 사유가 소멸되었으나 변호사의 직무를 수행함이 현저히 부적당하다고 인정되는 자를 추가하고 있다(제8조 제1항).

(4) 2000. 1. 28. 개정된 변호사법은 심각하게 대두되고 있는 법조비리를 척결하고 법조풍토를 쇄신하기 위하여 비리행위로 퇴직한 판사·검사 등에 대한 변호사 등록거부제도를 도입하게 되었다.[1] 공무원 재직 중 형사소추 또는 징계처분(파면 및 해임을 제외한다)을 받은 사실이 있거나 직무에 관한 위법행위로 퇴직한 자로서 변호사의 직무를 수행함이 현저히 부적당하다고 인정되는 자 등을 추가하였다(제8조 제1항).[2]

(5) 2014. 5. 20. 개정된 변호사법은 등록거부사유 중 제4호에 판사·검사 등 공무원으로 재직 중에 행한 위법행위로 인하여 형사소추 또는 징계처분을 받거나 그 위법행위와 관련하여 퇴직한 자에 대해서는 그 위법행위가 직무와 관련이 없는 경우에도 변호사 등록을 거부할 수 있도록 하는 내용을 신설했다. 변호사 등록거부 사유 중 위법행위에 대한 직무

---

1 **변호사법[시행 2000. 7. 29.] [법률 제6207호, 2000. 1. 28. 전부개정]**
◇ **개정이유** 최근 심각하게 대두되고 있는 법조비리를 척결하고 법조풍토를 쇄신하기 위하여 비리행위로 퇴직한 판사·검사 등에 대한 변호사 등록거부제도를 도입하고, 판사·검사가 자기가 취급하거나 취급하였던 사건 등을 특정 변호사에게 소개하는 행위 등을 금지하며, 변호사업무에 대한 광고허용 등을 통하여 사건브로커가 기생할 수 있는 소지를 제거하는 등 현행 제도의 운영상 나타난 일부 미비점을 개선·보완하려는 것임.

2 **변호사법[시행 2000. 7. 29.] [법률 제6207호, 2000. 1. 28. 전부개정] 제8조(등록거부)** ① 대한변호사협회는 제7조 제2항의 규정에 의하여 등록을 신청한 자가 다음 각호의 1에 해당하는 때에는 제9조의 규정에 의한 등록심사위원회의 의결을 거쳐 등록을 거부할 수 있다. 이 경우 지체 없이 그 사유를 명시하여 신청인에게 통지하여야 한다.
1. 제4조의 규정에 의한 변호사의 자격이 없는 자
2. 제5조의 규정에 의한 결격사유에 해당하는 자
3. 심신장애로 인하여 변호사의 직무를 수행함이 현저히 곤란한 자
4. 공무원으로 재직 중 형사소추 또는 징계처분(파면 및 해임을 제외한다)을 받은 사실이 있거나 직무에 관한 위법행위로 인하여 퇴직한 자로서 변호사의 직무를 수행함이 현저히 부적당하다고 인정되는 자
5. 제4호에 해당하여 등록이 거부된 후 2년을 경과하지 아니한 자
6. 제4호에 해당하여 제18조 제2항의 규정에 의하여 등록이 취소된 후 2년을 경과하지 아니한 자

관련성을 삭제하여 비위 공직자의 변호사 등록거부 사유를 강화하고, 이 경우 등록이 거부되는 기간은 1년 이상 2년 이하로 정하였다.

(6) 2017. 12. 19. 개정된 변호사법은 법관 및 검사의 비위를 예방하고 변호사에 대한 신뢰를 제고하기 위하여 공무원 재직 중 징계처분에 의하여 정직되고 정직기간 중에 퇴직하더라도 해당 정직기간 중에는 변호사 개업을 하지 못하도록 하는 내용의 변호사 결격사유 및 등록거부사유를 신설하였다(제8조 제1항 제4호).

Ⅱ. 등록거부제도의 합헌성 및 등록거부사유의 성격

1. 의　　의

대한변호사협회는 등록거부사유에 해당하면 등록신청을 거부할 수 있다. 등록거부사유는 변호사의 자격과 그 결격사유를 주된 이유로 하고 있어 모두 변호사라는 직업선택을 제한하고 있다. 입법자가 변호사라는 전문분야에 관한 자격제도를 마련함에 있어서 그 제도를 마련한 목적을 고려하여 정책적인 판단에 따라 그 내용을 구성할 수 있다. 자격제도에서 입법자에게는 그 자격요건을 정함에 있어 광범위한 입법재량이 인정되는 만큼, 자격요건에 관한 법률조항은 합리적인 근거 없이 현저히 자의적인 경우에만 헌법에 위반된다(헌재 2000. 4. 27. 97헌바88).

2. 등록거부와 직업선택의 자유의 제한

등록거부는 헌법상 보장된 직업선택의 자유를 제한하는 것이다. 물론 변호사시험에 합격하지 않은 자는 변호사의 자격을 취득할 수 없고 그 결과 그 직업에 종사할 수 없는 것은 당연하다. 이는 직업의 자유의 제한에 관한 단계이론 중 주관적 사유에 의한 직업선택의 자유의 제한이다(제2단계).[3] 주관적 사유에 의한 '직업선택의 자유'의 제한이 과잉금지 원칙의 관점에서 정당화되기 위해서는 주관적 허가요건과 '직업의 정상적인 수행'이라는 목적 사이에 합리적인 관계가 성립해야 한다. 주관적 허가요건에 관한 예로는, 일정 직업에 있어서 그 직업의 정상적인 수행을 보장하기 위하여 요구되는 최소한의 요건(예컨대 학력, 경력, 일정 자격요건 등)을 규정하는 각종 자격제도와 면허제도(의사, 약사, 변호사, 변리사, 건축사, 세무사, 공인중개사 등)를 들 수 있다.[4]

따라서 변호사 직업을 갖고자 하는 자는 법학전문대학원 석사학위를 취득(변호사시험법

---

3 허영, 한국헌법론 전정17판, 523면.
4 한수웅, 헌법학 제11판, 690면.

5①)해야 하는 학력 제한과 변호사에게 필요한 직업윤리와 법률지식 등 법률사무를 수행할 수 있는 능력을 검정하기 위한 변호사시험에 합격해야 하는 요건을 충족해야 한다. 그리고 공무원으로 재직 중인 자는 그 직무에 충실함으로써 형사처벌이나 징계처분을 받지 아니하면 변호사 등록이 거부되는 제한을 받지 않게 된다. 그 점에서 변호사 직업의 선택을 제한하는 등록거부제도는 헌법에 위반되지 않는다.

3. 등록거부사유의 성격

등록거부사유가 한정적 열거규정인지 여부가 문제된다. 이에 대하여 대법원은 아래와 같은 이유로 한정적 열거규정으로 판단하였다. 즉, 변호사법의 변호사등록 관련 규정들의 내용과 체계에다가, 변호사등록의 '자격제도'로서의 성격, 입법자가 사회적 필요 내지 공익적 요구에 상응하여 변호사법 제 8 조 제 1 항 각호의 등록거부사유를 새롭게 추가하여 왔던 입법 연혁 등을 종합하여 보면, 변호사법 제 8 조 제 1 항 각호에서 정한 등록거부사유는 한정적 열거규정으로 봄이 타당하다. 따라서 피고 (대한변호사)협회는 등록신청인이 변호사법 제 8 조 제 1 항 각호에서 정한 등록거부사유에 해당하는 경우에만 변호사등록을 거부할 수 있을 뿐이고, 피고 협회가 변호사법 등 법률에서 정한 사유가 아닌 다른 사유를 내세워 변호사등록을 거부하거나 지연하는 것은 변호사법 제 8 조 제 1 항의 입법 취지 및 헌법상 기본권의 제한은 법률에 근거하여야 한다는 '법률유보원칙'에 정면으로 반하는 것이어서 허용될 수 없다(대법원 2021. 1. 28. 2019다260197 [손해배상(기)]).[5]

---

5 그런데 **변호사등록의 신청인이 어떤 범죄를 범하였을 가능성이 있다는 의심은 변호사법 제 8 조 제 1 항 각호에서 정한 등록거부사유에 해당하지 않음이 명백하다.** 등록신청인이 실제로 범죄를 범하였다고 하더라도, 금고 이상의 형을 선고하는 유죄판결(선고유예, 집행유예를 선고하는 경우를 포함한다)이 확정된 경우이거나(변호사법 제 8 조 제 1 항 제 2 호, 제 5 조 제 1 호, 제 2 호, 제 3 호) 그 범죄가 공무원 재직 중에 범한 경우에 해당하여 형사소추 또는 징계처분을 받거나 그 범죄와 관련하여 퇴직한 경우(변호사법 제 8 조 제 1 항 제 4 호)에 한하여 등록거부사유에 해당하기 때문이다.

한편 변호사법은 제 5 조에서 변호사의 결격사유로 '금고 이상의 형(형)을 선고받고 그 집행이 끝나거나 그 집행을 받지 아니하기로 확정된 후 5년이 지나지 아니한 자'(제 1 호), '금고 이상의 형의 집행유예를 선고받고 그 유예기간이 지난 후 2년이 지나지 아니한 자'(제 2 호), '금고 이상의 형의 선고유예를 받고 그 유예기간 중에 있는 자'(제 3 호), '탄핵이나 징계처분에 의하여 파면되거나 이 법에 따라 제명된 후 5년이 지나지 아니한 자'(제 4 호), '징계처분에 의하여 해임된 후 3년이 지나지 아니한 자'(제 5 호), '징계처분에 의하여 면직된 후 2년이 지나지 아니한 자'(제 6 호), '공무원 재직 중 징계처분에 의하여 정직되고 그 정직기간 중에 있는 자(이 경우 정직기간 중에 퇴직하더라도 해당 징계처분에 의한 정직기간이 끝날 때까지 정직기간 중에 있는 것으로 본다)'(제 7 호) 등을 규정하고 있다. 위 규정들은, 변호사 등록신청인이 범한 범죄나 직무상 의무위반행위와 관련하여 입법자가 그 의무 위반의 정도 등에 따라 변호사등록 결격 기간을 차등적으로 설정함으로써 헌법상 비례의 원칙을 구현한 것이라고 볼 수 있다. 따라서 변호사법 제 5 조 각호에서 정한 결격 기간이 이미 지나갔음에도 피고 협회가 과거의 그 범죄전력을 또다시 내세워 추가로 변호사등록을 거부하거나 지연하는 것이 허용될 수 없음은 분명하다(대법원 2021. 1. 28. 2019다260197 [손해배상(기)]).

Ⅲ. 구체적인 등록거부사유

1. 제 4 조에 따른 변호사의 자격이 없는 자(제 1 호)

변호사의 직무수행은 개업을 위한 등록이 된 때부터 가능하다. 변호사 자격이 있더라도 변호사명부에 등록될 때 비로소 명실상부한 변호사가 된다. 변호사의 자격이 없는 자는 등록신청을 할 권리가 없다. 변호사의 자격이 없는 자의 등록신청은 반드시 거부되어야 한다(기속행위). 이는 변호사자격제도를 유지하기 위한 기본적인 제한이다. 대한변호사협회는 변호사 자격 없는 자의 법률사무 수행으로 야기될 폐해를 예방하기 위해서도 등록업무를 신중하게 해야 한다. 변호사 무자격자가 한 등록신청 결과 실제로 등록이 되면 그 자를 처벌하고 있다. 변호사의 자격이 없이 대한변호사협회에 그 자격에 관하여 거짓으로 신청하여 등록을 한 자는 3년 이하의 징역 또는 2천만원 이하의 벌금에 처한다(변호사법 112(2)). 변호사의 자격이 없는 자가 그 자격이 있는 것처럼 속여서 신청하였더라도 등록되지 않으면 처벌하지 않는다. 변호사가 등록을 마쳤더라도 그 직무를 수행할 의무가 있는 것은 아니다.

2. 제 5 조에 따른 결격사유에 해당하는 자(제 2 호)

변호사의 결격사유로 등록이 거부될 수 있는 경우로는 먼저, 변호사 자격이 있는 자에게 등록(신청) 전에 결격사유가 발생한 때이다. 예컨대 변호사의 자격취득 직후 금고 이상의 형을 선고받아 확정되거나(변호사법 5(1)) 파산선고를 받아 복권되지 아니한 자(변호사법 5(6))일 수 있다.

둘째로는 개업 중인 변호사에게 결격사유가 발생하여 재등록을 신청한 경우이다. 변호사가 개업 중에 금고 이상의 형의 선고유예를 받고 그 유예기간 중에 있으면 등록취소가 되는데(변호사법 18①), 그럼에도 선고유예기간 중에 재등록 신청을 할 수 있다. 이처럼 변호사의 결격사유가 있는 변호사는 등록을 신청할 권리가 없다. 따라서 대한변호사협회는 결격사유가 소멸되었음을 확인할 수 있는 소명이 없을 때는 등록을 거부할 수 있다. 등록심사위원회가 등록거부 의결을 하고 대한변호사협회는 이에 따라 등록거부를 하여야 한다(변호사법 12②).

3. 심신장애로 인하여 변호사의 직무를 수행하는 것이 현저히 곤란한 자(제 3 호)

심신장애로 변호사의 직무수행이 현저히 곤란한 자의 등록신청은 거부할 수 있다. 심신장애란 변호사로서 의뢰인의 위임사무를 충실하게 수행할 수 있는 육체적·정신적 건강상태에 결함이 있는 것을 말한다. 여기서 등록거부사유로서의 '심신장애'는 변호사의 직무를 수행하는 것이 현저히 곤란한 상태가 그 기준이 된다. 변호사가 심신장애로 '피성년후견인(민법 9), 피한정후견인(민법 12)' 개시의 심판을 받았다면, 변호사의 결격사유(제5조 제5호)에 해당되어 독자적인 등록거부사유가 된다.[6]

법원의 심판으로 피성년후견인이나 피한정후견인이 되는 것과 달리 대한변호사협회의 판단으로 변호사의 개업을 막는 것은 신중해야 한다. 변호사의 직무수행이 '현저히 곤란'하다는 불확정한 개념만으로 등록거부라는 자의적인 결정을 방지할 수 있는 명확한 기준은 되기 어렵다. 물론 등록신청자가 장기간 무의식 상태에 있음에도 제3자가 등록신청을 한 때는 그 판단이 용이할 것이다. 따라서 심신장애로 인한 등록거부사유는 피성년후견인이나 피한정후견인을 두는 것으로 그쳐야 할 것으로 본다. 첨예한 이해관계를 갖는 의뢰인이 그 변호사를 선임할 것인지 여부를 결정하도록 해야 하지 않을까 싶다. 대한변호사협회의 독자적인 판단으로 개업을 막을 수 있는 사유를 두는 것은 기본권 제한에 관한 과잉금지의 원칙에 반할 여지도 있다. 민사에 관한 것이지만, 정신적인 능력이 피성년후견인이나 피한정후견인에 해당할지라도 아직 성년후견개시 또는 한정후견개시의 심판을 받지 않았으면 그에게 제한능력자에 관한 규정을 유추적용해서는 안 된다는 판례는 이 점에 관하여 시사하는 바가 크다.[7]

외국의 입법례 역시 심심장애를 가진 변호사의 직무수행을 제한하고 있다. 「변호사 직무에 관한 모범규칙」 Rule 1.16(a)(2)는 '육체적 또는 정신적 상태로 인하여 의뢰인을 대리할 수 있는 능력이 현저히 손상된 경우'를 들고 있으며, 일본 변호사법 제12조 제1호는 '심신장애가 있는 때'를 등록거부사유로 두고 있다. 여기서 '심신장해가 있는 때'란 정신적 또는 신체적인 기능의 결함이 의뢰인이나 법원 등에 대하여 변호사로서의 직책을 담당할 수 없을 정도로 현저한 경우를 말한다. 이 점에 관한 재판례로서 "뇌경색증의 후유증인 실어증과 우측 상하지 마비는 각종 훈련의 결과 그 장해가 경도에 이르렀다고 하지만 아직도 회화, 보행, 일상동작이나 글자 등의 많은 제약이 따르는 것은 부정할 수 없어서 변호사로서 스스로 출정하거나 혹은 현지에 나가 증인 심문에 참여하기는 매우 곤란한 사정에 속한다고 생각되지만, 판단력에는 이상이 없고 문자의 이해도 양호하다는 점에서 스스로 변호사로서의 직무를 수행하려고 하는 의사와 열의가 존재하는 한, 적당한 개호자를 첨부하는 등

---

6 민법상 심신장애로 행위능력이 제한되는 자에 대한 규율은 피성년후견인, 피한정후견인, 피특정후견인(제14조의2)을 들 수 있고(곽윤직·김재형, 민법총칙[민법강의 I], 112면; 송덕수, 민법총칙, 199면), 형법상 인정된 심신장애자는 심신상실자(제10조 제1항), 심신미약자(제10조 제2항), 농아자(제11조)가 있다(김일수·서보학, 새로 쓴 형법총론(제12판), 264면).

7 표의자가 법률행위 당시 심신상실이나 심신미약상태에 있어 금치산 또는 한정치산선고를 받을 만한 상태에 있었다고 하여도 그 당시 법원으로부터 금치산 또는 한정치산선고를 받은 사실이 없는 이상 그 후 금치산 또는 한정치산선고가 있어 그의 법정대리인이 된 자는 금치산 또는 한정치산자의 행위능력 규정을 들어 그 선고 이전의 법률행위를 취소할 수 없다(대법원 1992. 10. 13. 92다6433).

으로써 신체적 장해를 보충하고, 예를 들면 계약서의 작성, 조언 등 연령과 그 신체적 능력에 응하여 변호사로서의 직무를 행하는 것은 반드시 불가능 한 것은 아니고, 원고에게 이와 같은 직무를 행하는 것이 그 적정을 결한다고 인정할만한 증거도 없다"(東京 고판 昭和 53·2·21 行裁例集 29권 2호 165면)고 한 사례가 있다. 청력·시력에 장해가 있는 자에 관해서도 판단력이 정상이고 문자의 이해 등이 양호하고 적당한 개호자에 의해 신체적 장해를 보충하는 경우에는, 특히 그 자에게 변호사의 직무를 행하게 하는 것이 적정을 결한다고 인정할 수 있는 사정이 없는 한 본조 제1항 제1호에 해당하지 않는다.[8]

4. 공무원 재직 중의 위법행위로 인하여 형사소추(과실범으로 공소제기되는 경우는 제외한다) 또는 징계처분[파면, 해임, 면직 및 정직(해당 징계처분에 의한 정직기간이 끝나기 전인 경우에 한정한다)은 제외한다]을 받거나 그 위법행위와 관련하여 퇴직한 자로서 변호사 직무를 수행하는 것이 현저히 부적당하다고 인정되는 자(제4호)

변호사 자격이 있는 판사와 검사 같은 공무원이 직무상 위법행위로 기소되거나 징계처분을 받거나 또는 그 위법행위에 관련하여 퇴직할 수 있다. 이때 그 퇴직공무원이 개업을 하여 변호사 직무를 수행하는 것이 현저히 부적당하고 인정되는 때는 등록을 거부할 수 있다는 것이다.

(1) 공무원 재직 중의 위법행위로 인하여 형사소추(과실범으로 공소제기되는 경우는 제외한다)

여기서 '공무원'은 원칙적으로 변호사의 자격이 있는 자를 말한다. 그리고 '재직 중의 위법행위'란 공무원이 그 신분을 보유한 상태에서(재직 중), 그 공무원의 고유한 직무에 관한 죄를 범하거나(형법 제7장 공무원의 직무에 관한 죄 등), 그 직무와 관계없이 행한 범죄행위를 말한다(폭행죄 또는 사기죄 등). 그러므로 여기서 '재직 중의 위법행위'는 공소제기 되는 범죄행위를 지칭하고, 불기소처분이 있을 때는 제외된다. 형사소추를 받더라도 그 범죄는 고의범에 국한되고 과실범은 제외된다. 위법행위는 형사소추 받을 범죄여야 한다. 따라서 위법성 있는 처분을 하거나 국가배상청구의 원인이 되는 위법행위를 저지른 경우는 해당되지 않는다. 다만, 이로 인한 징계처분으로 변호사의 결격사유에 해당된다면 등록이 거부될 수는 있다.

8 일본변호사연합회조사실 편저, 조해 변호사법, 112면.

⑵ 징계처분[파면, 해임, 면직 및 정직(해당 징계처분에 의한 정직기간이 끝나기 전인 경우에 한정한다)]

공무원이 재직 중의 위법행위로 인하여 '파면, 해임, 면직 및 정직(정직기간이 끝나기 전)' 외의 징계처분을 받아야 한다. 파면, 해임, 면직 및 정직은 변호사의 결격사유로서 제2호의 등록거부사유에 해당되기에 여기서 제외된다. 정직은 정직기간이 끝난 후에는 변호사의 결격사유에 해당되지 않으므로, 여기서의 징계처분에 해당된다.

그러므로 여기서 '징계처분'은 법관은 정직·감봉·견책(법관징계법 3①), 검사는 정직, 감봉 및 견책(검사징계법 3①), 국가공무원은 강등·정직·감봉·견책(국가공무원법 79), 경찰공무원은 강등 및 정직(경찰공무원법 27), 법원공무원은 강등 또는 정직(법원공무원규칙 3⑸)이 이에 해당된다.

⑶ 그 위법행위와 관련하여 퇴직한 자

공무원이 재직 중에 행한 위법행위와 관련하여 퇴직하였어야 한다. 특히 재직 중에 품위를 훼손하는 위법행위를 저지른 후에 징계절차가 진행 중에 퇴직하는 경우가 있다. 판사·검사 등 공무원으로 재직 중에 행한 위법행위로 인하여 형사소추 또는 징계처분을 받을 것을 요건으로 하지 않는다. 공무원이 재직 중 위법행위를 범하였음에도 수사가 개시되지 않은 상태에서 서둘러 퇴직할 수 있다. 또한 위법행위에 대한 징계절차가 진행되지 않고 있을 때 또는 징계가 논의될 무렵 징계처분을 회피할 목적으로 사직할 수 있다. 형사소추 또는 징계처분이 없더라도 그 위법행위와 관련하여 퇴직한 사실이 있으면 등록거부를 할 수 있다. 공무원의 퇴직동기가 된 위법행위는 직무와의 관련성을 요건으로 하지 않는다. 비리공무원이 단죄를 받지 않고 퇴직 후 곧바로 변호사 개업을 할 수 없도록 하여 변호사제도에 대한 신뢰를 보호하려는 취지이다. 등록신청을 한 퇴직 공무원은 문제가 되는 재직 중의 행위가 형사처벌 또는 징계처분을 받을 위법행위에 해당되지 않는다는 점을 소명해야 한다.

⑷ 변호사 직무를 수행하는 것이 현저히 부적당하다고 인정되는 자

등록거부사유로서 이 요건의 판단은 대단히 어렵다. 변호사법 제91조 제1항 제2호는 영구제명의 징계사유로 이와 동일한 내용을 규정하고 있다.[9] 변호사의 직무수행이 현저히 부적한 경우로는 법률전문가로서의 전문지식과 경험의 미흡 또는 육체적인 질병을 들 수 있다. 심신장애로 인한 등록거부사유는 이미 제3호에 규정되어 있기에 육체적 질환은 여

---

9 **변호사법 제91조(징계사유)** ① 제90조 제1호에 해당하는 징계사유는 다음 각 호와 같다.
1. 변호사의 직무와 관련하여 2회 이상 금고 이상의 형을 선고받아(집행유예를 선고받은 경우를 포함한다) 그 형이 확정된 경우(과실범의 경우는 제외한다)
2. 이 법에 따라 2회 이상 정직 이상의 징계처분을 받은 후 다시 제2항에 따른 징계사유가 있는 자로서 변호사의 직무를 수행하는 것이 현저히 부적당하다고 인정되는 경우

기서 문제되지 않는다. 위법행위로 기소를 당하거나 징계를 받은 자에게 변호사 직무를 수행할 능력이 부족하다고 볼 여지는 그리 많지 않다.

따라서 변호사 직무를 수행하는 것이 현저히 부적당하다는 사유는 등록신청자의 여건이 아닌 외부에서 찾아야 한다. 공무원 재직 중의 위법행위가 언론에 보도되는 등 사회적 물의를 야기한 상태에서 퇴직한 후 곧바로 개업을 한다면, 한편으로는 형사재판을 받는 피고인 신분으로 다른 한편으로는 변호사의 신분을 가질 수 있다. 그렇게 되면 마치 비위 전력 공직자 또는 범죄자가 변호사를 하는 것과 같은 외양을 갖게 된다. 이는 변호사제도의 공공성을 해치고 국민들의 법 감정에도 맞지 않다. 그 때문에 그 변호사에게는 일정한 자숙의 시간이 필요하다는 의미에서 이 요건을 두고 있는 것으로 이해할 수도 있다. 형사소추된 피고인(변호사)은 무죄추정을 받기 때문에 이 요건이 중요하다.

(5) 등록거부기간

이 경우 제4호에 해당하여 등록을 거부할 때에는 제9조에 따른 등록심사위원회의 의결을 거쳐 1년 이상 2년 이하의 등록금지기간을 정하여야 한다(변호사법 8① 후문). 변호사가 공무원 재직 중의 위법행위로 재판을 받아 형이 확정되면 그에 따라 결격기간이 정해진다. 그리고 징계처분으로 파면되면 5년, 해임당하면 3년이 경과하여야 결격사유가 해제된다는 점에서 제4호에서의 징계처분은 강등·감봉 또는 견책에 해당될 터이다.

2014. 5. 20. 개정된 변호사법은 판사·검사 등 공무원으로 재직 중에 행한 위법행위로 인하여 형사소추 또는 징계처분을 받거나 그 위법행위와 관련하여 퇴직한 자에 대해서는 그 위법행위가 직무와 관련이 없는 경우에도 변호사 등록을 거부할 수 있도록 하는 내용을 신설하면서 등록이 거부되는 기간은 1년 이상 2년 이하로 정하였다. 이와 같은 사정을 고려하여 등록거부기간을 1년 이상 2년 이하로 정하여 위법행위의 정도에 따라 그 기간을 탄력적으로 정하도록 하고 있다.

5. 제4호에 해당하여 등록이 거부되거나 제4호에 해당하여 제18조 제2항에 따라 등록이 취소된 후 등록금지기간이 지나지 아니한 자(제5호)

대한변호사협회는 변호사의 등록신청이 제4호에 해당하면 1년 이상 2년 이하의 기간을 정하여 등록을 거부할 수 있다. 대한변호사협회는 그 등록거부사유의 존재를 알지 못한 채 변호사명부에 등록을 하였다면 등록심사위원회의 의결을 거쳐 변호사의 등록을 취소할 수 있다(변호사법 18② 전단). 등록을 취소할 때에는 등록심사위원회의 의결을 거쳐 1년 이상 2년 이하의 등록금지기간을 정하여야 한다(변호사법 18② 후단). 그런데 변호사가 등록금지기간이 지나지 않은 상태에서 다시 등록신청을 한 경우에는 등록을 거부할 수 있다. 등록여부에 관한 결정은 신청서류를 송부받은 날부터 3월 이내에 결정하므로(변호사법 8③; 변호사등록규칙 11①), 결정시에 금지기간이 도과하였다면 등록신청을 허가하여야 한다.

6. 삭제 <2014. 5. 20.>[10] [11]

Ⅳ. 등록거부의 절차

1. 등록거부사유가 있으면 등록거부

대한변호사협회는 제7조 제2항에 따라 등록을 신청한 자가 다음 각 호의 어느 하나에 해당하면 제9조에 따른 등록심사위원회의 의결을 거쳐 등록을 거부할 수 있다(변호사법 8① 전단). 대한변호사협회는 등록신청을 한 변호사에게 등록거부사유가 있으면 등록심사위원회의 의결을 거쳐 등록을 거부할 수 있다. 등록거부사유의 존재 여부는 직권조사 사항에 해당된다. 등록심사위원회는 제14조 제4항에 따라 등록거부에 관한 안건을 회부받은 때에는 이를 심사하여 등록거부의 가·부를 의결하여야 한다(변호사 등록 등에 관한 규칙 17①). 등록심사위원회가 등록거부의 사유가 없다고 인정하여 등록거부를 하지 않기로 의결한 때에는 이 회는 지체 없이 명부에 등록하여야 한다(변호사 등록 등에 관한 규칙 17③).

등록거부는 등록심사위원회의 의결이라는 내부절차를 거쳐 대한변호사협회장 명의로 한다. 등록거부를 하기 위하여 등록신청을 한 변호사의 의견청취를 할 필요는 없다.[12] 제1항 전단은 등록거부 사유가 있을 때 '등록을 거부할 수 있다'고 되어 있어 재량행위로 볼 여지가 있다. 그러나 등록거부사유를 개별적으로 검토하여 그 성질을 결정해야 한다. 제3호는 '변호사의 직무를 수행하는 것이 현저히 곤란한 자', 제4호는 '변호사의 직무를 수행하는 것이 현저히 부적당하다고 인정되는 자'라는 불확정개념을 사용하고 있어 그 판단에 있어 상당한 재량이 주어져 있다. 반면, 그 외의 등록거부사유는 반드시 등록을 거부하여야 하는 기속행위로 보인다.

---

10 6. 제4호에 해당하여 제18조 제2항에 따라 등록이 취소된 후 2년이 지나지 아니한 자

11 **변호사법[시행 2014. 5. 20.] [법률 제12589호, 2014. 5. 20. 일부개정]**
◇ **개정이유** 변호사에 대한 신뢰도를 높이고 검사의 비위 행위를 예방하기 위하여 변호사의 결격사유에 검사가 징계처분에 의하여 면직된 후 2년이 지나지 아니한 경우를 추가하고, 판사·검사 등 공무원으로 재직 중에 행한 위법행위로 인하여 형사소추 또는 징계처분을 받거나 그 위법행위와 관련하여 퇴직한 자에 대해서는 그 위법행위가 직무와 관련이 없는 경우에도 변호사 등록을 거부할 수 있도록 하려는 것임.

12 신청에 따른 처분이 이루어지지 아니한 경우에는 아직 당사자에게 권익이 부과되지 아니하였으므로 특별한 사정이 없는 한 신청에 대한 거부처분이라고 하더라도 직접 당사자의 권익을 제한하는 것은 아니어서 신청에 대한 거부처분을 여기에서 말하는 '당사자의 권익을 제한하는 처분'에 해당한다고 할 수 없는 것이어서 처분의 사전통지대상이 된다고 할 수 없다(대법원 2003. 11. 28. 2003두674 임용거부처분취소).

2. 등록을 거부한 경우 신청인에게 통지

대한변호사협회는 제1항에 따라 등록을 거부한 경우 지체 없이 그 사유를 명시하여 신청인에게 통지하여야 한다(제2항). 대한변호사협회는 등록을 거부한 경우 신청인 변호사에게 통지하여야 한다. 「변호사 등록 등에 관한 규칙」은 등록심사위원회가 등록거부의 사유가 있다고 인정하여 등록거부를 의결한 때에는 이 회는 지체없이 그 뜻을 신청인과 해당 지방변호사회에 통지하여야 한다(제17조 제2항). 제2항의 통지는 전산정보처리시스템을 이용하여 전자문서로 송신하는 방법으로 하여야 한다(제17조 제3항).

등록거부 통지를 받은 지방변호사회는 그 변호사가 미등록 상태에서 개업하는지를 감독할 수 있다. 등록신청 변호사에게 등록거부통지를 할 때는 불복제도인 법무부장관에 대한 이의신청권 및 불복기간 등을 고지해야 할 것이다. 등록거부통지는 통지를 하지 않음으로써 본조 제3항처럼 등록의제의 효과가 발생하는 것을 방지하는 역할을 한다.

3. 등록신청을 받은 날부터 3개월이 지날 때까지 등록 또는 등록거부를 아니할 때

대한변호사협회가 제7조 제2항에 따른 등록신청을 받은 날부터 3개월이 지날 때까지 등록을 하지 아니하거나 등록을 거부하지 아니할 때에는 등록이 된 것으로 본다(제3항). 대한변호사협회는 등록신청을 받은 날부터 3개월 이내에 등록거부 여부를 결정해야 한다. 대한변호사협회가 등록신청에 대하여 3개월 동안 부작위에 이르면 등록이 된 것으로 본다. 등록신청의 부작위에 대하여 개업하려는 변호사의 직업수행의 자유를 보장하기 위하여 등록의 효과를 부여하고 있다.

1995. 12. 29. 개정된 변호사법은 종전에는 등록이 거부된 것으로 보는 규정을 등록간주로 변경하였다.[13] 그러나 등록거부사유에 해당하는 변호사의 자격(변호사법 4)이 없는 자가 한 등록신청에 대하여 3개월 이내에 등록거부가 없었을 때도 등록된 것으로 볼 것인지 문제된다. 등록거부에 대한 부작위가 변호사의 자격을 인정하는 효과를 낼 수는 없기 때문에 부정함이 타당하다. 등록신청에 대하여 지방변호사회는 변호사의 자격유무에 관한 의견서를 첨부(변호사법 7③)하는 장치도 두고 있어 실제로 무자격자의 등록은 쉽지 않지만 전혀 불

13 **변호사법 [시행 1993. 3. 10.] [법률 제4544호, 1993. 3. 10. 일부개정] 제8조(등록거부)** ② 대한변호사협회가 제7조 제2항의 신청을 받은 날로부터 3월이 경과하여도 등록을 하지 아니하는 때에는 등록을 거부한 것으로 본다.
현재는 폐지된 조항인 「**공공기관의 정보공개에 관한 법률**」 **[법률 제11690호, 2013. 3. 23. 타법개정] 제11조(정보공개 여부의 결정)** ⑤ 정보공개를 청구한 날부터 20일 이내에 공공기관이 공개 여부를 결정하지 아니한 때에는 비공개의 결정이 있는 것으로 본다.

가능한 것은 아니다.

등록간주의 효력은 변호사의 자격을 가진 자의 등록신청이 있은 날로부터 3개월이 경과한 날에 발생한다. 따라서 등록간주 조항은 변호사의 결격사유(변호사법 5)도 무력화시킬 수 있기 때문에 대한변호사협회는 신중하면서도 신속히 등록 여부를 결정해야 한다.

V. 대한변호사협회의 등록거부결정에 대한 불복제도

1. 법무부장관에게 이의신청

(1) 제1항에 따라 등록이 거부된 자는 제1항에 따른 통지를 받은 날부터 3개월 이내에 등록거부에 관하여 부당한 이유를 소명하여 법무부장관에게 이의신청을 할 수 있다(변호사법 8④). 변호사법은 등록거부결정에 대하여 이의신청 전치주의를 취하고 있다. 일반적으로 이의신청은 위법·부당한 행정작용으로 인해 권리가 침해된 자가 '처분 행정청'에 그 행위의 취소를 구하는 절차를 말한다.[14] 그런데 대한변호사협회의 감독기관인 법무부장관에게 한 이의신청의 법적 성격은 매우 중요하다.[15] 이의신청 기각결정이 있을 경우 피고적격이나 제소기간 등의 산정에 영향을 미치기 때문이다.

(2) 법무부장관은 제4항의 이의신청이 이유 있다고 인정할 때에는 대한변호사협회에 그 변호사의 등록을 명하여야 한다(제5항). 법무부장관은 이의신청에 대하여 등록거부가 적법한 것인지 여부를 결정한다. 법무부장관은 등록거부처분에 대한 상급 감독청의 지위에 있다. 법무부장관이 등록거부처분의 적법성 여부를 결정하는 데 있어서 거쳐야 하는 법정절차는 없다. 법무부장관은 이의신청이 이유 있다고 인정하면 대한변호사협회에 등록명령을 한다. 이 등록명령은 감독기관이 등록거부결정을 취소한 처분에 해당된다. 이 회는 법무부장관으로부터 법 제8조 제5항에 의한 등록명령을 받았을 때에는 지체 없이 명부에 등록하여야 한다(변호사 등록 등에 관한 규칙 19).

(1) 개별 법령상의 이의신청과 그 결정의 처분성 여부

개별 법령상의 이의신청은 종류가 다양하다. 먼저, 이의신청은 보통 처분청에 제기하지만(지방자치법 제140조 제3항의 사용료 등의 징수처분에 대하여 지방자치단체장에게 이의신청), 처분청

14 이의신청은 행정청의 위법·부당한 처분에 대하여 행정기관이 심판하는 행정심판과는 구별되는 별개의 제도라 할 것이나, 이의신청과 행정심판은 모두 본질에 있어서 행정처분으로 인하여 권리나 이익을 침해당한 상대방의 권리구제에 그 목적이 있고, 행정소송에 앞서 먼저 행정기관의 판단을 받는 데에 목적을 둔 엄격한 형식을 요하지 않는 서면행위라 할 것이다(대법원 2012. 3. 29. 2011두26886).

15 정형근, "변호사의 자격등록과 등록거부 제도에 관한 고찰 – 서울고등법원 2016. 10. 29. 선고 2016나2013008 판결 –", 법조 통권 제732호(2018012.), 692면 이하.

이 아닌 상급기관에 제기하도록 한 경우도 있다(국세기본법 제66조 제1항의 세무서장의 과세처분에 대하여 지방국세청장에게 이의신청). 둘째로, 이의신청 중에는 그 신청에 대한 결정이 특수한 행정심판으로 재결의 성질을 갖는 것도 있고,[16] 행정심판과 무관한 것도 있다(운전면허취소처분에 대한 이의신청이 기각된 경우 행정심판을 제기).[17] 그리고 처분청에 한 이의신청이 곧 행정심판의 청구와 같은 효과를 내는 경우도 있다(공정거래위원회의 처분에 대한 이의신청).[18]

행정심판의 기능을 하는 이의신청에 대한 기각 또는 인용결정은 항고소송의 대상인 처분이라 할 수 있다(지방토지수용위원회의 이의신청에 대한 중앙토지수용위원회의 재결). 반면, 행정심판이 아닌 '거부처분에 대한 이의신청'을 받아들이지 않는 취지의 기각 결정 또는 그 취지의 통지는 원처분을 그대로 유지하는 결정이라서 아무런 법적 효력을 갖지 않고 항고소송의 대상도 되지 않는 경우가 있다.[19]

(2) 법무부장관의 이의신청에 대한 결정

등록거부결정에 대한 법무부장관에게 한 이의신청이 행정심판의 성격을 갖는 것인지 문제된다.[20] 행정심판으로 인정되려면 사법절차와 같은 절차의 공정성과 객관성이 보장되어야 한다. 헌법 제107조 제3항 후단은 "행정심판의 절차는 법률로 정하되, 사법절차가 준용되어야 한다"는 기준을 제시한다. 헌법재판소는 "행정심판절차가 불필요하고 형식적인 전심절차가 되지 않도록 이를 사법절차에 준하는 절차로서 형성해야 할 의무를 입법자에게 부과하고 있는 것이다"라고 한다.[21]

이런 관점에서 등록거부결정에 대한 법무부장관에게 한 이의신청은 위원회의 의결과 같은 절차의 객관성과 공정성이 보장되어 있지 않고 대심적 구조와 같은 사법절차도 준용

---

16 수용재결에 대한 이의신청(공익사업을 위한 토지등의 취득 및 보상에 관한 법률 제83조 제2항, 제3항), 표준지가공시지가 및 개별공시지가, 표준주택가격 및 개별주택가격, 공동주택가격에 대한 각 이의신청(부동산 가격공시에 관한 법률 제7조 제1항, 제11조 제1항, 제17조 제8항), 광업법에 따른 처분에 대한 이의신청(광업법 제90조) 등(법원행정처, 「법원실무제요 행정」, 법원행정처(2016), 219~220면).

17 운전면허의 취소처분 또는 정지처분이나 연습운전면허 취소처분에 대하여 이의가 있는 사람은 그 처분을 받은 날부터 60일 이내에 행정안전부령으로 정하는 바에 따라 지방경찰청장에게 이의를 신청할 수 있다(도로교통법 제94조 제1항). 제1항에 따라 이의를 신청한 사람은 그 이의신청과 관계없이 「행정심판법」에 따른 행정심판을 청구할 수 있다(도로교통법 제94조 제3항).

18 이 법에 의한 공정거래위원회의 처분에 대하여 불복이 있는 자는 그 처분의 통지를 받은 날부터 30일 이내에 그 사유를 갖추어 공정거래위원회에 이의신청을 할 수 있다. 공정거래위원회는 제1항의 규정에 의한 이의신청에 대하여 60일 이내에 재결을 하여야 한다. 다만, 부득이한 사정으로 그 기간 내에 재결을 할 수 없을 경우에는 30일의 범위 안에서 결정으로 그 기간을 연장할 수 있다(독점규제 및 공정거래에 관한 법률 제53조).

19 대법원 2012. 11. 15. 2010두8676 [주택건설사업승인불허가처분취소등].

20 이의신청과 행정심판의 관계에 관하여 아무런 규정이 없거나 설사 규정이 있다고 할지라도 불분명한 경우 이를 간이한 불복절차로 볼 것인지 특별행정심판 내지 행정심판의 특례에 해당하는지에 관한 학설로 심판기관기준설, 준사법절차보장설, 행정심판필적설, 종합판단설이 있다(김용섭, "개별법상 이의신청제도의 현황분석과 입법적 개선과제", 행정법연구 제42호(2015. 7), 89~90면).

21 헌재 2002. 10. 31. 2001헌바40 도로교통법 제101조의3 위헌소원.

되고 있다고 볼 수 없다.[22] 그 때문에 법무부장관에게 하는 이의신청은 행정심판의 청구와 같은 성격을 갖는다고 할 수 없다. 따라서 법무부장관의 이의신청 기각결정은 대한변호사협회의 등록거부결정이 타당하다는 것을 확인한 의사표시에 불과하여 새로운 처분이라고 할 수 없다. 그러므로 이런 기각결정에 대하여 법무부장관을 피고로 하여 처분의 취소를 구할 수는 없다. 결국 등록거부를 당한 변호사는 원처분인 대한변협의 등록거부결정의 취소를 구하는 행정심판이나 행정소송을 제기하여야 한다.

(3) 등록거부의 부당성 소명

이의신청하는 변호사는 등록거부에 관한 부당한 이유를 소명하여야 한다. 행정소송에서는 처분의 위법성을 원고가 입증해야 하지만, 행정심판의 성격을 갖는 이의신청에서는 소명으로 충분하다고 할 것이다. 여기서 '부당'한 이유에는 '위법'한 이유도 포함될 수 있다. 예컨대 변호사의 결격사유의 기간이 도과되었다거나, 형사소추 또는 징계처분을 받아 퇴직하였지만 변호사의 직무수행에 곤란한 사유가 없다는 점 등을 주장할 수 있다. 등록거부가 위법·부당하다는 소명은 이의신청권자에게 있다. 이의신청을 대한변호사협회에 한 경우에는 등록거부가 위법·부당하다고 판단되면 직권으로 등록거부처분을 취소하고 등록을 할 수 있다. 등록거부가 적법하면 법무부장관에게 이의신청서를 송부하여야 할 것이다.

2021. 3. 23. 제정된 행정기본법은 "다른 법률에서 이의신청과 이에 준하는 절차에 대하여 정하고 있는 경우에도 그 법률에서 규정하지 아니한 사항에 관하여는 이 조에서 정하는 바에 따른다"(제36조 제5항)고 규정하고 있다.[23] 이의신청에 대한 결과를 통지받은 후 행정심판 또는 행정소송을 제기하려는 자는 그 결과를 통지받은 날(제2항에 따른 통지기간 내에 결과를 통지받지 못한 경우에는 같은 항에 따른 통지기간이 만료되는 날의 다음 날을 말한다)부터 90일 이내에 행정심판 또는 행정소송을 제기할 수 있다(행정기본법 36④). 이의신청에 대한 결과를 통지받은 날부터 90일 이내에 행정쟁송을 제기할 수 있도록 하여 그 불복기간이 연장된 효과를 내게 된다.

2. 행정심판

법무부장관의 이의신청 기각결정을 받은 변호사는 대한변호사협회를 상대로 등록거부결정취소를 구하는 행정심판을 청구할 수 있다. 대한변협과 같은 행정청의 지위에 있는 기

22 개별법령에는 행정심판의 성격이 없는 이의신청도 신중하고 공정하게 처리하고자 별도의 위원회를 신설하는 경향이다. 예건대, 지방경찰청장은 제1항에 따른 이의를 심의하기 위하여 행정안전부령으로 정하는 바에 따라 운전면허행정처분 이의심의위원회(이하 "이의심의위원회"라 한다)를 두어야 한다(도로교통법 제94조 제2항).

23 행정기본법 제36조(처분에 대한 이의신청)는 2023. 3. 24.부터 시행된다.

관을 상대로 하는 행정심판이 흔한 것은 아니다. 대한변협은 변호사와 지방변호사회의 지도·감독에 관한 사무를 처리하기 위하여 변호사법에 의하여 설립된 공법인으로서, 변호사 등록은 피고 협회가 변호사법에 의하여 국가로부터 위탁받아 수행하는 공행정사무에 해당한다.[24] 따라서 대한변협 협회장은 국가로부터 위탁받은 공행정사무인 '변호사등록에 관한 사무'를 수행하는 범위 내에서는 국가배상법 제2조에서 정한 공무원에 해당한다.[25]

대한변협을 상대로 행정심판을 청구하는 절차는 행정심판법을 살펴보아야 한다. 행정심판법 제6조(행정심판위원회의 설치) 제1항은 "다음 각 호의 행정청 또는 그 소속 행정청(행정기관의 계층구조와 관계없이 그 감독을 받거나 위탁을 받은 모든 행정청을 말하되, 위탁을 받은 행정청은 그 위탁받은 사무에 관하여는 위탁한 행정청의 소속 행정청으로 본다. 이하 같다)의 처분 또는 부작위에 대한 행정심판의 청구(이하 "심판청구"라 한다)에 대하여는 다음 각 호의 행정청에 두는 행정심판위원회에서 심리·재결한다"고 규정하고 있다. 여기서 "위탁을 받은 행정청"에는 국가나 지방자치단체가 행정권한을 독립적 지위에 있는 공공단체나 사인에게 위탁하거나 공무를 수탁 받은 단체나 개인도 있을 수 있다.

권한의 위탁은 법률이 정한 권한을 이전하는 것이라서 법률의 근거가 있어야 한다. 「행정권한의 위임 및 위탁에 관한 규정」 제23조의 '법무부 소관' 조항이나 변호사법에도 변호사 등록업무 등의 위탁에 관한 명시적 규정이 없다. 다만, 법무부장관이 주관하였던 업무를 대한변협에 이관하였던 입법의 연혁과 등록업무에 관한 보고를 받고 법률에 위반된 경우에는 직권으로 취소도 할 수 있는 점, 개업에서 폐업에 이르기까지 변호사 업무에 관한 모든 사항의 보고를 받도록 한 변호사법의 규정이 권한의 위탁규정으로 볼 수 있다. 특히 "행정기관의 계층구조와 관계없이 그 감독을 받거나 위탁을 받은 모든 행정청" 중에서 대한변협은 법무부의 감독을 받고 있는 행정청으로 볼 수 있다.

구체적으로 어느 행정심판위원회에 행정심판 청구를 제기할 것인지도 문제된다. 행정심판법 제6조 제2항 제1호에 의하면, 법무부는 국가행정기관이고 대한변협은 그 소속 행정청이라 할 수 있어 대한변협의 처분에 대한 심판청구에 대하여는 중앙행정심판위원회에서 심리·재결한다고 할 것이다.

3. 행정소송

법무부장관에 대한 이의신청 기각결정을 받은 변호사는 대한변호사협회를 피고로 하여 서울행정법원에 등록거부결정취소 청구의 소를 제기할 수 있다. 행정심판 청구를 한 경우에 기각재결을 받았을 때도 제소할 수 있다. 만약 기각재결의 취소를 다툴 때는 재결에

---

24 헌법재판소 2019. 11. 28. 선고 2017헌마759 전원재판부 결정 참조.
25 대법원 2021. 1. 28. 2019다260197 [손해배상(기)].

고유한 위법을 주장해야 한다.[26] 법무부장관에게 이의신청을 하지 않고 곧바로 행정소송을 제기할 수는 없다. 대한변협의 변호사징계위원회의 징계결정에 대한 불복도 마찬가지다. 즉, 변협징계위원회의 결정에 불복하는 징계혐의자 및 징계개시 신청인은 그 통지를 받은 날부터 30일 이내에 법무부징계위원회에 이의신청을 할 수 있다(변호사법 100①). 따라서 변협징계위원회의 결정에 대한 불복은 법무부에 이의신청절차를 거친 다음 행정소송을 제기해야 한다.[27]

변호사 등록거부결정은 행정청의 거부행위에 관한 것이라서 거부처분의 처분성에 관한 요건의 검토도 필요하다. 국민의 적극적 신청행위에 대하여 행정청이 그 신청에 따른 행위를 하지 않겠다고 거부한 행위가 항고소송의 대상이 되는 행정처분에 해당하는 것이라고 하려면, 그 신청한 행위가 공권력의 행사 또는 이에 준하는 행정작용이어야 하고, 그 거부행위가 신청인의 법률관계에 어떤 변동을 일으키는 것이어야 하며, 그 국민에게 그 행위발동을 요구할 법규상 또는 조리상의 신청권이 있어야 한다.[28] 따라서 변호사의 자격등록 신청행위는 공권력의 행사를 요청하는 것이고, 등록거부결정은 신청인이 변호사라는 직업의 자유를 제한하는 법률관계에 변동을 일으키는 것에 해당된다. 신청권이 없는 자의 신청에 대한 거부행위는 행정소송법상 처분이라고 할 수 없으므로, 그 거부행위를 다투는 것은 소송요건의 흠결로 보아 소 각하 판결을 받는다.[29] 따라서 자격등록을 신청한 변호사에 대하

---

26 원고는 변호사로서 개업하기 위하여 변호사법 제7조 제1항, 제2항에 따라 1986. 3. 6. 소외 대한변호사협회 (이하 "협회"라고만 한다)에 등록을 신청하였다. 위 협회는 원고에게 변호사의 자격이 있음을 인정할 수 없다는 이유로 같은달 20. 이를 거부하였으므로, 원고는 같은법 제8조 제3항에 따라 1986. 4. 12. 피고에게 이의를 신청하였다. 그런데 피고도 동일한 이유로 이의신청을 기각하였으므로 원고는 기각처분에 대하여 같은 해 7. 14. 행정심판법에 의한 행정심판을 제기하였고, 피고는 동일한 이유로 1986. 9. 4. 행정심판을 기각하는 재결을 하였으므로 위 행정심판 재결의 취소를 구한다는 것이다.

살피건대, 행정소송법 제19조의 규정에 의하면, 취소소송은 행정청이 행하는 구체적 사실에 관한 법집행으로서의 공권력의 행사 또는 그 거부와 그 밖에 이에 준하는 행정작용 및 행정심판에 대한 재결을 대상으로 하게 되어 있으나, 다만 그 후단에 해당되는 재결취소소송의 경우에는 재결 자체에 고유한 위법이 있음을 이유로 하는 경우에 한정하고 있다. 그런데 원고는 행정심판청구를 기각한 피고의 재결을 취소소송의 대상으로 하고 있고, 그 청구원인은 재결자체에 고유한 위법성을 들고 있는 것이 아니라, 재결의 판단내용이 위법하다는 것임은 이미 위에서 본 바와 같다. 따라서 원고의 이 소송은 행정소송을 제기할 수 없는 행정행위를 대상으로 하고 있어 더 따져 볼 것도 없이 위법하다 할 것이다(서울고등법원 1987. 3. 18. 86구1003 판결: 확정 [변호사자격등록거부이의신청기각처분취소]).

27 변호사법 제100조 제2항에 의하면 법무부가 징계혐의자의 이의신청이 이유있다고 인정한 때에는 변협징계위원회의 징계결정을 취소하고 스스로 징계결정을 하도록 규정하고 있고, 제100조 제4항은 법무부의 결정에 대해 불복이 있는 징계혐의자는 통지를 받은 날로부터 90일 이내에 행정법원에 소송을 제기할 수 있도록 규정하고 있다"며 "이 규정들을 종합해 보면 변호사의 징계처분과 관련해서는 원처분주의가 아닌 재결주의가 채택돼 있다고 봄이 상당하므로, 변협징계위원회의 결정에 대해 막 바로 행정소송을 제기할 것이 아니라 법무부에 대한 이의신청절차를 거친 다음 그 결정에 대해 행정소송을 제기해야 한다(서울고법 2008. 10. 25. 2008누5485 [징계처분취소]).

28 대법원 2009. 9. 10. 2007두20638 [토지매수신청거부처분취소].

29 대법원 1998. 10. 13. 97누13764 [산림의형질변경허가지용도변경승인신청반려처분취소].

여 등록거부결정에 대한 제소가 있을 때, 법원은 그 거부사유별로 신청권의 존부를 검토해야 할 것이다. 예컨대 등록거부사유 중에서 변호사의 자격이 없는 자 또는 변호사 결격사유에 해당하는 자 및 등록금지기간이 지나지 않은 자는 자격등록 신청권이 존재한다고 할 수 없다. 그리고 나머지 등록거부사유는 신청권 자체는 긍정할 수 있어 처분성은 긍정할 수 있지만, 그 등록거부사유에 해당된다면 등록거부결정의 취소를 구할 법률상 이익이 없다고 보아 원고적격을 부정할 사유에 해당될 것이다.

4. 민사소송(확인의 소) 제기 문제

행정쟁송 외의 권리구제수단으로 민사소송을 제기할 수 있는지 문제된다. 실제로 등록거부결정을 받은 변호사가 법무부장관의 이의신청 기각결정을 받고 대한변협을 상대로 '회원지위확인의 소'라는 민사소송을 제기하였다. 행정소송법에서도 의무이행의 소는 인정되지 않기에 자격등록을 하라는 취지의 이행의 소는 제기할 수 없다. 그래서 고려해 볼 수 있는 것이 확인의 소이다. 확인의 소는 원고가 피고 대한변협에 대하여 권리 또는 법률관계의 존부를 주장하고 법원에 대하여 그 확인을 구하는 소송을 말한다. 확인소송은 눈에 보이지 않는 권리 또는 법률관계의 관념적 확정을 통하여 분쟁의 해결을 도모하기에 이론상 확인하여야 할 대상은 무한하다.[30]

확인소송은 그 대상을 현재의 권리나 법률관계일 것을 요하며, 원고의 법적 지위가 불안·위험할 때에 확인판결을 통하여 그 불안·위험을 가장 유효·적절하게 제거할 수 있는 경우에 인정된다(즉시확정의 이익).[31] 이런 확인의 이익은 행정소송법상 무효확인소송에서도 민사소송과 동일하게 요구된다.[32] 문제해결에 근본적인 수단으로 인정되는 경우에 확인의 소를 제기할 수 있으며, 만약 이행의 소나 형성의 소를 제기할 수 있는 경우에도 확인의 소를 제기하는 것은 분쟁의 종국적인 해결방법이 아니라서 원칙적으로 허용되지 않는다. 이를 확인의 소의 보충성이라고 한다.

행정소송법의 무효확인소송에서도 보충성 요건이 인정되었지만, 판례의 변경으로 현재는 보충성 요건을 별도로 요구하지 않고 있다.[33] 아무튼 민사소송에서의 확인의 소의 보충성 문제로 인하여 행정소송을 제기하여야 할 사항에 대하여 확인의 소를 제기하는 것은 가장 유효·적절한 수단이라 할 수 없어 확인의 이익이 없다.[34] 따라서 등록거부결정을 받

30 강현중, 민사소송법 제7판, 299~300면.

31 김홍엽, 민사소송법, 박영사, 2016, 289면; 이시윤, 신민사소송법, 박영사, 2018, 239면.

32 대법원 2001. 9. 18. 선고 99두11752 판결 [건축허가명의변경신고수리처분취소].

33 대법원 2008. 3. 20 2007두6342 전원합의체 판결 [하수도원인자부담금부과처분취소].

34 판례도 같은 입장이다. 즉, 도시 및 주거환경정비법 상의 주택재건축정비사업조합이 같은 법 제48조에 따라 수립한 관리처분계획에 대하여 관할행정청의 인가·고시가 있은 후에, 그 관리처분계획안에 대한 총회

은 변호사가 대한변협을 피고로 하여 '회원지위확인의 소'에 대하여 법원은 "이 사건 소는 원고의 법적 지위에 현존하는 불안·위험을 제거하기 위한 가장 유효·적절한 수단이라고 할 수 없으므로 확인의 이익이 없어 부적법하다"는 이유로 원고의 소를 각하하는 판결을 하였다. 원고의 확인의 소는 항소심과 대법원에 이르기까지 각하 결론이 유지되었다.[35] 따라서 행정처분에 대해서는 민사소송법상 확인의 소를 제기하는 것은 적절한 권리구제수단이 될 수 없다.

Ⅵ. 대한변호사협회의 변호사등록 지연에 대한 손해배상책임

1. 사실관계

원고는 변호사 개업 중에 법원의 금전공탁서를 변조하여 공문서변조죄로 선고유예 판결을 선고받아 변호사등록이 취소되었고, 원고는 결격기간이 지난 후 등록신청을 하였다. 대한변협 협회장은 등록심사위원회에 원고에 대한 변호사등록 여부 안건으로 회부했다. 등록심사위원회는 등록신청을 수리하여야 한다는 취지로 의결하였고, 그에 따라 대한변협은 원고의 변호사등록을 마쳤다. 원고는 대한변협(이하 '피고 협회')과 대한변협회장(이하 '피고 협회장')이 변호사 등록거부사유가 없음에도 등록심사위원회에 회부되어 변호사 등록이 2개월가량 지체되었음을 이유로 손해배상을 청구하였다.

2. 원심 판결 요지

피고 협회장이 법에 정한 변호사 등록거부 요건에 해당되지 않음에도 단순한 의심만으로 이 사건 등록거부 안건을 등록심사위원회에 회부한 과실이 인정되고, 그로 인해 원고는 위원회 출석, 의견진술, 자료제출 등이 수반되는 등록심사절차에 응하여야 했던 사실이 인정된다. 그 과정에서 원고가 정신적으로 고통을 겪었을 것은 경험칙상 명백하므로 피고 협회는 그 손해에 대해 위자할 의무가 있다.[36]

3. 대법원 판결 요지

갑이 선고유예 판결의 확정으로 변호사등록이 취소되었다가 선고유예기간이 경과한

결의의 무효확인을 구할 수 있는지 여부(소극)(대법원 2009. 9. 17 2007다2428 전원합의체 판결 [총회결의무효확인]).

35 서울고등법원 2016. 10. 29. 2016나2013008 회원지위확인; 대법원 2017. 3. 9. 선고 2016다265610 판결 [회원지위확인].

36 서울중앙지법 2019. 7. 23. 2018나58549 [손해배상(기)].

후 대한변호사협회에 변호사 등록신청을 하였는데, 협회장 을이 등록심사위원회에 갑에 대한 변호사등록 거부 안건을 회부하여 소정의 심사과정을 거쳐 대한변호사협회가 갑의 변호사등록을 마쳤고, 이에 갑이 대한변호사협회 및 협회장 을을 상대로 변호사 등록거부사유가 없음에도 위법하게 등록심사위원회에 회부되어 변호사등록이 2개월간 지연되었음을 이유로 손해배상을 구한 사안에서, 대한변호사협회는 등록신청인이 변호사법 제8조 제1항 각호에서 정한 등록거부사유에 해당하는 경우에만 변호사등록을 거부할 수 있고, 그 외 다른 사유를 내세워 변호사등록을 거부하거나 지연하는 것은 허용될 수 없는데, 갑의 선고유예 판결에 따른 결격사유 이외에 변호사법이 규정한 다른 등록거부사유가 있는지 여부를 짧은 시간 안에 명백하게 확인할 수 있었음에도 그러한 확인절차를 거치지 않은 채 단순한 의심만으로 변호사등록 거부 안건을 등록심사위원회에 회부하고, 여죄 유무를 추궁한다며 등록심사기간을 지연시킨 것에 관하여 협회장 및 등록심사위원회 위원들의 과실이 인정되므로, 대한변호사협회는 이들이 속한 행정주체의 지위에서 배상책임을 부담하여야 하고, 갑에게 변호사등록이 위법하게 지연됨으로 인하여 얻지 못한 수입 상당액의 손해를 배상할 의무가 있는 반면, 을은 대한변호사협회의 장으로서 국가로부터 위탁받은 공행정사무인 '변호사등록에 관한 사무'를 수행하는 범위 내에서 국가배상법 제2조에서 정한 공무원에 해당하므로 경과실 공무원의 면책 법리에 따라 갑에 대한 배상책임을 부담하지 않는다고 하였다.[37]

37 대법원 2021. 1. 28. 2019다260197 [손해배상(기)].

제9조 등록심사위원회의 설치

제9조(등록심사위원회의 설치)
① 다음 각 호의 사항을 심사하기 위하여 대한변호사협회에 등록심사위원회를 둔다.
1. 제8조 제1항에 따른 등록거부에 관한 사항
2. 제18조 제1항·제2항에 따른 등록취소에 관한 사항
② 대한변호사협회의 장은 제8조 제1항, 제18조 제1항 제2호 또는 같은 조 제2항에 따라 등록거부나 등록취소를 하려면 미리 그 안건을 등록심사위원회에 회부하여야 한다.

Ⅰ. 연 혁

(1) 1949. 11. 7. 제정된 변호사법은 등록취소사유만 두고 등록거부에 관한 규정은 없었다.

(2) 1982. 12. 31. 개정된 변호사법은 변호사의 등록거부제도를 도입하면서 변호사의 자격이 없거나 결격사유에 해당한다고 인정할 때는 이사회의 결의를 거쳐 등록을 거부할 수 있다고 하였다(제8조 제1항).

(3) 1995. 12. 29. 개정된 변호사법은 대한변호사협회에 등록심사위원회를 신설하고(제8조의2), 등록거부의 심사(제8조의4), 의결(제8조의5), 운영규칙의 제정(제8조의6) 등에 관한 사항을 두게 되었다. 종전의 등록거부의 의결을 이사회의 권한으로 하던 것을 독립성과 자율성이 확보된 등록심사위원회에서 하도록 한 것이다.

Ⅱ. 등록거부·등록취소 사항을 심사하는 등록심사위원회

1. 등록심사위원회의 심사 사항

등록심사위원회는 대한변호사협회의 장이 회부하는 등록거부나 등록취소에 관한 사항

을 심사한다.

(1) 제8조 제1항에 따른 등록거부에 관한 사항(제1호)

등록심사위원회는 변호사의 등록거부에 관한 사항을 심사한다. 등록거부는 변호사법 제8조에 규정된 사항에 한한다. 특히 제4호와 같은 등록거부사유는 상당한 판단재량을 부여하고 있어 신중한 검토가 필요하다. 변호사법은 등록거부사유를 정하고 대한변호사협회의 장이 아닌 비교적 중립적인 기관인 등록심사위원회에서 신중하게 결정하도록 하고 있다. 등록거부는 직업의 자유라는 기본권을 제한하는 것이므로 법률이 정한 사유에 한정되어야 한다. 그러므로 전관예우를 방지할 목적으로 공직퇴임변호사의 등록을 거부할 수는 없다.

(2) 제18조 제1항·제2항에 따른 등록취소에 관한 사항(제2호)

등록심사위원회는 해당 변호사에게 제18조 제1항·제2항에 따른 등록취소사유가 존재하는지 확인해야 한다. 등록취소는 이미 등록을 한 변호사에게 등록취소 사유가 새롭게 발생한 경우이다. 예컨대 등록한 변호사가 형사처벌을 받아 징역형이 확정된다면, 변호사의 결격사유와 동시에 등록취소사유에 해당된다. 등록심사위원회의 심사 및 의결은 대한변호사협회장이 회부한 안건에 한정된다. 여기서는 등록심사위원회가 제18조 제1항·제2항에 따른 등록취소 사유를 전부 심사할 수 있는 것처럼 되어 있다. 그러나 본조 제2항은 제18조 제1항 제2호 또는 같은 조 제2항으로 제한하고 있다. 따라서 심사범위는 제18조 제1항 전체(사유)가 아니라 '제2호와 같은 조 제2항'에 한정된다고 할 것이다.

2. 대한변호사협회에 등록심사위원회 설치

등록심사위원회는 대한변호사협회에 설치된 기관이다. 그렇다고 대한변협회장에게 종속된 것은 아니다. 등록거부와 취소 여부를 결정하는 독립적인 의결기관이다. 대한변호사협회장은 이 의결에 따라야 할 의무가 있다. 등록거부와 취소는 변호사의 자격을 부정하는 것이나 다름없는 불이익 처분이다. 그래서 등록심사위원회를 변호사뿐만 아니라 판사, 검사 등의 위원으로 구성하고 있다. 판사, 검사를 위원으로 둔 것은 재판에 준하는 절차에 따라 신중하게 하라는 취지이다. 등록거부와 취소는 대한변호사협회장의 단독의 결정에 의한 신속한 처리보다는 회의체 조직인 등록심사위원회에서 변호사의 공익성과 그 개인의 권익 침해가 없도록 신중히 하도록 하고 있다.

Ⅲ. 대한변호사협회장의 등록심사위원회에 안건 회부

1. 등록거부·등록취소를 하려고 할 때

(1) 대한변호사협회의 장은 제8조 제1항, 제18조 제1항 제2호 또는 같은 조 제2항에 따라 등록거부나 등록취소를 하려면 미리 그 안건을 등록심사위원회에 회부하여야 한다(제2항). 대한변호사협회장이 등록거부를 하려는 경우에 그 안건을 등록심사위원회에 회부하여야 한다. 등록거부사유는 제8조 제1항 전부에 해당된다. 반면, 등록취소의 경우는 이와 다르다. 협회장이 회부해야 하는 안건은 제8조 제1항, 제18조 제1항 제2호(제4조에 따른 변호사의 자격이 없거나 제5조에 따른 결격사유에 해당하는 경우) 또는 같은 조 제2항[1]에 따라 등록거부나 등록취소를 하려는 경우로 한정된다.

(2) 그러므로 나머지 등록취사유가 있을 때는 협회장이 직권으로 등록취소를 할 수 있다. 즉, 변호사가 사망하거나(변호사법 18①(1)), 법무부장관이 등록된 변호사에게 제4조에 따른 변호사의 자격이 없거나 제5조에 따른 결격사유에 해당한다고 인정하는 경우 대한변호사협회에 그 변호사에 대한 등록취소를 명하는 경우(변호사법 19) 및 폐업을 위한 등록취소의 신청이 있는 경우(변호사법 17)이다. 변호사의 사망을 이유로 한 취소는 그 사유가 명백하고, 법무부장관의 등록취소명령에 따른 취소는 대한변호사협회의 감독관청의 명령에 따른 것이므로,[2] 폐업을 위한 등록취소는 해당 변호사의 신청에 따른 것이라 별도의 심사절차가 필요 없다.

2. 등록심사위원회에 안건 회부

대한변호사협회장은 등록을 신청한 변호사에게 등록거부사유에 해당한다고 인정되거나 의심이 있는 때에는 지체 없이 등록심사위원회에 등록의 거부에 관한 안건을 회부하여야 한다(변호사 등록 등에 관한 규칙 14④). 등록거부사유를 발견하였음에도 3개월이 지날 때까지 부작위 상태로 있으면 등록된 것으로 간주되므로(변호사법 8③) 지체 없이 회부해야 한다. 협회장은 등록취소사유에 해당된다고 인정되거나 의심이 있는 때에는 지체 없이 등록심사위원회에 등록취소에 관한 안건을 회부하여야 한다(변호사 등록 등에 관한 규칙 24⑤). 여기서 회부해야 하는 등록취소사유는 앞서 본 바와 같다. 안건 회부는 지체 없이 해야 한다.

---

1 **제18조(등록취소)** ② 대한변호사협회는 변호사가 제8조 제1항 제3호·제4호에 해당하면 등록심사위원회의 의결을 거쳐 변호사의 등록을 취소할 수 있다. 이 경우 제8조 제1항 제4호에 해당하여 등록을 취소할 때에는 등록심사위원회의 의결을 거쳐 1년 이상 2년 이하의 등록금지기간을 정하여야 한다.

2 **「변호사 등록에 관한 규칙」** 제26조[명령에 의한 등록취소] 이 회가 법무부장관으로부터 법 제19조에 의한 등록취소명령을 받은 때에는 지체 없이 변호사자격등록을 취소하여야 한다.

제10조 등록심사위원회의 구성

제10조(등록심사위원회의 구성)
① 등록심사위원회는 다음 각 호의 위원으로 구성한다.
1. 법원행정처장이 추천하는 판사 1명
2. 법무부장관이 추천하는 검사 1명
3. 대한변호사협회 총회에서 선출하는 변호사 4명
4. 대한변호사협회의 장이 추천하는, 법학 교수 1명 및 경험과 덕망이 있는 자로서 변호사가 아닌 자 2명
② 등록심사위원회에 위원장 1명과 간사 1명을 두며, 위원장과 간사는 위원 중에서 호선한다.
③ 제1항의 위원을 추천하거나 선출할 때에는 위원의 수와 같은 수의 예비위원을 함께 추천하거나 선출하여야 한다.
④ 위원 중에 사고나 결원이 생기면 위원장이 명하는 예비위원이 그 직무를 대행한다.
⑤ 위원과 예비위원의 임기는 각각 2년으로 한다.

I. 연 혁

(1) 1995. 12. 29. 개정된 변호사법은 변호사 등록거부제도를 도입하면서 등록심사위원회의 구성을 법원행정처장이 추천하는 판사 2인, 법무부장관이 추천하는 검사 2인, 대한변호사협회 총회에서 선출하는 변호사 4인, 대한변호사협회의 장이 추천하는 법과대학교수 1인의 위원으로 구성했다(제8조의3).

(2) 2008. 3. 28. 개정된 변호사법 제10조는 등록심사위원회의 위원을 현재와 같이 ① 법원행정처장이 추천하는 판사 1명, ② 법무부장관이 추천하는 검사 1명, ③ 대한변호사협회 총회에서 선출하는 변호사 4명, ④ 대한변호사협회의 장이 추천하는, 법학 교수 1명 및 경험과 덕망이 있는 자로 변경했다. 종전에는 판사·검사위원이 각각 2명이었으나 이를 1명씩으로 조정한 후 대한변호사협회의 장이 경험과 덕망이 있는 변호사 아닌 자 2명을 추천

할 수 있도록 하였다.

Ⅱ. 등록심사위원회의 위원구성

1. 위원 및 예비위원의 선출

등록심사위원회는 판사 1인, 검사 1인, 변호사 4인, 법학교수 1인 및 경험과 덕망이 있는 자 1인으로 구성된다(변호사법 10①). 제1항의 위원을 추천하거나 선출할 때에는 위원의 수와 같은 수의 예비위원을 함께 추천하거나 선출하여야 한다(변호사법 10③). 판사인 위원 및 예비위원은 법원행정처장의, 검사인 위원 및 예비위원은 법무부장관의 각 추천을 받아 협회장이 위촉하며, 변호사인 위원 및 예비위원은 총회에서 선출하고, 법학교수 및 경험과 덕망이 있는 자로서 변호사가 아닌 위원 및 예비위원은 상임이사회의 심의를 거쳐 위촉한다(변호사 등록 등에 관한 규칙 28②). 위원 중에 사고나 결원이 생기면 위원장이 명하는 예비위원이 그 직무를 대행한다(변호사법 10④). 위원과 예비위원의 임기는 각각 2년으로 한다(변호사법 10⑤). 위원의 결원으로 등록심사 및 의결의 지연을 방지할 목적으로 예비위원을 둔다. 예비위원은 대한변호사협회 변협징계위원회와 법무부 변호사징계위원회에도 두고 있다(변호사법 93③, 94①).

2. 위원 및 예비위원의 경력요건

위원과 예비위원은 변호사의 등록거부와 취소요건을 심사하고 의결할 능력이 있어야 한다. 변호사법은 경력요건을 명시하지 않았지만 「변호사 등록 등에 관한 규칙」은 이를 규정하고 있다. 판사, 검사, 변호사인 위원 및 예비위원은 변호사자격을 취득한 때부터 10년을 경과한 자이어야 하며, 변호사인 위원 및 예비위원은 변호사로서 5년 이상 개업한 경력이 있어야 한다(변호사 등록 등에 관한 규칙 28③). 위원 중 경험과 덕망이 있는 자로서 변호사가 아닌 자 2명을 추천하도록 한 것은 변호사 아닌 시민의 참여를 통하여 비리변호사가 개업할 수 없도록 하는 등의 등록업무의 공정성을 기하기 위한 취지이다.

3. 위원장 및 간사의 선출

등록심사위원회에 위원장 1명과 간사 1명을 두며, 위원장과 간사는 위원 중에서 호선한다(변호사법 10②). 위원장은 위원 중에서 호선하는데, 「변호사 등록 등에 관한 규칙」은 '위원장은 변호사인 위원 중에 호선으로 선출한다'(변호사 등록 등에 관한 규칙 28④)라고 하여 변호사법과 달리 정하고 있다. 변호사를 위원장으로 하려는 취지이지만, 변호사법을 위반한 규정이기 때문에 앞으로 개정이 필요하다.

Ⅲ. 위원장 선출에 관한 변호사법 위반과 법무부장관의 감독권 행사 필요성

변호사법은 대한변호사협회가 등록심사위원장 선출방식을 변호사법 규정과 다르게 규칙으로 정한 것처럼, 법령을 위반한 경우 이를 시정하기 위한 법무부장관의 감독권을 인정하고 있다. 「대한변호사협회 회칙」은 총회 의결사항으로 “회칙 및 규칙의 제정 또는 개정에 관한 사항”을 정하고 있다(제13조 제1호). 법무부장관은 총회의 결의가 법령이나 회칙에 위반된다고 인정하면 이를 취소할 수 있다(변호사법 86③). 따라서 법무부장관은 「변호사 등록 등에 관한 규칙」과 같은 「규칙」의 제정과 개정하기 위한 대한변호사협회 총회 의결사항이 법령이나 회칙에 위반되는지 여부를 엄격하게 심사하여 필요한 감독권을 행사하여야 한다. 이런 감독권 행사를 해태하게 되면 대한변호사협회가 법령이나 회칙에 위반되는 (하위규범의) 회칙을 제정하고 시행하여 변호사의 기본권을 침해할 가능성이 크기 때문이다.

제11조 심 사

제11조(심사)
① 등록심사위원회는 심사에 관하여 필요하다고 인정하면 당사자, 관계인 및 관계 기관·단체 등에 대하여 사실을 조회하거나 자료 제출 또는 위원회에 출석하여 진술하거나 설명할 것을 요구할 수 있다.
② 제1항에 따라 사실 조회, 자료 제출 등을 요구받은 관계 기관·단체 등은 그 요구에 협조하여야 한다.
③ 등록심사위원회는 당사자에게 위원회에 출석하여 의견을 진술하고 자료를 제출할 기회를 주어야 한다.

Ⅰ. 연 혁

(1) 1995. 12. 29. 개정된 변호사법은 등록심사위원회의 심사절차에 관한 규정을 신설했다. 즉, 등록심사위원회는 심사에 관하여 필요하다고 인정하는 때에는 당사자, 관계인 및 관계기관·단체 등에 대하여 사실의 조회, 자료의 제출 또는 위원회에 출석하여 진술 또는 설명할 것을 요구할 수 있다(제8조의4 제1항). 등록심사위원회는 당사자에게 위원회에 출석하여 의견을 진술하고 자료를 제출할 기회를 주어야 한다(제8조의4 제2항).

(2) 2007. 1. 26. 개정된 변호사법은 '사실 조회, 자료 제출 등을 요구받은 관계 기관·단체 등은 그 요구에 협조하여야 한다'는 규정을 신설하여 관계기관이나 단체의 협조의무를 두어 심사의 내실을 도모했다.

Ⅱ. 등록심사위원회의 심사 절차

1. 대한변호사협회장의 등록거부·등록취소 안건 회부

등록심사위원회는 심사에 관하여 필요하다고 인정하면 당사자, 관계인 및 관계 기관·단체 등에 대하여 사실을 조회하거나 자료 제출 또는 위원회에 출석하여 진술하거나 설명할 것을 요구할 수 있다(제1항). 등록심사위원회의 심사는 대한변호사협회의 장으로부터 등록거부 또는 등록취소에 관한 안건을 회부받은 후 시작된다. 협회장의 안건회부가 없으면 심사도 할 수 없다. 등록심사위원회는 회부 받은 등록거부 또는 등록취소 안건이 변호사법의 규정에 해당되는지를 심사한다. 위원회는 그 심사방법으로 사실조회를 하거나 자료 제출 또는 진술이나 설명을 요구할 수 있다. 물론 대한변호사협회의 장이 제출한 자료만으로 의결하기에 충분하다면 사실확인을 위한 조회 등은 불필요하다.

2. 당사자, 관계 기관에 대한 사실조회 등

여기서 '당사자'는 등록신청 변호사와 등록거부 또는 취소사유가 있다고 주장하는 대한변호사협회의 장을 말한다. '관계인 및 관계 기관·단체 등'은 변호사의 등록거부나 취소사유를 소명해 줄 수 있는 사실을 알고 있거나 자료를 소지한 자를 말한다. 심신장애 있는 변호사에게 사건을 위임하여 손해를 입은 의뢰인은 '관계인'에 해당되며, 변호사의 결격사유에 관한 형의 확정사실을 증명할 수 있는 검찰청은 '관계 기관'이라 할 수 있다.

3. 심사의 방법과 내용

등록심사위원회는 회부된 안건에 따라 심사 방식을 달리한다. 만약 변호사시험에 합격하지 않은 자의 등록거부 안건이라면 법무부에 사실조회를 하여 회신 받은 합격부존재 확인서로 충분하다. 등록거부사유가 심신장애로 인하여 변호사의 직무를 수행하는 것이 현저히 곤란한 자(변호사법 8①(3))라면 진단서의 참고는 물론 해당 변호사를 출석시켜 진술하도록 하는 등으로 심신상태를 확인할 수 있다. 그리고 공무원 재직 중의 위법행위로 인하여 형사소추나 징계처분을 받거나 그 위법행위와 관련하여 퇴직한 자로서 변호사 직무를 수행하는 것이 현저히 부적당하다고 인정되는 자(변호사법 8①(4))라는 사유라면 공무원 재직 중 위법행위의 내용과 언론의 반응과 본인의 반성과 자숙기간 등을 고려해야 한다. 따라서 등록심사위원회는 '변호사의 직무를 수행하는 것이 현저히 곤란한 자'에 대한 요건의 판단에 신중한 심사가 요청된다.

Ⅲ. 사실 조회, 자료 제출 등을 요구받은 관계 기관의 협조의무

제 1 항에 따라 사실 조회, 자료 제출 등을 요구받은 관계 기관·단체 등은 그 요구에 협조하여야 한다(제 2 항). 등록심사위원회가 사실 조회나 자료 제출을 요구할 때 요구받은 기관의 협조가 절대적으로 필요하다. 위원회의 사실 자료 요구는 상대방 기관에게 협조의무가 강제되어 있을 때 실효성이 확보된다. 그 때문에 2007. 1. 26. 개정된 변호사법에서 이런 의무조항을 신설했다. 그러나 협조의무 불이행에 대한 제재수단은 없다.

법조윤리협의회 역시 사실 조회를 하는 경우 상대방 기관의 협조의무를 규정하고 있다(변호사법 89②).[1] 제89조 제 2 항에 따른 윤리협의회의 요구에 정당한 이유 없이 따르지 아니하거나 같은 항에 따른 현장조사를 정당한 이유 없이 거부·방해 또는 기피한 자는 500만원 이하의 과태료를 부과한다(변호사법 117③). 이와 달리 등록심사위원회의 사실 조회, 자료 제출에 대한 협조의무는 불이행할 때 아무런 제재 수단이 없어 실효성을 기하기 어렵다.

Ⅳ. 당사자의 위원회 출석과 의견진술·자료 제출 기회 부여

등록심사위원회는 당사자에게 위원회에 출석하여 의견을 진술하고 자료를 제출할 기회를 주어야 한다(제 3 항). 등록거부나 등록취소는 불이익한 처분이기에 처분 전에 의견청취나 유리한 자료제출의 기회를 주어야 한다. 위원회는 당사자에게 이러한 절차적 권리를 보장해야 한다. 여기서 '당사자'는 등록신청자 또는 등록취소될 수 있는 지위에 있는 변호사는 물론 대한변호사협회의 장도 포함된다. 등록신청자는 위원회에 출석하여 등록거부사유가 존재하지 않는다는 점을 설명할 수 있다. 당사자는 대리인을 출석시켜 유리한 진술과 자료제출도 가능하다. 위원회는 당사자에게 등록거부 또는 등록취소처분을 할 것이라는 사전통지를 해야 할 의무는 없다.[2] 등록심사위원회가 당사자에게 의견제출의 기회나 자료 제출

---

1 **변호사법 제89조(윤리협의회의 기능 및 권한)** ② 윤리협의회는 제 1 항 제 3 호에 따른 징계개시의 신청 또는 수사 의뢰 등 업무수행을 위하여 필요하다고 인정하면 관계인 및 관계 기관·단체 등에 대하여 관련 사실을 조회하거나 자료 제출 또는 윤리협의회에 출석하여 진술하거나 설명할 것을 요구할 수 있다. 이 경우 요구를 받은 자 및 기관·단체 등은 이에 따라야 한다. <개정 2013. 5. 28.>

2 행정절차법 제21조 제 1 항은 행정청은 당사자에게 의무를 과하거나 권익을 제한하는 처분을 하는 경우에는 미리 처분의 제목, 당사자의 성명 또는 명칭과 주소, 처분하고자 하는 원인이 되는 사실과 처분의 내용 및 법적 근거, 그에 대하여 의견을 제출할 수 있다는 뜻과 의견을 제출하지 아니하는 경우의 처리방법, 의견제출기관의 명칭과 주소, 의견제출기한 등을 당사자 등에게 통지하도록 하고 있는바, 신청에 따른 처분이 이루어지지 아니한 경우에는 아직 당사자에게 권익이 부과되지 아니하였으므로 특별한 사정이 없는 한 신청에 대한 거부처분이라고 하더라도 직접 당사자의 권익을 제한하는 것은 아니어서 신청에 대한 거부처분을 여기에서 말하는 '당사자의 권익을 제한하는 처분'에 해당한다고 할 수 없는 것이어서 처분의 사전통지대상이 된다고 할 수 없다(대법원 2003. 11. 28. 2003두674 임용거부처분취소).

의 기회를 부여하지 않으면 절차상 하자로 인한 처분으로 취소될 수 있다.

V. 변호사등록 절차 지연으로 인한 손해배상책임 인정 사례

대한변호사협회가 제7조 제2항에 따른 등록신청을 받은 날부터 3개월이 지날 때까지 등록을 하지 아니하거나 등록을 거부하지 아니할 때에는 등록이 된 것으로 본다(변호사법 8③). 등록거부 여부에 관한 결정을 3개월 이내에 하여야 하지만, 불필요한 절차 진행으로 변호사에게 발생한 손해를 배상해야 한다는 판결이 있다.

대한변호사협회장은 등록거부사유가 없는 변호사를 등록심사위원회에 회부하였고, 등록심사위원회는 2017. 11. 21. 및 2017. 12. 11. 개최된 심사기일에서 원고에게 위 공문서변조죄 관련 수사기록 사본을 제출하도록 하여 그 범행 경위와 여죄의 유무를 추궁하였고, 원고가 '비윤리적'이라는 이유로 변호사법 제8조 제1항 제4호를 적용하여 원고의 변호사등록을 거부할 수 있는지 여부까지 심의하였으나, 최종적으로 원고에게는 변호사법 제8조 제1항에서 정한 등록거부사유가 없어 변호사 등록신청을 수리하여야 한다는 취지로 의결하였다.

원고는 그로 인하여 변호사등록이 약 2개월간 지연되어 그 기간 동안 변호사 개업활동을 하지 못하는 재산상 손해가 발생하였고, 등록심사위원회의 부당한 심사절차로 원고가 정신적 고통을 겪었다는 이유로 손해배상을 청구하였다. 대법원은 대한변호사협회는 협회장 및 등록심사위원회 위원들이 속한 행정주체의 지위에서 변호사등록이 위법하게 지연됨으로 인하여 얻지 못한 수입 상당액의 손해를 배상할 의무가 있다고 판시한 바 있다.[3]

3 그런데도 원심은, 피고 협회가 변호사법 제8조 제3항에서 정한 '등록신청일로부터 3개월' 내에 원고의 변호사등록을 마쳤다는 이유만으로 원고의 변호사등록이 부당하게 지연되었다고 볼 수는 없다고 판단하였다. 이러한 원심판단에는 변호사법의 등록심사기간 등에 관한 법리를 오해하여 판결에 영향을 미친 잘못이 있다. 이 점을 지적하는 원고의 이 부분 상고이유 주장은 이유 있다(대법원 2021. 1. 28. 2019다260197 [손해배상(기)]).

제12조 의 결

제12조(의결)

① 등록심사위원회의 회의는 재적위원 과반수의 찬성으로 의결한다.

② 대한변호사협회는 제 1 항에 따른 등록심사위원회의 의결이 있으면 이에 따라 등록이나 등록거부 또는 등록취소를 하여야 한다.

Ⅰ. 연 혁

1995. 12. 29. 개정된 변호사법은 등록심사위원회의 의결에 관한 규정을 신설했다. 즉, 등록심사위원회의 회의는 재적위원 과반수의 찬성으로 의결한다(제 8 조의5 제 1 항). 대한변호사협회는 제 1 항의 규정에 의한 등록심사위원회의 의결이 있을 경우 이에 따라 등록이나 등록거부 또는 등록취소를 하여야 한다(제 8 조의5 제 2 항).

Ⅱ. 등록심사위원회 의결

1. 등록심사위원회 회의

등록심사위원회의 회의는 재적위원 과반수의 찬성으로 의결한다(제 1 항). 여기서 '등록심사위원회의 회의'란 회부된 안건에 대한 심사절차를 말한다. 등록심사위원회가 안건을 회부 받아 의결에 이르기까지 사실 조회·당사자의 진술청취 등의 일체의 과정을 말한다. 회의는 위원회가 당사자의 출석을 허락한 경우를 제외하고는 비공개가 원칙이다. 등록심사위원회는 대한변호사협회의 장이 적시한 등록거부 또는 등록취소사유에 국한되지 않는다.

등록거부 또는 취소사유에 대한 궁극적인 판단은 위원회의 권한이며, 심사 중에 등록거부사유가 새롭게 발생하거나 소멸할 가능성도 있기 때문이다. 등록심사위원회는 심사를 마친 후 안건에 대한 의결을 한다.

2. 재적위원 과반수의 찬성으로 의결

의결이란 회부된 안건에 대한 등록심사위원회의 판단이다. 의결은 등록심사위원회 위원 중 재적의원 과반수의 찬성이 있어야 한다. 그러므로 출석위원의 정족수에 관한 규정은 없지만, 의결정족수는 채워야 한다. 의결의 내용은 등록거부 또는 등록취소 가부에 관한 것이다. 그러므로 재적의원 과반수의 찬성이면 등록거부 또는 등록취소결정을 하게 되고, 그렇지 않으면 회부된 안건을 기각하는 결정을 한다.

회부받은 안건을 어느 기간 내에 의결해야 하는지는 규정이 없지만, 신속한 의결이 필요함은 물론이다. 특히 대한변호사협회는 등록신청을 받은 날부터 3개월이 지날 때까지 등록을 하지 아니하거나 등록을 거부하지 아니할 때에는 등록이 된 것으로 본다(변호사법 8③)는 규정도 있다는 점과 등록거부사유가 없는 변호사의 등록신청에 대하여 불필요한 절차 진행으로 약 2개월간 등록이 지연됨으로 변호사에게 발생한 손해를 배상해야 한다는 사례도 고려해야 한다.[1]

등록심사위원회의 의결만으로는 독자적인 효력이 발생되지 않는다. 대한변호사협회의 장이 의결한 내용에 따른 별도의 처분이 있어야 한다. 의결은 서면으로 해야 하는 요식행위이다. 등록심사위원회는 의결한 내용을 대한변호사협회의 장에게 통지하여야 한다. 그러나 등록심사위원회가 등록신청인에게 통지할 필요는 없다. 위원회의 의결은 대한변호사협회의 장이 등록거부나 등록취소를 결정함에 있어 내부적으로 거쳐야 하는 절차이기 때문이다.

Ⅲ. 대한변호사협회의 등록·등록거부 또는 등록취소

1. 등록심사위원회의 의결에 따른 조치

대한변호사협회는 제1항에 따른 등록심사위원회의 의결이 있으면 이에 따라 등록이나 등록거부 또는 등록취소를 하여야 한다(제2항). 대한변호사협회는 등록심사위원회의 의결대로 등록을 하거나 등록거부 또는 등록취소를 한다. 여기서 '대한변호사협회'는 대한변호사협회의 장을 말한다. '의결이 있으면 이에 따라'라는 의미는 등록심사위원회의 의결이 있으면 대한변호사협회의 장은 그에 기속된다는 것이다. 의결의 내용이 등록거부 요청을 인용하지 않고 기각하는 내용일지라도 같다. 대한변호사협회의 장은 그 의결에 동의하지

1 대법원 2021. 1. 28. 2019다260197 [손해배상(기)].

않더라도 불복할 방법은 없다. 그러므로 동일한 사안을 다시 회부하여 심사하도록 할 수도 없다.「변호사 등록 등에 관한 규칙」제17조 역시 등록심사위원회가 등록거부의 사유가 있다고 인정하여 등록거부를 의결한 때에는 이 회는 지체없이 그 뜻을 신청인과 해당 지방변호사회에 통지하여야 한다(제 2 항). 등록심사위원회가 등록거부의 사유가 없다고 인정하여 등록거부를 하지 않기로 의결한 때에는 이 회는 지체 없이 명부에 등록하여야 한다(제 3 항).

2. 등록이나 등록거부 또는 등록취소

대한변호사협회의 장은 의결한 대로 등록을 하거나 등록거부 또는 등록취소를 한다. 여기서 '등록이나'는 등록거부사유가 없다는 의결이 있을 때 변호사명부에 등록사항을 기재하는 것을 말한다. 등록심사위원회가 등록거부의 사유가 없다고 인정하여 등록거부를 하지 않기로 의결한 때에는 이 회는 지체 없이 명부에 등록하여야 한다(변호사 등록 등에 관한 규칙 17③).

'등록거부의 이유가 없다'고 인정되는 경우로는 의결시에 등록거부사유가 소멸되었거나, 그 사유를 인정할 수 없을 때를 상정할 수 있다. 대한변호사협회는 등록을 거부한 경우 지체 없이 그 사유를 명시하여 신청인에게 통지하여야 한다(변호사법 8②). 등록심사위원회가 등록거부의 사유가 있다고 인정하여 등록거부를 의결한 때에는 이 회는 지체없이 그 뜻을 신청인과 해당 지방변호사회에 통지하여야 한다(변호사 등록 등에 관한 규칙 17②).

그리고 등록심사위원회의 등록취소 의결이 있으면 협회장은 변호사의 등록을 취소하고 그 사유를 명시하여 등록이 취소되는 자에게 통지하여야 한다(변호사법 18①).

대한변호사협회는 등록사무를 처리한 때는 행정청의 지위에 있기에 그 협회장이 한 등록거부 및 등록취소통지는 처분에 해당된다. 통지시에는 그 사유가 구체적으로 특정되어야 하며, 적용법령 역시 명시해야 한다. 등록거부 및 등록취소통지는 외부적 효력발생요건으로 이를 결여한 경우에는 그 처분의 취소사유가 된다.

3. 등록거부·취소의결에 반하는 처분을 할 수 있는지 여부

대한변호사협회장이 등록거부·취소의결에 반하는 처분을 할 수 있는지 문제된다. 대한변호사협회는 등록심사위원회의 의결이 있으면 이에 따라 등록이나 등록거부 또는 등록취소를 하는 것이 원칙이지만, 예외적으로 이와 다른 처분을 할 수도 있다. 예컨대 등록거부사유로 회부했던 안건이 제 8 조 제 1 항 제 5 호(제 4 호에 해당하여 등록이 거부되거나 제 4 호에 해당하여 제18조 제 2 항에 따라 등록이 취소된 후 등록금지기간이 지나지 아니한 자)였는데, 등록금지기간이 경과한 때라면 의결과 달리 등록을 해줄 수 있을 것으로 보인다. 또한 제 3 호 심심장애를 이유로 회부된 안건의 경우에도 그 장애상태에서 벗어난 사정변경이 있을 때는 등록처분을 할 수 있다. 법에 위반되지 않은 수익적 처분은 변경된 사정에 따라 엄격한 의결절차를 거치지 않고 하는 것이 바람직하다.

제13조 운영규칙

제13조(운영규칙)
등록심사위원회의 심사 절차와 운영에 관하여 필요한 사항은 대한변호사협회가 정한다.

Ⅰ. 연 혁

1995. 12. 29. 개정된 변호사법은 등록심사위원회를 신설하면서 대한변호사협회에 운영규칙의 제정권한을 위임하게 되었다(제8조의6). 등록심사위원회 신설 전에는 대한변호사협회의 이사회가 그 직무를 수행하여 왔기에 대한변호사협회는 1983년부터 「변호사등록규칙」을 제정·시행해 왔다. 2016. 2. 29.부터 「변호사 등록 등에 관한 규칙」으로 제목을 변경하는 개정을 하였다.

Ⅱ. 등록심사위원회의 심사 절차와 운영에 관한 필요한 사항

변호사법이 대한변호사협회에 위임한 내용은 등록심사위원회의 심사 절차와 운영에 필요한 사항이다. 이에 따라 제정된 「변호사 등록 등에 관한 규칙」은 변호사자격등록과 소속변경신청에 관한 등록업무(제10조), 등록거부 등(제16조), 등록의 절차(제15조), 등록취소 절차에 관한 규정(제20조)과 변호사개업신고 등(제36조)을 두고 있다. 아울러 등록거부나 등록취소에 대한 불복절차인 이의신청 등에 관한 당사자의 권리를 보장하고 있다.

Ⅲ. 전자문서에 의한 신청 및 신고

「변호사 등록 등에 관한 규칙」은 각종 신청과 신고를 전자문서로 제출하도록 하고 있다. 이 규칙에 따른 신청 및 신고(이하 "신청등"이라고 한다)는 전산정보처리시스템을 이용하여 이 규칙에서 정하는 바에 따라 전자문서로 제출하여야 한다(위 규칙 5①). 이 규칙에 따라 작성·제출·송달·보존하는 전자문서는 법에 특별한 규정이 있는 경우를 제외하고 법과 이 규칙에서 정한 요건과 절차에 따른 문서로 본다(위 규칙 5②). 이는 전자문서가 아닌 서면으로 직접 제출할 수 없다는 의미는 아니라고 해야 한다. 행정절차법은 처분의 신청을 문서로 하도록 하고 있다. 행정청에 처분을 구하는 신청은 문서로 하여야 한다. 다만, 다른 법령등에 특별한 규정이 있는 경우와 행정청이 미리 다른 방법을 정하여 공시한 경우에는 그러하지 아니하다(행정절차법 17①). 제 1 항에 따라 처분을 신청할 때 전자문서로 하는 경우에는 행정청의 컴퓨터 등에 입력된 때에 신청한 것으로 본다(행정절차법 17②).

제14조 소속 변경등록

제14조(소속 변경등록)
① 변호사는 지방변호사회의 소속을 변경하려면 새로 가입하려는 지방변호사회를 거쳐 대한변호사협회에 소속 변경등록을 신청하여야 한다.
② 제 1 항에 따라 소속이 변경된 변호사는 지체 없이 종전 소속 지방변호사회에 신고하여야 한다.
③ 제 1 항의 경우에는 제 7 조 제 4 항과 제 8 조를 준용한다.

Ⅰ. 연 혁

(1) 1949. 11. 7. 제정된 변호사법은 변호사가 소속변호사회를 퇴회코저 하는 때에는 그 변호사회를 경유하여 법무부장관에게 등록취소의 청구를 하도록 했다(제 9 조).

(2) 1982. 12. 31. 개정된 변호사법은 변호사활동의 기초가 되는 변호사의 등록업무를 법무부장관으로부터 대한변호사협회로 전면 이관하였다. 그리하여 현재와 같이 변호사가 지방변호사회의 소속을 변경하고자 할 때에는 새로 입회하고자 하는 지방변호사회를 거쳐 대한변호사협회에 소속 변경등록을 신청하도록 변경했다(제 9 조 제 1 항).

Ⅱ. 지방변호사회의 소속 변경신청

1. 변호사의 지방변호사회 소속 변경

변호사는 지방변호사회의 소속을 변경하려면 새로 가입하려는 지방변호사회를 거쳐 대한변호사협회에 소속 변경등록을 신청하여야 한다(제 1 항). 변호사가 개업하려면 반드시 특정 지방변호사회에 가입하여야 한다. 개업한 변호사의 법률사무소는 소속 지방변호사회의 지역에 두어야 한다(변호사법 21②). 변호사가 지방변호사회의 소속을 변경할 필요성은 법률사무소를 다른 소속 지방변호사회의 지역으로 이전할 때 발생한다.[1] 변호사의 소속 변경등록신청은 '개업 중인 변호사'가 현재의 소속 지방변호사회 지역 밖으로 법률사무소를 이전할 때 발생한다. 여기서 법률사무소는 단독 개업한 변호사의 사무소는 물론 법무법인·법무법인(유한)·법무조합도 해당된다. 만약 휴업 중인 변호사가 휴업 당시 소속했던 지방변호사회의 지역이 아닌 곳에서 다시 개업하려고 할 때는 소속 변경등록신청이 아닌 개업신고를 하면 된다.

본 변호사법 제21조 법률사무소의 신고의무에 관하여서도 동일 지방변호사회 지역 안에서의 이전은 사무소이전신고를 해야 하고, 다른 지방변호사회의 지역으로 이전은 소속 변경등록신청의 대상으로 본다.[2] 소속 변경등록신청(서)에는 새로 개설할 법률사무소의 기재도 요구하고 있어 사무소이전신고로서의 성격도 포함하고 있다.

2. 법무법인 분사무소의 소속 변경

법무법인이 주사무소 소재지 지방변호사회가 아닌 다른 지역의 지방변호사회 관할 지역 안에 분사무소를 설치할 수 있다. 법무법인이 사무소를 개업 또는 이전하거나 분사무소를 둔 경우에는 지체 없이 주사무소 소재지의 지방변호사회와 대한변호사협회를 거쳐 법무부장관에게 신고하여야 한다(변호사법 48②). 법무법인이 분사무소를 둔 경우 법무법인의 주사무소에는 통산하여 5년 이상 「법원조직법」 제42조 제1항 각 호의 어느 하나에 해당하는 직에 있던 사람 1명을 포함하여 구성원의 3분의 1 이상이 주재(駐在)하여야 하고, 분사무소에는 1명 이상의 구성원이 주재하여야 한다(변호사법 시행령 12①). 여기서 '주재'의 개념은 일본 변호사법 제30조의17 사원의 '상주(常駐)'와 같이 볼 수 있다. '상주(常駐)'란 해당 변호사가 업무를 반복 계속하여 행하는 장소로 볼 수 있는 정도의 집무상태를 말하며, 해당 사무소에서 집행하는 변호사법인의 피용인 등을 지휘·감독하고 그 지역의 변호사회로부터 연락이 지체 없이 해당 변호사에게 전달될 정도로 일상적으로 집무하는 것을 의미한다.[3] 따라서 법무법인의 주사무소 소재지를 관장하는 지방변호사회와 다른 지역에 분사무소에서 주재하게 되는 그 지역 지방변호사회로 소속 변경신청을 하여야 한다. 소속 변경등록 신청의무는 단독으로 개업한 변호사뿐만 아니라 법무법인의 구성원 또는 소속 변호사도 동일하

---

1 변호사법은 변호사가 법률사무소를 ① 소속 지방변호사회 지역 밖으로 이전하는 경우에는 소속 변경등록신청을 요구하고(변호사법 14), ② 소속 지방변호사회 지역 안으로 이전하는 경우에는 사무소이전신고를 하도록 하고 있다(변호사법 15). 이렇게 구분할 논리적 이유는 없고, 실무상의 편의에 따른 것이다.

2 日本辯護士聯合會調査室, 條解 辯護士法, 154면.

3 日本辯護士聯合會調査室, 條解 辯護士法, 271면.

게 적용되기 때문이다. 소속 변경등록을 한 변호사는 새로 가입하려는 지방변호사회의 회원이 되고, 종전 소속 지방변호사회를 당연히 탈퇴한다(변호사법 68②). 변호사는 소속 지방변호사회와 대한변호사협회의 회칙을 지켜야 한다(변호사법 25). 따라서 법무법인의 구성원 또는 소속 변호사는 법무법인에 가입되어 있을지라도 대한변호사협회와 지방변호사회와의 관계에서는 독립적인 회원 지위를 갖고 있다.

3. 새로 가입하려는 지방변호사회·대한변호사협회에 소속 변경등록 신청

소속 변경등록신청은 새로 가입하려는 지방변호사회를 경유하여 대한변호사협회에 하여야 한다. 대한변호사협회는 변호사의 소속 변경등록 및 사무소의 이전에 관한 사항을 지체 없이 소속 지방변호사회에 통지하고 법무부장관에게 보고하여야 한다(변호사법 20). 변호사의 등록에서부터 등록취소에 이르기까지의 변동사항을 법무부장관에게 보고해야 하므로 대한변호사협회에도 소속 변경등록신청을 하도록 한다. 소속 변경등록을 한 변호사는 새로 가입하려는 지방변호사회의 회원이 되기 때문에 그 지방변호사회가 제정·시행 중인 회칙과 각종 규칙과 규정을 준수할 의무가 있다. 지방변호사회는 소속 변경등록신청을 한 변호사로부터 입회규정(예컨대 서울지방변호사회의 '입회및등록심사규정')에 따른 입회비를 받고 있다.

Ⅲ. 소속 변경된 변호사는 종전 소속 지방변호사회에 신고

제 1 항에 따라 소속이 변경된 변호사는 지체 없이 종전 소속 지방변호사회에 신고하여야 한다(제 2 항). 변호사는 소속 변경등록이 되면 종전의 소속 지방변호사회에도 그 사실을 신고해야 한다. 여기서의 '신고'는 종전 소속 지방변호사회를 탈퇴하고 새로운 지방변호사회로 가입되었다는 사실의 통지로서 법률사무소 이전신고와 같은 성격이다. 대한변호사협회는 소속변경등록을 한 경우 신청인, 해당 지방변호사회 및 신청인의 종전 소속 지방변호사회에 그 뜻을 통지하여야 한다(변호사 등록 등에 관한 규칙 15②). 이 통지는 전산정보처리시스템을 이용하여 전자문서로 송신하는 방법으로 하여야 한다(위 규칙 15③ 본문). 대한변호사협회가 종전 지방변호사회에 통지하기 때문에 이미 소속 변경이 된 해당 변호사가 별도로 신고를 할 필요가 없다. 그럼에도 1949년 제정된 변호사법 당시부터 있던 조문을 답습하여 변호사에게 신고의무를 부과하고 있다.

Ⅳ. 소속 변경등록신청시 변호사명부 등록 또는 등록거부

제1항의 경우에는 제7조 제4항과 제8조를 준용한다(제3항). 대한변호사협회는 소속 변경등록신청을 받으면 지체없이 변호사 명부에 등록하고 그 사실을 신청인에게 통지하여야 한다(변호사법 7④). 그리고 변경등록신청인에게 등록거부사유가 있으면 등록심사위원회의 의결을 거쳐 등록을 거부할 수 있다(변호사법 8①). 여기서의 '등록거부'는 소속 변경등록신청의 수리를 거부하는 것이다. 이 경우는 등록취소사유에 해당되는지도 심사해야 한다.

아무튼 자격등록을 하고 개업신고까지 마친 변호사에게 등록거부사유가 발생한 경우에 그 변호사가 낯선 지역으로 법률사무소를 이전하고 소속 변경등록을 하는 것을 방지하기 위한 취지이다. 여기서 등록거부사유는 개업신고 후에 새롭게 발생한 사유(변호사 결격사유 또는 심신장애)로 한정된다고 할 것이다. 공직자가 퇴직 후에 변호사 자격등록신청을 할 때 심사할 때 존재하였던 사유를 들어 소속 변경등록신청을 거부할 수 없다고 해야 한다. 자격등록신청 때 이미 등록심사위원회에서 등록거부사유에 해당되지 않는다고 판단하고 등록을 의결하였다면, 그 판단은 대한변호사협회와 지방변호사회에 대하여 기속력을 갖는다고 해야 하기 때문이다.

Ⅴ. 징계절차에 회부된 변호사의 소속 변경등록신청

일본 변호사법은 징계절차에 회부된 변호사는 그 절차가 종결될 때까지 등록변경 또는 등록취소를 청구할 수 없다(제62조 제1항)고 한다. 징계절차에 회부된 변호사법인은 그 절차가 종결될 때까지 제36조의2(변호사법인의 입회 및 퇴회) 제4항 규정에 의하여 소속 지방변호사회를 변경할 수 없다(일본 변호사법 62③). 이런 제한을 두는 이유는 변호사에 대한 징계를 우리나라의 지방변호사회에 해당하는 '변호사회'에서 1차적으로 실시하기 때문이다. 징계는 그 변호사 또는 변호사법인의 소속변호사회가 이를 행한다(일본 변호사법 56②). 일본변호사연합회 역시 "스스로 변호사 또는 변호사법인을 징계하는 것이 적당하다고 인정할 때"(변호사법 60①)는 징계를 할 수 있다(2차적, 보충적). 우리나라는 대한변호사협회에서 변호사나 법무법인 등에 대한 징계를 하기 때문에 징계절차 진행 중에 소속 변경등록신청에 대한 제한을 둘 필요가 없다. 지방변호사회장은 소속 변호사에 대한 징계개시 신청권을 갖는다(변호사법 97의2②).

제15조 개업신고 등

> 제15조(개업신고 등)
> 변호사가 개업하거나 법률사무소를 이전한 경우에는 지체 없이 소속 지방변호사회와 대한변호사협회에 신고하여야 한다.

Ⅰ. 연 혁

(1) 1982. 12. 31. 개정된 변호사법 제10조에 개업신고에 관한 규정이 신설된 이후 오늘에 이르고 있다. 변호사법 제15조는 개업신고와 법률사무소이전신고에 관한 것이라 그 제목을 '개업신고 등'으로 표현하고 있다.

(2) 개업과 관련하여 1973. 1. 25. 개정된 변호사법 제10조 제 5 항은 '판사·검사와 변호사의 자격이 있는 군법무관 또는 경찰공무원으로서 판사·검사·군법무관 또는 경찰공무원의 재직기간이 통산하여 15년에 달하지 아니한 자는 변호사업무 개시의 신고 전 2년 이내의 근무지가 속하는 지방법원의 관할 구역내에서는 퇴직한 날로부터 3연간 개업할 수 없다. 다만, 정년으로 퇴직하거나 대법원장 및 대법원판사가 퇴직하는 경우에는 그러하지 아니하다'라는 개업제한을 하였지만, 헌법재판소는 1989. 11. 20. 위헌결정(89헌가102)을 한 바 있다.[1]

1 직업선택의 자유를 제한함에 있어서 비례의 원칙에 벗어난 것이고, 합리적인 이유없이 변호사로 개업하고자 하는 공무원을 차별하고 있으며, 병역의무의 이행을 위하여 군법무관으로 복무한 후 개업하는 경우에는 병역의무의 이행으로 불이익한 처우를 받게 되어 헌법 제11조 제 1 항, 제15조, 제37조 제 2 항, 제39조 제 2 항에 각 위반된다(헌재 1989. 11. 20. 89헌가102).

Ⅱ. 변호사의 개업 신고

1. 변호사가 개업하는 경우

변호사가 '개업하는 경우'에는 지체 없이 소속 지방변호사회와 대한변호사협회에 신고하여야 한다. 변호사는 직업행사의 자유로서 개업지를 선택할 권리가 있다. 1949년 제정된 변호사법 제8조는 '법무부장관은 필요에 의하여 개업지를 지시할 수 있다'고 했다. 그 후 1982. 12. 31. 개정된 변호사법은 변호사단체의 자율성을 강화하는 일환으로 법무부장관의 변호사 개업지지시권을 삭제하였다.[2]

변호사의 자격을 가진 자가 개업신고를 한 사실이 없거나, 휴업 중이던 등록변호사가 개업하려는 경우에는 개업신고를 하여야 한다. 변호사는 ① 개업한 때, ② 사무소를 이전하거나 사무소의 명칭 또는 개업의 형태를 변경한 때, ③ 휴업한 때, ④ 변호사명부에 기재한 사항에 변동이 생기거나 새로 기재할 사항이 생긴 때는 지체없이 이 회에 신고하여야 한다(대변호사협회 회칙 37①).

변호사의 자격을 가진 자가 최초로 개업신고를 할 때는 변호사자격등록신청도 함께하여야 한다. 이 경우는 개업신고와 등록신청을 동시에 하게 된다. 변호사자격등록만 하고 개업신고는 나중에 할 수도 있다. 개업신고는 법무법인·법무법인(유한)·법무조합도 하는데, 주사무소 소재지의 지방변호사회와 대한변호사협회를 거쳐 법무부장관에게 신고하여야 한다(변호사법 48②, 58의16, 50의30).

2. 소속 지방변호사회·대한변호사협회에 신고

개업신고는 가입하려는 소속 지방변호사회와 대한변호사협회에 모두 신고하여야 한다. 대한변호사협회에 자격등록을 하는 것과 차이가 있다. 신고는 지체 없이 하여야 한다. 법률사무소 개설 전에 신고함이 원칙이나, 개설 중이나 그 직후라도 무방하다. 개업신고는 변호사의 자격을 가진 자가 개설하려는 법률사무소가 소속 지방변호사회의 지역에 있어야 하는 등의 요건을 충족해야 하기에 수리를 요하는 신고에 해당된다. 개업신고의 요건이 결

---

2 1982. 12. 31. 개정된 변호사법은 법무법인제도를 창설하여 현대사회의 법무수요에 효율적으로 대처하고, 변호사단체의 자율성을 강화하여 그 기능을 활성화하며, 변호사업무의 공공성을 높여 사회봉사기능을 확충하고, 벌칙을 현실에 맞게 정비하는 등 괄목할 만한 변화가 있었다. 즉, ① 변호사의 공공성 제고를 위하여 변호사직의 공공성을 선언하는 규정을 두고 변호사단체의 법률구조의무 및 변호사 연수제도를 신설함. ② 변호사활동의 기초가 되는 변호사의 등록업무를 법무부장관으로부터 대한변호사협회로 전면 이관하고 다만, 그 적정을 기하기 위하여 부당한 등록 및 등록거부 등에 대한 법무부장관의 시정명령권을 두고 법무부장관의 변호사 개업지지시권, 변호사단체의 총회 등 임석권과 의사정지권 및 법무부장관에 대한 변호사단체의 총회 등 신고의무를 삭제하며, 변호사단체의 기능을 강화하기 위하여 이사 및 감사제도를 신설하고, 임원의 임기를 회칙으로 정하도록 자율화함.

여된 경우는 수리를 거부할 수 있다. 수리를 거부할 수 있는 자는 지방변호사회와 대한변호사협회이다. 등록거부와 등록취소는 대한변호사협회의 전속사항이지만, 개업신고의 수리 및 거부권한은 지방변호사회와 대한변호사협회가 갖는다. 개업신고서의 수리가 거부되면 그에 관한 불복절차는 변호사법에 없다. 다만, 지방변호사회가 최초로 개업신고한 자의 변호사의 자격이 의심되어 수리거부를 하려는 경우라면, 함께 접수된 등록신청서를 대한변호사협회에 송부하면서 '등록거부'의 의견서를 첨부할 수 있다(변호사법 7③). 그 결과 등록이 거부되었다면 이의신청으로 다투어야 한다. 그리고 휴업 중이던 변호사가 다시 개업할 때도 개업신고를 해야 한다. 휴업 중인 변호사는 이미 자격등록을 거쳤기에 그간 변호사의 결격사유가 발생하지 않는 한 자격등록신청을 다시 할 필요는 없다.

3. 사내변호사의 개업신고 여부

사내변호사가 취업한 기관에서 변호사의 직무를 수행하는 경우에는 자격등록과 개업신고를 하여야 한다. 사내변호사가 취업한 기관의 송무사건을 처리하기도 하는 경우에는 개업신고가 필요하다. 이처럼 사내변호사가 대외적으로 변호사의 명의로 직무를 수행할 때는 일반 변호사와 다를 바 없기 때문이다. 반면, 사내변호사가 취업한 기관 내부에서 법률사무의 처리에 전념하는 경우에는 그 기관의 직원과 같은 지위에 있기 때문에 개업신고를 할 필요는 없다고 본다. 그러나 변호사의 직무를 수행할 것인지 여부도 불명확하고, 경력단절의 문제도 있기 때문에 개업신고를 하는 것이 바람직하다.

4. 등록거부사유로 개업신고를 거부할 수 있는지

변호사법에 개업신고를 거부할 수 있는 고유한 사유는 없다. 개업신고는 대개 변호사의 자격등록신청과 함께 한다. 이때는 등록거부사유가 있을 때는 등록거부와 함께 개업신고도 수리되지 않는다. 변호사가 등록을 하지 않고 변호사 직무를 수행하면 처벌을 받는다(변호사법 112). 변호사가 자격등록을 먼저한 후에 나중에 개업신고를 한 경우에는 변호사의 자격이 상실(소멸)되었거나, 변호사 결격사유가 발생한 경우와 같은 변호사 등록취소사유에 해당되면 개업신고의 수리를 거부할 수 있다. 만약 이런 특별한 사정이 없음에도 지방변호사회나 대한변호사협회가 개업신고의 수리를 거부한다면, 이는 국가배상법상 위법한 직무수행으로 개업신고자에게 손해를 가한 것이라서 지방변호사회 또는 대한변호사협회는 손해배상을 해야 한다. 지방변호사회와 대한변호사협회는 국가배상법상 손해배상책임을 지는 공법인으로 행정주체의 지위에 있기 때문이다.[3]

3 공법인이 국가로부터 위탁받은 공행정사무를 집행하는 과정에서 공법인의 임직원이나 피용인이 고의 또는 과실로 법령을 위반하여 타인에게 손해를 입힌 경우에는, 공법인은 위탁받은 공행정사무에 관한 행정

Ⅲ. 변호사의 법률사무소 이전 신고

1. 법률사무소의 이전

변호사가 '법률사무소를 이전한 경우'에는 지체 없이 소속 지방변호사회와 대한변호사협회에 신고하여야 한다. 법률사무소의 이전신고를 하는 변호사는 개업신고를 한 등록변호사이다. 법률사무소의 이전할 때 '소속 지방변호사회'에 신고하여야 한다는 것은 현재 소속되어 있는 지방변호사회의 관할 구역내의 이전임을 알 수 있다. 만약 다른 지방변호사회 관할 지역으로 이전하는 경우라면 '소속 변경등록'신청을 해야 한다.

법률사무소 이전신고대상으로는 법률사무소의 주소를 달리하거나 법무법인 등의 구성원 또는 소속 변호사로 또는 소속했던 법인법인 등에서 탈퇴한 후 다른 법률사무소를 개설한 경우 등이 있다. ① 자기가 개설한 법률사무소를 소속 지방변호사회의 지역 안의 다른 곳으로 이전한 때, ② 자기가 구성원 또는 구성원 아닌 소속변호사로서 소속한 법무법인·법무법인(유한)·법무조합의 사무소(분사무소 포함) 또는 구성원으로서 소속한 공증인가법률사무소가 소속 지방변호사회의 지역 안의 다른 곳으로 이전할 때, ③ 스스로 법률사무소를 개설하고 있다가 법무법인·법무법인(유한)·법무조합 또는 공증인가법률사무소의 구성원이 되거나, 법무법인·법무법인(유한)·법무조합의 구성원이 아닌 소속변호사가 된 때 등을 들 수 있다.

2. 소속 지방변호사회와 대한변호사협회에 신고

사무소이전신고는 법률사무소를 '이전한 경우' 지체 없이 하여야 한다. 그 신고는 이전사유가 발생한 날로부터 7일 이내에 전산정보처리시스템을 이용하여 전자문서로 제출하여야 한다(변호사 등록 등에 관한 규칙 37①). 또한 변호사개업신고, 변호사휴업신고, 소속 변경신

주체의 지위에서 배상책임을 부담하여야 하지만, 공법인의 임직원이나 피용인은 실질적인 의미에서 공무를 수행한 사람으로서국가배상법 제2조에서 정한 공무원에 해당하므로 고의 또는 중과실이 있는 경우에만 배상책임을 부담하고 경과실이 있는 경우에는 배상책임을 면한다(대법원 2010. 1. 28. 선고 2007다82950, 82967 판결 등 참조). 한편 공무원의 중과실이란 공무원에게 통상 요구되는 정도의 상당한 주의를 하지 않더라도 약간의 주의를 한다면 손쉽게 위법·유해한 결과를 예견할 수 있는 경우임에도 만연히 이를 간과한 경우와 같이, 거의 고의에 가까운 현저한 주의를 결여한 상태를 의미한다(대법원 2011. 9. 8. 선고 2011다34521 판결 등 참조).

피고 협회는 변호사와 지방변호사회의 지도·감독에 관한 사무를 처리하기 위하여 변호사법에 의하여 설립된 공법인으로서, 변호사등록은 피고 협회가 변호사법에 의하여 국가로부터 위탁받아 수행하는 공행정사무에 해당한다(헌법재판소 2019. 11. 28. 선고 2017헌마759 전원재판부 결정참조). 따라서 피고 2는 피고 협회의 장(장)으로서 국가로부터 위탁받은 공행정사무인 '변호사등록에 관한 사무'를 수행하는 범위 내에서는국가배상법 제2조에서 정한 공무원에 해당한다(대법원 2021. 1. 28. 선고 2019다260197 판결 [손해배상(기)]).

고도 같다. 이는 훈시기간이고, 사무소 이전을 마친 날로부터 상당한 기간 내로 해석해야 한다. 그리고 '소속 지방변호사회'는 이전하는 법률사무소가 현재 소속되어 있는 지방변호사회의 지역 안이므로 기존의 소속 지방변호사회를 말한다. 지방변호사회는 사무소이전신고를 받은 때에는 지체 없이 대한변호사협회에 신고서를 송부하여야 한다. 이 송부는 전산정보시스템을 이용하여 전자문서로 송신하는 방법으로 하여야 한다(변호사 등록 등에 관한 규칙 38①). 대한변호사협회는 제38조에 따른 송부를 받은 때에는 지체 없이 이를 수리하여 명부에 기재하여 한다(위 규칙 39①).

3. 대한변호사협회의 법무부장관에게 보고

대한변호사협회는 변호사의 등록 및 등록거부, 소속 변경등록 및 그 거부, 개업, 사무소 이전, 휴업 및 등록취소에 관한 사항을 지체 없이 소속 지방변호사회에 통지하고 법무부장관에게 보고하여야 한다(변호사법 20).

제16조 휴 업

제16조(휴업)
변호사는 일시 휴업하려면 소속 지방변호사회와 대한변호사협회에 신고하여야 한다.

Ⅰ. 연 혁

(1) 1949. 11. 7. 제정된 변호사법 제 9 조는 '변호사는 일시 휴업할 수 있다. 전항의 경우에는 소속변호사회를 경유하여 법무부장관에게 신고하여야 한다'고 했다.

(2) 1982. 12. 31. 개정된 변호사법은 법무부장관이 행사하던 등록업무 등에 관한 업무를 대한변호사협회로 전면 이관하게 되었다. 그 때 휴업신고 역시 지방변호사회와 대한변호사협회에 하도록 하였다.

Ⅱ. 변호사의 휴업 신고

1. 변호사의 일시 휴업

(1) 변호사는 일시 휴업하려면 소속 지방변호사회와 대한변호사협회에 신고하여야 한다. 여기서 '변호사'는 등록을 하고 개업신고를 한 변호사를 말한다. 변호사의 자격이 있지만 등록을 하지 않거나 등록거부 또는 등록취소된 자는 이에 해당되지 않는다. 개업중인 변호사는 '일시' 휴업할 수 있다. '일시' 휴업이라고 하지만 그 기간을 제한할 수는 없다. 다만, '영구적'으로 휴업하려면 폐업신고를 해야 한다. 휴업기간이나 그 사유는 제한이 없다. 휴업 여부는 변호사의 자유이지만, 법령상 강제되기도 한다. 예컨대 변호사의 겸직이 금지된 지방자치단체장, 국회의원 및 법학전문대학원 실무교수는 휴업해야 한다.

⑵ 휴업이란 개업을 일시 정지하는 것으로서 변호사의 직무를 수행하지 않는 것을 말한다. 휴업신고를 한 변호사는 대한변호사협회의 준회원이 된다(대한변호사협회 회칙 10①). 준회원은 회원의 권리·의무와 변호사의 지도·감독에 관한 규정을 적용하지 아니한다(대한변호사협회 회칙 10②).

⑶ 휴업과 구별개념으로 폐업이 있다(변호사법 17). 양자 모두 향후 개업을 하지 않는 점은 공통적이다. 폐업은 영구적으로 개업을 하지 않고자 할 때 한다. 그러나 다시 개업하려는 경우에는 자격등록신청을 할 수 있다. 폐업은 등록취소를 신청하지만, 휴업은 등록은 유지하면서 개업을 하지 않는 차이가 있다.

2. 소속 지방변호사회·대한변호사협회에 신고

변호사휴업신고는 그 사유가 발생한 날로부터 7일 이내에 전산정보처리시스템을 이용하여 전자문서로 제출하여야 한다(변호사 등록 등에 관한 규칙 37①). 지방변호사회는 휴업신고를 받은 때에는 지체 없이 대한변호사협회에 신고서를 송부하여야 한다. 이 송부는 전산정보시스템을 이용하여 전자문서로 송신하는 방법으로 하여야 한다(변호사 등록 등에 관한 규칙 38①). 대한변호사협회는 제38조에 따른 송부를 받은 때에는 지체 없이 이를 수리하여 명부에 기재하여 한다(위 규칙 39①). 법무법인 등의 구성원 변호사가 휴업신고를 한 경우에는 지체 없이 그 사실을 법무부 및 해당 법무법인 등에 통지한다(위 규칙 39④).

Ⅲ. 휴업의 효과

1. 변호사 직무를 수행할 수 없음

휴업신고를 한 변호사는 변호사의 직무를 수행할 수 없다. 개설했던 법률사무소도 폐쇄해야 한다. 그러므로 정관상 법무법인의 대표변호사가 되거나 법무법인의 대표로서 의뢰인과의 계약 등 업무를 수행할 수 없다. 휴업 중에는 법무법인 정관상의 대표직을 유지할 수 없다는 질의회신이 있다(대한변협 2006. 4. 4. 법제 제1165호).

휴업한 변호사가 이익을 얻을 목적으로 법률상담을 하거나 그 밖의 법률사무를 취급하는 뜻을 표시 또는 기재하는 행위는 변호사법 제112조 제3호 위반이 될 수 있다. 휴업 중에 다시 개업하고자 할 때는 언제든지 개업신고서를 가입하려는 지방변호사회에 제출하면 된다. 휴업할 때 소속했던 지방변호사회에 개업신고를 해야 하는 것은 아니다.

2. 휴업추정

서울지방변호사회 회칙 제14조의2는 '휴업추정' 규정을 두고 있다. ① 이 회는 회원이 2년 이상 행방불명, 사무소폐쇄 등으로 소재를 파악할 수 없을 경우 휴업한 것으로 추정할 수 있다. ② 회장은 제1항의 경우 직권으로 휴업 처리를 한 후 대한변호사협회에 휴업신고서를 제출할 수 있다. ③ 회장은 제2항의 경우 심사위원회의 의견을 들을 수 있다. ④ 제2항의 경우에는 이를 공시하여야 한다.

Ⅳ. 휴업변호사의 법적 지위

1. 겸직제한의 해제로 영리행위 가능

변호사법 제38조는 다음과 같이 겸직제한을 두고 있다. ① 변호사는 보수를 받는 공무원을 겸할 수 없다. 다만, 국회의원이나 지방의회 의원 또는 상시 근무가 필요 없는 공무원이 되거나 공공기관에서 위촉한 업무를 수행하는 경우에는 그러하지 아니하다.

② 변호사는 소속 지방변호사회의 허가 없이 다음 각 호의 행위를 할 수 없다. 다만, 법무법인·법무법인(유한) 또는 법무조합의 구성원이 되거나 소속 변호사가 되는 경우에는 그러하지 아니하다.

1. 상업이나 그 밖에 영리를 목적으로 하는 업무를 경영하거나 이를 경영하는 자의 사용인이 되는 것
2. 영리를 목적으로 하는 법인의 업무집행사원·이사 또는 사용인이 되는 것

③ 변호사가 휴업한 경우에는 제1항과 제2항을 적용하지 아니한다.

따라서 휴업변호사는 자유롭게 영리를 목적으로 하는 상업에 종사할 수 있을 뿐만 아니라 영리목적의 피용인이 될 수 있다. 여기에 열거된 사항에 한정되지 않고 모든 분야에서 직업의 자유를 누릴 수 있다.

2. 휴업변호사를 징계대상자로 한 회칙의 문제점

(1) 대한변호사협회 회칙은 휴업변호사가 징계대상자가 된다는 의미로 "이 회에 등록한 변호사"를 징계대상자로 규정하고 있다(제48조의2). 서울지방변호사회 회칙 역시 동일한 취지의 규정을 두고 있다. 즉, 회장은 변호사인 회원(휴업회원 포함)의 징계사유가 있다고 인정될 때에는 대한변호사협회장에게 징계개시의 신청을 하여야 한다(제46조 제1항).

(2) 개업신고를 하지 않았거나 휴업신고를 한 변호사는 이 회의 준회원이 된다(대한변호

사협회 회칙 10①). 준회원에 대하여는 회원의 권리·의무와 변호사의 지도·감독에 관한 규정을 적용하지 아니한다(대한변호사협회 회칙 10②). 대한변호사협회 회칙 제 9 장 "지도와 감독"에 관한 규정은 개업한 변호사의 권리와 의무에 관한 것이다. 특히 감독권의 대표적인 것은 변호사에 대한 징계권 행사라 할 수 있다. 따라서 휴업변호사와 같은 준회원에 대하여는 감독권을 행사하지 않겠다고 하면서 징계대상 적격자로 상정하는 것은 잘못된 것이다. 서울지방변호사회 회칙 제14조(준회원) 제 2 항은 "제11조 제 1 항, 제 2 항, 제12조, 제41조 내지 제45조 및 제47조 내지 제48조의2는 준회원 및 휴업회원에 대하여 적용하지 아니한다"라고 규정하고 있다.[1] 이 규정은 변호사의 권리와 의무에 관한 규정을 전혀 적용하지 않는다는 것이다.

(3) 휴업변호사는 겸직제한을 받지 않고 상인처럼 영리행위도 자유롭게 허용하고 있다는 의미는 휴업변호사에 대해서는 "변호사는 공공성을 지닌 법률전문직"이라는 요건을 요구하지 않는다는 것이다. 변호사의 공공성의 반대 개념은 상인성이라고 할 수 있기 때문이다. 따라서 변호사법상 휴업변호사는 개업변호사와 동일하게 변호사로서의 직무상 의무이행을 요구하지 않고 있음에도 대한변호사협회 회칙(서울지방변호사회 회칙도 마찬가지)이 징계대상자로 보는 것은 변호사법을 위반한 것이다. 휴업변호사는 대한변호사협회와 지방변호사회의 준회원 지위에 있을 뿐이고, 이런 휴업변호사를 징계하려면 변호사법에 명문의 규정이 있어야만 한다(법률유보의 원칙). 휴업변호사는 겸직허가도 없이 상행위에 종사할 수 있는데, 이와 다른 품위훼손과 같은 다른 행위를 할 때는 징계대상이 된다고 할 수도 없다. 휴업변호사까지 징계대상으로 규정한 것은 변호사법 위반이며, 징계권의 남용이다. 따라서 대한변호사협회 회칙 제48조의2 "이 회에 등록한 변호사"는 개업변호사를 지칭하는 것으로 해석해야 한다. 서울지방변호사회 회칙 제46조 제 1 항 역시 같다.

3. 휴업변호사를 징계대상자로 한 회칙 인가의 문제점

휴업변호사를 징계대상자로 규정한 대한변호사협회 회칙 제48조의2 및 서울지방변호사회 회칙 제46조 제 1 항은 모두 총회의 의결을 거친 '회칙'으로 법무부장관의 인가를 받아 시행 중인 것이다. 변호사법은 지방변호사회와 대한변호사협회에 회칙제정권을 부여하고, 회칙을 위반할 때는 변호사의 징계사유로 인정하고 있다(변호사법 91②). 이는 법무부장관이 그 회칙이 법령에 위반된다고 인정하면 이를 취소하고(변호사법 77, 86), 합헌·합법적이라면 인가를 할 수 있는 감독권을 부여하고 있기 때문이다. 그런데 대한변호사협회나 지방변호

1 서울지방변호사회 회칙 제11조(회원의 권리) 제 1 항, 제 2 항, 제12조(회원의 의무), 제41조 내지 제45조(등록과 신고, 사무직원, 회원의 윤리, 광고, 연수교육, 보수 및 비용) 및 제47조 내지 제48조의2(사법연수생 지도, 분쟁조정, 정보제공등).

사회가 휴업변호사를 징계대상자로 하는 법령에 위반된 회칙을 제정하여 인가신청을 하였음에도 법무부장관이 이를 취소하거나 시정명령을 발하는 등의 적정한 감독권 행사하지 않았다. 그 때문에 위헌·위법한 내용의 회칙이 제정되거나 개정되어 시행되고 있다.

제17조 폐 업

제17조(폐업)
변호사는 폐업하려면 소속 지방변호사회를 거쳐 대한변호사협회에 등록취소를 신청하여야 한다.

I. 연 혁

1949. 11. 7. 제정된 변호사법은 폐업에 관한 규정을 두지 않았다. 다만, 변호사가 소속 변호사회를 퇴회코저 하는 때에는 그 변호사회를 경유하여 법무부장관에게 등록취소의 청구를 하여야 한다(제9조)고 했다. 이 규정이 폐업에 관한 조항으로 이해된다. 그 후 1982. 12. 31. 개정된 변호사법 제12조는 현재와 같은 폐업에 관한 규정을 신설하였다.

II. 변호사의 폐업을 위한 등록취소 신청

1. 변호사의 폐업

변호사는 폐업하려면 소속 지방변호사회를 거쳐 대한변호사협회에 등록취소를 신청하여야 한다. 폐업이란 개업 중인 변호사가 장차 그 직무를 하지 않을 목적으로 등록취소를 신청하고, 대한변호사협회가 이에 따라 그 등록을 취소하는 것을 말한다. 변호사는 전직이나 건강상의 이유로 언제나 자유롭게 폐업할 수 있다. 변호사가 사무실을 폐쇄하고 직무를 하지 않는다 할지라도 폐업절차인 등록취소신청을 하지 않는다면 폐업상태는 아니다. 이는 사실상의 휴업이지만, 휴업신고가 없다면 정식 휴업도 아니다.

2. 폐업의 절차

변호사가 폐업하려면 등록취소를 신청하여야 한다. 폐업은 등록취소를 요건으로 한다. 대한변호사협회는 폐업에 따른 등록취소신청이 있으면 변호사의 등록을 취소하여야 한다(변호사법 18①(3)). 일본 변호사법은 변호사가 징계절차에 회부된 경유에는 그 절차가 종료하기까지 등록취소를 청구할 수 없다고 한다(제62조). 「변호사 등록 등에 관한 규칙」에서도 지방변호사회장·지방검찰청 검사장·법조윤리협의회 위원장의 징계개시신청 또는 협회장의 징계개시청구가 있는 경우에는 등록취소신청을 할 수 없다고 한다(제21조 제1항 단서). 고위공직자범죄수사처장이 징계개시신청을 할 때도(변호사법 97의2①) 포함된다고 할 것이다.

3. 폐업신청의 철회

변호사가 폐업신청을 철회하려면 어느 때까지 해야 하는지 문제된다. 이는 등록취소의 효과발생시기와도 관련된 문제이다. 이에 관해서는 변호사법에 규정이 없다. 「변호사 등록 등에 관한 규칙」상으로 폐업은 '신청에 의한 등록취소'에 해당된다(제20조 제1호). 지방변호사회는 등록취소신청을 받은 때에는 지체 없이 이 회에 등록취소신청을 송부하여야 한다(위 규칙 22①). 이 회는 제22조에 따른 송부를 받은 때에는 지체 없이 이를 수리하여 변호자격등록을 취소하여야 한다(위 규칙 23①). 일본 변호사법 제11조는 등록취소의 청구에 관한 규정을 두고 있는데, 등록취소의 효과 발생시기에 관하여 상정할 수 있는 여러 견해가 있다.[1] 우리는 대한변호사협회가 폐업을 위한 등록취소신청을 수리하기 전까지 철회할 수 있다고 할 것이다. 사인의 공법행위는 그에 근거한 법적 효과가 완성되기까지는 허용된다고 할 것이다.[2] 공무원이 한 사직 의사표시의 철회나 취소는 그에 터잡은 의원면직처분이 있을 때까지 할 수 있는 것이고, 일단 면직처분이 있고 난 이후에는 철회나 취소할 여지가 없다.[3]

4. 등록취소 후 절차

「변호사 등록 등에 관한 규칙」 제27조는 등록취소 후 절차에 관하여 다음과 같이 규정하고 있다. ① 이 회가 등록취소를 한 경우 명부에 그 사유와 취소연월일을 기재한 후 이를 폐쇄하여야 한다. ② 제1항에 의한 등록취소를 한 때에는 그 뜻을 당사자(제24조 제1항 제1호의 경우는 제외한다) 소속 지방변호사회 및 법원행정처장에게 통지하여야 한다. ③ 제25조

1 일본변호사연합회조사실, 조해 변호사법, 99면.
2 정형근, 행정법 제10판, 113면.
3 대법원 2001. 8. 24. 99두9971 [면직무효확인등].

제 3 항에 의하여 등록취소가 효력을 상실한 때에는 그 사실을 당사자 소속 지방변호사회 및 법원행정처장에게 통지하여야 한다. ④ 제 2 항 및 제 3 항의 통지는 전산정보처리시스템을 이용하여 전자문서로 송신하는 방법 또는 우편발송에 의한 방법으로 하여야 한다.

Ⅲ. 폐업의 효과

변호사가 폐업신고를 한 후 등록이 취소되면 개업 변호사로서의 직무를 할 수 없다. 변호사의 등록제도는 개업을 위한 요건이기에 개업을 종료한 때 등록을 취소하는 것은 당연하다. 등록이 취소되면 개업 변호사의 신분을 상실하게 된다. 다만, 폐업한 자라도 변호사의 자격은 그대로 유지된다. 만약 폐업한 상태에서 변호사 직무를 수행한다면, 이는 '대한변호사협회에 등록을 하지 아니하고 변호사의 직무를 수행한 변호사'에 해당되어 처벌된다(변호사법 112(4)). 폐업한 변호사가 다시 개업하려면 자격등록신청을 하면서 개업신고를 하여야 한다.

제18조 등록취소

제18조(등록취소)

① 대한변호사협회는 변호사가 다음 각 호의 어느 하나에 해당하면 변호사의 등록을 취소하여야 한다. 이 경우 지체 없이 등록취소 사유를 명시하여 등록이 취소되는 자(제 1 호의 경우는 제외한다)에게 통지하여야 하며, 제 2 호에 해당하여 변호사의 등록을 취소하려면 미리 등록심사위원회의 의결을 거쳐야 한다.

1. 사망한 경우
2. 제 4 조에 따른 변호사의 자격이 없거나 제 5 조에 따른 결격사유에 해당하는 경우
3. 제17조에 따른 등록취소의 신청이 있는 경우
4. 제19조에 따른 등록취소의 명령이 있는 경우

② 대한변호사협회는 변호사가 제 8 조 제 1 항 제 3 호·제 4 호에 해당하면 등록심사위원회의 의결을 거쳐 변호사의 등록을 취소할 수 있다. 이 경우 제 8 조 제 1 항 제 4 호에 해당하여 등록을 취소할 때에는 등록심사위원회의 의결을 거쳐 1년 이상 2년 이하의 등록금지기간을 정하여야 한다.

③ 대한변호사협회는 제 2 항에 따라 등록을 취소하는 경우 지체 없이 그 사유를 명시하여 등록이 취소되는 자에게 통지하여야 한다.

④ 제 1 항과 제 2 항의 경우에는 제 8 조 제 4 항 및 제 5 항을 준용한다.

⑤ 지방변호사회는 소속 변호사에게 제 1 항의 사유가 있다고 인정하면 지체 없이 대한변호사협회에 이를 보고하여야 한다.

Ⅰ. 연 혁

(1) 1949년 제정된 변호사법 제10조는 등록취소사유가 있을 때에는 법무부장관이 변호사명부의 등록을 취소하도록 했다. 등록취소사유는 현재와 거의 동일하다. 다만, ① 국적을 상실한 때, ② 제명된 때도 그 사유로 하고 있었다. 당시에는 변호사의 자격을 '성년 이상의 대한민국의 국민'으로 하고 있었기에 국적상실을 등록취소사유로 했다. 그리고 징계처분으로

제명된 경우도 등록취소사유로 하여 오늘날의 영구제명과 같은 효과를 부여하고 있었다.

(2) 1982. 12. 31. 개정된 변호사법은 변호사의 등록업무를 대한변호사협회로 이관하면서 그 업무의 적정을 위하여 부당한 변호사등록 및 등록거부 등에 대하여 법무부장관의 시정명령권인 등록취소명령권을 신설하면서 '법무부장관의 등록취소의 명령이 있을 때'를 등록취소사유로 추가하였다.

Ⅱ. 변호사에 대한 등록취소사유

대한변호사협회는 변호사가 다음 각 호의 어느 하나에 해당하면 변호사의 등록을 취소하여야 한다(제1항 전단). 대한변호사협회는 등록한 변호사에게 개업상태를 유지시키면서 변호사의 직무수행을 할 수 없도록 하는 사유가 발생한 때는 그 등록을 취소하여야 한다.

1. 사망한 경우(제1호)

변호사의 자격은 대인적 허가로서 일신전속적 성질을 갖는다. 그 때문에 본인의 사망으로 별도의 조치 없이 그 자격은 자동적으로 실효된다. 대한변호사협회는 변호사가 사망하면 직권으로 등록을 취소하여야 한다. 등록취소행위는 변호사의 신분 내지 자격을 상실하였다는 사실을 공적으로 증명하는 행위에 불과하다.

2. 제4조에 따른 변호사의 자격이 없거나 제5조에 따른 결격사유에 해당하는 경우(제2호)

변호사의 등록은 변호사의 자격을 유지하고 결격사유가 존재하지 않을 것을 요건으로 한다. 변호사의 자격 없는 자는 등록신청권도 없지만, 등록되었다 할지라도 취소된다. 변호사의 자격이 없이 그 자격에 관하여 거짓으로 신청하여 등록을 한 자는 처벌을 받는다(변호사법 112(2)). 변호사시험에 합격하여 변호사의 자격을 취득한 자가 등록을 종료한 후에 합격취소처분으로 그 자격을 상실한다면 그 등록은 취소된다. 변호사가 등록 후에 결격사유가 발생하면 결격기간 동안은 변호사가 될 수 없다. 결격사유가 발생하는 순간 변호사의 자격을 상실한다. 이어 그 변호사에 대한 등록이 취소된다. 변호사의 결격사유는 가장 전형적인 등록취소사유라 할 수 있다.

3. 제17조에 따른 등록취소의 신청이 있는 경우(제3호)

변호사가 폐업하려면 등록취소를 신청하여야 한다. 변호사가 개업하지 않으면서도 그 자격을 유지하고 싶다면 폐업을 위한 등록취소신청을 할 필요가 없다. 등록취소신청은 자유롭지만 제한되는 경우도 있다. 즉, 등록취소사유나 등록취소명령 또는 업무정지명령 그리고 징계개시신청이나 징계개시청구가 있을 때는 등록취소신청을 할 수 없다(변호사 등록 등에 관한 규칙 21① 단서).

그런데 변협징계위원회는 등록취소가 된 변호사는 징계할 수 없다고 한다. 변호사가 금고 이상의 형의 확정으로 변호사 자격결격사유가 발생하면 이미 그 자는 변호사가 아니므로 징계권이 없다는 것이다. 그 때문에 금고 이상의 형이 확정된 변호사에 대한 징계개시청구에 대하여 각하결정을 해오고 있다.[1] 이 같은 징계실무는 잘못된 것이라는 비판을 피할 수 없으며, 비리를 저지른 변호사가 등록취소로 징계를 회피할 수 있는 문제점이 있다. 이에 관한 상세한 설명은 변호사법 제90조(징계의 종류)에서 살펴보기로 한다.

4. 제19조에 따른 등록취소의 명령이 있는 경우(제 4 호)

법무부장관은 변호사 명부에 등록된 자가 제 4 조에 따른 변호사의 자격이 없거나 제 5 조에 따른 결격사유에 해당한다고 인정하는 경우 대한변호사협회에 그 변호사의 등록취소를 명하여야 한다(변호사법 19). 이 회가 법무부장관으로부터 법 제19조에 의한 등록취소명령을 받은 때에는 지체 없이 변호사자격등록을 취소하여야 한다(변호사 등록 등에 관한 규칙 26). 등록취소명령의 사유는 제 2 호에 규정된 독립적인 등록취소사항이기도 하다. 따라서 등록취소명령은 대한변호사협회가 등록취소를 하지 않고 있거나, 그 취소사유 발생사실을 알지 못한 때 실익이 있다.

5. 변호사가 제 8 조 제 1 항 제 3 호·제 4 호에 해당한 때(제 2 항)

변호사가 변호사법 제 8 조 제 1 항 제 3 호(변호사가 심신장애로 인하여 변호사의 직무를 수행하는 것이 현저히 곤란한 자)·제 4 호{공무원 재직 중의 위법행위로 인하여 형사소추(과실범으로 공소제기되는 경우는 제외한다) 또는 징계처분[파면, 해임, 면직 및 정직(해당 징계처분에 의한 정직기간이 끝나기 전인 경우에 한정한다)은 제외한다]을 받거나 그 위법행위와 관련하여 퇴직한 자로서 변호사 직무를 수행하는 것이 현저히 부적당하다고 인정되는 자}는 등록을 취소할 수 있다. 변호사 등록 전에 위 같은 사유가 있으면 등록이 거부되는데, 등록 후에 그 사유가 발생하면 등록취소를 하게 된다. 제 4 호의 경우 퇴직한 공직 출신 변호사가 등록 후에 재직 중의 위법행위로 형사소추되는 경우를 말한다. 공무원이 퇴직하면 징계처분은 할 수 없지만, 퇴직 전에 징계받은 사실이 발각될 수 있다. 또한 등록 변호사가 위법행위와 관련하여 퇴직하였던 사실이 뒤늦게 드러나야 한다. 이

1 대한변협 2002. 11. 25. 결정, 제2003－25호.

때도 변호사 직무를 수행하는 것이 현저히 부적당하다고 인정되는 경우여야 한다. 이 등록취소사유는 반드시 취소해야 하는 기속행위가 아니라 재량이 인정되는 것으로 규정되어 있지만, 이 사유가 존재할 때는 반드시 취소하여야 할 것이다.

Ⅲ. 등록취소의 절차

대한변호사협회는 이 경우 지체 없이 등록취소 사유를 명시하여 등록이 취소되는 자(제1호의 경우는 제외한다)에게 통지하여야 하며, 제2호에 해당하여 변호사의 등록을 취소하려면 미리 등록심사위원회의 의결을 거쳐야 한다(제1항 후단). 대한변호사협회는 등록취소 사유에 해당하면 변호사의 등록을 취소하여야 한다. 이 회가 등록취소를 한 경우 명부에 그 사유와 취소연월일을 기재한 후 이를 폐쇄하여야 한다(변호사 등록 등에 관한 규칙 27①). 등록취소사유가 발생한 변호사가 휴업신고를 하거나 폐업신청을 하더라도 직권으로 등록취소를 해야 한다. 등록취소를 할 때는 지체 없이 등록취소 사유를 명시하여 등록이 취소되는 자에게 통지하여야 한다. 사망한 변호사는 권리·의무의 주체가 아니므로 통지할 필요가 없다. 그러나 「변호사 등록 등에 관한 규칙」제24조 제4항은 유족에게 소명자료를 제출할 수 있도록 한다는 규정은 두고 있기는 하다. 제2호(변호사의 자격 또는 결격사유) 및 변호사법 제8조 제1항 제3호·제4호에 해당하여 등록을 취소하려면 미리 등록심사위원회의 의결을 거쳐야 한다. 등록취소는 변호사의 개업을 할 수 없도록 하여 직업의 자유를 제한하는 불이익처분이기에 등록취소 전에 당사자의 의견진술 기회부여와 사전처분통지를 해야 한다.

Ⅳ. 변호사가 제8조 제1항 제3호·제4호에 해당된 경우 등록취소

1. 제8조 제1항 제3호·제4호에 해당

대한변호사협회는 변호사가 제8조 제1항 제3호·제4호에 해당하면 등록심사위원회의 의결을 거쳐 변호사의 등록을 취소할 수 있다. 심신장애로 인하여 변호사의 직무를 수행하는 것이 현저히 곤란(제3호)하거나, 공무원 재직 중의 위법행위로 인하여 형사소추(과실범으로 공소제기되는 경우는 제외한다) 또는 징계처분[파면, 해임, 면직 및 정직(해당 징계처분에 의한 정직기간이 끝나기 전인 경우에 한정한다)은 제외한다]을 받거나 그 위법행위와 관련하여 퇴직한 자로서 변호사 직무를 수행하는 것이 현저히 부적당하다고 인정되는 자(제4호)에 대하여 등록을 취소할 수 있다. 원래는 이 등록취소사유는 등록거부사유이기도 하다. 등록된 변호사에게 심신장애 상태가 비로소 발생하거나, 공무원이 위법행위나 징계처분으로 퇴직한 사실을 뒤늦게 알게 되어 등록취소를 하려는 경우이다. 이때도 등록심사위원회의 의결을 거쳐 등록을 취소해야 한다. 심신장애로 인한 등록취소는 정신적·육체적 건강상태가 판단의 요소이며,[2] 공무원의 위법행위 등으로 퇴직한 자는 그가 야기한 사회적 물의와 국민들의 법 감정을 고려해야 한다. 심신장애로 등록취소가 된 경우는 장애상태에서 벗어나면 다시 등록신청을 할 수 있다.

2. 제 4 호에 해당한 경우 등록금지기간

이 경우 제8조 제1항 제4호에 해당하여 등록을 취소할 때에는 등록심사위원회의 의결을 거쳐 1년 이상 2년 이하의 등록금지기간을 정하여야 한다. 공무원 재직시의 위법행위나 징계처분 등으로 퇴직한 사실로 등록취소를 할 때는 1년 이상 2년 이하로 등록금지기간을 정해야 한다. 등록심사위원회는 등록취소 및 등록금지기간을 의결해야 한다. 등록금지기간이 장기간일수록 비리변호사의 퇴출효과는 크지만, 그로 인해 야기되는 사익의 침해도 고려해야 한다. 금지기간을 어느 정도로 할 것인지는 입법정책 문제지만 그 최소한을 1년으로 한 것은 공무원이 재임중의 위법행위로 형사처벌 또는 징계처분을 받은 비리 변호사가 개업을 하지 못하도록 하려는 목적이다. 이 규정으로 인하여 공무원이 재직 중에 위법행위를 행하지 않도록 하는 효과도 기대할 수 있다.

V. 등록취소 사유의 통지

대한변호사협회는 제2항에 따라 등록을 취소하는 경우 지체 없이 그 사유를 명시하여 등록이 취소되는 자에게 통지하여야 한다(제3항). 여기서 '등록을 취소하는 경우'는 등록심사위원회의 의결을 거쳐 기존의 등록을 취소하기로 결정한 경우를 말한다. 아울러 장차 등록을 취소하려는 때에도 통지하여야 할 것으로 본다. 이는 처분의 사전통지와 같다. 등록취소 전에 당사자의 의견청취절차를 거쳐 유리한 자료를 제출하는 등의 소명기회를 주어야 한다. 등록취소 후에 그 사실을 통지받은 변호사는 이의신청으로 불복할 수 있다(변호사법 8④). 등록취소 전에 취소절차가 진행 중임을 통지받은 변호사는 등록취소가 되지 않도록 할 절차적 권리를 보장하는 데 그 의미가 있다.

---

2 「변호사 직무에 관한 모범규칙」(Model Rules of Professional Conduct) Rule 1.16(a)(2) '변호사가 육체적 또는 정신적 상태로 인하여 의뢰인을 대리할 능력이 현저히 손상된 경우'에는 의뢰인을 대리할 수 없고, 대리를 시작한 경우에는 그 대리를 취소해야 한다.

Ⅵ. 등록취소에 대한 이의신청과 등록명령

제 1 항과 제 2 항의 경우에는 제 8 조 제 4 항 및 제 5 항을 준용한다(제 4 항). 등록이 취소된 자는 그 통지를 받은 날부터 3개월 이내에 등록취소에 관하여 부당한 이유를 소명하여 법무부장관에게 이의신청을 할 수 있다(변호사법 8④, 18④). 법무부장관이 이의신청을 기각할 경우에 행정심판을 청구하거나 행정소송을 제기할 수 있다.

법무부장관은 이의신청이 이유 있다고 인정할 때에는 대한변호사협회에 그 변호사의 등록을 명하여야 한다(변호사법 8⑤, 18④). 이의신청에 대하여 법무부장관은 어떤 심의를 거쳐야 하는지 규정이 없다. 법무부장관이 한 등록을 명하는 결정은 감독관청의 직권취소 명령임과 동시에 재결과 유사한 성격을 갖는다고 할 수 있다. 대한변호사협회는 등록명령에 대하여 불복할 수 없다. 그러므로 대한변호사협회는 등록명령이 있는 후 지체 없이 취소한 등록을 다시 등록을 해야 한다.

Ⅶ. 지방변호사회의 등록취소사유 대한변호사협회에 보고

지방변호사회는 소속 변호사에게 제 1 항의 사유가 있다고 인정하면 지체 없이 대한변호사협회에 이를 보고하여야 한다(제 5 항). 지방변호사회는 소속 변호사에게 제 1 항의 등록취소사유가 있으면 대한변호사협회에 보고해야 한다. 뿐만 아니라 변호사가 제 8 조 제 1 항 제 3 호·제 4 호에 해당한 경우에도 보고하여야 할 것이다. 지방변호사회는 소속 회원인 변호사에 대한 1차적인 감독기관이기 때문에 이런 보고의무를 부과하고 있다.

Ⅷ. 등록취소의 효과

1. 변호사 직무를 수행할 수 없는 시기

(1) 대한변호사협회가 등록취소를 하였을 때 비로소 그 순간부터 변호사의 직무를 할 수 없는지 문제도 있다. 이는 등록취소사유에 따라 별도로 검토해야 한다. 예컨대 변호사가 사망한 경우에 하는 등록취소는 변호사 자격이 실효되었음을 공적으로 확인하는 공증에 해당되고, 변호사 자격은 사망시기부터 소멸된 것으로 보아야 한다. 그리고 변호사법 제 4 조에 따른 변호사의 자격이 없음을 이유로 하는 등록취소는 변호사 자격등록 후에 그 자격이 취소되었거나 하는 특별한 사정을 상정해 볼 수 있다. 예컨대 변호사시험에 합격한 후 자격등록을 마쳤는데, 나중에 그 합격이 취소되었다면 등록취소사유가 된다. 이때는 변호사시

험의 합격이 취소가 확정된 그때부터 변호사 직무를 수행할 수 없다. 이때의 등록취소는 변호사 자격이 없음을 확인하는 차원의 공증에 해당되므로 등록취소가 된 때부터 변호사 직무를 수행할 수 없는 것은 아니다.

(2) 변호사법 제5조에 따른 결격사유에 해당하여 등록취소되면 결격사유가 발생한 순간부터 변호사가 될 수 없다. 예컨대 변호사가 금고 이상의 형을 선고받았다면 그 판결이 확정된 때부터 5년간 변호사 직무를 수행할 수 없다. 따라서 이 판결 확정 후 5년 이내에 변호사 직무를 수행한다면, 아직 등록취소가 되지 않았을지라도 "대한변호사협회에 등록을 하지 아니하고 변호사의 직무를 수행한 변호사"(변호사법 112(4))에 해당하여 처벌을 받게 된다. 등록취소된 직후부터 변호사 직무를 수행할 수 없는 것이 아니라는 의미이다.

(3) 판례 역시 동일한 입장이다. 변호사명부의 등록의 취소는 그에 의하여 변호사로서의 신분 또는 자격 그 자체를 상실시키는 행위가 아니고, 변호사로서의 신분 또는 자격을 상실하고 있다는 사실을 공적으로 증명하는 행위라고 해석하여야 할 것이므로, 따라서 비록 변호사가 동 변호사법 제5조 제2호 소정의 결격사유에 해당되면 바로 변호사로서의 신분 또는 자격을 상실하는 것으로서 가사 위와 같은 경우에 변호사명부의 등록이 취소되지 아니하고 남아있다 하더라도 이는 변호사라 할 수 없고, 변호사의 직무를 행할 수 없다 할 것이다.[3]

(4) 변호사법 제17조의 폐업신청에 따른 등록취소는 등록취소를 한 때부터 변호사 직무를 수행할 수 없다. 변호사법 제19조에 따른 등록취소의 명령에 따른 등록취소는 변호사 자격이 상실된 때부터, 결격사유가 발생한 직후부터 변호사 직무를 수행할 수 없다고 보아야 한다. 그리고 심신장애나 공무원 재직 중의 위법행위를 이유로 등록취소한 때는 취소한 순간부터 변호사 직무를 수행할 수 없다.

2. 변호사 직무를 수행할 수 없는 기간

변호사의 결격사유를 이유로 등록이 취소되더라도 여전히 변호사의 자격은 유지된다. 물론 변호사가 사망하거나 변호사의 자격이 없어 등록이 취소된 경우는 그렇지 않다. 따라서 등록금지기간을 경과하거나, 심신장애에서 회복된 때는 다시 등록신청을 할 수 있다. 또한 변호사의 결격사유로 등록이 취소된 경우에는 결격기간이 경과하면 재등록신청을 할 수 있다.

---

3 대법원 1974. 5. 14. 선고 74누2 판결 [변호사명부등록취소처분무효확인].

3. 변호사 등록취소 공고 문제

등록취소된 변호사가 의뢰인과 수임계약을 체결하는 행위를 방지하기 위하여 등록취소를 공개할 필요가 있다. 일본 변호사법은 변호사명부의 등록, 등록변경 및 등록취소는 신속하게 일본변호사연합회로부터 당해 변호사의 소속변호사에 통지하고 동시에 관보에 공고해야 한다(제19조)고 한다. 구「변호사등록규칙」은 대한변호사협회가 각종 등록, 등록거부, 신고수리 및 등록취소를 한 때에는 그 사유가 있는 날로부터 2월 이내에 그 요지를 공고하도록 하였다(변호사등록규칙 40). 현재「변호사 등록 등에 관한 규칙」에는 이런 공고규정이 없다. 변호사가 징계처분을 받으면 그 사실을 대한변협 인터넷 홈페이지에 공개(변호사법 98의5③)하는 것과 같은 방식을 참고할 필요가 있다.

제19조 등록취소명령

제19조(등록취소명령)
법무부장관은 변호사명부에 등록된 자가 제 4 조의 규정에 의한 변호사의 자격이 없거나 제 5 조의 규정에 의한 결격사유에 해당한다고 인정할 때에는 대한변호사협회에 대하여 당해 변호사의 등록취소를 명하여야 한다.

Ⅰ. 연 혁

(1) 1949. 11. 7. 제정된 변호사법 제10조는 법무부장관이 등록취소사유가 있을 때에는 변호사명부의 등록을 직권으로 취소하였다.

(2) 1982. 12. 31. 개정된 변호사법은 등록업무를 법무부장관에서 대한변호사협회로 이관하였다. 그 때 등록업무의 적정을 기하기 위하여 부당한 등록 및 등록거부 등에 대한 법무부장관의 시정명령권(변호사법 8④⑤, 18④)을 두면서 등록취소명령 규정을 신설하게 되었다. 그리고 법무부장관은 형사사건으로 공소제기된 변호사에 대하여 그 판결확정시까지 업무정지를 명할 수 있는 업무정지명령권을 두었는데, 그 후 위헌결정(헌재 1990. 11. 19. 90헌가48)으로 삭제되었다.

Ⅱ. 등록취소명령 사유

1. 등록취소명령권자 법무부장관

법무부장관은 변호사명부에 등록된 자가 제 4 조의 규정에 의한 변호사의 자격이 없거나 제 5 조의 규정에 의한 결격사유에 해당한다고 인정할 때에는 대한변호사협회에 대하여 당해 변호사의 등록취소를 명하여야 한다. 등록취소명령권자는 법무부장관이다. 변호사법상 변호사와 지방변호사회 및 대한변호사협회는 법무부장관의 감독을 받는다(변호사법 39, 77①, 86①). 따라서 법무부장관의 등록취소명령은 상급 행정청의 지위에서 하는 감독권 행사라 할 수 있다. 대한변호사협회는 등록취소사유가 있을 때 (등록심사위원회의 의결을 거쳐) 등록을 취소하여야 한다. 등록취소사유가 존재함에도 대한변호사협회가 그 사실을 알지 못하거나 기타 사유로 등록을 취소하지 않을 수 있다. 예컨대 변호사가 징역형을 선고받아 확정되면 변호사의 결격사유에 해당되므로 등록취소를 해야 한다. 대한변호사협회가 이 사실을 알지 못하고 있을 때 법무부장관의 등록취소명령은 실익이 있다. 등록취소는 변호사명부에 그 취소사유를 기재하고 그 명부용지를 폐쇄하는 것이다. 따라서 법무부장관은 직접 등록취소조치를 취할 수 없기에 취소명령을 한다.

2. 등록취소 대상 변호사

등록취소명령은 변호사명부에 등록된 자에게 등록취소사유가 존재해야 한다. 등록되지 않은 변호사의 자격이 있는 자는 그 대상이 아니다. 등록취소사유는 등록신청 전에 존재했는지, 등록 경료 후에 비로소 발생한 것인지는 묻지 않는다. 등록된 변호사에게 발생한 등록취소사유가 모두 등록취소명령 대상은 아니다. 제 4 조의 규정에 의한 변호사의 자격이 없거나 제 5 조의 규정에 의한 결격사유에 해당한다고 인정할 때에만 할 수 있다. 그러므로 '심신장애로 변호사의 직무를 수행하는 것이 현저히 곤란한 자'는 등록거부 및 등록취소 대상이지만, 등록취소명령 사유는 아니다.

3. 변호사의 자격이 없는 자

변호사의 자격이 없는 자는 등록거부(변호사법 8①(1)) 또는 등록취소(변호사법 18①(2)) 사유에 해당된다. 대한변호사협회가 이런 자의 등록신청을 허용할 리는 없다. 설령 등록 후에라도 그 사실을 알게 되면 즉시 등록취소를 할 것이다. 그럼에도 무자격자의 등록이 존속하고 있을 때 법무부장관은 취소명령을 할 수 있다. 변호사시험에 합격한 자가 등록 후 그 합격처분이 취소되면 무자격자의 등록상태가 발생하게 된다. 등록업무를 법무부에서 대한변호사협회로 이관하여 자율성을 보장했지만, 무자격 변호사는 허용할 수 없기에 국가기관이 관여하게 된다. 더 나아가 변호사의 자격 없이 등록을 한 자를 형사처벌(변호사법 112(2)) 하면서까지 변호사제도를 보호하고 있다. 다른 국가자격제도에서도 동일하다.[1]

---

1 「**세무사법**」 **제22조의2(벌칙)** 다음 각 호의 어느 하나에 해당하는 자는 1년 이하의 징역 또는 1천만원 이하의 벌금에 처한다.

1. 제12조의3(제16조의16 제 1 항 및 제19조의14에서 준용하는 경우를 포함한다)을 위반하여 명의 등을

4. 변호사의 결격사유자

대한변호사협회는 등록한 변호사에게 결격사유가 발생하면 그 등록을 취소해야 한다. 법무부장관은 기소된 변호사에게 선고한 형이 확정되어 결격사유가 발생하면 등록취소명령을 하여야 한다. 예컨대 변호사 아닌 자가 징역형의 선고를 받고 그 집행을 종료한 후 5년이 지나지 않으면 그는 변호사가 될 수 없다(변호사법 5(1)). 그럼에도 그가 변호사시험에 합격한 후 등록까지 되었다면, 5년이 경과하지 않은 결격사유로 변호사가 될 수 없다. 또한 변호사시험 '응시 결격사유'(변호사시험법 6(2))에도 해당되어 합격처분도 취소될 것이다. 결국 그는 변호사의 자격(제 4 조)이 없음과 동시에 결격사유(제 5 조)에도 해당된다. 법무부장관은 이 같은 사유가 발생한 경우 반드시 등록취소를 명하여야 한다(기속행위).

Ⅲ. 등록취소명령의 효과

대한변호사협회는 제19조에 따른 등록취소의 명령이 있는 경우에는 변호사의 등록을 취소하여야 한다(변호사법 18①(4)). 이 회가 법무부장관으로부터 법 제19조에 의한 등록취소명령을 받은 때에는 지체 없이 변호사자격등록을 취소하여야 한다(변호사 등록 등에 관한 규칙 26). 대한변호사협회는 등록취소 후에 법무부장관에게 이를 보고하여야 한다(변호사법 20). 변호사의 결격사유 때문에 하는 취소는 그 결격기간 동안에만 한시적으로 취소의 효력이 있고, 그 기간이 지나면 다시 등록신청을 할 수 있다.

Ⅳ. 등록취소명령에 대한 불복

등록취소명령 사유는 변호사법 제18조 등록취소사유에도 해당되기 때문에 대한변호사협회가 위 명령에 불복할 이유는 없다. 등록취소명령으로 대한변호사협회가 등록취소를 한 경우, 등록취소된 자는 변호사법 제 8 조 제 4 항에 따른 (법무부장관에게) 이의신청을 할 수 있

빌려준 자
2. 제16조의9 제 2 항이나 제20조 제 2 항(제19조의14에서 준용하는 경우를 포함한다)을 위반하여 등록을 하지 아니하고 세무법인 또는 세무사나 이와 비슷한 명칭을 사용한 자
3. 제17조(제19조의14에서 준용하는 경우를 포함한다)에 따른 직무정지 명령이나 등록거부를 받은 자로서 그 직무정지 기간이나 등록거부 기간 중에 세무대리를 수행한 자
4. 이 법에 따라 세무대리를 할 수 있는 자로서 제 6 조 또는 제20조의2 제 1 항을 위반하여 등록을 하지 아니하고 세무대리를 수행한 자
5. 원자격국의 세무전문가로서 제19조의3에 따른 자격승인을 받지 아니하거나 제19조의5에 따른 등록을 하지 아니하고 제19조의7에 따른 업무를 수행한 자

다(변호사법 18④). 이때는 대한변호사협회가 등록취소했지만 등록취소명령을 한 법무부장관이 실질적인 처분의 주체라고 할 수 있다. 입법론으로는 등록취소명령으로 등록이 취소된 자는 이의신청을 거치지 않고 법무부장관을 피고로 행정심판 또는 행정소송을 곧바로 제기하도록 함이 타당하다.

제20조 보고 등

제20조(보고 등)
대한변호사협회는 변호사의 등록 및 등록거부, 소속 변경등록 및 그 거부, 개업, 사무소 이전, 휴업 및 등록취소에 관한 사항을 지체 없이 소속 지방변호사회에 통지하고 법무부장관에게 보고하여야 한다.

Ⅰ. 연 혁

(1) 1949. 11. 7. 제정된 변호사법은 변호사등록에 관한 모든 업무를 법무부에서 맡도록 하면서 법무부장관은 변호사명부의 등록, 등록변경, 휴업과 등록취소를 소속 변호사회에 통지하도록 했다(제11조).

(2) 1982. 12. 31. 개정된 변호사법은 등록업무를 대한변호사협회로 이관하면서 이 규정도 신설되었다.

Ⅱ. 대한변호사협회와 법무부장관과의 관계

1. 법무부장관은 대한변호사협회의 상급 행정청

우리 변호사제도 역사를 보면 초기에는 모든 변호사업무를 법무부에서 관장했다가 그 후 현재와 같이 대한변호사협회로 이관되었다. 대한변호사협회는 변호사의 품위를 보전하고, 법률사무의 개선과 발전, 그 밖의 법률문화의 창달을 도모하며, 변호사 및 지방변호사회의 지도 및 감독에 관한 사무를 처리하기 위하여 변호사법에 근거를 두고 설립된 법인으로, 변호사법에 따라 변호사 등록, 개업·휴업·폐업신고, 변호사의 연수, 징계 등의 업무를 수행한다(변호사법 제 7 조, 제15조, 제16조, 제17조, 제78조, 제85조, 제92조, 변협 회칙 제 1 조, 제 2 조 등).

따라서 대한변호사협회는 국가로부터 위임·위탁받은 사무를 처리하는 행정청에 해당된다. 그래서 대한변호사협회와 지방변호사회는 법무부장관의 감독을 받으며(변호사법 77①, 86①), 총회의 결의 내용을 법무부장관에게 보고하도록 하고 있다(변호사법 77②, 86②). 이 점에서 지방변호사회나 대한변호사협회에 대하여 법무부장관이 상급 행정청의 지위에 있다.

2. 법치행정을 위한 감독권 행사

대한변호사협회 역시 법치행정을 하여야 하기 때문에 회칙, 규칙, 규정의 제정이나 개정 또는 총회 결의와 같은 자치활동의 내용이 상위법령에 위반해서는 아니된다. 그래서 변호사법은 법무부장관이 감독권 행사로 적법성 통제를 할 수 있도록 한다. 법무부장관은 제 2 항의 결의가 법령이나 회칙에 위반된다고 인정하면 이를 취소할 수 있다(변호사법 86③).

Ⅲ. 소속 지방변호사회에 통지

대한변호사협회가 소속 지방변호사회에 통지해야 할 사항은 대부분 그 지방변호사회를 거쳐서 대한변호사협회에 하였던 신고 또는 신청이다. 다만, 소속 변경등록신청은 '새로 가입하려는' 지방변호사회를 거쳐서 한 것이다. 대한변호사협회는 변호사가 한 신고나 신청에 대하여 어떻게 처리했는지를 지방변호사회에 지체 없이 통지해 주어야 한다. 지방변호사회는 통지받은 내용에 따라 그 변호사를 지도·감독할 수 있다.

Ⅳ. 법무부장관에게 보고할 내용

1. 변호사의 등록 및 등록거부

대한변호사협회는 변호사가 개업을 하려고 등록신청을 하면 지체 없이 변호사명부에 등록한다. 등록신청을 한 변호사에게 등록거부를 해야 할 사유가 있을 때는 등록을 거부할 수 있다. 이와 같은 변호사의 등록과 등록거부사항을 법무부장관에게 보고해야 한다. 등록거부된 변호사가 법무부장관에게 이의신청을 하고 법무부장관의 등록명령이 있었더라도 보고해야 할 것이다.

2. 소속 변경등록 및 그 거부

변호사가 가입한 소속 지방변호사회의 지역 밖으로 사무소를 이전하는 경우에 소속 변경등록을 한다. 소속 변경등록신청의 거부란 신청서류에 흠결이 있거나 첨부서류의 미비가 있어 신청서의 수리를 거부하는 경우를 말한다. 그리고 법률사무소의 이전이 소속 지방변호사회 외의 지역이 아니라면 소속 변경등록을 거부할 수 있다.

3. 개업, 사무소 이전, 휴업

변호사로서 개업하려면 '자격등록신청'을 하면서 동시에 '개업신고서'도 제출한다. 그리고 사무소를 소속 지방변호사회 지역 안에서 이전하거나 일시 휴업하려면 신고하여야 한다.

4. 등록취소에 관한 사항

대한변호사협회가 직권으로 등록취소를 하는 경우와 법무부장관의 등록취소명령의 이행으로 한 등록취소에 관한 것을 포함한다.

V. 보고의 효과

대한변호사협회가 법무부장관에게 보고해야 할 사항은 업무처리의 결과에 관한 통지라 할 수 있다. 법무부장관은 보고받은 사항이 법령이나 회칙에 위반된 경우에는 시정명령을 발할 수 있다. 예컨대 등록취소사유 있는 등록 변호사에 대한 등록취소명령이 이에 해당된다. 대한변호사협회가 법정된 보고사항을 이행하지 않았을 때 이에 관한 제재규정은 없다. 그러나 법정된 보고사항이 위법하거나 회칙을 위반한 경우에는 그 취소를 명령하는 등의 감독권을 행사할 수 있다.

제 4 장

변호사의 권리와 의무

제21조 법률사무소

제21조(법률사무소)
① 변호사는 법률사무소를 개설할 수 있다.
② 변호사의 법률사무소는 소속 지방변호사회의 지역에 두어야 한다.
③ 변호사는 어떠한 명목으로도 둘 이상의 법률사무소를 둘 수 없다. 다만, 사무공간의 부족 등 부득이한 사유가 있어 대한변호사협회가 정하는 바에 따라 인접한 장소에 별도의 사무실을 두고 변호사가 주재(駐在)하는 경우에는 본래의 법률사무소와 함께 하나의 사무소로 본다.

Ⅰ. 연 혁

(1) 1949. 11. 7. 제정된 변호사법은 변호사의 사무소는 소속 변호사회의 지역 내에 두어야 하며(제13조 제1항), 변호사는 명목의 여하를 불구하고 2개 이상의 사무소를 둘 수 없다(제13조 제2항)고 했다. 그리고 법무부장관은 필요에 의하여 개업지를 지시할 수 있다(제8조 제4항)는 규정도 두었다.

(2) 1973. 1. 25. 개정된 변호사법은 재직기간이 15년 미만인 판사·검사와 변호사 자격 있는 군법무관·경찰공무원(정년퇴직자와 대법원장·대법원판사는 제외)은 변호사 업무개시의 신고 전 2년 이내의 근무지가 속하는 지방법원의 관할구역내에서는 퇴직일로부터 3년간 개업할 수 없도록 하는 규정을 신설한 바 있는데(제8조 제5항), 그 후 위헌결정(헌재 1989. 11. 20. 89헌가102)으로 삭제되었다.

(3) 1982. 12. 31. 개정된 변호사법은 변호사는 법률사무소를 개설할 수 있다(제17조 제1항)는 조항을 신설한 바 있다.

(4) 2008. 3. 28. 개정된 변호사법은 법률사무소 설치기준을 완화하여 법률사무소의 확장 등 필요시에는 이중사무소 설치를 제한적으로 허용하여 법률사무소의 대형화·전문화를

위한 기반을 조성하게 되었다.

Ⅱ. 법률사무소 개설

변호사는 법률사무소를 개설할 수 있다(제 1 항). 변호사가 개업하기 위해서는 등록을 하고 법률사무소를 개설하게 된다. 변호사가 의뢰인으로부터 수임받은 직무를 처리하기 위하여 상주하는 장소를 법률사무소라 한다. 일본 변호사법은 '변호사의 사무소는 법률사무소라 한다'(제20조 제 1 항)고 명시하고 있다. 사무소의 형태는 제한이 없다. 단독 또는 합동법률사무소 및 법무법인·법무법인(유한)·법무조합과 공동법률사무소의 형태가 있다. 사무직원을 둘 수 있지만(변호사법 22①) 의무는 아니다. 사무소 위치는 변호사의 자택이나 특정 건물 내에 소재하는지 상관없다. 변호사는 개업 또는 사무소를 이전할 때 법률사무소를 기재하여 신고해야 한다(변호사법 15). 변호사는 지방변호사회 및 대한변호사협회의 지도·감독을 받아야 한다(변호사법 64,78). 현실적인 지도·감독의 장소로서만이 아니라 재판의 송달장소로서도 법률사무소는 존재해야 한다. 따라서 개업하는 변호사는 법률사무소가 현실적으로 필요하지만, 반드시 개업의 전제요건은 아니다.

법무법인은 그 명칭 중에 법무법인이라는 문자를 사용해야 한다(변호사법 44①). 이처럼 변호사의 사무소 역시 '법률사무소'라고 표시해야 하는지 문제된다. '변호사 ○○○ 사무소' 또는 '법률상담소'라는 호칭으로도 법률사무소임을 표시할 수 있다고 해야 한다. 사내변호사의 근무처인 법무팀 사무실도 '법률사무소'에 해당되는지도 의문이다. 사내변호사는 법률사무소를 설치·이전·폐업의 자유가 없으며, 오로지 그를 고용한 기업의 법률사무만을 처리한다는 점에서 부정하는 것이 타당하다. 변호사가 아닌 자는 법률사무소를 표시 또는 기재하는 행위가 금지되며, 이를 위반할 때는 처벌된다(변호사법 112(3)).

Ⅲ. 소속 지방변호사회 지역에 법률사무소 개설

변호사의 법률사무소는 소속 지방변호사회의 지역에 두어야 한다(제 2 항). 변호사는 법률사무소를 소속한 지방변호사회의 지역 안에 두어야 한다. 변호사는 가입하려는 지방변호사회를 거쳐 등록신청과 개업신고를 한다. 등록을 한 변호사는 가입하려는 지방변호사회의 회원이 된다(변호사법 68). 이를 통하여 소속 지방변호사회는 그 변호사에 대한 지도·감독을 할 수 있다. 법률사무소를 다른 지방변호사회 지역으로 이전할 때는 소속 변경등록을 신청하여야 한다(변호사법 14). 변호사가 소속 지방변호사회 외의 지역에 있는 자택을 법률사무소로 사용하고 있다면, 소속 지방변호사회의 지역 안에 두어야 하는 규정 위반에 해당된다.

변호사는 법률사무소의 장소를 소속 지방변호사회의 지역 안에 두면 되고, 구체적인 법률사무의 수행 장소는 제한이 없다. 변호사가 직무를 수행할 수 있는 지역을 소속 지방변호사회 관할지역으로 제한하는 법령은 존재하지 않는다. 법률사무소는 그 변호사가 가입한 소속 지방변호사회를 특정하는 기준이 된다. 법무법인·법무법인(유한)·법무조합은 주사무소 소재지 지방변호사회 '법인회원'이 되며, 그 지방변호사회의 지도와 감독을 받는다.

Ⅳ. 법무법인 등의 분사무소

다만, 소속 지방변호사회의 지역 밖이라도 법무법인·법무법인(유한)·법무조합은 분사무소를 둘 수 있다(변호사법 48①, 58의16·30). 분사무소는 시·군·구(자치구를 말한다) 관할구역마다 1개를 둘 수 있다(변호사법 시행령 12③). 분사무소는 법무법인의 주사무소 소재지 지방변호사회와 다른 지역에 개설할 수 있다. 이때 분사무소에 주재하는 구성원 또는 소속 변호사는 그 지역의 지방변호사회 회원이 된다. 법무법인이 법인회원이 되기 때문에 분사무소는 독자적으로 법인회원이 될 수 없다. 회원이 된다는 것은 그 지역의 지방변호사회의 지도와 감독을 받으며, 그 지방변호사회가 제정·시행 중인 회칙을 준수할 의무를 진다는 의미다. 법무법인은 법인 이름으로 법률사건을 수임하며, 그 업무를 수행할 때는 담당변호사가 법무법인을 대표하여 법인 명의로 한다. 이와 달리 지방변호사회와의 관계에서는 법무법인과 그 분사무소에 주재하는 구성원 또는 소속 변호사는 그 지방변호사회 회원이 된다. 이 점에서 주식회사와 같은 법인에 소속되어 근로자 지위만 갖는 직원과 차이가 있다.

Ⅴ. 둘 이상의 법률사무소 개설 금지

변호사는 어떠한 명목으로도 둘 이상의 법률사무소를 둘 수 없다(제3항 본문). 변호사는 원칙적으로 1개의 법률사무소를 두어야 한다. 법률사무소에는 변호사가 상주해야 하는데, 변호사가 복수의 법률사무소에 상주할 수 없기 때문에 둘 이상의 법률사무소를 둘 수 없다. 둘 이상의 법률사무소를 '이중사무소'라 하는데, 어떤 명목으로든 이중사무소의 설치는 금지된다. 법률사무소는 변호사 직무를 수행하기 위한 물리적인 공간을 의미한다. 그 점에서 인터넷상에서 법률사무소 홈페이지는 자유롭게 개설할 수 있다.

여기서 '변호사'는 단독 개업 변호사는 물론 법인이 아닌 공동법률사무소도 포함된다. 법무법인·법무법인(유한)·법무조합은 분사무소를 둘 수 있다는 점에서 이 규정의 예외라 할 수 있다. 법무법인의 구성원과 구성원 아닌 소속 변호사는 법무법인 외에 따로 법률사무소를 둘 수 없다(변호사법 48②). 법무법인(유한)과 법무조합도 마찬가지다(변호사법 58의16, 58의30).

'어떤 명목으로도'는 설치목적이나 운영형태가 무엇이든 묻지 않는다는 것이다. 주된 법률사무소로 신고한 다음 다른 장소에서 실질적으로 사무를 취급하고 있다면 이중법률사무소의 설치에 해당된다. 변호사가 법률사무소 소재지 외의 장소에서 법률상담을 하는 등의 목적으로 별도의 사무소를 둘 필요는 있다. 그러나 복수의 법률사무소를 설치하면 변호사 사이의 수임을 위한 과당경쟁이 초래되어 품위훼손이 문제되며, 변호사가 상주하지 않은 사무소에서는 사무직원이 변호사가 아니면서 이익을 얻을 목적으로 법률사무를 취급하게 될 위험성이 있다. 이중사무소의 금지는 다른 법률에서도 인정된다. 외국법자문사는 2개 이상의 외국법자문법률사무소를 설립할 수 없다(외국법자문사법 15③). 세무사는 세무대리를 하기 위하여 1개의 사무소만을 설치할 수 있다(세무사법 13①). 변리사 업무를 수행하기 위한 사무소는 변리사 한 사람당 1개소만 설치할 수 있다(변리사법 6의2①).

Ⅵ. 둘 이상의 법률사무소를 개설할 수 있는 경우

다만, 사무공간의 부족 등 부득이한 사유가 있어 대한변호사협회가 정하는 바에 따라 인접한 장소에 별도의 사무실을 두고 변호사가 주재(駐在)하는 경우에는 본래의 법률사무소와 함께 하나의 사무소로 본다(제3항 단서). 이중사무소를 개설하기 위한 요건은 ① 사무공간의 부족 등 부득이한 사유의 존재, ② 대한변호사협회가 정하는 바에 따라 인접한 장소에 별도의 사무실을 두어야 하고, ③ 변호사가 주재(駐在)해야 하며, ④ 그 변호사가 소속한 지방변호사회의 지역이어야 한다. 이 요건을 충족하는 복수의 법률사무소는 하나의 사무소로 본다.

1. 확장된 단일사무소

대한변호사협회는 변호사법 제21조 제3항 단서의 규정에 따라 인접한 장소에 둔 별도의 사무소를 하나의 사무소를 '확장된 단일사무소'라고 한다. 확장된 단일사무소로 볼 것인지 여부는 대한변호사협회에서 심사한다(확장된단일사무소심사규정 2).[1]

---

1 **확장된단일사무소심사규정**[2013. 5. 13. **제정, 규정 제120호**] **제3조(심사의 기준)** 대한변호사협회는 제2조의 심사에 있어서 다음 각 호의 사정을 고려하여야 한다.
1. 복수 사무소 사이의 거리, 복수 사무소를 연결하는 통로 및 도로 등 물리적인 접근성
2. 복수 사무소의 이용 상황, 복수 사무소에 주재하는 변호사의 수 등 실질적인 사용현황

대한변호사협회는 「변호사윤리장전」 제7조에 위 변호사법 조항과 동일한 내용으로 이중사무소 금지를 규정하고 있다. 변호사가 1인인 개인법률사무소의 경우 1인의 변호사가 2개의 사무실에 동시에 상시 주재한다고 판단 받으려면 동일한 건물에서 다만 층수만을 달리하는 정도의 인접성이 있어야 한다.

2. 변호사가 법률사무소 외에 전문자격사 사무소를 둘 수 있는지

서울에 법무사사무소를 개설하고 있는 법무사가 변호사자격을 취득하여 인천에 변호사사무소를 별도로 설치하여 운영하는 경우 이중사무소 금지규정에 위반되지 않는다는 것이 대한변협의 입장이다. 법무사사무소를 개설한 것을 가지고 변호사사무소를 개설한 것과 동일하게 볼 수도 없다는 이유 때문이다(대한변협 2014. 2. 15. 질의회신).

그러나 법무사의 직무 역시 변호사의 직무에 해당되고, 법무사사무소와 변호사 법률사무소를 별도로 둘 수 있게 한다면, 세무사나 변리사, 공인중개사 또는 노무사 자격을 취득한 변호사가 법률사무소 외에 다른 자격사 사무소를 개설하는 것도 허용해야 할 것이다. 특히 변호사는 세무사나 변리사의 자격을 자동적으로 부여 받았던 경우가 많은데, 세무사나 변리사사무소 외에 법률사무소를 개설하면 둘 이상의 법률사무소 금지에 해당하지 않게 된다. 이렇게 되면 법률사무소 또는 세무사나 변리사 사무소에 해당 전문자격사가 상주해야 한다는 요건을 충족할 수 없게 된다. 따라서 변호사가 법률사무소 외에 별개의 전문자격사 사무소를 개설하는 행위도 둘 이상의 법률사무소를 개설한 것으로 보아 금지된다고 해야 한다. 세무사와 변리사 역시 1개의 사무소만을 설치할 수 있도록 한다(세무사법 13①, 변리사법 6의2①).

3. 다른 변호사의 법률사무소에서 직무수행

일본 변호사법은 변호사는 어떤 명의를 갖더라도 2개 이상의 법률사무소를 둘 수 없다. 다만, 다른 변호사의 법률사무소에서 집무하는 것은 무방하다(제20조 제3항)고 한다. 단서 조항은 변호사가 다른 변호사의 법률사무소에서 직무를 하는 것은 이중법률사무소의 금지 입장을 관철할 수 있고, 변호사가 없는 사무소에 비변호사가 잠입하는 폐단을 끊을 수 있다는 점에서 그 의의를 찾을 수 있다. 따라서 변호사가 다른 변호사의 법률사무소에서 직무를 하면서 법률사무를 취급하는 본거지가 되거나 자기의 법률사무소로 인식되는 것과 같

---

3. 인근 사무용 빌딩 등 사무공간 공실률(空室率), 임료(賃料)의 수준 등 경제적인 사무실 확보가능성
4. 본래의 사무소에서 별도의 사무소를 필요로 하는 업무의 내용
5. 본래의 사무소의 이용현황
6. 그밖에 이에 준하여 심사에 필요하다고 대한변호사협회가 인정하는 사항

은 표시를 게시하여서는 아니 된다.[2] 우리나라에서도 변호사의 직무수행의 장소를 확장하는 의미에서 참고할 만하지만, 일시적인 직무수행이라면 굳이 다른 변호사 법률사무소를 이용할 필요성이 크지 않을 것이다.

2 일본변호사연합회조사실, 조해 변호사법 제5판, 163면.

제21조의2 법률사무소 개설 요건 등

제21조의2(법률사무소 개설 요건 등)

① 제4조 제3호에 따른 변호사는 통산(通算)하여 6개월 이상 다음 각 호의 어느 하나에 해당하는 기관 등(이하 "법률사무종사기관"이라 한다)에서 법률사무에 종사하거나 연수(제6호에 한정한다)를 마치지 아니하면 단독으로 법률사무소를 개설하거나 법무법인, 법무법인(유한) 및 법무조합의 구성원이 될 수 없다. 다만, 제3호 및 제4호는 통산하여 5년 이상 「법원조직법」 제42조 제1항 각 호의 어느 하나에 해당하는 직에 있었던 자 1명 이상이 재직하는 기관 중 법무부장관이 법률사무에 종사가 가능하다고 지정한 곳에 한정한다.

1. 국회, 법원, 헌법재판소, 검찰청
2. 「법률구조법」에 따른 대한법률구조공단, 「정부법무공단법」에 따른 정부법무공단
3. 법무법인, 법무법인(유한), 법무조합, 법률사무소, 「외국법자문사법」 제2조 제9호에 따른 합작법무법인
4. 국가기관, 지방자치단체와 그 밖의 법인, 기관 또는 단체
5. 국제기구, 국제법인, 국제기관 또는 국제단체 중에서 법무부장관이 법률사무에 종사가 가능하다고 지정한 곳
6. 대한변호사협회

② 대한변호사협회는 제1항 제3호에 따라 지정된 법률사무종사기관에 대하여 대한변호사협회 회칙으로 정하는 바에 따라 연수를 위탁하여 실시할 수 있다.

③ 제4조 제3호에 따른 변호사가 제1항에 따라 단독으로 법률사무소를 최초로 개설하거나 법무법인, 법무법인(유한) 또는 법무조합의 구성원이 되려면 법률사무종사기관에서 제1항의 요건에 해당한다는 사실을 증명하는 확인서(제1항 제6호의 연수는 제외한다)를 받아 지방변호사회를 거쳐 대한변호사협회에 제출하여야 한다.

④ 법률사무종사기관은 제1항에 따른 종사 또는 연수의 목적을 달성하기 위하여 종사하거나 연수를 받는 변호사의 숫자를 적정하게 하는 등 필요한 조치를 하여야 한다.

⑤ 법무부장관은 제1항 단서에 따라 지정된 법률사무종사기관에 대하여 필요하다고 인정하면 종사 현황 등에 대한 서면조사 또는 현장조사를 실시할 수 있고, 조사 결과 원활한 법률사무 종사를 위하여 필요하다고 인정하면 개선 또는 시정을 명령할 수 있다.

⑥ 법무부장관은 제5항에 따른 서면조사 또는 현장조사를 대한변호사협회에 위탁하여 실시할 수 있고, 대한변호사협회의 장은 그 조사 결과를 법무부장관에게 보고하고 같은 항에 따른 개선 또는 시정을 건의할 수 있다. 이 경우 수탁 사무의 처리에 관한 사항은 대한변호사협회의 회칙으로 정하고 법무부장관

의 인가를 받아야 한다.

⑦ 법무부장관은 제 1 항 단서에 따라 지정된 법률사무종사기관이 다음 각 호의 어느 하나에 해당하면 그 지정을 취소할 수 있다. 다만, 제 1 호에 해당하는 경우에는 취소하여야 한다.

1. 거짓이나 그 밖의 부정한 방법으로 지정받은 경우
2. 제 1 항 단서의 지정 요건을 갖추지 못한 경우로서 3개월 이내에 보충하지 아니한 경우. 이 경우 제 4 조 제 3 호에 따른 변호사가 법률사무에 계속하여 종사한 경우 보충될 때까지의 기간은 법률사무종사기관에서 법률사무에 종사한 기간으로 본다.
3. 거짓으로 제 3 항의 확인서를 발급한 경우
4. 제 5 항의 개선 또는 시정 명령을 통산하여 3회 이상 받고 이에 따르지 아니한 경우

⑧ 법무부장관은 제 7 항에 따라 지정을 취소하려면 청문을 실시하여야 한다.

⑨ 제 1 항 제 6 호에 따른 연수의 방법, 절차, 비용과 그 밖에 필요한 사항은 대한변호사협회의 회칙으로 정하고 법무부장관의 인가를 받아야 한다.

⑩ 법무부장관은 대통령령으로 정하는 바에 따라 제 1 항 제 6 호에 따라 대한변호사협회가 실시하는 연수과정에 대한 지원을 할 수 있다.

⑪ 제 1 항 단서에 따라 지정된 같은 항 제 3 호의 법률사무종사기관은 같은 항 제 6 호에 따른 대한변호사협회의 연수에 필요한 요구에 협조하여야 한다.

⑫ 제 1 항부터 제11항까지의 규정 외에 법률사무종사기관의 지정 및 취소의 절차와 방법, 지도·감독 등 필요한 사항은 대통령령으로 정한다.

Ⅰ. 연　혁

2011. 5. 17. 개정된 변호사법은 법학전문대학원 졸업 후 변호사시험에 합격한 사람이 법률사무소를 개설하거나 법무법인 등의 구성원이 되려면 6개월 이상 법률사무에 종사하거나 연수를 받도록 하는 내용의 이 규정을 신설했다. 헌법재판소는 법학전문대학원 출신 변호사들에게 6개월간의 법률사무 종사 또는 연수 의무를 부과한 것은 변호사시험에 합격한 변호사의 직업수행의 자유를 제한하는 것은 아니라며 합헌결정을 한 바 있다(헌재 2013. 10. 24. 2012헌마480).[1]

1 의무연수 또는 의무종사의 선택권 보장, 대상기관의 확대, 기간통산제도 등을 통해 실무수습의 다양성을 보장하고 있으므로 피해 최소성원칙에 어긋나지 않는다. 실무교육 능력이 검증되지 않은 상황에서 소비자인 국민의 권익을 보호하고 법학전문대학원 출신 변호사들의 실무능력을 향상한다는 점에서 법익 균형성도 인정되므로, 심판대상조항은 과잉금지원칙에 위배되어 청구인의 직업수행의 자유를 침해하지 않는다(헌재 2013. 10. 24. 2012헌마480 변호사법 제31조의2 제 1 항 위헌확인).

Ⅱ. 변호사시험에 합격한 변호사의 실무수습

1. 실무수습 제도의 의의

변호사시험에 합격한 변호사는 6개월 이상 법률사무에 종사하거나 연수를 받아야 한다. 변호사법 제4조 제3호(변호사시험에 합격한 자)에 따른 변호사는 통산(通算)하여 6개월 이상 다음 각 호의 어느 하나에 해당하는 기관 등(이하 "법률사무종사기관"이라 한다)에서 법률사무에 종사하거나 연수(제6호에 한정한다)를 마치지 아니하면 단독으로 법률사무소를 개설하거나 법무법인, 법무법인(유한) 및 법무조합의 구성원이 될 수 없다. 다만, 제3호 및 제4호는 통산하여 5년 이상 「법원조직법」 제42조 제1항 각 호의 어느 하나에 해당하는 직에 있었던 자 1명 이상이 재직하는 기관 중 법무부장관이 법률사무에 종사가 가능하다고 지정한 곳에 한정한다(제1항). 변호사법은 변호사시험에 합격한 변호사가 6개월간 법률사무종사기관에서 법률사무에 종사하거나 대한변호사협회에서 연수를 받도록 하고 있다. 이처럼 변호사시험에 합격한 자가 법률사무에 종사하거나 연수를 받아야 하는 것을 실무수습이라고 한다.[2]

2. 실무수습 제도의 도입 과정

2012년 법학전문대학원 출신 제1회 변호사시험 합격자 배출을 앞두고 국회 법조인력양성소위원회는 약 1년간 연구 검토 결과, 당시 법학전문대학원의 상황이 졸업 후 바로 변호사로 단독 수임을 할 수 있을 정도로 충실한 실무수습을 하고 있지 못하다는 결론을 내리고, 법학전문대학원 출신 변호사시험 합격자의 경우 1년간 실무수습을 받도록 하는 안을 국회 사법제도개혁특별위원회에 제안하였다. 그러나 국회 사법제도개혁특별위원회는 법학전문대학원 제도의 취지를 감안하면 1년이라는 실무수습기간은 너무 길다는 판단 하에 그 기간을 6개월로 단축하여 현행 실무수습 규정을 신설하는 내용을 포함한 변호사법 일부개정법률안을 제안하였고, 이 안은 국회 본회의를 통과하여 시행되었다.[3]

실무수습 제도의 법적 근거인 변호사법 제21조의2의 입법취지를 보면, "법학전문대학원 졸업 후 변호사시험에 합격한 사람이 법률사무소를 개설하거나 법무법인 등의 구성원이 되려면 6개월 이상 법률사무에 종사하거나 연수를 받도록 하여 21세기 시대상황에 맞는 새로운 법조인 양성제도를 구축함으로써 국가경쟁력의 제고와 국민편익의 증진을 도모하고,"

---

2 정형근, "변호사시험에 합격한 자의 실무수습 제도의 운영현실과 개선방안", 인권과 정의 제487호(2020. 2), 27면.

3 헌재 2014. 9. 25. 2013헌마424 변호사법 제21조의2 제1항 위헌확인 등.

라고 되어 있다. 국회의 사법제도개혁특별위원회회의록을 보면 보다 상세한 내용을 알 수 있다. 즉, "실무수습을 의무적으로 거치도록 하여 국민에 대하여 양질의 법률서비스를 제공"한다고 되어 있다.[4] 따라서 실무수습 제도는 변호사시험 출신 변호사들의 실력이 부족하여 양질의 법률서비스를 제공하지 못한다는 평가 때문에 도입된 것은 아니다.[5] 2012년에 최초로 시행될 변호사시험에 합격한 변호사들이 대량으로 배출되어 개업하는 것을 막기 위하여 급하게 실무수습 제도를 신설하였다고 할 수 있다.

3. 실무수습 대상 변호사

변호사법 제 4 조 제 3 호에 따른 변호사이다. '제 4 조 제 3 호에 따른 변호사'란 법학전문대학원의 석사학위를 취득한 자가 변호사시험법에 의하여 실시된 변호사시험에 합격한 자를 말한다(변호사시험법 5①, 변호사법 4③). 법학전문대학원은 2007. 7. 27. 제정된 「법학전문대학원 설치·운영에 관한 법률」에 따라 설치되어 2009. 3. 1.부터 학생의 입학이 허가되어 개원했다. 변호사시험은 2009. 5. 28. 제정된 「변호사시험법」에 의하여 2012년부터 실시되고 있다.

4. 실무수습 기간

통산(通算)하여 6개월 이상이어야 한다. 여기서 '통산하여'란 법률사무 종사 또는 연수 기간을 계산할 때 둘 이상의 법률사무종사기관에서 종사 또는 연수한 자에 대하여는 법률사무 종사 또는 연수 기간이 중첩되지 아니하는 범위에서 그 기간을 합산하여 계산한다(변호사법 시행령 5의2)는 것이다. 예컨대 대한변협의 연수를 2개월 받고, 법무법인에서 4개월간 법률사무에 종사한 경우는 6개월 이상 법률사무에 종사했거나 연수를 마친 것으로 인정한다. 법학전문대학원의 석사학위 취득자가 변호사시험에 합격하더라도 곧바로 양질의 법률서비스를 제공할 수 있을지에 대한 우려가 있어, 변호사시험 합격자가 법률사무를 수행할 수 있는 능력을 키우기 위해 6개월의 법률사무 종사 또는 연수를 받도록 하였다. 당초 그 기간에 대하여 법학전문대학원에서의 실무수습의 충실성 등을 우려하여 1년간의 연수 안이 제안되었지만, 1년의 연수기간은 지나치다는 이유로 이를 6개월로 단축하게 되었다.

5. 실무수습의 내용

법률사무종사기관에서 법률사무에 종사하거나 대한변호사협회의 연수를 마쳐야 한다.

---

4 국회사무처, 제299회(임시회), 사법제도개혁특별위원회회의록 제15회(2011. 4. 25), 2면.
5 정형근, "변호사시험에 합격한 자의 실무수습 제도의 운영현실과 개선방안", 31면.

(1) 여기서 '법률사무종사기관'은 변호사법 제21조의1 제 1 항 제 1 호에서 제 5 호에서 정하고 있는 법률사무를 취급하는 기관을 말한다. 즉, ① 국회, 법원, 헌법재판소, 검찰청, ② 「법률구조법」에 따른 대한법률구조공단, 「정부법무공단법」에 따른 정부법무공단, ③ 법무법인, 법무법인(유한), 법무조합, 법률사무소, 「외국법자문사법」 제 2 조 제 9 호에 따른 합작법무법인, ④ 국가기관, 지방자치단체와 그 밖의 법인, 기관 또는 단체, ⑤ 국제기구, 국제법인, 국제기관 또는 국제단체 중에서 법무부장관이 법률사무에 종사가 가능하다고 지정한 곳을 말한다. ⑥ 대한변호사협회는 법률사무를 취급하는 기관이 아니고 연수교육을 하는 기관으로 분류되어 있다.

제 1 항 법문은 '다음 각 호의 어느 하나에 해당하는 기관 등'이라고 하여 열거한 기관은 예시적이며, 그 외에도 법률사무종사기관을 추가할 수 있도록 했다. 정부는 2021. 12. 31. 변호사가 연수받는 기관을 확대하는 내용의 변호사법 개정안을 국회에 제출한 바 있다. 즉, 현재는 변호사시험에 합격한 변호사가 연수받는 기관은 대한변호사협회만으로 한정하고 있으나, 앞으로는 법원·검찰청, 사단법인 법학전문대학원협의회 및 법무부장관이 지정한 법률사무종사기관까지로 확대하고, 이들 기관이 운영하는 연수과정에 대한 지원 근거를 마련함으로써 변호사들이 보다 다양한 기관에서 연수를 받을 수 있도록 하고 있다.

법무부장관은 지정신청기관이 다음 각 호[6]의 요건을 모두 갖춘 경우에는 해당 지정신청기관을 법 제21조의2 제 1 항 단서에 따른 법률사무종사기관으로 지정하여야 한다(변호사법 시행령 2②). 법무부장관은 직권으로 또는 법 제 4 조 제 3 호의 변호사 등의 신청에 의하여 국제기구, 국제법인, 국제기관 또는 국제단체를 법률사무종사기관으로 지정할 수 있다(변호사법 시행령 3). 법무부장관이 법률사무종사기관 지정을 함에 있어 그 기한을 특정하지 않고 있다. 따라서 법률사무종사기관의 지정취소가 있기 전에는 그 지위를 갖는다. 그러나 법률사무종사기관으로 지정받은 후 법률사무에 종사할 변호사를 두지 않으면 지정처분은 사실상 실효되는 것과 같다.

(2) '법률사무에 종사'한다는 것은 변호사의 고유한 직무인 법률사무를 행하는 것을 말한다. 법무법인 등에 취업한 변호사가 해당 법무법인 등 법률사무종사기관에서 근무하는 것 자체가 '법률사무 종사'에 해당된다. 따라서 그 기관에서 종사한 사무의 내용은 묻

---

6 1. 통산하여 5년 이상 「법원조직법」 제42조 제 1 항 각 호의 어느 하나에 해당하는 직에 있었던 사람 1명 이상이 재직할 것. 이 경우 「법원조직법」 제42조 제 1 항 각 호에 규정된 직 중에서 둘 이상의 직에 재직한 사람의 재직기간은 합산한다.
2. 법률사무종사 변호사를 제외한 변호사의 수가 법률사무종사 변호사의 수 이상일 것
3. 소송에 관한 행위, 행정처분의 청구에 관한 대리행위 또는 일반 법률 사무를 주로 취급하는 부서 또는 담당자가 있을 것
4. 법률사무종사 변호사에 대한 관리를 담당할 변호사가 1명 이상 지정되어 있을 것
5. 사무실 공간 등 시설 여건이 법률사무 종사에 적합할 것

지 않는다. 법률사무의 '종사'는 취업을 전제로 하고 있는 개념은 아니다(헌재 2013. 10. 24. 2012헌마480).

(3) 실무수습 중에는 법률사무만 할 수 있다. 실무수습 중인 변호사는 그가 취급하는 법률사무에 대하여 외부에 그의 명의로 법률행위를 할 수 없다.[7] 단지 "법률 관계 문서 작성, 기타의 사무처리" 정도가 법률사무라 할 수 있다. 이는 마치 "서류의 작성, 보관, 제출, 기록관리, 서무, 경리, 기타 변호사의 업무를 보조"(변호사사무원규칙 제2조)하는 사무직원의 업무와 유사하다. 법률사무소에 근무하면서 변호사의 사무를 보조하는 자를 '법률사무소 종사자'라고도 할 수 있는데, 실무수습 중인 변호사 역시 이 범주로 포함시킬 수 있다.

실무수습 중에 '법률사무에 종사'한다고 하여 '법률사건'에 대해서 어떤 실습도 할 수 없다는 것은 아니다. 실제로 각종 사건기록이나 자료를 검토하여 소장이나 답변서, 준비서면 등을 작성하여 실습지도 변호사의 점검을 받아 실무능력을 기르는 것은 당연하다. 변호사법 시행령은 법률사무종사기관의 지정요건 중에 "소송에 관한 행위, 행정처분의 청구에 관한 대리행위 또는 일반 법률 사무를 주로 취급하는 부서 또는 담당자가 있을 것"(제2조 제2항 제3호)을 보더라도 소송에 관한 행위 등을 실습 중에도 처리할 수 있음을 염두에 두고 있다.

(4) '대한변호사협회의 연수'란 대한변호사협회가 실시하는 연수과정을 이수하는 것을 말한다. 이 연수에 참여자는 법률사무종사기관에 6개월 간 법률사무에 종사할 조건으로 채용되지 못한 자, 법률사무종사기관으로 지정받지 못한 법률사무소나 기업 등에 취업한 변호사 또는 단독 개업을 계획하고 있는 변호사 등이 해당된다. 대한변호사협회의 연수는 회비를 내고 참여해야 한다. 대한변호사협회가 법무법인 등의 법률사무종사기관에 위탁하여 실시하는 연수도 이에 포함된다(변호사법 21의1②). 「변호사시험 합격자 연수규칙」은 집합연수, 위탁연수, 현장실습, 개별연수를 두고 있다(제3조). 연수는 매년 1회 변호사시험 합격자 발표 후 이 회가 정하는 6개월의 기간 동안 실시한다(변호사시험 합격자 연수규칙 5①). 연수중에라도 다른 법률사무종사기관에 취업하여 그 기관에서 법률사무에 종사하려면 '연수중지신청서'를 제출하여야 한다(변호사시험 합격자 연수규칙 6②). 그러나 법률사무종사기관에서 법률사무에 종사하던 중에 대한변호사협회의 연수과정에 뒤늦게 참가할 수 있다. 연수가 개시된 이후에 연수를 신청하는 경우 신청일부터 연수종료일까지의 기간만 연수기간으로 인정된다(위 연수규칙 5②).

---

7 정형근, "변호사시험에 합격한 자의 실무수습 제도의 운영현실과 개선방안", 34면.

6. 실무수습을 받아야 하는 시기

변호사시험에 합격한 변호사가 언제까지 6개월 실무수습을 마쳐야 하는지 제한이 없다. 변호사시험에 합격한 변호사는 법률사무종사기관에 취업을 하거나 오직 실무수습만을 목적으로 법률사무에 종사할 수 있다. 이렇게 실무수습을 마쳐야만 변호사의 직무를 수행할 수 있기 때문에 변호사시험 합격자 결정 직후부터 실무수습을 한다. 대한변호사협회의 연수 역시 매년 1회 변호사시험 합격자 발표 후 이 회가 정하는 6개월의 기간 동안 실시한다(변호사시험 합격자 연수규칙 5①). 그렇지만 변호사가 개인적 사정으로 몇 년 후에 실무수습을 받아도 상관없다.

7. 법률사무종사기관 중 법무법인 등과 국가기관 등의 요건

다만, 제 3 호 및 제 4 호는 통산하여 5년 이상 「법원조직법」 제42조 제 1 항 각 호의 어느 하나에 해당하는 직에 있었던 자 1명 이상이 재직하는 기관 중 법무부장관이 법률사무에 종사가 가능하다고 지정한 곳에 한정한다. 법무부장관은 법무법인, 법무법인(유한), 법무조합, 법률사무소(제 3 호) 및 국가기관, 지방자치단체와 그 밖의 법인, 기관 또는 단체(제 4 호)에 통산하여 5년 이상 법조경력자가 1명 이상이 재직하는 기관 중에서 법률사무의 종사가 가능하다고 인정될 때 법률사무종사기관으로 지정할 수 있다. '5년 이상의 법조경력자'는 법률사무종사 변호사를 실질적으로 지도할 수 있는 최소한의 경력요건이다. 법무법인은 5년 이상의 법조경력자 중 3명 이상의 변호사로 구성되며(변호사법 45①), 분사무소 역시 1명 이상의 구성원 변호사가 상주해야 한다(변호사법 시행령 12①). 따라서 법무법인 또는 법무법인의 분사무소는 원칙적으로 법률사무종사기관으로 지정받을 요건이 된다. 법무법인, 법무법인(유한), 법무조합의 법률사무종사기관 지정에 관한 요건은 「변호사법 시행령」에 규정되어 있다.[8]

실무수습 중인 변호사를 법률사무종사기관에 소속된 어느 변호사가 지도해야 한다는

---

8 **「변호사법 시행령」 제 2 조(법무법인 등의 법률사무종사기관 지정)** ② 법무부장관은 지정신청기관이 다음 각 호의 요건을 모두 갖춘 경우에는 해당 지정신청기관을 법 제21조의2 제 1 항 단서에 따른 법률사무종사기관으로 지정하여야 한다.

1. 통산하여 5년 이상 「법원조직법」 제42조 제 1 항 각 호의 어느 하나에 해당하는 직에 있었던 사람 1명 이상이 재직할 것. 이 경우 「법원조직법」 제42조 제 1 항 각 호에 규정된 직 중에서 둘 이상의 직에 재직한 사람의 재직기간은 합산한다.
2. 법률사무종사 변호사를 제외한 변호사의 수가 법률사무종사 변호사의 수 이상일 것
3. 소송에 관한 행위, 행정처분의 청구에 관한 대리행위 또는 일반 법률 사무를 주로 취급하는 부서 또는 담당자가 있을 것
4. 법률사무종사 변호사에 대한 관리를 담당할 변호사가 1명 이상 지정되어 있을 것
5. 사무실 공간 등 시설 여건이 법률사무 종사에 적합할 것

규정은 없다. 오로지 5년 이상의 법조경력을 가진 변호사가 법률사무종사기관에 있어야 할 것을 요건으로 할 뿐이다. 이는 5년 이상의 경력 변호사가 실무수습을 지도할 것으로 예상하고 있지만, 변호사법상 그러한 의무는 존재하지 않기 때문에 어떤 변호사가 지도를 하더라도 상관이 없다. 변호사법 시행령에는 실무수습 중인 변호사에 대한 관리를 담당할 변호사가 1명 이상 지정되어 있을 것을 요건으로 한다(제2조 제2항 제4호). 그렇지만 관리담당 변호사가 실무수습을 지도해야 하는 의무가 있는 것도 아니다.

8. 실무수습을 받지 않은 경우의 효과

단독으로 법률사무소를 개설하거나 법무법인, 법무법인(유한) 및 법무조합의 구성원이 될 수 없다.

(1) 6개월간 법률사무에 종사하거나 연수를 마치지 않으면 단독으로 법률사무소를 개설할 수 없으며, 법무법인, 법무법인(유한) 및 법무조합의 구성원 변호사가 될 수 없다. '단독으로 법률사무소를 개설할 수 없다'는 것은 변호사가 개인법률사무소를 개설하여 개업할 수 없다는 것을 말한다. 그리고 법무법인, 법무법인(유한) 및 법무조합의 '구성원이 될 수 없다'라 함은 소속 변호사로 취업할 수 있지만 구성원 변호사는 될 수 없다는 것이다. 구성원 변호사는 법무법인 등의 실질적인 운영주체로서 의사결정에 참여하고 이익분배에도 참여하기에 이를 금지하고 있다. 이를 위반하여 법률사무소를 개설하거나 법무법인·법무법인(유한) 또는 법무조합의 구성원이 된 자는 1년 이하의 징역 또는 1천만원 이하의 벌금에 처한다(변호사법 113(1)).

(2) 6개월 이상 법률사무에 종사하거나 연수를 마치지 아니하면 사건을 단독 또는 공동으로 수임할 수 없으며, 법무법인·법무법인(유한) 또는 법무조합의 담당변호사로 지정될 수도 없다(변호사법 31의1①). 단독수임은 그의 명의로 수임약정을 체결하는 것이고, 공동수임은 다른 변호사와 함께 공동대리인(변호인)으로 수임하는 것을 말한다. 수임이 금지되므로 수임 후 변호사의 직무수행도 할 수 없다. 아울러 담당변호사로 지정될 수도 없다. 담당변호사로 지정된 후 실제로 사건에 관여하지 않았더라도 이 규정의 위반이다.

Ⅲ. 대한변호사협회의 위탁연수

대한변호사협회는 제1항 제3호에 따라 지정된 법률사무종사기관에 대하여 대한변호사협회 회칙으로 정하는 바에 따라 연수를 위탁하여 실시할 수 있다(제2항). 대한변호사협회의 연수는 ① 연수 대상자의 직접 출석을 전제로 일정한 장소에서 이루어지는 '집합연수', ② 제 1 항 제 3 호에 따라 지정된 법률사무종사기관에 연수의 일부 또는 전부를 위탁하여 이루어지는 '위탁연수', 그 외 ③ 현장실습과 ④ 출석을 하지 않고 온라인 등을 통한 개별연수로 구분할 수 있다(변호사시험 합격자 연수규칙 3). 주로 집합연수 형식으로 이뤄지고 있지만, 제도의 취지에 부합한 실무능력 향상을 위해서는 법률사무종사기관에서 직접 법률사무에 종사하도록 하는 위탁연수가 바람직하다.

Ⅳ. 법률사무종사기관에서 법률사무에 종사한 확인서 제출

제 4 조 제 3 호에 따른 변호사가 제 1 항에 따라 단독으로 법률사무소를 최초로 개설하거나 법무법인, 법무법인(유한) 또는 법무조합의 구성원이 되려면 법률사무종사기관에서 제 1 항의 요건에 해당한다는 사실을 증명하는 확인서(제 1 항 제 6 호의 연수는 제외한다)를 받아 지방변호사회를 거쳐 대한변호사협회에 제출하여야 한다(제 3 항).

1. 단독으로 법률사무소를 최초로 개설

(1) 변호사시험에 합격한 자가 단독으로 법률사무소를 개설하거나 법무법인 등의 구성원 변호사가 되려면 6개월간 법률사무종사기관에서 법률사무에 종사한 사실을 증명한 확인서를 대한변호사협회에 제출해야 한다. 6개월간 법률사무 또는 연수를 마치면 단독 개업 또는 소속 변호사나 구성원 변호사가 될 수 있다. 따라서 최초로 법률사무소를 개설하는 경우에는 법률사무종사기관에서 발행한 '법률사무종사확인서'를 소속 지방변호사회를 거쳐 대한변호사협회에 제출해야 한다. 최초로 법률사무소를 개설하는 경우 변호사개업신고서와 함께 확인서를 제출한다.

(2) 그런데 변호사시험 합격자의 수임제한에 관한 변호사법 제31조의2 제 2 항은 '제 4 조 제 3 호에 따른 변호사가 최초로 단독 또는 공동으로 수임하는 경우에 관하여도 같다'라고 규정하고 있다. 이는 개업 후 최초로 사건수임시에도 확인서를 제출하라는 것이다. 그러나 이미 개업신고 때 확인서를 제출한 바 있어 이중으로 이를 제출하도록 할 필요가 없다. 실무에서도 이를 요구하지 않고 있다.

2. 법무법인, 법무법인(유한) 또는 법무조합의 구성원

법무법인, 법무법인(유한) 또는 법무조합의 구성원 변호사로 가입하는 경우에는 그 법무법인의 대표변호사가 법률사무종사확인서와 함께 '구성원 변호사의 가입에 따른 정관변경인가 신청서'를 지방변호사회와 대한변호사협회를 거쳐 법무부장관에게 제출하여야 한다. 만약 이 확인서를 거짓으로 작성하거나 거짓으로 작성된 확인서를 제출한 자는 1년 이하의 징역 또는 1천만원 이하의 벌금에 처한다(변호사법 113(2)).

3. 대한변호사협회 연수받은 경우는 제외

대한변호사협회가 주최한 연수를 받은 자는 그 확인서를 제출할 필요가 없다. 연수받은 사실을 대한변호사협회가 알고 있기 때문이다.

V. 실무수습의 목적달성을 위한 조치

법률사무종사기관은 제 1 항에 따른 종사 또는 연수의 목적을 달성하기 위하여 종사하거나 연수를 받는 변호사의 숫자를 적정하게 하는 등 필요한 조치를 하여야 한다(제 4 항).

1. 법률사무종사 또는 연수의 목적달성을 위한 조치

법무부장관으로부터 법률사무종사기관으로 지정받은 기관은 그 기관에서 법률사무에 종사하는 변호사의 실무능력 향상을 위한 필요한 조치를 해야 한다. 대한변호사협회 역시 연수의 목적을 달성하기 위한 필요한 조치를 취해야 한다. 여기서 '종사하거나 연수를 받는 변호사의 숫자를 적정하게 하는 등'은 필요한 조치 중 하나의 예시이다. 필요한 조치의 구체적 내용은 「변호사법 시행령」 제 2 조의 법률사무종사기관의 지정요건과도 일치될 수 있다. 법률사무종사 변호사 숫자보다 많은 변호사가 이에 관여할 수 있게 하고, 특히 법률사무종사 변호사를 지도·감독할 수 있는 담당변호사를 지정하는 등의 조치가 필요하다.

2. 법률사무종사 변호사의 직무의 범위와 한계

(1) 법률사무종사 기간에는 사건수임이 금지되고 법무법인 등의 담당변호사도 될 수 없기에 소송대리인이나 변호인이 될 수 없다. 법률사무종사 변호사는 실무수습과정의 일환으로서 기존 변호사가 주도하는 의뢰인과의 법률상담을 보조하거나 서면작성을 보조하는 역할과 변호인으로 선임된 담당변호사와 함께 변호인 접견을 하는 것은 금지되지 않는다고 할 것이다. 그러나 과거 사법연수생에게 허용되었던 국선변호인 또는 검사직무대리는 허용되지 않는다. 이에 대하여 헌법재판소는 변호사 자격이 없는 사법연수원생은 검찰청법 제32조 제 1 항이나 형사소송규칙 제16조의2 제 1 항에 근거하여 피의자 신문조서를 작성하거나 국선변호인으로서 활동할 수 있는 것은 사법연수원생들의 양성과정에서 교육의 일환으로 실시하는 것이지 소득을 얻기 위한 활동으로 인정하는 것이 아니라는 이유로 법률사무

종사 변호사를 차별하는 것은 아니라고 한다(헌재 2013. 10. 24. 2012헌마480).

⑵ 실무수습 제도가 실효성 있게 하려면 변호사에게 가장 필요한 송무사건 실무의 일부라도 경험할 수 있도록 할 필요성이 크다. 법률사무종사기관에서 실무수습 중인 변호사를 지도하는 변호사와 공동으로 경찰에서의 피의자 신문과정에 참여하도록 하거나, 법률사무종사기관인 법률사무소에서 수임하여 처리 중인 사건에 대하여 법정에서 실습지도 변호사와 공동으로 변론에 나서는 기회를 제공한다면, 의뢰인의 권익을 해치지도 않으면서도 실무수습 제도의 실효성을 높일 수 있을 것이다. 그럼에도 현행 실무수습 제도는 어떤 법률사무에 종사해야 하는지에 관한 구체적인 기준도 없이 6개월만 지나면 개업을 허용하고 있다.

3. 법률사무종사기관 실무수습 후에 취업하여 근무한 경우의 퇴직금 관계

⑴ 임시고용원으로 채용되어 근무하다가 중간에 정규사원으로 채용되어 공백기간 없이 계속 근무한 경우처럼 근속기간 중에 근로제공형태(직종 또는 직류)의 변경이 있는 경우에도 임시고용원으로서의 근무기간과 정규사원으로서의 근무기간을 통산한 기간을 퇴직금 산정의 기초가 되는 계속근로년수로 보아야 한다.[9]

⑵ 법률사무종사기관인 법무법인에서 6개월 실무수습을 마친 변호사가 그 법무법인에 채용되어 계속 근무를 하여 온 경우에는 「근로자퇴직급여 보장법」의 적용을 받는다는 판례가 있다. 즉, 법학전문대학원을 졸업한 후 변호사시험에 합격하여 변호사 자격을 취득한 다음 2018. 5. 14. 법무법인 ○에 채용되어 그때부터 변호사로 근무하면서 변호사법 제21조의2 제 1 항에서 정한 6개월의 기간 동안 법무법인 ○ 소속 변호사들의 업무지시에 따라 각종 진행 중인 사건의 기록검토, 준비서면 등의 작성, 의뢰인과의 상담 등 위 법무법인의 통상적인 업무를 수행하였고 매월 임금 명목의 돈을 수령한 점, 위 6개월의 기간이 경과한 후에는 대한변호사협회에 등록하고 법무법인 ○에 계속 근무하면서 대한변호사협회에 등록하기 전에 할 수 없었던 사건 수임, 법정에서의 변론 등의 업무를 추가로 수행하고 급여도 상향되었으나 기존과 동일하게 법무법인으로부터의 업무지시에 따라 법률문서의 작성, 법률상담, 의뢰인 면담 등의 업무도 그대로 수행한 점, 변호사시험에 합격한 자가 연수 대신 법률사무종사기관에서 법률사무에 종사하는 경우에는 대한변호사협회가 실시하는 연수와 달리 변호사업무 일부를 수행할 수 있을 뿐만 아니라 법률사무에 종사하는 동안 법률사건에 대하여 어떠한 실습도 할 수 없는 것은 아닌 점, 실제로 변호사가 법무법인 ○에 채용된 후 6개월의 기간 동안 수행한 업무와 그 이후에 수행한 업무가 근본적으로 동일한 점 등에 비

9 대법원 1995. 7. 11. 선고 93다26168 전원합의체판결.

추어 변호사가 2018. 5. 14.경 법무법인 ○에 최초로 채용된 때부터 2019. 8.경 퇴직할 때까지 기간 동안 변호사법 제21조의2 제 1 항에 따른 6개월 전후로도 계속하여 동일하게 사용자에게 근로를 제공한 것으로 인정할 수 있다고 판단한 것은 「근로자퇴직급여 보장법」상의 퇴직금 지급의무 발생에 관한 계속근로기간 산정 및 퇴직금 미지급에 관한 상당한 이유 유무 등에 관한 법리를 오해한 잘못이 없다고 하였다.[10]

Ⅵ. 법무부장관의 법률사무종사기관 감독

법무부장관은 제 1 항 단서에 따라 지정된 법률사무종사기관에 대하여 필요하다고 인정하면 종사 현황 등에 대한 서면조사 또는 현장조사를 실시할 수 있고, 조사 결과 원활한 법률사무 종사를 위하여 필요하다고 인정하면 개선 또는 시정을 명령할 수 있다(제 5 항).

1. 법무부장관의 법률사무종사기관 현황 조사

법무부장관은 법률사무종사기관이 지정요건을 준수하면서 실습을 시키고 있는지에 관하여 감독할 수 있다. 법률사무 '종사 현황'이란 법률사무종사 변호사의 취급사무의 내용과 그에 대한 지도내용과 실습환경 등에 관한 것을 말한다. 법률사무종사기관에서 몇 명의 변호사를 지도하고 있는지를 주기적으로 보고하도록 할 수 있다. 법률사무종사 변호사는 정기적으로 출근하면서 사건기록 등을 검토하고 서면을 작성한 후 충실한 지도를 받아야 한다. 사무실 공간 등의 시설여건이 부족하여 재택근무의 조건으로 법률사무를 하도록 해서는 안 될 것이다. 법무부장관은 이런 현황자료를 서면으로 제출하도록 하거나 해당 기관을 직접 방문하여 확인할 수 있다. 서면조사나 현장조사는 모두 행정조사의 일종이므로 「행정조사기본법」을 준수하여야 한다. 이런 조사를 하기에는 법률사무종사기관이 전국적으로 많아 현실적으로 여러 제약이 있다.

2. 개선 또는 시정명령

법무부장관은 법률사무 종사 현황을 조사한 결과 경미한 흠이 발견되면 개선하거나 시정을 명령할 수 있다. 개선 또는 시정명령은 법률사무종사기관의 지정요건이 일시적으로 결여되어 곧 개선 또는 시정될 가능성이 있을 때 발하여진다. 법무부장관은 법률사무종사기관으로 지정된 곳이 그 요건(변호사법 시행령 2②)을 흠결하였을 때는 개선 또는 시정명령을 하여야 한다. 법률사무종사기관으로 인정할 수 없는 중대한 흠이 있을 때에는(법무법인의 해

10 대법원 2022. 4. 14. 선고 2022도1168 근로자퇴직급여보장법위반.

산 등) 법률사무종사기관의 지정을 취소하게 된다(제6항). 개선명령 또는 시정명령은 해당 기관의 자발적 협조를 요청하는 행정지도가 아니라 반드시 이행할 의무를 부과하는 하명에 해당된다.

3. 시설개선 또는 시정명령에 불응한 경우

변호사법 제21조의2 제5항(제21조의2 제6항에 따라 위탁하여 사무를 처리하는 경우를 포함한다)에 따른 개선 또는 시정 명령을 받고 이에 따르지 아니한 자에 대하여는 1천만원 이하의 과태료를 부과한다(변호사법 117①).

Ⅶ. 대한변호사협회에 서면조사 또는 현장조사 위탁

법무부장관은 제5항에 따른 서면조사 또는 현장조사를 대한변호사협회에 위탁하여 실시할 수 있고, 대한변호사협회의 장은 그 조사 결과를 법무부장관에게 보고하고 같은 항에 따른 개선 또는 시정을 건의할 수 있다. 이 경우 수탁 사무의 처리에 관한 사항은 대한변호사협회의 회칙으로 정하고 법무부장관의 인가를 받아야 한다(제6항).

1. 법무부장관의 대한변호사협회에 위탁 조사

행정관청이 그의 권한의 일부를 다른 행정기관에 위양하여 수임기관의 권한으로 행사하게 하는 것을 권한의 위임이라 한다. 권한을 다른 행정기관이나 단체에 대한 위임을 '권한의 위탁'이라 한다. 따라서 법무부장관은 법률사무종사기관에 대한 조사권한을 대한변호사협회로 하여금 행사하도록 위탁할 수 있다. 변호사단체의 자율성을 인정하는 정책적인 배려임과 동시에 수많은 기관을 조사할 수 없는 현실적 어려움 때문이라 할 수 있다. 대한변호사협회는 실습 중인 변호사가 법률사무종사기관에서 충실하게 법률사무에 종사하고 있는지 조사하는 업무를 하지 않는다.

2. 대한변호사협회장의 조사결과 보고

대한변호사협회의 장은 조사결과를 법무부장관에게 보고하면서 개선 또는 시정명령을 발할 것을 건의할 수 있다. 권한의 위임의 법리상 대한변호사협회의 장이 직접 개선 또는 시정명령을 할 수 있도록 하는 것이 타당하다. 법률사무 시작일로부터 6개월 내에 실습을 마쳐야 하는 변호사의 권익을 위해서도 신속한 조치가 필요하다.

3. 수탁사무의 처리에 관한 대한변호사협회의 회칙

대한변호사협회의 장은 2012. 2. 20. 수탁 받은 변호사시험 합격자의 연수에 관한 사무의 처리를 위하여 「변호사시험 합격자 연수규칙」을 제정하여 법무부장관의 인가를 받아 시행하고 있다.

Ⅷ. 법률사무종사기관의 지정취소

법무부장관은 제 1 항 단서에 따라 지정된 법률사무종사기관이 다음 각 호의 어느 하나에 해당하면 그 지정을 취소할 수 있다. 다만, 제 1 호에 해당하는 경우에는 취소하여야 한다(제 7 항).

1. 법률사무종사기관의 지정취소 사유

법무부장관은 법률사무종사기관이 당초 지정요건을 결여하여 충실한 실습을 할 수 없는 등의 중대한 사유가 있으면 그 지정을 취소할 수 있다. 즉, ① 제 1 항 단서의 지정 요건을 갖추지 못한 경우로서 3개월 이내에 보충하지 아니한 경우. 이 경우 제 4 조 제 3 호에 따른 변호사가 법률사무에 계속하여 종사한 경우 보충될 때까지의 기간은 법률사무종사기관에서 법률사무에 종사한 기간으로 본다(제 2 호). 법조경력 5년 이상의 변호사가 1명 이상 있어야 하는 요건을 3개월 이상 흠결된 때이다. ② 거짓으로 제 3 항의 확인서를 발급한 경우(제 3 호)는 실제로 법률사무에 종사한 사실이 없음에도 거짓으로 발급한 경우에는 지정을 취소하여 다음 해부터 법률사무종사기관의 지위를 상실시키는 것이다. ③ 제 5 항의 개선 또는 시정 명령을 통산하여 3회 이상 받고 이에 따르지 아니한 경우(제 4 호)이다. 법률사무종사기관으로 지정받으면 계속적으로 그 지위를 유지하기에 3회 이상 개선 또는 시정명령을 받고도 이에 불응하는 경우에 대비한 것이다. 제 3 호, 제 4 호의 사유로 지정이 취소되는 경우 법률사무종사 변호사의 실습기간 산정이 문제된다. 법률사무에 종사하였다고 인정할 만한 사정이 있는 기간 동안만 통산해 주어야 할 것으로 본다. 그리고 법률사무종사기관으로 지정받은 후 여러 해 동안 법률사무에 종사할 변호사를 교육한 적이 없다면 그 지정의 취소사유로 해야 할 것이다.

2. 법률사무종사기관의 지정을 거짓 등의 방법으로 받은 경우

법률사무종사기관의 지정받음에 있어 거짓이나 그 밖의 부정한 방법으로 받은 경우(제

1호)에는 반드시 취소해야 한다. 이런 경위로 지정을 받았다면 법률사무에 종사할 수 있도록 적절한 실습을 지도할 의사나 능력도 없다고 할 수 있다. 6개월 법률사무 종사기간 경과 전에 지정이 취소되면 그 때까지 종사한 기간을 실습기간으로 통산해 줄 필요가 있다. 지정 취소의 요건이 있음을 알고서도 형식적으로 법률사무에 종사한 외형만 구비하고 있었다면 그 기간은 실습기간으로 인정받기 어려울 것이다.

Ⅸ. 법률사무종사기관 지정취소 때 청문실시

법무부장관은 제 7 항에 따라 지정을 취소하려면 청문을 실시하여야 한다(제 8 항).

법무부장관은 취소할 기관의 의견을 청취하여 의견진술의 기회를 주어야 한다. 아울러 법률사무종사 변호사의 의견도 청취할 필요가 있다. 그가 처음부터 지정취소기관에서 법률사무에 종사하게 된 경위를 파악한 후 징계 여부도 심사해야 할 것이다. 이 경우 법무부장관은 필요하면 대한변호사협회의 장의 의견을 들을 수 있다(변호사법 시행령 4①). 법률사무종사기관의 지정이 취소된 경우 해당 법률사무종사기관은 지체 없이 제 2 조 제 4 항에 따라 발급받은 지정서를 법무부장관에게 반납하여야 한다(변호사법 시행령 4②).

Ⅹ. 기 타

1. 법무부장관의 연수과정 지원 등

제 1 항 제 6 호에 따른 연수의 방법, 절차, 비용과 그 밖에 필요한 사항은 대한변호사협회의 회칙으로 정하고 법무부장관의 인가를 받아야 한다(제 9 항). 법무부장관은 대통령령으로 정하는 바에 따라 제 1 항 제 6 호에 따라 대한변호사협회가 실시하는 연수과정에 대한 지원을 할 수 있다(제10항). 법무부장관은 대한변호사협회가 연수과정을 설치하고 그 운영에 필요한 지원을 요청한 경우 그에 필요한 비용, 시설 및 인력 등에 대하여 지원을 할 수 있다(변호사법 시행령 5). 법무부장관이 연수과정에 지원해야 할 가장 중요한 사항은 변호사법 시행령 제 5 조에서 규정하고 있는 "그에 필요한 비용"이라고 할 수 있다. 따라서 연수과정 프로그램을 운영하는데 필요한 비용을 충당할 수 있도록 예산을 지원하는 것이 중요하다.

제 1 항 단서에 따라 지정된 같은 항 제 3 호의 법률사무종사기관은 같은 항 제 6 호에 따른 대한변호사협회의 연수에 필요한 요구에 협조하여야 한다(제11항). 위탁연수를 시행하기 위해서는 법률사무종사기관의 호의적인 협조가 절대적으로 필요하다. 제 1 항부터 제11 항까지의 규정 외에 법률사무종사기관의 지정 및 취소의 절차와 방법, 지도·감독 등 필요

한 사항은 대통령령으로 정한다(제12항).

2. 실무수습 받지 않고 법률사무소 개설 등에 대한 처벌과 징계

법률사무종사기관이 지정취소되는 사유가 있는 경우에 그 기관에서 실무수습하려던 변호사도 사실상 법률사무에 종사하지 않을 수 있다. 그리고 ① 제21조의2 제1항을 위반하여 법률사무소를 개설하거나 법무법인·법무법인(유한) 또는 법무조합의 구성원이 된 자, ② 제21조의2 제3항(제31조의2 제2항에 따라 준용하는 경우를 포함한다)에 따른 확인서를 거짓으로 작성하거나 거짓으로 작성된 확인서를 제출한 자는 1년 이하의 징역 또는 1천만원 이하의 벌금에 처한다(변호사법 113(1)(2)). 변호사가 위 사유에 해당하는 행위를 할 때는 징계처분도 받게 된다.

제22조 사무직원

제22조(사무직원)

① 변호사는 법률사무소에 사무직원을 둘 수 있다.

② 변호사는 다음 각 호의 어느 하나에 해당하는 자를 제 1 항에 따른 사무직원으로 채용할 수 없다.

1. 이 법 또는 「형법」 제129조부터 제132조까지, 「특정범죄가중처벌 등에 관한 법률」 제 2 조 또는 제 3 조, 그 밖에 대통령령으로 정하는 법률에 따라 유죄 판결을 받은 자로서 다음 각 목의 어느 하나에 해당하는 자
   가. 징역 이상의 형을 선고받고 그 집행이 끝나거나 그 집행을 받지 아니하기로 확정된 후 3년이 지나지 아니한 자
   나. 징역형의 집행유예를 선고받고 그 유예기간이 지난 후 2년이 지나지 아니한 자
   다. 징역형의 선고유예를 받고 그 유예기간 중에 있는 자
2. 공무원으로서 징계처분에 의하여 파면되거나 해임된 후 3년이 지나지 아니한 자
3. 피성년후견인

③ 사무직원의 신고, 연수(硏修), 그 밖에 필요한 사항은 대한변호사협회가 정한다.

④ 지방변호사회의 장은 관할 지방검찰청 검사장에게 소속 변호사의 사무직원 채용과 관련하여 제 2 항에 따른 전과(前科) 사실의 유무에 대한 조회를 요청할 수 있다.

⑤ 제 4 항에 따른 요청을 받은 지방검찰청 검사장은 전과 사실의 유무를 조회하여 그 결과를 회신할 수 있다.

Ⅰ. 연 혁

(1) 1982. 12. 31. 개정된 변호사법은 '변호사는 사무직원을 둘 수 있다'(제18조 제 1 항)는 규정을 신설하고, 사무직원의 자격·인원·연수 기타 필요한 사항은 대한변호사협회가 정하도록 했다(제18조 제 2 항).

(2) 2000. 1. 28. 개정된 변호사법은 심각하게 대두된 법조비리를 척결하고 법조풍토를

쇄신하기 위한 여러 조치 중 하나로 사무직원의 결격사유(제22조 제 2 항), 사무직원 채용시에 전과사실의 조회(제22조 제 4 항) 및 검사장의 전과사실의 조회결과 회보(제22조 제 5 항)에 관한 규정을 신설했다.

(3) 2006. 3. 24. 개정 변호사법은 사무직원 채용의 결격사유에서 '파산자로서 복권되지 아니한 자'(제22조 제 2 항 제 4 호)를 삭제하여 파산자도 사무직원으로 채용될 수 있도록 했다.

(4) 2008. 3. 28. 개정된 변호사법은 사무직원의 결격사유 외에 '자격과 인원'에 대하여 대한변호사협회에서 정하도록 하던 것을 폐지하여 '사무직원의 신고, 연수, 그 밖에 필요한 사항'만 대한변호사협회가 정하도록 하여(제22조 제 3 항) 사무직원 채용의 자율성을 보장하게 되었다.

(5) 2014. 12. 30. 개정 변호사법은 금치산·한정치산 제도를 폐지하면서 성년후견, 한정후견 등의 새로운 제도를 도입하는 내용으로 「민법」이 개정됨에 따라 변호사 및 사무직원의 결격사유에도 이를 반영하여 '피성년후견인 또는 피한정후견인'(제22조 제 2 항 제 3 호)으로 변경하게 되었다.

Ⅱ. 법률사무소에 사무직원 채용

변호사는 법률사무소에 사무직원을 둘 수 있다(제 1 항). 변호사 자격등록을 하고 개업신고를 마친 변호사는 법률사무소에 사무직원을 둘 수 있다. 등록하지 않은 변호사는 그 직무를 수행할 수 없어 사무직원 역시 둘 수 없다. 사무직원의 채용 여부는 변호사의 재량이다. 변호사 개업신고서에도 사무직원의 특정을 요구하지 않고 있다. 사무직원은 변호사의 피용인으로서 변호사 직무수행의 보조자의 지위를 갖는다. 변호사법은 사무직원을 채용할 수 없는 결격사유와 그와 관련된 내용을 정하고 있다. 변호사가 사무직원을 채용함에 있어 준수해야 할 구체적인 직무규범은 「변호사윤리장전」에 두고 있다.[1]

사무직원은 법률사무소에 상주하는 것이 원칙이다. 변호사는 사무직원을 시켜 소속 지방변호사회가 아닌 다른 지역을 관할하는 등기소나 지방자치단체에 출입하며 직무를 수행

---

1 **「변호사윤리장전」 제 8 조(사무직원)** ① 변호사는 사건의 유치를 주된 임무로 하는 사무직원을 채용하지 아니한다.

② 변호사는 사무직원에게 사건유치에 대한 대가를 지급하지 아니한다.

③ 변호사는 사무직원을 채용함에 있어서 다른 변호사와 부당하게 경쟁하거나 신의에 어긋나는 행위를 하지 아니한다.

④ 변호사는 사무직원이 법령과 대한변호사협회 및 소속 지방변호사회의 회칙, 규칙 등을 준수하여 성실히 사무에 종사하도록 지휘·감독한다.

하게 할 수 있으며(대한변협 2012. 12. 4. 질의회신),[2] 사무직원이 변호사의 지시에 따라 교통사고 피해자나 피해자 가족의 희망에 따라 피해자를 직접 방문하여 변호사를 대리하여 사건을 수임하는 행위는 정당한 업무수행으로 볼 수 있다(대한변협 1996. 8. 6. 질의회신).[3]

Ⅲ. 사무직원 채용의 결격사유

변호사는 다음 각 호의 어느 하나에 해당하는 자를 제 1 항에 따른 사무직원으로 채용할 수 없다(제 2 항). 사무직원은 공공성을 가진 변호사의 직무를 보조하는 지위에 있기 때문에 변호사의 결격사유에 준하는 정도의 흠이 있을 때는 채용할 수 없도록 하고 있다. 사무직원의 위법행위는 수사 및 재판업무의 공정성과 신뢰훼손을 야기할 수 있으며, 변호사와 의뢰인 사이의 관계까지 악화시킬 수 있기에 엄격한 규제가 필요하다. 이 결격사유는 사무직원으로 채용되기 위해서 존재해서는 아니 되는 소극적 요건이다. 사무직원으로 있던 자에게 이 결격사유가 발생하면 더 이상 사무직원이 될 수 없다. 전문자격사 중 직무의 공공성을 요건으로 세무사나 관세사도 사무직원 채용과 관련하여 결격사유를 두지 않고 있다. 그간 변호사가 사건수임 과정에서 금품제공 등의 법조비리가 발생한 경우에 사무직원이 연루된 경우가 많았기 때문에 이런 엄격한 결격사유를 두고 있다.

1. 변호사법 등으로 유죄판결을 받은 자

이 법 또는 「형법」 제129조부터 제132조까지, 「특정범죄가중처벌 등에 관한 법률」 제 2 조 또는 제 3 조, 그 밖에 대통령령으로 정하는 법률에 따라 유죄 판결을 받은 자로서 다음 각 목의 어느 하나에 해당하는 자(제 1 호)는 채용할 수 없다.

가. 징역 이상의 형을 선고받고 그 집행이 끝나거나 그 집행을 받지 아니하기로 확정된 후 3년이 지나지 아니한 자

나. 징역형의 집행유예를 선고받고 그 유예기간이 지난 후 2년이 지나지 아니한 자

다. 징역형의 선고유예를 받고 그 유예기간 중에 있는 자

---

2 변호사가 부동산등기업무를 취급함에 있어 변호사 본인이 아닌 사무직원을 등기소에 출입시키는 방법으로 업무를 처리하고자 하는 경우에는 부동산등기규칙 제58조에 정한 바에 따라 자격요건을 갖출 필요가 있지만, 자동차등록업무의 경우에는 법령상 그와 같은 규정이 없으므로 변호사의 사무직원이 당해 변호사의 사자(使者)로서 당해 변호사 명의로 자동차등록업무를 처리함에 있어서는 부동산등기법의 경우와 같은 제한이 없다고 할 것입니다(대한변협 2012. 12. 4. 질의회신).

3 그러나 변호사가 그 사무원에게 사건수임을 위임한 사실이 없는데도 사무원이 환자 등을 찾아다니면서 사건위임을 권유하거나 유치하는 행위는 변호사법 제71조 제 4 호에서 말하는 「변호사로서 품위를 손상하는 행위」에 해당되어 징계사유가 된다 하겠습니다. 그리고 변호사가 사건당사자 등과 사건 위임에 관한 합의가 없는데 변호사사무원이 임의적·독자적으로 사건을 수임한다면 그 행위의 유형에 따라 처벌 여부가 결정될 것이며, 변호사법 제90조의 처벌대상이 되는 경우도 있을 것입니다(대한변협 1996. 8. 6. 질의회신).

⑴ 사무직원이 형을 선고받아 확정된 결과 발생하는 결격사유는 변호사와 유사하다. 다만, 그 결격기간에서 변호사보다는 단기간이다. 변호사는 선고받은 형의 죄명은 불문하지만, 사무직원은 특정한 죄명으로 한정하고 있다. 사무직원이 '금고'형을 선고받아 확정되더라도 결격사유가 되지 않는다. 이는 「형법」 제129조부터 제132조까지, 「특정범죄가중처벌 등에 관한 법률」 제 2 조 또는 제 3 조 및 그 밖에 대통령령으로 정하는 법률의 법정형이 징역형만 규정되어 있기 때문이다. 변호사는 죄명을 묻지 않고 선고받은 형이 금고 이상이면 결격사유에 해당된다. 변호사가 사무직원이 제 1 호에 해당되는 사무직원을 채용한 경우에는 1천만원 이하의 과태료를 부과한다(변호사법 117②).

⑵ 그리고 '그 밖에 대통령령으로 정하는 법률에 따라 유죄 판결을 받은 자'란 「특정경제범죄 가중처벌 등에 관한 법률」 제 3 조 제 1 항, 「형법」 제347조, 제347조의2, 제348조, 제348조의2, 제349조부터 제352조까지, 제355조부터 제357조까지 및 제359조, 「폭력행위 등 처벌에 관한 법률」 제 4 조, 제 5 조 및 제 6 조(같은 법 제 2 조, 제 3 조의 경우는 제외한다), 「마약류 관리에 관한 법률」 제58조부터 제64조까지의 규정을 말한다(변호사법 시행령 6).

2. 공무원 재직 중 파면·해임된 자

공무원으로서 징계처분에 의하여 파면되거나 해임된 후 3년이 지나지 아니한 자(제 2 호)는 채용할 수 없다. 공무원 재직 당시 징계처분으로 파면되거나 해임된 자는 파면·해임 결정 통지서를 송달받은 날로부터 3년이 지나야 사무직원이 될 수 있다. 파면되거나 해임된 사유는 묻지 아니한다.

3. 피성년후견인(제 3 호)

정신적 제약으로 사무를 처리할 능력이 지속적으로 결여된 자에 대하여 가정법원이 성년후견개시의 심판에 의하여 심판을 받는 피성년후견인(민법 9)은 사무직원이 될 수 없다.

Ⅳ. 대한변호사협회의 「변호사 사무직원 규칙」

⑴ 사무직원의 신고, 연수(研修), 그 밖에 필요한 사항은 대한변호사협회가 정한다(제 3 항). 사무직원의 신고, 연수 등 필요한 사항은 대한변호사협회가 제정한 「변호사 사무직원 규칙」에 규정되어 있다. 변호사 또는 법무법인·법무법인(유한)·법무조합은 사무직원을 채용하거나 해고한 때는 소속 지방변호사회에 신고하여야 한다(변호사 사무직원 규칙 8). 이와 달리 「세무사법」은 사무직원의 자격·인원·연수 등에 필요한 사항은 기획재정부령으로 정하

도록 하고 있다(제12조의5 제 3 항). 미신고 사무직원은 사건소개 등의 위법행위에 종사할 가능성이 크다. 징계사례 역시 채용신고 없이 사무직원을 고용하거나 결격사유가 있는 사무직원을 채용한 행위 등에서 많이 발견된다.

(2) 서울지방변호사회 「변호사사무직원규칙」은 결격사유 있는 사무직원의 등록신청에 대한 거부와 등록취소를 규정하고 있다(제10조, 제11조).

(3) 과거에는 사무직원의 인원에 대하여서도 규제하였다. 즉, 사무소의 규모, 업무의 범위 또는 업무량 기타 사정에 비추어 적정한 수를 넘어서는 아니 된다(변호사사무원규칙 5). 이 규정은 2009. 2. 26. 삭제되어 법률사무소의 필요에 따라 채용하도록 했다. 사무직원은 대한변호사협회와 소속 지방변호사회가 정하는 연수교육을 받아야 한다(변호사 사무직원 규칙 7).

(4) 사무직원은 이 규칙 및 소속 지방변호사회가 정하는 사무직원에 관한 규칙을 준수하고 품위를 손상하는 행위를 하여서는 아니 된다(변호사 사무직원 규칙 6①). 그 외 사무직원은 직무상 알게 된 비밀을 누설금지, 수임사건에 관하여 수임인 또는 상대방으로부터 이익을 받거나 요구 또는 약속해서는 안되는 의무가 있다.

Ⅴ. 지방변호사회장의 사무직원 전과조회

지방변호사회의 장은 관할 지방검찰청 검사장에게 소속 변호사의 사무직원 채용과 관련하여 제 2 항에 따른 전과(前科) 사실의 유무에 대한 조회를 요청할 수 있다(제 4 항). 사무직원의 채용신고는 소속 지방변호사회에 한다. 채용신고를 접수한 지방변호사회의 장은 사무직원이 결격사유에 해당되는지 여부를 확인하기 위하여 전과 사실의 조회를 요청해야 한다. 지방변호사회의 장은 전과 조회의 결과 사무직원에게 결격사유에 해당하는 전과 사실이 없을 때 채용신고를 수리하게 된다.

Ⅵ. 지방검찰청 검사장의 전과 조회 회신

제 4 항에 따른 요청을 받은 지방검찰청 검사장은 전과 사실의 유무를 조회하여 그 결과를 회신할 수 있다(제 5 항). 「형의 실효 등에 관한 법률」은 수사자료표에 의한 범죄경력조회 및 수사경력조회와 그에 대한 회보는 다음 각 호의 어느 하나에 해당하는 경우에 그 전부 또는 일부에 대하여 조회 목적에 필요한 최소한의 범위에서 할 수 있다고 한다(제 6 조 제 1 항). 제 1 항의 각 호 중 제10호는 '그 밖에 다른 법률에서 범죄경력조회 및 수사경력조회와 그에 대한 회보를 하도록 규정되어 있는 경우'를 규정하고 있다. 여기서 '그 밖의 다른

법률'은 전과 사실의 조회와 회신을 규정한 변호사법 제22조 제5항도 해당된다. 따라서 검사장은 조회 결과를 지방변호사회의 장에게 회신할 수 있다. 지방변호사회의 장은 조회 결과 결격사유가 있는 사무직원의 채용신고에 대하여는 등록을 거부하여야 하며, 그 통지를 받은 변호사는 즉시 그 사무직원을 해임하여야 한다(서울지방변호사회 변호사사무직원규칙 10). 변호사가 그 사무직원을 해임하지 않고 계속 근무하도록 하면 변호사법과 회칙위반으로 징계를 받을 수 있다.

Ⅶ. 사무직원의 직무상 의무와 형사처벌

사무직원은 법률사무소에서 변호사의 지휘·감독을 받은 피용자의 지위에 머무는 것이 아니다. 변호사와 함께 법률사건 수임활동도 하고 있다. 그래서 변호사법은 사무직원에 대해서도 특별한 의무를 부과하고 그 위반 시에는 형사처벌을 하고 있다. 변호사나 그 사무직원은 법률사건이나 법률사무의 수임을 위하여 재판이나 수사업무에 종사하는 공무원과의 연고(緣故) 등 사적인 관계를 드러내며 영향력을 미칠 수 있는 것으로 선전하여서는 아니 된다(변호사법 30). 변호사나 그 사무직원은 법률사건이나 법률사무의 수임에 관하여 소개·알선 또는 유인의 대가로 금품·향응 또는 그 밖의 이익을 제공하거나 제공하기로 약속하여서는 아니 된다(변호사법 34②). 이를 위반할 때는 7년 이하의 징역 또는 5천만 이하의 벌금에 처한다(변호사법 109(2)).

변호사나 그 사무직원은 법률사건이나 법률사무를 유상으로 유치할 목적으로 법원·수사기관·교정기관 및 병원에 출입하거나 다른 사람을 파견하거나 출입 또는 주재하게 하여서는 아니 된다(변호사법 35). 재판·수사기관 공무원은 변호사나 사무직원에게 사건 소개가 금지되며(변호사법 36), 재판이나 수사 업무에 종사하는 공무원은 직무상 관련이 있는 법률사건의 수임에 관하여 변호사나 사무직원에게 소개·알선 또는 유인하여서는 아니 된다(변호사법 37). 변호사는 사무직원이 법령과 대한변호사협회 및 소속 지방변호사회의 회칙, 규칙 등을 준수하여 성실히 사무에 종사하도록 지휘·감독한다(변호사윤리장전 8④). 변호사가 사무직원에 대한 지휘·감독의 소홀로 사무직원이 위와 같은 행위를 하였을 때는 변호사는 징계처분을 받을 수 있다.

제23조 광 고

제23조(광고)

① 변호사·법무법인·법무법인(유한) 또는 법무조합(이하 이 조에서 "변호사등"이라 한다)은 자기 또는 그 구성원의 학력, 경력, 주요 취급 업무, 업무 실적, 그 밖에 그 업무의 홍보에 필요한 사항을 신문·잡지·방송·컴퓨터통신 등의 매체를 이용하여 광고할 수 있다.

② 변호사등은 다음 각 호의 어느 하나에 해당하는 광고를 하여서는 아니 된다.

1. 변호사의 업무에 관하여 거짓된 내용을 표시하는 광고
2. 국제변호사를 표방하거나 그 밖에 법적 근거가 없는 자격이나 명칭을 표방하는 내용의 광고
3. 객관적 사실을 과장하거나 사실의 일부를 누락하는 등 소비자를 오도(誤導)하거나 소비자에게 오해를 불러일으킬 우려가 있는 내용의 광고
4. 소비자에게 업무수행 결과에 대하여 부당한 기대를 가지도록 하는 내용의 광고
5. 다른 변호사등을 비방하거나 자신의 입장에서 비교하는 내용의 광고
6. 부정한 방법을 제시하는 등 변호사의 품위를 훼손할 우려가 있는 광고
7. 그 밖에 광고의 방법 또는 내용이 변호사의 공공성이나 공정한 수임(受任) 질서를 해치거나 소비자에게 피해를 줄 우려가 있는 것으로서 대한변호사협회가 정하는 광고

③ 변호사등의 광고에 관한 심사를 위하여 대한변호사협회와 각 지방변호사회에 광고심사 위원회를 둔다.

④ 광고심사위원회의 운영과 그 밖에 광고에 관하여 필요한 사항은 대한변호사협회가 정한다.

I. 연 혁

(1) 2000. 1. 28. 개정된 변호사법은 변호사업무에 관한 광고 규정을 신설했다. 즉, 변호사·법무법인 또는 공증인가합동법률사무소가 자기 또는 그 구성원의 학력·경력·주요취급업무·업무실적 기타 그 업무의 홍보에 필요한 사항을 신문·잡지·방송·컴퓨터통신등의 매체를 이용하여 광고할 수 있다(변호사법 23①). 대한변호사협회는 제1항의 규정에 의한 광고

에 관하여 광고매체의 종류, 광고회수, 광고료의 총액, 광고내용 등을 제한할 수 있다(변호사법 23②).

(2) 2005. 1. 27. 개정된 변호사법은 공증인가합동법률사무소를 폐지하면서 신설한 '법무법인(유한) 또는 법무조합'을 광고주체로 추가했다.

(3) 2007. 1. 26. 개정된 변호사법은 현행과 같은 내용으로 광고규정을 확정했다.[1] 변호사법 제23조 제 2 항 내지 제 4 항을 신설했으며, '제23조 제 2 항 제 1 호 및 제 2 호의 규정을 위반하여 광고를 한 자'에 대한 벌칙규정도 두었다(현행 변호사법 113(3)).

Ⅱ. 변호사업무 광고에 관한 입법의 변천[2]

1. 외국의 입법례

유럽의 경우 근대국가 성립 이후 대부분 국가에서 변호사 광고는 금지되었다. 이러한 광고금지 또는 규제론의 원형은 영국의 배리스터(barrister)제도의 관습에서 유래한다.[3] 당시 고귀한 직업집단으로서의 배리스터는 그 직무가 오직 공공적 봉사였고, 동료 변호사 사이의 예의를 그대로 직업적 윤리로 보았으며, 직무수행에 의한 금전적 수입은 부차적인 것이었다. 이런 배리스터가 자신을 광고하는 것은 비천한 것이며, 동료 변호사에 대한 예의가 아니라고 생각하였다. 그리고 배리스터는 일반 민중으로부터 직접 사건을 수임하는 것이 아니라 솔리스터(solicitor)를 통해서 사건을 의뢰받는 것이라서 민중에 대하여 자신을 광고선전할 필요가 없었다.[4] 그러나 현재 영국의 사무변호사 행위규범(The Solicitors' Code of Conduct 2007) 규칙 제 7 장은 광고(Publicity)에 관한 규정을 두고 있다.[5]

미국의 경우 1977년 연방대법원은 Bates 판결을 통해서 변호사업무 광고를 허용하였

1 변호사법[법률 제8271호, 2007. 1. 26. 일부개정] 변호사 광고규제의 완화(법 제23조 제 2 항, 법 제113조 제 1 호 신설)
(1) **대한변호사협회에 위임된 변호사광고 제한의 사유가 지나치게 넓어 소비자에 대한 정보제공 역할이 미흡함에 따라 사건브로커를 고용하는 등 병폐의 원인이 될 수 있음.**
(2) 광고에 대한 규제는 국민의 기본권을 제한하는 사항이므로 금지되는 광고의 범위를 직접 규정하고 비난 가능성이 큰 위반행위에 대하여는 벌칙을 신설하되, 법률로 금지된 광고를 제외하고는 **대한변호사협회의 자율적 통제를 보장하기 위하여 광고의 방법 또는 내용이 변호사의 공공성 또는 공정한 수임질서를 해치거나 소비자에게 피해를 줄 우려가 있는 경우를 대한변호사협회에서 정할 수 있도록 함.**
(3) 법률서비스시장의 건전한 경쟁과 소비자에 대한 정보제공을 활성화할 수 있을 것으로 기대됨.

2 정형근·서인겸, "변호사업무 광고와 대한변호사협회 「변호사 광고에 관한 규정」의 개정절차상 문제점", 경희법학 제57권 제 1 호(2022. 3), 102면 이하.

3 최진안, 법조윤리 제 3 판, 310면.

4 강희원, "변호사의 직업윤리 정립과 교육; 변호사의 직업윤리와 그 의무의 충돌 – 변호사광고 및 비밀유지의무와 진실의무를 중심으로 –", 법과 사회 제29권(2005), 50면.

5 박준·이상원·이효원·박준석·윤지현, 주요 국가의 변호사 윤리규범, 125면 이하.

다.[6] 미국 애리조나(Arizona)주 변호사 베이츠(John Bates)는 1974년 3월경 동료 변호사(Van O'Steen)와 함께 "legal clinic"이라는 법률사무소를 개설하였다. 그들은 저렴한 보수를 받고 단순하고 일상적인 법률사건을 취급하였다. 약 2년 후에 많은 사건을 수임할 목적으로 그 지역의 일간신문에 합리적인 가격으로 서비스를 제공한다는 광고를 했다(DO YOU NEED A LAWYER? LEGAL SERVICES AT VERY REASONABLE FEES.). 애리조나주 대법원이 정한 '징계규칙'은 변호사가 자기 자신, 파트너·소속 변호사가 신문·잡지·방송·전화번호부·기타 다른 상업적 광고수단을 통하여 광고하는 행위를 금지하고 있었다. 애리조나 변호사회는 베이츠가 광고를 했다는 이유로 1주일 자격정지 징계처분을 했다. 베이츠는 광고를 금지하는 '징계규칙'이 표현의 자유를 규정한 수정헌법 제1조 등의 위반이라며 애리조나 대법원에 심사를 청구하였으나 기각당했다.

그러나 연방대법원은 1977년 변호사의 광고를 규제하는 징계규칙은 수정헌법 제1조 위반이라고 했다. 다수의견은 변호사의 일상적 법률서비스 대한 가격광고를 포괄적으로 금지하는 것은 표현의 자유를 위반한다고 했다.[7] 즉, 변호사와 같은 전문직 광고도 표현의 자유를 규정하는 수정헌법 제1조의 보호를 받는다. 변호사도 업무수행을 통하여 생계를 유지하는 직종이라서 변호사의 업무가 상거래보다 고차원적이라는 것은 시대착오적이다. 변호사가 보수 광고를 하는 것은 전문가 정신에 위반되는 것도 아니다. 광고는 자유시장경제에서 공급자가 잠재적 구매자에게 공급할 수 있음과 교환조건을 알려주는 장치로 사법제도의 운영에 혜택을 준다. 광고는 변호사 선임을 위한 정보를 제공하는 것이라서 새로운 변호사의 시장 진입을 돕는다.

그 후 미국 변호사협회(ABA)와 각 주의 변호사단체는 광고금지규정을 수정하기 시작하여 현재는 허위, 기만, 오도, 현혹의 가능성이 있는 광고를 금지한다는 원칙하에 금지되는 광고행위의 유형을 구체적으로 나열하는 방식으로 규율하고 있다.[8] 미국의 「변호사 직무에 관한 모범규칙」(Model Rules of Professional Conduct) 7.2. 광고(Advertising) (a)에서는 "규칙 7.1.과 규칙 7.3의 요건하에 있는 변호사는 서면, 녹음녹화 또는 전자적 방법에 의한 통신과 같은 공공매체를 통하여 광고를 할 수 있다"고 규정하고 있다.[9]

일본은 변호사법에는 광고에 관한 규정이 없다. 일본변호사연합회는 2002. 3. 24. 회칙 제29조의2 "변호사는 자기 업무에 대하여 광고할 수 있다"라는 규정을 신설하였다. 그리고

---

6 Bates v. State Bar of Arizona 433 US 350(1977).
7 박준, 판례 법조윤리, 273면.
8 이광수, 변호사법개론, 108면.
9 American Bar Association, ABA Compendium of professional responsibility rules and standards, American Bar Association(2007), 129면.

회규 제44호로「변호사 업무광고에 관한 규정」을 제정하여 시행하고 있다.[10] 그 결과 국민에게 변호사의 보수 등에 대한 정보를 충분히 제공할 수 있는 반면, 허위·과장 광고 등에 대한 규제도 활발히 논의되고 있다.

2.「대한변호사협회 회칙」 제44조 제 5 항 및「변호사업무광고에 관한 규정」

변호사업무에 관한 광고는 변호사법보다「대한변호사협회 회칙」을 통해서 먼저 도입되었다.「대한변호사협회 회칙」 제44조(변호사 및 법무법인 등의 보수 및 광고) 제 5 항은 "회원은 광고·선전을 하거나 사무소표지를 설치할 때에는 이 회 또는 소속지방변호사회가 규칙이나 규정으로 정하는 바에 따라야 한다"라고 하였다.

대한변호사협회가 언제 위 규정을 신설하였는지 확실하지 않다. 대한변호사협회는 1993. 6. 28.「변호사업무광고에 관한 규정」을 제정·시행하였기 때문에, 적어도 1993년 이전에 위 조항이 신설되었을 것으로 보인다. 그러므로「대한변호사협회 회칙」 제44조 제 5 항에 근거하여「변호사업무광고에 관한 규정」이 제정되었을 것으로 추정된다. 실제로 대한변호사협회는 1993. 6. 28. 규정 제44호로「변호사업무광고에 관한 규정」을 제정·시행하였다.[11]「변호사업무광고에 관한 규정」의 구체적인 내용을 보면, 광고에 관한 정의규정과 광고사항과 광고금지사항, 광고매체와 광고기준 등을 정하고 있었다.[12]

변호사법에서 변호사업무 광고에 관한 규정에 대하여 허용 또는 금지에 관한 명문의 규정을 둔 바 없는 상태에서「변호사업무광고에 관한 규정」을 제정, 시행한 특징이 있다.[13] 변호사법에 변호사업무 광고에 관한 규정을 두고 있지 않는 상태에서 대한변호사협회가 법률의 근거 없이 변호사의 기본권을 제한하는 광고규정을 제정·시행한 것이 적법한 것이었는지 문제될 수 있다. 반면, 변호사법에서 광고를 허용하지 않고 있기 때문에 대한변호사협회가 이를 확인하는 차원에서 제정하였다는 측면으로도 이해할 수 있다.[14]

---

10 高中正彦, 辯護士法概說, 34면.

11 대한변호사협회, "변호사업무광고에 관한 규정" 공고, 인권과 정의 통권 제204호(1993), 144면.

12「변호사업무광고에 관한 규정」은 제 1 조(목적), 제 2 조(광고의 정의), 제 3 조(광고사항), 제 4 조(광고금지사항), 제 5 조(광고매체), 제 6 조(광고기준), 제 7 조(간판의 설치장소), 제 8 조(간판의 개수), 제 9 조(간판의 크기), 제10조(간판설치에 있어서의 금지사항), 제11조(광고물의 제출), 제12조(간판설치 등의 승인), 제13조(금지사항), 제14조(위반행위 등의 배제), 부칙으로 구성되었다.

13 오종근, "변호사업무광고에서 전문분야 표시의 문제점과 전문변호사제도 도입", 법조 제56권 제 5 호(2007), 8면 이하에서는 "변호사업무광고에 관한 근거규정을 변호사법에 둔 것은 2000. 1. 28. 개정된 변호사법이 시초이며, 그 이전에는 법률상 근거규정 없이 대한변호사협회의 회칙 내지 규정에 의해 자율적으로 규율되었다"라고 한다.

14「변호사업무광고에 관한 규정」은 나중에「변호사업무광고규정」으로 변경되었다.

3. 변호사법에 광고규정의 신설

2000. 1. 28. 법률 제6207호로 전부개정된 변호사법에서 변호사업무 광고규정이 최초로 아래와 같이 신설되었다.[15] 변호사법 제23조(광고) ① 변호사·법무법인 또는 공증인가합동법률사무소는 자기 또는 그 구성원의 학력·경력·주요취급업무·업무실적 기타 그 업무의 홍보에 필요한 사항을 신문·잡지·방송·컴퓨터통신 등의 매체를 이용하여 광고할 수 있다. ② 대한변호사협회는 제 1 항의 규정에 의한 광고에 관하여 광고매체의 종류, 광고회수, 광고료의 총액, 광고내용 등을 제한할 수 있다.

그 당시 변호사법 개정이유를 보면, "최근 심각하게 대두되고 있는 법조비리를 척결하고 법조풍토를 쇄신하기 위하여 비리행위로 퇴직한 판사·검사등에 대한 변호사 등록거부 제도를 도입하고, 판사·검사가 자기가 취급하거나 취급하였던 사건등을 특정 변호사에게 소개하는 행위등을 금지하며, 변호사업무에 대한 광고허용등을 통하여 사건브로커가 기생할 수 있는 소지를 제거하는 등 현행 제도의 운영상 나타난 일부 미비점을 개선·보완하려는 것임"이라고 했다. 이렇게 변호사법에 광고를 허용한 것은 의정부·대전 법조비리 내용 중에 국민들이 변호사에 대한 정보를 정확히 알 수 없어 사건브로커의 꾐에 넘어가 큰 피해를 당한 경우도 많았던 것 때문이다. 또한 변호사 상호간에 공정한 경쟁으로 고객을 유치할 필요성도 있었다.[16]

그런데 변호사법 제23조 제 2 항에서 "광고매체의 종류, 광고회수, 광고료의 총액, 광고내용 등"과 같이 광고에 관한 구체적인 내용은 대한변호사협회가 제한할 수 있도록 함으로써 사실상 대한변호사협회가 전권을 갖고 변호사 광고를 제한할 수 있게 되었다. 대한변호사협회는 2001. 7. 9. 개정된 변호사법에 따라 「변호사업무광고에 관한 규정」을 전부개정 하였다.[17] 그 후 공정거래위원회는 2000. 11. 15. 변호사와 의사의 광고제한 규정을 폐지하는 내용의 제도 개선안을 마련하여 정부의 규제개혁위원회에 제출하였다. 공정거래위원회는 개선안에서 대한변호사협회가 변호사법에 따라 변호사의 광고내용과 비용 등을 제한한 자체 규정과 의료법상 의사의 광고금지 규정을 없애야 한다고 지적했다. 공정위 관계자는 "변호사, 의사에 대한 광고 제한은 같은 전문자격사 간의 경쟁을 지나치게 제한하고 소비

15 현재 광고를 규율하는 개별 법률은 130개 이상인 것으로 파악되며, 「표시·광고의 공정화에 관한 법률」(약칭: 표시광고법)은 이러한 법률들의 일반법적인 성격을 가진다고 한다.

16 이광수, 변호사법개론, 108면.

17 이때 개정된 「변호사업무 광고에 관한 규정」은 제 1 조(목적), 제 2 조(광고의 정의), 제 3 조(주로 취급하는 업무광고), 제 4 조(광고 내용에 대한 제한), 제 5 조(광고방법에 대한 제한), 제 6 조(변호사의 간판), 제 7 조(광고에 있어서의 의무), 제 8 조(자료의 제출), 제 9 조(위반행위에 대한 조치), 제10조(광고심사위원회의 설치), 제11조(위원회의 업무), 제12조(위원회의 구성), 제13조(위원회의 회의), 제14조(규정 제정), 부칙으로 구성되었다(대한변호사협회, 대한변협오십년사, 795면 이하).

자가 알아야 할 정보를 차단하는 불공정 행위"라고 말했다.[18] 그러나 대한변호사협회는 광고제한 규정을 폐지하는 제도개선안에 대하여 자율권을 주장하며 반대하였다.[19] 그럼에도 2007. 1. 26. 개정된 변호사법에서는 변호사 광고규제를 완화하는 내용의 대한변호사협회에 위임한 범위를 대폭 축소하였다. 즉, "그 밖에 광고의 방법 또는 내용이 변호사의 공공성이나 공정한 수임(受任) 질서를 해치거나 소비자에게 피해를 줄 우려가 있는 것으로서 대한변호사협회가 정하는 광고"(변호사법 23②(7)). 그리고 변호사법 제23조 '제 2 항에서 제 4 항'을 신설하였다.[20] 즉, 변호사등의 광고에 관한 심사를 위하여 대한변호사협회와 각 지방변호사회에 광고심사위원회를 둔다(변호사법 23③). 광고심사위원회의 운영과 그 밖에 광고에 관하여 필요한 사항은 대한변호사협회가 정한다(변호사법 23④).

4. 헌법재판소가 판시한 변호사 업무광고에 대한 규제 연혁[21]

(1) 변협은 1993. 6. 28. '변호사 업무광고에 관한 규정'(변협 규정 제44호)을 제정하여 광고할 수 있는 사항을 한정적으로 열거하고, 광고방법과 횟수 등을 제한하는 이른바 '최소 허용 규제'(포지티브) 방식의 규제를 시행하여 오고 있었으나, 변호사법에는 광고에 관한 특별한 근거규정이 없었다.

(2) 변호사법이 2000. 1. 28. 법률 제6207호로 전부개정 되면서 처음으로 변호사 광고에 관한 규정이 신설되었는데(제23조), 위 조항은 종래의 변협 규정과 같이 변호사 광고를 제한적으로 허용하는 것이 아니라 원칙적으로 광고를 허용하고(제 1 항) 변협이 정하는 광고방식과 내용 등을 제한하는(제 2 항) 이른바 '최소 규제'(네거티브) 방식의 규제로 변경하였다. 위와 같은 변호사법의 개정에 따라, 변협도 2001. 7. 9. 광고사항을 13개로 제한하고 있던 규정 및 광고비 총액에 대한 제한을 삭제하는 등 '변호사 업무광고에 관한 규정'을 전부개정하였다.

(3) 그 후 구 변호사법(2007. 1. 26. 법률 제8271호로 개정되기 전의 것) 제23조 제 2 항에서 변협에 위임된 변호사광고 제한의 사유가 지나치게 넓어 소비자에 대한 정보제공 역할이 미흡

---

18 김문성, "내년 상반기에 변호사, 의사 광고제한 풀릴 듯", 매일경제 2000. 11. 15.자.

19 한인섭 · 한상희 · 김재원 · 이상수 · 김희수 · 김인회 · 정한중 · 이전오, 법조윤리 제 4 판, 237면.

20 그 당시 변호사법 개정이유는 아래와 같다.
변호사 광고규제의 완화(법 제23조 제 2 항, 법 제113조 제 1 호 신설)
(1) 대한변호사협회에 위임된 변호사광고 제한의 사유가 지나치게 넓어 소비자에 대한 정보제공 역할이 미흡함에 따라 사건브로커를 고용하는 등 병폐의 원인이 될 수 있음.
(2) 광고에 대한 규제는 국민의 기본권을 제한하는 사항이므로 금지되는 광고의 범위를 직접 규정하고 비난 가능성이 큰 위반행위에 대하여는 벌칙을 신설하되, 법률로 금지된 광고를 제외하고는 대한변호사협회의 자율적 통제를 보장하기 위하여 광고의 방법 또는 내용이 변호사의 공공성 또는 공정한 수임 질서를 해치거나 소비자에게 피해를 줄 우려가 있는 경우를 대한변호사협회에서 정할 수 있도록 함.
(3) 법률서비스시장의 건전한 경쟁과 소비자에 대한 정보제공을 활성화할 수 있을 것으로 기대됨.

21 헌재 2022. 5. 26. 2021헌마619 변호사 광고에 관한 규정 제 3 조 제 2 항 등위헌확인.

하다는 지적이 계속되자, 2007. 1. 26. 법률 제8271호로 개정된 변호사법 제23조 제 2 항은 광고에 대한 규제는 국민의 기본권을 제한하는 사항이므로 금지되는 광고의 범위를 법에서 직접 규정하고, 법률로 금지된 광고를 제외하고는 변협의 자율적 통제를 보장하는 내용으로 개정되었으며, 이는 일부 문구만이 수정되어 현재에 이르고 있다.

위 법률 개정에 따라 변협도 2007. 2. 5. '기존의 규제 위주의 입장에서 탈피하여 광고를 널리 허용하는 것을 원칙으로 하되 필요 최소한의 제한만을 규정함으로써 국민에게 변호사를 선택하는데 도움을 주고 변호사로 하여금 공정한 경쟁에 의하여 고객을 유치할 수 있도록 개정한다'는 이유를 들어 '변호사 업무광고 규정'을 전부개정하였고, 같은 날 인터넷 등의 특수성을 감안한 '인터넷 등을 이용한 변호사 업무광고 기준'도 제정하였다.

(4) 이후 변협은 2016. 6. 27. 인터넷, 휴대폰, 이메일 등 광고방법이 급속도로 발전함에 따라 변호사 업무광고의 형태, 내용, 방법 등이 다양해지고 있으므로, 광고의 방법 및 내용이 변호사의 품위유지, 변호사의 공공성, 공정한 수임질서를 지키는 범위 안에서 자유롭게 이루어지도록 규제를 완화할 필요가 있다는 이유를 들어 '변호사 업무광고 규정'을 전부개정하였고, 종래 세부기준이었던 '인터넷 등을 이용한 변호사 업무광고 기준'을 폐지하면서 위 규정에서 함께 규율하였다.

(5) 이 사건 규정은 종래의 '변호사 업무광고 규정'(2016. 12. 30. 개정되고, 2021. 5. 3. 전부개정되기 전의 것, 이하 '구 광고규정'이라 한다)을 2021. 5. 3. 개정한 것인데, 주요 내용과 개정 취지는, ① 특정 광고방법 등 제한의 폐지(제 5 조 제 1 항 관련), ② '전문' 표시 사용의 허용(제 7 조 제 1 항 관련), ③ 법률시장 교란의 위험이 있는 불공정 수임행위 차단 및 공정한 수임질서 정착을 위해 새로운 형태의 법률사무 또는 변호사 소개·알선 등 광고행위에 대한 변호사 참여 규율(제 5 조 제 2 항 관련) 및 수임료 덤핑 행위 등 불공정 수임행위로 인한 피해 예방(제 4 조 관련) 등이다.

Ⅲ. 현행 변호사법상 변호사업무에 관한 광고

1. 변호사업무 광고의 의의

변호사법은 변호사업무 광고에 관한 정의규정은 두고 있지 않다. 표시광고법 제 2 조,[22]

---

22 표시광고법 제 2 조(정의) 이 법에서 사용하는 용어의 뜻은 다음과 같다.
"광고"란 사업자등이 상품등에 관한 제 1 호 각 목의 어느 하나에 해당하는 사항을 「신문 등의 진흥에 관한 법률」 제 2 조 제 1 호 및 제 2 호에 따른 신문·인터넷신문, 「잡지 등 정기간행물의 진흥에 관한 법률」 제 2 조 제 1 호에 따른 정기간행물, 「방송법」 제 2 조 제 1 호에 따른 방송, 「전기통신기본법」 제 2 조 제 1 호에 따른 전기통신, 그 밖에 대통령령으로 정하는 방법으로 소비자에게 널리 알리거나 제시하는 것을 말한다.

식품표시광고법 제2조에서도 광고에 관한 정의규정을 두고 있다.[23] 변호사업무 광고에 대한 개념은 대한변호사협회가 제정·시행한 구 「변호사업무광고규정」에서 찾아볼 수 있다. 구 「변호사업무광고규정」 제2조는 다음과 같이 광고에 관한 정의규정과 함께 광고의 종류를 예시하였다. 변호사업무에 관한 광고(이하 "광고")라 함은 변호사가 고객 또는 의뢰인의 유치 및 유지를 주된 목적으로 하여 자기 또는 그 구성원이나 그 업무에 관하여 아래에 열거한 방식을 포함한 일체의 방법으로 정보를 제공하는 것을 말한다.

1. 변호사사무소간판 등의 설치
2. 국내외의 신문·잡지 등의 정기 또는 부정기 간행물, 단행본, 화상 및 음성기록물, 일반전화번호부 및 비즈니스 디렉토리, 공중파, 케이블, DMB 기타 각종 방송, 유·무선통신, 인터넷, 컴퓨터통신 등 각종 매체의 이용
3. 인사장, 연하장, 달력, 명함, 봉투, 서식, 편지지 기타의 사무용지 등의 유인물 또는 복사물의 배포
4. 안내책자, 사외용의 사무소보, 기념품, 안내편지, 관광안내지도, 개업연, 기타의 연회, 협찬
5. 법률상담, 설명회, 세미나 등

대한변호사협회가 2021. 5. 3. 개정한 「변호사 광고에 관한 규정」 제2조는 "변호사등 광고(이하 "광고")라 함은 변호사등에 관한 소개·홍보, 변호사등이 수행하는 일체의 직무에 관한 소개·홍보, 그 밖의 소비자와 변호사등을 연결하는 일체의 수단과 방법을 말한다."라고 했다. 여기서는 구 「변호사업무광고규정」 제2조 각호를 삭제하였지만, 이 역시 포함됨은 물론이다. 변호사업무의 광고는 법률사무소의 간판을 설치하고 의뢰인에게 명함을 건네고 법률상담을 하는 것도 포함되므로, 수임한 사건을 처리하기 위하여 법정 등에서 변론하는 것을 제외한 변호사로 활동하는 일체의 행위를 말한다고 할 수 있다.

2. 광고의 주체와 내용

변호사법상 광고를 할 수 있는 주체는 변호사·법무법인·법무법인(유한) 또는 법무조합("변호사 등")이다. 광고주체로서 변호사는 국내에서 변호사 자격을 갖춘 사람에 한정되고, 외국에서 변호사 자격을 얻는 자는 포함되지 않는다. 외국법자문사는 「외국법자문사법」에 의하여 광고가 허용된다.[24] 변호사등은 자기 또는 그 구성원의 학력, 경력, 주요 취급 업무,

---

23 식품표시광고법 제2조(정의) 이 법에서 사용하는 용어의 뜻은 다음과 같다.
 10. "광고"란 라디오·텔레비전·신문·잡지·인터넷·인쇄물·간판 또는 그 밖의 매체를 통하여 음성·음향·영상 등의 방법으로 식품등에 관한 정보를 나타내거나 알리는 행위를 말한다.

24 외국법자문사법 제31조(광고) ① 외국법자문사, 외국법자문법률사무소 및 합작법무법인은 자기 또는 그

업무 실적, 그 밖에 그 업무의 홍보에 필요한 사항을 광고할 수 있다. 여기서 '자기'란 광고를 하는 단독 개업 변호사 본인 또는 법무법인·법무법인(유한) 또는 법무조합을 말한다. '그 구성원'이란 법무법인·법무법인(유한) 또는 법무조합의 구성원 변호사는 물론 소속 변호사를 포함한다.

광고의 내용은 학력, 경력, 주요 취급 업무, 업무 실적, 그 밖에 그 업무의 홍보에 필요한 사항이다. 이들은 업무의 홍보에 필요한 사항으로 변호사가 수임사건의 처리에 필요한 능력을 보유하고 있다는 정보에 관한 것이다. 여기서 '주요 취급 업무'는 헌법재판, 민사법, 형사법, 행정법, 상사법 등 변호사가 주로 취급하는 분야의 업무를 말한다. '업무 실적'은 과거에 처리하여 왔던 사건의 종류 및 사건 건수 등이 이에 해당된다. 형사·민사·행정사건 등에서 성공한 사례를 알리는 광고는 할 수 있다. 이때 고객으로 하여금 승소율, 석방률 기타 업무수행결과에 대하여 현실에서 기대하기 어려운 부당한 기대를 가지도록 하는 내용은 광고할 수 없다. 이러한 변호사에 관한 기초적이고 객관적인 정보를 법률소비자에게 제공함으로써 당사자의 변호사선택권을 실효적으로 담보할 수 있다.[25]

3. 광고의 방법(수단)과 대상

변호사는 신문·잡지·방송·컴퓨터통신 등의 매체를 이용하여 광고할 수 있다.[26] 여기서 '등의 매체'란 변호사의 업무를 홍보할 수 있는 일체의 방법을 말한다. 그러므로 신문처럼 지면에 의사를 전달할 수 있는 간행물뿐만 아니라 법률사무소를 표시하는 간판과 같은 공작물, 특정 장소에서의 법률상담이나 세미나 개최 등도 이에 해당된다. 그리고 컴퓨터통신 매체의 일종인 인터넷을 이용한 광고가 변호사업무 광고의 가장 유효적절한 수단이 되고 있다.[27] 현재 온라인으로 광고를 원하는 자는 광고계약을 체결하는 경우에 검색어 설정을 통한 검색광고, 홈페이지 및 블로그 제작을 계약 내용으로 할 수 있다.[28]

공정거래위원회는 2012. 9. 4.「인터넷 광고에 관한 심사지침」을 제정·시행한 바 있다. 이 지침에서는 "인터넷 광고"란 표시광고법 제 2 조 제 2 호의 "광고" 중 사업자(이하 사업자단

구성원(합작법무법인의 경우에는 합작참여자, 선임변호사 및 선임외국법자문사를 말한다)의 원자격국, 학력, 경력, 전문분야, 업무 실적, 그 밖에 그 업무의 홍보에 필요한 사항을 방송·신문·잡지·컴퓨터통신 등의 매체를 이용하여 광고할 수 있다.

25 최진안, 법조윤리 제 3 판, 308면.

26 의료법은 변호사법보다 상세히 규정하고 있다. 의료법 제56조(의료광고의 금지 등) ① 의료기관 개설자, 의료기관의 장 또는 의료인(이하 "의료인등"이라 한다)이 아닌 자는 의료에 관한 광고(의료인등이 신문·잡지·음성·음향·영상·인터넷·인쇄물·간판, 그 밖의 방법에 의하여 의료행위, 의료기관 및 의료인등에 대한 정보를 소비자에게 나타내거나 알리는 행위를 말한다. 이하 "의료광고"라 한다)를 하지 못한다.

27 황창근, "인터넷 법률사이트에서의 변호사윤리 문제의 고찰",「홍익법학」 제 8 권 제 3 호(2007), 123면.

28 이병준, "인터넷 광고와 투명성", 상사판례연구 제31권 제 1 호(2018), 5면.

체를 포함한다)가 인터넷 프로토콜에 기반한 정보통신망, 즉 인터넷을 매체 또는 수단으로 이용하는 광고로서, 배너광고, 팝업·팝언더광고, 검색광고, 이용후기 광고, 사업자 자기 또는 다른 사업자의 인터넷 홈페이지, 블로그 등을 통한 광고 등이 포함된다고 한다.

변호사의 광고는 누구를 대상으로 하는지에 관하여 변호사법에는 규정이 없다. 구 「변호사업무광고규정」 제2조는 "변호사가 소비자의 변호사 선택에 도움을 주고 고객·의뢰인의 유치 및 유지를 하기 위하여"라고 규정하였다. 여기서 "소비자"란 사업자등이 생산하거나 제공하는 상품등을 사용하거나 이용하는 자를 말한다(표시광고법 2(5)).[29] 판례는 소비자란 일반적으로 '재화를 소비하는 사람'을 의미한다고 정의한다.[30] 변호사법상의 소비자란 변호사가 제공하는 법적 조력을 필요로 하는 지위에 있는 (잠재적) 의뢰인을 말한다. 개업한 변호사는 시기와 횟수에 제한 없이 광고할 수 있다. 그러나 광고방법에 대하여는 많은 제약을 두고 있다.

4. 비변호사의 변호사업무 광고 문제

(1) 문제점

변호사법 제23조는 변호사 등이 광고주체가 되어 행하는 변호사 광고에 관해서만 규정하고 있는데, 위 규정의 반대해석상 비변호사의 변호사 광고는 금지되는지 여부도 살펴볼 필요가 있다. 혹자는 변호사법 제23조의 규정 형식을 이유로 광고업체가 하는 광고 역시 비변호사의 광고라고 하기도 한다. 이는 변호사가 아닌 자 또는 변호사 직무를 수행할 수 없는 자가 광고를 한 경우와 광고매체인 신문, 잡지, 방송, 인터넷 매체 등과 같은 광고업체의 역할을 혼동한 것이다.[31]

(2) 비의료인의 의료광고를 금지하는 의료법

변호사법은 비변호사의 광고에 관한 규정을 두고 있지 않다. 비변호사의 변호사 광고 금지와 관련한 쟁점 해결을 위하여 의료법 제56조 제1항을 참고할 필요가 있다. 「의료법」 제56조(의료광고의 금지 등) ①의료기관 개설자, 의료기관의 장 또는 의료인(이하 "의료인등"이라 한다)이 아닌 자는 의료에 관한 광고(의료인등이 신문·잡지·음성·음향·영상·인터넷·인쇄물·간판, 그

29 또한 "소비자"라 함은 사업자가 제공하는 물품 또는 용역(시설물을 포함한다. 이하 같다)을 소비생활을 위하여 사용(이용을 포함한다. 이하 같다)하는 자 또는 생산활동을 위하여 사용하는 자로서 대통령령이 정하는 자를 말한다(소비자기본법 제2조 제1호). "소비자"란 사업자가 제공하는 재화등을 소비생활을 위하여 사용하거나 이용하는 자 또는 대통령령으로 정하는 자를 말한다(방문판매등에 관한 법률 제2조 제12호).

30 대법원 2017. 4. 7. 선고 2015도7280 판결 [담배사업법위반].

31 정형근, "변호사업무의 플랫폼 광고 규제에 관한 헌법적 고찰", 헌법재판소 헌법실무연구회 발표문(2022. 4. 22), 68~70면.

밖의 방법에 의하여 의료행위, 의료기관 및 의료인등에 대한 정보를 소비자에게 나타내거나 알리는 행위를 말한다. 이하 "의료광고"라 한다)를 하지 못한다.

여기서 ① "의료기관 개설자, 의료기관의 장 또는 의료인(의료인 등)"은 적법하게 의료광고를 할 수 있는 주체이다(광고주). ② "의료인등이 아닌 자가 하는 의료광고"는 비의료인의 의료광고에 해당된다. ③ "신문·잡지·음성·음향·영상·인터넷·인쇄물·간판, 그 밖의 방법에 의하여"는 의료 광고매체이다. 따라서 의료법 제56조 제1항은 의료인이 아닌 자가 의료광고를 하는 것이 "비의료인의 의료광고"라고 하고 있으며, 광고매체는 "비의료인의 의료광고"에 해당되지 않는다. 만약 광고매체가 하는 광고도 비의료인의 광고라고 해석한다면, 의료인은 자기 소유의 신문, 잡지, 방송, 인터넷 등에서만 광고할 수 있다고 해야 한다. 그러나 이런 해석은 광고매체를 제시하고 있는 법문에도 반하는 것이며, 광고 자체를 부정하는 것에 해당된다. 비변호사의 광고 문제에 있어서도 이와 마찬가지로 해석해야 한다. 비의료인의 의료광고에 관한 판결 역시 같은 입장이다.[32]

따라서 의료법상 비의료인의 광고금지는 광고주가 비의료인인 경우를 말한다. 따라서 의료광고의 매체인 "신문·잡지·음성·음향·영상·인터넷·인쇄물·간판, 그 밖의 방법에 의하여 의료행위, 의료기관 및 의료인등에 대한 정보를 소비자에게 나타내거나 알리는 행위"를 의료인과의 광고계약에 따라서 하는 광고업체는 의료법을 위반한 것이 아니다.

(3) 비변호사의 변호사 광고 유형

변호사법 제23조 제1항에서 변호사가 광고를 한다고 할 때의 '변호사'는 광고를 통해서 법률사건을 수임하여 즉시 변호사의 직무를 수행할 수 있는 변호사라고 할 수 있다. 따라서 변호사의 자격을 가진 사람이 대한변호사협회에 자격등록과 개업신고를 한 자가 광고의 주체에 해당된다. 따라서 비변호사의 변호사 광고는 아래와 같은 경우를 상정해 볼 수 있다.

1) 변호사 명의를 대여받은 사무직원이 하는 변호사 광고

변호사법이 금지하는 변호사의 명의를 대여받아 법률사무소를 운영하는 자(사건브로커 또는 형식상 사무직원으로 신고되어 있는 자)가 변호사의 이름[예: 변호사 홍길동 법률사무소, 개인회생·파

---

32 원심판결 이유에 의하면 원심은, **의료인이 아닌 피고인이** 생활정보지에 만성두통, 불면증, 소화불량, 변비, 요실금, 간기능개선, 중풍 등 구체적인 병명을 거시하여 광고를 낸 것은 그 내용이 일반인들로 하여금 피고인이 그러한 병들을 치료할 수 있는 것으로 인식하게 할 것이고, 피고인 역시 그러한 의도로 그 광고를 낸 것이므로, 피고인의 위와 같은 광고행위는 의료인이 아니면의료광고를 금지하고 있는 의료법 제46조 제2항의 규제대상이 된다고 판단하였는바, 기록과 관계 법령에 비추어 볼 때, 원심의 위와 같은 사실인정과 판단은 정당한 것으로 수긍이 되고, 거기에 상고이유로 주장하는 바와 같은 사실오인, 법리오해의 위법 등이 있다고 할 수 없다(대법원 2000. 2. 25. 선고 99도4542 판결 [보건범죄단속에관한특별조치법위반(부정의료업자)·의료법위반]).

산]으로 또는 해당 법률사무소의 이름[예: 서초 법률사무소, 개인회생, 파산면책]으로 광고하는 경우를 상정할 수 있다. 이때는 비변호사가 변호사의 이름 또는 법률사무소의 명칭을 이용하여 광고하는 것에 해당되므로, 광고주는 비변호사인 사무직원이라서 당연히 금지되어야 한다. 비변호사의 광고금지는 바로 이렇게 변호사의 명의만을 빌려서 하는 행위를 말한다. 이런 자는 변호사법 제109조 제 1 호 위반에 해당될 수 있기 때문에 7년 이하의 징역에 처해질 수 있다.

2) 변호사가 아닌 자의 광고

변호사가 아닌 자가 변호사 자격을 표시한 명함을 제작하여 타인에게 교부하거나 광고매체에 온라인으로 개설한 법률사무소에서 법률상담 형식의 광고를 할 수도 있다. 이런 자는 아래 변호사법 규정도 위반할 가능성이 있다. 변호사가 아니면서 변호사나 법률사무소를 표시 또는 기재하거나 이익을 얻을 목적으로 법률 상담이나 그 밖의 법률사무를 취급하는 뜻을 표시 또는 기재한 자는 3년 이하의 징역 또는 2천만원 이하의 벌금에 처한다. 이 경우 벌금과 징역은 병과할 수 있다(변호사법 112(4)).

3) 미등록 변호사, 휴업 또는 폐업한 변호사의 광고

변호사시험에 합격하여 변호사 자격은 있지만 자격등록과 개업신고를 하지 않은 변호사가 금전 취득을 목적으로 광고를 할 수 있다(명함을 제작하여 타인에게 교부하거나 법률상담 형식의 광고도 할 수 있음). 또한 판사나 검사와 같이 변호사 자격을 가진 공직자가 퇴직한 후에 등록과 개업신고를 하지 않은 상태에서 광고를 하는 것도 이에 해당된다. 그리고 변호사 직무를 수행할 수 없는 휴업 또는 폐업 중인 변호사가 광고를 하는 것도 비변호사의 광고라고 할 수 있다.

4) 정직, 제명 징계처분을 받은 변호사 결격사유자의 광고

변호사법 제90조는 징계의 종류로 영구제명, 제명, 3년 이하의 정직, 3천만원 이하의 과태료, 견책을 두고 있다. 그런데 변호사가 제명처분을 받으면 5년간 변호사 직무를 수행할 수 없으며(변호사법 5(4)), 정직처분은 그 기간 동안 직무를 할 수 없다. 그런데 제명과 정직 징계처분을 받은 변호사가 광고를 한다면, 그 사실을 알지 못하는 의뢰인은 광고를 보고 사건수임을 의뢰할 수 있으므로, 이런 징계처분을 받은 변호사의 광고는 금지할 필요가 있다.

5) 소 결

위와 같은 유형은 비변호사의 광고라고 할 것이라서 금지해야 한다. 현행 변호사법에는 이에 관한 규정이 없어서 형사처벌 등의 제재를 가할 수는 없다. 다만, 변호사 자격은 있지만 징계처분으로 직무를 수행할 수 없는 변호사의 광고는 변호사법을 위반한 경우에 해당되므로 추가로 징계할 수 있다고 할 것이다.

(4) **변호사업무 광고매체(Media, 광고업체)가 하는 광고와 구별**

변호사는 신문·잡지·방송·컴퓨터통신 등의 매체를 이용하여 광고할 수 있다(… through such media as newspapers, magazines, broadcasts and computer communications). 변호사는 신문사나 방송, 인터넷 광고업체에 광고료를 지급하고 광고를 할 수 있다. 광고는 많은 사람에게 변호사의 업무를 홍보하여 의뢰인을 유치하여 사건수임을 목적으로 하는 행위라서 가능한 많은 사람이 볼 수 있는 신문, 잡지, 방송, 컴퓨터통신과 같은 인터넷, 온라인상에서의 광고가 효과적이다. 변호사가 개업을 할 때 법률신문과 같은 신문에 "개업인사" 광고를 한다. 최근에는 대형 로펌에서 "구성원 영입인사" 등에 대한 광고와 "축! 법의 날" 이런 형식의 기념일에 맞춘 광고도 행해지고 있다. 이때 변호사는 신문사에 광고비를 지급하기로 하고, 신문사는 변호사가 의뢰하는 내용을 광고해 주고 있다. 여기서 변호사는 광고주(광고주체), 신문사는 광고매체에 해당한다. 이런 광고매체가 하는 광고를 비변호사의 변호사업무에 관한 광고라고 할 수 없다.

만약 광고매체(광고업체)가 하는 변호사 광고를 비변호사의 광고라는 이유로 금지시킨다면, 변호사의 광고 자체를 금지시킨 것과 다름 없다. 변호사법 제23조 제 1 항은 "변호사·법무법인·법무법인(유한) 또는 법무조합(이하 이 조에서 "변호사등"이라 한다)은 자기 또는 그 구성원의 학력, 경력, 주요 취급 업무, 업무 실적, 그 밖에 그 업무의 홍보에 필요한 사항을 신문·잡지·방송·컴퓨터통신 등의 매체를 이용하여 광고할 수 있다"고 하는 규정을 위반한 것이다.

특히 의료법상 비의료인의 광고금지 규정에서도 의료인은 광고매체인 "신문·잡지·음성·음향·영상·인터넷·인쇄물·간판, 그 밖의 방법에 의하여 의료행위, 의료기관 및 의료인등에 대한 정보를 소비자에게 나타내거나 알리는 행위"를 할 수 있다는 규정에 비춰 볼 때도 광고업체가 하는 광고는 비의료인 또는 비변호사의 광고라고 할 수는 없다.

Ⅳ. 변호사법상 광고 제한사유와 대한변호사협회에 위임사항

1. 광고제한 사유의 필요성

변호사 등은 다음 각호의 어느 하나에 해당하는 광고를 하여서는 아니 된다(변호사법 23 ②). 변호사는 광고의 자유를 우선시할 수 있지만, 소비자는 변호사업무에 관한 정확한 내용의 광고를 제공받아야 한다. 소비자가 상품등을 선택하기 위해서는 충분하고 정확한 정보를 제공해야 한다.[33] 이 점을 감안하여 변호사법도 변호사의 공공성과 공정한 수임질서 및 소비자에게 피해를 예방하기 위한 목적으로 광고의 제한사유를 두고 있다.

변호사법처럼 다른 개별 법률에서도 광고제한 사유를 설정해 놓고 있다. 국가에서 광고를 규제하기 시작하던 초기에는 기업 간 공정경쟁의 보장을 위해서였지만, 점차 광고로 인한 소비자 피해가 늘어나면서 소비자보호가 광고규제의 가장 큰 목적이 되었다.[34] 특히 의료광고는 국민의 생명과 밀접한 관련이 있기 때문에 일반광고보다 더욱 강화된 윤리성, 공공성이 요구되며 점점 증가하는 의료광고의 피해를 최소화할 수 있는 제도적 장치가 필요하다.[35] 그래서 의료법에서도 의료광고에 대한 규제를 하고 있다.[36] 또한 표시광고법 제 3 조는 4가지의 부당한 표시·광고행위를 금지하고, 식품표시광고법 제 8 조는 10가지의 부당한 표시 또는 광고행위를 금지하고 있다. 변호사법 제23조 제 2 항은 아래와 같은 7가지 광고제한 사유를 두고 있다.

---

33 고형석, "식품 등의 표시광고에 대한 자율심의제도에 관한 연구", 법조 제68권 제 3 호(2019), 278면.

34 이노홍, "상업적 광고규제와 표현의 자유 보호론 재검토", 홍익법학 제17권 제 1 호(2016), 218면.

35 전영주, "의료소비자 보호를 위한 의료광고 개선방안", 인문사회21 제10권 제 4 호(2019), 1508면.

36 의료법 제56조(의료광고의 금지 등) ② 의료인등은 다음 각호의 어느 하나에 해당하는 의료광고를 하지 못한다.
1. 제53조에 따른 평가를 받지 아니한 신의료기술에 관한 광고
2. 환자에 관한 치료경험담 등 소비자로 하여금 치료 효과를 오인하게 할 우려가 있는 내용의 광고
3. 거짓된 내용을 표시하는 광고
4. 다른 의료인등의 기능 또는 진료 방법과 비교하는 내용의 광고
5. 다른 의료인등을 비방하는 내용의 광고
6. 수술 장면 등 직접적인 시술행위를 노출하는 내용의 광고
7. 의료인등의 기능, 진료 방법과 관련하여 심각한 부작용 등 중요한 정보를 누락하는 광고
8. 객관적인 사실을 과장하는 내용의 광고
9. 법적 근거가 없는 자격이나 명칭을 표방하는 내용의 광고
10. 신문, 방송, 잡지 등을 이용하여 기사(記事) 또는 전문가의 의견 형태로 표현되는 광고
11. 제57조에 따른 심의를 받지 아니하거나 심의받은 내용과 다른 내용의 광고
12. 제27조 제 3 항에 따라 외국인환자를 유치하기 위한 국내광고
13. 소비자를 속이거나 소비자로 하여금 잘못 알게 할 우려가 있는 방법으로 제45조에 따른 비급여 진료비용을 할인하거나 면제하는 내용의 광고
14. 각종 상장·감사장 등을 이용하는 광고 또는 인증·보증·추천을 받았다는 내용을 사용하거나 이와 유사한 내용을 표현하는 광고. 다만, 다음 각 목의 어느 하나에 해당하는 경우는 제외한다.
가. 제58조에 따른 의료기관 인증을 표시한 광고
나. 「정부조직법」 제 2 조부터 제 4 조까지의 규정에 따른 중앙행정기관·특별지방행정기관 및 그 부속기관,「지방자치법」 제 2 조에 따른 지방자치단체 또는 「공공기관의 운영에 관한 법률」 제 4 조에 따른 공공기관으로부터 받은 인증·보증을 표시한 광고
다. 다른 법령에 따라 받은 인증·보증을 표시한 광고
라. 세계보건기구와 협력을 맺은 국제평가기구로부터 받은 인증을 표시한 광고 등 대통령령으로 정하는 광고
15. 그 밖에 의료광고의 방법 또는 내용이 국민의 보건과 건전한 의료경쟁의 질서를 해치거나 소비자에게 피해를 줄 우려가 있는 것으로서대통령령으로 정하는 내용의 광고

2. 변호사 광고제한 사유

(1) 변호사의 업무에 관하여 거짓된 내용을 표시하는 광고(제 1 호)

변호사는 변호사의 업무에 관하여 거짓된 내용을 표시하는 광고를 할 수 없다(변호사법 23②(1)). 변호사 광고의 핵심은 '변호사의 업무'를 알리는 것이다. 변호사의 업무란 그 변호사의 현재 주요취급업무나 전문분야와 같은 내용을 말한다. 과거에 업무를 수행했던 결과인 높은 승소율 역시 이에 해당된다. 변호사의 학력이나 경력은 그 변호사의 업무처리 능력을 뒷받침하는 요소이다. 이런 사항을 객관적 사실대로 기재하지 않는 것 역시 '업무에 관하여 거짓된 내용을 표시하는 광고'에 포함된다.[37] 사법연수생 신분으로 검사직무대리를 검찰청에서 2주간 실습을 하였던 한 것을 검사경력으로 표시하거나 재판연구원으로 재직했던 것을 법관으로 퇴직한 것으로 광고하는 행위도 이에 해당될 수 있다. 변호사의 업무에 관하여 사실에 부합하지 아니하거나 허위의 내용을 표시하는 광고는 모두 이에 해당된다. 이를 위반하여 광고를 한 자는 1년 이하의 징역 또는 1천만원 이하의 벌금에 처한다(변호사법 113(3)).

(2) 국제변호사를 표방하거나 그 밖에 법적 근거가 없는 자격이나 명칭을 표방하는 내용의 광고(제 2 호)

국제변호사는 존재하지 않는다. 외국에서 변호사자격을 취득한 자라도 '국제변호사'라고 광고할 수 없다. 1949년 제정된 변호사법에서부터 인정되었던 '국가공로 외국변호사'는 2008. 3. 28. 개정된 변호사법에서 폐지되었다. 따라서 현재는 그 명칭을 사용할 수 없다. 그리고 '그 밖에 법적 근거가 없는 자격이나 명칭'은 변호사의 직무를 수행할 수 있는 외관을 가진 자격이나 명칭을 말한다. 예컨대 변호사 자격이 없음에도 불구하고 명함이나 광고전단지에 자신을 이민·특허 전문변호사 또는 국제변호사라고 표시한다면 이 규정 위반이 된

---

37 대법원은 치과의사인 피고인이 '미국 치주과학회 정회원'이 아님에도 위 경력이 포함된 유리액자 형태의 약력서를 자신이 운영하던 치과의원 내에 게시하여 허위 광고를 하였다는 점에 관하여 거짓광고가 아니라고 판시하였다. 원심은 이 사건 공소사실 중 피고인이 '미국 치주과학회 정회원'이 아님에도 위 경력이 포함된 유리액자 형태의 약력서를 자신이 운영하던 치과의원 내에 게시하여 허위 광고를 하였다는 점에 관하여 그 판시와 같은 사정을 들어 위 공소사실을 유죄로 인정한 제 1 심판결을 그대로 유지하였다. 그러나 위 공소사실에 의하더라도 피고인은 유리액자 형태의 약력서를 위 의원 내에만 게시하였을 뿐 이를 신문, 잡지, 방송이나 그에 준하는 매체 등을 이용하여 일반인에게 알린 것은 아닌 점, 위 약력서는 의원을 방문한 사람만 볼 수 있어 그 전파가능성이 상대적으로 낮아 피고인의 경력을 널리 알리는 행위라고 평가하기는 어려운 점 등을 위 법리에 비추어 살펴보면, 피고인의 위와 같은 행위를 의료광고에 해당한다고 보기는 어렵다. 결국 피고인이 거짓 경력이 포함된 약력서를 의원 내에 게시한 행위가 표시광고법 제 3 조 제 1 항의 거짓 표시행위에 해당함은 별론으로 하고, 의료법 제56조 제 3 항의 거짓 의료광고에 해당한다고는 볼 수 없다. 그럼에도 원심은 피고인의 행위가 의료광고에 해당함을 전제로 위 공소사실을 유죄로 인정하였으니, 거기에는 의료광고에 관한 법리를 오해하여 판결에 영향을 미친 위법이 있다(대법원 2016. 6. 23. 선고 2014도16577 판결 [의료법위반]).

다. 현행법상 외국 변호사가 국내에서 활동하면서 명칭을 광고할 수 있는 경우로는 외국법자문사에 국한된다. 외국법자문사가 국내에서 '변호사'라는 명칭만으로 광고할 수는 없다. 제 2 호를 위반하여 광고를 한 자는 1년 이하의 징역 또는 1천만원 이하의 벌금에 처한다(변호사법 113(3)).

⑶ 객관적 사실을 과장하거나 사실의 일부를 누락하는 등 소비자를 오도(誤導)하거나 소비자에게 오해를 불러일으킬 우려가 있는 내용의 광고(제 3 호)

'객관적 사실'이란 변호사가 광고할 수 있는 사항으로 자기 또는 그 구성원의 학력, 경력, 주요 취급 업무, 업무 실적, 그 밖에 그 업무의 홍보에 필요한 사항을 말한다. '객관적 사실을 과장하거나'는 객관적 사실을 실제보다 부풀리는 행위로서 특정 사건을 수임하려고 과거 동종사건의 수임건수와 승소율을 실제 수치보다 많게 하는 행위 등을 말한다. 그리고 '사실의 일부를 누락'한다는 것은 불리한 사실을 숨기는 행위를 말한다.

일반 상거래의 광고는 다소의 과장이나 허위가 수반되는 것은 상거래의 관행과 신의칙에 비추어 시인될 수 있지만, 거래에 있어서 중요한 사항에 관하여 구체적 사실을 신의성실의 의무에 비추어 비난받을 정도의 방법으로 허위로 고지한 경우에는 기망행위에 해당한다.[38] 변호사의 허위·과장광고는 상거래에 있어서 통용되는 기준보다 더욱 엄격하다고 볼 수 있다.

⑷ 소비자에게 업무수행 결과에 대하여 부당한 기대를 가지도록 하는 내용의 광고(제 4 호)

'업무수행 결과'란 변호사가 기존에 처리하였던 업무의 성과에 관한 것으로 승소율, 석방률 등 잘 해결된 업무처리의 지수를 말한다. 업무수행의 결과를 광고하는 것은 당연하다. 그러나 그런 내용의 광고로 인하여 소비자가 부당한 기대를 가지도록 해서는 아니 된다. '부당한 기대'란 적법한 절차나 변론행위를 통해서는 얻을 수 없는 결과를 희망하는 것을 말한다. 구속적부심 기각결정에 대하여 항고를 통하여 석방될 수 있다는 기대라든가, 법정형이 징역형만 규정되어 있음에도 벌금형 선고가 가능하다는 기대를 불러일으키는 내용의 광고가 이에 해당될 것이다.

⑸ 다른 변호사 등을 비방하거나 자신의 입장에서 비교하는 내용의 광고(제 5 호)

광고는 자신의 탁월한 업무처리 능력을 알리는 것이다. 다른 변호사를 비방하거나 자신과 비교하여 다른 변호사를 비판하는 것은 허용되지 않는다. 변호사 간의 비교는 의뢰인의 몫이다. 변호사는 상대방 변호사를 비방해서는 아니 된다(변호사윤리장전 10①). 다른 변호

---

38 대법원 2009. 4. 23. 선고 2009다1313 판결 [손해배상(기)].

사 등에 대한 비방은 변호사를 선임한 의뢰인이 불안한 마음에 다른 변호사를 찾아 그 사건진행에 관한 상담을 할 때 발생할 수 있다. 자신의 변호사에 대한 비방을 들은 의뢰인은 그가 선임한 변호사에 대한 신뢰가 흔들릴 수 있다. 그 결과 궁박한 상태에 있는 의뢰인은 보다 좋은 결과를 제시하며 광고하는 변호사에게 유혹될 수 있다. 사건수임을 위하여 동료 변호사에 대한 비방도 서슴지 않는 행위는 품위훼손에 해당된다.

(6) 부정한 방법을 제시하는 등 변호사의 품위를 훼손할 우려가 있는 광고(제 6 호)

'부정한 방법을 제시'하는 것은 정의 실현에 노력하는 변호사가 취할 수 있는 행위가 아니다. 변호사나 그 사무직원이 ① 판사·검사, 그 밖에 재판·수사기관의 공무원에게 제공하거나 그 공무원과 교제한다는 명목으로 금품이나 그 밖의 이익을 받거나 받기로 한 행위, ② 제 1 호에 규정된 공무원에게 제공하거나 그 공무원과 교제한다는 명목의 비용을 변호사 선임료·성공사례금에 명시적으로 포함시키는 행위에 해당하는 행위를 한 경우에는 5년 이하의 징역 또는 3천만원 이하의 벌금에 처한다. 이 경우 벌금과 징역은 병과할 수 있다(변호사법 110). 따라서 변호사가 광고의 일종인 법률상담을 하는 과정에서 의뢰인으로부터 판·검사에게 제공한다는 명목의 비용을 선임료 등에 포함시키는 행위는 허용되지 않는다. 이런 광고는 형사처벌을 받을 뿐만 아니라 품위훼손 광고를 이유로 징계처분도 받을 수 있다.

3. 대한변호사협회가 정하는 광고

그 밖에 광고의 방법 또는 내용이 변호사의 공공성이나 공정한 수임(受任) 질서를 해치거나 소비자에게 피해를 줄 우려가 있는 것으로서 대한변호사협회가 정하는 광고(제 7 호)를 하여서는 아니 된다. 변호사법이 대한변호사협회에 변호사의 광고제한 사유를 정하도록 위임한 사항은 "그 밖에 광고의 방법 또는 내용이 변호사의 공공성이나 공정한 수임 질서를 해치거나 소비자에게 피해를 줄 우려가 있는 것"에 한정된다. 여기서 '그 밖의 광고의 방법 또는 내용'은 변호사법 제23조 제 2 항 제 1 호에서 제 6 호까지에 준(準)하는 내용의 광고의 방법 또는 내용이라 할 수 있다. 또한 변호사법에서 광고금지 사유는 '변호사의 공공성과 공정한 수임 질서를 해치거나 소비자에게 피해를 줄 우려가 있는 사항'이라고 할 수 있다. 그 점에서 제 7 호는 대한변호사협회로 하여금 독자적인 광고 제한사유를 새롭게 정할 수 있는 근거규정이 아니라, 제 1 호에서 제 6 호까지의 사유를 보다 상세하게 구체화하는 내용을 정할 수 있다는 의미로 해석해야 한다. 또한 "변호사의 공공성이나 공정한 수임(受任) 질서를 해치거나 소비자에게 피해를 줄 우려가 있는 것"의 구체적 사례는 제 1 호에서 제 6 호까지의 내용에 준하는 사유가 이에 해당된다고 할 수 있다.

그리고 '광고 방법'에 대한 제한은 불특정다수인에 대한 팩스, 우편, 이메일, 문자메시지를 보내는 등의 방법에 관한 것으로 현수막, 애드벌룬, 도로시설 등에 광고물을 비치·부착하거나 공공장소에서 불특정 다수인에게 전단지를 배포하거나 확성기, 샌드위치맨, 어깨띠 등을 사용하는 방법을 말한다. 또한 '광고 내용'에 대한 제한은 허위나 과장된 내용을 포함하거나 승소율을 표시하는 등 법률서비스 소비자가 향후 사건 처리 결과에 대한 부당한 기대를 가지게 하는 행위, 다른 변호사를 비방하거나 자신과 비교하는 행위, 재판이나 수사에 관여하는 공무원과의 관련성 등을 알리는 행위, 당사자의 동의·요청이 없음에도 특정 사건의 선임을 권유하려고 방문하거나 안내장을 보내는 행위, 아무런 법적 근거가 없는 자격·명칭을 표방하는 행위 등 변호사로서의 신용과 품위를 훼손할 우려가 있는 내용의 광고가 제한된다.[39] 따라서 이와 무관한 광고의 방법과 내용은 변호사법이 위임하는 범위를 초과한 것이라서 그 규정은 위헌성·위법성을 갖게 된다.

(1) 변호사의 공공성을 해칠 경우

변호사 지위의 특성 중 다른 전문자격사와의 차이점은 '공공성을 지닌 법률전문직'이라는 점이다. 변호사는 공공성을 지닌 법률 전문직으로서 독립하여 자유롭게 그 직무를 수행한다(변호사법 2). 다만, 변호사만 직무의 공공성이 있는 것은 아니다. 세무사와 관세사도 그 직무의 공공성을 명시하고 있다. 세무사는 공공성을 지닌 세무전문가로서 납세자의 권익을 보호하고 납세의무를 성실하게 이행하게 하는 데에 이바지하는 것을 사명으로 한다(세무사법 1의2). 관세사는 공공성을 지닌 관세 전문가로서 납세자의 권익을 보호하고 건전한 통관질서의 확립에 기여하는 것을 사명으로 한다(관세사법 1의2). 또한 의사가 하는 의료행위도 공공성이 인정되고, 의료법에서 의료법인은 비영리성을 갖도록 한다.[40]

'변호사의 공공성'은 상행위와 대립되는 개념이기도 하다. 그래서 변호사의 광고는 상인이 이윤추구를 목적으로 제품을 광고하는 것과 같을 수 없다. 판례는 일반적으로 상품의 선전, 광고에 있어 다소의 과장, 허위가 수반되는 것은 그것이 일반 상거래의 관행과 신의칙에 비추어 시인될 수 있는 한 기망성이 결여된다고 한다.[41] 그러나 변호사의 광고는 상인의 상품 광고보다 과장이나 허위가 수반되는 것을 엄격하게 제한하는 것은 변호사의 공공성을 유지하려는 목적 때문이다. 다만, 변호사의 공공성을 강조하면서 광고를 전면적으로 제한하면 오히려 정보의 부재 속에서 정보의 비대칭성으로 인하여 법률서비스 소비자의 불이익을 초래하는 문제가 있게 된다.[42]

39 최윤희, "변호사 업무광고의 제한법리", 일감법학 제48권(2021), 857~858면.
40 백경희, "의료인의 거짓 경력에 관한 의료광고에 대한 고찰", 과학기술법연구 제22권 제 3 호(2016), 167면.
41 대법원 1992. 9. 14. 선고 91도2994 판결 [사기].
42 함영주, "대리인비용과 변호사 직역에 대한 신뢰 –정보의 비대칭성과 전관예우에 대한 논의를 포함하여–", 협상연구 제18권 제 1 호(2015), 13면.

(2) 공정한 수임 질서를 해칠 경우

'공정한 수임 질서'는 변호사법이 사건수임과 관련하여 규율하고 있는 내용 전체를 포함한다. 따라서 이해충돌 회피를 위한 수임제한(변호사법 31, 31의2), 사건수임과 관련한 금품제공행위(변호사법 34), 사건유치 목적으로 법원·수사기관·교정기관 출입(변호사법 35), 재판·수사기관 공무원의 사건소개 금지(변호사법 36, 37) 등을 들 수 있다. 따라서 광고를 함에 있어서 법률사건을 소개·알선·유인해 주면 금품을 제공할 것을 내용으로 하거나 수임제한을 일탈할 수 있다는 내용의 광고는 공정한 수임질서를 해친 경우에 해당된다.

(3) 소비자에게 피해를 줄 우려가 있는 것

'소비자에게 피해를 줄 우려'는 변호사의 광고를 신뢰한 소비자가 변호사에게 법률상담을 받거나 법률사건을 위임한 결과 충분한 조력권을 받지 못하는 일체의 행위를 말한다. 개별 법률에서 광고를 제한하는 목적도 대부분 소비자의 피해 예방에 있다. 표시광고법은 소비자를 속이거나 소비자로 하여금 잘못 알게 할 우려가 있는 표시·광고 행위를 ① 거짓·과장의 표시·광고, ② 기만적인 표시·광고, ③ 부당하게 비교하는 표시·광고, ④ 비방적인 표시·광고를 들고 있다(제 3 조 제 1 항). 제 1 항 각호의 행위의 구체적인 내용은 대통령령으로 정한다(제 3 조 제 2 항). 이처럼 변호사가 거짓·과장 광고를 한 경우에 그를 신뢰한 소비자는 피해를 입을 수 있다.

(4) 위 3자의 관계

변호사의 공공성과 공정한 수임질서 및 소비자의 피해는 관념상으로는 위와 같은 나눌 수 있지만, 실질적으로는 독자적인 사유라고 할 수 없다. 예컨대 변호사등은 소비자에게 금전·기타 경제적 이익을 공여하거나 공여할 것을 약속하는 방법으로 광고하여서는 아니 된다(변호사 광고에 관한 규정 5④). 만약 어느 변호사가 이런 광고를 하였다면 변호사의 공공성이나 공정한 수임 질서를 해치는 것에 해당된다. 또한 변호사는 그렇게 지출한 광고료를 변호사는 수임료를 통해서 보충하려고 할 것이라서 결국 소비자의 피해로 돌아간다.

또한 변호사가 허위·과장 광고를 하였다면, 일상적인 상거래에서 상인이 할 수 있는 행위라는 점에서 변호사의 공공성에 반하는 것이며, 사실에 기초한 광고로 의뢰인을 유치하여 법률사건을 수임해야 하는 공정한 수임질서도 해친 것이다. 그리고 허위·과장 광고는 필연적으로 소비자의 피해로 연결될 수 있다. 이런 점에서 변호사법에서 대한변호사협회가 정하도록 위임한 내용은 결국 광고금지 사유를 예시한 변호사법 제23조 제 2 항 제 1 호에서 제 6 호까지의 내용을 보다 구체화시키는 역할을 부여하였다고 할 수 있다.[43]

---

43 정형근, "변호사업무의 플랫폼 광고 규제에 관한 헌법적 고찰", 헌법재판소 헌법실무연구회 발표문(2022. 4. 22), 31면.

V. 대한변호사협회 회칙 제44조 제5항의 위헌·위법성

1. 대한변호사협회 회칙 제44조 제5항의 법적 성격

변호사법 제23조 제2항 및 제3항, 제4항의 위임에 따라 대한변호사협회 회칙에 변호사업무 광고에 관한 내용이 규정되어 있다. 즉, 모든 회원 및 외국법자문사는 광고·선전을 하거나 사무소표지를 설치할 때에는 이 회 또는 소속 지방변호사회가 규칙이나 규정으로 정하는 바에 따라야 한다(대한변호사협회 회칙 44⑤).

행정입법은 그 제정권자가 누구인가에 따라 대통령령·총리령·부령으로 구분된다. 헌법이 인정하는 위임입법의 형식은 한정적인 것이 아니라 예시적인 것이다.[44] 따라서 입법자는 행정부에 입법권을 위임할 때 그 규율의 형식을 선택할 수 있고, 대통령령이나 총리령·부령뿐만 아니라 예외적으로 고시나 훈령 등 행정규칙으로 규율하도록 위임할 수도 있다.[45] 다만, 고시와 같은 형식으로 위임입법을 할 때는 법령이 전문적·기술적 사항이나 경미한 사항으로서 업무의 성질상 위임이 불가피한 사항에 한정해야 한다는 판시도 있다.[46] 변호사법이 변호사의 광고의 자유를 제한하는 입법을 변호사법 시행령(대통령령)에 위임하지 않고, 대한변호사협회가 정하도록 한 것 자체는 합헌이라 할 수 있다.

---

44 [법률이 입법사항을 대통령령이나 부령이 아닌 고시와 같은 행정규칙의 형식으로 위임하는 것이 헌법 제40조, 제75조, 제95조 등과의 관계에서 허용되는지 여부(한정적극)] 오늘날 의회의 입법독점주의에서 입법중심주의로 전환하여 일정한 범위 내에서 행정입법을 허용하게 된 동기가 사회적 변화에 대응한 입법수요의 급증과 종래의 형식적 권력분립주의로는 현대사회에 대응할 수 없다는 기능적 권력분립론에 있다는 점 등을 감안하여 헌법 제40조와 헌법 제75조, 제95조의 의미를 살펴보면, 국회입법에 의한 수권이 입법기관이 아닌 행정기관에게 법률 등으로 구체적인 범위를 정하여 위임한 사항에 관하여는 당해 행정기관에게 법정립의 권한을 갖게 되고, 입법자가 규율의 형식도 선택할 수도 있다 할 것이므로, 헌법이 인정하고 있는 위임입법의 형식은 예시적인 것으로 보아야 할 것이고, 그것은 법률이 행정규칙에 위임하더라도 그 행정규칙은 위임된 사항만을 규율할 수 있으므로, 국회입법의 원칙과 상치되지도 않는다. 다만, 형식의 선택에 있어서 규율의 밀도와 규율영역의 특성이 개별적으로 고찰되어야 할 것이고, 그에 따라 입법자에게 상세한 규율이 불가능한 것으로 보이는 영역이라면 행정부에게 필요한 보충을 할 책임이 인정되고 극히 전문적인 식견에 좌우되는 영역에서는 행정기관에 의한 구체화의 우위가 불가피하게 있을 수 있다. 그러한 영역에서 행정규칙에 대한 위임입법이 제한적으로 인정될 수 있다(헌재 2004. 10. 28. 99헌바91 [금융산업의 구조개선에 관한 법률 제2조 제3호 가목등 위헌소원]).

45 성낙인, 헌법학 제19판, 554면; 한수웅, 헌법학 제11판, 1264면; 허영, 한국헌법론 전정17판, 1065~1066면.

46 헌법이 인정하고 있는 위임입법의 형식은 예시적인 것으로 보아야 한다. 법률이 일정한 사항을 행정규칙에 위임하더라도 그 행정규칙은 위임된 사항만을 규율할 수 있으므로, 국회입법의 원칙과 상치되지 않는다. 다만 고시와 같은 행정규칙에 위임하는 것은 전문적·기술적 사항이나 경미한 사항으로서 업무의 성질상 위임이 불가피한 사항에 한정된다. 심판대상조항은 정비사업의 시공자 선정과정에서 공정한 경쟁이 가능하도록 하는 절차나 그에 관한 평가 및 의사결정 방법 등의 세부적 내용에 관하여 국토해양부장관이 정하도록 위임하고 있는바, 이는 전문적·기술적 사항이자 경미한 사항으로서 업무의 성질상 위임이 불가피한 경우에 해당한다(헌재 2016. 3. 31. 2014헌바382 [구 도시 및 주거환경정비법 제11조 제1항 위헌소원]).

2. 재위임의 법리를 위반

(1) 위임입법의 법리에 기초하여 볼 때, 위 조항은 변호사법에서 위임한 사항을 전혀 정하지 않고 그대로 하위회규인 '규칙 또는 규정'으로 위임하고 있다는 점에서 재위임의 법리에 위반된다. 법률에서 위임받은 사항을 전혀 규정하지 않고 그대로 재위임하는 것은 허용되지 않는다.[47] 위임받은 사항에 관하여 대강(大綱)을 정하고 그 중의 특정사항을 범위를 정하여 하위법령에 다시 위임하는 경우에만 재위임이 허용된다.[48] 그렇지만, 다른 한편으로는 변호사법에서 위임하는 사항을 반드시 먼저 「대한변호사협회 회칙」으로 정하고, 재위임할 때는 '규칙'과 '규정'으로 해야 하는지는 검토가 필요하다. 사견으로는 그럴 필요는 없다고 본다.

(2) 대한변호사협회가 변호사법 제23조의 위임을 받아 정하게 되는 광고에 관한 사항은 변호사의 기본권에 관련된 중요한 내용이며, 국민의 입장에서도 변호사의 조력권이라는 기본권과 관련된 것이다. 따라서 대한변호사협회는 광고에 관한 내용을 포함한 회규를 제정함에 있어서 변호사법 제86조(감독)가 정하는 국가의 합헌성·합법성 통제를 받게 되는 회규로 정하면 된다.[49] 그렇기에 대한변호사협회는 광고에 관한 위임사항을 총회 의결사항인 '회칙 또는 규칙'의 형식으로 정하면 된다고 할 것이다.

(3) 이런 측면에서 대한변호사협회 회칙 제44조 제 5 항 "모든 회원 및 외국법자문사는 광고·선전을 하거나 사무소표지를 설치할 때에는 이 회 또는 소속 지방변호사회가 규칙이나 규정으로 정하는 바에 따라야 한다"는 조항은 재위임 법리에 위반한 규정이라고 하기보다는 광고에 관한 사항을 '규칙'으로 먼저 정하고, '규칙'을 시행하기 위하여 필요한 사항은 '규정'으로 정할 수 있다는 원칙론을 표현한 것으로 해석해야 한다.

(4) 만약 이렇게 해석하지 않으면 대한변호사협회는 변호사법에서 위임한 사항을 제정과 개정절차가 용이한 '규정' 형식으로 정한 후에 이사회 의결을 거치게 되면, 법무부장관

---

47 정형근, 행정법 제10판, 129면.

48 법률(法律)에서 위임(委任)받은 사항(事項)을 전혀 규정(規定)하지 않고 재위임(再委任)하는 것은 이위임금지(履委任禁止)의 법리(法吏)에 반할 뿐 아니라 수권법(授權法)의 내용변경을 초래하는 것이 되고, 부령(部令)의 제정(制定)·개정절차(改正節次)가 대통령령(大統領令)에 비하여 보다 용이한 점을 고려할 때 재위임(再委任)에 의한 부령(部令)의 경우에도 위임(委任)에 의한 대통령령(大統領令)에 가해지는 헌법상(憲法上)의 제한(制限)이 당연히 적용되어야 할 것이므로 법률(法律)에서 위임(委任)받은 사항(事項)을 전혀 규정(規定)하지 아니하고 그대로 재위임(再委任)하는 것은 허용(許容)되지 않으며 위임(委任)받은 사항(事項)에 관하여 대강(大綱)을 정하고 그 중의 특정사항(特定事項)을 범위를 정하여 하위법령(下位法令)에 다시 위임(委任)하는 경우에만 재위임(再委任)이 허용된다(헌재 1996. 2. 29. 94헌마213 풍속영업의규제에관한법률 제 2 조 제 6 호 등위헌확인).

49 변호사법 제86조(감독) ① 대한변호사협회는 법무부장관의 감독을 받는다.
② 대한변호사협회는 총회의 결의 내용을 지체 없이 법무부장관에게 보고하여야 한다.
③ 법무부장관은 제 2 항의 결의가 법령이나 회칙에 위반된다고 인정하면 이를 취소할 수 있다.

에게 보고할 필요도 없게 된다. 그러면 변호사법이 법규사항을 대한변호사협회에 위임하면서 국가의 감독을 받도록 하는 취지를 면탈하는 효과를 초래하게 된다. 헌법재판소 역시 "부령(部令)의 제정·개정절차가 대통령령(大統領令)에 비하여 보다 용이한 점을 고려할 때 재위임에 의한 부령의 경우에도 위임에 의한 대통령령에 가해지는 헌법상의 제한이 당연히 적용되어야 할 것"[50]이라고 판시한 것도 같은 취지라 할 수 있다. 대법원 역시 상위법령에서 세부사항 등을 시행규칙으로 정하도록 위임하였음에도 이를 고시 등 행정규칙으로 정한 경우에 대외적 구속력을 가지는 법규명령으로서 효력을 인정할 수 없다고 판시한 바 있다.[51]

3. 대한변호사협회 회칙이 아닌 '규칙'으로 정해도 됨

(1) 「대한변호사협회 회칙」과 대한변협의 「회규관리규칙」상 변호사법 제23조 제 2 항 제 7 호 및 제 3 항과 제 4 항은 반드시 대한변호사협회 회칙에 규정해야 하는 것은 아니다.[52] 대한변호사협회가 제정·시행 중인 여러 회규 중 가장 상위규범인 '대한변호사협회 회칙'에서 변호사법이 위임하는 구체적인 사항을 규정한 후 다시 하위규범(규칙과 규정)에서 상세히 정하는 방법을 택하는 것이 바람직하지만, 꼭 그렇게 해야 하는 필연적 이유가 존재한다고 할 수는 없다. 그렇지만 회칙에서 정하지 않는다면 반드시 '규칙'으로 정해야 한다. 이 회는 법령에 의하여 위임 또는 위탁된 사무를 처리하고, 회칙에서 위임한 사항과 회칙을 시행하기 위한 사항을 정하기 위하여 규칙을 제정할 수 있다(대한변호사협회 회칙 57①). '규칙'은 ① 법 또는 다른 법령에서 정한 사무를 처리하기 위하여 필요한 사항, ② 회칙에서 개별적으로 위임한 사항, ③ 회칙을 시행하기 위하여 필요한 사항을 규정한다(회규관리규칙 3②).

(2) 이처럼 '규칙'은 ① 변호사법에서 위임 또는 위탁된 사무를 처리하는 것을 내용으로 하고 있기 때문이며, ② 규칙의 제정과 개정은 총회의 의결사항이며, ③ 법무부장관이 적법성 통제를 위한 감독권 행사의 대상이 되기 때문이다. 그런데 변호사법이 위임하는 광고에

---

50 헌재 2003. 12. 18. 2001헌마543 [보건복지부고시 제2001－32호 위헌확인].

51 법령의 규정이 특정 행정기관에게 법령 내용의 구체적 사항을 정할 수 있는 권한을 부여하면서 권한행사의 절차나 방법을 특정하지 아니한 경우에는 수임 행정기관은 행정규칙이나 규정 형식으로 법령 내용이 될 사항을 구체적으로 정할 수 있다. 이 경우 행정규칙 등은 당해 법령의 위임한계를 벗어나지 않는 한 대외적 구속력이 있는 법규명령으로서 효력을 가지게 되지만, 이는 행정규칙이 갖는 일반적 효력이 아니라 행정기관에 법령의 구체적 내용을 보충할 권한을 부여한 법령 규정의 효력에 근거하여 예외적으로 인정되는 것이다. 따라서 그 행정규칙이나 규정이 상위법령의 위임범위를 벗어난 경우에는 법규명령으로서 대외적 구속력을 인정할 여지는 없다. 이는 행정규칙이나 규정 '내용'이 위임범위를 벗어난 경우뿐 아니라 상위법령의 위임규정에서 특정하여 정한 권한행사의 '절차'나 '방식'에 위배되는 경우도 마찬가지이므로, **상위법령에서 세부사항 등을 시행규칙으로 정하도록 위임하였음에도 이를 고시 등 행정규칙으로 정하였다면 그 역시 대외적 구속력을 가지는 법규명령으로서 효력이 인정될 수 없다**(대법원 2012. 7. 5. 선고 2010다72076 판결 [손해배상(기)등]).

52 대한변호사협회의 「회규관리규칙」 제 2 조는 회칙, 규칙, 규정을 '회규'라고 한다.

관한 사항을 대한변호사협회 회칙 제44조 제 5 항에 규정하면서 구체적인 내용을 전혀 정하지 않고 '규칙' 또는 '규정'으로 정한다고 하였다. 그 결과 '규칙'의 성격을 갖는 「변호사윤리장전」과 「변호사 광고에 관한 규정」을 두고 있다. 「변호사윤리장전」과 「변호사 광고에 관한 규정」은 모두 그 명칭에 '규칙'이라는 단어가 없지만, 모두 변호사법이 위임하는 사항을 규율하고 있다.

Ⅵ. 대한변호사협회의 「변호사 광고에 관한 규정」은 개정절차의 흠으로 무효

1. 대한변호사협회의 「변호사 광고에 관한 규정」 개정이유

대한변호사협회는 2021. 5. 3. 열린 제 2 차 이사회에서 「변호사업무광고규정」 전부개정안을 승인하고, 제명 변경(「변호사 광고에 관한 규정」으로 개정)을 포함하여 그동안 과도하게 제한되었던 변호사 광고를 변화된 업계의 상황과 회원들의 의견에 따라 심도 깊은 논의를 거쳐 합리적으로 개정하였다고 밝혔다. 대한변호사협회가 보도자료를 통해서 밝힌 내용은 아래와 같다.[53]

(1) 새로운 형태의 법률사무 또는 변호사 소개·알선 등 광고행위에 대한 변호사 참여 규율

현행 변호사법 제34조는 "당사자 또는 그 밖의 관계인을 특정한 변호사나 그 사무직원에게 소개·알선 또는 유인한 후 그 대가로 금품·향응 또는 그 밖의 이익을 받거나 요구하는 행위", "변호사나 그 사무직원이 법률사건이나 법률사무의 수임에 관하여 소개·알선 또는 유인의 대가로 금품·향응 또는 그 밖의 이익을 제공하거나 제공하기로 약속 등을 하는 행위" 등을 모두 금지하고 있다.

그러나 이러한 조항에도 불구하고, 기존의 규정으로 포섭하기 어려운 신종 위법, 탈법 광고행위가 증가하였으며, 인터넷을 기반으로 하면서 법률사무 또는 변호사 소개· 알선· 홍보 등을 내용으로 하는 각종 새로운 사업형태의 사업자들이 생겨나 영역을 확장해가고 있는 소위 새로운 형태의 사무장 로펌이 법조시장을 장악하는 기형적인 상황이 발생하고 있다. 이에 이번 개정을 통해 광고 주체인 변호사 외의 자가 사건을 소개, 알선, 유인할 목적으로 변호사를 광고, 홍보, 소개하는 광고행위나 영업에 변호사가 참여하는 것을 규율하는 한편, 변호사 외의 자에 의한 수사 및 행정기관의 업무 결과 예측을 표방하는 광고행위에 참여할 수 없도록 제한하였다.

---

53 대한변호사협회, 「변호사업무광고규정」 전부개정, 보도자료 2021. 5. 4.자.

(2) 수임료 덤핑 행위 등 불공정 수임행위로 인한 피해 예방

또한, 변호사는 변호사 아닌 제3자가 수임료 등의 비교 견적, 입찰 행위를 취급하거나 제공하는 광고에 참여할 수 없도록 하고, 건전한 수임질서를 해할 우려가 있는 무료 또는 부당한 염가를 표방한 덤핑 광고를 예방하고, 변호사 직역의 공정한 수임질서를 회복하고자 하였으며, 무분별한 허위·과장 광고로 인해 법률소비자인 국민이 피해를 입지 않도록 노력하였다.

2. 대한변호사협회의 법적 지위

(1) 변호사법 제23조 제2항 제7호는 변호사의 광고의 방법 또는 내용이 변호사의 공공성이나 공정한 수임(受任) 질서를 해치거나 소비자에게 피해를 줄 우려가 있는 것을 대통령령(변호사법 시행령), 부령(변호사법 시행규칙; 존재하지 않음)이 아닌 대한변호사협회가 정하도록 위임하였다. 대한변호사협회는 변호사법이 위임·위탁하는 사무를 처리하는 범위에서는 행정청의 지위를 갖는다.

(2) 판례 역시 대한변호사협회는 변호사와 지방변호사회의 지도·감독에 관한 사무를 처리하기 위하여 변호사법에 의하여 설립된 공법인으로서, 변호사등록은 대한변호사협회가 변호사법에 의하여 국가로부터 위탁받아 수행하는 공행정사무에 해당한다는 입장이다.[54] 그리고 대한변호사협회의 장은 국가로부터 위탁받은 공행정사무인 '변호사등록에 관한 사무'를 수행하는 범위 내에서는 국가배상법 제2조에서 정한 공무원에 해당한다.[55]

(3) 지방변호사회 역시 소속 변호사에 대하여 행하는 겸직허가행위의 법적 성격은 공공조합이 행하는 행정처분이라고 하면서 지방변호사회가 소속 변호사가 겸직하려고 하는 이혼클리닉 업무에 대하여 한 겸직불허처분이 재량권을 일탈·남용한 것이라고 한 사례도 있다.[56] 따라서 대한변호사협회가 변호사법이 위임하는 사무를 정하는 회칙을 제정하거나 개정하는 행위는 행정입법의 법리에 따라야 한다.

3. 「변호사 광고에 관한 규정」은 '규칙'에 해당됨

(1) 변호사법의 위임에 따라 시행되어 왔던 구 「변호사업무광고규정」과 2021. 5. 3. 개

---

54 헌재 2019. 11. 28. 2017헌마759 [변호사 등록 등에 관한 규정 제9조 제1호 위헌확인].

55 대법원 2021. 1. 28. 선고 2019다260197 판결 [손해배상(기)].

56 지방변호사회가 소속 변호사에 대하여 행하는 겸직허가행위는 지방변호사회가 소속 변호사 사이에 맺는 공법관계에서 우러나는 것이고, 직업선택의 자유나 영업의 자유를 제한하는 것을 의미하는 변호사의 영리목적 업무 경영 제한을 해제하여 주는 강학상 '허가'에 해당하는 것이므로, 지방변호사회의 겸직허가행위는 항고소송으로 그 위법 여부를 다툴 수 있는 행정소송법상의 처분에 해당한다(서울행정법원 2003. 4. 16. 선고 2002구합32964 판결 [겸직불허처분취소]).

정한 「변호사 광고에 관한 규정」은 '규정'이라는 명칭과 다르게 '규칙'에 해당된다. 대한변호사협회 회칙 제57조 제 2 항과 「회규관리규칙」 제 3 조 제 3 항에 의하면, '규정'은 '규칙'에서 위임한 사항과 규칙을 시행하기 위한 사항을 정하도록 되어 있기 때문이다. 그런데 변호사의 광고에 관한 사항을 정하고 있는 '규칙'은 존재하지 않는다.[57] '규칙'은 변호사법이 위임 또는 위탁된 사무를 처리하고, 회칙에서 위임한 사항과 회칙을 시행하기 위한 사항을 정하고 있다. 「변호사 광고에 관한 규정」은 '규정'이라는 명칭에도 불구하고 변호사법 및 대한변호사협회 회칙 제44조 제 5 항이 정하는 내용을 포함하고 있기 때문에 그 법적 성격은 '규칙'이라고 해야 한다.

(2) 대한변호사협회는 2021. 5. 31. 「변호사윤리장전」을 개정할 때 총회의 의결을 거쳤다. 대한변호사협회는 2021. 5. 31. 임시총회를 개최하여 변호사 시장의 건전한 수임질서를 교란하는 행위를 방지하는 내용이 담긴 「변호사윤리장전」 개정안을 통과시켰다고 한다.[58] 이처럼 임시총회를 개최하여 개정한 것은 「변호사윤리장전」이 총회의 의결사항에 해당되기 때문이다. 대한변호사협회 회칙 제13조 총회 의결사항에는 "회칙 및 규칙의 제정 또는 개정에 관한 사항"(제 1 호)이라고만 되어 있을 뿐이고,[59] 별도로 「변호사윤리장전」이 총회 의결사항이라는 조항은 없다. 대한변호사협회는 「변호사윤리장전」이 변호사법에서 위임한 사항을 정하고 있는 '규칙'으로서의 법적 성격을 갖고 있기 때문에 총회의 의결을 거쳤던 것이다. 마찬가지로 「변호사 광고에 관한 규정」 역시 그 실체는 총회의 의결사항인 '규칙'에 해당되는 것이다.

(3) 헌법재판소는 「변호사 광고에 관한 규정」은 변호사법 제23조 제 2 항 제 7 호 및 같은 조 제 4 항의 명시적인 위임에 따라 변호사 광고에 관한 규제를 시행하는 데에 필요한 구체적 사항을 정한 것인바, 비록 그 제정형식이 법규명령이 아니더라도 그것이 상위법령의 위임한계를 벗어나지 아니하는 한 상위법령과 결합하여 대외적인 구속력을 갖는 규범으로서 기능하게 된다(헌재 2015. 3. 26. 2014헌마372; 헌재 2022. 5. 26. 2021헌마619)고 하였다. 여기서

---

57 대한변호사협회는 2021. 5. 31. '규칙'에 해당하는 「변호사윤리장전」도 개정하여 변호사 광고에 관한 조항을 신설하였지만, 여기에는 '규정'에 위임하는 내용이 전혀 없다.

58 대한변호사협회 보도자료 2021. 5. 31.자.

59 대한변호사협회 회칙 제13조[의결사항] 총회는 다음 사항을 의결한다.

1. 회칙 및 규칙의 제정 또는 개정에 관한 사항
2. 예산 및 결산의 승인에 관한 사항
3. 협회장을 제외한 임원의 선임에 관한 사항
4. 법령, 회칙 또는 규칙에 의하여 총회의 의결을 받아야 할 사항

4의2. 변호사징계위원회 위원 및 예비위원의 선임에 관한 사항
4의3. 등록심사위원회의 위원 및 예비위원의 선임에 관한 사항
4의4. 외국법자문사등록심사위원회의 위원 및 예비위원의 선임에 관한 사항
5. 기타 협회장이 이사회의 의결을 거쳐 부의한 사항

감독을 받으며(변호사법 86①), 대한변호사협회는 총회의 결의 내용을 지체 없이 법무부장관에게 보고하여야 한다(변호사법 86②). 법무부장관은 제2항의 결의가 법령이나 회칙에 위반된다고 인정하면 이를 취소할 수 있다(변호사법 86③). 그런데 대한변호사협회 임원들은 「변호사 광고에 관한 규정」을 위법하게 개정한 후 법무부장관에게 보고할 의무도 불이행하였다. 그 결과 변호사법과 「대한변호사협회 회칙」 및 「회규관리규칙」을 위반한 임원들은 징계사유에 해당되고, 특히 협회장은 탄핵사유에도 해당되는 법령위반 행위를 하였다.[67]

6. 광고규정위반 징계처분취소 소송에서 '광고규정의 개정절차상 흠'을 주장한 바 없음

(1) 지금까지 누구도 광고규정을 총회의 의결을 거쳐야 함에도 이사회 의결로 개정절차를 거친 절차상의 흠으로 무효라는 점을 대한변협징계위원회 및 법무부징계위원회 또는 법원에서 주장한 바가 없다. 만약 그런 주장을 하였다면 그에 관한 판결이 나왔을 것인데, 이에 관한 자료를 찾을 수가 없다. 그 때문에 대한변호사협회가 광고규정을 개정할 때 총회의결을 거치지 않고 이사회 의결로 마쳤던 것이다. 징계처분을 당한 변호사가 재판에서 주장하였던 내용을 살펴보아도 이런 주장이 없다.

서울행정법원 2019. 10. 17. 선고 2019구합53969 판결 [이의신청기각결정취소]

1. 처분의 경위

가. 원고는 변호사법 제58조의2에 따라 변호사의 직무에 속하는 업무를 수행하기 위하여 설립된 법인이다.

나. B위원회는 2017. 8. 21. 원고에게 아래와 같은 징계혐의사실에 대하여 과태료 200만 원의 징계처분을 하였다(이하 '이 사건 징계처분'이라 한다). 위 위원회는 이 사건 징계처분을 하면서, 원고가 법조윤리위원회의 소명요청서를 수령한 다음, 위반 소지가 있는 광고 부분을 바로 삭제 내지 수정한 점을 징계양정의 유리한 사유로 참작하였다.

다. 원고는 2017. 9. 29. 이 사건 징계처분에 불복하여 피고에게 이의신청을 하였으나, 피고는 2018. 9. 18. 원고의 이의신청을 기각하였다(이하 '이 사건 결정'이라 한다).

2. 이 사건 처분의 적법 여부

가. 원고의 주장

1) 「변호사 전문분야 등록에 관한 규정」(이하 '전문분야 등록규정'이라 한다)에 따른 C협회

67 정형근, "대한변호사협회의 법률플랫폼 규제에 관한 내용과 그 문제점", 「리걸테크와 법정책의 과제」 고려대 기술법정책센터·한국외국어대학교 소비자법센터 공동학술대회 자료집(2021. 11. 11), 48면.

의 전문변호사 분류나 등록요건은 합리적이지 못하고 존재하는 모든 전문분야를 망라하고 있지도 아니하여 실제 전문가라도 형식적인 요건을 갖추지 아니하면 전문분야 등록을 할 수 없는 불합리가 있다. 그럼에도 C협회가 변호사의 전문성에 대한 판단 권한 및 '전문'이라는 보통명사의 사용을 독점하고, 중국법 분야와 같이 전문분야 등록이 불가능한 분야에 대해서도 '전문'이라는 표시를 하여 광고할 수 없도록 금지하여 그 위반에 따른 징계처분을 하는 것은 헌법상 영업의 자유를 침해하는 것이다. 원고가 사용한 '최고'라는 단어도 자신의 각오를 표시하는 의미로 사용하였으므로 징계사유에 해당하지 않는다.

2) 원고가 홈페이지에 기재한 내용은 공정한 수임질서를 해치거나 그릇된 광고를 신뢰한 소비자에게 피해를 줄 정도의 허위 광고에 해당하지 아니하고, 실제로 원고 소속 변호사들이 오랜 기간 수행하여 온 업무에 대한 것으로 이로 인하여 침해되는 공익이 미비하며, 원고가 법조윤리위원회의 소명요청 이후 위반 소지가 있는 부분을 즉시 수정하여 공익의 침해를 최소화하기 위하여 노력하였다. 이 사건 징계처분은 이로 인해 달성할 수 있는 공익보다 원고에 대한 불이익이 과중하여 비례의 원칙 또는 이익교량의 원칙에 위배되며, 다른 징계처분과의 형평성에도 어긋나는 과중한 처분이므로 재량권을 일탈·남용한 위법이 있다.

3) 피고는 이와 다른 전제에서 이 사건 징계처분이 적법하다고 보아 원고의 이의 신청을 기각하는 이 사건 결정을 하였는바, 이 사건 결정은 위법하여 취소되어야 한다.

서울고등법원 2020. 4. 23. 선고 2019누64282 판결 [이의신청기각결정취소]

2. 추가하는 판단

가. 원고의 주장

B협회 변호사징계위원회가 이 사건 징계처분을 함에 있어서 징계의 근거로 내세운 변호사업무광고규정 제7조는 '전문', '최고'라는 용어의 사용을 전면 금지하고 있어 헌법이 보장하는 영업의 자유와 표현의 자유를 지나치게 제한함으로써 과잉금지의 원칙에 저촉되는 위헌적 규정이어서 무효이므로 이를 근거로 한 위 징계처분은 위법하고, 원고의 이의신청을 기각한 피고의 결정도 잘못되었으므로 취소되어야 한다.

(2) 그 외에 징계처분에 불복하는 다른 사건의 판결 역시 마찬가지다.[68] 따라서 어떤 위

68 **서울행정법원 2020. 1. 16. 선고 2019구합63119 판결 [이의신청 기각 결정 무효 확인의 소]**
가. 원고의 주장 요지
1) 이 사건 홈페이지는 B이 원고의 동의나 허락 없이 원고 명의를 사용하여 자신의 영업 이익을 도모하기 위하여 개설·운영한 것이다. B은 이 사건 홈페이지에서 자신이 원고의 대표변호사인 것처럼 사칭하고 원고의 연락번호가 아닌 자신의 개인 연락번호를 기재하여 이 사건 광고로 인한 이득을 독점하였다. 원고는 징계위원회로부터 징계회부 통지를 받고서야 비로소 이 사건 홈페이지를 알게 되었다. 원고는 2017. 4.경 이 사건 홈페이지 무단 개설의 책임을 물어 B을 소속변호사에서 제외하였고, B은

헌·위법한 회칙이라도 당사자가 법원에 그런 주장을 하지 않으면, 법원은 그 회칙의 제정·개정절차가 적법하게 되었는지를 확인하지 않고 해당 처분의 적법성 여부를 판단한다. 앞에서 본 징계처분에 불복하는 재판에서도 광고규정 개정절차의 위법성 주장이 없었기 때문에 법원의 판단도 없었다.

(3) 항고소송에 있어서 행정처분의 적법성에 관한 입증책임에 관하여 대법원은 다음과 같이 판시하고 있다. 즉, 민사소송법의 규정이 준용되는 행정소송에 있어서 입증책임은 원칙적으로 민사소송의 일반원칙에 따라 당사자 간에 분배되고 항고소송의 경우에는 그 특성에 따라 당해 처분의 적법을 주장하는 피고에게 그 적법사유에 대한 입증책임이 있다 할 것인바 피고가 주장하는 당해 처분의 적법성이 합리적으로 수긍할 수 있는 일응의 입증이 있는 경우에는 그 처분은 정당하다 할 것이며 이와 상반되는 주장과 입증은 그 상대방인 원고에게 그 책임이 돌아간다고 할 것이다.[69] 행정소송에 있어서 특별한 사정이 있는 경우를 제외하면 당해 행정처분의 적법성에 관하여는 행정청이 이를 주장·입증하여야 할 것이나 행정소송에 있어서 직권주의가 가미되어 있다고 하더라도 여전히 변론주의를 기본구조로 하는 이상 행정처분의 위법을 들어 그 취소를 청구함에 있어서는 직권조사사항을 제외하고는 그 취소를 구하는 자가 위법사유에 해당하는 구체적 사실을 먼저 주장하여야 한다.[70] 여기서 '직권조사사항'은 당사자능력·적격, 제소기간, 전심절차, 소송대상인 처분의 존재 등과 같은 소송요건을 말한다.[71]

(4) 법규의 존부확정이나 적용은 법원의 책무이므로 증명의 대상이 되지 않는 것이 원칙이다.[72] 그러나 만약 법관이 법규의 존재를 잘 모르면 법규의 존재를 근거로 법률효과를 주장하여야 할 당사자가 불이익을 받을 우려가 있으므로 그 법규의 존재를 증명할 필요가 있다.[73] 법률이 위헌이라고 주장하면서 헌법소원심판청구를 할 때도 청구인은 "위헌이라고 해석되는 법률 또는 법률의 조항, 위헌이라고 해석되는 이유"를 기재하여야 한다(헌법재판소법 71②, 43(3), (4)). 청구인은 어떤 이유로 헌법소원을 청구하는지, 기본권 침해에 처한 자신의

퇴사 후 법률사무소를 개설하여 활동하고 있다.

2) 이처럼 이 사건 징계 원인사실의 행위자는 B이므로, 피고는 이 사건 징계대상자를 B으로 특정하였어야 한다. 이 사건 징계는 소속변호사의 개인적 일탈 행위로 말미암은 것이고 원고는 이 사건 홈페이지를 전혀 알지 못하였으며 알 수도 없는 상황이었던 점, 원고가 이 사건 처분 이전까지 어떠한 징계도 받은 사실이 없는 점, 이 사건 처분으로 원고가 무징계증명원을 발급받지 못하게 됨에 따라 실질적으로 공공기관으로부터 법률 사무를 수임할 수 없는 불이익을 크게 받는 점 등을 종합하면, 이 사건 처분은 형평에 어긋나게 징계대상자를 잘못 특정한 하자가 있고 그로 인하여 침해되는 원고의 이익이 막대하다. 그 하자가 중대·명백하므로 이 사건 처분은 당연무효이다.

69 대법원 1984. 7. 24. 선고 84누124 판결 [법인세부과처분취소].

70 대법원 2001. 1. 16. 선고 99두8107 판결 [법인세등부과처분취소].

71 법원행정처, 법원실무제요 행정, 339면.

72 이시윤, 신민사소송법 제15판, 465면.

73 강현중, 민사소송법 제7판, 463면.

상황이 어떤지, 어떤 공권력 주체가 어떤 경과로 자신의 기본권을 제약하는지를 가능한 한 분명하고 충분하게 헌법재판소에 설명해야 하고, 이에 관한 자료를 제출해야 한다.[74] 헌법소원심판은 헌법상 보장된 기본권을 침해받은 자가 청구할 수 있으므로(헌법재판소법 68①), 헌법소원심판의 청구인은 자신의 기본권에 대한 공권력주체의 제한 행위가 위헌적인 것임을 구체적으로 명확하게 주장하여야 하며, 헌법소원의 청구인이 기본권침해의 가능성을 확인할 수 있을 정도의 구체적 주장을 하지 않고 막연하고, 모호한 주장만을 하는 경우 그 헌법소원은 부적법한 것이 된다(헌재 2005. 2. 3. 2003헌마544).

(5) 그동안 대한변호사협회 회규의 제정·개정절차에 대한 이해가 부족하여 대한변호사협회도 회규에 반하는 개정절차를 거쳐왔고, 광고규정위반으로 징계처분을 당한 변호사 역시 그 처분의 취소를 구하는 소송에서 이런 중요한 쟁점을 주장·입증하지 않았다. 법원 역시 원고의 주장대로 징계양정의 적정성 여부를 중심으로 심리하여 왔다. 그간 징계처분의 취소를 구하는 재판을 해온 법원이 광고규정의 개정절차상의 문제점을 지적하지 않았다고 하여, 그 흠이 존재하지 않는다고 할 수 없으며, 그 판결이 잘못되었다고 할 수도 없다. 따라서 향후 개정된 「변호사 광고에 관한 규정」 위반을 이유로 징계처분이 있을 경우, 그에 불복하는 변호사는 광고규정의 개정절차상 위법성을 주장할 것으로 예상되고, 그에 대한 법원의 판단도 있을 것으로 예상된다.

Ⅶ. 「변호사 광고에 관한 규정」 내용의 위헌·위법성

1. 변호사법상 위임의 범위를 초과

대한변호사협회가 개정한 「변호사 광고에 관한 규정」은 변호사법이 위임하는 범위를 초과하여 마치 새로운 법률을 제정한 것과 같은 내용을 포함하고 있다. 그 결과 변호사의 광고의 자유와 국민의 변호사 조력권을 누리기 위한 변호사에의 접근권·선택권을 과도하게 제한하고 있다. 대한변호사협회는 변호사업무 광고를 변호사법 제34조가 금지하는 "사건을 소개, 알선, 유인"이라고 보고 있다. 누구든지 사건의 소개, 알선, 유인의 대가로 금품을 받으면 7년 이하의 징역형에 처해지는 변호사법상 가장 무거운 범죄에 해당된다(변호사법 109(2)).

변호사의 광고업체가 광고주 변호사로부터 받은 광고료가 변호사법 제34조의 '사건을 소개, 알선, 유인'의 대가로 보는 것은 매우 극단적이며, 광고 자체를 부정하는 것이다. 실제로 광고업체가 이런 범죄를 저질렀다고 인정되기 위해서는 수사기관이 혐의를 인정하는

74 김하열, 헌법소송법 제4판, 535면.

결정과 법원의 유죄판결이 있어야 한다. 그런데 현재까지는 어느 광고업체도 이런 범죄를 범하였다고 그 혐의가 인정된 사례가 없다. 그럼에도 대한변호사협회는 광고업체가 이런 범죄를 저질렀다고 단정하고, 그에 관한 규제를 「변호사 광고에 관한 규정」에 포함시키고 있기 때문에 위헌·위법 논란을 야기하고 있다. 「변호사 광고에 관한 규정」(이하 '광고규정'이라 함) 중에서 특히 문제되는 조항을 기준으로 검토해 본다.

2. 변호사 광고 간주행위

변호사등이 다음 각 호의 행위와 관련하여 금전·기타 경제적 이익을 제공할 경우, 이는 그 명칭과 형식을 불문하고 광고로 보며 본 광고 규정의 적용을 받는다(광고규정 2②).

1. 기사 작성
2. 인터뷰 게재
3. 인터넷 멀티미디어 방송 출연
4. 방송 출연
5. 상훈

변호사 직무와 무관한 영역에 관한 활동(위 1호에서 5호까지)을 광고로 본다면 아래와 같은 문제가 발생한다. 「변호사 광고에 관한 규정」 제 3 조 제 2 항은 "변호사등은 자기가 아닌 변호사·비(非)변호사, 개인·단체, 사업자 등(이하 "타인"이라 한다)의 영업이나 홍보 등을 위하여 광고에 타인의 성명, 사업자명, 기타 상호 등을 표시하여서는 아니 된다"고 한다. 이 규정에 의하면, 종교 방송에 출연하여 신앙생활에 대한 경험을 말할 때 방송국의 로고가 화면에 나오게 된다. 이 경우도 금지되기 때문에 변호사는 방송에 출연할 수 없게 되는 문제가 발생한다. 따라서 위 제 2 조 제 2 항은 변호사법이 인정한 광고행위가 아님에도 광고 규정을 적용받는다고 하여 변호사의 사생활의 자유, 종교와 학문의 자유 및 양심의 자유 그리고 일반적 행동자유권 등을 침해하는 위헌 조항에 해당된다.

3. 광고매체의 사업자명 등 표시 금지(광고매체의 상호사용권 침해)

변호사등은 자기가 아닌 변호사·비(非)변호사, 개인·단체, 사업자 등(이하 "타인"이라 한다)의 영업이나 홍보 등을 위하여 광고에 타인의 성명, 사업자명, 기타 상호 등을 표시하여서는 아니 된다(광고규정 3②). 변호사가 전문 서적을 저술하여 주요 취급 업무, 업무 실적 등을 광고하기 위하여 법률사무소에 비치하거나 지인들에게 증정할 수 있다. 이때 그 서적에 출판사의 상호(박영사, 법문사 등)가 기재되어 있는데, 이 역시도 금지하고 있다. 변호사가 신년에 지인들에게 발송하는 연하장 한편에는 해당 회사의 상호가 표기되어 있다. 그리고 변호사가 세미나와 같은 학술대회에 참석하면 세미나 자료집에는 주최 측의 명칭이나 상호가 기재되어 있다. 변호사가 광고매체를 이용할 때 그 매체 역시 홍보 등을 위하여 상호를 표기하는 경우가 많다. 위 조항은 이런 행위를 금지하여 변호사의 광고의 자유를 침해하고 있다. 이는 대한변호사협회가 법률플랫폼 로톡의 광고판에 'LAWTALK'이라는 표시가 되어 있기 때문에 위 광고업체를 이용할 수 없도록 저런 규정을 둔 것으로 보인다.

이런 내용의 규정은 광고규정 제 5 조 제 2 항 제 2 호에도 있다. 즉, 광고 주체인 변호사등 이외의 자가 자신의 성명, 기업명, 상호 등을 표시하거나 기타 자신을 드러내는 방법으로, 법률상담 또는 사건등을 소개·알선·유인하기 위하여 변호사등과 소비자를 연결하거나 변호사등을 광고·홍보·소개하는 행위(광고규정 제 5 조 제 2 항 제 2 호). 변호사가 광고매체(광고업체)를 이용할 때 그 광고매체는 자신의 사업자명이나 기업명과 같은 상호를 표기한다. 회사의 상호에는 그 종류에 따라 합명회사, 합자회사, 유한책임회사, 주식회사 또는 유한회사의 문자를 사용하여야 한다(상법 19). 회사인 변호사 광고매체는 반드시 위와 같은 상호를 사용하여야 하는데, 광고규정은 광고매체의 사업자명이나 기업명, 상호의 사용을 금지한다. 표시광고법, 식품표시광고법, 의료법 등 그 어느 광고관련 규제법률에도 광고매체의 상호 등을 사용할 수 없도록 하는 내용은 존재하지 않는다. 광고규정은 광고매체가 변호사의 광고를 하기 위해서는 자신의 사업명이나 상호 등의 사용을 할 수 없도록 하여 기업의 상호사용권을 침해하고 있다. 그 결과 변호사는 광고매체에 광고를 의뢰할 때는 상호의 사용을 금지할 것을 약정해야 하는 제한도 따르게 된다. 광고매체의 기업자명이나 상호의 표기가 변호사법 제23조 제 2 항 제 7 호 "변호사의 공공성이나 공정한 수임질서를 해치고나 소비자에게 피해를 줄 우려가 있는 것"에도 해당되지 않는다. 예컨대 로펌이 방송에서 광고를 할 경우에 화면에는 방송국의 이름(MBC, SBS, KBS2 등)이 표시되어 있다. 신문에 변호사 개업광고를 하면 그 지면 어딘가에는 신문사 이름이 적혀 있다.

"법률상담 또는 사건등을 소개·알선·유인하기 위하여 변호사등과 소비자를 연결하거나 변호사등을 광고·홍보·소개하는 행위"라는 부분도 잘못된 전제이다. 변호사법상 금지되는 사건의 소개나 알선, 유인은 사건브로커가 사건의 소개나 알선, 유인의 대가를 받는 행위를 말한다. 그런데 제 2 호는 "법률상담 또는 사건등을 소개·알선·유인"에 금품이 지급되었는지 여부를 전혀 묻지 않고 있다. 변호사의 의뢰를 받은 광고매체가 불특정 다수의 예상 의뢰인을 광고하는 변호사에게 소개·알선·유인한다고 할 수 없다. 대한변호사협회는 광고료가 바로 이런 사건소개·알선·유인의 대가로 간주하고 법률플랫폼에서의 광고를 금지하고 있다. 그러나 헌법재판소는 2022. 5. 26. 위 조항의 위헌성을 부정한 바 있다.[75]

75 헌재 2022. 5. 26. 2021헌마619 변호사 광고에 관한 규정 제 3 조 제 2 항 등 위헌확인.

4. 무료 또는 부당한 염가를 표방하는 광고 금지

(1) 수임료의 무료 또는 부당한 염가를 표방하는 광고

변호사등은 스스로 또는 타인을 통하여 다음과 같은 광고를 할 수 없다(광고규정 제4조).

12. 사건 또는 법률사무의 수임료에 관하여 공정한 수임질서를 저해할 우려가 있는 무료 또는 부당한 염가를 표방하는 광고

변호사가 무료 또는 염가를 표방하는 광고는 "무료 법률상담"이라고 하는 종류의 광고를 말한다. 법률상담 역시 광고의 종류로 분류하고 있기 때문에 무료나 부당한 염가로 상담의 금지시킨 것과 같다. 변호사의 보수약정은 민법 제686조(수임인의 보수청구권) 규정에 의하여 수임인과 위임인의 약정으로 정한다. 또한 대한변호사협회 회칙 제44조는 "변호사·법무법인·법무법인(유한)·법무조합 등의 보수"에 관한 규정을 두고 있다.[76] 변호사·법무법인·법무법인(유한)·법무조합의 보수는 위임인과의 계약으로 정한다. 다만, 보수는 사회통념에 비추어 현저하게 부당한 것이어서는 아니 된다(제3항). 이처럼 변호사는 현저한 부당한 고액의 보수를 받는 것만 금지되어 있다. 따라서 「변호사 광고에 관한 규정」 제4조 제12호는 현저하게 부당한 보수만을 금지하는 대한변호사협회 회칙 제44조 제3항을 명백하게 위반한 것이다. 따라서 민법과 대한변호사협회 회칙보다 하위 회규인 「변호사 광고에 관한 규정」과 「변호사윤리장전」 제31조 제3항에서 이에 반하는 내용을 정할 수 없다. 판례 역시 변호사는 무보수로 한다는 특약을 할 수 있다고 한다. 변호사에게 계쟁 사건의 처리를 위임함에 있어서 그 보수 지급 및 수액에 관하여 명시적인 약정을 아니하였다 하여도, 무보수로 한다는 등 특별한 사정이 없는 한 응분의 보수를 지급할 묵시의 약정이 있는 것으로 봄이 상당하다.[77]

따라서 대한변호사협회는 변호사 보수에 대하여 과다한 보수로 품위훼손 문제가 발생할 때만 관여할 수 있을 뿐이고, 보수의 상·하한선을 규제할 권한이 없다. 1999. 2. 5. 「독점규제 및 공정거래에 관한 법률의 적용이 제외되는 부당한 공동행위 등의 정비에 관한 법률」[78]

---

76 「대한변호사협회 회칙」 제44조[변호사·법무법인·법무법인(유한)·법무조합 등의 보수 및 광고] ① 변호사·법무법인·법무법인(유한)·법무조합은 그 직무에 관하여 사무보수, 사건보수 및 실비변상을 받을 수 있다.
② 사무보수는 상담료, 감정료, 문서작성료 및 고문료로, 사건보수는 그 사건의 종류에 따라 착수금과 성공보수로, 실비변상은 수임사무 및 사건의 처리비용과 여비 등으로 나눌 수 있다.
③ 변호사·법무법인·법무법인(유한)·법무조합의 보수는 위임인과의 계약으로 정한다. 다만, 보수는 사회통념에 비추어 현저하게 부당한 것이어서는 아니 된다.

77 대법원 1995. 12. 5. 선고 94다50229 판결 [보수금].

78 이 법률의 제정이유는, 종래 특정산업의 보호·육성 등을 이유로 정부가 법령으로 허용하여 오던 공동행위 중에서 경쟁제한성이 크거나 국제적 기준에 비추어 정당성이 인정되기 어려운 공동행위 등을 폐지 또는 보완함으로써 시장경제를 활성화하고, 경쟁을 제한하는 제도를 폐지해 나가는 국제적 추세에 부응하려는 것이라고 한다.

제 1 조는 "변호사법 중 다음과 같이 개정한다. 제19조를 삭제한다.[79] 제63조 제 2 호를 삭제한다[80]"고 규정하여, 변호사 보수기준을 대한변호사협회가 정할 수 있도록 한 변호사법 제19조를 삭제하였다. 그 결과 약 10년간 변호사의 보수기준으로 적용되던 「변호사의 보수기준에 관한 사항」도 폐지되기에 이르렀다.[81] 따라서 대한변호사협회가 위 광고규정으로 변호사의 보수약정에 관여하는 것은 변호사의 직업의 자유를 제한하는 것이 해당된다.

(2) **무료 또는 부당한 염가의 법률상담 방식에 의한 광고 금지**

변호사등은 무료 또는 부당한 염가의 법률상담 방식에 의한 광고를 하여서는 아니 된다. 다만, 공익을 위한 경우 등 공정한 수임질서를 저해할 우려가 없는 경우에는 그러하지 아니 하다(광고규정 8①). 제 1 항은 무료 또는 부당한 염가의 법률상담에 의한 광고를 금지한다. 법률상담이 가장 일상적으로 행해지는 광고라는 점에서 변호사가 가장 중요한 상담료 책정의 자유까지도 규제하는 것은 과도한 태도이다.

구 「변호사업무광고규정」 제 8 조(법률상담 광고) 제 1 호는 "변호사는 유료 또는 무료 법률상담에 관한 사항을 광고할 수 있으며, 법률상담 방식에 의한 광고를 할 수 있다"라고 되어 있었다. 이 규정이 매우 타당하다. 그런데 대한변호사협회는 회원 변호사의 수입 향상을 목적으로 한 것인지 무료 또는 부당한 염가의 법률상담 방식에 의한 광고를 금지하고 있다.

위 제 1 항은 현저하게 부당한 보수만을 금지하는 대한변호사협회 회칙 제44조 제 3 항을 명백하게 위반한 것에 해당된다.[82] 또한 제 1 항은 「변호사 광고에 관한 규정」 제 4 조 "변호사등은 스스로 또는 타인을 통하여 다음과 같은 광고를 할 수 없다"라고 하면서 제12호에서 "사건 또는 법률사무의 수임료에 관하여 공정한 수임질서를 저해할 우려가 있는 무료 또는 부당한 염가를 표방하는 광고"와 그 내용이 동일하다. 이 조항의 위헌성 검토가 제 1 항에서도 동일하게 적용될 수 있다. 대한변호사협회는 변호사의 보수가 지나치게 많아서 사회적 물의를 빚는 등 품위훼손의 문제가 제기되었을 때 품위유지의무 위반으로 징계처분을 할 수 있을 뿐이다.

---

79 변호사법(개정 1982. 12. 31. 법률 제3594호) 제19조(보수) 변호사의 보수기준은 대한변호사협회가 이를 정한다.

80 변호사법(개정 1982. 12. 31. 법률 제3594호) 제63조(회칙의 기재사항) 대한변호사협회의 회칙에는 다음 각 호의 사항을 기재하여야 한다. 2. 변호사의 보수기준에 관한 사항.

81 위 법률로 인하여 변호사뿐만 아니라 행정사, 공인회계사, 세무사, 관세사, 변리사, 건축사, 수의사 및 공인노무사 등 사업자의 보수를 해당 사업자단체가 정하는 제도와 주무부처장관이 해당사업자의 보수기준을 승인 또는 인가하는 제도를 아울러 폐지하였다(같은 법 1 내지 4, 6, 10, 14, 16 및 18).

82 「대한변호사협회 회칙」 제44조(변호사·법무법인·법무법인(유한)·법무조합 등의 보수 및 광고) ③ 변호사·법무법인·법무법인(유한)·법무조합의 보수는 위임인과의 계약으로 정한다. 다만, 보수는 사회통념에 비추어 현저하게 부당한 것이어서는 아니 된다.

본조 단서에서 "공익을 위한 경우 등 공정한 수임질서를 저해할 우려가 없는 경우에는 그러하지 아니 하다"라고 한다. 오로지 공익전담 활동을 하는 변호사가 난민, 출입국관리, 성소수자 등 사회적 약자를 위한 법률상담 때 무효 또는 염가의 보수약정을 하는 것은 물론 유료나 고가의 수임료(상담료)를 받을 수 있다는 것이다. 변호사의 법률상담이 사익과 공익이 엄격히 구별될 수 있는지 의문이다. 그러나 헌법재판소는 2022. 5. 26. 위 조항의 위헌성을 부정한 바 있다.[83]

(3) 협회의 유권해석에 반하는 내용의 광고 금지

제4조(광고내용 등의 제한) 변호사등은 스스로 또는 타인을 통하여 다음과 같은 광고를 할 수 없다(광고규정 제4조).

14. 기타 법령, 변호사윤리장전, 대한변호사협회(이하 "협회") 및 지방회의 회칙이나 규정(이하 "회규")에 위반되거나, 협회의 유권해석에 반하는 내용의 광고

'지방회의 회칙이나 규정에 위반'되는 광고도 금지하고 있다. 지방변호사회는 회칙에 광고 관련 규정을 둘 수 있기 때문에 그에 반하는 광고도 금지하고 있는 것이다. 예컨대 「서울지방변호사회 회칙」 제43조의2(광고) 제2항은 "광고매체의 종류, 광고회수, 광고료의 총액, 광고내용 등에 관하여는 대한변호사협회가 정한 기준의 범위 안에서 규정으로 정한다"(2000. 7. 26. 신설인가)라고 되어 있다.[84] 그런데 이 내용은 2000. 1. 28. 개정된 변호사법 제23조 제2항에서 규정된 것인데, 2007. 1. 26. 개정된 변호사법은 대한변호사협회에 위임된 변호사광고 제한의 사유가 지나치게 넓어 소비자에 대한 정보제공 역할이 미흡함에 따라 사건브로커를 고용하는 등 병폐의 원인이 될 수 있다고 삭제하였다. 그럼에도 서울지방변호사회는 변호사법의 개정내용도 알지 못하고, 20여 년 전에 신설한 조항을 현재까지 유지하고 있다. 이 조항은 변호사법을 위반하여 변호사의 기본권을 제한하는 위헌·위법한 것임을 물론이다. 대한변호사협회 광고규정 제4조 제14호는 이런 '지방회의 회칙'에 위반되는 광고까지 금지하는 것은 지방변호사회 회칙 내용을 정확히 알지 못하고 있기 때문이다.

대한변호사협회의 유권해석에 반하는 내용의 광고도 금지하고 있다. 유권해석과 관련된 법령의 근거는 「법제업무 운영규정」[대통령령 제32223호, 2021. 12. 16, 타법개정] 제7장에 "법령해석"에 관한 규정에서 찾을 수 있다. 즉, 중앙행정기관의 장은 지방자치단체의 장 또는 민원인으로부터 법률적 판단이 필요한 질의를 받는 등 법령을 운영·집행하는 과정에서 해석상 의문이 있는 경우에는 행정운영의 적법성과 타당성을 보장하기 위하여 「행정기본법」

83 헌재 2022. 5. 26. 2021헌마619 변호사 광고에 관한 규정 제3조 제2항 등 위헌확인.
84 서울지방변호사회, 회규집<2022. 5. 3. 기준>, 21면.

제40조 제3항에 따른 법령해석업무를 전문으로 하는 기관(민사·상사·형사, 행정소송, 국가배상 관계 법령 및 법무부 소관 법령과 다른 법령의 벌칙조항에 대한 해석인 경우에는 법무부를 말하고, 그 밖의 모든 행정 관계 법령의 해석인 경우에는 법제처를 말한다. 이하 "법령해석기관"이라 한다)에 법령해석을 요청하여야 한다(법제업무 운영규정 제26조 제1항). 법제처는 정부유권해석은 법원의 사법해석과 달리, 관계 행정기관에 대한 법적 구속력은 없다고 한다.[85]

「변호사 광고에 관한 규정」 제17조[질의와 회신]에 관한 규정을 두면서 유권해석의 근거를 마련하고 있다.[86] 대한변호사협회 「임원인사규칙」은 법제이사가 "법령의 질의 및 해석"을 맡는다고 되어 있다(제11조 제4호). 그러나 최종적으로는 대한변호사협회장이 그의 명의로 유권해석이 행해진다. 협회장이 동의하지 않는 내용의 유권해석은 대외적으로 공표될 수 없다. 유권해석은 변호사가 법령에 대한 의문이 있을 때 대한변호사협회에 질의를 하면 내부절차를 거쳐서 최종적으로 협회장이 결정하여 발표한다. 따라서 유권해석은 곧 특정한 질의에 대한 협회장의 법적 의견에 불과하다.

위 광고규정에 의하면, 변호사는 협회장이 수시로 발하는 유권해석을 준수하여야 한다. 그렇다면 유권해석도 강제력을 갖는 법령의 성격을 갖는다. 법령은 기본적으로 주권자 또는 법령을 제정할 권한이 있는 자가 그 국가 또는 사회와 그 구성원에 대해 해당 법령의 준수를 강제하고, 스스로도 그러한 규범을 지킬 것을 전제로 일정한 목적하에 구성하는 성문(成文)의 규범체계라고 할 수 있다.[87] 모든 법령은 공포해야 하고, 시행일을 정해야 한다. 「법령 등 공포에 관한 법률」이 이를 정하고 있다.

그런데 대한변호사협회의 유권해석은 법령처럼 공포되어 효력을 발생하는 절차도 없다. 변호사는 어떤 유권해석이 행해질는지 예측가능성도 없어 어떤 광고행위가 허용되는지, 금지되는지 알 수도 없다. 협회장의 잘못된 유권해석에 대하여 불복할 수 있는 절차도 없

85 법제처 – 법제업무정보 – 법령해석안내(https://www.moleg.go.kr/menu.es?mid=a10106010000).
- 행정기관인 법제처의 정부유권해석은 법원의 사법해석과 달리, 관계 행정기관에 대한 법적 구속력은 없다.
- 그러나 법제처의 정부유권해석은 정부 견해의 통일성과 행정 운영의 일관성을 위한 기준을 제시한다는 점에서 관계 행정기관이 법제처의 정부유권해석과 달리 집행할 경우 부적절한 집행으로 인한 징계나 감사원의 감사 등을 통한 책임문제가 제기될 수 있으므로 법제처의 정부유권해석은 관계 행정기관에 대한 사실상의 구속력을 가진다고 할 수 있다.
- 다만, 법제처의 정부유권해석과 다른 법원의 확정판결이 나온 경우, 법적인 구속력을 가진 법원의 확정판결에 의해 법제처의 정부유권해석이 가지는 사실상의 구속력은 제한된다.

86 ① 변호사 및 이해관계자는 광고의 내용과 방법 등에 관하여 의문이 있을 때에는 소속 지방회장에게 서면으로 질의할 수 있다.
② 지방회장은 제1항의 질의가 있을 때에는 지방회 위원회의 의견을 들어 질의에 대한 답변을 질의자에게 회신하고, 그 내용을 협회장에게 보고한다. 다만 질의에 대한 답변 선례가 없거나 그 해석이 모호한 경우에는 협회장에게 서면으로 질의할 수 있다.
③ 협회장은 제2항의 질의가 있을 때에는 협회 위원회의 의견을 들어 질의에 대한 답변을 회신한다.

87 법제처, 법령 입안 심사 기준, 2021, 3면.

다. 협회장이 유권해석을 할 때 총회의 의결을 거치거나 법무부장관에게 보고하여 적법성 심사도 받지 않는다. 단순히 대한변호사협회의 내부적 의견으로 행정청이 지도하고 권고하는 형식의 행정지도와 같은 성격을 가진 것으로 이용되고 있다.

헌법상 법치국가 원리에서 비롯된 법률유보의 원칙은 행정이 법률에 근거하여 이루어져야 한다는 것이고, 헌법 제37조 제 2 항은 국민의 모든 자유와 권리는 국가안전보장·질서유지 또는 공공복리를 위하여 필요한 경우에 한하여 법률로써 제한할 수 있다고 규정하고 있으므로 국민의 자유와 권리를 제한하는 행정처분은 법률에 근거하여야만 한다.[88] 헌법재판소 역시 유권해석은 공권력행사가 아니라고 판시하고 있다.[89]

변호사가 '협회의 유권해석'을 준수해야 할 의무를 규정한 법률도 없고, 대한변호사협회 회칙에도 존재하지 않는다. 변호사는 회칙준수의무가 있으며(변호사법 제25조), 모든 회원은 이 회의 회칙, 규칙, 규정 및 결의를 준수하여야 한다(대한변호사협회 회칙 제 9 조 제 1 항). 변호사가 준수할 회규는 회칙, 규칙, 규정, 결의에 한정된다. 그 어디에도 대한변호사협회의 유권해석을 법규로 인정하고 변호사가 준수해야 한다는 규정이 없다. 따라서 '협회의 유권해석'에 위반되는 광고도 금지된다고 한 것은 대한변호사협회의 월권으로 법치주의를 훼손하는 것에 해당된다. 대한변호사협회가 변호사의 광고의 자유를 과도하게 제한하려다 보니, 협회장의 의견까지 법으로 만드는 무리수를 두었다.[90]

---

88 대법원 2013. 12. 26. 선고 2011두4930 판결 [경고처분취소청구].

89 헌재 2018. 12. 26. 선고 2018헌마1117 결정 공권력 남용 위헌확인.

나. 법무부의 민원회신, 보건복지부의 유권해석 및 국민권익위원회의 회신

헌법재판소법 제68조 제 1 항에 의한 헌법소원심판을 청구하기 위해서는 '공권력의 행사 또는 불행사로 인한 기본권침해의 가능성'이 있어야 하는바, 헌법소원의 심판대상인 '공권력의 행사'는 국민의 권리와 의무에 대하여 직접적인 법률효과를 발생시켜야 하고 청구인의 법적 지위를 그에게 불리하게 변화시키기에 적합해야 한다(헌재 1994. 8. 31. 92헌마174 참조).

법무부의 2018. 1. 30.자 민원회신은 모두 청구인이 제기한 민원에 대하여 치료감호소의 업무처리를 확인하여 이를 알려주는 내용이거나 그러한 업무처리가 적법하다는 해석에 불과하여, 그것이 직접 국민이나 법원을 구속하는 효력이 있다고 볼 수 없으므로, 헌법재판소법 제68조 제 1 항 본문이 정하는 공권력 행사에 해당한다고 볼 수 없다.

법무부의 2018. 6. 19.자 민원회신에 의하면, 보건복지부가 2018년 4월경 치료감호소 의사가 환자를 대면진료하지 않고 우편으로 약을 처방하여 배송하는 것은 부적절하다는 유권해석을 하였음을 알 수 있다. 그러나 위와 같은 보건복지부의 관련 법령에 대한 유권해석은 보건복지부 내부 또는 다른 행정기관에 대한 것으로서, 그것이 직접 국민이나 법원을 구속하는 효력이 있다고 볼 수 없으므로, 헌법소원의 대상이 되는 공권력 행사에 해당하지 아니 한다.

국민권익위원회의 2018. 7. 26.자 회신 내용은 청구인의 고소로 수사가 진행된 사실과 청구인이 법무부로부터 회신을 받은 사실을 확인하는 내용에 불과하므로, 이 역시 헌법소원의 대상이 되는 공권력의 행사에 해당하지 않는다.

90 정형근, "변협의 월권", 2021. 7. 5.자.

헌재 2022. 5. 26. 2021헌마619 변호사 광고에 관한 규정 제3조 제2항 등 위헌확인

(가) 이 사건 규정 제4조 제14호 중 '협회의 유권해석에 반하는 내용의 광고' 부분 및 제8조 제2항 제4호 중 '협회의 유권해석에 위반되는 행위를 목적 또는 수단으로 하여 행하는 경우' 부분(이하 위 두 조항을 합하여 '이 사건 유권해석위반 광고금지규정'이라 한다)

1) 이 사건 규정 제4조 제14호는 변호사등이 스스로 또는 타인을 통하여 '협회의 유권해석에 반하는 내용의 광고'를 하는 것을 금지하고 있고, 제8조 제2항 제4호는 변호사등이 협회의 유권해석에 위반되는 목적 또는 수단을 통해 법률상담과 관련한 광고를 하거나 타인에게 하도록 하는 것을 금지하고 있다.

그런데 이 사건 유권해석위반 광고금지규정은 단순히 '협회의 유권해석에 위반되는'이라는 표지만을 두고 그에 따라 금지되는 광고의 내용 또는 방법 등을 한정하지 않고 있다. 이에 해당하는 내용 등이 무엇인지는 변호사법이나 변협 회칙, 이 사건 규정 등을 살펴보더라도 알기 어렵다. '유권해석'이라는 표현은 변협의 회규 중 이 사건 규정에서 유일하게 사용되고 있으며, 변리사나 공인회계사 등 다른 전문 직역의 회규를 살펴보아도 '유권해석'이라는 표현 또는 이를 위반할 경우 징계하는 내용의 규정을 찾아볼 수 없다.

한편 변호사법 제23조는 변호사등의 광고에 관한 심사를 위하여 변협과 각 지방변호사회에 광고심사위원회를 둔다고 규정하고(제3항), 그 운영에 관하여 필요한 사항은 변협에 위임하고 있는바(제4항), 변협은 그 위임에 따라 이 사건 규정 제15조 제4항에서 '변협 광고심사위원회 위원장이 변호사 광고에 관한 규정과 관련한 법령 및 광고허용 범위의 해석을 한다'고 규정하고 있고, 이와 별개로 이 사건 제17조 제3항에서 '변호사 및 이해관계자의 광고 내용 또는 방법 등에 관한 질의에 대해 선례가 없거나 그 해석이 모호한 경우 변협 협회장은 변협 광고심사위원회의 의견을 들어 질의에 대한 답변을 회신한다'고 규정하고 있다. 이 사건 유권해석위반 광고금지규정의 '협회의 유권해석'을 전자의 일반적·추상적인 법령 해석이라고 보든, 후자의 개별적·구체적인 사안에 대한 질의 회신이라고 보든, 위 규정 위반이 징계사유가 될 수 있음을 고려하면 적어도 수범자인 변호사등은 이 사건 유권해석위반 광고금지규정에서 유권해석을 통해 금지될 수 있는 내용들의 대강을 알 수 있어야 한다.

그런데 수범자들은 유권해석이 내려지기 전까지는 금지되는 내용이 무엇인지 도저히 알 수 없다. 특히 이 사건 규정은 그 수범자가 특정 광고 행위를 하고자 할 때 참조할 수 있는 마지막 단계의 규율임에도, 스스로 그 내용을 파악하여 광고 행위 여부를 정하지 못하고 변협의 유권해석을 통해 확인받아야 한다는 점에서 규율의 예측가능성이 현저히 떨어진다. 그뿐만 아니라 설령 어떤 특정 사안이나 관련 법령에 대한 변협의 유권해석이 있다고 하더라도, 그것이 과연 수범자가 하고자 하는 광고 행위에까지 적용되는 것인지 미리 판단하기 어렵고, 이는 결국 법집행기관의 자의적인 해석을 배제할 수 없는 문제가 있다. 따라서 이 사건 유권해석위반 광고금지규정은 수권법률로부터 위임된 범위를 벗어나는 규율 내용까지 포함할 가능성이 있으므로, 위임 범위 내에서 명확하게 규율 범위를 정하고 있다고 보기 어렵다.

2) 그러므로 이 사건 유권해석위반 광고금지규정은 법률유보원칙을 위반하여 청구인들의 표현의 자유 직업의 자유를 침해한다.

8. 재판관 유남석, 재판관 이석태, 재판관 이영진, 재판관 이미선의 이 사건 유권해석위반 광고금지규정에 대한 보충의견

○ 변협의 유권해석은 그것을 정립하는 절차나 이의를 제기하는 절차 등에 관한 규정이 미비하여 언제든지 변협의 의사에 따라 쉽게 변경될 가능성이 있고, 그로 인해 수범자들에게 예측가능성을 주거나 법집행기관의 자의적인 해석가능성을 배제한다고 보기 어렵다. 나아가, 유권해석위반 광고금지규정 위반이 곧바로 독자적인 징계사유가 되어 표현의 자유를 위축시킬 우려 또한 크다. 만약 현행 법규로 대응하기 어려운 새로운 형태의 광고가 출현하여 규제의 공백이 생겼을 경우에는 관련 회규를 개정하는 절차를 밟아 규율하는 방식을 따라야 할 것이다.

○ 그렇다면 위 규정은 과잉금지원칙에도 위반되어 청구인들의 표현의 자유와 직업의 자유를 침해한다.

(4) 광고료를 받고 사건의 소개·알선·유인을 하는 광고매체에 광고 금지

변호사등은 다음 각 호의 행위를 하는 자(개인·법인·기타단체를 불문한다)에게 광고·홍보·소개를 의뢰하거나 참여 또는 협조하여서는 아니 된다(광고규정 제 5 조 제 2 항).

1. 변호사 또는 소비자로부터 금전·기타 경제적 대가(알선료, 중개료, 수수료, 회비, 가입비, 광고비 등 명칭과 정기·비정기 형식을 불문한다)를 받고 법률상담 또는 사건등을 소개·알선·유인하기 위하여 변호사등과 소비자를 연결하거나 변호사등을 광고·홍보·소개하는 행위

위 규정은 변호사와 광고업체 사이의 광고계약으로 지급되는 광고료를 변호사법 제34조에서 금지하는 사건의 소개·알선·유인의 대가로 주고받는 금품과 동일하게 취급하고 있다. 위 제 1 호에서 "알선료, 중개료, 수수료, 회비, 가입비, 광고비 등 명칭과 정기·비정기 형식을 불문한다"라는 내용 중 '광고비'를 명시하고 있는 것이 이를 말해준다.

그런데 소비자 보호 등을 목적으로 광고에 관한 규제 조항을 두고 있는 그 어떤 법률(변호사법, 표시광고법, 식품표시광고법, 의료법 등)에서도 허위, 과장 광고로 분류할 수 있는 종류의 광고를 금지하고 있을 뿐이고, 광료매체가 광고주로부터 지급받는 광고료가 상품의 소개 또는 법률사건의 소개·알선·유인의 대가라고 간주하고 이를 금지한 입법례가 존재하지 않는다.

변호사로부터 돈을 받고 사건등을 소개·알선·유인하는 행위는 사건브로커가 하는 전형적인 행위에 해당된다. 그런데 광고매체가 광고료를 받고서 사건브로커와 같은 역할을

하고 있다는 전제하에 제정한 위 규정은 광고행위 자체를 부정하는 것이라고 할 수밖에 없다. 광고는 불특정한 다수를 대상으로 소비자를 상품 내지 서비스를 구매하도록 유인하는 역할을 하는데, 여기서의 '유인'은 원칙적으로 민법상 청약의 유인에 해당된다.[91]

광고는 상품이나 서비스에 대한 정보를 여러 매체를 통해 알림으로써 정보를 제공하는 기능과 소비자를 설득하여 구매하도록 하는 기능을 지니고 있어 자주적 인간에 있어 경제적 개성신장과도 연계된다.[92] 광고업체가 광고료를 받는 것은 당연하고, 광고의 결과 불특정 다수의 의뢰인으로부터 법률상담이 연결되거나 사건등을 수임할 수도 있다. 바로 이런 결과를 기대하고 광고를 한다.

변호사법 제34조에서 금지하는 법률사건이나 법률사무의 수임과 관련된 금품수수는 특정인이 특정한 변호사에게 법률사건을 소개·알선·유인하는 것을 말한다. 대법원 역시 특정한 변호사에게 사건을 소개할 것을 요건으로 한다. 법률사무의 수임에 관하여 당사자를 '특정 변호사'에게 소개한 후 그 대가로 금품을 수수하면 변호사법 제109조 제 2 호, 제34조 제 1 항을 위반하는 죄가 성립하는바, 그 경우 소개의 대가로 금품을 받을 고의를 가지고 변호사에게 소개를 하면 실행행위의 착수가 있다(대법원 2006. 4. 7. 선고 2005도9858 전원합의체 판결).[93] 헌법재판소도 변호사법 제34조는 '사건브로커 등'의 알선 행위를 금지하려는 취지라고 판시한 바 있다.[94] 따라서 변호사가 광고를 보고 방문한 의뢰인으로부터 법률사건을 수임하더라도 광고업체가 그 사건을 소개·알선하였다고 할 수는 없다. 그러므로 제 1 호는 변호사의 광고자유를 근본적으로 부정하는 것에 해당되므로, 의뢰인을 유치하고 유지시키기 위한 변호사의 광고 자유에 관한 기본권을 침해하는 위헌조항에 해당된다. 그러나 헌법재판소는 2022. 5. 26. 위 조항 중 '변호사등과 소비자를 연결 부분'은 합헌, '변호사등을 광고 홍보 소개하는 행위 부분'은 위헌이라고 결정하였다.[95]

---

91 이병준, "광고계약 내지 광고와 관련한 민사법적 쟁점", 유통법연구 제 4 권 제 1 호(2017), 71면.

92 백경희, "의료인의 거짓 경력에 관한 의료광고에 대한 고찰", 171면.

93 원심이 적법하게 채택한 증거에 의하면, 피고인 3은 공문서위조죄 등으로 징역 10월을 선고받아 2000. 6. 23. 그 형의 집행을 종료한 자로서, 판시 소유권보존등기말소 소송의 수임에 관하여 2002년 7월 초순경 그 원고인 공동피고인 2를 변호사인 원심 공동피고인 8에게 소개하고 2004. 7. 15. 그 대가의 일부로 1억 1천만원을 지급받았으며, 위 소개 당시 이미 피고인 3과 원심 공동피고인 8 사이에 소개의 대가로 금품을 지급받기로 하는 묵시적 약정이 있었던 사실을 인정할 수 있으므로, 피고인 3은 누범기간 내인 2002년 7월 초순경 판시 변호사법 위반죄의 실행에 착수하였다고 할 것이다. 실행의 착수시기를 이와 달리 인정한 원심의 판단은 잘못이지만, 결과적으로 누범기간 내에 실행의 착수가 있다는 이유로 판시 변호사법 위반죄에 대하여 누범가중을 한 원심의 결론은 정당하고, 거기에 상고이유에서 주장하는 바와 같은 판결 결과에 영향을 미친 법리오해 등의 위법이 없다(대법원 2006. 4. 7. 선고 2005도9858 전원합의체 판결 [특정경제범죄가중처벌등에관한법률위반(사기)·공문서위조·위조공문서행사·허위감정·배임수재]).

94 헌재 2013. 2. 28. 2012헌바62 구 변호사법 제34조 제 2 항 등위헌소원(수임알선 대가 제공 변호사 처벌 사건).

95 헌재 2022. 5. 26. 2021헌마619 변호사 광고에 관한 규정 제 3 조 제 2 항 등 위헌확인.

헌재 2022. 5. 26. 2021헌마619 변호사 광고에 관한 규정 제 3 조 제 2 항 등 위헌확인

(마) 이 사건 규정 제 5 조 제 2 항 제 1 호 중 '변호사등을 광고·홍보·소개하는 행위' 부분

1) 위 규정의 해석

위 규정(이하 '이 사건 대가수수 광고금지규정'이라 한다)의 규율 대상은 이 사건 규정의 수범자인 변호사등이고, 규제 대상이 되는 상대방의 행위는 '변호사 또는 소비자로부터 대가를 받고 법률상담 또는 사건 등을 소개·알선·유인하기 위하여 변호사등을 광고·홍보·소개하는 행위'이다. 이 사건 대가수수 광고금지규정은 변호사법 제34조 제 1 항 제 1 호와 규정 형식이 유사하지만 문언상 '특정한' 변호사라는 표지가 들어가 있지 않고, 금지되는 광고의 매체나 방법도 제한하고 있지 아니한바, 위 규정을 해석함에 있어서도 이러한 점을 충분히 고려할 필요가 있다.

변호사법은 각종 매체를 이용한 변호사 광고를 원칙적으로 허용하는 한편(제23조), 법률사건이나 법률사무의 수임에 관하여 금품 등을 받고 당사자를 특정 변호사에게 소개, 알선, 유인하는 행위를 감시하고, 위반 시 형사처벌하고 있다(제34조 제 1 항, 제109조 제 2 호). 여기서 '소개·알선'이란 법률사건 또는 법률사무의 당사자 등과 특정한 변호사 사이에서 서로 상대방을 알게 하는 등의 방법으로 그 법률사건 또는 법률사무에 관한 위임계약의 체결을 주선, 중재하거나 그 편의를 도모하는 행위를 말하고(대법원 2002. 3. 15. 선고 2001도970 판결; 대법원 2013. 1. 31. 신고 2012도 2409 판결 참조), '유인'이란 기망 또는 유혹을 수단으로 특정한 변호사와 위임계약을 체결하도록 유도하는 행위를 말한다고 할 것이다(대법원 2004. 10. 27. 선고 2004도5724 판결 참조).

위와 같은 변호사법의 규정들을 고려하여, 이 사진 대가수수 광고금지구성의 규제대상이 변호사법이 금지하는 특정 변호사에 대한 소개·알선·유인행위의 실질을 갖춘 광고행위로 제한된다고 해석할 여지가 없지는 않다.

그러나 이 사건 대가수수 광고금지규정이 규제하는 행위는 광고·홍보 소개행위이고, 이러한 행위의 목적으로 '소개·알선·유인'을 정하면서도 그 대상을 특정 변호사로 제한하고 있지 아니한 점과 광고·홍보·소개행위의 목적이 소비자를 설득하여 구매를 유도하는 데 있는 점을 고려하면, 이 사건 대가수수 광고금지규정에서 말하는 '소개·알선·유인'이 반드시 특정 변호사를 대상으로 한 개념이라고 단정하기 어렵다. 즉, 법률상담 또는 사건 등을 소개하거나 유인할 목적으로 불특정 다수의 변호사를 동시에 광고·홍보 소개하는 행위도 이 사건 대가수수 광고금지규정이 예정하는 행위라고 해석하는 것이 타당하다. 변호사법이 이미 특정 변호사에 대한 소개·알선·유인행위를 금지하고 있고, 그러한 행위가 광고·홍보 소개의 형식을 취하고 있더라도 특정 변호사에 대한 소개·알선·유인행위로 평가되는 이상 변호사법 위반으로 처벌할 수 있는 점까지 고려하면, 이 사건 대가수수 광고금지규정이 단순히 변호사법이 금지하는 소개·알선·유인행위를 다시 한 번 규제하는 것에 불과하다고 보기는 어렵다.

2) 수단의 적합성

각종 매체를 통한 변호사 광고를 원칙적으로 허용하는 변호사법 제23조 제 1 항의 취지에 비추어 볼 때, 변호사들이 광고업자에게 광고비를 지급하고 광고하는 것은 당연히 허용된다고 할 것이고, 달리 그러한 방식의 광고를 금지하는 규정도 찾아볼 수 없다. 광고업자에게 대가를 지급하고 광고를 의뢰하는 행위를 일률적으로 금지하는 이 사건 대가수수 광고금지규정은 앞서 본 입법목적인 변호사의 공공성, 공정한 수임질서 유지, 소비자 피해 방지 등을 달성하기 위한 적합한 수단으로 보기 어렵다.

3) 침해의 최소성

일반적으로 광고는 불법적인 내용이거나 허위 혹은 기만적인 것이 아닌 한 그 자체가 해로운 것은 아니다. 개인은 충분한 정보가 제공될 경우에 자신들의 최선의 이익을 인식할 수 있으며, 그러한 목적에 가장 좋은 수단은 의사소통을 닫아 놓는 것이 아니라 열어 놓는 것이다. 자유시장 경제에서 소비자에게 정보가 충분히 보장되어 소비자가 합리적인 결정을 할 수 있도록 하는 것은 표현의 자유의 중요한 과제에 속한다(헌재 2005. 10. 27. 2003헌가3 참조). 이러한 취지에서 변호사법 제23조 제1항에서도 변호사들이 각종 매체를 통하여 그 업무의 홍보에 필요한 사항을 광고할 수 있도록 허용하고 있고, 변호사등이 광고업체에게 경제적 대가인 광고비를 지급하고 광고하는 것 역시 변호사법상 허용된다고 할 것이며, 달리 그러한 방식의 광고를 금지하는 규정도 찾아볼 수 없다. 그런데 이 사건 대가수수 광고금지규정은 타인에게 경제적 대가를 지급하고 변호사등을 광고·홍보·소개하는 행위를 일률적으로 금지하고 있는바, 이는 변호사 업무 광고에 대한 규제가 입법목적의 달성에 필요한 한도 내에서 섬세하게 재단된 것이라 할 수 없다.

앞서 본 이 사건 규정 제5조 제2항 제1호 중 '변호사등과 소비자를 연결' 부분이 변호사법에서 금지의무를 부과하고 위반시 형사처벌 되는 알선 행위와 맞닿아 있음에 반해, 이 사건 대가수수 광고금지규정은 변호사법에서 원칙적으로 허용하고 있는 광고업체를 통한 유상 광고 방법을 전면적으로 금지하고 있다. 광고는 그 성질상 기본적으로 소비자를 유인하는 성격을 지니고, 변호사광고의 목적 자체가 법률상담 또는 사건 등을 소개받거나 유인하기 위한 것인바, 위 규정에서의 경제적 대가성이나 사건 알선 목적 등은 위 규정의 적용 한계를 설정하는 데 특별한 의미를 가진다고 보기 어렵다.

소비자는 변호사광고를 통하여 생활영역 안에서 가장 쉽게 법률서비스에 관한 정보를 접하게 되며, 변호사 업무에 관한 광고는 소비자에게 어떤 변호사가 어떠한 업무를 주로 하는지에 관한 정보를 효과적으로 제공하는 순기능이 많다. 물론 과당경쟁으로 인한 문제점이나 객관적 사실의 과장 등에 의한 소비자의 현혹 현상이나 변호사업 전반에 대한 품위나 신용의 훼손이라는 역기능도 존재하므로 변호사 광고에 대한 합리적 규제가 필요하지만, 광고표현이 지닌 기본권적 성질을 고려할 때 광고의 내용이나 방법적 측면에서 꼭 필요한 한계 외에는 폭넓게 광고를 허용하는 것이 바람직하다.

우리 사회가 발전하고 경제규모가 커짐에 따라 법적인 분쟁도 날로 증가하는 추세에서 법률서비스 제공자인 변호사등에 대한 정확한 정보의 수요가 늘고 있는 점, 비약적으로 증가하는 변호사의 수를 고려할 때 이 사건 대가수수 광고금지규정에 의한 광고의 금지는 새로운 변호사들이 광고업체를 활용하여 자신을 알릴 기회를 배제함으로써 기존의 변호사등과의 경쟁에서 불리한 결과를 초래할 수 있는 점, 정보전달 매체에 관한 기술이 발달함에 따라 광고의 수단 또한 다양해지고 있고, 인터넷과 같이 계속 변화하는 분야에서의 규제 수단 또한 헌법의 틀 안에서 다채롭고 새롭게 강구되어야 하는 점(헌재 2016. 10. 27. 2015헌마1206 등; 헌재 2019. 11. 28. 2016헌마90 참조) 등을 고려하면, 이 사건 대가수수 광고금지규정에서 경제적 대가를 지급하고 광고업체를 통한 광고방법을 일률적으로 금지하고 있는 것은 그러한 규제를 달성하기 위한 필요한 범위를 넘어선 것이다.

나아가, 이 사건 대가수수 광고금지규정이 아니더라도 그 입법목적은 다른 규정들에 의하여 충분히 달성될 수 있다. 즉, 변호사법 제23조 제 2 항의 각 호와 이 사건 규정 제 4 조, 제 5 조 등에서 이미 변호사 업무 광고의 내용상, 방법상의 제한을 설정하고 있고, '표시·광고의 공정화에 관한 법률'은 거짓·과장의 표시 광고, 기만적이거나 부당하게 비교하는 표시·광고를 금지하며(제 3 조), 소비자기본법은 소비자가 오해할 우려가 있는 특정용어 또는 특정표현의 사용을 제한할 필요가 있는 경우 국가가 광고의 내용 및 방법에 관한 기준을 정할 수 있도록 하고 있다(제11조 제 2 호). 이러한 법규들에 의하여 이 사건 대가수수 광고금지규정이 규제하고자 하는 부당한 광고를 통제할 수 있다.

따라서 공정한 수임질서를 해치거나 소비자에게 피해를 줄 수 있는 내용의 광고를 제한하는 등 기본권을 덜 제한하는 완화된 수단에 의해서도 입법목적을 같은 정도로 달성할 수 있으므로, 이 사건 대가수수 광고금지규정에서 경제적 대가를 지급하고 변호사들을 광고·홍보·소개하는 행위를 포괄적으로 금지하는 것은 침해의 최소성 요건을 충족하지 못하였다.

4) 법익의 균형성

이 사건 대가수수 광고금지규정으로 달성하고자 하는 공정한 수임질서의 유지나 소비자의 피해 방지라는 공익도 중요하나 위 규정으로 그러한 공익이 달성될 수 있는 것인지 불분명하다. 반면, 변호사법에서 여러 매체를 통한 광고를 원칙적으로 허용하고 있는 점. 앞서 본 입법연혁과 같이 변호사 업무 광고의 자유가 점차적으로 확대되어 온 점, 사회·경제적 변화와 과학기술의 발전 등으로 다양한 형태의 광고가 출현하고 있는 점, 그럼에도 위 규정은 전면적으로 경제적 대가가 결부된 광고행위를 규제하고 있는 등의 사정에 비추어 보면, 이 사건 대가수수 광고금지규정으로 인하여 청구인 변호사들은 광고업자에게 유상으로 광고를 의뢰하는 것이 사실상 금지되어 표현의 자유, 직업의 자유에 중대한 제한을 받게 되고 청구인 회사로서도 변호사들로부터 광고를 수주하지 못하게 되어 영업에 중대한 제한을 받게 된다. 따라서 위 규정은 법익의 균형성도 갖추지 못하였다.

5) 그러므로 이 사건 대가수수 광고금지규정은 과잉금지원칙을 위반하여 청구인들의 표현의 자유 직업의 자유를 침해한다.

9. 재판관 이선애, 재판관 이은애, 재판관 이종석의 이 사건 대가수수 광고금지규정에 대한 반대의견

○ 대가수수 광고금지규정은 변호사등의 광고행위 일반을 금지하는 것이 아니라, 특정한 변호사에게 사건 등을 소개·알선·유인할 목적으로 이에 결부된 경제적 대가를 지급받고 광고행위를 하는 자에 대한 광고의뢰에 한정하여 금지하는 것으로 해석함이 타당하고, 이것이 변호사법 제23조 제2항 제7호의 위임의 취지에도 부합한다.

○ 변호사 광고가 형식적으로는 광고의 형태를 띠고 있으나 실질적으로는 경제적 대가가 결부된 사건의 알선 등에 해당하는 경우 규제의 필요성이 있음에도 기존의 변호사법의 규제만으로는 공백이 있을 수 있는 점, 기술의 발달로 광고의 방법·형태가 다양해지면서 단지 서비스를 알리는 전통적인 방식의 광고에서 나아가 광고 자체가 소개·알선·유인의 효과를 가지는 경우도 있을 수 있는 점, 사건 등의 소개·알선·유인의 목적이 없는 광고 등의 의뢰는 허용되는 점, 변협은 변호사법의 위임에 따라 금지되는 광고의 방법 등을 정함에 있어 광범위한 재량을 가지는 점 등을 종합하여 보면, 대가수수 광고금지규정은 침해의 최소성 요건을 충족하고, 이로 인하여 제한되는 사익보다 공정한 수임질서 등의 공익이 더 크므로 법익의 균형성도 충족한다.

○ 따라서 대가수수 광고금지규정은 과잉금지원칙에 위반되어 청구인들의 표현의 자유와 직업의 자유를 침해하지 않는다.

5. 변호사는 모든 광고매체를 이용하여 광고할 수 있음

(1) 변호사는 대한변호사협회가 개정한 '변호사 광고에 관한 규정'이나 이에 대한 헌법재판소의 일부 위헌결정과 상관없이 각종 신문, 방송, 인터넷, 광고플랫폼 등과 같은 광고매체를 이용하여 광고를 할 수 있다. 변호사단체는 과거에 주기적으로 특정한 광고매체를 대상으로 변호사법 위반 혐의로 고발한 바가 있지만, 그 혐의가 인정되지 않았다. 신문, 잡지, 방송, 인터넷 등의 광고매체는 고객들로부터 의뢰받은 광고의 대가인 광고료로 수입을 올리고 있기 때문이다.

(2) 광고를 규율하는 각종 법률에서도 광고의 내용이 허위나 과장되었다거나 하는 것을 문제삼을 뿐이고, 광고매체 자체를 문제삼는 경우는 존재하지 않는다. 광고에 관한 일반법적 지위를 갖는 표시광고법이나 식품표시광고법, 의료법 등에서도 특정한 광고매체에서는 광고할 수 없다는 제한은 없다. 그런 점에서 대한변호사협회가 특정한 광고매체에서의 광고를 금지할 목적으로 광고규정을 개정하고, 그곳에서 광고중인 회원들을 상대로 광고의 금지를 요구하는 행위는 변호사에 대해서는 직업의 자유라는 기본권을 침해하고, 광고매체에 대해서는 업무를 방해하는 불법행위라고 할 수 있다. 따라서 변호사는 광고를 함에 있어

서 변호사법 제23조 제 2 항이 금지하는 허위·과장광고 등의 내용이 포함되지 않도록 주의하면 된다.

(3) 변호사업무 광고란 법률사무소를 개설하면서 간판을 설치하는 행위, 명함을 교부하여 변호사임을 알리는 것, 자신의 법률사무소에서 법률상담을 하는 행위도 광고에 포함된다. 변호사가 상담 후에 경우에 따라서는 상담료를 받지 않을 수 있는데(무료상담), 이는 그 변호사의 수임료 결정권 행사라서 적법하다. 광고규정에 무료상담 또는 염가경쟁을 지양하자는 것은 변호사들에 대한 권고사항에 불과하다. 변호사업무 광고는 꼭 광고매체를 이용하는 형식만이 아니고, 수임사건 처리를 위한 수사기관의 조사입회나 법정변론, 변론준비를 위한 서면작성 행위 등을 제외한 모든 활동을 포함하고 있다. 그 때문에 광고의 제한은 변호사업무 수행의 제한으로 직결될 수밖에 없기에 신중해야 한다.

(4) 그간 변호사업무에 관한 광고는 지나치게 규제 중심으로 되어 있어 국민의 변호사 접근권·선택권 확대를 위한 변호사 광고의 자유화가 요청되었다. 그런데 대한변호사협회가 이런 시대적 요청을 거스르는 내용의 광고규정을 개정하여 위헌논란과 혼란을 빚었지만, 변호사는 변호사법이 금지하는 광고 내용은 피하면서 사건수임을 위하여 각종 광고매체를 이용하여 자유롭게 광고할 수 있는 것은 종전과 다름없다.

Ⅷ. 「변호사윤리장전」이 금지하는 광고

1. 「변호사윤리장전」 제31조 제 3 항과 제 4 항 신설이유

대한변호사협회는 2021. 5. 31. 「변호사윤리장전」 제31조 제 3 항과 제 4 항을 신설하였다. 대한변호사협회는 2021. 5. 31. 임시총회를 개최하여 변호사 시장의 건전한 수임질서를 교란하는 행위를 방지한다는 아래와 같은 이유로 「변호사윤리장전」 개정안을 통과시켰다.[96]

> 지난 2019년을 기준으로 이미 등록 변호사 수가 3만 명을 넘어선 가운데 변호사 수의 급증은 법조 시장의 수임 경쟁 심화로 이어졌고, 인터넷 등을 기반으로 하는 각종 법률 플랫폼 사업자들은 '비변호사'의 지위를 유지하면서 변호사법의 제한으로부터 벗어난 채 다수의 변호사들로부터 광고료 등 명목으로 막대한 재산상 이익을 얻고 있다. 또한 법률 플랫폼 사업자들은 법률 소비자들에게 변호사를 소개·알선하는 새로운 형태의 사무장 로펌으로 진화하면서 무료,

96 대한변호사협회, "변협, 변호사윤리장전 개정안 통과", 보도자료 2021. 5. 31.자.

부당한 염가를 표방하는 덤핑 광고가 범람하는 상황까지 초래되었다.

이에 변협은 변호사 시장의 공정한 수임질서가 급속하게 무너지는 폐해를 우려하는 대다수의 변호사 회원들의 요구를 반영하여 '변호사는 건전한 수임질서를 교란하는 과다 염가 경쟁을 지양함으로써 법률사무의 신뢰와 법률시장의 건강을 유지한다.', '변호사는 변호사 또는 법률사무소개를 내용으로 하는 애플리케이션 등 전자적 매체 기반의 영업에 참여하거나 회원으로 가입하는 등 협조하지 않는다'는 내용의 변호사윤리장전 제31조 제 3 항과 제 4 항을 신설하는 개정안을 이번 변협 임시총회에서 의결·통과시켰다.

현재 범람하고 있는 법률플랫폼은 청년변호사를 위한다는 미명 아래, 청년들을 고용하고 이중 근로계약서를 작성하여 '청년 디지털 일자리 사업' 지원금을 부정수급하고, 능력과 관계없이 높은 광고료를 지급한 변호사에게 광고 노출의 혜택을 부여함에 따라 자본에 의하여 능력이 평가되어 공정한 수임질서를 교란하는 행위를 하고 있다. 한편, 법률플랫폼들은 탈퇴를 원하는 변호사 회원들에게 막대한 위약금을 부과하여 회원들의 탈퇴마저도 여의치 않게 하여 종국적으로는 자본 플랫폼에 변호사들을 종속시키는 등 청년변호사를 착취하고 있는 실정으로 법률플랫폼이 변호사 시장에 끼치는 폐해는 이루 말할 수 없다.

이에 변협과 대다수의 변호사 회원들은 이번 임시총회에서 의결된 '변호사윤리장전' 개정안과 5월 3일 열린 제 2 차 이사회에서 개정된 '변호사 광고에 관한 규정'이 법률플랫폼에 의한 변호사업계의 붕괴를 막고, 변호사들이 공정한 수임질서 속에서 자신의 노동과 전문성에 상응하는 정당한 급부를 지급 받으며 변호사업을 수행해 나갈 수 있는 건전한 시장을 재건해 나가는 데 이바지할 것이라 믿어 의심치 않는다.

2. 변호사 수임료의 염가경쟁 지양

변호사는 건전한 수임질서를 교란하는 과다 염가 경쟁을 지양함으로써 법률사무의 신뢰와 법률시장의 건강을 유지한다(변호사윤리장전 31③).

(1) 대한변호사협회는 변호사 수임료를 규제할 권한이 없음

1999. 2. 5. 제정된 「독점규제 및 공정거래에 관한 법률의 적용이 제외되는 부당한 공동행위 등의 정비에 관한 법률」[97] 제1 조는 "변호사법 중 다음과 같이 개정한다. 제19조를 삭

97 [제정이유] 종래 특정산업의 보호·육성등을 이유로 정부가 법령으로 허용하여 오던 공동행위 중에서 경쟁제한성이 크거나 국제적 기준에 비추어 정당성이 인정되기 어려운 공동행위 등을 폐지 또는 보완함으로써 시장경제를 활성화하고, 경쟁을 제한하는 제도를 폐지해 나가는 국제적 추세에 부응하려는 것임.
◇ 주요골자
가. 변호사, 행정사, 공인회계사, 세무사, 관세사, 변리사, 건축사, 수의사 및 공인노무사등 사업자의 보수를 해당사업자단체가 정하는 제도와 주무부처장관이 해당사업자의 보수기준을 승인 또는 인가하는 제도를 폐지함(법 제 1 조 내지 제 4 조, 제 6 조, 제10조, 제14조, 제16조 및 제18조).

제한다.[98] 제63조 제2호를 삭제한다[99]"고 규정하였다. 그 결과 변호사 보수기준을 대한변호사협회가 정할 수 있도록 한 변호사법 제19조가 삭제되었으며, 대한변호사협회 회칙에 보수 규정도 둘 수 없게 되었다.

(2) 과다 염가 경쟁 지양의 규제의 위헌성

대한변호사협회는 변호사가 수임료를 '무료나 염가'로 약정하더라도 금지시킬 권한이 없다. 대한변호사협회가 변호사의 수임료 결정을 염가로 하는 것을 금지시키는 것은 공정한 경쟁을 제한하는 행위에 해당된다. 따라서 변호사는 광고에 해당하는 '법률상담' 중에 무료나 염가의 보수를 약정할 계약의 자유가 있다. 어떤 액수가 '과다 염가'인지도 불확실하여 명확성의 원칙에도 위반된다. 그리고 염가의 수임료 약정이 건전한 수임질서를 교란하는 행위라고 할 수도 없다. 변호사의 수임료는 각자의 능력과 사건의 난이도 등을 고려하여 당사자들이 결정할 사항이다. 그리고 '법률시장'이라는 문구는 공공성을 가진 변호사의 직무를 상인의 상행위처럼 취급할 수 있다는 오해를 유발할 수 있다는 점에서 부적절한 표현이다. '건강을 유지한다'는 문구 역시 비유적인 표현으로 조문의 정확한 의미를 알 수 있도록 해야 하는 법조문 작성의 원칙과 어긋난다.[100] 권리를 제한하거나 의무를 부과하는 입법은 규율 대상자(수범자)에게는 무엇이 금지되는 행위이고, 무엇이 허용되는 행위인지 미리 알 수 있도록 해야 하고, 법집행자에게는 객관적 판단지침이 무엇인지를 알 수 있도록 함으로써 법적 안정성과 예측 가능성을 확보할 수 있도록 해야 한다. 입법내용이 불명확하다면 무엇이 금지되거나 요구되는지 제대로 알 수 없게 되어 시민생활을 향유할 수 없고, 법집행자의 자의적 취급을 초래하게 된다.[101]

3. 전자적 매체 기반의 영업체에 광고금지

변호사는 변호사 또는 법률사무 소개를 내용으로 하는 애플리케이션 등 전자적 매체 기반의 영업에 참여하거나 회원으로 가입하는 등 협조하지 않는다(변호사윤리장전 31④).

(1) 변호사 또는 법률사무 소개

「변호사윤리장전」 제31조 제4항은 "변호사 또는 법률사무 소개"를 내용으로 하는 전자적 매체기반의 영업체에 광고를 금지하고 있다. 여기서 변호사나 법률사무의 소개가 무

---

98 변호사법(개정 1982. 12. 31. 법률 제3594호) 제19조(보수) 변호사의 보수기준은 대한변호사협회가 이를 정한다.

99 변호사법(개정 1982. 12. 31. 법률 제3594호) 제63조(회칙의 기재사항) 대한변호사협회의 회칙에는 다음 각 호의 사항을 기재하여야 한다.
2. 변호사의 보수기준에 관한 사항.

100 정형근, 법조윤리강의 제11판, 77면.

101 법제처, 법령 입안 심사 기준 2021, 41면.

조건 금지되는지 의문이다. 누구든지 법률사건이나 법률사무의 수임에 관하여 ① 사전에 금품·향응 또는 그 밖의 이익을 받거나 받기로 약속하고 당사자 또는 그 밖의 관계인을 특정한 변호사나 그 사무직원에게 소개·알선 또는 유인하는 행위, ② 당사자 또는 그 밖의 관계인을 특정한 변호사나 그 사무직원에게 소개·알선 또는 유인한 후 그 대가로 금품·향응 또는 그 밖의 이익을 받거나 요구하는 행위를 하여서는 아니 된다(변호사법 34①). 여기서 전자적 매체의 광고업체가 변호사나 법률사무를 소개하는 대가로 금품 등을 변호사로부터 받거나 요구해야 한다. 단순하게 광고료만 받는다면, 여기서의 소개에 해당되지 않는다. 변호사나 그 사무직원은 법률사건이나 법률사무의 수임에 관하여 소개·알선 또는 유인의 대가로 금품·향응 또는 그 밖의 이익을 제공하거나 제공하기로 약속하여서는 아니 된다(변호사법 34②). 이 규정에서도 소개의 대가로 금품을 제공하거나 약속행위가 금지된다. 따라서 변호사가 광고료를 지급하는 것은 이 규정에서 금지하는 소개에 해당되지 않는다. 따라서 변호사가 광고업체에 광고료를 지급하고 광고를 한 효과로 법률상담으로 이어지거나 사건수임을 하게 되더라도 광고업체가 사건을 소개한 것에 해당되지 않는다. 변호사는 바로 이런 효과를 기대하면서 광고를 하는 것이다. 대한변호사협회가 위 규정을 신설한 것은 전자적 매체 기반의 광고업체는 돈을 받고 변호사나 법률사무를 소개하는 것이라는 전제를 하고 있지만, 이는 변호사의 광고 자체를 부정하는 것이라고 할 수밖에 없다.

(2) 전자적 매체 기반의 광고업체에 광고금지

대한변호사협회는 전자적 매체를 기반으로 하는 광고업체에 광고하는 것도 금지하였다. 변호사가 법률플랫폼에 광고하는 것을 금지시키려는 의도였지만, 모든 전자적 매체에서 광고를 금지하는 것은 변호사법의 위임범위를 벗어난 것이다. 변호사법 제23조 제 1 항은 "컴퓨터통신 등의 매체를 이용하여 광고할 수 있다"라고 규정하여 인터넷 등 광고 매체를 제한하지 않고 있다. 대한변호사협회는 규모가 큰 광고업체에 광고를 금지시키려는 의도로 저런 규정을 신설하였지만, 인터넷 등의 전자적 매체 기반의 광고업체에 광고를 할 수 없도록 한 것은 시대착오적이다.

(3) 전자적 매체 기반의 영업에 참여 또는 협조

변호사가 애플리케이션 등 전자적 매체 기반의 영업에 '참여'하거나 회원으로 가입하는 등 '협조'행위도 금지된다. 여기서 '참여'란 사전적 의미로는 "어떤 일에 끼어들어 관계함"이다. 참여 금지는 변호사가 광고를 하는 것 뿐만 아니라 광고업체의 운영에 관계하거나 취업하는 등의 행위도 할 수 없다는 것을 말한다. 변호사가 그런 광고업체에 법적인 조력을 제공하는 행위까지도 참여에 해당된다고 할 수 있는 등으로 무한정 그 범위를 확장해석할 수 있는 문제가 있다. 변호사가 광고업체에 참여할 수 없도록 하는 것은 변호사법 제

38조 겸직제한 규정에도 위반된다. 개업 중인 변호사는 지방변호사회의 겸직허가를 받아 상업이나 영리를 목적으로 하는 업무를 경영하거나 경영하는 자의 사용인이 될 수 있으며, 사내변호사로 취업할 수 있다. 그런데 참여금지 규정은 변호사법이 허용하는 이런 겸직도 불허하고 있다. 그리고 변호사는 전자적 매체에 '협조'하는 것도 금지된다고 한다. 만약 변호사가 광고업체에 법률상담을 해주거나 의뢰하는 법률사건을 수임하여 변호하는 행위도 협조행위에 해당된다. 광고업체의 경영자나 직원이 체포 또는 구속을 당한 때에는 변호인으로 선임되어 조력을 제공할 수도 있다. 이런 변호사 고유의 직무수행도 광고업체에 협조하는 행위에 해당되기 때문에 협조를 금지하는 위 규정은 변호사의 직업의 자유를 과도하게 침해하여 위헌·위법한 규정으로 무효라고 할 수 있다.

⑷ 변호사법의 위임범위를 벗어난 위헌·위법으로 무효

대한변호사협회는 법률의 근거없이 변호사의 광고를 제한하는 내용을 「변호사윤리장전」에 규정하여 법률유보의 원칙을 위반하였다. 또한 변호사의 기본권 행사를 과도하게 제한하여 변호사의 직업의 자유와 광고의 자유를 침해하고 있다.

⑸ 법 집행의 형평성 위반으로 평등권 침해

대한변호사협회는 위와 같은 규정을 신설하였으면, 모든 변호사에게 평등하게 적용해야 한다. 그런데 대한변호사협회는 오로지 법률플랫폼 로톡에서 광고를 하는 변호사들을 대하여 로톡에서 광고를 하게 된 소명서를 제출하라고 하는 등으로 광고를 할 수 없도록 하고 있다. 로톡에서 광고를 하면 징계사유에 해당된다고 한다. 반면, 전자적 매체 기반의 광고업체인 네이버, 구글, 다음 등 수많은 플랫폼 광고업체에서 광고 중인 변호사들은 아무런 제재를 하지 않고 있다. 이는 로톡에 광고하는 변호사들을 합리적 이유없이 차별하여 헌법상 평등권을 침해하는 위헌행위에 해당된다.[102]

Ⅸ. 광고심사위원회 설치

변호사등의 광고에 관한 심사를 위하여 대한변호사협회와 각 지방변호사회에 광고심사위원회를 둔다(변호사법 23③). 변호사의 광고는 사전 허가사항이 아니다. 광고 후에 비로소 위법한 광고였는지를 심사받게 된다. '광고에 관한 심사'란 변호사가 이미 한 광고가 변호사법 또는 「변호사 광고에 관한 규정」을 위반하였는지 여부를 조사하고 확인하는 것을 말한다. 광고는 표현의 자유의 영역에도 속하기 때문에 사전심사를 하는 것은 허용되지 않는다. 변호사 광고에 관한 심사를 위하여 협회와 각 지방회에 광고심사위원회를 둔다(변호사

102 정형근, "변호사업무의 플랫폼 광고 규제에 관한 헌법적 고찰", 67면.

광고에 관한 규정 10).

X. 광고심사위원회의 운영 등에 관한 사항

1. 광고심사위원회의 운영

광고심사위원회의 운영과 그 밖에 광고에 관하여 필요한 사항은 대한변호사협회가 정한다(변호사법 23④). 「변호사 광고에 관한 규정」 제12조는 대한변호사협회장이 임명하는 위원으로 광고심사위원회를 구성하고 있다. 제14조는 지방변호사회의 위원회의 업무에 관하여 규정하고 있다. 그리고 광고규정에 대한 위반행위에 대한 조치 규정도 두고 있다(제16조).

위반행위에 대한 조치는 주로 지방변호사회의 광고심사위원회의 의결을 통하여 행하여진다. 지방변호사회장은 광고규정에 위반한 변호사에 대하여 해당 광고심사위원회의 의결을 거쳐 경고하거나 위반행위의 중지 또는 시정을 위하여 필요한 요구 기타 필요한 조치를 하고 이를 대한변호사협회에 보고한다(변호사 광고에 관한 규정 16①). 광고의 중지 또는 시정명령을 받은 변호사의 불복절차에 관한 규정은 없다. 그렇지만 시정명령을 발한 광고심사위원회 위원장 또는 지방변호사회장에게 이의신청할 수 있다. 그리고 그 결정에 대해서 불복할 때는 행정소송을 제기할 수 있다. 대한변호사협회 광고심사위원회가 이에 관한 이의신청을 심사하는 것으로 규정할 필요가 있다.

2. 그 밖에 광고에 관하여 필요한 사항

그 밖에 광고에 관하여 필요한 사항으로 「변호사 전문분야 등록에 관한 규정」을 찾아볼 수 있다. 변호사가 전문분야로 등록할 수 있는 업무는 민사법, 부동산, 건설 등과 같이 62개 분야로 구분한다(위 규정 2①<별표 1>). 그리고 전문분야 등록을 위한 전문분야별 요구되는 사건수임 건수는 가사법은 30건, 건설은 30건, 교통사고는 30건 등과 같이 <별표 2>와 같다(위 규정 8②).

제24조 품위유지의무 등

> **제24조(품위유지의무 등)**
> ① 변호사는 그 품위를 손상하는 행위를 하여서는 아니 된다.
> ② 변호사는 그 직무를 수행할 때에 진실을 은폐하거나 거짓 진술을 하여서는 아니 된다.

I. 연 혁

(1) 1949. 11. 7. 제정된 변호사법은 변호사의 품위유지의무 및 진실의무를 규정했다. 즉, 변호사는 성실히 그 직무를 수행하며 그 품위를 보지하고 소속변호사회의 회칙을 준수하여야 한다(제14조). 변호사는 현저히 불상당한 보수를 받지 못하고 고의로 진실을 엄폐하고 허위의 진술을 하지 못한다(제17조 제 2 항). 뿐만 아니라 (지방)변호사회와 대한변호사협회를 설립하여 변호사의 품위보전을 도모하도록 하여 처음부터 변호사의 품위훼손을 방지하고자 했다.

(2) 1973. 1. 25. 개정된 변호사법은 성실의무는 삭제하면서 변호사의 품위향상과 변호사 직무의 성실성 및 적정성을 도모하기 위하여 법령과 법률사무에 정통해야 한다는 내용을 신설했다. 즉, 변호사는 그 품위를 유지하고 소속변호사회 및 대한변호사협회의 회칙을 준수하며 법령 및 법률사무에 정통하여야 한다(제14조 제 1 항).

(3) 1982. 12. 31. 개정된 변호사법은 독자적인 품위유지의무를 두면서 진실의무 규정을 두었다. 즉, 변호사는 그 품위를 손상하는 행위를 하여서는 아니 된다(제20조 제 1 항). 변호사는 그 직무를 행함에 있어서 진실을 은폐하거나 허위의 진술을 하여서는 아니 된다(제20조 제 2 항).

Ⅱ. 품위손상 행위 금지 의무

1. 품위유지의무의 의의

(1) 변호사는 그 품위를 손상하는 행위를 하여서는 아니 된다(제 1 항). 변호사는 품위를 유지하고, 명예를 손상하는 행위를 하지 아니한다(변호사윤리장전 5). 품위유지의무는 변호사뿐만 아니라 법관, 검사는 물론 국가공무원과 대부분의 전문 직업인에게 과하여진 의무이다.[1] 사전적으로 '품위(品位)'란 직품과 직위를 아울러 이르는 말로서 사람이 갖추어야 할 위엄이나 기품 또는 사물이 지닌 고상하고 격이 높은 인상을 의미하고, '위신(威信)'이란 위엄과 신망을 말하며, '손상'이나 '실추'는 위와 같은 품위, 위신을 떨어뜨리거나 훼손하는 것을 말한다. 대법원은, 공무원에게 품위유지의무를 부과하고 있는 국가공무원법 제63조 중 공무원이 유지하여야 할 '품위'의 의미에 관하여 '주권자인 국민의 수임자로서의 직책을 맡아 수행해 나가기에 손색이 없는 인품'을 말한다(대법원 1998. 2. 27. 97누18172)고 판시하고 있다.

(2) 변호사법은 변호사의 품위손상행위를 규율하고 있지만 품위유지를 그 전제로 하고 있다. 그러므로 변호사는 품위를 유지하고, 명예를 손상하는 행위를 하여서는 아니 된다(변호사윤리장전 5). 헌법재판소는 '변호사로서의 품위'란 '기본적 인권의 옹호와 사회정의 실현을 사명으로 하는 법률 전문직인 변호사로서 그 직책을 맡아 수행해 나가기에 손색이 없는 인품'으로 파악하고 있다(헌재 2012. 11. 29. 2010헌바454). 여기서 '변호사로서 그 직책을 맡아 수행해 나가기에 손색이 없는 인품'이란 변호사의 전문성, 공정성, 도덕성에 대한 믿음을 줄 수 있는 품성을 의미하는 것으로 볼 수 있다. 결국 변호사로서의 지위에 부합하는 좋은 평판을 유지하고 자존감을 잃지 말라는 것을 의미한다.

(3) 어떤 행위가 품위손상행위에 해당하는가는 구체적 상황에 따라 건전한 사회통념에 의하여 판단하여야 한다. 특히 변호사는 판사·검사·군법무관으로 퇴직했거나 사법시험·변호사시험에 합격하여 구체적으로 어떤 행위가 품위손상행위에 해당하는지 여부를 스스로 판단할 능력이 있다고 할 수 있다.

2. 품위손상행위

(1) 변호사법은 변호사의 징계사유로 '직무의 내외를 막론'하고 변호사로서의 품위를 손상하는 행위를 한 경우(제91조 제 2 항)를 규정하고 있다. 변호사가 품위를 유지해야 할 영

---

1 법관징계법 제 2 조 제 2 호, 검사징계법 제 2 조 제 3 호, 국가공무원법 제63조, 변리사법 제 8 조의2, 법무사법 제30조, 세무사법 제12조 제 1 항, 공인회계사법 제15조 제 2 항, 의료법 제66조 제 1 항, 사립학교법 제61조 제 1 항 제 3 호 등.

역은 직무수행 과정뿐만 아니라 직무와 관련 없는 사생활 영역에까지 포함한다. 그러므로 변호사는 그 직무를 수행함에 필요한 전문지식과 함께 인품까지 갖추어야 한다. 변호사의 직업윤리 중에서 가장 도덕적인 윤리규범으로서의 성격이 강한 것을 알 수 있다.[2] 품위유지의무는 우리나라뿐만 아니라 미국 「변호사 직무에 관한 모범규칙」(Model Rules of Professional Conduct)도 품위유지의무를 규정하면서 그 위반 사례를 구체적으로 정하고 있다.[3]

(2) 품위손상행위에 관한 판례를 보면 ① 의뢰인의 민사사건을 담당하면서 근저당채권을 직접 양수하여 배당요구를 하는 행위에 대하여 의뢰인의 분쟁에 지나치게 개입한 것으로서 이로 인하여 의뢰인의 이익을 위한 변호사업무 활동에서 벗어나 상대방과의 관계에서 직접 분쟁의 이해당사자로 발전하였을 뿐만 아니라 상대방으로부터 배당이의 소송을 제기당하는 결과까지 초래하였고, 이는 정상적인 변호사업무 활동을 벗어난 것으로서 변호사로서의 품위를 손상하는 행위에 해당한다고 하였으며(대법원 2008. 2. 28. 2007두25886), ② 변호사가 외국환관리법을 위반하고 간첩사건수사 및 소송기록을 주한외국공관원에게 누설한 행위가 변호사의 품위손상행위에 해당한다는 이유로 제명처분을 한 바 있다.[4]

(3) 품위손상행위로 인한 징계처분 사례 중 변호사의 업무와 관련된 사안으로는 ① 변호사가 구치소 변호인접견실에서 수용자를 접견하던 중 그에게 구치소에서 부정물품으로 정한 담배를 전달한 행위에 대하여 과태료 3,000만원에 처한 사례,[5] 같은 취지의 사건으로 변호사가 수용자 접견시에 수용자의 부탁을 받고 마일드세븐 담배 1갑을 제공한 행위에 대

2 정형근, "변호사의 직업윤리에 대한 고찰", 법조(2009. 6), 291면.

3 변호사의 품위유지의무(maintaining the integrity of the profession)위반 사례로 다음과 같은 내용을 규정하고 있다. ① 변호사 직무에 관한 규칙을 위반하였거나 위반하려는 행위를 하거나, 제 3 자가 그 같은 행위를 하거나 하려는 것을 알면서 방조·교사하는 행위 및 제 3 자를 통하여 그 같은 행위를 하게 하는 것, ② 변호사로서의 정직성과 신뢰성 및 적합성을 손상시키는 범죄행위를 하도록 하는 것, ③ 불성실, 사기, 기망 기타 부실표시를 포함하는 행위에 관여하는 것, ④ 재판운영에 해로운 행위에 관여하는 것, ⑤ 정부기관 또는 공무원에게 부당한 영향을 미치거나 직무규칙 기타 법률에 위반되는 수단으로 목적을 달성하기 위하여 진술하거나 묵시적으로 전달하는 것, ⑥ 법관 또는 법원공무원이 법관직무규칙이나 다른 법률에 위반되는 점을 알면서 조력하는 것 등이다. 예컨대 변호사가 의뢰인을 대리하는 중에 인종, 성별, 종교, 민족적 출신(national origin), 장해(disability), 나이, 성적 지향(sexual orientation), 사회경제적 지위(socioeconomic status)에 의하여 예단(bias) 또는 편견(prejudice)을 언어나 행동으로 나타냄으로써 재판에 해로운 영향을 미칠 때에는 재판운영에 해로운 행위에 관여하는 것이 된다.

4 변호사인 재항고인이 재일교포간첩의 국가보안법 위반사건을 수임한 후, 일본에 거주하는 위 간첩의 처가 위 사건의 보수로 3회에 걸쳐 보내온 일화 합계 1백만 엔을 영수하여 그중 70만 엔을 서울시내 암달러상을 통해 교환하는 등 외국환관리법을 위반하고, 4회에 걸쳐 법원직원들에게 합계 65,000원을 증뇌하고 위 간첩에 대한 판결문, 공판조서 등의 사본을 받아 위 간첩의 구원회원에게 교부하여 조총련의 반한 선전에 이용되게 하고, 위 간첩의 형사사건 기록을 열람하면서 그 증거물 압수조서를 임의로 필사하여 일본대사관 직원에게 상세히 알려줌으로써 일본내 한국공관이 수사 활동을 한다고 일본정계 및 동 재야법조계가 비난하게 되는 등 물의를 야기한 것은 변호사로서의 품위를 손상한 것이라 할 것이다(대법원 1984. 5. 23. 83두4 변호사징계).

5 대한변협 2007. 12. 10. 결정, 징계 제2007-24호, 변호사법 축조해설, 대한변호사협회(2009. 1), 110면.

하여 과태료 2,000만원에 처한 사례,[6] ② 변호사가 도산회사에 개인적인 투자금을 다른 투자자들에 우선하여 회수하기 위한 목적으로 보수약정을 하고 그에 기한 담보제공(부동산 근저당)까지 설정 받은 일련의 행위에 대하여 정직 6월의 처분이 정당하다는 사례,[7] ③ 이혼사건에 관하여 사실조회를 하면서 사건과 관련 없는 소외인의 대출원리금 변제내역에 대하여 사실조회를 하는 내용을 끼워 넣어 사실조회를 신청함으로써 법원으로 하여금 금융기관에 조회하게 하여 동 거래내역 관련 정보를 부당한 방법으로 취득하고, 그러한 사실이 언론에 보도되어 사회적 물의를 일으키게 한 행위에 대하여 과태료 300만원에 처한 사례,[8] ④ 가처분 신청 사건에 관하여 수임료 비용명목으로 6,000만원을 교부받고 수임하였음에도 수임에 관한 장부를 작성하지도 않고 이를 비치하지도 아니한 행위에 대하여 과태료 300만원에 처한 사례,[9] ⑤ 근저당권부채권 매수에 따른 법률자문을 의뢰받고 이를 수행한 후 그 보수로 1,000만원을 받았음에도 의뢰인의 부탁을 받고 자문료로 1억원을 받았다는 내용의 허위영수증을 발급해 준 행위에 대하여 과태료 300만원에 처한 사례가 있다.[10]

(4) 이와 달리 변호사의 사생활영역에 해당하는 사례로는 ① 고의적으로 세금을 체납한 것은 아닐지라도 고액의 세금을 장기간에 걸쳐 체납하고 형사고발까지 되었다면, 비록 사후에 세금을 납부하여 세무서장의 고발은 취소되었을지라도 견책에 처한 징계처분은 적정하다는 사례,[11] ② 광역시장 선거의 입후보예정자로서 공직선거법에 위반하여 선거일 전 180일부터 선거일까지 사이에 자신을 지지, 추천하는 내용이 인쇄된 출판기념회 초청장을 유권자들에게 발송하여 배부하는 방법으로 선거에 영향을 미칠 사전 선거운동을 함으로써 변호사의 명예와 품위를 손상시켜 과태료 100만원에 처한 사례,[12] ③ 필리핀 마닐라 소재 호텔 카지노에서 도박을 하고 상습도박 및 외국환거래법 위반으로 기소되어 벌금 1,000만원의 형을 선고받은 사안에서 과태료 1,000만원에 처한 사례,[13] ④ 혈중알코올농도 0.125%의 술에 취한 상태로 승용차를 운전하던 중 앞서 가던 승용차를 추돌하여 2주간의 상해를 입게 하여 견책에 처하여진 사례 등이 있다.[14]

6 대한변협 2007. 12. 10. 결정, 징계 제2007－20호, 변호사법 축조해설, 126면.
7 법무부 변호사징계위원회 결정(2003. 11. 15), 대한변호사협회, 징계사례집[제4집], 2006, 238~244면.
8 법무부 변호사징계위원회 결정(2003. 5. 10), 징계사례집[제4집], 248~249면.
9 법무부 변호사징계위원회 결정(2004. 7. 19.), 징계사례집[제4집], 251~252면.
10 대한변호사협회 제2003－10호 변호사징계(2004. 1. 19. 결정), 징계사례집[제4집], 253~254면.
11 법무부 변호사징계위원회 결정(2004. 9. 6), 대한변호사협회, 징계사례집[제4집], 236~238면.
12 대한변호사협회 제2002－13호 변호사징계(2003. 3. 17. 결정), 징계사례집[제4집], 245~246면.
13 법무부 변호사징계위원회 결정(2004. 7. 19), 징계사례집[제4집], 254~257면.
14 대한변호사협회 제2004－51호 변호사징계(2005. 4. 25. 결정), 징계사례집[4], 260~262면.

Ⅲ. 법무법인·법무법인(유한)·법무조합의 품위유지의무 준용 여부

1. 변호사법상 법무법인·법무법인(유한)·법무조합의 준용규정

법무법인에 관하여는 제22조, 제27조, 제28조, 제28조의2, 제29조, 제29조의2, 제30조, 제31조 제 1 항, 제32조부터 제37조까지, 제39조 및 제10장을 준용한다(변호사법 57). 법무법인(유한)은 위 내용에 제44조, 제46조부터 제52조까지, 제53조의2항 및 법무조합은 위 내용에 제58조의9 제 1 항, 제58조의12 및 제10장을 준용하고 있다(변호사법 58의16, 58의30). 여기서 변호사 징계에 관한 "제10장을 준용한다"는 의미는 법무법인에 관하여 준용하는 제22조, 제27조, 제28조, 제28조의2, 제29조, 제29조의2, 제30조, 제31조 제 1 항, 제32조부터 제37조까지, 제39조 및 변호사법 제 5 장 '법무법인'에 관한 모든 규정을 위반한 경우에 징계처분을 할 수 있다는 것이다. 법무법인(유한)과 법무조합도 마찬가지다.

2. 품위유지의무를 준용하지 않음

법무법인·법무법인(유한)·법무조합에 대하여 변호사의 품위유지의무에 관한 변호사법 제24조 규정은 준용하지 않기 때문에 법무법인·법무법인(유한)·법무조합은 품위유지의무를 부담하지 않는다. 품위유지의무에서 '품위'란 공무원이나 변호사로서 그 직책을 맡아 수행해 나가기에 손색이 없는 인품이라고 정의한 대법원, 헌법재판소의 판시를 볼 때, 법무법인, 법무법인(유한), 법무조합에 대하여 자연인인 변호사가 유지해야 할 품위를 강제하기는 그 성질상 적절하지 않기 때문이라 할 수 있다.

3. 세무법인·관세법인·특허법인·행정사법인·법무사법인 등의 품위유지의무 준용 여부

변호사와 같이 직무의 공공성을 인정하는 세무사·관세사가 설립하는 세무법인·관세법인에 대하여 품위유지의무를 준용하고 있다(세무사법 16의16①, 관세사법 17의13①). 변리사가 설립하는 특허법인에 대하여도 품위유지의무를 준용하고 있다(변리사법 6의11①). 행정사법인 역시 동일하다(행정사법 25의13①). 다만, 법무사법인은 그 성질에 반하지 아니하는 범위에서 법무사의 의무규정을 준용한다고 규정하고 있다(법무사법 47①). 다소 논란의 여지는 있지만, 자연인인 법무사의 의무를 법인의 의무를 준용하는 것에 대한 신중한 입법례라 할 수 있다.

4. 법무법인·법무법인(유한)·법무조합을 품위유지의무 위반으로 징계할 수 없음

따라서 대한변호사협회 변호사징계위원회는 법무법인·법무법인(유한)·법무조합을 변호사 징계사유에 해당하는 "직무의 내외를 막론하고 변호사로서의 품위를 손상하는 행위를 한 경우"(변호사법 91②)에 해당된다는 이유로 징계처분을 할 수 없다. 헌법상 법치국가 원리에서 비롯된 법률유보의 원칙은 행정이 법률에 근거하여 이루어져야 한다는 것이고, 헌법 제37조 제 2 항은 국민의 모든 자유와 권리는 국가안전보장·질서유지 또는 공공복리를 위하여 필요한 경우에 한하여 법률로써 제한할 수 있다고 규정하고 있으므로 국민의 자유와 권리를 제한하는 행정처분은 법률에 근거하여야 하기 때문이다.[15] 따라서 법무법인·법무법인(유한)·법무조합의 구성원 또는 소속 변호사가 품위유지의무를 위반한 경우 징계할 수 있다.

Ⅳ. 진실 은폐·거짓 진술 금지 의무

1. 진실의무의 의의

(1) 변호사는 그 직무를 수행할 때에 진실을 은폐하거나 거짓 진술을 하여서는 아니 된다(제 2 항). 변호사의 직무는 변호사의 법적 지위와 그 범위 안에서 수행해야 한다. 오로지 의뢰인의 이익실현만을 위한 수단·방법을 가리지 않는 행위는 허용되지 않는다. 변호사는 의뢰인에게 성실한 직무수행의무를 지지만, 의뢰인이 위법행위를 종용하거나 협조요청을 할 때도 독립성과 자유를 유지해야 할 의무가 있다. 그러므로 변호사는 진실과 정의에 구속되게 된다. 변호사는 진실발견을 방해하는 결과를 초래할 어떤 행위도 하여서는 아니 된다.[16]

(2) 이처럼 변호사는 당사자를 대리하는 소송에서 진실에 반하는 소송자료를 제출하여서는 아니 되는 것을 진실의무라고 한다. 민사소송에서 진실의무란 변론주의에 의하여 사실주장의 책임이 당사자에게 있다 하여도 진실에 반하는 것으로 알고 있는 사실을 주장해서는 안 되며, 진실에 맞는 것으로 알고 있는 상대방의 주장을 다투어서는 아 되는 의무를 말한다.[17] 변호사는 당사자가 인식하고 있는 그대로 정직하게 소송자료로 제출해야 한다는 의미에서 '정직의무' 또는 '소송상 기만금지'라고 표현할 수 있다.[18] 따라서 변호사는 스스로

---

15 대법원 2013. 12. 26. 선고 2011두4930 판결 [경고처분취소청구].
16 정형근, "변호사의 진실의무", 인권과 정의(2013. 9), 113면.
17 이시윤, 신민사소송법 제15판, 333면.
18 김상훈, "진실의무에 관한 소고", 민사소송(2001. 2), 383면.

진실에 반하는 것을 알면서 허위의 사실을 주장하거나 증거를 신청할 수 없다. 또 진실에 반하는 것을 알면서 상대방의 주장사실을 다투거나 반증을 제출할 수는 없다. 그렇다고 변호사가 검사나 법관처럼 객관적 입장에서 실체진실의 발견에 기여해야 한다는 것을 의미하는 것이 아니다. 오로지 진실을 왜곡하지 않아야 한다는 소극적인 성격을 갖고 있다. 변호사의 진실의무는 그 직무의 공공성을 유지할 수 있게 하는 견제장치로 기능을 하게 된다. 아울러 진실의무는 변호사의 의뢰인의 이익옹호 및 비밀유지의무와의 관계에서 어떻게 대응하여야 할 것인지에 관한 문제이기도 하다.

2. 법적 근거

(1) 변호사의 진실의무를 정의하고 있는 법령은 없다. 다만, 변호사법 제24조는 '품위유지의무 등'이라는 제목으로 제2항에서 "변호사는 그 직무를 수행할 때 진실을 은폐하거나 거짓 진술을 하여서는 아니 된다"라고 규정하고 있다. 이 규정은 변호사가 진실발견을 방해해서는 아니 된다는 측면에서 진실의무를 규정한 것으로 이해되고 있다. 「변호사윤리장전」은 보다 구체적으로 규정하고 있다. 변호사는 그 직무를 행함에 있어서 진실을 왜곡하거나 허위진술을 하지 아니한다(변호사윤리장전 2②). 그리고 「변호사윤리장전」 제11조는 위법행위 협조금지에 관한 상세한 규정을 두고 있다. ① 변호사는 의뢰인의 범죄행위 기타 위법행위에 협조하지 아니한다. 직무수행 중 의뢰인의 행위가 범죄행위, 기타 위법행위에 해당된다고 판단된 때에는 즉시 그에 대한 협조를 중단한다. ② 변호사는 범죄혐의가 희박한 사건의 고소, 고발 또는 진정 등을 종용하지 아니한다. ③ 변호사는 위증을 교사하거나 허위의 증거를 제출하게 하거나 이러한 의심을 받을 행위를 하지 아니한다.

(2) 민사소송법에도 진실의무 자체에 관한 명문 규정은 없다.[19] 그러나 당사자와 소송관계인은 신의에 따라 성실하게 소송을 수행하여야 한다(민사소송법 1②)는 신의성실의 원칙에서 진실의무를 법률상 의무로 도출할 수 있다. 그리고 민사소송법 제363조(문서성립부인에 대한 제재), 제370조(거짓진술에 대한 제재) 등의 규정 역시 진실의무를 전제로 한 것으로 이해된다.[20]

(3) 형사소송법에도 진실의무에 관한 명문 규정은 없다. 그러나 변호사는 형사소송의 일익을 담당하는 법조기관의 지위에 있고, 공정한 재판의 이념을 실현해야 한다는 측면에서 진실의무가 인정되고 있다. 따라서 변호인이 의뢰인의 범죄행위 기타 위법행위에 협조

19 여기서 민사소송은 형사소송이 아닌 헌법소송·행정소송, 특허소송 등을 포괄하는 개념으로 사용하기로 한다.

20 위 규정 중 문서성립의 부인의 제재규정은 대리인도 포함되므로 변호사도 해당되지만, 거짓 진술에 대한 제재규정은 당사자 본인신문시에 선서한 원고나 피고의 거짓 진술에 대한 제재규정이라 할 것이므로 변호사는 해당되지 않는다.

하여 변론행위를 한 경우에는 위증죄나 소송사기죄 등의 처벌을 받게 된다. 이는 진실의무 위반행위 자체가 범죄구성요건을 충족하기 때문이다.

3. 형사 변호인의 진실의무

(1) 의 의

1) 형사사건에서 피의자 또는 피고인의 조력자로 선임된 변호사를 변호인이라고 한다. 형사소송법은 변호인을 검사의 공격을 방어하는 수동적 지위에 있는 피의자와 피고인의 조력자로 인정하고 있다.[21] 변호인은 법이 허용하는 정당한 피고인의 이익을 변론해야 하는 공익적인 지위도 있다. 그 때문에 변호사는 법관, 검사와 함께 형사소송의 이념을 실현하는 책무가 인정된다. 형사소송법은 변호인이 어떤 의무를 지는지 구체적으로 명시하고 있지는 않다. 그렇지만 변호인은 피고인의 보호의무를 성실하게 수행할 의무와 실체적 진실발견이나 공정한 재판 등 공익의 실현에 협력할 의무는 일반적으로 인정되고 있다.[22] 이 같은 입장을 반영하여 변호사법은 '변호인이 직무를 수행함에 있어서 진실을 은폐하거나 허위의 진술을 하여서는 안 된다'고 하여 변호인의 공익적 지위와 진실의무를 확인하고 있다. 대법원은 변호사의 진실의무와 피의자 또는 피고인의 진술거부권행사 권유와의 관계에 대하여 다음과 같이 판시하고 있다. 즉, 변호사인 변호인에게는 변호사법이 정하는 바에 따라서 이른바 진실의무가 인정되는 것이지만, 변호인이 신체구속을 당한 사람에게 법률적 조언을 하는 것은 그 권리이자 의무이므로 변호인이 적극적으로 피고인 또는 피의자로 하여금 허위진술을 하도록 하는 것이 아니라 단순히 헌법상 권리인 진술거부권이 있음을 알려 주고 그 행사를 권고하는 것을 가리켜 변호사로서의 진실의무에 위배되는 것이라고는 할 수 없다(대법원 2007. 1. 31. 2006모656 [접견신청불허처분취소결정에대한재항고]).

2) 변호사의 진실의무는 법원에 대하여 진실발견에 관하여 증거와 정보를 스스로 개시하는 '적극적 진실의무'와 허위증거의 제공 등에 의하여 법원의 진실발견을 방해하거나 적극적으로 진실을 왜곡해서는 안 된다는 '소극적 진실의무'로 분류된다. 변호인은 피고인에 대하여 성실의무와 비밀유지의무를 부담하고 있기 때문에, 이 의무에 반하여 적극적으로 진실발견에 협력하는 것은 허용될 수 없다. 따라서 변호사는 피고인이 무고한 경우에 그 무죄임을 밝히는 데 전력을 다해야 할 소극적 진실의무를 부담한다.[23] 만약 변호인에게 적극

21 형사절차에서 변호인의 권한과 의무는 피의자 또는 피고인에 대한 것이지만, 이하 '피고인'으로만 표기하기로 한다.

22 사법연수원, 변호사실무(형사), 4면; 변호인의 공익적 지위에서 나오는 의무로는 법령을 준수할 의무, 적법절차이행의 감시의무, 진실의무 등과 같은 세부적인 의무가 도출된다고 한다.

23 도재형, 법조윤리입문, 237면; 박휴상, 법조윤리, 203면; 최진안, 법조윤리, 363면; 임웅, "형사소송에 있어서 소송관계인의 진실의무", 저스티스(2010. 6), 199면.

적 진실의무가 있다고 한다면 변호인이 있는 피고인이 변호인이 없을 때보다 오히려 불리하기 때문이다.

(2) 법적 성격

1) 연혁적으로 규문주의 소송구조에서 피고인은 법원의 진실발견에 협력해야 하는 진술의무 내지 진실의무가 인정되었다. 그 당시에 변호인에게도 진실의무가 인정되었다. 진실발견에 협력해야 한다는 점에서 적극적 진실의무라고 할 수 있다. 그 후 소추기관과 재판기관이 분리된 탄핵주의 소송구조에서 묵비권이 보장됨으로써 피고인의 진실의무는 부정되었다. 아울러 변호사의 선임권을 보장한 당사자주의에서 변호사의 진실발견에 협력해야 하는 의무도 부정되었다. 그러므로 변호사는 적극적으로 진실을 왜곡하거나 그 발견을 방해하여서는 아니 된다는 소극적 진실의무로 정착되게 되었다. 소극적 진실의무는 당사자의 입장에서 의뢰인의 주장을 대변하고 그 이익을 실현한다는 점에서 '당파적'이라 표현할 수 있다.

2) 변호사와 달리 피고인은 자기 사건에서 증거를 인멸하더라도 범죄가 되지 않는다. 이는 피고인이 처벌을 피하고자 하는 자기부죄 거부의 본능을 법이 인정한 결과이다. 그 한도에서 피고인은 진실의무의 예외자에 해당된다. 그러나 변호사가 당해 사건에서 증거를 인멸하면 증거인멸죄가 성립된다. 동일한 행위에 대한 법적 평가의 차이는 피고인과 변호사의 법적 지위가 다르기 때문이고, 변호사에게 부여된 특권을 범죄행위에 악용하여 진실의무를 위반한 제재로 이해할 수 있다. 변호사에게 진실의무를 강조하는 것은 의뢰인에게 성실의무를 지는 변호사의 변론활동을 위축시켜 변호인 제도의 존재의의를 무의미하게 만들 가능성이 큰 것도 사실이다. 그러나 변호사 직무의 공공성을 확보하기 위해서 진실의무를 강조하게 된다.

(3) 진실의무와 대신자처범인의 변론

1) 개 념

대신자처범인이란 실제로는 범죄를 저지르지 않았음에도 진범의 체포나 처벌을 면하게 할 목적으로 수사기관이나 법원에서 범행사실을 자백하고 있는 피의자 또는 피고인을 말한다. 대개 대신자처범인은 교통사고를 야기한 자가 집행유예 기간 중일 때 동석자가 운전자로 나서거나,[24] 불법 오락실 영업주를 대신하여 그 피용인이 처벌받고자 나선 경우 등에서 볼 수 있다.

대신자처범인을 변론한 변호사가 반드시 범인도피죄가 성립되는 것은 아니다. 변호사

24 피고인이 수사기관에 적극적으로 범인임을 자처하고 허위사실을 진술함으로써 실제 범인을 도피하게 하였다는 이유로 범인도피죄의 성립을 인정한 사례(대법원 2000. 11. 24. 2000도4078).

가 피고인이 대신자처범인임을 알지 못한 상태에서 변론하여 유죄판결이 선고되었더라도 처벌받지는 않을 것이다. 대신자처범임이라는 점을 알지 못하고 변론한 변호인의 직무수행의 적합성 여부가 문제될 수 있다. 그러나 검사나 법관도 대신자처범인임을 발견하지 못하고 진범으로 기소하고 유죄판결을 하였는데, 그 피고인을 변론한 변호인의 과실 여부를 문제 삼을 수는 없을 것이다. 변호인은 비밀유지의무가 있기 때문에 피고인이 대신자처범인이라고 수사기관이나 법원에 고지해서는 아니 된다. 다만, 변호사가 대신자처범인이라는 정을 알게 된 다음 변론행위의 범위와 한계가 어디까지인가 문제된다.

2) 대신자처범인의 변론행위의 범위와 한계

(가) 학 설

(a) 변호인으로서 입증의 문제점과 허점을 지적하여 무죄변론을 하여야 한다는 견해가 있다.[25] 변호인은 검사가 제출한 증거가 유죄입증에 부족한 때에는 피고인이 진범임을 알고 있더라도 무죄변론을 하여야 한다는 것이다. 피고인을 유죄변론하는 것은 대신자처범인의 정당한 이익이라고 볼 수 없을 뿐만 아니라 변호사의 공익실현 의무에도 반하기 때문이라고 한다. 이 견해는 변호인은 진범의 존재를 공개하지 않고 증거불충분이라는 사정을 들어 무죄변론을 하여야 한다는 것이지만, 현실적으로는 이와 같은 변론은 불가능하다. 피고인이 진범을 대신하여 유죄판결을 받기로 결심하고 수사기관에서부터 범죄사실에 대하여 자백한 것인데, 새삼 증거불충분 사실을 찾는다는 것은 결코 쉬운 일은 아니다. 또한 피고인이 진범으로부터 어떤 이익을 기대하며 공소사실을 자백하고 있다면, 변호인이 무죄변론을 한 경우 피고인은 그 변호인을 해임하게 되어 무죄변론 자체를 할 수 없다는 한계가 있다.

(b) 변호인은 양형에 참작될 수 있는 정상관계에 관한 변론을 하여 비교적 경미한 처벌을 받도록 하여야 한다는 견해도 있다. 대신자처범인을 변론하는 변호인이 취할 수 있는 최선의 변론은 소극적으로 변론하는 것뿐이라는 입장이다. 이 견해는 피고인의 의사에 동조하지 않으면서도 그 비밀을 유지해 준다는 측면에서 다소 설득력은 있다. 그러나 정상변론에만 국한한다는 점 자체가 피고인의 유죄판결에 소극적으로 기여하는 것에 해당된다. 결국 피고인의 위법행위에 협조하는 것에 해당되어 변호인은 범인은닉의 공범으로 처벌받을 가능성도 있는 문제점이 있다.

(c) 변호사가 유죄변론을 하는 것은 피고인의 정당한 이익의 옹호가 아니므로 피고인의 의사에 따르는 것은 허용되지 않는다.[26] 피고인의 의사에 따라 유죄변론을 하면 범죄가 성립될 수 있기 때문이다. 그러므로 변호인은 피고인을 설득하여 진실에 기초한 무죄변론

---

25 최진안, 법조윤리[제 3 판], 456면.
26 사법연수원, 변호사실무(형사), 6~7면.

을 하여야 하고, 그렇지 않으면 그 사건의 변론을 중단하고 사임하여야 한다는 견해이다.

(d) 생각건대, 피고인의 요청에 따른 유죄변론은 피고인의 위법행위에 협조하는 것이 되어 변호사법과 「변호사윤리장전」 및 형법에도 위반된다. 변호인은 개인적인 양심, 신념, 법률상 견해를 우선시키지 않고 피고인의 보호자로서의 역할을 다해야 할 것이다. 그러나 변호인의 양심에 본질적인 침해가 있는 경우에는 숙고를 거쳐 사임하여야 할 것이라는 견해가 타당하다.

「변호사윤리장전」은 직무수행 중 의뢰인의 행위가 범죄행위 기타 위법행위에 해당된다고 판단된 때에는 '즉시' 그에 대한 협조를 중단한다고 규정한다(제11조 제1항 후문). 즉시 협조를 중단하라는 것은 결국 대신자처범인으로 하여금 자수하도록 설득한 후 적법한 변론을 하거나, 그렇지 않으면 원칙적으로 사임할 의무가 있는 것으로 해석하여야 할 것이다. 사임하는 경우 후임 변호사에게 동일한 고민을 넘기는 문제가 있다는 지적도 있다. 모든 변호사는 적법한 변론을 해야 하는 의무가 있어 스스로 선택해야 할 문제라 할 것이다. 결국 대신자처범인은 변호인의 조력을 받을 권리를 행사하는데 있어서 일정한 한계가 있음을 알 수 있다.

㈏ 판 례

(a) 형사변호인이 대신자처범인의 요청에 따라 수사기관이나 법원에 대하여 적극적으로 허위진술을 하거나 피고인 또는 피의자로 하여금 허위진술을 하도록 하는 것은 허용되지 않는다는 입장이다. 대신자처범인이 수사기관에 범인임을 자처하고 허위사실을 진술하여 진범의 체포와 발견에 지장을 초래하게 한 행위는 범인도피죄에 해당한다(대법원 2000. 11. 24. 2000도4078).

(b) 형사변호인이 의뢰인의 요청에 따른 변론행위라는 명목으로 수사기관이나 법원에 대하여 적극적으로 허위진술을 하거나 피고인 또는 피의자로 하여금 허위진술을 하도록 하는 것이 허용되지 않는다. 즉, 변호사는 공공성을 지닌 법률 전문직으로서 독립하여 자유롭게 직무를 수행하여야 하고(변호사법 2), 직무를 수행하면서 진실을 은폐하거나 거짓 진술을 하여서는 아니 된다(변호사법 24②). 따라서 형사변호인의 기본적인 임무가 피고인 또는 피의자를 보호하고 그의 이익을 대변하는 것이라고 하더라도, 그러한 이익은 법적으로 보호받을 가치가 있는 정당한 이익으로 제한되고, 변호인이 의뢰인의 요청에 따른 변론행위라는 명목으로 수사기관이나 법원에 대하여 적극적으로 허위의 진술을 하거나 피고인 또는 피의자로 하여금 허위진술을 하도록 하는 것은 허용되지 않는다(대법원 2012. 8. 30. 2012도6027).

(c) 피고인 1이 수사기관 및 법원에 출석하여 피고인 2 등의 사기 범행을 자신이 저질렀다는 취지로 허위자백하였는데, 그 후 피고인 1의 사기 피고사건 변호인으로 선임된 피

고인 3이 피고인 1과 공모하여 진범 피고인 2를 은폐하는 허위자백을 유지하게 함으로써 범인을 도피하게 하였다는 내용으로 기소된 사안에서, 피고인 3에 대하여 범인도피방조죄를 인정한 원심판단을 정당하다고 했다.[27] 즉, 피고인 1이 수사기관 및 법원에 출석하여 피고인 2 등의 사기 범행을 자신이 저질렀다는 취지로 허위자백하였는데, 그 후 피고인 1의 사기 피고사건 변호인으로 선임된 피고인 3이 피고인 1과 공모하여 진범 피고인 2 등을 은폐하는 허위자백을 유지하게 함으로써 범인을 도피하게 하였다는 내용으로 기소된 사안에서, 피고인 3이 변호인으로서 단순히 피고인 1의 이익을 위한 적절한 변론과 그에 필요한 활동을 하는 데 그치지 아니하고, 피고인 1과 피고인 2 사이에 부정한 거래가 진행 중이며, 피고인 1 피고사건의 수임과 변론이 거래의 향배와 불가결한 관련이 있을 것임을 분명히 인식하고도 피고인 2에게서 피고인 1 피고사건을 수임하고, 그들의 합의가 성사되도록 도왔으며, 스스로 합의금의 일부를 예치하는 방안까지 용인하고 합의서를 작성하는 등으로 피고인 1과 피고인 2의 거래관계에 깊숙이 관여한 행위를 정당한 변론권의 범위 내에 속한다고 평가할 수 없고, 나아가 변호인의 비밀유지의무는 변호인이 업무상 알게 된 비밀을 다른 곳에 누설하지 않을 소극적 의무를 말하는 것일 뿐 진범을 은폐하는 허위자백을 적극적으로 유지하게 한 행위가 변호인의 비밀유지의무에 의하여 정당화될 수 없다고 하면서, 한편으로 피고인 3의 행위는 정범인 피고인 1에게 결의를 강화하게 한 방조행위로 평가될 수 있다는 이유로 범인도피방조죄를 인정한 원심판단을 정당하다고 했다(대법원 2012. 8. 30. 2012도6027).

(d) 일본 최고재판소는 자동차 교통사고를 야기한 피고인의 변호인으로 선임된 변호사

27 **[사실관계]** ① (변호사인) 피고인 3은 2011. 5. 2.경 서울구치소에서 피고인 2를 접견하고 그로부터 피고인 1이 진범이라는 취지의 이야기를 들었고, 같은 날 피고인 1이 피고인 3에게 전화하여 피고인 2의 요구사항을 알아봐 달라고 말하기도 하였으며, 결국 2011. 5. 19.경 피고인 1이 피고인 3의 사무실을 찾아와 상의하는 과정에서 피고인 2가 이른바 바지사장으로서 제 1 심에서 허위자백한 것이고, 피고인 1이 진범임을 명확히 알게 된 점, ② 따라서 피고인 3은 그 무렵 피고인 1의 목적이 피고인 2의 허위자백을 항소심에서도 유지시키는 데 있음을 알았으면서도 2011. 5. 24.경 제 1 심 재판에서 피고인 2가 예치하였던 피고인 1의 자금을 항소심 착수금으로 전환시킴으로써, 피고인 1로부터 수임료를 받고 피고인 2에 대한 항소심 사건을 수임한 점, ③ 그 후 피고인 3은 피고인 1과 피고인 2 사이에서 허위자백의 부정한 대가를 둘러싼 양쪽의 의사를 전달하고, 최종적으로 피고인 1이 허위자백을 유지하는 대가로 피고인 2에게 1억원을 지급하되, 그중 5,000만원을 먼저 지급하고, 나머지 5,000만원을 피고인 3이 보관하고 있다가 재판이 끝난 후 일정한 조건의 성취 여하에 따라 피고인 2에게 지급하기로 하는 합의가 이루어졌으므로, 결국 피고인 3은 피고인 1과 피고인 2 사이의 합의가 성사되도록 두 사람 사이의 신뢰를 제고시키는 역할을 한 점, ④ 나아가 피고인 3은 피고인 1의 부탁을 받고 2011. 6. 3. 피고인 2가 피고인 1로부터 합의금 중 5,000만원을 받았다는 확인서를 직접 작성하여 피고인 2의 서명을 받았으며, 피고인 1이 피고인 3을 피고인 2의 항소심 변호인으로 선임한 데 대하여도 같은 날 피고인 2의 동의를 얻어 법원에 변호인선임서를 제출한 점, ⑤ 피고인 3은 2011. 6. 13. 피고인 2를 접견하여 위 합의내용에 따라 피고인 1이 진범이라는 취지의 항소이유를 철회하고 종전의 허위자백을 유지하기로 변론방향을 정한 다음, 2011. 6. 14. 항소심 공판에서 그대로 변론한 점, ⑥ 2011. 6. 28. 오후 검찰에서 피고인 2에 대한 조사 결과 비로소 피고인 1이 진범임이 밝혀졌다.

가 사실은 그 피고인이 기소된 교통사고 범죄사실의 범인이 아니라 운전자를 바꿔치기하여 진정한 범인을 대신하여 처벌을 받고자 하는 정을 알면서도 그 사실을 법원에 알리지 아니한 채 유죄변론을 하고 변론종결된 사건에서, 변호사가 그 사건을 수임하면서 그 같은 사정을 알고서도 진범의 처벌을 면하게 할 목적으로 진범의 자수의사를 저지하고, 나아가 그 사건 재판을 진행시켜 결심케 한 이상 대리자처범인으로 하여금 진범을 은닉케 한 것이라고 판시하면서 변호인에게 범인은피(隱避)죄에 해당한다는 유죄판결을 내린 바 있다(최고재판소 1930. 2. 7. 형집 9권, 51면). 최고재판소는 변호인이 그 직무를 다하게 되면 의뢰인의 비밀을 누설하는 결과가 되어도 이는 위법성을 조각하기 때문에 다른 진범이 있다는 것을 알고 있는 이상 피고인의 이익을 위하여 '무죄주장'을 하여야 한다고 판시하였다.

3) 소 결

(a) 대법원은 변호인이 대신자처범인이라는 정을 알면서 유죄변론을 하는 행위는 형법상 범죄에 해당되므로 허용될 수 없다고 한다. 이와 달리 일본 최고재판소는 대신자처범인이라는 사실을 지득한 후에는 무죄변론을 하여야 한다고 밝히고 있다. 이는 변호사가 피고인의 비밀을 법정에서 누설하는 것이 되어 비밀유지의무를 위반한 것에 해당되지만, 이는 위법성조각사유에 해당되어 적법하다고 판시하고 있다.

(b) 만약 변호사가 피고인이 진범이 아니라는 점을 알리고 무죄변론을 하면 업무상 비밀누설죄에 해당되는지 여부가 문제된다. 형법상 정당행위 중 업무로 인한 행위로서 위법성 조각사유에 해당된다고 할 수도 있다. 그러나 이런 입장은 변호사의 소극적 진실의무와 변호사제도의 근간인 비밀유지의무에도 반하는 것이라고 할 수 있다. 변호사는 대신자처범인이 스스로의 선택으로 적법행위로 나올 것을 조언하는 데 그쳐야 할 것이다. 그렇지 않고 적극적으로 무죄변론에 나선다면 대신자처범인은 오히려 변호인 선임 자체를 꺼리게 될 것이다. 피고인이 변호인의 조력을 받을 권리를 누리는데 장애요소로 작용하게 될 가능성도 크다. 또한 변호사법과 「변호사윤리장전」의 정신에 비춰보더라도 변호인에게 적극적 진실발견의무를 부과할 수는 없다.

(c) 형사소송규칙은 국선변호인이 피고인으로부터 부정한 행위를 할 것을 종용받았을 때에는 법원의 허가를 얻어 사임할 수 있다고 한다(형사소송규칙 20(3)). 사선변호인 역시 대신자처범인인 피고인으로부터 유죄변론을 요청받는 것은 '부정한 행위를 할 것을 종용'받은 것에 해당된다고 볼 수 있어 사임할 수 있다고 할 것이다. 그런데 대신자처범인에 대한 사건이 필요적 변호사건에 해당되고, 국선변호인이 선정된 경우를 상정할 수 있다. 형사소송법상 국선변호인 선정사유에 해당되는 사건에 관하여는 변호인 없이 개정하지 못한다(형사소송법 282). 필요적 변호사건에서는 판결선고를 하는 경우 외에는 반드시 변호인이 있어야

한다. 그런데 대신자처범인에 대하여 유죄변론을 할 수 없다는 사유로 변호인의 사임이 허용되면 결국 재판을 할 수 없게 된다. 따라서 국선변호인은 법원에 피고인이 대신자처범인이라는 사실을 알려야 할 것이다. 이 경우 변호인은 피고인의 비밀을 공개한 경우이지만, 위법성조각사유에 해당된다고 할 것이다. 또한 공익상의 이유가 있거나 변호사 자신의 권리를 옹호하기 위하여 필요한 경우에는 최소한의 범위에서 이를 공개할 수 있다는 「변호사윤리장전」에도 부합된다(제18조 제 4 항).

(4) 진실의무와 다른 쟁점

1) 진실에 반하는 자백권유

변호인이 피고인에게 진실에 반하는 자백을 권고할 수 있는지 문제된다. 피고인이 구속상태에서 무죄판결을 받으려는 경우 구금의 고통과 유죄로 인정될 경우 양형의 불이익을 고려하여 공소사실을 자백하도록 조언할 수 있다. 피고인이 이를 원하는 경우에 변호인은 자백을 기초로 유죄변론을 할 수도 있다. 그러나 형사소송에서 무죄인 자가 유죄로 되는 것은 허용될 수 없다. 또한 구금으로 인한 고통은 불구속재판 등과 같은 사법절차의 개선을 통하여 개선해야 하고, 자백하였더라도 피고인에게 유리한 재판이 있다는 확실한 보장도 없는 점 등을 고려하면, 허위로 자백하도록 권고해서는 아니 될 것이다. 다만, 피고인이 변호인의 만류에도 이를 적극 희망하고, 자백이 수사와 구속의 장기화를 끝내는 현실적으로 유효적절한 수단이라고 판단되는 경우라면 변호인이 이에 따르는 것이 진실의무의 위반이라고 할 수 없다는 견해도 있다.[28] 우리 형사재판의 현실을 고려할 때 수긍되는 견해이지만, 이를 이유로 변호인이 성실의무를 다하지 않는 계기가 되어서는 아니 될 것이다.

2) 허위진술에 대한 조언

변호인이 피고인으로 하여금 허위진술을 하도록 조언하는 것이 허용되는지 문제된다. 변호인이 피고인의 허위진술은 범죄를 구성하지 않는 것을 기화로 피고인과 공범관계에 있는 상피고인이 주범임을 적극적으로 허위진술케 한다거나 제 3 자를 범인으로 몰아가도록 조언할 수 있느냐에 관한 것이다. 그러나 명백한 증거가 없음에도 피고인에게 타인을 진범이라고 허위로 진술하도록 하는 것은 경우에 따라서는 명예훼손죄가 성립될 수 있다.[29] 그리고 이런 행위는 진실을 은폐하거나 거짓진술에 해당되므로 허용될 수 없다고 보아야 한다.

3) 위증하려는 증인의 신청

변호사는 피고인이 증인으로 물색하여 온 자가 위증을 하려는 정을 알면서도 증인신청을 할 수 있는지 여부도 문제된다. 피고인이 증인서려는 자와 위증을 하려고 모의한 것과

---

28 사법연수원, 변호사실무(형사), 8면.
29 최진안, 법조윤리, 368면.

같은 사정이 있다면, 피고인을 설득하여 그 자를 증인으로 신청하지 않아야 할 것이다. 피고인이 그 뜻을 굽히지 않을지라도 변호인은 위증행위를 방조하여서는 아니 된다. 그 경우에는 결국 변호인의 피고인의 변론을 중단하고 사임하여야 할 것이다. 그렇지 않으면 변호사는 위증교사 내지 방조행위로 처벌받을 수 있다. 나중에 피고인과 변호인 간에 변론중단으로 인한 분쟁이 발생하더라도 변호인은 자신의 권리를 옹호하기 위하여 피고인의 변호인에서 사임하게 된 경위에 관한 비밀을 공개할 수 있다고 보아야 한다(변호사윤리장전 18④).

4. 민사소송에서의 변호사의 진실의무

(1) 의 의

1) 민사소송은 판결의 기초를 이루는 사실확정에 필요한 자료의 제출과 증거의 수집·제출의 책임을 당사자에게 맡기고, 법원은 당사자가 수집하여 변론에서 제출한 소송자료만을 기초로 재판하는 변론주의를 택하고 있다. 민사소송에서 변론주의가 인정된다고 하여 당사자가 자기의 인식에 반하는 허위의 사실과 증거를 제출할 자유가 인정되는 것은 아니다. 민사소송법은 당사자와 소송관계인은 신의에 따라 성실하게 소송을 수행하여야 한다는 신의칙의 원칙을 명시하고 있다. 그러므로 불성실하게 배신적 처신을 하는 당사자에게 철퇴를 가하여 건전한 소송윤리를 확립할 필요가 있다. 이 같은 신의칙의 법리에서 진실의무가 도출된다.

2) 진실의무는 직접적으로 민사소송의 당사자에게 자신의 인식에 반하는 소송자료의 제출을 금지한다. 그러므로 이 의무는 사회정의실현을 사명으로 하는 변호사에게도 부과되고 있다. 변호사는 진실하지 않음을 스스로 알고 있는 사실을 주장하지 말아야 한다. 또한 진실하다는 것을 알고 있는 상대방에 대하여 다투지 않아야 한다. 진실의무에서 진실은 주관적인 진실을 말한다. 어떤 사실이 진실인지, 아닌지는 당사자의 뜻에 달려 있는 것은 아니다. 따라서 진실의무는 순수한 의무에 해당되고 진실을 입증해야 하는 부담도 아니다. 진실의무가 있다고 하여 진실규명을 위하여 상대방을 위하여 소송자료 제공의무가 있다고 볼 수는 없다.

(2) 진실의무의 연혁

1) 민사소송의 당사자가 신의에 따라 성실하게 행동해야 하는 것은 실정법 이전에 도덕적인 차원에서 요청되었다. 당사자가 어떤 행동을 취할 것인지는 그 당사자가 결정해야 한다. 민사소송제도 역시 국민의 신뢰를 유지하고 공정한 재판을 실현하기 위하여 진실발견을 위하여 노력해야 하는 것은 당연하다. 19세기 말 독일에서 사법상 신의성실의 원칙이 강조되면서 이 원칙이 소송에서 나타나는 진실의무를 긍정할 것인지 여부가 논의된 바 있

다. 부정설은, 소송은 투쟁관계이므로 소송법이 신의성실의 원칙에 따라서 진실의무를 다할 것을 요구하기 보다는 법률이 허용하는 모든 공격방어 수단을 사용하여 다투게 하는 것이 옳다고 한다. 이 견해는 민사소송법에 진실의무에 관한 명문의 규정이 없고 변론주의와 모순된다는 이유를 들고 있다. 따라서 진실의무는 순수한 윤리적 의무에 그치고 법적 의무는 아니라고 본다.[30]

2) 그러나 1933년 독일 민사소송법 개정법 전문에서 "부진실에 의하여 법원으로 하여금 판단을 그르치게 하거나 악의나 과실로 소송을 지연시킴으로써 법원의 노력을 남용케 하는 것은 어떤 당사자에게도 허용될 수 없다"는 내용과 제138조 제 1 항을 규정함에 따라 진실의무를 인정하게 되었다. 생각건대, 민사소송도 진실발견을 목표로 하고 있으며, 진실의무와 변론주의가 모순되는 것이 아니라 오히려 진실의무가 변론주의를 수정·보완하는 기능을 한다고 파악할 수 있다는 점에서 진실의무를 긍정할 수 있다. 그러므로 변호사가 아닌 소송당사자에게 진실에 반하는 소송행위에 대한 제재가 변호사에게는 예외로 한다고 볼 수 없다.

(3) 진실의무의 내용

1) 진실의무는 '완전의무'와 협의의 진실의무로 구분할 수 있다. 이는 독일 민사소송법 제138조 제 1 항 "사실상의 상태에 관한 진술을 완전히 그리고 진실에 따라서 하여야 한다"는 규정에서 유래한다. 이 규정은 완전의무와 협의의 진실의무가 병렬적·독립적으로 되어 있다. 두 의무는 서로 보충하고 결합됨으로써 진실의 탐구에 가장 효과적이 될 수 있다고 본다.

2) 우리나라에서도 진실의무는 완전의무까지도 포함한다는 견해가 있다. 진실의무는 알고 있는 것은 유리·불리를 불문하고 모두 진술하지 않으면 안 되는 완전의무(불리한 것은 감추고 유리한 것은 과장해서는 아니 될 의무)까지 포함되는 것이라고 한다. 반면 두 의무를 달리 보는 견해는, 두 의무를 동일시하면 때때로 진실의무의 내용을 부당하게 그리고 불분명한 범위까지 확대해서 반대론자에 대한 반박자료를 제공해 왔음을 지적하면서 이를 엄격히 구별해야 한다고 한다. 생각건대 두 의무를 구별하는 견해에서 소극적 소송방해에 해당하는 침묵이나 불완전한 진술 역시 진실이 아니라는 점을 알면서 외부적 표현을 그렇게 하였다면, 진실에 반하는 적극적 진술과 어떤 차이가 있는지 의문이다. 진실의무위반은 적극적으로 주장하거나 다투는 경우는 물론 소극적으로 진실을 묵비하는 방법으로 행하여질 수 있다. 따라서 두 의무는 명확히 구별하기 어렵고, 구별할 실익 역시 크지 않다는 점에서 진실

30 민사소송법 제288조 단서에서 "다만, 진실에 어긋나는 자백은 그것이 착오로 말미암은 것임을 증명한 때에는 취소할 수 있다"고 하여 법률이 분명히 허언에도 법률효과를 부여하고 있으므로 진실의무를 부정하여야 한다고 주장할 수 있지만, 당사자가 자기에게 불이익하다는 사실을 알면서 자기의 의사에 의하여 요건사실을 자백하였을 경우에는 소송물을 임의로 처분할 수 있는 이익에 관한 것인 한 그 효과를 자백대로 인정해도 무방하다고 해석해야 할 것이므로, 진실의무를 부정하는 논거로 삼기에는 부족하다는 지적이 있다(김홍규·강태원, 민사소송법, 374면).

의무는 완전의무까지 포함한다고 할 것이다.

3) 변호사법은 진실의무의 소극적 내용으로 진실은폐와 거짓진술을 명시하고 있다. 그 대상은 법률상 효과에 관한 진술이 아니라 법률사실에 관한 것이다. 진실은폐는 사실을 파악하여 알고 있는 상태에서 그 사실이 드러나지 않거나 법정에 현출되지 못하도록 적극적으로 저지하거나 방해하는 일체의 행위를 말한다. 그리고 거짓진술은 존재하는 사실과 다르다고 인식하면서도 그 사실이 인정되지 않도록 적극적으로 주장하거나 다투는 경우를 말한다. 그러나 양자를 명확히 구별하는 것은 쉽지 않다. 거짓진술을 하는 것 자체도 진실은폐의 한 방법일 수 있기 때문이다. 진실은폐와 거짓진술은 진실의무 위반행위의 예시에 불과하다. 진실의무는 본안소송에서의 변론뿐만 아니라 신청절차나 강제집행절차 등 일체의 소송절차에서 적용된다고 할 수 있다.

5. 사내변호사의 위법행위에 대한 적절한 조치의무

(1) 의 의

1) 사내변호사는 기업에서 행하여졌거나 현재 진행 중인 위법행위나 범죄행위를 알게 되었을 때 어떻게 하여야 하는지 문제된다. 사내변호사는 위법행위 등에 대하여 로펌 변호사와 같이 비협조적인 자세를 취하는 것만으로는 충분하지 않다. 사내변호사는 위법행위에 대하여 주도적으로 그 중단과 시정을 요구할 수 있는 지위에 있는 것은 아닐 수 있다.[31] 오히려 적극적으로 위법행위를 실행하라는 지시를 받을 수도 있다. 사내변호사는 위험관리자(risk manager)로서 기업의 법치주의의 문지기(gatekeeper) 역할을 수행할 것이 요청된다.[32] 그 때문에 기업 내부에서 은밀히 행하여진 위법행위에 대하여 사내변호사의 적절한 조치가 필요하다. 변호사는 사회정의를 실현함을 사명으로 하기 때문에 사내변호사 역시 기업에서 법의 지배가 실현되도록 하여야 한다. 그 때문에 기업 내의 위법행위를 시정하기 위하여 노력할 높은 수준의 의무가 부과된다.[33]

2) 로펌의 변호사에게는 위법행위에 협조하지 않는 수준의 낮은 의무를 부과하면서 사내변호사에게는 더 높은 의무를 부과하는 것이 평등의 원칙에 반하는 것은 아닌가 생각할 수도 있다. 그러나 사내변호사는 기업과 일체가 되어 있고 기업 내에서 법치주의의 파수꾼으로서의 준법감시인과 같은 지위에 있기 때문에 불합리한 차별은 아니다. 로펌 변호사는 위법행위에 협조하지 않고 사임하게 되면 수임료 등의 손해를 입게 된다. 그러나 사내변호

31 정형근, “사내변호사의 법적지위에 관한 입법론적 고찰”, 법조(2013. 11), 192면.
32 이재협, “사내변호사와 법치주의 –한국의 기업법무부서에 대한 경험적 고찰–”, 인권과 정의(2009. 12), 47면.
33 森際康友, 法曹の倫理, 253면.

사는 기업의 위법행위에 대한 비협조적인 자세를 취하면 해고의 위협에 직면하게 되어 생존권을 위협받을 수 있다. 그러므로 사내변호사에게 있어 위법행위에 대한 적절한 조치의무는 법치주의의 준수와 변호사의 사명 및 자연인으로서의 변호사의 직업의 자유라는 여러 사정을 고려하여 결정하여야 한다.

3) 「변호사 직무에 관한 모범규칙」 Rule 1.13(b)에서는 조직의 변호사가 대리와 관련된 사안에서 회사의 간부 등이 조직에 대한 법적 의무위반 등으로 조직에 상당한 손실을 초래할 것으로 보이는 행위에 가담하고 있는 것을 안다면, 그 조직의 최선의 이익이라는 관점에서(in the best interest of the organization) 합리적으로 필요한 조치를 취하도록 규정하고 있다.[34] 일본의 「변호사직무기본규정」 제51조[35] 역시 위법한 행위를 발견한 때는 그 행위를 중지시키고 시정할 권한이 있는 자에게 그 행위로 인한 법적 위험성을 설명하는 등의 적절한 조치를 취하여야 한다는 의무를 부과하고 있다.

⑵ 위법행위에 대한 조치의무의 내용

1) 사내변호사는 위법행위를 알게 된 경우 먼저 그 행위를 저지하거나 시정할 권한이 있는 상급자에게 보고하여야 한다. 기업 내부의 위계질서에 따라 권한있는 자가 적법한 조치를 하도록 설명하고 조언하여야 한다. 여기서 적절한 조치를 취하여야 할 위법행위는 원칙적으로 사내변호사가 담당하고 있는 직무여야 한다. 어떤 행위가 적절한 조치였는지는 사내변호사의 기업 내부에서의 담당 업무의 내용과 성질 및 그 위법행위와의 업무상 관련성 등을 고려하여 판단하여야 한다. 사내변호사가 비교적 경미한 위법행위를 발견한 때에는 그 담당자에게 법적 위험을 지적하여 시정하도록 조언하면 될 것이다. 그럼에도 시정되지 않으면 그 직근 상사에게 순차적으로 통보하여야 할 것이다. 그러나 위법행위가 중대하거나 급박한 때에는 그 부서의 장 및 사장이나 그 기업의 최고집행기관에 보고하는 조치가 필요하다. 변호사의 보고를 받은 책임자는 그 위법행위를 즉각 저지하거나 또는 여전히 묵인할 수 있다. 그렇지만 후일에 그 위법행위로 인한 책임소재가 드러나게 될 것이기 때문에 위법행위를 저지하는 효과를 기대할 수 있다.[36]

2) 사내변호사가 이 같은 조치를 취하였음에도 위법행위가 시정되거나 중단되지 않은 경우 이를 수사기관에 고발하거나 언론에 공개할 수 있는지 문제된다. 「변호사 직무에 관

---

34 American Bar Association, ABA Compendium of professional responsibility rules and standards, p.70. 변호사는 그렇게 하는 것이 조직을 위하여 필요하지 않다고 합리적으로 믿지 않는 한 변호사는 그 사안을 조직의 고위 책임자에게 보고하여야 한다.

35 조직 내 변호사는 그 담당하는 사건에 관하여 그 조직에 속한 자가 업무상 법령에 위반하는 행위를 하거나 행하려고 하는 것을 알게 된 때는 그 자가 소속한 부서의 장 또는 그 조직의 장, 중역회 또는 이사회, 기타 상급기관에 대한 설명 또는 권고, 기타 그 조직 내에서의 적절한 조치를 취해야 한다.

36 이상수, 법조윤리의 이론과 실제, 310면.

한 모범규칙」 Rule 1.13(c)는 변호사가 위법행위를 보고했음에도 최고 책임자가 적절한 조치를 취하지 않고 그 위법행위가 조직에 상당한 손실을 낳을 것이 합리적으로 확실하다고 믿는다면 변호사는 관련정보를 공개할 수 있다고 한다. 대기업의 회계비리를 방지하기 위하여 제정된 미국의 사베인스－옥슬리법(Sarbanes－Oxley Act of 2002) 제307조는 증권변호사가 기업내의 중대한 위법행위를 알게 된 후 최고책임자에게 이르기까지 보고하는 의무를 부과하면서 구체적인 시행규칙은 증권거래위원회가 제정하도록 하였다. 이와 같은 경위로 제정된 연방 증권거래위원회의 변호사 직무기준은 만약 증권변호사가 기업 내에서 중대한 위법행위의 증거를 알게 되면 법무실장(CLO)나 최고경영자(CEO)에게 보고해야 하고, 만약 적절한 조치가 있다고 합리적으로 믿어지지 않으면 이사회나 그에 상당하는 최고위 책임자에게 이를 때까지 상부로 보고해야 하며, 그럼에도 불구하고 적절한 조치가 취해지지 않으면 다시 한번 법무실장(CLO)나 최고경영자(CEO), 이사회에 설명해야 하고, 그래도 조치가 취해지지 않으면 연방 증권거래위원회(SEC)에 공개해도 된다고 하였다.[37]

3) 생각건대 이와 같은 규정이 없는 우리나라 사내변호사는 비록 기업 내부에서 위법행위가 중단되지 않을지라도 이를 외부에 공개하는 것은 옳지 않다. 기업의 위법행위에 관한 사실은 변호사가 지켜야 할 비밀에 해당되기 때문이다. 변호사가 사직을 하면서 그 원인이 된 위법행위를 외부에 공개하는 방법도 생각해 볼 수 있다. 이를 '소란스런 사임'(noisy withdrawal)이라고 표현할 수 있는데, 사베인스－옥슬리법에 따라 미 연방증권거래위원회가 마련한 초안에 포함된 내용이지만, 기업 내부의 정보공개는 허용될 수 없다는 이유로 최종안에는 반영되지 못하였다. 그렇지만 변호사가 내부고발자의 지위에 서게 되면 변호사의 존립기반인 비밀유지의무를 위반하게 되고 형법상 업무상 비밀누설죄의 죄책과 징계책임을 지게 될 수도 있어 신중할 필요가 있다.

4) 따라서 사내변호사의 위법행위에 대한 적절한 조치의무를 명문으로 규정하는 것이 타당할 것이다. 변호사의 진실의무에 관한 변호사법 제24조 제 2 항 다음에 "사내변호사는 그 조직 내에서 행하여졌거나 행하여지고 있는 위법행위나 범죄행위를 알게 된 때는 상급자에게 이를 보고하여 그 행위를 시정하거나 방지할 수 있도록 조언하는 등의 적절한 조치를 그 조직 내에서 취하여야 한다"는 취지의 포괄적인 의무규정의 신설을 상정해 볼 수 있다. 이렇게 되면 소극적 진실의무 내지 위법행위에 대한 비협조의무만을 지는 일반 변호사와 달리 사내변호사의 적극적인 위법행위 시정 내지 방지의무를 명시한 점과 기업 내부에서 그 위법행위를 시정할 수 있도록 하여야 한다는 점에서 큰 의의가 있을 것이다.

37 이상수, "미국 법규상 기업 내 위법행위와 기업변호사윤리 그리고 그 함의", 서울대학교 법학(2008. 12), 608~617면.

제25조 회칙준수의무

제25조(회칙준수의무)
변호사는 소속 지방변호사회와 대한변호사협회의 회칙을 지켜야 한다.

Ⅰ. 연 혁

(1) 1949. 11. 7. 제정된 변호사법은 변호사의 회칙준수의무를 신설했다. 즉, 변호사는 성실히 그 직무를 수행하며 그 품위를 보지하고 소속변호사회의 회칙을 준수하여야 한다(제14조).

(2) 1973. 1. 25. 개정된 변호사법 역시 변호사는 소속변호사회 및 대한변호사협회의 회칙을 준수하며(제14조 제 1 항)라는 규정을 두어 대한변호사협회의 회칙준수를 최초로 명시했다.

(3) 1982. 12. 31. 개정된 변호사법은 현행 규정과 같은 독자적인 회칙준수의무 규정을 두게 되었다.

Ⅱ. 소속 지방변호사회와 대한변호사협회의 회칙준수의무

1. 변호사는 지방변호사회와 대한변호사협회의 회원

등록을 한 변호사는 가입하려는 지방변호사회의 회원이 된다(변호사법 68①). 지방변호사회는 연합하여 회칙을 정하고 법무부장관의 인가를 받아 대한변호사협회를 설립하여야 한다(변호사법 79). 그러므로 변호사는 의무적으로 지방변호사회와 대한변호사협회에 가입하여 그 회원이 된다. 대한변호사협회 회칙은 회원의 종류로 "단체회원, 법인회원, 개인회원 및 외국회원으로 한다"(제 7 조 제 1 항)고 규정하고 있다. 여기서 단체회원은 지방변호사회로 한다(위 회칙 7②). 법인회원은 법무법인·법무법인(유한)·법무조합 및 공증인가합동법률사무소로 한다(위 회칙 7③). 개인회원은 개업신고를 한 변호사로 한다(위 회칙 7④). 외국회원은 외국법자문사로 한다(위 회칙 7⑤). 서울지방변호사회 회칙 역시 회원의 종류를 위와 같은 내용으로 규정하고 있다(제 7 조). 따라서 지방변호사회와 대한변호사협회 회원은 소속 지방변호사회 및 대한변호사협회가 제정하여 시행 중인 회칙을 준수하여야 한다.

2. 회칙준수의무를 부과한 이유

변호사는 변호사법을 준수해야 할 의무가 있다. 변호사법은 국가(법무부장관)가 관장하던 사무를 지방변호사회 또는 대한변호사협회에 위임 또는 위탁하고 있고, 그 사무의 처리에 관하여 지방변호사회와 대한변호사협회는 각종 회칙을 제정·시행하고 있다. 그리고 지방변호사회와 대한변호사협회는 변호사를 지도·감독하는데, 각종 회칙이 이러한 지도와 감독에 관하여 정하고 있다. 변호사는 반드시 특정 지방변호사회에 소속해야 한다. 이렇게 특정 지방변호사회에 소속한 변호사를 규율하기 위해서는 회칙준수의무가 필수적이라 할 수 있다.

3. 변호사가 준수해야 할 회칙의 종류

회칙준수의무에서의 회칙은 대한변호사협회와 지방변호사회가 제정한 '회칙'만을 말하는 것이 아니다. 대한변호사협회와 지방변호사회는 '회칙, 규칙, 규정'이라는 이름의 회칙을 두고 있다. 모든 회원은 이 회의 회칙, 규칙, 규정 및 결의를 준수하여야 하며(대한변호사협회 회칙 9①). 서울지방변호사회 회칙 제12조 제 1 항에도 이와 동일한 규정을 두고 있다. 다른 지방변호사회 회칙 역시 이와 같은 규정을 두고 있다.

(1) 회칙의 제정과 개정

지방변호사회와 대한변호사협회 회칙의 제정과 개정(변경)은 변호사법에 규정되어 있다. 지방변호사회를 설립할 때에는 회원이 될 변호사가 회칙을 정하여 대한변호사협회를 거쳐 법무부장관의 인가를 받아야 한다. 회칙을 변경할 때에도 또한 같다(변호사법 65). 지방변호사회는 연합하여 회칙을 정하고 법무부장관의 인가를 받아 대한변호사협회를 설립하여야 한다. 회칙을 변경할 때에도 또한 같다(변호사법 79).

대한변호사협회의 「회규관리규칙」 제 2 조는 회칙, 규칙, 규정을 '회규'라고 한다. 여기서 '회칙'은 ① 변호사법(이하 "법") 제80조 및 제66조의 각 호에 열거한 사항, ② 법 또는 다른 법령에서 개별적으로 위임한 사항, ③ 그 밖의 이 회의 조직, 사업 및 재정에 관한 기본적 사항을 규정한다(회규관리규칙 3①). 이 회칙을 개정하고자 할 때에는 총회의 의결을 거쳐 법무부장관의 인가를 받아야 한다(대한변호사협회 회칙 56).

(2) '규칙'의 제정과 개정

이 회는 법령에 의하여 위임 또는 위탁된 사무를 처리하고, 회칙에서 위임한 사항과 회칙을 시행하기 위한 사항을 정하기 위하여 규칙을 제정할 수 있다(대한변호사협회 회칙 57①). '규칙'은 ① 법 또는 다른 법령에서 정한 사무를 처리하기 위하여 필요한 사항, ② 회칙에서 개별적으로 위임한 사항, ③ 회칙을 시행하기 위하여 필요한 사항을 규정한다(회규관리규칙 3②).

서울지방변호사회 회칙 역시 '규칙'의 제정과 개정을 명시하고 있다. 이 회는 법령에 의하여 위임 또는 위탁된 사무를 처리하고, 회칙에서 위임한 사항과 회칙을 시행하기 위한 사항을 정하기 위하여 규칙을 제정할 수 있다(서울지방변호사회 회칙 56①). 규칙을 개정할 때는 총회의 의결을 거쳐야 하고(대한변호사협회 회칙 13(1), 57①), 지방변호사회와 대한변호사협회는 총회의 결의 내용을 지체 없이 법무부장관에게 보고하여야 한다(변호사법 77②, 86②).

어떤 회칙이 '규칙'에 해당하는지는 그 명칭을 기준으로 하지 않고, 그 실체적인 내용을 기준으로 판단해야 한다. 예컨대 「변호사윤리장전」은 그 실체적인 내용이 '규칙'에 해당되기 때문에 개정을 할 때는 총회의 의결사항으로 하고 있다. 대한변호사협회 총회 의결사항에는 '규칙의 제정과 개정'이라고 되어 있을 뿐이고, 「변호사윤리장전」은 총회 의결사항으로 명시되어 있지 않다. 대한변호사협회는 2021. 5. 31. 개정한 「변호사윤리장전」을 총회 의결로 개정한 바 있다.

(3) '규정'의 제정과 개정

이 회는 회무를 처리하고, 규칙에서 위임한 사항과 규칙을 시행하기 위한 사항을 정하기 위하여 규정을 제정할 수 있다(대한변호사협회 회칙 57②). '규정'은 ① 이 회의 업무를 처리함에 있어서 준칙이 될 사항, ② 규칙에서 개별적으로 위임한 사항, ③ 규칙을 시행하기 위하여 필요한 사항을 규정한다(회규관리규칙 3③).

서울지방변호사회 회칙 역시 '규정'의 제정과 개정을 명시하고 있다. 이 회는 회무를 처리하고, 회칙에서 위임한 사항과 규칙을 시행하기 위한 사항을 정하기 위하여 규정을 제정할 수 있다(서울지방변호사회 회칙 56②). '규정'을 개정할 때는 이사회의 의결을 거쳐야 한다(대한변호사협회 회칙 20, 서울지방변호사회 회칙 25). '규정'의 개정은 이사회 의결사항이라서 법무부장관에게 보고할 사항이 아니다.

어떤 회칙이 '규정'에 해당하느냐는 그 명칭을 기준으로 하는 것이 아니고, 그 실체적 내용을 기준으로 한다. 그렇지 않으면 대한변호사협회나 지방변호사회가 법무부장관에게 보고할 사항이 아닌 '규정' 형식으로 회칙을 제정하여 국가의 감독을 면탈할 우려가 있다. 또한 대한변호사협회와 지방변호사회는 국가의 사무를 위임 또는 위탁받아 처리하는 범위에서는 행정청이라서 법치행정을 해야할 의무가 있으며, 상급감독관청인 법무부장관의 감독을 받아야 한다.

(4) '결의'의 법규성 문제

대한변호사협회 회칙은 변호사가 '결의'도 준수해야 한다고 규정하고 있다(대한변호사협회 회칙 9①). 서울지방변호사회 회칙 역시 마찬가지다. 여기서 '결의'는 대한변호사협회가 정하는 회규의 종류는 아니다. 총회를 개최한 후에 특정 사항에 대하여 결의를 할 수 있다. 예컨대 "대한변호사협회는 변호사 직역의 공공성을 수호하고 국민들에게 양질의 법률서비스를 제공하기 위하여 법률플랫폼 및 이와 유사한 서비스에 대해 엄정하게 대처할 것을 결의한다"[1]라는 결의를 한 바 있다. 이런 결의는 변호사단체가 장래 지향하는 정책 등을 선언하는 다짐의 내용을 포함하고 있다.

변호사는 이런 결의도 준수해야 한다고 하는데, 어떤 경우에 이 결의를 위반하였다고 볼 것인지 명확하지 않다. 결의를 위반하였다는 이유로 징계처분을 한다면, 이 결의는 법규와 다름없는 기능을 한다. 변호사의 자유와 권리를 제한하려면 반드시 법률에 근거를 두어야 하고, 법률의 구체적 위임을 받은 회칙에 근거하여야 한다. 대한변호사협회 회칙과 「회규관리규칙」에는 "회칙, 규칙 또는 규정"만을 정하고 있을 뿐이며, 결의는 포함되어 있지 않다. 따라서 결의를 위반하였다는 이유로 변호사를 징계처분을 하는 등의 불이익을 가할 수는 없다. 결의를 준수하도록 하는 회칙 규정은 변호사에 대한 권고적인 의미만을 갖는다고 해야 한다.

4. 회규의 제정과 개정시에 준수해야 할 기준과 절차

모든 회규는 법, 회칙 또는 이 규칙에 정한 기준 및 절차에 따라 제정 또는 개정하여 공포한 것이 아니면 효력이 없다(회규관리규칙 4①). 먼저, 모든 회규(회칙, 규칙, 규정)의 제정과 개정은 변호사법, 대한변호사협회 회칙, 「회규관리규칙」이 정한 기준에 따라야 한다. 여기서 '기준'이란 변호사법 제80조에서 대한변호사협회 회칙에 기재할 것으로 정한 사항과 대한변호사협회 회칙 제57조 및 「회규관리규칙」 제 3 조에서 '규칙'과 '규정'에 포함시킬 것으로 정한 사항을 말한다.

둘째로, 모든 회규의 제정과 개정은 변호사법, 대한변호사협회 회칙, 「회규관리규칙」이 정한 절차에 따라야 한다. 여기서 '절차'란 변호사법 제87조(준용규정), 제70조(총회) 제 3 항에서 회칙의 변경시에 총회의 의결을 거쳐야 하고, 대한변호사협회 회칙 제57조(규칙 및 규정)에 따라 규칙은 총회의 의결을 거치고, 규정은 이사회의 의결을 거쳐야 한다는 것이다.

---

1 대한변호사협회, 결의문 「제29회 법의 지배를 위한 변호사대회」에 즈음하여, 2021. 8. 30.자.

따라서 회칙을 개정할 때 총회의 의결만 거친 후 법무부장관의 인가를 받지 않거나, 규칙을 제정·개정할 때 총회의 의결을 거치지 않고, 이사회의 의결을 거친 후에 공포하여 시행하는 것은 절차를 위반한 것에 해당된다. 대한변호사협회 회칙은 그 기재사항이 변호사법에 명시되어 있고, 법무부장관의 인가를 받아야 할 사항이라서 개정절차에서 문제될 여지는 거의 없다. 그런데 '규칙과 규정'은 개정절차에서 문제될 여지가 많다. 변호사법이 위임하는 사항은 먼저 대한변호사협회 회칙으로 정한 다음에 구체적인 사항을 '규칙'으로 위임하고, 보다 기술적인 내용은 '규정'으로 정해야 한다.

그런데 대한변호사협회는 변호사법이 위임하는 사항은 '회칙' 또는 '규칙'으로 정해야 하는데, 아예 처음부터 '규정'이라는 명칭으로 정한 다음에 제정과 개정절차 역시 이사회 의결로 마치는 경우도 있다. 대한변호사협회가 2021. 5. 3. 개정한 「변호사 광고에 관한 규정」은 변호사법의 위임에 따라 제정된 것이라서 '규칙'에 해당됨에도 총회의 의결을 거치지 않고 이사회 의결로 개정한 잘못을 범하였다.

셋째로, 변호사법, 대한변호사협회 회칙 또는 「회규관리규칙」에 정한 기준 및 절차에 따라 제정 또는 개정하여 공포한 것이 아니면 효력이 없다. 여기서 '효력이 없다'란 것은 소정의 기준과 절차를 위반하여 제정 또는 개정된 회칙과 규칙 및 규정은 무효라는 의미이다. 이런 무효의 회규는 대한변호사협회가 스스로 철회하지 않는 한 법무부장관의 직권취소 또는 법원이나 헌법재판소의 판단에 의하여 비로소 효력을 상실하게 될 것이다.

Ⅲ. 회칙을 제정·개정하는 지방변호사회·대한변호사협회 의무

1. 합헌·합법적인 회칙의 제정과 개정의무

지방변호사회·대한변호사협회는 헌법과 법률에 위반되지 않는 회칙을 제정하거나 개정할 의무가 있다. 지방변호사회와 대한변호사협회 회원인 변호사들이 준수해야 할 회칙(각종 회칙, 규칙, 규정)을 제정하거나 개정함에 있어서 헌법과 변호사법 및 기타 법령에 위반되지 않는 합헌적·합법적·시행령에 위반되지 않도록 해야 한다. 회원 변호사들에게 위헌·위법한 내용의 회칙의 준수를 강제할 수는 없기 때문이다. 회칙위반은 변호사의 징계사유에도 해당되기 때문에 더욱 그러하다. 지방변호사회와 대한변호사협회는 임기 2년의 임원들이 변호사단체의 '회규집 또는 법규집'을 숙지하지 못한 가운데 회무를 집행하는 과정에서 법령에 위반되는 내용의 회규를 제정하거나 개정할 위험성이 매우 크다. 회규를 절차에 따라 제정하였더라도 상위법령이 개정된 경우에는 그에 맞춰서 관련 회규를 신속하게 개정해야 하는 작업도 게을리해서는 아니된다.

2. 서울지방변호사회·대한변호사협회 회칙 중 광고규정의 위헌·위법성

예컨대 「서울지방변호사회 회칙」 제43조의2(광고) 제 2 항은 "광고매체의 종류, 광고회수, 광고료의 총액, 광고내용 등에 관하여는 대한변호사협회가 정한 기준의 범위 안에서 규정으로 정한다"(2000. 7. 26. 신설인가)라고 되어 있다. 이 내용은 2007. 1. 26. 개정된 변호사법에서 대한변호사협회에 위임된 변호사광고 제한의 사유가 지나치게 넓어 소비자에 대한 정보제공 역할이 미흡함에 따라 사건브로커를 고용하는 등 병폐의 원인이 될 수 있다고 삭제된 것인데, 서울지방변호사회는 변호사법의 개정내용도 알지 못하여 20여 년 전의 조항을 그대로 존속시켜 회원들에게 준수를 강제하고 있다. 따라서 서울지방변호사회는 신속하게 현행 변호사법 내용에 맞게 개정해야 한다.

대한변호사협회가 개정한 「변호사 광고에 관한 규정」 제 4 조 제14호는 "기타 법령, 변호사윤리장전, 대한변호사협회(이하 "협회") 및 지방회의 회칙이나 규정(이하 "회규")에 위반되거나, 협회의 유권해석에 반하는 내용의 광고"를 할 수 없다고 한다. 이 중 '지방회의 회칙이나 규정에 위반'되는 광고도 금지하고 있는데, 대한민국의 지방변호사회 중 가장 규모가 크고, 전국 변호사의 75%를 회원으로 둔 서울지방변호사회 회칙 광고 관련 규정은 이미 20년 전에 폐지된 것으로 현재는 위헌·위법한 내용이다. 따라서 회칙을 제정·개정하는 지방변호사회나 대한변호사협회는 늘 법령의 변천의 유의하면서 회원들의 권익이 침해되지 않도록 배려하여야 한다.

Ⅳ. 회칙준수의무 위반의 효과

회칙에서 정하는 규정은 훈시적인 것도 있지만 대부분 강행규정에 해당된다. 소속 지방변호사회나 대한변호사협회의 회칙을 위반하는 경우에는 징계사유가 된다(변호사법 91② (2)). 변호사는 회칙준수의무를 부담하고 이를 위반시에는 불이익처분을 당하게 되므로, 대한변호사협회나 지방변호사회가 회칙을 제정하거나 개정할 때 헌법과 변호사법 등의 상위규범의 위임범위를 벗어나지 않도록 주의해야 한다. 그리고 상위법령의 변천에 따른 회칙의 개정 등의 정비작업도 게을리해서는 안된다. 변호사의 징계사유인 "소속 지방변호사회나 대한변호사협회의 회칙을 위반한 경우"에서 회칙은 모든 회칙이 아니라 법무부장관의 인가를 받아 제정·개정된 '회칙'과 총회의 의결을 거쳐 법무부장관의 합헌·합법성 통제를 받아 제정·개정된 '규칙'으로 한정되어야 할 것이다. 이에 관하여는 변호사법 제91조 징계사유에서 자세히 설명하기로 한다.

제26조 비밀유지의무 등

> 第26條(비밀유지의무 등)
> 변호사 또는 변호사이었던 자는 그 직무상 알게 된 비밀을 누설하여서는 아니 된다. 다만, 법률에 특별한 규정이 있는 경우에는 그러하지 아니하다.

Ⅰ. 연 혁

(1) 1949. 11. 7. 제정된 변호사법은 변호사의 비밀유지의무를 규정했다. 즉, 변호사 또는 변호사이었던 자는 다른 법령에 특별한 규정이 없는 한 그 직무상 지득한 비밀을 누설하지 못한다(제14조 제 2 항).

(2) 1982. 12. 31. 개정된 변호사법은 본문과 단서를 구분한 현행 규정과 같은 형식으로 개정되었다. 기존의 비밀유지의무의 예외로서 '다른 법령에 특별한 규정' 사유를 단서에 추가한 특징이 있다.

Ⅱ. 변호사의 비밀유지의무의 의의

1. 비밀유지의무의 필요성

변호사의 비밀유지의무는 변호사가 직무상 알게 된 의뢰인의 비밀을 누설하여서는 아니 되는 것을 말한다.[1] 비밀을 외부에 드러낸다는 의미에서 변호사법 제26조와 「변호사윤리장전」 제18조 제 1 항은 '누설'로 표현하고 있다.[2] 변호사와 법률상담을 하는 수준에 있는

---

1 정형근, "변호사의 비밀유지의무", 외법논집(2011. 11), 240면.

2 비밀유지의무에서 금하는 행위는 꼭 널리 알리는 것뿐만 아니라 특정의 누군가에게 비밀이 알려지게 하는 것도 말하기 때문에 '개시'(開示), 또는 일본에서 사용하는 '누시'(漏示)라는 용어가 더 적절하다고 하는

고객은 잠재적(예상) 의뢰인으로 표현할 수 있다. 변호사와 고객의 관계는 법률상담 단계에서 수임계약의 체결까지 진전될 수 있다. 변호사는 의뢰인이 제공하는 비밀을 공개하지 않고 유지될 것이라는 신뢰를 주어야 한다. 비밀유지는 영구적이어야 한다. 비밀유지의무의 주체는 현재 변호사와 변호사였던 자이다. 법무법인·법무법인(유한) 등으로부터 퇴직한 변호사도 해당된다(변호사윤리장전 47). 의뢰인이 자신에게 불리하거나 수치스런 사실을 변호사에게 자유롭게 말할 수 있는 것은 변호사에게 비밀유지의무가 있기 때문이다. 비밀유지의무는 변호사 제도의 존립기반이라고 할 수 있다. 만약 변호사에게 제공된 비밀이 공개될 것이라는 불안감이 있으면 의뢰인은 변호사에게 진실을 말하지 않을 것이다. 의뢰인으로부터 진실을 듣지 못한 변호사는 법원에 확신 있는 변론을 할 수 없게 된다. 이처럼 진실하지 않은 주장입증에 터 잡은 법원의 판결 역시 신뢰를 얻지 못할 것이다. 따라서 비밀유지의무는 사법제도에 대한 신뢰를 제고해 주고, 지속적인 사건수임을 가능하게 한다는 점에서 변호사의 의무 중에서 가장 중요한 의무 중의 하나로 인식되고 있다.[3] 비밀유지의무는 변호사에게만 인정되는 것은 아니고 공무원과 법무사, 공인회계사, 세무사, 의사, 약사 등의 전문직업인에게도 인정된다.[4]

2. 법적 근거

의뢰인은 자기 비밀의 공개를 강요당하지 않을 비밀유지권이 있다. 의뢰인은 양질의 서비스를 얻기 위한 전제로 변호사에게 비밀을 제공한다. 변호사는 본래는 알 수 없었던 의뢰인의 비밀을 수임관계가 발생하였기 때문에 알게 된다. 따라서 변호사는 의뢰인의 비밀유지권이 침해하지 않도록 최선의 주의를 다하여야 한다. 그 점에서 변호사는 의뢰인의 비밀을 공개하지 않을 뿐만 아니라 적극적으로 보호하여야 한다. 비밀유지의무에 관한 직접적인 근거는 변호사법 제25조와 「변호사윤리장전」 제18조 및 제47조에 있다.[5] 이런 규정의 모법은 헌법 제17조 '모든 국민은 사생활의 비밀과 자유를 침해받지 아니 한다'는 규정에서

견해도 있다(정인진, "변호사의 비밀유지의무", 저스티스(2008. 6), 147면).

3 高中正彦, 辯護士法概說, 110면; 川端和治, "守秘義務", 法曹の倫理と責任(上), 163면; 그 때문에 이익충돌회피의무와 비밀유지의무를 변호사윤리의 2대 테마로 파악하기도 한다(森際康友, 法曹の倫理, 24면).

4 다만, 국가공무원법, 국세기본법, 국가보안법 등에서 규제하는 비밀은 공무상의 비밀에 해당되어 전문직업인이 고객의 비밀을 유지해야 하는 것과 차이가 있다.

5 「**변호사윤리장전**」 **제18조(비밀유지 및 의뢰인의 권익보호)** ① 변호사는 직무상 알게 된 의뢰인의 비밀을 누설하거나 부당하게 이용하지 아니한다.

② 변호사는 직무와 관련하여 의뢰인과 의사교환을 한 내용이나 의뢰인으로부터 제출받은 문서 또는 물건을 외부에 공개하지 아니한다.

③ 변호사는 직무를 수행하면서 작성한 서류, 메모, 기타 유사한 자료를 외부에 공개하지 아니한다.

④ 제1항 내지 제3항의 경우에 중대한 공익상의 이유가 있거나, 의뢰인의 동의가 있는 경우 또는 변호사 자신의 권리를 방어하기 위하여 필요한 경우에는, 최소한의 범위에서 이를 공개 또는 이용할 수 있다.

찾을 수 있다. 의뢰인의 사생활에 관한 비밀과 자유는 국가권력뿐만 아니라 사회단체나 사인으로부터도 보호받아야 하기 때문이다. 그러므로 의뢰인이 그의 비밀을 변호사로부터 보호받아야 하는 것은 헌법상 당연한 요청이기도 하다. 다만, 형법은 업무상비밀누설죄로, 형사소송법과 민사소송법은 증언거부권이라는 권리의 형태로 비밀보호를 기하고 있다. 그중 소송법은 증거법적인 관점에서 증언거부권의 형식으로 규정된 것이고, 변호사법과 「변호사 윤리장전」은 변호사의 직업윤리적인 관점에서 규정된 특징이 있다. 이런 규정들은 모두 변호사가 비밀을 유지할 수 있도록 배려하는 의도로 마련된 것이다.

3. 외국의 입법례

의뢰인이 변호사에게 비밀유지를 요구할 수 있는 권리는 일찍이 영국의 보통법에 의하여 인정되었다.[6] 영국의 「사무변호사 행위규범」 규칙 제4장은 변호사의 비밀유지와 고지 및 공개에 관한 규정을 두고 있다.[7] 변호사의 비밀유지의무의 범위와 한계에 관한 상세한 입법례는 「변호사 직무에 관한 모범규칙」(Model Rules of Professional Conduct)이라고 할 수 있다. 변호사는 의뢰인의 대리와 관련된 정보를 누설해서는 아니되지만, 의뢰인이 설명 있는 동의를 했거나, 공개가 대리를 위하여 묵시적으로 허용되었거나, 또는 공개가 허용된 경우는 예외라고 한다(Rule 1.6(a)). 그리고 독일의 「연방변호사법」(Bundesrechtsanwaltsordnung) 역시 변호사의 기본의무로서의 비밀유지의무를 인정하고 있다. 즉, 변호사는 비밀유지의무를 진다. 이 의무는 그의 직무수행 중 알게 된 모든 것에 미친다. 이는 공지의 사실 또는 그 의미상 아무런 비밀유지도 필요하지 않은 사실에 관하여는 적용되지 않는다(연방변호사법 43a(2)).[8] 또한 「유럽변호사 행위규범」(The Code of Conduct for European Lawyers)은 변호사의 비밀유지의무의 법적 성격과 기능을 잘 표현하고 있다. 즉, 비밀유지는 변호사의 일차적이고도 기본적인 권리이자 의무이다. 변호사의 비밀유지의무는 의뢰인의 이익뿐 아니라 사법제도 운영의 이익에도 봉사한다. 따라서 이는 국가로부터 특별한 보호를 받을 자격이 있다(행위규범 2.3.1.). 일본 변호사법 역시 변호사 또는 변호사였던 자는 그 직무상 알게 된 비밀을 유지할 권리를 가지고 의무를 부담한다(제23조)고 한다. 또한 「변호사직무기본규정」에서도 변호사는 정당한 이유 없이 의뢰인에 관하여 직무상 지득한 비밀을 타인에게 누설하거나 이용하여서는

---

6 Ronald E. Mallen and Jeffrey M. Smith, *Legal malpractice*(2), pp.697~698.

7 변호사와 소속 법률사무소는 현재 또는 종전 의뢰인의 일을 비밀로 하여야 한다. 다만 법 또는 해당 의뢰인에 의하여 공개가 요구되거나 허용된 경우에는 예외이다(규칙 4.01). 변호사 기타 보수획득자는, 그가 단독으로 또는 단체의 일원으로서 업무를 수행하고 있거나 또는 그 업무의 수행을 감독하고 있는 당해 의뢰인에게, 변호사가 알고 있고 그 의뢰인의 사건에 대하여 중요한 정보는 그 출처에 관계없이 고지하도록 하고 있다(규칙 4.02)(박준·이상원·이효원·박준석·윤지현, 주요 국가의 변호사 윤리규범, 78면).

8 Feuerich · Weyland, *Bundesrechtsanwaltsordnung*, S.270.

아니 된다(제23조)고 규정하고 있다.

Ⅲ. 변호사의 비밀유지의무의 내용

1. 비밀의 개념

(1) 변호사법에는 비밀에 관한 정의규정이 없다. 비밀의 개념에 관하여는, 일반적으로 알려져 있지 않은 사실로서 본인이 특히 숨기고 싶은 성질을 가진 사항(주관적 의미의 비밀)이 포함된다. 일반인의 입장에서 볼 때 공개되지 않기를 원하는 사항(객관적 의미의 비밀)도 해당된다(절충적 의미의 비밀). 그러므로 비밀은 객관적·일반적인 입장에서 외부에 알려지지 않는 것이 의뢰인에게 상당한 이익이 있는 사항이다.[9] 대법원은 공무상비밀누설죄에서의 비밀을 절충설에 가까운 입장을 보인 바 있다(대법원 2003. 12. 26. 2002도7339).[10]

(2) 변호사가 지켜야 할 비밀은 의뢰인의 과거의 범죄행위, 반윤리적인 행위, 질병, 신분, 친족관계, 재산관계, 유언장의 존부, 주소 기타 의뢰인에게 불이익이 되는 사항 등을 포함한다고 할 것이다. 비밀은 실질적으로 보호할 가치가 있다고 인정되어야 한다. 변호사가 그 비밀을 알게 된 경위는 불문한다. 의뢰인으로부터 직접 들었는지 제3자를 통하여 알게 되었는지 묻지 않는다. 변호사가 직무수행 과정에서 우연한 기회에 알게 된 비밀도 포함된다. 의뢰인의 성명은 비밀이 아니라고 할 것이지만, 유명인의 본명은 비밀로 보호될 수 있다. 또한 의뢰인의 나이, 개인의 신상관계를 식별할 수 있는 요소인 주민등록번호, 직업, 거주지 등도 비밀로 보호되어야 한다. 법정에서 무죄를 주장하는 피고인이 변호사에게 범죄사실을 자백한 경우에도 그 사실(비밀)을 지켜야 한다. 따라서 변호사는 비밀을 침묵하였다는 이유로 처벌되지 않는다. 변호사가 유지해야 하는 비밀은 의뢰인과 관련된 개인적인 사항이어야 한다. 그런데 의뢰인의 범행에 관한 물증의 위치를 알고 있는 경우에 수사기관에

---

9 미국에서 1969년 변호사윤리규칙의 전범으로 제정한 「변호사의 직업책임에 관한 전범」(ABA Model Code of Professional) 중 징계규칙(Disciplinary Rule, DR) 4－101(c)(4)항은 '변호사는 의뢰인의 기밀과 비밀(confidence and secrets)을 지켜야 한다'고 규정하고 있는데, 여기서 기밀(confidence)이란 관련 법률에 의해 변호사와 의뢰인 사이의 특권으로서 보호되는 정보를 의미하며, 비밀(secret)이란 의뢰인이 변호사에게 비밀로 다루어 주도록 요구하거나, 공개되면 의뢰인에게 불리하게 될 수 있는 정보라고 정의하고 있다.

10 형법 제127조는 공무원 또는 공무원이었던 자가 법령에 의한 직무상 비밀을 누설하는 것을 구성요건으로 하고, 같은 조에서 '법령에 의한 직무상 비밀'이란 반드시 법령에 의하여 비밀로 규정되었거나 비밀로 분류 명시된 사항에 한하지 아니하고, 정치, 군사, 외교, 경제, 사회적 필요에 따라 비밀로 된 사항은 물론 정부나 공무소 또는 국민이 객관적, 일반적인 입장에서 외부에 알려지지 않는 것에 상당한 이익이 있는 사항도 포함하나, 실질적으로 그것을 비밀로서 보호할 가치가 있다고 인정할 수 있는 것이어야 하고, 본죄는 비밀 그 자체를 보호하는 것이 아니라 공무원의 비밀엄수의무의 침해에 의하여 위험하게 되는 이익, 즉 비밀 누설에 의하여 위협받는 국가의 기능을 보호하기 위한 것이다(대법원 2012. 3. 15. 2010도14734 공공기관의개인정보보호에관한법률위반(인정된죄명: 공무상비밀누설)).

신고할 의무가 있는지 문제된다. 의뢰인에 대한 보호를 희생하면서까지 진실발견에 협력할 의무는 없다고 보아야 한다. 따라서 부정하는 것이 타당하다. 과거에는 비밀이었지만 현재는 공지된 상태에 있다거나 의뢰인이 타인에게 공표한 사항은 비밀이라고 할 수 없다.

2. 직무상 알게 된 비밀

(1) 변호사가 유지해야 하는 것은 '직무상' 알게 된 비밀이다. 이는 변호사가 의뢰인의 수임사건을 처리하는 과정에서 알게 된 것으로 해당 사건의 내용을 이루는 것이어 하는 것은 아니다. 변호사는 직무처리 과정에서 통역이나 번역자는 물론 사무직원이 관여할 수 있다. 변호사는 이들 역시 비밀을 지키도록 하여야 한다. 비밀의 범위에 관하여, 의뢰인의 이익보호를 위하여 수임하지 않은 사항에 관한 비밀이나 사건과 무관계하다고 생각되는 비밀, 의뢰인과의 사적인 관계를 통하여 알게 된 비밀도 포함시키기도 한다. 정보의 출처와 상관없이 직무와 관련된 정보이면서 의뢰인에게 비밀의 가치가 있으면 모두 보호하는 것이 의뢰인의 이익에 합치된다. 여기서 의뢰인은 잠재적 의뢰인도 포함한다.[11] 잠재적 의뢰인도 변호사의 전문지식과 고객의 비밀유지의무를 신뢰하고 비밀정보를 제공하기 때문이다. 변호사가 의뢰인의 직무수행과 무관한 상태에서 알게 된 비밀도 보호되어야 하는지 문제된다. 예컨대 변호사회의 활동 중에 비밀을 알 수 있다. 변호사의 비밀유지는 직무상 알게 된 비밀이어야 하기에 직무와 무관하게 알게 된 비밀은 포함되지 않는다고 할 수 있다. 그렇더라도 변호사가 그 비밀을 공개하면 그 자에 대한 불법행위 또는 품위유지의무 위반이 문제될 수는 있다.

(2) 비밀의 주체 또는 비밀유지의무의 대상에 관한 것으로서 의뢰인이 아닌 제 3 자의 비밀도 포함되는지 문제된다. 변호사법은 '그 직무상 알게 된 비밀'로 하여 비밀의 주체를 의뢰인으로 한정하지 않는다. 비밀의 주체를 의뢰인으로 한정하는 견해와 제 3 자까지도 포함하는 견해로 나눠 볼 수 있다. 한정설은 비밀유지의무는 의뢰인의 변호사에 대한 신뢰를 보호하기 위하여 인정된 것이므로 의뢰인의 비밀만으로 한정한다. 변호사가 제 3 자의 비밀을 유지해야 할 의무는 사생활보호와 인격권보호 등의 법률관계로 규율해야 할 문제이다. 따라서 변호사가 제 3 자의 비밀을 유지할 의무 때문에 의뢰인을 이익으로 재판에서 이용하지 못한다면, 의뢰인의 이익에 반하고 변호사의 조력을 제대로 행할 수 없게 된다. 비한정설은 변호사법의 문리해석상 비밀의 주체를 의뢰인에 한정하지 않는 것이 자연스럽다고 한다. 목적론적으로도 변호사 직무의 공익적 성격과 업무독점이 인정되기 때문에 제 3 자도

---

11 영국의 「사무변호사 행위규범」에서도 변호사가 장래의 의뢰인과 관련하여 정보를 얻은 경우, 그 의뢰인이 이후에 변호사의 소속 법률사무소를 선임하지 않는다 하더라도 여전히 비밀유지의무를 부담할 수 있다고 한다(규칙 4장에 대한 지침 6).

변호사에게 비밀을 말할 수 있고, 그러한 제 3 자의 비밀도 유지해야 한다고 할 수 있다.

(3) 형법상 업무상비밀누설죄의 구성요건 역시 '타인의 비밀'이라고 하여 비밀의 주체를 한정하고 있지 않다. 생각건대 변호사법상의 비밀은 변호사가 직무상 알게 된 비밀이고, 여기서 '직무'란 변호사의 모든 업무내용을 말하는 것이 아니라 '특정 의뢰인'의 직무를 말한다고 할 것이다. 따라서 비밀의 주체는 원칙적으로 특정 의뢰인이라고 할 것이다. 그런데 변호사가 직무를 수행하는 과정에서 알게 된 제 3 자의 비밀이 의뢰인의 이익과 관련되어 있다면 그 제 3 자의 비밀 역시 보호되어야 한다. 그러나 그 보호의 범위는 의뢰인의 이익을 침해하지 않는 범위로 한정하여야 할 것이다.[12]

3. 비밀의 누설(공개)와 이용의 금지

(1) 비밀의 누설(공개)금지

1) 변호사의 비밀유지의무의 핵심은 비밀을 유지하는 것이다. 비밀의 유지는 직무상 알게 된 비밀을 누설하지 않는 것이다. 누설이란 비밀에 해당하는 사실을 알지 못하는 사람에게 알게 하는 것을 말한다. 누설은 특정한 의뢰인의 비밀이라는 점이 드러나야 한다. 변호사가 의뢰인의 비밀을 누설하였는데, 그 의뢰인이 어느 누구인지 특정할 수 없다면 누설이라고 할 수 없다. 변호사는 의뢰인의 비밀을 직무와 관련하여 나눈 의뢰인과의 의사교환이나 의뢰인이 제시하는 문서나 물건을 통해서 알게 된다. 2014년 개정 「변호사윤리장전」은 이에 관한 규정을 신설하고 있다. 변호사는 직무와 관련하여 의뢰인과 의사교환을 한 내용이나 의뢰인으로부터 제출받은 문서 또는 물건을 외부에 공개하지 아니한다(제18조 제 2 항). 여기서 '공개'는 누설과 같은 개념이다. 법무법인·법무법인(유한)·법무조합의 구성원 변호사 및 소속 변호사는 정당한 이유가 없는 한 다른 변호사가 의뢰인과 관련하여 직무상 비밀유지의무를 부담하는 사항을 알게된 경우에는, 이를 누설하거나 이용하지 아니한다. 이는 변호사가 해당 법무법인 등으로부터 퇴직한 경우에도 같다(변호사윤리장전 47).

2) 변호사는 수임사건의 처리를 위하여 의뢰인으로부터 그 사건의 경위를 듣게 되고 질문하면서 사건의 실체를 파악하게 된다. 그리고 의뢰인이 제시하는 문서나 물건 등을 살펴보면서 의뢰인이 주장하는 사실관계를 확인하게 된다. 변호사의 비밀유지는 의뢰인과의 의사교환을 기록한 메모나 녹음파일 등을 공개하여서는 아니 된다. 또한 변호사는 직무와

12 외국 변호사직무규범은 대부분 의뢰인의 비밀로 한정하고 있다. 「변호사 직무에 관한 모범규칙」(Model Rules of Professional Conduct) Rule1.6은 의뢰인의 정보에 대한 비밀유지의무와 그 예외를 규정하고 있으며, 영국의 「사무변호사 행위규범」 역시 현재 또는 종전 의뢰인의 일을 비밀로 하여야 한다(규칙 4.02)고 하며, 일본의 「변호사직무기본규정」 제23조는 의뢰인에 관하여 직무상 알게 된 비밀을 누설하거나 이용하는 것을 금지하고 있다. 그러나 독일의 「변호사 직무규칙」(Berufsordnung)은 변호사는 비밀유지의 권리가 있고 의무를 진다(직무규칙 2(1))고 규정하여 의뢰인의 비밀로 한정하고 있지는 않다.

관련하여 의뢰인으로부터 제출받은 문서나 물건을 잘 관리하여 외부에 공개되지 않도록 하여야 한다. 변호사는 의뢰인이 제출한 문서나 물건을 사건기록에 편철하여 보관하게 된다. 따라서 변호사는 의뢰인의 비밀이 담긴 사건기록의 보관과 폐기할 때는 외부에 유출되지 않도록 각별히 주의하여야 한다.[13] 변호사는 의뢰인이 다른 변호사로 바꾸고자 할 때는 업무의 인수인계가 원활하게 이루어질 수 있도록 합리적인 범위에서 협조하여야 한다(변호사윤리장전 25②). 이 경우에 변호사는 의뢰인으로부터 제출받은 문서나 물건 그 자체는 의뢰인에게 반환하는 것이 타당할 것이다. 또한 변호사는 수임사건 처리와 관련된 일화를 소개하는 등의 외부활동을 할 때도 비밀유지에 유의하여야 한다.

(2) 비밀의 이용금지

1) 변호사는 누구에게도 그 비밀을 알리거나 의뢰인에게 손해가 되는 결과를 초래하도록 이용하거나 변호사의 이익을 위하여 사용하여서도 아니 된다. 변호사법과 달리 「변호사윤리장전」에는 비밀의 누설뿐만 아니라 '이용'을 금지하는 내용도 신설했다. 제18조는 '의뢰인의 비밀을 부당하게 이용하지 아니한다.' 정부기관에 대한 변호사의 비밀이용금지에 관한 제41조는 '공무를 수행하면서 알게 된 정부기관의 비밀을 업무처리에 이용하지 아니한다.' 법무법인 등의 비밀유지의무인 제47조는 '이를 누설하거나 이용하지 아니한다'고 하였다.

2) 비밀의 이용이란 그 비밀을 수단으로 일정한 효과를 얻기 위하여 의도하는 일체의 행위를 말한다. 비밀정보의 이용은 의뢰인에게 불리하게 하거나 변호사나 제 3 자를 유리하게 하는 경우도 포함된다.[14] 외국의 입법례 역시 비밀의 이용행위를 금지하고 있다. 「변호사 직무에 관한 모범규칙」(Model Rules of Professional Conduct)에서는 의뢰인이 설명 있는 동의(informed consent)를 하지 않는 한, 변호사는 의뢰인의 대리에 관련된 정보를 의뢰인에 불리하게 이용하면 안 된다고 한다(Rule 1.8(b)).[15] 변호사가 대리에 관련된 정보를 의뢰인에게 불리하게 이용하면 충실의무도 위반하는 것이다. 그러나 비밀정보의 이용이 의뢰인의 이익에 불리하지 않는다면, 변호사는 의뢰인의 동의 없이도 의뢰인의 비밀정보를 이용할 수 있다고 해석할 수도 있다. 그렇지만 비밀의 이용이 의뢰인에게 이익이 되는지 여부의 판단을 변

---

13 일본의 「변호사직무기본규정」 제18조는 변호사의 '사건기록 보관등'에 관한 규정을 두고 있다.

14 변호사 정보 제공 웹사이트 운영자가 대법원 홈페이지에서 제공하는 '나의 사건검색' 서비스를 통해 수집한 사건정보를 이용하여 변호사들의 승소율이나 전문성 지수 등을 제공하는 서비스를 한 사안에서, 웹사이트 운영자가 사건정보를 이용하여 승소율이나 전문성 지수 등을 제공하는 서비스를 하는 행위는 그에 의하여 얻을 수 있는 법적 이익이 이를 공개하지 않음으로써 얻을 수 있는 정보주체의 인격적 법익에 비하여 우월한 것으로 보여 변호사들의 개인정보에 관한 인격권을 침해하는 위법한 행위로 평가할 수 없다(대법원 2011. 9. 2. 선고 2008다42430 전원합의체 판결 정보게시금지등)고 판시한 판례가 있는데, 이 과정에서 변호사는 제 3 자에 의하여 의뢰인에 관한 비밀정보가 공개되는지 여부를 유의하여야 할 필요가 있다.

15 여기서 '설명있는 동의'란 변호사가 제안된 행동방침의 실제적 위험과 합리적으로 가능한 대안에 대해 적절한 정보와 설명을 제공한 후에 제안된 행동방침에 대해서 합의하는 것을 의미한다(Rule 1.0(e)).

호사에게 일임하는 것은 옳지 않다. 그 때문에 미국의 책임전범은 비밀의 이용이 의뢰인의 이익에 반하지 않더라도 변호사의 이익을 위해서 비밀정보를 이용하는 것을 금지하고 있다(DR4－101(A)(2)). 또한 독일의 변호사 직무규칙이나 일본 변호사법에서도 비밀의 이용을 금지하고 있다. 따라서 변호사가 의뢰인의 비밀을 이용하는 것은 의뢰인에게 불이익을 주지 않더라도 신뢰관계와 품위를 훼손하게 되므로, 명문의 규정유무와 상관없이 허용되지 않는다고 할 것이다. 비밀의 공개와 이용의 주체는 변호사이지만, 변호사는 비밀을 알고 있는 가족이나 사무직원 등에게도 유지시킬 의무가 있다. 변호사로 재직중은 물론 퇴직 후에도 계속된다.

4. 중간서류의 공개 및 반환 문제

(1) 변호사는 의뢰인의 수임사건을 처리하면서 서류나 메모 등을 작성하게 된다. 아울러 그 사건처리에 필요한 판례나 논문을 검색하여 인쇄하게 되고, 선행 사건의 기록을 찾아 복사하는 등의 자료를 생산하게 된다.[16] 「변호사윤리장전」은 변호사가 직무를 수행하면서 작성한 서류나 자료를 공개할 수 없다는 규정을 신설하고 있다. 변호사는 직무를 수행하면서 작성한 서류, 메모, 기타 유사한 자료를 외부에 공개하지 아니한다(변호사윤리장전 18③). 여기서 '직무를 수행하면서 작성한 서류'란 송무사건에서는 소장이나 답변서 또는 준비서면 등이 포함될 것이고, 그 외 자문사건의 경우는 의견서나 계약서 등이 해당될 것이다. 이 경우에는 그 변호사의 서명날인이 되어 있는 문서의 형식으로 되어 있으며, 법원이나 의뢰인에게 교부할 목적으로 작성된 서면일 것으로 보인다. 또한 '메모'란 변호사가 그 사건의 처리에 필요한 사항, 즉 사건의 진행방향과 그에 필요한 방법 등을 간략히 기재한 것으로 주로 보관의 목적으로 작성된 서면을 말한다. 제 2 항에서 말하는 '의뢰인과 의사교환을 한 내용'을 기재한 서면도 여기의 '메모'에 해당될 수 있다. 그리고 '기타 유사한 자료'란 변호사가 수임사건의 법리검토를 위하여 수집한 판결문이나 논문 및 서적 또는 선행 사건기록 등이 이에 해당된다. 변호사가 수집하거나 생산한 자료라는 점에서 제 2 항에서 말하는 '의뢰인으로부터 제출받은 문서 또는 물건'은 여기에 해당되지 않는다. 변호사가 작성한 서류나 메모, 자료는 의뢰인의 비밀과 관련되어 있기 때문에 이를 외부에 공개해서는 아니 된다.

여기서 '외부에 공개하지 아니한다'는 것은 그 문서의 작성과 관련한 수사기관의 참고인 또는 법원의 증인으로 진술하지 않는 것도 포함된다. 변호사가 작성하여 자문을 의뢰한 회사 측에 전송한 전자문서를 출력한 '법률의견서'에 대하여 피고인들이 증거로 함에 동의하지 아니하고, 변호사가 그에 관한 증언을 거부한 사안의 판례가 있는데(대법원 2012. 5. 17.

16 정형근, 법조윤리강의(제 6 판), 346면 이하.

2009도6788), 여기서 변호사의 증언거부권 행사는 직무를 수행하면서 작성한 서류의 내용에 관하여 외부공개를 거부한 것으로 여겨진다. 이와 달리 변호사가 법원이나 검찰청 등의 기관에 소장이나 법률의견서 등의 형식으로 제출된 문서에 관하여는 공개 여부 문제가 발생할 가능성은 크지 않다.

(2) 그러나 의뢰인이 위임한 사건처리 과정 중에 변호사가 작성한 메모나 기타 자료의 반환을 요구하는 경우에 이에 응해야 하는지 문제된다. 수임사건 처리 중간에 작성하거나 취득한 자료를 '중간서류'로 표현할 수 있다면, 소장 등의 서면은 '최종서류'라고 할 수 있다. 의뢰인이 중간서류의 반환을 요구할 경우 변호사는 이에 응할 의무가 있는지 문제된다. 대한변호사협회는 문서의 소유권의 귀속에 따르고, 별도의 약정이 있는 경우에는 그 약정에 따른다는 입장을 밝힌 사례가 있다(대한변협 1997. 12. 20. 질의회신, 수임업무 종료 후 의뢰인에게 반환하여야 할 서류). 즉, ① 의뢰인, 당사자 또는 증인 신청된 사람들과의 면담 등을 통하여 작성된 메모, ② 소송수행 중 대리인이 조사한 이론 및 판례의 메모, 사건진행 메모, 소송전략의 메모, 직원들에 대한 지시사항을 기재한 메모 등, ③ 의뢰인 또는 당사자가 발급받아 증거물로 사용하도록 제공한 등기부등본 등 재발급이 가능한 민원서류 등, ④ 상대방으로부터 제출되어 입수된 준비서면과 서증 등의 각 사본 및 감정서, 사실조회 회신 복사본 등 대리인이 작성하지 않았으나 소송수행과정에서 입수하게 된 서류 중에서 ①·②는 변호사의 소유로 해석되며, ③·④는 의뢰인의 소유로 해석된다. 이 입장에서는 변호사의 소유서류는 변호사가 보관할 것이라 반환의무가 없게 된다. 그러나 변호사가 생산한 문서는 의뢰인으로부터 보수를 받고 작성한 것이라는 점을 고려하면 순수한 소유권을 주장하는 것이 타당한지 의문이다.

5. 변호사의 의무와 권리로서의 비밀유지

(1) 의뢰인의 비밀을 지켜야 하는 것은 변호사의 의무이다. 그런데 비밀의 공개를 명하는 법령이 있다(국가보안법 10(불고지); 감염병의 예방 및 관리에 관한 법률 11(의사 등의 신고)). 변호사가 의뢰인의 비밀을 보호하고 싶어도 비밀공개에 관한 법원의 명령이 있을 때 변호사가 이를 거부할 수 없다면 비밀유지는 불가능하다. 따라서 비밀유지의무는 의뢰인과의 관계에서는 의무로 파악해야 하지만, 법원 등 국가기관이나 제 3 자에 대해서는 그 비밀을 공개하지 않을 수 있는 변호사의 권리로 보아야 한다.[17]

17 대한변호사협회는 변호사가 수임사건의 소송 종결 후에 그 사건에 관하여 재판부로부터 변호사가 의뢰인으로부터 특정사건을 수임하게 된 경위, 그 소송 수임 당시 동행한 사람 등에 관한 사실조회를 받은 경우, 사실조회 사항은 변호사의 직무상 비밀에 속하는 것이므로 재판부에 회신할 의무가 없다고 회신한 바 있다(대한변협 2008. 2. 19. 법제 제477호).

(2) 이와 같은 입장에 있는 외국의 입법례도 많다.[18] 특히 영미에서는 변호사의 의무로서는 비밀유지의무를, 권리로서는 비닉특권(秘匿特權)이라는 개념으로 파악하고 있다. 비밀유지의무(professional duty of confidentiality)는 변호사가 의뢰인과의 의사소통에 관한 비밀을 보호해야 하는 직업윤리적 관점에서 인정된 규범으로 본다. 그 구체적인 내용은 미국의 「변호사 직무에 관한 모범규칙」(Model Rules of Professional Conduct) 등과 같은 변호사윤리규범에 정해져 있다. 변호사의 이 의무는 의뢰인에 대한 것이고, 법원이나 행정기관에 대하여 의뢰인의 비밀의 공개를 거부할 수 있는 것은 아니다. 그리고 변호사의 비닉특권 또는 변호사－의뢰인특권(the attorney－client privilege)은 변호사가 의뢰인과의 의사소통에 관한 사실이나 자료를 법정에 제출(disclose)하는 것을 거부할 수 있는 권리이다.[19] 비닉특권은 연방헌법이 아닌 증거법상의 원칙으로 인정된 것으로 의뢰인 외의 법원이나 행정기관과 같은 제 3 자에 대한 관계에서 의뢰인의 비밀에 대한 개시를 거부할 수 있는 권리를 말한다.[20] 미국의 연방대법원은 Upjohn사건의 판결에서 비닉특권은 변호사와 의뢰인 간의 의사소통이 신뢰관계에서 이루어지도록 보장하기 위하여 보통법이 인정하고 있는 가장 오래된 특권이라고 하였다.[21] [22] 일본 변호사법 제23조 역시 "변호사 또는 변호사였던 자는 그 직무상 알게 된 비밀을 유지할 권리와 의무를 가진다. 다만 법률에 특별한 정함이 있는 경우에는 그러하지 아니하다"라고 규정하고 있다.

(3) 법무부는 변호사의 비밀유지의무와 별개로 의뢰인의 동의 없이 의뢰인과 변호사 간의 의사교환 내용(대화, 의견서 등)이 행정·사법절차상 공개되지 않게 함으로써 의뢰인을 보호하는 권리에 관한 변호사법 개정안을 마련한 바 있다.[23] 영미의 비닉특권 해석론과 동

18 유럽변호사 행위규범은 변호사의 비밀유지는 변호사의 일차적이고도 기본적인 권리이자 의무로 파악하고 있으며(행위규범 2.3.1), 독일 역시 변호사는 비밀유지의 권리가 있고 의무를 진다(직무규칙 2(1))고 한다. 일본도 변호사 또는 변호사였던 자는 그 직무상 알게 된 비밀을 유지할 권리를 가지고 의무를 부담한다(일본 변호사법 23)고 하여 권리이자 의무로서의 성격을 갖는 것으로 본다.

19 변호사의 비닉특권에 관한 용어를 '변호사의 증언거부특권'(김재원, "변호사의 기본의무", 법조윤리, 162면), '변호사－의뢰인 특권'(이상수, 법조윤리의 이론과 실제, 154면), '비밀유지특권'(최진안, 법조윤리, 105면) 등으로 표현되고 있다.

20 이 특권의 고전적인 정의는 8가지로 설명할 수 있다. ① 법적 자문이 어디에서 행하여졌고, ② 그 자문은 변호사에 의하여 행해진 것이어야 하고, ③ 그 목적과 관련된 통신은, ④ 비밀로 행하여지고, ⑤ 의뢰인으로부터 전달된 것은, ⑥ 의뢰인의 요구에 따라 영구적으로 보호되고, ⑦ 그 정보는 의뢰인 자신 또는 변호사에 의하여 공개되지 않고, ⑧ 그 권리의 포기가 있는 때에는 특권의 대상에서 제외한다(W. Bradley Wendel, Professional responsibility, p.147).

21 Upjohn Co. v. United States, 449 U.S. 383, 389(1981).

22 미국 연방 대법원은 변호사와 의뢰인 간에 주고받은 정보를 보호하는 특권이 주어진다면, 연방증거법의 문제로서 형사사건의 경우 등을 포함하여 이러한 정보가 공개되어야 하는 상당한 필요성에도 불구하고, 변호사의 비닉특권은 의뢰인이 사망한 경우에도 지속된다고 한다(Swidler & Berlin v. United States, 524 U.S. 399(1998)).

23 **변호사법 개정안 제26조(비밀유지의무 등)** ② 누구든지 의뢰인과 변호사 간의 의사교환 내용 및 변호사가 의뢰인 등을 위하여 작성한 자료 등은 의뢰인의 의사에 반하여 공개하거나 개시(開示)를 요구할 수 없다.

일한 것은 아니지만, 우리나라의 법률에서도 변호사의 증언거부권이 인정된다. 변호사는 직무상 비밀에 속하는 사항에 대하여 증인신문을 받을 때 증언거부권을 행사할 수 있으며(민사소송법 315①), 변호사는 업무상 위탁을 받아 소지 또는 보관하는 물건으로 타인의 비밀에 관한 것은 압수를 거부할 수 있으며(형사소송법 112), 업무상 위탁을 받은 관계로 알게 된 사실로서 타인의 비밀에 관한 것은 증언을 거부할 수 있다(형사소송법 149). 이는 실체적 진실 발견의 요청과 변호사의 직업수행을 확보해 줄 필요성을 고려한 사회적 합의를 바탕으로 하고 있다. 증언거부권을 행사하는 변호사는 개인변호사이든, 로펌의 소속 변호사이든 상관없이 보장된다. 사내변호사의 경우는 구체적 사건과 관련하여 법률자문 등의 변호사 활동을 하여야 하고, 정보를 구하는 사람과 사내변호사 간에 신뢰관계가 형성되어, 그 신뢰관계를 보호할 만한 가치가 있어야 할 것이다.[24] 변호사의 증언거부권은 사법의 공정성 확보 및 진실발견에 협력하여야 하는 의무와 충돌할 수 있다. 이때 변호사는 스스로 전문직업인으로서의 양심에 따라 법률이 부여한 권리를 행사할 것인지 여부를 결정하여야 한다. 그러므로 비밀유지의무는 의뢰인의 직무를 수행하는 과정에서 취득한 비밀이 공개되지 않도록 하여 의뢰인을 보호하는 적극적인 측면도 있다. 반면, 증언거부권은 강제적인 증언요구를 거부하더라도 처벌 등의 불이익을 받지 않는다는 소극적인 측면도 갖고 있다. 그러나 민·형사소송법에서 변호사의 증언의무를 면제한 것은 비밀유지의무의 이행을 담보하기 위한 법적 수단이다. 따라서 증언거부권 역시 비밀유지의무의 내용 속에 포함되는 것으로 이해할 수 있다. 그러므로 변호사의 비밀유지의무가 증언거부권보다 훨씬 넓은 내용이라고 보는 것도 이 같은 측면에서 이해할 수 있다.

6. 사내변호사의 비밀유지의무와 증언거부권 등 인정 여부

(1) 사내변호사의 비밀유지의무

1) 사내변호사는 기업 내에서 소송행위나 법률사무에 종사하는 과정에서 기업의 비밀을 알 수 있다. 사내변호사 역시 명문의 규정은 없지만, 재직 중은 물론 퇴사한 후에도 비밀유지의무를 인정할 수 있는지 문제된다. 이 문제는 지난 2007년 삼성그룹의 사내변호사였던 K 변호사가 그룹내부의 위법행위를 공개한 것을 두고 문제된 바 있다. 사내변호사는 변호사가 아닌 피용인에 불과하므로 비밀유지의무가 존재하지 않는다는 견해와 변호사 고

다만, 다음 각 호의 경우에는 그러하지 아니하다.
1. 국가안전보장 등 중대한 공익상의 필요가 있는 경우
2. 법률에 특별한 규정이 있는 경우
3. 법관이 발부한 영장이 있는 경우

24 정선주, "사내변호사의 지위와 증언거부권", 인권과 정의(2011. 9), 91면.

유의 직무를 수행한 것이 명백한 이상 비밀유지의무를 준수하는 것이 마땅하다는 견해가 제기되었다. 사실 이 논쟁은 대한변호사협회가 비밀을 폭로한 변호사에 대한 징계를 검토한다는 방침을 두고 폭로에 찬성하는 시민단체 등은 징계를 하여서는 안 된다는 논거로 비밀유지의무의 존재를 부정한 반면, 기업의 변호사에 대한 심각한 신뢰훼손에 대한 우려 등을 감안하여 비밀유지의무의 존재를 긍정하기도 하였다. 당시 대한변호사협회는 그 변호사에 대한 검찰수사가 진행 중이라는 이유로 징계절차를 진행하지 않아 결국 결론을 내지 못하고 넘어가게 되었다.

생각건대 사내변호사 역시 변호사 고유의 직무를 수행 중 알게 된 비밀은 누설하여서는 아니 될 의무가 있다고 해야 한다. 사내변호사는 기업에 상주하고 있기 때문에 그 비밀을 알게 될 기회가 많다. 그 때문에 사내변호사의 비밀유지의무를 특히 강조하게 된다. 변호사법에 이 점을 명시적으로 규정하지 않더라도 변호사의 비밀유지의무에 관한 변호사법 제26조의 해석에 의하여 인정할 수 있을 것이다.

2) 일반인은 기업 내부의 공익침해행위를 신고할 수 있고, 그러한 행위는 「공익신고자 보호법」에 의하여 보호받는다. 변호사는 기업 내부의 위법행위의 발생을 저지하거나 시정하는 지위에 있고, 내부 고발자 또는 비밀폭로자의 자리에 서는 것은 그 직업윤리에 부합되지 않는다고 해야 할 것이다. 따라서 사내변호사는 당해 비밀을 누설(공개)하지 않을 뿐만 아니라 그 비밀을 이용하는 행위도 금지된다. 사내변호사가 지켜야 할 비밀은 그 기업의 내부 비밀이다. 기업의 내부비밀이라고 할 때 그 비밀은 사내변호사가 변호사의 직무를 수행하는 과정에서 알게 된 내용으로 국한된다고 할 것이다.[25] 사내변호사가 변호사의 직무가 아닌 일반사원의 지위에서 알게 된 비밀은 그 대상이 아니라고 해야 한다. 변호사가 아닌 사원의 지위에서 비밀누설행위는 해당 기업의 복무규정과 민법에 의하여 해결되어야 할 것이다.

3) 변호사의 비밀유지는 의무임과 동시에 권리이기도 하다. 만약 사내변호사가 비밀공개에 관한 법원의 명령이 있을 때 이를 거부할 수 없다면 비밀유지는 불가능하게 된다. 그런데 공정거래위원회가 「독점규제 및 공정거래에 관한 법률」 제50조에 의하여 위 법 위반행위를 조사하기 위하여 업무장부와 전산자료 등의 제출을 요구하는 행정조사에서도 사내변호사는 그 자료의 제출을 거부할 수 있는지 문제된다. 행정청이 로펌 변호사에게 행정조사 목적으로 의뢰인의 관련서류의 제출을 요구한 경우에는 이를 거부할 수 있다.[26] 그러나 행정청이 행정조사 목적으로 특정자료의 제출을 요구한 경우 사내변호사는 그 자료가 기업의 비밀이라는 이유로 제출을 거부할 수는 없다고 해야 한다. 자료제출명령의 수명자는 사

25 정형근, "변호사의 비밀유지의무", 243면.
26 대한변호사협회 2005. 5. 25. 질의회신.

내변호사가 아니라 그 기업 자체라고 보아야 하기 때문이다.

(2) 사내변호사의 증언거부권 인정 여부

1) 민사소송법과 형사소송법은 변호사가 그 직무상 알게 된 비밀에 관하여 증언을 거부할 권리를 인정하고 있다(민사소송법 315①; 형사소송법 149). 그리고 변호사는 업무상 위탁을 받아 소지 또는 보관하는 물건으로 타인의 비밀에 관한 것은 압수를 거부할 수 있다(형사소송법 112). 변호사는 수사단계에서는 압수거부권으로, 재판중에는 증언거부권의 행사로 의뢰인의 비밀을 보호할 수 있다. 증언거부권은 일정한 업무에 종사하는 자의 비밀을 보호함에 의하여 업무뿐만 아니라 상대방인 위탁자를 보호하는 데 그 취지가 있는데,[27] 압수거부권의 입법 취지 역시 동일하다고 하겠다. 사내변호사도 증언거부권이나 압수거부권을 갖는지 문제된다.

2) 외국의 판례를 살펴보면 1979. 12. 18. 독일 München 지방법원은 기업매각협상에 자문역활을 한 사내변호사는 직무상 비밀유지의무가 인정된다고 보아 증언거부권을 인정한 바 있다.[28] 반면, 유럽연합 집행위원회가 공정거래법에 위반하여 담합의혹이 있는 두 회사(Akzo, Akcros)의 증거보전을 위하여 Akzo사 사내변호사가 Akcros사 임원과 주고받은 이메일 등을 압수하려고 하자 두 회사는 변호사특권을 내세워 이를 거부한 사안에서, 2010. 9. 14. 유럽법원은 사내변호사는 변호사특권의 대상에서 제외하고 당해 서류는 유럽연합 집행위원회의 압수대상이 된다고 판시한 바 있다.[29]

3) 생각건대 증언거부권은 비밀유지의무가 인정되는 변호사 등의 전문직업인에게 인정되고 있다. 사내변호사도 비밀유지의무를 긍정하면 증언거부권도 인정하는 것이 논리적이다. 사내변호사의 비밀유지의무의 인정은 직장 내부의 비밀을 보호해 줌으로써 기업은 신속한 변호사의 조력을 받을 권리를 누릴 수 있고, 변호사는 직업의 토대인 기업과의 신뢰관계를 형성해 갈 수 있다. 그러나 증언거부권은 민사나 형사사법의 목적을 희생해 가면서까지 변호사의 직무를 보호하려는 것이다. 따라서 비밀유지의무와 증언거부권의 인정 여부는 엄격하게 구분하여 해석할 필요가 있다. 사내변호사는 기업에 고용되어 그곳에 상주하면서 변호사 직무를 행하므로 어쩌면 기업과 사내변호사는 이해관계를 함께 하는 운명공동체라고 할 수 있다. 사내변호사에게 있어 기업은 할 일을 준다는 측면에서 의뢰인과 같은 역할을 한다. 그렇지만 기업은 어디까지나 고용주의 지위에 있다. 그럼에도 사내변호사를 변호사로 인정하는 이상 변호사 고유의 특권인 증언거부권은 원칙적으로 인정하는 것이 타당하다. 다만, 사내변호사가 취급한 업무의 성격이 변호사 고유의 직무사항에 해당하는 것

27 이재상·조균석, 형사소송법 제12판, 502면.
28 LG München AnwBL 1982, 197.
29 DB 2010, 2218; 정선주, "사내변호사의 지위와 증언거부권", 87~88면.

으로 엄격하게 제한할 필요가 있다.[30] 이렇게 제한적으로 이해하지 않으면 증언거부권이 기업의 위법행위나 범죄행위를 오히려 은폐하는 수단으로 남용될 수 있기 때문이다.

(3) 사내변호사의 압수거부권 인정 여부

1) 사내변호사의 압수거부권의 인정 여부도 문제되는데, 이는 신중하게 접근하여야 한다. 증언거부권은 법관의 신중한 판단으로 결정되지만, 압수거부권은 수사공무원이 사내변호사의 압수거부권을 인정하고 그 집행을 자제하여야 보장될 수 있다. 그러나 증거인멸을 방지하기 위하여 긴급하게 행하여지는 압수집행 단계에서 사내변호사가 소지하는 물건에 대하여서만 압수거부를 인정하는 것은 실체적 진실발견을 목적으로 형사사법의 이념에 비추어 볼 때 타당하지 않다고 해야 한다. 따라서 사내변호사의 압수거부권은 부정하는 것이 타당할 것으로 보인다.

2) 검사가 변호사의 자문을 받은 법률의견서를 컴퓨터 등 디지털 저장매체의 압수를 통하여 취득한 다음 이를 출력하여 증거로 제출하였는데, 그 법률의견서의 증거능력이 문제된 바 있다.[31] 대법원은 (로펌)변호사가 작성하여 회사 측에 전송한 전자문서를 출력한 '법률의견서'에 대하여 피고인들이 증거로 함에 동의하지 아니하고 변호사가 그 법률의견서 작성경위에 관한 증인으로 출석하여 증언거부권을 행사하여 증언을 거부한 사안에서, 그 법률의견서의 증거능력을 부정한 바 있다(대법원 2012. 5. 17. 2009도6788).[32] 원심은 법률의견서

30 증언거부권은 변호사가 업무상 위탁을 받은 관계로 알게 된 타인의 비밀에 관한 것이어야 하는데, 사내변호사에게 있어 기업이 타인이라고 할 수 있는지도 논란이 될 수 있다.

31 이 사건 법률의견서는 판시 법무법인 소속 변호사가 작성한 후 전자우편으로 피고인 5 회사 측에 전송한 전자문서를 검사가 컴퓨터 등 디지털 저장매체의 압수를 통하여 취득한 다음 이를 출력하여 증거로 신청한 서류로서, 피고인 1, 2, 피고인 5 회사가 이를 증거로 함에 동의하지 아니한 사실, 위 변호사는 원심 제6회 공판기일에 증인으로 출석하였으나 증언하여야 할 내용이 피고인 5 회사로부터 업무상 위탁을 받은 관계로 알게 된 타인의 비밀에 관한 것임을 소명한 후 재판장으로부터 증언을 거부할 수 있다는 설명을 듣고 증언을 거부한 사실을 알 수 있다(대법원 2012. 5. 17. 2009도6788 전원합의체 판결).

32 갑 주식회사 및 그 직원인 피고인들이 정비사업전문관리업자의 임원에게 갑 회사가 주택재개발사업 시공사로 선정되게 해 달라는 청탁을 하면서 금원을 제공하였다고 하여 구 건설산업기본법(2011. 5. 24. 법률 제10719호로 개정되기 전의 것) 위반으로 기소되었는데, 변호사가 법률자문 과정에 작성하여 갑 회사 측에 전송한 전자문서를 출력한 '법률의견서'에 대하여 피고인들이 증거로 함에 동의하지 아니하고, 변호사가 원심 공판기일에 증인으로 출석하였으나 증언할 내용이 갑 회사로부터 업무상 위탁을 받은 관계로 알게 된 타인의 비밀에 관한 것임을 소명한 후 증언을 거부한 사안에서, 위 법률의견서는 압수된 디지털 저장매체로부터 출력한 문건으로서 실질에 있어서 형사소송법 제313조 제1항에 규정된 '피고인 아닌 자가 작성한 진술서나 그 진술을 기재한 서류'에 해당하는데, 공판준비 또는 공판기일에서 작성자 또는 진술자인 변호사의 진술에 의하여 성립의 진정함이 증명되지 아니하였으므로 위 규정에 의하여 증거능력을 인정할 수 없고, 나아가 원심 공판기일에 출석한 변호사가 그 진정성립 등에 관하여 진술하지 아니한 것은 형사소송법 제149조에서 정한 바에 따라 정당하게 증언거부권을 행사한 경우에 해당하므로 형사소송법 제314조에 의하여 증거능력을 인정할 수도 없다는 이유로, 원심이 이른바 변호인·의뢰인 특권에 근거하여 위 의견서의 증거능력을 부정한 것은 적절하다고 할 수 없으나, 위 의견서의 증거능력을 부정하고 나머지 증거들만으로 유죄를 인정하기 어렵다고 본 결론은 정당하다고 한 사례(대법원 2012. 5. 17. 2009도6788 전원합의체 판결 건설산업기본법위반·뇌물공여·특정범죄가중처벌등에관한법률위반(뇌물)(일부인정

의 증거능력을 부정하는 이유를 설시함에 있어 변호인-의뢰인 특권을 근거로 내세웠지만,[33] 대법원은 이를 배척하였다.[34]

그런데 만약 이 사안에서 사내변호사가 법률의견서를 작성하였다면, 그 사내변호사가 검사에게 압수거부권을 주장했음에도 불허된 경우 및 법률의견서 작성경위에 관한 증언을 거부할 때 증언거부권 인정 여부에 관한 법원의 판단이 있었을 것이다. 이 판례를 검토해 볼 때 기업으로서는 사내변호사의 증언거부권 인정 여부가 명문화되어 있지 않고, 그에 관한 우리의 판례도 없는 상황에서는 보다 확실한 기업의 비밀보장을 위해서는 기업 법무실에 상주하는 사내변호사보다는 로펌 변호사의 자문을 받거나 소송대리를 위임할 필요성이 크다는 점을 알게 되었을 것이다. 바로 이런 점이 사내변호사의 변호사로서의 직무수행의 한계이기도 하다. 물론 증언거부권의 인정을 명문으로 규정함이 기업의 불안을 제거할 여지는 크지만 그 인정 여부를 일률적으로 규정할 수는 없고 사안에 따른 판례의 축적을 기대할 수밖에 없다 하겠다.

Ⅳ. 의뢰인의 비밀공개가 허용되는 경우

1. 비밀공개의 법적 근거

(1) 변호사의 비밀유지의무는 절대적인 것이 아니고 그 의무를 해제할 필요성도 있다. 비밀은 공개됨으로써 비로소 비밀의 존재가 드러난다. 의뢰인의 비밀이 국가안전보장·질서유지 및 공공복리에 위해가 되는 경우에는 법률로써 제한될 수 있다(헌법 37②). 변호사법 역시 '법률에 특별한 규정'이 있으면 비밀유지를 해제할 수 있다고 한다. 비밀공개를 허용하는 형식을 법률에 의한다는 것이다. 그런데 대한변호사협회의 회칙 중 '규칙'에 해당하는 「변호사윤리장전」에는 '중대한 공익상의 이유가 있거나, 의뢰인의 동의가 있는 경우 또는

된죄명: 뇌물수수)).

33 비록 우리 현행법상 명문의 규정은 없지만, 변호인의 조력에 관한 우리 헌법재판소의 결정 취지, 현행법상 변호인과 의뢰인 사이의 비밀유지에 관한 각 규정의 취지 및 한계, 미국, 영국 등 영미법계 국가에서 변호인과 의뢰인 사이에서 의뢰인이 법률자문을 받을 목적으로 비밀리에 이루어진 의사 교환에 대하여 의뢰인이 공개를 거부할 수 있는 특권(Attorney-Client Privilege 또는 Legal Professional Privilege 등의 이름으로 불림)이 판례상 인정되고 있는 점 등을 고려하면, 피의자 또는 피고인에 대하여 비록 형사소송법 등에서 구체적으로 규정되고 있지 않으나 헌법 제12조 제4항에 의하여 인정되는 변호인의 조력을 받을 권리 중 하나로서, 변호인과 의뢰인 사이에서 의뢰인이 법률자문을 받을 목적으로 비밀리에 이루어진 의사 교환에 대하여는 의뢰인이 그 공개를 거부할 수 있는 특권을 보유하는 것이라고 보아야 한다고 판단하였다(서울고등법원 2009. 6. 26. 2008노2778).

34 원심이 지적하고 있는 '변호사-의뢰인 간의 특권'개념을 도입하여 이 특권이 인정되는 증거에 대하여는 증거능력이 없는 것으로 보는 논리구성이 합리적일 수 있겠다는 견해도 있다(김재중, "변호사가 의뢰인에게 전자우편으로 보낸 법률의견서가 압수된 경우 그 증거능력", 대한변협신문 2012. 12. 3.자).

변호사 자신의 권리를 방어하기 위하여 필요한 경우에는 최소한의 범위에서 이를 공개 또는 이용할 수 있다'고 한다. 비밀유지의무의 해제는 의뢰인의 권리에 직접 영향을 미치는 사항으로 그에 대한 규제는 법률에 의하거나 구체적인 범위를 정하여 위임하는 입법 형식이 바람직하다.

(2) 그런데 대한변호사협회의 회칙 형식으로 비밀유지의무의 해제를 규정한 것이 과연 적법한 것인지 문제된다. 변호사법의 하위규범인 「변호사윤리장전」으로 이를 허용하는 것은 변호사의 비닉특권이 제한될 수 있고, 의뢰인의 사생활의 비밀과 자유가 침해될 수 있기 때문에 법률유보의 원칙에 반한다는 견해와[35] 입법상의 미비로 보는 견해가 있다.[36] 그러므로 「변호사윤리장전」이 규정하는 비밀공개사유를 개별적으로 검토할 필요가 있다. 먼저 '중대한 공익상의 이유'에 관하여 보면, 형사소송법 제149조 단서에서 '중대한 공익상 필요 있는 때'는 업무상 알게 된 비밀이라도 증언할 수 있다고 한다. 이는 변호사법 제26조 단서 '법률에 특별한 규정'에 해당된다. 따라서 '중대한 공익상의 이유'는 변호사법과 형사소송법상의 비밀공개사유를 확인하는 것에 불과하므로 법률유보의 원칙위반이나 입법의 불비는 아니다. 다만, 민사소송에서 중대한 공익상 이유로 의뢰인의 비밀을 공개할 수 있는지 여부는 명시적인 규정이 없으므로 부정하는 것이 옳을 것이다. 변호사가 형사법정의 증인으로 진술하는 것이 아닌 법정 밖에서라도 국가안전보장 등의 중대한 공익상의 필요가 있을 때는 그 비밀을 공개할 수 있다고 할 것이다.

(3) 그리고 '의뢰인의 동의가 있는 경우'는 의뢰인 스스로 비밀유지로 인한 이익을 포기한 것이므로 문제되지 않는다. 형사소송법 제149조 단서에서도 '본인의 승낙'을 업무상 비밀에 관한 증언가능사유로 정하고 있다.

(4) 또한 '변호사 자신의 권리를 방어하기 위하여 필요한 경우'를 비밀해제 사유로 허용하는 명시적인 법률은 없다. 변호사가 의뢰인에게 한 법적 조력으로 범죄혐의를 받게 되었을 때 변호사는 자신의 무혐의 입증을 위하여 비밀을 공개할 수 있어야 한다. 변호사에 대한 피의사실이 의뢰인의 무고행위로 비롯되었다면 더욱 그러하다. 변호사가 자신이 관련된 형사사건에서 비밀을 공개하여 실체적 진실을 규명하는 것은 '기타 사회상규에 위배되지 아니하는 행위'(형법 20)라고 할 것이다. 따라서 이 경우에는 업무상비밀누설죄(형법 317)의 위법성도 조각된다고 할 것이다. 또한 변호사는 의뢰인과의 민사분쟁에 휘말릴 수도 있다. 의뢰인과의 분쟁의 대부분은 수임사건에 관한 법무과오책임이나 수임료청구에 관한 것이다. 의뢰인이 변호사의 직무수행 능력과 성실성을 공격하여 그 신뢰관계가 파탄된 경우라면,

---

35 최진안, 법조윤리, 110면.

36 박휴상, 법조윤리, 144면; 이상수, 법조윤리의 이론과 실제, 169면.

변호사 역시 자기방어수단으로 의뢰인의 비밀을 법원에서 공개할 수 있어야 한다. 이때도 변호사에게 비밀유지를 요구하는 것은 공격의 무기를 박탈하는 것과 같다. 의뢰인이 비밀유지의무를 주장하는 것 역시 민법상 신의측에도 반하는 것이다. 그러므로 변호사가 자신의 권리를 옹호하기 위하여 비밀을 공개하는 것은 관련 법률의 목적론적 해석상 긍정할 수 있다고 할 것이다. 따라서 '변호사 자신의 권리를 방어하기 위하여' 비밀을 공개할 수 있도록 한 「변호사윤리장전」의 규정이 법률유보의 원칙에 위반되는 것은 아니라고 할 것이다.

2. 비밀의 공개가 허용되는 법률상 사유

법률상 비밀공개가 허용되는 경우는 소송법상 증언관련 규정에서 찾을 수 있다. 변호사는 업무상 알게 된 비밀에 대하여 증언을 거부할 수 있다. 그러나 본인(의뢰인)의 승낙이 있거나 중대한 공익상 필요 있는 때에는 증인으로 진술할 수 있다(형사소송법 149 단서). 변호사가 그 업무상 위탁을 받아 소지 또는 보관하는 물건으로 타인의 비밀에 관한 것은 압수를 거부할 수 있다. 단, 그 타인의 승낙이 있거나 중대한 공익상 필요가 있는 때에는 예외로 한다(형사소송법 112). 민사소송에서는 직무상의 비밀에 대하여 비밀을 지킬 의무가 면제된 경우에는 문서를 제출하거나 증언할 수 있다(민사소송법 315②, 344①⑶다). 여기서 '비밀을 지킬 의무가 면제된 경우'란 그 비밀이 유지됨으로 인하여 이익을 받는 당사자가 사전에 그 비밀사항에 대하여 묵비의무를 면제하여 준 경우로서,[37] 의뢰인이 변호사에게 증언하도록 승낙하여 비밀유지의무를 면제시켜 주는 것이 여기에 해당된다. 그러므로 법률상 비밀의 공개가 허용되는 사유로는 의뢰인 본인의 승낙이 있거나, 중대한 공익상의 필요가 있는 때를 들 수 있다.[38]

37 손용근, 주석 신민사소송법(Ⅴ), 251면.

38 그런데 일본에서는 변호사의 비밀유지의무 위반 여부를 판단함에 있어 비밀공개에 '정당한 이유'가 있었는지를 검토하고 있다. 「변호사직무기본규정」 제23조는 '변호사는 정당한 이유없이 의뢰인에 대하여 직무상 알게 된 비밀을 타인에게 누설하거나 이용하여서는 아니된다'고 하고 있지만, 변호사법 제23조에는 그러한 규정이 없다. 그럼에도 '정당한 이유'가 있으면 비밀의 공개가 허용될 것인지에 관하여 해석론으로서 법률에 특별한 규정이 있는 경우 외에도 정당한 이유가 있으면 비밀의 공개를 허용할 수 있다는 견해가 있다(森際康友, 法曹の倫理, 36면). 따라서 정당한 이유가 있는 경우에는 변호사가 비밀을 공개하여도 비밀유지의무위반은 아니다. 일본의 하급심 판결 역시 변호사의 비밀유지의무 위반요건으로 정당한 사유를 제시하고 있다(仙台高判 1971. 2. 4. 判時 630號, 69면).

우리나라에서도 이에 찬성하는 견해가 있다(정인진, "변호사의 비밀유지의무", 150면). 생각건대 비밀의 공개를 허용하는 소송법과 「변호사윤리장전」의 규정 외에 별도로 '정당한 이유'가 필요한 것인지, 어떤 경우에 정당한 이유가 있는 비밀의 공개라고 할 수 있을 것인지 문제된다. 정당한 이유 없이 비밀을 누설, 이용을 금지하고 있는 일본의 「변호사직무기본규정」 제23조와는 달리 우리 「변호사윤리장전」 제23조 단서에는 그러한 제한이 없다. 따라서 비밀의 공개를 허용하는 요건의 하나로써 '정당한 이유'를 상정할 필요와 실익이 없다. 결국 의뢰인의 승낙이 있거나, 그러한 승낙이 없거나 명시적인 반대의사가 있을지라도 비밀을 공개해야 할 중대한 공익상의 사유의 존재가 정당한 이유에 해당된다고 할 수 있기 때문이다.

(1) 의뢰인의 승낙

1) 비밀유지의무는 기본적으로 의뢰인의 이익을 위한 것이다. 그 때문에 의뢰인은 변호사에게 증언거부권을 포기하고 증언할 것을 승낙할 수 있다. 여기서 승낙은 비밀의 주체가 하여야 한다. 의뢰인이 법인인 경우에는 법인의 대표기관이 승낙하여야 할 것이다. 변호사가 의뢰인으로부터 제 3 자에 관한 비밀을 알게 되었을 경우에는 본래의 비밀의 주체인 제 3 자가 아닌 그 비밀을 알려준 의뢰인의 승낙을 얻어야 한다. 이 경우에도 의뢰인의 이익과 관련되어 있기 때문이다. 의뢰인은 비밀공개에 대한 판단력이 있어야 한다. 그 승낙은 명시적 또는 묵시적으로도 가능하다. 실제로 어떤 비밀이 승낙의 대상인지 여부가 명확하지 않다. 변호사는 변론 중에 의뢰인의 비밀을 사용하게 된다. 변호사가 변론과정에서 이용하거나 공개하는 비밀에 대하여는 의뢰인의 묵시적인 동의나 승낙이 있었다고 볼 것이다.

2) 변호사는 변론을 하면서 비밀의 공개가 유리하다고 판단할 수 있다. 그럼에도 의뢰인이 그 공개를 주저할 수 있다. 그 때 변호사는 의뢰인을 설득하여 승낙을 얻어야 하는지, 아니면 그 사정을 이해하고 단념해야 할 것인지 문제된다.[39] 변호사는 의뢰인에게 그 비밀의 공개 여부로 인한 이익과 불이익을 충분히 설명하여야 한다. 의뢰인은 비밀에 대하여 자기정보결정권을 갖지만, 변호사는 수임사건의 진행과정에서 필요한 정보의 사용을 의뢰인에게 적절하게 설명할 의무를 진다. 변호사는 승낙을 받은 후에는 그 비밀을 의뢰인의 이익을 위하여 사용하여야 한다. 이혼사건을 수임한 변호사가 의뢰인의 승낙하에 비밀을 법정에서 말할 수 있다. 비밀의 존재형태는 편지나, 전화통화 내용, 팩스(Fax), 전자메일 등으로 다양하다. 변호사는 비밀공개의 승낙을 받았더라도 필요한 최소한의 범위에서만 공개하여야 한다.

3) 그런데 변호사는 비밀공개에 대한 승낙을 어떤 형식으로 받아야 하는지 문제된다. 「변호사 직무에 관한 모범규칙」(Model Rules of Professional Conduct)처럼 설명 있는 동의를 거쳐야 할 것이다. 변호사는 비밀공개에 관한 사유를 납득할 수 있도록 설명을 한 후 승낙을 얻어야 한다는 것이다. 의뢰인의 승낙을 받을 수 없는 긴급한 사정이 있는 경우, 예컨대 의뢰인이 사망한다거나 승낙을 할 수 있는 의사능력을 상실한 경우에 어떻게 할 것인지 문제된다. 의뢰인의 명예나 신용을 지키기 위하여 필요하다고 인정될 때에는 비밀공개에 관한 의뢰인의 추정적 승낙이 있는 것으로 해석하여야 한다는 견해도 있다.[40] 그러나 비밀유지의무 자체는 소극적인 성질을 갖고 있는 것이기 때문에 상속인과 같은 이해관계인과의 협의를 거치지 않고 변호사 스스로의 판단으로 적극적으로 공개하는 것은 그 의무의 본질과

39 更田義彦, "守秘義務", 現代の法曹倫理, 79면.
40 森際康友, 法曹の倫理, 37면.

어울리지 않는다고 할 것이다.

⑵ 중대한 공익상 필요가 있는 때

1) 변호사는 형사사건을 위탁받은 관계로 알게 된 사실(비밀)에 관하여 중대한 공익상 필요가 있을 때는 증언할 수 있다(형사소송법 149 단서). 「변호사윤리장전」 역시 직무상 알게 된 비밀을 '중대한 공익상 이유'가 있을 때 공개할 수 있다고 한다. 여기서 '직무상 알게 된 비밀'은 민사사건이든 형사사건이든 구별하지 않는다. 구 「변호사윤리장전」에서는 단순히 '공익상 이유'를 비밀공개 사유로 하였지만 2014년 「변호사윤리장전」을 개정하면서 '중대한 공익상 이유'로 변경했다.

2) 과연 공익이 무엇인지 문제된다. 의뢰인의 이익에는 반할지라도 추상적인 국민의 이익을 공익이라고 할 수 있다. 이때 공개되는 비밀은 주로 의뢰인의 범죄정보에 관한 것이다. 비밀유지의무의 주요 쟁점은 어느 범위에서 비밀공개를 허용할 것인지에 관한 것이다. 변호사는 헌법상 신체의 자유를 보장하기 위한 제도로 공익적인 지위를 갖고 있지만, 의뢰인으로부터 수임료를 받아 생활하는 사인이다.[41] 따라서 변호사에게 보수를 지급한 의뢰인의 이익보다 공익을 우선시하거나 의뢰인의 이익에 손해가 되는 행동을 하라고 요구할 수는 없다. 특히 변호사가 먼저 비밀공개의 요건인 공익상의 이유를 판단하여야 하기 때문에 더욱 그러하다. 법원은 변호사에게 공익상의 이유로 비밀에 관한 증언을 요구할 수 있다고 할 것이다.[42] 그러므로 변호사는 의뢰인의 비밀유지가 국가의 존립과 사회구성원의 안전에 부합하여야 한다는 의식을 가져야 한다. 변호사는 의뢰인의 대리인, 독립된 법조기관, 일반 시민으로서의 지위와 그 책임을 갖고 있기 때문에 공익상의 이유로 비밀을 공개하는 것은 이런 책임이 충돌할 수 있다. 변호사는 변호사 직무의 독립성과 공익성을 인식하여 비밀공개 여부에 관한 판단을 하여야 한다.

3) 그 때문에 우리나라는 물론 외국의 변호사직무규칙에서도 공개사유를 특정하고 있다. 「변호사 직무에 관한 모범규칙」에서는 변호사도 직무를 행함에 있어서 사회를 유지시키는 역할을 하여야 하기 때문에 의뢰인이 개인인 경우와 조직(Organization as client)인 경우를 나누어 그 공개사유를 달리 정하고 있다. 의뢰인이 개인인 경우에 ① 사망 또는 중대한 신체의 상해 발생을 방지하기 위하여, ② 의뢰인이 타인의 재산권을 침해하는 범죄에 변호사의 조력을 이용하고 있을 때 그 범죄를 사전에 방지하기 위하여, ③ 법률 또는 법원의 명

41 정형근, "변호사의 보수에 관한 고찰", 법조(2010. 6), 216면.

42 그러므로 변호사가 공익상의 사유가 있음에도 증언을 거부하지 않고 비밀을 공개하는 증언을 한 경우에 업무상비밀누설죄가 성립하는지에 관하여 견해의 대립이 있다(최진안, 법조윤리, 108면). 증언의무가 원칙이고, 증언거부권은 예외적인 것이므로 변호사가 비밀공개 요건에 해당된다고 판단하여 증언하였다면 위법성이 조각된다고 할 것이다. 반면, 변호사가 공익상 이유가 없음에도 증언을 거부한 경우에는 증언거부에 대한 과태료 제재(형사소송법 161①)를 받거나 형법상 범인은닉죄 등의 성부가 문제될 수 있다.

령을 준수하기 위한 사유가 있을 때는 의뢰인의 비밀을 공개할 수 있다고 한다.[43] 그리고 의뢰인이 조직인 경우에는 변호사가 대리와 관련된 사안에서 회사에 속한 간부·피고용인 또는 다른 사람이 조직에 대한 법적 의무위반이거나 합리적으로 조직에 전가될 수 있는 법률위반인 행동이면서 조직에 상당한 손실을 낳을 것으로 보이는 행동에 가담하고 있거나, 하려고 하거나, 행동하는 것을 거부하는 것을 안다면, 그 변호사는 조직의 최대의 이익의 입장에서 합리적으로 필요한 조치를 취해야 한다(Rule 1.13.). 비밀공개에 관한 구체적인 기준이 없는 우리에게도 참고가 되는 기준으로 보인다.

4) 그런데 변호사가 의뢰인이 테러범행 모의에 관여된 비밀을 알게 되었음에도 침묵한다면 심각한 결과를 초래할 수 있다. 그때는 변호사로 하여금 경찰에 그런 사실을 고지(고발)하도록 하여야 할 것이다.[44] 따라서 변호사는 공익상 이유가 있는 때는 의뢰인과의 관계에서는 비밀유지의무가 면제되고, 법원과의 관계에서는 증언거부권이 소멸되어 그 비밀을 공개할 의무가 발생한다고 볼 수 있다. 그러나 「변호사윤리장전」이나 「변호사 직무에 관한 모범규칙」 역시 비밀의 공개를 의무사항으로 명시하고 있지는 않다.[45]

---

43 「변호사 직무에 관한 모범규칙」(Model Rules of Professional Conduct) Rule1.6(b) (1) 합리적으로 확실한 사망 또는 중대한 신체적 상해를 방지하기 위하여, (2) 의뢰인이 타인의 금전적 이익 또는 재산권의 중대한 침해를 초래할 것이 합리적으로 확실한 범죄 또는 사기를 범하려고 하거나, 그 조장을 위하여 변호사의 서비스를 이용하였거나 이용하려는 것을 방지하기 위하여, (3) 의뢰인이 변호사의 서비스를 이용하여 행하고 있는 범죄 또는 사기로부터 발생할 것이 확실하거나 또는 이미 발생한 타인의 금전적 이익 또는 재산권의 중대한 침해를 방지하거나 경감 또는 시정하기 위하여, (4) 변호사가 이 규칙을 준수하는 것에 관하여 법적 조언을 얻기 위하여, (5) 의뢰인과 변호사 사이의 분쟁에서 변호사를 위한 청구 또는 답변을 입증하기 위하여 또는 의뢰인이 관계된 행위에 근거하여 변호사에 대하여 제기된 형사고소 또는 민사청구에서 자기의 답변을 입증하기 위하여, 또는 의뢰인의 대리에 관한 어떠한 절차의 주장에 답변하기 위하여, (6) 다른 법률 또는 법원의 명령을 준수하기 위하여; 지난 2001년 엔론(Enron) 사건이나 2002년 월드컴(WorldCom)의 회계부정 사건에 유명한 대형로펌들의 변호사들과 회계전문가에 의하여 자행된 사건이 발생한 후에 중대한 재산범이나 사기죄의 경우에도 비밀유지의무가 해제되어야 한다는 목소리가 높아져 2003년에 들어와 Rule 1.6(b) (2),(3)을 추가하는 개정이 있게 되었다.

44 이 점은 임박한 범죄로 인한 피해를 예방하여야 하는 공익성 때문이고, 피고인이 법정에서는 무죄를 주장하면서 변호인에게는 유죄를 인정한 경우에 그 비밀을 묵비하면서 무죄변론을 하여야 하는 경우와는 구별된다.

45 최근에는 변호사의 비밀공개에 관한 적극적인 경향도 있다. 변호사에게 위법행위에 대한 외부통보의무에 관한 이른바 문지기(gate keeper) 역할을 요구하는 경우가 있다. 1989년 G7회의에서 정부간 기관으로 설립된 금융활동작업부회(FATF)는 2003. 6. 각 가맹국에 대하여 변호사 등의 전문직을 이른바 문지기로 설정하여 범죄자금세탁(money laundering)방지와 테러자금의 규제라는 행정목적을 위하여 의심스러운 거래를 금융당국에 통보할 의무를 부과하도록 권고한 바 있다. 그러나 이는 변호사 직업의 기초가 되는 비밀유지의무와 증언거부권을 침해하여 변호사와 의뢰인과의 신뢰관계의 훼손은 물론 변호사제도의 근간이 손상될 수 있다(森際康友, 法曹の倫理, 47면). 1989년 G7회의에서 정부간 기관으로 설립된 금융활동작업부회(FATF)는 2003. 6. 각 가맹국에 대하여 변호사 등의 전문직을 이른바 문지가로 설정하여 범죄자금세탁(money laundering)방지와 테러자금의 규제라는 행정목적을 위하여 의심스러운 거래를 금융당국에 통보할 의무를 부과하도록 권고한 바 있다. 실제로 변호사가 의뢰인의 이런 금융거래를 정직하게 통보하게 된다면, 문제가 된 거래에 관계된 의뢰인은 변호사에게 그러한 사실을 숨기게 될 것이 명확하고, 그럴 경우에 변호사는 필요한 정보를 제대로 얻을 수 없어 유효한 법률사무의 수행이 불가능하게 될 가능성이 크다.

3. 「변호사윤리장전」상 공개가 허용되는 경우

(1) 변호사는 중대한 공익상의 이유가 있거나, 의뢰인의 동의가 있는 경우 또는 변호사 자신의 권리를 방어하기 위하여 필요한 경우에는, 최소한의 범위에서 이를 공개 또는 이용할 수 있다(변호사윤리장전 18④). 변호사는 위 사유가 있을 때 ① 직무상 알게 된 의뢰인의 비밀(제 1 항), ② 직무와 관련하여 의뢰인과 의사교환을 한 내용이나 의뢰인으로부터 제출받은 문서 또는 물건(제 2 항), ③ 직무를 수행하면서 작성한 서류, 메모, 기타 유사한 자료(제 3 항)를 공개 또는 이용할 수 있다. 「변호사윤리장전」은 형사소송법 제112조의 증언거부권의 예외사유와 같이 '의뢰인의 동의가 있는 경우' 사유를 신설하였다. 그리고 구 「변호사윤리장전」은 '업무상 알게 된 의뢰인의 비밀'이 공개 대상이라고 하였지만, 현행 「변호사윤리장전」에서는 직무상 제출받았거나 작성한 문서 등으로 그 공개대상을 구체화시켰다. 비밀을 공개한다고 할 때 비밀에 해당하는 '특정 사실'만을 공개할 수 있는지, 아니면 그 사실의 존재를 확인할 수 있는 서류까지 공개할 수 있는지 여부가 문제될 수 있었다. 「변호사윤리장전」에서 이를 명료하게 규정하여 그 의문을 해소하였지만 의뢰인의 비밀보호가 더 가벼워질 가능성은 우려되는 점이다.

(2) 「변호사윤리장전」은 '변호사 자신의 권리를 방어하기 위하여 필요한 경우'에는 최소한의 범위에서 이를 공개 또는 이용할 수 있다고 한다. 변호사가 비밀을 공개하지 않으면 형사처벌을 받거나 민사책임을 지게 되는 경우에 공개나 이용을 허용한 것이다. 여기서 '변호사 자신의 권리'란 수임사건에 관하여 법률이 허용하는 권한을 말하는 것이 아니라, 개인으로서 변호사 '자신'에 관한 일신상의 권리를 말한다. 오로지 권리의 효과인 법률상 이익이 변호사 개인에게 귀속되는 경우라고 할 수 있다. 그러므로 의뢰인이 변호사의 법무과오책임(malpractice suit) 또는 수임료에 관련된 청구를 한 경우에 그 재판과정에서 자신을 옹호하기 위하여 의뢰인의 비밀을 공개하는 것이 대표적인 사유에 해당된다. 변호사는 소액의 보수를 받기 위하여 훨씬 중요한 비밀을 공개해서는 안 되는 상당성의 원칙을 준수하여야 할 것이다. 비밀공개나 이용 역시 필요한 최소한에 그쳐야 한다. 그러므로 다른 방법에 의해서는 변호사 자신의 불이익을 피할 수 없고, 그 비밀이 의뢰인에게 객관적으로 그다지 중요하지 않은 경우에만 최후수단으로 비밀의 공개가 허용된다는 견해도 있다.[46] 비밀공개의 한계를 설명한 것으로 타당한 지적이다. 다만, 공개되는 비밀의 내용이 의뢰인에게 중요한지 여부는 기준이 될 수 없을 것이다.

(3) 그런데 제 3 자가 변호사를 상대로 제기한 소송이나 고소사건에서 의뢰인의 비밀을

46 박상근, "변호사의 직업윤리와 의무", 법률가의 윤리와 책임, 251면.

공개할 수 있는지 문제된다. 제 3 자가 변호사를 강제집행면탈죄나 증거인멸죄 등의 혐의로 고소를 한 결과 변호사는 형사처벌을 받거나 징계책임을 질 수 있다. 이 경우에는 입증활동의 일환으로 자기를 방어하기 위하여 비밀을 공개할 수 있다고 하여야 한다. 변호사의 자기방어 필요성은 비밀을 공개하여도 되는 위법성조각사유로 작용하게 된다.[47] 그러나 변호사가 의뢰인이나 제 3 자의 부당한 요구로부터 자신을 방어할 수 있어야 하는 것은 당연하지만, 변호사 자신의 명예나 금전적인 이익을 위하여 의뢰인의 반대에도 불구하고 그 비밀의 공개를 허용하는 것은 지나치게 변호사 중심적이라는 비판도 있는데 경청할 만한 지적이다.

V. 의뢰인의 사망과 비밀유지의무

1. 의 의

비밀의 주체인 의뢰인이 사망한 경우에도 변호사에게 비밀유지의무가 인정되는지 문제된다. 의뢰인이 사망하면 수임관계는 종료하지만(민법 690), 변호사의 소송대리권은 소멸하지 않는다(민사소송법 95). 그러므로 변호사는 여전히 소송대리인의 지위에 있게 된다. 상속인이 위임계약을 해지하지 않거나, 당사자가 합의하여 해지하지 않는 한 위임계약은 존속하는 것으로 보아야 할 것이다. 변호사는 위임사무의 종료단계에서도 선량한 관리자로서의 주의의무가 있다. 이와 같은 성실한 사무의 처리는 그 성질상 어떠한 고정적인 내용을 가지는 것이 아니며, 그 때 그 때의 구체적인 제반사정에 따라서 개별적으로 정하여지는 것이다.

2. 의뢰인의 사망과 긴급처리의무

변호사는 의뢰인이 사망한 경우 소송대리를 하고 있지 않은 사항에 대하여는 현재 상속인의 이해관계에 관한 비밀정보(유언서의 보관정보, 은닉된 자산이나 부채에 관한 정보 등)를 알고 있을 때에는 민법 제691조 위임종료시의 긴급처리의무 규정에 따라 지체 없이 상속인에게

47 미국에서도 변호사가 자신의 권리를 방어하기 위하여 비밀의 공개를 허용하고 있다. 의뢰인과 변호사 사이의 분쟁에서 변호사를 위하여 청구하거나 방어하기 위하여 또는 의뢰인이 관여된 행동에 근거하여 변호사에게 제기된 형사기소나 민사청구에 대하여 방어하기 위하여 의뢰인의 대리와 관련된 정보를 공개할 수 있다고 한다(Rule 1.6(b)(5)). 미국 변호사협회가 1969년 변호사윤리규칙의 전범으로 제정한 「변호사의 직업책임에 관한 전범」(ABA Model Code of Professional) 중 징계규칙(Disciplinary Rule, DR) 4－101(c)(4)항은 변호사 수임의 존재를 입증하거나 이를 받아내기 위하여 필요한 경우, 혹은 부정행위의 혐의를 받는 변호사 자신이나 그의 동료나 직원을 변호하기 위하여 필요한 경우에는 비밀사항을 공개하는 것은 징계의 대상이 아니라고 하였다.

이를 고지하여 관련 정보나 절차를 승계시킬 의무가 있다. 이를 게을리 하였기 때문에 상속인이 상속포기 여부에 관한 판단을 그르치게 하거나, 권리보전에 지장을 초래한 경우에는 변호사의 법률과오책임이 발생할 수 있다. 예컨대, 변호사가 제소기간을 넘겼거나, 변론기일에 불출석하여 소취하 간주되거나, 답변서를 제출하지 않아 의제자백이 되는 등으로 의뢰인의 권리주장 기회가 제한되거나 박탈될 수 있다. 이와 같은 문제로 야기되는 의뢰인의 불이익에 관한 논의를 이른바 기회의 상실(Loss of Chance) 이론이라고 한다. 기회상실 이론은 의사의 오진 내지 처치잘못이 기왕증세를 악화시켰고 또한 쉽사리 분리하기 어려운 어떤 결과에도 기여했을 때, 그와 같이 발생하는 해악을 피하거나 줄일 수 있는 기회에 대한 보상을 가능케 하기 위하여 창출된 이론인데 이를 법무과실에 확장 적용한 것이다. 변호사는 자신의 과실로 인하여 의뢰인이 입은 기회의 상실에 대한 손해배상책임을 져야 하는 경우가 있다.

제27조 공익활동 등 지정업무 처리의무

제27조(공익활동 등 지정업무 처리의무)
① 변호사는 연간 일정 시간 이상 공익활동에 종사하여야 한다.
② 변호사는 법령에 따라 공공기관, 대한변호사협회 또는 소속 지방변호사회가 지정한 업무를 처리하여야 한다.
③ 공익활동의 범위와 그 시행 방법 등에 관하여 필요한 사항은 대한변호사협회가 정한다.

Ⅰ. 연 혁

(1) 1949. 11. 7. 제정된 변호사법은 변호사의 지정업무 처리의무를 규정했다. 즉, 변호사는 법령에 의하여 관청에서 명령, 촉탁한 사항 또는 변호사회의 지정한 사항을 처리하여야 한다(제15조).

(2) 1982. 12. 31. 개정된 변호사법은 지정업무 처리의무 면제사유로서 '정당한 사유'를 추가하고, 관청을 '공무소'로 변경했다. 즉, 변호사는 정당한 사유가 없는 한 법령에 의하여 공무소, 대한변호사협회 또는 소속 지방변호사회가 지정한 업무를 처리하여야 한다(제23조).

(3) 2000. 1. 28. 개정된 변호사법에 이르러 변호사의 공익활동의무를 신설하고, 그에 필요한 사항은 대한변호사협회가 정하도록 했다. 즉, 변호사는 연간 일정시간 이상 공익활동에 종사하여야 한다(제27조 제1항). 공익활동의 범위와 그 시행방법 등에 관하여 필요한 사항은 대한변호사협회가 정한다(제27조 제3항). 그리고 지정업무처리의무를 과하는 주체인 '공무소'를 '공공기관'으로 변경했으며(제2항), 지정업무처리의무의 면제사유인 '정당한 사유'를 삭제하였다.

Ⅱ. 공익활동에 종사할 의무

1. 공익활동의 주체

변호사는 연간 일정 시간 이상 공익활동에 종사하여야 한다(제 1 항). 개업한 변호사는 공익활동에 종사할 의무가 있다. 단독개업한 변호사나 법무법인·법무법인(유한)·법무조합도 공익활동를 하여야 한다. 실제로 법무법인 등의 구성원 또는 소속 변호사가 법무법인 등을 위하여 이 의무를 이행한다. 공익활동이란 변호사 개인의 이익이 아닌 공공선(Pro Bono Publico)을 위한 일련의 활동으로 정의할 수 있다. 구체적인 공익활동의 내용은 대한변호사협회가 제정·시행 중인「공익활동등에관한규정」 제 2 조에 규정되어 있다.[1]

변호사가 공공성을 가진 법률전문직이지만 그 직무수행을 적법하게 행하면 충분하지 굳이 공익활동까지 해야 할 논리적 근거는 없다. 세무업무의 공공성을 규정하고 있는 세무사법에도 세무사에 대한 공익활동의무를 부과하지 않고 있다. 공익활동은 국가공동체의 발전을 위한 모든 사회구성원의 책무라 할 수 있다. 그럼에도 변호사에게만 이런 활동을 의무로 규정했던 연혁을 살펴볼 필요가 있다. 앞서 언급한 바와 같이 공익활동의무는 2000. 1. 28. 개정된 변호사법에서 신설되었다. 그 당시 심각하게 대두된 법조비리로 법조계는 거센 비난에 직면하게 되었다. 그리하여 실추된 변호사에 대한 신뢰를 회복하는 방안으로 변호사가 오로지 돈벌이에만 몰두하는 것이 아니라는 반성의 표시로 공익활동의무를 신설하게 된 것이다. 변호사의 공익활동은 그 직무의 공공성을 재확인하고 이기적인 상업주의를 배격하고자 하는 취지로 이해된다. 또한 공익활동의무는 변호사가 영리를 목적으로 하는 상인이 될 수 없다는 징표의 하나이기도 하다.

2. 연간 일정 시간 이상 공익활동 종사

(1) 공익활동의 개념이나 구체적인 내용에 대한 규정은 변호사법에 없다. 다만, 변호사

---

1 공익활동이라 함은 다음 각 호에서 정하는 것을 말한다(공익활동등에관한규정 2).

1. 시민의 권리나 자유 또는 공익을 위하거나 경제적인 약자를 돕기 위하여 마련된 자선단체, 종교단체, 사회단체, 시민운동단체 및 교육기관 등 공익적 성격을 가진 단체에 대하여 무료 또는 상당히 저렴한 비용으로 법률서비스를 제공하는 활동과 위 공익적 단체의 임원 또는 상근자로서의 활동 중 이 회 또는 지방변호사회가 공익활동으로 인정하는 활동
2. 이 회 또는 지방변호사회의 임원 또는 위원회의 위원으로서의 활동
3. 이 회 또는 지방변호사회가 지정하는 법률상담변호사로서의 활동
4. 이 회 또는 지방변호사회가 지정하는 공익활동 프로그램에서의 활동
5. 국선변호인 또는 국선대리인으로서의 활동
6. 법령 등에 의해 관공서로부터 위촉받은 사항에 관한 활동(다만, 상당한 보수를 받는 경우를 제외)
7. 개인에 대한 무료변호 등 법률서비스 제공 또는 입법연구 등 법률지원 활동 가운데 공익적 성격을 가진 것으로서 이 회 또는 지방변호사회가 공익활동으로 인정하는 활동
8. 이 회 또는 지방변호사회가 설립한 공익재단에 대한 기부행위(신설 2010. 1. 25)

는 법령에 따라 공공기관, 대한변호사협회 또는 소속 지방변호사회가 지정한 업무를 처리할 의무가 있다(제 2 항). 바로 이 지정업무처리의무가 공익활동의 대표적인 경우이다. 변호사의 공익활동은 수임계약의 체결을 전제로 하지 않는다. 공익활동은 대개 무상으로 하지만, 대가를 받는 경우도 있다. 대가성 여부는 공익활동의 내용에 따라 결정된다. 국선변호인에게는 보수가 지급되지만 공익활동으로 인정된다. 반면, 대한변호사협회가 제정한 「공익활등에관한규정」 제 2 조 제 6 호는 관공서로부터 위촉받은 사항에 관한 활동을 '상당한 보수를 받는 경우'에는 공익활동으로 인정하지 않는다.

(2) 변호사의 공익활동으로 수혜를 입은 상대방은 변호사의 의뢰인이 아니다. 그러나 국선변호인은 그를 선임한 법원과 위임계약 관계에 있는 것은 아니지만, 그가 변론한 피고인이나 피의자는 의뢰인과 같은 지위를 인정할 여지가 있다. 예컨대 국선변호인이 피고인을 위한 변론과정에서 합의서 제출을 해태하여 양형에 참작되지 못하도록 하는 등의 법무과오책임을 발생시켰다면 손해배상책임은 물론 징계책임도 질 수 있다. 변호사는 공익활동을 연간으로 계산하여 일정시간 이상을 하여야 한다.

Ⅲ. 공공기관, 대한변호사협회, 소속 지방변호사회가 지정한 업무처리

1. 지정업무처리의무의 필요성

변호사는 법령에 따라 공공기관, 대한변호사협회 또는 소속 지방변호사회가 지정한 업무를 처리하여야 한다(제 2 항). 변호사가 법령에 따라 공공기관, 대한변호사협회 또는 소속 지방변호사회가 지정한 업무를 처리해야 하는 것을 지정업무처리의무라 한다. 변호사의 지정업무처리의무는 1949년 변호사법 제정 당시부터 존재했다. 변호사 제도가 정착되지 않은 상황에서 변호사의 조력이 필요한 경우를 대비하여 변호사에게 부과된 의무이다. 변호사 제도가 정착된 오늘날도 변호사만이 수행할 수 있는 업무영역에서는 이 규정의 존재의의가 여전하다. 변호사가 법령에 따라 부과된 지정업무를 처리하는 것은 전형적인 공익활동에 해당된다. 대한변호사협회 또는 소속 지방변호사회가 지정한 업무의 처리는 변호사단체의 자율성 확보의 기반이 된다.

2. 법령에 따른 지정업무 처리

(1) 변호사가 처리할 지정업무는 법령에 근거하여 부과되어야 한다. 법령의 위임에 의하여 대한변호사협회나 지방변호사회의 회칙에 의하여 특정업무의 처리를 지정할 수 있다. 변호사에게 처리할 업무를 지정할 수 있는 기관은 공공기관, 대한변호사협회 또는 소속 지

방변호사회이다. 여기서 '공공기관'은 과거 개정된 변호사법의 연혁을 보면 처음에는 '관청', 그 후에는 '공무소'로 변경한 후 현재는 '공공기관'으로 표현하고 있다. 따라서 여기서 공공기관은 법원, 헌법재판소, 경찰·검찰 등의 행정관청과 같은 국가기관을 의미한다. 그러므로 공공기관 및 대한변호사협회 또는 소속 지방변호사회를 제외한 공공단체는 이에 해당되지 않는다.

(2) 법령에 따라 지정된 업무로는 빈곤한 자 등 경제적 취약계층에 대하여 변호사를 선임해 주는 「법률구조법」에 의한 법률구조, 민사소송에서의 소송구조 제도(민사소송법 128①), 구속된 피고인이나 피의자에 대한 국선변호인 선정제도(형사소송규칙 16, 17) 등을 들 수 있다. 대한변호사협회나 지방변호사회가 지정한 업무로는 각종 위원회의 위원위촉이나 법률상담에 참여하도록 하는 것 등이 포함된다.

(3) 변호사는 국선변호 등 공익에 관한 직무를 위촉받았을 때에는 공정하고 성실하게 직무를 수행하며, 이해관계인 등으로부터 부당한 보수를 받지 아니한다(변호사윤리장전 4②). 변호사는 법원을 비롯한 국가기관 또는 대한변호사협회나 소속 지방변호사회로부터 국선변호인, 국선대리인, 당직변호사 등의 지정을 받거나 기타 임무의 위촉을 받은 때에는, 신속하고 성실하게 이를 처리하고 다른 일반 사건과 차별하지 아니한다(변호사윤리장전 16③ 전단).

(4) 그리고 변호사는 의뢰인이 아닌 당사자들 사이의 분쟁해결에 중재자나 조정자로 관여할 수 있다. 이런 경우를 '중립자로서의 변호사'라고 한다. 변호사는 자신의 의뢰인이 아닌 당사자들 사이의 분쟁 등의 해결에 관여하는 경우에 중립자로서의 역할을 수행한다. 중립자로서 변호사가 행하는 사무에는 중재자, 조정자로서 행하는 사무 등을 포함한다(변호사윤리장전 53①). 중립자로서 역할을 수행하는 변호사는 당사자들에게 자신이 그들을 대리하는 것이 아님을 적절히 설명한다(변호사윤리장전 53②).

(5) 변호사가 국선변호인선정결정등본 등을 송달받고서도 항소이유서를 제출하지 아니하여 공무소의 지정업무를 처리하지 아니하였다는 사유로 과태료 100만원의 징계결정을 받은 사례가 있다.[2]

3. 지정한 업무의 사임문제

변호사는 법령에 따라 지정된 업무라 할지라도 일정한 경우에는 이를 거절 또는 사임할 수 있다. 일본 변호사법 제24조는 지정된 업무라도 '정당한 이유가 있으면' 사임할 수 있

2 징계혐의자는 고등법원으로부터 피고인 A에 대한 보건범죄단속에관한특별조치법 위반 사건에 관한 국선변호인선정결정등본, 소송기록접수통지서 및 원심판결등본의 송달을 받고도 정당한 사유 없이 항소이유서 제출기한 내에 항소이유서를 제출치 아니함으로써 공무소의 지정업무를 처리하지 아니하였다(대한변협 1993. 8. 11. 결정, 징계 제93－3호).

다고 한다. 1982. 12. 31. 개정된 변호사법에서 '정당한 사유'를 추가한 후 현재는 삭제되어 있지만, 여전히 '정당한 사유'가 있으면 그 의무의 면제사유로 해석될 수 있다.

국선변호인은 일정한 사유가 있는 경우에는 법원 또는 지방법원 판사의 허가를 얻어 사임할 수 있다(형사소송규칙 20).[3] 이처럼 변호사는 법원을 비롯한 국가기관 또는 대한변호사협회나 소속 지방변호사회로부터 국선변호인, 국선대리인, 당직변호사 등의 지정을 받거나 기타 임무의 위촉을 받은 때는 그 선임된 사건 또는 위촉받은 임무가 이미 수임하고 있는 사건과 이해관계가 상반되는 등 정당한 사유가 있는 경우에는, 그 취지를 알리고 이를 거절해야 한다(변호사윤리장전 16③ 후단).

Ⅳ. 공익활동에 관한 대한변호사협회의 회칙

공익활동의 범위와 그 시행 방법 등에 관하여 필요한 사항은 대한변호사협회가 정한다(제3항). 이에 따라 대한변호사협회는 공익활동의 범위와 시행방법 등을 정하기 위하여 대한변호사협회 회칙 제9조의2 및 「공익활동등에관한규정」을 제정·시행하고 있다.

1. 대한변호사협회 회칙의 공익활동 참가 등

개인회원은 연간 일정 시간 이상 공익활동에 종사하여야 한다(대한변호사협회 회칙 9①). 개인회원은 법령에 의하여 공공기관, 이 회 또는 소속 지방변호사회가 지정한 업무를 처리하여야 한다(위 회칙 9②). 공익활동의 범위와 시행방법 등은 규정으로 정한다(위 회칙 9③). 이를 근거로 「공익활동등에관한규정」을 제정·시행하고 있다.

개업신고를 한 변호사를 개인회원이라고 한다. 개인회원은 법무법인·법무법인(유한)·법무조합의 구성원과 소속변호사도 포함한다. 법무법인·법무법인(유한)·법무조합이 그 구성원인 개인회원 및 소속변호사인 개인회원 전원을 위해 행한 공익활동은 법무법인·법무법인(유한)·법무조합의 구성원인 개인회원 및 소속변호사인 개인회원 전원이 공동으로 행한 것으로 보아 이를 그 전원의 수로 균등 배분하여 각 개인회원의 공익활동시간으로 인정할 수 있다(공익활동등에관한규정 4①). 여기서 "법무법인·법무법인(유한)·법무조합의 구성원인 개인회원 및 소속변호사인 개인회원"이라는 의미는 법무법인·법무법인(유한)·법무조합의 구성원 또는 소속 변호사가 독자적·개별적인 법적 지위를 가지는 존재로서 지방변호사회

---

3 1. 질병 또는 장기여행으로 인하여 국선변호인의 직무를 수행하기 곤란할 때
2. 피고인 또는 피의자로부터 폭행, 협박 또는 모욕을 당하여 신뢰관계를 지속할 수 없을 때
3. 피고인 또는 피의자로부터 부정한 행위를 할 것을 종용받았을 때
4. 그 밖에 국선변호인으로서의 직무를 수행하는 것이 어렵다고 인정할 만한 상당한 사유가 있을 때

와 대한변호사협회의 개인회원이라는 것이다.

2. 「공익활동등에관한규정」에 의한 공익활동

(1) 공익활동 등의 실행

개인회원은 제2조의 공익활동 중 적어도 하나 이상을 선택하여 연간 합계 30시간 이상 행하여야 한다. 다만, 특별한 사정이 있는 지방변호사회는 위 30시간을 20시간까지 하향 조정할 수 있다(위 규정 3①). 서울지방변호사회 「공익활동등에관한규정」은 공익활동에 종사할 시간은 매 개인회원마다 1년에 누계 20시간 이상으로 한다(제5조).

부득이한 사정으로 제1항의 공익활동 시간을 완수하지 못한 개인회원은 1시간 당 금 20,000원 내지 30,000원에 해당하는 금액을 소속 지방변호사회에 납부하여야 한다(규정 3②). 법조경력이 2년 미만이거나 60세 이상인 회원, 질병 등으로 정상적인 변호사 업무를 수행할 수 없는 회원과 기타 공익활동을 수행할 수 없는 정당한 사유가 있는 회원은 제1항의 의무를 면제한다(규정 3③).

(2) 공익활동의무 대체

① 법무법인·법무법인(유한)·법무조합이 구성원 및 소속변호사 전원을 위해 아래 각호의 방법으로 행한 공익활동시간은 그 법무법인·법무법인(유한)·법무조합의 구성원인 개인회원 및 소속변호사인 개인회원 전원이 공동으로 행한 것으로 보아 이를 그 전원의 수로 균등 배분하여 각 개인회원의 공익활동시간으로 인정할 수 있다(규정 4①).

1. 법무법인·법무법인(유한)·법무조합이 그 구성원인 개인회원 및 소속변호사인 개인회원 전원을 위해 행한 공익활동
2. 법무법인·법무법인(유한)·법무조합이 그 구성원인 개인회원 및 소속변호사 전원을 대신하여 공익활동을 행할 변호사를 지정하여 그 변호사가 행한 공익활동

② 제1항 제2호의 경우 법무법인·법무법인(유한)·법무조합의 공익활동 수행 변호사에 대하여는 그가 행한 공익활동시간 중 그에게 배분이 인정된 시간에 한하여 그 수행변호사 자신의 공익활동시간으로 본다(규정 4②).

③ 제1항 및 제2항의 규정은 공증인가합동법률사무소와 기타 조합형 합동법률사무소의 경우에 준용한다(규정 4③).

④ 제1항 및 제2항의 규정에 의한 공익활동시간의 배분 인정은 그 법무법인·법무법인(유한)·법무조합, 공증인가합동법률사무소 또는 조합형 합동법률사무소의 대표자가 소속 지방변호사회의 허가를 받아야 한다(규정 4④).

⑤ 법무법인·법무법인(유한)·법무조합, 공증인가합동법률사무소 또는 조합형 합동법률

사무소는 법조경력이 2년 미만이거나 60세 이상인 개인회원을 공익활동 수행 변호사로 지정할 수 있다(규정 4⑤).

(3) 공익활동기금의 운용

지방변호사회는 공익활동의 원활한 수행을 위하여 특별기금을 설치 운용한다(규정 6①). 제3조 제2항(부득이한 사정으로 공익활동 시간을 완수하지 못한 개인회원이 납부한 2만원 내지 3만원에 해당하는 금액)의 규정에 의하여 납부된 돈은 제1항의 특별기금에 입금시킨다(규정 6②).

(4) 공익활동의 협력의무

개인회원을 고용하고 있는 법인회원 또는 개인회원은 고용된 회원이 공익활동 등에 참여할 수 있도록 협력하여야 한다(규정 7).

(5) 공익활동 등의 보고

개인회원은 매년 2월 말까지 그 전년도 공익활동 등의 결과를 소속 지방변호사회에 보고하여야 한다(규정 8①). 지방변호사회는 매년 5월 말까지 소속회원의 그 전년도 공익활동 등의 결과를 이 회에 보고하여야 한다(규정 8②). 지방변호사회는 개인회원에게 공익활동에의 종사를 최고할 수 있다(서울지방변호사회 공익활동등에관한규정 9)는 규정을 두고 있다.

(6) 공익활동을 수행하지 않는 자 등의 징계

지방변호사회 회장은 이 규정에 정한 공익활동을 정당한 이유 없이 수행하지 아니하거나 제3조 제2항의 규정에 의한 돈을 납부하지 아니한 개인회원에 대하여 협회장에게 징계개시신청을 할 수 있다(규정 9). 공익활동의무를 규정한 변호사법을 위반하였다는 사유로도 징계사유가 된다.

V. 공익활동의무의 존치 문제

1. 의정부·대전 법조비리에 대한 대책의 일환으로 도입

2000. 1. 28. 개정된 변호사법은 의정부·대전 법조비리에 대한 대책의 일환으로 비리행위로 퇴직한 판사·검사등에 대한 변호사 등록거부제도를 도입하고, 판사·검사가 자기가 취급하거나 취급하였던 사건등을 특정 변호사에게 소개하는 행위등을 금지하며, 변호사업무에 대한 광고허용등을 통하여 사건브로커가 기생할 수 있는 소지를 제거하는 등 제도의 운영상 나타난 일부 미비점을 개선·보완하려고 하였다. 바로 그때 변호사가 오로지 사익추구에만 전념하지 않고 사회에 봉사하겠다는 의지로 공익활동의무를 신설하여 오늘에 이르렀다.

2. 공익활동의 형해화

공익활동으로 분류한 내용 중에는 변호사회에서 임원·위원회 위원을 하는 것도 공익활동으로 인정하는 등 각종 행사 참여도 공익활동 시간으로 인정해 주고 있어서 사실상 이 제도는 형해화되어 있다고 할 수 있다. 그리고 부득이한 사정으로 공익활동 시간을 완수하지 못한 개인회원은 1시간 당 금 20,000원 내지 30,000원에 해당하는 금액을 소속 지방변호사회에 납부하도록 하는데, 1년에 40~60만원 정도이면 이 의무를 면할 수 있다는 점에서도 본래의 취지를 벗어난 것이다.

3. 다른 전문자격사들과의 형평성 문제

전문자격사 중에서 변호사처럼 직무의 공공성을 인정하고 있는 세무사법과 관세사법에도 세무사나 관세사의 공익활동의무가 존재하지 않는다. 그 외의 다른 법조 관련 직역 전문자격사도 공익활동의무를 부담하지 않는데, 오로지 변호사에게만 이 의무를 부과한다는 점에서 형평성에 반하는 문제도 있다. 따라서 법조비리를 척결하는 차원에서 도입된 공익활동의무는 스스로의 활동으로 생활하는 사인에 불과한 변호사에게 고유의 직무수행과는 별도로 공익활동의무를 부과하는 것은 재고할 필요가 있다. 변호사는 기본적으로 국선변호인 등의 직무수행으로 공익적인 성격의 활동도 하기 때문에 강제적인 의무로 존치시킬 것인지는 의문이다. 일본 변호사법 역시 변호사는 법령에 의하여 관공서가 위촉한 사항 및 회칙이 정하는 바에 의하여 소속변호사회 또는 일본변호사연합회가 지정한 사항을 행할 의무만을 두고 있다(제24조).

Ⅵ. 공익변호사의 공익활동과 제도개선 필요성

1. 공익변호사 또는 공익전담변호사의 의의

빈곤자, 성소수자, 여성, 아동·청소년, 장애인, 이주노동자, 난민, 환경 등과 같은 사회적 약자나 불특정다수인의 권익과 관련되는 문제에 대하여 통상적인 수임료를 받지 아니하고 법적 조력을 제공하거나 교육하는 업무에 전념하는 변호사를 공익변호사 또는 공익전담변호사라고 한다. 개업중인 변호사가 의무적으로 일정 시간을 하는 공익활동과는 구별된다. 변호사의 활동은 워낙 다양하고, 수임료의 지급여부에 따라 공익적 성격이 달라질 수 있는 것도 아니라서 공익변호사만이 공익활동을 하는 것은 아니다. 공익변호사는 법률교육, 법제도 개선 활동 등 여러 분야에서 활동을 한다. 또한 사회적·경제적 사정 등으로 변호사의 조력을 받기 어려운 사람들의 인권을 옹호하고 정의를 실현하는데 노력한다. 공익변호사는 송무사건의 수행뿐만 아니라 토론회 개최 등을 통하여 문제의 해결을 위한 관심과 정책의 변화를 유도하기도 한다. 공익활동은 공익변호사만 하는 것이 아니라 인권향상을 위하여 노력하는 활동가들과도 연대하여 업무를 수행한다.

2. 공익변호사의 활동 형태와 목표

공익변호사는 변호사 중심의 공익단체, 일반 변호사업무 병행, 로펌이 후원하여 설립한 공익단체, 시민이 후원하는 단체 등에서 활동한다. 변호사법은 변호사의 보수에 대한 어떤 규율도 하지 않는다. 보수를 받든, 안 받든 관여치 않는다. 법률사무소를 개설한 변호사는 보수(수임료)를 받아 생활한다. 많은 법률사건을 수임하여 축재도 하고 명성을 얻는 것을 목표로 하기도 한다. 그러나 공익변호사는 이러한 유형의 성공을 지향하지 않고, 타인을 위하여 봉사하고 헌신하는 삶을 선택한다. 로펌이나 시민의 후원이나 보조금, 공익변호사의 개인적인 노력으로 얻게 된 수입 등이 공익변호사 활동을 할 수 있는 기반이 되고 있다.

3. 변호사법상 공익변호사의 근거

변호사법은 공익변호사라는 고유한 명칭을 사용하지 않고 있다. 다만, 변호사는 기본권 인권을 옹호하고 사회정의를 실현함을 목적으로 한다(변호사법 1①)는 변호사의 사명조항에서 공익변호사의 존재와 역할을 찾을 수 있다. 공익변호사의 업무가 이와 부합된다는 것이고, 변호사의 사명에 관한 조항이 공익변호사의 존재를 염두에 두고 마련된 것은 아니다. '공익활동 등 지정업무 처리의무'에서의 공익활동(변호사법 27)은 변호사들의 의무이기 때문에 공익변호사의 직접적인 법적 근거는 아니다. 「공익활동등에관한규정」 제 2 조(공익활동의 내용) 제 1 호 "시민의 권리나 자유 또는 공익을 위하거나 경제적인 약자를 돕기 위하여 마련된 자선단체 종교단체, 사회단체, 시민운동단체 및 교육기관 등 공익적 성격을 가진 단체에 대하여 무료 또는 상당히 저렴한 비용으로 법률서비스를 제공하는 활동과 위 공익적 단체의 임원 또는 상근자로서의 활동"을 명시하여 공익변호사의 존재를 인정하고 있다.

4. 변호사법 개정안 '법무법인(공익)'의 내용과 문제점

(1) 법무부의 2012년 변호사법 개정안에 신설된 '법무법인(공익)'

법무부는 2012년 변호사법 개정안에 법무법인(공익) 제도를 신설하는 내용을 마련하였다. 「공익법인법」은 사회 일반의 이익에 이바지하기 위하여 학자금·장학금 또는 연구비의 보조나 지급, 학술, 자선(慈善)에 관한 사업을 목적으로 하는 법인을 "공익법인"이라고 한다.

이처럼 변호사가 국가와 사회 일반의 이익에 기여하는 목적으로 설립될 법인이 공익법인이라는 차원에서 '법무법인(공익)'이라고 하였다. 법무법인(공익)의 구체적인 내용은 아래와 같다.

1) 공익활동만을 전담하는 변호사가 날로 증가하고 공익활동에 대한 관심이 커가는 상황에서 기존 변호사법상의 제도만으로는 이를 뒷받침하기에 한계가 있어 공익전담 변호활동에 대한 활동 근거 규정을 마련하여 변호사의 공익활동을 촉진하는 한편 법조인에 대한 국민 신뢰를 제고하고자 함

2) 법조경력 5년 이상인 자 1인이 포함된 3인 이상의 구성원을 인적요건으로 하고, 그 활동이 의뢰인을 위한 무상의 공익적 법률 활동에 한정될 수 있도록 활동영역을 제한함

3) 기부금품모집을 허용하고 세제혜택 등 지원방안을 도입하여 공익활동을 장려하고 변호사제도의 공익성을 증진하여 소외계층 등 사회각계의 다양한 수요에 부응하고자 함

4) 중립적 기관인 법조윤리협의회가 공익법률활동 관련 업무를 수행할 수 있도록 근거 규정을 마련함

(2) 금태섭 의원이 대표발의한 법무법인(공익) 신설안

법무부의 변호사법 개정안과 거의 동일한 내용으로 금태섭 의원이 2018. 12. 12. 대표발의한 아래와 같은 변호사법 개정안도 있다.

1) 변호사는 공익법률활동을 수행하기 위하여 법무법인(공익)을 설립할 수 있도록 하였습니다(안 제58조의32 신설).

2) 법무법인(공익)은 실비 등을 수수하는 경우를 제외하고는 공익법률활동에 대한 대가로 수수료를 받거나 그 밖의 어떠한 명목으로도 금품을 받을 수 없도록 했습니다(안 제58조의34 신설).

3) 법무법인(공익)은 공익법률활동의 수행에 필요한 비용을 마련하기 위하여 법무부장관의 허가를 받아 기부금품을 모집할 수 있도록 했습니다(안 제58조의39 신설).

4) 법무법인(공익)의 공익법률활동 수행에 필요한 비용 지원 등 법조윤리협의회의 공익법률활동 관련 업무수행 근거를 마련했습니다(안 제58조의42 신설).

(3) 법무법인(공익)의 문제점

변호사법에 법무법인(공익)을 설립하여 공익변호사의 활동을 지원하려는 취지이지만, 기본적으로 법무법인은 의뢰인으로부터 수임료를 받아 운영하는 법인체이며, 전형적인 상인 모델인 합명회사의 규정을 준용하고 있기 때문에 '공익'을 목적으로 하는 법무법인 형태로는 현재의 공익변호사의 활동을 원활하게 뒷받침하기 어렵다.

법무법인(공익)의 구성원은 3명 이상의 변호사로 구성하고, 그중 1명 이상이 5년 이상의 법조경력자여야 한다. 법무법인(공익)은 변호사 직무를 수행하지만, 일반 변호사 직무와

차이가 있기 때문에 일반 법무법인과 동일하게 구성원 3명을 요구할 이유가 없다. 따라서 법무법인(공익) 구성원 요건은 오히려 공익변호사 활동의 장애요소가 될 수 있다. 구성원이 탈퇴한 경우 신속하게 보충하지 못하면 인가취소를 당할 수 있다.

법무법인(공익)에 소속된 변호사가 아닌 사람은 사무직원으로 취급된다. 법무법인(공익)의 준용규정에는 사무직원에 관한 변호사법 제22조를 명시하고 있다. 공익변호사가 여러 인권 활동가들과 협력하는 현실은 반영하지 못하고 있음을 알 수 있다. 변호사법은 기본적으로 법무법인 내부에는 변호사와 사무직원 그리고 퇴직공직자만 취업하도록 하고 있다. 변호사의 지휘·감독을 받아야 할 사람들만을 상정하고 있다. 따라서 변호사와 같은 지위에서 활동하는 사람의 존재를 염두에 두고 있지 않은 문제가 있다.

법조윤리협의회가 법무법인(공익)을 지원할 수 있다고 규정하고 있다. 법조윤리협의회도 예산과 인력의 부족으로 어렵게 존립하고 있는 상황이다. 그 때문에 공익변호사를 지원하고 도울 여력이 없다. 물론 법조윤리협의회가 공익변호사를 지원할 대대적인 예산지원을 받는다면 가능하겠지만, 이런 일을 기대하기는 쉽지 않다. 공익변호사를 지원하려면 국가를 대표하는 법무부 또는 변호사들을 지원하는 대한변호사협회가 나서야 한다. 바로 이런 책무를 회피하고자 법조윤리협의회가 법무법인(공익)을 지원할 수 있도록 하고 있다. 결국 법무법인(공익)의 신설만으로 현재의 공익변호사 활동을 충분하게 지원할 수는 없다. 따라서 공익변호사가 제대로 활동할 수 있도록 현재의 여건을 충분히 고려하여 제도를 정비할 필요가 있다.

필자도 법무법인(공익)을 신설하는 내용의 변호사법 개정작업에 참여하였는데, 공익활동을 하는 법무법인(공익)을 신설한다면 기존에 존재한 일반 법무법인은 사익을 추구하는 법인으로 전락하는 것이 아니냐는 반론도 있었다. 그때 공익변호사의 의견도 청취하였는데, 법무법인(공익)을 설립하는 것에 대해 그다지 반기지도 않았고, 어려움을 해결할 대안으로 여기지도 않았던 것으로 기억한다. 아무튼 법무법인(공익)을 신설하기로 하자는 개정안을 마련한지 10년이 지난 오늘날까지도 공익변호사에 대한 제도개선이 전혀 이뤄지지 않고 있다. 이는 관련부처의 무관심도 있지만, 가시적인 제도개선을 하기에는 어려운 문제가 산적해 있기 때문이라고 할 수 있다.

5. 공익변호사 활동의 원활화를 위한 제도 개선방안

(1) 공익변호사 활동 지원의 필요성

공익변호사가 처리하는 법률사건은 국가가 법률구조사업 등을 통해서 해결해야 할 사안이라 할 수 있다. 경제적으로 어렵거나 법을 몰라서 법의 보호를 충분히 받지 못하는 자에게 법률구조(法律救助)를 할 수 있는 법률구조공단도 있다. 그리고 마을변호사 제도도 운용하고 있다. 그러나 이런 구조제도만으로 충분하지 않기 때문에 새로운 변호사의 조력을 구하는 사람들이 발생하고, 바로 그 역할을 공익변호사가 담당하고 있기 때문에 관련된 제도를 정비하여 공익활동의 활성화를 도모할 필요가 있다.

(2) 비영리단체가 공익변호사를 고용하는 문제

법무법인과 같은 로펌이 아닌 비영리단체가 공익변호사를 채용하여 공익활동을 할 수 있도록 해야 한다. 변호사가 아닌 자는 변호사를 고용하여 법률사무소를 개설·운영하여서는 아니 된다(변호사법 34④). 공익활동을 목적으로 설립된 비영리단체가 변호사를 고용하는 것은「변호사윤리장전」제51조에서도 허용하고 있다. 문제는 그곳에 취업한 변호사가 비영리단체에서 발생하는 법률사건이나 법률사무를 처리하는데 그치는 것이 아니라 여성, 아동·청소년, 장애인, 이주노동자, 난민, 출입국관리, 환경 등에 관련된 법률사건을 처리하는 것은 사내변호사를 고용하도록 한 취지에 어긋난다. 왜냐하면 비영리단체가 불특정 다수인을 상대로 법률사건을 수임하는 법률사무소를 개설한 것과 같은 역할을 하기 때문이다. 변호사법은 변호사 아닌 자가 변호사를 고용할 수 있지만, 그 변호사를 이용하여 법률사무소를 개설한 것처럼 불특정다수인의 법률사건을 수임하여 처리할 수 없도록 한다. 따라서 공익변호사가 비영리단체에 소속되어서도 위와 같은 공익사건을 자유롭게 수임하여 처리할 수 있도록 예외규정을 신설해야 한다.

(3) 변호사의 보수나 이익 분배금지

비영리단체가 변호사를 고용하여 공익사건을 처리할 때 제기되는 또 다른 쟁점은 변호사와 비변호사 간의 보수나 이익분배 문제이다. 비영리단체에서 변호사가 인권운동가들과의 연대·협력하에 활동한 결과 발생한 보수나 금전적 이익을 최소한의 범위에서 분배할 수 있다. 변호사가 아닌 자는 변호사가 아니면 할 수 없는 업무를 통하여 보수나 그 밖의 이익을 분배받아서는 아니 된다(변호사법 34⑤). 공익활동이 변호사가 아니면 할 수 없는 업무라고 할 수 없다. 변호사와 활동가들의 공동 노력으로 발생한 수익을 변호사가 독차지할 수도 없고, 그래서도 안된다. 일반 법률사무소나 법무법인·법무법인(유한)·법무조합은 그 직무의 수행으로 나온 보수나 이익은 변호사들이 분배받지만, 공익변호사의 활동으로 발생한 이익은 오로지 변호사 직무수행의 대가라고 볼 수는 없다. 그럼에도 공익변호사와 인권운동가들이 함께 일하여 나온 금전적 이익을 나누는 것이 변호사법 위반이라는 것은 적극적인 공익활동을 주저하게 만든다. 따라서 경우에 따라서는 공익변호사와 함께 일하는 사람들과 수익을 공평하게 나눌 수 있어야 한다.

⑷ 비영리단체의 이름으로 법률사건 처리의 필요성

공익변호사가 자신이 속한 비영리단체의 이름으로 소송수행을 할 수 있어야 한다. 그렇지 못하면 변호사 자신의 이름으로 할 수밖에 없다. 이때는 개업변호사와 동일한 취급을 받는다. 공익변호사 개인이 수임한 사건이 아님에도 마치 자신이 수임한 것처럼 취급된다. 따라서 공익활동을 하는 비영리단체의 이름으로 소송을 수행할 수 있도록 할 필요가 있다. 법무조합 역시 법인이 아님에도 소송에서 당사자능력을 인정하고 있다. 법무조합은 소송의 당사자가 될 수 있다(변호사법 58의26).

공익변호사가 활동하는 비영리단체는 그 형태가 다양하지만, 한편으로는 변호사법상 공동법률사무소와 같은 형태도 있을 수 있다. 공동법률사무소는 수익을 분배하거나 또는 비용을 분담하는 형태로 운영된다. 법무법인·법무법인(유한)·법무조합이 아니면서도 변호사 2명 이상이 사건의 수임·처리나 그 밖의 변호사 업무 수행 시 통일된 형태를 갖추고 수익을 분배하거나 비용을 분담하는 형태로 운영되는 법률사무소는 하나의 변호사로 본다(변호사법 31②). 이런 공동법률사무소는 일정한 사건의 수임제한을 받고, 퇴직공직자을 채용할 수 있는 지위에 있을 뿐(변호사법 89의6③), 대외적으로 업무를 수행할 때는 개별 변호사의 이름으로 한다. 이런 점에서는 비영리단체와 유사하다. 따라서 비영리단체를 법무조합처럼 소송당사자능력을 인정하면 공익변호사는 비영리단체의 이름으로 소송을 수행할 수 있다.

⑸ 공익사건을 수임할 수 있는 비영리단체의 설립 필요성

법인이 아닌 법무조합은 구성원을 7명 이상으로 하는 대형화를 도모하고 있다(변호사법 58의22). 변호사가 공익활동을 전념하기 위한 비영리공익단체를 설립하거나, 기존의 단체를 이런 목적으로 조직변경을 허용할 필요도 있다. 이런 단체의 설립을 위한 변호사는 1명 또는 2명 이상으로 하면 된다. 변호사법 개정안에 제시된 법무법인(공익)은 구성원 변호사를 3명 이상으로 하는데, 굳이 이렇게 많은 인원을 요구할 필요가 없다. 일본 변호사법은 변호사법인의 구성원 변호사에 관한 규정을 두지 않고 있다. 그래서 1인 변호사도 변호사법인을 설립할 수 있다. 사원이 1인인 변호사법인이 사건의뢰를 받은 때에는 그 사원을 지정한 것으로 본다(일본 변호사법 30의14⑦). 따라서 1명 또는 2명의 공익변호사가 소송업무를 수행할 수 있는 당사자능력을 인정받을 수 있는 단체를 설립할 수 있도록 함과 동시에 그 단체 명의로 법률사건의 수임을 허용할 필요가 있다. 그러나 이는 법률사건의 수임의 주체를 오로지 변호사와 로펌에게만 허용하고 있는 변호사법의 구조에 반하는 것이라서 혁신적인 발상의 전환이 있지 않고서는 입법론적으로 수용되기 어렵다. 과거 변호사법 개정안에서 법무법인(공익)을 신설하려고 한 취지도 바로 이런 이유 때문이다.

(6) 공익활동을 위한 재정 지원

공익변호사가 활동할 수 있도록 하는 가장 중요한 요소 중 하나는 재정조달 문제이다. 국가는 기본적으로 공익 관련 업무는 국가기관 또는 국가가 설립한 단체를 통하여 수행하려고 한다. 그래서 공익변호사 활동에 직접적인 예산지원 문제를 신중하게 다룬다. 법무부가 만든 변호사법 개정안의 법무법인(공익)에서도 실비 등을 수수하는 경우를 제외하고는 공익활동에 대한 대가로 수수료를 받거나 그 밖의 어떠한 명목으로도 금품을 받을 수 없도록 했다. 이런 엄격한 조건하에 공익법률활동의 수행에 필요한 비용을 마련하기 위하여 법무부장관의 허가를 받아 기부금품을 모집할 수 있도록 했다. 기부금품을 모집할 수 있도록 허용하는 것이 최선의 배려인 셈이다. 공익변호사는 공익소송을 하면서 발생하는 패소비용 부담, 세금 감면 등의 혁신적인 방안을 마련해 줄 것을 기대하는 것과는 큰 차이가 있다. 그 때문에 공익변호사가 자립적인 재정방안의 수립과 실현이 공익활동을 계속할 수 있는지 여부를 결정하는 요인이 되고 있다.

제28조 장부의 작성·보관

제28조(장부의 작성·보관)
① 변호사는 수임에 관한 장부를 작성하고 보관하여야 한다.
② 제 1 항의 장부에는 수임받은 순서에 따라 수임일, 수임액, 위임인 등의 인적사항, 수임한 법률사건이나 법률사무의 내용, 그 밖에 대통령령으로 정하는 사항을 기재하여야 한다.
③ 제 1 항에 따른 장부의 보관 방법, 보존 기간, 그 밖에 필요한 사항은 대통령령으로 정한다.

Ⅰ. 연 혁

(1) 2000. 1. 28. 개정된 변호사법은 그 당시 심각하게 대두되고 있는 법조비리를 척결하고 법조풍토를 쇄신하기 위한 제도의 일환으로 수임장부 작성과 보관의무를 신설했다. 즉, 변호사는 수임에 관한 장부를 작성하고, 이를 보관하여야 한다(제28조).

(2) 2005. 1. 27. 개정된 변호사법은 수임장부에 관한 구체적인 내용을 대통령령으로 규정한다는 조항을 신설했다. 즉, 제 1 항의 규정에 의한 장부의 기재내용·보관방법·보존기간 그 밖에 필요한 사항은 대통령령으로 정한다(제 2 항).

(3) 2007. 3. 29. 개정된 변호사법은 현행 제28조 제 2 항에 해당하는 조항을 신설하여 수임장부 작성에 관한 구체적인 기재사항을 특정했다.

Ⅱ. 수임장부의 작성·보관

1. 수임에 관한 장부작성

(1) 변호사는 수임에 관한 장부를 작성하고 보관하여야 한다(제 1 항). 개업 변호사는 수

임장부를 작성해야 한다. 법무법인·법무법인(유한)·법무조합도 포함한다. 여기서 '수임'이란 변호사가 소송의 대리나 기타 일반 법률사무를 수행해 주기로 의뢰인과 약정한 것을 말한다. 「변호사법 시행령」은 '법률사건 또는 법률사무에 관한 수임계약을 체결'하는 것으로 표현하고 있다(제 7 조 제 1 항). 이와 같은 수임약정의 구체적인 내용을 기재한 것을 수임장부라 한다. 수임장부는 수임계약을 체결한 때부터 1개월 이내에 작성하여야 한다(변호사법 시행령 7①). 그러나 수임장부 기재사항 중 사건'처리 결과(변호사법 시행령 7②)'는 보통 1개월 이내에 나올 수 없을 것이므로 결과가 나오는 즉시 기재해야 할 것이다.

(2) 수임장부에 기재할 사항은 대부분 변호사의 업무상 비밀과도 관련된다. 변호사는 수임계약을 체결할 때 작성된 계약서에는 수임장부에 기재할 많은 사항이 포함되어 있다. 그럼에도 수임장부를 작성하면 수임과정의 투명성을 확보하여 사건 브로커의 개입을 차단할 수 있다. '수임액'을 기재함으로써 과다보수인지를 판단할 수 있게 하고 성실한 납세의무를 이행하도록 한다. 아울러 선관의무를 다하여 수임사건을 처리함으로써 의뢰인을 만족시켜 분쟁발생을 예방하여 변호사에 대한 신뢰를 제고시키는 효과를 기대할 수 있다.

2. 수임에 관한 장부보관

수임장부는 그 작성일로부터 3년간 법률사무소에 보관하여야 한다(변호사법 시행령 7①). 수임장부는 원칙적으로 1개월 이내에 작성하여야 하지만, 그 기간 내에 장부의 작성을 완료할 수는 없다. 따라서 여기서 '작성일'이란 수임장부에 기재한 사항 중 가장 마지막에 기재하게 될 '처리 결과'를 기재한 날이라고 해야 한다. 이 기간은 훈시규정이다. 수임장부의 작성을 최종 완료한 날로부터 3년간 그 법률사무소에 보관해야 한다. 변호사에 대한 직무상 보관한 서류의 반환을 청구하는 채권은 3년간 행사하지 않으면 소멸시효가 완성된다(민법 163(4)). 이와 같은 3년의 소멸시효 기간에 맞추어 수임장부의 보관기간도 동일하게 정한 것으로 보인다.

Ⅲ. 수임장부에 기재해야 할 사항

제 1 항의 장부에는 수임받은 순서에 따라 수임일, 수임액, 위임인 등의 인적사항, 수임한 법률사건이나 법률사무의 내용, 그 밖에 대통령령으로 정하는 사항을 기재하여야 한다(제 2 항). 변호사가 제출하는 과세자료에 대한 투명성을 높이기 위하여 변호사가 작성하는 수임에 관한 장부에 수임일, 위임인 등의 인적사항, 수임한 법률사건·사무의 내용 외에 수임액을 기재하도록 한 것이 입법취지이다. 변호사는 수임장부를 수임한 사건의 순서에 따

라 작성해야 한다. '수임일'은 수임계약을 체결한 날을 말한다. '수임액'은 착수금과 성공보수 및 사후에 추가보수약정이 있을 때는 그 액수를 말한다. '위임인 등의 인적사항'은 위임인은 물론 사건본인 및 그 상대방을 말하고 사건소개인까지 기재할 것은 아니다. '수임한 법률사건이나 법률사무의 내용'은 처리해야 할 사건이나 사무의 내용으로써 민사, 형사 및 행정소송인지, 자문사항인지 등에 관한 것을 말한다. '그 밖에 대통령령으로 정하는 사항'은 시행령에 규정된 사항으로 ① 수임사건의 관할기관·사건번호 및 사건명, ② 처리 결과가 이에 해당된다(변호사법 시행령 7②).

Ⅳ. 수임장부의 보관 방법, 보존 기간 등

제 1 항에 따른 장부의 보관 방법, 보존 기간, 그 밖에 필요한 사항은 대통령령으로 정한다(제 3 항). 수임장부의 보관방법에 관한 특별한 규정은 없다. 「변호사법 시행령」은 수임장부의 보관장소에 대하여 '법률사무소에 보관하여야 한다'(제 7 조 제 1 항)고 명시하고 있다. 사건수임 변호사의 법률사무소에 보관하는 것이 원칙이지만 공간의 제약이 있을 수 있다. 그 변호사의 점유하에 있다면 자택 등이라도 무방하다 할 것이다. 시행령은 수임장부와 관련하여 그 밖에 필요한 사항은 대한변호사협회가 정한다(제 7 조 제 3 항). 이에 따라 「변호사 수임장부에관한규정」을 제정·시행하고 있다. 그중 수임장부 중 수임일자, 위임인, 수임사무의 내용 등을 기재한 장부를 별도로 작성 보관할 수 있다(규정 5②)는 규정도 두고 있다.

Ⅴ. 위반시의 제재

변호사가 수임장부를 작성하지 않거나 보관하지 아니한 경우에는 1천만원 이하의 과태료를 부과한다(변호사법 117②(2)). 또한 변호사법을 위반한 경우에 해당되어 징계사유가 된다(변호사법 91②(1)).

제28조의2 수임사건의 건수 및 수임액의 보고

제28조의2(수임사건의 건수 및 수임액의 보고)
변호사는 매년 1월 말까지 전년도에 처리한 수임사건의 건수와 수임액을 소속 지방변호사회에 보고하여야 한다.

Ⅰ. 연 혁

(1) 2007. 3. 29. 개정된 변호사법은 변호사가 제출하는 과세자료에 대한 투명성을 높이기 위하여 변호사로 하여금 전년도에 처리한 수임사건의 건수 및 수임액을 소속 지방변호사회에 보고하도록 하는 의무를 신설했다. 즉, 변호사·법무법인·법무법인(유한) 및 법무조합은 매년 1월 말까지 전년도에 처리한 수임사건의 건수 및 수임액을 소속 지방변호사회에 보고하여야 한다(제28조의2).

(2) 2008. 3. 28. 개정된 변호사법은 수임사건의 건수와 수임액의 보고의무자를 '변호사'로 한정하고 '법무법인·법무법인(유한) 및 법무조합'은 삭제한 후 이를 준용규정에 두었다(변호사법 57, 58의16, 58의30).

Ⅱ. 수임사건의 건수와 수임액 보고

1. 과세자료 제출기관인 지방변호사회

변호사는 매년 1월 말까지 전년도에 처리한 수임사건의 건수와 수임액을 소속 지방변호사회에 보고하여야 한다. 「과세자료의 제출 및 관리에 관한 법률」 제4조 제6호는 과세자료를 제출하여야 하는 기관으로 「변호사법」에 따른 지방변호사회를 정하고 있다(과세자료의 제출 및 관리에 관한 법률 시행령 2(7)). 따라서 지방변호사회는 변호사가 매년 1월 말까지 제출한 '변호사 등의 수임사건의 건수 및 수임액에 관련된 보고자료'를 매년 3월 31일까지 관할 세무서에 제출해야 한다.

2. 수임사건 건수·수임액 소속 지방변호사회에 보고

(1) 변호사는 사건수임과 보수약정의 자유가 있다. 변호사는 사건을 수임하는 데 있어 그 건수의 제한이 없다. 변호사법에는 보수에 관한 규정이 없기에 수임액은 의뢰인과의 약정으로 결정된다. 변호사가 사건을 수임하고 보수를 받는 것은 직업의 자유의 본질적 내용에 해당된다. 수임건수와 수임액은 수임장부에 기재해야 할 사항이다.

(2) 변호사는 1년간 처리한 수임사건의 건수와 그 수임액을 보고해야 한다. 변호사는 1년간 총 수임사건 건수(예컨대 200건)와 그 총 수임액수를 보고하면 된다. 수임사건 건수마다 수임액을 보고하는 것은 아니다. 이처럼 보고의무를 갖는 '변호사'는 단독개업한 자뿐만 아니라 법무법인·법무법인(유한) 및 법무조합도 포함된다(변호사법 57, 58의16, 58의30). 그리고 '수임사건의 건수'란 법률사건이나 법률사무의 내용에 따라 구분된 수임한 사건의 수를 말한다. 여기서 '수임사건'은 수임한 법률사건만을 말하는 것이 아니라 법률사무도 포함된다. '수임액'이란 의뢰인과 체결한 변호사의 보수를 말한다. 수임액은 현실적으로 수령한 금액(착수금)은 물론 장차 받을 채권으로서의 성공보수도 포함된다. 변호사가 수임한 사건의 건수와 수임액은 주요한 과세자료이다. 변호사는 소득세 및 부가가치세 신고를 하면서 수임사건의 건수와 수임액을 신고한다. 그럼에도 변호사가 제출하는 과세자료에 대한 투명성을 높이기 위하여 이를 지방변호사회에 보고하도록 하고 있다.

(3) 변호사는 사건선임 후에 위임장 제출 전에 지방변호사회를 경유하게 된다(변호사법 29). 이를 통해서 지방변호사회는 변호사의 주요사건 수임건수 파악이 가능하다. 법조윤리협의회는 대통령령으로 정하는 수 이상의 사건을 수임한 변호사는 '특정 변호사'라고 하여 수임자료 등을 제출하도록 할 수 있다(변호사법 89의5①). 이처럼 수임사건 건수는 경유제도 또는 수임자료 제출요구가 있거나 소득신고할 때 자연스럽게 드러난다.

Ⅲ. 이 규정의 위헌성 여부

헌법재판소는 이 규정이 변호사의 영업의 자유를 침해하거나 평등권 및 사생활의 비밀을 침해한 것은 아니라고 판시한 바 있다(헌재 2009. 10. 29. 2007헌마667).[1] 과세자료에 대한 투

1 1. 이 사건 법률조항은 지방변호사회로 하여금 소속 변호사들의 사건 수임에 관하여 감독이 가능하도록

명성 확보로 납세의무를 충실히 이행하도록 할 목적으로 조세 법령에 따라 부과된 특별한 의무로 이해된다. 그렇지만 변호사의 직업활동의 핵심적 내용을 과세관청이 아닌 지방변호사회에 보고하도록 하는 것은 불필요한 규제라 할 수 있다. 변호사가 과세관청에 제출한 자료를 통하여 수임관련 내역을 충분히 확보할 수 있음에도 중복적인 업무를 부과하는 것에 해당되고, 변호사의 수임내역은 가장 내밀한 비밀정보인데 지방변호사회에 그 공개를 강제하는 결과를 초래한다는 점에서 위헌적 요소가 적지 않다 할 것이다. 그 점에서 헌법재판소의 반대의견이 더욱 설득력이 있어 보인다.

[재판관 조대현, 재판관 민형기, 재판관 이동흡, 재판관 목영준의 반대의견]

가. 변호사는 이미 과세관청에 매년 부가가치세를 신고하면서 수입금액명세서를 함께 제출하고, 그 명세서에는 수임사건과 수임액에 관한 구체적인 정보를 적시하고 있으므로 과세관청은 이를 통하여 변호사의 수임관련 내역을 충분히 확보할 수 있다. 그러나 과세관청은 이 사건 법률조항에 의하여 보고된 수임관련 자료를 지방변호사회로부터 다시 제출받고 있고, 그 내용은 결국 변호사가 부가가치세를 신고할 때 과세관청에 제출하는 수입금액명세서의 내용과 본질적으로 중복될 수밖에 없다. 그렇다면, 이 사건 법률조항은 보다 덜 제한적인 방법을

함으로써 변호사 스스로가 구성원으로 된 자체 조직을 통하여 납세와 관련된 변호사의 자기 통제를 할 수 있도록 하여 변호사에 의한 탈세의 우려를 줄이고 이를 통해 조세행정 전반에 대한 국민적 신뢰를 공고히 하는데 주요한 입법취지가 있는바 이는 정당성이 인정되고, 소속지방변호사회에 수임사건의 건수 및 수임액을 보고하도록 함으로써 변호사들의 사건 수임 관련 정보를 한층 더 투명하게 하는 것은 위와 같은 목적을 달성할 수 있는 적절한 수단이 될 수 있다.

이 사건 법률조항은 수임관련 자료를 1년에 한번 제출할 것을 요구할 뿐인바 이는 영업의 자유가 예정하는 핵심적인 결정권을 간섭하지 않는 점, 지방변호사회는 변호사의 지도와 감독에 관한 사무 등을 하기 위하여 설립되고, 변호사는 소속 지방변호사회의 감독을 받는바 변호사법에서는 지방변호사회 자체적으로 소속 변호사들에 대한 구체적·추상적 통제를 수행할 수 있는 다양한 제도들이 규정되어 있는 점, 이 사건 법률조항의 업무처리와 관련하여 알게 된 비밀을 누설하여서는 아니 된다는 비밀준수의무도 함께 부과되고 있는 점, 공인회계사 등 여타 전문직의 경우에도 이미 오래전부터 소속협회의 내부규정을 통하여 자체적으로 이를 해 오고 있었던 점, 이 사건 법률조항이 도입되기 이전에도 지방변호사회에 수임 사건의 건수는 보고되고 있었던 점 등을 종합하여 볼 때, 청구인들의 영업의 자유를 필요 이상으로 제한하고 있다고 보기 어려우며, 공익과 사익 간의 균형성을 도외시한 것이라고 보기 어려우므로, 법익의 균형성의 원칙에 반하지 아니한다.

2. 우리 사회는 변호사들에게 법률가로서의 능력뿐만 아니라 공공성을 지닌 법률전문가로서 가져야 할 사회적 책임성과 직업적 윤리성 또한 강하게 요청하고 있는 점, 이 사건 법률조항 위반으로 부과되는 벌칙은 형사벌이 아닌 과태료에 그친다는 점 및 법무사의 경우에도 그러한 의무의 위반 시 징계처분의 대상이 되고 징계의 종류에는 과태료도 포함되어 있다는 점 등을 감안한다면, 이 사건 법률조항이 평등권을 침해하였다고 하기 어렵다.
3. 일반적으로 경제적 내지 직업적 활동은 복합적인 사회적 관계를 전제로 하여 다수 주체 간의 상호작용을 통하여 이루어지는 것이고, 특히 변호사의 업무는 다른 어느 직업적 활동보다도 강한 공공성을 내포한다는 점 등을 감안하여 볼 때, 변호사의 업무와 관련된 수임사건의 건수 및 수임액이 변호사의 내밀한 개인적 영역에 속하는 것이라고 보기 어렵고, 따라서 이 사건 법률조항이 청구인들의 사생활의 비밀과 자유를 침해하는 것이라 할 수 없다.

선택하거나, 아예 국민에게 의무를 부과하지 아니하고도 그 목적을 실현할 수 있음에도 불구하고 국민에게 의무를 부과하고, 그 의무를 강제하기 위하여 그 불이행에 대하여 제재를 가하는 것에 해당하므로, 헌법상 과잉금지원칙 중 최소침해성원칙에 위배된다.

나. 변호사로서의 직업 활동이 공적인 성격을 지닌다 하더라도 사경제 주체의 성격도 함께 지니므로, 이렇듯 공·사적인 성격을 공유하는 정보들에 대하여는 심사기준이나 법익형량의 영역에 차이를 두는 한이 있더라도, 일단 그와 같은 사적인 성격의 부분은 사생활의 비밀에 해당된다는 점을 인정하고 이에 따른 기본권으로서의 보호절차를 보장하는 것이 상당하다. 이 사건 법률조항은 이미 과세관청이 확보한 자료와 중복되는 자료를 확보하는 것에 지나지 않으므로, 결국 이 사건 법률조항은 헌법상 필요한 부분을 넘어 사생활 비밀의 자유를 제한한다.

Ⅳ. 위반에 대한 제재

이 규정을 위반하면 1천만원 이하의 과태료에 처한다(변호사법 117②(1)의2). 따라서 수임사건의 건수와 수임액의 보고를 하지 않았을 때 및 보고를 하였지만 1월말을 도과한 경우나 사실과 다른 내용의 부실한 보고를 한 경우에도 과태료 대상이 될 수 있다.

제29조 변호인선임서 등의 지방변호사회 경유

> **제29조(변호인선임서 등의 지방변호사회 경유)**
> 변호사는 법률사건이나 법률사무에 관한 변호인선임서 또는 위임장 등을 공공기관에 제출할 때에는 사전에 소속 지방변호사회를 경유하여야 한다. 다만, 사전에 경유할 수 없는 급박한 사정이 있는 경우에는 변호인선임서나 위임장 등을 제출한 후 지체 없이 공공기관에 소속 지방변호사회의 경유확인서를 제출하여야 한다.

Ⅰ. 연 혁

2000. 1. 28. 개정된 변호사법은 법조비리를 척결하고 법조풍토를 쇄신하기 위하여 변호인선임서 등의 지방변호사회 경유제도를 신설하게 되었다. 변호인선임서의 제출 없는 변론행위는 법관·검사와의 은밀한 거래로 의심받게 되어 수사·재판작용의 신뢰를 훼손할 수 있으며, 특히 전관예우의 폐습을 근절할 수 없는 요소가 된다. 또한 법조윤리협의회에서 많은 사건을 수임한 변호사가 사건브로커를 고용하였거나 사건알선을 받았는지 여부를 확인하기도 어렵기 때문에 경유제도를 두고 있다.

Ⅱ. 변호사법 제29조의 입법취지

헌법재판소는 이 규정의 입법취지를 다음과 같이 판시하고 있다(헌재 2013. 5. 30. 2011헌마131). 변호인선임서 또는 위임장 등을 법원 등에 제출할 때 사전에 소속 지방변호사회를 경유하도록 한 절차는 1980년대 중반 지방변호사회의 자치입법인 회칙에 도입된 것으로부터 시작되었다. 당시 지방변호사회에서 이를 도입하였던 이유는 변호사 아닌 자가 그 자격을 사칭하여 수임료를 받고 변론을 하더라도 당사자 및 해당 국가기관이 이를 확인하기 어렵다는 문제를 해결하고, 수임 사건수에 비례하여 회원변호사의 능력에 맞게 지방변호사회의 재정에 기여하기 위하여 경유제도를 도입한 것이다.

그런데 1998년 의정부 법조비리 사건과 1999년 대전 법조비리 사건을 계기로 사건수임비리가 사회적 문제로 제기되자, 2000. 1. 28. 법률 제6207호로 전부 개정된 변호사법은 변호사에 대한 국민의 신뢰를 증진하기 위하여 지방변호사회를 통한 소속 변호사의 감독강화 및 사건수임의 투명화를 위한 여러 제도를 도입하였다. 그 제도 중에 변호사의 수임장부 작성·보관제도(제28조) 및 변호인선임서 등의 지방변호사회 경유제도(제29조)가 포함됨으로써 기존의 회칙상 경유제도가 법률상 경유제도로 전환되었다.[1]

Ⅲ. 변호인선임서 등 소속 지방변호사회의 경유

1. 변호인선임서 또는 위임장 등의 제출

변호사는 법률사건이나 법률사무에 관한 변호인선임서 또는 위임장 등을 공공기관에 제출할 때에는 사전에 소속 지방변호사회를 경유하여야 한다. 변호사가 의뢰인으로부터 법률사건이나 법률사무를 수임할 때는 수임계약서를 작성한다. 법률사건이나 법률사무의 종류에는 제한이 없다. 등기신청사건처럼 소송사건이 아닌 경우도 포함되는 것은 당연하다. 변호사가 수임 후 대외적으로 그 사건이나 사무를 처리할 때는 대리권한을 증명하는 서면을 제시하여야 한다. 민사소송에서 소송대리인의 권한은 서면으로 증명하여야 한다(민사소송법 89①). 통상적으로는 소송위임장을 제출한다. 형사소송에서는 변호인의 선임은 심급마다 변호인과 연명날인한 서면으로 제출하여야 한다(형사소송법 31). 형사소송에서 변호인선임의 증명은 변호인선임서를 재판부에 제출하는 것으로 한다. 공소제기 전에 변호인으로 선임되면 그 형사사건이 계류중인 수사기관에 선임서를 제출한다. 따라서 변호인선임서 또는 위임장을 제출해야 하는 기관은 수임사건이 계류 중인 곳이다. 수임한 법률사무가 사인 상호간이나 회사와 같은 단체에서 처리할 것이라면 그 상대방에게 대리권을 증명해야 한다. 위임장 등을 제출하지 아니하고는 전화, 문서, 방문, 기타 어떠한 방법으로도 변론활동을 하지 아니한다(변호사윤리장전 23① 후단).

---

1 그 후 2007. 3. 29. 법률 제8321호로 개정된 변호사법은 탈세방지 및 사건수임 투명화를 위하여 수임사건수 및 수임액 보고제도(제28조의2)를 추가하였고, 2007. 1. 26. 법률 제8271호로 개정된 변호사법은 법조윤리 전반에 대한 상시적인 감시·분석·대책업무를 수행하기 위한 법조윤리협의회제도(제88조) 및 대통령령으로 정하는 수 이상의 사건을 수임한 변호사의 성명과 사건목록을 법조윤리협의회에 제출하도록 하는 특정 변호사의 수임 자료 등 제출제도(제89조의5)를 신설함으로써 변호사의 수임비리를 방지하기 위한 제도적 장치는 더욱 강화되었다(헌재 2013. 5. 30. 2011헌마131).

2. 사전에 소속 지방변호사회를 경유

(1) 여기서 '사전에'란 변호인선임서 또는 위임장을 공공기관에 제출하기 전이라는 의미이다. 사전경유가 원칙이지만 급박한 사정이 있는 경우에는 그 예외를 두고 있다. '소속 지방변호사회를 경유'한다는 것은 변호사가 법률사건이나 법률사무를 수임한 경우 소속 지방변호사회에 경유회비를 납부하고 교부받은 경유증표를 위임장 또는 선임서에 부착하여 법원, 수사기관 기타 공공기관에 제출하는 행위를 말한다. 경유사건의 종류[2] 및 경유증서의 사용 등에 대해서는 각 지방변호사회가 별도로 정하고 있다.

(2) 서울지방변호사회의 경유운영 관련 회칙을 중심으로 살펴본다. 예컨대 (서울지방변호사회의) 회원은 경유사건에 대해 소송위임장 또는 변호인선임서를 법원, 수사기관 기타 공공기관에 제출할 때에는 회에 경유회비를 납부하여야 한다(수임사건경유업무운영규정 4①). 수임사건 경유업무 홈페이지에서 구입한 경유증표는 사용내역을 입력하여 경유확인서를 출력한 후, 이를 소송위임장 또는 변호인선임서에 첨부하여야 한다(수임사건경유업무운영규정 5①). 회원은 수임사건 경유업무 홈페이지에서 경유증표를 구입하여 사용내역을 입력하고 경유확인서를 출력한 후, 이를 소송위임장 및 변호인선임서에 첨부하여 법원, 수사기관, 기타 공공기관 등에 제출하여야 한다(수임사건경유업무운영규정 7①). 회는 「과세자료의제출및관리에관한법률」에 따라 과세관청에 제출하는 수임 사건경유건 수 현황자료에 회원의 경유증표사용내역을 기재하여 통보할 수 있다(수임사건 경유업무운영규정 7③). 이처럼 경유제도는 변호사가 수임할 때마다 경유회비를 납부하고 구입한 경유증표를 위임장에 첨부하여 법원 등에 제출하도록 한 것이다. 이를 통하여 변호사별 수임현황의 파악이 가능하여 사건브로커 등 수임관련 비리의 근절 및 과세의 투명성을 확보할 수 있다. 그런데 서울지방변호사회처럼 '인터넷 경유업무시스템'을 도입하여 전자경유제도(전자증표 온라인 구입)를 운용하고 있으면, 소속 지방변호사회를 경유한다는 의미는 반감된다고 할 수 있다. 오히려 경유제도는 경유증표의 판매로 인한 재정확보의 수단으로 기능하는 측면이 강하다.

(3) 변호사는 사건수임 후 위임장 제출시마다 지방변호사회를 경유해야 한다. 그런데 지방변호사회는 변호사들에게 미리 경유증표를 판매하고 있다. 미리 경유증표를 구매해 두면 사건수임시마다 지방변호사회를 들릴 필요가 없어 편리하다. 경유업무운영지침 역시 이를 허용하고 있다. 회원은 경유사건의 소송위임장 및 변호인신임서에 '미리 구입한' 경유증

2 **서울지방변호사회 「수임사건경유업무운영규정」 제2조(경유사건의 종류)** 경유사건의 종류는 본안사건, 신청사건, 등기사건, 연결사건, 공익사건, 면제사건으로 구분한다.
부산지방변호사회 「경유업무의운영에관한지침」 제2조(경유사건의 종류) 경유사건의 종류는 일반사건, 소액사건, 기타사건, 연결사건 등으로 구분한다.

표를 부착하여 법원, 수사기관, 기타 공공기관 등에 제출하여야 한다(수임사건 경유업무운영지침 7①).[3] 경유증표를 부착·사용한 경우에는 그 사용일로부터 7일 이내에 그 사용내역을 본회 홈페이지 경유업무프로그램에 입력·신고하여야 한다(수임사건 경유업무운영지침 7②). 변호사가 사전에 구입한 경유증표는 경유업무프로그램에 그 사용내역을 스스로 입력하도록 하고 있다. 이런 제도하에서는 변호사가 그 명의를 대여하는 등의 불법행위를 가려내기 어렵고, 일정시기에 많은 사건을 수임한 특정 변호사에 대한 법조윤리협의회의 감독권 행사를 어렵게 할 수 있다. 지방변호사회가 허용하는 경유증표의 일괄판매행위와 인터넷 경유업무시스템에 경유증표의 사용을 입력하도록 하는 것은 경유제도의 형해화를 초래한다는 비판을 면하기 어렵다.[4]

Ⅳ. 법무법인·법무법인(유한)·법무조합과 그 분사무소의 경유 문제

1. 법무법인·법무법인(유한)·법무조합의 주사무소

법무법인·법무법인(유한)·법무조합도 변호인선임서 등의 지방변호사회 경유 규정을 준용하고 있다(변호사법 57, 58의16, 58의30). 따라서 법무법인·법무법인(유한)·법무조합이 법률사건이나 법률사무에 관한 변호인선임서 또는 위임장을 공공기관에 제출할 때는 소속 지방변호사회를 경유하여야 한다. 여기서 '소속 지방변호사회'는 주사무소와 분사무소에 따라 차이가 있다. 법무법인·법무법인(유한)·법무조합의 주사무소는 그 지역을 관할하는 지방변호사회를 경유하면 된다.

2. 법무법인·법무법인(유한)·법무조합의 분사무소 경유

분사무소 역시 주사무소 소재지 지방변호사회를 경유해야 하는지 문제된다. 이에 대한 대한변호사협회 유권해석은 아래에서 보는 바와 같이, 분사무소도 주사무소 소재지 지방변호사회를 경유해야 한다는 입장이다. 예컨대 서울특별시에 주사무소를 둔 법무법인의 분사무소가 부산광역시에 있다면, 부산에 있는 분사무소에서 수임한 사건의 경유증표는 서울지방변호사회에서 구입하여 첨부하여야 한다. 그러나 대한변호사협회 유권해석은 기존 결론이 사실상 잘못되었기에 변경해야 함을 밝히고 있는 특징이 있다.

---

3 「**수임사건 경유업무운영지침**」 **제5조**(경유증표의 사용방법 및 반환방법) ② 회는 회원이 경유증표를 구입한 후 사용하지 않고 있던 중 사망, 등록취소, 전회(轉會), 휴업하면서 그 경유증표를 반환하는 경우에는 해당 경유증표상의 금원을 반환한다.

4 이성일, "변호인선임서 등 경유제도의 본질과 운영실태 및 대책", 인권과 정의(2015. 6), 78~82면.

법무법인 분사무소의 사건경유관할(2016. 4. 25) 질의회신

1. 질의 요지

법무법인 분사무소 단독으로 수임하여 사건을 진행하는 경우에는 종전 관행대로 분사무소 소속 지방변호사회에 위임장을 제출하고 경유를 하면 되는 것인지, 아니면 대한변협의 기존 의견처럼 본사무소 소속 지방변호사회에 위임장을 제출하여야 하는지 여부

2. 검토의견

가. 기존의 결론

법무법인의 경유 의무는 담당변호사의 소속 여하를 불문하고 해당 법무법인의 주사무소 소재지 관할 지방변호사회를 경유하여야 한다는 것입니다. 그 논거는 다음과 같습니다.

"선임신고서 등의 경유는 소속지방변호사회를 거치도록 되어 있습니다. 법무법인에서 선임신고의 주체는 담당변호사가 아니라 담당변호사가 속한 법무법인 등(법무법인, 법무법인(유한), 법무조합을 모두 포함함. 이하 같음)입니다. 법무법인은 주사무소 소재지를 관할하는 지방변호사회의 법인회원이 되므로, 결국 법무법인의 소속 지방변호사회는 주사무소 소재지를 관할하는 지방변호사회라고 할 것입니다. 그러므로 법무법인의 경유 의무는 담당변호사의 소속 여하를 불문하고 해당 법무법인의 주사무소 소재지 관할 지방변호사회를 경유하여야 합니다."

나. 달리 해석할 여지

이러한 결론은 법무법인을 자연인과 동일시하거나 합명회사, 합자회사의 속성을 가진 법무법인을 마치 주식회사처럼 취급한 결론이라고 할 것입니다. 그리고 기존의 의견이 근거로 들고 있는 변호사법 제29조 "변호사는 법률사건이나 법률사무에 관한 변호인선임서 또는 위임장 등을 공공기관에 제출할 때에는 사전에 소속 지방변호사회를 경유하여야 한다"는 꼭 법무법인의 본점 소재지 지방회를 경유하여야 한다고 해석할 필요는 없다고 할 것입니다. 즉, 법무법인의 경우 소송을 수행할 경우 법무법인 이름을 쓰고 담당변호사를 기재하게 되어 있는데, 본점이 아닌 분사무소의 구성원변호사만을 담당변호사로 지정할 경우(분사무소에서 수임한 사건일 것입니다)에는 소속 지방변호사회를 소송을 수행하는 법무법인의 분사무소의 소속 지방회(소송을 담당하는 구성원 변호사가 있는 분사무소의 소속 지방변호사회)로 해석하지 못할 이유가 없다고 할 것입니다.

다. 달리 해석할 현실적 필요성

우리 법무법인의 현실을 보면 이름만 법무법인이지 실지로는 각자 변호사 활동을 하고, 이름만 한 법인으로 세금신고와 대외활동을 하는 경우가 많습니다. 특히 서울과 지방에 분사무소를 둔 경우(보통은 서울에 주사무소를 두고, 지방에 분사무소를 두는 경우도 있지만, 공증을 위하여 지방에 본사무소를 두고 서울에 분사무소를 두는 경우도 있습니다)에는 사실상 독립채산제의 사무실로 운영이 됩니다. 그 경우 예컨대 부산 분사무소의 변호사가 수임하고, 부산에서 사건을 수

임하는 경우에 회사가 법무법인이라는 이유로 서울회에 경유하라는 것은 너무 거래 현실에 맞지 않습니다. 법무법인이 아닌 다른 회사의 경우 세금신고 하는 예를 보더라도 지방회에 경유하는 것이 좋을 것입니다. 법무법인이 아닌 회사가 지방에 지점이나 분사무소를 두는 경우 별도의 사업자등록증을 지방세무소에 내고, 그곳에 부가세 등의 세금을 냅니다. 다만 1년에 한번 법인세만 본점 소재지에서 내게 되어 있습니다. 지금 법무법인의 경우에도 분사무소 역시 별도의 사업자등록증을 내고, 그곳에 부가세를 납부하고, 전체 법인세만 본점에서 신고하여 내고 있습니다. 이런 세법상의 관례를 생각하더라도 경유회비를 그 지방이 아닌 본점 소재지에 내는 것은 조금 비상식적입니다. 변호사회 경유회비의 성격을 봐도 지방회에 경유하는 것이 옳다고 할 것입니다. 변호사들이 내는 회비는 지방회에서 징수하지만 대한변호사협회로 올라 오고 경유회비가 지방회의 주된 수입입니다. 그런데 법무법인의 형식을 갖추고 있다는 이유로 모든 사건이 지방회에서 이루어지는데 부가가치세와 같은 속성의 경유회비를 본점 지방회 즉, 서울회에 납부하라는 것은 도저히 지방변호사회에서 받아들일 수 없는 입장이라고 생각합니다. 그리고 위에서 본 바와 같이 "소속지방변호사회를 경유"하라는 의미를 달리 해석할 가능성이 충분하다는 데에 있어서는 더욱 그렇습니다.

라. 경유의 기준제시

최근 100명 이상의 법무법인이 늘어가는 현실에 있어서 법률상 법무법인을 한명의 변호사로 간주하고 있으나 현실적으로 법무법인의 몇 명의 변호사(소송의 경우 담당변호사)가 소송을 수행하거나 업무를 처리하고 있습니다. 그렇다면 소속 지방변호사회란 전체 법무법인의 본점 소재지 소속 지방회를 의미하는 것으로 해석할 것이 아니라 사건의 담당변호사의 소속변호사회를 경유하는 의미로 의견을 낼 수가 있을 것입니다.

물론 사건에 따라서는 사건의 담당변호사가 예컨대 서울회와 부산회 변호사 모두를 포함(공동수행)시켜서 위임장을 낼 때가 있을 것입니다. 그때는 당연히 주된 사무소(본점)에 경유를 시키던지, 지방변호사회 소속 변호사를 한명이라도 담당변호사로 지정할 경우에는 그 지방변호사회를 경유시키는 기준을 마련하면 될 것입니다.

3. 분사무소 주재 변호사는 소재지 지방변호사회 회칙준수해야 함

(1) 변호사는 그 자격을 취득하여 자격등록을 한 때부터 폐업할 때까지 특정 지방변호사회에 소속해야 한다. 자격등록을 한 변호사는 가입하려는 지방변호사회의 회원이 된다(변호사법 68①). 개업한 변호사가 법무법인에 가입하여 구성원 또는 소속 변호사가 되더라도 회원 지위를 상실하지 않는다. 개인회원은 개업신고를 한 변호사로 한다(대한변호사협회 회칙 7④). 대한변호사협회와 지방변호사회 회칙에 의하면, 개인회원, 법인회원 등을 회원으로 한다. 여기서 개인회원은 개업신고를 한 모든 변호사를 말한다. 따라서 법무법인에 가입하지

않은 단독 개업 변호사만을 말하는 것이 아니다. 지방변호사회와의 관계에서 법무법인은 법인회원이 되고, 법무법인에 가입한 변호사는 개인회원이 된다. 그런데 대한변호사협회 유권해석은 법무법인은 법인회원이 되므로 법무법인의 변호사는 당연히 법무법인이 회원으로 소속한 지방변호사회 회원이라고 한 것은 변호사법을 오해한 것이다.

(2) 만약 서울지방변호사회 지역에 주사무소가 있는 법무법인이 부산에 분사무소를 설치하고, 그곳에 주재할 변호사가 서울에서 부산으로 내려가려면 지방변호사회 소속 변경신청을 하여야 한다(변호사법 14①). 소속 변경등록을 한 변호사는 새로 가입하려는 지방변호사회의 회원이 되고, 종전 소속 지방변호사회를 당연히 탈퇴한다(변호사법 68②). 부산에서 개업 중인 변호사가 분사무소에 가입하더라도 종전의 부산지방변호사회 회원 지위를 계속 유지한다. 분사무소는 독자적으로 지방변호사회의 법인회원이 될 수 없지만, 분사무소의 변호사는 그 지역 지방변호사회 회원이 된다. 분사무소에 있는 변호사는 새로 가입한 지방변호사회의 지도와 감독을 받아야 하고, 그 지방변호사회가 제정·시행하는 회칙을 준수할 의무가 있다. 모든 지방변호사회는 경유와 관련한 회칙을 제정·시행 중에 있다. 따라서 분사무소 변호사는 그 지역 지방변호사회를 경유해야 한다. 그런데 대한변협 유권해석은 변호사법을 오해하여 분사무소에 주재하는 변호사를 주식회사의 근로자와 같이 취급하고 있다.

4. 변호사는 주재하는 지방변호사회의 지도와 감독을 받음

(1) 변호사법상 변호사가 지방변호사회와의 관계에서 이행할 사항은 다음과 같다. ① 사무직원의 채용과 해고 신고(제22조 제3항), ② 겸직 허가(제38조 제2항), ③ 공익활동, 수임사건 건수 및 수임액의 보고(제27조 제3항, 제28조의2), ④ 연수의무(제85조)에 관한 규정을 두고 있다. 따라서 분사무소에 주재하는 변호사는 그 지역 지방변호사회에 변호사법이 정하는 위와 같은 사항을 이행해야 한다. 따라서 분사무소에서 사무직원을 채용하거나 해고할 때는 지방변호사회에 신고하여야 한다. 그 결과 그 지방변호사회는 분사무소에서 오로지 법률사건 유치를 목적으로 사무직원을 채용하는지, 사무직원을 신고없이 채용하는지를 감독할 수 있다.

(2) 그런데 대한변호사협회 유권해석에 의하면, 주사무소 소재지 지방변호사회에 사무직원의 채용과 해고신고를 해야 한다. 서울지방변호사회가 제주지방변호사회에 있는 분사무소에 있는 사무직원 채용 신고를 받아야 한다는 것은 얼마나 불합리한지 금방 알 수 있다. 그렇다고 선임서 등을 경유할 때만 주사무소 소재지 지방변호사회를 경유하고, 다른 사항은 분사무소 소재지 지방변호사회에서 하여야 한다고 할 수 없다. 변호사법은 지방변호사회가 회원 변호사들을 지도·감독하도록 하고, 법령이나 회칙을 위반할 때는 지방변호사

회장은 그 변호사에 대하여 징계개시를 신청할 수 있다. 따라서 분사무소의 경유의무 역시 소재지 지방변호사회에서 경유해야 한다.

5. 지방에 있는 분사무소가 서울지방변호사회를 경유하는 이유

대부분 법무법인의 분사무소 변호사는 선임서 등의 경유를 주사무소가 있는 서울지방변호사회에서 한다. 그 이유는 경유증표 판매가격이 저렴하기 때문이다. 서울지방변호사회 「수임사건경유업무운영지침」에 의하면, 일반 본안사건은 12,000원이고, 민사고액(소가 10억원 이상)은 30,000원, 신청사건은 5,000원, 등기사건은 1,000원으로 정하고 있다. 전국 14개 지방변호사회 중에서 경유회비가 가장 저렴한 것으로 보인다. 그래서 수임사건에 대한 경유회비에 대한 부담을 줄이고자 서울지방변호사회의 경유증표를 구입할 필요가 있다. 서울지방변호사회는 '인터넷 경유업무시스템'을 도입하여 전자경유제도(전자증표 온라인 구입)를 운용하고 있다. 그 때문에 제주지방변호사회 지역에 위치한 분사무소는 서울지방변호사회 경유증표를 구입하는데 어려움이 없다. 경유증표의 가격이 저렴하고, 전자증표의 구입이 쉽기 때문에 전국의 분사무소는 서울지방변호사회를 경유할 실익이 크다. 만약 경유증표가 분사무소 소재지 지방변호사회보다 비싸다면, 서울지방변호사회를 경유하지 않을 것이다.

6. 서울지방변호사회의 경유증표 판매 행위 재고 필요성

서울지방변호사회는 전국 3만명 변호사 중 대부분이 서울에 소재하기 때문에 가장 많은 회원이 가입되어 있다. 전국에 있는 수많은 분사무소에서 경유증표를 구입하도록 허용하고 있는 결과 다른 지방변호사회는 재정상의 어려움을 겪을 수 있다. 서울지방변호사회가 지방에 있는 분사무소에 경유증표를 판매하는 것은 변호사법을 위반한 것이다. 서울지방변호사가 다른 지역의 지방변호사회의 어려움을 외면하고, 잘못된 대한변호사협회의 유권해석에 기대어 경유증표 판매수익을 올리는 것은 재고해야 한다. 특히 전국의 분사무소에 경유증표를 판매하는 것은 변호사의 공공성에도 부합되지 않는다.

V. 사전에 경유할 수 없는 급박한 사정이 있는 경우

1. 사전에 경유할 수 없는 급박한 사정

다만, 사전에 경유할 수 없는 급박한 사정이 있는 경우에는 변호인선임서나 위임장 등을 제출한 후 지체 없이 공공기관에 소속 지방변호사회의 경유확인서를 제출하여야 한다. 변호사는 사건 수임 후 직무수행을 위해서는 지방변호사회를 경유해야 한다. 그러나 야간이나 공휴일에 형사사건을 수임하여 피의자를 접견하려는 경우 사전에 경유하기 어려울 수 있다. 또한 소속 지방변호사회가 아닌 지역에서 수임한 후 즉시 직무수행하려는 경우에도 사전에 경유할 수 없다. 뿐만 아니라 현재 진행 중인 재판의 변론기일에 즉시 참석해야 할 때 역시 사전에 경유하기란 쉽지 않다. 변호사는 피고인이나 피의자의 '변호인이 되려는 자'의 지위에서 접견·교통할 수 있다(형사소송법 34). 이 경우 선임서의 작성도 안 된 때는 경유도 할 수 없다. 그러므로 사전에 경유할 수 없는 '급박한 사정'이란 변호사가 위임장이나 선임서를 제출하기 전에 경유할 수 없다고 인정될 수 있는 상당한 사유를 말한다. 그런데 지방변호사회가 사전에 경유증표를 판매하고 있기 때문에 경유할 수 없는 급박한 사정의 의의는 반감되었다고 할 수 있다.

2. 공공기관에 소속 지방변호사회의 경유확인서 제출

변호사는 급박한 사정이 있는 경우에는 경유하지 않고 위임장이나 선임서를 먼저 제출할 수 있다. 위임장이나 선임서를 제출받은 국가기관은 경유증표가 첨부되어 있지 않다는 이유로 접수를 거부해서는 아니 된다. 국가기관은 경유 여부 및 경유하지 않아도 되는 예외사유의 존재 여부를 심사할 권한도 없다. 민사소송법은 소송대리권을 증명하는 서면을 제출하도록 하고 있으며, 형사소송법 역시 변호인 선임서를 요구하고 있다. 경유증표를 첨부한 서면의 제출을 요구하고 있지 않다는 것이다. 경유제도는 지방변호사회가 소속 회원인 변호사를 지도·감독하는 수단의 일종이다. 경유의무는 변호사가 소속 지방변호사회와 관계에서 준수해야 할 규범이다. 경유의무를 불이행하면 그 변호사는 과태료와 징계처분을 당할 수 있다(변호사법 117② 1의2). 이는 어디까지나 변호사단체의 자율권 행사이다. 그러므로 변호사 등록을 하고 개업한 자는 경유 없이도 그 직무를 수행할 수 있다. 다만, 변호사가 경유 없이 위임장 등을 제출한 후에는 지체 없이 경유확인서를 공공기관에 제출하여야 한다. 사전경유를 흠결한 경우 사후에 보완하라는 것이다. 경유확인서라는 별도의 서식이 있는 것은 아니고, 경유증표를 이미 제출한 위임장 등에 첨부하면 된다. 서울지방변호사회의 「수임사건경유업무운영규정」에는 이에 관련된 내용이 없다.

3. 변호인선임서 등의 미제출 변호 금지와 관련

(1) 변호사는 법원이나 수사기관에 변호인선임서나 위임장 등을 제출하지 아니하고는 ① 재판에 계속(係屬) 중인 사건, ② 수사 중인 형사사건[내사(內査) 중인 사건을 포함한다]에 대하여 변호하거나 대리할 수 없다(변호사법 29의2). 그런데, 사전에 변호인선임서 등을 경유할 수 없는 급박한 사정이 있는 경우에는 선임서나 위임장의 제출도 없이 변호하거나 대리해

야 하는 경우까지 있을 수 있다.

(2) 2017. 3. 14. 개정된 변호사법은 건전한 법조풍토를 조성하고 사건수임 및 변호사활동의 투명성을 강화하려는 취지로 조세를 포탈하거나 수임제한 등 관계 법령에 따른 제한을 회피하기 위하여 변호인선임서 등의 미제출 변호 금지 규정을 위반한 자를 처벌하는 규정을 신설하였다. 즉, 조세를 포탈하거나 수임제한 등 관계 법령에 따른 제한을 회피하기 위하여 제29조의2(제57조, 제58조의16 또는 제58조의30에 따라 준용되는 경우를 포함한다)를 위반하여 변호하거나 대리한 자는 1년 이하의 징역 또는 1천만원 이하의 벌금에 처한다(변호사법 113(4)).

(3) 변호사가 사건수임한 후에 조세포탈이나 수임제한 등 법령제한을 회피할 목적이 전혀 없는 가운데 '정당한 사유'가 있을 때는 선임서나 위임장을 제출하지 않고 변호나 대리행위를 할 수 있는 경우고 있을 수 있다. 물론 이때는 선임서 등의 경유도 할 수 없을 것이다.

(4) 2017. 3. 14. 개정되기 이전의 변호사법 제117조(과태료) 제 2 항 제 3 호는 "정당한 사유 없이 제29조의2(제57조, 제58조의16 또는 제58조의30에 따라 준용되는 경우를 포함한다)를 위반하여 변호하거나 대리한 자"라고 하여 선임서 등의 미제출 변호 또는 대리행위에 '정당한 사유'를 필수적인 요건으로 규정하였다. 선임서 등의 미제출 변호나 대리행위에 대하여 과태료가 아닌 형사처벌로 제재를 높이는 규정에는 '정당한 사유'가 없다. 그럼에도 변호사가 사건수임 후에 선임서 등에 대한 경유도 할 수 없는 경우에는 선임서 등의 제출없이도 변호나 대리행위를 해야 할 필요가 있다. 따라서 변호사가 사건수입 후에 경유할 수 없는 급박한 사정과 함께 선임서 등을 제출하지 못하고 변호나 대리해야 하는 정당한 사유가 있는 때는 처벌되지 않는다고 해야 할 것으로 본다.

제29조의2 변호인선임서 등의 미제출 변호 금지

제29조의2(변호인선임서 등의 미제출 변호 금지)
변호사는 법원이나 수사기관에 변호인선임서나 위임장 등을 제출하지 아니하고는 다음 각 호의 사건에 대하여 변호하거나 대리할 수 없다.
1. 재판에 계속(係屬) 중인 사건
2. 수사 중인 형사사건[내사(內査) 중인 사건을 포함한다]

Ⅰ. 연 혁

2007. 1. 26. 개정 변호사법은 변호인선임서 등을 제출하지 않고 하는 변론행위를 금지하는 규정을 신설했다. 이는 법조비리를 근절하기 위한 대책의 하나로 사법에 대한 국민의 신뢰를 높이려 한 것이다. 변호인선임서나 위임장 등을 제출하지 않고는 변론을 금지한 입법취지로는 ① 변호사가 변호인선임서 등을 제출하지 아니한 채 변호 또는 대리활동을 하고 대가를 수수하거나 내사사건 무마를 조건으로 고액의 선임료를 받는 경우가 있으며, ② 변호사가 정당한 이유 없이 이를 위반한 경우에는 과태료의 제재를 가하고, ③ 사건수임 및 변호사활동의 투명성을 높일 수 있을 것으로 기대하였다.

Ⅱ. 변호인선임서·위임장의 미제출 변호·대리금지

1. 법원이나 수사기관에 변호인선임서·위임장 제출

변호사는 법원이나 수사기관에 변호인선임서나 위임장 등을 제출하지 아니하고는 다음 각 호의 사건에 대하여 변호하거나 대리할 수 없다. 변호사가 소송대리인이나 변호인이 되려면 수권사항을 증명해야 한다. 소송대리인의 권한은 서면으로 증명하여야 하며(민사소송법 89①), 형사소송에서도 변호인과 피고인이 연명 날인한 서면을 제출해야 한다(형사소송법 31). 변호사는 정식의 재판절차에서는 위임장이나 선임서의 제출 없이 변론할 자격이 없다. 그렇지만 담당 재판부나 수사검사에게 전화 통화하여 변론하는 조건으로 수임할 수도 있다. 실제로 전화변론만으로 소기의 목적을 달성할 가능성이 있다. 이는 판사나 검사의 양해 또는 동조 없이는 있을 수 없는 탈법적인 변론양식이다. 이런 형식의 변론은 최근 법원이나 검찰청을 사직한 이른바 전관출신 변호사들이 하는 것으로 회자되고 있다.

2. 전관예우 근절을 위한 몰래변론 금지

전관변호사에게만 허용되는 호의적인 대우를 전관예우라 한다. 전관예우는 전관변호사에게만 베풀어지는 시혜에 그치는 것이 아니다. 고액의 수임료를 내고 전관변호사를 수임할 수 없는 대다수의 국민들을 차별하는 위헌적인 불법행위라 할 수 있다. 이 같은 전관예우와 같은 비리를 방지하기 위한 대책으로 위임장 또는 선임서의 제출 없는 변론을 금지하고 있다. 위임장 등의 제출 없는 변론은 수임관계를 감독할 수 없게 하며, 과세자료를 남기지 않게 되는 문제가 있다. 물론 위임장 등의 제출이 필요 없는 법률사무의 처리는 가능하다. 원래 변호사 제도는 국가권력의 남용을 감시하여 인권을 옹호하는 것을 사명으로 출발했다. 그러나 현재는 변호사가 저지르는 위법행위를 방지하기 위한 제도의 신설과 그 운용에 국가권력과 국민의 눈초리가 집중되고 있다. 이 규정이 신설되었던 2007. 1. 26. 개정 변호사법은 '법조윤리협의회'를 신설하여 전관예우와 사건 브로커의 근절을 도모하고 있는 점에서도 이를 알 수 있다.

3. 변호인선임서·위임장 제출없이 변호·대리금지 사건

변호사는 변호인선임서나 위임장 등을 제출하지 아니하고는 ① 재판에 계속 중인 사건, ② 수사 중인 형사사건, ③ 내사 중인 사건에 대하여 변호하거나 대리할 수 없다. '다음 각 호의 사건' 중 하나인 '재판에 계속 중인 사건'은 재판종류와 심급에 상관이 없이 현재 소송이 진행 중인 사건을 말한다. '수사 또는 내사 중인 사건'은 수사기관에서 사건을 입건하거나 그 앞선 단계에서 범죄혐의에 대하여 수사를 진행하고 있는 사건을 말한다. 그리고 '변호하거나'란 변호사가 형사사건에서 피고인이나 피의자의 이익을 위하여 하는 일체의 활동을 말한다. 또한 '대리'란 변호사가 당사자의 이름으로 소송행위를 하거나 받는 것을 말한다. 여기서 '변호하거나 대리'는 그 사건을 수임한 대리인 또는 변호인의 지위에서의 행한 행위이다. 변호사가 소송절차에서 변호하거나 대리하는 행위를 '변론'한다고 통칭할 수 있다. 수임계약의 체결 전이라도 변호인이 되려는 자는 (선임서의 제출 없이도) 신체구속을 당한 피고인이나 피의자를 접견·교통할 수 있다(형사소송법 34). 그 후 수임계약을 체결한 다음에는 반드시 선임서를 제출하고 변호해야 한다. 변호사는 재판이나 수사가 계속 또는 진행되기 전 단계에서 수임할 수 있다. 또한 재판이나 수사가 종료된 상태에서 수임하여 새로운 절차로 이행될 수 있다. 이때 재판의 대리인이나 변호인이 되려면 소송위임장 또는 변호인 선임서를 제출해야 한다.

4. 행정심판의 청구에 관한 대리행위 등에서의 위임장 제출

변호사는 재판이나 수사 중인 사건 외에도 수임사건의 위임장을 제출해야 한다. 예컨대 변호사는 도로교통법 제94조에 따라 운전면허의 취소처분 또는 정지처분에 대하여 이의가 있는 사람을 대리하여 지방경찰청장에게 이의를 신청할 수 있다. 또한 행정기관 소속 공무원의 징계처분에 대하여 소청심사위원회에 소청을 제기할 수 있다(국가공무원법 16①). 이와 같은 행정심판의 청구에 관한 대리행위를 할 때 변호사는 지방경찰청장 또는 소청심사위원회에 위임장을 제출해야 한다. 도로교통에 따른 처분으로서 해당 처분에 대한 행정소송은 행정심판의 재결(裁決)을 거치지 아니하면 제기할 수 없다(도로교통법 142). 처분에 불복하는 청구인은 변호사를 대리인으로 선임할 수 있고, 선임 사실을 서면으로 소명하여야 한다(행정심판법 18①,③). 따라서 행정심판 청구인을 대리하는 변호사는 위임장을 제출해야 한다.

Ⅲ. 위반에 대한 효과

1. 재판 중인 사건·수사중인 형사사건

변호사가 재판에 계속 중인 사건, 수사 중인 형사사건[내사 중인 사건을 포함한다]에 대하여 변호인선임서나 위임장을 제출하지 않고 변호하거나 대리하는 때에는 형사처벌을 한다. 2017. 3. 14. 개정된 변호사법은 건전한 법조풍토를 조성하고 사건수임 및 변호사활동의 투명성을 강화하려고 조세를 포탈하거나 수임제한 등 관계 법령에 따른 제한을 회피하기 위한 변호인선임서 등의 미제출 변호나 대리에 대한 처벌규정을 신설하였다.

조세를 포탈하거나 수임제한 등 관계 법령에 따른 제한을 회피하기 위하여 제29조의2(제57조, 제58조의16 또는 제58조의30에 따라 준용되는 경우를 포함한다)를 위반하여 변호하거나 대리한 자는 1년 이하의 징역 또는 1천만원 이하의 벌금에 처한다(변호사법 113(4)). 이 사유로 형사처벌을 받은 변호사는 징계처분도 받게 된다.

2. 정당한 사유가 있을 때 변호인선임서·위임장의 제출없는 변호·대리

변호사가 조세포탈이나 수임제한 등 법령제한을 회피할 목적이 없이 변호인선임서·위임장을 제출할 수 없는 '정당한 사유'가 있을 수 있다. 예컨대 서울에 법률사무소가 있는 변호사가 지방에 내려가 있는 동안 그곳에서 형사사건을 수임한 경우에 피의자를 접견하는 것은 형사소송법 제34조 "변호인이 되려는 자"의 지위에서 변호인선임서 제출없이도 가능하다. 그러나 수사관이나 검사에게 피의자를 위한 변호를 할 때는 원칙적으로 선임서의 제출이 있어야 하지만, 예외적으로 급박한 사정이 있을 때는 선임서의 제출없이도 적법한 절차를 거친 후 변호할 수 있다고 할 것이다. 다만, 정당한 사유를 이유로 선임서 등의 제출없이도 변호할 수 있는 경우를 넓게 허용하면 몰래변론을 규제하려는 입법취지가 몰각된다. 그러니까 다급하다는 이유로 선임서를 제출하지 않고 평소 친분이 있는 판사나 검사에게 전화를 걸어서 특정 피고인이나 피의자를 위하여 변호하는 것은 허용될 수 없다. 이는 전형적인 몰래변론의 행태이기 때문이다. 따라서 선임서 등의 제출없이도 변호하거나 대리할 수 있는 정당한 사유가 있는 경우는 법정절차에 따른 것이어야 한다. 형사사건 외에 민사사건 등의 경우에는 위임장 제출없이 대리하는 경우는 많지 않을 것이다. 아무튼 선임서나 위임장의 제출이 없으면 무조건 형사처벌이 된다고 할 수는 없는 점이 있다.

3. 행정심판 등 사건에서 위임장 미제출 대리행위

변호사법은 변호사의 직무를 전통적인 송무중심으로 파악하고 있기 때문에 재판과 수사 중인 사건의 선임서 등의 미제출 변호나 대리행위만 규율할 뿐, 재판이나 수사 이전 단계인 행정청의 처분에 대한 이의신청이나 행정심판 등에서 직무를 수행하는 경우의 몰래변론에 대한 규정이 없다. 변호인선임서나 위임장을 제출하지 않고 변호하거나 대리하는 때 형사처벌을 받는 사건은 재판에 계속 중인 사건과 수사 중인 형사사건[내사 중인 사건을 포함한다]에 한정된다. 따라서 변호사가 행정심판·이의신청, 청문절차 등과 같은 사건의 대리행위를 할 때 위임장의 제출이 없었다 하더라도 형사처벌의 대상은 될 수 없다.

4. 다른 규정과의 관계

변호사가 위임장의 제출없이 변론을 하려는 것은 수임사실을 은닉하려는 목적 때문이다. 사건을 수임하면 의무적으로 기재하여야 할 수임장부(제28조)에 그 사건은 누락할 가능성이 있다. 또한 수임사건의 건수 및 수임액을 매년 1월 말까지 보고하여야 함에도(제28조의 2) 수임건수와 수임액수를 보고하지 않게 되어 과세자료의 투명성을 확보할 수 없게 되고 탈세로 이어질 수 있다.

변호사의 선임서 제출 없는 변론은 재판이나 수사공무원과의 유착관계를 심화시킬 수 있다. 재판이나 수사기관 공무원은 변호사에게 사건소개가 금지되고 있으며(제35조), 재판이나 수사업무에 종사하는 공무원(직무취급자)은 직무상 관련 있는 사건을 변호사에게 사건소개를 할 수 없다(제37조). 그럼에도 선임계 제출 없는 변론행위는 공무원들로 하여금 이들 규정을 쉽게 위반할 위험성을 초래할 수 있다.

제30조 연고 관계 등의 선전금지

제30조(연고 관계 등의 선전금지)
변호사나 그 사무직원은 법률사건이나 법률사무의 수임을 위하여 재판이나 수사업무에 종사하는 공무원과의 연고(緣故) 등 사적인 관계를 드러내며 영향력을 미칠 수 있는 것으로 선전하여서는 아니 된다.

Ⅰ. 연 혁

2000. 1. 28. 개정된 변호사법은 심각한 법조비리를 척결하고자 하는 여러 제도를 신설한 것을 특징으로 한다. '변호사 또는 사무직원은 법률사건 또는 법률사무의 수임을 위하여 재판 또는 수사업무에 종사하는 공무원과의 연고 등 사적인 관계를 적시하여 영향력을 미칠 수 있는 것으로 선전하여서는 아니 된다'는 이 규정도 이와 같은 맥락에서 신설됐다. 이 규정뿐만 아니라 ① 비리행위로 퇴직한 판사·검사 등에 대한 변호사 등록거부제도를 도입하고, ② 판사·검사가 자기가 취급하거나 취급하였던 사건 등을 특정 변호사에게 소개하는 행위 등을 금지하며, ③ 변호사업무에 대한 광고허용 등을 통하여 사건브로커가 기생할 수 있는 소지를 제거하는 등의 배려를 했다.

Ⅱ. 사건수임을 위한 공무원과의 연고 관계 이용금지

1. 공무원과의 연고 관계 이용금지 주체

변호사나 그 사무직원은 법률사건이나 법률사무의 수임을 위하여 재판이나 수사업무에 종사하는 공무원과의 연고(緣故) 등 사적인 관계를 드러내며 영향력을 미칠 수 있는 것으로 선전하여서는 아니 된다. 사건의 수임은 변호사나 사무직원의 계속적인 직업의 자유와 생존권 향유를 위해 필요하다. 법률사건이나 사무에 관한 수임의 주체는 변호사이다. 사무직원 역시 수임에 관여할 수 있다. 사무직원은 서류의 작성, 보관, 제출, 기록관리, 서무, 경리, 기타 변호사의 업무를 보조하는 것을 그 직무로 한다(변호사사무원규칙 2②). 변호사의 업무를 보조하는 업무 중 하나가 사건수임이라 할 수 있다. 사무직원은 변호사의 대리인 지위에서 의뢰인과 수임약정을 할 수 있다.

사무직원도 변호사 또는 자신과의 연고 관계 등을 과시하는 행위를 할 수 없다. 그럼에도 사무직원이 변호사의 지시를 받지 않고 의뢰인에게 연고 관계 등을 선전할 수 있다. 변호사는 사무직원이 법령과 대한변호사협회 및 소속 지방변호사회의 회칙, 규칙 등을 준수하여 성실히 사무에 종사하도록 지휘·감독한다(변호사윤리장전 8④). 따라서 사무직원이 의뢰인에게 연고 관계 등을 선전하는 행위는 변호사가 한 것으로 보아야 한다.

2. 연고 관계 이용금지 시기(수임하기 전)

변호사나 그 사무직원은 법률사건이나 법률사무의 수임을 위하여 연고 관계를 이용해서는 아니된다. 여기서 '수임을 위하여'란 현재 의뢰인과 특정사건의 수임약정을 체결하려고 할 때 또는 잠재적(예상) 의뢰인을 상대로 장래에 수임하게 될 것을 기대하는 것을 말한다. 만약 사건수임을 한 후에 의뢰인이 위임계약의 해지를 하려고 할 때 변호사가 재판이나 수사기관 공무원과의 연고 관계 등을 드러낼 때는 이 규정 위반은 아니다. 「변호사윤리장전」 제20조 제 4 항에서도 '수임을 위하여'서만 연고 관계 등의 선전을 금지하고 있다. 입법론으로는 '수임을 위하여'라는 문구는 삭제함이 타당하다. 사건수임 전이나 수임사건 처리 중에도 연고 관계 등을 드러내는 것은 공정한 사법작용에 대한 신뢰를 해치는 결과를 초래한다. 따라서 사건수임 후에 변호사가 연고 관계 등을 선전할 때는 품위유지의무 위반에 해당된다.

3. 재판이나 수사업무에 종사하는 공무원

변호사가 수임하는 법률사건이나 법률사무는 재판이나 수사업무에 종사하는 공무원의 직무에 관한 것이다. '재판에 종사하는 공무원'은 법원조직법과 헌법재판소법, 군사법원법 등 각종 법령에 따라 재판업무를 하는 법관·재판관은 물론 법원 공무원을 포함한다. 법관이 담당하는 재판은 헌법재판 또는 민사·형사소송이든 그 종류를 불문한다. 경매사건이나 등기관련 직무를 담당하는 법원공무원도 여기에 해당된다. 그리고 '수사업무에 종사하는 공무원'은 검사나 사법경찰관·리와 같은 수사관은 물론 특별수사기관인 국가정보원과 군검찰 등의 일체의 수사업무에 종사하는 공무원을 말한다.

변호사의 의뢰인이 이들 공무원의 직무사항과 이해관계를 가지고 있어야 한다. 여기서 '재판이나 수사업무에 종사하는 공무원'은 특정한 사건의 재판이나 수사업무를 담당하는 공무원은 물론 재판과 수사업무와 관련성을 가진 공무원까지도 포함된다. 의뢰인은 그 업무의 직접 담당자가 아니더라도 동종업무에 종사하는 공무원 사이에서는 영향력이 있다고 여길 수 있기 때문이다. 그러므로 공무원이 그 업무의 종국적인 결정 권한을 가져야 하는 것은 아니다.

4. 행정처분하는 공무원과의 연고 관계 선전 금지

변호사는 행정처분의 청구에 관한 대리행위와 일반 법률 사무를 하는 것을 그 직무로 한다(변호사법 3). 행정처분에 불복하는 이의신청이나 행정심판청구 사건을 수임하려고 할 때 해당 처분권자인 공무원 또는 행정심판위원회의 위원 등과의 연고 관계를 드러내는 행위를 할 수 없다. 변호사법에는 재판과 수사업무에 종사하는 공무원과의 연고 관계만 금지하고 있지만, 이는 전통적인 변호사업무를 고려한 규정이다. 변호사는 모든 사건의 수임을 위하여 또는 수임 후에라도 관련 업무의 공무원과의 연고 관계를 선전해서는 아니 된다. 이를 위반할 때는 품위훼손으로 징계처분을 받을 수 있다. 입법론으로 변호사의 연고 관계 이용·선전 금지의무는 재판과 수사업무에 종사한 공무원뿐만 아니라 변호사의 수임사건과 관련된 모든 공무원도 포함시켜야 한다.

5. 연고(緣故) 등 사적인 관계로 영향력 행사 선전

변호사가 재판 또는 수사업무 공무원과 같은 직장 동료였거나(직연), 혈연·지연·학연과 같은 연고가 있을 수 있다. 연고의 사전적 의미는 혈통, 정분, 법률 따위로 맺어진 관계를 말한다. 대개 변호사는 사법연수원이나 로스쿨을 수료하기에 같은 학교를 졸업한 판사나 검사와 학연이 맺어질 수 있다. 사적인 관계는 연고뿐만 아니라 이와 유사한 관계도 포함된다. 그래서 법문에서 '연고 등'이라고 표현하고 있다. '연고 등'은 사회 속에서 친밀감을 느낄 만큼 형성된 관계를 말한다. 주기적으로 운동을 같이하는 등의 취미생활로 맺어진 사이를 들 수 있다. 이 규정에서 연고관계는 전관변호사와 재직 중인 공무원과의 관계를 상정하고 있는 것으로 보인다. 「변호사윤리장전」은 보다 구체적으로 연고 관계를 명시하고 있다. 변호사는 개인적 친분 또는 전관관계를 이용하여 직접 또는 간접으로 법원이나 수사기관 등의 공정한 업무 수행에 영향을 미칠 행위를 하지 아니한다(변호사윤리장전 38).

변호사가 재판 또는 수사업무 공무원과 이런 연고 관계가 실제로 존재하는지 여부는 묻지 아니한다. 실제로 변호사가 사건수임을 위하여 공무원과 연고 관계가 없음에도 의뢰인을 속일 수도 있다. 변호사는 사건수임에 도움이 되는 학력, 경력 등을 광고할 수 있다.

그렇지만 재판·수사공무원과의 연고 등 사적인 관계는 광고의 대상이 될 수 없다. 변호사와 공무원 사이에 존재하는 사적인 관계를 알게 된 의뢰인은 수임사건의 결과에 대하여 부당한 기대를 가질 수 있다. 공무원의 적법한 직무수행까지도 변호사와의 사적인 관계에서 비롯된 것으로 오해하고 공무수행의 청렴성을 불신할 수 있다. 그러므로 변호사는 의뢰인이 기대하는 결과를 얻을 가능성이 없거나 희박한 사건을 그 가능성이 높은 것처럼 설명하거나 장담하지 아니 한다(변호사윤리장전 20②).

6. 연고 관계 선전금지

변호사는 공무원과의 사적인 관계를 드러내서는 아니 된다. 또한 그 사적인 관계를 이용하여 영향력을 미칠 수 있는 것으로 선전해서도 아니 된다. 여기서 '영향력'이란 공무원이 변호사와의 사적인 관계 때문에 그 변호사의 이익을 위하여 법과 원칙대로 직무를 하지 않는 것을 말한다. 그리고 '선전'이란 불특정 다수인에게 그 연고 등을 널리 알리는 것이다. 그 점에서 '선전하다'(advertise)는 것은 광고하는 것과 같다. 선전의 목적은 '수임을 위하여'서이다. 그러므로 특정인에게 연고관계를 과시하는 행위는 물론 일반인을 상대로 연고관계를 알리는 행위가 이에 해당된다. 선전은 의도적이어야 한다. 단순히 연고가 있음을 암시하는 행위는 이에 포함되지 않는다. 법관이나 검사로 퇴직하였음을 적법하게 광고하는 행위까지 연고관계를 암시하는 것으로 오해될 수 있기 때문이다. 「변호사 광고에 관한 규정」에서 "변호사법 제31조 제 3 항에서 정한 수임제한의 해제 광고"를 금지한 이유도 바로 이 때문이다.

7. 공무원이 변호사와의 연고 등 사적인 관계로 영향을 받은 경우

법관은 혈연·지연·학연·성별·경제적 능력 또는 사회적 지위 등을 이유로 편견을 가지거나 차별을 하지 아니한다(법관윤리강령 3②). 검사는 … 어떠한 압력이나 유혹, 정실에도 영향을 받지 아니하고 오로지 법과 양심에 따라 엄정하고 공평하게 직무를 수행한다(검사윤리강령 3②). 이처럼 재판·수사기관 공무원은 변호사와의 연고 관계 때문에 직무수행에 영향력을 받아 특혜를 베푸는 행위는 직무규범상 엄격히 금지되고 있다.

변호사 역시 연고 관계 등을 선전해서는 아니되지만, 공무원 역시 연고 관계있는 변호사의 영향을 받아서 직무를 수행하는 행위는 헌법상 평등의 원칙을 위반할 뿐만 아니라 직무규범을 위반한 전형적인 공직사회의 부패행위라고 할 수 있어 해당 공무원은 징계사유에 해당될 수 있다. 그럼에도 전관변호사의 전화변론을 허용하고 보석청구를 인용하는 결정을 하는 등으로 연고 관계에 영향을 받는 사례가 이어지고 있다.

Ⅲ. 이 규정 위반의 효과

공무원이 변호사와의 사적인 관계로 직무수행에 영향을 받는다면 공무의 공정성과 적법성을 인정받기 어렵다. 전관변호사가 재직 중인 공무원에게 영향력을 미칠 것으로 선전한다면 전관예우의 실체를 말하는 것과 다름없다. 또한 아무런 연고도 없으면서 의뢰인에게 그런 관계를 선전하는 것은 변호사의 품위를 훼손하는 것이다. 변호사가 공무원과의 사적인 관계로 영향력을 미칠 수 있다고 선전하는 것은 사회상규상 허용되는 과장으로 인정받을 수 없다. 의뢰인에 대한 기망행위 내지 불법행위가 성립될 여지가 크다 할 수 있다.

변호사법에는 이 규정위반에 대한 형사처벌이나 과태료 부과규정이 없다. 그러나 이 규정을 위반한 것은 변호사법을 위반한 경우에 해당될 뿐만 아니라 품위를 훼손하는 행위이므로 징계책임을 면할 수 없을 것이다.

제31조 수임제한

제31조(수임제한)

① 변호사는 다음 각 호의 어느 하나에 해당하는 사건에 관하여는 그 직무를 수행할 수 없다. 다만, 제 2 호 사건의 경우 수임하고 있는 사건의 위임인이 동의한 경우에는 그러하지 아니하다.

1. 당사자 한쪽으로부터 상의(相議)를 받아 그 수임을 승낙한 사건의 상대방이 위임하는 사건
2. 수임하고 있는 사건의 상대방이 위임하는 다른 사건
3. 공무원·조정위원 또는 중재인으로서 직무상 취급하거나 취급하게 된 사건

② 제 1 항 제 1 호 및 제 2 호를 적용할 때 법무법인·법무법인(유한)·법무조합이 아니면서도 변호사 2명 이상이 사건의 수임·처리나 그 밖의 변호사 업무 수행 시 통일된 형태를 갖추고 수익을 분배하거나 비용을 분담하는 형태로 운영되는 법률사무소는 하나의 변호사로 본다.

③ 법관, 검사, 장기복무 군법무관, 그 밖의 공무원 직에 있다가 퇴직(재판연구원, 사법연수생과 병역의무를 이행하기 위하여 군인·공익법무관 등으로 근무한 자는 제외한다)하여 변호사 개업을 한 자(이하 "공직퇴임변호사"라 한다)는 퇴직 전 1년부터 퇴직한 때까지 근무한 법원, 검찰청, 군사법원, 금융위원회, 공정거래위원회, 경찰관서 등 국가기관(대법원, 고등법원, 지방법원 및 지방법원 지원과 그에 대응하여 설치된 「검찰청법」 제 3 조 제 1 항 및 제 2 항의 대검찰청, 고등검찰청, 지방검찰청, 지방검찰청 지청은 각각 동일한 국가기관으로 본다)이 처리하는 사건을 퇴직한 날부터 1년 동안 수임할 수 없다. 다만, 국선변호 등 공익목적의 수임과 사건당사자가 「민법」 제767조에 따른 친족인 경우의 수임은 그러하지 아니하다.

④ 제 3 항의 수임할 수 없는 경우는 다음 각 호를 포함한다.

1. 공직퇴임변호사가 법무법인, 법무법인(유한), 법무조합 또는 「외국법자문사법」 제 2 조 제 9 호에 따른 합작법무법인(이하 이 조에서 "법무법인등"이라 한다)(이하 이 조에서 "법무법인등"이라 한다)의 담당변호사로 지정되는 경우
2. 공직퇴임변호사가 다른 변호사, 법무법인등으로부터 명의를 빌려 사건을 실질적으로 처리하는 등 사실상 수임하는 경우
3. 법무법인등의 경우 사건수임계약서, 소송서류 및 변호사의견서 등에는 공직퇴임변호사가 담당변호사로 표시되지 않았으나 실질적으로는 사건의 수임이나 수행에 관여하여 수임료를 받는 경우

⑤ 제 3 항의 법원 또는 검찰청 등 국가기관의 범위, 공익목적 수임의 범위 등 필요한 사항은 대통령령으로 정한다.

Ⅰ. 연 혁

(1) 1949. 11. 7. 제정된 변호사법은 절대적으로 수임할 수 없는 사유를 두고 있었다. 즉, 변호사는 ① 상대자의 상의를 받은 사건으로서 그 상의의 방법 정도가 신뢰관계에 기인한 것으로 인정되는 사건 또는 그 위촉을 승낙한 사건, ② 공무원 또는 중재인으로서 직무상 취급한 사건에 해당하는 사건에 관하여는 그 직무를 행할 수 없다(제16조).

(2) 1973. 1. 25. 개정된 변호사법은 변호사가 그 직무를 행할 수 없는 사건 및 그 금지 행위의 범위를 보완했다. 동일사건이 아닌 경우 상대방의 동의가 있을 때는 수임할 수 있는 규정이 신설됐다. 즉, 수임하고 있는 사건의 상대자가 위촉하는 다른 사건. 다만, 수임하고 있는 사건의 위촉자가 동의한 경우에는 그러하지 아니하다(제16조 제3호).

(3) 2000. 1. 28. 개정된 변호사법은 조문의 위치를 제31조로 변경하고 현행 제31조 제1항에 해당하는 조문으로 규정했다. 즉, 변호사는 다음 각호[1]의 1에 해당하는 사건에 관하여는 그 직무를 행할 수 없다. 다만, 제2호의 사건의 경우 수임하고 있는 사건의 위임인이 동의한 때에는 그러하지 아니한다(제31조 제1항).

(4) 2008. 3. 28. 개정된 변호사법은 공동법률사무소에 대해서도 수임제한을 받도록 하는 제31조 제2항을 신설했다. 즉, 제1항 제1호 및 제2호를 적용할 때 법무법인·법무법인(유한)·법무조합이 아니면서도 변호사 2명 이상이 사건의 수임·처리나 그 밖의 변호사 업무 수행 시 통일된 형태를 갖추고 수익을 분배하거나 비용을 분담하는 형태로 운영되는 법률사무소는 하나의 변호사로 본다(제31조 제2항).

(5) 2011. 5. 17. 개정된 변호사법은 공직퇴임변호사의 수임제한에 관한 규정을 신설했다. 즉, 법관, 검사, 군법무관(병역의무 이행만을 목적으로 한 군복무는 제외한다), 그 밖의 공무원직에 재직한 변호사(이하 이 조에서 "공직퇴임변호사"라 한다)는 퇴직 전 1년부터 퇴직한 때까지 근무한 법원, 검찰청, 군사법원, 금융위원회, 공정거래위원회, 경찰관서 등 국가기관(대법원, 고등법원, 지방법원 및 지방법원 지원과 그에 대응하여 설치된 「검찰청법」 제3조 제1항 및 제2항의 대검찰청, 고등검찰청, 지방검찰청, 지방검찰청 지청은 각각 동일한 국가기관으로 본다)이 처리하는 사건을 퇴직한 날부터 1년 동안 수임할 수 없다. 다만, 국선변호 등 공익목적의 수임과 사건당사자가 「민법」 제767조에 따른 친족인 경우의 수임은 그러하지 아니하다(제31조 제3항).[2]

---

1 1. 당사자 일방으로부터 상의를 받아 그 수임을 승낙한 사건의 상대방이 위임하는 사건
2. 수임하고 있는 사건의 상대방이 위임하는 다른 사건
3. 공무원·조정위원 또는 중재인으로서 직무상 취급하거나 취급하게 된 사건

2 ④ 제3항의 수임할 수 없는 경우는 다음 각 호를 포함한다. <신설 2011. 5. 17.>
1. 공직퇴임변호사가 법무법인, 법무법인(유한), 법무조합(이하 이 조에서 "법무법인등"이라 한다)의 담당 변호사로 지정되는 경우

(6) 2013. 5. 28. 개정된 변호사법은 공직퇴임변호사의 범위에 관한 내용 중 '재판연구원, 사법연수생'을 추가했다.[3]

Ⅱ. 변호사의 사건 수임제한

1. 사건 수임제한의 의의

(1) 헌법은 국민의 변호인 조력권을 보장하고 있다. 체포 또는 구속을 당한 피의자나 피고인은 즉시 원하는 변호사를 변호인으로 선임할 수 있어야 한다. 그 점에서 헌법상의 변호인 조력권은 피의자나 피고인이 원하는 변호사를 선택하여 선임할 수 있는 권리이다. 그러나 변호사법은 변호사가 특정한 사건은 수임할 수 없는 제한을 두고 있다. 변호사의 수임제한은 국민의 입장에서는 변호사의 조력을 받을 수 있는 기본권의 제한일 수 있다. 물론 선택 가능한 변호사는 많이 있고, 의뢰인의 이익 보호를 위한 최소한의 수단이라는 반론도 가능하다. 그러나 특정한 변호사의 조력을 받고자 할 때 여러 변호사의 존재는 큰 의미가 없다.[4] 변호사와 의뢰인 사이에 신뢰관계가 형성되어 있음에도 수임제한을 하는 것은 서로에게 이익이 되지 않을 수 있다. 변호사는 수임료로 생활하는 사인이기에 수임의 자유는 곧 직업수행의 자유이기도 하다.[5]

(2) 변호사의 수임제한은 이익충돌회피의무의 내용으로 파악된다. 수임제한사유에 관한 법령의 근거는 변호사법과 「변호사윤리장전」이라 할 수 있다. 수임제한의 취지는 당사

---

2. 공직퇴임변호사가 다른 변호사, 법무법인등으로부터 명의를 빌려 사건을 실질적으로 처리하는 등 사실상 수임하는 경우
3. 법무법인등의 경우 사건수임계약서, 소송서류 및 변호사의견서 등에는 공직퇴임변호사가 담당변호사로 표시되지 않았으나 실질적으로는 사건의 수임이나 수행에 관여하여 수임료를 받는 경우

⑤ 제3항의 법원 또는 검찰청 등 국가기관의 범위, 공익목적 수임의 범위 등 필요한 사항은 대통령령으로 정한다. <신설 2011. 5. 17.>

3 법관, 검사, 장기복무 군법무관, 그 밖의 공무원 직에 있다가 퇴직(재판연구원, 사법연수생과 병역의무를 이행하기 위하여 군인·공익법무관 등으로 근무한 자는 제외한다)하여 변호사 개업을 한 자(이하 "공직퇴임변호사"라 한다)는 퇴직 전 1년부터 퇴직한 때까지 근무한 법원, 검찰청, 군사법원, 금융위원회, 공정거래위원회, 경찰관서 등 국가기관(대법원, 고등법원, 지방법원 및 지방법원 지원과 그에 대응하여 설치된 「검찰청법」 제3조 제1항 및 제2항의 대검찰청, 고등검찰청, 지방검찰청, 지방검찰청 지청은 각각 동일한 국가기관으로 본다)이 처리하는 사건을 퇴직한 날부터 1년 동안 수임할 수 없다. 다만, 국선변호 등 공익목적의 수임과 사건당사자가 「민법」 제767조에 따른 친족인 경우의 수임은 그러하지 아니하다. <신설 2011. 5. 17, 2013. 5. 28>

4 정형근, "변호사의 절대적 수임제한사유에 관한 연구", 인권과 정의(2015. 2.), 98면 이하.

5 헌법재판소는 이 점에 관하여, 변호사는 사건수임에 관하여 소개·알선 또는 유인의 대가로 금품을 제공하여서는 아니 되는데(변호사법 34②), 이 조항으로 가장 직접적으로 제한되는 기본권은 직업수행의 자유라고 하였다. 헌법재판소는 위 법률조항으로 변호사가 받는 불이익은 결국 수임 기회의 제한에 불과하고, 변호사를 직업으로 선택한 이로서는 당연히 감수하여야 할 부분이므로, 이 사건 법률조항이 과잉금지원칙에 위반하여 변호사의 직업수행의 자유를 침해한다고 볼 수 없다고 한다(헌재 2013. 2. 28. 2012헌바62).

자의 이익보호와 변호사의 직무집행의 공정성 확보 및 변호사의 품위유지의무의 준수에 있다고 볼 수 있다. 특히 변호사의 이익충돌회피의무는 비밀유지의무와 함께 직업윤리의 근간으로 평가된다.[6] 그러나 수임제한은 이익충돌의 회피를 위한 경우에만 국한되는 것은 아니다. 변호사는 위임의 목적이 부당한 사건은 수임할 수 없는데(변호사윤리장전 21), 이는 소송외적 목적의 추구를 위한 제소는 소권의 남용으로 평가될 수 있기 때문이다.

2. 수임제한의 이론적 근거

(1) 이익충돌을 이유로 변호사의 수임에 제한을 가하는 것은 변호사나 의뢰인 모두에게 어느 정도의 희생을 요구한다. 변호사는 수임의 자유를 누릴 수 없는 경제적인 측면에서 손해가 될 수 있다. 의뢰인은 자신이 위임하기를 원하는 변호사에게 사건을 맡길 수 없는 제한을 받게 된다. 변호사는 이해관계가 대립하지 않은 의뢰인들의 사건을 수임하는 것이 요청된다. 변호사 입장에서는 다수의 의뢰인이 존재하면 수임사건 처리에 필요한 당사자의 협력을 구할 수 있는 유리한 점도 있을 수 있다. 복수의 의뢰인이라도 이익충돌이 없는 동일한 이익을 갖는 경우에는 1인의 변호사라도 모두의 이익을 위하여 업무를 수행하는 데 어려움이 없다.[7] 그럼에도 이익충돌이 발생하는 경우에 변호사의 수임의 자유를 제한하는 이유가 있는 것이다.

(2) 첫째, 변호사의 의뢰인에 대한 충실의무의 이행에 전념하도록 한다. 이해관계가 상반되는 여러 의뢰인들을 대리하는 경우 특정 의뢰인의 이익이 침해될 위험이 있다. 변호사 역시 제한된 시간과 능력 및 주의력으로 모든 의뢰인의 이익을 공평하고도 완벽하게 확보하기 쉽지 않다. 그럼에도 의뢰인은 변호사가 전심전력하여 자신의 이익을 옹호하도록 요구할 수 있는 권리를 가진다. 의뢰인은 변호사가 다른 이해관계인에게 분산되지 않은 충실(undivided loyalty)의무의 이행을 원한다. 민법은 오로지 의뢰인의 이익을 충실하게 옹호하도록 선관주의의무를 부과하고 있다.

(3) 둘째, 대리행위의 능률성과 신뢰성을 높일 수 있다. 변호사가 다수의 의뢰인을 대리하는 것보다 1인의 의뢰인을 위하여 일할 때 효율성이 높아질 수 있다. 특히 이해관계가 첨예하게 대립하는 사건에서 여러 의뢰인들을 대리하는 경우에는 모두의 기대를 만족시킬 만한 결과를 기대하기가 쉽지 않다. 의뢰인들은 변호사가 특정인의 이익만을 우선시하는

---

6 森際康友, 法曹の倫理, 24면; 그 점에서 변호사에게 특정사건의 수임을 엄격히 제한하는 것은 한편으로는 변호사제도의 존립기반을 공고히 하는 역할을 한다.

7 小島武司 외 3인, 法曹倫理, 87면; 예컨대 대여금청구사건에서 주채무자와 연대채무자의 공동 소송대리인이 될 수 있다. 그러나 주채무자와 연대채무자 사이에 채무부담비율에 관한 내부적인 분쟁이 있어나 연대채무자가 변제 후 구상금청구를 주채무자에게 하는 경우라면 수임제한 사유가 발생할 수 있다.

것은 아닌가 하는 의혹의 눈길을 보낼 수 있다. 그 때문에 사전에 변호사의 직무수행의 능률성과 신뢰관계를 훼손할 위험을 제거할 필요가 있다. 바로 이러한 요청에 부응하기 위하여 수임제한사유를 설정하게 되는 것이다.

(4) 셋째, 의뢰인의 비밀정보가 공개되거나 상대방의 이익으로 이용되는 것을 방지하게 된다. 변호사의 비밀유지의무는 의뢰인과의 신뢰관계를 맺게 하여 원활한 의사소통을 가능하게 한다. 변호사가 의뢰인의 비밀을 공개하지 않도록 하여 의뢰인을 보호할 수 있다.[8] 그리고 변호사를 신뢰한 의뢰인은 사건의 진실을 말하게 되어 정의를 실현하는 데 유익한 변론을 할 수 있어 그 결과 공공의 이익까지도 도모할 수 있다.[9] 그러므로 변호사가 의뢰인의 비밀을 누설할 가능성이 있을 때는 그 사건수임을 제한하는 것이 그 비밀에의 접근을 원천적으로 봉쇄하는 중요한 수단이 될 수 있다.[10]

(5) 넷째, 변호사의 위법한 독직행위를 예방할 수 있다. 변호사가 이해관계가 대립되는 의뢰인들을 대리할 때, 자신의 이익을 우선적으로 고려해 줄 것을 요청하는 의뢰인으로부터 정식의 보수 외의 특별한 금품이나 향응을 제공받을 수 있다. 변호사가 그 같은 불법적인 제안을 거절하여야 할 것이지만, 그렇지 못할 경우에는 변호사에 대한 신뢰와 그 직무의 공정성 및 법원의 판결까지도 의심받게 된다. 그 때문에 변호사법은 수임제한사유를 정하고 있을 뿐만 아니라 독직행위의 금지를 명시하고 있다(변호사법 33). 이로써 공정한 재판을 방해하는 요소를 안고 있는 변호사를 사전에 그 사건으로부터 제거하여 사법의 왜곡을 방지할 수 있게 된다.

3. 수임제한의 유형

(1) 변호사에 대한 수임제한의 유형은 먼저, 일정한 사유에 해당되면 수임을 금지하는 '절대적 수임제한사유'가 있으며(변호사법 31①(1), (3), 32),[11] 둘째로, 의뢰인의 동의 또는 양해 등이 있으면 수임을 허용하는 '상대적 수임제한사유'가 있다(변호사법 31①(2)). 마지막으로, 법률사무의 전문성, 공정성, 신뢰성 등의 확보를 위한 수임제한으로는 전관예우를 근절하기 위한 공직퇴임변호사의 수임제한(변호사법 31③), 변호사시험 합격자의 연수기간 중의 수임제

8 Geoffrey C. Hazard, *The Law And Ethics Of Lawyering*, p.203; Ronald E. Mallen and Jeffrey M. Smith, *Legal malpractice*(2), p.700.

9 Ronald E. Mallen and Jeffrey M. Smith, *Legal malpractice*(1), p.672; Upjohn Co. v. United States, 449 U.S. 383(1981).

10 김제완, "이익의 충돌에 의한 수임제한과 변호사의 윤리", 인권과 정의(2004. 2), 122면.

11 변호사법 제52조 제 2 항의 '법무법인 등이 수임을 승낙한 사건' 역시 절대적 수임제한사유로 분류하는 견해도 있지만, 수임한 승낙한 법무법인이 동의하면 수임이 가능하다는 점에서 일단 이 분류에서 제외하기로 한다. 실제로 법무부에서 2014. 10. 30. 입법예고한 변호사법 개정안에도 "다만, 법인의 동의를 받은 경우는 그러하지 아니하다"라는 단서규정을 신설하고 있다.

한(변호사법 31의2), 사건소개의 대가로 금품을 제공하면서 하는 수임제한(변호사법 34②), 재판·수사기관 공무원이 소개한 사건의 수임제한(변호사윤리장전 40) 등과 같은 여러 사유를 두고 있다.

(2) 특히 절대적 수임제한사유 중에는 ① 수임을 승낙한 사건의 상대방이 위임하는 사건(변호사법 31①(1))에서는 민법상 쌍방대리의 예외적 허용사유가 적용될 수 있는지 여부 및 수임제한의 시적 한계와 로펌 간의 이직으로 인한 문제가 주요 쟁점이 되고 있으며, ② 공무원 등으로 직무상 취급한 사건(변호사법 31①(3))에서는 공무원 재직시의 직무수행의 내용과 범위 및 규제를 받는 공무원의 종류가 문제되고 있다. 그리고 ③ 계쟁권리의 양수금지(변호사법 32)와 관련해서는 그 개념과 요건 및 효과를 검토할 필요가 있다.

Ⅲ. 수임을 승낙한 사건의 상대방이 위임하는 사건

1. 의 의

(1) 변호사는 당사자 한쪽으로부터 상의를 받아 그 수임을 승낙한 사건의 상대방이 위임하는 사건에 해당하는 사건에 관하여는 그 직무를 수행할 수 없다(변호사법 31①(1)). 여기서 '직무를 수행할 수 없다'는 것은 그 사건을 수임할 수 없다는 것을 말한다. 「변호사윤리장전」은 변호사는 '동일한 사건에 관하여 상대방을 대리하고 있는 경우'에 해당하는 사건을 수임하지 아니한다(변호사윤리장전 22①(2))고 규정하고 있다.

(2) 수임계약이 체결되기 위해서는 변호사(수임인)의 인격·식견·지능·기량 등에 관한 특별한 대인적 신뢰를 기초로 한다.[12] 각별한 신뢰관계는 당사자 상호간에 필요하지만, 의뢰인의 변호사에 대한 신뢰가 더 크다고 할 것이다. 민법은 위임인의 신뢰를 보호하기 위하여, 수임인은 위임의 본지에 따라 선량한 관리자의 주의로써 위임사무를 처리하도록 한다(민법 681). 따라서 소송대리를 위임받은 변호사는 전문적인 법률지식과 경험으로 성실하게 의뢰인의 권리를 옹호해야 한다. 아울러 의뢰인에 대하여 신뢰관계를 근본적으로 깨뜨리는 행위 등을 하지 않아야 할 의무도 있다. 그런데 변호사가 수임을 승낙한 사건의 상대방이 위임하는 사건을 수임하는 행위는 법률상 적대적인 지위에 있는 양 당사자를 대리하는 쌍방대리의 전단계이다.[13] 상대방이 위임한 사건을 수임한 후 대리행위에 이를 때 비로소 쌍방대리가 된다. 그렇지만 사건수임행위를 곧 쌍방대리로 이해하는 것은 수임으로 대리행위가 시작된다는 전제를 하고 있기 때문이다.

12 곽윤직 편집대표, 민법주해[XV], 516면(이재홍 집필부분).
13 정형근, "변호사의 절대적 수임제한사유에 관한 연구", 인권과 정의 제447호(2015. 2), 100면.

(3) 변호사가 상대방이 위임하는 사건을 수임하는 것은 의뢰인의 이익을 위하여야 하는 충실의무나 성실의무에 위반될 수 있다. 또한 비밀유지의무를 위반하여 비밀의 누설 또는 이용행위로 나갈 수 있다. 무엇보다 수임료만을 챙기려고 한다는 비난을 받게 되어 공공성을 지닌 법률전문가로서의 품위를 손상시킨다.[14] 결국 두 당사자를 대리하는 쌍방대리의 금지는 당사자 보호와 변호사직과 사법제도에 대한 공공의 신뢰를 보호하기 위한 것이라 할 수 있다.[15] 판례는 신뢰배반과 변호사의 품위위반을 수임제한이유로 들고 있다(대법원 2003. 11. 28. 2003다41791).[16]

2. 민법 제124조(쌍방대리)와의 관계

(1) 민법 제124조는 쌍방대리를 원칙적으로 금지하면서 본인의 허락이 있거나 채무의 이행을 하는 경우에는 예외적으로 허용한다. 사적자치의 원칙에 비추어 본인의 허락이 있는 쌍방대리를 금지할 이유는 없다. 채무의 이행 역시 이미 확정된 법률관계를 결제할 뿐 당사자 간에 새로운 이해관계를 발생시키는 것은 아니기 때문에 허용된다. 변호사법은 쌍방대리를 허용하는 예외규정을 두고 있지 않다. 이 점에 관해서는 변호사법의 규정이 민법의 특별법의 지위에 있다고 볼 수 있다. 따라서 변호사는 본인(의뢰인)의 승낙을 얻더라도 여전히 수임제한을 받게 된다. 의뢰인이 승낙함으로서 변호사의 수임제한의무를 면제할 수는 없기 때문에 설령 의뢰인의 동의가 있더라도 수임할 수 없다고 보는 것이 일반적인 견해이다.[17] 위임인이 동의한 경우에는 수임을 허용하는 변호사법 제31조 제 1 항 제 2 호와의 관계에서 보더라도 그러하다.

(2) 그러나 변호사법의 적용에서도 민법과 같은 예외를 인정할 필요는 있다. 예컨대 법률에 특별한 규정이 있거나 당사자 간에 이익충돌이 없는 등 특별한 사정이 있는 때는 쌍방대리를 허용할 수 있을 것이다. 부동산의 매매계약이 체결된 경우에 매도인의 소유권이전등기의무, 인도의무와 매수인의 잔대금지급의무는 동시이행의 관계에 있다(대법원 2000. 11. 28. 2000다8533). 만약 변호사가 매도인으로부터 소유권이전등기청구 사건을 수임했다면, 매

---

14 정형근, "변호사 직무의 공공성", 한양법학(2010. 5), 211면.

15 김건식, "기업변호사의 역할과 윤리", 법률가의 윤리와 책임, 253면; 박휴상, 법조윤리, 215면; 박준, 판례 법조윤리, 213면; 최진안, 법조윤리, 126면.

16 변호사법 제31조 제 1 호에서 당사자의 일방으로부터 상의를 받아 그 수임을 승낙한 사건의 상대방이 위임하는 사건의 경우에 변호사의 직무행위를 금지하는 이유는, 변호사가 그와 같은 사건에 관하여 직무를 행하는 것은 먼저 그 변호사를 신뢰하여 상의를 하고 사건을 위임한 당사자 일방의 신뢰를 배반하게 되고, 변호사의 품위를 실추시키게 되는 것이므로 그와 같은 사건에 있어서는 변호사가 직무를 집행할 수 없도록 금지한 것이다(대법원 2003. 11. 28. 2003다41791).

17 高中正彦, 辯護士法概說, 125면; 森際康友, 法曹の倫理, 11면 역시 동의가 있더라도 변호사의 신용과 품위를 훼손하는 것이므로 직무수행을 할 수 없다고 한다.

수인이 위임하려는 잔대금지급청구 사건은 수임할 수 없다. 이는 수임을 승낙한 사건의 상대방이 위임하는 사건이기 때문이다. 설령 매도인의 동의가 있더라도 수임할 수 없다고 해야 한다.

(3) 반면, 위 사건의 판결이 확정된 후 각자 채무의 이행단계에서 진행되는 소유권이전등기 사건은 매도인과 매수인으로부터 수임하여 쌍방대리를 할 수 있다고 할 것이다. 부동산등기법은 "등기는 법률에 다른 규정이 없는 경우에는 등기권리자와 등기의무자가 공동으로 신청한다"(제23조 제1항)고 규정하고 있기 때문이다. 구「변호사윤리장전」제17조 제2항이 "변호사는 동일 사건에 관하여 당사자 쌍방을 대리할 수 없다. 다만, 법률상 금지되지 아니한 경우에는 그러하지 아니하다"[18]라고 하였던 것은 부동산등기법과 같은 법률을 염두에 두었던 것으로 보인다. 아무튼 등기의 공동신청은 의뢰인과 그 상대방의 허락이 있고, 그 대리행위의 성질이 이미 성립(확인)된 채무의 이행에 불과하다고 할 수 있다. 따라서 이와 같은 유형의 사건에서는 예외적으로 쌍방대리를 허용할 수 있다고 하겠다. 그러나 채무이행이라도 기한 미도래의 것이나, 항변이 붙어 있거나, 새로운 이해관계가 형성되는 대물변제 등과 같은 이익충돌이 발생하는 등의 사정이 있으면 사건수임을 부정함이 타당하다.

(4) 판례는 동일사건의 수임제한 규정을 위반한 소송행위의 효력에 관하여 상대방이 이의를 제기하지 아니하면 완전한 효력이 생긴다고 한다(대법원 1995. 7. 28. 94다44903).[19] 수임제한을 금지하는 것과 그에 위반한 소송행위의 효력은 다른 차원의 문제이다. 그렇지만 수임제한에 위반한 소송행위의 효력을 당사자의 처분에 맡기고 있는 것은 결국 동일사건의 수임제한의 엄격성을 특정 사건에서는 다소 완화하여 해석할 여지가 있음을 엿보게 한다.

3. 수임제한의 요건

(1) 변호사가 당사자 한쪽으로부터 상의를 받아 그 사건의 수임을 승낙했을 것

1) 변호사가 특정 의뢰인으로부터 사건을 수임하기로 승낙했어야 한다. 여기서 '변호사'는 단독 개업중인 변호사는 물론 법무법인·법무법인(유한)·법무조합도 해당되며(변호사법 57, 58의16, 58의30), 공동법률사무소 역시 포함된다(변호사법 31②). 그리고 '상의를 받아'는 의뢰인으로부터 특정한 법률문제에 관한 상담을 요청받았다는 것이다. 그 때 변호사는 그 의뢰인에게 장차 그 사건의 진행경과나 승소 여부 등의 대처방안에 관한 조언을 하게 된다. 또한 '사건의 수임을 승낙'했다고 할 때 '사건'은 소송사건은 물론 당사자가 특정되고 구체적

18 이 규정은 2014.2.24. 개정된「변호사윤리장전」에서 삭제되었다.

19 원고의 소송대리인 변호사 정○○가 피고 대리인의 의뢰에 의하여 피고의 소송대리인 변호사 최○○을 선임하는 행위는 변호사법 제14조, 제16조[현행 변호사법 제31조 제1항]에 저촉되는 행위라 할 것이나, (중략) 본건에 있어서는 위 선임행위는 소송법상 완전한 효력이 생긴다고 할 것이다(대법원 1973. 10. 23. 73다437).

인 법률관계에서 해결해야 할 분쟁의 성숙성이 구비되어 조력을 행하였거나 행하기로 한 자문사건까지를 포함한다.[20] 이른바 법률사건 또는 법률사무를 가리지 않는다. 그러므로 등기신청 사건처럼 변호사의 조력을 구하는 일체의 업무를 사건이라 할 수 있다. 그리고 '수임을 승낙'했다는 것은 변호사가 의뢰받은 사건을 처리하기로 의사표시를 하였다는 것을 말한다. 구체적으로는 의뢰인이 사건 위임을 청약하고, 변호사가 이를 승낙하면 '수임의 승낙'이 있고 그 결과 위임계약의 체결로 이어지게 된다. 여기서는 수임약정이 있었다고 볼 수 있다.

2) 변호사가 먼저 수임청약을 하고 의뢰인이 승낙하는 경우에도 '수임의 승낙'이 있었다고 할 수 있다.[21] 따라서 어느 일방이 일방적으로 수임 제안을 하고 상대방은 이를 받아들이지 않으면 수임의 승낙은 있었다고 할 수 없다. 변호사가 상담 후에 수임제안을 먼저 할 수 있는데,[22] 그 때 의뢰인이 거절하였다면 당연히 '수임의 승낙'은 없게 된다.[23] 수임의 승낙은 반드시 변호사가 하여야 하는 것은 아니고 사무직원이 하는 것도 이에 해당된다.[24] 수임승낙은 의뢰인의 위임에 따라 그 사건을 처리하기로 하는 내용의 위임계약의 체결로 드러난다. 따라서 약정서나 위임장이 작성되지 아니하고, 수임료의 지급도 없는 경우에는 특별한 사정이 없는 한 수임의 승낙이 없는 것으로 볼 수 있다(대한변협 질의회신 2010. 2. 4. 고문사건 수임제한 범위). 향후 의뢰인의 일체의 법률문제를 자문하기로 하는 내용의 자문계약의

---

20 대한변협이 취하고 있는 기본입장은 "사건"의 범주에 관한 변호사법 및 윤리규칙의 규정들은 원칙적으로 소송사건에 적용되는 것이나, 자문사건 중에서도 대립하는 당사자가 구체적으로 특정되고 구체적인 법률관계에 대하여 일방 당사자에 대해 조력하겠다고 하는 의사가 표시된 경우에는 이를 "사건"에 포함시키고 있다(대한변협 질의회신 2014. 4. 11. 자문의뢰인을 상대방으로 하는 소송사건의 수임 가부).

21 일본 변호사법 제25조 제1호는 "상대방의 협의를 받아 찬조하거나 그 의뢰를 승낙한 사건"의 수임을 금지하고 있다. 여기서는 의뢰인의 '의뢰를 승낙'한 경우가 수임제한의 요건이고, 단순히 변호사가 먼저 수임을 제안한 경우는 이에 해당되지 않는다.

22 A변호사가 분쟁의 당사자 일방인 甲을 상담하면서 분쟁이 발생하게 된 동기 및 경위 등에 관한 상세히 듣고 그 사건을 자신에게 맡겨달라고 하였지만 甲은 A변호사에게 사건을 맡기지 않고 다른 변호사에게 사건을 의뢰하였다. A변호사는 수임을 제안하였을 뿐 수임제안을 받아 수임을 승낙한 경우가 아니므로 항소심에서 반대편인 乙로부터 사건을 수임할 수 있다(대한변협 질의회신 2014. 2. 7. 상담한 의뢰인의 상대방 수임).

23 대한변협은 단순히 변호사가 수임을 제안하기만 해도 변호사법 제31조 제1항 제1호에 해당한다고 보면 다음과 같은 문제가 발생할 수 있다고 한다. "요즘 의뢰인들, 특히 기업 의뢰인들의 경우 대리인 선정에 앞서 주요 변호사 내지 로펌들에게 수임제안을 해 달라고 요구하는 경우가 매우 많습니다. 중요한 사건은 거의 대부분 수임제안을 받아 그중 하나의 변호사 또는 로펌을 선정하고 있습니다. 이 경우 수임제안을 요청받은 변호사 내지 로펌들은 기업측 요구에 따라 수임제안서를 제출하지 않을 수 없는데, 단순히 수임제안을 하였을 뿐 정작 수임 경쟁에서 탈락하였는데도 불구하고 당해 심급은 물론 상급심에서도 일체 그 사건의 상대방으로부터 사건을 수임할 수 없다고 하는 것은 지나칩니다. 오히려 기업측이 이를 악용하여 주요 로펌들로부터 수임제안서를 요구해서 받은 뒤 이들 로펌들을 모두 conflict out 시키는 부작용을 초래할 수 있습니다. 그렇게 되는 경우 법률시장은 심각하게 왜곡되고 의뢰인이 변호사의 조력을 받을 권리가 침해될 수 있습니다"(대한변협 질의회신 2014. 2. 7. 상담한 의뢰인의 상대방 수임).

24 대한변협 2008. 2. 19. 법제 제475호(대한변호사협회, 변호사법 축조해설, 159면).

체결행위만으로는 구체적 사건의 수임을 승낙했다고 할 수 없다. 의뢰인이 상담 후에 장차 그 사건을 위임하겠다는 말을 하고, 변호사가 이에 동의했더라도 아직 수임을 승낙한 것은 아니다. 변호사가 수임한 사건처리에 아직 착수하지 않았더라도 승낙의 의사표시만으로 수임제한의 요건이 된다. 그런데 변호사는 의뢰인과 대립되는 상대방과도 상담할 수 있다. 이 경우 수임에 이르지 아니하였거나 기타 그에 준하는 경우로서, 상대방의 이익이 침해되지 않는다고 합리적으로 여겨지는 경우에는, 상담 등의 이유로 수임이 제한되지 아니한다(변호사윤리장전 22③).

⑵ 상대방이 이미 수임한 사건과 동일한 사건을 위임할 것

1) 변호사가 이미 수임한 사건과 동일한 사건을 상대방으로부터 위임을 요청받아야 한다. 여기서 '상대방'은 민사·형사사건을 불문하고 동일사건의 사실관계에서 대립된 이해관계에 있는 당사자를 말한다. 여기서의 이해대립은 형식적인 대립관계가 아니라 실질적인 이해대립이 있어야만 상대방이라 할 수 있다. 예컨대 변호사가 의뢰인 A로부터 공유자 B를 상대로 하는 공유물분할청구사건을 수임한 후 B와 공유물분할에 관하여 협의를 하였으나 의견대립으로 협의가 성립되지 아니하였다. 그 후 변호사는 B로부터 A를 피고로 하는 공유물분할청구사건을 의뢰받았다.[25] 이 경우 법원이 주도적인 역할을 하는 형식적 형성소송이라도 이해대립의 가능성이 크기 때문에 B는 수임을 승낙한 사건의 상대방에 해당되므로 B가 의뢰하는 사건을 수임할 수 없다.

2) 수임이 제한되는 '상대방이 위임하는 사건'은 이미 수임을 승낙한 사건과 동일성이 있어야 한다. 제1호는 동일사건이어야 한다고 명시하지 않고 있다. 반면, 「변호사윤리장전」은 동일한 사건의 수임을 금지하고 있다(변호사윤리장전 22①⑵). 그런데 변호사법 제31조 제1항 제2호는 수임하고 있는 사건의 상대방이 위임하는 '다른 사건'은 수임하고 있는 사건의 위임인이 동의한 경우에는 수임할 수 있다고 한다. 따라서 제1호 사건은 수임을 승낙한 사건의 상대방이 위임하는 '동일한 사건'을 말하고, 제2호 사건은 법문에 명시된 바와 같이 '다른 사건'을 말한다(통설). 판례 역시 변호사법 제31조 제1호가 적용되기 위해서는 그 변호사가 관여한 사건이 일방 당사자와 그 상대방 사이에 있어서 동일하여야 한다고 본다(대법원 2003. 11. 28. 2003다41791).

3) 그렇다면 두 사건 간의 동일성은 어떤 기준으로 구별할 것인지 문제된다. 민사소송법 제259조는 이미 사건이 계속되어 있을 때는 그와 동일한 사건에 대하여 당사자는 다시

25 공유물분할청구는 형식은 소송사건이지만 실질은 비송사건성의 법률관계의 변동을 구하는 형식적 형성의 소에 해당되므로, 어떤 내용으로라도 법률관계를 형성하여야 하기 때문에 원고의 청구를 기각할 수는 없다(이시윤, 신민사소송법(제9판), 203면).

소를 제기할 수 없다는 중복된 소제기의 금지를 규정하고 있다. 여기서는 '당사자와 청구'(소송물)가 동일하면 동일한 사건으로 보고 있다.[26] 이와 달리 수임제한사유에서는 소송물의 동일성을 요구하지 않고 있다. 그런 점에서 중복제소금지의 요건보다 수임제한사유의 범위가 훨씬 넓다. 중복제소금지는 '전소의 계속 중에 후소를 제기하였을 것'이라는 요건을 요하지만, 수임제한사유에서는 이를 요하지 않는다. 만약 소송물로 동일성 여부를 판단한다면 수임제한의 범위는 축소되어 변호사는 수임의 자유를 누릴 수 있지만 이익충돌의 위험성은 커지게 된다.[27]

학설상으로도 사건의 동일성을 '청구권의 기초가 되는 생활관계 그 자체' 또는 '분쟁의 실체가 동일한지 여부'를 기준으로 하고 있다. 여기서 청구권의 기초가 되는 생활관계나 분쟁의 실체는 결국 법적인 '사실관계'에서 비롯된다. 특정한 사실관계에서 다양한 형태의 법적 분쟁이 발생할 수 있고, 서로 다른 소송절차에서 문제될 수 있으며, 주장하는 소송물의 종류도 다를 수 있기 때문이다.

판례 역시 "실질적으로 동일한 쟁점을 포함하고 있는 민사사건"(대법원 2003. 5. 30. 2003다15556) 또는 "기초가 된 분쟁의 실체가 동일한지의 여부"에 의하여 결정해야 한다는 입장이다(대법원 2003. 11. 28. 2003다41791). 대한변협 역시 '청구의 기초가 동일한 것'을 기준으로 삼고 있다.[28] 그리고 민사·형사사건처럼 그 절차가 같아야 하는 것도 아니다.[29] 따라서 교통사고를 야기한 피고인의 업무상과실치사사건의 변호인이었던 변호사가 위 교통사고 피해자 측의 의뢰를 받아 피고인의 사용자를 상대로 손해배상청구소송을 제기하는 것은 수임이 금지된 동일한 사건을 수임한 경우에 해당된다.

(3) 이미 수임한 사건의 처리 중 또는 종결 후에 동일한 사건의 위임을 받았을 것

1) 이미 수임한 사건의 처리 중에 위임받은 경우

이미 수임을 승낙한 사건을 처리 중에 있을 때 상대방으로부터 동일사건을 위임받을

---

26 송상현·박익환, 민사소송법, 282～284면; 이시윤, 신민사소송법, 274～276면.

27 이 때문에 이익충돌의 문제는 실제적으로 발생한 손상이 아니라 비밀정보의 남용가능성 또는 불성실한 대리의 가능성과 같이 손상을 낳을 위험성 있는지 여부가 중요하다(이상수, '이익충돌회피의무', 법조윤리, 195면).

28 대한변호사협회, 징계사례집, 2012, 442면[제2008－16호 변호사징계(2008. 9. 10. 결정)].

29 형사사건에서 피고인의 변호인으로 선임된 법무법인의 업무담당변호사가 그 법무법인이 해산된 이후 변호사 개인의 지위에서 위 형사사건의 피해자에 해당하는 상대방 당사자를 위하여 실질적으로 동일한 쟁점을 포함하고 있는 민사사건의 소송대리를 하는 것(대법원 2003. 5. 30. 2003다15556)과 변호사가 고소인으로부터 피고소인을 상대로 하는 고소대리를 수임하고 당국에 횡령의 고소를 하였는데 사건이 원만히 해결되어 고소는 취하되었으나 그 전에 피고소인으로부터 만일 고소인측에서 돈 30만원을 받아 낼 수 있다면 그중 2할인 6만원을 주겠다는 취지로 화해의 수임을 받고 그와 같이 화해시키고 피고소인으로부터 6만원의 사례를 받은 행위(대법원 1968. 8. 1. 68두8)는 변호사법 제31조 제 1 항 제 1 호의 수임제한 사유에 해당한다.

수 있다. 만약 이 경우에 변호사가 그 사건을 수임하면 전형적인 쌍방대리가 된다. 이는 동일사건의 동시적 쌍방대리로서 허용되지 아니한다. 예컨대 강간피해자로부터 가해자를 상대로 하는 손해배상청구사건을 수임한 후에 위 강간피의자의 형사변론사건을 수임한 경우가 이에 해당된다.[30] 또한 제 1 심에서 피고를 대리하여 소송행위를 하였던 변호사가 항소심에서 원고 소송복대리인으로 출석하여 변론을 한 경우도 같다(대법원 1990. 11. 23. 90다4037).[31] 소송사건의 경우 같은 변론기일에 동일한 사건의 양 당사자를 법정에서 대리하는 것이 동시적 쌍방대리의 전형적인 모습이라 할 수 있다. 그렇지만 실제로는 속행되는 여러 변론기일 중에 소송행위의 대리를 하는 유형이 더 일반적이라 할 수 있다. 법원은 변호사가 동시적 쌍방대리를 하고 있는 것을 알게 되면, 상대방 당사자의 의사(이의제기)를 중심으로 향후 소송행위에 관여 여부와 그때까지의 소송행위의 효력을 판단하게 된다.[32]

2) 이미 수임한 사건의 처리종료 후 위임받은 경우

이미 수임한 사건의 처리가 종료된 후에 동일한 사건의 위임을 받을 수 있다. 종전 사건의 처리가 종료되었으면 그 의뢰인의 이익보호는 실현되었다고 볼 여지도 있다. 그럼에도 나중에 동일한 쟁점을 포함하고 있는 사건을 수임하게 되면 신뢰관계의 파탄은 물론 의뢰인의 비밀보호를 충분히 할 수 없는 위험도 있다. 따라서 수임한 사건의 처리 후에라도 여전히 수임제한을 받는다고 보는 것이 일반적인 견해이다.

판례 역시 같은 입장이다. 동일한 변호사가 형사사건에서 피고인을 위한 변호인으로 선임되어 변호활동을 하는 등 직무를 수행하였다가 나중에 실질적으로 동일한 쟁점을 포함하고 있는 민사사건에서 위 형사사건의 피해자에 해당하는 상대방 당사자를 위한 소송대리인으로서 소송행위를 하는 등 직무를 수행하는 것 역시 마찬가지로 금지되는 것으로 볼 것이며(대법원 2003. 5. 30. 2003다15556),[33] 동일한 변호사가 민사사건에서 형사사건의 피해자에 해

---

30 대한변협 1998. 2. 16. 결정, 징계 제97－8.

31 이 판결은 당사자가 그에 대하여 아무런 이의를 제기하지 아니하면 그 소송행위는 소송법상 완전한 효력이 생긴다는 내용이다.

32 대리권의 유무는 법원의 직권조사사항이며, 대리권의 존재에 관하여 의심할 만한 사정이 있는 경우 상대방의 이의가 없더라도 법원은 그에 관하여 심리, 조사하여야 한다(이시윤·조관행·이원석, 판례해설 민사소송법, 105면). (만약) 상대방 당사자가 법원에 대하여 이의를 제기하는 경우 그 소송행위는 무효이고 그러한 이의를 받은 법원으로서는 그러한 변호사의 소송관여를 더 이상 허용하여서는 아니 될 것이지만, 다만 상대방 당사자가 그와 같은 사실을 알았거나 알 수 있었음에도 불구하고 사실심 변론종결시까지 아무런 이의를 제기하지 아니하였다면 그 소송행위는 소송법상 완전한 효력이 생긴다(대법원 2003. 5. 30. 2003다15556).

33 법무법인의 구성원 변호사가 형사사건의 변호인으로 선임된 그 법무법인의 업무담당변호사로 지정되어 그 직무를 수행한 바 있었음에도, 그 이후 제기된 같은 쟁점의 민사사건에서 이번에는 위 형사사건의 피해자측에 해당하는 상대방 당사자를 위한 소송대리인으로서 직무를 수행하는 것도 금지되는 것임은 물론이고, 위 법무법인이 해산된 이후라도 변호사 개인의 지위에서 그와 같은 민사사건을 수임하는 것 역시 마찬가지로 금지되는 것이라고 풀이할 것이며, 비록 민사사건에서 직접적으로 업무를 담당한 변호사가 먼저 진행된 형사사건에서 피고인을 위한 직접적인 변론에 관여를 한 바 없었다고 하더라도 달리 볼 것은

당하는 상대방 당사자를 위한 소송대리인으로서 소송행위를 하는 등 직무를 수행하였다가 나중에 실질적으로 동일한 쟁점을 포함하고 있는 형사사건에서 피고인을 위한 변호인으로 선임되어 변호활동을 하는 등 직무를 수행하는 것 역시 금지된다고 봄이 상당하다(대법원 2009. 2. 26. 2008도9812).[34]

대한변협도 수임사무가 종료된 이후라도 수임제한을 받는다고 본다. 예컨대 피상속인 甲이 생전에 변호사 A를 유언집행자로 지정하였고 변호사 A는 甲이 사망한 후 甲의 유언의 취지에 따라 甲의 상속인들인 배우자 乙과 아들 丙, 丁, 戊에게 재산을 분배하였는바, 이후 상속인들 사이에 분쟁이 발생하여 戊가 乙을 상대로 상속회복청구소송을 제기한 사건에서 A변호사는 乙의 사건을 수임할 수 없다.[35] 생각건대 변호사가 동일사건에 관하여 동시에 대리하는 것이 전형적인 유형이지만, 동일사건에서 분쟁의 모습은 다양하게 전개될 수 있으며, 그로 인한 수임제한의 필요성은 여전하기 때문에 '이시적(異時的) 쌍방대리' 역시 금지하게 된다.

4. 「변호사윤리장전」의 '동일사건' 등에 관한 수임제한

(1) 동일 사건

변호사는 '동일한 사건에 관하여 상대방을 대리하고 있는 경우'에는 사건을 수임하지 아니한다(변호사윤리장전 22①(2)). 변호사법 제31조 제 1 항 제 1 호에 관한 내용이다.[36] 민법 제124조의 해석상 본인의 허락이 있는 경우에는 특정한 법률행위에 관한 대리인은 그 법률행위를 위하여 당사자 쌍방을 유효하게 대리할 수 있다.[37] 그러므로 토지 매매계약의 체결로 매도인과 매수인이 공동으로 소유권이전등기를 신청함에 있어 그 대리행위를 의뢰받아 등기신청행위를 하는 것은 본인의 허락이 있고, 이해관계가 대립하거나 이익이 충돌되는 경우가 아니므로 수임제한 사유에 해당되지 않는다. 등기는 법률에 다른 규정이 없는 경우에

아니라고 할 것이니, 이러한 행위들은 모두 변호사법 제31조 제 1 호의 수임제한규정을 위반한 것이다(대법원 2003. 5. 30. 2003다15556).

34 피고인 1과 공소외 1, 2, 3 사이의 대여금사건에서 공소외 1 등의 소송대리인으로서 직무를 수행한 변호사 공소외 4가, 위 대여금사건 종결 후 그와 실질적으로 동일한 쟁점을 포함하고 있는 피고인들의 공소외 1 등에 대한 소송사기미수 범행 등에 대한 형사재판인 이 사건 공판절차 제 1 심에서 피고인들의 변호인으로 선임되어 변호활동 등을 한 것은 변호사법 제31조 제 1 호에 위반된다고 봄이 상당하다(대법원 2009. 2. 26. 2008도9812).

35 대한변협 2014. 1. 3. 유언집행자인 변호사의 상속인간 분쟁수임 가부 질의회신; 甲변호사는 乙의 소송대리 사건을 수임할 수 없습니다. 지정에 의한 유언집행자는 상속인들의 대리인으로서의 지위를 가지며, 그 직무집행에 관하여 위임에 관한 규정을 준용하고 있으므로 유언집행자가 집행한 유언의 결과에 따라 분배한 재산을 둘러싼 상속인들 사이의 상속회복청구사건에서 어느 일방을 수임하는 것은 타방 상속인에 대한 관계에서 쌍방수임에 해당하고 「변호사법」은 이를 금지하고 있기 때문입니다.

36 정형근, 법조윤리강의 제11판, 208면 이하.

37 대법원 1973. 10. 23. 73다437 소유권이전등기.

는 등기권리자와 등기의무자가 공동으로 신청한다(부동산등기법 23①).

(2) 종전 사건과 기초가 된 분쟁의 실체가 동일한 사건

1) 변호사는 위임사무가 종료된 경우에도 종전 사건과 기초가 된 분쟁의 실체가 동일한 사건에서 대립되는 당사자로부터 사건을 수임하지 아니한다(변호사윤리장전 22②). 대한변협은 2016. 2. 29. 기존의 내용인[38] "… 실질적으로 동일하거나 본질적으로 관련된 …"을 "… 기초가 된 분쟁의 실체가 동일한 …"으로 개정하였다. 개정 전의 "실질적으로 동일하거나 본질적으로 관련된 사건"은 동일사건의 의미를 확장하여 달리 표현한 것으로 실제로는 같은 개념으로 파악했었다. 그래서 이번 개정에서는 변호사법 제31조 제 1 항 제 1 호의 동일사건 여부를 판단하는 판례에 따라 "기초가 된 분쟁의 실체"라는 용어로 변경하였다.[39] 판례는 사건이 동일한지 여부를 '실질적으로 동일한 쟁점을 포함하고 있는 사건'[40]을 기준으로 한다고도 적시한 바 있다. 변호사는 상대방이 의뢰하는 동일한 사건은 위임사무의 종료 여부와 상관없이 수임할 수 없다. 본조는 그런 점을 확인한 주의적인 규정이라 할 수 있다.

그리고 개정 전의 단서 "다만, 종전 사건과 실질적으로 동일하지 않고 종전 의뢰인이 양해한 경우에는 그러하지 아니하다"를 삭제했다. 이 단서는 위임사무가 종료된 경우 동일한 사건이 아님에도 의뢰인의 양해를 얻어야 한다는 것인데, 이미 종료한 사건의 상대방이 위임하는 다른 사건은 종전 의뢰인의 동의(양해)없이도 수임할 수 있다는 변호사법 제31조 제 1 항 단서, 제 2 호의 규정에도 반한다는 비판이 있었다. 그리하여 이번 개정에서 위 단서

---

38 개정 전의 **변호사윤리장전 제22조(수임 제한)** ② 변호사는 위임사무가 종료된 경우에도 **종전 사건과 실질적으로 동일하거나 본질적으로 관련된 사건**에서 대립되는 당사자로부터 사건을 수임하지 아니한다, 다만, **종전 사건과 실질적으로 동일하지 않고 종전 의뢰인이 양해한 경우**에는 그러하지 아니하다.

39 변호사법 제31조 제 1 호가 적용되기 위해서는 그 변호사가 관여한 사건이 일방 당사자와 그 상대방 사이에 있어서 동일하여야 하는데, 여기서 사건이 동일한지의 여부는 그 **기초가 된 분쟁의 실체가 동일**한지의 여부에 의하여 결정되어야 하는 것이므로 상반되는 이익의 범위에 따라서 개별적으로 판단되어야 하는 것이고, 소송물이 동일한지 여부나 민사사건과 형사사건 사이와 같이 그 절차가 같은 성질의 것인지 여부는 관계가 없다(대법원 2003. 11. 28. 2003다41791 부당이득금반환).

40 변호사법 제31조 제 1 호에서는 변호사는 당사자 일방으로부터 상의를 받아 그 수임을 승낙한 사건의 상대방이 위임하는 사건에 관하여는 그 직무를 행할 수 없다고 규정하고 있고, 위 규정의 입법 취지 등에 비추어 볼 때 동일한 변호사가 형사사건에서 피고인을 위한 변호인으로 선임되어 변호활동을 하는 등 직무를 수행하였다가 나중에 **실질적으로 동일한 쟁점을 포함하고 있는** 민사사건에서 위 형사사건의 피해자에 해당하는 상대방 당사자를 위한 소송대리인으로서 소송행위를 하는 등 직무를 수행하는 것 역시 마찬가지로 금지되는 것으로 볼 것이며, 이러한 규정은 같은 법 제57조의 규정에 의하여 법무법인에 관하여도 준용된다고 할 것이므로, 법무법인의 구성원 변호사가 형사사건의 변호인으로 선임된 그 법무법인의 업무담당변호사로 지정되어 그 직무를 수행한 바 있었음에도, 그 이후 제기된 같은 쟁점의 민사사건에서 이번에는 위 형사사건의 피해자측에 해당하는 상대방 당사자를 위한 소송대리인으로서 직무를 수행하는 것도 금지되는 것임은 물론이고, 위 법무법인이 해산된 이후라도 변호사 개인의 지위에서 그와 같은 민사사건을 수임하는 것 역시 마찬가지로 금지되는 것이라고 풀이할 것이며, 비록 민사사건에서 직접적으로 업무를 담당한 변호사가 먼저 진행된 형사사건에서 피고인을 위한 직접적인 변론에 관여를 한 바 없었다고 하더라도 달리 볼 것은 아니라고 할 것이니, 이러한 행위들은 모두 변호사법 제31조 제 1 호의 수임제한규정을 위반한 것이다(대법원 2003. 5. 30. 2003다15556 채무부존재확인).

규정을 삭제한 것은 지극히 타당하다.

2) 예컨대 원고가 대여금청구소송을 주채무자와 연대보증인을 상대로 제소하였을 때, A 변호사는 연대보증인의 소송대리인이었다. 주채무자와 연대보증인은 '대립되는 당사자'라고 할 수 있다. 여기서 대립되는 당사자란 민사소송법상 소송에서 두 '당사자'의 대립이라는 개념보다는 '이해관계'의 대립으로 넓게 이해하는 것이 타당하다. 아무튼 위 소송에서 패소한 연대보증인이 채권자에게 채무를 변제한 후 주채무자를 상대로 구상금청구의 소를 제기할 수 있다. 이 경우에 A 변호사가 이번에는 주채무자를 대리할 수 있는지 문제된다. 현재 제소된 구상금청구소송은 종전 사건인 대여금청구소송과 '기초가 된 분쟁의 실체가 동일한 사건'이라 할 수 있다. 그러므로 종전 의뢰인인 연대보증인의 양해를 얻더라도 구상금청구소송은 종전 사건과 실질적으로 동일한 사건이라 할 수 있어 종전 의뢰인(연대보증인)의 양해가 있더라도 주채무자로부터 위 사건을 수임할 수 없게 된다.

(3) 이익이 충돌되는 (동일)사건

변호사는 '동일 사건에서 둘 이상의 의뢰인의 이익이 서로 충돌하는 경우(제 5 호),' '현재 수임하고 있는 사건과 이해가 충돌하는 사건(제 6 호)'의 경우 관계되는 의뢰인들이 모두 동의하고 의뢰인의 이익이 침해되지 않는다는 합리적인 사유가 있는 경우에는 그러하지 아니하다(변호사윤리장전 22① 단서).

1) '동일 사건에서 둘 이상의 의뢰인의 이익이 서로 충돌하는 경우'는 공동피고인의 변호인으로 변론을 하려고 할 때 피고인들 상호간의 이해대립과 같이, 동일한 이익이나 책임을 져야 하는 당사자들 상호간에 이익이 충돌하는 경우를 상정할 수 있다.

2) '현재 수임하고 있는 사건과 이해가 충돌하는 사건'은 현재 의뢰인의 사건과 충돌되는 사건이라는 포괄적인 의미로 다른 규정에 의하여 포섭되지 않은 이익충돌 상황을 피하라는 원론적인 수준의 원칙으로 이해할 수 있다.

3) 구 「변호사윤리장전」에서는 위 두 경우의 수임을 모두 예외 없이 금지하였다. 그러나 현행 「변호사윤리장전」은 '관계되는 의뢰인들이 모두 동의하고, 의뢰인의 이익이 침해되지 않는다는 합리적인 사유가 있는 경우'에는 수임할 수 있도록 하였다.

4) 둘 이상의 의뢰인 상호간의 이해대립은 사건 수임 후에 비로소 발생할 수 있다. 「변호사윤리장전」 제27조는 '의뢰인 간의 이해대립'이라고 규정하지만, 의뢰인 간의 이익충돌로 이해할 수 있다. 수임 이후에 변호사가 대리하는 둘 이상의 의뢰인 사이에 이해의 대립이 발생한 경우에는, 변호사는 의뢰인들에게 이를 알리고 적절한 방법을 강구한다(변호사윤리장전 27). 구 「변호사윤리장전」은 '뒤에 수임한 사건을 사임'하도록 하였지만, 현재는 '적절한 방법을 강구한다'고만 하고 있다. 일본의 변호사직무기본규정 제42조는 '수임 후 이해대

립'이 생긴 때에는 의뢰인들에게 그 사정을 알리고 "사임이나 기타 사안에 따른 적절한 조치를 취해야 한다"고 규정하고 있다.

5. 수임제한의 적용범위

(1) 공동법률사무소와 법무법인·법무법인(유한)·법무조합에의 준용

1) 단독 개업 변호사는 물론 공동법률사무소 역시 하나의 변호사로 보기 때문에 수임제한을 받게 된다. 공동법률사무소는, 법무법인·법무법인(유한)·법무조합이 아니면서도 변호사 2명 이상이 사건의 수임·처리나 그 밖의 변호사 업무 수행 시 통일된 형태를 갖추고 수익을 분배하거나 비용을 분담하는 형태로 운영되는 법률사무소는 하나의 변호사로 본다(변호사법 31②). 그리고 법무법인·법무법인(유한)·법무조합 모두 변호사법 제31조 제1항을 준용한다.[41] 따라서 공동법률사무소나 법무법인, 법무법인(유한), 법무조합은 1인의 변호사가 동일한 사건의 양 당사자를 대리할 수 없는 것과 같은 규제를 받게 된다.[42] 로펌이 동일한 사건의 원고와 피고로부터 수임하여 담당변호사를 달리하여 업무수행을 하거나, 심급을 달리하여 양 당사자를 대리하거나, 형사사건에서 피고인을 변호하였던 변호인이 그 피고인을 상대로 손해배상을 청구한 민사사건을 수임하는 것은 금지된다.[43]

2) 우리와 달리 일본 변호사법 제30조의17 제5호는 수임제한 사건 중 변호사법인 구성원 변호사의 반수 이상이 직무를 수행할 수 없는 때 수임제한을 한다. 구성원 변호사의 반수를 기준으로 하는 이유는 사건수임 여부와 변호사법인의 의사결정의 공정성을 기하기 위해서라고 하는데,[44] 이 결과 비교적 넓게 수임의 자유를 누리게 된다.

3) 로펌에 있는 모든 변호사 역시 의뢰인에 대하여 성실의무 등의 직무상 의무를 부담한다. 로펌 변호사는 의뢰인의 사건 자료에 대한 일반적 접근권을 가지며, 그 사건의 해결에 관한 논의에 참여할 수 있다. 로펌 변호사는 모든 의뢰인들에 관한 정보에 사실상 내밀하게 관여하는 것으로 추론할 수 있다.[45] 그 점에서 로펌의 의뢰인은 로펌에 소속한 모든 변호사의 의뢰인이라고 할 수 있다. 수임계약은 로펌명의로 체결할지라도 실제로 사건처리는 로펌에 소속되어 있는 변호사들이 수행하기 때문이다. 따라서 로펌의 변호사들은 특정

41 법무법인은 1982. 12. 31. 법무법인(유한)·법무조합은 2005. 1. 27. 공동법률사무소는 2008. 3. 28. 변호사법 개정으로 그 제도가 창설되면서부터 모두 수임제한 규정이 준용되었다.

42 공동법률사무소나 법무법인, 법무법인(유한), 법무조합을 통칭하여 '로펌'(Law Firm)으로 표기하기로 한다.

43 법무법인의 구성원 변호사가 형사사건의 피해자에 해당하는 상대방 당사자를 위한 소송대리인으로 선임된 그 법무법인의 업무담당변호사로 지정되어 그 직무를 수행한 바 있었음에도, 그 이후 공소 제기된 같은 쟁점의 형사사건에서 이번에는 피고인을 위한 국선변호인으로 직무를 수행하는 것도 금지된다(대법원 2004. 11. 26. 2004도5951).

44 高中正彦, 辯護士法概説, 197면.

45 American Bar Association, ABA Compendium of professional responsibility rules and standards, p.62.

사건의 담당변호사인지 여부에 상관없이 그 로펌 의뢰인에 대하여 각종 의무를 부담한다고 보아야 한다.

(2) 로펌 변호사의 상대방 대리인 로펌으로의 이직문제

1) 문제점

수임제한은 1인의 변호사를 전제로 할 때 자연스럽다. 로펌은 다수의 변호사와 법인격 또는 일정한 조직체가 분리될 수 있어 수임제한에 관한 어려운 문제가 발생한다. 변호사의 이직(전직)은 헌법상 보장된 직장선택의 자유에 해당된다. 지난 1982년 최초로 법무법인에 수임제한 규정을 준용한 이후 로펌의 규모가 대형화되고 변호사들의 잦은 이직으로 인하여 이익충돌 문제가 발생하였다. 변호사법은 로펌에 수임제한 규정을 준용한다고 하면서도 이와 같은 현상을 예측하여 필요한 규정을 두지 않아 입법의 불비상태가 초래되고 있다. 변호사의 직무규범인 「변호사윤리장전」에도 이에 관한 규율은 없다.[46] 이와 달리 「변호사 직무에 관한 모범규칙」(Model Rules of Professional Conduct)은 로펌 사이의 변호사의 이동(Lawyers Moving Between Firms)과 관련한 규정을 두고 있다.[47]

2) 담당변호사의 이직

법무법인은 법무법인 명의로 업무집행을 하지만, 실제로는 지정된 담당변호사가 법무법인을 대표하여 수행한다(변호사법 50①·⑥·⑦). 수임주체는 법무법인이지만, 그 업무수행은 법인 이름으로 담당변호사가 한다. 담당변호사는 특정 사건의 처리에서는 법무법인의 대표변호사 지위에 있다. 이론상 법인체와 그 기관을 구성하는 자연인은 구분된다. 법무법인은 담당변호사를 통하여 그의 의사를 외부에 표시한다. 이 같은 담당변호사가 상대방 대리인 로펌으로 이직하면 동일한 사건을 한 로펌에서 수임한 것과 같은 현상이 발생한다. 이직한 변호사가 다시 담당변호사가 되는 것은 말할 것 없고, 그렇지 않고 그 변호사의 사건관여를 금지하기 위하여 정보공유 등을 하지 못하도록 차단막을 마련한다고 할지라도 실질적으로 수임제한을 위반한 것이라는 비판이 있을 수 있다. 비록 로펌의 담당변호사가 아닌 다른 변호사가 이직한 경우라도 유사한 문제가 발생할 수 있다.

3) 이직으로 인한 수임제한 여부

예컨대 원고를 대리하는 A 로펌에 소속했던 변호사가 피고를 대리하고 있는 B 로펌으

46 다만, 법무법인 등의 특정 변호사에게만 제22조 제 1 항 제 4 호 또는 제42조에 해당하는 사유가 있는 경우, 당해 변호사가 사건의 수임 및 업무수행에 관여하지 않고 그러한 사유가 법무법인 등의 사건처리에 영향을 주지 아니할 것이라고 볼 수 있는 합리적 사유가 있는 때에는 사건의 수임이 제한되지 아니한다(변호사윤리장전 48②).

47 Rule 1.9.(3)은 변호사가 현재 또는 과거의 소속 로펌이 어떤 사안에 관하여 의뢰인을 대리한 적이 있는 경우에는 대리와 관련된 정보를 이전 의뢰인에게 불이익하게 사용하거나 누설하는 행위를 금지한다. 변호사가 어느 로펌에 소속되었으나 그 후 탈퇴한 경우 대리업무를 수임할 수 있는지에 관한 여러 논의가 있다.

로 이직할 수 있다. 이때 B 로펌은 계속적으로 피고를 대리할 수 있는지 문제된다. 이 문제에 관하여는 먼저, 이직한 변호사가 A 로펌에서 담당변호사로 지정되는 등 직접 사건에 관여한 적이 없었다면 B 로펌은 피고를 대리할 수 있다는 입장이 있다. B 로펌이 여전히 대리인이 될 수 있다는 점에서 '법인수임가능론'으로 표현할 수 있다. 그리고 사건관여 여부에 상관없이 B 로펌은 피고를 대리하지 못하고 그 사건에서 사임하여야 한다는 견해도 있을 수 있다. 이는 '법인수임불가론'이라 할 수 있다.[48] 법인수임가능론은 이직한 변호사가 사건에 관여하였는지 여부를 기준으로 수임제한 문제를 해결하려고 한다. 이 견해는 수백명의 변호사로 구성된 대형로펌에서 사건에 전혀 관여하지 않은 1명의 변호사의 이동으로 수임제한을 받는다면 불합리하다는 것을 전제하고 있다. 그러나 대형 로펌이 아닌 3명의 변호사로 설립된 소규모 법무법인의 구성원 변호사가 상대방을 대리하는 단독 개업 중인 변호사 법률사무소 또는 소규모의 법무법인으로 이직한 경우도 있을 수 있다. 이는 이직한 변호사가 담당변호사가 아니었을지라도 여전히 같은 문제가 발생한다. 이에 관하여, 이직한 변호사가 새로운 로펌에서 담당변호사가 되어 사건에 관여하지 않는다면 계속적으로 대리할 수 있다는 하급심 판결이 있다.[49] 이러한 입장은 다분히 수임제한의 범위를 축소해석하여 로펌이 가능한 계속적으로 그 사건의 대리를 할 수 있도록 하려는 로펌 중심의 접근이라 볼 수 있다.

생각건대 로펌 변호사의 이동으로 인한 수임제한 문제는 의뢰인의 보호 측면에서 검토해야 한다. 의뢰인은 위임 당시 자신의 사건 담당변호사가 상대방을 대리하는 로펌으로 옮겨갈 것이라고는 예상할 수 없을 것이다. 만약 의뢰인이 사전에 그런 사정을 알았더라면 아마 그 로펌에 사건을 위임하지 않았을 것이다. 의뢰인이 나중에 이직사실을 알게 되면 해당 변호사는 물론 로펌에 대하여서도 배신감이나 불신을 가질 수 있다.

아무튼 이직한 변호사는 여전히 종전 의뢰인에 대한 비밀을 누설하거나 이용해서는 아니 된다. 그 때문에 이직한 로펌에서는 종전 사건의 담당변호사가 될 수 없다고 해야 한다.

---

48 이백규, '로펌이동시 수임제한문제', 법률신문(2014. 10. 2.자), 13면; 이직한 변호사가 A 로펌에서 담당변호사였고, B 로펌에서도 담당변호사라면 수임제한을 받게 되지만, B 로펌에서 담당변호사가 아니면 수임제한을 받지 않는다고 한다. 아울러 A 로펌에서 담당변호사가 아니었지만 B 로펌에서 담당변호사일지라도 수임제한을 받지 않는다고 한다.

49 공동법률사무소 형태인 H합동법률사무소 소속의 J변호사가 피고를 대리하는 S법무법인으로 옮기게 되었는데, H합동법률사무소가 원고를 대리하고, S법무법인이 피고를 대리하는 사건은 모두 13건이나 있었다. H합동법률사무소는 원고 대리인이었던 J변호사가 피고 대리인인 S법무법인 소속 변호사가 된 이상, J변호사의 실제 사건 관여 여부를 불문하고 S법무법인의 소송대리행위는 배제되어야 한다면서 2013년 11월 13일 위 13사건 모두에 대해 소송대리행위제한 및 소송행위무효신청을 제출하였다. 이런 이례적인 신청은 모두 배척되었다. 즉, 13사건의 모든 재판부에서 J변호사가 당해 사건에 관여하지 않으면 S법무법인은 계속하여 피고를 대리할 수 있다고 판단하여 이를 명시적으로 기각하거나 S법무법인의 피고대리를 계속 허용(서울남부지방법원 2012가합16644 사건, 전주지법 2013가합4158 사건 등)함으로써 법인수임가능론을 채택한 것이라는 견해가 있다(이백규, '로펌이동시 수임제한문제', 13면).

뿐만 아니라 로펌 내부에서 그 사건의 처리에 조언을 하는 등의 일체의 조력행위도 금지되어야 한다. 이와 같은 제한이 없으면 승소에 집착한 로펌은 상대방 로펌의 담당변호사를 의도적으로 전직시키는 행위도 서슴지 않을 수 있다.

4) 입법론적 제언

현재 수임사건의 진행 중에 로펌에 소속한 담당변호사가 아닌 변호사가 상대방 대리인 로펌으로 이동하려는 경우에는 먼저 의뢰인에게 그 사실을 고지해야 할 의무를 규정할 필요가 있다. 이는 수임사건의 공정한 처리에 대한 의뢰인의 의심과 불안감을 잠재우고, 위임계약의 해지 여부를 고려할 기회를 제공할 필요가 있기 때문이다. 만약 담당변호사가 상대방 대리인 로펌으로 이동하려는 경우에는 의뢰인의 '동의'를 얻도록 해야 한다. 의뢰인 입장에서 볼 때, 담당변호사가 상대방 로펌으로의 이직은 상대방의 이익을 위하려고 전직한 것으로 오해하거나 의심할 수 있다. 민법상 수임인으로서의 신의칙에 반하는 행위로 지적될 수도 있다. 그 결과 의뢰인은 심한 불신을 갖게 되며, 사건처리를 위하여 알려준 비밀의 누설과 그 이용을 우려하게 된다. 그러므로 수임사건의 진행 중에는 상대방 대리인 로펌으로 이직하는 것은 금지시켜야 할 것이지만, 부득이 이직하려는 경우에는 의뢰인의 이익보호를 위해서 동의를 얻도록 하는 것이 필요하다.

그리고 양 당사자를 대리하고 있는 로펌이 사건처리 중에 합병하면(변호사법 55) 동일한 사건의 쌍방대리에 해당될 수 있다. 그러므로 가능한 계류 중인 사건의 종결 후에 합병절차를 밟아야 할 것이다. 만약 사건종결 전에 합병절차가 종료된 경우도 생각할 수 있는데, 이는 한 로펌이 동일한 사건의 원·피고를 수임한 것에 해당되기에 결국 그 사건은 모두 사임하는 것이 원칙이라 할 것이다.

6. 수임제한의 효과(시간적 한계)

(1) 학 설

1) 변호사법 제31조 제 1 항 제 1 호는 현재 수임하고 있는 사건의 처리 중인 경우에만 적용된다는 견해가 있다. 변호사는 사건수임의 자유가 넓게 인정되고, 상대방에게는 변호사 선택권이 보장되는 입장이다.[50] 실제로 제 1 호를 엄격하게 해석할 때는, 수임을 승낙한 선행사건의 처리가 종료되어 승낙의 효력이 소멸된 시점에는 제 1 호가 적용되지 않게 되므로, 그 때부터는 상대방으로부터 그와 동일한 사건을 수임할 수 있는 것으로 이해할 수도 있다.

2) 현재 수임하고 있는 사건의 상대방이 수임을 의뢰하는 경우뿐만 아니라, 이미 수임

50 정형근, 법조윤리강의 제11판, 210면 이하.

사무가 종료된 후 그와 본질적으로 동일한 쟁점을 포함하는 사건을 상대방이 의뢰하는 경우에도 적용된다는 견해가 있다. 이렇게 해석하지 않으면 변호사가 상대방의 사건을 수임하는 것이 선행사건을 처리하는 것보다 이익이 된다고 생각할 때는 선행 사건의 종결을 무리하게 서두를 수 있다. 만약 그렇게 선행사건이 종결되지 않으면 선행사건의 대리인 지위를 벗어나기 위하여 사임할 수도 있는 등의 부작용을 예상할 수 있다.

(2) 판 례

1) 현재 진행 중인 수임사건의 상대방이 의뢰하는 사건뿐만 아니라, 이미 수임사무가 종료된 후에 종전 사건과 동일성을 갖는 사건을 상대방이 의뢰하는 경우에도 포함된다는 입장으로 위 2) 견해와 같다. 즉, 동일한 변호사가 형사사건에서 피고인을 위한 변호인으로 선임되어 변호활동을 하는 등 직무를 수행하였다가 나중에 실질적으로 동일한 쟁점을 포함하고 있는 민사사건에서 위 형사사건의 피해자에 해당하는 상대방 당사자를 위한 소송대리인으로서 소송행위를 하는 등 직무를 수행하는 것 역시 마찬가지로 금지되는 것으로 볼 것이다.[51]

2) 동일한 변호사가 '민사사건'에서 소송대리인으로 직무를 수행한 후 그 사건과 동일한 쟁점을 포함하고 있는 '형사사건'의 변호인으로 활동하는 것 역시 금지된다고 한다. 즉, 피고인 1과 공소외 1, 2, 3 사이의 대여금사건에서 공소외 1 등의 소송대리인으로서 직무를 수행한 변호사 공소외 4가, 위 대여금사건 종결 후 그와 실질적으로 동일한 쟁점을 포함하고 있는 피고인들의 공소외 1 등에 대한 소송사기미수 범행 등에 대한 형사재판인 이 사건 공판절차 제 1 심에서 피고인들의 변호인으로 선임되어 변호활동 등을 한 것은 변호사법 제31조 제 1 호에 위반된다고 봄이 상당하다(대법원 2009. 2. 26. 2008도9812). 동일한 변호사가 민사사건에서 형사사건의 피해자에 해당하는 상대방 당사자를 위한 소송대리인으로서 소송행위를 하는 등 직무를 수행하였다가 나중에 실질적으로 동일한 쟁점을 포함하고 있는 형사사건에서 피고인을 위한 '국선'변호인으로 선임되어 변호활동을 하는 등 직무를 수행하는 것 역시 금지된다고 봄이 상당하다.[52] 국선변호인뿐만 아니라 사선변호인으로 선임되어 변호활동을 하는 경우도 해당된다.

(3) 소 결

생각건대 변호사의 의뢰인에 대한 비밀유지의무는 수임사건의 종료 후에도 계속되며, 선행사건이 종결되었느냐 여부에 관한 우연한 사정으로 상대방이 의뢰하는 사건의 수임 여

51 대법원 2003. 5. 30. 2003다15556 채무부존재확인; 대법원 1962. 12. 27. 62두12; 대법원 1968. 8. 1. 68두8 등.

52 대법원 2004. 11. 26. 2004도5951; 원심이 변호사의 수임제한규정에 위반하는 국선변호인으로 ○○○ 변호사를 선정한 다음 그 국선변호인의 변론을 거쳐 심리를 마친 과정에는 소송 절차에 관한 법령위반의 위법이 있다(대법원 2004. 11. 26. 2004도5951).

부가 결정되는 것은 옳지 않다. 따라서 변호사의 쌍방대리의 금지는 선행 사건의 종결시까지만 아니라, 동일성을 지닌 당해 사건과 관련된 후속 사건이 종결될 때까지 수임제한은 계속되는 것으로 이해하는 것이 타당하다.

7. 수임약정이 즉시 해지된 경우 상대방이 위임하는 동일사건의 수임 여부

변호사가 상의를 받아 수임을 승낙한 직후에 수임계약이 해지될 수 있다. 위임계약은 각 당사자가 언제든지 해지할 수 있다(민법 689①). 그 결과 수임약정 역시 해지될 가능성이 높고 실제로 그러하다. 변호사가 이혼사건을 수임했는데, 불과 하루 뒤에 이혼하지 않기로 했다면서 약정을 해지할 수 있다. 그런데 그 후 그 상대방 배우자가 동일한 이혼사건을 위임할 수 있다. 이때도 이미 상대방이 위임하는 사건의 수임을 승낙했다고 하여 수임제한을 받는지 문제된다. 생각건대 수임을 승낙한 사건이라고 할 때, 그 수임사건은 '수임상태의 상당한 계속성'을 포함한다고 해야 한다. 수임되자마자 불과 얼마 후에 약정이 해지되어 버린 경우와 같이, 수임계약이 없었던 것과 같은 특별한 사정이 있을 때는 상대방이 위임하는 사건을 수임할 수 있다고 해야 할 것이다.[53] 수임제한의 취지는 유지하되, 변호사의 수임의 자유를 과도하게 제한하거나, 국민의 변호사선택권을 지나치게 제약해서는 안 되기 때문이다.

8. 수임제한의 소송법상 효력

(1) 민사소송에서의 수임제한 위반행위의 효력

변호사법 제31조 제 1 항의 수임제한 사유에 위반한 민사사건에서의 소송대리의 법적 효력에 대하여 견해가 대립되고 있다.[54]

1) 학 설

㈎ 본조의 목적상 준사법기관인 변호사의 직무집행의 공정과 품위유지라는 공익적 견지에서 위반행위는 절대무효라고 견해(절대무효설), 변호사는 당사자의 사적 대리인이고, 이 규정은 훈시규정에 불과하므로 위반행위는 징계사유는 될 수 있으나 소송법상 완전유효라는 견해도 있다(유효설).

㈏ 위반행위는 무권대리에 해당되므로 추인 또는 쌍방의 허락이 있으면 유효하다는 추인설이 있다. 변호사법 제31조 제 1 항 제 2 호의 경우에는 이익충돌관계에 있는 당사자의 동의가 있으면 수임할 수 있다고 명문으로 인정하고 있으므로, 쌍방 당사자의 동의가 있으

---

53 정형근, 법조윤리강의 제11판, 213면.
54 정형근, 법조윤리강의 제11판, 231면 이하.

면 추인한 것으로 보아 유효하다고 볼 수 있다. 반면, 변호사법 제31조 제 1 항 제 1 호의 경우에도 쌍방 당사자의 동의가 있으면 수임할 수 있겠지만, 당사자의 동의에 의하여 훼손된 변호사 직무의 공공성과 실추된 변호사의 품위가 회복된다는 문제가 있다. 그렇지만 이해관계를 가진 의뢰인들이 스스로의 위험을 감수하면서 동의하면, 일응 그 대리행위 자체는 유효한 것으로 보는 것이 타당하다고 하겠다. 그리고 본인이나 상대방이 위반사실을 알거나 알 수 있었음에도 불구하고 지체 없이 이의하지 아니하면, 소송절차에 관한 이의권의 상실·포기이론(민사소송법 151)에 의하여 무효를 주장할 수 없다는 이의설이 있다. 이 견해 역시 이해관계를 계산한 당사자의 이의제기 여부에 위반행위의 운명을 맡기고 있다.

2) 판 례

판례는 수임제한에 위반한 변호사의 소송행위의 법적 효력은 무권대리로 원칙적으로 무효에 해당된다고 본다. 다만, 상대방 당사자가 추인이나 이의를 제기하지 아니하면 그 소송행위는 유효로 본다는 입장을 취하고 있다. 즉, 변호사의 수임제한에 위반한 소송행위는 적법한 대리권이 없는 무권대리로 파악하면서 당사자가 그 무권대리행위를 추인하면 소송법상 완전한 효력이 발생한다는 추인설에 입각하기도 하며,[55] 아울러 변호사법 제31조 제 1 항 제 1 호 수임제한에 위반한 변호사의 소송행위를 상대방 당사자(종전의 의뢰인)가 이의를 제기하면, 그 소송행위는 무효에 해당되어 더 이상 그 변호사의 소송관여는 허용되지 않지만, 상대방 당사자가 그 같은 사실을 알았거나 알 수 있었음에도 사실심 변론종결시까지 아무런 이의를 제기하지 아니하였다면 그 소송행위는 소송법상 완전한 효력이 생긴다는 이의설을 취하기도 한다.[56] 심지어 제 1 심의 피고소송대리인이 항소심에서 원고의 소송복대리인으로서 변론한 경우에도 당사자의 이의가 없으면 그 소송행위는 유효하다고 한다.[57]

3) 소 결

생각건대, 수임제한에 위반한 변호사의 소송행위로 당사자의 이익이 침해된 바 없고, 그러한 점에 대하여 당사자가 법원에 이의를 제기하지 않는다면 굳이 법원이 직권으로 그 행위의 효력을 무효로 할 실익은 없다. 추인설은 의뢰인의 명시적인 의사표시인 추인에 의하여 유효로 된다는 것이다. 이의설에서 이의를 하지 않은 것은 묵시적으로 그 행위를 추인하였다고 볼 수 있으므로, 두 견해 사이에 본질적인 차이는 없다고 할 것이다. 따라서 변호사가 행한 대리행위의 효과는 결국 의뢰인에게 귀속되므로, 이해관계의 당사자인 의뢰인의 추인에 의하여 그 행위는 유효로 된다고 하겠다. 다만, 의뢰인의 추인이 있을지라도 변호사

---

55 대법원 1970. 6. 30. 70다809 건물철거.

56 대법원 2003. 5. 30. 2003다15556 채무부존재확인.

57 대법원 1990. 11. 23. 90다4037 건물명도, 소유권이전등기.

의 수임제한 사유를 위반한 점에 대한 징계책임은 면제되지 아니한다.

(2) 형사소송에서의 수임제한 위반행위의 효력

1) 원 칙

변호사법 제31조 제 1 호는 "변호사는 당사자 일방으로부터 상의를 받아 그 수임을 승낙한 사건의 상대방이 위임하는 사건에 관하여는 그 직무를 행할 수 없다"고 규정하고 있는바, 위 규정의 입법 취지 등에 비추어 볼 때, 동일한 변호사가 민사사건에서 형사사건의 피해자에 해당하는 상대방 당사자를 위한 소송대리인으로서 소송행위를 하는 등 직무를 수행하였다가 나중에 실질적으로 동일한 쟁점을 포함하고 있는 형사사건에서 피고인을 위한 변호인으로 선임되어 변호활동을 하는 등 직무를 수행하는 것 역시 금지된다고 봄이 상당하다(대법원 2004. 11. 26. 2004도5951).

2) 피고인의 변호인 조력권 침해 여부 및 그 소송절차의 효력

판례는 피고인 1과 공소외 1, 2, 3 사이의 대여금사건에서 공소외 1 등의 소송대리인으로서 직무를 수행한 변호사 공소외 4가, 위 대여금사건 종결 후 그와 실질적으로 동일한 쟁점을 포함하고 있는 피고인들의 공소외 1 등에 대한 소송사기미수 범행 등에 대한 형사재판인 이 사건 공판절차 제 1 심에서 피고인들의 변호인으로 선임되어 변호활동 등을 한 것은 변호사법 제31조 제 1 호에 위반된다고 봄이 상당하다고 한다.

그런데 피고인들의 제 1 심 변호인에게 변호사법 제31조 제 1 호의 수임제한 규정을 위반한 위법이 있다 하여도, 피고인들 스스로 위 변호사를 변호인으로 선임한 이 사건에 있어서 다른 특별한 사정이 없는 한 위와 같은 위법으로 인하여 변호인의 조력을 받을 피고인들의 권리가 침해되었다거나 그 소송절차가 무효로 된다고 볼 수는 없다(대법원 2009. 2. 26. 2008도9812 사기미수·사문서위조·위조사문서행사·위증교사).

Ⅳ. 수임하고 있는 사건의 상대방이 위임하는 다른 사건

1. 의 의

(1) 변호사는 수임하고 있는 사건의 상대방이 위임하는 다른 사건에 관하여 그 직무를 수행할 수 없다(변호사법 31①(2)). 여기에서 '수임하고 있는 사건'은 현재 수임하여 처리 중에 있는 사건을 말한다. 이미 종료한 사건은 포함되지 아니한다. 따라서 이미 사건처리가 종료된 사건도 포함하는 제 1 호의 '수임을 승낙한 사건'과 차이가 있다. 그리고 '다른 사건'이란 현재 수임하고 있는 사건과 동일성이 없는 별개의 사건을 말한다. 예컨대 현재 수임하고 있

는 사건은 '대여금청구'의 사건인데, 상대방이 의뢰하는 사건은 '건물명도청구'소송이거나 '업무상 배임' 형사사건인 경우이다.

(2) 변호사는 종전 사건과 동일성이 있는 사건은 물론 동일성이 없는 다른 사건도 원칙적으로 쌍방대리를 할 수 없다. 의뢰인은 변호사에게 사건을 위임한 경우에 그 변호사가 자신의 이익을 위하여 최선을 다할 것을 기대하게 된다. 그런데 그 변호사가 상대방으로부터 다른 사건을 수임하여 그 상대방과 신뢰관계를 형성하면, 종전의 의뢰인은 변호사에 대한 배신감을 가질 수 있다. 또한 자신의 이익을 위하여 충실하게 대리행위를 할 것인지에 대한 의구심도 갖게 된다. 그러므로 변호사는 상대방이 위임하는 다른 사건의 수임을 임의로 결정할 수 없고, 이익의 주체인 의뢰인의 동의를 얻도록 하고 있다. 그러므로 수임하고 있는 사건의 의뢰인의 동의가 있는 경우에는 수임제한이 해제된다. 변호사법은 현재 수임하고 있는 사건의 의뢰인이 이를 동의한 경우에는 수임할 수 있다고 한다(변호사법 31① 단서). 「변호사윤리장전」에서도 수임하고 있는 사건의 상대방이 위임하는 다른 사건은 현재의 의뢰인이 양해한 경우에는 수임할 수 있다고 한다(제22조 제3호).

(3) 의뢰인이 쌍방대리로 인한 자신의 불이익을 감수하거나 자신에 대한 변호사의 성실의무의 정도를 경감해도 된다는 취지의 의사표시를 존중하는 것이다.[58] 변호사의 수임제한의 기본정신은 의뢰인의 이익보호에 중점을 둘 수밖에 없다. 그러므로 이익의 주체인 의뢰인이 전후 사정을 고려하여 그의 변호사로 하여금 상대방이 의뢰하는 사건수임에 동의할 수 있는 것이다. 의뢰인이 동의권을 행사하는 것 자체가 그의 이익을 도모하는 수단이다. 아무튼 이로써 변호사의 공정한 직무수행의 확보와 변호사의 신용·품위유지의 요청은 다소 후퇴하게 된다는 우려도 있다.[59] 그러나 한편으로는 변호사는 의뢰인의 이익보호를 위하여 상대방과 쉽게 접촉할 수 있고, 보다 긴밀하게 형성된 신뢰관계로 상호 간의 이익을 도모할 수 있다는 측면도 있다. 변호사는 충실의무의 이행과 공정한 직무수행 등에 흠이 가지 않도록 각별한 주의가 필요하다.

2. 동의의 주체와 방법·철회

(1) 동의를 얻어야 할 의뢰인의 범위

변호사는 수임하고 있는 사건의 위임인이 동의한 경우에는 상대방이 위임하는 다른 사건을 수임할 수 있다. 이때 변호사가 동의를 얻어야 하는 대상에 관한 논의가 있다. 현재 진행 중인 사건의 의뢰인의 동의만 필요한 것인지, 새로운 사건을 위임하려는 상대방의 동의도 얻어야 하는지에 관한 문제이다.

---

58 최진안, 법조윤리, 128면.
59 加藤新太郎, 辯護士倫理, 67면.

첫째로, 먼저 수임하고 있는 사건의 위임인만 동의하면 수임이 허용된다는 견해가 있다(일방동의설). 변호사법은 '수임하고 있는 사건의 위임인'의 동의라고 규정하고 있으며(변호사법 31① 단서), 「변호사윤리장전」도 '의뢰인'의 양해라고 규정하고 있어(변호사윤리장전 22①(3)) 이 견해에 입각하고 있다.

둘째로, 먼저 수임하고 있는 사건의 위임인뿐만 아니라 상대방의 동의도 필요하다는 견해가 있다(쌍방동의설). 이 견해의 논거는 상대방이 먼저 사건의 대리인 변호사가 현재의 변호사라는 사실을 모를 수 있기 때문에 양자의 동의를 얻어야 한다는 것이다.

생각건대 변호사법의 규정에 따라 원칙적으로 먼저 수임하고 있는 사건의 위임인의 동의로 충분하다고 할 것이다. 동의를 받는다는 것 자체가 쉽지 않고, 법률이 정하지 아니하는 새로운 수임제한을 부과하는 것은 변호사의 직업행사의 자유를 침해하는 것에 해당된다. 다만, 새로운 사건을 위임하려는 상대방이 변호사와 기존 의뢰인과의 관계를 알 수 없거나, 그 대리관계가 소멸되었다고 오인하는 등의 특별한 사정이 있는 경우에는 신의칙에 따라 그 상대방의 동의도 얻어야 할 것으로 보인다. 예컨대 법무법인(유한) 형태의 대형로펌에서 선행 사건의 담당변호사가 교체되어 새로운 변호사가 그 대리인이 되어 소송 진행 중일 때, 그 사건의 상대방이 종전의 담당변호사에게 다른 사건을 의뢰할 경우(수임주체가 법인일지라도)와 같은 사례에서는 동의를 얻어야 할 것으로 보인다.

(2) 동의의 방법

변호사가 동의를 얻기 위하여 새로운 사건의 수임을 의뢰하는 상대방의 의도와 목적을 파악할 필요가 있다. 상대방은 그 변호사의 전문지식과 소송수행 능력을 보고 다른 사건의 수임을 의뢰할 수 있다. 반면, 현재 진행 중인 의뢰인과의 사건해결을 자신에게 유리하게 할 목적으로 별개의 사건을 변호사에게 위임할 수도 있을 수 있음을 유념하여야 한다.[60] 변호사는 동의 여부를 결정하려는 의뢰인에게 상대방의 숨겨진 불순한 의도에 대하여서도 설명해야 한다. 변호사는 이 경우에 의뢰인에게 충분한 설명의무를 다하여야 한다. 이제껏 적대적인 상대방으로부터 새로운 사건을 수임하게 됨에 따라 예상되는 기존 사건의 진행경과와 예상되는 불이익이나 위험 등에 대한 충분한 설명이 있어야 할 것이다.[61] 변호사의 이 같은 설명의무의 이행을 통하여 결국 의뢰인의 이익을 사전에 충분히 배려할 의무의 이행도 있었던 것으로 평가받게 된다. 이런 과정을 거친 후에 나온 위임인의 동의는 변호사의 충분한 '설명이 행해진 동의'(informed consent)라고 할 수 있다. 일본의 「변호사직무기본규정」 제32조는 변호사에게 사건 수임시에 동일 사건에 다수의 의뢰인이 있어 상호간에 이해대립

60 高中正彦, 法曹倫理講義, 91면.
61 조무제, "변호사 윤리로서의 설명의무", 인권과 정의(2010. 9), 66면 이하.

이 발생할 가능성이 있을 때는 장차 사임가능성 및 기타 불이익을 설명해야 할 의무를 지우고 있다. 변호사에게 부과된 설명의무(고지의무)를 통하여 의뢰인은 자기결정의 기회를 확보하게 된다. 그리고 의뢰인의 동의는 구술로도 가능하겠지만, '서면으로 확인된'(confirmed in writing) 동의여야 할 것이다.[62] 그래야만 나중에 동의 여부를 둘러싸고 발생할 수 있는 분쟁을 예방할 수 있다.

(3) 동의의 철회 문제

변호사는 의뢰인이 동의 당시에 예측할 수 없는 불리한 사정이 발생하거나, 그렇게 될 가능성이 있는 경우에는 그 사실을 의뢰인에게 보고하여야 한다. 이때 의뢰인은 상대방의 사건수임에 대한 동의를 철회할 수 있는지 문제된다. 상대방의 보호와 법적 안정성을 고려하여 부정하는 것이 타당하다. 그러나 변호사는 동의 받은 상대방의 수임사건 진행 중에 야기된 의뢰인과의 신뢰관계가 파탄되는 등의 사정이 생기면, 두 사건 중 어느 한 사건은 사임해야 할 것이다. 이때 변호사는 나중에 수임한 상대방의 사건을 사임하는 것이 의뢰인과의 신뢰회복과 그 이익을 보호하는 것이 될 것이다. 이는 사실상 의뢰인이 기존의 동의를 철회한 것과 같다.

3. 상대방이 위임하는 현재의 의뢰인을 상대로 하는 다른 사건의 수임

변호사법과 「변호사윤리장전」은 현재 의뢰인으로부터 수임한 사건의 상대방이 의뢰하는 다른 사건의 수임만을 제한하고 있다. 상대방이 위임하는 사건이 '다른 사건'이라면 그 상대방이 제 3 자 또는 현재의 의뢰인일 수 있다. 제 3 자를 상대로 하는 사건은 제 2 호의 규율대상이므로 동의를 받으면 수임할 수 있다. 그런데 상대방이 의뢰하는 다른 사건이 현재의 의뢰인을 상대방(피고)으로 할 수 있다. 이때도 변호사는 '다른 사건'이므로 현재의 의뢰인의 동의를 얻어 수임할 수 있는지 문제된다. 제 2 호는 사건의 동일성 여부만 규율하고 있고, 그 상대방에 대해서는 언급이 없다. 원칙적으로 이때도 현재의 의뢰인의 동의가 있었다면 현재의 의뢰인을 피고로 하는 사건을 수임할 수 있다. 다만, 상대방이 굳이 현재의 의뢰인을 대리하는 변호사에게 새로운 사건을 위임하는지에 관한 의도를 가볍게 볼 것은 아니다. 변호사 입장에서는 현재 사건과 다른 사건이기 때문에 가치중립적인 입장에서 상대방의 대리인으로 직무를 수행할 수는 있다. 그러나 그런 변호사를 바라보는 의뢰인은 종전과 같은 우호적인 신뢰관계를 유지하기가 어려울 수 있다. 그가 믿어 왔던 변호사가 언제든지 자신을 향하여 법률상 공격할 수 있다는 점을 확인시키는 계기가 되는 것이다. 그러므로 양 당사자의 공통적인 이익이 있는 등과 같은 특수한 사정이 없는 한 그런 사건의 수임은

62 American Bar Association, "ABA Compendium of professional responsibility rules and standards", p.25.

자제할 필요가 있다.

4. 제 3 자가 위임하는 현재의 의뢰인을 상대로 하는 다른 사건의 수임

변호사가 제 3 자로부터 현재의 의뢰인을 상대로 하는 사건을 위임받을 수 있다. 제 3 자가 현재의 의뢰인을 상대로 하는 사건의 수임 여부에 관한 규정은 없다. 변호사는 제 3 자가 위임하는 사건을 수임하는데 법률상 장애는 없다. 그 때문에 대한변호사협회는 현재 의뢰인의 동의 없이 수임할 수 있다고 한다(대한변협 2008. 1. 14. 법제 제50호). 변호사가 제 3 자의 사건을 수임하여 현재의 의뢰인을 상대로 제소하는 등의 행위는 그간의 신뢰관계를 해치는 바람직한 상황은 아니다. 의뢰인의 입장에서는 그 변호사가 한편으로는 자신의 대리인이지만, 다른 한편으로는 다른 사건의 상대방 대리인 지위에 있기 때문에 '분산되지 않는 충실의무'나 비밀유지의무와 같은 기본적인 의무를 이행하고 있는지 의심할 수밖에 없다.

V. 공무원·조정위원 또는 중재인으로서 직무상 취급하거나 취급하게 된 사건

1. 의　　의

(1) 변호사는 공무원·조정위원 또는 중재인으로서 직무상 취급하거나 취급하게 된 사건에 관하여는 그 직무를 수행할 수 없다(변호사법 31①(3)). 「변호사윤리장전」 역시 같은 취지의 규정을 두고 있다. 변호사가 과거 공무원·중재인·조정위원 등으로 직무를 수행하면서 취급 또는 취급하게 된 사건이거나, 공정증서 작성사무에 관여한 사건을 수임하지 아니한다(변호사윤리장전 22①(1)). 따라서 법관이나 검사로 재직 중 취급하거나 취급하게 된 사건은 변호사 개업 후에 수임할 수 없다. 변호사는 공무원 의제규정에 의하여 공무원 신분을 갖거나 조정위원 또는 중재인을 겸직할 수 있다. 이 경우에는 이미 취급한 사건은 물론 장차 취급하려는 사건의 수임제한도 받게 된다. 따라서 이 제한은 과거에 공무원이었거나 현재 공무원 신분일 때도 여전히 적용받는 특징이 있다.

(2) 이 같은 수임제한의 취지는 변호사 업무의 공공성과 공정성을 구현하기 위한 것이다(대한변협 2006. 4. 4. 법제 제1167호). 즉, 공적 임무를 수행하면서 얻은 정보 혹은 공적 임무를 수행하면서 형성된 관계를 그 후에라도 사적 이익의 대상으로 삼는 것을 금지하여 변호사 직무의 공정성을 담보하여 사건관계자를 비롯한 일반 국민의 신뢰를 확보하기 위한 것이라 할 수 있다(대한변협 2004. 5. 7. 법제 제1336호). 그러므로 공무원이 재직 중에 직무상 취급한 사건을 변호사 개업 후에 수임할 수 있다면, 공직을 의뢰인과 자신의 이익을 위하여 이용할

위험이 있다. 또한 공무원이 퇴직하면서 의뢰인에게 수임을 위한 부당한 접촉을 할 수 있어 품위훼손의 문제도 야기될 수 있다. 또한 직무상 취급하려고 하였던 사건을 수임하게 되면 그 사건을 맡은 후임 공무원에게 영향력을 행사할 수 있다는 신뢰를 주어 전관예우의 폐해도 발생할 수 있기 때문에 이를 규제할 필요가 있다.

2. 수임제한의 요건

(1) 공무원·조정위원 또는 중재인으로서 직무상 취급한 사건일 것

1949. 11. 7. 제정된 변호사법 제16조 제2호는 '공무원 또는 중재인으로서 직무상 취급한 사건'의 수임을 금지하였다. 그 후 1982. 12. 31. 개정된 변호사법은 '조정위원'을 추가하였다. 여기서 '공무원'은 「법원조직법」에 의한 법관, 「검찰청법」에 의한 검사, 「국가공무원법」과 「지방공무원법」 등에 의하여 공무원의 신분이 있는 자와 공무원 의제규정에 의하여 공무원으로 인정된 자도 포함된다.[63] 이 규정은 변호사 자격 있는 공무원의 퇴직 후 수임관계를 규율하는 것으로 볼 수 있다. 그렇지만 공무원 퇴직 후에 비로소 변호사 자격을 취득할 수도 있고, 이때도 수임제한의 필요성은 여전하기 때문에 공무원 재직시에 변호사 자격이 있어야 하는 것은 아니라고 하겠다. 학식과 덕망이 있는 사람 중에서 위촉되는 조정위원이나(민사조정법 10), 사법상 분쟁해결을 목적으로 선정되는 중재인(중재법 12) 역시 마찬가지로 볼 수 있다.

공증인 역시 공무원 등과 같이 직무상 공증한 사건은 '원칙적으로' 수임제한을 받게 된다.[64] 법무법인은 그 법인이 인가공증인으로서 공증한 사건에 관하여는 변호사 업무를 수행할 수 없다(변호사법 51).

(2) 「변호사윤리장전」 규정의 문제점

2014. 2. 24. 개정된 「변호사윤리장전」에서는 공무원·중재인· 조정위원뿐만 아니라 그보다 범위를 확대해석할 여지가 있도록 "공무원·중재인·조정위원 등"이라고 하고 있다. 즉, 변호사는 과거 공무원·중재인·조정위원 등으로 직무를 수행하면서 취급 또는 취급하

63 판례도 같은 입장이다. 즉, 공무원신분을 가진 사람이 직무상 취급한 사건만을 말하는 것이 아니라 공무원신분을 갖지 않은 사람이라 할지라도 그 사람이 취급한 사건이 국권의 하나인 사법권능에 속하는 사건이면 즉 채무명의나 집행력 있는 정본의 형성에 관한 것이라면 그 취급사건에 관한 한 이에 해당되는 것으로 보아야 하기 때문이다(대법원 1975. 5. 13. 72다1183).

64 '원칙적으로' 수임제한을 받는다고 표현한 것은 「변호사법 시행령」 제13조(법무법인의 업무범위)에서 수임제한의 범위를 한정하고 있기 때문이다. 즉, 법 제51조 단서에 따라 법무법인이 수행할 수 있는 변호사의 업무는 다음 각 호의 어느 하나에 해당하는 사건에 대한 소송에 관한 행위를 제외한 것으로 한다.
1. 법률행위나 그 밖의 사권(私權)에 관한 사실에 대한 공정증서를 작성한 사건
2. 어음, 수표 또는 이에 부착된 보충지(補充紙)에 강제집행할 것을 적은 증서를 작성한 사건
3. 법인의 등기 절차에 첨부되는 의사록을 인증한 사건
4. 「상법」 제292조 및 그 준용규정에 따라 정관을 인증한 사건

게 된 사건이거나, 공정증서 작성사무에 관여한 사건'을 수임하지 아니한다(변호사윤리장전 22 ①(1)). 변호사법과 개정 전의 「변호사윤리장전」에는 없었던 "등"을 추가한 것이다. 변호사법보다 그 범위를 확대하여 수임제한을 규제하는 것이 법률유보의 원칙에 위반된다. 그렇다고 하여 공무수행 중이 아닌 사적 영역에서의 직무상 취급한 사건의 수임을 금지한다고 해석할 수는 없다. 따라서 위 "등"은 공무원이나 공무원 의제규정이 있는 직무를 수행하면서 취급 또는 취급하게 된 사건의 수임을 금지하는 취지로 이해해야 한다. 향후 「변호사윤리장전」 개정시에 "등"은 삭제함이 타당하다.

(3) 직무상 취급하거나 취급하게 된 사건

1) 공무원 등으로 재직 시에 직무상 '취급하거나'와 '취급하게 된' 사건은 수임이 금지된다. 연혁상으로는 2000. 1. 28. 개정된 변호사법에 '취급하게 된'이 추가되었다. 이는 취급했던 사건뿐만 아니라 취급하게 된 사건까지 포함시키려는 의도이다. 공무원이 어느 정도 직무에 관여하였을 때 수임제한을 받는지 명확하지 않다. 「변호사 직무에 관한 모범규칙」(Model Rules of Professional Conduct) Rule 1.12(a)는 변호사가 전직 판사나 재판관, 중재인이나 그들의 사무관으로서 '직접적이며 실질적으로'(personally and substantially) 관여한 사안에 한하여 수임제한을 하고 있다.[65] 따라서 사건의 본안에 영향을 미칠 수 없는 부차적인 직무수행에 불과하다면 수임제한을 받지 않는다고 한다. 예컨대 전직 판사가 법원에서 쟁점에 영향을 미치지 않는 근소하고 간접적인 관리책임을 행사하였다면, 변호사로서 수임이 금지되는 것은 아니라고 한다. 그러므로 만약 법원장으로 퇴직한 변호사가 그 법원의 특정사건 재판에 관여하지 않았다면 재판업무에 관한 일반적인 감독권을 행사하였더라도 수임제한을 받지 않게 된다. 반면, 특정 재판부의 재판장이었던 변호사는 그 부에 배당된 사건에 관하여는 비록 재판진행이 되지 않았더라도 수임제한을 받는다고 할 수 있다.

2) 공무원이 담당하였던 직무를 재직 당시 이미 완료했거나 처리 중인 상태에서 퇴직하고 변호사 개업을 했을 수 있다. 예컨대 제 1 심에서 법관으로서 취급한 사건을 제 2 심에서 소송대리인으로서 행한 대리 행위를 들 수 있다.[66] 또한 법관이 당직판사로서 영장업무를 수행한 사건, 구속적부심 단계에서 취급한 사건 역시 이에 해당된다. 조정위원이나 중재

65 Rule 1.12(a) 변호사가 전직 판사나 재판관, 중재인이나 그들의 사무관으로서 직접적이며 실질적으로 관여한 사안에 대하여는 모든 소송 당사자가 토론 후 동의하지 않는 한 동일 사안에 대하여 대리할 수 없다.

66 원심 법원에서 변호사 소외인이 피고의 소송을 대리하여 온 사실이 뚜렷하고 아울러 이 소외인은 이 사건이 제 1 심인 서울지방법원에 계속되고 있을 때에 재판장으로서 다섯 번이나 그 변론에 참여하고 있는 사실도 뚜렷하다(1958. 9. 12, 1958. 9. 26, 1958. 10. 10, 1958. 10. 27, 1958. 11. 21의 각 변론 기일) 그렇다면 변호사 소외인은 공무원으로서 직무상 취급한 사건에 관하여 변호사로서 그 직무를 담당하고 소송을 대리한 셈이니 이것은 변호사법 제16조 제 2 호에 저촉되는 것이라 할 것이다(대법원 1962. 1. 31. 4294민상 517).

위원 역시 조정이나 중재에 회부된 사건을 처리 종결하였거나 계류 중일 수 있다. 이 경우에는 '직무상 취급하거나'의 요건에 해당된다고 할 수 있다. 따라서 이 부분은 '직무상 취급한 사건'으로 표현하는 것이 보다 명료하다.

3) 이와 달리 아직 구체적으로 직무수행을 진행하지 않았지만, 외부적으로 그 공무원의 직무로 특정되어 일정한 시일 내에 직무에 착수할 단계에 있을 수 있다. 법관의 경우 소속되었던 재판부로 사건배당은 되었으나 기일은 지정되지 않았던 사건, 기일이 이미 지정되었으나 실제로 공판을 진행하지 않은 사건이 이에 해당된다. 이 경우를 직무상 '취급하게 된' 사건이라고 할 수 있다. '취급하게 된' 사건까지 수임제한을 하는 것은 외견상 잠재적 직무수행의 범위를 포섭하는 기능을 한다. 실제로 직무상 취급했는지, 취급할 예정이었는지 여부는 사건의 배당과 같은 외관을 기준으로 할 수밖에 없어 그 직무취급의 범위가 넓어지게 되는 특색이 있다.

3. 직무상 취급하거나 취급하게 된 사건과 수임할 수 없는 사건의 범위

(1) 변호사가 공무원 등으로 재직시 직무상 취급한 사건과 퇴직 후 변호사로서 수임하려는 사건과의 연관성이 문제된다. 직무상 취급한 사건과 수임하려는 사건과의 관계를 어떻게 해석하느냐에 따라 수임제한의 범위가 결정된다. 대한변협은 이에 관하여 처음에는 상당히 넓게 수임제한을 인정하고 있었다. 수임제한의 취지를 살리기 위해서는 제한의 범위를 넓게 해석하여야 할 것이라고 한 바 있고(대한변협 2005. 12. 8. 법제 제2764호), 수임하고자 하는 사건과 공직 당시의 직무가 추상적으로라도 연관되어 있으면 수임이 금지된다고도 하였다(대한변협 2006. 4. 4. 법제 제1167호). 이 같은 입장은 변호사의 수임의 자유와 의뢰인의 변호사 선임권을 지나치게 제약하는 결과를 초래할 수 있다. 반면, 기본적 사실관계가 같더라도 소송물이 다르면 수임할 수 있다는 결정도 있지만(대한변협 2005. 5. 3. 법제 제1354호), 이는 지나치게 좁게 해석한 것으로 변호사법의 수임제한의 취지를 훼손할 우려가 있다. 그리하여 현재는 변호사법 제31조 제 1 항 제 1 호와 제 3 호의 입법취지를 고려하여 제 1 호의 '사건의 범위'에 관한 해석은 제 3 조에도 적용하여 '그 기초가 된 분쟁의 실체가 동일한지 여부' 또는 '실질적으로 동일한 쟁점을 포함하고 있는지 여부'를 판단의 기준으로 삼고 있다(대한변협 2008. 4. 8. 법제 제1342호). 따라서 두 사건의 법률적 쟁점이 동일하여 실질적으로 동일한 사건과 마찬가지로 취급할 수 있는 경우로 국한된다고 할 수 있다.[67]

---

67 판사 재직 시 甲이 乙을 상대로 하는 위약금청구사건을 취급한 바 있는데, 변호사로 개업한 다음에 ① 위약금청구권을 피보전권리로 하여 乙이 丙에게 한 신탁계약이 사해신탁에 해당한다는 것을 청구원인으로 하는 사해행위취소소송, ② 위약금청구권을 채무명의로 하여 乙의 채무자 丁을 상대로 하는 추심금청구소송을 수임할 수 있는지에 관한 질의에 대하여 다음과 같이 회신한 바 있다.

⑵ 하급심 판결에서는 변호사로서의 품위유지, 사건 당사자들의 이익 보호, 공정한 재판 업무 수행 등 공익적 요소와 변호사로서의 직업선택 및 직업수행의 자유 등 사익적 요소를 고려하여야 한다고 하면서, 변호사가 판사 재직시 허가한 정리회사의 계약에 관한 사건을 수임한 사례에 관하여, 판사로서 재직시 구체적인 계약 등 법률행위의 허가, 허가의 변경 등에 관여하였을 경우 그 계약과 관련된 직무수행을 제한하는 것으로 해석함이 타당하다고 판단된다고 하였다(서울행정법원 2008. 2. 5. 2007구합27455).[68] 대법원은 이 같은 원심판결에 불복한 상고를 기각한 바 있다(대법원 2010. 12. 23. 2008두20857).[69]

⑶ 생각건대 제 3 호에서 '공무원으로서 직무상 취급한 사건'은 제 1 호의 변호사가 '이미 수임을 승낙한 사건'처럼 변호사가 공무원 지위에서 먼저 (수임하여) 처리한 것과 유사한 구조를 갖고 있다. 그리고 앞서 '직무상 취급'(제 3 호)했거나 '수임했던 사건'(제 1 호)을 한 변호사가 맡아 처리하도록 하는 것은 원칙적으로 대리제도의 본질에 반하는 공통성이 있다. 물론 공무원이 직무상 취급한 사건을 변호사가 수임한 사건과 동일평면에 놓고 볼 수 없는지는 논란이 있을 수 있다. 아무튼 직무상 취급한 사건과 수임하려는 새로운 사건은 분쟁의 기초가 되는 사실관계가 동일한지 여부를 중심으로 수임허용 여부를 판단하여야 할 것으로 보인다.

4. 수임 후 그 사건처리에 관여하지 않은 경우

변호사의 소송사건의 수임은 소송위임장의 제출로 대리권이 증명된다. 소송위임장에 대리인으로 기재된 변호사는 그 사건을 수임한 것으로 본다. 다수의 변호사가 공동 수임인으로 위임장에 기재하여 제출한 경우가 많다. 사회적으로 이목이 집중된 사건에서 그 소송의 변론을 찬동한다는 의미에서 이름만 기재하는 것을 볼 수 있다. 당사자와 수임약정이 없이 이름만 기재하기도 한다. 이런 사건은 실제로는 그중 일부의 변호사만 주도적으로 변론에 참여한다. 그렇지만 위임장에 기재된 모든 변호사는 수임인의 지위에 있다고 해야 한다.

채무불이행을 이유로 하는 위약금청구사건과 그 위약금청구권을 피보전권리로 하는 사해행위취소청구사건은 두 사건 사이에 관련성은 인정될 수 있을지언정 위와 같이 두 사건의 법률적 쟁점이 동일하여 실질적으로 동일한 사건과 마찬가지로 취급할 수 있는 경우에 해당한다고 볼 수 없습니다. 그러므로 공무원으로 재직 중 취급한 사건을 수임하는 경우라고 볼 수 없습니다. 위약금청구권을 집행권원으로 하여 乙의 채무자 丁을 상대로 하는 추심금청구소송 역시 위와 같이 단지 관련성이 있는 사건에 불과하므로 공무원으로 재직 중 처리한 사건에 해당한다고 볼 수 없습니다(대한변협 2014. 2. 7. 수임제한 — 판사 재직 시 취급사건 관련 여부 질의회신).

68 판사로서 회사정리 사건의 업무에 관여하였다면 그 회사의 회사정리 절차 진행 중에 있었던 모든 사건에 대하여 변호사로서의 업무를 수행할 수 없다는 것으로 무한히 확장하여 해석할 수는 없다고 한다(서울행정법원 2008. 2. 5. 2007구합27455).

69 원고가 재판장으로서 허가하였던 공사도급계약이 다른 재판장의 관여로 변경되었다고 하더라도 그 계약에 기하여 증가된 공사비 내지 추가공사비 등의 지급을 구하며 제기한 소송을 수임한 것은 원고가 재판장으로서 취급하였던 사건이 포함되어 있다고 봄이 상당하다고 하였다(대법원 2010. 12. 23. 2008두20857).

수임인이 직접 변론에 관여해야 하는 것도 아니고, 유상의 수임약정을 해야 하는 것도 아니기 때문이다. 수임 여부는 소송위임장이라는 서면의 기재를 보고 일률적으로 판단해야 하고 실제로 소송참여 여부를 중심으로 판단할 수는 없다. 로펌의 경우 수임은 로펌 명의로 하지만 담당변호사를 지정된 변호사 중에 제3호의 요건에 해당하는 자가 있으면 그 로펌은 이 규정 위반이 된다. 다만, 공동법률사무소의 경우는 제3호를 준용하지 않기 때문에 그렇지 않다(변호사법 31②).

5. 수임제한의 적용 범위 — 공직퇴임변호사와 그 예외

(1) 공무원이 직무상 취급하거나 취급하게 된 사건의 수임제한의 특수한 경우로 공직퇴임변호사의 수임제한이 있다. 법관, 검사, 장기복무 군법무관, 그 밖의 공무원 직에 있다가 퇴직하여 변호사 개업을 한 자는 재직 중에 취급하거나 취급하게 된 사건의 수임제한을 받게 된다. 변호사법 제31조 제3항은 이들을 "공직퇴임변호사"라고 한다. 공직퇴임변호사는 퇴직 전 1년부터 퇴직한 때까지 근무한 법원, 검찰청, 군사법원, 금융위원회, 공정거래위원회, 경찰관서 등 국가기관이 처리하는 사건을 퇴직한 날부터 1년 동안 수임할 수 없도록 하고 있다. 뿐만 아니라 공직퇴임변호사는 공무원으로 재직 중에 취급한 사건의 수임제한을 받게 되는데, 그 시적 한계는 영구적이라 할 수 있다.

(2) 그런데 변호사법 제31조 제3항은 '재판연구원, 사법연수생과 병역의무를 이행하기 위하여 군인·공익법무관 등으로 근무한 자'는 공직퇴임변호사가 아니라고 명시하고 있다. 그 때문에 수임제한과 수임자료제출의무는 없다. 재판연구원 출신 변호사를 전관예우를 받을 수 있는 지위에 있다는 이유로 제3호의 공무원에 해당될 뿐만 아니라 공직퇴임변호사라고 해야 한다는 주장이 있다.[70] 재판연구원은 변호사의 자격이 있는 사람 중에서 대법원장이 임용하며(법원조직법 53의2③), 소속 법원장의 명을 받아 사건의 심리 및 재판에 관한 조사·연구, 그 밖에 필요한 업무를 수행한다(제53조의2 제2항).[71] 재판연구원은 자기 이름으로 사건처리를 할 수 있는 권한은 없고, 오로지 하명 받은 사건의 직무보조행위에 국한된다. 비록 직무의 성격이 보조적인 것에 불과하더라도 조정위원, 중재위원 역시 본인 단독으로 조정하거나 중재하는 것은 아니기 때문에 그 직무의 비중에 따라 공무원 여부를 판단할 수는 없다. 따라서 재판연구원 출신 변호사는 현행 변호사법과 같이 공직퇴임변호사라고 할 수는 없지만, 재직시에 직접적으로 보고서를 작성하는 등으로 직무상 취급하거나 취급하게

70 이광수, '전관 변호사의 수임제한', 서울변협 2014. 10. 8. "변호사법상 수임제한에 관한 심포지움" 발표문, 11면 이하.

71 재판연구원은 총 3년의 범위에서 기간을 정하여 채용되는 임기제공무원으로 한다(제53조의2 제4항, 제5항).

된 사건의 수임제한을 받는 '공무원'이라고 할 수 있다.

(3) 반면, 사법연수생은 예비법조인 수습생의 지위에 있지만, 검사시보로서의 직무수행 중 취급한 사건은 변호사 개업 후에 수임제한을 받는다고 할 수 있다. 그리고 '병역의무를 이행하기 위하여 군인으로 근무한 자'에 해당하는 단기 군법무관은 자신의 이름으로 수사와 재판을 할 수 있다. 공익법무관 역시 국가송무 업무에 관여하면서 자신의 이름으로 국가를 대리하는 등의 업무를 수행하기도 한다. 이 점에서 단기 군법무관과 공익법무관은 수임제한을 받는 공무원의 지위에 있다고 할 수 있다.[72] 아울러 법원사무관으로 재직하였던 자가 변호사 개업을 한 후에는 동일한 수임제한을 받는다고 할 것이다.

6. 법무법인·법무법인(유한)·법무조합의 준용

법관 또는 검사 등으로 퇴직한 변호사가 법무법인·법무법인(유한)·법무조합에 구성원 또는 소속 변호사로 가입할 수 있다. 그런데 그 퇴직한 변호사가 공무원으로 재직 중에 "직무상 취급하거나 취급하게 된 사건"에 대해서는 가입한 법무법인·법무법인(유한)·법무조합은 그 사건을 수임할 수 없다(변호사법 57, 58의16, 58의30). 이는 법무법인 등의 입장에서는 상당히 가혹하다 여길 수 있겠지만, 공직자였던 변호사와 그를 법인에 가입시킨 법인과는 일체가 된 상태라서 직무상 취급한 사건을 수임할 수 없도록 하는 것은 불가피한 조치라 할 수 있다.

7. 공동법률사무소 적용제외

(1) 제 1 항 제 1 호(동일 사건) 및 제 2 호(다른 사건)를 적용할 때 법무법인·법무법인(유한)·법무조합이 아니면서도 변호사 2명 이상이 사건의 수임·처리나 그 밖의 변호사 업무 수행 시 통일된 형태를 갖추고 수익을 분배하거나 비용을 분담하는 형태로 운영되는 법률사무소는 하나의 변호사로 본다(변호사법 31②). 이처럼 공동법률사무소는 법무법인·법무법인(유한)·법무조합이 아닌 변호사 2명 이상이 변호사 업무수행을 위한 통일된 형태를 갖는 법률사무소를 운영해야 하고, 그 법률사무소는 수익의 분배 또는 비용의 분담이라는 형태로 운영되어야 한다.

(2) 공동법률사무소는 변호사법 제31조 '제 1 항 제 1 호 및 제 2 호를 적용할 때'에 한하여 수임제한을 받고, 제 3 호 '공무원·조정위원 또는 중재인으로서 직무상 취급하거나 취급하게 된 사건'은 수임제한을 받지 않는다. 공동법률사무소에 한하여 수임제한을 허용해야

---

72 단기 군법무관과 공익법무관을 공직퇴임변호사로서의 지위를 갖는다고 보아 수임제한과 수임자료제출의무를 부과하는 것은 "누구든지 병역의무의 이행으로 인하여 불이익한 처우를 받지 아니한다"는 헌법 제39조 제 2 항의 위반에 해당될 수 있다.

하는 특별한 사유도 존재하지 않는데, 그 적용을 제외시킨 것은 공동법률사무소에 대한 특례이다. 법무부도 이 점을 고려하여 공동법률사무소 역시 적용되는 것으로 입안한 바 있지만, 입법으로 진행되지 못하였다. 향후 변호사법 개정할 때 제3호도 적용되는 것으로 할 필요가 있다.

(3) 다만, 변호사법상 공동법률사무소는 대한변호사협회 회칙 제39조 공증인가합동법률사무소와 공동법률사무소(사업자등록을 2인 이상이 같이 하는 경우와 2인 이상이 개인명의 이외의 명칭을 사용하는 경우)와는 다르다. 「변호사윤리장전」은 변호사법 제31조 제2항의 공동법률사무소에 대한 규율은 누락하고 있다. 「변호사윤리장전」 제46조 제1항은 공동법률사무소를 대한변호사협회 회칙이 정한 '공동법률사무소'로 한정하고 있다.

8. 위반행위의 효과

먼저 수임제한 규정을 위반하여 수임한 경우에는 형사처벌을 받게 된다(변호사법 113(4)). 그리고 제3호는 공익적인 강행규정으로서 이에 위반되는 행위는 그 효력이 없다.[73] 제3호에 위반하여 사건을 수임한 변호사가 소송을 대리한다는 것은 적법한 소송 대리권이 없는 자가 소송을 대리하는 것과 마찬가지로 보아야 한다(대법원 1962. 1. 31. 4294민상517). 소송대리인에게 적법한 대리권이 있는지 여부는 법원의 직권 조사사항이므로 제3호 위반의 소송행위는 무권대리인으로 보아 소송관여를 일단 허용하지 않아야 한다. 다만, 상대방이 그러한 대리행위에 대하여 아무런 이의를 제기하지 않는다면 소송관여를 계속하도록 할 수 있을 것이다.

Ⅵ. 「변호사윤리장전」에 규정된 수임제한사유

1. 의　　의

(1) 일반적인 수임제한사유

2014년 개정된 「변호사윤리장전」은 기존의 구 「변호사윤리장전」의 내용을 수정한 수임제한사유를 두고 있다. ① 과거 공무원·중재인·조정위원 등으로 직무를 수행하면서 취급 또는 취급하게 된 사건이거나, 공정증서 작성사무에 관여한 사건(제22조 제1항 제1호), ②

73 변호사법 제16조의 규정은 공익적인 강행규정으로서 이에 위반되는 행위는 그 효력이 없다고 할 것이므로 필경 위 63나221사건 법원에서는 대리권 없는 소송대리인으로 하여금 소송을 수행시킨 결과가 된다고 할 것인데도 불구하고 원판결이 이와 반대되는 견해로서 동 사건에 있어서의 변호사 소외인의 소송행위를 유효한 것이라고 하였음은 소론과 같이 잘못이기는 하나 민사소송법 제422조 제1항 제3호 소정의 소송대리권 흠결의 재심사유 있는 경우에도 당사자가 상소에 의하여 그 사유를 주장하였거나 이를 알고 주장하지 아니한 때에는 재심의 소를 제기할 수 없는 것이다(대법원 1971. 5. 24. 71다556).

동일한 사건에 관하여 상대방을 대리하고 있는 경우(제2호)에 해당하는 사건을 수임하지 아니한다고 명시하고 있다. 다만, ③ 수임하고 있는 사건의 상대방이 위임하는 다른 사건은 수임하고 있는 사건의 의뢰인이 양해하거나(제3호), ④ 상대방 또는 상대방 대리인과 친족관계에 있는 경우는 의뢰인이 양해(제4호)할 때는 수임할 수 있다. 반면, ⑤ 동일 사건에서 둘 이상의 의뢰인의 이익이 서로 충돌하는 경우(제5호) 및 ⑥ 현재 수임하고 있는 사건과 이해가 충돌하는 사건(제6호)은 관계되는 의뢰인들이 모두 동의하고 의뢰인의 이익이 침해되지 않는다는 합리적인 사유가 있는 경우에는 수임할 수 있다(제1항 단서).

(2) **특수한 수임제한사유**

2014년 개정 「변호사윤리장전」에서 신설된 사유로서 정부기관을 겸직하고 있는 사건의 수임제한(제42조), 법무법인 등의 수임제한(제48조), 증인으로서의 변호사(제54조)의 수임제한사유가 있다.

2. 친족관계가 있는 사건

변호사는 '상대방 또는 상대방 대리인과 친족관계에 있는 경우'에 해당하는 사건을 수임하지 아니한다. 다만, 의뢰인이 양해한 경우에는 그러하지 아니하다(변호사윤리장전 22①(4)). 변호사는 상대방 또는 상대방 대리인과 친족관계에 있을 수 있다. 구 「변호사윤리장전」은 '변호사는 자신과 친족관계가 있는 다른 변호사'가 수임한 사건에 대하여 수임제한을 하였다. 그러나 개정 「변호사윤리장전」에서는 '상대방 대리인'뿐만 아니라 상대방과 친족관계가 있는 경우까지 그 범위를 확대하여 수임제한을 강화하고 있다. 다만, 의뢰인의 동의가 있는 경우에는 수임제한을 받지 아니한다.

의뢰인은 그의 변호사가 '상대방 또는 상대방 대리인과 친족관계에 있는 경우'인지를 알 수가 없다. 그 때문에 개정 「변호사윤리장전」은 그 사실을 수임계약 체결 전에 알리도록 하는 내용의 설명의무를 부과하고 있다. 즉, 변호사는 상대방 또는 상대방 대리인과 친족관계 등 특수한 관계가 있을 때에는, 이를 미리 의뢰인에게 알린다(변호사윤리장전 20③). 그러므로 변호사는 먼저 친족관계 등 특수한 관계를 의뢰인에게 알리고, 그럼에도 의뢰인이 이를 양해한 경우에 수임할 수 있다.

3. 겸직하고 있는 정부기관 사건의 수임제한

(1) 「변호사윤리장전」은 '제2절 정부기관에 대한 윤리'를 신설하여 비밀이용금지(제41조) 및 겸직 시 수임 제한(제42조) 규정을 신설하고 있다. 여기서 '정부기관'은 행정부는 물론 국회나 법원·헌법재판소 등의 국가기관을 포함하는 넓은 개념으로 이해된다. 변호사는 개업

중인 상태에서 정부기관의 각종 위원회의 위원으로 활동하거나 각종 공무원시험의 출제업무를 위촉받을 수 있으며, 법원의 조정위원·파산관재인 등의 직무를 수행할 수 있다. 이와 같이 겸직하고 있는 정부기관의 직무를 수행중에 '그 기관'의 사건을 수임할 수도 있는데, 개정 「변호사윤리장전」은 이에 관한 수임 제한을 하고 있다. 직무상 직접 취급한 사건은 변호사법 제31조 제1항 제3호에 의하여 수임이 금지되는 것은 물론이다.

(2) 변호사는 공정을 해할 우려가 있을 때에는, 겸직하고 있는 당해 정부기관의 사건을 수임하지 아니한다(변호사윤리장전 42). 여기서 '변호사'는 단독 개업중인 변호사는 물론 법무법인, 법무법인(유한), 법무조합 및 대한변호사협회 회칙에서 정한 공증인가합동법률사무소 및 공동법률사무소에 소속되어 정부기관에서 겸직하고 있는 변호사를 말한다. 예컨대 변호사가 중앙행정심판위원회 비상임 위원으로 행정심판의 심리와 재결에 관여하면서 그 위원회에서 심리중인 사건을 수임하는 것은 공정성을 의심받을 수도 있다.[74] 그렇기 때문에 변호사는 겸직하는 정부기관의 직무수행에 전념하여야 하고 자신의 이익을 위하여 사건 수임을 하여서는 아니된다.[75]

4. 법무법인 등의 수임제한 및 예외적 허용사유

(1) 원 칙

변호사법 제31조 제1항의 수임제한 규정은 법무법인·법무법인(유한)·법무조합에도 준용된다. 「변호사윤리장전」은 변호사법상의 수임제한 사유를 더욱 구체화하고 있는데(제22조, 제42조), '법무법인 등'(법무법인, 법무법인(유한), 법무조합 및 대한변호사협회 회칙에서 정한 공증인가합동법률사무소 및 공동법률사무소) 역시 사건을 수임하는 경우에 준용하고 있다. 다만, 「변호사윤리장전」은 다수의 변호사가 소속한 법무법인 등에서 소수의 변호사에게 존재하는 수임제한 사유로 인한 불이익을 제거하기 위한 규정을 두고 있다. 즉, '법무법인 등'이 사건을 수임하는 경우에 수임제한에 관한 제22조 및 제42조의 규정이 준용한다. 다만, 제2항에서 달리 정하는 경우는 제외한다(변호사윤리장전 48①). 그러므로 법무법인 등은 개인 변호사와 같

74 행정심판법 제10조는 행정심판 위원의 제척·기피·회피사유를 두고 있다.

75 변호사가 ○○시선거관리위원회 위원으로 재직 중 그 위원회가 전국지방동시선거 당시의 후보자의 선거비용을 실사한 후 입후보자 A를 공직선거법 위반으로 고발할 경우에 A에 대한 형사사건을 수임할 수 있는지 문제된다. 이에 대하여 대한변협은, 각급 선거관리위원회는 합의제 행정관청에 해당되고, 위원은 상임, 비상임을 불문하고 해당 직무에 관하여는 광의의 공무원에 해당된다 할 것이다. 따라서 공직선거법위반 사건의 고발이 선거관리위원회 명의로 행해진 경우는 그 소속위원은 상임이든 비상임이든, 실질적으로 그 고발에 참여했든 아니했든, 기타 여하한 경우라도 그 소속위원이 직무상 취급한 사건의 범위에 해당되므로, 그 고발사건에서 피고발자의 변호인을 맡는 것은 변호사법 제31조 제1항 제3호 소정의 사건에 해당되므로 수임이 불가하다(대한변협 2006. 9. 18. 법제 제2191호)는 질의회신을 한 바 있다. 대한변협은 수임불가 근거를 변호사법 제31조 제1항 제3호에 해당된다고 넓은 해석을 하였지만, 「변호사윤리장전」 제42조에 직접적으로 해당되는 사안으로 보인다.

이 수임 제한사유의 적용을 받게 된다. 다만, 법무법인 등에 소속한 특정한 변호사에게만 존재하는 수임제한 사유가 그가 소속된 법무법인 등의 전체로 미치는 것은 가혹할 수 있어 수임허용 규정을 두고 있다.

(2) 특정 변호사에게만 수임제한 사유가 존재하는 경우

'법무법인 등'의 특정 변호사에게만 제22조 제 1 항 제 4 호(상대방 또는 상대방 대리인과 친족관계에 있는 경우) 또는 제42조(겸직하고 있는 당해 정부기관의 사건을 수임)에 해당하는 사유가 있는 경우, 당해 변호사가 사건의 수임 및 업무수행에 관여하지 않고 그러한 사유가 법무법인 등의 사건처리에 영향을 주지 아니할 것이라고 볼 수 있는 합리적 사유가 있는 때에는 사건의 수임이 제한되지 아니한다(변호사윤리장전 48②).

1) 여기서 '특정 변호사'란 법무법인 등의 변호사로서 수임제한 사유 중 '상대방 또는 상대방 대리인과 친족관계에 있는 경우'(제22조 제 1 항 제 4 호) 또는 '겸직하고 있는 당해 정부기관의 사건 수임'(제42조)에 관한 제한사유의 적용을 받는 변호사를 말한다. 따라서 법조윤리협의회에 수임자료 등의 제출의무를 지는 변호사법 제89조의5 소정의 '특정 변호사'와 구별된다.

2) 특정 변호사의 요건 중 첫째는, 수임하려는 사건의 상대방 또는 상대방 대리인과의 사이에 친족관계가 있어야 한다. 여기서 '상대방 또는 상대방 대리인과 친족관계에 있는 경우'(제22조 제 1 항 제 4 호)에 단독 개업 중인 변호사는 의뢰인의 양해를 얻어야 수임할 수 있다(변호사윤리장전 44①(4)). 그러나 법무법인 등에 소속된 변호사는 이 경우 의뢰인의 양해를 얻을 필요가 없다. 그러나 변호사는 상대방 또는 상대방 대리인과 친족관계 등 특수한 관계가 있을 때에는, 이를 미리 의뢰인에게 알린다(변호사윤리장전 20③)는 규정은 적용된다고 보아야 한다. 그러므로 법무법인 등은 특정 변호사와 수임하려는 사건의 상대방 또는 그 대리인과 친족관계와 같은 특수한 관계를 의뢰인에게 설명하여야 한다.

법무법인 등이 특정 변호사가 존재함에도 수임이 허용되는 것은, 특정 변호사가 사건의 수임 및 업무수행에 관여하지 않고 그러한 사유가 법무법인 등의 사건처리에 영향을 주지 아니할 것이라고 볼 수 있는 합리적 사유가 있어야 한다. 이 점이 이익충돌회피를 예외적으로 허용하는 요건이다. 그러므로 특정 변호사가 그 사건의 수임 및 업무수행에 관여하지 않고 영향을 주지 않을 사유가 존재해야 한다.

법무법인 등에 수임제한을 받는 특정 변호사의 숫자는 제한이 없다. 「변호사윤리장전」은 예컨대 다수의 구성원 변호사로 설립되는 법무법인의 경우 1명 정도의 소수의 변호사가 특정 변호사에 해당될 수 있음을 염두에 두었을 것이다. 그러나 한 변호사는 수임하려는 사건의 '상대방'과 친족관계에 있고, 다른 변호사는 '상대방 대리인'과 친척관계에 있다면, 3명

으로 구성된 법무법인은 단 1명만이 특정 변호사가 아닌 셈이다. 이 경우에도 사건 수임을 허용하는 것은 변호사 제도의 근간인 이익충돌회피의무를 저버린 것이나 다름없다. 그런 점에서 위 규정은 법무법인 등에게 유리한 규정이라는 비판을 면할 수 없다.

3) 특정 변호사의 요건 중 둘째는, 겸직하고 있는 당해 정부기관의 사건을 수임하는 것이 공정을 해치는 경우여야 한다. 여기서 '겸직하고 있는 당해 정부기관의 사건'이란 정부기관의 비상근 또는 상근 공무원을 겸직하는 변호사가 직접 취급하거나 취급하게 된 사건이 아닌 그 정부기관으로부터 수임을 의뢰받은 사건을 말한다. 예컨대 변호사가 선거관리위원회의 비상임위원을 겸직하고 있는 중에 그 선거관리위원회가 처리하였던 사건의 수임을 의뢰받은 경우가 이에 해당된다. 법무법인 등에 소속된 변호사가 정부기관의 직을 겸임하는 것은 공익활동의무의 이행과 아울러 수임활동의 일환일 수 있다. 그런데 단독 개업 중인 변호사가 겸직하고 있는 정부기관의 사건을 수임하는 것이 공정을 해칠 경우에는 수임할 수 없다(변호사윤리장전 42). 반면, 겸직하는 변호사가 법무법인 등에 소속되어 있을 때는 그 특정 변호사가 당해 사건의 수임 및 업무수행에 관여하지 않고, 법무법인 등의 사건처리에 영향을 주지 아니할 것이라고 볼 수 있는 합리적 사유가 있는 때에는 사건 수임에 제한이 없게 된다. 과연 겸직중인 특정 변호사가 그 사건에서 배제되는 것만으로 공정을 해할 우려가 해소되었다고 볼 수 있는지 의문이다.

(3) 비밀공유방지 조치의무

법무법인 등은 제 2 항의 경우에 당해 사건을 처리하는 변호사와 수임이 제한되는 변호사들 사이에 당해 사건과 관련하여 비밀을 공유하는 일이 없도록 합리적인 조치를 취한다(변호사윤리장전 48③). 수임제한 사유가 있는 특정 변호사가 그 법무법인 등이 수임한 사건에 관여하지 않도록 할 필요가 있다. 특히 특정 변호사가 당해 사건과 관련된 비밀을 담당변호사에게 누설하지 않도록 하여야 한다. 그러므로 특정 변호사가 소속한 업무팀에서 그 사건을 처리하도록 하여서는 아니된다. 특정 변호사가 사건기록을 열람하는 등의 접근도 허용해서도 안 된다. 담당변호사는 그 사건의 처리와 관련된 사항을 특정 변호사에게 조언을 구하는 등의 조력을 구하는 행위도 금지된다. 이와 같은 일련의 행위를 '차단벽'(screening) 또는 '만리장성 쌓기'(Chiness Wall)라고 부른다.[76] 법무법인 등이 비밀공유방지 조치의무를 위반하였을지라도 그 제재조치에 관한 규정은 존재하지 않다. 법무법인 등은 의뢰인의 사건 승패 여부에 따라 성공보수 등의 명백한 이익을 갖게 된다. 그런 상황에서 법무법인 등

---

76 「변호사 직무에 관한 모범규칙」(Model Rules of Professional Conduct) Rule 1.11 (b)(1) '자격 부인된 변호사가 그 사안에서 참여하지 못하도록 적절히 차단되고 있으며(timely screened), 그로부터 보수를 배분받지 않을 것'을 요건으로 하고 있다.

이 당해 사건의 본질이나 비밀에 접근할 수 있는 가장 유력한 존재인 특정 변호사를 그 사건에서 완전히 배제시킬 것이라고 믿기는 쉽지 않다. 단독 개업변호사와 달리 법무법인 등에게 보다 넓은 수임의 자유를 허용하는 것이 형평에 부합되는지는 의문이다.

5. 증인으로서의 변호사가 될 사건의 수임제한

(1) 「변호사윤리장전」은 증인으로서의 변호사(Lawyer as Witness) 규정을 신설하여 변호사가 스스로 증인이 되어야 할 사건은 그 수임을 제한하고 있다.[77] 「변호사 직무에 관한 모범규칙」(Model Rules of Professional Conduct) Rule 3.7의 주석은 변호사가 증언을 하게 되면 그것이 증언인지, 증거에 대한 분석인지 명확하지 않다고 한다. 예컨대 A 변호사가 동업을 하려는 자들의 의뢰를 받고 투자의 방법과 손익분배 등에 관한 동업계약의 내용을 조율하여 확정한 후 계약서를 작성하여 주었는데 후일에 동업계약의 해지와 그로 인한 동업계약 위반을 원인으로 하는 민사 분쟁이 발생할 수 있다. 이때 A 변호사가 동업자 중의 1인으로부터 위 사건을 수임하게 되면 소송대리인의 지위에 서면서도 증인을 서야 하는 상황에 처할 수 있다. 변호사가 수임사건의 증인의 역할까지 함께 하게 되면 상대방에게 피해를 입힐 수 있을 뿐만 아니라 변호사와 의뢰인 간에 이익충돌을 야기할 수도 있기 때문에,[78] 증인을 서야 될 사건의 수임을 제한하고 있다.

(2) 변호사는 스스로 증인이 되어야 할 사건을 수임하지 아니한다. 다만, ① 명백한 사항들과 관련된 증언을 하는 경우, ② 사건과 관련하여 본인이 제공한 법률사무의 내용에 관한 증언을 하는 경우, ③ 사건을 수임하지 아니함으로써 오히려 의뢰인에게 불리한 영향을 미치는 경우에 해당하는 경우에는 그러하지 아니하다(변호사윤리장전 54①). 변호사가 증인이 되어야 할 사건의 수임제한은 그리 넓은 것은 아니다. 수임제한의 예외사유를 광범위하게 두고 있기 때문이다.

1) ① '명백한 사항들(uncontested issue)과 관련된 증언을 하는 경우'는 다툼이 없는 쟁점에 관한 사항을 증언하는 것이므로 수임할 수 있다.

2) ② '사건과 관련하여 본인이 제공한 법률사무의 내용에 관한 증언을 하는 경우'는 변호사가 두 의뢰인에게 조력하였던 법률사무의 내용(종류)에 관한 사실은 그 사건의 쟁점과 직접 관련된 것은 아니다. 위 사례에서 A 변호사는 동업계약의 체결을 위하여 서면이나 구두로 제공한 법률상 조언의 내용과 동업계약서를 작성해 준 사실에 관하여 증언하는 경우라면, 위 단서에 해당되어 A 변호사는 동업자 일방으로부터 민사 사건을 수임할 수 있다.

77 정형근, 법조윤리강의 제11판, 225면.

78 American Bar Association, ABA Compendium of professional responsibility rules and standards, p.101.

3) ③ '사건을 수임하지 아니함으로써 오히려 의뢰인에게 불리한 영향을 미치는 경우'는 그 사건의 내용을 증언할 수 있는 지위에 있는 변호사가 그 사건의 수임제한을 받게 되면 오히려 특정 의뢰인에게 불리한 영향을 미칠 수 있는 경우에는 이를 허용한다는 것이다. 증인의 지위에 있는 변호사의 수임제한은 결국 그 사건에서 변호사의 자격을 상실시키는 것과 같다. 변호사가 장차 발생할 분쟁에서 증인이 될 수 있다는 점은 두 당사자 모두에게 합리적으로 예견된 일이기도 하다. 그런데 특정 당사자가 그 변호사를 선임하지 못하면 변호사의 조력을 받을 권리의 행사에 제약을 받는 등의 불이익한 사정이 존재한다면 이를 허용하는 것이 타당하다. 또한 동업계약의 일방 당사자가 계약 내용과 관련된 허위의 사실을 주장하며 입증하려는 경우 유일한 증인에 해당되는 그 변호사를 대리인으로 선임하도록 허용할 필요성은 존재한다.

(3) 변호사는 그가 속한 법무법인 등의 다른 변호사가 증언함으로써 의뢰인의 이익이 침해되거나 침해될 우려가 있을 경우에는 당해 사건에서 변호사로서의 직무를 수행하지 아니한다(개정 변호사윤리장전 54②). 여기서 '변호사'는 법무법인 등으로부터 지정받은 담당변호사를 말한다. 그리고 '법무법인 등의 다른 변호사가 증언함으로써 의뢰인의 이익이 침해되거나 침해될 우려가 있을 경우'란 당해 사건의 수임 단계에서 이런 위험이 있는 경우를 말하는 것이라고 할 수도 있고, 수임 후에 다른 변호사가 증언함으로써 이익의 침해가 발생한 경우를 말한다고 할 수도 있다. 그러나 현실적으로 다수의 변호사로 구성된 법무법인 등에서는 수임 단계에서 소속된 변호사 중에서 증인으로 증언해야 할 변호사가 존재하는지 여부가 불명확하다. 따라서 수임단계에서 다른 변호사가 증언함으로써 의뢰인의 이익을 침해하게 될지 여부를 판단할 수는 없으므로, 특별한 사정이 없는 한 당해 사건의 진행 중에 다른 변호사의 증언으로 인한 이익교량을 하여야 할 것이다. 또한 '당해 사건에서 변호사로서의 직무를 수행하지 아니한다'는 것은 그 사건을 수임한 법무법인 등이 그 사건을 더 이상 처리할 수 없게 되므로 결국 사임해야 할 것으로 보인다. 이 경우 담당변호사를 교체하는 것으로 의뢰인의 이익침해를 예방할 수 없기 때문이다. 증인을 서야 할 변호사로 인하여 그가 속한 법무법인 등이 수임제한을 받는 경우에 해당된다.

6. 수임제한의 시적 한계

변호사는 의뢰인으로부터 즉시 사건을 수임할 수도 있지만 상당한 시간 동안 상담관계를 유지할 수도 있다. 이때 단순한 상담관계에 불과한 경우로서 상대방의 이익침해가 없을 때는 수임제한을 할 필요가 없기 때문에 「변호사윤리장전」에서는 수임제한의 시적 한계를 설정하고 있다. 즉, 변호사는 의뢰인과 대립되는 상대방으로부터 사건의 수임을 위해 상담하였으나 수임에 이르지 아니하였거나 기타 그에 준하는 경우로서, 상대방의 이익이 침해되지 않는다고 합리적으로 여겨지는 경우에는, 상담 등의 이유로 수임이 제한되지 아니한다(변호사윤리장전 22③).

Ⅶ. 공동법률사무소의 수임제한 범위

1. 공동법률사무소의 개념

제1항 제1호 및 제2호를 적용할 때 법무법인·법무법인(유한)·법무조합이 아니면서도 변호사 2명 이상이 사건의 수임·처리나 그 밖의 변호사 업무 수행 시 통일된 형태를 갖추고 수익을 분배하거나 비용을 분담하는 형태로 운영되는 법률사무소는 하나의 변호사로 본다(제2항). 수임제한에 관한 변호사법 제31조 제1항의 적용대상자는 법무법인·법무법인(유한)·법무조합 또는 단독 개업중인 변호사이다. 그 외에도 2인 이상의 변호사가 「민법」상의 조합형태 등으로 운영되는 공동법률사무소에 대하여서도 수임제한을 적용받도록 하려고 2008. 3. 28. 개정된 변호사법에 제2항이 신설되었다.[79] 공동법률사무소는 변호사법상의 용어는 아니며,[80] 법인격 유무도 묻지 않는다. 따라서 복수의 변호사가 사건의 수임·처리나 그 밖의 변호사 업무 수행 시 통일된 형태를 갖추고 수익을 분배하거나 비용을 분담하는 형태의 공동법률사무소도 존재한다. 이런 유형의 법률사무소는 법인격이나 소송당사자능력은 없다. 그럼에도 일정한 요건을 구비한 법률사무소는 '하나의 변호사'로 간주하여 수임제한을 적용받도록 한 것이다.

2. 수임제한의 요건

(1) 복수의 변호사가 사건수임·처리 등의 통일된 형태 구비

법무법인·법무법인(유한)·법무조합의 구성원 또는 소속 변호사가 아닌 2인 이상의 변호사가 그 업무수행을 위한 통일된 형태를 갖는 법률사무소를 운영해야 한다. 사건의 수임과 처리행위가 변호사 업무수행의 대표적인 사례이지만, 기업자문 등과 같은 변호사 고유

---

79 이 규정의 입법취지는 '쌍방대리 금지 적용의 확대(법 제31조)'라고 하면서 다음과 같은 이유를 들고 있다. (1) 이 법에서 정하는 공동 법률사무소 외에 「민법」상의 조합형태 등으로 운영되는 공동 법률사무소에 대하여는 쌍방대리 금지규정이 법정화되어 있지 아니함. (2) 변호사 2명 이상이 사건의 수임·처리 등을 조직적으로 수행하는 공동 법률사무소에 대하여도 쌍방대리 금지 규정을 확대 적용함. (3) 모든 공동 법률사무소에 대하여 쌍방대리가 금지됨으로써 법률사무 처리의 적정성과 의뢰인 보호에 이바지할 수 있을 것으로 기대됨.

80 「대한변호사협회 회칙」 제39조는 공동법률사무소를 '사업자등록을 2인 이상이 같이하는 경우와 2인 이상이 개인명의 이외의 명칭을 사용하는 경우'로 정의하고 있다.

의 직무에 관한 일체의 행위를 포함한다. 사건의 수임과 처리에 있어 공동법률사무소의 명의와 계산으로 해야 하는 것은 아니다. 변호사의 각자의 계산으로 수임하는 것이 보편적일 수 있다. 그러나 다수의 변호사 상호 간의 약정에 의하여 통일된 형태의 운영방식을 자유롭게 결정할 수 있다. 업무수행의 방식, 출자형식이나 구성원의 조직과 변경, 수익의 분배와 비용의 부담 등을 임의로 정할 수 있다. 변호사법에는 이런 유형의 공동법률사무소에 대하여 수임제한에 관한 규율 외에 다른 별도의 규정을 두고 있지 않다. 이 법률사무소의 변호사들은 각자 법령이 정하는 바에 따른 권리의무를 갖는다.

(2) 수익분배 또는 비용분담 형태로 운영되는 법률사무소

변호사 업무수행을 위한 통일된 형태를 갖춘 법률사무소는 수익의 분배 또는 비용의 분담이라는 형태로 운영되어야 한다. '수익의 분배'란 변호사의 직무수행의 대가로 받은 보수 중 비용을 공제한 금액을 나누는 것이다. 수익의 분배는 법률사무소의 운영을 책임지는 변호사들로 한정되어도 무방하다. '비용의 분담'이란 사무직원의 급여, 사무실의 차임, 제세공과금 등을 나눠 부담하는 것을 말한다. 모든 비용의 분담이 아니라 특정 항목에 한정하기로 해도 된다. 수임제한을 받는 하나의 변호사로 인정되기 위해서는 위와 같은 수익분배 또는 비용분담이 필수적이다.

(3) '하나의 변호사로 본다'는 의미

수익의 분배 또는 비용의 분담이 있는 법률사무소는 하나의 변호사로 본다. '하나의 변호사로 본다'는 것은 2인 이상의 변호사로 구성된 법률사무소이지만, 1인의 변호사가 운영하는 법률사무소와 같은 수임제한을 한다는 것이다. 그 결과 법무법인·법무법인(유한)·법무조합이 아니면서도 그와 동일한 취급을 받는다. 사실상 법무법인 또는 법무조합의 형태로 운영되는 법률사무소와 같은 실체를 인정하고 있다. 수익의 분배 또는 비용의 분담이 없으면 대외적으로 단일 명칭을 사용하더라도 단독 개업 변호사들의 사무소에 불과하다. 다수의 변호사는 한 법률사무소에 있어야 하지만, 예외적으로 복수의 법률사무소도 설치할 수 있음은 물론이다.

3. 수임제한의 효과

(1) 변호사법 제31조 '제 1 항 제 1 호 및 제 2 호의 수임제한'

공동법률사무소는 변호사법 제31조 '제 1 항 제 1 호 및 제 2 호를 적용할 때'에 한하여 수임제한을 받는다. 반면, 같은 조 제 3 호 '공무원·조정위원 또는 중재인으로서 직무상 취급하거나 취급하게 된 사건'은 수임제한을 받지 않는다. 그러나 공동법률사무소를 하나의 변호사로 본다면 제 3 호 역시 수임제한을 받는 것이 논리적이다.

예컨대 A변호사는 법원 형사 항소부에 재직하다 변호사 개업을 한 후 법무법인이 아닌 '종합법률사무소'의 대표변호사가 된 경우 A변호사가 자신이 형사 항소부 판사로 근무하면서 담당하였던 사건은 수임할 수 없다(대한변협 2010. 4. 7. 판사 재직 시 취급사건의 수임제한 여부 질의회신). 그런데 A변호사가 위 사건을 직접 수임하지 않고 같은 공동법률사무소의 다른 변호사가 수임하는 형식을 취한다면 수임제한을 받지 않는다. 그렇지만 이런 수임행위는 실질적으로 변호사법 제31조 제 1 항 제 3 호의 적용을 회피하는 탈법행위라 해야 한다. 아무튼 법무법인이나 법무법인(유한)보다 훨씬 규모가 큰 공동법률사무소는 수임제한에서 제외되는 특혜를 누리고 있다. 공동법률사무소에 한하여 수임제한을 허용해야 하는 특별한 사유도 존재하지 않는데, 그 적용을 제외시킨 것은 입법의 누락이거나 의도적으로 특혜를 부여할 목적으로 만든 조항이라고 할 수 있다. 향후 변호사법 개정시에 이 부분도 포함시키는 것이 법무법인 등과의 형평성에도 부합된다 하겠다.

(2) 수임 후의 이해대립 발생시의 처리방법

「변호사윤리장전」 제48조는 공동법률사무소의 수임제한에 관한 제22조 및 제42조를 준용하고 있다. 그러나 「변호사윤리장전」 제48조의 공동법률사무소는 「대한변호사협회 회칙」 제39조에서 공동법률사무소를 '사업자등록을 2인 이상이 같이하는 경우와 2인 이상이 개인명의 이외의 명칭을 사용하는 경우'로 정의하는 것을 상정하는 것으로 볼 수도 있다.

수임 이후에 둘 이상의 의뢰인 사이에 이해의 대립이 발생한 경우에는 변호사는 적절한 방법을 강구한다(제27조)고 규정하고 있다. 구 「변호사윤리장전」 제18조 제 3 항은 공동법률사무소의 존재와 수임제한에 위반한 경우 나중에 수임한 사건을 사임하도록 했다. 즉, 수인의 변호사가 공동으로 사무소를 개설하고 있는 경우에 그 사무소 구성원들은 당사자 쌍방의 양해 없이는 쌍방 당사자의 사건을 수임할 수 없다. 사건을 수임한 후에 이에 위반된 것이 발견된 때에는 뒤에 수임한 사건을 사임하고 그 취지를 의뢰인에게 알려야 한다. 그러나 현행 「변호사윤리장전」은 적절한 방법을 강구하도록 하여 이해충돌회피를 위한 의무를 경감하고 있다.

Ⅷ. 공직퇴임변호사의 수임제한

1. 공직퇴임변호사의 수임제한

2011. 5. 17. 개정된 변호사법은 제31조 제 3 항을 신설하여 법관, 검사, 군법무관(병역의무 이행만을 목적으로 한 군복무는 제외한다), 그 밖의 공무원직에 재직한 공직퇴임변호사는 퇴직한 날부터 1년 동안 그가 근무한 관청의 사건을 수임할 수 없는데, 이를 통하여 국민의 사

법 및 공직에 대한 신뢰성을 높이려는 것이 그 입법취지이다. 법조계에 존재하는 전관예우의 관행을 근절하여 공정하고 특권이 없는 사회를 만들고자 하는 노력의 일환으로 평가된다. 그 후 2013. 5. 28. 개정된 변호사법은 공직퇴임변호사의 제외사유로 '재판연구원, 사법연수생'을 추가했다.

2. 공직퇴임변호사의 의의

공직퇴임변호사는 법관, 검사, 장기복무 군법무관, 그 밖의 공무원 직에 있다가 퇴직한 후 대한변호사협회에 변호사로 등록하고 개업한 자를 말한다. 여기서 '장기복무 군법무관'은 군법무관으로 임용된 자가 군법무관시보로 임용된 날부터 10년을 복무하고 전역한 자를 말하고(군법무관임용등에 관한 법률 7), '그 밖에 공무원직에 재직한 변호사'는 변호사 자격이 있는 자가 금융위원회, 공정거래위원회, 경찰관서 등 국가기관에 근무한 후 퇴임한 자를 말한다. 그러므로 공무원직에 재직한 자가 퇴직 후에 변호사 자격을 비로소 취득한 때는 공직퇴임변호사가 아니다. 변호사 아닌 퇴직공직자가 법무법인·법무법인(유한)·법무조합에 취업한 때에는 업무활동내역 등을 제출해야 하는 것으로 규율된다(변호사법 89의6①). 공직퇴임변호사가 자격등록을 하면 가입하려는 지방변호사회의 회원이 된다(변호사법 68①). 공직퇴임변호사는 재직 중 쌓은 법률지식과 재판·수사경험 등의 경륜으로 국민들의 변호사 선택권을 넓히고 변호인의 조력을 받을 권리의 신장에 도움을 줄 수 있다. 그런 점에서 법원·검찰 등의 국가기관은 훌륭한 변호사를 배출하는 학교와 같은 역할을 한다.

3. 전관예우의 개념과 문제점

(1) 전관예우란 법원·검찰 등 국가기관의 공무원이 공직퇴임변호사가 수임한 사건의 처리를 일반 변호사보다 훨씬 관대하고 유리하게 대우해 주는 것을 말한다. 법관, 검사, 경찰관과 같은 공직자가 퇴직 후에 변호사 개업을 할 수 있는 제도에서는 이 문제가 늘 대두되고 있으며, 한국 법조계의 가장 고질적인 문제로 지적되고 있다. 법조인의 전관예우는 중국과 나이지리아에서 행해지고 있을 뿐 세계 어느 나라에서도 존재하지 않는 것이 현실이다.[81] 이런 전관예우는 세무사, 변리사 등과 같은 법조 유사직역 자격사에게도 존재한다.[82]

전관예우는 외형상으로는 일반 변호사보다 공직퇴임변호사를 우대한 것으로 보인다.

---

81 사법정책연구원(연구책임자 차성안), 해외의 전관예우 규제사례와 국내 규제방안 모색(1) –퇴직법관의 변호사 개업에 대한 해외 규제사례–, 사법정책연구원, 2019. 12, 4면은 최근 대법원 산하 사법정책연구원에서 발간된 연구보고서는 한국처럼 전관 변호사라는 이유로 유리한 대우를 받는 '전관예우'의 실제 존재 여부에 관한 논쟁으로 확대된 외국은 나이지리아와 중국 등의 일부 국가에 국한된다고 밝히고 있다.

82 정형근·서인겸, "법조 유사직역 자격사의 전관예우 근절방안에 관한 고찰 –세무사, 변리사를 중심으로–," 인권과 정의 제501호(2021. 11), 95면.

그러나 전관예우는 고액의 수임료를 지급하고 공직퇴임변호사를 선임할 수 있는 경제적 능력이 있는 자에 대한 우대나 다름없다. 전관예우는 공직퇴임변호사를 선임한 피의자나 피고인이 관대한 처분을 하는 것과 같다. 그렇기에 공직퇴임변호사를 선임할 능력이 없는 다수의 국민은 엄정한 잣대가 적용되는 것으로 인식하게 된다. 이에 대하여 일부 법관이나 검사는 전관예우 자체가 존재하지 않는다고 부정하기도 한다. 전관예우를 하지 않고 모두에게 공정한 직무집행을 하는 공무원이 있다는 점은 부정할 수 없다. 그러나 전관예우를 방지하기 위한 입법례나 사회인식을 볼 때 이 관행의 존재를 부정할 수는 없어 보인다.

(2) 모든 국민은 법 앞에 평등하다. 누구든지 성별·종교 또는 사회적 신분에 의하여 정치적·경제적·사회적·문화적 생활의 모든 영역에 있어서 차별을 받지 아니한다(헌법 12①). 그런데 전관예우는 공직퇴임변호사를 다른 변호사보다 우대하여 차별을 하는 것이다. 또한 경제적·사회적 지위를 가진 자를 그렇지 못한 국민보다 차별하는 것에 해당된다. 전관예우에 따른 법원·검찰의 직무수행은 헌법위반의 문제를 야기한다고 지적될 여지가 있다. 지난 입법례를 돌이켜 보면 1982년에는 변호사의 개업지 제한규정을 두었고, 그로부터 30년이 지난 현재는 수임제한을 하게 되었다. 이는 공직퇴임변호사가 우리 사회에서 상당한 특혜를 받는 사회적 특수계급과도 같은 존재가 되었다는 것을 반증한다고 할 수 있다. 법조계에서는 공직퇴임변호사가 고액의 수임료를 받고 특혜를 누리는 특권계층으로 자리잡았다는 인식이 강하다. 그런 특권을 누리도록 배려한 법원과 검찰에 대한 불신도 결코 작지 아니하다. 그러나 대한민국의 모든 영역에서 어떤 특수계급도 존재하지 아니하며, 어떤 형태로든 존재하도록 방치하여서도 아니 된다. 그 때문에 국회는 국민들의 요청을 담아 전관예우 방지를 위한 새로운 제도를 만들어 시행하게 된 것이다.

4. 전관예우방지를 위한 입법경위

(1) 공직퇴임변호사의 개업지 제한

1982. 12. 4. 개정된 변호사법 제10조 제 2 항은 공직퇴임변호사의 개업지를 제한하는 규정을 둔 바 있다. 즉, 판사·검사·군법무관 또는 변호사의 자격이 있는 경찰공무원으로서 판사·검사·군법무관 또는 경찰공무원의 재직기간이 통산하여 15년에 달하지 아니한 자는 변호사의 개업신고 전 2년 이내의 근무지가 속하는 지방법원의 관할구역 안에서는 퇴직한 날로부터 3년간 개업할 수 없다. 다만, 정년으로 퇴직하거나 대법원장 또는 대법원판사가 퇴직하는 경우에는 그러하지 아니하다(구 변호사법 10②).

그런데 헌법재판소는 1989. 11. 20. 위 규정에 대하여 위헌결정을 하였다. 즉, 변호사법 제10조 제 2 항은 직업선택의 자유를 제한함에 있어서 비례의 원칙에 벗어난 것이고, 합리적인 이유 없이 변호사로 개업하고자 하는 공무원을 차별하고 있으며, 병역의무의 이행을 위하여 군법무관으로 복무한 후 개업하는 경우에는 병역의무의 이행으로 불이익한 처우를 받게 되어 헌법 제11조 제1항, 제15조, 제37조 제2항, 제39조 제2항에 각 위반된다(헌재 1989. 11. 20. 89헌가102 변호사법 제10조 제2항에 대한 위헌심판).

⑵ 「특정형사사건의 재배당에 관한 예규」의 제정·시행

대법원은 1995. 6. 16. 「특정형사사건의 재배당에 관한 예규」를 제정하여 법관으로 근무하다 퇴직한 변호사의 형사사건 재배당 제도를 시행하였다. 그 후 2008. 3. 「법관등의 사무분담 및 사건배당에 관한 예규」를 개정하여 위 재배당 예규는 폐지하였다. 공직퇴임변호사의 수임제한 규정의 신설로 위 배당특례는 이제 필요 없게 되었다.

⑶ 법조윤리협의회의 신설·수임자료 제출의무

2007년 개정된 변호사법은 법조계 전반에 대한 상시적 감시와 분석을 통하여 전관예우에 대한 국민적 의혹을 불식시키기 위한 상설기관으로 법조윤리협의회를 신설하였다. 법조윤리협의회에 수임자료를 제출하여야 할 의무자는 공직퇴임변호사와 많은 사건을 수임한 특정 변호사이다. 공직퇴임변호사는 주로 전관예우를 방지하기 위해서이며, 특정 변호사는 브로커의 고용 등을 통한 수임을 근절시키기 위한 목적으로 하고 있다. 그러나 강제조사권이나 수사권이 없어 큰 실효성을 거두기에는 제도적인 한계가 있다.

5. 수임제한을 받는 국가기관

⑴ 공직퇴임변호사가 퇴직 전 1년부터 퇴직한 때까지 근무한 법원, 검찰청, 군사법원, 금융위원회, 공정거래위원회, 경찰관서 등이다(변호사법 31③). 수임제한 기간은 퇴직한 날부터 1년 동안이다. 1년이 경과하기 전에는 수임제한이 해제되는 1년 후에 사건처리에 착수할 것을 조건으로 하는 수임계약의 체결도 금지된다고 보아야 한다. 이 수임제한 기간을 늘려야 한다는 변호사법 개정안이 마련되고 있다.

⑵ 공직퇴임변호사는 퇴직 전 1년부터 퇴직한 때까지 근무한 국가기관이 처리하고 있는 사건을 수임할 수 없다. 예컨대 공직퇴임변호사가 대법원에서 대법관으로 퇴직한 경우에는 대법원과 그에 대응하여 설치된 대검찰청의 사건을 수임할 수 없다. 서울중앙지방법원 법관으로 퇴직한 자는 서울중앙지방법원과 서울중앙지방검찰청의 사건에 대한 수임제한을 받게 된다. 그러므로 대법원에서 퇴직한 변호사는 서울고등법원·서울중앙지방법원 등의 사건수임은 가능하다. 이 점에서 수임제한은 그리 크지 않아 보이지만, 상하관청이 없는 지방에서 퇴직한 후 그곳에 개업한 때는 수임제한을 크게 받게 된다.

6. 수임제한의 예외

다만, 국선변호 등 공익목적의 수임과 사건당사자가 「민법」 제767조에 따른 친족인 경우의 수임은 그러하지 아니하다(변호사법 31③). 공직퇴임변호사라도 공익목적을 위한 사건수임이나 사건당사자가 친족관계에 있을 때는 수임제한을 해제할 필요가 있어 이를 허용하고 있다. 공익목적의 수임은 국선변호와 민사소송법에 의한 소송구조가 해당된다. 공익목적을 위한 수임이 허용될지라도 유상의 수임행위는 금지된다고 보아야 한다. 여기서 '공익목적 수임'이란 다음 각 호의 어느 하나에 해당하는 행위나 활동에 관련된 수임을 말한다(변호사법 시행령 7의3).

1. 국선변호 또는 국선대리
2. 대한변호사협회 또는 지방변호사회가 지정하는 무상 공익활동
3. 공익법인 또는 비영리법인에 대하여 무료로 제공하는 법률서비스
4. 제 1 호부터 제 3 호에 준하는 것으로 법무부장관이 지정하는 활동

7. 기타 전관예우의 근절을 위한 대책

(1) 전관예우는 법관과 검사에게는 그 지위와 권한의 남용으로 볼 수 있다. 전관 변호사는 과거의 경력과 개인적 인연을 부당하게 이용하는 행위라 할 수 있다. 그 때문에 법조윤리협의회가 2015. 11. 25. 제정·선포한 「법조인윤리선언」 제 4 조는 "우리는 지위와 권한을 남용하지 아니하고, 경력과 개인적 인연을 부당하게 이용하지 아니한다"고 선언하고 있다. 이런 내용은 이미 규범화되어 있다. 법관은 혈연·지연·학연·성별·경제적 능력 또는 사회적 지위 등을 이유로 편견을 가지거나 차별을 하지 아니한다(법관윤리강령 3②). 검사는 그 직무를 수행할 때 국민 전체에 대한 봉사자로서 정치적 중립을 지켜야 하며 주어진 권한을 남용하여서는 아니 된다(검찰청법 4②).

(2) 종래에는 전관예우의 금지를 위해서 전관변호사에 대한 규제만 하여 왔다. 「공직자윤리법」은 퇴직공직자의 퇴직 전 소속 기관의 공무원에게 지위 또는 권한을 남용하도록 하는 청탁 등을 금지하고 있다. 퇴직한 모든 공무원과 공직유관단체의 임직원은 본인 또는 제 3 자의 이익을 위하여 퇴직 전 소속 기관의 임직원에게 법령을 위반하게 하거나 지위 또는 권한을 남용하게 하는 등 공정한 직무수행을 저해하는 부정한 청탁 또는 알선을 하여서는 아니 된다(공직자윤리법 18의4①). 2015년 제정된 「부정청탁 및 금품등 수수의 금지에 관한 법률」 제 4 조에서도 "① 공직자등은 사적 이해관계에 영향을 받지 아니하고 직무를 공정하고 청렴하게 수행하여야 한다. ② 공직자등은 직무수행과 관련하여 공평무사하게 처신하고 직

무관련자를 우대하거나 차별해서는 아니 된다"고 규정하고 있다.

(3) 또한 변호사는 사건수임과 관련하여 담당 공무원과의 연고 관계 등 개인적 인연을 선전해서는 아니 된다. 변호사나 그 사무직원은 법률사건이나 법률사무의 수임을 위하여 재판이나 수사업무에 종사하는 공무원과의 연고 등 사적인 관계를 드러내며 영향력을 미칠 수 있는 것으로 선전하여서는 아니 된다(변호사법 30). 변호사는 개인적 친분 또는 전관관계를 이용하여 직접 또는 간접으로 법원이나 수사기관 등의 공정한 업무 수행에 영향을 미칠 행위를 하지 아니한다(변호사윤리장전 38).

(4) 변호사는 특히 경력과 개인적 인연을 부당하게 이용하지 않아야 한다. 학력, 경력, 업무실적 등을 광고하는 것은 정당한 이용행위로 허용된다(변호사법 23①). 변호사가 경력·학연·지연·혈연에 관한 연고를 의뢰인에게 과시하는 행위는 재판·수사 결과에 대한 과도한 기대를 유발하게 된다. 적법한 사법작용의 결과라도 변호사와의 연고 때문인 것으로 오해하여 사법작용에 대한 신뢰할 훼손할 수 있다. 변호사는 특히 개인적 인연으로 법관·검사에게 접근하여서는 아니 된다. 법관·검사는 특정사건의 처리에 관하여 동료간에 청탁하는 이른바 현관예우 또는 관선변호행위 역시 근절해야 한다. 이런 행위는 전관예우보다도 더 치명적인 사법불신을 초래할 수 있는 요인이 될 수 있다. 이제는 법원에서도 재판장과 연고 있는 전관변호사가 변호인으로 선임된 경우 다른 재판부로 재배당하는 등의 노력이 필요하다. 수사기관 역시 선임서를 제출하지 않은 변론행위나 전화변론을 허용하지 않아야 한다.

(5) 1949년 제정된 변호사법에서부터 판사·검사에게 변호사 자격을 인정했다. 그래서 현직에서 퇴임하면 전관변호사가 되는 제도가 정착된 것이다. 지금까지 전관예우 대책은 전관변호사의 개업지 제한이나 1년간의 수임제한 등이었다. 그러나 수십 년을 재직하다 나온 변호사에게 1년간 재직 기관의 사건수임을 제한하는 것은 미봉책으로 볼 수 있다. 전관변호사가 배출되지 않아야 전관예우도 사라진다. 그러기 위해서는 퇴임한 전관에게 변호사 자격이 주어지지 않아야 한다.

8. 전관변호사의 개업금지와 법적 자문과 조언 허용

(1) 해방 이후 수십 년간 전관변호사가 배출되는 제도가 정착된 상황에서 고위직에 한정하더라도 변호사 자격이 있는 자에 대하여 개업하지 못하도록 하는 제도의 도입은 쉽지 않다. 이 제도로 인하여 혜택을 누리는 세력이 워낙 강고하기 때문이다. 그래서 현실적인 대안으로는 고위직으로 퇴임한 일정 범위의 공직퇴임변호사가 현재처럼 변호사 개업을 하여 본인 명의로 법률사건을 수임하거나, 로펌에 취업하여 담당변호사가 되는 것을 금지시키면서도 그 지식과 경륜을 발휘할 수 있는 길을 마련하는 것이 필요하다.

(2) 전관변호사도 공직 퇴직 후에 생업에 종사할 필요가 있고, 그간의 경험을 활용할 수 있도록 법무법인 등의 법률사무소에 취업은 허용하되, 사건수임이나 담당변호사가 될 수 없도록 하면서 법무법인·법무법인(유한)이 수임한 사건의 자문과 조언 등의 조력행위의 제공 및 후진양성 역할을 할 수 있는 기회를 제공하여 생활의 안정을 위한 제도를 신설할 필요가 있다. 그러니까 변호사법 제89조의6 법무법인 등에 취업한 퇴직공직자와 같은 역할을 하도록 하자는 방안을 제언할 수 있다.

(3) 법원·검찰 등에서 재직 중에 장차 퇴직한 후에 취업하게 될 법무법인 등을 정해 놓고 직무를 수행할 수 있는 현행 제도는 공직의 부패와 직무수행의 공정성 시비가 초래될 수밖에 없다. 공직퇴임변호사가 재직 중 직무상 취급하거나 취급하게 된 사건을 대리하였거나 변호하였던 법무법인 등에 곧바로 취업할 수 없도록 해야 한다. 법관이 재판 중이었던 사건의 대리인이었던 법무법인 등에 퇴직과 동시에 취업하는 경우에 그 재판이 공정하게 이뤄졌다고 신뢰할 수 없기 때문이다.

9. 변호사법 제31조 제1항 제3호와의 관계

변호사법 제31조 제1항 제3호는 "공무원·조정위원 또는 중재인으로서 직무상 취급하거나 취급하게 된 사건"을 수임제한 사유로 한다. 그러므로 공직퇴임변호사는 재직 중 직무상 취급하거나 취급하게 된 사건은 퇴임 후 시기에 상관없이 수임제한을 받는다. 공직퇴임변호사에게 고유한 수임제한 사건은 제3호가 적용되지 않는 사건이다.

Ⅸ. 공직퇴임변호사가 수임할 수 없는 경우

1. 공직퇴임변호사가 법무법인등의 담당변호사로 지정된 경우(제1호)

공직퇴임변호사가 법무법인, 법무법인(유한), 법무조합 또는 「외국법자문사법」 제2조 제9호에 따른 합작법무법인(이하 이 조에서 "법무법인등"이라 한다)(이하 이 조에서 "법무법인등"이라 한다)의 담당변호사로 지정되는 경우(제1호)도 수임제한에 해당된다. 법무법인등에 취업한 공직퇴임변호사는 수임제한을 받는 사건을 수임할 수 없지만, 법무법인등은 수임할 수 있다. 그 때 공직퇴임변호사는 그 사건의 담당변호사가 될 수 없다. 만약 담당변호사로 지정된다면 공직퇴임변호사가 수임한 것과 다름이 없어 전관예우 방지 등의 입법취지는 훼손된다. 법무법인은 법인 명의로 업무를 수행한다(변호사법 50①). 따라서 이 경우는 수임명의를 기준으로 하지 않고 실질적인 업무처리 주체를 기준으로 수임제한 위반여부를 판단한다. 공직퇴임변호사는 수임제한을 받지 않은 사건의 담당변호사가 될 수 있음은 당연하다. 공직퇴임변호사는 수임제한을 받더라도 그가 소속한 법무법인 등은 수임제한을 받지 않는다. 만약 수임제한을 받는다면 가혹할 뿐만 아니라 수임제한 기간 동안(1년)은 공직퇴임변호사는 취업도 어려울 것으로 보인다.

2. 공직퇴임변호사가 명의를 빌려 수임·처리하는 경우(제 2 호)

공직퇴임변호사가 다른 변호사, 법무법인등으로부터 명의를 빌려 사건을 실질적으로 처리하는 등 사실상 수임하는 경우(제 2 호)도 수임이 제한된다. 공직퇴임변호사가 다른 변호사나 법무법인등의 명의로 수임하는 행위도 금지된다. 본인이 수임할 수 없는 사건을 탈법행위로 수임하는 것도 허용하지 않고 있다. 여기서 '다른 변호사'는 법무법인등에 소속되지 않고 단독 개업중인 변호사를 말한다. 법무법인등은 그 명의와 계산으로 업무를 수행해야 한다(변호사법 50①, 52①). 그러므로 법무법인등이 공직퇴임변호사에게 명의를 대여하고 계산하도록 해서는 아니 된다. 변호사는 변호사법 제109조 제 1 호,[83] 제111조[84] 또는 제112조 제 1 호[85]에 규정된 자로부터 법률사건이나 법률사무의 수임을 알선받거나 이러한 자에게 자기의 명의를 이용하게 하여서는 아니 된다(변호사법 34③, 57). 공직퇴임변호사의 명의차용 수임행위가 제109조 제 1 호, 제111조 또는 제112조 제 1 호에 해당하는지가 관건이다. 먼저 위 각조의 주체가 변호사여야 한다. 판례는 제111조는 변호사 자격이 있는 자도 그 주체가 된다고 한다.[86] 그러나 공직퇴임변호사는 제111조의 구성요건에 해당하는 행위를 목적으로

---

83 **제109조(벌칙)** 다음 각 호의 어느 하나에 해당하는 자는 7년 이하의 징역 또는 5천만원 이하의 벌금에 처한다. 이 경우 벌금과 징역은 병과(倂科)할 수 있다.
1. 변호사가 아니면서 금품·향응 또는 그 밖의 이익을 받거나 받을 것을 약속하고 또는 제 3 자에게 이를 공여하게 하거나 공여하게 할 것을 약속하고 다음 각 목의 사건에 관하여 감정·대리·중재·화해·청탁·법률상담 또는 법률관계 문서 작성, 그 밖의 법률사무를 취급하거나 이러한 행위를 알선한 자
가. 소송 사건, 비송 사건, 가사 조정 또는 심판 사건
나. 행정심판 또는 심사의 청구나 이의신청, 그 밖에 행정기관에 대한 불복신청 사건
다. 수사기관에서 취급 중인 수사 사건
라. 법령에 따라 설치된 조사기관에서 취급 중인 조사 사건
마. 그 밖에 일반의 법률사건

84 **제111조(벌칙)** ① 공무원이 취급하는 사건 또는 사무에 관하여 청탁 또는 알선을 한다는 명목으로 금품·향응, 그 밖의 이익을 받거나 받을 것을 약속한 자 또는 제 3 자에게 이를 공여하게 하거나 공여하게 할 것을 약속한 자는 5년 이하의 징역 또는 1천만원 이하의 벌금에 처한다. 이 경우 벌금과 징역은 병과할 수 있다.

85 **제112조(벌칙)** 다음 각 호의 어느 하나에 해당하는 자는 3년 이하의 징역 또는 2천만원 이하의 벌금에 처한다. 이 경우 벌금과 징역은 병과할 수 있다.
1. 타인의 권리를 양수하거나 양수를 가장하여 소송·조정 또는 화해, 그 밖의 방법으로 그 권리를 실행함을 업(業)으로 한 자

86 변호사법(1982. 12. 31. 법률 제3594호로 개정되기 전의 법률) 제54조 위반죄는 변호사의 자격이 있는 자라도 그 주체가 될 수 있는 것이므로 소송사건의 위임과 관련하여서가 아니라 공무원이 취급하는 사건 또는 사무에 관하여 청탁 또는 알선한다는 명목으로 금원을 교부받은 이상 위 법조의 적용대상이 된다(대법원 1989. 2. 14. 87도2631 변호사법위반).

하는 것은 아니다. 따라서 변호사나 법무법인등이 공직퇴임변호사에게 명의대여를 하였더라도 이를 처벌하는 제109조 제 2 호 위반은 아니다. 변호사법 위반을 이유로 징계를 받을 수 있다.

3. 공직퇴임변호사가 사건의 수임·수행에 관여하여 수임료를 받는 경우(제 3 호)

법무법인등의 경우 사건수임계약서, 소송서류 및 변호사의견서 등에는 공직퇴임변호사가 담당변호사로 표시되지 않았으나 실질적으로는 사건의 수임이나 수행에 관여하여 수임료를 받는 경우(제 3 호)도 수임이 제한된다. 법무법인등에 취업한 공직퇴임변호사가 사건수임이나 수행에 실질적으로 관여하면서 대외적인 각종 서류에는 다른 변호사를 담당변호사로 기재할 수 있다. 이는 공직퇴임변호사가 수임한 것을 은닉하는 행위이다. '사건의 수임이나 수행에 관여'한다는 것은 공직퇴임변호사가 의뢰인에게 법무법인등과 수임계약을 체결하게 하거나, 그 사건의 담당변호사에게 사건처리의 방향을 조언하거나 지시하는 것을 말한다. 또한 담당 재판부나 검사에게 전화로 변론을 하는 행위도 이에 해당된다. 이처럼 법무법인등의 조직에 숨어서 실질적으로 사건수행을 하는 행위는 수임제한을 위반한 것이다. 그러나 대외적으로 공직퇴임변호사의 사건관여행위를 확인하기 어렵기 때문에 규제의 실효성은 의문이다.

X. 국가기관의 범위, 공익목적 수임의 범위 등 필요한 사항

1. 수임제한 대상 국가기관의 범위의 신설에 관한 입법취지

제 3 항의 법원 또는 검찰청 등 국가기관의 범위, 공익목적 수임의 범위 등 필요한 사항은 대통령령으로 정한다(제 5 항). 공직에서 퇴직한 변호사가 사건에 부당한 영향력을 행사하는 것을 방지하는 동시에 공직에서 퇴직한 변호사의 직업 수행의 자유를 보장할 수 있도록 수임제한 대상 국가기관의 범위를 합리적인 범위에서 규정함으로써 전관예우를 방지하기 위해 도입된 수임제한 제도의 신속한 정착에 도움이 될 수 있도록 「변호사법 시행령」 제 7 조의2를 신설하였다.

2. 수임제한 대상 국가기관의 범위(변호사법 시행령 제 7 조의2)

공직퇴임변호사의 수임이 제한되는 국가기관은 해당 변호사가 퇴직 전 1년부터 퇴직할 때까지 「국가공무원법」에 따른 국가공무원으로 근무한 모든 국가기관으로 한다(제 1 항).

3. 별도의 국가기관으로 보는 경우

법원·검찰청의 경우 각각의 지원·지청 등을 별도의 국가기관으로 보고, 중앙행정기관과 그 소속의 행정기관도 별도의 국가기관으로 보도록 하였다. 즉, 다음 각 호의 각 국가기관은 이를 별도의 국가기관으로 보아 법 제31조 제 3 항을 적용한다. 다만, 법 제31조 제 3 항 본문에 따라 동일한 국가기관으로 보는 경우에는 그러하지 아니하다(변호사법 시행령 7의2②).

1. 「법원조직법」 제 3 조에 따른 대법원, 고등법원, 특허법원, 지방법원, 가정법원, 행정법원, 지방법원 지원, 가정법원 지원, 가정지원, 시·군법원 및 「법원조직법」 제27조 제 4 항에 따라 관할구역의 지방법원 소재지에서 사무를 처리하는 고등법원의 부. 다만, 「법원조직법」 제 3 조 제 2 항 단서에 따라 지방법원 및 가정법원의 지원 2개를 합하여 1개의 지원으로 하는 경우에 그 지방법원 및 가정법원의 지원은 이를 동일한 국가기관으로 보아 법 제31조 제 3 항을 적용한다.
2. 「검찰청법」 제 3 조에 따른 대검찰청, 고등검찰청, 지방검찰청, 지방검찰청 지청 및 「검찰청법」 제19조 제 2 항에 따라 관할구역의 지방검찰청 소재지에서 사무를 처리하는 고등검찰청의 지부
3. 「군사법원법」 제 5 조 각 호에 따른 고등군사법원 및 보통군사법원
4. 「군사법원법」 제36조 제 2 항에 따른 고등검찰부 및 보통검찰부[87]
5. 「경찰법」 제 2 조에 따른 경찰청, 지방경찰청 및 경찰서
6. 「정부조직법」 및 그 밖의 다른 법률에 따른 각 중앙행정기관
7. 제 6 호에 따른 중앙행정기관에 그 소속의 행정기관이 있는 경우에는 각각의 행정기관

4. 실제로 근무하지 아니한 소속 기관은 제외

공무원이 파견·휴직 등으로 인하여 실제로 근무하지 아니한 소속 기관 등은 수임제한 대상 국가기관에서 제외하여 수임제한 대상 국가기관의 범위를 합리적으로 조정할 필요가 있다. 즉, 파견, 직무대리, 교육훈련, 휴직, 출산휴가 또는 징계 등으로 인하여 실제로 근무하지 아니한 국가기관은 법 제31조 제 3 항을 적용할 때 수임제한 대상 국가기관으로 보지 아니한다(변호사법 시행령 7의2③). 예컨대 부산지방검찰청 검사가 서울중앙지방검찰청으로 전보되었지만, 실제 근무를 하지 않고 곧바로 사직한 경우는 서울중앙지방검찰청은 수임제한 대상 국가기관이 되지 않는다.

---

87 변호사법 제31조 제 3 항은 국방부 고등검찰부 및 보통검찰부에 대하여는 수임제한 규정이 없으므로 군판사로 근무하다가 퇴직한 변호사는 1년 이내에 보통검찰부의 사건을 수임할 수 있다고 해석되지만, 「변호사법 시행령」에서는 수임을 금지하고 있다.

특정 법원이나 검찰청에 적을 두고 1년 동안 해외 유학하였다가 사직서를 제출하고 귀국하여 특정 법원이나 검찰청에 실제 근무하지 아니하고 퇴직하여 변호사로 개업한 경우에 위 휴직한 기간 동안 소속되어 있던 국가기관은 사건의 수임이 제한되는 국가기관이 아니다(대한변협 2012. 3. 5. 질의회신). 겸임발령 등으로 인하여 둘 이상의 기관에 소속된 경우에 실제로 근무하지 아니한 국가기관은 법 제31조 제 3 항을 적용할 때 수임제한 대상 국가기관으로 보지 아니한다(변호사법 시행령 7의2④). 퇴직 전 1년부터 퇴직한 때까지 일시적 직무대리, 겸임발령 등으로 인하여 소속된 국가기관에서의 근무기간이 1개월 이하인 국가기관은 법 제31조 제 3 항을 적용할 때 수임제한 대상 국가기관으로 보지 아니한다(변호사법 시행령 7의2⑤).

5. 수임제한 대상 국가기관의 확대 및 지방자치단체 추가 필요성

공직퇴임변호사가 퇴직 전에 근무하였던 국가기관과 그에 대응하는 기관은 물론 그 기관의 지휘·감독을 받는 하급기관까지 수임제한을 받는다는 내용으로 수임제한을 받는 국가기관을 확대할 필요가 있다.[88] 예컨대 광주지방검찰청에서 퇴직한 공직퇴임변호사는 광주지방검찰청과 그 지휘·감독하에 있는 지청 및 특별사법경찰과 같은 수사기관까지 수임을 제한을 받게 된다. 이렇게 공직퇴임변호사의 수임제한 대상 국가기관을 확대하면 직장 동료였다는 연고관계가 절연되는 계기가 될 것으로 예상된다.

변호사법은 공직퇴임변호사가 국가기관이 처리한 사건의 수임만 제한하고 있는데, 여기에 지방자치단체도 포함시켜야 할 것이다. 예컨대 변호사 자격이 있는 서울특별시장이 퇴임한 후 서울특별시가 처리하는 사건을 수임할 수 있다면, 다른 공직에서 퇴직한 변호사와 형평에도 반하게 되고, 전관예우 근절이라는 입법취지의 달성도 어렵게 된다. 그러므로 지방자치가 활성화되어 변호사 출신 지방자치단체장이 많아진 현실을 고려할 때도 이를 포함시키는 것이 타당하다.

XI. 「고위공직자범죄수사처 설치 및 운영에 관한 법률」상의 수사처에 근무한 사람의 수임제한 문제

1. 수사처에 근무한 사람의 공직임용 및 수임제한

(1) 「고위공직자범죄수사처 설치 및 운영에 관한 법률」(약칭: 공수처법)은 수사처에 재직하였던 처장과 차장 및 수사처검사에 대하여 퇴직 후 일정한 기간 내에 공직임용을 제한하

88 정형근, "변호사법상 공직퇴임변호사의 사건수임에 관한 고찰", 인권과 정의 제492호(2020. 9), 492~493면.

고 있다. 그리고 수사처에 근무하였던 사람은 퇴직 후 1년 동안 수사처의 사건을 수임할 수 없도록 하는 규정을 두고 있다. 즉, 처장과 차장은 퇴직 후 2년 이내에 헌법재판관(「대한민국 헌법」 제111조 제 3 항에 따라 임명되는 헌법재판관은 제외한다), 검찰총장, 국무총리 및 중앙행정기관·대통령비서실·국가안보실·대통령경호처·국가정보원의 정무직공무원으로 임용될 수 없다(공수처법 16①). 처장, 차장, 수사처검사는 퇴직 후 2년이 지나지 아니하면 검사로 임용될 수 없다(공수처법 16②). 수사처검사로서 퇴직 후 1년이 지나지 아니한 사람은 대통령비서실의 직위에 임용될 수 없다(공수처법 16③). 수사처에 근무하였던 사람은 퇴직 후 1년 동안 수사처의 사건을 변호사로서 수임할 수 없다(공수처법 16④). 공수처의 정치적 중립성 확보를 위하여 공수처장과 차장 및 수사처검사는 퇴직 후 2년 이내에 검찰총장, 국무총리 등의 정무직공무원으로 임용될 수 없도록 한 것이다. 또한 검찰청 검사로 임용될 수도 없도록 하였다. 이런 제한을 둔 취지는 특정 정권이 원하는 방향의 수사를 하여 그 공으로 새로운 공직으로의 진출을 막기 위함이라고 할 수 있다. 다만, 임용제한기간이 퇴직 후 2년에 불과하기 때문에 궁극적인 정치적 중립확보 방안이라고 할 수는 없다.

(2) 여기서 상세하게 고찰해야 할 부분은 수차처에 근무하였던 사람이 퇴직 후 1년 동안 수사처의 사건을 변호사로서 수임할 수 없다는 규정이다. 퇴직 후 1년 동안 자신이 근무하였던 수사처의 사건을 수임할 수 없다는 점에서, 변호사법상 공직퇴임변호사의 수임제한기간과 동일하다. 수임할 수 없는 '수사처의 사건'은 수사처가 수사 또는 내사를 개시한 사건은 물론, 다른 수사기관의 범죄수사에 대하여 이첩을 받은 사건도 포함한다.[89] 공수처법은 수임제한 대상자를 수사처검사로 한정하지 아니하고, "수사처에 근무하였던 사람"이라고 하여 변호사 자격이 있는 모든 사람은 수임제한 대상자에 포함된다.

(3) 공수처장과 차장은 변호사의 자격이 있는 자 중에서 임명된다. 수사처검사는 변호사 자격을 10년 이상 보유한 자로서 재판, 수사 또는 수사처규칙으로 정하는 조사업무의 실무를 5년 이상 수행한 경력이 있는 사람 중에서 제 9 조에 따른 인사위원회의 추천을 거쳐 대통령이 임명한다. 이 경우 검사의 직에 있었던 사람은 제 2 항에 따른 수사처검사 정원의 2분의 1을 넘을 수 없다(공수처법 8⑨). 수사처수사관은 ① 변호사 자격을 보유한 사람, ② 7급 이상 공무원으로서 조사, 수사업무에 종사하였던 사람, ③ 수사처규칙으로 정하는 조사업무의 실무를 5년 이상 수행한 경력이 있는 사람 중 어느 하나에 해당하는 사람 중에서 처장이 임명한다(공수처법 10①). 따라서 수사관 중에서 변호사 자격을 보유한 자가 있을 경우에는 퇴직 후에 수임제한 대상자에 해당된다. 그리고 수사처 직원 중에 변호사의 자격을 가진 자 역시 이에 해당된다.

89 정형근, "법조윤리협의회의 기능 및 권한에 관한 고찰", 저스티스 통권 제178호(2020. 6), 483면.

2. 수사처에 근무한 후 변호사 개업한 사람이 공직퇴임변호사인지 여부

(1) 공직퇴임변호사 중 '검사'는 원칙적으로 검찰청법상의 검사를 지칭한다. 검사의 종류로는 검찰청법상의 검사, 공수처의 검사, 군사법원법상의 군검사(군사법원법 37) 및 특별검사(특별검사의 임명 등에 관한 법률 7)로 나눌 수 있다. 헌법 제12조 제2항 "체포·구속·압수 또는 수색을 할 때에는 적법한 절차에 따라 검사의 신청에 의하여 법관이 발부한 영장을 제시하여야 한다"고 할 때 '검사'는 위와 같은 검사들을 지칭한다. 그런데 변호사법은 군검사를 '장기복무 군법무관'(군법무관 임용 등에 관한 법률 7) 안에 포함시키고 있다. 그러므로 수사처에 근무한 사람 중에서 검사의 신분을 가졌던 자는 공직퇴임변호사 중 '검사'로 분류할 수 있다. 수사처 수사관(공수처법 10), 그 밖의 직원(공수처법 11)으로 퇴직하여 변호사 개업을 한 자는 '그 밖의 공무원 직에 있다가 퇴직하여 변호사 개업을 한 자'라고 할 수 있다.

(2) 변호사법 시행령에서는 수임제한 대상 국가기관의 범위를 특정하고 있다. 여기서 수임제한이 적용되는 국가기관은 한정적으로 열거하고 있다고 볼 것은 아니고, 동 조항은 '별도의 국가기관'으로 보는 것을 규정하고 있는 것에 불과하다. 변호사법 제31조 제3항에 따라 공직퇴임변호사의 수임이 제한되는 국가기관은 해당 변호사가 퇴직 전 1년부터 퇴직할 때까지 「국가공무원법」에 따른 국가공무원으로 근무한 모든 국가기관으로 한다(변호사법 시행령 7의2①). 공수처법 제4조 제1항은 "수사처에 처장 1명과 차장 1명을 두고, 각각 특정직공무원으로 보한다"라고 규정되어 있다. 여기서 '특정직공무원'은 "법관, 검사, 외무공무원, 경찰공무원, 소방공무원, 교육공무원, 군인, 군무원, 헌법재판소 헌법연구관, 국가정보원의 직원, 경호공무원과 특수 분야의 업무를 담당하는 공무원으로서 다른 법률에서 특정직공무원으로 지정하는 공무원"(국가공무원법 2②(2))을 말한다. 수사처의 처장과 차장과 같이 수사처검사는 특정직공무원으로 보한다(공수처법 8②). 수사처검사는 직무를 수행함에 있어서 「검찰청법」 제4조에 따른 검사의 직무 및 「군사법원법」 제37조에 따른 군검사의 직무를 수행할 수 있다(공수처법 8④). 수사처수사관은 일반직공무원으로 보하고, 40명 이내로 한다. 다만, 검찰청으로부터 검찰수사관을 파견받은 경우에는 이를 수사처수사관의 정원에 포함한다(공수처법 10②). 따라서 수사처에서 퇴직하여 변호사 개업을 한 자는 변호사법상 공직퇴임변호사에 해당된다. 아울러 이들 역시 공직퇴임변호사이므로 퇴직일부터 2년 동안 수임한 사건에 관한 수임 자료와 처리 결과를 대통령령으로 정하는 기간마다 소속 지방변호사회에 제출하여야 한다(변호사법 89의4①).

3. 수임제한 대상 국가기관에 고위공직자범죄수사처 추가 필요성

변호사법 시행령 제7조의2 제2항은 수임제한 대상 국가기관의 범위를 규정하고 있는데, 여기에도 고위공직자범죄수사처는 명시되어 있지 않다. 이는 공수처검사를 비롯한 공수처에 근무한 자의 수임제한을 규정하면서 변호사법상의 공직퇴임변호사에 대한 규율까지 염두에 두지 못한 입법의 흠결이다. 따라서 「고위공직자범죄수사처 설치 및 운영에 관한 법률」에 따른 수임제한을 받은 수사처에서 검사로 재직 후 퇴직하여 개업한 변호사에 대한 수임자료와 처리결과에 관한 자료를 제출하도록 하는 내용의 규정을 변호사법에 신설하여야 할 것으로 본다.

XII. 수임제한 위반의 효과

1. 위반시 처벌 여부

공무원·조정위원 또는 중재인으로서 직무상 취급하거나 취급하게 된 사건을 수임한 경우에는 1년 이하의 징역 또는 1천만원 이하의 벌금에 처한다(변호사법 113(1)). 공직퇴임변호사가 수임제한 사건을 실제로 수임하거나 법무법인등에서 내부적으로 실질적으로 사건처리에 관여하는 등의 행위를 하였더라도 제재규정은 없다. 다만, '변호사법 위반'을 이유로 징계사유가 될 수 있다(변호사법 91②(1)). 수임제한위반의 소송법상의 효력은 변호사의 이익충돌회피의무위반의 효력과 같다.

2. 실효성 여부와 전망

공직퇴임변호사는 퇴직한 기관이 아닌 기관의 사건수임은 할 수 있다. 공직퇴임변호사는 수년 동안 여러 곳에서 근무하여 왔기에 최근 퇴임 전 1년간 근무하여 온 기관의 사건수임을 제한하는 것만으로는 소기의 성과를 기대하기 어렵다. 소수의 법관이나 검사들로 구성된 기관의 특성상 장소적으로 거리가 있다고 하여 옛 동료에 대한 친분이 옅어졌다고 할 수 없다. 공직퇴임변호사가 대규모의 법무법인등에 취업하면 수임제한 위반을 적발하기도 쉽지 않다.

제31조의2 변호사시험합격자의 수임제한

제31조의2(변호사시험합격자의 수임제한)

① 제 4 조 제 3 호에 따른 변호사는 법률사무종사기관에서 통산하여 6개월 이상 법률사무에 종사하거나 연수를 마치지 아니하면 사건을 단독 또는 공동으로 수임[제50조 제 1 항, 제58조의16 또는 제58조의30에 따라 법무법인·법무법인(유한) 또는 법무조합의 담당변호사로 지정하는 경우나 「외국법자문사법」 제35조의20에 따라 합작법무법인의 담당변호사로 지정하는 경우를 포함한다]할 수 없다.

② 제 4 조 제 3 호에 따른 변호사가 최초로 단독 또는 공동으로 수임하는 경우에 관하여는 제21조의2 제 3 항을 준용한다.

Ⅰ. 연 혁

2011. 5. 17. 개정된 변호사법은 변호사시험에 합격한 변호사가 6개월 이상 법률사무종사기관에서 법률사무에 종사하거나 연수하지 않으면 단독으로 법률사무소를 개설하거나 법무법인 등의 구성원이 될 수 없도록 했다. 아울러 그 실효성 확보를 위하여 사건의 단독 또는 공동수임을 금지하고, 법무법인·법무법인(유한) 또는 법무조합에서 담당변호사도 될 수 없도록 하는 규정을 신설했다.

Ⅱ. 변호사시험에 합격한 변호사의 수임제한

1. 수임제한 대상 변호사

변호사법 제 4 조 제 3 호에 따른 변호사는 법률사무종사기관에서 통산하여 6개월 이상 법률사무에 종사하거나 연수를 마치지 아니하면 사건을 단독 또는 공동으로 수임[제50조 제 1 항, 제58조의16 또는 제58조의30에 따라 법무법인·법무법인(유한) 또는 법무조합의 담당변호사로 지정하는 경우나 「외국법자문사법」 제35조의20에 따라 합작법무법인의 담당변호사로 지정하는 경우를 포함한다]할 수 없다(제 1 항). 법학전문대학원을 졸업하고 변호사시험에 합격한 변호사는 법률사무종사기관에서 통산하여 6개월 이상 법률사무에 종사하거나 연수를 마치지 아니하면 법률사건이나 법률사무를 수임하여 변호사의 직무를 수행할 수 없다.

2. 단독 또는 공동수임의 금지

변호사시험에 합격하여 변호사가 된 자는 6개월의 법률사무에 종사하거나 의무연수를 마치기 전에는 사건수임이 제한된다. 그의 명의로 단독으로는 물론 다른 변호사와 공동으로도 수임할 수 없다. 여기서 '공동으로'라는 것은 수임제한을 받지 않는 변호사나 법무법인등과 공동명의로 수임하는 것을 말한다. 변호사시험에 합격한 변호사들이 수임제한에 위반하여 함께 수임하는 것은 공동수임이 아니다. '공동으로 수임'한다는 것은 수임제한을 받지 않는 변호사의 존재를 전제로 하기 때문이다. 여기서 공동수임은 공동의 수임약정은 물론 다른 변호사나 법무법인등의 명의로 수임한 후 주도적으로 사건처리에 관여하는 것까지도 포함된다. 그런 점에서 변호사법 제31조 제 4 항의 금지된 수임행위 유형을 적용해 볼 수 있다. 다른 변호사나 법무법인등의 명의로 수임계약을 체결한 후 사건을 주도적으로 처리하거나, 대외적으로 소송서류 등에 그의 이름을 기재하지 않으면서 실질적으로 사건의 수임이나 수행에 관여하여 수임료를 받는 경우 역시 수임제한을 위반한 경우이다.

3. 수임제한의 시기

변호사시험에 합격하여 변호사가 된 자는 6개월의 법률사무에 종사하거나 의무연수를 마치기 전에는 사건수임이 제한되므로, 6개월 실무수습을 종료한 후에 처리하는 조건으로 실무수습 기간 중에 사건을 수임할 수 없다. 변호사의 직무수행은 변호사 자격의 등록과 개업신고를 한 후부터 가능하다. 따라서 6개월 실무수습을 마쳤더라도 변호사 직무를 수행할 수 없는 자격등록을 하지 않았거나 등록 후에 개업신고를 하지 않았다면, 그때도 수임이 제한된다.

4. 실무수습 기간 중에 담당변호사 지정금지

변호사시험에 합격한 변호사는 실무수습 기간 중에 변호사법 제50조 제 1 항, 제58조의16 또는 제58조의30에 따라 법무법인·법무법인(유한) 또는 법무조합의 담당변호사로 지정되는 경우도 금지된다. 변호사시험에 합격한 변호사는 실무수습 기간 중에 법무법인·법무법인(유한) 또는 법무조합에 취업하여 소속 변호사가 될 수 있다. 실무수습 중에는 법률사무를 할 수 있지만, 이때는 담당변호사로 지정받을 수는 없다. 실무수습 기간 중인 변호사는 대외적으로 변호사 직무를 수행할 수 없기 때문에, 법무법인이 수임한 사건의 담당변호사가 되어 그 사건을 처리할 수도 없다. 소속 변호사가 변호사 고유의 직무수행을 할 때는 담당변호사로 지정되어야 한다(변호사법 50①). 실무수습 중에 법인명의로 사건을 수임한 다음 담당변호사가 되는 것도 수임제한을 위반한 것이다. 법무법인등도 역시 의무연수중인 변호사에게 그 명의를 대여하여 수임하도록 해서는 아니 된다.

Ⅲ. 실무수습 종료한 변호사의 최초 사건수임 시 확인서 제출

1. 법률사무 또는 의무연수의 종료 효과

제 4 조 제 3 호에 따른 변호사가 최초로 단독 또는 공동으로 수임하는 경우에 관하여는 제21조의2 제 3 항을 준용한다(제 2 항). 변호사시험에 합격한 변호사가 법률사무에 종사하거나 의무연수를 마치면 변호사법상의 권리·의무가 부여된다. 단독으로 법률사무소를 최초로 개설하거나 법무법인, 법무법인(유한) 또는 법무조합의 구성원이 될 수 있다. 이 경우 법률사무종사기관에서 법률사무에 종사한 변호사는 변호사의 자격등록과 법률사무종사 확인서를 제출하고 개업신고를 하여야 한다. 대한변호사협회에서 의무연수를 받은 자는 법률사무종사 확인서를 제출할 필요가 없다(변호사법 21의2③). 연수를 받은 사실을 대한변호사협회가 알고 있기 때문이다. 위와 같이 개업신고를 한 변호사는 단독 또는 공동으로 사건을 수임할 수도 있다.

2. 최초로 단독 또는 공동으로 수임시 확인서 제출

최초로 단독 또는 공동으로 수임하는 경우에 관하여는 제21조의2 제 3 항을 준용한다. 여기서 '제21조의2 제 3 항을 준용한다'는 것은 법률사무를 마친 변호사가 단독 법률사무소의 개설 또는 법무법인 등의 구성원 변호사가 될 때 법률사무에 종사하였다는 확인서를 제출하였던 것과 같이(제21조의2 제 3 항), 최초로 수임하는 경우에도 이를 준용하여 확인서를 제출해야 한다는 것이다. 이미 변호사무소를 개설하거나 법무법인 등에 가입할 때 확인서를 제출하였는데, 최초로 사건을 수임할 때도 다시 확인서를 제출하도록 할 필요가 없기에 불필요한 규정이다. 실무에서도 사건수임할 때 확인서의 제출을 요구하지 않고 있다.

Ⅳ. 위반의 효과

변호사법 제31조의2 제1항을 위반하여 사건을 단독 또는 공동으로 수임한 자(변호사법 제113조 제6호) 및 제31조의2 제2항에 따른 확인서를 거짓으로 작성하거나 거짓으로 작성된 확인서를 제출한 자(제2호)는 1년 이하의 징역 또는 1천만원 이하의 벌금에 처한다(변호사법 113). 그리고 변호사법을 위반한 경우에 해당되므로 징계처분도 받게 된다.

제32조 계쟁권리의 양수 금지

제32조(계쟁권리의 양수 금지)
변호사는 계쟁권리(係爭權利)를 양수하여서는 아니 된다

I. 연 혁

(1) 1949. 11. 7. 제정된 변호사법은 계쟁권리의 양수금지를 규정했다. 즉, 변호사는 계쟁권리를 양수할 수 없다. 변호사는 현저히 불상당한 보수를 받지 못하고 고의로 진실을 엄폐하고 허위의 진술을 하지 못한다(제17조).

(2) 1973. 1. 25. 개정된 변호사법은 계쟁권리의 양수금지를 독자적인 규정으로 두었다. 즉, 변호사는 계쟁권리를 양수할 수 없다(제17조 제1항).

Ⅱ. 계쟁권리의 의의

1. 변호사와 의뢰인 간의 이익충돌

변호사는 계쟁권리(係爭權利)를 양수하여서는 아니 된다. 계쟁권리를 양수하는 행위는 변호사와 의뢰인 간의 이익이 충돌되는 유형으로 분류된다. 변호사가 계쟁권리를 양수하는 행위는 새로운 사건의 수임과 같기 때문에 절대적 수임제한사유로 보고 있다. 그러나 변호사가 계쟁권리를 양수하면 의뢰인은 계쟁 상태에서 제외되고 변호사가 권리주체로 나설 수 있다는 점에서 엄밀한 의미로는 계쟁권리의 양수를 사건수임이라 할 수는 없다. 따라서 수임제한사유라기보다는 '이익충돌 금지사유'로 관념상 이해하는 것이 타당할 것이다.[1] 아무

1 정형근, "변호사의 절대적 수임제한사유에 관한 연구", 인권과 정의(2015. 2), 115면.

튼 변호사가 진행 중인 사건에 개입하여 이익을 취득하는 것은 변호사 직무의 공정성과 품위를 훼손하게 된다. 또한 변호사가 자신의 이익을 위하여 그 지위를 남용하는 사태를 초래할 수 있으며,[2] 의뢰인에 대한 배임행위로 평가될 수 있다.

2. 소송의 목적 양수 금지

「변호사윤리장전」에서 변호사는 소송의 목적을 양수하지 아니한다(제34조 제2항)고 규정하는데, 여기서 '소송의 목적'은 변호사법상의 계쟁권리와 동일한 개념이다. 「변호사 직무에 관한 모범규칙」(Model Rules of Professional Conduct) Rule 1.8(i)에서도 변호사가 자신이 수행하고 있는 소송의 소송원인 또는 계쟁물과 관련하여 재산상 이익을 취득할 수 없는 규정을 두고 있으며, 일본 변호사법 제28조 역시 '계쟁권리의 양수를 금지'하면서도 「변호사직무기본규정」 제17조는 '계쟁목적물을 양수해서는 안 된다'고 한다.

3. 계쟁권리에서 '계쟁'(係爭)

계쟁권리에서 '계쟁'(係爭)이란 소송 당사자들의 법적인 다툼 또는 그 상태를 말한다. 그리고 계쟁권리란 계쟁의 대상이 되고 있는 권리로서 현재 소송이나 조정절차와 같은 분쟁처리기관에 계속 중인 사건을 말한다. 일본에서는 이를 제한설로 표현한다.[3] 계쟁권리는 강학상 소송물과 동일한 개념으로 본다. 이와 달리 현재 분쟁 중에 있지는 않을지라도 머지않은 장래에 다툼의 대상이 될 수 있는 분쟁 중의 권리 일체를 포함시킬 수도 있다는 견해도 있다(비제한설).[4] 그러나 일본 판례의 대부분은 제한설에 기초하여 변호사가 재판진행 중에 있지 않은 채권양도를 받거나, 장래에 계쟁이 예상되는 토지를 매수한 행위는 이에 해당되지 않는다고 한다.[5] 우리 판례도 제한설과 같은 입장이다. 즉, '계쟁권리'라 함은 바로 계쟁중에 있는 그 권리이며 계쟁목적물이었던 부동산 자체를 계쟁권리라 할 수 없다(대법원 1985. 4. 9. 83다카1775). 법무부 역시 '양수받은 채권은 소송 진행 중인 채권이므로 계쟁권리에 해당함은 명백하다'(법무부 2003. 7. 3. 질의회신)라고 밝히고 있으며,[6] 대한변협도 '공사대금청구소송 중 의뢰인으로부터 소송목적 계쟁권리인 공사대금채권 중 일부를 양수하여 변호사법을 위반'하였다고 한다(대한변협 2008. 6. 2. 결정, 징계 제2007-33호). 또한 변호사법에서 금지하는

2 판례는 변호사가 당사자로부터 계쟁권리를 양수하므로 인하여 당사자와 변호사 사이의 신임관계에 균열을 초래하며 또는 당사자와 이해상반하는 결과를 가져오는 등 변호사의 일반적 품위를 손상시킬 염려가 있다(대법원 1985. 4. 9. 83다카1775)고 한다.

3 日本辯護士聯合會, 條解 辯護士法, 227면.

4 森際康友, 法曹の倫理, 63면.

5 日本辯護士聯合會, 條解 辯護士法, 227~228면.

6 대한변호사협회, 변호사법 축조해설, 210면.

계쟁권리의 양수란 소송대리를 수임한 변호사가 분쟁의 대상이 되어 있는 권리 자체를 양수하는 것을 의미하며, 현재 분쟁이 발생하지 아니한 채권을 양수하는 것은 계쟁권리양수 금지에 해당하지 아니한다(대한변협 2015. 5. 6. 질의회신).[7] [8]

4. 계쟁권리의 범위

현재 계쟁 중에 있지 않은 권리의 양수까지 포함시키게 되면 변호사가 의뢰인이 아닌 사인과의 민사거래에서 채권양도를 받는 행위까지도 규제하게 된다. 계쟁권리를 양수하면 형사처벌을 받게 된다(변호사법 112(5)). 죄형법정주의에 따라 처벌의 범위를 한정시킬 필요도 있어 계쟁 중의 권리로 한정함이 타당하다. 그리고 계쟁권리가 아닌 계쟁목적물을 양수한 행위는 금지되지 않는다.[9] 변호사가 소송 중 부당한 이익의 취득을 방지하기 위해서 계쟁목적물의 양수도 금지할 필요는 있다.[10] 의뢰인 입장에서 계쟁권리나 계쟁목적물이나 다 같은 재산적 가치를 지닌 것이지만, 계쟁목적물을 변호사 보수로 제공하는 등으로 자신의 권리실현의 수단으로 활용할 여지도 있는 등 사적자치를 존중할 필요도 크다. 따라서 변호사법과 같이 계쟁권리의 양수금지로 국한함이 타당하다 하겠다.

Ⅲ. 계쟁권리 양수의 요건

1. 변호사가 계쟁권리의 양수

변호사가 계쟁권리를 양수하여야 한다. 계쟁권리의 양도는 의뢰인이 변호사에게 하는 것이다. 변호사가 계쟁권리를 양수할 때 그 대가를 지급하였는지는 묻지 않는다. 따라서 무

---

7 甲법무법인은 수년간 A회사의 여러 사건을 수임하여 사건을 처리하였는데, 수임료 및 성공보수로 3억원이 넘는 돈을 지급받지 못하게 되자, A회사가 개인 B에 대하여 갖고 있다고 하는 4억 6,000만원 상당의 대여금 채권을 양수하여 甲법무법인 이름으로 소송을 제기하여 그 채권을 추심하여 미납 수임료 채무의 변제에 충당하는 경우 계쟁권리양수금지규정에 저촉되는지 여부에 관하여, 질의한 사안에서 甲법무법인이 양수하는 채권은 현재 계쟁 중에 있는 권리가 아니므로 변호사법상 계쟁권리양수금지규정을 위반하는 것이라고 볼 수 없습니다(대한변협 2015. 5. 6. 계쟁권리양수여부에 관한 회신).

8 부가가치세 경정청구거부처분 취소청구소송을 수임한 변호사가 그 수임사무의 성공보수로 위 사건이 승소확정되는 경우 장차 국가로부터 환급받게 되는 국세환급금 중 일부금을 양도받는 것이 계쟁권리 양수에 해당하는지 여부에 관하여, 질의한 사건에서 계쟁권리란 부가가치세 경정청구권 그 자체라고 보아야 하고, 그 경정청구권이 인정됨에 따라 국가에 대하여 세액의 환급을 청구할 수 있는 권리는 해당 사건의 계쟁권리 그 자체는 아닙니다. 그러므로 위 수임사건의 성공보수로 위와 같이 계쟁권리에 해당하지 않는 환급청구권 중 일부를 양도받는다고 하더라도 이는 계쟁권리를 양수받는 경우에 해당하지 않습니다(대한변협 2014. 1. 3. 계쟁권리양수여부 회신).

9 그러므로 '주식인도청구권'이 아닌 '주식'을 양수한 행위는 변호사법 제32조에서 금지하고 있는 계쟁권리의 양수로 볼 수 없다(법무부 2007. 8. 27. 결정).

10 일본 변호사법 제28조는 '계쟁권리의 양수'를, 「변호사직무기본규정」 제17조는 '계쟁목적물'의 양수도 금지하고 있다.

상양수도 포함되며, 양수계약의 형식 역시 매매, 교환, 증여, 신탁양도 등으로 다양할 수 있다. 다만, 변호사가 대리인으로 직무수행 중 그 사건의 계쟁권리를 상속받는 것과 같은 특별한 사정이 있는 때는 허용된다고 보아야 한다.

2. 변호사가 자기 계산으로 양수

변호사가 자기의 계산으로 계쟁권리를 양수해야 한다. 변호사가 타인의 대리인으로서 타인의 계산으로 계쟁권리를 양수한 행위는 금지되지 않는다.[11] 변호사의 적법한 대리행위에 해당되기 때문이다. 변호사가 자기의 계산으로 양수한다면 양수인의 형식적 명의는 누구든 상관없다. 예컨대 변호사가 수임료 명목으로 소송 진행 중이던 채권을 사무장 명의로 양수하였다면, 이는 변호사의 계산으로 양수한 것이므로 실질적 양수인은 사무장이 아니라 변호사라고 할 수 있다.[12]

3. 수임사건의 처리 중에 양수

변호사가 수임한 사건의 대리행위 중에 계쟁권리를 양수해야 한다. 변호사법의 '계쟁권리'와 「변호사윤리장전」의 '소송의 목적'은 분쟁해결을 위한 법적 절차가 진행 중임을 말해준다. 변호사가 수임했던 당해 사건의 처리를 위한 절차가 진행 중이라는 것이다. 의뢰인의 이익을 위하여 성실한 직무수행을 해야 할 변호사가 그 기회를 이용하여 자신의 이익을 취하려고 하는 행위는 허용되지 않는다. 그러나 계쟁 중인 권리였더라도 이미 판결이 확정되었거나 사건의 종결 후에는 수임료 등으로 양수하는 것은 금지되지 않는다. 그런데 변호사가 수임하지 않았던 다른 사건의 계쟁권리를 양수하는 행위도 불허되는지 문제된다. 민법상 채권양도의 법리상 이를 금지하고 있는 것은 아니기 때문에 허용된다고 할 것이다. 다만, 그런 행위가 변호사로서의 품위를 손상하는 행위에 해당될 수는 있다.

4. 계쟁권리가 양도자의 권리여야 하는지

변호사가 양수한 계쟁권리는 계쟁결과 양도한 자의 권리로 확인되어야 하는 것은 아니다. 계쟁권리는 말 그대로 다툼 중에 있는 권리이기에 실제로는 권리로 인정받지 못할 수도 있다. 그렇기에 계쟁권리의 양수는 양수한 권리의 실현 여부는 요건으로 하지 않는다. 그렇게 되면 변호사는 손해를 볼 수 있다.

그리고 계쟁권리를 양수한 변호사는 그 계쟁상태의 당사자로 나서야 하는 것은 아니

11 日本辯護士聯合會, 條解 辯護士法, 229면.
12 법무부 2003. 7. 3. 질의회신(대한변호사협회, 변호사법 축조해설, 210면).

다. 소송계속 중에 일반승계(상속, 법인합병 등) 이외의 사유로 소송물인 권리관계에 관한 당사자의 지위(당사자적격)가 특정적으로 제3자에게 이전되는 것을 소송물의 양도라고 한다.[13] 소송물(계쟁권리)을 양수받은 변호사는 소송승계의 절차를 밟을 수도 있고 별도의 소를 선택할 수도 있다.

5. 계쟁권리를 의뢰인이 아닌 상대방으로부터 양수

만약 변호사가 계쟁권리를 의뢰인이 아닌 그 상대방으로부터 양수한 경우를 상정할 수 있다. 의뢰인의 대리인 지위에 있는 변호사가 이제는 그 계쟁권리의 직접 상대방이 되어 그 권리주장을 한다면 동일사건에서 쌍방대리를 하는 현상이 야기된다. 현실적으로 발생하기 어려운 것이지만, 변호사가 의뢰인의 위임사건을 사임했더라도 이미 그 동일사건을 대리한 바 있어 자신을 위한 소송행위는 더 이상 할 수 없다고 해야 한다.

Ⅳ. 위반행위의 효과

1. 양수계약의 효력

(1) 변호사가 계쟁권리를 양수한 경우 의뢰인과 체결한 양수계약의 효력이 유효한지 문제된다. 이에 관한 언급은 많지 않지만, 이 규정은 단속규정으로서[14] 그 양수행위의 사법적 효력에는 아무 영향이 없다는 것이 판례이다(대법원 1985. 4. 9. 83다카1775). 학설 역시 같다.[15] 반면, 일본에서는 양수행위를 무효로 보는 것이 일치된 학설과 판례이다.[16] 그 논거로서는 이 금지규정은 강행법규라는 이유로 무효에 해당된다거나, 설령 임의법규라고 하더라도 양수행위는 공서양속에 반하는 행위이기 때문에 무효라고 한다.

(2) 생각건대 계쟁권리의 양수금지는 변호사가 직무수행 중에 이익을 취하는 것 등을 금지하려는 취지를 고려하면 사법상 효력까지 부정하여 양수행위를 원천적으로 금지시킬 필요가 있다. 그 위반 때는 형사처벌까지 하는 점 등을 고려하면 효력규정으로 파악할 수도 있다. 그렇지만 계쟁권리를 변호사에게 양도한 의뢰인의 이익을 고려하여 단속규정으로 보는 것이 타당하다. 따라서 이 규정에 위반한 양도양수계약의 사법상 효력은 유효하다고 할

---

13 김홍엽, 민사소송법(제5판), 1031면; 이시윤, 신민사소송법(제9판), 819면.

14 견해의 대립은 있지만, 국가가 단속할 목적으로 일정한 행위를 금지하거나 제한하고 그에 위반시에는 벌칙의 적용은 있지만 행위 자체의 사법상 효과는 인정하는 것을 단속규정이라 하며, 사법상 효과까지 부정하는 효력규정과 구별된다(송덕수, 신민법강의, 138~139면).

15 도재형, 법조윤리입문, 124면; 최진안, 법조윤리, 150면.

16 高中正彦, 辯護士法概說, 144면; 森際康友, 法曹の倫理, 64면; 日本辯護士聯合會, 條解 辯護士法, 229면.

것이다. 다만, 법률전문가인 변호사가 의뢰인의 궁박, 경솔, 무경험을 이용하여 양수계약을 체결할 수 있는데, 이는 민법 제104조의 불공정한 법률행위에 해당될 수 있다.

2. 계쟁권리 양수 후의 소송행위의 효력

계쟁권리의 양수가 이뤄지면 그 사건의 실질적 당사자는 양수인인 변호사가 된다. 이 때 변호사는 여전히 양도인의 대리인의 지위에서 승소판결을 받기 위하여 대리행위를 할 수 있다. 이 경우는 소송행위의 효력 여부를 논할 필요가 없을 것이다. 반면, 계쟁권리를 양수한 변호사가 그 사건의 당사자로 참가하는 경우를 상정할 수 있다. 이와 같은 변호사의 소송행위의 효력이 유효한지 여부 역시 문제된다. 이 점을 언급하고 있는 학설은 찾기 어렵다. 일본에서는 소송행위의 효력에 관해서는 유효하다는 견해가 일반적이다.[17] 그 이유로서는 변호사의 양수행위를 무효로 보면서도 형사처벌을 하는 것은 별론으로 하더라도 수임금지 규정에서 '직무를 수행할 수 없다'고 한 것과 달리, 단순히 '계쟁권리를 양수하여서는 아니 된다'라고 간접적으로 규정하고 있기 때문이라고 한다. 아울러 권리를 양도한 자의 의사에도 부합하기에 유효로 볼 필요가 있다. 변호사에게 계쟁권리를 양도한 의뢰인 역시 그의 재산권 행사의 일환으로 양도행위를 선택하였을 것으로 생각한다면 그 소송행위는 유효로 보는 것이 타당할 것이다.

3. 형사처벌과 징계처분

변호사법 제32조(제57조,제58조의16또는제58조의30에 따라 준용되는 경우를 포함한다)를 위반하여 계쟁권리를 양수한 자는 3년 이하의 징역 또는 2천만원 이하의 벌금에 처한다. 이 경우 벌금과 징역은 병과할 수 있다(변호사법 112(5)). 계쟁권리를 양수한 변호사는 변호사법을 위반한 것을 이유로 징계처분도 받게 된다.

---

17 最判 소화 35.3.22. 민집 14권 4호 525면; 日本辯護士聯合會, 條解 辯護士法, 230면.

제33조 독직행위의 금지

제33조(독직행위의 금지)
변호사는 수임하고 있는 사건에 관하여 상대방으로부터 이익을 받거나 이를 요구 또는 약속하여서는 아니 된다.

Ⅰ. 연 혁

(1) 1973. 1. 25. 개정된 변호사법에서 변호사의 품위향상과 변호사 직무의 성실성 및 적정성을 기하려고 변호사의 독직행위를 금지하는 규정을 신설했다. 즉, 변호사는 수임하고 있는 사건에 관하여 상대자로부터 이익을 받거나 이를 요구 또는 약속하지 못한다(제17조 제3항).

(2) 2000. 1. 28. 개정된 변호사법은 전면개정으로 자구수정을 한 바 있다. 즉, 변호사는 수임하고 있는 사건에 관하여 상대방으로부터 이익을 받거나 이를 요구 또는 약속하여서는 아니 된다(제33조).[1]

Ⅱ. 독직행위 금지의 입법취지

기본적 인권의 옹호와 사회정의를 실현함을 사명으로 하는 변호사의 직무는 고도의 공공성과 윤리성을 갖는다. 변호사는 그 직무의 공공성 때문에 공직자와 같은 청렴성을 가져

1 「변호사윤리장전」 역시 부당한 이익수령과 제공행위를 금지하고 있다. 즉, 변호사는 사건의 상대방 또는 상대방이었던 자로부터 사건과 관련하여 이익을 받거나 이를 요구 또는 약속받지 아니한다(제43조). 변호사는 사건의 상대방 또는 상대방이었던 자에게 사건과 관련하여 이익을 제공하거나 약속하지 아니한다(제44조).

여기서 상대방은 상대방 본인뿐만 아니라 그 대리인 지위에 있는 변호사도 포함된다.

그런데 언제부터 여기서의 '상대방'이 되는지 문제된다. 이해관계를 달리하는 자들의 위임을 받아 동업계약서를 작성해 주거나, 매도인과 매수인을 대리하여 매매계약을 체결한 후 등기사무까지 종료할 수 있다. 이때 변호사가 양 당사자의 중재자로서의 지위에서 보수를 받는 것은 독직행위가 아니다. 그러므로 독직행위에서의 '상대방'은 대립당사자 사이에 분쟁이 성숙되어 그 사건의 해결을 위한 법적 절차에 돌입한 상태에 있을 때 의뢰인의 반대편에 있는 자를 말한다.

2. 이익을 받음(수수)

여기서 '이익'이란 인간의 욕망을 만족시켜 줄 수 있는 돈이나 음식접대, 자동차를 빌려 대여하는 행위, 투기사업에 참여할 기회의 제공 등을 들 수 있다. 이 점은 형법상 뇌물죄에 있어서 뇌물의 내용과 유사하다. 이익을 받는 시기의 제한은 없다. 수임사건의 처리 중은 물론 처리종료 후에라도 상관없다. 이익을 '받는' 것은 상대방이 자발적으로 제공하는 것을 전제로 한다. 수령이 금지되는 이익은 적법한 수임약정에 기한 채권의 변제관계가 아닌 상태에서 받는 것이다. 그 명칭은 무엇이든 상관없다. 보수나 사례금, 변호사가 개인적으로 사건현장에 출장을 갈 때 받게 되는 실비명목으로 받는 여비나 편의를 제공받는 일체의 것을 들 수 있다. 그러나 변호사의 의뢰인 사이에 약정에 의하여 상대방으로부터 이익을 받기로 한 때는 이에 해당되지 않는다. 손해배상청구사건에서 변호사의 보수 등 소송비용을 패소한 상대방(피고)으로 받기로 약정하였다면, 이때 수령하는 돈은 독직행위로서의 이익이 아님은 물론이다. 그러므로 변호사가 독직행위로서 받는 이익은 의뢰인이 동의할 수 없는 상태에서 불법하게 수령한 것이라 할 수 있다.

3. 이익을 요구

여기서 '요구'란 변호사가 이익을 취득할 의사로 상대방에게 그 교부를 청구하는 것을 말한다. 요구만 있으면 되고 현실적으로 이익이 제공되어야 하는 것은 아니다. 상대방이 이익의 요구를 거절해도 상관없다. 이익을 요구한 결과 실제로 이익이 제공되었다면 이는 '이익을 받거나'에 해당된다. 여기서의 이익의 요구는 적법한 청구권원을 갖는 것이 아니어야 한다. 변호사가 수임사건을 처리하는 중에 상대방으로부터도 불법한 이익을 취득할 의사를 표시한 것 자체도 독직행위로 보고 있다. 이익을 받는 행위보다 적극적으로 이를 요구하는 행위는 변호사 직무의 공공성과 성실성을 더 크게 훼손하게 된다.

4. 이익의 약속

여기서 '약속'은 변호사와 상대방이 이익을 주고받을 것을 합의한 것을 말한다. 이익의 교부에 관한 의사의 합치가 있어야 한다. 이익제공의 제안을 누가 먼저 하였는지는 묻지 않는다. 변호사가 먼저 이익을 요구하고 상대방이 이를 승낙해도 된다. 여기서의 약속은 이익의 제공시기를 나중으로 미룬 다음 실제로 이익의 교부가 이뤄지지 않을 때 문제된다. 약속대로 이익이 교부되었다면 '이익을 받는 행위'에 흡수된다. 또한 변호사가 이익을 요구하고 상대방이 이를 약속한 후 나중에 교부되었다면 포괄하여 '이익을 받는 행위'에 해당된다.

Ⅴ. 위반의 효과

1. 형사처벌과 징계처분

제33조를 위반한 변호사는 7년 이하의 징역 또는 5천만원 이하의 벌금에 처한다. 이 경우 벌금과 징역은 병과(倂科)할 수 있다(변호사법 109(2)). 여기서 변호사에는 법무법인·법무법인(유한)·법무조합도 포함된다. 변호사의 직무의 공정성을 확보할 필요가 있어 변호사만 처벌한다. 그러므로 변호사에게 이익을 공여하거나 약속한 상대방은 처벌받지 않는다. 변호사 외에 일반인까지 처벌을 확대할 필요가 없기에 형법상 수뢰죄에 대응하는 증뢰죄와 같은 규정을 두지 않고 있다. 만약 상대방의 변호사가 교사하여 이익을 제공하도록 하였다면 그 변호사는 징계책임을 지게 된다. 물론 독직행위를 한 변호사 역시 징계처분을 받게 된다.

2. 사무직원이 수임사건 관련 이익의 수수·요구·약속한 경우

변호사가 수임하고 있는 사건에 관하여 사무직원이 변호사가 알지 못하게 변호사법 제109조 제1호와 같은 행위(감정·대리·중재·화해·청탁·법률상담 또는 법률 관계 문서 작성, 그 밖의 법률사무를 취급하거나 이러한 행위를 알선)를 하고 상대방으로부터 이익을 받거나 요구 또는 약속할 수 있다. 이때는 변호사법 제109조에 의하여 처벌될 수 있다. 변호사법 제109조 제1호의 "변호사가 아니면서"에는 사무직원도 포함되기 때문이다.

3. 소송법상 효과

이 규정을 위반한 변호사의 소송행위의 효력을 유효로 볼 것인지 문제된다. 상대방으로부터 이익을 받은 상태에서 한 행위는 직무의 공정성을 담보할 수 없기에 무효로 해야 한다는 견해도 있을 수 있다. 의뢰인의 추인을 받도록 하는 방법도 생각할 수 있다. 그러나 변호사가 한 소송행위로 형성된 법률관계의 안정성을 확보할 필요성 등을 고려하여 유효로 보아야 할 것이다. 다만, 의뢰인에게 발생한 손해가 있다면 그 변호사와의 관계에서 손해배상청구 등으로 해결해야 할 것이다.

第34조 변호사가 아닌 자와의 동업 금지 등

第34조(변호사가 아닌 자와의 동업 금지 등)
① 누구든지 법률사건이나 법률사무의 수임에 관하여 다음 각 호의 행위를 하여서는 아니된다.
1. 사전에 금품·향응 또는 그 밖의 이익을 받거나 받기로 약속하고 당사자 또는 그 밖의 관계인을 특정한 변호사나 그 사무직원에게 소개·알선 또는 유인하는 행위
2. 당사자 또는 그 밖의 관계인을 특정한 변호사나 그 사무직원에게 소개·알선 또는 유인한 후 그 대가로 금품·향응 또는 그 밖의 이익을 받거나 요구하는 행위
② 변호사나 그 사무직원은 법률사건이나 법률사무의 수임에 관하여 소개·알선 또는 유인의 대가로 금품·향응 또는 그 밖의 이익을 제공하거나 제공하기로 약속하여서는 아니된다.
③ 변호사나 그 사무직원은 제109조 제 1 호, 제111조 또는 제112조 제 1 호에 규정된 자로부터 법률사건이나 법률사무의 수임을 알선받거나 이러한 자에게 자기의 명의를 이용하게 하여서는 아니 된다.
④ 변호사가 아닌 자는 변호사를 고용하여 법률사무소를 개설·운영하여서는 아니 된다.
⑤ 변호사가 아닌 자는 변호사가 아니면 할 수 없는 업무를 통하여 보수나 그 밖의 이익을 분배받아서는 아니 된다.

I. 연 혁

(1) 1973. 1. 25. 개정된 변호사법은 변호사가 특정인으로부터 사건주선을 받거나 명의대여 금지에 관한 규정을 신설했다. 즉, 변호사는 그 정을 알면서 제48조의 규정에 위반한 자, 제54조[1] 또는 제55조[2]에 규정된 자로부터 사건수임의 주선을 받거나 또는 이러한 자에게 자기의 명의를 이용하게 할 수 없다(제17조 제 4 항). 또한 '제 7 장 법률사무의 취급에 관한

1 **第54조** 공무원이 취급하는 사건 또는 사무에 관하여 청탁 또는 알선을 한다는 명목으로 금품·향응 기타 이익을 받거나 받을 것을 약속하고 또는 제 3 자에게 이를 공여하게 하거나 공여하게 할 것을 약속한 자는 3년 이하의 징역에 처한다.
2 **第55조** 상습적으로 제48조의 규정에 위반한 자와 제54조의 죄를 범한 자는 5년 이하의 징역에 처한다.

단속'에 관한 장을 신설하여 ① 변호사 아닌 자가 금품·향응 기타 이익을 받거나 받기로 약속하고 또는 제3자에게 이를 공여하게 하거나 공여하게 할 것을 약속하는 등의 행위(제48조),[3] ② 타인의 권리를 양수하는 등으로 소송 등의 방법으로 그 권리를 실행하는 행위(제49조),[4] ③ 변호사 아닌 자의 변호사사무소 표시행위(제50조)[5]를 금지하는 규정을 둔 바 있다.

(2) 1996. 12. 12. 개정된 변호사법은 변호사가 아닌 자가 변호사를 고용하여 법률사무소를 개설·운영하는 행위를 금지하는 규정을 신설했다. 즉, 변호사가 아닌 자는 변호사를 고용하여 법률사무소를 개설·운영하여서는 아니 된다(제27조 제3항). 변호사가 아닌 자는 변호사가 아니면 할 수 없는 업무를 통하여 얻은 보수 기타 이익을 분배받아서는 아니 된다(제27조 제4항).

(3) 2000. 1. 28. 개정된 변호사법은 변호사 또는 사무직원은 법률사건 또는 법률사무의 수임에 관한 소개·알선 또는 유인의 대가로 금품·향응 기타 이익을 제공하거나 이를 약속할 수 없도록 하는 규정을 신설(현행 제3항)하여 법조브로커를 이용하는 변호사에 대한 처벌 근거를 명확히 했다.[6]

---

3 **제48조** 변호사 아닌 자가 금품·향응 기타 이익을 받거나 받기로 약속하고 또는 제3자에게 이를 공여하게 하거나 공여하게 할 것을 약속하고 다음 각호에 규정된 사건에 관하여 감정·대리·중재·화해 또는 청탁을 하거나 이러한 행위를 알선할 수 없다.
1. 소송사건·비송사건·가사조정 또는 심판사건·소원 또는 심사의 청구나 이의신청 기타 행정기관에 대한 불복신청사건
2. 수사기관에서 수사중인 형사피의사건 또는 수사사건
3. 법령에 의하여 설치된 조사기관에서의 조사사건

4 **제49조** 누구든지 타인의 권리를 양수하거나 양수를 가장하여 소송·조정 또는 화해 기타의 방법으로 그 권리를 실행함을 업으로 할 수 없다.

5 **제50조** ① 변호사 아닌 자는 변호사 또는 변호사사무소의 표시 또는 기재를 할 수 없다.
② 변호사 아닌 자는 이익을 얻을 목적으로 법률상담 기타 법률사무를 취급하는지의 표시 또는 기재를 할 수 없다.

6 **헌법재판소는 이 조항의 입법연혁을 다음과 같이 정리하고 있다.**
(1) 2000. 1. 28. 법률 제6207호로 개정되기 전의 구 변호사법(이하 '구 변호사법'이라 한다)은, '변호사가 아니면서 금품·향응 기타 이익을 받거나 받을 것을 약속하고 또는 제3자에게 이를 공여하게 하거나 공여하게 할 것을 약속하고 일정한 법률사건에 관한 행위를 알선한 자'를 처벌하는 규정을 두고(제90조 제2호), 이와 별도로 '법률사건의 수임에 관하여 당사자 기타 관계인을 특정 변호사에게 알선하고, 그 대가로 금품·향응 기타 이익을 받거나 이를 요구한 자'를 처벌하는 규정(제90조 제3호, 제27조 제1항)을 두는 한편, 변호사가 그 정을 알면서 위의 제90조 제2호에 규정된 자로부터 법률사건의 알선을 받는 것을 금지하고 처벌하도록 규정(제90조 제3호, 제27조 제2항)하고 있었다. (2) 1997년 이른바 '의정부 법조비리 사건'의 발생으로, 사건 브로커를 이용하여 사건을 대거 수임하고 전·현직 법조인이나 수사 관계자들에게 금품·향응을 제공하는 변호사의 행위가 사회적으로 크게 문제되었고, 이후 관련 사건의 재판과정에서 구 변호사법의 해석상 '변호사가 변호사 아닌 자로부터 법률사건의 수임을 알선 받은 뒤 사건 당사자로부터 수임료를 받고 법률사건을 수임한 후 그 알선자에게 대가를 지급하는 행위'가 처벌대상이 되는지 여부에 관하여 논란이 제기됨에 따라, 법조비리 근절을 위한 대책의 일환으로서 구 변호사법의 개정 논의가 시작되었다. (3) 2000. 1. 28. 법률 제6207호로 개정된 변호사법은 사건브로커를 이용한 변호사의 처벌범위에 관하여 구 변호사법의 해석상 논란이 있었던 부분을 명확히 하기 위하여 이 사건 법률조항을 신설하였으며, 사건브로커나 그를 이용한 변호사 등의 엄정한 처벌을 위하여 관련 규정들의 법정형을 '5년 이하의 징역 또는 1천만원 이하의 벌금'에서 '7년 이하의 징역 또는 5천만원 이하의 벌금'으로 상향 조

Ⅱ. 법률사건 당사자등을 소개·알선·유인하고 금품등의 수수금지

1. 행위의 주체(누구든지)

(1) 누구든지 법률사건이나 법률사무의 수임에 관하여 다음 각 호의 행위를 하여서는 아니된다(제 1 항).[7] 변호사의 조력을 받을 권리는 변호사에 대한 접근이 용이할 때 가능하다. 변호사가 많아도 의뢰인은 그에게 적합한 변호사를 만나기 쉽지 않다. 그 때문에 변호사나 사무직원에게 사건을 소개·알선 또는 유인하는 자가 있을 수 있다. 그렇지만 누구든지 법률사건의 수임을 이익의 거래대가로 해서는 아니 된다.[8] 여기서 '누구든지'란 변호사의 조력을 필요로 하는 자는 물론 사건수임과 관련하여 이익을 취득하는 모든 사람을 말한다. 금품·향응 또는 그 밖의 이익을 제공하는 자는 특정한 변호사나 그 사무직원은 물론 사건당사자 또는 그 밖의 관계인도 포함된다. 사건수임의 소개·알선·유인한 자는 보통 변호사나 사무직원으로부터 금품등을 지급받겠지만, 사건당사자나 관계인으로부터 변호사의 소개의 대가를 받을 수도 있다. 다만, 변호사나 사무직원이 소개·알선 또는 유인의 대가로 이익을 제공하는 것은 본조 제 2 항에 별도로 규정하고 있다.

(2) 피의자나 사건당사자에게 특정한 변호사를 소개·알선·유인해주는 대가로 이익을 취득하는 자는 사건브로커가 대부분일 것이지만, 일반인이나 변호사 등 그 신분관계를 묻지 않는다. 재판이나 수사 업무에 종사하는 공무원도 이에 포함될 수 있다. 예컨대 재판·수사기관 소속 공무원이 자기가 근무하는 기관에서 취급중인 법률사건이나 사무를 변호사나 사무직원에게 소개·알선 또는 유인하는 행위를 하면 1천만원 이하의 과태료 부과대상이며(변호사법 117② 1의2, 36), 재판이나 수사 업무에 종사하는 공무원이 직무상 관련 있는 법률사건이나 사무를 변호사나 사무직원에게 소개·알선 또는 유인하면 1년 이하의 징역 또는 1천만원 이하의 벌금에 처한다(변호사법 113(6)). 그런데 이들 공무원이 단순한 사건의 소개·알선 또는 유인에 그치지 않고, 사건당사자 또는 특정한 변호사나 그 사무직원으로부터 사건

정하였다(헌재 2013. 2. 28. 2012헌바62).

7 **2008. 3. 28. 개정된 변호사법 제34조(변호사 아닌 자와의 동업금지등)** ① 누구든지 법률사건 또는 법률사무의 수임에 관하여 사전에 금품·향응 기타 이익을 받거나 받을 것을 약속하고 당사자 기타 관계인을 특정 변호사 또는 그 사무직원에게 소개·알선 또는 유인하거나, 법률사건 또는 법률사무의 수임에 관하여 당사자 기타 관계인을 특정 변호사 또는 그 사무직원에게 소개·알선 또는 유인한 후 그 대가로 금품·향응 기타 이익을 받거나 이를 요구하여서는 아니 된다.

8 일반적으로 변호사는 기본적 인권의 옹호와 사회정의의 실현을 사명으로 하여 널리 법률사무를 행하는 것을 그 직무로 하므로 변호사법에는 변호사의 자격을 엄격히 제한하고 그 직무의 성실, 적정한 수행을 위해 필요한 규율에 따르도록 하는 등 제반의 조치를 강구하고 있는데 그러한 자격이 없고, 규율에 따르지 않는 사람이 처음부터 금품 기타 이익을 얻기 위해 타인의 법률사건에 개입함을 방치하면 당사자 기타 이해관계인의 이익을 해하고 법률생활의 공정, 원활한 운용을 방해하며 나아가 법질서를 문란케 할 우려가 있(다)(대법원 1998. 8. 21. 96도2340 변호사법위반·배임).

소개나 알선·유인의 대가를 취득하면 본조 위반의 주체가 될 수 있다.

(3) 그리고 '법률사건이나 법률사무'는 변호사의 고유한 직무의 대상이다. 판례는 '법률사건'이란 법률상의 권리·의무의 발생·변경·소멸에 관한 다툼 또는 의문에 관한 사건'을 의미한다고 한다(헌재 2000. 4. 27. 98헌바95; 대법원 2008. 2. 28. 2007도1039). 법률사건은 민·형사재판에서 대리해야 하는 전통적인 송무사건을 말한다. 변호사법 제3조의 '소송에 관한 행위 및 행정처분의 청구에 관한 대리행위'가 이에 해당된다. 그리고 변호사의 직무사항인 계약서 작성 등의 자문업무 일반을 법률사무라고 할 수 있다.

2. 소개·알선·유인의 대상(객체)

법률사건이나 법률사무의 수임에 관하여 '당사자나 관계인'을 소개·알선 또는 유인한다는 것은 달리 표현하면 법률사건이나 법률사무를 소개·알선한다는 것을 말한다. 법률사건이나 법률사무는 그 사건·사무의 주체인 당사자를 제외하고 상상할 수 없다. 법률사건과 법률사무의 주체인 당사자를 변호사나 사무직원에게 소개·알선·유인해 주면, 그 당사자의 사건을 수임한 변호사는 소개·알선·유인행위를 한 사람에게 금품등을 제공할 것이기 때문이다. 다만, 여기서 '관계인'은 직접적인 사건 당사자는 아니지만, 그 배우자나 법정대리인, 이해관계인, 변호인선임권자 등을 말한다. 법률상담이나 수임약정은 반드시 당사자 본인이 아니더라도 관계인을 통해서도 가능하다.

3. 소개·알선·유인의 개념과 구별 문제

(1) 공정한 수임질서를 위한 규제

변호사의 사건수임은 금품등의 제공없이 이뤄져야 한다. 공정한 수임질서를 유지하고자 사건을 소개·알선·유인의 대가로 금품등을 수수·요구·약속행위를 금지하고 있다. 변호사에 대한 정보부족으로 사건브로커가 법률사건 당사자를 변호사에게 소개하는 등의 대가로 금품등을 지급하는 악습이 존재하여 왔다. 특히 법관, 검사가 퇴직 후에 변호사 개업을 하는 제도 때문에 사건소개비를 받는 사건브로커가 활동할 수 있는 환경이 조성되어 있는 우리나라의 독특한 특징이기도 하다. 일본 변호사법은 사건의 소개·알선·유인의 대가로 금품등을 수수·요구·약속행위를 금지하는 규정이 없다. 그만큼 우리나라의 사건수임에 관하여 그 대가를 지급하는 풍토가 형성되어 있음을 알 수 있다. 변호사법은 법률사건·법률사무의 소개·알선·유인에 관한 규정(34, 36, 37, 109)을 두면서도 그 개념에 대해서는 정의하지 않고 있기 때문에 이 용어의 구별문제가 생긴다.[9]

---

9 국어사전적 의미로 '소개'는 ① 둘 사이에서 양편의 일이 진행되게 주선함, ② 서로 모르는 사람들 사이에

(2) 국회 입법과정에서 소개·알선 구별 논의

국회에서 사건의 소개·알선행위에 관한 규정을 신설할 때도 소개와 알선행위의 구분에 관하여 논의를 한 흔적을 볼 수 있다. 국회사무처 1999. 12. 17. 제208회 국회 법제사법위원회 회의록을 보면(7~8면), 회의에 참석한 법무부장관은 "이러이러한 경우에는 어떠한 사람이 좋겠느냐 하고 물어보았을 때 그 부분은 누가 전문적으로 잘 아니까 이런 분 정도면 괜찮겠다. 이런 의견개진은 '소개'일 것이고, '알선'은 누구에게 가라 하고 누구에게 안내해 주는 것"이라고 한다. 이에 대하여 어느 국회의원은 소개와 알선의 구분이 잘 안된다고 밝히고 있다. 이처럼 입법과정에서도 소개와 알선에 대한 구별이 명확하게 정리되지 않고 있음을 알 수 있다.

(3) 대법원의 입장

대법원은 '알선'을 별도로 정의하기도 하고,[10] 헌법재판소 역시 같은 입장을 취하기도 하였다.[11] 그러나 '소개·알선'을 동일한 의미로 파악하고 포괄적으로 그 개념을 정의하기도 한다. 즉, '소개·알선'이라 함은 법률사건 또는 법률사무의 당사자 등과 특정한 변호사 또는 그 사무직원 사이에서 서로 상대방을 알게 하는 등의 방법으로 그 법률사건 또는 법률사무에 관한 위임계약의 체결을 주선, 중재하거나 그 편의를 도모하는 행위를 말한다. 그리고 어떠한 행위가 위 규정의 '소개·알선'에 해당하는지는 대상 법률사건 또는 법률사무에 관한 공무원의 직무 내용과 성격, 공무원이 그 행위에 이르게 된 동기, 경위와 행위의 내용, 공무원과 당사자 또는 변호사와의 관계, 공무원과 당사자 또는 변호사 사이의 사건에 관한 의사연락의 방법과 내용, 실제 사건 수임의 여부와 경위 등 관련 사정을 종합적으로 고려하여 판단하여야 할 것이다.[12]

서 양편이 알고 지내도록 관계를 맺어 줌, 반면, '알선'은 남의 일이 잘되도록 주선하는 일이라고 한다. 그리고 '유인'(誘引)은 주의나 흥미를 일으켜 꾀어냄이라고 한다.

10 구 변호사법(2000. 1. 28. 법률 제6207호로 전문 개정되기 전의 것) 제90조 제 2 호 후단에서 말하는 **알선이라 함은 법률사건의 당사자와 그 사건에 관하여 대리 등의 법률사무를 취급하는 상대방 사이에서 양자간에 법률사건이나 법률사무에 관한 위임계약 등의 체결을 중개하거나 그 편의를 도모하는 행위**를 말하고, 따라서 현실적으로 위임계약 등이 성립하지 않아도 무방하며, 비변호사가 법률사건의 대리를 다른 비변호사에게 알선하는 경우는 물론 변호사에게 알선하는 경우도 이에 해당하고, 그 대가로서의 보수(이익)를 알선을 의뢰하는 자뿐만 아니라 그 상대방 또는 쌍방으로부터 받거나 받을 것을 약속한 경우도 포함하며, 이러한 보수의 지급에 관한 약속은 그 방법에 아무런 제한이 없고 반드시 명시적임을 요하는 것도 아니다 (대법원 2002. 3. 15. 2001도970 [변호사법위반·뇌물공여·공갈미수·횡령]).

11 '알선'이란 법률사건의 당사자와 그 사건에 관하여 대리 등의 법률사무를 취급하는 상대방(변호사 포함) 사이에서 양자 간에 법률사건이나 법률사무에 관한 위임계약 등의 체결을 중개하거나 그 편의를 도모하는 행위를 말한다(대법원 2000. 6. 15. 선고 98도3697 판결)고 볼 수 있고 … (헌재 2013. 2. 28. 선고 2012헌바62 결정 구 변호사법 제34조 제 2 항 등위헌소원).

12 대법원 2013. 1. 31. 2012도2409 [뇌물수수·직권남용권리행사방해·변호사법위반·뇌물공여·강요·채무자회생및파산에관한법률위반].

⑷ 의료법상 환자의 소개·알선·유인

의료법에서도 영리를 목적으로 환자를 의료인에게 소개·알선·유인하는 행위를 금지하는데, 여기서도 '소개와 알선'을 동일한 개념으로 파악하고 있다. 즉, 누구든지 영리를 목적으로 환자를 의료기관이나 의료인에게소개·알선·유인하는 행위 및 이를 사주하는 행위를 하여서는 아니 된다(의료법 27③). 여기서 '소개·알선'은 환자와 특정 의료기관 또는 의료인 사이에서 치료위임계약의 성립을 중개하거나 편의를 도모하는 행위를 말하고, '유인'은 기망 또는 유혹을 수단으로 환자로 하여금 특정 의료기관 또는 의료인과 치료위임계약을 체결하도록 유도하는 행위를 말한다.13

⑸ 소 결

1) 소 개

법률사건·사무의 '소개'는 문제되는 법률사건의 처리를 해줄 수 있는 변호사의 이름과 경력, 연락처, 법률사무소의 소재지를 알려주는 행위를 말한다. 소개는 '특정한 법률사건'의 당사자에게 그 사건의 해결과 같은 조력을 받도록 특정한 변호사나 그 사무직원을 알리는 것이다. 소개의 대상인 법률사건은 현재 분쟁으로서의 성숙성을 갖추고 재판이나 고소, 이의신청 등과 같은 지금 당장 법적 조치를 취하여야 하거나, 임박한 장래에 이런 법적 해결방안을 강구해야 할 상황에 있어야 한다. 그렇지 않고 막연히 장차 사업하는 중에 어떤 법적인 문제가 발생하면 이러이러한 변호사를 찾아가 조력을 얻으라고 하는 말은 소개라고 할 수 없다. 또한 현재 문제가 되는 법률사건이 원만하게 해결되지 않으면 변호사의 조력을 구해야 할지도 모르는 불확실한 상황인 경우에 특정한 변호사를 알려주었더라도 소개라고 보기 어렵다.

소개는 그 대가로 금품등을 받거나 받기로 약속한 가운데 행해져야 한다. 금품등을 받지 않고 법률전문가의 도움을 받도록 지인의 사건을 특정한 변호사에게 소개시켜 주는 행위는 허용된다. 재판을 진행하던 법관이 당사자 본인이 직접 소송을 수행하는 경우에 "법률전문가의 도움을 받으라" 또는 "변호사의 도움을 받으라"는 취지의 발언을 하였더라도 그 법관은 금품등을 받은 바 없고, 도움을 받으라는 변호사를 특정하지 않았기 때문에 위와 같은 발언은 '소개'에 해당되지 않는다.

법률사건 당사자가 변호사를 소개하는 신문이나 인터넷 광고를 읽고서 그 변호사를 찾아가 사건의 의뢰하였더라도 광고매체인 신문이나 인터넷 광고업체는 법률사건을 소개하였다고 볼 수 없다. 왜냐하면 이 경우는 의뢰인을 유치하여 사건을 수임하려는 광고의 효과

---

13 대법원 2019. 4. 25. 2018도20928 [의료법위반].

가 발생한 것에 해당되기 때문이다. 광고매체가 변호사로부터 받은 광고료는 사건수임 소개료에 해당되지 않는다.

2) 알　선

'알선'은 법률사건 당사자에게 특정 변호사의 정보를 제공하거나, 그 변호사와 직접 만나도록 해주거나, 해당 법률사무소에 대동하여 수임약정이 체결되도록 돕는 일체의 행위를 말한다. 알선 역시 위에서 설명한 소개의 요건을 충족해야 한다. 일반적으로 소개는 말이나 문자 등으로 특정한 변호사나 그 사무직원을 알려주는 것임에 반하여(수임약정 체결여부는 법률사건 당사자나 그 관계인이 결정), 알선은 그보다 훨씬 적극적인 행위가 동반된다고 할 수 있다. 마치 알선하는 사람이 특정한 법률사건을 수임하려는 변호사나 그 사무직원의 역할에 준하는 행위를 할 수 있다. 알선을 당한 법률사건 당사자는 수임약정 체결 여부를 설득당하는 상황에 처할 수 있다. 알선하는 사람이 이렇게 적극적으로 나서는 이유는 알선의 대가로 금품등을 받았거나 받을 것이라는 기대 때문이다.

3) 유　인

'유인'은 사건 당사자의 의사에 반하거나, 명확한 의사결정을 내리지 못한 상황에 있을 때 특정 변호사와 수임약정을 체결하도록 설득 또는 기망하거나 유혹하여 변호사를 만나도록 하거나, 전화통화를 연결해 주어 법률사무소의 위치를 설명듣고 가도록 하는 일체의 행위를 말한다. 당사자가 자발적·적극적으로 변호사를 찾아 가더라도 허위나 과장된 정보에 기초한 경우에는 유인에 해당된다. 유인은 알선행위보다도 더 적극적인 행위가 수반된다고 할 수 있다. 유인당하는 법률사건 당사자는 본인의 의사보다 유인한 사람 또는 변호사의 설득에 의하여 법률상담을 하고 수임약정 체결 여부를 결정해야 하는 상황에 처하게 된다. 이때 유인하는 사람이 유인의 대가로 금품등을 전혀 받지 않거나 받기로 약속하지도 않았다면 처벌되지는 않는다. 유인하는 사람이 이런 무리한 행위를 하는 것은 금품등을 받을 목적이고, 변호사법에서 이를 금지하는 취지도 수임과정에 금품등이 오가는 것을 막기 위함이다.

4) 소개와 알선, 유인의 상호 관계

'알선'은 '소개'를 포괄하는 개념이며, '알선'보다 적극적인 행위가 '유인'이라 할 수 있다. 소개·알선·유인의 궁극적인 목적이 금품등을 받으려는 데 있기 때문에 '소개' 역시 수임약정을 체결하도록 권유하는 내용도 포함된다. 결국 소개와 알선은 관념상으로 구별할 수 있지만, 현실에서는 동일한 내용을 포함하고 있는 같은 개념이라고 하겠고, 양자를 구별할 실익도 크지 않다. 그래서 판례 역시 소개와 알선을 같이 설명하고 있다. 유인은 소개나 알선보다 더 적극적인 행위를 동반한다는 점에서 죄질이 나쁜 행위로 평가할 수 있다.

4. 사건 당사자등을 소개·알선·유인행위의 유형

변호사법 제34조 제1항은 누구든지 법률사건이나 법률사무의 수임에 관하여 ① 법률사건·법률사무의 당사자나 관계인을 소개·알선·유인하기 이전부터 금품·향응 또는 그 밖의 이익을 받거나 받기로 약속하였거나(제1호), ② 당사자나 관계인을 소개·알선·유인한 다음에 금품·향응 또는 그 밖의 이익을 받거나 받기로 약속(제2호)하는 행위를 금지한다.

(1) 사전에 금품·향응 또는 그 밖의 이익을 받거나 받기로 약속하고 당사자 또는 그 밖의 관계인을 특정한 변호사나 그 사무직원에게 소개·알선 또는 유인하는 행위(제1호)

여기서 '사전에'란 사건당사자 또는 그 밖의 관계인에게 특정한 변호사나 사무직원에게 소개·알선 또는 유인하기 전을 말한다. 사건소개 등의 대가로 금품·향응 또는 그 밖의 이익을 받았거나 받기로 약속해야 한다. 제공되는 금품등은 돈이나 음식물, 금융이익 등 제한이 없다. 금품등의 제공에 대한 약속만 있으면 되고, 나중에 어떤 이유로든 불화가 생겨서 제공되지 않았을지라도 상관없다. 이익의 제공 또는 그 약속이 없이 사건소개를 하는 행위는 금지되지 않는다. 사건소개·알선 또는 유인행위는 특정한 변호사나 그 사무직원에 대한 것이어야 한다.[14] 여기의 '변호사' 중에는 법무법인·법무법인(유한)·법무조합도 포함한다(변호사법 109(2)). 특정한 변호사는 개업 중이어야 하는지 문제된다. 개업하지 않은 변호사는 사건을 수임할 수 없으며, 형사처벌 규정(제109조 제2호)이 있기 때문에 개업중인 변호사로 제한할 것이다. 특정한 변호사가 실존하지 않거나 휴업중인데 소개명목으로 이익을 취득하면 사기죄 여부가 문제된다. 사건소개가 아닌 변호사의 조력을 받아야 될 내용이라는 추상적 조언만을 하고 이익(식사 등)을 얻는 것은 금지되지 않는다. 당사자나 관계인을 소개·알선·유인하기 전에 금품등의 요구를 하였지만, 거절당하여 실제로 소개·알선·유인을 하지 않은 경우에는 제재규정이 없어 처벌되지 않는다.

(2) 당사자 또는 그 밖의 관계인을 특정한 변호사나 그 사무직원에게 소개·알선 또는 유인한 후 그 대가로 금품·향응 또는 그 밖의 이익을 받거나 요구하는 행위(제2호)

사건을 소개·알선 또는 유인을 한 다음에 그 대가로 금품 등의 이익을 받기로 해야 한다. 사건을 소개하는 자가 처음부터 이익취득의 의도를 가졌더라도 약정이 소개 후에 이뤄졌다면 이에 해당된다.[15] 이익은 금액의 다과는 문제되지 않지만, 상당한 금전적 가치는 있

14 법률사무의 수임에 관하여 당사자를 특정 변호사에게 소개한 후 그 대가로 금품을 수수하면 변호사법 제109조 제2호, 제34조 제1항을 위반하는 죄가 성립하는바, 그 경우 소개의 대가로 금품을 받을 고의를 가지고 변호사에게 소개를 하면 실행행위의 착수가 있다(대법원 2006. 4. 7. 2005도9858).

15 구 변호사법(2005. 1. 27. 법률 제7357호로 개정되기 전의 것) 제34조 제1항 후단의 위반행위가 성립하기

어야 한다. 소개·알선행위는 주도적이어야 하는 것은 아니다. 당사자나 관계인의 요청을 받고 사건을 소개·알선한 후 이익을 취득한 행위도 금지된다. 당사자가 특정한 변호사를 소개받고 반드시 수임약정을 해야 하는 것은 아니다. 변호사나 사무직원이 당사자를 소개·알선·유인받아 수임약정을 체결한 후 그 대가로 금품의 제공을 '약속'한 후 이를 불이행할 때는 사건당사자를 소개한 사람은 처벌되지 않는다. 제2호는 약속 행위는 규제하지 않기 때문이다. 그러나 변호사나 사무직원은 변호사법 제34조 제2항 '금품등의 제공 약속'에 해당되므로 형사처벌을 받게 된다.

(3) 금품등을 제공하거나 약속한 행위자

법률사건 당사자를 소개·알선·유인행위의 대가로 금품등을 제공하는 것을 금지하는데, 금품등을 제공하는 사람은 일반적으로 변호사나 사무직원이다. 그래서 변호사법 제34조 제2항에서도 이를 금지하고 있다. 그런데 법률사건 당사자의 소개·알선·유인자가 변호사나 사무직원이 아닌 사람으로부터 금품등을 제공받은 경우에도 위 제1항에 해당될 것인지 문제된다. 사건을 변호사에게 소개한 사람이 해당 사건당사자나 관계인으로부터 금품등을 받거나 받기로 약속 또는 요구할 수도 있다. 제1항은 누구든지 사건소개의 대가로 금품등을 수수하거나 약속 또는 요구하는 행위를 금지하는 것이라서 사건당사자나 관계인으로부터 금품등을 제공받아도 제1항 위반이라고 할 수 있다.

5. 변호사법 제109조 제1호와의 관계

변호사법 제109조(벌칙)다음 각 호의 어느 하나에 해당하는 자는 7년 이하의 징역 또는 5천만원 이하의 벌금에 처한다. 이 경우 벌금과 징역은 병과(併科)할 수 있다.

1. 변호사가 아니면서 금품·향응 또는 그 밖의 이익을 받거나 받을 것을 약속하고 또는 제3자에게 이를 공여하게 하거나 공여하게 할 것을 약속하고 다음 각 목의 사건에 관하여 감정·대리·중재·화해·청탁·법률상담 또는 법률 관계 문서 작성, 그 밖의 법률사무를 취급하거나 이러한 행위를 알선한 자

   가. 소송 사건, 비송 사건, 가사 조정 또는 심판 사건

   나. 행정심판 또는 심사의 청구나 이의신청, 그 밖에 행정기관에 대한 불복신청 사건

   다. 수사기관에서 취급 중인 수사 사건

위하여는 금품 등을 받을 고의를 가지고 법률사건 등을 변호사 또는 그 사무직원에게 소개하는 등의 행위를 한 후 그 대가로 금품 등을 받거나 요구하면 되는 것이고, 위 조항 전단의 위반행위와 달리 반드시 사전에 소개료 등에 관한 약정이 있어야 하는 것은 아니다. 또한, 위 조항의 위반행위가 될 수 있으려면 법률사건 등을 실제 특정 변호사의 사무직원인 자에게 소개하는 경우여야 하지만, 이후 수수되는 금품 등이 그 소개의 대가로 인정되는 이상, 소개된 사무직원이 반드시 금품 등이 수수될 때까지 사무직원으로서의 지위를 유지하고 있어야 하는 것은 아니다(대법원 2009. 5. 14. 2008도4377).

라. 법령에 따라 설치된 조사기관에서 취급 중인 조사 사건
마. 그 밖에 일반의 법률사건
2. 제33조 또는 제34조(제57조, 제58조의16 또는 제58조의30에 따라 준용되는 경우를 포함한다)를 위반한 자

(1) 변호사법 제33조 제1항, 제2항, 제3항은 법률사건·법률사무의 소개·알선·유인의 대가로 금품등을 제공할 수 없도록 한다(제3항은 알선과 명의대여 금지). 반면, 제109조 제1호는 비변호사가 변호사와 같은 행위를 하는 것을 주된 규제 목적으로 한다. 다만, 법률사건·법률사무의 수임을 위한 알선행위도 금지하기 때문에 변호사법 제34조와 겹치는 부분이 생긴다.

(2) 제109조 제1호 "변호사가 아니면서"는 변호사 직무를 수행하는 비변호사를 말한다. 그러나 개별 법률에 근거를 둔 세무사, 공인회계사, 변리사, 법무사, 심판변론인, 행정사, 관세사, 공인노무사, 감정평가사, 건축사, 공인중개사 등과 같은 전문자격사는 일정한 범위에서 법률상담, 법률 관계 문서 작성, 그 밖에 법률사무를 취급할 권한이 있기 때문에 여기서의 '변호사가 아니면서'에 해당되지 않는다.

(3) 그리고 "금품·향응 또는 그 밖의 이익을 받거나 받을 것을 약속하고 또는 제3자에게 이를 공여하게 하거나 공여하게 할 것을 약속하고"는 비변호사가 변호사의 직무를 위법하게 수행하는 목적이다. 만약 비변호사가 이런 금품등을 전혀 받거나 약속하지 않고서 법률상담 또는 법률 관계 문서 작성과 같은 법률사무를 취급하더라도 여기에 해당되지 않고 처벌되지도 않는다. 그러나 변호사가 아니면서 … 이익을 얻을 목적으로 법률 상담이나 그 밖의 법률사무를 취급하는 뜻을 표시 또는 기재한 자는 3년 이하의 징역 또는 2천만원 이하의 벌금에 처한다(변호사법 112(3)).

(4) "다음 각 목의 사건에 관하여"는 아래와 같은 내용의 사건을 말하는 것으로 변호사가 그 직무사항으로 하는 모든 범위를 포괄하고 있다.

가. 소송 사건, 비송 사건, 가사 조정 또는 심판 사건
나. 행정심판 또는 심사의 청구나 이의신청, 그 밖에 행정기관에 대한 불복신청 사건
다. 수사기관에서 취급 중인 수사 사건
라. 법령에 따라 설치된 조사기관에서 취급 중인 조사 사건
마. 그 밖에 일반의 법률사건

(5) "감정·대리·중재·화해·청탁·법률상담 또는 법률 관계 문서 작성, 그 밖의 법률사무를 취급"의 개념과 그 내용은 변호사법 제109조 제1호를 설명하는 부분에서 상세하게 설명하기로 한다. 비변호사가 위 각 목의 사건(법률사건·법률사무로 통칭할 수 있음)에 대하여 직

접 감정이나 대리를 하거나 법률상담 등과 같은 행위를 하는 것을 말한다. 물론 변호사가 감정·중재와 같은 행위를 직접 하는 것은 아니지만, 위 각 행위는 변호사의 직무 범위에 해당된다. 비변호사가 금품등을 취득하고 변호사의 직무를 수행하는 것은 변호사제도를 훼손하여 국가가 인정하는 전문자격사제도까지도 붕괴시키는 것이라서 변호사법상 가장 무거운 법정형(7년 이하의 징역)을 정하고 있다. 비변호사의 이런 행위는 변호사의 조력을 받아야 하는 국민의 기본권이 침해되지 않도록 하려는 목적도 있다.

(6) "이러한 행위를 알선한 자"에서 '이러한 행위'는 "다음 각 목의 사건에 관하여 감정·대리·중재·화해·청탁·법률상담 또는 법률 관계 문서 작성, 그 밖의 법률사무를 취급" 하는 것을 말한다. 이런 행위를 적법하게 할 수 있는 사람은 변호사는 물론 개별법률이 정하는 전문자격사들이라고 할 수 있다. 비변호사가 위와 같은 행위를 하도록 변호사에게 알선하는 경우는 바로 여기에 해당된다. 변호사법 제109조 제 1 호는 변호사로 하여금 법률사건·법률사무에 관하여 위와 같은 행위를 하도록 알선하는 것을 처벌하는데, 제34조는 오로지 법률사건·법률사무의 수임에 대하여 알선하는 것과 차이가 있다. 그러나 알선의 내용은 동일하다. 변호사나 그 사무직원은 제109조 제 1 호(제111조 또는 제112조 제 1 호도 포함)에 규정된 자로부터 법률사건이나 법률사무의 수임을 알선받지 못하도록 규정하고 있다(변호사법 34③).

비변호사가 알선을 한다고 할 때 그 대상이 변호사가 아닌 자도 포함되는지 문제된다. 법문에서 알선 대상자를 특정하지 않고 있기 때문에 비변호사에 대한 알선도 포함된다고 할 수 있다. 변호사법 제34조 제 1 항, 제 2 항, 제 3 항은 변호사 외에 비변호사인 사무직원도 포함시키고 있다. 법률사건의 수임을 위한 알선은 사무직원 외에 제 3 자는 포함될 수 없지만, 제109조 제 1 호의 알선에서는 제 3 자도 포함되는 차이가 있다.

(7) 판례는 법률사건의 수임을 위한 알선행위에 대하여 변호사법 34조와 제109조 제 1 호가 중첩적으로 적용되어 동일한 법률에서 하나의 행위에 대하여 2개의 처벌규정이 병존하는 셈이 된다고 한다.[16] 위 사건의 원심 판결은, 변호사법 제90조 제 3 호, 제 2 호, 제27조

---

16 **대법원 2000. 6. 15. 선고 98도3697 전원합의체 판결 [뇌물공여·변호사법위반]**
비변호사인 경찰관, 법원·검찰의 직원 등이 변호사인 피고인에게 소송사건의 대리를 알선하고 그 대가로 금품을 받은 행위가 구 변호사법 제90조 제 2 호 후단 소정의 알선에 해당하는지 여부(적극) 및 변호사인 피고인이 그러한 사정을 알면서 비변호사들로부터 법률사건의 수임을 알선받은 경우, 같은 법 제90조 제 3 호, 제27조 제 2 항, 제90조 제 2 호 위반죄의 성립 여부(적극)
[다수의견] 구 변호사법(2000. 1. 28. 법률 제6207호로 전문 개정되기 전의 것) 제90조 제 2 호 후단에서 말하는 알선이라 함은 법률사건의 당사자와 그 사건에 관하여 대리 등의 법률사무를 취급하는 상대방 사이에서 양자간에 법률사건이나 법률사무에 관한 위임계약 등의 체결을 중개하거나 그 편의를 도모하는 행위를 말하고, 따라서 현실적으로 위임계약 등이 성립하지 않아도 무방하며, 그 대가로서의 보수를 알선을 의뢰하는 자뿐만 아니라 그 상대방 또는 쌍방으로부터 지급받는 경우도 포함하고, 비변호사가 법률사건의 대리를 다른 비변호사에게 알선하는 경우는 물론 변호사에게 알선하는 경우도 이에 해당하는바 이러

한 법리는 변호사에게 법률사건의 수임을 알선하고 그 대가로 금품을 받는 행위에 대하여 같은 법 제90조 제3호, 제27조 제1항에서 따로 처벌하고 있다고 하여 달리 볼 것도 아니므로, 비변호사인 경찰관, 법원·검찰의 직원 등이 변호사인 피고인에게 소송사건의 대리를 알선하고 그 대가로 금품을 받은 행위는 같은 법 제90조 제2호 후단 소정의 알선에 해당하고, 따라서 변호사인 피고인이 그러한 사정을 알면서 비변호사들로부터 법률사건의 수임을 알선받은 행위는 같은 법 제90조 제3호, 제27조 제2항, 제90조 제2호 위반죄를 구성한다.

[다수의견에 대한 보충의견] 1993. 3. 10. 법률 제4544호로 개정된 구 변호사법(2000. 1. 28. 법률 제6207호로 전문 개정되기 전의 것)에 제27조 제1항이 신설되고 그 위반행위를 같은 법 제90조 제3호에서 따로 처벌하고 있다고 하더라도 이를 들어 같은 법 제90조 제2호 후단에서 말하는 알선의 의미를 종전과 달리 보아 여기에는 비변호사에 대한 법률사건의 알선만이 해당되고, 변호사에 대한 법률사건의 알선에 대하여는 같은 법 제27조 제1항만이 적용되어야 한다고 해석할 근거가 된다고 볼 수는 없고, 구 변호사법 제90조 제2호와 같은 법 제27조 제2항의 문언과 입법취지, 같은 법 제27조 제1항을 신설한 취지 등을 종합해 보면, 같은 법 제90조 제2호 후단의 알선이라 함은 법률사건의 당사자와 그 대리 등의 법률사무를 취급하는 상대방 사이에서 양자간에 법률사건이나 법률사무에 관한 위임계약 등의 체결을 중개하거나 그 편의를 도모하는 행위를 말하는 것으로서 비변호사가 법률사건의 대리를 다른 비변호사에게 알선하는 경우는 물론 변호사에게 알선하는 경우도 이에 해당한다고 해석함에 아무런 무리가 없으며, 그 의미와 내용이 불명확한 것도 아니어서 이러한 해석이 죄형법정주의의 원칙에 위배된다고 할 수도 없다. **결국 변호사 아닌 자가 금품을 수수하고 변호사에게 법률사건을 알선하는 행위에 대하여 같은 법 제90조 제2호와 같은 법 제90조 제3호, 제27조 제1항이 중첩적으로 적용되어 동일한 법률에서 하나의 행위에 대하여 2개의 처벌규정이 병존하는 셈이고, 이를 법조경합의 특별관계 또는 상상적 경합관계로 볼 것은 아니라고 생각되는바, 이는 변호사에 대한 법률사건의 알선을 포괄적으로 금지하는 제27조 제1항을 신설하면서 그 적용 범위의 일부가 기존의 제90조 제2호 후단과 중복됨에도 이를 배려하지 않은 부적절한 입법에서 비롯된 것이라고 볼 수밖에 없다.**

[반대의견] 구 변호사법(2000. 1. 28. 법률 제6207호로 전문 개정되기 전의 것) 제90조 제2호 후단의 알선의 대상에 변호사를 포함시키는 데에 찬성하기 어려운바, 그 이유는, 첫째, 법규정의 문언이나 조문의 배열, 형식 등에 비추어 볼 때 변호사의 고유업무인 <u>법률사건 등의 알선을 금지하는 규정으로는 같은 법 제27조 제1항과 제90조 제2호 후단의 규정이 있는데 전자는 정규 변호사에 대하여 알선하는 행위를 금지하는 것인 반면 후자는 변호사가 아닌 자에 대하여 알선하는 행위를 금지하는 것으로 보이는데</u>, 이와 달리 <u>제90조 제2호 후단의 '알선'의 개념에 '변호사에 대한 알선'까지도 포함되는 것으로 해석하면 변호사에게 사건을 알선한 경우에는 제90조 제2호와 제27조 제1항의 2개의 조문에 위반되게 되어 처벌규정이 2중으로 존재하게 되는 셈이 되고</u>, 이 경우 위 2개의 처벌조항의 관계를 어떻게 볼 것인지(상상적 경합관계인지, 특별관계인지, 그냥 중첩적 관계인지)가 문제가 되는데 어느 견해에 의하여도 그 관계가 제대로 설명이 되지 않으며, 그래서 입법상의 실수라거나 부적절한 입법으로 보는 견해까지 나오고 있지만 이것을 반드시 실수 등으로 돌릴 수 있는지도 의문이며, 둘째, 입법취지가 어떠하든 변호사법 전문이 개정되고 제27조 제1항과 같은 새로운 조항이 신설된 이상 위 각 법률조항의 관계를 새롭게 해석하는 것이 적법해석의 정신에 부합하고, 형사사법에 있어 죄형법정주의 또는 엄격해석의 원칙에 비추어 보더라도 **제90조 제2호의 '알선'의 상대방에는 '변호사'는 포함되지 아니한 것으로 해석함이 상당하며,** 셋째, 이와 같이 해석하게 되면 변호사가 변호사법위반 행위를 직·간접으로 조장하는 행위를 규제하려는 입법 취지에 반한다고 하나 그렇다고 하여 필요성의 법리만으로 무리하게 법해석을 하여 처벌할 수는 없다는 것이다.

[반대의견에 대한 보충의견] 변호사가 구 변호사법 제90조 제2호(2000. 1. 28. 법률 제6207호로 전문 개정되기 전의 것)의 '이러한 행위를 알선한 자'로부터 사건 수임을 알선받는다 함은 이 사건의 범행인 알선 전에 이미 알선행위를 한 자로부터 알선받는다는 것을 요건으로 한다는 뜻이고, '이러한 행위'는 '이러한 사건 또는 사무'라는 표현과는 달리 같은 법 제90조 제2호 전문의 행위 즉 '변호사 아닌 자가 대가를 결부시킨 법률사무 취급을 한 행위'를 의미하므로 '이러한 행위를 알선한 자로부터 알선받는다' 함은 '비변호사의 대가를 결부시킨 법률사무의 대리 등 취급행위를 알선한 자로부터 사건 수임을 알선받는다'는 의미로 된다 할 것이며, 나아가 같은 법 제27조 제2항은 '그 정을 알면서' 수임을 알선받는 경우에야 성립하도록 규정하고 있어서 수임을 알선받는 변호사가 위에서 본 같은 법 제90조 제2호 중 전문의 법률사무를 스스로 취급한 행위 또는 후문의 변호사 아닌 자에게 알선행위를 한 자라는 정을 알고 수임 알선을 받은 경우에만 그 구성요건이 충족된다할 것인바, 이 사건에서는 알선자가 위에서 본 사무취급행위 또는

제2항을 위반하였다는 공소사실에 대하여 변호사에게 사건을 알선하고 그로부터 금품을 받는 행위에 대하여 변호사법 제90조 제3호, 제27조 제1항에서 따로 처벌하고 있는 이상, 변호사법(2000. 1. 28. 법률 제6207호로 개정되기 전의 것, 이하 같다) 제90조 제2호에 규정된 '이러한 행위를 알선한 자'의 의미는 변호사 아닌 자가 소송사건의 대리 등 법률사무를 취급하는 경우에 그러한 행위를 할 수 있도록 사건을 알선한 자라는 의미로 풀이하여야 하고 이를 확대 해석하여서는 아니되며, 또한 그렇게 해석하는 것이 비변호사의 법률사무 취급을 금지하는 법조문의 취지에도 부합하고, 따라서 변호사가 비변호사로부터 법률사건의 수임을 알선받고 그 대가로서 금품을 제공하는 행위는 변호사법 제27조 제2항, 제90조 제2호에 포함되지 아니하여 죄가 되지 아니한다는 이유로 무죄를 선고한 제1심판결을 그대로 유지하였다.

이에 대하여 대법원은 비변호사가 법률사건의 대리를 다른 비변호사에게 알선하는 경우는 물론, 변호사에게 알선하는 경우도 이에 해당하는 바, 이러한 법리는 변호사에게 법률사건의 수임을 알선하고 그 대가로 금품을 받는 행위에 대하여 변호사법 제90조 제3호, 제27조 제1항에서 따로 처벌하고 있다고 하여 달리 볼 것도 아니라고 판시하였다.[17]

(8) 법률사건·법률사무의 수임을 금품등을 수수하고 알선하는 행위를 금지하는 변호사법 제34조는 원칙규정이고, 제109조 제1호는 처벌규정이다. 제109조 제1호는 변호사의 직무를 비변호사에게 알선하는 행위까지 처벌하고, 알선행위를 제외하면 비변호사의 변호사 직무수행을 규율하는 것이 주된 목적이기 때문에 변호사법 제34조와 제109조가 동일한 내용은 아니다. 그리고 변호사법 제34조의 알선행위의 유형을 제109조 제1호에서 상세하게 구체화시켜 제시하고 있다는 점에서 처벌법규의 명확화 원칙에도 기여하고 있다. 형벌법규가 불명확하면 예측가능성과 법적 안정선을 침해하는 것이 되기 때문에 형벌법규의 규범적 기능과 보장적 기능을 제대로 발휘할 수 없게 된다.[18] 변호사법 제34조와 제109조 제1호의 법정형에 차이가 있다면 적용하는 데 큰 문제가 발생할 수 있지만, 동일한 법정형을 규정하고 있기 때문에 법 적용상의 문제점도 없다.

6. 위반의 효과

변호사법 제34조 제1항을 위반한 자는 7년 이하의 징역 또는 5천만원 이하의 벌금에 처한다. 이 경우 벌금과 징역은 병과(倂科)할 수 있다(변호사법 109(2)).

그 사무취급의 알선행위를 한 자라는 점이나 피고인이 그러한 정을 알았다는 점에 관한 주장 입증이 없으므로 원심의 판단은 옳다.

17 대법원 2000. 6. 15. 선고 98도3697 전원합의체 판결 [뇌물공여·변호사법위반].

18 김혜정·박미숙·안경옥·원혜욱·이인영, 형법총론 제4판, 27면.

Ⅲ. 변호사·사무직원의 사건수임 소개·알선·유인 대가지급 금지

1. 사건수임 소개·알선·유인료 지급 주체

변호사나 그 사무직원은 법률사건이나 법률사무의 수임에 관하여 소개·알선 또는 유인의 대가로 금품·향응 또는 그 밖의 이익을 제공하거나 제공하기로 약속하여서는 아니 된다(제2항). 제1항에서 누구든지 법률사건이나 법률사무의 수임에 대하여 소개·알선·유인의 대가로 금품등을 주고받는 것을 금지하고 있음에도, 제2항에서 '변호사가 그 사무직원'을 명시하여 해석의 논란이 없도록 하였다. 변호사나 그 사무직원이 비변호사와 결탁하거나 이를 유인·조장할 수 있는 방법으로 사건을 수임하는 것은 변호사의 사명에 부합하지 않고 법률사무 처리의 공공성과 신뢰성을 유지할 수도 없다. 또한 변호사에 의하여 조장될 수 있는 비변호사의 알선행위를 억제함으로써, 비변호사가 법률사건의 수임을 알선하여 경제적 이익을 얻을 목적으로 불필요한 분쟁을 유발하거나 허위, 과장 그 밖의 부정한 방법으로 당사자의 오해를 불러일으키고, 손해를 입히는 등 사회질서를 혼란에 빠뜨릴 수 있는 행위를 저지르는 것을 방지한다. 나아가 알선행위의 대가 제공에 소요되는 부담을 사건 당사자 등에게 지움으로써 법률사무 처리 비용이 부당하게 상승하는 것을 막는다(헌재 2013. 2. 28. 2012헌바62).

2. 소개·알선·유인의 대가로 금품등의 제공과 제공약속 금지

변호사가 자신의 업무에 관한 정보를 제공하고, 국민이 그런 정보를 알고서 필요로 하는 변호사를 선택할 수 있는 문화가 형성되었다면, 사건수임과 관련하여 소개료 등을 지급하는 관행이 정착되지 않았을 것이다. 1973. 1. 25. 개정된 변호사법에서 사건수임에 대한 알선료를 지급할 수 없도록 하는 규정이 신설된 것을 보면, 적어도 그 무렵 소개료·알선료를 지급하는 풍토가 이미 생겼을 것으로 보인다. 변호사의 인원이 대폭 증가하고 수임경쟁이 치열해지면서 사건수임에 금품이 오가는 등으로 공정한 수임질서가 무너지는 현상이라 할 수 있다.

변호사는 어떠한 경우를 막론하고 사건의 소개·알선 또는 유인과 관련하여 소개비, 기타 이와 유사한 금품이나 이익을 제공하지 아니한다(변호사윤리장전 9②). 소개·알선 또는 유인의 개념과 내용은 제1항과 같다. 제공된 이익이나 약속된 이익이 소개·알선 또는 유인의 대가인지 여부는 수임사건의 보수, 사건을 소개한 자와 의뢰인 및 변호사와의 관계, 제공된 이익의 종류와 가액 등을 고려하여 결정된다. 변호사가 사건을 소개한 지인과 함께 일상적인 점심식사를 한다거나, 귀가하라고 택시비 1만원을 교부하였다면 사회상규에 부합되는 금품의 제공으로 볼 수 있어 소개료 지급에 해당된다고 할 수 없을 것이다. 구체적으로 어떤 경우에 대가성이 있는지는 사회통념과 건전한 상식에 따라 구체적·개별적으로 정해질 수밖에 없다. 예컨대 변호사가 비변호사인 경찰관, 법원·검찰의 직원 등으로부터 소송사건의 대리를 알선 받고 그 대가를 비변호사들에게 지급하는 것이 이에 해당된다.[19]

3. 변호사법 제34조 제 3 항과의 관계

변호사나 그 사무직원이 법률사건·법률사무를 알선받으면서 그 대가로 금품등을 제공하거나 제공하기로 약속하지 않더라도 알선받을 수 없는 경우가 있다. 즉, 변호사나 그 사무직원은 제109조 제 1 호, 제111조 또는 제112조 제 1 호에 규정된 자로부터 법률사건이나 법률사무의 수임을 알선받거나 이러한 자에게 자기의 명의를 이용하게 하여서는 아니 된다(변호사법 34③). 따라서 제109조 제 1 호, 제111조 또는 제112조 제 1 호에 규정된 자로부터 법률사건이나 법률사무의 수임을 알선받기만 하면, 이들에게 대가를 지급하거나 지급할 것을 약속하지 않더라도 곧바로 제34조 제 3 항 위반의 죄가 성립하게 된다.[20] 다만, 알선료를 지급하지 않는 사건수임과 관련된 문제는 아래 제 3 항 설명에서 살펴보기로 한다.

4. 본조 위반의 사례

(1) 피고인은 변호사 사무실의 실질적인 운영자인 1심 상피고인과의 간에 고정월급 200,000원 외에 자기가 알선한 소송사건의 착수금 중 3할식을 따로 떼어 받기로 약정하고, 위 사무실의 사무원으로 근무하면서 그 판시와 같이 자기를 찾아온 고객들의 소송사건을 위 변호사에게 대리하도록 알선하고 그 착수금 중 일부를 교부받았다는 것인바, 위와 같은 사실관계에서 피고인의 소위는 변호사 사무원이 정상적인 임무를 수행하고 그 사무실 수입의 다과에 따라 변동되는 보수를 받는 경우와는 달라서 금품을 받거나 받기로 약속하고 소송사건의 대리를 알선한 행위로서 변호사법 제53조, 제48조에 해당하는 행위라고 할 것이며, 이러한 행위를 가르켜 사회상규에 벗어나지 않는 행위라고 할 수 없을 것이다(대법원 1982. 4. 27. 선고 81도2597 판결 [변호사법위반]).

(2) 피고인(변호사)은 2008. 9.경부터 2009.경까지 사이에 법무법인 ○○사무실에서 김○○의 소개에 따라 '교통사고 피해 관련 손해배상청구 사건'을 선임한 후 선임료로 550만원을

19 변호사인 피고인이 소개인들로부터 법률사건의 수임을 알선받으면 그 대가를 지급하는 관행에 편승하여 사례비를 지급하고 비변호사인 소개인들로부터 법률사건의 수임을 알선받은 경우, 소개인들과 사이에 법률사건의 알선에 대한 대가로서의 금품지급에 관한 명시적이거나 적어도 묵시적인 약속이 있었다고 봄이 상당하다고 한 사례(대법원 2002. 3. 15. 2001도970 [변호사법위반·뇌물공여·공갈미수·횡령]).

20 이광수, 변호사법개론, 308면.

받게 되자 위 김○○에게 그 대가로 100만원을 교부한 것을 비롯하여, 그때부터 2012. 6.경까지 별지 범죄일람표(사건 알선) 순번 1 내지 3, 10 내지 14, 16 내지 18, 26, 27기재와 같이 13회에 걸쳐 김○○ 등의 소개에 따라 법률사건을 선임한 후 그 대가로 금품을 제공하거나 제공을 약속하였다(수원지방법원 2013. 11. 15. 2013고합445).

5. 이 조항의 위헌성 여부(헌재 2013. 2. 28. 2012헌바62 구 변호사법 제34조 제2항 등 위헌소원)

(1) 법률사건의 수임에 관하여 알선의 대가로 금품을 제공하거나 이를 약속한 변호사를 형사처벌하는 구 변호사법 제109조 제2호 중 제34조 제2항 부분(이하 '이 사건 법률조항'이라 한다)이 죄형법정주의의 명확성원칙에 위반되는지 여부(소극)

이 사건 법률조항이 규정하는 '법률사건'이란 '법률상의 권리·의무의 발생·변경·소멸에 관한 다툼 또는 의문에 관한 사건'을 의미하고, '알선'이란 법률사건의 당사자와 그 사건에 관하여 대리 등의 법률사무를 취급하는 상대방(변호사 포함) 사이에서 양자 간에 법률사건이나 법률사무에 관한 위임계약 등의 체결을 중개하거나 그 편의를 도모하는 행위를 말하는바, 이 사건 법률조항에 의하여 금지되고, 처벌되는 행위의 의미가 문언상 불분명하다고 할 수 없으므로 이 사건 법률조항은 죄형법정주의의 명확성원칙에 위배되지 않는다.

(2) 이 사건 법률조항이 과잉금지원칙에 위배하여 변호사의 직업수행의 자유를 침해하는지 여부(소극)

이 사건 법률조항은 사건 브로커 등의 알선 행위를 조장할 우려가 큰 변호사의 행위를 금지하고, 이에 위반한 경우 형사처벌하는 것으로서 변호사제도의 특성상 변호사에게 요구되는 윤리성을 담보하고, 비변호사의 법률사무 취급행위를 방지하며, 법률사무 취급의 전문성, 공정성, 신뢰성 등을 확보하고자 하는 것인바, 정당한 목적 달성을 위한 적합한 수단에 해당하고, 불필요한 제한을 규정한 것이라 볼 수 없다. 나아가 이 사건 법률조항으로 인하여 수범자인 변호사가 받는 불이익이란 결국 수임 기회의 제한에 불과하고, 이는 현재의 변호사제도가 변호사에게 법률사무 전반을 독점시키고 있음에 따라 필연적으로 발생하는 규제로서 변호사를 직업으로 선택한 이로서는 당연히 감수하여야 할 부분이다. 따라서 이 사건 법률조항이 과잉금지원칙에 위반하여 변호사의 직업수행의 자유를 침해한다고 볼 수 없다.

6. 소개·알선·유인의 대가로 금품등을 주고 받은 자의 처벌

변호사나 그 사무직원에게 법률사건이나 법률사무의 수임에 관하여 소개·알선·유인의 대가로 금품등을 받은 사람은 변호사법 제34조 제 1 항 위반으로 처벌되며, 사건수임에 관하여 소개·알선·유인의 대가로 금품등을 제공하거나 약속한 변호사나 그 사무직원은 변호사법 제34조 제 2 항 위반으로 처벌된다(변호사법 109(2)). 따라서 누구든지 사건수임과 관련하여 소개와 알선·유인의 대가로 금품을 수수한 사람은 모두 처벌하여 공정한 수임질서를 확립하려고 한다.

Ⅳ. 제109조 제 1 호, 제111조, 제112조 제 1 호에 규정된 자로부터 사건수임과 명의대여 금지

1. 변호사법 제109조 제 1 호, 제111조 또는 제112조 제 1 호에 규정된 자

변호사나 그 사무직원은 제109조 제 1 호, 제111조 또는 제112조 제 1 호에 규정된 자로부터 법률사건이나 법률사무의 수임을 알선받거나 이러한 자에게 자기의 명의를 이용하게 하여서는 아니 된다(제 3 항). 제109조 제 1 호, 제111조 또는 제112조 제 1 호는 변호사가 아니면서 각종 법률사건을 취급하거나 이익을 목적으로 활동하는 것을 금지하고 있다. 즉, ① 변호사가 아니면서 금품·향응 또는 그 밖의 이익을 받거나 받을 것을 약속하고 또는 제 3 자에게 이를 공여하게 하거나 공여하게 할 것을 약속하고 소송 사건 등에 관하여 감정·대리·중재·화해·청탁·법률상담 또는 법률 관계 문서 작성, 그 밖의 법률사무를 취급하거나 이러한 행위를 알선한 자(제109조 제 1 호), ② 공무원이 취급하는 사건 또는 사무에 관하여 청탁 또는 알선을 한다는 명목으로 금품·향응, 그 밖의 이익을 받거나 받을 것을 약속한 자 또는 제 3 자에게 이를 공여하게 하거나 공여하게 할 것을 약속한 자(제111조), ③ 타인의 권리를 양수하거나 양수를 가장하여 소송·조정 또는 화해, 그 밖의 방법으로 그 권리를 실행함을 업(業)으로 한 자(제112조 제 1 호)는 처벌을 받게 된다.

2. 사건수임을 알선받는 행위 금지

변호사나 그 사무직원은 위 각 규정에서 정하는 사항을 위법하게 취급하는 비변호사로부터 법률사건을 알선 받아서는 아니 된다. 소개와 알선은 같은 개념의 용어이기 때문에 사건수임에 관한 소개를 받아서는 안된다는 의미도 포함되어 있다. 그리고 유인은 본조에 규정되어 있지 않기 때문에 변호사법 제34조 제 1 항, 제 2 항을 적용하여야 한다.

변호사나 그 사무직원은 알선하는 자가 위 각 규정에서 정한 자라는 점을 알고 있어야 한다. 1973. 1. 25. 개정된 변호사법도 "변호사는 그 정을 알면서 제48조의 규정에 위반한 자, 제54조[21] 또는 제55조[22]에 규정된 자로부터 사건수임의 주선을 받거나 또는 이러한 자에게 자기의 명의를 이용하게 할 수 없다(제17조 제 4 항)고 하여 '그 정을 알면서'라는 요건을 둔 바 있는데, 지금도 마찬가지로 해석된다. 그러나 현실적으로 변호사가 사건수임과 관련하여 알선을 받을 때 위 각 규정에서 정한 자를 특별한 사정이 없는 한 그에 해당되는지 알기 어려울 수 있다. 따라서 변호사와 알선자와의 관계, 알선받은 사건의 당사자와 알선자와의 관계, 사건의 내용 등을 고려하여 판단해야 한다. 아무튼 변호사가 이들로부터 사건을 알선받아 수임하면 결국 그들과 불법한 업무제휴를 하는 것과 같다. 또한 위 각 규정에 명시된 자는 변호사에 대한 알선 자체가 자신이 하는 위법행위를 수행하는 과정일 수 있기 때문에 이를 금지할 필요가 있다.

3. 알선의 대가로 금품등을 제공해야 하는지 여부

변호사나 그 사무직원이 금지되는 위 각 규정이 명시한 자로부터의 알선을 받을 때 금품등의 제공이나 약속행위가 있어야 하는지 문제된다. 제 3 항 법문에는 알선에 대한 대가의 지급이나 그 약속행위를 요건으로 하지 않기 때문에 무조건 알선을 받는 것이 금지된다고 할 수 있다. 이와 달리 변호사법 제34조 제 1 항, 제 2 항은 금품등의 제공을 전제로 하는 알선행위만 금지하고 있다.

그런데 제109조 제 1 항에 규정된 자는 금품등을 받거나 받기로 약속하고 알선한 자라고 명시되어 있고, 제111조도 알선에 대한 금품등을 받거나 받기로 약속되어 있을 것을 요건으로 한다. 이 각 규정에서 정한 자가 알선 대가를 받지 않고서 변호사나 그 사무직원에게 알선한 경우에는 처벌되지 않는다. 변호사법은 사건수임과 관련하여 금품등을 제공하였거나 제공하기로 약속한 행위만 처벌하는 것이 원칙이다. 그런데 위 각 규정이 정한 자로부터 알선을 받을 때는 금품등의 수수가 전혀 없었더라도 그 위반시에는 변호사법 제109조 제 2 호 위반으로 중한 처벌(7년 이하의 징역 또는 5천만원 이하의 벌금형)을 받게 된다. 물론 죄질이 좋지 않은 자로부터 사건수임 알선을 금지하려는 취지는 이해할 수 있지만, 금품등과 결부된 알선행위만 규제하는 변호사법의 일반원칙에는 부합되지 않는 문제가 있다.

실제로 변호사법 제109조 제 1 호 위반행위자가 변호사의 직무를 전혀 수행하지 않고,

---

21 **第54조** 공무원이 취급하는 사건 또는 사무에 관하여 청탁 또는 알선을 한다는 명목으로 금품·향응 기타 이익을 받거나 받을 것을 약속하고 또는 제 3 자에게 이를 공여하게 하거나 공여하게 할 것을 약속한 자는 3년 이하의 징역에 처한다.

22 **第55조** 상습적으로 제48조의 규정에 위반한 자와 제54조의 죄를 범한 자는 5년 이하의 징역에 처한다.

단순한 사건수임의 알선에 그치는 경우도 있을 수 있다. 이때는 알선료 취득을 목적으로 활동하는 일반적인 사건브로커와 다를 바 없기에 변호사법 제34조 제1항, 제2항의 적용대상으로 할 필요는 있다. 그런데 금픔등의 지급도 없이 알선받은 변호사를 제34조 제3항 위반으로 처벌하는 것은 매우 가혹하다.

이와 달리 변호사법 제109조 제1호 위반행위자가 변호사의 직무까지 수행하는 중에 그 사건수임을 위한 알선을 하려고 하는 것은 금품등의 수수가 없더라도 금지해야 할 필요는 있다. 변호사에 대한 사건수임에 관한 알선행위 자체가 그가 행하는 범죄행위의 실행수단이 될 수 있고, 알선료를 변호사로부터 받지 않을지라도 피해자에게 그 대가를 요구할 가능성이 있기 때문이다. 따라서 위 각 규정에서 정한 자의 위법행위에 동참하지 않는다는 의미에서 금품등의 수수와 상관이 없더라도 알선을 금지하는 것은 타당하다. 결국 변호사법 제34조 제3항은 알선의 대가로 금품등이 오가는 것을 금지하는 제34조 제1항, 제2항의 예외규정이라고 할 수 있다.

4. 제109조 제1호, 제111조, 제112조 제1호에 규정된 자에게 명의대여 금지

(1) 명의대여의 개념과 그 대상

자기 명의를 이용하게 하는 것은 곧 명의대여로 표현할 수 있다. '명의대여'란 다른 사람(제109조 제1호, 제111조 또는 제112조 제1호)에게 변호사의 성명 또는 법률사무소의 명칭을 사용하여 변호사 직무를 행하게 하거나 변호사 자격증을 이용하여 변호사로 행세하면서 법률사무 등과 같은 변호사 업무를 행하려는 것을 알면서도 자격증 자체를 빌려주는 것을 말한다.

변리사법은 명의대여 금지에 대하여 다음과 같이 규정하고 있다. 변리사는 타인에게 자기의 성명이나 상호를 사용하여 변리사업무를 수행하게 하여서는 아니 되며 자격증이나 등록증을 대여하여서는 아니 된다(변리사법 8의3①).

변호사가 명의를 대여하여서는 아니 되는 대상을 '이러한 자에게'로 표현하고 있다. 즉, 제109조 제1호, 제111조 또는 제112조 제1호에 해당하는 자가 이에 해당된다. 「변호사윤리장전」은 사건의 알선을 업으로 하는 자로부터 사건의 소개를 받거나, 이러한 자를 이용하거나, 이러한 자에게 자기의 명의를 이용하게 하는 일체의 행위를 하지 아니한다(제9조 제1항)고 규정하고 있다. 변호사의 명의대여는 비변호사의 변호사의 직무수행 행위를 직·간접으로 조장하는 것이므로 이를 금지함으로써 비변호사의 법률사무 취급행위를 방지하려는 데에 그 입법취지가 있다.

(2) 명의대여의 형태

명의대여는 다양한 형태로 행해질 수 있다. 변호사가 그 명의와 법률사무소를 양도하고 출근도 하지 않을 수 있다. 반면, 명의대여 변호사는 종전 법률사무소에서 여전히 근무할 수 있다. 명의대여를 받은 자 역시 같은 사무소 내에서 독자적으로 사건수임을 하는 형태도 있을 수 있다. 따라서 명의대여 여부는 형식상의 고용관계에 있을지라도 수임을 누구의 계산으로 하는지, 변호사가 사무직원에 대한 실질적인 지배·감독관계가 유지되고 있는지 등을 기준으로 판단해야 한다.[23] 유사한 사례로, 관세사가 외관상으로는 자신이 직접 관세사 업무를 수행하는 형식을 취하고 있으나 실질적으로는 무자격자인 사무장으로 하여금 자신의 명의로 관세사 업무를 수행하도록 한 경우, 관세사법 제12조 소정의 '명의대여 등'에 해당한다(대법원 2000. 1. 18. 99도1519)고 한 사례도 참고할 필요가 있다.[24]

예컨대, 명목은 변호사의 사무원으로 되어 있으나 법률사무소의 운영실태에 있어서는 국가배상사건만을 전담하되 자기계산하에 또는 변호사의 지휘감독을 받음이 없이 독자적으로 사건을 처리하고 변호사에게는 배상결정액의 10%를 명의대여료로 지급하였다면 이는 변호사법 제17조 제 4 항의 "명의"를 이용하게 한 것에 해당한다(대법원 1978. 5. 23. 78도609).[25]

---

23 변호사가 자신의 명의로 개설한 법률사무소 사무직원('비변호사'를 뜻한다. 이하 같다)에게 자신의 명의를 이용하도록 함으로써 변호사법 제109조 제 2 호 위반행위를 하고, 그 사무직원이 변호사의 명의를 이용하여 법률사무를 취급함으로써 변호사법 제109조 제 1 호 위반행위를 하였는지 판단하기 위하여는, 취급한 법률사건의 최초 수임에서 최종 처리에 이르기까지의 전체적인 과정, 법률사건의 종류와 내용, 법률사무의 성격과 처리에 필요한 법률지식의 수준, 법률상담이나 법률문서 작성 등의 업무처리에 대한 변호사의 관여 여부 및 내용·방법·빈도, 사무실의 개설 과정과 사무실의 운영 방식으로서 직원의 채용·관리 및 사무실의 수입금 관리의 주체·방법, 변호사와 사무직원 사이의 인적 관계, 명의 이용의 대가로 지급된 금원의 유무 등 여러 사정을 종합하여, 그 사무직원이 실질적으로 변호사의 지휘·감독을 받지 않고 자신의 책임과 계산으로 법률사무를 취급한 것으로 평가할 수 있는지를 살펴보아야 한다(대법원 2015. 1. 15. 2011도14198 변호사법위반).

24 공인중개사법 제49조 제 1 항 제 7 호가 금지하고 있는 '중개사무소등록증의 대여'라 함은 다른 사람이 그 등록증을 이용하여 공인중개사로 행세하면서 공인중개사의 업무를 행하려는 것을 알면서도 그에게 자격증 자체를 빌려주는 것을 말한다. 따라서 공인중개사가 무자격자로 하여금 그 공인중개사 명의로 개설등록을 마친 중개사무소의 경영에 관여하거나 자금을 투자하고 그로 인한 이익을 분배받도록 하는 경우라도, 공인중개사 자신이 그 중개사무소에서 공인중개사의 업무인 부동산거래 중개행위를 수행하고 무자격자로 하여금 공인중개사의 업무를 수행하도록 하는 것이 아니라면 이를 가리켜 등록증의 대여를 한 것이라고 말할 수 없다. 한편 무자격자가 공인중개사의 업무를 수행하였는지 여부는 외관상 공인중개사가 직접 업무를 수행하는 형식을 취하였는지 여부에 구애됨이 없이 실질적으로 무자격자가 공인중개사의 명의를 사용하여 업무를 수행하였는지 여부에 따라 판단하여야 한다(대법원 2007. 3. 29. 2006도9334; 대법원 2000. 1. 18. 99도1519).

25 변호사가 변호사가 아닌 자들로부터 사무실 임대료(이른바 '자릿세') 명목으로 1인당 매월 약 60만원, 명의대여 수수료 명목으로 1건당 약 8만원 내지 11만원을 지급받는 조건으로 그들로 하여금 변호사의 명의를 이용하여 파산·면책, 개인회생 사건을 처리하도록 하는 것이 이에 해당된다(수원지방법원 2013. 11. 15. 2013고합445).

(3) 명의대여로 인한 법률관계

변호사와 비변호사 간의 명의대여에 따른 명의대여료나 사무실 임대료(자릿세) 지급약정은 무효라고 할 것이다.[26] 그리고 변호사 명의를 대여받은 자의 불법행위로 손해가 발생한 경우 명의대여한 변호사의 책임이 문제된다. 명의대여 받은 자는 변호사의 이름으로 사건을 수임하고 처리할 것이고 사건위임자는 명의자인 변호사와 위임계약을 체결할 것이다. 따라서 명의대여 변호사는 명의를 사용한 자가 업무수행을 함에 있어 고의 또는 과실로 다른 사람에게 손해를 끼쳤다면 명의사용을 허용한 변호사는 민법 제756조에 의하여 그 손해를 배상할 책임이 있다고 할 수 있다.[27]

(4) 명의대여의 처벌

변호사가 제109조 제1호, 제111조 또는 제112조 제1호에 해당하는 자에게 명의를 대여하면 처벌된다(변호사법 109(2), 34③).[28] 명의를 대여 받아 법률사무를 수행한 자는 변호사법 제109조 제1호 위반일 가능성이 크므로 당연히 제재를 받는다. 비변호사는 제109조 제1호, 제111조 또는 제112조 제1호에 해당하는 자는 물론 그 외의 자도 변호사나 법률사무소의 표시나 기재를 해서는 아니 된다. 이를 위반하면 처벌된다(변호사법 112(3)).[29]

V. 비변호사의 변호사 고용·법률사무소 개설 금지

1. 입법취지

1996. 12. 12. 개정된 변호사법에 신설된 제4항은 변호사가 아닌 자의 변호사 고용을

26 건설업면허를 받은 건설업자가 건설업면허 없는 사람에게 건설업면허를 대여하기로 하는 명의대여계약은 구건설업법(1984. 12. 31. 법률 제3765호로 개정되기 전의 것) 제5조, 제6조, 제7조의4 등의 각 규정에 비추어 무효라고 할 것이므로 그 명의대여에 대한 대가로 지급되는 명의대여료의 지급 약정이나 명의대여를 소개한데 대한 대가로 지급되는 소개수수료의 지급 약정은 모두 무효이다(대법원 1988. 12. 27. 86다카2452).

27 명의대여관계의 경우 민법 제756조가 규정하고 있는 사용자책임의 요건으로서의 사용관계가 있느냐 여부는 실제적으로 지휘·감독을 하였느냐의 여부에 관계없이 객관적·규범적으로 보아 사용자가 그 불법행위자를 지휘·감독해야 할 지위에 있었느냐의 여부를 기준으로 결정하여야 할 것이다(대법원 2001. 8. 21. 2001다3658).

28 피고인들은 기본적인 인권을 옹호하고 사회정의를 실현하는 변호사로서의 사명을 망각한 채 고정적인 수익을 목적으로 변호사의 명의를 대여하는 범행을 저질렀고, 그 횟수도 상당한 점, 나아가 피고인 ○○○은 사건 알선 대가로 금품을 제공한 점, 이 사건 범행은 무자격자의 법률사건에 대한 무분별한 개입을 초래할 수 있어 궁극적으로 사법서비스의 소비자인 국민들에게 피해를 주고, 변호사제도의 근간을 훼손하는 범행인 점은 피고인들에게 불리한 정상이다(서울고등법원 2014. 4. 18. 2013노3804).

29 피고인들은 변호사 명의를 빌려 파산·면책, 개인회생 사건 처리를 전문으로 하는 사람들로서, 변호사가 아니면서 금품·향응 또는 그 밖의 이익을 받거나 받을 것을 약속하고 비송사건에 관하여 대리·법률상담 또는 법률관계 문서 작성을 하여서는 아니됨에도 2007. 6.경부터 2013. 4. 18.경까지 변호사 ○○○ 등의 명의를 사용하여 아래와 같이 수임료를 받고 파산·면책, 개인회생 등 사건을 처리하였다(수원지방법원 2013. 9. 27. 2013고합445).

금지하고 있다. 변호사가 아닌 자는 변호사를 고용하여 법률사무소를 개설·운영하여서는 아니 된다(제 4 항). 변호사만이 법률사무소를 개설할 수 있다(변호사법 21①). 법조영역에는 사건수임이나 그 해결을 장담하면서 사법작용이나 수사기관의 신뢰를 훼손하는 위법행위자들이 있다. 법조브로커가 변호사를 고용하여 법률사무소를 개설·운영한다면 그 폐해는 막대할 것이다. 변호사 직무의 공공성 확보는 물론 변호사의 품위유지도 훼손될 가능성이 크고, 의뢰인의 피해 역시 적잖을 것으로 예상된다. 변호사는 공무원이 아님에도 헌법은 국민이 변호사 조력을 받을 기본권을 향유하도록 변호사제도를 보장하고 있다. 그러므로 변호사 아닌 자가 변호사를 고용하여 법률사무소를 영리사업으로 운영하는 것으로 인한 폐해를 방지하기 위하여 이 규정이 신설되었다.

2. 성립요건

(1) 변호사 아닌 자

변호사 아닌 자는 변호사의 자격을 규정한 변호사법 제 4 조에 해당되지 않는 모든 자를 말한다. 변호사 자격이 없는 자연인이나 회사 등의 법인이나 국가기관이 이에 해당된다. 그러나 본조에서 '변호사 아닌 자'는 사건브로커와 같은 사람을 지칭한다. 기업체, 법인, 국가·지방자치단체·공공단체도 변호사 아닌 자에 해당되지만, 이들은 (사내)변호사를 적법하게 고용할 수 있다.

(2) 변호사 아닌 자가 '변호사를 고용'

고용의 개념은 민법과 근로기준법에서 찾을 수 있다. 고용은 당사자 일방이 상대방에 대하여 노무를 제공할 것을 약정하고 상대방이 이에 대하여 보수를 지급할 것을 약정함으로써 그 효력이 생긴다(민법 655). "근로계약"이란 근로자가 사용자에게 근로를 제공하고 사용자는 이에 대하여 임금을 지급하는 것을 목적으로 체결된 계약을 말한다(근로기준법 2(4)). 이런 근로계약은 민법의 고용계약의 범주에 속하는 것이지만, 노동법의 보호대상이 되는 고유한 성질을 갖고 있다.[30]

변호사 아닌 자에게 고용된 변호사는 피용자로서 임금을 수령하는 근로자의 지위에 있다. 근로자는 사용자의 지휘·명령에 복종해야 한다. 따라서 변호사 아닌 자에게 고용된 변호사는 일반근로자와 사용주의 관계와 같이 지배종속관계에 있어야 할 것을 요건으로 한다. 그러나 변호사 아닌 자에게 고용된 형태를 띤 변호사가 수임료의 일정 비율대로 그 수익을 분배하는 내용의 계약을 할 수도 있다. 이 경우에는 고용된 변호사와 변호사 아닌 자의 관계는 지배종속관계가 아닌 동업자 관계일 수도 있다. 이 경우에는 비변호사와의 보수

30 김형배, 노동법 제23판, 44면.

분배를 금지하는 제34조 제 5 항의 위반일 수 있다.

(3) 법률사무소를 개설·운영

여기서 '법률사무소의 개설'이라는 것은 변호사가 자격등록과 개업신고 후 변호사의 직무를 수행하기 위한 물적시설(사무소)과 인적요소(사무직원)를 구비하는 것을 말한다. 법률사무소의 개설명의가 고용된 변호사로 되어 있어야 하는 것은 아니다. 그리고 '법률사무소의 운영'이란 불특정 다수의 의뢰인으로부터 사건을 수임하여 변호사로서의 직무를 계속적으로 수행하는 것을 말한다. 이처럼 고용된 변호사가 법률사무소에서 수임한 사건을 처리하기 때문에 외견상으로는 위법 여부를 알기 어려운 특징이 있다. 법률사무소의 '운영'이라는 개념 속에는 금전적인 이득을 얻는 것이 포함되어 있다. 변호사 아닌 자가 법률사무소를 운영하는 실질적인 의도이다. 법률사무소의 운영은 변호사 아닌 자와 고용된 변호사와 함께할 수도 있다. 고용된 변호사로 하여금 홀로 하게 하는 것도 포함된다.

3. 위반의 효과

변호사를 고용하여 법률사무소를 개설·운영한 변호사 아닌 자는 7년 이하의 징역 또는 5천만원 이하의 벌금에 처한다(변호사법 109(2)). 변호사 아닌 자에게 고용되어 법률사무소를 개설·운영한 변호사는 처벌규정이 없어 공범으로 처벌받지 않는다.[31] 비록 그 변호사가 형사처벌을 받지는 않을지라도 변호사 아닌 자에게 고용되어 법률사무소를 개설·운영해서는 아니 될 의무가 있다. 이를 위반한 변호사는 변호사법 위반과 품위유지의무 위반에 따른 징계책임을 면할 수 없다.

---

31 변호사 아닌 자가 변호사를 고용하여 법률사무소를 개설·운영하는 행위에 있어서는 변호사 아닌 자는 변호사를 고용하고 변호사는 변호사 아닌 자에게 고용된다는 **서로 대향적인 행위의 존재가 반드시 필요하고**, 나아가 변호사 아닌 자에게 고용된 변호사가 고용의 취지에 따라 법률사무소의 개설·운영에 어느 정도 관여할 것도 당연히 예상되는바, 이와 같이 변호사가 변호사 아닌 자에게 고용되어 법률사무소의 개설·운영에 관여하는 행위는 위 범죄가 성립하는 데 당연히 예상될 뿐만 아니라 범죄의 성립에 없어서는 아니 되는 것인데도 **이를 처벌하는 규정이 없는 이상**, 그 입법 취지에 비추어 볼 때 변호사 아닌 자에게 고용되어 법률사무소의 개설·운영에 관여한 변호사의 행위가 일반적인 형법 총칙상의 공모, 교사 또는 방조에 해당된다고 하더라도 변호사를 변호사 아닌 자의 공범으로서 처벌할 수는 없다(대법원 2004. 10. 28. 2004도3994 변호사법위반). 2인 이상의 서로 대향된 행위의 존재를 필요로 하는 대향범에 대하여는 공범에 관한 형법총칙 규정을 적용할 수 없는바, 세무사법은 제22조 제 1 항 제 2 호, 제11조에서 세무사와 세무사였던 자 또는 그 사무직원과 사무직원이었던 자가 그 직무상 지득한 비밀을 누설하는 행위를 처벌하고 있을 뿐 비밀을 누설받는 상대방을 처벌하는 규정이 없고, 세무사의 사무직원이 직무상 지득한 비밀을 누설한 행위와 그로부터 그 비밀을 누설받은 행위는 대향범 관계에 있으므로 이에 공범에 관한 형법총칙 규정을 적용할 수 없다(대법원 2007. 10. 25. 2007도6712).

4. 사내변호사를 고용한 기업이 '법률사무소를 개설·운영'한 것인지 여부

(1) 변호사의 직업의 자유와 제한

1) 변호사는 자신이 원하는 직장을 자유롭게 선택할 수 있는 직장선택의 자유가 있다. 제 4 항은 변호사의 직업의 자유 중 직장선택의 자유에 대한 제한에 해당된다. 직업의 자유 역시 다른 기본권과 마찬가지로 헌법 제37조 제 2 항에 의하여 제한될 수 있다. 이와 같은 제한은 변호사 아닌 전문직업인에게도 인정되고 있다. 의료법은 의사가 아닌 자는 의료기관의 설립이 불허되고, 의사는 의료인이 개설한 의료기관 내에서 의료업을 영위하도록 하고 있다(의료법 33). 법률로써 전문직업인에 대하여 직업의 자유를 제한하는 경우라도 그 제한의 방법이 합리적이어야 하고, 과잉금지의 원칙에 위반되거나 직업의 자유의 본질적인 내용을 침해할 수는 없는 헌법적 한계는 지켜져야 한다.

2) 제 4 항을 문자대로 해석하면 변호사 아닌 자는 변호사를 고용할 수 없다. 그렇게 보면 변호사는 오로지 송무업무에 종사하는 법률사무소나 로펌에만 취업하여야 한다. 그 결과 기업에 취업하는 자는 변호사 자격을 소지한 일반사원의 신분만을 갖게 된다. 이에 관하여 대한변호사협회는 변호사법상 법무법인 등이나 변호사가 아니면 변호사를 고용하여 법률사무에 종사하게 할 수 없으며, 변호사가 법무법인이 아닌 다른 회사에 고용되어 송무사건을 처리하는 것은 원칙적으로 겸직허가의 대상이 되지 아니하며 변호사법에 위반되는 것이라고 밝히고 있다.[32] 그러나 이 견해는 재고되어야 한다. 기업이나 정부기관에 취업한 사내변호사의 송무사건 처리를 제한할 수 있다는 법률은 존재하지 않는다. 그래서 이와 다른 취지의 회신 내용도 찾아볼 수 있다.[33] 대한변호사협회가 변호사는 오로지 변호사나 로펌만이 고용할 수 있다는 논거는 제 4 항이다. 그렇다면 사내변호사를 고용한 기업이 변호사법 제34조 제 4 항의 '변호사 아닌 자'에 해당되는지, 기업내부에서의 법률사무의 수행이 '법률사무소의 개설·운영'에 해당되는지 문제된다.

(2) 기업의 사내변호사 고용의 적법성

1) 변호사는 공공성을 지닌 법률전문직으로서 독립하여 자유롭게 그 직무를 수행한다(변호사법 2). 법조브로커에게 고용된 변호사는 그 직무의 공공성은 물론 독립성과 자유성도 상실하게 될 가능성이 크다. 그 변호사는 임금을 받는 피용자의 지위에서 오로지 고용주의 돈벌이 도구에 불과할 것이다. 그로 인하여 법원과 검찰 등의 신뢰훼손은 물론 의뢰인의 폐

---

32 대한변호사협회 2006. 6. 22. 사내변호사의 역할 및 변호사법 위반 여부에 관한 질의회신.

33 사내변호사라 하더라도 겸직허가를 얻은 경우 소송대리 업무의 수행이 가능하므로, 질의자가 회사 및 회사 직원으로부터 사건을 수임하는 것은 가능한 것으로 사료된다(대한변호사협회 2009. 7. 27. 사내변호사의 회사 사건 수임 가부에 관한 질의회신).

해도 예측하기 어렵지 않다. 이처럼 변호사법 제34조 제 4 항의 '변호사 아닌 자'는 법조브로커와 같은 자를 말한다고 할 수 있다.

2) 변호사가 아니면서 변호사를 고용하여 그 조직의 법무실 등에서 그 조직에서 발생하는 고유한 법률사무를 처리하도록 하는 정부, 공공기관, 비영리단체, 기업, 기타 각종의 조직 또는 단체는 변호사법 제34조 제 4 항의 '변호사 아닌 자'에 해당되지만, 변호사를 고용하여 법률사무소를 개설·운영하지 않기에 제 4 항 위반이 아니다. 기업은 사내변호사를 고용하여 법률사무소를 운영하는 것이 아니다. 대한변협이 변호사를 고용하여 변호사의 업무를 수행할 수 있는 주체는 변호사 또는 법무법인 등{법무법인, 법무법인(유한), 법무조합}에 국한된다고 보는 것은 '법률사무소를 개설·운영'한다는 요건을 간과한 것이다. 만약 기업이 변호사를 고용하여 그 조직의 고유한 법률사무의 처리가 아닌 불특정 다수인으로부터 사건을 수임하여 처리토록 하는 것은 법률사무소를 개설·운영하는 것에 해당된다. 예컨대 특정 대기업이 사내변호사를 고용한 후 그 기업의 법률사무를 처리케 함과 동시에 동일 그룹의 계열사에 해당하는 자동차·건설·증권·전자·보험 등의 여러 회사에서 발생하는 사건에 관한 소송대리를 수행토록 하는 것은 사실상 법률사무소를 개설·운영하는 것에 해당된다.[34] 이 경우에는 변호사법 제34조 제 4 항의 위반으로 허용될 수 없다. 따라서 변호사법 제34조 제 4 항 단서에 '다만, 국가·지방자치단체 및 공공단체와 민간 기업이 사내변호사를 고용한 경우에는 그러하지 아니하다'라는 주의적인 규정을 신설할 필요가 있다.

3) 2014년 개정된 「변호사윤리장전」은 사내변호사의 독립성(제51조)과 충실의무(제52조)에 관한 규정을 신설하였다. 이로써 정부, 공공기관, 비영리단체, 기업, 기타 각종의 조직 또는 단체가 사내변호사를 고용할 수 있는지 여부에 관한 종전의 논란은 끝났다고 할 수 있다. 그러나 사내변호사의 직무수행의 범위와 한계와 관련하여 변호사법(개업변호사의 권리의무 등)과 민사소송법·형사소송법(증언거부권과 압수거부권 등) 등의 법령에서 규정하는 변호사의 직무를 사내변호사에게도 동일하게 적용될 것인지는 신중한 검토가 필요하다. 또한 사내변호사의 겸직허가와 관련된 송무사건의 한계를 규정하고 있는 지방변호사회의 「겸직허가 및 신고규정」은 여전히 문제되고 있다.

4) 개정된 「변호사윤리장전」이 최초로 변호사를 고용할 수 있는 기업 등의 주체를 예시하고, 그 직무상의 의무를 규정하였다는 점에서 사내변호사의 역할과 법적 지위향상에 기여할 것으로 평가된다. 그러나 사내변호사의 독립성과 충실의무를 신설한 「변호사윤리장전」의 규정은 새로운 내용의 창설이 아니라 이미 변호사법이 인정하고 있는 변호사의 일반

34 특허법인에 고용된 변호사가 피용인의 지위에서 특허법인의 고객들의 사건을 수행하는 것 역시 허용되지 아니한다(대한변호사협회 2012. 6. 25. 변호사 겸직관련－특허법인의 변호사 고용문제에 관한 질의회신).

적 지위를 확인한 것이라고 할 수 있다.

VI. 비변호사에 대한 변호사 보수 분배 금지

1. 변호사 아닌 자

(1) 변호사가 아닌 자는 변호사가 아니면 할 수 없는 업무를 통하여 보수나 그 밖의 이익을 분배받아서는 아니 된다(제5항). 변호사가 사건수임의 대가로 보수(수임료)를 받을 수 있기 위해서는 자격등록과 개업신고를 마쳐야 한다. 변호사의 자격소지자가 자격등록도 하지 않을 수도 있고, 자격등록은 마친 후 개업(신고)을 하지 않은 상태일 수 있다. 변호사 자격 소지만으로는 변호사 업무를 수행할 수 없다. 그러므로 '변호사가 아닌 자'는 변호사의 자격이 없는 사인은 물론 그 자격이 있더라도 개업을 하지 않은 자를 말한다. 그러나 본조에서 '변호사가 아닌 자'는 통상 변호사 자격 자체가 없는 자를 말한다. 이 조항은 사건브로커와 같은 자와 동업하는 것을 금지하려는 취지가 있었지만, 오늘날은 법조 관련 직역 전문자격사(세무사, 변리사, 법무사 등)와의 동업도 제약하는 작용을 하고 있다. 변호사 직역 확장 차원에서 이들 전문자격사와의 동업 문제가 논의된 바 있지만, 진척이 되지 않고 있다. 일본 변호사법은 이런 비변호사와 변호사의 업무를 통한 보수 분배 금지규정을 두지 않고 있다.

2. 변호사가 아니면 할 수 없는 업무

(1) 변호사의 직무

'변호사가 아니면 할 수 없는 업무'가 무엇인지 문제된다. '변호사의 업무'라고 하지 않고 '변호사가 아니면 할 수 없는 업무'라고 한 특별한 이유가 있는지, 아니면 '변호사의 업무'라는 의미를 저렇게 표현한 것에 불과한 것인지 의문이다. 만약 '변호사의 업무'라고 하였다면 변호사법 제3조에서 규정하는 소송에 관한 행위 및 행정처분의 청구에 관한 대리행위와 일반 법률사무를 말한다.

(2) 변호사와 법조 관련 직역 전문자격사의 업무 공동수행

이 문제는 제5항 법문상 '변호사가 아닌 자'의 해석과도 관련이 있다. 변호사가 아닌 자 중에서 개별법률에 근거하여 일정한 범위에서 변호사 업무에 해당하는 업무를 수행하는 법조 관련 직역 전문자격사(세무사, 변리사, 법무사, 관세사, 행정사, 공인노무사, 공인중개사, 감정평가사 등)와 그 외의 일반 개인으로 분류할 수 있다. 전문자격사는 법률이 인정하는 범위에서 변호사의 업무에도 해당되는 행정처분의 청구에 관한 대리행위와 일반 법률사무에 해당하는 업무를 적법하게 수행할 수 있다(세무사법 2, 변리사법 2, 법무사법 2, 관세사법 2, 행정사법 2 등).

변호사와 법조 관련 직역 전문자격사의 업무 중에는 상호 중복되어 겹치는 부분이 많다. 전문자격사와의 관계에서 '변호사가 아니면 할 수 없는 업무'는 결국 소송에 관한 행위뿐이다. 다만, 변리사는 특허, 실용신안, 디자인 또는 상표에 관한 사항의 소송대리인이 될 수 있다(변리사법 8). 이처럼 '변호사가 아니면 할 수 없는 업무'인 소송에 관한 행위를 제외하고 다른 업무 분야에서는 경우에 따라 전문자격사와 공동수행도 가능할 수 있다. 예컨대 등기업무는 변호사나 법무사가 할 수 있는데, 변호사와 법무사가 공동으로 동일한 등기사건을 처리하여 그 보수나 이익을 분배한 경우를 상정해 보자. 이때 '변호사가 아닌 자'에 해당하는 법무사를 위 조항 위반으로 7년 이하의 형사처벌(변호사법 109(2))을 할 수 있겠는지 문제된다. 이 사안은 각자 자기 업무를 적법하게 수행한 것에 해당되므로 처벌할 수 없다고 본다.

법무사법 제 3 조 제 1 항은 "법무사가 아닌 자는 제 2 조에 따른 사무를 업(業)으로 하지 못한다"고 하고,[35] 이를 위반할 때는 3년 이하의 징역 또는 500만원 이하의 벌금에 처한다(법무사법 74①). 이 규정에 따라 등기업무를 하는 변호사는 '법무사가 아닌 자'에 해당되지만, 위 규정 위반으로 처벌할 수는 없다. 이런 관점에서 변호사가 세무사나 변리사, 노무사 등의 전문자격사와 개별 법률이 정하는 직무를 공동으로 수행하는 경우에도 마찬가지로 해석해야 한다. 따라서 변호사는 비변호사와 동업이 무조건 금지되어 있다는 통념은 '변호사가 아닌 자'의 신분에 따라 재고되어야 한다.

그동안 대한변호사협회는 변리사·세무사 등록을 한 변호사가 변리사 또는 세무사·공인회계사와 공동사업자로 등록하고 특허변리업무 또는 세무회계업무를 처리하는 것은, 비변호사와의 동업을 통하여 변호사 아닌 자와 그러한 행위로부터 얻어진 수익을 분배하게 되는 것으로 이는 변호사법 제34조 제 5 항에 정면으로 위반되는 것이라고 했다.[36]

---

35 **법무사법 제 2 조(업무)** ① 법무사의 업무는 다른 사람이 위임한 다음 각 호의 사무로 한다.
1. 법원과 검찰청에 제출하는 서류의 작성
2. 법원과 검찰청의 업무에 관련된 서류의 작성
3. 등기나 그 밖에 등록신청에 필요한 서류의 작성
4. 등기·공탁사건(供託事件) 신청의 대리(代理)
5. 「민사집행법」에 따른 경매사건과 「국세징수법」이나 그 밖의 법령에 따른 공매사건(公賣事件)에서의 재산취득에 관한 상담, 매수신청 또는 입찰신청의 대리
6. 「채무자 회생 및 파산에 관한 법률」에 따른 개인의 파산사건 및 개인회생사건 신청의 대리. 다만, 각종 기일에서의 진술의 대리는 제외한다.
7. 제 1 호부터 제 3 호까지의 규정에 따라 작성된 서류의 제출 대행(代行)
8. 제 1 호부터 제 7 호까지의 사무를 처리하기 위하여 필요한 상담·자문 등 부수되는 사무

② 법무사는 제 1 항 제 1 호부터 제 3 호까지의 서류라고 하더라도 다른 법률에 따라 제한되어 있는 것은 작성할 수 없다.

36 그러므로 변호사가 변리사 또는 세무사·공인회계사를 고용하여 특허변리업무 또는 세무회계업무를 하는 것은 무방하나 그들을 공동사업자로 등록하여 사무실을 함께 운영하는 것은 허용되지 않습니다(대한변협 2005. 5. 2. 변리사, 세무사, 공인회계사와의 공동사업 가능 여부 질의회신).

(3) 변호사가 아닌 일반 개인

전문자격사가 아닌 사람은 오로지 자기를 위한 법률행위와 타인을 위한 '무상'의 법률행위만 할 수 있다. 따라서 전문자격사가 아닌 일반 개인은 변호사와 동업하여 보수나 이익을 받는 것이 금지된다. 예컨대 변호사의 명의를 대여받은 사람이 변호사와 공동으로 사건처리를 하여 보수를 분배하는 것도 허용되지 않는다. 또한 사건수임은 사무직원이 전담하고 수임사건의 처리는 변호사가 전담하는 형식의 법률사무소 운영하면서 그 이익을 나누는 행위도 금지된다. 바로 이런 경우가 변호사가 아닌 자에 대한 보수나 이익분배를 금지하는 전형적인 유형이라 할 수 있다.

(4) 업무의 계속성·반복성

변호사가 아닌 자는 변호사가 아니면 할 수 없는 업무를 통하여 보수나 이익을 분배받을 수 없다고 할 때, 그 업무의 처리는 단순한 일회적·단발적인 것에 그치는 것이 아니라 상당한 기간 동안 계속적·반복적이어야 한다. 업무란 사람이 사회생활상의 지위에 의하여 계속하여 행하는 사무를 말한다. 따라서 변호사 아닌 자가 변호사 업무를 통하여 보수나 이익을 분배받을 수 있는 기여를 하기 위해서는 그 업무를 직접 수행하거나 조력하는 관여행위가 상당 기간 지속되어야 한다.

(5) 「변호사윤리장전」 제34조 제 1 항

「변호사윤리장전」은 변호사법 제34조 제 5 항과 달리 규정하고 있다. 즉, 변호사는 변호사 아닌 자와 공동의 사업으로 사건을 수임하거나 보수를 분배하지 아니한다. 외법자문사법에서 달리 정하는 경우에는 그러하지 아니하다(제34조 제 1 항). 변호사는 소송의 목적을 양수하거나, 정당한 보수 이외의 이익분배를 약정하지 아니한다(변호사윤리장전 34②).

외국법자문법률사무소는 자유무역협정 등에 따라 법무부장관이 고시하는 자유무역협정 등의 당사국에 본점사무소가 설립·운영되고 있는 외국법자문법률사무소는 사전에 대한변호사협회에 제34조의3에 따른 공동사건처리 등을 위한 등록("공동사건처리 등을 위한 등록")을 한 경우 제34조 제 2 항에도 불구하고 법률사무소, 법무법인, 법무법인(유한) 또는 법무조합과 국내법사무와 외국법사무가 혼재된 법률사건을 사안별 개별 계약에 따라 공동으로 처리하고 그로부터 얻게 되는 수익을 분배할 수 있다(외국법자문사법 34의2①).[37]

그리고 공동의 사업으로 사건수임을 한다는 요건은 대가의 수수·요구·약속이 관여되지 않는 경우이고, 수임의 주체가 '변호사와 변호사 아닌 자'의 공동일 것을 필요로

---

37 **외국법자문사법 제34조의2 제 1 항에 따른 자유무역협정등의 당사국 [시행 2014. 3. 14.] [법무부고시 제2014-57호, 2014. 3. 14. 제정]**
미국

한다.[38] 변호사 아닌 자와 변호사의 공동의 사업 요건은 상당기간 계속적으로 수임활동을 하거나, 변호사의 업무로 인한 보수를 분배하는 것이다. 변호사법은 행위의 주체가 '변호사가 아닌 자'이고, 「변호사윤리장전」은 '변호사'라는 차이점이 있다. 이는 대한변호사협회는 회원인 '변호사'만을 규율할 수 있을 뿐이라서 그렇다. 법률인 변호사법은 일반 국민도 적용대상으로 할 수 있는 것과 차이점이다. 변호사법은 보수나 그 밖의 이익을 분배받을 것을 요건으로 한다는 점에서, 단순히 공동으로 사건수임 행위에만 관여한 비변호사는 제34조 제 5 항 위반이라 할 수 없다.

3. 보수나 그 밖의 이익 분배금지

(1) 비변호사는 변호사와 변호사의 업무를 수행한 결과 발생하는 보수나 이익을 분배받아서는 아니 된다. 변호사 역시 비변호사와 동업의 대가로 보수나 이익을 분배해서도 안 된다. 여기서 '보수나 그 밖의 이익'은 동업으로 취득한 금전적 가치에 대한 보상을 말한다. 여기서 동업은 민법상 조합으로서의 성격을 갖는다. 비변호사에게 명의를 대여한 후 그 수수료를 받는 행위는 여기의 이익분배에 해당되지 않는다. 만약 동업의 한 내용으로써 명의대여까지 포함된다면 제 3 항과 제 5 항이 중복 적용된다고 할 수 있다.

(2) 보수나 이익의 분배는 동업관계 계속 중에 이뤄져야 하는 것은 아니다. 동업관계의 종료 후에도 그 정산을 위하여 보수분배가 이뤄질 수 있다. 보수나 이익의 분배는 비변호사에 의하여 행하여질 수 있다. 이 경우도 변호사의 보수를 비변호사가 분배받는 것에 해당된다.

(3) 변호사는 비변호사와 변호사의 직무가 아닌 영역에서는 동업할 수 있다. 당연히 보수의 분배도 가능하다. 국가 등을 상대로 하는 손해배상청구소송과 관련하여 사무장이 주민을 상대로 소송위임장을 받아오는 대가로 그에게 수임료의 일부를 지급하는 것은 약속하고 위 소송을 위임받은 것은 제 5 항 위반이다(대법원 2007. 12. 13. 2007두21662). 그러나 변호사가 비변호사와 공동으로 사무실을 사용하면서 이익을 분배하는 동업형태를 취하지 않는다면 허용된다. 다만, 두 사무소의 업무가 긴밀하게 연결되어 있음을 암시하는 간판을 게시하는 것은 동업관계로 오인될 수 있기에 허용되지 않는다.

4. 위반의 효과

(1) 사법상 효과

1) 변호사가 한 비변호사와의 동업 약정은 유효한지 문제된다. 동업과 보수분배 약정

---

38 이광수, 변호사법개론, 330면.

의 이행을 두고 야기되는 문제이기도 하다. 이에 관하여 하급심 판결은 무효라고 한다. 즉, 제 5 항은 강력한 처벌규정을 동반하는 강행법규로 되어 있는 점, 위의 규정을 위반하여 변호사가 아닌 자가 변호사가 아니면 할 수 없는 업무에 대하여 보수를 받기로 약정한 경우 그 사법상 효력이 유효하다고 한다면, 강행규정인 변호사법 제109조 제 1 호 내지 제111조의 입법 취지를 잠탈하는 결과를 초래하게 되는 점, 변호사법 제34조 위반행위는 변호사 자격을 가진 자만이 법률사무를 취급할 수 있다는 사회질서에 반하고 변호사법의 입법목적을 중대하게 침해하는 결과를 초래하게 되는 점 등을 고려할 때, 변호사법 제34조 제 5 항에 위반된 약정은 그 사법상 효력 역시 무효라고 보아야 한다(춘천지방법원 2007. 6. 22. 2006가합319). 참고로, 세무사와 세무사 자격이 없는 사람 사이에 이루어진 세무대리의 동업 및 이익분배 약정은 무효이며, 그와 같이 무효인 약정을 종료시키면서 동업으로 인한 경제적 이익을 상호 분배하는 내용의 정산약정의 효력 역시 무효라고 한다.[39]

2) 만약 변호사가 무효인 보수분배 약정에 따라 비변호사에게 보수를 분배했다면 부당이득으로 그 반환을 청구할 수 있는지 문제된다. 보수분배가 불법의 원인으로 제공된 것으로 보면 반환청구는 부정될 것이다(민법 746). 제 5 항에 위반된 약정은 민법상 선량한 풍속 기타 사회질서에 위반된다고 볼 수 있기 때문이다.[40] 그러나 외국법자문사법에 의한 이익분배약정은 유효하므로 당사자는 약정대로 이행할 의무가 있다.

(2) 형사처벌

변호사 아닌 자는 변호사와 변호사 업무를 동업하여 보수나 이익을 분배받으면 7년 이하의 징역 또는 5천만원 이하의 벌금에 처한다(변호사법 109(2)). 이 경우 이익을 분배한 변호사도 처벌되는지 문제된다. 변호사는 비변호사와 동업 결과 나온 보수나 이익을 분배하는 지위에 있을 수 있지만, 제 5 항은 비변호사의 보수나 이익분배 금지규정이므로 변호사는

39 세무사 자격이 없으면서 세무대리를 하는 행위 및 세무사가 다른 사람에게 명의를 대여하는 등의 행위는 형사처벌의 대상이 되는 범죄행위에 해당할 뿐 아니라 거기에 따를 수 있는 국민의 재산권과 정부의 재정 수입에 대한 악영향에 비추어 사회통념상 쉽게 용인되기 어렵고, 위와 같은 위반행위에 대하여 단순히 형사처벌하는 것만으로는 세무사제도를 확립하여 세무행정의 원활과 납세의무의 적정한 이행을 도모할 목적으로 제정된 세무사법이 실효를 거둘 수 없어 그 위반행위로 인한 경제적 이익이 귀속되는 것을 근본적으로 방지하여야 할 필요가 있는 점 등을 종합적으로 고려하면, 위 각 규정은 세무사 자격이 없는 사람이 세무대리를 하는 경우에 초래될 세무행정의 원활과 납세의무의 적정한 이행상의 중대한 위험을 방지하기 위한 강행법규에 해당한다. 따라서 이를 위반하여 세무사와 세무사 자격이 없는 사람 사이에 이루어진 세무대리의 동업 및 이익분배 약정은 무효이고, 나아가 그와 같이 무효인 약정을 종료시키면서 기왕의 출자금의 단순한 반환을 넘어 동업으로 인한 경제적 이익을 상호 분배하는 내용의 정산약정을 하였다면 이 또한 강행법규인 위 각 규정의 입법 취지를 몰각시키는 것으로서 무효이다(대법원 2015. 4. 9. 2013다35788 약정금).

40 부당이득의 반환청구가 금지되는 사유로 민법 제746조가 규정하는 불법원인이라 함은 그 원인되는 행위가 선량한 풍속 기타 사회질서에 위반하는 경우를 말하는 것으로서, 법률의 금지에 위반하는 경우라 할지라도 그것이 선량한 풍속 기타 사회질서에 위반하지 않는 경우에는 이에 해당하지 않는다(대법원 2003. 11. 27. 2003다41722 소유권이전등기).

공범으로 처벌되지 않는다. 변호사가 비변호사와 동업약정을 하고 변호사의 명의까지 자유롭게 이용하도록 했다면 경합범 관계에 있다.

(3) 징계책임

변호사가 비변호사에게 변호사가 아니면 할 수 없는 업무를 통하여 생긴 보수나 그 밖의 이익을 분배하면 징계처분을 받는다.[41] 그리고 변호사는 변호사 아닌 자와 공동의 사업으로 사건을 수임한 경우에도 징계처분을 받을 수 있다.

41 징계혐의 변호사가 비변호사 ○○○와 법률사무소를 공동으로 운영하면서 법률사무소를 통한 이익이나 보수를 분배한 징계사실로 정직 6월을 한 사례(2008년 변징 제11호 이의신청; 징계사례집[제5집], 79면).

第35조 사건 유치 목적의 출입금지 등

제35조(사건 유치 목적의 출입금지 등)
변호사나 그 사무직원은 법률사건이나 법률사무를 유상으로 유치할 목적으로 법원·수사기관·교정기관 및 병원에 출입하거나 다른 사람을 파견하거나 출입 또는 주재하게 하여서는 아니 된다.

Ⅰ. 연 혁

2000. 1. 28. 개정된 변호사법은 법조비리를 척결하고 법조풍토를 쇄신하기 위하여 비리행위로 퇴직한 판사·검사 등에 대한 변호사 등록거부제도, 판사·검사가 자기가 취급하거나 취급하였던 사건 등을 특정 변호사에게 소개하는 행위등을 금지하는 등의 여러 규정을 신설한 바 있다. 그때 사건유치 목적의 법원·수사기관 등의 출입 등을 금지하는 본조 역시 신설되었다.

Ⅱ. 사건 유치 목적의 법원·수사기관·교정기관·병원 출입금지 등

1. 법률사건·법률사무를 유치할 목적

변호사나 그 사무직원은 법률사건이나 법률사무를 유상으로 유치할 목적으로 법원·수사기관·교정기관 및 병원에 출입하거나 다른 사람을 파견하거나 출입 또는 주재하게 하여서는 아니 된다. 변호사나 그 사무직원의 사건유치 활동은 지속적인 법률사무소 운영의 주요한 업무에 해당된다. 여기서 '법률사건이나 법률사무'는 불특정 다수인으로부터 수임하기를 기대하는 사건이나 사무를 말한다. 그리고 '유상으로 유치'한다는 것은 민법상 수임은 원칙적으로 무상이지만, 변호사의 직무는 유상이라는 점을 확인하고 있다. 「변호사윤리장전」은 단순히 '사건을 유치'라고 하여 '유상'이라는 말은 사용하지 않는다. 즉, 변호사는 사건을 유치할 목적으로 법원, 수사기관, 교정기관 및 병원 등에 직접 출입하거나 사무원 등으로 하여금 출입하게 하지 아니한다(변호사윤리장전 39). 변호사는 상인의 영업활동과 본질적으로 차이가 있고 고도의 공공성과 윤리성을 갖고 있기에 사건유치 활동을 규제하고 있다.

2. 법원·수사기관·교정기관 및 병원에 출입

변호사나 사무직원은 법원·수사기관·교정기관 및 병원에 임의로 들어가 유상의 사건유치활동을 할 수 없다. 이들 기관에는 재판이나 수사 또는 치료를 받는 당사자나 그 가족들이 있다. 그래서 변호사는 이 같은 사건관계인에게 접근하여 수임의뢰를 요청할 수 있다. 대면을 하지 않더라도 명함을 놓는다거나 광고유인물을 부착하는 행위도 금지된 출입에 해당된다. 다만, 법원이나 수사기관에 국선변호인으로 출입하는 것은 가능하며, 병원 또는 환자의 요청을 받고 출장 상담을 나갈 수 있다. 이런 경우에 변호사나 그 사무직원이 병원을 찾아가 환자나 그 보호자를 만나 명함을 건네고 법률상담을 하는 형식의 광고행위를 하는 것은 적법한 수임활동이라 할 수 있다. 법원·수사기관·교정기관 및 병원의 출입이 비교적 자유로웠던 과거와 달리 시설경비가 강화된 오늘날에는 이런 기관을 자유롭게 출입하면서 수임활동을 하는 것은 한계가 있다.

3. 다른 사람을 파견, 출입 또는 주재

여기서 '다른 사람'은 변호사나 그 사무직원을 제외한 자를 말한다. 변호사가 사무직원을 파견할 수도 있고, 사무직원이 미등록 사무직원을 파견할 수도 있다. 미등록 직원에는 사무직원으로 채용할 수 없는 결격사유가 있는 자를 상정할 수 있다. 피용인과 같은 지위에 있지 않은 자도 이에 해당된다. 여기서 '파견'이란 특정한 사건유치 목적으로 위 기관을 방문하는 것을 말하며, '주재'란 특정 장소에 계속적으로 머무는 것을 말한다.

다른 사람을 파견·출입·주재하도록 하는 주체는 변호사나 사무직원이다. 변호사나 그 사무직원은 출입하는 행위를, 다른 사람은 파견과 출입·주재행위를 금지하고 있다. 그러나 변호사가 그 사무직원을 파견·출입·주재하도록 하는 것도 금지된다. 이들을 파견하고 출입 또는 주재하는 행위는 위 기관의 동의나 허가 없이 행하여져야 한다. 「변호사윤리장전」은 예상의뢰인(잠재적 의뢰인)과의 접촉에서도 품위를 유지하도록 하고 있다. 즉, 변호사는 변호사로서의 명예와 품위에 어긋나는 방법으로 예상 의뢰인과 접촉하거나 부당하게 소송을 부추기지 아니한다(변호사윤리장전 19①). 변호사는 사무직원이나 제 3 자가 사건유치를 목적으로 제 1 항의 행위를 하지 않도록 주의한다(변호사윤리장전 19②).

Ⅲ. 위반의 효과

제35조를 위반한 자는 1천만원 이하의 과태료에 처한다(변호사법 117② 1의2). 형사처벌에 관한 규정은 없다. 법원 등에 파견하거나 출입 또는 주재케 한 미등록 사무직원 중에 결격사유 있는 자를 고용한 경우에도 위와 동일한 과태료 제재를 받게 된다(변호사법 117② 1의2). 아울러 징계책임도 지게 된다.

제36조 재판·수사기관 공무원의 사건 소개 금지

> **제36조(재판·수사기관 공무원의 사건 소개 금지)**
> 재판기관이나 수사기관의 소속 공무원은 대통령령으로 정하는 자기가 근무하는 기관에서 취급 중인 법률사건이나 법률사무의 수임에 관하여 당사자 또는 그 밖의 관계인을 특정한 변호사나 그 사무직원에게 소개·알선 또는 유인하여서는 아니 된다. 다만, 사건 당사자나 사무 당사자가 「민법」 제767조에 따른 친족인 경우에는 그러하지 아니하다.

Ⅰ. 연 혁

2000. 1. 28. 개정된 변호사법은 심각한 법조비리를 척결하기 위하여 판사·검사가 자기가 취급하거나 취급하였던 사건 등을 특정 변호사에게 소개하는 행위 등을 금지하는 내용을 신설했다. 아울러 이때 비리행위로 퇴직한 판사·검사 등에 대한 변호사 등록거부제도를 도입하였으며, 변호사업무에 대한 광고허용 등을 통하여 사건브로커가 기생할 수 있는 소지를 제거하고, 비리 변호사에 대한 영구제명제도를 도입하기도 하였다.

Ⅱ. 재판·수사기관 공무원의 자기 기관 사건 소개·알선·유인 금지

1. 재판·수사기관 소속 공무원

재판기관이나 수사기관의 소속 공무원은 대통령령으로 정하는 자기가 근무하는 기관에서 취급 중인 법률사건이나 법률사무의 수임에 관하여 당사자 또는 그 밖의 관계인을 특정한 변호사나 그 사무직원에게 소개·알선 또는 유인하여서는 아니 된다(본문). 여기서 '재판기관'이란 재판업무에 종사하는 각급 법원은 물론 헌법재판소, 군사법원을 말한다. '수사

변호사법은 변호사의 직무를 송무사건을 처리한다는 전통적인 사고에 입각해 있기 때문에 변호인선임서 등의 미제출 변호 금지(제29조의2)에서도 재판과 수사 중인 사건만 규율하고 있다. 아울러 변호사법 제36조 재판·수사기관 공무원의 사건 소개 금지, 제37조 직무취급자 등의 사건 소개 금지에서도 행정처분 등을 행하는 공무원의 사건수임 소개 등에 대해서는 규율하지 않고 있다.

Ⅲ. 사건 당사자가 「민법」상 친족인 경우 예외

다만, 사건 당사자나 사무 당사자가 「민법」 제767조에 따른 친족인 경우에는 그러하지 아니하다(단서). 재판이나 수사기관 소속 공무원은 사건이나 사무 당사자가 민법 제767조 친족인 때에는 자기가 실제 근무한 기관의 사건을 소개나 알선을 할 수 있다.[3] 친족관계에 있는 자가 법률사건의 처리를 위하여 변호사의 조력이 필요하다면서 변호사를 소개시켜 줄 것을 요청할 수 있다. 이처럼 친족으로부터 명시적·묵시적인 요청이 있을 때 변호사를 소개시켜 줄 수 있다. 공무원은 그 법률사건의 해결에 변호사의 조력이 필요하다는 점을 친족에게 설명하고 변호사의 조력을 받을 것을 권유할 수도 있다. 그렇지 않고 공무원이 친족에게 법률사건의 존재를 인지하고 접근하여 특정한 변호사를 적극적으로 소개하거나 유인하는 행위는 금지된다고 해야 한다. 다만, 친족관계가 없더라도 자기가 실제 근무하는 기관이 아닌 다른 기관에서 취급하고 있는 사건에 대하여는 금품 등을 받지 않고 소개나 알선은 가능하다. 물론 그 대가로 금품등을 수수하는 것은 금지된다.

Ⅳ. 위반의 효과

1. 과태료 부과

이를 위반한 재판이나 수사기관 소속 공무원은 1천만원 이하의 과태료를 부과한다(변호사법 117② 1의2). 공무원이 자기 기관의 법률사건을 변호사에게 소개하는 행위에 대한 제재로 지나치게 가볍다. 과태료가 아닌 형벌을 부과하여 보다 엄하게 규율해야 한다. 본조를 위반한 공무원은 징계처분도 받아야 한다.

---

3 **민법 제767조(친족의 정의)** 배우자, 혈족 및 인척을 친족으로 한다.
제768조(혈족의 정의) 자기의 직계존속과 직계비속을 직계혈족이라 하고 자기의 형제자매와 형제자매의 직계비속, 직계존속의 형제자매 및 그 형제자매의 직계비속을 방계혈족이라 한다.
제769조(인척의 계원) 혈족의 배우자, 배우자의 혈족, 배우자의 혈족의 배우자를 인척으로 한다.

2. 변호사의 사건수임 금지

변호사는 법원, 수사기관 등의 공무원으로부터 해당기관의 사건을 소개받지 아니한다(변호사윤리장전 40). 변호사는 재판이나 수사기관 소속 공무원이 소개하는 해당기관(자기가 근무하는 기관) 사건의 수임은 금지된다. 이를 위반하여 사건을 수임한 변호사는 대한변호사협회의 회칙위반으로 징계책임을 진다. 위 「변호사윤리장전」 제40조 법문이 '수사기관 등의 공무원'이라고 하고 있기 때문에 재판이나 수사기관 소속 공무원이 아닌 공무원이 소개하는 사건의 수임도 금지된다고 해야 하는지 문제된다.[4] 변호사법은 재판이나 수사기관 공무원으로 한정하고 있기 때문에 「변호사윤리장전」으로 새로운 수임제한 사유를 추가할 수는 없다. 따라서 변호사는 재판기관이나 수사기관 이외의 공무원이 소개하는 사건은 수임할 수 있다고 할 것이다.

3. 사건수임에 관한 소개·알선·유인의 대가를 받은 경우

재판기관이나 수사기관의 소속 공무원이 자기가 근무하는 기관에서 취급 중인 법률사건이나 법률사무의 수임에 관하여 당사자 또는 그 밖의 관계인을 특정한 변호사나 그 사무직원에게 소개·알선 또는 유인하고 그 대가로 금품등을 받거나 받기로 약속 또는 요구할 수도 있다. 이때는 재판기관이나 수사기관의 소속 공무원은 변호사법 제34조 제1호 위반에 해당되고, 변호사나 그 사무직원은 변호사법 제34조 제2항 위반에 해당되기 때문에 모두 형사처벌을 받는다(변호사법 109(2)).

4 지난 2014년 개정된 「변호사윤리장전」에는 조문 내용 중에 "등"이라는 용어를 많이 사용하여 변호사법이 규정하는 내용보다 넓게 해석되도록 하고 있는데, 이는 위임입법의 법리에 위반하는 것이다.

제37조 직무취급자 등의 사건 소개 금지

제37조(직무취급자 등의 사건 소개 금지)

① 재판이나 수사 업무에 종사하는 공무원은 직무상 관련이 있는 법률사건 또는 법률사무의 수임에 관하여 당사자 또는 그 밖의 관계인을 특정한 변호사나 그 사무직원에게 소개·알선 또는 유인하여서는 아니 된다.

② 제 1 항에서 "직무상 관련"이란 다음 각 호의 어느 하나에 해당하는 경우를 말한다.

1. 재판이나 수사 업무에 종사하는 공무원이 직무상 취급하고 있거나 취급한 경우
2. 제 1 호의 공무원이 취급하고 있거나 취급한 사건에 관하여 그 공무원을 지휘·감독하는 경우

Ⅰ. 연 혁

2000. 1. 28. 개정된 변호사법은 여러 법조비리로 사회각계의 비난이 비등함에 따라 법조풍토를 쇄신하기 위한 제도적 장치로 재판이나 수사업무에 종사하는 공무원은 직무상 관련이 있는 사건의 소개 등을 금지하는 규정을 신설하여 오늘에 이르고 있다. 재판 또는 수사 업무에 종사하는 공무원이 특정한 변호사와 유착하여 직무상 관련이 있는 법률사건 또는 법률사무의 수임에 관하여 부당한 영향력을 행사하는 행위를 엄격히 금지함으로써 공정하고 투명한 변호사제도를 확립하고 이에 대한 국민의 신뢰를 보호하려는 취지라 할 수 있다.

Ⅱ. 재판·수사 공무원의 직무상 관련 사건수임 소개·알선·유인 금지

1. 재판·수사 공무원의 직무상 관련이 있는 법률사건·사무

(1) 재판이나 수사 업무에 종사하는 공무원은 직무상 관련이 있는 법률사건 또는 법률사무의 수임에 관하여 당사자 또는 그 밖의 관계인을 특정한 변호사나 그 사무직원에게 소개·알선 또는 유인하여서는 아니 된다(제1항). 재판·수사업무에 종사하는 공무원은 법관이나 검사 또는 각종 수사기관에 소속된 공무원으로 재판이나 수사업무에 직접적으로 종사하는 자를 말한다. 또한 특정 재판부에 소속되어 재판업무에 관여하는 법원공무원, 검찰청의 검사실이나 수사업무에 종사하는 검찰공무원도 포함된다. 특정사건을 수사 중인 「사법경찰관리의 직무를 수행할 자와 그 직무범위에 관한 법률」에 의하여 검사장의 지명에 의한 사법경찰관리도 수사업무에 종사하는 공무원에 해당된다. 공무원 자신이 직무상 취급한 사건을 특정한 변호사에게 소개하는 행위는 공무 자체의 공정성과 적법성에 대한 불신을 갖게 될 수도 있으며, 공무원이 법령상 주어진 권한을 남용할 우려가 크기 때문에 엄격히 금지하고 있다.

(2) 재판·수사 업무에 종사한 공무원의 직무상 관련 사건은 현재 진행 중일 때는 물론 종결된 경우에도 포함된다. 수사 업무에 종사한 공무원이 피의자를 구속한 후 기소를 할 단계에서 특정한 변호사에게 소개할 수 있다. 공무원이 다른 기관으로 전보된 후에 과거에 직무와 관련된 사건을 소개해 주는 것도 금지된다. 공무원은 재판이나 수사를 받는 사람에게 변호사의 조력을 받을 수 있다는 권리를 고지함에 그쳐야 하고, 직접 특정한 변호사를 소개·알선해는 주는 것은 그 공무원이 사건브로커와 같은 역할을 하는 것에 해당된다.

(3) 재판이나 수사업무에 종사하는 공무원이 직무를 수행하는 과정에서 발생한 법률사건 또는 법률사무는 재판 또는 수사와 직접적으로 관련된 것이어야 하는 것은 아니다. 경찰관이 단속업무를 수행하는 중에 발생한 영업정지처분이 내려질 사건이나, 민원실에서 민원인과 상담을 하는 중에 알게 된 사건을 특정한 변호사에게 소개하는 행위도 여기에 포함된다.

2. 당사자·관계인을 변호사·사무직원에게 소개·알선 또는 유인

(1) 공무원이 직무와 관련된 사건당사자나 관계인을 특정한 변호사가 그 사무직원에게 소개·알선 또는 유인해서는 안 된다. 여기서 '사건 당사자나 관계인'이 민법 767조의 친족이라도 소개·알선 또는 유인이 금지된다. 이 점은 변호사법 제36조 단서와 차이점이다. 공무원이 사건당사자에게 변호사를 소개해 준 동기는 묻지 않는다. 사건당사자가 변호사 소개를 부탁했더라도 이에 해당된다. 변호사의 소개는 특정한 변호사에 대한 것이어야 한다.

막연히 법률전문가의 도움을 받으라는 취지의 말은 소개가 아니다. 그러므로 구속영장을 청구한 공무원이 피의자의 가족에게 특정한 변호사를 소개해 주고 선임하도록 하는 행위가 전형적인 사례이다.

(2) 그리고 여기서 '소개·알선·유인'이라 함은 변호사법 제34조 제1항에서 설명한 바와 같다. 판례는 '소개·알선'이라 함은 법률사건 또는 법률사무의 당사자 등과 특정한 변호사 또는 그 사무직원 사이에서 서로 상대방을 알게 하는 등의 방법으로 그 법률사건 또는 법률사무에 관한 위임계약의 체결을 주선, 중재하거나 그 편의를 도모하는 행위를 말한다(대법원 2002. 3. 15. 2001도970).

3. 재판·수사기관 이외의 공무원이 직무상 관련 사건을 소개·알선·유인한 경우

변호사가 수임할 법률사건·법률사무는 법원·수사기관에서만 발생하는 것이 아니다. 재판이나 수사기관의 직무가 아닌 행정부나 입법부, 사법부 등의 공무원이 자신의 직무와 관련된 법률사건(영업정지처분, 징계처분 등)을 변호사에게 소개·알선·유인한 때는 본조의 적용대상이 아니다. 만약 그 공무원이 소개료를 받았다면 변호사법으로 처벌할 수 있지만, 그런 금품의 수수가 없었다면 제재할 수 없다. 변호사법이 변호사의 직무를 재판과 수사업무로 한정하고 있기 때문에 비롯되는 문제라 할 수 있다.

변호사는 재판·수사기관 이외의 공무원이 직무상 관련 사건을 소개한 경우 수임할 수 있는지도 문제된다. 변호사는 법원, 수사기관 등의 공무원으로부터 해당기관의 사건을 소개받지 아니한다(변호사윤리장전 40). 여기서 '수사기관 등의 공무원'이라고 하여 재판·수사기관 이외의 공무원도 포함되기 때문에, 변호사는 그 공무원이 소개하는 사건의 수임이 금지되는지 문제된다. 변호사의 수임의 자유를 제한하려면 법률의 근거가 있어야 하고, 대한변호사협회 회칙 중 '규칙'의 성격을 갖는 「변호사윤리장전」에 새로운 수임제한 사유를 추가할 수는 없다. 따라서 변호사는 재판이나 수사업무 외의 업무에 종사하는 공무원이 소개하는 직무상 관련이 있는 법률사건은 수임할 수 있다.

Ⅲ. "직무상 관련" 있는 법률사건 또는 법률사무

제1항에서 "직무상 관련"이란 다음 각 호의 어느 하나에 해당하는 경우를 말한다(제2항).

1. 재판이나 수사 업무에 종사하는 공무원이 직무상 취급하고 있거나 취급한 경우(제 1 호)

(1) 여기서 '직무상 취급하고 있거나 취급한 경우'는 수임제한사유인 변호사법 제31조 제 1 항 제 3 호에서와 동일하다. '직무상 취급하고 있거나'는 현재 직무상 취급하고 있는 것은 물론 곧 취급하게 될 사건으로 특정(배정)되어 있는 경우이다. 현재 및 장래에 취급하게 될 직무를 말한다. '직무상 취급한 경우'는 과거에 이미 취급하였던 직무를 말한다. 직무상 취급자가 사건소개 등을 금지하는 것이므로 현재 근무중인 기관의 사건이어야 할 것은 아니다.

(2) 과연 어느 정도 직무에 관여할 때 직무상 취급이라고 할 것인지는 구체적인 사례를 통하여 결정해야 한다. 여기서도 「변호사 직무에 관한 모범규칙」 Rule 1.12(a)는 전직 판사나 재판관, 중재인이나 그들의 사무관으로서 '직접적이며 실질적으로'(personally and substantially) 관여한 사안을 기준으로 하는 것을 참조할 필요가 있다. 다만, 직무상 취급한 사건을 퇴직 후 변호사로 수임할 수 없다는 점과 직무상 관련 있는 사건을 소개해서는 안 된다는 것과는 다르다. 보다 엄한 규제의 필요성은 직무상 관련자의 사건소개·알선금지라 할 수 있다. 실제로는 직무상 관련 있는 사건과 실제로 수임된 사건과의 연관성도 문제될 수 있다. 예컨대 형사사건을 수사한 공무원이 그 사건의 피해자가 피고인을 상대로 하는 손해배상청구 사건을 알선할 수 있다. 이때도 직무상 관련성을 인정할 수 있을 것이다.

2. 제 1 호의 공무원이 취급하고 있거나 취급한 사건에 관하여 그 공무원을 지휘·감독하는 경우(제 2 호)

직무를 취급한 공무원을 지휘·감독한 자도 그 직무와 관련된 사건의 소개 등이 금지된다. 행정조직법상 상급자로서의 일반적인 직무에 관한 지휘·감독을 말하는 것은 아니다. 특정 직무를 취급한 그 공무원을 실질적·직접적으로 지휘·감독한 직근 상급자를 말한다. 그러므로 법원장이나 검사장은 그 법원·검찰청 소속 법관·검사들의 구체적인 직무를 지휘·감독하는 자는 아니라고 할 수 있다. 다만, 일반적·추상적인 행정조직상의 지휘·감독의 수준을 벗어났다면 직무관련성을 인정할 여지도 있다. 수사관의 상급자가 자신의 지휘를 받아 처리 중인 사건을 소개하거나, 경찰에게 특정사건의 수사지휘를 한 검사가 그 사건의 수임을 알선하는 행위는 여기에 해당된다.

Ⅳ. 위반의 효과

제37조 제1항(제57조, 제58조의16 또는 제58조의30에 따라 준용되는 경우를 포함한다)을 위반한 자는 1년 이하의 징역 또는 1천만원 이하의 벌금에 처한다(변호사법 113(7)). 변호사는 법원, 수사기관 등의 공무원으로부터 해당기관의 사건을 소개받지 아니한다(변호사윤리장전 40). 변호사는 재판이나 수사기관 소속 공무원이 직무상 관련이 있는 법률사건·법률사무를 소개·알선·유인한 경우 그 사건은 수임해서는 아니된다. 이를 위반하여 사건을 수임한 변호사는 대한변호사협회의 회칙위반으로 징계책임을 진다.

만약 변호사가 직무관련 있는 공무원에게 수임에 관하여 소개·알선 또는 유인의 대가로 금품 등의 이익을 제공하거나 제공하기로 약속하면, 7년 이하의 징역 또는 5천만원 이하의 벌금에 처한다(변호사법 109(2), 34②).

제38조 겸직 제한

제38조(겸직 제한)
① 변호사는 보수를 받는 공무원을 겸할 수 없다. 다만, 국회의원이나 지방의회 의원 또는 상시 근무가 필요 없는 공무원이 되거나 공공기관에서 위촉한 업무를 수행하는 경우에는 그러하지 아니하다.
② 변호사는 소속 지방변호사회의 허가 없이 다음 각 호의 행위를 할 수 없다. 다만, 법무법인·법무법인(유한) 또는 법무조합의 구성원이 되거나 소속 변호사가 되는 경우에는 그러하지 아니하다.
1. 상업이나 그 밖에 영리를 목적으로 하는 업무를 경영하거나 이를 경영하는 자의 사용인이 되는 것
2. 영리를 목적으로 하는 법인의 업무집행사원·이사 또는 사용인이 되는 것
③ 변호사가 휴업한 경우에는 제 1 항과 제 2 항을 적용하지 아니한다.

Ⅰ. 연 혁

(1) 1949. 11. 7. 제정된 변호사법은 변호사의 겸직금지와 허가를 받지 않고는 상업 등에 종사할 수 없다는 내용을 규정했다. 즉, 변호사는 보수있는 공무원을 겸할 수 없다. 단, 국회 또는 지방의회의 의원이 되거나 혹은 관공서에서 촉탁한 직무를 행하는 것은 예외로 한다(제18조 제 1 항). 변호사는 소속변호사회의 허가를 받지 않으면 상업 기타 영리를 목적으로 하는 업무를 경영하거나 이것을 경영하는 자의 사용인이 되거나 또는 영리를 목적으로 하는 법인의 업무집행사원, 취체역 또는 사용인이 될 수 없다(제18조 제 2 항). 제 9 조 제 1 항(휴업)의 경우에는 제 1 항과 제 2 항의 규정을 적용하지 아니한다(제18조 제 3 항).

(2) 1973. 1. 25. 개정된 변호사법은 제 1 항 단서를 '국회의원·통일주체국민회의대의원 또는 지방의회의 의원이 되거나 혹은 관공서에서 촉탁한 직무를 행하는 것은 예외로 한다'고 개정하여 겸직제한의 예외로 통일주체국민회의대의원을 추가했다. 아울러 소속 지방변호사회의 허가를 받아야 하는 '취체역'을 '이사'로 변경했다.

(3) 2000. 1. 28. 개정된 변호사법은 위 규정 중 '공무소'를 '공공기관'으로 변경했다.

(4) 2005. 1. 27. 개정된 변호사법은 변호사가 '법무법인·법무법인(유한) 또는 법무조합의 구성원이 되거나 소속변호사가 되는 경우에는 그러하지 아니하다'는 규정(제 2 항 단서)을 신설했다. 그 결과 소속 지방변호사회의 허가 없이 법무법인 등의 구성원 또는 소속 변호사가 될 수 있게 되었다.

Ⅱ. 변호사의 겸직제한과 그 예외

1. 상시 근무가 필요한 공무원의 겸직제한

(1) 변호사는 보수를 받는 공무원을 겸할 수 없다. 다만, 국회의원이나 지방의회 의원 또는 상시 근무가 필요 없는 공무원이 되거나 공공기관에서 위촉한 업무를 수행하는 경우에는 그러하지 아니하다(제 1 항). 겸직제한은 변호사가 그 고유의 직무가 아닌 다른 일에 종사하는 것을 제한하는 것을 말한다. 여기서 '변호사'는 개업 중인 변호사를 말한다. 변호사의 자격만 있거나, 자격등록을 한 후 개업하지 않은 자, 휴업한 변호사는 해당되지 않는다. 이런 제한은 1948년 변호사법을 최초로 제정할 때부터 존재하였다. 그때는 변호사 자격만으로 살아가는데 지장이 전혀 없던 시절이어서였는지, 변호사 본업 외의 일을 하는 것은 극도로 제한하였다. 변호사가 항상 근무를 해야 하는 공무원이 되는 것은 상상할 수 없었기에 겸직을 제한하였다. 변호사가 법률사무소를 운영하면서 관공서로 출근하는 겸직은 물리적으로 불가능하다. 그래서 이런 겸직 제한을 둔 것을 이해할 수 있다.[1]

(2) '보수를 받는 공무원'은 원칙적으로 겸할 수 없다. 보수 없는 공무원은 상정하기 어렵다. 공무원은 국민 전체의 봉사자이지만(국가공무원법 1), 변호사는 특정 의뢰인의 대리인이다. 언뜻 양자의 지위가 병존하기 어렵게 보인다. 그러나 본조 단서에서 많은 예외를 두고 있는 바와 같이 겸직제한의 범위는 정책적인 사항이다.

(3) 현행 겸직제한 규정은 과거 일본 변호사법에 있었던 규정을 참고한 것이다. 일본 변호사법이 변호사의 공직취임 제한을 두었던 것은 변호사는 국민을 위하여 그 직책을 다할 것을 본질로 하는 직업이기 때문에 그 직무가 공정하고 성실하게 수행되기 위해서는 권력행사로부터 거리를 두어야 한다는 점, 겸직에 의하여 변호사의 사무수행에 장애가 발생할 우려가 있으므로 이를 방지하려는 취지였다.[2] 그러나 2003년 개정된 변호사법은 변호사

---

1 정형근, "변호사의 겸직 제한과 법무법인의 겸직허가 문제(헌재 2020. 7. 16. 2018헌바195 변호사법 제38조 제 2 항 등 위헌소원)", 로톡뉴스 2021. 9. 17.자.

2 일본변호사연합회조사실, 조해 변호사법, 235면.

가 보수 있는 공직을 겸할 수 없다는 내용과 그 예외에 관한 규정을 삭제하여 현재는 이런 제한이 존재하지 않는다.

(4) 변호사는 보수를 받으며 상시 근무를 하는 공무원을 겸직할 수 없다. 본조 단서에서 '상시 근무가 필요 없는 공무원'은 변호사가 겸직할 수 있기 때문에 겸직이 제한되는 공무원은 보수를 받으면서 상시 근무를 하는 요건에 해당되어야 한다. 그러나 개업한 변호사가 공무원 신분을 유지하기는 어렵다. 「국가공무원법」도 공무원의 겸직금지 규정을 두고 있다. 즉, 공무원은 공무 외에 영리를 목적으로 하는 업무에 종사하지 못하며 소속 기관장의 허가 없이 다른 직무를 겸할 수 없다(국가공무원법 64①).

(5) 변호사가 정부기관이나 지방자치단체에 사내변호사로 취업하여 상시 근무를 하면서 보수를 받는 것은 허용된다. 사내변호사는 오로지 취업한 정부기관의 구성원의 지위에 있고, 변호사로서 겸직하는 것은 아니기 때문이다.

(6) '겸할 수 없다'는 것은 공무원 신분으로 개업 변호사 지위를 유지할 수 없다는 것이다. 예컨대 지방자치단체장에 당선된 자는 개업 변호사 지위를 겸할 수 없다. 지방자치법은 지방자치단체의 장은 다른 법률이 겸임할 수 없도록 정하는 직을 겸임할 수 없다고 한다(지방자치법 96①). 보수를 받는 공무원은 정규직인지 여부는 묻지 않는다. 보수를 받는 공무원이 되려는 변호사는 휴업신고를 하여야 한다.

2. 변호사의 겸직제한이 적용되지 않는 경우

(1) 다만, 국회의원이나 지방의회 의원 또는 상시 근무가 필요 없는 공무원이 되거나 공공기관에서 위촉한 업무를 수행하는 경우에는 그러하지 아니하다(제 1 항 단서). 이때는 보수를 받는 공무원이라도 예외적으로 겸직이 허용된다. 「변호사윤리장전」 제 6 조 제 1 항은 '법령이 (겸직을) 허용하는 경우'로 표현하고 있다. 변호사법은 '국회의원'은 겸직이 가능한 것으로 되어 있다. 그러나 2013. 8. 13. 개정된 국회법은 의원은 국무총리 또는 국무위원의 직 이외에의 다른 직은 겸할 수 없다(제29조 제 1 항)고 하여 변호사의 겸직도 금지했다.[3][4] 따

3 **국회법 제29조(겸직 금지)** ① 의원은 국무총리 또는 국무위원의 직 이외의 다른 직을 겸할 수 없다. 다만, 다음 각 호의 어느 하나에 해당하는 경우에는 그러하지 아니하다.
1. 공익 목적의 명예직
2. 다른 법률에서 의원이 임명·위촉되도록 정한 직
3. 「정당법」에 따른 정당의 직

4 **개정이유** – 현행 「국회법」상 국회의원은 의원직 이외에 겸직이 포괄적으로 허용되어 있고, 소속 상임위원회 직무와 관련된 영리행위가 아니면 영리업무 종사에 대하여 별도의 금지 규정이 없는데, 이러한 현행 규정이 현직 국회의원에 대한 과도한 특혜로서 의정활동의 공정성과 국회의원의 청렴 의무에 부합하지 않는다는 지적이 있어, 국회의원의 특혜로 인식되어 온 국회의원의 겸직과 영리업무 종사를 엄격히 제한함으로써 정치쇄신에 대한 국민적 요구에 부응하고 국회의원의 의정활동에 대한 국민의 신뢰를 제고하려는 것임.

라서 국회법의 개정에 따라 변호사법도 '국회의원'을 삭제해야 한다.

(2) 변호사는 '지방의회 의원'을 겸직할 수 있다. 「지방자치법」도 지방의회 의원의 겸직 금지를 규정(제35조)하고 있지만, 변호사는 포함시키지 않고 있다. '상시 근무가 필요 없는 공무원'은 공무원법이 정하는 정식채용절차를 거치지 않고 임용된 공무원을 말한다. 예컨대 정부기관의 비상임 위원 또는 시간제계약직 공무원·대학의 시간제강사와 같은 직은 겸직할 수 있다. 변호사는 공무를 수행하면서 알게 된 정부기관의 비밀을 업무처리에 이용해서는 아니 되며(변호사윤리장전 41), 공정을 해할 우려가 있을 때에는 겸직하고 있는 당해 정부기관의 사건을 수임하지 아니한다(변호사윤리장전 42)는 제약이 있다.

(3) 그리고 '공공기관에서 위촉한 업무를 수행하는 경우'에서 공공기관은 변호사의 직무에 관한 변호사법 제 3 조의 국가·지방자치단체와 그 밖의 공공기관을 포괄하는 개념이라 할 수 있다. 변호사는 국가 등의 공공기관의 고문변호사로 위촉받은 사무를 처리할 수 있고, 헌법재판소법에 의한 국선대리인 또는 형사소송법에 의한 국선변호인도 이에 해당된다.

Ⅲ. 지방변호사회의 허가를 받아야 하는 겸직사유

1. 겸직제한의 대상

변호사는 소속 지방변호사회의 허가 없이 다음 각 호의 행위를 할 수 없다. 다만, 법무법인·법무법인(유한) 또는 법무조합의 구성원이 되거나 소속 변호사가 되는 경우에는 그러하지 아니하다(제 2 항). 변호사의 겸직제한은 제 2 항 제 1 호에서 제 2 호 사유에 한정된다. 겸직제한은 변호사의 기본권을 제한하는 것이라서 법률이 정하는 사유에 한정하여야 한다.

변호사가 아래 각호의 직을 겸하기 위해서는 소속 지방변호사회의 허가를 받아야 한다. 지방변호사회의 허가를 받도록 한 것은 동일한 내용을 규정하고 있었던 일본 변호사법의 영향이라 할 수 있다. 현재 겸직허가에 관한 구체적인 사항은 각 지방변호사회가 정하고 있다. 서울지방변호사를 비롯하여 각 지방변호사회는 「겸직허가 및 신고규정」을 제정하여 시행하고 있다. 변호사의 겸직제한이 재판상 문제되는 경우에는 변호사법이 제한하고 있는 사유에 해당하는지를 엄격하게 판단해야 한다. 지방변호사회가 변호사법이 위임하는 구체적인 범위를 초과하는 내용의 겸직제한을 할 수는 없기 때문이다. 부산지방변호사회 회칙에서는 감사로 취임할 때에도 겸직허가를 받도록 하는데,[5] 변호사법상 겸직허가 대상이 아닌 감사를 회칙에 규정한 것은 위헌·위법한 것이다. 지방변호사회가 법령이 위임하는 범위

5 부산지방변호사회의 겸직제한심사규정 제 2 조 제 3 호는 '영리를 목적으로 하는 법인의 업무집행사원 또는 이사(사외이사 포함), 감사가 되고자 할 때'라고 규정하여 감사가 되려는 경우에도 겸직허가 대상으로 하고 있다. 다만, 비영리목적의 감사인 경우에는 겸직허가 제외대상으로 정하고 있다(겸직허가심사규정 3(2)).

를 초과하여 법령의 제한보다 넓은 범위를 설정하여 변호사의 기본권을 제한하는 것은 법률유보의 원칙에 위반된다. 다만, 법무법인·법무법인(유한) 또는 법무조합의 구성원이 되거나 소속 변호사가 되는 경우에는 허가를 받을 필요가 없다. 법무법인 등은 변호사 고유의 직무를 수행하는 사무소이며, 변호사 업무는 영리를 목적으로 하는 상행위가 아니기 때문에 겸직허가를 요구하지 않고 있다.

2. 겸직제한의 대상인 영리행위

(1) 상업이나 그 밖에 영리를 목적으로 하는 업무를 경영하거나 이를 경영하는 자의 사용인이 되는 것(제 1 호)

1) 여기서 '상업'이란 상품을 거래하여 이익을 남기는 행위나 그 직업을 말한다. 상법상 기본적 상행위와 보조적 상행위를 포함한다(상법 46, 47). '그 밖에 영리를 목적으로 하는 업무'란 영리를 목적으로 하는 산업에 종사하는 행위를 말한다. 영리를 목적으로 점포나 공장, 기계 등의 설비를 구비하여 농업, 공업 등의 전통적인 산업은 물론 각종 서비스업을 행하는 것이다. 상업은 영리를 목적으로 하는 업무의 예시이다. 변호사가 「학원의 설립·운영 및 과외교습에 관한 법률」이 정하는 학원에서 과외교습을 하는 행위는 상업이나 영리를 목적으로 하는 업무에 해당되지 않는다.

2) 변호사가 이런 영리목적의 업무를 자기명의로 경영하거나 이를 경영하는 자의 사용인이 될 수 있다. 여기서 '경영하는 자'란 자연인이든 법인이든 권리능력의 유무를 불문한다. 그리고 법인에는 상법상 회사는 물론 민법상 사단법인 등도 해당된다. 법인은 제 2 호의 규율사항이다. 그리고 '사용인'이란 영리를 목적으로 하는 업무를 경영하는 자에 종속되어 대외적인 영리활동을 보조하는 자를 말한다. 상법상 상업사용인에는 지배인(상법 10), 부분적 포괄대리권을 가진 사용인(상법 15), 물건판매점포의 사용인(상법 16)이 있다. 변호사가 상업에 종사하거나 사용인이 될 때는 겸직허가를 받아야 한다. 겸직으로 변호사 업무에 지장이 없더라도 허가를 받아야 한다. 사용인이 된 변호사는 영리를 목적으로 하는 그 업무 자체에 종사해야 한다. 변호사가 사용인이 되어 영리를 위한 업무가 아니라 여전히 변호사의 직무를 행한다면, 그는 사내변호사의 신분을 갖는다고 할 수 있다.

3) 겸직허가로 변호사의 품위를 훼손할 수 있는 업종(대부업 등의 등록 및 금융이용자 보호에 관한 법률상의 고리사채업 등)에 종사할 수는 없다고 해야 한다. 서울지방변호사회의 「겸직허가 및 신고지침」은 허가하지 않을 사유를 특정하고 있다.[6] 겸직허가 때는 변호사직무의 공공

6 **「겸직허가 및 신고지침」 제 5 조(겸직허가의 구체적 기준)** ① 겸직허가신청에 대하여 규정 제 8 조를 기준으로 심사하고 다음 각호에 해당하는 경우에는 허가하지 아니한다.
1. 복수사무소의 설치금지에 위반할 우려가 있는 경우

성을 고려하여야 하며, 그렇지 않을 경우 휴업을 유도하는 것이 바람직하다.

(2) 영리를 목적으로 하는 법인의 업무집행사원·이사 또는 사용인이 되는 것(제 2 호)

1) '영리를 목적으로 하는 법인'인지 여부는 그 법인의 설립근거가 되는 법령을 고려하여 영리적인지 비영리 목적인지 여부를 판단한다. 상법상 회사는 전형적인 영리목적의 법인이다. '회사'란 상행위나 그 밖의 영리를 목적으로 하여 설립한 법인을 말한다(상법 169). 여기서 영리목적은 대외적인 기업활동을 통하여 얻은 이익을 그 구성원에게 분배하는 것을 목적으로 한다. 여기서 영리를 목적으로 하는 법인은 상법상 회사를 포괄하는 넓은 개념이다. 영리를 목적으로 하는 법인의 범위에는 외국법인(대한민국 법인 이외의 것을 말한다)으로 대한민국에 지점, 영업소, 출장소 등 거점을 설치하고 있는 경우를 포함한다(서울지방변호사회 겸직허가 및 신고지침 2③). 한국자산관리공사나 예금보험공사 등과 같은 특수법인 역시 영리를 목적으로 하는 법인이다(대한변협 2005. 9. 27. 질의회신).

2) 그리고 '업무집행사원'이란 각종 법인의 업무집행사원의 지위에 있는 합명회사의 업무집행사원(상법 201조), 합자회사의 업무집행을 하는 권리와 의무가 있는 무한책임사원(상법 273), 유한책임회사의 업무집행자(상법 287의2) 등을 말한다.[7] 반드시 업무집행사원이라는 명칭으로 법령에 규정된 것에 제한되는 것은 아니다. 또한 '이사'는 법인의 의사집행기관인 이사(민법 57), 주식회사의 (대표)이사(상법 382) 등과 같이 법인의 기관을 말한다. 업무집행사원이나 이사는 회사의 기관으로 조직 자체로 볼 수 있다. 그 점에서 법인의 지배·종속관계에 있는 사용인과는 차이가 있다. '사용인'은 등기임원을 제외한 실질적인 지배·종속관계의 고용 관계를 말하고 명칭, 계약형식, 보수의 유무는 불문한다. 회사의 고문변호사는 회사외부에서 의뢰받은 사항을 자문하는 것이므로 사용인에 해당되지 않는다.

3. 세무사·관세사의 겸직제한과 비교

변호사가 다른 전문자격사와 차이가 있는 점은 '공공성을 지닌 법률전문직'(변호사법 2)이다. 변호사와 같이 세무사와 관세사 역시 공공성을 인정하고 있다. 세무사는 공공성을 지닌 세무전문가로서 납세자의 권익을 보호하고 납세의무를 성실하게 이행하게 하는 데에 이바지하는 것을 사명으로 한다(세무사법 1의2). 관세사는 공공성을 지닌 관세 전문가로서 납세자

---

2. 변호사 직위의 부당 이용 우려가 있는 경우
3. 명의대여 우려가 있는 경우
4. 변호사 아닌 자의 변호사업무 행위를 조장할 우려가 있는 경우
5. 기타 변호사법 또는 변호사윤리 위반 우려가 있는 경우
6. 변호사법 제34조에 위반하여 변호사 아닌 자와 제휴·동업하는 것으로 판단될 때
7. 송무업무를 주목적으로 하는 것이 명백한 경우

7 위 「**겸직허가 및 신고지침**」 **제 2 조** ① 「영리를 목적으로 하는 업무」에는 주택임대, 상가임대, 사무실임대, 주차장 임대 등 회원의 자산관리 운용을 위한 것은 허가 대상에서 제외한다.

의 권익을 보호하고 건전한 통관질서의 확립에 기여하는 것을 사명으로 한다(관세사법 1의2).

세무사법에서는 겸임제한과 관련하여 ① 학교·학원 등 교육 분야 출강(전임인 경우는 제외한다), ② 영리법인의 비상근 임원을 겸임할 수 있도록 하고,[8] 관세사법은 ① 학교, 학원 등 교육 분야 출강(전임인 경우는 제외한다), ② 보세화물의 보관업, 하역업, 운송업, 운송주선업 등 통관과 관련한 업무를 겸임할 수 있도록 하고 있다.[9] 세무사법 제16조 제 2 항, 관세사법 제15조 제 2 항에서 예외사유를 특별히 명시하는 것은 오로지 그 사유만이 겸임제한의 예외라고는 할 수 없고, 예외사유를 예시한 것으로 보아야 한다.

그런데 변호사법은 세무사법 제16조 제 2 항, 관세사법 제15조 제 2 항과 같은 사유를 겸임제한의 예외사유로 규정하지 않고 있다. 변호사의 겸직제한에서 세무사와 관세사에게 인정된 위와 같은 사유를 제한해야 할 필요성은 존재하지 않는다. 변호사가 소속 지방변호사회의 허가를 받아야 하는 겸직사유는 변호사법 제38조 제 2 항 사유에 한정되어야 하고, 위 세무사법과 관세사법에서 허용하는 사유는 물론 그 외의 다른 사유는 허가없이 종사할 수 있다. 현행 변호사의 겸직제한에 관한 변호사법 규정은 변호사의 기본권을 침해한다는 위헌성 논란을 피할 수 없다. 변호사법이 시대의 변화에 따라 적응하는 탄력성이 미흡하고, 주기적으로 발생하는 법조비리 사건 때문에 규제일변도의 입장을 유지하다 보니 발생하는 문제점이라 할 수 있다.

4. 변호사의 영리행위를 신고제로 전환한 입법례

(1) 일본은 2003년 개정한 변호사법에서 지방변호사회의 겸직허가를 받도록 하였던 것을 신고제로 변경하였다. 즉, 변호사는 다음 각 호(① 스스로 영리를 목적으로 하는 업무를 영위하려

---

8 **세무사법 제16조(공무원 겸임 또는 영리 업무 종사의 금지)** ① 세무사는 공무원을 겸할 수 없다. 다만, 다음 각 호의 어느 하나에 해당하는 경우에는 그러하지 아니하다.
1. 국회의원이나 지방의회의원이 되는 경우
2. 상시 근무를 할 필요가 없는 공무원이 되는 경우
3. 국가·지방자치단체와 그 밖의 공공기관(이하 "공공기관"이라 한다)에서 위촉한 업무를 수행하는 경우
② 세무사는 다음 각 호의 어느 하나에 해당하는 업무 외에는 영리를 목적으로 업무를 경영하는 자의 사용인이 되거나 영리를 목적으로 하는 법인의 업무집행사원·임원 또는 사용인이 될 수 없다.
1. 학교·학원 등 교육 분야 출강(전임인 경우는 제외한다)
2. 영리법인의 비상근 임원
③ 세무사가 휴업하면 제 1 항과 제 2 항을 적용하지 아니한다.

9 **관세사법 제15조(공무원 겸임 또는 영리업무 종사 금지)** ① 관세사는 공무원을 겸할 수 없다. 다만, 국회의원이나 지방의회의원 또는 상시 근무가 필요하지 아니한 공무원이 되거나 공공기관에서 위촉한 업무를 수행하는 경우에는 그러하지 아니하다.
② 관세사는 다음 각 호의 어느 하나에 해당하는 업무 외에는 영리를 목적으로 업무를 경영하는 자의 사용인이 되거나 영리를 목적으로 하는 법인의 업무집행사원, 상근(常勤) 임원 또는 사용인이 될 수 없다.
1. 학교, 학원 등 교육 분야 출강(전임인 경우는 제외한다)
2. 보세화물의 보관업, 하역업, 운송업, 운송주선업 등 통관과 관련한 업무
③ 관세사가 휴업한 경우에는 제 1 항과 제 2 항을 적용하지 아니한다.

고 할 때 상호 및 해당 업무의 내용, ② 영리를 목적으로 하는 업무를 영위하는 자의 대표이사, 집행역 그 밖의 업무를 집행하는 임원 또는 사용인이 되려고 할 때 그 업무를 영위하는 상호 혹은 명칭 또는 성명, 본점 혹은 주된 사무소의 소재지 또는 주소 및 업무내용 및 대표이사 등이 되려고 할 때는 그 직명)에 게시하는 경우에는 미리 해당 각 호에 정하는 사항을 소속변호사회에 신고해야 한다(제30조 제1항).

(2) 이렇게 신고제로 전환한 이유는 국제화의 진전, 사회정세의 변화, 가치관의 다양화, 전문화되어 가는 시대에 새로운 문제가 발생하고 있어서 법조 수요가 증대하고 변호사의 활동영역의 확대가 요청되었기 때문이다. 변호사가 영리업무에 종사하는 것이 반드시 변호사의 품위와 신용의 저하를 초래하는 것은 아니다. 그리하여 2003년 개정된 변호사법은 공직취임제한 및 영리업무의 사전허가제를 철폐하고 영리업무에 대해서는 영리업무에 종사하는 변호사의 상황을 파악하고 변호사가 윤리연수의 충실, 징계제도의 적절한 운용 등에 의하여 변호사윤리의 준수를 도모하기 위하여 신고제로 변경한 것이다.

5. 겸직제한 규정의 개정 필요성

겸직제한 규정은 변호사 직무에 전념하라는 취지도 있지만, 변호사가 되면 부와 명예를 누릴 수 있었던 시절의 유산이다. 1949년 변호사법을 제정할 당시부터 규정되어 있던 겸직제한 규정은 시대에 변화에 맞게 개정할 필요가 있다. 변호사가 보수를 받으면서 근무하는 공무원으로 취업하는 것은 보편적 현상이라서 이를 금지하는 규정도 개정해야 한다. 그리고 지방변호사회가 겸직허가를 불허할 수 있는 사유나 기준에 대해서는 변호사법에 전혀 규정이 없어서 겸직허가 여부에 대한 자의적인 결정이 내려질 우려가 있어 변호사의 기본권이 침해될 우려도 크다. 따라서 겸직제한에 대한 허가제를 구체적인 사안에 따라 일본과 같이 신고제로 변경하는 것도 검토할 필요가 있다. 법조 관련 직역 전문자격사 중 법무사, 변리사는 겸직제한을 두고 있지 않으며, 직무에 공공성을 인정하는 세무사와 관세사는 상업 외의 업무에 대하여는 겸직제한 예외사유를 두고 있는 것도 고려해야 한다. 변호사법은 규제 중심 규정으로 가득한 데, 특히 겸직제한은 변호사의 직업의 자유를 지나치게 제한하는 역할을 하고 있다.

Ⅳ. 겸직제한을 받지 않은 휴업한 변호사

1. 휴업신고

변호사가 휴업한 경우에는 제1항과 제2항을 적용하지 아니한다(제3항). 개업변호사가 휴업하려면 소속 지방변호사회와 대한변호사협회에 신고하여야 한다(변호사법 16). 휴업

변호사는 겸직제한에 관한 규정을 적용받지 않는다. 따라서 허가 없이 상업에 종사하거나 영리를 목적으로 하는 법인의 업무집행사원·이사 또는 사용인이 될 수 있다. 휴업변호사는 변호사의 직무를 수행할 수 없다. 따라서 휴업신고를 한 변호사가 법학전문대학원 교원으로 재직하면서 리걸클리닉 센터에서 공익활동 차원의 소송도 수행할 수 없다.

2. 휴업변호사의 지위

(1) 변호사법은 휴업변호사의 지위에 관한 별도의 규정을 두지 않고 있다. 대한변호사협회 회칙은 휴업변호사와 개업신고를 하지 않은 변호사를 준회원으로 분류하고 있다(회칙 10①). 준회원은 회원의 권리·의무와 변호사의 지도·감독에 관한 규정을 적용하지 아니한다(회칙 10②). 따라서 준회원은 대한변호사협회의 회원으로서 권리와 의무가 없고, 대한변호사협회 역시 준회원에 대하여 지도·감독할 권한이 없다. 여기서 회원의 권리는 「대한변호사협회 회칙」 제 8 조 '회원의 권리'에서 정하는 임원의 선거권 및 피선거권 등을 말하고, 회원의 의무는 위 회칙 제 9 조 '회원의 의무'가 정하는 특별회비 납부의무 등을 말한다.

(2) 그런데 「대한변호사협회 회칙」 제48조의2는 "이 회에 등록한 변호사, 법인회원에 대한 징계사건을 심의하기 위하여 대한변호사협회 변호사징계위원회를 둔다"라고 규정하고 있다. 징계대상자를 '등록한 변호사'라고 하여 등록 후 휴업한 변호사도 포함시키고 있는데, '등록한 변호사'는 자격등록과 개업신고를 마친 변호사로 한정해야 한다. 변호사에 대한 징계는 대표적인 감독권의 행사인데, 준회원인 휴업한 변호사는 변호사의 지도·감독권을 행사하지 않는다는 위 회칙 제10조 제 2 항과 모순되기 때문이다. 「서울지방변호사회 회칙」 제46조 제 1 항 역시 휴업회원을 징계대상자라고 명시하고 있다.

(3) 그리고 변호사가 휴업한 경우에 겸직제한을 하지 않는다는 것은 휴업변호사가 지방변호사회 허가없이 상업이나 영리활동 등을 하더라도 어떤 제재도 하지 않는다는 것을 말한다. 이런 휴업변호사를 징계대상으로 하는 「대한변호사협회 회칙」 제48조의2 및 「서울지방변호사회 회칙」 제46조 제 1 항은 변호사법을 위반한 회칙이다. 이런 회칙의 개정은 총회의 의결을 거친 후 법무부장관의 인가를 받아 시행된다. 법무부장관이 인가를 하면서 변호사법의 위반 여부를 정확히 검토하지 않기 때문에 초래되는 현상이다.

V. 겸직제한 규정을 준용하지 않는 법무법인·법무법인(유한)·법무조합

1. 법무법인의 영리사업을 위한 겸직허가신청과 거부처분

법무법인·법무법인(유한)·법무조합은 변호사의 겸직제한에 관한 변호사법 제38조를 준용하지 않고 있다. 그런데 성남시에 주사무소를 둔 법무법인이 영리사업을 영위하고자 경기중앙지방변호사회에 변호사법 제38조 제2항에 따른 겸직허가를 신청하였다. 위 지방변호사회는 변호사법 제38조 제2항은 개인 변호사의 겸직 허가의 근거규정으로 법무법인에게는 준용되지 않으므로, 법무법인은 겸직허가의 대상이 되지 않는다는 이유로 그 신청을 반려하였다. 청구인은 반려처분의 취소를 구하는 소송을 제기하고, 소송 계속 중 변호사법 제38조 제2항 및 제57조가 헌법에 위반된다고 주장하며 위헌법률심판제청을 신청하였다. 법원은 2018. 3. 29. 법무법인에 대하여는 변호사법 제38조 제2항이 준용되지 않으므로 청구인에게 겸직허가를 신청할 법규상·조리상 신청권이 인정되지 않는다는 이유로 소 각하 판결을 하고, 같은 날 변호사법 제38조 제2항 및 제57조는 청구인의 기본권을 제한하는 규정이 아니어서 그 위헌 여부가 당해사건 재판의 전제가 되지 않는다는 이유로 청구인의 위헌법률심판제청신청에 대하여 각하 결정을 하였다. 청구인은 2018. 4. 3. 위 각하 결정을 송달받고, 2018. 4. 26. 변호사법 제38조 제2항 및 제57조에 대하여 이 사건 헌법소원심판을 청구하였다.

2. 헌법재판소의 결정

헌법재판소는 법무법인에 대하여 변호사법 제38조 제2항을 준용하지 않고 있는 변호사법 제57조(이하 '심판대상조항'이라 한다)가 법무법인의 영업의 자유를 침해하지 않는다는 결정을 한 바 있다.[10]

심판대상조항은 자연인인 변호사의 영리행위 겸직을 원칙적으로 금지하고 지방변호사회의 허가를 받아 예외적으로 겸직할 수 있도록 한 변호사법 제38조 제2항을 법무법인에 대하여 준용하지 않고 있는데, 이것은 법무법인이 변호사 직무에 속하는 업무를 집중적으로 수행할 수 있도록 하는 한편, 법무법인이 변호사 직무와 구분되는 영리행위는 할 수 없도록 함으로써 법무법인이 단순한 영리추구 기업으로 변질되는 것을 방지하고, 또한 법무법인이 변호사 직무와 영리행위를 함께 수행할 때 발생할 수 있는 양자의 혼입(混入)을 방지하기 위한 것이다. 심판대상조항은 목적의 정당성 및 수단의 적합성이 인정된다.

법무법인이 영리기업으로 변질될지 여부를 영리행위 겸업 허가 당시에 심사하는 것은 매우 어려운 점, 법무법인이 영리기업으로 변질됨에 따라 변호사 직무의 일반적 신뢰 저하나 법률소비자의 불측의 손해가 발생할 수 있고, 그 정도 또한 클 것으로 예상되는 점, 현행 변호사법 규정으로는 영리추구 기업으로 변질된 법무법인에 대한 실질적인 감독·제재가 어려운 점 등을 종합하면, 법무법인이 변호사회 등의 허가를 받아 영리행위를 할 수 있

10 헌재 2020. 7. 16. 2018헌바195 변호사법 제38조 제2항 등 위헌소원.

도록 하는 방법으로는 심판대상조항과 동등한 수준으로 입법목적을 달성할 것으로 보기 어렵다. 또한 법무법인이 영리행위를 겸업할 경우에는 변호사와 달리 '법무법인'의 명칭 사용이 불가피하여 영리행위와 변호사 직무의 구분이 현실적으로 어렵게 되고, 법무법인의 구성원 변호사들은 자신에 대한 겸직허가를 받아 영리행위를 하거나 영리법인을 설립할 수 있으므로, 법무법인의 구성원 변호사의 기본권실현에 특별한 지장이 있다고 보기도 어렵다. 이러한 점들을 종합하면, 심판대상조항이 피해의 최소성 및 법익의 균형성 원칙에 위반된다고 볼 수 없다. 그렇다면 심판대상조항은 과잉금지원칙에 위반되어 법무법인의 영업의 자유를 침해하지 않는다.

Ⅵ. 사내변호사와 겸직제한과의 관계

1. 의 의

변호사가 사내변호사로 취업할 때도 겸직허가를 받아야 하는지 문제된다. 변호사가 개업신고를 한 후 정부나 지방자치단체에 고용되어 공무원이 된 사내변호사는 공무원을 겸직하는 것은 아니다. 그 사내변호사는 오로지 공무에만 전념하게 되며, 공무는 겸직허가 대상인 영리행위에 해당되지 않기 때문이다. 겸직허가제도는 변호사가 변호사의 직무가 아닌 다른 업무를 수행하고자 하는 경우에 이를 허가하는 제도이다(대한변협 2012. 5. 23. 질의회신). 여기서 '변호사의 직무가 아닌 다른 업무를 수행하고자 하는 경우'는 변호사법 제38조 제 2 항 사유로 한정해야 하고, 그 외의 업무까지 겸직이 제한되는 것은 아니다. 그러므로 사내변호사가 영리를 목적으로 하는 자(법인 포함)의 업무집행사원·이사 또는 사용인이 되지 않고 사내에서 변호사 고유의 직무를 수행한다면 겸직허가를 받아야 하는 것은 아니다.

2. 겸직허가 취소사유로서의 사내변호사의 송무사건 제한

(1) 서울지방변호사회를 비롯하여 각 지방변호사회는 「겸직허가 및 신고규정」을 제정·시행 중이다. 서울지방변호사회의 「겸직허가 및 신고규정」에는 겸직허가 취소사유를 두고 있다. 그중 '업무방식, 사건 수 등을 종합적으로 판단하여 송무업무를 주목적으로 겸직하는 것이 명백하다고 판단될 때'를 취소사유로 하고 있다(위 규정 16(5)). 위 규정의 위임을 받아 제정된 「겸직허가 및 신고지침」은 겸직허가 취소기준의 하나로 '겸직허가를 받은 회원이 당해 회사의 송무사건을 연간 10건을 초과하여 수임 또는 처리하였는지 여부'를 명시하고 있다(위 지침 6①).[11] 그러므로 사내변호사가 송무업무를 주목적으로 겸직하는 것이 명

11 부산지방변호사회 역시 "송무업무를 주목적으로 겸직하는 것이 명백하다고 판단될 때"를 겸직허가 취소기

백하면 겸직허가를 취소할 수 있으며, 당해 회사의 송무사건을 연간 10건을 초과하여 수임 또는 처리할 수 없다.

(2) 변호사의 겸직허가는 소속 지방변호사회에 위임되어 있다. 이를 근거로 소속 지방변호사회는 겸직의 내용과 한계에 관한 부관을 부가할 수 있다고 한다.[12] 바로 이런 근거로 서울지방변호사회는 겸직허가 취소사유로 '송무업무를 주목적으로 겸직하는 것이 명백'한 경우를 두고 있다. 그렇다면 보험회사의 경우 빈번하게 발생하는 송무사건을 처리할 사내변호사를 고용할 수 없게 되며, 변호사 역시 그 회사에 취업할 수 없게 된다. 그 결과 보험회사는 변호사의 신속한 조력을 받을 권리에 제한을 받게 되며, 변호사는 직장선택의 자유를 침해받게 된다. 이 같은 제한규정을 둔 사정은 소수의 사내변호사를 고용하여 다수의 사건을 처리하도록 하면, 외부 변호사는 그 보험회사의 사건을 수임할 수 없게 되는 결과를 초래할 수 있다는 우려 때문으로 보인다.

3. 소 결

(1) 사내변호사는 회사와의 관계에서 ① 회사로부터 수임한 소송사건에 관하여 회사의 소송대리인으로서 수행하는 지위, ② 그 외의 법률사무에 관한 회사내부업무를 처리하는 지위로 대별된다.[13] 물론 경영자의 지위에 있을 수도 있다. 그런데 대한변호사협회는 사내변호사의 지위에서는 변호사가 아니면 수행할 수 없는 소송사건 대리인이 되거나 소송사건의 수임과 동일시할 수 있을 정도의 법률자문업무 수행은 허용되지 않는다는 결정을 한 바 있다(대한변협 2012. 5. 23. 질의회신). 이와 달리 변호사는 변호사 또는 법무법인이 아닌 제 3자에게 고용될 수 없음이 원칙이지만, 예외적으로 변호사로 개업신고를 하고 변호사법 제38조에 따라 소속 지방변호사회의 겸직허가를 받아 사내변호사 형태로 직무를 수행할 수는 있으며, 특허법인 피용인의 지위에서 소송사건 등을 수행하는 경우에는 겸직허가에 수반하는 부관의 제한 범위 내에서 당해 특허법인이 당사자인 사건으로 제한된다고 한 사례도 있다.[14]

준으로 정하면서(겸직허가심사규정 16①(5)), "겸직허가를 받은 회원이 당해 회사의 송무사건을 연간 10건을 초과하여 수임 또는 처리하였는지의 여부"를 겸직허가 취소기준으로 하고 있다(겸직허가심사지침 5①(1)).

12 서울지방변호사회의 「겸직허가 및 신고규정」 제9조는 "겸직허가에는 조건 또는 기간 등의 부관을 붙일 수 있다"고 한다. 그렇지만, 부관의 내용은 적법하고 이행가능하여야 하며 비례의 원칙 및 평등의 원칙에 적합하고 행정처분의 본질적 효력을 해하지 아니하는 한도의 것이어야 한다(대법원 1997. 3. 14. 96누16698 판결).

13 대한변호사협회 2006. 6. 22. 사내변호사의 역할 및 변호사법 위반 여부에 관한 질의회신.

14 대한변호사협회 2012. 6. 25. 질의회신; 변호사가 특허법인 소속으로 변리사로서의 업무를 주로 하면서 특허법인으로부터 월급을 받는 형태가 변호사법에 위반되는 것인지 여부에 관한 질의회신이다. 같은 취지의 질의회신으로는, 사내변호사라 하더라도 겸직허가를 얻은 경우 소송대리 업무의 수행이 가능하므로 질의자가 회사 및 회사 직원으로부터 사건을 수임하는 것은 가능한 것으로 사료된다(대한변호사협회 2009. 7. 27. 질의회신).

(2) 그러나 대한변호사협회도 이미 밝힌 바와 같이 겸직허가제도는 변호사가 변호사의 직무가 아닌 다른 업무를 수행하고자 하는 경우에 이를 허가하는 제도이다. 따라서 사내변호사에 대하여 겸직허가를 하면서 소송행위의 범위와 한계를 제한하는 것은 의문이다. 사내변호사의 겸직이 송무업무를 주목적으로 한 경우에 겸직허가를 취소할 수 있다는 규정 역시 겸직허가 제도의 본질에 반하고 법적 근거도 찾기 어렵다. 아울러 사내변호사의 송무사건을 연간 10건으로 제한하는 것 역시 자의적인 제한이다. 이는 결국 소송대리는 사내변호사의 직무사항이 아닌 기업 외부 변호사의 영역으로 두려는 태도이다.

(3) 사내변호사의 송무사건을 제한하는 것은 변호사의 자유와 권리에 대한 제한이다. 이런 규율을 하기 위해서는 법령에서 구체적으로 범위를 정하여 위임을 받아야 한다. 변호사법이나 다른 법령에는 그런 위임규정이 없다. 따라서 사내변호사는 고용된 기업의 송무사건을 건수의 제한 없이 처리할 수 있다고 보아야 한다.

자치규범에서 그보다 상위법령이 예정하고 있는 제한의 정도를 완화하는 것은 허용되지 않지만, 법령의 제한보다 다소 넓은 범주를 설정하여 소속회원들을 기속하는 규정을 두더라도 그러한 제한이 단체의 조직이나 질서유지를 위한 목적의 범위 내에서 합리성이 인정된다면 유효하다는 견해도 있다.[15] 그러나 행정입법은 수권법률 혹은 모법에 근거하여야 하고, 나아가 그 위임의 범위 안에서 제정되어야 하며 모법에 위반되는 사항을 규정할 수는 없다.[16] 대한변호사협회가 법령이 위임하는 범위를 초과하여 법령의 제한보다 넓은 범위를 설정하여 변호사의 기본권을 제한하는 것은 법률유보의 원칙을 위반하여 위헌에 해당된다.

직업 선택의 자유를 제한하는 겸직 제한은 그 자유권의 본질적인 내용을 침해하여서는 아니 되고, 변호사의 공공성을 유지하기 위하여 필요한 최소한의 범위에 그쳐야 한다(서울행정법원 2003. 4. 16. 2002구합32964 겸직불허처분취소). 그런데 대한변호사협회는 겸직허가를 얻은 변호사가 수행할 수 있는 소송대리의 건수 제한의 범위는 소속 지방변호사회의 소관사항이라고 회신한 바 있다.[17] 그러나 사내변호사의 직무제한을 각 지방변호사회가 결정할 수 있다는 것은 잘못된 것이다. 결국 사내변호사의 송무사건의 제한은 변호사법에 규정이 없는 입법의 불비에서 비롯된 것이다. 따라서 변호사가 사내변호사로 취업한 경우에도 겸직허가를 받도록 하는 규정을 신설하여 사내변호사에 관한 지도·감독이 가능하도록 하는 것이 바람직하다. 변호사법 제38조 제 2 항 제 3 호에 "사내변호사가 되는 것"이라는 규정을 신설하여 개업등록과 함께 사내변호사로 겸직허가를 받도록 하는 것이 타당할 것이다. 현행 겸직허

15 이광수, 변호사법개론, 347면.
16 헌재 2012. 5. 31. 2009헌마705 등.
17 대한변호사협회 2012. 5. 23. 질의회신; 사내변호사의 직무수행에 관한 본질적 사항을 지방변호사회의 소관사항이라는 것은 대한변호사협회도 어떤 통일적인 조치를 할 수 있는 법령의 근거가 없다는 것을 말해준다.

가 실무 역시 사내변호사가 되려는 경우 겸직허가를 받고 있으므로 이를 명시하는 것이 필요하다. 아울러 지방변호사회의 규정으로 규율하고 있는 사내변호사의 송무사건처리 제한 규정은 삭제함이 마땅하다 하겠다.

제39조 감 독

제39조(감독)
변호사는 소속 지방변호사회, 대한변호사협회 및 법무부장관의 감독을 받는다.

Ⅰ. 연 혁

(1) 1949. 11. 7. 제정된 변호사법은 변호사에 관한 모든 관리·감독을 법무부에서 관장했다. 즉, 변호사명부를 법무부에 두고(제7조 제2항), 변호사명부의 등록, 등록변경, 휴업과 등록취소를 법무부장관에게 하도록 했다(제11조). 변호사에 대한 징계 역시 법무부의 징계위원회가 맡았으며(제19조), 법무부장관의 인가를 얻어 변호사회를 설립하도록 했다(제27조).

(2) 1982. 12. 31. 개정된 변호사법은 변호사단체의 자율성을 강화하는 여러 조치를 강구하면서 변호사의 감독에 관한 본조를 신설했다. 아울러 지방변호사회 설립과 그 목적에 관한 규정도 신설했다. 즉, 변호사의 품위를 보전하고, 변호사사무의 개선과 발전을 도모하며, 변호사의 지도와 감독에 관한 사무를 행하기 위하여 지방법원관할구역마다 1개의 지방변호사회를 둔다(제49조 제1항). 그리고 변호사 및 지방변호사회의 지도 및 감독에 관한 사무를 행하기 위하여 대한변호사협회를 신설했다(제61조 제1항).

Ⅱ. 변호사의 감독기관

1. 소속 지방변호사회·대한변호사협회의 감독

변호사는 소속 지방변호사회·대한변호사협회 및 법무부장관의 감독을 받는다. 변호사는 헌법상 인권옹호기관으로 인정되고 있다. 이를 위하여 여러 법령은 변호사에게 많은 특권을 부여하고 있다. 따라서 엄격한 감독이 필요하다. 변호사 자격이 있는 자는 개업 순간부터 변호사법상의 감독을 받게 된다. 먼저 개업을 할 때는 가입하려는 지방변호사회를 거쳐 대한변호사협회에 자격등록을 신청해야 한다. 대한변호사협회는 등록신청자에게 등록거부사유 유무를 심사하여 결정한다. 등록 후에라도 등록취소사유가 발생하면 등록을 취소하여 개업할 수 없게 한다. 변호사는 직업수행의 자유와 폐업의 자유가 있더라도 개업·휴업·폐업을 할 때는 소속 지방변호사회와 대한변호사협회에 신고할 의무가 있다. 그리고 변호사법상 징계사유에 해당한 때는 징계처분을 받는다. 소속 지방변호사회·대한변호사협회가 변호사를 감독하는 구체적인 내용은 변호사법 및 변호사법의 위임에 따른 회칙(규칙, 규정 포함)에 규정되어 있다.

2. 법무부장관의 감독

변호사는 법무부장관의 감독도 받는다. 법무부장관은 변호사의 등록거부의 적법성 여부를 심사할 수 있으며, 등록 후에 발생한 사유로 등록취소명령을 할 수도 있다. 또한 변호사의 등록이 거부된 경우에는 이의신청을 받아 등록 여부를 결정한다. 변호사가 대한변호사협회 변호사징계위원회의 징계처분을 받을 때는 법무부징계위원회에 이의신청을 할 수 있다. 법무부장관은 변호사징계위원회의 위원장이 되며(변호사법 94①), 변호사가 공소제기되거나 징계 절차가 개시되어 그 재판이나 징계 결정의 결과 등록취소, 영구제명 또는 제명에 이르게 될 가능성이 매우 크고, 그대로 두면 장차 의뢰인이나 공공의 이익을 해칠 구체적인 위험성이 있는 경우에는 법무부징계위원회에 그 변호사의 업무정지에 관한 결정을 청구할 수 있다. 다만, 약식명령이 청구된 경우와 과실범으로 공소제기된 경우에는 그러하지 아니하다(변호사법 102). 따라서 법무부장관은 변호사의 감독기관이면서도 권익보호기관의 성격도 갖고 있다.

[참고] 변호사의 보수

「대한변호사협회 회칙」

제44조[변호사 · 법무법인 · 법무법인(유한) · 법무조합 등의 보수]

① 변호사 · 법무법인 · 법무법인(유한) · 법무조합은 그 직무에 관하여 사무보수, 사건보수 및 실비변상을 받을 수 있다. (개정 2006. 2. 20.)

② 사무보수는 상담료, 감정료, 문서작성료 및 고문료로, 사건보수는 그 사건의 종류에 따라 착수금과 성공보수로, 실비변상은 수임사무 및 사건의 처리비용과 여비 등으로 나눌 수 있다.

③ 변호사 · 법무법인 · 법무법인(유한) · 법무조합의 보수는 위임인과의 계약으로 정한다. 다만, 보수는 사회통념에 비추어 현저하게 부당한 것이어서는 아니 된다. (개정 2006. 2. 20.)

「변호사윤리장전」

제 3 절 보 수

제31조[원칙]

① 변호사는 직무의 공공성과 전문성에 비추어 부당하게 과다한 보수를 약정하지 아니한다.

② 변호사의 보수는 사건의 난이도와 소요되는 노력의 정도와 시간, 변호사의 경험과 능력, 의뢰인이 얻게 되는 이익의 정도 등 제반 사정을 고려하여 합리적으로 결정한다.

제32조[서면계약]

변호사는 사건을 수임할 경우에는 수임할 사건의 범위, 보수, 보수 지급방법, 보수에 포함되지 않는 비용 등을 명확히 정하여 약정하고, 가급적 서면으로 수임계약을 체결한다.
다만, 단순한 법률자문이나 서류의 준비, 기타 합리적인 이유가 있는 경우에는 그러하지 아니하다.

제33조[추가보수 등]

① 변호사는 정당한 사유 없이 추가보수를 요구하지 아니한다.

② 변호사는 명백한 서면 약정 없이 공탁금, 보증금, 기타 보관금 등을 보수로 전환하지 아니한다. 다만, 의뢰인에게 반환할 공탁금 등을 미수령 채권과 상계할 수 있다.

③ 변호사는 담당 공무원에 대한 접대 등의 명목으로 보수를 정해서는 아니 되며, 그와 연관된 명목의 금품을 요구하지 아니한다.

제34조[보수 분배 금지 등]
① 변호사는 변호사 아닌 자와 공동의 사업으로 사건을 수임하거나 보수를 분배하지 아니한다. 다만, 외국법자문사법에서 달리 정하는 경우에는 그러하지 아니하다.
② 변호사는 소송의 목적을 양수하거나, 정당한 보수 이외의 이익분배를 약정하지 아니한다.

Ⅰ. 연 혁

(1) 1949. 11. 7. 제정된 변호사법은 변호사 보수에 관한 규정을 두었다. 즉, 변호사는 현저히 불상당한 보수를 받지 못하고, 고의로 진실을 엄폐하고 허위의 진술을 하지 못한다(제17조).

(2) 1982. 12. 31. 개정된 변호사법은 구체적인 보수기준을 대한변호사협회가 정하도록 했다. 즉, 변호사의 보수기준은 대한변호사협회가 이를 정한다(제19조). 그리고 「대한변호사협회 회칙」에 '변호사의 보수기준에 관한 사항'을 기재하도록 하였다(변호사법 63(2)). 변호사법 제정 당시에 '상당하지 아니한 보수를 받을 수 없다'는 규정만으로는 보수에 관한 규율이 충분하지 않아 대한변호사협회의 자율적인 기준에 일임하게 된 것이다.[1]

Ⅱ. 변호사 보수에 관한 입법경위

1. 「변호사 보수기준에 관한 규칙」

대한변호사협회는 1983. 5. 21. 「변호사 보수기준에 관한 규칙」을 제정하여 변호사 보수기준을 제시하였다. 이 규칙은 대한변협이 회원들인 변호사에게 준수를 권장하는 권고사항으로 구성되어 있었다. 그러나 변호사와 의뢰인 간의 개별적인 약정시에 주요한 보수기준으로 활용되는 기능을 했다. 다만, 보수규칙은 구속력이 없었기 때문에 그에 따르지 않은 보수약정도 많았다. 과다보수로 품위를 훼손한 것이 아니라면 이 규칙 위반시에도 징계를 받는 것도 아니었다.

1 정형근, "변호사 보수에 관한 고찰", 법조(2010. 6), 221면.

2. 변호사 등 9개 전문자격사의 보수규율의 철폐

변호사 등의 전문자격사 보수는 해당 단체에서 자율적으로 정하였던 제도가 경쟁을 제한하는 기능을 한다는 지적이 제기되었다. 나아가 공정한 경쟁체제를 통하여 시장경제 활성화를 촉진하고, 대외통상 마찰을 미연에 해소하여 국제적 경쟁체제를 구축해야 할 필요성도 있었다. 그리하여 정부는 1998년 19개에 해당하는 법률을 하나의 법으로 일괄하여 개정하는 형식의 법률안 「독점규제 및 공정거래에 관한 법률의 적용이 제외되는 부당한 공동행위 등의 정비에 관한 법률」을 국회에 제출하였다.[2]

그간 변호사 등 9개 전문자격사(변호사, 행정사, 공인회계사, 세무사, 관세사, 변리사, 건축사, 수의사 및 공인노무사)의 보수와 수수료는 해당 사업자단체가 정하여 주무부장관의 승인 또는 인가를 받아 시행하고 있었다. 이 법률안은 전문자격사가 고객과의 계약으로 보수와 수수료를 자율적으로 결정하도록 하였다. 이 법률안에 대한 검토보고서를 보면, "개별법령에서 허용되고 있는 카르텔 중 상당수가 목적을 달성했거나 변질돼 운영되고 있어 가격경쟁을 저해하고 서비스의 질을 떨어뜨리고 있고, OECD는 '98년 4월 「경성카르텔금지 권고」를 채택하여 각국의 경성카르텔을 규제하기 위한 국제적 협력을 구체화하고 있어 국제적 추세에 적극 대처하기 위해 이러한 형식의 법률안을 제출하게 된 것으로 볼 수 있다. 본래 법률의 개정은 각각의 개별법에서 독자적으로 이루어져야 하나 이러한 개정형식은 예외적인 입법례로서 입법의 효율성을 높이기 위한 것"이라고 평가하고 있다.[3] 그리하여 이 법률을 심사하였던 국회 정무위원회는 이 법률의 제정으로 경쟁질서를 확산하고 우리 경제의 담합 체질을 불식시키기 위한 계기가 마련되었다고 하였다.[4]

그리하여 1999. 2. 5. 제정된 「독점규제 및 공정거래에 관한 법률의 적용이 제외되는 부당한 공동행위 등의 정비에 관한 법률」[5] 제1 조는 "변호사법 중 다음과 같이 개정한다. 제19조를 삭제한다.[6] 제63조 제 2 호를 삭제한다[7]"고 규정하였다. 그 결과 변호사 보수기준을

---

2 정형근, "변호사의 형사사건 성공보수약정에 관한 고찰", 법조 제69권 제 1 호(2020. 2), 328면 이하.

3 국회 정무위원회 1999. 1, 獨占規制및公正去來에관한法律의적용이제외되는 부당한共同行爲등의整備에관한法律案 審査報告書, 4∼5면.

4 국회사무처, 제199회국회 정무위원회회의록 제 1 호, 1998. 12. 24. 4면.

5 [제정이유] 종래 특정산업의 보호·육성등을 이유로 정부가 법령으로 허용하여 오던 공동행위 중에서 경쟁제한성이 크거나 국제적 기준에 비추어 정당성이 인정되기 어려운 공동행위 등을 폐지 또는 보완함으로써 시장경제를 활성화하고, 경쟁을 제한하는 제도를 폐지해 나가는 국제적 추세에 부응하려는 것임.
◇ 주요골자
가. 변호사, 행정사, 공인회계사, 세무사, 관세사, 변리사, 건축사, 수의사 및 공인노무사등 사업자의 보수를 해당사업자단체가 정하는 제도와 주무부처장관이 해당사업자의 보수기준을 승인 또는 인가하는 제도를 폐지함(법 제 1 조 내지 제 4 조, 제 6 조, 제10조, 제14조, 제16조 및 제18조).

6 변호사법(개정 1982. 12. 31. 법률 제3594호) 제19조(보수) 변호사의 보수기준은 대한변호사협회가 이를 정한다.

7 변호사법(개정 1982. 12. 31. 법률 제3594호) 제63조(회칙의 기재사항) 대한변호사협회의 회칙에는 다음 각

대한변호사협회가 정할 수 있도록 한 변호사법 제19조가 삭제되었으며, 대한변호사협회 회칙에 보수 규정도 둘 수 없게 되었다.

그 후 변호사뿐만 아니라 행정사, 공인회계사, 세무사, 관세사, 변리사, 건축사, 수의사 및 공인노무사 등의 보수규율에 관한 규정도 삭제되었다. 다만, 법무사 보수는 법무사협회의 반대로 입법에서 포함되지 않게 되었다.[8] 그 결과 1983년부터 시행하여 온 「변호사 보수기준에 관한 규칙」도 폐지되었다. 이로써 보수액의 상한선이 철폐됨으로써 오히려 "부르는 것이 값"이 되는 가격인상을 초래하였다. 1996년에 OECD에 가입하고 카르텔 금지라는 국제기준에 부응하려는 분위기도 있었지만, 별다른 제한이 없이 보수를 인상하는 효과를 내게 되었다. 아무튼 현재는 대한변호사협회의 회칙에 보수의 종류와 적정한 보수를 받도록 규정하고 있을 뿐이다. 대한변호사협회의 보수기준이 폐지된 후에 변호사 보수를 과다하게 받았다는 이유로 하는 징계사례는 찾아볼 수 없다.[9] 징계의 대부분은 성공보수의 선수령 후에 성공의 결과가 없음에도 반환하지 않아 물의를 일으켜 품위를 훼손하였다는 이유로 과태료가 부과되기도 하였다.[10]

Ⅲ. 변호사 보수 규율에 관한 입법례

우리나라를 비롯하여 미국, 일본 등은 변호사 보수에 관하여 계약자유의 원칙에 의하여 변호사와 의뢰인의 약정으로 이뤄진다. 보수약정은 사적자치의 영역에 속하는 것으로

호의 사항을 기재하여야 한다. 2. 변호사의 보수기준에 관한 사항.

8 법무사에 대한 보수는 「독점규제 및 공정거래에 관한 법률의 적용이 제외되는 부당한 공동행위 등의 정비에 관한 법률」의 제정 당시부터 현재까지 여전히 대한법무사협회가 정하도록 하고 있다(법무사법 제19조 제 3 항). 법무사는 협회의 회칙이 정하는 법무사의 보수에 관한 규정을 사무소의 보기 쉬운 장소에 읽기에 알맞은 크기로 게시하여야 한다(법무사법 시행규칙 제30조). 이에 따라 "법무사 보수기준"을 제정하여 시행하고 있다. 법무사에게만 이런 예외를 인정하는 이유는 국회의 1998. 12.경 「독점규제 및 공정거래에 관한 법률의 적용이 제외되는 부당한 공동행위 등의 정비에 관한 법률(안)」의 심사보고서를 보면 알 수 있다. 즉, "이 법 개정안에서는 전문자격사 10개(변호사, 관세사, 세무사, 공인회계사, 법무사, 행정사, 변리사, 공인노무사, 수의사, 건축사) 사업자단체의 경쟁제한적 공동행위인 보수기준 책정 및 주무부장관 인가·승인제도를 폐지하여 자율화하려는 것이나, 이 중 대한변무사협회의 결사적인 반발로 합의에 이루지 못하여 법무사만이 유일하게 제외된 9개 전문자격사를 그 대상으로 하고 있음. 전문자격사 10개중 법무사만이 대상에서 제외되는 것은 다른 전문자격사와의 형평성 문제가 있을 뿐만 아니라 특정 이익단체에서 반대한다고 해서 정책이 후퇴하는 악선례는 입법정책상 문제가 있다고 봄. 또한 법률의 보편적 적용에 있어서도 반드시 포함하여 입법화되어야 할 것으로 봄."이라고 명시되어 있다. 그럼에도 국회 정무위원회의 회의록에는 법무사를 적용대상자에서 누락된 것에 대하여 어느 누구도 언급도 하지 않고 있다. 결국 대한법무사협회의 격렬한 반발과 로비활동으로 인하여 법무사에 대한 보수를 여전히 대한법무사협회가 정할 수 있도록 하고 있는 것으로 보인다.

9 서울지방변호사회(집필 이광수·전준호·채상국), 「변호사윤리규약에 관한 연구」, 153면.

10 대한변호사협회, 「징계사례집 제6집[2011년 ~2014년 징계결정사례 중심]」, 대한변호사협회(2015), 190면 이하.

원칙적으로 유효한 것으로 본다. 그러나 지나치게 과도한 보수 부분에 대하여는 무효로 하거나, 그 변호사를 징계하는 등의 규제를 하여 적절한 보수의 원칙이 준수되도록 강제한다.

1. 미 국

(1) 변호사와 의뢰인의 계약으로 보수를 자유롭게 정할 수 있는 자유계약주의를 택하고 있다. 미국 변호사협회(ABA)는 1969년에 「법조책임규정」(the Code of Professional Responsibility)을 제정하고, 1983년에 「변호사직무에 관한 모범규칙」(the Model Rules of Professional Conduct)을 제정하여 변호사보수의 기준을 마련하였다. 법조책임규정은 크게 9개 부분으로 나누어져 있는데, 각 부분의 머리에는 그 부분의 주제를 요약하여 canon(규범 혹은 기준)으로 나타내고 있다. 이 규범과 관련하여 법률가가 취해야 할 바람직한 행위는 윤리적 고려사항(ethical consideration)이라는 항목 아래 EC라는 약자에 번호로 나열되어 있으며, 그 위반시에 징계를 받을 수 있는 행위는 징계규칙(disciplinary rules)이라는 항목 아래 DR이라는 약자에 번호를 매기면서 나열되어 있다. 이러한 법조책임규정 중에서 변호사의 보수와 관련된 사항은 canon 2[11]와 canon 9[12]라고 할 수 있다. 그리고 「법조책임규정」 윤리적 고려(EC) 2-19는 변호사 선임계약이 체결된 후 신속하게 보수기준에 대한 명확한 합의를 서면으로 하는 것이 바람직하다고 한다.

(2) 「변호사직무에 관한 모범규칙」은 변호사의 적정한 보수에 관하여 기준을 설정하고 있다. Rule 1.5(a)는 '명백히 과도한'(clearly excessive) 혹은 '적절하지 않은'(not reasonable) 보수약정을 금지하면서 변호사 보수의 적정수준을 결정하는 데 고려할 요소로 8개 항목을 제시하고 있다.[13] ① 사건에 들어간 시간과 노력, 난이도, 문제해결에 필요한 능력, ② 그 일을 맡게 되었을 때 변호사가 다른 일을 못하게 될 가능성, ③ 인근의 다른 변호사가 받는 보수의 금액, ④ 사건의 금액과 결과, ⑤ 의뢰인의 지시에 따른 업무처리 시한, ⑥ 의뢰인과의 전반적 관계와 그 기간, ⑦ 변호사의 평판, 경험 및 능력, ⑧ 변호사가 부담하는 위험(정액보수인지 성공보수인지 여부)이 이에 해당된다. Rule 1.5(b)에서는 "변호사는 대리의 개시 전이나 개시 후에 합리적인 기간 내에 대리의 범위, 보수의 산정기초 및 비율, 의뢰인이 부담하게 되는 비용에 대하여 가능한 서면으로 작성하여 의뢰인에게 전달하여야 한다"는 등의 규정

---

11 법률가의 의무는 법적 도움을 제공하는 것이고, 법률가들이 이 의무를 실현하는 일에 모든 변호사는 협력하여야 한다(A lawyer should assist the legal profession in fulfilling its duty to make legal counsel available).

12 모든 변호사는 법전문가답지 못한 것으로 보일 수 있는 어떠한 행위도 삼가야 한다(A lawyer should avoid even the apparence of professional impropriety).

13 **일본 「변호사직무일반규정」 제24조(변호사의 보수)** 변호사는 경제적 이익, 사업의 난이, 시간 및 노력, 기타의 사정에 비추어 적정하고 타당한 변호사 보수를 제시해야 한다.

을 두고 있다.

2. 독 일

(1) 독일은 「변호사보수법」(Rechtsanwaltsvergütungsgesetz)을 제정하여 규율하고 있다. 보수를 법률로 규정하면 일반인도 쉽게 예측할 수 있다. 독일에서 변호사 보수 법정주의를 채택한 것은 지방법원 이상의 사건에서 변호사강제주의를 채택하고 있으며(독일 민사소송법 87), 보수를 포함한 변호사비용을 소송비용에 포함시켜 패소자에게 부담시키고 있는 점과 관계된다. 또한 변호사를 독립한 사법기관으로 명시하고 있으므로 그 보수 역시 법정하고 있다. 「변호사보수법」 제3조는 모든 형태의 보수합의에 대하여 적용될 수 있는 일반규정을 두고 있다. 변호사 보수에 대한 합의는 서면으로 작성하도록 강제한다. 법정보수보다 높은 액수를 합의하는 경우뿐만 아니라 법정보수보다 낮은 보수합의 역시 서면으로 행하여야 한다.

(2) 지나치게 높게 책정된 보수를 낮추는 규정을 두고 있으며, 성공보수도 그 적용을 받게 하였다. 합의된 보수나 제4조 제3항 제1문에 따라 변호사협회의 이사회가 확정한 보수 또는 제4조a에 따른 성공보수가 모든 사정을 감안하더라도 너무 높게 책정된 경우, 이에 대한 분쟁이 발생하면 법정보수까지의 적절한 금액으로 감액될 수 있다. 법원은 감액 전에 변호사협회 이사회의 의견을 구하여야 한다. 다만, 변호사협회 이사회가 제4조 제3항 제1문에 따라 보수를 확정한 경우에는 그러하지 아니하다(변호사보수법 제3조a(2)). 이 규정은 의뢰인을 보호하기 위하여 법정보수와는 다르게 합의하는 모든 경우에 적용된다. 물론 보수합의라고 명시하지 않고 '사례금합의'(Honorarvereinbarung) 등 유사한 표현을 사용할 수는 있으며, 소송위임을 하면서 보수합의를 함께 하는 것도 가능하다.

Ⅳ. 변호사 보수의 약정과 적정한 보수

1. 보수청구권의 성립

(1) 위임계약과 보수청구권

1) 변호사와 의뢰인의 법률관계는 원칙적으로 위임계약이다(민법 680). 변호사·법무법인·법무법인(유한)·법무조합의 보수는 위임인과의 계약으로 정한다(대한변호사협회 회칙 44③). 변호사와 의뢰인의 관계는 민법상 위임계약의 내용대로 규율되고 있지는 않다. 그중에서 수임인의 보수에 관한 규정이 특히 그러하다. 변호사 보수란 변호사가 의뢰인과의 수임계약의 결과로 의뢰인이 변호사에게 지불하는 대가를 말한다. 금전에 국한되지 아니하고 부동산 등의 유형물도 상호약정에 의하여 정할 수 있다.

2) 민법상 위임계약에서 수임인은 특별한 약정이 없으면 위임인에 대하여 보수를 청구하지 못하는 것이 원칙이다(민법 686①). 그러나 변호사는 의뢰인과 명시적으로 보수지급에 관한 특약이 없었더라도 보수지급에 관한 암묵적인 합의가 있는 것으로 인정하여 변호사에게 보수청구권이 있다고 해석된다. 판례 역시 '변호사에게 계쟁 사건의 처리를 위임함에 있어서 그 보수 지급 및 수액에 관하여 명시적인 약정을 아니하였다 하여도, 무보수로 한다는 등 특별한 사정이 없는 한 응분의 보수를 지급할 묵시의 약정이 있는 것으로 봄이 상당하고'(대법원 1995. 12. 5. 94다50229 보수금)라고 판시하여 변호사 위임계약을 유상계약으로 추정하고 있다. 그리고 변호사의 보수약정 있으면 당연히 약정된 보수를 청구할 수 있다. '변호사의 소송위임사무 처리에 대한 보수의 액에 관하여 의뢰인과 사이에 약정이 있는 경우에 위임사무를 완료한 변호사는 특별한 사정이 없는 한 약정된 보수액을 전부 청구할 수 있는 것이 원칙'이라고 한다.[14] 변호사의 직무행위는 유상행위로 받아들이는 사회적 인식을 판례도 확인한 것이다. 변호사에게 소송을 위임한 경우뿐만 아니라 법률상담, 계약서 작성 등의 법률사무에 대해서도 마찬가지로 해석된다. 그러나 의뢰인이 변호사와 위임계약을 체결한 경우에 보수지급에 관한 합의가 있었다고 보는 것은, 구체적인 사례에서 보수를 지급하는 것이 타당하다고 여겨지는 특별한 사정이 존재하기 때문이다. 그러므로 모든 경우에 보수지급의 약정이 있다고 볼 수는 없다. 변호사 선임계약은 변호사와 의뢰인 사이의 분쟁을 회피하기 위하여 명시적으로, 특히 서면으로 체결하는 것이 바람직하지만, 묵시적인 행위에 의해서도 성립할 수 있음은 물론이다.

(2) 보수약정의 형식

보수에 관한 명시적 약정이 없는 경우에는 보수지급 계약의 성립 여부, 보수액, 지급시기 등을 둘러싼 분쟁이 발생할 수 있다. 그 때문에 「변호사윤리장전」은 보수약정을 '서면계약'으로 체결하도록 하고 있다. 즉, 변호사는 사건을 수임할 경우에는 수임할 사건의 범위, 보수, 보수 지급방법, 보수에 포함되지 않는 비용 등을 명확히 정하여 약정하고, 가급적 서면으로 수임계약을 체결한다. 다만, 단순한 법률자문이나 서류의 준비, 기타 합리적인 이유가 있는 경우에는 그러하지 아니하다(변호사윤리장전 32).[15]

---

14 대법원 1992. 3. 31. 91다29804 보수금; 같은 취지의 판결이 많다. 즉, 민사사건의 소송대리사무를 위임받은 변호사가 소송제기 전에 상대방에 채무이행을 최고하고 형사고소를 제기하는 등의 사무를 처리함으로써 사건위임인과 상대방 사이에 재판외 화해가 성립되어 결과적으로 소송제기를 할 필요가 없게 된 경우에, 사건 본인과 변호사 사이에 위와 같은 소제기에 의하지 아니한 사무처리에 관하여 명시적인 보수의 약정을 한 바 없다고 하여도 특단의 사정이 없는 한 사건위임인은 변호사에게 위 사무처리에 들인 노력에 상당한 보수를 지급할 의무가 있다(대법원 1982. 9. 14. 82다125, 82다카284 사례금). 같은 취지로 대법원 1995. 12. 5. 94다50229; 대법원 1975. 5. 25. 75다1637; 대법원 1981. 7. 28. 80다2485; 대법원 1993. 2. 12. 92다42941; 대법원 1993. 11. 12. 93다36882; 대법원 1995. 12. 5. 94다50236.

15 독일의 「변호사보수법」 제 3 조a (1)항에서도 변호사 보수에 대한 합의는 서면으로 하도록 하고 있다.

(3) 보수청구의 시기

변호사는 원칙적으로 위임사무를 종료한 후에 보수를 청구할 수 있다(민법 686②). 민법상 변호사는 약정한 위임사무를 완전히 이행한 경우에 보수청구권이 성립한다. 그렇다고 변호사의 보수가 후급이어야만 하는 것은 아니다. 당사자 간의 약정으로 그 지급시기를 달리 정할 수 있다. 구 「변호사윤리장전」은 성공보수를 조건부로 미리 받는 것을 금지하는 규정을 둔 바 있다. 그러나 현행 「변호사윤리장전」은 이 규정을 삭제했다. 변호사와 의뢰인 사이에 조건부 선수령 약정이 있을 경우 그 약정은 유효하다. 사무의 처리가 아닌 일의 완성을 목적으로 하는 경우에는 위임계약이 아니라 도급계약에 해당되고(민법 664), 보수 역시 일의 완성 후에 지급하는 것이 원칙이다(민법 665①). 그렇지만 상호 약정하에 지급시기를 달리 정할 수 있다(민법 665②, 656②). 변호사는 기본적으로 수임인의 지위에서 선량한 관리자의 주의를 다하여 수임사무를 처리하는 것이 원칙이고 그에 대한 보수를 지급받게 된다.

2. 적정한 보수의 기본 원칙과 기준

(1) 적정한 보수의 기본원칙

1) 우리나라에서 보수 기준을 명시하는 '법률'은 없다. 다만, 「대한변호사협회 회칙」은 보수는 사회통념에 비추어 현저하게 부당한 것이어서는 아니 된다고 한다(회칙 44③). 현실적으로 변호사의 보수는 여러 가지 요인에 의하여 결정된다. ① 당해 사건 자체에 의한 요인으로는 소송물의 가액, 의뢰인이 소송의 결과 받을 수 있는 경제적 이익, 사건의 난이도·중대성·긴급성, 동종사건에 대한 종래의 보수액 등을 들 수 있다. ② 변호사 입장에서 고려될 수 있는 요인으로는 사건처리에 필요한 시간과 노력, 변호사의 경험과 능력, 사명감, 로펌 법률사무소인지 개인 법률사무소인지 여부, 기존의 사건 수임능력과 사무소의 경영상황 등을 들 수 있다. ③ 그리고 의뢰인의 입장에서는 보수를 지불할 수 있는 경제력의 정도, 사건해결을 통하여 얻게 될 경제적·사회적 이익의 정도, 변호사와 의뢰인 간의 친밀도 및 인간관계, 의뢰인이 당해 사건처리 결과에 대한 예상, 과거의 사건해결의 만족도 등이 이에 해당된다.

2) 미국의 Rule 1.5(a)에서 '명백히 과도한' 혹은 '적절하지 않은' 보수약정을 금지하고 있는 바와 같이, 「변호사윤리장전」도 몇 가지 기준을 제시하고 있다. 「변호사윤리장전」은 강행법규성을 지닌 법규는 아니고 변호사의 직업윤리에 관한 일반적·추상적인 성격을 지닌 대한변호사협회가 제정한 내부법규적인 성질을 갖고 있다. 「변호사윤리장전」에 위반한 경우에는 변호사법에 따른 징계책임 또는 형사책임을 지게 되므로 선언적·이념적 규정에 불과한 것은 아니다. 그렇지만 변호사 보수의 기준은 구체적인 사건에서 법원이 궁극적으

로 결정하게 된다.

⑵ 「변호사윤리장전」의 보수원칙과 기준

1) 「변호사윤리장전」 제31조는 변호사의 보수를 정하는 기본원칙을 정하고 있다. 즉, ① 변호사는 직무의 공공성과 전문성에 비추어 부당하게 과다한 보수를 약정하지 아니한다. ② 변호사의 보수는 사건의 난이도와 소요되는 노력의 정도와 시간, 변호사의 경험과 능력, 의뢰인이 얻게 되는 이익의 정도 등 제반 사정을 고려하여 합리적으로 결정한다. 아울러 보수와 관련된 분쟁발생을 예방하기 위하여 보수약정은 가급적 서면형식으로 체결하도록 한다(변호사윤리장전 32). 그러나 변호사가 공탁금, 보증금, 기타 보관금 등을 보수로 전환하려는 경우에는 명백한 서면약정이 있어야 한다(변호사윤리장전 33②).

2) 보수의 적정성의 기준으로 제시되고 있는 것 중의 하나는 '사건의 난이도'이다. 그런데 변호사에게 위임하는 의뢰인 입장에서는 당해 사건의 난이도를 알 수가 없다. 또한 위임한 사건의 재판이 오랫동안 계속되는 경우에는 변호사가 어느 정도의 시간을 자기 사건에 들였는지 알 수도 없다. 적정한 보수의 고려요소로 언급하고 있는 '제반사정'에는 변호사가 법률사무소를 유지하는 비용도 포함되게 된다. 변호사는 수임사건과 관련된 직접적인 비용인 인지대, 출장비 등은 의뢰인에게 직접 청구할 수 있지만, 사무실의 임차료·직원의 급여·컴퓨터와 같은 비품유지비 등은 간접적인 비용에 해당되어 의뢰인에게 그 부분의 액수를 청구할 수 없다. 그렇지만 변호사 보수의 산출은 이 같은 비용도 고려하여 정하여진다. 종전의 변호사 보수의 과다문제는 법률사무소를 변호사 개인이 운영하게 되어 많은 비용의 지출구조 때문에 기인한 것이라고 볼 수도 있다. 그렇다고 많은 변호사가 법인을 구성하여 운영하는 각종 로펌 변호사 보수가 개인 법률사무소를 운영하는 변호사보다 낮은 것은 아니다.

⑶ 판례상 적정한 보수기준

1) 판례는 적정한 보수를 산정하는 기준으로 "의뢰인과의 평소부터의 관계·사건 수임의 경위·착수금의 액수·사건 처리의 경과와 난이도·노력의 정도·소송물가액·의뢰인이 승소로 인하여 얻게 된 구체적 이익과 소속 변호사회의 보수규정 등 기타 변론에 나타난 제반 사정"을 들고 있다(대법원 1992. 3. 31. 91다29804 보수금).

2) 판례가 고려하는 요소 역시 「변호사윤리장전」에서 제시하는 기준과 크게 다르지 않다. 「변호사윤리장전」에서 변호사 보수의 원칙과 기준을 제시하는 내용만으로는 충분하지 않다. 지난 1983년에 제정되어 시행되었던 「변호사 보수기준에 관한 규칙」이 비록 폐지되었지만, 그와 같은 적절한 기준설정은 필요하다. 자유로운 경쟁으로 시장원리에 기초하여 보수가 결정되도록 변호사법에 보수 관련 규정이 삭제되고 보수규칙 역시 폐지되었지만,

소비자가 변호사와 대등한 지위에서 적정한 보수약정을 하고 있는지는 의문이다. 따라서 소송물가액에 따라 얼마의 금액이 보수에 적합한지에 관한 최소한의 기준은 필요하다. 비록 그 같은 보수기준이 모든 변호사들을 구속하는 효력을 가진 것이 아닐지라도 의뢰인에게 보수에 대한 예측가능성을 부여하게 된다. 또한 변호사가 의뢰인의 궁박한 상태를 이용하여 폭리를 취할 수 있는 가능성을 방지할 수 있다. 사안에 따라 일정액으로 정한 보수 기준이 변호사 간의 경쟁을 제한하는 기능도 하지만, 의뢰인의 사전예측을 가능하게 하여 보다 활발한 법률조력을 받을 수 있는 계기를 제공하게 되는 긍정적인 측면도 있다. 그러므로 변호사들 간의 경쟁을 제한한다는 부정적인 측면보다는 의뢰인을 보호하고 적정한 보수를 지급하는 풍토를 조성하기 위하여 구체적인 보수기준의 법정화가 필요하다.

3. 부적정한 보수 등에 관한 규제

(1) 「대한변호사협회 회칙」

변호사가 의뢰인으로부터 적정한 보수만을 받아야 할 의무가 있는지 문제된다. 「대한변호사협회 회칙」은 "보수는 사회통념에 비추어 현저하게 부당한 것이어서는 아니 된다"(회칙 44③)고 한다. 그리고 개정 「변호사윤리장전」 제31조 제2항에서도 "변호사의 보수는 사건의 난이도와 소요되는 노력의 정도와 시간, 변호사의 경험과 능력, 의뢰인이 얻게 되는 이익의 정도 등 제반사정을 고려하여 합리적으로 결정"할 것을 규정하고 있다. 「대한변호사협회 회칙」에서 말하는 '사회통념'이나 「변호사윤리장전」에서 말하는 '제반사정'은 결국 보수의 적정성을 평가하는 기준으로 같은 내용이다. 변호사는 위임인과의 상호 약정으로 보수를 정하게 되지만, 그 액수는 사회통념 또는 제반사정에 비추어 적정하여야 한다. 그러므로 보수는 1차적으로는 당사자 간의 보수약정이 기준이 되고, 그에 관한 분쟁이 발생한 경우에는 사회통념 등이 적정성 평가의 기준으로 작용하게 된다.

(2) 판례의 입장

수임사건의 처리가 종결되거나, 수임약정이 해지되면 보수액의 정산 문제가 제기된다. 의뢰인은 약정한 보수액이 과다하다고 하면서 감액 또는 지급의무가 없다고 주장하기도 한다. 현재는 어떤 법령에서도 적정한 보수액을 규정하고 있지 않기 때문에 보수액의 결정은 변호사의 양식에 맡겨져 있다고 할 수 있다.[16] 대법원은 성공보수의 유효성을 인정하면서 약정액의 적정성 여부를 판단하여 과다하다고 인정되는 액수를 감액하여 왔다. 즉, 약정된 보수액이 부당하게 과다하여 신의성실의 원칙이나 형평의 원칙에 반한다고 볼만한 특별한 사정이 있는 경우에는, 예외적으로 위와 같은 제반 사정을 고려하여 상당하다고 인정되는

16 사법연수원, 변호사실무(일반), 112면.

범위 내의 보수액만을 청구할 수 있다고 보아야 할 것이다.[17] 그러면서 "이러한 보수 청구의 제한은 어디까지나 계약자유의 원칙에 대한 예외를 인정하는 것이므로, 법원은 그에 관한 합리적인 근거를 명확히 밝혀야 한다"고 한다.[18]

판례가 보수약정을 부정하는 근거로 제시하는 신의성실의 원칙은 엄격한 법적용의 가혹함을 완화하는 데 중요한 역할을 수행한다.[19] 그러나 당사자간의 계약에서 그 내용이 선량한 풍속 기타 사회질서(민법 103)에 반한다거나 하는 등의 무효 또는 취소 등의 사유가 있을 때에만 그 계약의 효력이 부인된다고 보아야 할 것이다.[20] 그 점에서 판례가 보수약정의 효력을 부인하는 근거로 신의성실의 원칙 또는 형편의 원칙을 제시하는 것은 타당하지 않다. 그러므로 보수약정의 효력을 부인하고 감액을 하기 위해서 신의성실의 원칙과 같은 추상적 기준에 의하기보다는 민법 제104조의 불공정한 법률행위(폭리행위)의 요건을 적용하는 것이 보다 정확할 것이다. 불공정한 법률행위(폭리행위)는 당사자의 궁박·경솔 또는 무경험으로 인하여 현저하게 공정을 잃은 법률행위를 말한다. 이런 폭리행위가 성립하려면 급부와 반대급부 사이에 현저한 불균형이 있어야 한다. 그리고 피해자의 궁박·경솔 또는 무경험이 있어야 하고, 폭리행위자가 이를 이용하였어야 한다.[21] 적정 범위를 벗어난 변호사의 보수를 폭리행위로 무효로 하려면, 의뢰인이 지급한 보수액과 변호사의 수임사무처리가 현저한 불균형이 있어야 하고, 그런 보수약정을 한 의뢰인에게 궁박·경솔, 무경험이 있어야 한다. 법원이 변호사의 보수가 폭리행위로 무효라고 판단하기 위해서는 폭리행위의 요건을 심사해야 하는 부담이 있게 된다. 그래서 이런 부담을 피하고자 신의성실의 원칙 또는 형편의 원칙을 적용하여 과다한 보수 부분을 무효라고 판시하고 있는 것으로 보인다. 대법원의 전원합의체 판결의 별개의견에서도 부적당한 보수액을 감액하는 근거로 신의칙이나 형평의 원칙이 아니라, 민법 제103조(반사회질서의 법률행위), 제104조(불공정한 법률행위) 규정을 적용하여야 한다는 견해를 밝히고 있다.[22]

[대법관 김신, 대법관 조희대의 별개의견]

민법은 반사회질서의 법률행위(제103조), 불공정한 법률행위(제104조) 등 법률행위의 무효사유를 개별적·구체적으로 규정하고 있다. 또한 '손해배상의 예정액이 부당히 과다한 경우에는 법원은 적당히 감액할 수 있다'고 하는 민법 제398조 제 2 항과 같이 명시적으로 계약의 내용을 수정할 수 있다고 규정하는 법률 조항도 존재한다. 그러나 신의칙과 관련하여

---

17 대법원 1992. 3. 31. 선고 91다29804 판결 [보수금].
18 대법원 2018. 5. 17. 선고 2016다35833 전원합의체 판결 [약정금].
19 곽윤직·김재형, 민법총칙, 37면.
20 곽윤직 편집대표, 민법주해(제1권)」, 87면(양창수 집필부분).
21 김준호, 민법강의, 238~240면.; 송덕수, 민법강의, 143~145면.
22 대법원 2018. 5. 17. 선고 2016다35833 전원합의체 판결 [약정금].

서는 민법 제2조 제1항에서 "권리의 행사와 의무의 이행은 신의에 좇아 성실히 하여야 한다"라고 규정하고, 제2항에서 "권리는 남용하지 못한다"라고 규정할 뿐 이를 법률행위의 무효사유로 규정하고 있지는 않다. 그러므로 민법 제2조의 신의칙 또는 민법에 규정되어 있지도 않은 형평의 관념은 당사자 사이에 체결된 계약을 무효로 선언할 수 있는 근거가 될 수 없다. 그럼에도 신의칙 또는 형평의 관념 등 일반 원칙에 의해 개별 약정의 효력을 제약하려고 시도하는 것은 사적 자치의 원칙, 자유민주적 기본질서, 시장경제질서 등 헌법적 가치에 정면으로 반한다.[23]

생각건대, 민·형사를 막론하고 착수금 약정이나 성공보수금 약정은 모두 당사자 사이에서 사적자치에 의하여 체결된 계약이므로, 이러한 약정을 무효라고 하기 위해서는 민법 제104조 불공정한 법률행위(폭리행위)의 요건에 해당하는지 여부를 기준으로 판단하는 것이 보다 정확할 것이다. 이렇게 폭리행위를 적용하면 신의칙 또는 형평에 원칙에 의하는 것 보

---

23 [대법관 김신, 대법관 조희대의 별개의견]의 일부를 발췌하면 아래와 같다.
변호사는 추후에 약정보수액이 감액될 것을 각오하고 보수약정을 하는 것이 아니다. 의뢰인은 자신이 한 약속에 따라 약정된 보수를 지급해야 하는 것일 뿐 새로운 손해를 입는 것이 아니다. 약속을 지키지 않고 약정보수액의 감액을 요구하는 당사자의 주장은 약속이 지켜지리라고 믿은 상대방의 신뢰보다 우선할 수 없고, 신의칙이 그 도구가 되어서도 안 된다. 자신이 지급하기로 약정한 대가를 지급하지 않으려는 의뢰인의 행태야말로 신의칙에 반하는 것이다. 법원은 계약에 따른 정당한 권리행사를 신의칙으로 제한할 것이 아니라 오히려 신의칙을 내세워 약속을 지키지 않으려는 태도를 계약 위반이라고 단호하게 선언하여야 마땅하다.

변호사보수액이 과다한 면은 있으나 사회질서에 반한다거나 불공정하다고 할 정도에는 이르지 않아 민법 제103조와 제104조에 의해 무효라고 할 수 없는 경우라고 하여, 의뢰인으로 하여금 스스로 약정한 보수액을 전부 지급하도록 하는 것이 도저히 참을 수 없는 부당한 결과를 야기하는 것이라고 볼 수 있는지 의문이다. 다수의견은 단순히 보수액이 과다하므로 이를 감액할 필요가 있다는 점에 집착한 나머지 너무 쉽게 신의칙으로 도피하여 전체 법체계에 맞지 않는 무리한 법리를 구성하고 있다.
또한 다수의견이 기준으로 삼고 있는 '적당하다고 인정되는 범위 내의 보수액'이란 모호하고 불확정적인 내용으로서 도대체 어느 정도의 보수가 적정하다는 것인지 알 수 없다는 점도 심각한 문제다. 신의칙은 앞에서 본 것과 같이 추상적 규정이고 구체적인 판단의 기준을 전혀 제시하고 있지 않다. 적당하다고 인정되는 범위를 초과하여 신의칙 또는 형평의 관념에 반하는지 여부에 관해 구체적인 기준을 세운다는 것은 사실상 불가능하다. 다수의견은 의뢰인과의 평소 관계, 사건 수임 경위, 사건처리 경과와 난이도, 노력의 정도, 소송물의 가액, 의뢰인이 승소로 인하여 얻게 된 구체적 이익, 그 밖에 변론에 나타난 여러 사정을 고려하여 적당하다고 인정되는 범위를 정하고 그 범위를 넘어서는 것은 부당하게 과다하다고 하는데, 위에서 든 여섯 가지 요소 역시 추상적인 내용에 불과하여 적정한 보수액을 설정하는 구체적 기준이 되기 어려운 것은 마찬가지이다.

적정한 보수액의 범위에 대한 기준이 제시되지 않는다면 그 적정성 여부는 전적으로 법원의 결정에 의존할 수밖에 없다. 그뿐만 아니라 법관마다 적정하다고 생각하는 보수액의 범위가 같다고 할 수도 없다. 결국 소송위임계약에서 유효하다고 인정되는 보수액의 범위는 법원의 판단을 받아야 분명해지고, 법관마다 기준이 달라 하급심과 상급심의 결론이 엇갈리면 대법원의 판단까지 있어야 보수액이 최종적으로 정해진다. 그러므로 다수의견에 따르게 되면, 당사자는 계약을 자신의 의사에 따라 체결하고도 계약서 문언대로 효력이 발생하리라는 기대를 가질 수 없다. 계약서의 문언상 명백하고 당사자가 확실하게 알고 있는 계약의 내용에 대해서까지 법원의 판단을 받게 함으로써 법률관계의 불확실성을 야기하고, 법적 분쟁의 증가를 초래한다. 법원에 가서 신의칙을 주장하면 보수액이 감액될 수 있다는 희망을 가지게 함으로써 결국 계약대로 이행하지 않아도 된다는 인식을 법원이 앞장서서 만들고 있는 것은 아닌지 우려된다(대법원 2018. 5. 17. 선고 2016다35833 전원합의체 판결 [약정금]).

다는 요건충족 여부에 대한 심리가 훨씬 까다로워지기 때문에 적정보수가 아니라서 무효라는 판단은 훨씬 신중해질 수밖에 없을 것으로 보인다.

(3) 「변호사윤리장전」에서의 보수 규율

변호사의 보수와 관련하여 가장 많은 분쟁의 발생원인은 적정한 정도를 넘은 과다한 보수문제이다. 그 때문에 「변호사윤리장전」은 보수를 정하는 원칙(제31조)은 물론 보수약정의 형식(제32조), 추가보수와 보수로의 전환·부정한 목적의 보수약정 제한(제33조), 보수분배의 금지(제34조)에 관한 규율을 하고 있다.

1) 변호사는 정당한 사유 없이 추가보수를 요구하지 아니한다(변호사윤리장전 33①). 여기서 '정당한 사유'란 보수 약정시에 예상하지 못한 새로운 사정변경이 발생하고, 그러한 사정을 사전에 알았다면 그 금액으로 보수를 약정하지 않았을 것으로 인정될 수 있는 이유를 말한다. 예컨대 피고의 반소제기 등으로 수임계약시에 예상하였다면 보수에 반영하였을 것으로 예상되는 사정이 이에 해당된다.

2) 변호사는 명백한 서면 약정 없이 공탁금, 보증금, 기타 보관금 등을 보수로 전환하지 아니한다(변호사윤리장전 33②). 변호사가 일방적으로 공탁금 등을 보수로 전환하면 그 돈을 수령할 것으로 예상하고 있던 의뢰인은 변호사에 대한 배신감을 갖게 될 것이다. 그 결과 분쟁으로 이어질 수 있기 때문에 사전에 명백한 서면약정이 필요하다. 그런데 「변호사윤리장전」은 이와 관련하여 새로운 규정을 신설하고 있다. 다만, 의뢰인에게 반환할 공탁금 등을 미수령 채권과 상계할 수 있다(변호사윤리장전 33② 단서). 민법상 상계는 상대방에 대한 의사표시로 한다(민법 493①). 그러므로 민법상 상계를 함에 있어 사전에 서면약정이 필요한 것은 아니다. 물론 사전에 상계의 방법을 서면으로 특약할 수는 있다. 변호사가 의뢰인으로부터 수령하지 못한 보수는 '미수령 채권'에 해당된다. 따라서 변호사는 의뢰인에게 반환할 공탁금 등을 아직 수령하지 못한 보수와 상계할 수 있다. 변호사가 공탁금 등을 보수로 전환하기 위해서 서면약정을 해야 한다는 것은 결국 상계의 방법을 주의적으로 예시한 것에 불과하다. 대한변호사협회의 회칙으로서의 법적 성격을 갖는 「변호사윤리장전」 규정으로 법률(민법)이 정한 상계의 방법을 변경할 수는 없기 때문이다. 따라서 변호사가 공탁금 등을 미수령 채권인 보수와 상계하기 위해서 반드시 서면약정이 있어야 하는 것은 아니다.

그렇다면 이 규정의 본문과 단서와의 관계를 살펴볼 필요가 있다. 본문은 공탁금 등을 보수로 전환하기 위해서는 의뢰인과 서면으로 명백하게 약정하는 것이 원칙이라는 것이다. 단서는 의뢰인이 변호사의 그 같은 약정 제안에 불응한 때에는 상계의 의사표시로 미수령 채권을 회수할 수 있다는 것이다. 변호사가 의뢰인과 서면약정을 하지 못하였다고 하여 미수령 채권이 있음에도 공탁금 등을 반환해야 할 의무가 있다고 할 수는 없기 때문이다.

3) 변호사는 담당 공무원에 대한 접대 등의 명목으로 보수를 정해서는 아니 되며, 그와 연관된 명목의 금품을 요구하지 아니한다(변호사윤리장전 33③). 변호사가 판사·검사, 그 밖에 재판·수사기관의 공무원에게 제공하거나 그 공무원과 교제한다는 명목의 비용을 변호사 선임료·성공사례금에 명시적으로 포함시키는 행위를 한 경우에는 5년 이하의 징역 또는 3천만원 이하의 벌금에 처한다(변호사법 110(2)). 변호사가 수임사건의 처리를 위하여 담당 공무원에 대한 접대행위는 공무원 직무의 불가매수성과 순수성을 침해하게 된다. 접대를 받은 공무원 역시 직무행위에 대한 대가로 법이 인정하지 않는 이익을 취득하는 것이므로 뇌물죄가 성립된다(형법 129). 변호사가 접대명목으로 보수를 정하여 수령한 돈으로 실제 접대를 하였다면 이는 범죄행위에 해당된다. 접대명목의 돈을 변호사에게 지급한 의뢰인은 담당 공무원이 적법하게 직무를 수행하였을지라도 뇌물에 대한 대가로 오해할 수 있다. 변호사는 법관·검사 등의 공무원을 상대로 직무를 하는 것이므로 접대명목이나 이와 연관된 보수 약정은 재판 및 수사작용에 대한 심각한 불신을 초래하게 된다. 그러므로 변호사는 공무원에 대한 접대명목 등으로 보수를 정할 수 없으며, 그와 관련된 돈을 요구해서도 아니 된다.

4) 변호사는 변호사 아닌 자와 공동의 사업으로 사건을 수임하거나 보수를 분배하지 아니한다. 다만, 외국법자문사법에서 달리 정하는 경우에는 그러하지 아니하다(변호사윤리장전 34①). 변호사법상 변호사 아닌 자와의 동업금지와 보수분배 금지(제34조 제5항)를 「변호사윤리장전」에서도 규정하고 있다. 다만, 외국법자문사나 외국법자문법률사무소는 변호사 등과 사건의 공동 수임, 그 밖의 어떠한 방식으로든 사건을 공동으로 처리하고 그로 인한 보수나 수익을 분배할 수 없는 것이 원칙이다(외국법자문사법 34②). 그러나 자유무역협정에서 정한 단계적 시장개방에 따라 공동으로 사건을 처리하고 그로 인한 수익의 분배 역시 허용하고 있다. 즉, 자유무역협정 등에 따라 법무부장관이 고시하는 자유무역협정 등의 당사국에 본점사무소가 설립·운영되고 있는 외국법자문법률사무소는 사전에 대한변호사협회에 제34조의3에 따른 공동 사건 처리 등을 위한 등록(이하 '공동사건처리 등을 위한 등록'이라 한다)을 한 경우 제34조 제2항에도 불구하고 법률사무소·법무법인·법무법인(유한) 또는 법무조합과 국내법사무와 외국법사무가 혼재된 법률사건을 사안별 개별 계약에 따라 공동으로 처리하고 그로부터 얻게 되는 수익을 분배할 수 있다(외국법자문사법 34의2①).

5) 현행 「변호사윤리장전」은 "성공보수를 조건부로 미리 받아서는 아니 된다"(구 변호사윤리장전 33)는 규정을 삭제하였다. 그동안 성공보수를 미리 받아두지 않으면 정작 약정한 사건의 '성공'이 있을 때 그 보수를 받을 수 없는 문제점이 지적되어 왔다. 그 때문에 종전에는 성공보수 선수령과 그 반환거부를 둘러싸고 변호사와 의뢰인 사이의 분쟁이 많았고, 그

로 인하여 변호사가 징계를 받는 경우가 많았다. 그리하여 성공보수의 선수령 금지규정을 삭제한 것이지만, 그렇다고 하여 수임계약시에 착수금과 함께 성공보수를 동시에 지급토록 하는 특약을 하는 것까지 허용되는 것은 아니라고 해야 한다. 성공보수의 선수령은 약정한 성공이 확실시되는 단계에 이르렀을 때 허용된다고 보아야 한다. 예컨대 승소판결이 확실시 되는 사건의 변론이 종결되어 선고 기일이 지정된 것과 같은 상태에 이르렀을 때와 같이 성공이 임박하였다는 특별한 사정이 존재한 때 비로소 허용된다고 할 것이다. 그리고 변호사는 선수령한 성공보수를 자신이 이용한 은행계좌와는 다른 계좌로 입금하여 관리하여야 할 것이며, 예상하였던 성공이 없을 때는 즉시 이를 의뢰인에게 반환하여야 한다. 계약자유의 원칙상 변호사와 의뢰인 간에 보수의 선지급을 약정하였더라도 약정한 성공이 없음에도 사전에 이를 지급하는 것은 민법상 채무의 보편적인 이행행위는 아니다. 대한변호사협회가 「변호사윤리장전」의 개정으로 그간의 회원들의 숙원인 성공보수의 선수령 금지규정을 삭제하였지만, 선수령 요건에 관한 엄격한 규정을 제정할 필요가 있다. 종전에 성공보수의 선수령을 금지함으로써 입은 변호사들의 피해가 이제는 의뢰인들에게 전가되는 일이 있어서는 아니 될 것이다.

V. 착수금·성공보수의 법적 성격과 적법성 여부

1. 변호사 보수의 분류

(1) 대한변호사협회가 1983. 5. 21. 구 변호사법에 따라 제정·시행하였던 「변호사보수기준에 관한 규칙」은 변호사 보수의 종류를 상세히 규정한 바 있다.[24] 변호사 보수는 사건보수와 사무보수로 구분되고(규칙 4①), 사건보수로는 착수금과 성공보수로 구분하고(규칙 4③), 사무보수는 상담료, 감정료, 문서작성료 및 고문료로 정하였다(규칙 4②).

(2) 현행 변호사법에는 보수약정에 관한 규정은 없지만, 「대한변호사협회 회칙」은 과거 「변호사보수기준에 관한 규칙」이 정하고 있었던 보수의 종류를 상세히 규정하고 있다. 따라서 위 보수규칙에서 정하였던 소가 등에 따른 보수액 기준이 폐지되었지만, 보수의 종류는 「대한변호사협회 회칙」에 그대로 포함되어 있다. 즉, ① 변호사·법무법인·법무법인(유한)·법무조합은 그 직무에 관하여 사무보수, 사건보수 및 실비변상을 받을 수 있으며(회칙 44①), ② 사무보수는 상담료, 감정료, 문서작성료 및 고문료로, ③ 사건보수는 그 사건의 종류에 따라 착수금과 성공보수로, ④ 실비변상은 수임사무 및 사건의 처리비용과 여비 등으로 나눌 수 있다(회칙 44②).

24 보수규칙이 현재는 폐지되었지만, 보수의 종류에 관한 구별은 오늘날에도 여전히 통용되고 있다.

(3) 1999. 2. 5. 제정·시행된 「독점규제 및 공정거래에 관한 법률의 적용이 제외되는 부당한 공동행위 등의 정비에 관한 법률」 제 1 조에 의하여 변호사의 보수기준을 대한변호사협회가 정할 수 있도록 한 변호사법 제19조가 삭제되었음에도, 「대한변호사협회 회칙」으로 보수의 종류를 규정하는 것이 위 법률을 위반한 것은 아닌지 의문이 생길 수 있다. 그러나 위 법률에서 폐지하였던 것은 대한변호사협회가 개별 변호사와 의뢰인 간의 보수약정시에 준수를 요구하는 '보수기준'에 관한 것이고, 보수의 종류에 관한 것은 아니므로 문제될 수는 없다. 또한 변호사가 회칙에서 정한 보수의 종류가 아닌 다른 명칭의 보수를 약정하는 것은 얼마든지 가능하고, 보수의 종류를 규정한 회칙의 법적 성격 역시 강행법규적 성질을 가진 규정도 아니므로 위 법률위반 문제는 발생할 여지가 없다. 변호사 보수는 수임사건의 내용에 따라 대한변호사협회 회칙이 정하는 바와 같은 여러 종류가 있을 수 있다.

2. 착 수 금

(1) 착수금의 개념

착수금은 위임사무의 처리결과에 대한 성공 여부에 상관없이 수임계약시에 위임사무의 처리의 대가로서 지불하는 금액을 말한다. 민법상 위임계약에서는 착수금과 같은 보수는 특약이 없으면 후급이 된다. 즉, 변호사는 위임사무를 완료한 후에 보수를 청구할 수 있고(민법 686② 본문), 기간으로 보수를 정한 때에는 그 기간이 경과한 후에 청구할 수 있다(민법 686② 단서). 그렇지만 변호사와 의뢰인간의 수임계약 체결시에 지급받는 "착수금 또는 착수 수수료는 일반적으로 위임사무의 처리비용 외에 보수금 일부(이 경우의 보수금은 위임사무인 소송 사건의 성공 여부와 관계없이 지급되는 것이 보통이다)의 선급금조로 지급받는 성질의 금원"이라 보는 것이 판례이다(대법원 1982. 9. 14. 82다125, 82다카284 사례금). 판례가 말하는 '보수금의 일부의 선급금'이라는 것은 착수금이 보수의 전부는 아니라는 것이다. 판례는 변호사의 보수를 착수금과 사건의 성공 후에 지급하게 될 성공보수를 합한 개념으로 상정하고 있는 것으로 보인다. 그러므로 착수금은 변호사가 의뢰인의 위임사무를 처리하는 것을 정지조건으로 하여 수령하는 보수의 일종이다. 다만 위임사무의 처리의 범위가 어디까지인지 의문이 있을 수 있다. 분할하여 보수를 지급한다는 특약이 없다면 당해 위임사무의 처리종료시까지로 보아야 한다. 아무튼 변호사가 착수금이라는 보수를 먼저 받는 것은 수임사건의 처리기간이 장기간이고, 그 동안의 처리보수를 받지 않으면 나중에 지급받을 수 없는 사정이 발생할 위험 때문이다.

(2) 착수금의 반환문제

1) 착수금은 위임사무인 소송 사건의 성공 여부와 관계없이 지급되는 것이 보통이다.

수임사건이 의뢰인이 예상하였던 것보다 단기간에 종료되었다고 할지라도 착수금의 반환은 인정되지 않는다. 또한 소송위임계약이 변호사의 채무불이행으로 해제된 경우에 원칙적으로 수령한 착수금을 반환하여야 하지만, 위임계약의 해제시까지 위임계약에 따라 일부 위임사무를 처리한 경우에는 그 사무처리의 비율과 내용에 상당하는 착수금을 반환해야 할 것이다. 우리 판례도 소송위임계약이 해지된 경우 수임인인 변호사는 '사무처리의 정도' 등에 비추어 일부 착수금을 위임인에게 반환할 의무를 인정하고 있다.[25]

2) 그러나 경우에 따라서는 변호사의 귀책사유로 위임계약이 해지된 경우에 항상 착수금 중 일부분을 보수로 인정하고 나머지 금액만을 반환한다고 볼 수는 없을 것이다. 수임사건을 수행하는 변호사는 성실하게 의뢰인의 권리를 옹호할 의무가 있을 뿐만 아니라 의뢰인과의 신뢰관계를 근본적으로 깨뜨리는 행위 등을 하지 않아야 할 의무가 있다. 그런데 변호사가 착수금을 수령한 후 의뢰인의 이익을 해치는 행위나 신뢰관계를 깨뜨리는 행위를 하는 경우에도 수임사무 처리부분에 상당하는 보수를 인정해주는 것은 변호사의 위와 같은 행위를 용납하거나 부추기는 결과를 초래할 수 있다. 그러므로 착수금 중 일부의 돈을 반환해야 하는 문제는 위임계약의 해지사유를 엄격히 살펴야 할 필요가 있으며, 경우에 따라서는 오히려 변호사가 의뢰인에게 손해배상책임을 지게 될 수도 있다.[26]

3) 만약 보수약정 당시에 어떠한 경우에도 착수금을 돌려주지 않는다는 약정을 하였을 때 그 약정의 효력은 유효한지 문제된다. 미국의 뉴욕(New York) 대법원은 변호사 선임계를 제출한 이후에는 어떤 경우에도 돌려주지 않는다는 형식의 형사사건 착수금을 계속 받은 변호사에 대하여, 그와 같은 약정은 변호사를 해임할 자유가 있는 의뢰인을 구속하는 것이므로 인정할 수 없다면서 변호사는 그동안 수임사건을 처리한 만큼의 보수만을 청구할 수 있다고 한 바 있다.[27] 우리나라에서도 착수금의 반환을 금하는 내용의 약정, 특히 부동문자로 기재된 약정서를 사용하여 왔던 관례도 있었지만, 그 문자에 구속된다고 볼 수는 없다.

25 소송위임계약과 관련하여 위임사무 처리 도중에 수임인의 귀책사유로 계약이 종료되었다 하더라도, 위임인은, 수임인이 계약종료 당시까지 이행한 사무처리 부분에 관해서 수임인이 처리한 사무의 정도와 난이도, 사무처리를 위하여 수임인이 기울인 노력의 정도, 처리된 사무에 대하여 가지는 위임인의 이익 등 제반사정을 참작하여 상당하다고 인정되는 보수 금액 및 상당하다고 인정되는 사무처리 비용을 착수금 중에서 공제하고 그 나머지 착수금만을 수임인으로부터 반환받을 수 있다고 한다(대법원 2008. 12. 11. 2006다32460 손해배상(기)등; 서울중앙지방법원 2005. 9. 16. 2005가합28940 손해배상(기)등).

26 위임계약에 있어서 수임인의 채무불이행으로 손해가 발생한 경우 수임인에게 위자료를 인정하기 위한 요건에 관한 판결로, 위자료 인정의 요건을 엄격히 해석하여 위임인의 청구를 기각하고 있다. 일반적으로 위임계약에 있어서 수임인의 채무불이행으로 인하여 위임의 목적을 달성할 수 없게 되어 손해가 발생한 경우, 그로 인하여 위임인이 받은 정신적인 고통은 그 재산적 손해에 대한 배상이 이루어짐으로써 회복된다고 보아야 하고, 위임인이 재산적 손해에 대한 배상만으로는 회복될 수 없는 정신적 고통을 입었다는 특별한 사정이 있고, 수임인이 그와 같은 사정을 알았거나 알 수 있었을 경우에 한하여 정신적 고통에 대한 위자료를 인정할 수 있는 것이다(서울중앙지방법원 2005. 9. 16. 2005가합28940 손해배상(기)등).

27 Matter of Cooperman 83 N.Y.2d 465(1994).

3. 성공보수

(1) 성공보수의 개념

1) 성공보수는 위임사무 처리의 결과에 대하여, 성공의 정도에 비례하여 의뢰인이 변호사에게 지급하게 되는 보수를 말한다. 성공보수는 그 성공의 정도에 따라 그에 상응하게 지급되는 위임사무 처리의 대가이다. 무엇을 성공으로 볼 것인가에 대하여, 예컨대 민사사건에서는 승소판결을 받거나 화해가 성립된 때, 소취하가 있을 때 등을 상정할 수 있고, 형사사건에서는 불기소처분이나 공소취하, 피고인에게 유리한 판결(무죄나 집행유예 또는 벌금형 선고)을 받을 때를 상정할 수 있다. 민사사건의 승소판결과 관련하여서는 판결에서 표시된 권리, 즉 승소금액을 피고로부터 현실적으로 변제받지 않았더라도 성공한 것으로 본다.

2) 성공보수약정은 다양한 형식으로 체결될 수 있는데, 공통점은 변호사의 보수가 수임사건의 결과에 좌우된다는 점이다. 성공보수는 크게 3가지 유형으로 나눌 수 있다. 첫째, 수임사건의 결과에 따라 확정금액을 받기로 하는 유형이다. all or nothing 형식으로 약정할 수도 있고, 부분적인 성공의 경우 부분적인 확정금액을 받기로 하는 단계별 성공보수약정도 있을 수 있다. 둘째, 일정부분에 대한 약속(pactum de quota litis) 유형으로서 수임사건의 대상물(소송물) 가치에 대한 일정 백분율을 보수로 받기로 하는 약정이다. 셋째, 변호사가 일정한 보수를 받지만, 성공한 경우에는 추가적으로 성공보수를 받기로 하는 유형이다. 이론상 성공보수 약정유형을 이처럼 분류해 볼 수 있지만 혼합된 형태도 있을 수 있다. 성공보수는 수임사건 약정시에 착수금과 함께 당해 사건의 성공비율 내지 성공가액에 따른 성공보수액을 정하는 형식으로 주로 행하여진다. 그리고 손해배상청구 소송의 경우에는 변호사가 모든 소송비용을 부담한 후 승소비율에 따른 일정액을 보수로 받는 형식의 약정이 행하여지기도 한다.

3) 성공보수의 기능으로 먼저, 변호사에게 승소에 대한 동기를 부여하여 의뢰인의 권리와 이익을 보호하고자 하는 변호사의 열의를 북돋을 수 있는 측면과, 다른 한편으로는 변호사가 성공보수에 집착하여 과도하게 소송을 지연하거나 불필요한 증거자료를 제출하고 당사자간의 화해로 소송을 종결하는 데 소극적인 태도를 보일 수 있는 측면도 있다.

4) 성공보수 중에는 특히 미국에서 주로 행하여지는 형식으로, 민사사건의 원고가 의뢰인인 경우에 패소한 경우에는 변호사가 보수를 받지 않는 대신에 승소한 경우에는 배상액의 일정비율로 보수를 받는 내용으로 체결되는 형식의 보수를 '성공조건부 수임료'(Contingent fee)라고 한다. Contingent fee는 주로 상해를 입은 개인의 손해배상청구사건의 보수지급형태로 이용되었지만, 다른 유형의 사건에도 이용되고 있다.[28] 변호사가 비용과 경

28 Schwartz/Dick/Perschbacher/Bassett, *Problems in Legal Ethics*, pp.131~132.

비를 전부 부담하여 사건을 수행한 후, 승소하면 얻어낸 결과로부터 비용 및 경비를 제외하고 나머지를 의뢰인과 변호사가 약정한 비율에 따라 나누어 갖게 된다. Contingent fee는 변호사가 패소하였을 경우에는 전혀 보수를 받을 수 없는 위험이 있기 때문에 일정하게 정해진 보수보다 높은 것이 사실이지만, 지나치게 과도해서는 아니 되는 제한을 받는다. 이 같은 성공조건부 보수 역시 우리나라의 성공보수의 개념에 포함되는 것이고, 다만 그 형태를 달리하는 것으로 이해할 수 있다.

(2) 성공보수 계약의 유효성 여부

1) 변호사 보수약정은 대부분 착수금과 성공보수로 구분하여 계약을 체결한다. 착수금을 결정하는 데 있어서 장차 지급하게 될 성공보수액도 고려하게 된다. 변호사와 의뢰인은 착수금과 성공보수를 합한 전체의 금액을 당해 수임사건에 관한 변호사의 보수로 인식하는 경향이 크다. 그런 측면에서는 성공보수 역시 변호사 보수의 한 유형으로 그 지급시기를 착수금과 달리, 승소와 같은 소정의 좋은 결과가 발생하였을 때 지급하게 되는 후급의 성격을 갖는 보수의 일종으로 이용되기도 한다. 실제로 성공보수의 형식은 다양하여 그 보수의 법적 성격을 규명함에 있어서 착수금의 액수와 소송물 가액, 수임사건의 성공의 정도 등을 종합적으로 고려하여 순수한 의미의 성공보수인지, 지급시기를 수임사건 종료 후로 약정한 것인지 여부를 살펴야 한다.

2) 성공보수는 성공이라는 약정사실의 발생을 정지조건으로 하는 보수이다. 계약자유의 원칙상 변호사와 의뢰인 간의 성공보수약정이 원칙적으로 인정되고 있다. 다만 성공보수가 선량한 풍속 또는 사회질서에 위반하거나(민법 103), 의뢰인의 궁박, 경솔 또는 무경험으로 인하여 현저하게 공정을 잃은 경우(민법 104)에는 그 효력이 부정되거나 합리적인 금액의 범위 내에서만 인정된다고 보아야 한다. 판례도 성공보수 약정을 유효라는 인식을 기반으로 하여 변호사의 약정 성공보수금 총액이 부당히 과다한 경우에는 이를 감액하고, 그 금액을 초과하는 보수금의 약정은 신의성실의 원칙에 반하여 무효라고 한다(대법원 1992. 3. 31. 91다29804 보수금).

3) 이와 달리 성공보수약정을 금지하여야 한다는 견해도 있다. 그 논거로서는 변호사의 사명이 인권옹호와 사회정의 실현에 있고, 변호사가 법원과 당사자로부터 독립하여 그 사명을 완수할 수 있도록 하고, 비윤리적이거나 불법적인 수단을 동원하려는 유혹에 빠지지 않도록 하기 위해서라고 한다.[29] 그리고 민사사건에서는 돈 없는 사람의 권리구제 측면에서 성공보수의 필요성을 인정할 수 있지만, 형사사건에서는 성공보수 제도를 없앤다고 하여 무고한 피고인이 형벌을 받는 결과가 생겨나는 것도 아니라는 이유로 성공보수를 인

29 권오승, "변호사보수에 관한 검토", 법과 사회 제11호, 148면.

정해서는 안 되며, 그 사법적 효력도 부정해야 한다는 견해도 있다.[30]

4) 생각건대, 변호사의 성공보수는 변호사의 노력의 결과로 발생하는 성공의 대가이다. 그렇지만 변호사는 수임사건을 선량한 관리자로서의 주의의무를 다하여 처리할 의무가 있다(민법 681). 변호사가 수임사건에 대하여 최선의 변론을 하는 것은 당연한 직무상 의무이며, 그 결과 발생하는 좋은 결과에 대하여 별도의 보수지급을 약정하는 것은 2중의 보수지급이라고 볼 수도 있다. 그렇기 때문에 성공보수 약정에 대하여 비판이 있고 경청할 점도 있다. 그러나 성공보수 자체를 의뢰인이 당해 수임사건과 관련하여 지급하게 될 전체 보수액으로 이해한다면, 성공보수는 그 지급 시기와 조건을 성공이라는 결과의 발생에 의존하는 부가적인 보수약정이라고 볼 수 있다. 그러므로 성공보수는 당해 성공보수 약정의 경위, 내용, 성공보수의 액수, 성공보수 지급 형식 및 시기 등을 종합적으로 고려하여야 착수금 중의 일부에 대한 후급에 해당되는지, 문자 그대로 성공보수인지 여부를 알 수 있다.

5) 미국 역시 성공조건부 수임료(Contingent fee) 약정이 허용되고 있다. 소송경비와 변호사비용을 지불할 능력이 없는 사람들에게 법적 구제의 기회를 주는 역할을 하고 있다. 반면, ① 형사사건에서의 성공보수약정과 ② 이혼청구 또는 ③ 부양료청구와 같은 가사사건에서의 성공보수약정은 금지된다.[31] 또한 ④ 연방 또는 주의 제정법들의 정부기관 기타 관청에 대한 로비활동을 하면서 그 대가를 의뢰인으로부터 성공보수의 형태로 받는 것을 금지하고 있다. 이러한 영역에서는 사법제도를 부패시킬 가능성이 크다고 보기 때문이다. 또한 형사사건에서는 그 보수를 지급할 재산을 창출하지 않을 뿐만 아니라, 그러한 보수는 피고인을 석방하기 위하여 비윤리적이고 불법적인 수단을 끌어들일 우려가 있기 때문이라고 한다. 그러나 그 같은 우려는 형사사건뿐만 아니라 민사사건에서도 여전히 존재한다. 또한 형사사건에서도 성공적인 변론은 재산을 만들어 낼 수 있다는 지적도 있다. 석방된 피고인의 생산성 또는 유죄로 선고되었다면 연금을 상실하였을 공무원의 연금을 받을 권리는 재산에 해당되기 때문에 형사사건에서 절대로 재산이 창출되지 않는다고 볼 수는 없다.[32] 그리고 가사사건에서 당사자 간에 주고받는 재산이 있어야 변호사가 보수를 받는다면, 변호사는 혼인을 깨는 쪽으로 일하게 될 것이므로 이혼이나 별거를 부당하게 조장하게 되고, 당사자 사이의 화해를 방해하거나 배우자 및 자녀들의 생활을 지원해야 할 자금이 변호사에게 넘어갈 가능성이 높기 때문이라고 한다. 그렇지만 부부가 혼인을 유지하든 않든지 이는 사적자치에 맡길 일이지 국가가 관여할 일은 아니기 때문에 가사사건에서도 성공보수가 인정되어야 한다는 견해가 타당하다.

---

30 이창희, "변호사 보수의 적정성과 투명성", 법률가의 윤리와 책임, 301면.
31 「변호사 직무에 관한 모범규칙」 Rule 1.5, Comment. 6.
32 이규호, "성공보수금계약에 관한 연구", 연세법학연구 제6집 제1권, 350면.

6) 반면, 독일에서는 성공보수약정이 허용되지 아니하였다. 성공보수를 약정하는 것은 사법기관으로서의 변호사의 지위에 맞지 않는 것이고, 공서양속에 반하는 합의로 볼 수 있기 때문이었다. 그런데 연방헌법재판소는 2006. 12. 12. 변호사의 성공보수약정을 금지시키고 있는 「연방변호사법」 제49조 b 제 2 항의 규정은 기본법 제12조 제 1 항의 직업의 자유를 침해하는 것이므로, 입법자는 "성공보수약정의 일반적인 금지에 대한 예외를 명시하거나 또는 금지 자체를 완전히 폐지하는 새로운 규정을 만들어야 한다"고 판시한 바 있다.[33] 연방헌법재판소는 성공보수약정의 금지를 원칙적으로 위헌이라고는 하지 않고, 「연방변호사법」이 성공보수약정을 전면적으로 금지하고 있으면서도 법 자체에 아무런 예외를 인정하지 않고 있는 것이 직업활동의 자유를 침해하는 것이라고 판단한 것이다. 그 후 「연방변호사법」 제49조 b 제 2 항은 "변호사보수법에 다른 규정이 없는 한, 보수나 그 금액이 사건의 결과나 변호사직무 활동의 성공에 좌우되게 하는 합의 또는 변호사가 쟁취한 금액의 일부를 사례로서 취득하는 (성공사례) 합의는 허용되지 않는다"고 규정하여[34] 원칙적으로 성공보수약정의 금지는 그대로 유지하되, 예외적으로 「변호사보수법」에서 성공보수약정을 인정하고 있다. 「변호사보수법」 제 4 조 a 제 1 항은 성공보수(Erfolgshonorar)에 관하여 "성공보수는 구체적인 사건의 특별한 사정이 고려될 수 있을 때에만 개별적인 경우에 합의할 수 있다. 이는 특히 의뢰인이 자신의 경제적인 사정 때문에 성공보수의 약정 없이는 권리추구가 어려울 때 적용된다. 법원의 소송절차에서 승소한 경우에는 법정보수보다 더 많은 액수의 지급을 합의하였다면, 패소한 경우에는 무보수 또는 법정보수보다 적은 액수의 지급을 합의할 수 있다"고 규정하고 있다.[35] 따라서 변호사는 의뢰인과의 합의로 성공보수를 약정할 수 있게 되었다.

(3) 성공보수청구권의 성립요건

1) 변호사와 의뢰인 사이에 기본적인 위임계약이 있어야 한다. 변호사의 보수와 그 종류 및 금액은 수임약정이 정하는 바에 따른다. 성공보수 역시 위임계약의 체결을 기본요건으로 한다.

2) 성공보수 약정을 하였어야 한다. 성공보수의 약정 시기는 수임계약시 또는 그 후에 수임사건의 진행 중에 약정하여도 된다. 성공보수 약정은 가급적 서면으로 작성함으로써(변호사윤리장전 32) 사후에 보수를 둘러싼 분쟁의 발생을 예방하는 것이 좋다. 성공보수의 종류는 현금뿐만 아니라 부동산이나 무체재산권 등으로 하여도 무방하다. 그런데 성공보수는 수임계약시에 명시적으로 약정되어 있어야 하는지 문제된다. 판례는 변호사 보수는 사전

33 BVerfG 12. 12. 2006, 1 BvR 2576/04, NJW 2007, 979.
34 박준/이상원/이효원/박준석/윤지현, 주요 국가의 변호사 윤리규범, 417면.
35 Bischof, *Rechtsanwaltsvergütungsgesetz*, S.164.

약정이 없더라도 유상이라고 하는데, 성공보수 역시 무보수로 한다는 특약이 없는 한 성공보수를 청구할 수 있다고 한다.[36] 그러나 수임사건의 승소에 해당되는 결과가 발생하였다고 하더라도 모든 사례에서 성공보수를 청구할 수 있는 것은 아니라고 해야 한다. 성공보수를 인정할 만한 사정을 특별히 참작하여 명시적인 약정이 없는 경우에는 제한적으로 인정하여야 할 것이다. 성공보수 약정은 성공보수 또는 사례금 또는 칭찬금이라는 명칭으로도 약정될 수 있다(수원지방법원 2009. 9. 24. 2008가합20662 변호사보수).

3) 위임사건을 성공하였어야 한다. 어떤 경우가 성공에 해당되느냐 여부는 당사자의 약정내용에 의하되, 청구취지의 전부 또는 일부가 인용된 경우 성공한 것으로 볼 수 있다. '승소간주조항'에 의하여 성공보수청구권이 발생할 수 있으나,[37] 신의성실의 원칙이나 불공정한 법률행위에 해당되어 불공정한 약관으로 볼 수 있는 여지도 있다. 판례는 화해권고결정 또는 쌍불취하 간주되어 소송이 종료된 때를 성공으로 인정하기도 하였다.[38]

4) 성공보수가 과다하지 아니하여야 한다. 성공보수의 과다 여부는 소송의 난이도, 노력과 비용의 정도, 재판진행의 시간 등을 고려하여 결정된다. 성공보수 약정이 있더라도 과다한 경우에는 적정 금액을 초과하는 부분은 무효로 보아야 한다.

5) 성공보수의 청구시기는 원칙적으로 상호 간의 약정에 따른다. 약정이 없을 경우에는 후급이 원칙이다(민법 682②).[39] 소송대리권의 범위는 특별한 사정이 없는 한 당해 심급에 한정되어, 소송대리인의 소송대리권의 범위 역시 수임한 소송사무가 종료하는 시기인 당해 심급의 판결을 송달받은 때까지라고 할 것이다(대법원 2000. 1. 31. 99마6205). 그러므로 판례는 성공보수 약정이 제1심에 대한 것으로 인정되는 이상 보수금의 지급시기에 관하여 당사자 사이에 특약이 없는 한, 심급대리의 원칙에 따라 수임한 소송사무가 종료하는 시기인 제1심 '판결을 송달받은 때'로부터 그 소멸시효 기간이 진행된다고 한다(대법원 1995. 12. 26. 95다

36 변호사에게 계쟁사건의 처리를 위임함에 있어서 그 보수 및 액에 관하여 명시의 약정을 아니하였다 하여도 무보수로 한다는 등의 특별한 사정이 없는 한 응분의 보수를 지급할 묵시의 약정이 있는 것으로 봄이 상당하며, 변호사는 그 수임사건이 승소로 확정된 때와 이와 동일시할 사건귀결이 된 경우에는 무보수로 한다는 특약이 없는 한 민법 제686조에 의하여 승소사례금을 청구할 수 있다(대법원 1975. 5. 25. 75다1637 보수금).

37 예컨대, 의뢰인이 임의로 청구의 포기·인낙, 소취하, 항소취하, 상대방의 청구포기·인낙, 소취하, 행정처분의 직권취소 등의 경우는 승소로 본다는 내용 등이 이에 해당된다.

38 서울고등법원 2005. 6. 30. 2004나69934 약정금; 서울중앙지방법원 2006. 11. 14. 2006가단192339 수임료; 대법원 1970. 12. 22. 70다2312 보수금.

39 변호사 甲은 2003년 5월 A의료법인 소유의 부동산 매각사무를 위임받아 매매계약을 체결했다. 甲은 계약체결 뒤 계약금과 중도금 10억 4,000만여원이 입금된 은행 계좌에서 5억여원을 의료법인 측에 알리지 않고 인출해 사용했다. 1심은 성공보수금 지급 시점을 매매계약 체결시로 보고 이미 이행기가 도래한 성공보수금 4억 4,000만원을 인출한 부분에 대해 무죄로 판단하고 수임료 인출 부분만 유죄로 판단해 징역 10월에 집행유예 2년을 선고했다. 2심은 甲의 범행이 악의적이지 않다며 벌금 1,000만원으로 감형했다. 그러나 대법원은 지난해 5월 성공보수금 인출행위도 횡령죄를 구성한다며 2심 판결을 파기하고 사건을 의정부지법으로 돌려보낸 바 있다(대법원 2012. 3. 29. 2012도1550 횡령).

24609). 성공보수는 위임사무의 종료 후에 발생한 결과에 대한 것이므로 후급이 원칙이다. 「변호사윤리장전」은 성공보수를 조건부로 미리 받아서는 아니 된다는 규정을 삭제한 바 있다. 그러므로 선지급하기로 하는 내용의 약정은 유효하다고 할 것이다.

6) 변호사가 1심에서 패소한 사건을 항소심에서 수임하면서 성공보수를 약정한 경우 항소심에서 승소판결을 받았다면 성공보수를 청구할 수 있다. 그런데 그 사건이 대법원에서 파기환송된 경우에도 '위임사무가 성공한 때'로 볼 수 있는지 문제된다. 변호사가 의뢰인과 수임계약을 체결할 당시에 위임사무의 성공의 시기를 당해 항소심 판결로 한정하였다면 그 사건이 대법원에서 파기환송되었을지라도 성공보수를 청구할 수 있다. 그러나 위임사무의 성공의 때를 당해 항소심 판결로 한정하지 않았다면, 승소하였던 항소심 판결이 대법원 판결에 의하여 파기환송된 경우에는 심급대리의 원칙상 환송 전 항소심 사건의 소송대리인의 대리권이 환송 후 항소심 사건에도 미친다고 할 수 있으므로 성공보수를 청구할 수 없다는 하급심 판결이 있다(서울중앙지방법원 2013. 7. 12. 2012가단269254). 따라서 변호사가 수임계약을 체결하면서 위임사무의 성공시기를 명확히 정하는 것이 필요하다.

Ⅵ. 형사사건의 성공보수약정 무효판결과 불법원인급여와의 관계

1. 판시사항과 판결요지(대법원 2015. 7. 23. 선고 2015다200111 전원합의체 판결 [부당이득금])

【판시사항】

형사사건에 관한 성공보수약정이 선량한 풍속 기타 사회질서에 위배되는 것으로 평가할 수 있는지 여부(적극) 및 어느 법률행위가 선량한 풍속 기타 사회질서에 위반되어 무효인지 판단하는 기준 시점(=법률행위가 이루어진 때)과 판단 기준/종래 이루어진 보수약정이 성공보수 명목으로 되어 있는 경우, 민법 제103조에 의하여 무효라고 단정할 수 있는지 여부(소극) 및 이 판결 선고 후 체결된 성공보수약정의 효력(무효)

【판결요지】

형사사건에 관하여 체결된 성공보수약정이 가져오는 여러 가지 사회적 폐단과 부작용 등을 고려하면, 구속영장청구 기각, 보석 석방, 집행유예나 무죄 판결 등과 같이 의뢰인에게 유리한 결과를 얻어내기 위한 변호사의 변론활동이나 직무수행 그 자체는 정당하다 하더라도, 형사사건에서의 성공보수약정은 수사·재판의 결과를 금전적인 대가와 결부시킴으로써, 기본적 인권의 옹호와 사회정의의 실현을 사명으로 하는 변호사 직무의 공공성을 저해하고, 의뢰인과 일반 국민의 사법제도에 대한 신뢰를 현저히 떨어뜨릴 위험이 있으므로,

선량한 풍속 기타 사회질서에 위배되는 것으로 평가할 수 있다.

다만 선량한 풍속 기타 사회질서는 부단히 변천하는 가치관념으로서 어느 법률행위가 이에 위반되어 민법 제103조에 의하여 무효인지는 법률행위가 이루어진 때를 기준으로 판단하여야 하고, 또한 그 법률행위가 유효로 인정될 경우의 부작용, 거래자유의 보장 및 규제의 필요성, 사회적 비난의 정도, 당사자 사이의 이익균형 등 제반 사정을 종합적으로 고려하여 사회통념에 따라 합리적으로 판단하여야 한다.

그런데 그동안 대법원은 수임한 사건의 종류나 특성에 관한 구별 없이 성공보수약정이 원칙적으로 유효하다는 입장을 취해 왔고, 대한변호사협회도 1983년에 제정한 '변호사보수기준에 관한 규칙'에서 형사사건의 수임료를 착수금과 성공보수금으로 나누어 규정하였으며, 위 규칙이 폐지된 후에 권고양식으로 만들어 제공한 형사사건의 수임약정서에도 성과보수에 관한 규정을 마련하여 놓고 있었다. 이에 따라 변호사나 의뢰인은 형사사건에서의 성공보수약정이 안고 있는 문제점 내지 그 문제점이 약정의 효력에 미칠 수 있는 영향을 제대로 인식하지 못한 것이 현실이고, 그 결과 당사자 사이에 당연히 지급되어야 할 정상적인 보수까지도 성공보수의 방식으로 약정하는 경우가 많았던 것으로 보인다.

이러한 사정들을 종합하여 보면, 종래 이루어진 보수약정의 경우에는 보수약정이 성공보수라는 명목으로 되어 있다는 이유만으로민법 제103조에 의하여 무효라고 단정하기는 어렵다. 그러나 대법원이 이 판결을 통하여 형사사건에 관한 성공보수약정이 선량한 풍속 기타 사회질서에 위배되는 것으로 평가할 수 있음을 명확히 밝혔음에도 불구하고 향후에도 성공보수약정이 체결된다면 이는민법 제103조에 의하여 무효로 보아야 한다.

2. 성공보수약정 무효판결의 특징(판례 변경의 소급효·선택적 장래효)

(1) 형사사건의 성공보수약정이 무효라는 판결은 그 법적 근거를 선량한 풍속 기타 사회질서에 위배되는 것으로 민법 제103조 위반이라고 하였다. 그동안 판례는 민사사건 또는 형사사건의 약정된 보수액이 부당하게 과다하여 상당하다고 인정되는 범위를 초과하는 보수약정은 무효라는 근거로 신의성실의 원칙이나 형평의 원칙을 제시하였던 것과 달리,[40] 형사사건 성공보수약정은 민법 제103조 위반에 해당되어 무효라고 한다. 대상판결도 인정하고 있듯이 "당사자 사이에 당연히 지급되어야 할 정상적인 보수까지도 성공보수의 방식으로 약정하는 경우가 많았던 것"이라서, 만약 구체적인 사건에서 성공보수약정을 인정할 수 없는 사정이 있다면, 기존의 판례 입장처럼 신의칙 또는 형평의 원칙을 적용하여 약정 보수액은 무효라고 함이 타당하였을 것이다. 그럼에도 대법원은 성공보수약정 자체를 무효라고 하는

40 대법원 1993. 2. 9. 선고 92다30382 판결 [보관금등]; 대법원 2013. 7. 11. 선고 2011다18864 판결 [약정금].

판결을 하였는데, 대법관 중 단 1명의 반대의견도 없는 것은 매우 이례적이라 할 수 있다.[41]

(2) 그리고 해방 이후 법률의 근거가 없이도 변호사의 보수의 일종으로 정착되어 온 형사사건의 성공보수약정을 금지시키려면, 공개변론을 여는 등의 공론화 과정을 거쳐야 함에도 갑자기 전혀 예기치 못한 판결을 하였다. 만약 성공보수약정의 무효화를 위한 사회적 합의를 위한 공감대 형성을 위한 시도를 하면, 그를 방지하고자 상고를 취하하는 등의 행위를 우려하여 갑작스럽게 저런 판결을 하였을 것이라는 추측도 많다. 대한변호사협회는 2015. 7. 27. 헌법재판소에 성공보수약정무효에 관한 대법원 판결을 취소해 줄 것을 청구하는 헌법소원을 제기하기에 이르렀다.[42]

(3) 대상판결은 종래에 이루어졌던 성공보수약정은 무효라고 단정하기는 어렵다고 하여 완전한 소급효를 부정하였다. 그리고 이 판결 이후에 있을 성공보수약정부터 무효라고 하여 판례변경의 장래효만을 인정하였다. 그렇다 보니 판례의 변경을 이끌어낸 해당 사건의 원고도 새롭게 변경된 판례의 혜택을 입지 못하는 불합리가 발생하게 되었다는 지적이 있다.[43] 또한 대상판결은 민법 제103조를 위반할 경우 발생하는 효과인 소급적 무효를 적용하지 않고 예외적으로 '장래효'를 인정하는 것은 이질적일 뿐만 아니라 법적 안정성을 해하는 것이라서 부당하다는 견해도 있다.[44]

(4) 당사자의 법률행위가 무효이면 법률효과가 발생하지 않기 때문에 채권은 발생하지 않는다. 그렇지만 행위 당시에 사회적 타당성이 있다고 평가되었던 것이 그 효력 발생시에 윤리관의 변화로 부당한 행위로 평가되어 당사자에게 소급적으로 불리하게 작용해서는 안 된다.[45] 이런 관점에서 대법원 판결 역시 "종래 이루어진 보수약정의 경우에는 보수약정이 성공보수라는 명목으로 되어 있다는 이유만으로 민법 제103조에 의하여 무효라고 단정하기는 어렵다"고 판시한 것으로 보인다. 그 동안 판례가 변경되는 경우에 그 판례가 변경 전의 사안에 대하여 소급적용된다는 것이 본질상 당연하게 여겨져 별다른 언급 없이 당해 사건에 적용되고, 판례 변경 이전에 이루어진 법률행위 등에 관한 이후의 모든 재판에 적용되기는 하였다.[46]

---

41 정형근, "변호사의 형사사건 성공보수약정에 관한 고찰", 336면.

42 그리고 대한변호사협회는 2017. 3. 22. 형사사건에 대해 변호사와 의뢰인 간의 성공보수약정을 유효화할 수 있도록 자료의 조사·연구와 추진방안 및 제도개선책을 마련하기 위하여 '형사사건성공보수유효화특별위원회를 설치하게 되었다.

43 윤진수, "형사사건 성공보수 약정 무효 판결의 장래효에 대한 의문", 법률신문 2015. 8. 6.자.

44 김자영·백경희, "변호사 성공보수약정에 관한 소고 — 대법원 2015. 7. 23. 선고 2015다20011 전원합의체 판결 —", 서울법학 제23권 제2호(2015. 11), 96면.

45 김증한·김학동, 민법총칙, 박영사(2013), 371면.

46 조은경, "형사성공보수약정의 사회적 타당성과 장래적 판례 변경의 문제", 민사판례연구(39), 박영사(2017. 2), 91면.

(5) 대상판결은 마치 입법을 하듯이 향후 형사사건의 성공보수약정은 무효라는 취지로 선택적 장래효의 방식을 취하였다. 이처럼 장래효 판결을 하게 된 것은 당사자 사이에 당연히 지급되어야 할 정상적인 보수까지도 성공보수의 방식으로 약정하는 경우가 많았기에 그 경우에는 성공보수를 받을 수 있게 하여야 한다는 고려에서 나온 것으로 보이지만, 평등의 원칙에 위반된 것이라는 지적도 있다.[47] 다만, 대상판결에서 원고가 성공보수금의 반환을 주장하면서 근거로 들었던 것은 보수가 과다하다는 것이었지 성공보수약정이 민법 제103조를 위반하여 무효라는 것은 아니었고, 원심 법원의 보수 감액 결정에 반발한 피고만이 상고하였다는 특수한 사정이 있어, 당해 법리를 이끌어 낸 당사자에게조차 변경 판례가 적용되지 아니하여 불합리하다는 비판은 그대로 적용되기 어렵다는 견해도 있다.[48]

(6) 생각건대, 대상판결에서 성공보수약정을 무효라고 하면서 소급효를 인정하였다면, 원고는 무효인 성공보수약정에 따라 지급한 1억원의 반환도 청구할 수 있을 것으로 보인다. 그래서 대상판결이 소급효를 인정하지 않았기 때문에 원고가 판례변경의 혜택을 받지 못했다. 그러나 형사사건 성공보수약정이 민법 제103조 위반으로 무효라고 하면서 소급효까지 인정하였더라도, 원고가 성공보수로 지급한 1억원을 반환받는 문제는 그리 간단하지 않다. 민법 제103조의 선량한 풍속 기타 사회질서에 위반되는 것은 민법 제746조의 불법원인급여에서의 불법원인에 해당된다.[49] 따라서 원고가 민법 제103조 위반으로 무효인 성공보수금 1억원을 지급하였기에 이는 불법원인급여에 해당되어 원칙적으로 반환청구가 허용되지 않는다. 그 점에서 무효라고 하면서 소급효를 제한하였던 것이 원고에게 불이익이 되었다고 단정할 수는 없다고 할 것이다.

3. 형사사건의 성공보수약정 후 불법원인급여와의 관계

(1) 불법원인급여의 의의

성공보수약정이 민법 제103조에 위반하여 무효에 해당됨에도 그러한 약정을 하고, 실제로 의뢰인이 변호사에게 성공보수를 지급할 수 있다. 실제로 지금도 성공보수약정이 공공연하게 행하여지고 있으며 성공보수가 지급되고 있다. 이때 의뢰인이 그 성공보수약정이 무효라는 이유로 이미 지급한 보수의 반환을 청구할 수 있는지 문제된다. 이는 불법원인급여의 문제와 관련된 것이라서 이를 검토할 필요가 있다. 법률상 원인 없이 타인의 재산 또

47 윤진수, "형사사건 성공보수 약정 무효 판결의 장래효에 대한 의문", 법률신문 2015. 8. 6.자.

48 조은경, "형사성공보수약정의 사회적 타당성과 장래적 판례 변경의 문제", 106면.

49 부당이득의 반환청구가 금지되는 사유로 민법 제746조가 규정하는 불법원인이라 함은 그 원인되는 행위가 선량한 풍속 기타 사회질서에 위반하는 경우를 말하는 것으로서, 법률의 금지에 위반하는 경우라 할지라도 그것이 선량한 풍속 기타 사회질서에 위반하지 않는 경우에는 이에 해당하지 않는다(대법원 2003. 11. 27. 선고 2003다41722 판결 [소유권이전등기]).

는 노무로 인하여 이익을 얻고 이로 인하여 타인에게 손해를 가한 자는 그 이익을 반환하여야 한다(민법 741). 그러나 불법의 원인으로 인하여 재산을 급여하거나 노무를 제공한 때에는 그 이익의 반환을 청구하지 못한다. 그러나 그 불법원인이 수익자에게만 있는 때에는 그러하지 아니하다(민법 746).[50] 여기서 '불법의 원인'이라 함은 그 원인되는 행위가 선량한 풍속 기타 사회질서에 위반하는 경우를 말한다(다수설).[51] 판례 역시 같은 입장이다.[52] 대법원은 형사사건의 성공보수약정이 민법 제103조 위반이라고 판시하고 있기 때문에 불법원인급여에서의 '불법의 원인'이라고 할 수 있다.

그러나 그 불법원인이 수익자에게만 있는 때에는 그러하지 아니하다(민법 746 단서). 범죄를 단념시키기 위하여 금전을 급부한 경우가 해당된다. 만약 수익자가 아닌 급부자에게 불법원인이 있으면 그 반환을 청구할 수 없음은 물론이다.[53] 그런데 판례는 비록 급부자에게 불법원인이 있다고 하더라도 급부자의 불법성에 비하여 수익자의 불법성이 현저히 큰 때에는 공평 및 신의칙상 제746조 단서를 적용하여 그 반환청구를 긍정한다. 이를 불법성 비교이론이라고 하는데,[54] 급부자와 수익자의 불법성을 비교하여 수익자의 불법성이 급부자의 것보다 현저히 클 것을 요구하고 있다. 그러므로 형사사건의 성공보수약정 후에 의뢰인이 성공보수를 지급하지 않는 경우와 이미 지급한 경우를 구분하여 살펴볼 필요가 있다.

(2) 형사사건 성공보수약정만 하고 그 보수금을 지급하지 않는 경우

선량한 풍속 기타 사회질서를 위반한 법률행위는 무효이기 때문에 그 법률행위에 의하여 발생시키려고 했던 법률효과의 발생은 부정된다. 민법 제103조는 반사회적인 행위를 하고 그 실현을 바라는 자에 대하여 법이 조력을 거부한다. 원래 법률행위의 목적 또는 내용

---

50 전문에 해당하는 경우에는 수익자가 전부를 차지하게 되고, 후문에 해당하는 경우에는 급여자가 급부한 내용의 반환을 구할 수 있다는 취지가 아니라, 법원의 재량에 따라 그 내용을 비율적으로 고려할 수 있다는 것으로 해석할 수 있다는 견해도 있다(추신영, "불법원인급여에 대한 비판적 검토", 경희법학(제50권 제4호), (2015. 12), 291면.

51 민법 제746조에서 말하는 "불법"이란 선량한 풍속 기타 사회질서에 위반되는 것을 의미한다는 것이 다수설이지만, 선량한 풍속 기타 사회질서에 위반 외에 단속법규를 제외한 모든 강행법규의 위반도 포함하는 것으로 이해하는 견해, 민법 제103조의 선량한 풍속 기타 사회질서에 위반하는 경우에는 동시에 민법 제746조의 불법에 해당한다고 해석하고, 이 선량한 풍속 기타 사회질서 위반의 모습이 강행법규위반으로 나타나든 그렇지 않든 모두 해당된다는 견해, 불법의 범위를 좁혀서 선량한 풍속을 위반하는 경우에만 불법이 된다는 견해가 있다(박준서, 박준서 편집대표, 「주석 민법[채권각칙(5)]」, 한국사법행정학회(1999), 531면(임한흔 집필부분), 509~511면; 송덕수, 「민법강의」, 1604~1605면).

52 법률상 원인 없이 타인의 재산 또는 노무로 인하여 이익을 얻고 이로 인하여 타인에게 손해를 가한 자는 그 이익을 반환하여야 하고(민법 제741조), 다만 불법의 원인으로 인하여 재산을 급여하거나 노무를 제공한 때에는 그 이익의 반환을 청구하지 못하는 것인바(민법 제746조 본문), 여기서 불법의 원인이라 함은 그 원인되는 행위가 선량한 풍속 기타 사회질서에 위반하는 경우를 말하는 것으로서 법률의 금지에 위반하는 경우라 할지라도 그것이 선량한 풍속 기타 사회질서에 위반하지 않는 경우에는 이에 해당하지 않는다(대법원 2010. 12. 9. 선고 2010다57626,57633 판결 [약정금·부당이득금등]).

53 김준호, 민법강의, 1202면.

54 송덕수, 민법강의, 1608면.

이 사회적 타당성이 없는 것은 법률이 적극적으로 그 실현에 협력하지 않는다는 것이므로 그 행위에 의거한 이행이 있기 이전의 문제이다. 따라서 사회적 타당성이 없는 법률행위는 이행 전에는 채권의 효력이 발생하지 않고 따라서 이행할 필요도 없다.[55]

비록 의뢰인이 변호사와 성공보수약정을 하였을지라도 그 약정은 무효라서 변호사는 약정금 청구채권도 취득할 수 없다. 이처럼 법률행위가 반사회성을 이유로 무효가 되면 그 법률행위에 의하여 재산을 급부하거나 노무를 제공하기로 예정된 자는 그 의무에서 벗어나게 된다. 이는 변호사가 형사사건 보수약정을 하면서 착수금과 성공보수를 명확하게 구분한 경우에는 성공보수 부분의 약정은 무효가 되므로 문제되지 않는다. 그런데 착수금과 성공보수를 구분하지 않고 약정할 수도 있다. 예컨대 형사사건으로 구속된 피고인에 대한 1심 변론을 맡으면서 보수총액을 1억원으로 정하고, 별도의 성공보수에 관한 특약도 없는 경우가 있을 수 있다. 더 나아가 명시적인 성공보수약정이 없이 일부금액은 수임약정시에 지급하기로 하고, 나머지 잔액은 판결 선고 후에 지급하기로 한다고 할 수도 있다. 이때는 보수약정에 특정조건의 성취를 내용으로 하는 성공보수약정이 있거나 그렇게 해석될 수 있는 문언이 있지 않는 한 보수의 분할지급 약정으로 해석할 수 있다. 그런데 법원은 수사나 재판 등 사건 결과를 지켜본 다음 지급하는 것으로 의심되는 보수 약정은 그 명칭이 '착수금'이든 '잔금'이든 간에 일응 '성공보수'에 해당된다고 판단해 무효로 선언한 판결이 잇따라 선고하고 있어 변호사업계는 매우 당혹스러워 하고 있다.[56]

이에 관한 구체적인 사례를 보면, 원고는 피고들과 형사재판 변호를 위한 수임계약을 체결하면서, 기본보수 중 ① 절반은 계약금으로 계약 체결 즉시 지급하고, ② 나머지 절반은 '잔금'으로 당해 심급 판결 선고시에 지급받기로 하며, ③ 성공보수는 없는 것으로 명시적으로 약정하였습니다. 그런데 피고들이 판결 선고 이후에도 잔금을 지급하지 않자, 원고는 피고들을 상대로 잔금 지급을 구하는 소를 제기하였다. 그러나 하급심 법원은 형사사건의 변호인이 판결 선고시에 지급받기로 약정한 보수는 명칭 여하를 불문하고 성공보수에 해당하므로 이 사건 잔금 지급약정은 무효라는 취지로 1, 2심 모두 원고 패소 판결을 하였다(서울중앙지법 2017가소7400673 및 같은 법원 2018나36846 판결).

또한 법원은 '판결 선고시'에 지급하는 보수는 명칭을 '잔금'으로 했더라도 성공보수에 해당하므로 무효로 봐야 한다는 항소심 판결도 있다. 서울중앙지법 민사1부는 변호사 A씨가 B씨 등을 상대로 낸 금전지급 청구소송 항소심(2018나36846)에서 최근 원고패소 판결했다.[57] 그러나 수임인은 위임사무를 완료하여야 보수를 청구할 수 있는 것이 원칙이다(민법

55 곽윤직·김재형, 민법총칙, 289면.
56 박수연 기자, [단독] '형사 성공보수' 여부 넓게 인정… 변호사업계 '난감', 법률신문 2018. 6. 11.자.
57 항소심 재판부는 "A씨는 판결선고 이전까지는 변호인으로서 위임사무를 계속 수행하는 것이 일반적이고,

686②). 항소심 사건의 소송대리인인 변호사 또는 법무법인, 법무법인(유한), 법무조합(이하 '변호사 등'이라 한다)의 위임사무는 특별한 약정이 없는 한 항소심판결이 송달된 때에 종료되므로, 변호사 등은 항소심판결이 송달되어 위임사무가 종료되면 원칙적으로 그에 따른 보수를 청구할 수 있다.[58] 이런 판결에 비춰보면 하급심에서 잔금 지급시기를 판결선고 후로 약정한 경우를 성공보수로 해석하는 것은 민법 제686조 제2항과 기존의 대법원 판결에도 어긋날 뿐만 아니라 변호사 입장에서는 가능한 빨리 보수를 지급받고 싶지만 의뢰인의 사정을 고려하여 그 지급시기를 판결선고 후로 약정한 사정도 고려하지 않는 것으로 부당한 해석이라고 할 것이다. 수임약정 때 잔금지급 시기를 판결 선고 후로 정한 경우에 그 법적 성격을 둘러싸고 분쟁이 계속될 것으로 보인다.

아무튼 변호사와 의뢰인 간에 형사사건 성공보수약정만 한 상태라면, 변호사가 그 약정에서 정한 성공이라는 조건을 성취하였다고 할지라도 성공보수금을 청구할 수 없다. 의뢰인은 당연히 그 약정에 따른 보수금을 지급할 의무가 없게 된다.

(3) 불법원인급여로 지급한 성공보수의 반환청구가 부정되는 경우

형사사건 성공보수약정은 민법 제103조에 해당되어 무효이므로 그 약정에 따라 지급된 보수는 불법의 원인으로 인하여 재산을 급여한 것이라서 반환을 청구하지 못한다. 불법원인급여에 관한 민법 제746조의 규정취지는 민법 제103조와 함께 사법의 기본이념으로 사회적 타당성이 없는 행위를 한 사람은 형식 여하를 불문하고 스스로 한 불법행위의 무효를 주장하여 복구를 소구할 수 없다는 법의 이상을 표현하는 것으로,[59] 민법 제746조는 제103조와 표리의 관계에 있다는 것이 통설과 판례의 일관된 견해이다.

변호사는 성공보수약정이 무효라는 점을 명확히 알고 있는 의뢰인의 적극적인 제안에 따라 성공보수약정을 체결할 수 있다. 의뢰인의 입장에서는 형사사건의 수사나 재판에서 기대하는 좋은 결과를 변호사가 도출해 줄 것을 기대하면서 착수금 외의 별도의 보수지급을 제안할 수 있다. 그리하여 변호사는 의뢰인과 성공보수약정을 할 수 있다. 이런 약정이 의뢰인의 진실한 의사에 따라 체결된 경우라고 인정할 수 있는 요소로는 의뢰인의 학력, 사회적 지위, 변호사와의 그간의 거래관계, 성공보수약정 당시의 상황, 성공보수약정이 무효

공판횟수나 그에 따른 업무량이 예상과 달라질 수 있으므로 변호사 보수의 잔금을 당해심급 판결선고시에 지급하기로 하고 액수도 조정할 수 있도록 규정했다고 주장하지만 이러한 취지라면 잔금 지급일을 수임사건의 변론종결일이나 판결선고 직전일로 규정해도 무방하고 A씨가 진정으로 확정적인 잔금을 받기로 한 것이라면 오히려 판결선고 이전을 이행기로 정하는 것이 실제 보수를 지급받는 데 훨씬 유리할 뿐 아니라, 공판횟수 증가에 따른 추가비용 등은 위임계약에서 별도로 정한 비용부담 규정을 근거로 청구하고 잔금 비율은 상대적으로 낮게 하는 것이 합리적이다"라고 설명했다(박수연 기자, [판결] 수임료 잔금 지급은 '판결선고시'로 했다면 '성공보수' 해당, 법률신문 2019. 9. 2.자).

58 대법원 2016. 7. 7. 선고 2014다1447 판결 [성공보수금].

59 대법원 1992. 12. 11. 선고 92다33169 판결 [위탁금].

라는 점을 충분히 알고서 약정하였는지 여부, 약정한 보수액, 성공이라고 인정할 수 있는 수사·재판결과를 도출하기 위한 변호사의 노력, 약정한 보수액을 지급한 시기와 경위 등을 종합적으로 고려하여야 할 것이다. 이런 가운데 의뢰인이 성공보수약정대로 그 보수금을 스스로 지급(급여)하였다면, 그 급부자와 수익자 상호간의 불법성은 동일하다고 할 것이다. 따라서 이런 과정을 거쳐서 이미 지급한 보수액의 반환은 허용되지 않는다.

과거에는 변호사와 의뢰인의 관계에서 변호사가 우월적인 지위에 있다고 전제하기도 하였지만, 현재는 변호사의 대량배출과 수임환경의 악화로 오히려 의뢰인의 요구대로 수임약정을 할 수밖에 없는 경우가 많다. 그런 점에서 성공보수약정 후 수사·재판 결과에 만족한 의뢰인이 보수금을 자발적으로 지급한 때에는 변호사의 불법성이 크다고 할 수 없어 반환청구가 인정된다고 할 수 없을 것이다.

(4) 불법원인급여로 지급한 성공보수의 반환청구가 허용되는 경우

불법원인급여라 할지라도 "불법원인이 수익자에게만 있는 때"에는 예외적으로 급여한 것의 반환을 청구할 수 있다(민법 제746조 단서). 본래 민법 제746조는 불법한 행위를 한 자에 대하여 법적 보호를 거절하겠다는 취지이므로, 불법원인이 급여자에게는 없고 수익자에게만 존재하는 경우에는 반환청구를 부인할 이유가 없을 것이기 때문이다.[60] 그러나 불법원인급여 중 불법원인이 오로지 수익자에게만 있는 경우로 엄격하게 해석하면, 성공보수약정에 있어서 지급한 보수의 반환을 전혀 청구할 수 없는 문제도 발생할 수 있다. 또한 변호사가 성공이라는 결과를 내지도 않았는데 성공보수만 선수령한 상태임에도 반환청구가 부정되면, 부당이득한 결과를 법이 허용하는 것이 되어 급여자인 의뢰인에게 지나치게 가혹한 결과 되어 부당하다.

그래서 판례는 수익자의 불법성이 급여자의 그것보다 현저히 크고, 그에 비하여 급여자의 불법성은 미약한 경우에도 급여자의 반환청구가 허용되지 않는다고 하는 것은 공평에 반하고 신의성실의 원칙에도 어긋난다고 할 것이므로, 이러한 경우에는 민법 제746조 본문의 적용이 배제되어 급여자의 반환청구는 허용된다고 해석함이 상당하다고 한다.[61] 이러한 불법성 비교론의 관점에서는 변호사의 불법성이 현저하게 커서 성공보수를 반환해야 하는 경우가 있을 수 있다.

변호사가 곤경에 처해 있는 의뢰인에게 성공보수약정을 체결하도록 적극적으로 유도하거나, 약정한 보수금을 수령하였음에도 성공이라는 조건성취가 안된 경우가 있을 수 있다. 법률전문가인 변호사가 법에 문외한인 의뢰인에게 성공보수약정을 제안하고, 의뢰인이

---

60 박준서 편집대표, 주석 민법[채권각칙(5)], 531면(박기동 집필부분).
61 대법원 1993. 12. 10. 선고 93다12947 판결 [손해배상(기)].

법률 지식이 부족하고 소송절차에 대한 경험과 정보도 없는 상태에서 인신구속이나 형벌에 처할 매우 급박하고 중대한 불이익을 눈앞에 두고 있는 시기에 당장 눈앞의 곤경을 면하기 위하여 변호사의 조력을 받고자 성공보수를 약속할 수밖에 없는 상황에서 성공보수약정을 할 수 있다.

그리고 변호사가 성공보수약정 직후에 수사나 재판 결과가 나오기도 전에 성공보수액을 미리 수령할 수 있다. 그런데 수사나 재판결과에서 기대하던 좋은 결과가 나오지 않을 수 있다. 예컨대 구속영장의 기각을 성공조건으로 하였는데 영장이 발부되어 구속된 경우, 집행유예 선고를 성공조건으로 하였는데 징역형이 선고된 경우 등이 있을 수 있다. 이때는 무효인 성공보수약정을 한 의뢰인의 불법성도 부정할 수는 없지만, 수익자인 변호사의 불법성이 훨씬 크다고 할 수 있다. 이런 경우에는 변호사는 지급받은 성공보수를 반환해야 할 것이다.

과거 대한변호사협회의 징계사례 중에는 징계혐의자가 2010. 8.경 형사사건에 대한 사건위임계약을 체결하면서 착수금으로 500만원, 보석으로 석방될 경우 성공보수금으로 2,500만원 합계 금 3,000만원을 교부받았으나(성공보수금 2,500만원은 보석 기각 시에 반환하는 조건), 피고인이 보석으로 석방되지 못하였음에도 위 성공보수금 2,500만원을 반환하지 않는 점 등에 대하여 정직 6월에 처한 바 있다.[62] 이 사안이 성공보수약정이 무효로 된 최근에 발생하였다면, 선수령한 성공보수금은 변호사에게만 불법원인이 있어 의뢰인에게 반환하여야 할 것이다.

(5) 적정 범위를 초과하여 지급한 성공보수액의 반환문제

의뢰인이 이미 지급한 성공보수의 반환청구가 인정되지 않을지라도 그 보수액이 부당하게 과대하다는 이유로 적당한 범위를 초과한 보수의 반환청구가 허용되는지 문제된다. 판례는 약정된 보수액이 부당하게 과다하여 신의성실의 원칙이나 형평의 원칙에 반한다고 볼만한 특별한 사정이 있는 경우에는 상당하다고 인정되는 범위 내의 보수액만을 청구할 수 있다고 본다.[63] 이런 법리를 불법원인급여에 해당되는 형사사건 성공보수에도 적용한다면, 과다하다고 인정되는 범위의 보수는 반환해야 할 것이다. 이를 긍정하기 위한 논거로는 불법원인이 수익자에게만 있는 때에는 예외적으로 급여한 것의 반환을 청구할 수 있다는 민법 제746조 단서를 들 수 있다. 불법원인급여에 관한 판례 중에는 이미 지급한 이자 중에서 정당한 이율 범위를 초과하는 부분은 부당이득으로서 반환해야 한다는 주장을 인용한 판결이 있다. 즉, 선량한 풍속 기타 사회질서에 위반하여 무효인 부분의 이자 약정을 원인

62 대한변호사협회, 대한변호사협회, 징계사례집 제6집[2011년~2014년 징계결정사례 중심], 228면.
63 대법원 1992. 3. 31. 선고 91다29804 판결 [보수금].

으로 차주가 대주에게 임의로 이자를 지급하는 것은 통상 불법의 원인으로 인한 재산 급여라고 볼 수 있을 것이나, 불법원인급여에 있어서도 그 불법원인이 수익자에게만 있는 경우이거나 수익자의 불법성이 급여자의 그것보다 현저히 커서 급여자의 반환청구를 허용하지 않는 것이 오히려 공평과 신의칙에 반하게 되는 경우에는 급여자의 반환청구가 허용되므로, 대주가 사회통념상 허용되는 한도를 초과하는 이율의 이자를 약정하여 지급받은 것은 그의 우월한 지위를 이용하여 부당한 이득을 얻고 차주에게는 과도한 반대급부 또는 기타의 부당한 부담을 지우는 것으로서 그 불법의 원인이 수익자인 대주에게만 있거나 또는 적어도 대주의 불법성이 차주의 불법성에 비하여 현저히 크다고 할 것이어서 차주는 그 이자의 반환을 청구할 수 있다.[64] 이에 대하여는 적정이율을 초과하는 이자 약정이 민법 제103조에 위반되어 무효라고 보더라도 당사자 사이의 약정에 따라 이자가 지급된 이상 그 불법원인은 대주와 차주 쌍방 모두에게 있다고 볼 수밖에 없으며, 임의로 이자를 지급함으로써 이미 거래가 종료된 상황에서 다시 차주의 반환청구를 허용한다면 법적 안정성을 해칠 우려도 있기 때문에 반환청구는 허용될 수 없다는 반대의견도 있다.

이 판결의 사안은 이자제한법이 폐지된 후에 적정이율의 기준이 없던 당시에 문제된 것으로 현재는 2007. 3. 29. 제정된 이자제한법으로 해결되었다. 다만, 사회통념상 허용되는 한도를 초과하는 이율의 반환을 허용하였다는 점에서 변호사의 보수 중 적정범위를 초과한 부분은 반환해야 하는 논거로 참고할 수 있는 판례라 할 수 있다.

생각건대, 대법원의 형사사건 성공보수약정 무효판결 있은 후에도 현실에서는 성공보수약정이 행해지고 실제로 보수금이 지급된 경우에 그 반사적 효과로 반환청구가 부정되어 수익자인 변호사가 불법한 이익을 보유하게 되는 부정의 상태가 초래된다. 그렇기에 수익자인 변호사는 인권옹호와 사회정의를 실현하는 변호사의 사명과 공공성을 지닌 법률전문직이라는 점에서 형사사건 처리에 소요되는 시간과 노력 등에 비추어 과다한 보수를 받을 수는 없다고 해야 한다. 만약 형사사건 성공보수금이 적정범위를 초과하였음에도 불법원인급여라는 이유로 반환이 허용되지 않는다면, 적정한 보수만을 받는 민사·행정사건 등과 형평성에도 반하는 결과를 초래한다. 그렇기 때문에 이미 지급한 형사사건 성공보수라도 과도한 액수에 대해서는 반환하도록 해야 할 것이고, 그 논거는 수익자인 변호사의 불법성이 현저하게 크기 때문이라고 해야 할 것이다.

64 대법원 2007. 2. 15. 선고 2004다50426 전원합의체판결 [대여금반환].

제 5 장

법무법인

제40조 법무법인의 설립

제40조(법무법인의 설립)
변호사는 그 직무를 조직적·전문적으로 수행하기 위하여 법무법인을 설립할 수 있다.

Ⅰ. 연 혁

1982. 12. 31. 개정된 변호사법은 현대사회의 법무수요에 효율적으로 대처하기 위하여 법무법인제도를 신설했다. 즉, 변호사는 그 직무를 조직적·전문적으로 행하기 위하여 법무법인을 설립할 수 있다(제30조). 법무법인은 법무부장관의 인가를 받아 설립하도록 하는 한편 법무법인은 법조경력 15년 이상인 자 2인을 포함한 5인 이상의 변호사로 구성하며, 구성원 아닌 변호사와 분사무소를 둘 수 있고, 법인 명의로 변호사 및 공증인의 업무를 행하며, 법무법인에 관하여는 상법 중 합명회사에 관한 규정과 공증법을 준용하도록 하는 내용을 규정했다. 그리고 2008. 3. 28. 개정된 변호사법은 전면개정으로 자구수정을 한 바 있다.

Ⅱ. 법무법인의 설립 목적

1. 법무법인 설립 주체

변호사는 그 직무를 조직적·전문적으로 수행하기 위하여 법무법인을 설립할 수 있다.

법무법인은 변호사의 직무를 수행할 목적으로 설립된 법인격이 부여된 법률사무소를 말한다. 법무법인의 설립주체는 자격등록을 마친 개업한 변호사여야 한다. '법무법인은 3명 이상의 변호사로 구성하며'(변호사법 45①)라는 규정에서 이를 추론할 수 있지만, 다른 입법례와 같이 보다 명확하게 할 필요가 있다. 예컨대 「세무사법」은 세무법인의 사원은 세무사이어야 하며, 그 수는 3명 이상이어야 한다(제16조의5 제1항)고 하며, 일본 변호사법은 '변호사법인의 사원은 변호사여야 한다'(제30조의4 제1항)고 명시하고 있다. 법무법인(유한)이나 법무조합에 소속되어 있는 변호사는 법무법인을 설립할 수 없다.

2. 변호사 직무의 조직적·전문적 수행

법무법인은 그 직무를 조직적·전문적으로 수행하기 위하여 설립할 수 있다. 법무법인(유한)·법무조합 역시 그 직무를 조직적·전문적으로 수행하기 위하여 설립할 수 있다(변호사법 58의2, 58의18). 여기서 '그 직무'는 당연히 변호사의 직무를 말한다. 변호사법 제49조는 '업무'로 표현하고 있다. 법무법인만의 고유한 직무는 존재하지 않는다. 법무법인의 설립목적은 직무의 조직적·전문적 수행에 있다. '조직적'이란 다수의 구성원 변호사가 그 직무수행을 위해 협동 또는 지휘·감독관계를 이루는 것을 말한다. 이런 조직성 요건 때문에 법무법인의 설립 변호사가 다수일 것을 요구한다. 일본 변호사법은 '변호사법인'을 설립할 수 있는 최저 사원(구성원) 수를 정함이 없는 1인 변호사법인도 설립이 허용되고 있다(제30조의11 제7항).[1] 그 때문에 변호사법인 직무의 조직성을 요구하지 않고 있다.

그리고 '전문적'이란 일반적인 직무수행은 물론 난이도 있는 특정분야의 사건을 처리할 역량을 말한다. 그러므로 조직성은 다수의 변호사의 집합을, 전문성은 고도의 직무수행의 능력(질)을 특징으로 한다. 법무법인 역시 변호사법 제1장 '변호사의 사명과 직무'에 관한 규정이 준용된다 할 것이다. 일본 변호사법은 '변호사의 사명'에 관한 규정이 준용됨을 명시하고 있다(제30조의2 제2항).

3. 법무법인의 설립

(1) 법무법인은 법무부장관의 인가를 받아 설립할 수 있다(인가주의). 법무법인이 설립되면 변호사는 법인의 구성원으로 흡수되고 법인격은 법무법인만 갖게 된다. 사건수임과 고용 및 재산관리는 법무법인의 명의와 계산으로 한다. 따라서 법무법인 고유의 재산을 갖게 되어 구성원 변호사의 재산과는 분리된다.

(2) 대외적으로 법무법인이 수임의 당사자이므로 담당변호사의 퇴직과 같은 구성원의 변경이 있더라도 위임계약은 영향을 받지 않는다. 그 결과 의뢰인은 안심하고 계속적으로 법무법인에 사무처리를 위임할 수 있다. 법무법인은 청년 변호사들의 주요 취업처로 기능할 수 있고, 소액사건이나 섭외사건 등을 처리할 수 있는 전문성을 축적해 갈 기회를 갖게 된다. 법무법인은 그 소속 변호사가 장차 법관이나 검사와 같은 공직으로 진출할 수도 있어

1 일본변호사연합회조사실, 조해 변호사법, 245면.

법조일원화의 토대가 될 수 있다.

(3) 법무법인은 법인이므로 위임사무의 처리로 인한 보수는 법무법인에 귀속시키고 구성원 변호사는 수익을 분배받는 형식이어야 한다. 그러나 현실은 구성원 변호사가 법인 명의로 사건을 수임하고 처리하지만, 그 계산은 변호사 각자로 하는 별산제 형식이 많다. 이는 의뢰인에게 법률사무소의 실체를 말하지 않는 것이며, 법무법인 제도의 남용이라는 비판을 피할 수 없다.

제41조 설립 절차

제41조(설립 절차)
법무법인을 설립하려면 구성원이 될 변호사가 정관을 작성하여 주사무소(主事務所) 소재지의 지방변호사회와 대한변호사협회를 거쳐 법무부장관의 인가를 받아야 한다. 정관을 변경할 때에도 또한 같다.

Ⅰ. 법무법인의 설립 절차

1. 법무법인의 설립행위

법무법인은 구성원 변호사로 조직된다. 구성원 변호사는 3명 이상이어야 한다(변호사법 45①). 장차 구성원 변호사가 될 자들은 설립하고자 하는 법무법인의 목적과 조직 등에 관한 기본골격에 해당하는 내용을 확정해야 한다. 법무법인의 조직과 활동에 관한 기본준칙을 결정하여 서면화하는 것이 정관의 작성이다. 법무법인의 설립행위는 정관이라는 서면을 작성하는 요식행위이다. 설립행위는 곧 정관작성 행위이기도 하다. 이는 장차 성립될 법인에 법인격을 부여하려는 것을 목적으로 한다. 이때 작성되는 정관은 작성한 구성원 변호사는 물론 앞으로 가입하게 될 구성원 변호사에게도 구속력을 갖는다. 그 점에서 정관의 법적 성격은 구성원 변호사 간의 계약이 아니라 자치법규로 보는 것이지만,[1] 구성원 상호 간의 법인설립에 관한 약정의 성격도 있다. 정관이 무효로 되는 경우도 있을 수 있는데, 판례는 법

1 사단법인의 정관은 이를 작성한 사원뿐만 아니라 그 후에 가입한 사원이나 사단법인의 기관 등도 구속하는 점에 비추어 보면 그 법적 성질은 계약이 아니라 자치법규로 보는 것이 타당하므로, 이는 어디까지나 객관적인 기준에 따라 그 규범적인 의미 내용을 확정하는 법규해석의 방법으로 해석되어야 하는 것이지, 작성자의 주관이나 해석 당시의 사원의 다수결에 의한 방법으로 자의적으로 해석될 수는 없다 할 것이어서, 어느 시점의 사단법인의 사원들이 정관의 규범적인 의미 내용과 다른 해석을 사원총회의 결의라는 방법으로 표명하였다 하더라도 그 결의에 의한 해석은 그 사단법인의 구성원인 사원들이나 법원을 구속하는 효력이 없다(대법원 2000. 11. 24. 99다12437 회장등선출무효확인등).

인의 정관이나 그에 따른 세부사업을 위한 규정 등 단체내부의 규정은 특별한 사정이 없는 한 그것이 선량한 풍속 기타 사회질서에 위반되는 등 사회관념상 현저히 타당성을 잃은 것이거나 결정절차가 현저히 정의에 어긋난 것으로 인정되는 경우 등을 제외하고는 이를 유효한 것으로 시인하여야 한다(대법원 1992. 11. 24. 91다29026)고 한다. 그러므로 법무법인의 정관 역시 선량한 풍속 기타 사회질서에 위반되는 등 사회관념상 현저히 타당성을 잃은 것이라는 등의 특별한 사정이 있을 때 무효라 할 것이다. 만약 법무법인의 목적을 '사건수임을 통한 영리추구'로 한다면 변호사의 지위와 사명에 부합될 수 없어 무효의 정관이라 할 수 있다.

2. 정관작성의 요건

법무법인에 관하여 변호사법에 정한 것 외에는 상법 중 중 합명회사에 관한 규정을 준용한다(변호사법 58①). 합명회사의 설립에는 2인 이상의 사원이 공동으로 정관을 작성해야 한다(상법 178). 합명회사는 사원이 1인으로 된 때는 해산원인이 된다(상법 227(3)). 합명회사는 최소한 2인의 사원이 있어야 설립이 가능하지만, 법무법인은 3인 이상의 구성원이 있어야 한다. 따라서 3인 이상의 구성원 변호사가 공동하여 정관을 작성해야 한다. '공동하여'란 1~2인의 변호사만으로는 법무법인을 설립할 수 없다는 취지이기도 하다.

합명회사는 정관의 변경에 총사원 전원의 동의를 요한다(상법 204). 정관의 작성도 같이 해석되므로, 구성원 변호사의 전원일치의 결의가 있어야 한다. 구체적인 정관의 기재사항은 변호사법 제42조에 규정되어 있다. 합명회사의 정관작성에는 공증인의 인증이 필요 없지만, 주식회사는 공증인의 인증을 받음으로써 효력이 생긴다(상법 292). 일본 변호사법도 정관에 대하여 공증을 받도록 하고 있다(제30조의8 제 2 항).

3. 주사무소 소재지의 지방변호사회와 대한변호사협회 경유

법무법인을 설립할 때 주사무소(主事務所) 소재지의 지방변호사회와 대한변호사협회를 거쳐야 한다. 장차 법무법인이 설립된 때는 그 법인은 주사무소 소재지의 지방변호사회에 소속되어 법인회원의 지위를 갖게 된다. 따라서 변호사법상 각종 의무와 그 지방변호사회의 회칙을 준수할 의무를 진다.

만약 법무법인이 분사무소를 설치할 때는 주사무소 소재지 지방변호사회의 지도와 감독을 받는지, 분사무소 소재지 지방변호사회의 지도와 감독을 받는지 문제된다. 이 문제는 변호사법 29조의 변호인선임서 등의 지방변호사회의 경유와 관련하여 법무법인·법무법인(유한)·법무조합이 어느 지방변호사회를 경유해야 하는지와 관련되어 있다. 이와 관련된 쟁점은 변호사법 제29조(변호인선임서 등의 지방변호사회 경유) 부분에서 상세히 설명하였다.

Ⅱ. 법무부장관의 법무법인 설립인가

1. 법무법인 설립인가신청

법무법인을 설립하려면 구성원이 될 변호사가 정관을 작성하여 주사무소(主事務所) 소재지의 지방변호사회와 대한변호사협회를 거쳐 법무부장관의 인가를 받아야 한다. 법인 설립에 관한 입법주의 중 법무법인은 변호사법이 정한 요건을 갖추었을 때 법무부장관의 인가를 얻도록 하는 인가주의를 취하고 있다. 이와 달리 일본 변호사법은 2001년 '변호사법인'을 도입하면서 우리나라와 달리 법정의 요건을 구비하면 인허가 등의 절차 없이 당연히 법인격을 취득하는 준칙주의를 택하고 있다(제30조의2). 법무법인의 설립인가를 받으려면 법무법인 설립인가 신청서에 정관, 구성원회의 회의록을 첨부하여 주사무소 소재지의 지방변호사회 및 대한변호사협회를 거쳐 법무부장관에게 제출하여야 한다(변호사법 시행령 9①).[2] 법무법인은 주사무소 외에 분사무소도 둘 수 있는데(변호사법 48①), 설립인가 신청은 주사무소의 소재지의 지방변호사회에 신청한다. 법률사무소는 소속 지방변호사회에 두어야 하므로(변호사법 21②) 법무법인의 주사무소도 소속 지방변호사회에 두어야 하기 때문이다. 신청서를 받은 지방변호사회는 지체 없이 대한변호사협회에 진달(進達)해야 한다. 대한변호사협회는 그 신청이 설립인가기준에 합당하다고 인정할 때에는 의견을 첨부하여 그 인가신청서류를 법무부장관에게 제출하여야 한다(법무법인및법무법인(유한)의설립등에관한규칙 3①). 신청이 설립인가기준에 흠결이 있어 합당하지 않더라도 신청인에게 반려할 수는 없다. 인가신청이 부적당하는 취지의 의견을 첨부하여 법무부장관에게 제출해야 한다(위 규칙 3③).

2. 법무부장관의 인가결정

법무부장관은 법무법인 설립인가 신청서류의 기재사항에 흠결이 있거나 첨부서류가

---

2 법무부 「**공증인 임명, 법무법인 등의 설립, 정관변경 및 공증사무소 설치 등 인가 신청서류 기준**」 **제3조 (법무법인 설립)** 법무법인을 설립하고자 하는 자는 법무법인설립인가신청서에 다음 각호의 서류를 첨부하여 주사무소 소재지의 지방변호사회 및 대한변호사협회를 거쳐 법무부장관에게 제출하여야 한다.

1. 정관 1부
2. 구성원 회의록 1부
3. 구성원 경력증명서 각 1부
4. 구성원 징계관계증명서 각 1부
5. 구성원 출자이행증명서 각 1부
6. 구성원 이력서(사진첨부) 각 1부
7. 구성원 변호사개업증명원 각 1부
8. 법무법인을 대표할 구성원의 주민등록표 등본 또는 초본 1부
9. 사무소 등기부등본 또는 임대차계약서 1부
10. 기타 필요로 하는 서류

미비되어 있으면 신청인에게 보완을 요구할 수 있으며(변호사법 시행령 9②), 설립인가 신청서류를 심사할 때에 필요하다고 인정하면 사실 및 증거 조사를 하거나 신청인에게 관련 자료 제출을 요구할 수 있다(변호사법 시행령 9③). 그럼에도 인가요건을 충족시키지 못하면 법무부장관은 인가신청을 거부(반려)할 수 있다. 이 처분에 불복하는 경우 행정심판이나 행정소송을 제기할 수 있다.

법무부장관은 법무법인 설립인가를 할 때에는 법무법인 인가대장에 ① 인가번호 및 인가연월일, ② 법무법인의 명칭, ③ 주사무소 및 분사무소의 소재지, ④ 구성원의 성명 및 주소, ⑤ 그 밖에 필요한 사항을 적고, 법무법인 설립인가증을 신청인에게 발급하여야 한다(변호사법 시행령 9④). 법무부장관은 법무법인의 인가 및 그 취소, 해산 및 합병이 있으면 지체 없이 주사무소 소재지의 지방변호사회와 대한변호사협회에 통지하여야 한다(변호사법 56). 법무부장관은 신청인에게 법무법인 설립인가증을 발급하면 대한변호사협회에 통지하여야 한다. 다만, 「공증인법」 제15조의2에 따라 공증인가를 받은 법무법인에 대하여는 소속 지방검찰청 검사장에게도 통지하여야 한다(변호사법 시행령 9⑤).

Ⅲ. 정관의 변경

1. 정관의 변경가능성과 그 사유

법무법인은 설립인가를 받으면 2주일 이내에 설립등기를 하여야 하며(변호사법 43①), 그 주사무소의 소재지에서 설립등기를 함으로써 성립한다(변호사법 43③). 여기서 법무법인의 정관 변경은 설립등기를 하여 성립한 법무법인에서 문제된다. 설립인가 전에 작성한 정관의 변경은 정관의 수정에 불과하여 자유롭게 할 수 있다. 변호사법에는 정관변경 요건을 정관의 기재사항(제42조)으로 하지 않고 있다. 정관의 기재사항에 변경이 있을 때 정관변경사유가 된다.

정관의 변경은 법무법인이 그 동일성을 유지하면서 그 조직과 활동에 관한 사항을 변경하는 것을 말한다. 즉, ① 정관의 목적을 변경할 때, ② 법인의 명칭을 변경할 때, ③ 주사무소나 분사무소의 소재지를 변경할 때, ④ 구성원 변경(가입, 탈퇴, 그에 따른 출자지분 변동)이 있을 때, ⑤ 구성원 회의에 관련된 사항을 바꿀 때, ⑥ 대표변호사에 관한 사항을 바꿀 때, ⑦ 법인의 자산 및 회계에 관한 사항을 바꿀 때, ⑧ 정관에 법인의 존립시기 또는 해산사유를 정하고 있는데 그 시기 또는 사유를 바꿀 때, ⑨ 기타 기존 정관에 없던 사항을 추가하거나 삭제한 때(퇴직금 지급 조항을 신설하거나 구성원간 출자지분 변경) 등이 있다.

정관변경의 서류로는 예컨대 분사무소를 변경하거나 증설하는 경우,[3] 구성원 변호사의

---

3 분사무소 신설에 따라 정관을 변경하는 경우의 첨부서류

가입과 탈퇴[4]를 들 수 있다. 그러므로 정관의 기재사항의 변경이 있으면 여기서의 변경절차를 밟아야 한다. 사단법인과 재단법인의 정관의 변경은 주무관청의 허가를 얻지 아니하면 그 효력이 없다(민법 42②, 45③). 법무법인의 정관의 변경 역시 주무관청인 법무부장관의 인가를 얻지 아니하면 효력이 없다 할 것이다.

2. 정관변경의 절차와 한계

정관변경 절차는 법무법인 설립절차와 같다(변호사법 41 후단).[5] 변호사법에는 정관변경의 방법에 대한 규정이 없어 상법을 준용할 수 있다. 법무법인이 정관을 변경함에는 구성원 변호사의 전원의 동의가 있어야 한다(변호사법 58①; 상법 204). 일본 변호사법도 "변호사법인은 정관에 별도의 규정이 있는 경우를 제외하고 총 사원 동의로 정관을 변경할 수 있다"(제30조의11)고 규정하고 있다.

정관은 법무법인의 본질이나 강행법규에 반하는 않는 한 자유롭게 변경할 수 있다. 따라서 법무법인의 명칭을 주식회사와 같은 상호로 변경할 수 없으며, 법무법인의 구성원 변호사는 법인의 채무에 대하여 직접·연대·무한책임을 지는데(변호사법 58①; 상법 212), 구성원 변호사의 연대책임을 제한하거나 면제하는 내용의 변경은 불가능하다. 물론 최초의 정관에서 상법의 책임규정보다 경하게 하는 내용으로 정할 수도 없다. 또한 새로 가입한 구성원

- 정관변경 이유서 1부
- 구성원회의 회의록 1부
- 정관변경안 1부
- 정관 신·구 조문 대비표 1부
- 건물임대차계약서(건물 소유자인 경우 등기부등본) 1부
- 최종 변경 정관 1부

4 구성원이 새로 가입하여 정관을 변경하는 경우의 첨부서류
- 정관변경 이유서(1부)
- 구성원회의 회의록(1부)
- 정관변경안(1부)
- 정관 신·구 조문 대비표(1부)
- 구성원 가입원(1부)
- 구성원 가입 승낙서(1부)
- 출자지분 양도·양수계약서(1부)
  ※ 가입자가 기존 구성원의 출자지분을 양수하는 경우
- 출자이행증명서(1부)
  ※ 가입자가 신규 출자하는 경우
- 변호사개업증명원(1부)
- 이력서(사진첨부, 1부)
- 주민등록등본(1부)
- 최종 변경 정관(1부)
  ※ '최종변경 정관': 금번에 발생한 사유를 반영(해당 조항을 변경)하여 새로 작성한 정관

5 일본 변호사법 제30조의11은 "변호사법인은 정관에 별도로 정하고 있는 경우를 제외하고 총사원의 동의로 정관변경을 할 수 있다"고 한다.

변호사는 가입 전에 발생한 법인채무에 대하여도 기존의 구성원 변호사와 동일한 책임을 지는데(상법 213), 이를 가입등기된 때부터 탈퇴등기된 때로 제한하는 내용의 변경은 할 수 없다. 새로운 구성원 변호사의 가입은 무한·연대책임을 지는 자가 증가하기 때문에 채권자의 보호절차가 필요하지 않다. 정관변경도 소속 지방변호사회와 대한변호사협회를 거쳐 법무부장관의 인가를 받아야 한다.[6] 예컨대 법무법인의 구성원 변호사가 탈퇴한 경우 신규가입 구성원 변호사를 보충할 때 정관변경절차를 거치게 된다.

6 인가는 그 대상이 되는 기본행위를 보충하여 법률상 효력을 완성시키는 행위로서 이러한 인가를 받지 못한 경우 변경된 정관은 효력이 없고, 시장 등이 변경된 정관을 인가하더라도 정관변경의 효력이 총회의 의결이 있었던 때로 소급하여 발생한다고 할 수 없다(대법원 2014. 7. 10. 2013도11532 도시및주거환경정비법위반).

제42조 정관의 기재사항

제42조(정관의 기재사항)
법무법인의 정관에는 다음 각 호의 사항이 포함되어야 한다.
1. 목적, 명칭, 주사무소 및 분사무소(分事務所)의 소재지
2. 구성원의 성명·주민등록번호 및 법무법인을 대표할 구성원의 주소
3. 출자(出資)의 종류와 그 가액(價額) 또는 평가의 기준
4. 구성원의 가입·탈퇴와 그 밖의 변경에 관한 사항
5. 구성원 회의에 관한 사항
6. 법무법인의 대표에 관한 사항
7. 자산과 회계에 관한 사항
8. 존립 시기나 해산 사유를 정한 경우에는 그 시기 또는 사유

I. 연 혁

(1) 법무법인이 신설된 1982. 12. 31. 개정된 변호사법은 정관의 기재사항도 규정했다. 즉, 법무법인의 정관에는 다음 각호의 사항을 기재하여야 한다(제32조).[1]

(2) 2005. 1. 27. 개정된 변호사법은 정관의 기재사항 중 현행 제4호에 해당하는 '구성원의 가입·탈퇴 그 밖의 변경에 관한 사항'을 신설했다.

(3) 그리고 2008. 3. 28. 개정된 변호사법은 '기재하여야 한다'를 '포함되어야 한다'로 자

---

1 1. 목적·명칭·주사무소 및 분사무소의 소재지
2. 구성원의 성명 및 주소
3. 출자의 종류와 그 가액 또는 평가의 기준
4. 구성원 회의에 관한 사항
5. 법인의 대표에 관한 사항
6. 자산 및 회계에 관한 사항
7. 존립시기 또는 해산사유를 정한 때에는 그 시기 또는 사유

구수정을 한 바 있다.

Ⅱ. 법무법인 정관에 포함될 사항

법무법인의 정관에는 다음 각 호의 사항이 포함되어야 한다. 정관은 법무법인의 조직과 활동에 관한 기본준칙이라 할 수 있다. 이 기본준칙의 내용을 이루는 요소가 정관의 기재사항이다. 절대적 기재사항은 정관에 반드시 기재해야 하는 사항으로 이를 흠결할 때는 정관 자체가 무효로 된다. 상대적(임의적) 기재사항은 정관에 기재하지 않더라도 정관 자체의 효력에는 영향이 없지만, 향후 발생할 법률관계의 처리기준을 설정하기 위하여 기재할 수 있다. 강행법규나 사회질서 또는 법무법인의 본질에 반하지 않는다면 자치법규로 기재할 수 있다.

변호사법은 정관의 기재사항으로 처음에는 '다음 각호의 사항을 기재하여야 한다'라고 하였는데, 그 기재사항의 성격에 관하여 다툼의 여지도 있었다. 그래서 현재는 '… 포함되어야 한다'라고 하여 절대적 기재사항임을 명확하게 밝혔다. 따라서 어느 항목 하나라도 결여되면 정관은 무효가 되어 설립무효의 원인이 될 수 있다. 이 경우에는 법인설립 인가신청을 접수한 지방변호사회나 대한변호사협회 또는 법무부장관의 정관 보완명령을 받을 수 있다.

1. 목적, 명칭, 주사무소 및 분사무소(分事務所)의 소재지(제 1 호)

(1) 목 적

법무법인의 목적은 변호사의 직무(변호사법 3), 법무법인의 업무(변호사법 49), 법무법인의 업무범위(변호사법 시행령 13) 및 공증인법 등에 정한 범위 내의 것이어야 한다. 대한변호사협회의 「법무법인및법무법인(유한)의설립등에관한규칙」 제 2 조(설립인가신청) 제 1 항에 의하여 제정된 「법무법인정관준칙」 제 2 조는 법무법인의 목적을 ① 변호사의 직무에 속하는 업무, ② 공증인의 직무에 속하는 업무, ③ 변호사법 제49조(법무법인의 업무) 제 2 항에 의한 업무, ④ 위 각호에 부대되는 일절의 업무로 정할 수 있다고 한다.

(2) 명 칭

'이 법인은 ○○법무법인이라 한다'라고 그 법무법인의 고유한 이름을 특정한다. 명칭의 선택은 자유이다. 다만, 그 명칭 중에 법무법인이라는 문자를 사용하여야 한다(변호사법 44①). 반면, 회사는 명칭이 아닌 '상호'를 기재하도록 한다(상법 179, 269, 287의3, 289, 543). 변호사법이 상호가 아닌 '명칭'을 기재하도록 한 것은 법무법인이 상인이 아니라는 점을 말해준

다. 그 점에서 등기관이 변호사가 신청한 '상호등기'를 각하한 처분은 적법하다는 판례가 있다.[2]

(3) 주사무소 및 분사무소(分事務所)의 소재지

법무법인의 주사무소는 소속 지방변호사회의 지역에 두어야 한다. 법무법인은 분사무소를 둘 수 있다(변호사법 48①). 분사무소는 시·군·구(자치구를 말한다) 관할구역마다 1개를 둘 수 있다(변호사법 시행령 12③). 여기서 '주사무소 및 분사무소의 소재지'는 소재하는 주소를 말하는 것이 아니라 최소한의 행정구역을 기재하면 된다. 그러므로 '이 법인의 주사무소는 서울특별시에 둔다'라고 기재하면 된다. 분사무소 설치시에는 '이 법인은 부산광역시에 분사무소를 둔다'라고 한다.

2. 구성원의 성명·주민등록번호 및 법무법인을 대표할 구성원의 주소(제 2 호)

법무법인의 설립자인 구성원 변호사의 성명과 주민등록번호를 기재한다. 구성원은 변호사여야 하고 3명 이상 두어야 한다.[3] 법무법인을 대표할 구성원은 대표변호사를 말한다. 대표변호사는 구성원 변호사 중에 선임된다. 그 때문에 주소만 기재할 뿐 성명과 주민등록번호를 기재하지 않는다. 법무법인은 소속 변호사를 고용할 수 있지만 구성원이 아니므로 정관의 기재사항은 아니다. 담당변호사는 지정된 업무를 처리할 때에 각자가 그 법무법인을 대표한다(변호사법 50⑥). 따라서 법무법인을 대표할 구성원에는 정관과 등기에 기재하는 대표변호사와 수임사건을 처리할 때 법무법인을 대표하는 담당변호사로 분류할 수 있다. 담당변호사는 구성원 또는 소속 변호사도 될 수 있지만, 대표변호사는 정관과 등기에 기재된 구성원만 될 수 있다. 담당변호사는 오로지 의뢰인의 수임사건 처리와 관련하여 법무법인을 대표하는 지위에 있지만, 대표변호사는 법무법인 자신의 업무를 처리할 때 법무법인을 대표하는 지위에 있다는 차이가 있다. 변호사법 제58조 제 1 항에 의하여 준용되는 상법의 합명회사 손해배상책임에 관하여는 "회사를 대표하는 사원이 그 업무집행으로 인하여 타인에게 손해를 가한 때에는 회사는 그 사원과 연대하여 배상할 책임이 있다(상법 210)"라

---

2 변호사가 변호사법 제40조에 의하여 그 직무를 조직적·전문적으로 행하기 위하여 설립한 법무법인은, 같은 법 제42조 제 1 호에 의하여 그 정관에 '상호'가 아닌 '명칭'을 기재하고, 같은 법 제43조 제 2 항 제 1 호에 의하여 그 설립등기시 '상호'가 아닌 '명칭'을 등기하도록 되어 있으므로, 이러한 법무법인의 설립등기를 '상호' 등을 등기사항으로 하는 상법상 회사의 설립등기나 개인 상인의 상호등기와 동일시할 수 없다. 변호사는 그 직무수행과 관련하여 의제상인에 해당한다고 볼 수 없고, 조세정책적 필요에 의하여 변호사의 직무수행으로 발생한 소득을 사업소득으로 인정하여 종합소득세를 부과한다고 하여 이를 달리 볼 것은 아니며, 변호사가 상인이 아닌 이상 상호등기에 의하여 그 명칭을 보호할 필요가 있다고 볼 수 없으므로 등기관이 변호사의 상호등기신청을 각하한 처분이 적법하다고 한 사례(대법원 2007. 7. 26. 2006마334 등기관처분에 대한 이의).

3 일본 변호사법 제30조의4 제 1 항은 "변호사법인의 사원은 변호사가 아니면 아니 된다"라고 한다.

고 한다. 여기서 '회사를 대표하는 사원'은 정관과 등기에 기재된 대표변호사 또는 담당변호사일 수도 있다.

3. 출자(出資)의 종류와 그 가액(價額) 또는 평가의 기준(제 3 호)

법무법인을 설립하여 활동하려면 법률사무소 등의 준비를 위한 재산이 있어야 한다. 이런 재산은 구성원 변호사의 출자로 이뤄진다. 구성원은 출자지분에 따라 구성원 회의에서 의결권을 가지므로(법무법인정관준칙 12), 모든 구성원 변호사는 출자의무를 진다. '출자의 종류'란 금전, 동산, 부동산 기타 재산 또는 노무를 포함한다. 다만, 출자의 목적인 노무는 변호사로서의 계속적인 정신적·육체적 노무를 말한다(법무법인정관준칙 6 단서). 정관에는 출자의 종류뿐만 아니라 그 가액도 기재해야 한다. 현금출자는 그 액수를 말하고, 금전 이외의 출자는 돈으로 환산한 가액이 이에 해당된다. 그리고 평가의 기준은 출자목적물이 노무나 지적재산권 등일 경우에 그 견적도 포함된다. 구성원 변호사는 무한책임을 부담하기에 출자가액이나 평가의 기준을 상호 간의 합의로 결정할 수 있다. 출자가액을 사전에 정함으로써 장차 수익의 배당이나 법인의 채권자에 대한 내부적인 부담비율을 정하는 기준이 될 수 있다. 출자의무는 정관이 정하는 바에 따라 이행되어야 하며, 그 이행시기 및 방법은 정관이 정함이 있으면 그에 따라서 하고, 정함이 없으면 업무집행의 방법으로 자유롭게 결정한다(변호사법 58①; 상법 195; 민법 706). 구성원이 출자의무를 불이행하면 당시 구성원의 제명이나 업무집행권 내지 대표권 상실의 원인이 될 수 있다(변호사법 58①; 상법 220①(1), 205, 216).

4. 구성원의 가입·탈퇴와 그 밖의 변경에 관한 사항(제 4 호)

법무법인은 3명 이상의 변호사로 구성되며(변호사법 45①), 임의로 탈퇴할 수 있다(변호사법 46①). 구성원의 가입은 이미 설립된 법무법인에 신규로 가입하는 것을 말한다. 구성원의 신규가입은 구성원 회의의 결의로 정한다(법무법인정관준칙 20①). 이때 구성원 회의의 결의방법으로는 구성원 전원의 출석과 찬성이 있어야 한다(법무법인정관준칙 12① 단서). 합명회사와 마찬가지로 법무법인도 그 구조를 변경시키거나 구성원들 전체에 중대한 이해관계가 있는 사항(정관변경, 해산, 합명)은 구성원 전원의 찬성을 요하는 특징이 있다.

구성원이 새로 가입한 때에는 각 구성원의 출자지분을 다시 정해야 한다(법무법인정관준칙 20②). 새로 가입한 구성원 변호사는 기존의 채무를 보증한다거나 어음에 배서를 하는 등의 신용출자 형식도 가능하기에 현물출자를 해야 하는 것은 아니다. 신규 구성원 변호사는 이미 발생한 법무법인의 채무에 대해서도 책임이 있으므로(변호사법 58①; 상법 213), 그 채무의 변제를 분담하기로 하는 약정도 신용출자로 인정된다.

그리고 '그 밖의 변경에 관한 사항'은 변호사법 제41조 후단의 '정관을 변경'할 때에 그 사유를 말하는 것이 아니라 구성원의 가입과 탈퇴 등으로 야기된 변경사항을 말한다. 예컨대 구성원의 사망으로 인한 상속문제(위 준칙 22), 제명의 선고(준칙 23), 지분의 환급(준칙 24) 등이 이에 해당된다.

5. 구성원 회의에 관한 사항(제5호)

구성원 회의는 구성원인 변호사 전원으로 구성한다(법무법인정관준칙 9). 구성원 회의는 합명회사의 사원총회와 같은 역할을 한다. 회의 소집 절차, 회기, 의결사항, 의결권 및 의결방법, 의사진행 절차(방법) 등을 규정하여야 한다. 구성원 회의는 ① 정관의 변경, ② 구성원의 가입, 승계 및 제명, ③ 출자지분의 양도에 관한 승인, ④ 대표변호사의 선임 및 해임, ⑤ 대표변호사 및 업무담당 구성원의 보수결정, ⑥ 분사무소 주재 구성원의 결정, ⑦ 계산서류의 승인, ⑧ 법인의 해산, 합병, ⑨ 해산에 따른 청산인의 선임, 해임 및 잔여재산의 처분, ⑩ 기타 법인의 운영에 관한 중요 사항을 결의한다(법무법인정관준칙 10). 구성원 회의의 결의는 출자지분의 과반수를 가진 구성원이 출석하고, 그 의결권의 과반수 찬성으로 하여야 한다. 다만, ① 정관의 변경, ② 구성원의 가입, 승계 및 제명, ⑧ 법인의 해산, 합병에 정한 사항에 관하여는 구성원 전원의 출석과 찬성이 있어야 한다(법무법인정관준칙 12①).

법무법인은 합명회사에 관한 규정을 준용하지만, 정관상 출자지분에 따른 의결권 행사는 합명회사의 성격과 합치하지 않으므로 법무법인 구성원의 의결권은 동등한 또는 평등한 의결권을 가진다고 보아야 한다. 구성원 회의의 결의를 다투는 별도의 소송은 명시되어 있지 않다. 구성원 회의의 결의에 하자가 있다면 법무법인을 상대로 민사소송법상의 결의무효확인소송을 제기하여야 할 것이다.[4]

6. 법무법인의 대표에 관한 사항(제6호)

법무법인에는 대표변호사를 두어야 한다. 대표변호사는 구성원 중에서 선임하며, 법무법인을 대표하여 재판상 또는 재판 외의 행위를 할 수 있는 권한을 갖는다. 그 임기는 임의로 정할 수 있다. 의뢰인이 위임하는 법률사건·법률사무를 처리할 때는 구성원 변호사와 소속 변호사는 담당변호사로서 각자가 그 법무법인을 대표한다(변호사법 50⑥). 담당변호사가 법무법인의 대표기관이 되는 경우는 변호사의 직무를 수행할 때로 한정된다. 이 부분에 관

4 합명회사나 합자회사의 사원총회결의는 회사의 의사결정으로서 그로 인한 법률관계의 주체는 회사이므로 회사를 상대로 하여 사원총회결의의 존부나 효력유무의 확인판결을 받음으로써만 그 결의로 인한 원고의 권리 또는 법률상 지위에 대한 위험이나 불안을 유효적절하게 제거할 수 있는 것이고, 회사가 아닌 사원 등 개인을 상대로 한 확인판결은 회사에 그 효력이 미치지 아니하여 즉시확정의 이익이 없으므로 그러한 확인판결을 구하는 소송은 부적법하다(대법원 1991. 6. 25. 90다14058 결의등무효확인).

한 나머지 쟁점은 제2호에서 설명한 바 있다.

7. 자산과 회계에 관한 사항(제7호)

법인의 영업연도는 매년 1월 1일부터 12월 31일까지로 한다. 대표변호사는 매영업연도 말에 재산목록 등의 서류를 구성원 회의에 제출하고 그 승인을 받아야 한다(법무법인정관준칙 25, 26). 구성원에 대한 배당은 수익금으로 결손금을 충당한 후에 할 수 있다(법무법인정관준칙 28①). 각 구성원의 이익배당은 출자지분의 비율에 따른다(법무법인정관준칙 29).

8. 존립 시기나 해산 사유를 정한 경우에는 그 시기 또는 사유(제8호)

법무법인은 존립시기나 해산사유를 미리 정할 수 있다. 이를 정한 경우에는 기재하여야 하지만, 반드시 정관작성시에 정해야 하는 사항은 아니다. 법무법인은 ① 존립시기의 도래, ② 구성원 회의의 결의, ③ 합병, ④ 파산, ⑤ 설립인가의 취소, ⑥ 법원의 명령 또는 판결로 해산한다(법무법인정관준칙 30). 구성원 간의 약정으로 법무법인의 해산사유(변호사법 54)를 제한할 수 있는지 문제되나 부정함이 타당하다. 법정해산사유를 당사자의 의사로 제약할 수는 없기 때문이다. 여기서 '법원의 명령'은 합명회사의 해산명령 사유와 같은(변호사법 58①; 상법 176) 법무법인의 설립목적이 불법한 것인 때 등의 사유가 있을 때 내려진다. 법원의 판결은 부득이한 사유가 있는 때 각 구성원 변호사는 해산을 법원에 청구할 수 있는데(변호사법 58①, 241) 이때 내려지는 판결을 말한다. 법무법인이 해산하는 경우 법인의 재산은 구성원 회의의 결의로 정한 방법에 따라 이를 처분한다(법무법인정관준칙 31). 법무법인의 잔여재산은 각 구성원 출자지분비율에 따라 배분한다(법무법인정관준칙 33).

제43조 등　　기

제43조(등기)

① 법무법인은 설립인가를 받으면 2주일 이내에 설립등기를 하여야 한다. 등기사항이 변경되었을 때에도 또한 같다.

② 제 1 항의 등기사항은 다음 각 호와 같다.

1. 목적, 명칭, 주사무소 및 분사무소의 소재지
2. 구성원의 성명·주민등록번호 및 법무법인을 대표할 구성원의 주소
3. 출자의 종류·가액 및 이행 부분
4. 법무법인의 대표에 관한 사항
5. 둘 이상의 구성원이 공동으로 법무법인을 대표할 것을 정한 경우에는 그 규정
6. 존립 시기나 해산 사유를 정한 경우에는 그 시기 또는 사유
7. 설립인가 연월일

③ 법무법인은 그 주사무소의 소재지에서 설립등기를 함으로써 성립한다.

I. 연　　혁

(1) 1982. 12. 31. 개정된 변호사법은 법무법인을 신설하면서 설립등기에 관한 사항을 명시했다. 즉, 법무법인의 설립인가가 있는 때에는 2주일 이내에 설립등기를 하여야 한다. 등기사항의 변경이 있는 때에도 또한 같다(제33조 제 1 항). 제 1 항의 등기사항은 다음 각호와 같다(제 2 항).[1] 법무법인은 그 주사무소의 소재지에서 설립등기를 함으로써 성립한

[1] 1. 목적·명칭·주사무소 및 분사무소의 소재지
2. 구성원의 성명 및 주소
3. 출자의 종류·가액 및 이행부분
4. 법인의 대표에 관한 사항
5. 존립시기 또는 해산사유를 정한 때에는 그 시기 또는 사유
6. 설립인가 연월일

다(제 3 항).

(2) 2005. 1. 27. 개정된 변호사법은 제 2 항의 등기사항 중 제 2 호(구성원의 성명·주민등록번호 및 법무법인을 대표할 구성원의 주소)와 제 4 호(법무법인의 대표에 관한 사항)를 수정하고, 제 6 호(수인의 구성원이 공동으로 법무법인을 대표할 것을 정한 때에는 그 규정)를 신설했다.

Ⅱ. 법무법인의 설립등기

1. 설립인가 후 2주일 이내에 설립등기

(1) 법무법인은 설립인가를 받으면 2주일 이내에 설립등기를 하여야 한다. 등기사항이 변경되었을 때에도 또한 같다(제 1 항). 법무법인의 설립인가는 법무부장관이 구성원 변호사들이 정관을 작성하여 신청한 법무법인의 설립을 인가하는 처분이다. 법무부장관은 법무법인 설립인가를 할 때에는 법무법인 인가대장에 법무법인의 명칭, 주사무소 및 분사무소의 소재지, 구성원의 성명 및 주소 등을 기재하고 법무법인 설립인가증을 발급한다(변호사법 시행령 9④). 설립인가를 받은 법무법인은 2주일 이내에 법무법인 설립등기를 하여야 한다. 법무법인의 설립은 제 3 자가 쉽게 알 수 없기에 이를 공시하기 위하여 등기를 한다. 설립등기는 법무법인의 성립요건이며, 설립등기에 의하여 법인격을 취득한다. 민법의 법인설립등기나 상법의 회사의 설립등기도 성립요건으로 되어 있다. 법무법인의 등기는 그 주사무소 및 분사무소의 소재지를 관할하는 등기소에서 한다(변호사법 시행령 11①). 설립등기는 상대방의 선의·악의를 불문하고 주사무소의 소재지에 등기하면 제 3 자에 대한 대항력이 발생한다. 분사무소를 두지 않을 때는 주사무소 소재지에서만 한다.

(2) 법무법인의 설립등기는 구성원 전원이 공동으로 신청하여야 하며, 정관과 법무법인 설립인가증을 첨부한 신청서를 제출하여야 한다(변호사법 시행령 11③). 법무법인의 등기에 관하여 변호사법 및 시행령에 정한 것 외에는 「상업등기법」을 준용한다(변호사법 시행령 11④). 회사나 법인의 등기신청은 그 대표자가 한다(상업등기법 23①; 비송사건절차법 63①). 그러나 법무법인의 설립등기는 구성원 전원이 공동으로 신청하여야 한다는 차이점이 있다(변호사법 시행령 11③). 등기관이 등기를 마친 경우 그 등기는 접수한 때부터 효력을 발생한다(상업등기법 3②). 법무법인은 설립등기를 한 경우에는 7일 이내에 법무법인 설립등기 보고서(전자문서로 된 보고서를 포함한다)를 법무부장관에게 제출하여야 한다(변호사법 시행령 11⑤). 또한 설립등기를 마친 때에는 그로부터 7일 이내에 소속 지방변호사회를 거쳐 대한변호사협회에 그 사유를 신고하여야 한다(법무법인및법무법인(유한)의설립등에관한규칙 5①(1)).

2. 등기사항의 변경

설립등기 후에 등기사항의 변경이 있을 때는 변경등기를 하여야 한다. 예컨대 분사무소의 설치, 구성원 변호사의 신규가입과 탈퇴, 출자지분의 변경 등의 사정이 발생하면 그에 관한 변경등기를 하여야 한다. 설립등기 이외의 등기사항은 대항요건에 해당된다.[2] 변경등기 사항은 물론 설립등기 사항이라도 등기되어 있지 않으면 제3자에게 대항할 수 없다. 정관의 기재사항 중 반드시 기재할 필요가 없는 상대적 기재사항이라도 이것이 등기사항이라면 등기하지 않으면 대항할 수 없다.[3]

변경등기의 원인이 발생하면 2주일 이내에 등기를 하여야 한다. 변경등기를 마친 때에도 7일 이내에 소속 지방변호사회를 거쳐 대한변호사협회에 그 사유를 신고하여야 한다(법무법인및법무법인(유한)의설립등에관한규칙 5①(1)).

Ⅲ. 법무법인의 등기사항

(1) 등기사항

제1항의 등기사항은 다음 각 호와 같다(제2항).[4] 등기사항은 정관의 기재사항과 거의 같다. 다만, 제3호 '출자의 이행부분' 및 제5호 '둘 이상의 구성원이 공동으로 법무법인을 대표할 것을 정한 경우에는 그 규정'에 관한 사항이 추가되고 있다. 정관에는 구성원 변호사가 장차 이행하기로 약정하고 기재한 출자의 종류와 가액만 기재되어 있다. 이 정관을 기초로 설립인가도 이뤄지기 때문에 실제로 출자의 이행 여부를 알 수 없기 때문에 등기사항에 이를 명시하도록 한 것이다. 실무에서는 대표변호사가 구성원 변호사에게 '출자이행증명서'를 발급하는 형식으로 하며, 이 증명서를 법무법인 인가신청시에 첨부하게 된다. 만약 정관에 기재된 대로 출자가 되지 않아 출자이행증명서가 없다면 이는 설립인가의 취소사유

---

2 민법 제54조 제1항, 제85조 제1항의 규정에 따르면 법인이 해산한 경우에 청산인은 파산의 경우를 제외하고 해산등기를 하여야 하고 해산등기를 하기 전에는 제3자에게 해산사실을 대항할 수 없다(대법원 1984. 9. 25. 84다카493 소유권이전등기).

3 민법 제54조 제1항에 의하면 설립등기 이외의 법인등기는 대항요건으로 규정되어 있으므로 이사 변경의 법인등기가 경료되었다고 하여 등기된 대로의 실체적 효력을 갖는 것은 아니다(대법원 2000. 1. 28. 98다26187 이사회결의무효확인).

4 1. 목적, 명칭, 주사무소 및 분사무소의 소재지
2. 구성원의 성명·주민등록번호 및 법무법인을 대표할 구성원의 주소
3. 출자의 종류·가액 및 이행 부분
4. 법무법인의 대표에 관한 사항
5. 둘 이상의 구성원이 공동으로 법무법인을 대표할 것을 정한 경우에는 그 규정
6. 존립 시기나 해산 사유를 정한 경우에는 그 시기 또는 사유
7. 설립인가 연월일

가 될 것이다. 법무부장관의 설립인가는 정관에 기재된 출자가 이뤄질 것을 정지조건으로 하는 처분이라 할 수 있기 때문이다. 인가취소 사유에 관한 변호사법 제53조에는 이 경우를 취소사유로 하지 않고 있다. 제53조는 이미 성립한 법무법인의 인가취소에 관한 규정이고, 정관의 불이행을 원인으로 인가취소도 가능함은 물론이다. 등기관은 '등기할 사항에 무효 또는 취소의 원인이 있는 경우'(제10호)에 해당된다고 판단하면 이유를 적은 결정으로 신청을 각하하여야 한다(상업등기법 26①). 따라서 이러한 법무법인 등기신청은 각하될 것이다. 변호사법에 허위로 한 등기에 대한 제재규정은 없다.

(2) 법무법인의 대표에 관한 사항(제4호)은 법무법인의 운영과 관련하여 누가 대표자가 될 것인지를 정한다. 변호사의 고유한 직무인 타인(의뢰인)이 위임하는 법률사건을 수행할 때는 담당변호사가 법무법인의 대표자가 되고, 그 외에 법무법인 자신의 업무는 대표변호사가 수행한다. 법인이 임대차계약을 체결하거나 사무직원의 임금 관련 분쟁이 있을 때 대표변호사가 나서야 한다. 의뢰인이 수임사건의 불법행위를 이유로 법무법인을 상대로 손해배상청구 소송을 제기할 수도 있다. 이때는 법무법인을 대표하는 대표변호사가 직접 변론에 나서거나, 그 법인의 구성원이나 소속 변호사가 아닌 다른 변호사에게 위임을 해야 한다. 법무법인의 담당변호사는 변호사법 제3조가 규정하는 의뢰인이 의뢰하는 법률사건이나 법률사무를 법인을 대표하여 처리하는 지위에 있기 때문에 법무법인이 당사자인 법률사건의 담당변호사가 될 수 없다. 다만, 민사소송법 제88조가 정하는 바에 따라 법원의 허가를 얻으면 법무법인 소속의 변호사나 사무직원도 소송대리인이 될 수 있다.

(3) 그리고 제5호 '둘 이상의 구성원이 공동으로 법무법인을 대표할 것을 정한 경우에는 그 규정'은 대표변호사가 복수일 경우에 이를 등기하라는 것이다. 이 규정에 의하면 법무법인의 구성원 변호사 3인 중에 2인 이상의 구성원이 대표변호사가 될 수 있다는 것이므로, 구성원 변호사 3인 모두를 대표변호사로 하여도 무방하다. 그리고 제6호 '존립 시기나 해산 사유를 정한 경우에는 그 시기 또는 사유'는 이를 정하지 않은 경우에는 등기할 필요가 없다.

Ⅳ. 설립등기로 법무법인의 성립

법무법인은 그 주사무소의 소재지에서 설립등기를 함으로써 성립한다(제3항). 설립등기는 주사무소의 소재지에서 해야 한다. 등기가 됨으로 법무법인이 비로소 성립하게 된다. 주사무소에서 등기함으로 성립되는 것은 법무법인뿐만 아니라 법무법인(유한)도 같다(변호사법 58의5③). 법무법인의 성립요건인 설립등기는 주사무소 소재지에서 하는 등기만을 말한다.

법무법인 성립 후에 분사무소를 두는 경우 이 역시 등기해야 한다.

법무법인이 설립등기를 마치면 소속 지방변호사회를 거쳐 대한변호사협회에 그 사유를 신고하여야 한다(대한변호사협회 회칙 40). 이 신고는 입회신고로서의 성격을 갖는다. 법무법인이 성립되면 당연히 대한변호사협회의 법인회원이 된다(대한변호사협회 회칙 7②).[5] 법무법인의 구성원 또는 소속 변호사는 '개업신고를 한 변호사'로 대한변호사협회와 지방변호사회의 회원이 된다. 이 점에서 법무법인의 구성원과 소속 변호사는 독자적인 존재로 대한변호사협회와 지방변호사회의 지도와 감독을 받는다.

---

5 일본 변호사법 제36조의2 제1항은 '변호사법인은 그 성립시에 주된 법률사무소에 소재하는 지역 변호사회(2개 이상의 변호사회가 있는 때는 당해 변호사법인이 정관으로 기재한 변호사회)의 회원이 된다'고 한다.

제44조 명 칭

제44조(명칭)
① 법무법인은 그 명칭 중에 법무법인이라는 문자를 사용하여야 한다.
② 법무법인이 아닌 자는 법무법인 또는 이와 유사한 명칭을 사용하지 못한다.

Ⅰ. 연 혁

(1) 1982. 12. 31. 개정된 변호사법은 법무법인 제도를 신설하면서 법무법인 명칭에 관한 규정을 두었다(제34조). 이를 위반할 때는 처벌하는 규정도 명시했다.

(2) 2008. 3. 28. 개정된 변호사법에서 제44조로 조문의 위치를 변경하여 오늘에 이르고 있다. 법무법인이 아닌 자의 법무법인 또는 유사한 명칭사용 금지는 변호사법뿐만 아니라 다른 전문직종 관련법령에서도 인정되고 있다. 「세무사법」은 '등록한 세무법인이 아닌 자는 세무법인이나 이와 비슷한 명칭을 사용하지 못한다'(제16조의9 제2항), 「의료법」은 '이 법에 따른 의료법인이 아니면 의료법인이나 이와 비슷한 명칭을 사용할 수 없다'(제48조 제4항).

Ⅱ. 법무법인이라는 명칭 사용

1. 법무법인의 명칭

(1) 법무법인은 그 명칭 중에 법무법인이라는 문자를 사용하여야 한다(제1항). 여기서 '법무법인'은 원칙적으로 구성원 변호사가 정관을 작성하고 설립 중에 있는 법인을 말한다. 이미 설립인가를 받고 설립등기를 하려는 법인도 포함한다. 구성원 변호사는 정관에 명칭을 특정하고 이를 등기해야 한다. '명칭'이란 정관과 등기사항에 기재한 것이어야 한다. 명

칭은 다른 법무법인이나 법인체와 식별될 수 있는 고유한 호칭이다. 예컨대 '長興 법무법인' 또는 '법무법인 교대 법률사무소'라고 기재한 표기가 명칭이다. 법무법인 명칭은 법률사건·법률사무를 수임하여 처리할 수 있는 권한을 부여받은 새로운 주체임을 공시하는 역할을 한다. 단독 개업한 변호사는 '법률사무소'를 개설한 의무가 없으며, 개설하더라도 '법률사무소'라는 명칭을 사용할 의무는 없다.

(2) 법무법인의 명칭은 상인이 자기를 표시하는 상호와 다르다. 상인은 그 성명 기타의 명칭으로 상호를 정할 수 있다(상법 18). 상인이 아닌 자가 사용하는 명칭은 상법상 상호가 아니다. 변호사는 상인이 아니므로 '상호'가 아닌 '명칭'을 정관과 등기사항에서 사용하고 있음은 앞서 본 바 있다(대법원 2007. 7. 26. 2006마334 등기관처분에 대한 이의).

2. 법무법인 문자 사용

법무법인은 자유롭게 명칭을 정할 수 있지만, 그 명칭 안에는 '법무법인'이라는 문자를 사용해야 한다.[1] 법무법인을 최초로 법인을 설립할 때뿐만 아니라 그 직무를 수행할 때도 법무법인이라는 문자와 함께 담당변호사를 특정해야 한다. 법무법인이 업무를 집행할 때는 법인 명의로 수행하는데(변호사법 50①), 여기서의 '법인 명의'는 법무법인의 명칭을 말한다. 법무법인이 아닌 법무법인(유한)·법무조합 역시 '그 명칭 중'에 법무법인(유한)·법무조합을 표기해야 한다(변호사법 58의16, 58의30, 44). 이처럼 법인의 고유한 인격을 나타내는 문자를 사용하도록 하는 사례는 많다. 예컨대 세무법인은 그 명칭에 세무법인이라는 문자를 사용하여야 하며(세무사법 16의9①), 회사의 상호에는 그 종류에 따라 합명회사, 합자회사, 유한책임회사, 주식회사 또는 유한회사의 문자를 사용하여야 한다(상법 19).

Ⅲ. 법무법인이 아닌 자의 법무법인·유사 명칭 사용 금지

1. 법무법인이 아닌 자

법무법인이 아닌 자는 법무법인 또는 이와 유사한 명칭을 사용하지 못한다(제2항). '법무법인이 아닌 자'는 변호사가 아닌 자(자격이 없는 자·변호사 결격사유자 포함)는 물론 개업 중인 변호사 또는 공동법률사무소·법무법인(유한)·법무조합을 말한다. 법무법인의 설립인가를 받기 위하여 정관을 작성하고 있거나 설립등기를 경료하기 전의 변호사도 이에 해당된다.

---

1 일본은 2002년경 우리의 법무법인과 법무법인(유한)의 중간형태인 변호사법인 제도를 신설한 바 있다. 당시 신설되는 법인의 명칭 중 법무법인과 법률사무법인도 검토되었지만, '법무법인'은 법무성(法務省)과의 관계에서 오해를 초래할 수 있고, '법률사무법인'은 법률사무라는 용어가 지나치게 광범위하고 사법서사 등의 전문직과 혼동될 우려도 있어 '변호사법인'으로 정했다(일본변호사연합회, 조해 변호사법, 246면).

변호사가 아니면서 변호사나 법률사무소를 표시 또는 기재하는 행위는 처벌되는데(변호사법 112(3)), 여기서 변호사가 아닌 자가 전형적인 예라고 할 수 있다. 법무법인의 설립등기를 마친 이른바 별산제 법무법인은 형식은 법무법인이지만 실질적으로는 단독 개업 변호사들의 집합과 다름없다. 변호사법은 법무법인의 구성원 변호사의 계산으로 그 업무를 수행할 수 없도록 하지만(제52조 제1항), 별산제 법무법인은 사실상 구성원 변호사의 계산으로 운영된다. 그러나 별산제 법무법인 역시 변호사법이 정하는 바에 따라 성립된 법무법인이므로 이에 해당되지 않는다.

2. 법무법인·유사 명칭 사용 금지

(1) 법무법인은 조직적·전문적인 업무수행을 위하여 신설된 법인이라 그 존재에 대한 신뢰가 상당하다. 그 때문에 법무법인은 엄격한 절차에 의하여 인가되고 성립된다. 법무법인은 특히 구성원의 연대·무한책임을 인정하고 있기 때문에 법률사무소의 규모를 과장하기 위하여 법무법인의 명칭을 사용할 수 있다. 또한 법무법인으로 오인할 수 있는 유사한 명칭을 사용하는 것도 금지할 필요가 있다. 우리 변호사법에는 인정되지 않은 '변호사법인'과 같은 표현은 유사명칭이라 할 수 있다. 유사명칭이라 판단하기는 쉽지 않다. 누구나 단체결성의 자유가 있고 그 명칭을 사용할 수 있기 때문이다. 유사한 명칭이라고 하기 위해서는 통상적인 의미에서 그 명칭이 변호사의 업무를 수행하는 법무법인(법무법인(유한)·법무조합 포함)과 혼동될 수 있어야 한다. 이 규정에 위반하여 유사명칭을 사용한 자는 처벌된다(변호사법 112(6)).

(2) 법무법인이 아닌 자가 법무법인 또는 이와 유사한 명칭을 사용한다면 그 외형을 오인한 의뢰인은 불측의 손해를 볼 수 있다. 아울러 법무법인 제도는 물론 변호사 직무의 공공성도 크게 훼손될 수 있다. 그래서 변호사법은 변호사 아닌 자가 법률사무소를 표시하는 행위까지 처벌하고 있다(변호사법 112(3)). 여기서 법률사무소는 법무법인도 당연히 포함된다. 예컨대 변호사가 아닌 노무사가 그 사무소의 명칭에 '노무법률사무소'라는 표현을 사용하는 경우 그 의미는 노무에 관한 법률사무를 취급하는 곳이라고 할 것이므로 이는 변호사법을 위반하는 것이라는 질의회신이 있다(대한변협 질의회신 2011. 10. 19. 공인노무사의 법률사무소 명칭 사용). 여기서 '노무법률사무소'뿐만 아니라 법무법인이라는 표현을 사용하는 것도 금지된다.

제45조 구 성 원

제45조(구성원)

① 법무법인은 3명 이상의 변호사로 구성하며, 그중 1명 이상이 통산하여 5년 이상 「법원조직법」 제42조 제 1 항 각 호의 어느 하나에 해당하는 직에 있었던 자이어야 한다.

② 법무법인은 제 1 항에 따른 구성원의 요건을 충족하지 못하게 된 경우에는 3개월 이내에 보충하여야 한다.

I. 연 혁

(1) 1982. 12. 31. 개정된 변호사법은 법무법인의 구성원을 5인 이상으로 하고 그중 2인 이상이 15년 이상의 법조경력을 가진 자로 했다. 즉, 법무법인은 5인 이상의 변호사로 구성하며, 그중 2인 이상이 각각 통산하여 15년 이상 법원조직법 제33조 제 1 항 각호의 1에 해당하는 직에 있던 자이어야 한다(제35조 제 1 항).

(2) 1993. 3. 10. 개정된 변호사법은 2인 이상의 구성원 변호사의 법조경력을 15년에서 10년으로 낮춰 법무법인의 설립을 용이하게 했다. 즉, 법무법인은 5인 이상의 변호사로 구성하며, 그중 2인 이상이 각각 통산하여 10년 이상 법원조직법 제42조 제 1 항 각호의 1에 해당하는 직에 있던 자이어야 한다(제35조).

(3) 2000. 1. 28. 개정된 변호사법은 구성원 변호사 중 10년 이상 법조경력자를 2인에서 1인 이상으로 조정했다. 즉, 법무법인은 5인 이상의 변호사로 구성하며, 그중 1인 이상이 통산하여 10년 이상 법원조직법 제42조 제 1 항 각호의 1에 해당하는 직에 있었던 자이어야 한다(제45조).

(4) 2005. 1. 27. 개정된 변호사법[시행 2005. 7. 28.]은 구성원이 결원되는 경우 보충규정을 신설했다. 즉, 법무법인은 제 1 항의 규정에 의한 구성원의 요건에 미달하게 된 경우에는 3월 이내에 이를 보충하여야 한다(제45조 제 2 항).

(5) 2011. 5. 17. 개정된 변호사법은 법무법인의 설립요건을 변호사 3명 이상, 그중 1명은 5년 이상 일정한 법조경력을 가진 자로 완화했다. 즉, 법무법인은 3명 이상의 변호사로 구성하며, 그중 1명 이상이 통산하여 5년 이상 「법원조직법」 제42조 제1항 각 호의 어느 하나에 해당하는 직에 있었던 자이어야 한다(제45조 제1항).

Ⅱ. 법무법인의 구성원과 법조경력

1. 법무법인은 3명 이상의 변호사로 구성

(1) 법무법인은 3명 이상의 변호사로 구성하며, 그중 1명 이상이 통산하여 5년 이상 「법원조직법」 제42조 제1항 각 호의 어느 하나에 해당하는 직에 있었던 자이어야 한다(제1항). 법무법인의 구성원은 변호사여야 한다. 일본 변호사법은 '변호사법인의 사원은 변호사가 아니면 아니 된다'(제30조의4 제1항)고 한다. 우리는 이와 같은 규정은 없지만 법무법인의 설립주체를 변호사로 한정하고 있기 때문에 그 구성원 역시 변호사일 수밖에 없다.

구성원이 될 수 없는 변호사의 자격을 명시하고 있지는 않다. 3명 이상의 세무사로 구성되는 세무법인은 3명 이상의 이사를 두어야 하는데, 그 이사의 자격제한을 두고 있다.[1]

(2) 법무법인의 구성원 변호사 중 변호사시험에 합격한 자는 6개월 이상 법률사무종사기관에서 법률사무에 종사하거나 대한변호사협회의 연수를 마치지 아니하면 법무법인, 법무법인(유한) 및 법무조합의 구성원이 될 수 없다(변호사법 21의2①). 그리고 징계처분으로 정직이나 제명을 받은 자 역시 그 기간 동안 구성원 변호사가 될 수 없다. 법무법인의 정관의 기재사항 중 '구성원의 가입·탈퇴'(제42조 제4호)에 관한 사항에서 구성원 변호사의 자격을 정할 수 있다. 예컨대 다른 법무법인에서 제명처분을 받았거나, 법정탈퇴사유(제46조 제2항)로 탈퇴된 변호사 또는 변호사의 결격사유 기간이 경과하여 변호사 자격을 회복한 자는 구성원 변호사가 될 수 없다는 내용을 둘 수 있다. 구성원 변호사는 법무법인의 평판도와 발전의 기반이 되므로 그 자격을 엄격히 할 수 있다.

(3) 법무법인의 소속 변호사로 급여를 받으며 근무하려고 취업한 사람이 구성원으로

---

1 **세무사법 제16조의5(사원 및 이사 등)** ① 세무법인의 사원은 세무사이어야 하며, 그 수는 3명 이상이어야 한다.
② 세무법인은 3명 이상의 이사를 두어야 한다. 이 경우 다음 각 호의 어느 하나에 해당하는 자는 이사가 될 수 없다.
1. 사원이 아닌 자
2. 제17조에 따라 직무정지 명령을 받은 후 그 직무정지 기간 중에 있는 자
3. 제16조의15 제1항에 따라 등록이 취소되거나 업무가 정지된 세무법인의 이사이었던 자(등록취소나 업무정지의 사유가 발생한 때의 이사이었던 자로 한정한다)로서 등록취소 후 3년이 지나지 아니하거나 업무정지 기간 중에 있는 자

등기되기도 한다. 이렇게 구성원이 된 변호사는 법무법인이 위임인에게 손해배상책임을 부담할 때도 책임을 져야 하는 등으로 불측의 손해를 볼 수 있다. 법무법인의 설립요건으로 변호사 5인을 3인으로 하향함에 따라 고용주 지위에 있는 변호사가 2명의 변호사를 취업시키는 조건으로 구성원으로 가입시키기도 한다. 이런 법무법인은 변호사 직무를 조직적·전문적으로 수행할 수 없다. 법무법인 제도의 남용이며, 법인에 사건을 위임하려는 의뢰인을 속이는 행위에 해당된다.

(4) 법무법인은 3명 이상의 구성원 변호사로 조직된다. 연혁에서 본 바와 같이, 구성원 변호사가 당초 5명에서 3명으로 낮아져 사실상 조합과 유사한 구조가 되었다. 소수의 변호사로 법무법인 설립을 완화한 것은 단독 개업 변호사들이 법인을 조직하여 전문화·대형화로 발전할 수 있도록 배려한 정책적인 측면이 있다. 또한 7명 이상의 변호사로 구성할 수 있는 새로운 형태인 법무법인(유한)·법무조합의 등장 때문이기도 하다.

2. 구성원 중 1명 이상 5년 이상의 법조경력자

구성원 변호사 3명 중에서 1명 이상이 5년 이상의 「법원조직법」 제42조 제1항 각 호의 어느 하나에 해당하는 직에 있었던 자이어야 한다. 변호사들의 법인체이므로 상당한 법조경력을 5년으로 정하고 있다. 지난 1982년 법무법인 제도를 신설할 때는 5인 이상의 구성원 변호사가 있어야 하고, 그중 2인 이상이 통산하여 15년 이상 법조경력이 있어야 했다. 현행법과는 비교되지 않을 정도로 그 설립이 엄격했다. 그 후 신설된 법무법인(유한)·법무조합은 7명 이상의 구성원 중에서 2명 이상이 10년 이상의 법조경력을 요건으로 했다(변호사법 58의6①, 58의22①). 이 같은 법률사무소의 변천을 볼 때 법무법인은 구성원 변호사의 수와 법조경력을 감안할 때 조합형태를 갖고 있다. 법무법인이 상법의 합명회사 규정을 준용하고 있는 점에서도 그러하다. 5년 이상의 법조경력은 법원조직법이 정하는 각 호의 어느 하나에 해당되어야 한다.[2] 그러므로 '통산하여 5년 이상'이란 판사·검사·변호사 등의 자격자로 근무한 기간의 합산이 5년 이상이어야 한다는 것이다. 1949년 변호사법 제정 당시부터 판사·검사에게 변호사의 자격을 부여해 왔기 때문에 그 재직 기간을 변호사 경력에 합산하고 있다. 그러나 변호사 경력이 전혀 없이 판사·검사의 경력만으로 퇴직 후에 곧바로 법무법인을 구성하고, 그 대표변호사도 될 수 있도록 하는 현행 제도는 재고할 필요가 있

---

2 **법원조직법 제42조(임용자격)** ① 대법원장과 대법관은 20년 이상 다음 각 호의 직(職)에 있던 45세 이상의 사람 중에서 임용한다.
1. 판사·검사·변호사
2. 변호사 자격이 있는 사람으로서 국가기관, 지방자치단체, 「공공기관의 운영에 관한 법률」 제4조에 따른 공공기관, 그 밖의 법인에서 법률에 관한 사무에 종사한 사람
3. 변호사 자격이 있는 사람으로서 공인된 대학의 법률학 조교수 이상으로 재직한 사람

다. 입법론적으로는 변호사로 개업한 후 일정기간 경과 다음에 법무법인의 설립과 구성원 변호사가 될 수 있도록 함이 타당하다.

3. 변호사 1인이 설립한 변호사법인 입법례

일본은 2001. 6. 1. 개정(2002. 4. 1. 시행)된 변호사법에 '변호사법인'을 도입하였다. 변호사법인 제도의 목적은 사건수임, 고용, 재산 보유 등의 변호사 사무소를 둘러싼 법률관계를 명확히 함과 동시에 사무소의 영속성을 확보할 것이 기대되었다. 또한 변호사 업무의 공동화, 분업화, 통합화를 촉진하고 그 기반을 확대하고 강화하여 고도의 전문화된 질 높은 법률서비스를 안정적으로 제공하는 것이 가능해짐으로 국민의 편의성을 향상시킬 수 있을 것이다. 변호사법인이 수임의 주체로 됨에 따라 위임계약은 담당변호사의 사망 등에 의하여 영향을 받지 않고, 의뢰인이 안심하고 지속적으로 법인에 사무처리를 맡길 수 있다. 그리고 변호사법인의 자산과 변호사 개인자산이 구분되어 경영의 합리화를 기할 수 있고, 공직으로 진출하려는 변호사의 활동영역의 확대와 변호사의 과잉배출에 대응할 수 있는 역할도 기대되었다.[3] 변호사법인은 최저 사원 인원(한국의 구성원 변호사)을 정하지 않고 변호사 1인도 법인을 설립할 수 있도록 허용하고 있다. 사원이 1인 변호사법인이 사건의뢰를 받았을 때는 그 사원을 지정(한국의 담당변호사)한 것으로 간주한다(변호사법 30의14⑦).

Ⅲ. 구성원 요건 불충족 시 보충

1. 구성원 요건의 불충족

법무법인은 제1항에 따른 구성원의 요건을 충족하지 못하게 된 경우에는 3개월 이내에 보충하여야 한다(제2항). 법인의 구성원 요건은 두 가지이다. 구성원 변호사가 3인 이상 존재해야 하고, 그중 5년 이상의 경력을 가진 자가 1명 이상이어야 한다. 구성원 변호사는 임의로 법인을 탈퇴하거나 법정탈퇴사유인 사망, 등록취소, 업무정지명령, 정직처분, 정관에 정한 사유의 발생으로 결원이 생길 수 있다(변호사법 46). 그리고 구성원 변호사가 출자의무를 이행하지 아니하는 등의 사유로 법원의 제명선고가 있으면 구성원 요건을 충족하지 못하게 된다(법무법인및법무법인(유한)의설립등에관한규칙 23).

최소 3인의 변호사를 구성원으로 하는 법무법인에 1명이라도 탈퇴하여 결원이 생기면 '조직적인' 직무수행을 할 수 없으며, 5년 이상 법조경력 변호사의 탈퇴는 법무법인의 최소한의 '전문성'을 기대하기 어렵다. 그 때문에 법무법인의 존속을 위한 신속한 조치가 필요

---

3 일본변호사연합회조사실, 조해 변호사법, 241면.

하다. 법무법인이 3명 이상의 구성원 변호사를 유지하여야 하는 것은 법무법인의 성립과 존속요건이다. 법무법인의 구성원이 아닌 소속 변호사의 이직은 법무법인의 존속요건과 무관하다.

2. 3개월 이내에 보충

법무법인이 3개월 이내에 구성원 변호사를 보충시킨 때에는 정관과 등기의 변경 사유가 된다. 법무법인은 먼저 정관에 새로운 구성원 변호사를 기재하여 법무부장관에게 정관변경인가신청을 받아야 한다(변호사법 41 후단). 그리고 변경등기도 하여야 한다(변호사법 43① 후단). 법무법인은 이와 같은 절차를 거쳐 구성원 요건을 충족시킨 때에는 소속 지방변호사회를 거쳐 대한변호사협회에 신고하여야 한다(법무법인및법무법인(유한)의설립등에관한규칙 5(4)(5)). 법무부장관은 3개월 이내에 구성원을 보충하지 아니한 경우에는 그 설립인가를 취소할 수 있다(변호사법 53①(1)). 구성원 미보충을 원인으로 하는 법무법인의 설립인가 취소는 기속행위이다. 3개월의 기간은 훈시규정이 아닌 강행규정으로 볼 것이다.

3. 새로 가입한 구성원 변호사 책임

법무법인 성립 후에 가입한 구성원 변호사는 그 가입 전에 생긴 회사채무에 대하여 다른 구성원 변호사와 동일한 책임을 진다(상법 213; 변호사법 58①)는 점을 유의해야 한다. 이는 신규 구성원 변호사의 자기책임의 원칙에도 반하는 규정이라 할 수 있다. 따라서 기존의 법무법인에 가입한 구성원은 '가입등기된 때부터 퇴사등기된 때까지' 발생한 채무에 한하여 책임이 있다고 개정할 필요가 있다. 그러나 헌법재판소는 반대의 입장이다.[4]

4 헌재 2016. 11. 24. 2014헌바203, 463, 2015헌바305, 375, 2016헌바62(병합) 법무법인 구성원 변호사에게 합명회사 사원의 무한연대책임 준용 사건.

제46조 구성원의 탈퇴

> 第46조(구성원의 탈퇴)
> ① 구성원은 임의로 탈퇴할 수 있다.
> ② 구성원은 다음 각 호의 어느 하나에 해당하는 사유가 있으면 당연히 탈퇴한다.
> 1. 사망한 경우
> 2. 제18조에 따라 등록이 취소된 경우
> 3. 제102조 제2항에 따라 업무정지명령을 받은 경우
> 4. 이 법이나 「공증인법」에 따라 정직(停職) 이상의 징계처분을 받은 경우
> 5. 정관에 정한 사유가 발생한 경우

I. 연 혁

(1) 1982. 12. 31. 개정된 변호사법은 법무법인의 구성원의 가입 및 탈퇴에 관한 규정을 두었다. 즉, 구성원의 가입은 주사무소 소재지의 지방변호사회 및 대한변호사협회를 거쳐 법무부장관의 인가를 받아야 하며(제36조 제1항), 구성원이 탈퇴한 때에는 주사무소 소재지의 지방변호사회 및 대한변호사협회를 거쳐 법무부장관에게 이를 보고하도록 했다(제4항).[1]

(2) 2005. 1. 27. 개정된 변호사법[시행 2005. 7. 28.]은 구성원이 '사망한 때'를 당연 탈퇴사

---

1 **변호사법 [법률 제3594호, 1982. 12. 31. 전부개정] 제36조(구성원의 가입 및 탈퇴)** ① 법무법인의 구성원의 가입은 주사무소 소재지의 지방변호사회 및 대한변호사협회를 거쳐 법무부장관의 인가를 받아야 한다.
② 구성원은 임의로 탈퇴할 수 있다.
③ 구성원은 다음 각호의 1에 해당하는 사유가 있는 때에는 당연 탈퇴한다.
1. 제13조의 규정에 의하여 등록이 취소된 때
2. 제15조의 규정에 의하여 업무정지명령을 받은 때
3. 이 법 또는 공증인법에 의한 징계처분으로 정직된 때
4. 정관에 정한 사유가 발생한 때
④ 법무법인은 제2항 및 제3항의 규정에 의하여 구성원이 탈퇴한 때에는 지체 없이 주사무소 소재지의 지방변호사회 및 대한변호사협회를 거쳐 법무부장관에게 이를 보고하여야 한다.

유로 추가했다(제46조 제3항 제1호).

(3) 2008. 3. 28. 개정된 변호사법은 구성원의 가입시에 법무부장관에게 인가를 받고 탈퇴시에는 이를 보고하는 절차에 관한 규정을 삭제했다. 구성원의 가입과 탈퇴는 정관변경사유에 해당하고 그 절차에 관한 규정이 존재하기 때문인 것으로 보인다. 그리하여 현행법은 구성원의 탈퇴에 관한 규정만을 두고 있다.

Ⅱ. 구성원 탈퇴의 자유

(1) 구성원은 임의로 탈퇴할 수 있다(제1항). 여기서 '구성원'은 법무법인의 설립 당시 또는 설립 후에 구성원 변호사로 가입한 변호사를 말한다. 그리고 '임의로'란 구성원 변호사가 언제든지 자유로이 탈퇴할 수 있다는 것이다. '탈퇴'란 법무법인의 존속 중에 일부 구성원 변호사가 그 지위를 절대적으로 상실하는 것을 말한다. 탈퇴의 원인은 법정사유로 강제적으로 발생할 수도 있지만(제2항), 여기서는 자유로운 의사에 의한 탈퇴를 말한다. 소속변호사는 법무법인에서 임금을 목적으로 종속적인 지위에 있는 근로자이기 때문에 그 법무법인을 그만두더라도 여기서의 탈퇴에 해당되지 않는다.

(2) 법무법인의 모체와 같은 합명회사 사원은 부득이한 사유가 있을 때에는 언제든지 퇴사할 수 있다(상법 217②). 임의퇴사의 요건으로 '부득이한 사유'를 요구하고 있다. 민법상 조합 역시 조합원이 부득이한 사유 없이 조합에 불리한 시기에 탈퇴하지 못한다(민법 716① 단서). 그러므로 부득이한 사유 없이 조합에 불리한 시기에 탈퇴의 의사를 표시하여도 탈퇴의 효력은 생기지 않는다.[2] 법무조합은 민법상 조합의 규정을 준용하지만(변호사법 58의31①), 법무조합의 구성원 변호사는 언제든지 법무조합을 탈퇴할 수 있으므로(변호사법 58의30, 46①) 민법상 조합원의 탈퇴제한을 적용 받지 않는다. 그러나 변호사법은 구성원 변호사가 임의로 탈퇴할 수 있다고 하였으므로 부득이한 사유가 없더라도 언제든지 탈퇴할 수 있다. 법무법인의 조직의 안정성 내지 항구성보다는 구성원 변호사의 직업의 자유라는 기본권을 더 배려한 결과이다.[3]

(3) 그런데 법무법인 역시 소액의 자본으로 조직된 조합적 성격을 갖고 있다. 구성원 변호사가 재직기간을 사전에 약정한 경우와 같은 특별한 사정이 있는 경우에는 원칙적으로 그 약정을 이행할 의무가 있다. 특히 법무법인이 불리한 시기에 탈퇴하는 것은 결원을 보충하기가 쉽지 않고 그 결과 법무법인의 인가취소를 당할 우려도 있다. 따라서 이 경우에는 구성원 변호사에게 사전약정의 구속력을 인정하는 것이 안정적인 법무법인의 운영을 위해

2 곽윤직 편집대표, 민법주해[XVI], 135면(김재형 집필부분).
3 정형근, "법무법인과 그 구성원 변호사의 책임에 관한 연구", 경희법학(2013. 12.), 574면 이하.

서도 필요하다.

Ⅲ. 구성원의 당연(법정) 탈퇴사유

구성원은 다음 각 호의 어느 하나에 해당하는 사유가 있으면 당연히 탈퇴한다(제 2 항). 구성원 변호사는 일정한 사유가 발생하게 되면 당연히 법무법인에서 탈퇴한다. 이를 법정 탈퇴사유라고 한다. 법정탈퇴사유는 구성원 변호사가 될 수 없는 결격사유이기도 하다. 그 외의 탈퇴사유로는 법원의 제명 선고에 의한 탈퇴도 있다. 법무법인은 구성원에게 ① 출자의 의무를 이행하지 아니한 때, ② 변호사법 제52조 제 1 항(구성원 등의 업무 제한)에 위반한 때, ③ 법인의 업무집행 또는 대표에 관하여 부정한 행위가 있는 때, ④ 권한 없이 업무를 집행하거나 법인을 대표한 때, ⑤ 기타 중요한 사유가 있는 때에는 구성원 회의의 결의에 의하여 그 구성원의 제명의 선고를 법원에 청구할 수 있다(법무법인및법무법인(유한)의설립등에관한규칙 23).[4] 법원으로부터 제명선고를 받은 구성원 변호사는 당연히 탈퇴한다(위 규칙 21②).

1. 사망한 경우(제 1 호)

변호사가 사망하면 변호사의 자격은 실효된다. 변호사의 자격등록도 취소된다. 구성원은 변호사로 한정하고 있기 때문에 상속인은 피상속인 지분의 상속을 주장할 수는 없다. 다만, 피상속인이 법인에 출자한 종류와 가액 및 이행부분(변호사법 43②)에 대하여 상속을 주장할 수 있다. 반면, 상속인은 법무법인의 채권자에 대한 책임에서 사망한 구성원 변호사가 부담한 채무를 상속한다.[5]

변호사가 사망한 때 변호사 자격이 있는 상속인에게 구성원의 지위가 상속될 수도 있다. 즉, 구성원이 사망한 때에는 그 상속인이 변호사의 자격이 있고, 구성원 회의의 결의로 승낙한 때에 한하여 권리의무를 승계하여 구성원이 될 수 있다(법무법인및법무법인(유한)의설립등에관한규칙 22①).[6] 이를 결정하는 구성원 회의는 구성원 전원의 출석과 찬성이 있어야 한다

4 **상법 제220조(제명의 선고)** ① 사원에게 다음의 사유가 있는 때에는 회사는 다른 사원 과반수의 결의에 의하여 그 사원의 제명의 선고를 법원에 청구할 수 있다.
1. 출자의 의무를 이행하지 아니한 때
2. 제198조 제 1 항의 규정에 위반한 행위가 있는 때
3. 회사의 업무집행 또는 대표에 관하여 부정한 행위가 있는 때, 권한없이 업무를 집행하거나 회사를 대표한 때
4. 기타 중요한 사유가 있는 때

5 일본변호사연합회조사실, 조해 변호사법, 284면.

6 **상법 제219조(사원사망 시 권리승계의 통지)** ① 정관으로 사원이 사망한 경우에 그 상속인이 회사에 대한 피상속인의 권리의무를 승계하여 사원이 될 수 있음을 정한 때에는 상속인은 상속의 개시를 안 날로부터 3월 내에 회사에 대하여 승계 또는 포기의 통지를 발송하여야 한다.

(위 규칙 12① 단서). 상속인이 상속의 개시를 안 날로부터 3월을 경과한 때에는 구성원이 될 권리를 포기한 것으로 본다(위 규칙 22③).

2. 제18조에 따라 등록이 취소된 경우(제 2 호)

변호사의 자격등록을 마친 구성원 변호사의 등록이 취소되는 경우이다. 제18조가 정한 등록취소는 ① 사망한 경우, ② 제 4 조에 따른 변호사의 자격이 없거나 제 5 조에 따른 결격사유에 해당하는 경우, ③ 제17조에 따른 등록취소의 신청이 있는 경우, ④ 제19조에 따른 등록취소의 명령이 있는 경우이다. 구성원 변호사가 사망하거나 폐업하는 경우에 탈퇴됨은 당연하다. 변호사의 자격이 없는 자가 허위로 등록을 하였거나 적법한 등록 후에 변호사를 계속할 수 없는 결격사유가 발생하면 그 등록이 취소되기 때문에 구성원의 지위도 상실된다.

3. 제102조 제 2 항에 따라 업무정지명령을 받은 경우(제 3 호)

법무부장관은 구성원 변호사가 기소되거나 징계절차의 개시로 장차 등록취소, 영구제명 또는 제명에 이르게 될 가능성이 매우 크고, 그대로 두면 장차 의뢰인이나 공공의 이익을 해칠 구체적인 위험성이 있는 경우에는 업무정지명령을 신청할 수 있으며(변호사법 102①), 법무부징계위원회의 결정에 따라 해당 변호사에 대하여 업무정지를 명할 수 있다(변호사법 102②). 업무정지 기간은 6개월로 한다(변호사법 104①). 업무정지기간이 경과한 변호사는 다시 신규 구성원으로 가입할 수 있다.

4. 이 법이나 「공증인법」에 따라 정직(停職) 이상의 징계처분을 받은 경우(제 4 호)

구성원 변호사로 가입한 후에 변호사법에 따른 정직, 제명, 영구제명의 징계처분을 받거나, 공증인법에 따라 정직, 해임을 받으면 당연히 탈퇴된다.[7] 변호사법은 징계사유 있는 변호사뿐만 아니라 법무법인·법무법인(유한)·법무조합에 대해서도 징계규정을 준용하고 있다. 구성원 변호사가 위법한 업무 집행을 한 결과 법무법인이 징계대상이 되어 정직처분을 받았더라도 해당 변호사는 탈퇴해야 하는 것은 아니다. 구성원 변호사로 가입하기 전에 받은 정직처분의 기간이 아직 도과하지 않았다면 제 2 호의 탈퇴사유가 된다.

---

② 상속인이 전항의 통지 없이 3월을 경과한 때에는 사원이 될 권리를 포기한 것으로 본다.

7 **「공증인법」 제83조(징계의 종류)** 공증인에 대한 징계의 종류는 다음 각 호와 같다.

1. 해임(인가공증인의 경우에는 인가취소)
2. 1년 이하의 정직
3. 1천만원 이하의 과태료
4. 견책

5. 정관에 정한 사유가 발생한 경우(제5호)

정관에는 구성원의 가입과 탈퇴에 관한 사항이 반드시 포함되어야 한다(변호사법 42(4)). 법무법인은 변호사 자격의 실효나 자격정지 등의 사유가 없더라도 구성원 변호사 간의 약정으로 탈퇴사유를 정할 수 있다. 일본 변호사법은 총사원의 동의로 탈퇴한다고 규정하고 있다(제30조의22). 법무법인은 해당 구성원 변호사를 구성원 전원의 출석과 찬성으로 제명할 수 있다(법무법인및법무법인(유한)의설립등에관한규칙 12① 단서). 만약 정관에 구성원 변호사의 탈퇴사유를 정해두지 않았다면, 「법무법인및법무법인(유한)의설립등에관한규칙」 제23조에 따라 법원에 제명의 선고를 청구해야 한다.

Ⅳ. 탈퇴의 효과

구성원 변호사의 탈퇴로 법무법인이 구성원의 요건을 충족하지 못하게 된 경우에는 3개월 이내에 보충하여야 한다(변호사법 45②). 구성원 변호사의 탈퇴로 인한 신규 변호사의 가입 절차는 정관변경 절차에 따른다. 그리고 구성원 변호사의 탈퇴는 대한변호사협회에 신고하여야 한다(대한변호사협회 회칙 40(4)). 탈퇴한 구성원 변호사는 주사무소에서 퇴사등기를 하기 전에 생긴 회사채무에 대하여는 등기 후 2년 내에는 다른 사원과 동일한 책임이 있다(상법 225①; 변호사법 58①).

제47조 구성원 아닌 소속 변호사

제47조(구성원 아닌 소속 변호사)
법무법인은 구성원 아닌 소속 변호사를 둘 수 있다.

Ⅰ. 연 혁

(1) 1982. 12. 31. 개정된 변호사법은 소속 변호사를 둘 수 있음과 그 직무의 한계 및 신고절차를 신설했다. 즉, 법무법인은 구성원 아닌 소속 변호사를 둘 수 있다. 다만, 구성원 아닌 소속 변호사는 공증인의 업무를 행할 수 없다(제37조 제1항). 법무법인이 구성원 아닌 소속 변호사를 둔 때에는 지체 없이 주사무소 소재지의 지방변호사회 및 대한변호사협회를 거쳐 법무부장관에게 이를 신고하여야 한다. 그 변경이 있는 때에도 또한 같다(제37조 제2항).

(2) 2000. 1. 28. 개정된 변호사법은 소속 변호사를 둔 때와 그 변경시에 법무부장관에 대한 신고규정에 관한 위 제2항을 삭제하였다.

(3) 2009. 2. 6. 개정된 변호사법은 소속 변호사의 공증인 업무를 행할 수 없다는 단서 규정도 삭제하게 되었다.

Ⅱ. 법무법인의 소속 변호사

1. 구성원 아닌 소속 변호사

법무법인은 구성원 아닌 소속 변호사를 둘 수 있다. 법무법인은 소속 변호사를 둘 수 있다. 소속 변호사는 법무법인·법무법인(유한)·법무조합에 고용되어 그 업무를 수행하는 구성원이 아닌 변호사를 말한다. 소속 변호사는 변호사 자격등록을 하고 개업신고를 마친 자여야 한다. 변호사시험에 합격한 자는 법률사무에 종사하거나 연수를 마치지 않은 상태에서도 구성원이 아닌 소속 변호사는 될 수 있다(변호사법 21의2①). 소속 변호사는 법무법인의 기본구조를 변경시키는 사항이나 중요한 이해관계를 가지는 사항에 대한 결의에 참여할 수 없다. 또한 법무법인으로부터 이익배당을 받을 권리가 없으며 손실을 부담할 의무도 없다. 근로에 대가로 임금을 받는 근로자의 지위에 있다. 법무법인에 근무하는 변호사가 근로기준법상 근로자 해당하는지 여부는 변호사법에 규정된 변호사의 추상적 지위나 구성원 등기 여부 등의 형식만을 따질 것이 아니라 근로자의 요건과 같은 기준을 종합적·실질적으로 고려하여 판단하여야 한다(대법원 2012. 12. 13. 2012다77006 퇴직금).[1] 소속 변호사를 둘 때 법무법인은 법무부장관에게 인가를 받을 필요는 없다. 다만, 소속 변호사의 채용과 변경시에는 대한변호사협회에 신고하여야 한다(대한변호사협회 회칙 40(5)).

2. 소속 변호사의 업무범위

(1) 소속 변호사 역시 변호사이므로 변호사의 사명과 직무에 관한 변호사법 제1장이 그대로 적용된다. 소속 변호사가 법무법인에서 담당변호사가 되는 경우에는 구성원 변호사와 공동으로만 지정될 수 있다(변호사법 50① 단서). 담당변호사는 지정된 업무를 수행할 때에 각자가 그 법무법인을 대표한다(변호사법 50⑥). 따라서 소속 변호사도 구성원 변호사와 함께 담당변호사가 된 경우에는 그 법무법인을 대표하는 지위에 있게 된다.

(2) 담당변호사로서 소속 변호사가 과실로 수임사건 처리 중 손해를 야기할 수 있다. 이때 법무법인은 배상책임을 지며, 소속 변호사가 직접 피해자에게 배상책임을 지는 것은 아니다. 그렇지만 소속 변호사는 구성원 변호사와의 담당변호사가 되어 업무수행을 하였더라도 유책비율에 따른 구상책임을 질 수 있다.

(3) 법무법인을 신설하던 당시의 변호사법은 구성원 아닌 소속 변호사는 공증인의 업

---

1 근로기준법 제2조 제1항 제1호는 직업의 종류와 관계없이 임금을 목적으로 사업이나 사업장에 근로를 제공하는 자를 근로자로 규정하고 있다. 근로자에 해당하는지는 계약 형식이 민법상 고용계약인지 또는 도급계약인지에 관계없이 그 실질 면에서 근로자가 사업 또는 사업장에 임금을 목적으로 종속적 관계에서 사용자에게 근로를 제공하였는지에 따라 판단하여야 한다. 그러한 종속적 관계가 있는지를 판단하려면, 업무 내용이 사용자에 의하여 정하여지고 취업규칙 또는 복무(인사)규정 등의 적용을 받으며 업무수행 과정에서도 사용자로부터 구체적, 개별적인 지휘·감독을 받는지 여부, 사용자에 의하여 근무시간과 근무장소가 지정되고 이에 구속을 받는지 여부, 근로자 스스로 제3자를 고용하여 업무를 대행케 하는 등 업무의 대체성 유무, 비품 등의 소유관계, 보수의 성격이 근로 자체에 대한 대상적 성격이 있는지 여부와 기본급이나 고정급이 정하여져 있는지 여부 및 근로소득세의 원천징수 여부 등 보수에 관한 사항, 근로제공관계의 계속성과 사용자에 대한 전속성 유무와 정도, 사회보장제도에 관한 법령 등 다른 법령에 의하여 근로자 지위를 인정받는지 여부, 양 당사자의 사회·경제적 조건 등을 종합적으로 고려하여 판단하여야 한다. 법무법인에 근무하는 변호사의 근로자 해당 여부도 변호사법에 규정된 변호사의 추상적 지위나 구성원 등기 여부 등의 형식만을 따질 것이 아니라 위와 같은 기준을 종합적·실질적으로 고려하여 판단하여야 한다(대법원 2012. 12. 13. 2012다77006 퇴직금).

무를 행할 수 없다(제37조 제1항)고 했지만, 현재 이 조항은 삭제되었다. 임명공증인과 공증인가를 받은 법무법인 등의 공증담당변호사의 자격을 통산하여 10년 이상 「법원조직법」 제42조 제1항 각 호의 직에 재직했던 사람으로 한다(공증인법 12, 15의4).

3. 소속 변호사가 구성원으로 등기된 경우 문제점

(1) 소속 변호사는 정관의 기재사항이 아니며 등기할 사항도 아니다. 그럼에도 법무법인의 구성원 보충을 위하여 실제로는 소속 변호사임에도 구성원 등기를 하는 경우도 있다. 이때 그 소속 변호사는 법무법인 내부에서는 소속 변호사의 법적지위를 주장하며 근로자로서 퇴직금을 청구하는 등의 권리를 행사할 수 있다.[2] 예컨대 사법연수원 수료 직후 갑 법무법인에 취업하여 변호사 업무를 시작한 乙과 丙이, 취업 다음 해부터 구성원 변호사로 등기되어 근무하다 퇴직한 후 자신들이 근로자에 해당한다고 주장하며 퇴직금 지급을 구한 사안에서, 대법원은 을과 병이 근로자 지위에 있었다고 판시했다.[3] 이 사안은 구성원 변호사로 등기되었을지라도 법무법인 내부에서는 실질적으로 소속 변호사이므로 구성원 변호사의 지위를 부정한 것으로 보인다.

(2) 이와 달리 법무법인의 대외적인 책임문제에서는 달리 취급된다. 실제로는 소속 변호사이지만 구성원 변호사로 등기된 상태라면 피해자에 대한 관계에서 면책되기는 어려운 점이 있다. 의뢰인이 법무법인의 불법행위로 인한 손해배상청구를 구하며 구성원으로 등기된 변호사들을 상대로 했다면 구성원 변호사의 지위를 쉽게 부정할 수 없다. 피고 법무법인이 원고와 소송위임계약을 체결하여 소송사건을 수행하는 과정에서 피고 법인의 사무장이 원고로부터 소송 상대방들에 대한 합의금 명목으로 지급받은 금원 일부를 횡령하는 불법행

---

2 변호사법에 의하여 자격등록 및 개업신고를 마친 모든 변호사는 법무법인 소속변호사의 경우라도 개개인이 독립된 법률전문직 변호사로서 개별적으로 직무를 수행하는 지위에 있다고 볼 수 있으나, 법무법인의 설립은 구성원변호사에 의하여 이루어지고 운영에 관한 의사결정권도 구성원변호사에 전속하며, 소속변호사는 법무법인의 이름으로만 변호사업무를 수행할 수 있고, 구체적인 업무수행 내용도 구성원변호사가 결정하며, 그 업무수행 과정에서도 구성원변호사의 지휘·감독을 받는 것이 통례인 점 등 제반 사정에 비추어 볼 때, 법무법인 소속변호사는 법인에 대하여 임금을 목적으로 종속적인 관계에서 근로를 제공하는 근로자 지위에 있다고 봄이 상당하다고 한 사례(서울중앙지방법원 2005. 11. 11. 2005가합33355 퇴직금).

3 사법연수원 수료 직후 갑 법무법인에 취업하여 변호사 업무를 시작한 을과 병이 취업 다음 해부터 구성원 변호사로 등기되어 근무하다 퇴직한 후 자신들이 근로자에 해당한다고 주장하며 퇴직금 지급을 구한 사안에서, 구성원으로 등기하거나 탈퇴하는 과정에서 지분을 양수하거나 양도한 증거가 없고, 구성원 등기 전후의 근무 형태 역시 큰 변화 없이 유지된 점, 갑 법무법인으로부터 이익배당을 받거나 손실을 부담한 사실이 없으며, 사건 수임과 상관없이 매달 일정한 금액의 급여를 받은 점, 스스로 사건을 수임한 사례가 거의 없이 갑 법무법인으로부터 배당받은 업무를 처리해 온 점, 자신들이 구성원으로 등기된 사실을 퇴직 1년 전 또는 퇴직 시에야 알게 되었다고 주장하고 있는 점 등 여러 사정에 비추어, 을과 병은 갑 법무법인의 구성원으로 등기되어 있었지만 실질적으로는 갑 법무법인에 대하여 임금을 목적으로 종속적인 관계에서 근로를 제공하는 근로자 지위에 있었다고 본 원심판단을 수긍한 사례(대법원 2012. 12. 13. 2012다77006 퇴직금).

위를 한 사안에서, 피고 법인은 사무장의 사용자로서, 피고 법인의 법인등기부상 구성원인 나머지 피고들은 합명회사에 관한 상법 제212조에 의거하여 연대하여 원고에게 사무장이 횡령한 157,650,000원을 배상할 의무가 있다고 한 바 있다(대법원 2013. 11. 28. 2013다55812 손해배상). 실제로 법무법인에 채용되어 급여를 받으면서 공증업무만 담당한 변호사가 법인등기부상의 구성원 변호사로 기재되었을지라도 실제로는 구성원 변호사가 아니라는 주장을 배척한 바 있다.[4]

(3) 구성원으로 등기된 소속 변호사는 이직의 자유가 침해될 수 있다. 그 등기가 말소되지 않은 상태에서 단독개업하여 법률사무소를 개설할 수 없으며, 소득활동의 일환으로 변호사 직무를 수행할 수도 없다. 법무법인의 구성원과 구성원 아닌 소속 변호사는 법무법인 외에 따로 법률사무소를 둘 수 없다(변호사법 48③). 법무법인의 구성원 및 구성원 아닌 소속 변호사는 자기나 제3자의 계산으로 변호사의 업무를 수행할 수 없다(변호사법 52①). 따라서 법무법인이 소속 변호사를 구성원으로 등기하는 것을 금지시켜야 한다. 법무법인의 대표변호사가 신입 구성원 변호사를 영입할 때까지 등기를 말소해 주지 않은 경우에는 징계처분을 해야 한다.

4 원심은, 피고는 실제로는 피고 법인으로부터 채용되어 매월 급여를 받고 공증업무만 담당하였을 뿐 피고 법인의 운영에는 전혀 관여하지 않았으므로 법인등기부상 기재에도 불구하고 피고 법인의 구성원 변호사라고 볼 수 없어 피고 법인과 연대책임을 지우는 것은 부당하다는 주장에 대하여, 변호사법 제58조 제1항에 의하여 준용되는 상법 제212조는 회사 채권자를 보호하기 위한 강행규정으로서 정관의 규정 또는 총사원의 동의로도 이를 배제할 수 없고, 피고가 실질적으로 피고 법인의 운영에 관여하지 아니하였다는 것은 피고 법인의 내부적인 사정에 불과하여 위 사정만으로 채권자인 원고에게 대항할 수 없다는 등의 이유로 이를 배척하였다. 관련 법리와 기록에 비추어 살펴보면, 원심의 위와 같은 판단은 정당하고, 거기에 상고이유 주장과 같이 판단을 누락하거나 변호사법 제58조 제1항, 상법 제212조의 해석에 관한 법리를 오해하는 등의 위법이 없다(대법원 2013. 11. 28. 2013다55812 손해배상).

제48조 사 무 소

제48조(사무소)

① 법무법인은 분사무소를 둘 수 있다. 분사무소의 설치기준에 대하여는 대통령령으로 정한다.

② 법무법인이 사무소를 개업 또는 이전하거나 분사무소를 둔 경우에는 지체 없이 주사무소 소재지의 지방변호사회와 대한변호사협회를 거쳐 법무부장관에게 신고하여야 한다.

③ 법무법인의 구성원과 구성원 아닌 소속 변호사는 법무법인 외에 따로 법률사무소를 둘 수 없다.

Ⅰ. 연 혁

(1) 1982. 12. 31. 개정된 변호사법은 법무법인 사무소에 관한 규정도 두었다. 즉, 법무법인은 분사무소를 둘 수 있다(제38조 제1항). 법무법인이 개업 또는 사무소를 이전하거나 분사무소를 둔 때에는 지체 없이 주사무소 소재지의 지방변호사회 및 대한변호사협회를 거쳐 법무부장관에게 이를 신고하여야 한다(제2항). 법무법인의 구성원과 구성원 아닌 소속 변호사는 법무법인 외에 따로 법률사무소를 둘 수 없다(제3항).

(2) 2000. 1. 28. 개정된 변호사법에서 '분사무소의 설치기준에 대하여는 대통령령으로 정한다'(제48조 제1항 후단)는 규정을 신설하였다.

Ⅱ. 법무법인의 주사무소

1. 주사무소

법무법인은 주사무소와 분사무소와 같은 법률사무소를 둘 수 있다. 변호사법은 주사무소를 둘 수 있다는 점에 대하여 정관의 기재사항(제42조 제1호)과 등기사항(제43조 제2항 제1호)

에 '주사무소의 소재지'라고 명시하여 밝히고 있다. 그리고 제48조 제2항에서 '법무법인이 사무소를 개업 또는 이전'이라고 하여 주사무소의 존재를 확인하고 있다. 법무법인이 사무소를 개업 또는 이전하거나 분사무소를 둔 경우에는 지체 없이 주사무소 소재지의 지방변호사회와 대한변호사협회를 거쳐 법무부장관에게 신고하여야 한다(제2항). 법무법인의 주사무소는 법무법인 소재지 지방변호사회 지역에 두어야 한다. 법무법인의 주사무소에는 통산하여 5년 이상「법원조직법」 제42조 제1항 각 호의 어느 하나에 해당하는 직에 있던 사람 1명을 포함하여 구성원의 3분의 1 이상이 주재(駐在)하여야 하고, 분사무소에는 1명 이상의 구성원이 주재하여야 한다(변호사법 시행령 12①). 분사무소를 둘 것인지는 법무법인에 일임하고 있지만, 주사무소는 반드시 두어야 하는 의무사항이다.

2. 주사무소 표시 문제

법무법인이 설립인가를 받고 개업한 경우에 주사무소를 개설할 경우에 반드시 주사무소임을 표시해야 하는 것은 아니다. 물리적 공간인 사무소를 광고하는 간판이나 대외적으로 법무법인의 업무를 수행하면서 기재하는 주소지가 주사무소 소재지라 할 수 있다. 반면, 분사무소는 법무법인의 분사무소임을 표시하여야 한다(변호사법 시행령 12④).

Ⅲ. 법무법인의 분사무소

1. 분사무소

법무법인은 분사무소를 둘 수 있다. 분사무소의 설치기준에 대하여는 대통령령으로 정한다(제1항). 법무법인은 제21조(법률사무소)를 준용하지 않고 있다(변호사법 57). 변호사는 원칙적으로 어떠한 명목으로도 둘 이상의 법률사무소를 둘 수 없지만(변호사법 21), 법무법인은 복수 법률사무소금지 원칙의 예외로서 분사무소의 설치가 허용된다. 법무법인은 법률사무의 조직적·전문적 처리로 대형화를 목적으로 하고 있다. 그런데 주된 법률사무소만 존재한다면 장소적 제약으로 인한 불편이 많게 된다. 그러므로 분사무소의 설치로 전문적인 직무수행을 보장하고 지리적 한계도 극복하여 체계적인 사무소 운영이 가능하도록 하고 있다.

2. 분사무소의 설치기준

(1) 주사무소와 분사무소의 구성원 변호사의 주재

분사무소를 설치할 때도 법무법인으로서의 전문성과 조직성이 유지되어야 한다. 법무법인이 분사무소를 둔 경우 법무법인의 주사무소에는 통산하여 5년 이상「법원조직법」 제

42조 제1항 각 호의 어느 하나에 해당하는 직에 있던 사람 1명을 포함하여 구성원의 3분의 1 이상이 주재(駐在)하여야 하고, 분사무소에는 1명 이상의 구성원이 주재하여야 한다(변호사법 시행령 12①).[1] 분사무소에 소속 변호사만 둘 수는 없다. 법무법인의 구성원은 수임사건과 관련된 손해배상책임에서 상호간에 연대책임을 져야 하는 지위에 있기에 분사무소에도 구성원 변호사가 상주해야 한다. 예컨대 3인 이상의 구성원으로 설립된 법무법인은 주사무소에 5년 이상의 경력 변호사가 주재하고 2개의 분사무소에 각각 1명의 구성원 변호사가 주재할 수도 있다. 여기서 '주재'란 그 변호사가 사무소에 출근하여 업무처리를 한다는 것이다. 이렇게 주재하는 변호사는 분사무소가 그의 주된 사무소에 해당된다. 주재 변호사로 신고한 후에 분사무소는 필요시에만 업무처리 하는 장소로 이용한다면 주재요건을 위반한 것이다.

(2) 분사무소에 구성원 변호사의 주재를 요구하는 이유

법무법인의 구성원 변호사 3인 중에 단 1명만 법조경력 5년 이상이면 충분하다. 그 외 구성원 변호사의 자격에 관한 다른 요건이 필요없다. 그 때문에 분사무소에 주재하는 1명의 구성원 변호사는 6개월 실무수습을 종료한 변호사시험에 합격한 변호사일 수 있다. 이 점에서는 구성원이나 소속 변호사나 경력 측면에서는 차이가 없지만, 법무법인의 책임관계에서 구성원과 소속 변호사는 차이가 있기 때문에 구성원 변호사의 주재를 요구하고 있다.

(3) 분사무소에서 직무수행할 구성원 명시

분사무소의 설치를 신고할 때에는 그 분사무소에서 직무를 수행할 구성원을 명시하여야 한다(변호사법 시행령 12②). 분사무소 설치신고는 제2항에 따라 주사무소 소재지의 지방변호사회와 대한변호사협회를 거쳐 법무부장관에게 하여야 한다. 이 신고 때 분사무소에 주재하며 직무수행을 할 구성원을 명시한다. 뿐만 아니라 법무법인은 법인 명의로 업무를 수행하기 때문에 분사무소에서 의뢰인과 수임약정을 할 때는 직무를 수행할 구성원 변호사를 고지해야 할 것이다.

(4) 분사무소의 설치구역

분사무소는 시·군·구(자치구를 말한다) 관할구역마다 1개를 둘 수 있다(변호사법 시행령 12③). 예컨대 서울특별시 서초구에 주사무소를 둔 법무법인은 수원시 또는 자치구인 서울특별시 강남구에 분사무소를 둘 수 있다. 주사무소가 있는 서초구에 다시 분사무소를 두는 것처럼, 동일 시·군·구(자치구를 말한다) 내에 주사무소와 별개의 분사무소를 두더라도 무방하

1 2008. 9. 3. 개정된 「변호사법 시행령」은 '법무법인이 분사무소를 둔 때에는 법무법인의 주사무소에는 통산하여 10년 이상 법원조직법 제42조 제1항 각호의 1에 해당하는 직에 있던 자 1인을 포함하여 '구성원의 과반수'가 주재하여야 한다.'를 '구성원의 3분의 1 이상'이 주재하는 것으로 개정했다.

다(대한변협 2010. 4. 7. 질의회신).

(5) 분사무소의 표시

분사무소에는 법무법인의 분사무소임을 표시하여야 한다(변호사법 시행령 12④). 여기서 '분사무소에는' 의미는 분사무소라는 물리적 공간(시설)에 표시해야 한다는 것이다. 의뢰인은 그 표시를 통해서 분사무소임을 알게 된다. 법무법인은 법인 명의로 업무를 수행한다(변호사법 50①). 분사무소에 주재하는 구성원 변호사가 업무처리를 할 때는 법무법인 명의로 하며, 분사무소 명의로 하는 것은 아니다. 따라서 소송대리인을 표시할 때 법무법인과 담당변호사임을 표시하면 되고, 분사무소를 명기하는 것은 아니다. 분사무소에 독자적인 법인격이 있는 것은 아니기 때문이다. 따라서 여기서 '분사무소임을 표시'해야 하는 것은 간판 등의 광고시에 적용된다.

Ⅳ. 법무법인 사무소 개업·이전, 분사무소 신고

1. 법무법인의 사무소 규율

법무법인이 사무소를 개업 또는 이전하거나 분사무소를 둔 경우에는 지체 없이 주사무소 소재지의 지방변호사회와 대한변호사협회를 거쳐 법무부장관에게 신고하여야 한다(제2항). 여기서 '사무소를 개업'한다는 것은 설립인가를 받고 등기를 마침으로 성립한 법무법인이 그 목적 달성을 위한 업무를 수행하려고 사무소를 마련하고 것을 말한다. 여기서의 사무소는 주사무소를 말한다. 법무법인은 개업신고를 한 후부터 정관에서 정한 법인의 '목적'달성을 위하여 활동할 수 있다. 법무법인이 사무소를 이전하는 경우도 동일하다. 여기서 '사무소 이전'은 주사무소는 물론 분사무소도 포함한다. 분사무소를 둔 경우는 법무법인의 복수 사무소를 개설하는 것이므로 이 역시 신고해야 한다.

2. 사무소 개설·이전, 분사무소 법무부장관에 신고

법무법인은 사무소의 개설과 이전에는 주사무소의 소재지의 지방변호사회와 대한변호사협회를 거쳐 법무부장관에게 신고한다. 법무법인(유한)·법무조합의 개업시에도 같다(변호사법 58의16·30). 반면, 단독 개업한 변호사는 소속 지방변호사회와 대한변호사협회에 신고한다(변호사법 15). 이때 소속 지방변호사회는 다른 지역 소속 지방변호사회 소재지에 사무소를 두는 것과 같은 특별한 사정이 없는 한 그 신고를 수리해야 한다.

법무법인이 분사무소를 둔 경우에도 주사무소 소재지의 지방변호사회를 거쳐 신고한다. 분사무소는 주사무소 소재지를 관할하는 지방변호사회와 다른 지역에 있을 수 있다. 그럼에도 분사무소의 설치와 이전에는 주사무소 소재지의 지방변호사회에 신고하는 문제점도 있다. 따라서 분사무소 소재지의 지방변호사회에도 개업과 이전신고를 하도록 하여 관리·감독하는 것이 타당하다. 다만, 변호사법은 개업 또는 이전신고, 분사무소 설치신고의 대상은 법무부장관이고, 지방변호사회와 대한변호사협회는 경유기관으로만 보고 있다.

V. 구성원·소속 변호사의 법무법인 외의 법률사무소 개설금지

1. 법무법인 외의 법률사무소 개설 주체

법무법인의 구성원과 구성원 아닌 소속 변호사는 법무법인 외에 따로 법률사무소를 둘 수 없다(제3항). 법무법인 외에 따로 법률사무소를 둘 수 없는 대상자는 법무법인의 구성원과 그 소속 변호사이다. 법무법인 역시 주사무소와 분사무소 외에 다른 법률사무소를 둘 수 없다. 법무법인이 분사무소를 설치했지만, 구성원 변호사를 주재시키지 않는다면 따로 법률사무소를 두는 것과 같다. 변호사 자격에 의하여 변리사 자격을 취득한 자가 법무법인과 특허법인을 설립하여 동시에 등기된 경우 법무법인의 구성원 변호사는 동시에 특허법인의 구성원 변호사로서의 지위를 가지게 된다. 이때 법무법인 사무소와 특허법인 사무소를 별개로 둘 수는 없다. 법무법인의 주사무소 또는 분사무소에서 특허관련 업무를 처리해야 한다. 법무법인이 따로 법률사무소를 둘 수 없는 근거는 이 조항뿐만 아니라 제1항, 제2항에서도 찾을 수 있다.

2. 법무법인 외의 법률사무소 개설금지

(1) 법무법인의 구성원 변호사와 그 소속 변호사는 법무법인 외에 다른 법률사무소를 둘 수 없다. 여기서 '다른 법률사무소를 둘 수 없다'는 것은 법무법인의 구성원 또는 소속 변호사가 개인적으로 다른 법률사무소를 두는 것은 물론 법무법인이 주도적으로 주사무소와 분사무소 외에 다른 법률사무소를 개설하는 것까지 포함한다. 만약 법무법인에 소속한 변호사가 다른 법률사무소를 합법적으로 개설·운영한다면, 법무법인에 소속해 있는 변호사와 그 개인 변호사의 지위가 혼동되어 거래의 안전을 해치게 되고, 책임관계에서도 복잡한 문제를 초래할 수 있다. 법인체로서의 기능도 작동할 수 없음은 물론이다.

(2) 법무법인의 사무소가 아닌 따로 개설된 법률사무소에서 처리할 고유한 업무가 존재한다면, 차라리 법인을 해산하고 그 업무에 전념해야 한다. 그리고 개설이 불허된 사무소는 결격사유 있는 사무직원이나 변호사가 채용되어 활동할 수 있다. 사무소 구성원이 적법하게 구성되지 않으면 변호사제도를 크게 훼손할 수 있다. 법무법인의 구성원과 소속 변호

사가 되면 동시에 다른 법률사무소나 법무법인 등의 구성원이 될 수 없다. 일본 변호사법 제30조의19 제1항은 '변호사법인의 사원은 다른 변호사법인의 사원이 될 수 없다'고 한다. 다른 법무법인이나 법률사무소에 취업된다면 사실상 두 개의 사무소를 갖는 것과 같다. 다른 법무법인이나 법률사무소의 구성원이 되려면 탈퇴해야 한다. 따로 법률사무소를 두는데 법무법인의 다른 구성원들의 동의나 권유가 있더라도 금지가 해제되는 것은 아니다. 설령 따로 둔 법률사무소에서 법무법인 명의와 계산으로 업무수행을 하더라도 그렇다.

(3) 법무법인의 구성원으로 등기된 소속 변호사가 그 법인을 나와서 새로운 법률사무소를 개설하는 경우에 이 규정 위반이 된다. 그 결과 소속 변호사의 이직의 자유가 제한되는 문제에 대하여는 변호사법 제47조(구성원 아닌 소속 변호사) 부분에서 설명하였다.

3. 둘 이상의 법률사무소 개설금지

변호사는 어떠한 명목으로도 둘 이상의 법률사무소를 둘 수 없다(변호사법 21③ 전단). 이 규정은 법무법인에 준용하지 않는다(변호사법 57). 그러나 법무법인의 구성원이나 소속 변호사가 별도의 (개인) 법률사무소를 두는 행위는 어떤 명목으로도 둘 이상의 법률사무소를 둘 수 없다는 규정 위반이라고 해야 한다. 변호사법은 단독 개업 변호사나 법무법인에 소속한 변호사이든지 법률사무소는 단 한 개를 둘 수 있도록 한다(제21조 제3항 단서와 분사무소 예외). 법무법인에서도 이 규정을 확인하는 차원에서 명시하고 있다.

4. 구성원 등의 업무 제한

법무법인의 구성원 및 구성원 아닌 소속 변호사는 자기나 제3자의 계산으로 변호사의 업무를 수행할 수 없다(변호사법 52①). 이 규정 역시 법무법인 제도를 유지하기 위하여 구성원 또는 소속 변호사가 법무법인이 아닌 자신의 이익을 위하여 변호사 직무를 수행할 수 없도록 한다. 법무법인 외의 별도의 법률사무소를 개설한다면 그곳에서 수행한 업무로 인한 수익은 자기나 제3자의 계산으로 처리할 것이기 때문이다.

제49조 업 무

> **제49조(업무)**
> ① 법무법인은 이 법과 다른 법률에 따른 변호사의 직무에 속하는 업무를 수행한다.
> ② 법무법인은 다른 법률에서 변호사에게 그 법률에 정한 자격을 인정하는 경우 그 구성원이나 구성원 아닌 소속 변호사가 그 자격에 의한 직무를 수행할 수 있을 때에는 그 직무를 법인의 업무로 할 수 있다.

Ⅰ. 연 혁

⑴ 1982. 12. 31. 개정된 변호사법[시행 2005. 7. 28.]은 법무법인을 신설하면서 법무법인의 업무에 관한 규정도 두었다. 즉, 법무법인은 이 법과 다른 법률에 의한 변호사 및 공증인의 직무에 속하는 업무를 행한다. 다만, 공증인의 업무는 주사무소에서만 행할 수 있다(제39조 제1항). 법무법인은 다른 법률에서 변호사에게 그 법률에 정한 자격을 인정하는 경우 그 구성원 또는 구성원 아닌 소속 변호사가 그 자격에 의한 직무를 행할 수 있는 때에는 그 직무를 법인의 업무로 행할 수 있다(제2항).

⑵ 2005. 1. 27. 개정된 변호사법은 공증인의 직무를 행하는 자의 자격요건 등을 신설했다. 즉, 다만, 공증인의 직무에 속하는 업무는 구성원 중 통산하여 5년 이상 법원조직법 제42조 제1항 각호의 1에 해당하는 직에 있던 자가 주사무소에서만 행할 수 있다(제49조 제1항 단서). 그리고 공증인가합동법률사무소 제도를 폐지하면서 기존 공증인가합동법률사무소와 공증담당변호사에 대해서는 적용하지 아니하도록 하였다.

⑶ 2009. 2. 6. 개정된 변호사법은 위 단서 규정을 삭제하였다.

Ⅱ. 법무법인의 업무

1. 변호사법과 다른 법률상 변호사 직무

법무법인은 이 법과 다른 법률에 따른 변호사의 직무에 속하는 업무를 수행한다(제1항). 여기서 '이 법'은 변호사의 직무 등을 규정하고 있는 변호사법을 말한다. 변호사법에 의하여 설립되는 법무법인의 정관에서 정한 직무도 해당된다. 정관에서 정한 직무는 변호사의 고유한 직무는 물론 법인의 존속을 위한 사항도 포함된다 할 수 있다. 법무법인은 변호사의 직무를 조직적·전문적으로 수행하기 위하여 설립한다는 변호사법 제40조를 확인한 규정이다.

그리고 '다른 법률'이란 변호사의 직무에 속하는 업무를 규정하고 있는 법률을 말한다. 법의 존재형식으로서의 '법률'에 국한되지 않고 헌법이나 명령, 규칙 등도 포함된다. 변호사의 직무를 규정하는 법은 다양하다. 헌법은 신체의 자유의 제한과 관련한 변호인 조력을 받을 권리를, 변호사법은 변호사의 직무 일반에 대한 내용을, 형사소송법과 민사소송법 등 소송관련 법률에서는 변호인 또는 대리인의 권리를 규정하는 형식을 띠고 있다. 그러므로 변호인의 피고인 접견권은 법무법인에게도 인정되며, 민사소송 등에서의 대리인은 법무법인도 해당된다. 따라서 법무법인 역시 변호사법은 물론 다른 법률에서 정하고 있는 '변호사'의 직무를 수행한다.

2. 변호사의 직무에 속하는 업무수행

변호사 직무의 구체적인 내용은 변호사법 제3조 '변호사의 직무'에 규정되어 있다. 소송에 관한 행위 및 행정처분의 청구에 관한 대리행위와 일반 법률사무가 이에 해당된다. 이 점에서는 변호사와 법무법인과 차이가 없다. 다만, 법무법인은 정관에서 설립 '목적'으로 정하고 있는 사항으로 특정된 점이 있다. 그러나 대개는 정관의 목적에 '변호사의 직무에 속하는 업무'라고 기재하는 경우가 많지만, 수임료를 받지 않는 무료봉사로서의 공익활동만을 목적으로 하여 그 직무범위를 제한할 수 있다.

Ⅲ. 다른 법률에서 변호사에게 그 법률에 정한 자격을 인정하는 경우

1. 변호사에게 다른 법률상의 자격 인정

법무법인은 다른 법률에서 변호사에게 그 법률에 정한 자격을 인정하는 경우 그 구성원이나 구성원 아닌 소속 변호사가 그 자격에 의한 직무를 수행할 수 있을 때에는 그 직무를 법인의 업무로 할 수 있다(제2항). 법무법인은 그 구성원 또는 소속 변호사로 조직되어 활동하는 법인체이기 때문에 법무법인에 소속된 변호사에게 허용하는 직무를 법인의 업무로 할 수 있다는 것이다. 변호사법이 아닌 다른 법률에서 변호사에게 그 법률이 정한 자격을 인정할 수 있다. 이 경우 변호사는 그 법률에서 정한 자격취득을 위한 고유한 과정을 거쳐야 되는 것은 아니다. 설령 어떤 자격의 업무가 변호사의 직무범위에 포함될지라도 다른 법률에서 그 자격을 인정하지 않을 경우에는 변호사의 자격으로 그 업무를 할 수 없다.[1]

2. 세무사법·변리사법에 의한 세무사·변리사 직무수행(세무사·변리사 자격 자동부여)

(1) 변호사법이 아닌 다른 법률의 대표적인 예로서는 「세무사법」과 「변리사법」이 있다. 「공증인법」 역시 공증인으로 임명받거나 공증인가를 받은 자는 공증담당변호사가 될 수 있도록 하고 있다. 세무사와 변리사 제도를 창설하던 당시에는 신속하게 많은 세무사와 변리사를 배출할 필요성이 있어서 여러 직종의 사람들에게 간이한 요건으로 그 자격을 부여한 바 있다. 그때 변호사도 세무사와 변리사의 자격을 자동으로 부여받았다. 구 세무사법 제3조는 '변호사의 자격이 있는 자'는 세무사의 자격이 있다고 했다. 변리사법 제3조 역시 「변호사법」에 따른 변호사 자격을 가지고 대통령령으로 정하는 실무수습을 마친 사람은 변리사의 자격이 있다고 한다. 1961. 9. 9. 제정된 세무사법과 변리사법은 제정 당시부터 변호사에게도 그 자격을 인정하여 왔다.[2][3] 그러나 세무사법에 의하여 인정된 변호사에 대한 세무사

1 변호사법 제3조에서 규정한 법률사무는 거래당사자의 행위를 사실상 보조하는 업무를 수행하는 데 그치는 구 부동산중개업법(2005. 7. 29. 법률 제7638호 공인중개사의 업무 및 부동산 거래신고에 관한 법률로 전문 개정되기 전의 것) 제2조 제1호 소정의 중개행위와는 구별되는 것이고, 일반의 법률사무에 중개행위가 당연히 포함되는 것이라고 해석할 수 없다. 이와 같은 법리는 구 부동산중개업법이 중개업자에게 부동산중개와 관련하여 매매계약서 등을 작성하거나 중개대상물에 대한 확인·설명의무를 부과하고 있기 때문에, 부동산중개업자가 중개업무와 직접적으로 연관관계에 있고 구 부동산중개업법에서 부과한 작위의무를 이행하는 과정에서 변호사의 직무와 일부 관련이 있는 위와 같은 업무를 행할 수 있다고 하여 달리 볼 것은 아니다.

변호사의 직무에 부동산중개행위가 당연히 포함된다고 해석할 수도 없고, 변호사법에서 변호사의 직무가 구 부동산중개업법 시행령(2002. 12. 26. 대통령령 제17816호로 개정되기 전의 것) 제5조 단서 소정의 '다른 법률의 규정'에 해당한다고 명시한 바도 없으므로, 변호사는 구 부동산중개업법(2005. 7. 29. 법률 제7638호 공인중개사의 업무 및 부동산 거래신고에 관한 법률로 전문 개정되기 전의 것) 제4조 제1항, 제4항, 같은 법 시행령 제5조에 규정된 중개사무소개설등록의 기준을 적용받지 않는다고 할 수는 없다(대법원 2006. 5. 11. 2003두14888 부동산중개사무소개설등록신청반려처분취소).

2 **「세무사법」 [시행 1961. 9. 9.] [법률 제712호, 1961. 9. 9. 제정] 제3조(세무사의 자격)** 대한민국국민으로서 다음 각호의 1에 해당하는 자는 세무사의 자격을 가진다.

1. 변호사
2. 계리사
3. 세무사고시에 합격한 자

의 자격은 2017. 12. 26. 개정된 세무사법에서 폐지되었다.[4] 기존에 세무사 자격을 취득한 변호사는 여전히 세무사 자격을 갖지만, 장차 변호사 자격을 취득한 사람은 세무사 자격을 자동적으로 부여받을 수 없다. 변리사법은 변호사가 실무수습을 받지 않으면 변리사 자격을 인정하지 않도록 하는 새로운 규제를 설정하고 있다. 아무튼 변리사, 세무사 자격을 가진 변호사가 법무법인에 소속되어 있을 때는 그 법무법인이 변리사와 세무사 업무를 그 직무로 할 수 있다.

⑵ 세무사법과 변리사법에 규정되어 있음으로 비로소 변호사에게 그 자격이 인정되는 것은 아니다. 세무사와 변리사 업무는 일반 법률사무에 해당하는 것으로 변호사의 직무범위에 해당된다. 따라서 변리사법에서 변호사에게 그 자격을 인정하는 규정은 이를 확인하는 성격을 갖고 있다. 일본 변호사법 제3조 제2항은 '변호사는 당연히 변리사 및 세무사의 사무를 행할 수 있다'는 규정을 두고 있다. 일본의 입법례와 같이 변호사법에 규정하여 선언함이 타당하다.

⑶ 헌법재판소는 변호사의 자격이 있는 자에게 더 이상 세무사 자격을 부여하지 않는 구 세무사법 제3조(이 사건 법률조항)가 시행일 이후 변호사 자격을 취득한 청구인들의 직업선택의 자유 등을 침해하지 않는다고 결정하였다.[5][6]

---

4. 상법, 재정학, 회계학 또는 경영경제학에 의하여 박사 또는 석사학위를 받은 자
5. 교수자격인정령에 의한 자격을 가진 전임강사 이상의 교원으로서 상법, 회계학, 재정학, 조세론 또는 경영경제학을 1년 이상 교수한 자
6. 상법, 회계학, 재정학 중 1과목 이상을 선택하여 고등고시에 합격한 자
7. 고등학교 이상의 졸업자로서 국세(관세는 제외한다) 또는 지방세에 관한 행정사무에 통산 10년 이상 근무한 자

3 **「변리사법」[시행 1961. 12. 23.] [법률 제864호, 1961. 12. 23. 제정] 제3조(자격)** ① 만20세 이상의 국민으로서 다음 각호의 1에 해당하는 자는 변리사의 자격이 있다.
1. 변리사시험에 합격하여 1년 이상 실무수습을 마치고 전형에 합격한 자
2. 변호사법에 의하여 변호사의 자격을 가진 자로서 변리사등록을 한 자
3. 특허국에서 3급 이상의 공무원으로서 3년 이상 근속하여 심판 및 심사사무에 종사한 자

4 **세무사법**[시행 2018. 1. 1.] [법률 제15288호, 2017. 12. 26. 일부개정]
[제정·개정이유] 현행법은 변호사자격을 취득할 경우 자동으로 세무사자격을 가질 수 있도록 되어 있으나 전문성이 요구되는 세무분야의 전문성을 제고하고 나아가 소비자들에게 고품질의 세무서비스를 제공하기 위하여 변호사의 세무사자격 자동취득을 삭제하려는 것임.

5 **세무사 자격 조항의 개정 경과 등**
(1) 1961. 9. 9. 법률 제712호로 제정된 세무사법은 ① 변호사, ② 계리사, ③ 세무사고시에 합격한 사람, ④ 상법·재정학·회계학 또는 경영경제학에 의하여 박사 또는 석사학위를 받은 사람, ⑤ 교수자격인정령에 의한 자격을 가진 전임강사 이상의 교원으로서 상법·회계학·재정학·조세론 또는 경영경제학을 1년 이상 교수한 사람, ⑥ 상법·회계학·재정학 중 1과목 이상을 선택하여 고등고시에 합격한 사람, ⑦ 고등학교 이상의 졸업자로서 국세 또는 지방세에 관한 행정사무에 통산 10년 이상 근무한 사람에게 세무사의 자격을 부여하였다.
그 뒤 경제 발전에 따라 조세 관련 법령이 복잡해지고 세무사 자격 소지자가 늘어나자 1972. 12. 8. 법률 제2358호로 개정된 세무사법은 세무사 자격 인정 범위를 줄여 ① 세무사시험에 합격한 사람, ② 국세에 관한 행정사무에 종사한 경력이 10년 이상인 사람으로서 그 중 일반직 3급 이상 공무원으로 5년 이상 재

(4) 변호사와 세무사 사이에 오랜 기간 동안 직역다툼을 해왔는데, 앞으로도 세무사 자격을 가진 변호사의 활동을 제약하려는 여러 조치가 취해질 것으로 예상된다. 그리고 변호사시험에 변리사의 자격을 유지할 수 있는 새로운 과목을 추가하는 등의 가시적 조치가 없으면, 장차 변호사에 대한 변리사 자격 부여 법 조항도 삭제될 것으로 보인다. 변리사의 업

직한 사람, ③ 공인회계사, ④ 변호사에게만 세무사의 자격을 부여하였다.

이후 1999. 12. 31. 법률 제6080호로 개정된 세무사법은 국세 관련 경력공무원에게 세무사 자격을 부여하던 규정을, 2012. 1. 26. 법률 제11209호로 개정된 세무사법은 공인회계사에게 세무사 자격을 부여하던 규정을 각각 삭제하였다. 그 결과 이 사건에서 문제되는 세무사법 개정 전까지 세무사 자격 자동부여 대상으로 변호사만이 마지막으로 남게 되었다.

그런데 앞서 살펴본 것처럼 세무사법이 2017. 12. 26. 법률 제15288호로 개정되면서 변호사에게 세무사의 자격을 자동으로 부여하도록 규정하고 있었던 제3조 제3호가 삭제되었다(이 사건 법률조항). 이 사건 부칙조항은 위와 같은 개정규정의 시행일을 2018. 1. 1.로 정하면서(제1조), 위 개정법 시행 당시 종전 제3조 제3호에 의하여 세무사의 자격이 있던 사람은 이 사건 법률조항에도 불구하고 세무사 자격을 유지하는 경과조치를 마련하였다(제2조). 이에 따라 위 개정법 시행일인 2018. 1. 1. 후에 변호사의 자격을 취득하는 사람은 세무사의 자격을 자동으로 부여받지 못하게 되었다.

(2) 위와 같이 세무사법은 2017. 12. 26. 법률 제15288호로 개정되기 전까지 변호사에게 세무사 자격을 부여하고 있었다. 그런데 세무사법이 2003. 12. 31. 법률 제7032호로 개정되면서 세무사 자격을 가진 사람 중 세무사 자격시험에 합격한 사람만이 세무사등록부에 등록하여 세무대리를 할 수 있게 되었다(제6조 제1항, 제20조 제1항 본문). 그 결과 위 개정법의 시행일인 2003. 12. 31.부터 변호사에 대한 세무사 자격 자동부여제도를 폐지한 이 사건 법률조항의 시행일 전인 2017. 12. 31.까지 사이에 변호사의 자격을 취득한 사람 중 2003. 12. 31. 당시 사법시험에 합격하였거나 사법연수생이었던 사람을 제외한 사람은 세무사의 자격이 인정됨에도 불구하고 세무사등록부에 등록을 할 수 없어 '세무사로서' 세무대리를 할 수 없게 되었다.

이에 대하여 헌법재판소는 2018. 4. 26. 선고한2015헌가19결정에서, 위 2003. 12. 31.자로 개정된 세무사법 제6조 제1항과 제20조 제1항 본문 중 변호사에 관한 부분이 세무사의 자격을 보유한 변호사에 대하여 세무사로서의 세무대리를 일체 할 수 없도록 전면 금지하는 것은 세무사 자격 부여의 의미를 상실시키는 것일 뿐만 아니라 자격제도를 규율하고 있는 법 전체의 체계상으로도 모순되고, 세무사 자격을 보유한 변호사의 세무사 자격에 기한 직업선택의 자유를 지나치게 제한한다는 이유로 헌법불합치결정을 하였다(헌재 2021. 7. 15. 2018헌마279 등 세무사법 제3조 등위헌확인).

6 이 사건 법률조항은 세무사 자격시험에 합격한 사람 이외에 변호사 자격 소지자에 대하여 세무사 자격을 인정(이하 '세무사 자격 자동부여'라 한다)하는 것과 관련된 특혜시비를 없애고 세무사시험에 응시하는 일반 국민과의 형평을 도모함과 동시에 세무분야의 전문성을 제고하여 소비자에게 고품질의 세무서비스를 제공하고자 마련된 조항이다. 이와 같은 입법목적은 정당하고, 변호사에 대한 세무사 자격 자동부여 제도의 폐지는 입법목적을 달성하기 위한 적합한 수단이다.

변호사가 세무나 회계 등과 관련한 법률사무를 처리할 수 있다고 하여 변호사에게 반드시 세무사의 자격이 부여되어야 하는 것은 아니고 변호사에 대하여 세무사 자격을 부여할 것인지 여부는 국가가 입법 정책적으로 결정할 사안이라는 점, 세무사법은 세무사 제도가 정착되고 세무대리시장의 수급이 안정됨에 따라 세무사 자격 자동부여 대상을 점차 축소하는 방향으로 개정되어 왔다는 점, 변호사에게 세무사의 자격을 부여하면서도 현행법상 실무교육에 더하여 세무대리업무에 특화된 추가교육을 이수하도록 하는 등의 대안을 통해서는 세무사 자격 자동부여와 관련된 특혜시비를 없애고 일반 국민과의 형평을 도모한다는 입법목적을 달성할 수 없는 점, 변호사의 자격을 가진 사람은 세무사 자격이 없더라도 세무사법 제2조 각호에 열거되어 있는 세무사의 직무 중 변호사의 직무로서 할 수 있는 세무대리를 수행할 수 있고 현행법상 조세소송대리는 변호사만이 독점적으로 수행할 수 있는 점 등을 고려하면, 이 사건 법률조항이 피해의 최소성 원칙에 반한다고 보기 어렵다.

나아가, 청구인들은 이 사건 법률조항으로 인하여 변호사의 직무로서 세무대리를 하는 것 외에는 세무대리를 할 수 없게 되어 업무의 범위가 축소되는 불이익을 입었으나, 이러한 불이익이 위 조항으로 달성하고자 하는 공익보다 크다고 볼 수 없다. 따라서 이 사건 법률조항은 과잉금지원칙에 반하여 청구인들의 직업선택의 자유를 침해한다고 볼 수 없다(헌재 2021. 7. 15. 2018헌마279 등 세무사법 제3조 등위헌확인).

무가 변호사의 직무에 포함된다는 이유만으로 변리사자격을 자동으로 부여받는 특혜가 계속 유지된다고 예상하기는 어렵다. 세무사와 변리사 자격제도를 창설하던 당시에 여러 직종의 사람들에게 광범위하게 그 자격을 자동적으로 부여받도록 할 필요가 있었지만, 오늘날은 자격부여를 위한 엄격한 시험이 시행되어 변리사가 많이 배출되는 상황이라서 변호사에게 그 자격을 인정할 필요성도 없게 되었다.

3. 구성원·소속 변호사의 자격에 의한 직무 수행

(1) 법무법인의 구성원 또는 소속 변호사가 그 자격에 의하여 세무사나 변리사 업무를 할 수 있다. 이때 법무법인은 세무사나 변리사의 자격이 없기에 법인 명의로 업무를 할 수 없는 것이 원칙이다. 그래서 변호사법은 구성원이나 소속 변호사가 그 자격에 의하여 직무를 수행할 수 있을 때는 그 직무를 법인의 업무로 할 수 있도록 한다. '업무로 할 수 있다'는 것은 법무법인의 고유의 업무로 하여 법무법인 명의로 할 수 있다는 것이다. 그 때문에 법무법인의 정관의 목적에 '변호사법 제49조 제2항에 의한 업무'라고 명시할 필요가 있다. 법무법인이 이 업무를 할 때에는 그 직무를 수행할 수 있는 변호사 중에서 업무를 담당할 자를 지정하여야 한다(변호사법 50②).

(2) 법무법인은 영리를 목적으로 하는 법인이 아니므로 세무사 등록이 가능한 변호사의 세무사 등록을 거부한 것은 위법하다는 하급심 판결이 있다. 즉, 변호사법 제49조 제2항은 법무법인이 변호사법 외의 다른 법률상의 업무를 예외적으로 수행할 수 있도록 한 특별규정이라고 보아야 하고, 세무사법상 세무사로 등록이 허용되는 변호사의 경우 등을 상정하고 있는 것으로 볼 수 있다. 따라서 법무법인은 소속 변호사가 세무사법에 따라 세무사로 등록하여 그 직무를 수행할 수 있을 때에는 이를 법인의 업무로 할 수 있으므로, 세무사로 등록한 변호사가 법무법인에서 세무사 업무를 수행하는 것을 두고 세무사법 제16조 제2항[7]에 위배되는 것이라고 해석하는 것은 변호사법 제49조 제2항의 취지를 무시하는 결과가 된다. 나아가 세무사법상 세무사 등록이 가능한 변호사의 세무사 등록신청에 대하

---

7 「세무사법」 **제16조(공무원 겸임 또는 영리 업무 종사의 금지)** ① 세무사는 공무원을 겸할 수 없다. 다만, 다음 각 호의 어느 하나에 해당하는 경우에는 그러하지 아니하다.
1. 국회의원이나 지방의회의원이 되는 경우
2. 상시 근무를 할 필요가 없는 공무원이 되는 경우
3. 국가·지방자치단체와 그 밖의 공공기관(이하 "공공기관"이라 한다)에서 위촉한 업무를 수행하는 경우
② 세무사는 다음 각 호의 어느 하나에 해당하는 업무 외에는 영리를 목적으로 업무를 경영하는 자의 사용인이 되거나 **영리를 목적으로 하는 법인의 업무집행사원·임원 또는 사용인이 될 수 없다.**
1. 학교·학원 등 교육 분야 출강(전임인 경우는 제외한다)
2. 영리법인의 비상근 임원
③ 세무사가 휴업하면 제1항과 제2항을 적용하지 아니한다.

여 그 변호사가 법무법인의 소속 변호사라는 이유로 세무사법 제16조 제2항 위반으로 들어 등록신청을 거부하는 것 역시 위와 같은 세무사법 제16조 제2항 및 변호사법 제49조 제2항의 취지에 반하는 것으로 허용될 수 없다(서울고등법원 2015. 10. 21. 2013누12876 세무사등록거부처분취소).

(3) 법무법인이 그 직무를 법인이 아닌 그 변호사 개인의 업무로 인정할 수 있을지 문제된다. 법무법인의 구성원 및 구성원 아닌 소속 변호사는 자기나 제3자의 계산으로 변호사의 업무를 수행할 수 없기 때문에(변호사법 52①) 부정함이 타당하다. 직무수행의 보수를 법인에 귀속시키고 법인으로부터 별도의 보수를 받는 것은 허용된다. 아무튼 법무법인의 구성원이나 소속 변호사는 법인 내부에서의 독자적인 활동은 제약을 받는다. 법무법인 외에 따로 법률사무소를 둘 수 없으며, 법인 명의로 그 업무를 수행해야 하고, 자기나 제3자의 계산으로 업무를 수행할 수 없다.

제50조 업무 집행 방법

제50조(업무 집행 방법)

① 법무법인은 법인 명의로 업무를 수행하며 그 업무를 담당할 변호사를 지정하여야 한다. 다만, 구성원 아닌 소속 변호사에 대하여는 구성원과 공동으로 지정하여야 한다.

② 법무법인이 제49조 제2항에 따른 업무를 할 때에는 그 직무를 수행할 수 있는 변호사 중에서 업무를 담당할 자를 지정하여야 한다.

③ 법무법인이 제1항에 따라 업무를 담당할 변호사(이하 "담당변호사"라 한다)를 지정하지 아니한 경우에는 구성원 모두를 담당변호사로 지정한 것으로 본다.

④ 법무법인은 담당변호사가 업무를 담당하지 못하게 된 경우에는 지체 없이 제1항에 따라 다시 담당변호사를 지정하여야 한다. 다시 담당변호사를 지정하지 아니한 경우에는 구성원 모두를 담당변호사로 지정한 것으로 본다.

⑤ 법무법인은 제1항부터 제4항까지의 규정에 따라 담당변호사를 지정한 경우에는 지체 없이 이를 수임사건의 위임인에게 서면으로 통지하여야 한다. 담당변호사를 변경한 경우에도 또한 같다.

⑥ 담당변호사는 지정된 업무를 수행할 때에 각자가 그 법무법인을 대표한다.

⑦ 법무법인이 그 업무에 관하여 작성하는 문서에는 법인명의를 표시하고 담당변호사가 기명날인하거나 서명하여야 한다.

Ⅰ. 연 혁

(1) 1982. 12. 31. 개정된 변호사법은 법무법인을 신설하면서 업무집행방법을 제40조에 구체적으로 규정했다.[1]

---

1 **변호사법 [시행 1982. 12. 31.] [법률 제3594호, 1982. 12. 31. 전부개정] 제40조(업무집행방법)** ① 법무법인은 법인 명의로 업무를 행하며 그 업무를 담당할 변호사를 지정하여야 한다. 다만, 구성원 아닌 소속 변호사에 대하여는 구성원과 공동으로 지정하여야 한다.
② 법무법인이 제39조 제2항의 규정에 의한 업무를 행할 때에는 그 직무를 행할 수 있는 변호사 중에서 업무를 담당할 자를 지정하여야 한다.

(2) 2005. 1. 27. 개정된 변호사법[시행 2005. 7. 28.]은 현행 조문의 제5항에서 제7항에 해당하는 내용을 신설했다. 즉, 담당변호사의 지정과 변경시에 위임인에게 서면으로 통지해야 하고(제5항), 담당변호사가 지정된 업무를 할 때 각자가 법인을 대표하며(제6항), 법인이 작성하는 문서는 법인명의를 표시하고 담당변호사가 기명날인 또는 서명하도록 했다(제7항).

(3) 2009. 2. 6. 개정된 변호사법은 제7항 단서 '다만, 공증인의 직무에 속하는 업무인 경우에는 서명날인하여야 한다.' 부분을 삭제했다.

Ⅱ. 법무법인의 업무 수행·담당변호사 지정

1. 법무법인 명의로 업무 수행

법무법인은 법인 명의로 업무를 수행하며 그 업무를 담당할 변호사를 지정하여야 한다. 다만, 구성원 아닌 소속 변호사에 대하여는 구성원과 공동으로 지정하여야 한다(제1항). 법무법인은 독립한 법인격을 가지므로 법인 명의로 업무를 수행한다. 법인 업무의 실제적 수행은 자연인이 하지만, 그 명의는 법무법인으로 하여야 한다. 여기서 '업무'란 변호사법 제49조에서 법무법인의 업무로 규정하고 있는 변호사법과 다른 법률에서 정하고 있는 '변호사의 직무'를 말한다. 그러므로 본조의 법무법인의 업무 집행 방법에 관한 내용은 '변호사 고유의 직무' 수행에 관한 것이다. 따라서 법무법인 사무실의 임대차 행위와 광고행위, 사무직원의 채용 등과 같은 법무법인의 운영과 관련된 사항은 변호사 고유의 직무에 해당되지 않는다. 이런 업무는 통상 대표변호사가 수행할 것이지만, 특정 변호사를 지정하여 그 업무를 수행하도록 할 수 있다.

2. 담당변호사의 지정

(1) 법무법인은 수임사건 처리를 위하여 특정한 구성원 변호사 또는 소속 변호사를 담당변호사로 지정하여야 한다. 담당변호사는 대외적으로 법무법인의 업무집행기관의 역할을 한다. 담당변호사의 지정방법이나 절차에 관한 명시적 규정은 없지만, 정관의 규정 또는 모든 구성원 변호사의 결의로 결정할 수 있다. 만약 담당변호사의 업무집행에 관하여 다른 구성원 변호사의 이의가 있는 때에는 곧 그 행위를 중지하고 구성원 변호사의 과반수의 결의에 따라야 할 것이다(상법 201②; 변호사법 58①).

---

③ 제1항 또는 제2항의 규정에 의한 담당변호사는 지정된 업무를 행함에 있어서 그 법무법인을 대표한다. 다만, 제1항 단서의 경우에는 각자가 이를 대표한다.
④ 법무법인이 그 업무에 관하여 작성하는 문서에는 법인명의를 표시하고 담당변호사가 기명날인하여야 한다. 다만, 공증인의 업무의 경우에는 서명날인하여야 한다.

⑵ 합명회사의 회사대표는 정관 또는 총사원의 동의로 업무집행사원 중 '특히 회사를 대표할 자'를 정할 수 있다(상법 207; 변호사법 58①). 그러므로 변호사법상 대표변호사로 등기되지 않은 구성원 변호사라도 법무법인의 대표변호사로 정하여 특정업무를 처리할 수 있다. 이 경우의 변호사 역시 법무법인을 대표하는 (담당)변호사이지만, 변호사법상의 담당변호사는 수임사건을 처리하는 변호사만을 지칭한다고 할 수 있다. 합명회사의 각 사원은 정관에 다른 규정이 없는 때에는 회사의 업무를 집행할 권리와 의무가 있다(상법 200①; 변호사법 58①). 따라서 법무법인의 구성원 변호사 역시 법인의 업무를 집행할 권리와 의무를 갖는다.

3. 소속 변호사의 담당변호사 지정

⑴ 다만, 구성원 아닌 소속 변호사에 대하여는 구성원과 공동으로 지정하여야 한다(제1항 단서). 담당변호사는 구성원 변호사가 되는 것이 원칙이다. 담당변호사의 인원에 대한 제한은 없다. 1인의 구성원 변호사도 가능하며, 모든 구성원 변호사가 될 수도 있다. 그러나 소속 변호사를 담당변호사로 지정하기 위해서는 구성원 변호사와 공동으로 해야 한다. 여기서 '지정'은 그 법인이 하는 것으로 되어 있지만 반드시 대표변호사가 하는 것은 아니다. 소속 변호사가 변호사시험에 합격하여 6개월의 법률사무에 종사 중인 자는 담당변호사가 될 수 없다. 소속 변호사를 담당변호사로 지정할 때는 반드시 구성원 변호사와 공동으로 지정해야 한다. 소속 변호사는 법무법인의 근로자 지위에 있고, 업무경험도 일천하여 의뢰인과 법인의 이익을 위하여 구성원 변호사와 공동으로 업무를 처리하도록 하였다. 따라서 법정에서의 변론도 구성원 변호사와 공동으로 하는 것이 의뢰인의 이익보호에 부합된다 할 것이다.

⑵ 담당변호사가 된 소속 변호사는 대외적으로 구성원 변호사와 대등한 지위에서 법인의 업무를 처리할 권한과 의무를 갖는다. 법무법인은 소속 변호사로만 담당변호사를 지정하거나 변경할 수 없다. 담당변호사의 지정과 변경시에 의뢰인에게도 이를 통지하여야 하는데(변호사법 50⑤), 의뢰인으로서는 누가 구성원 변호사인지 여부를 알 수 없어 이의를 제기하기 쉽지 않다. 이 경우 소속 변호사로만 구성된 담당변호사의 소송행위에 영향은 없겠지만, 법무법인은 업무집행방법 위반에 대한 징계책임을 진다고 할 수 있다(변호사법 57; 제10장).

4. 담당변호사의 지정의 효과

변호사법은 담당변호사가 지정된 경우의 효과에 관한 명시적 규정을 두지 않고 있다. 법무법인은 법인 명의로 업무를 수행하며 그 업무를 담당할 변호사를 지정하여야 한다(제1항)고 하여 담당변호사가 법무법인의 업무를 수행한다는 점만 밝히고 있다. 그러면 담당변호사가 지정되면 다른 변호사는 그 업무를 수행할 수 없는지 문제된다. 담당변호사만 그 업무를 수행할 수 있다고 해야 할 것이고, 다른 변호사가 관여할 필요가 있을 때는 담당변호사를 변경하거나 추가하면 된다. 반면, 법무법인(유한)과 법무조합은 수임사건의 담당변호사를 지휘하고 감독하는 구성원 변호사가 있다.

일본 변호사법은 우리나라의 담당변호사에 해당하는 지정사원만이 업무를 집행하는 권리의무를 진다고 명시하고 있다. 즉, 변호사법인은 특정 사건에 대하여 업무를 담당하는 사원을 지정할 수 있다(일본 변호사법 30의14①). 전항의 규정에 의하여 지정된 사건(이하 '지정사건'이라고 한다)에 대해서는 지정을 받은 사원(이하 '지정사원'이라고 한다)만이 업무를 집행할 권리의무를 가진다(제30조의14 제 2 항). 지정사건에 대하여는 전조의 규정에 관계없이 지정사원만이 변호사법인을 대표한다(제30조의14 제 3 항). 그리고 1인 변호사가 변호사법인을 설립할 수 있도록 하기 때문에 "사원이 1인 변호사법인이 사건의뢰를 받았을 때는 그 사원을 지정한 것으로 간주한다(제30조의14 제 7 항).

5. 담당변호사를 특정하는 약정

법무법인은 구성원 또는 소속 변호사 중에서 수임사건을 처리할 담당변호사를 지정할 권한이 있다. 그러나 담당변호사의 역량에 따라 수임사건의 처리 결과가 달라질 수 있다. 의뢰인은 사건수임 약정을 체결할 당시에는 상당한 법조경력을 가진 변호사와 법률상담을 하기 때문에 당연히 그 변호사 또는 그와 비슷한 경력의 변호사가 담당변호사로 지정될 줄로 믿는다. 그러나 현실에서는 한번도 본 적이 없는 낯선 담당변호사를 법정이나, 수사기관에서 만날 수도 있다.

그래서 의뢰인은 법무법인과 특정한 변호사를 수임사건의 담당변호사로 지정하기로 하는 약정을 할 수 있다. 변호사의 자격을 가졌다고 할지라도 그 전문성과 성실성은 각자 차이가 있다. 위임계약은 상호 신뢰관계가 중요하기 때문에 담당변호사의 지정 문제는 매우 중요하다. 따라서 법무법인이 선관의무를 다하여 수임사건을 처리할 것으로 막연하게 믿을 것이 아니라 특정한 변호사를 담당변호사로 지정해 줄 것을 약정하는 것도 필요하다.

Ⅲ. 제49조 제 2 항 직무를 수행할 수 있는 변호사 지정

1. 제49조 제 2 항에 따른 업무

(1) 법무법인이 제49조 제 2 항에 따른 업무를 할 때에는 그 직무를 수행할 수 있는 변호사 중에서 업무를 담당할 자를 지정하여야 한다(제 2 항). 법무법인은 다른 법률에서 변호

사에게 그 법률에 정한 자격을 인정하는 경우 그 구성원이나 구성원 아닌 소속 변호사가 그 자격에 의한 직무를 수행할 수 있을 때에는 그 직무를 법인의 업무로 할 수 있다(제49조 제2항). 변호사법이 아닌 다른 법률인 세무사법과 변리사법 및 공증인법에서 변호사로 하여금 세무사·변리사 및 공증인 업무를 허용하고 있다. 법무법인의 구성원 또는 소속 변호사가 위 법률에 정하는 바에 따라 그 자격을 취득하였다면 법인은 고유한 업무로 수행할 수 있다.

(2) 그런데 「변리사법」(2006. 3. 3. 법률 제7870호로 신설되어 2006. 6. 4. 시행된 것) 제11조는 '제5조 제1항의 규정에 따라 등록한 변리사 및 제6조의3 제1항의 규정에 따라 설립된 법인은 변리사회에 가입하여야 한다'는 규정을 두고 있었는데,[2] 이 규정이 위헌인지 여부가 문제된 바 있다(헌재 2008. 7. 31. 2006헌마666).[3]

(3) 그리고 세무사의 자격이 있는 자 중 변호사 자격이 있는 자로 하여금 세무사 또는

---

2 **「변리사법」 제11조(변리사회의 가입의무)** 제5조 제1항에 따라 등록한 변리사와 제6조의3 제1항 또는 제6조의12 제1항에 따라 설립된 특허법인 또는 특허법인(유한)은 변리사회에 가입하여야 한다.

3 **변리사회의 가입강제를 규정하고 있는 변리사법 제11조 중 변리사 부분이 위헌인지 여부(소극)** 변리사법 제11조 중 변리사 부분이 변리사로 하여금 변리사회에 의무적으로 가입하도록 규정한 것은 변리사회의 법적 지위를 강화하여 공익사업을 수행하고 지식재산권에 관한 민간차원의 국제협력을 증진하고자 하는 입법목적의 정당성이 인정되고, 등록된 변리사로 하여금 변리사회에 의무적으로 가입하도록 하는 것은 그 입법목적의 달성에도 적합하며, 그 입법목적을 달성하기 위하여 적합한 유일한 수단이어서 피해의 최소성 원칙에도 위반되지 않을 뿐만 아니라, 청구인의 불이익과 공익을 비교형량하면 청구인이 겪게 되는 직업수행의 자유에 대한 제한보다 그 입법목적을 달성함으로써 얻게 되는 공익의 비중과 정도가 더 크다 할 것이므로, 법 제11조 중 변리사 부분은 법익의 균형성 원칙에도 위배되지 않는다. 따라서 법 제11조 중 변리사 부분이 청구인의 결사의 자유와 직업수행의 자유를 제한한 것은 비례의 원칙에 위배되지 않으므로 청구인의 결사의 자유와 직업수행의 자유를 침해하지 않으며, 청구인의 평등권도 침해하지 않는다.

변리사법 제3조 제1항 제2호 중 "변리사 등록을 한 자" 부분에 대한 재판관 조대현의 위헌의견 변리사법 제3조 제1항 제2호 중 "변리사 등록을 한 자" 부분은 합리적인 이유도 없이 변호사법 제3조에 의하여 인정되는 변호사의 직무권한을 부정하는 것으로서 변호사의 직업수행의 자유를 부당하게 침해한다.

변리사법 제11조 중 변리사 부분의 심판청구에 대한 재판관 이동흡, 재판관 목영준, 재판관 송두환의 각하의견 청구인이 헌법소원심판 청구 당시에는 더 이상 변리사가 아니어서, 변리사회의 가입의무를 규정하고 있는 변리사법 제11조 중 변리사 부분은 변리사가 아닌 청구인에게 법적으로 아무런 영향을 미칠 수 없으므로 기본권침해의 자기관련성이 없어서 부적법하다.

변리사법 제11조 중 변리사 부분에 대한 재판관 이공현, 재판관 조대현, 재판관 김희옥, 재판관 김종대의 위헌의견 변리사회에의 의무가입을 통하여 유일한 변리사단체를 구성함으로써 대한변리사회의 대표성과 법적 지위를 강화하는 것 이외에 목적 정당성을 인정할 수 없고, 변리사로 하여금 대한변리사회에 의무적으로 가입하도록 하는 것은 산업재산권제도의 발전을 도모하고 변리사의 품위향상과 그 업무개선을 도모하는 설립목적이나 공익사업수행 및 국제협력의 달성에 적합한 수단이라고 볼 수 없으며, 사법인에 해당하는 대한변리사회의 법적지위 강화라는 입법목적을 제외한 나머지 입법목적을 달성할 수 있으면서도 청구인의 소극적 결사의 자유도 제한하지 않는 대한변리사회에의 임의적 가입이라는 대체 수단이 존재하므로 피해의 최소성원칙에 위반되며, 청구인이 받게 되는 소극적 결사의 자유에 대한 제한으로 인하여 발생하는 불이익이 법 제11조가 추구한다는 대한변리사회의 대표성과 법적지위 강화라는 입법목적을 달성함으로써 얻게 되는 공익보다 훨씬 더 크다 할 것이므로 법 제11조는 법익균형성원칙에도 위배된다. 따라서 법 제11조 중 변리사 부분이 변리사로 하여금 변리사회에 의무적으로 가입하도록 규정한 것은 비례의 원칙에 위반되어 청구인의 결사의 자유와 직업의 자유를 침해한다.

이와 유사한 명칭을 사용하지 못하도록 한 세무사법(2003. 12. 31. 법률 제7032호로 개정된 것) 제20조(업무의 제한 등) 제 2 항이 변호사의 표현의 자유 및 직업의 자유를 침해하는지 여부도 문제되었다(헌재 2008.5.29. 2007헌마248).4

---

4 **세무사의 자격이 있는 자 중 변호사 자격이 있는 자로 하여금 세무사 또는 이와 유사한 명칭을 사용하지 못하도록 한 세무사법 제20조 제 2 항**(이하 '이 사건 법률조항'이라 한다)**이 청구인의 표현의 자유 및 직업의 자유를 침해하는지 여부**(소극) 이 사건 법률조항은 세무사라는 자격명칭의 공신력을 제고하고, 소비자로 하여금 세무사자격시험에 합격한 자와 그 외의 세무사 자격소지자를 구분할 수 있도록 함으로써 합리적인 세무서비스 선택의 기회를 보장하려는 데 그 입법목적이 있으므로 목적의 정당성이 인정되고, 소비자는 자신이 필요로 하는 세무대리업무의 영역과 전문성에 맞추어 세무서비스제공자를 선택할 수 있게 되었으므로 입법목적을 달성하기 위한 적정한 수단이다.

세무사와 변호사는 그 자격을 취득하는 데 필요한 전문지식에서 많은 차이가 난다. 또한 이 사건 법률조항이 금지하는 것은 '세무사 또는 이와 유사한 명칭'으로서 '세무관리사', '세무회계관리사'와 같이 세무사와 동격으로 오해될 소지가 있는 '자격'명칭의 사용일 뿐이고, 변호사가 자신이 취급하는 '업무'의 종류로서 '세무', '세무대리', '조세'라고 표시하는 것까지 불허하는 것은 아니다. 따라서 청구인은 세무사라는 자격명칭을 사용하지 않더라도 얼마든지 자신이 세무대리업무를 하고 있음을 일반 소비자들에게 알릴 수 있다. 이러한 사정을 종합할 때, 이 사건 법률조항에 의한 제한은 입법목적을 달성하기 위하여 필요한 범위 내의 것이라고 볼 것이다.

나아가 변호사가 세무사 명칭을 사용하지 못하게 됨으로써 침해받는 사익은 처음부터 세무사 직역에 종사할 의도로 세무사자격시험에 합격한 자와 비교할 때 상대적으로 경미하고, '세무대리업무'를 할 수 있다는 사실까지 표현할 수 없는 것은 아니므로, 청구인이 제한받는 사익의 정도가 이 사건 조항이 추구하는 공익에 비하여 과다하다고 볼 수 없다. 2. 세무사자격시험에서는 법률과목보다 회계학·재정학·세무회계 등 비법률과목의 비중이 더 크고 세법에 대한 심도있는 전문성이 강조되는 반면, 사법시험에서는 조세실무과목이 전혀 없고 조세법마저도 1차시험 선택과목 중 하나일 뿐이다. 이처럼 적어도 세무대리업무 중 실무적인 부분에 관하여는 사법시험이 세무사자격시험의 전문성을 포섭하거나 이를 대체할 정도에 이르지 못하고 있어 그 전문성에서 차이가 있으므로, 세무사자격소지자 중 세무사자격시험에 합격한 자에 대하여만 '세무사' 명칭을 사용할 수 있도록 한 입법자의 판단이 합리성을 현저히 결여하였다고 보기 어렵다.

또한 변리사법은 변리사등록을 한 변호사에게 변리사 자격을 부여하고 변리사 명칭의 사용도 허용하고 있으므로 변리사의 명칭을 사용하려는 변호사와 세무사의 명칭을 사용하려는 변호사 간에 차별이 발생한다. 그러나 입법자에게는 각 자격제도의 특성에 맞게 구체적인 내용을 규율할 수 있는 광범위한 입법형성권이 인정되는바, 변리사와 세무사가 그 업무의 범위와 성격에서 상이한 점에 비추어 볼 때, 이 사건 법률조항이 입법자의 입법형성권을 현저히 일탈한 자의적인 것이라고 보기 어렵다.

재판관 이강국, 재판관 이공현, 재판관 김종대의 반대의견 이 사건 법률조항은 그 입법목적의 정당성에 의문이 있다. 세무사 자격소지자가 세무사시험에 합격하지 않았다는 이유로 세무사라는 명칭을 사용하지 못하게 한다 하여 세무사 자격이나 세무사제도의 공신력이 제고된다고 보기 어렵고, 세무사자격시험합격자 이외에는 세무사 명칭을 사용하지 못하는 이상 소비자로서는 세무사자격시험합격자와 그 외의 세무사 자격소지자를 구분할 길이 없으므로 세무서비스의 합리적 선택에 어떠한 기여도 한다고 보기 어렵다.

나아가 세무사자격시험에 합격한 자와 세무사 자격을 자동으로 취득한 변호사 간에 업무능력 및 자질 면에 있어서의 격차가 있다고 보기 어렵고, 설사 격차가 발생할 수 있다고 하더라도 변호사에 대하여 세무과목에 대한 연수나 교육을 제공하는 등 법에서 변호사에게 세무사 자격을 부여하는 것과 조화될 수 있는 방법을 마련함으로써 위 입법목적을 달성하여야지, 세무사 자격은 부여해 놓고 명칭사용만을 금지하는 것은 적절한 수단이라고 볼 수 없다. 자격은 부여하면서 자격명칭의 사용을 전면적으로 금지하는 것은 전문자격사로서의 직업수행에 중대한 제한을 초래할 뿐만 아니라 자격을 소지하는 의미 자체도 상실시키는 결과가 되므로, 기본권 제한의 정도에 있어서 애초에 자격을 주지 않는 것과 별다른 차이가 없다. 또한 변호사의 세무사 명칭사용을 전면적으로 금지하고 이를 위반할 경우 1년 이하의 징역 또는 1천만원 이하의 벌금에 처하도록 하는 것은(법 제22조의2), 자격소지자의 객관적 진실에 기초한 정보제공행위를 금지하고 형사처벌의 대상으로까지 삼는 것이어서 입법목적 달성을 위하여 필요한 범위 내의 것이라고 볼 수 없다. 따라서 피해의 최소성 원칙에 반한다.

나아가 청구인은 자신을 '세무사'라고 표현할 기회를 전면적으로 박탈당하고 소비자에게 자신이 보유한

2. 그 직무를 수행할 수 있는 변호사 지정

여기서 '그 직무를 수행할 수 있는 변호사'란 다른 법률에서 정하는 자격을 취득하여 그 직무를 수행할 권한이 있는 변호사를 말한다. 변리사와 세무사 등록을 마친 변호사를 말한다. 그러므로 그 자격이 없는 다른 구성원 또는 소속 변호사는 그 직무수행을 할 수 없다. 그럼에도 그 자격이 없는 변호사로 하여금 그 직무수행을 하도록 한다면, 이는 변호사법 위반에 해당한다. 그리고 '업무를 담당할 자를 지정'한다는 것은 자격을 취득한 구성원이나 소속 변호사가 그 직무를 수행하도록 허용하는 것을 말한다. 이때 '업무를 담당할 자'에는 구성원 변호사는 물론 소속 변호사도 포함된다. 담당변호사는 반드시 구성원 변호사와 소속 변호사를 공동으로 지정해야 하지만, 여기서의 '업무를 담당할 자'는 오로지 소속 변호사일 수도 있다는 점에 차이가 있다. 그러므로 여기서 '업무를 담당할 자'는 '그 직무를 수행할 수 있는 변호사'여야 하므로 고유한 의미의 담당변호사(제1항)는 아니다.

Ⅳ. 법무법인 업무를 담당할 변호사를 지정하지 아니한 경우

1. 담당변호사를 지정하지 아니한 경우

(1) 법무법인이 제1항에 따라 업무를 담당할 변호사(이하 "담당변호사"라 한다)를 지정하지 아니한 경우에는 구성원 모두를 담당변호사로 지정한 것으로 본다(제3항). 법무법인은 담당변호사를 통하여 법인의 업무를 처리한다. 법무법인이 담당변호사를 지정하지 아니한 경우란 법무법인이 소송위임장만 제출하고 담당변호사 지정서는 제출하지 않은 경우를 상정할 수 있다. 법문에는 '지정하지 아니한 경우'라고 하여 법무법인의 의도적 측면이 드러나 있지만 반드시 그에 국한되는 것은 아니다. 처음에는 담당변호사를 지정했더라도 추후에 이직이나 의뢰인의 교체요구로 담당변호사 지정이 철회될 수도 있다. 이 경우에는 결과적으로 담당변호사의 지정이 안 된 상태이다. 실제로 담당변호사를 지정하지 않는 경우는 없겠지만, 업무집행으로 인한 책임소재(구상권 행사 등)를 가릴 경우를 대비하여 둔 규정이다.

(2) 담당변호사는 1인이라도 상관없기에 일시적으로 구성원 요건을 충족하지 못한 상태라도 담당변호사를 지정하지 못할 이유는 없다. 그런데 수임제한 사유로 인하여 담당변호사를 지정할 수 없는 사정도 있을 수 있다.[5] 구성원 변호사에게 상대방 또는 상대방 대리

자격명칭을 알리면서 세무사로서의 직업활동을 영위하는 데 중대한 제한을 받게 되는바, 이러한 불이익은 이 사건 법률조항이 보호하고자 하는 어떠한 공익보다 경미한 것이라고 보기 어렵다. 그렇다면, 이 사건 법률조항은 자격소지자에게 당연히 허용되어야 할 자격명칭의 사용을 금지함으로써 헌법상 비례원칙에 반하여 청구인의 표현의 자유 및 직업의 자유를 침해하는 것이므로 헌법에 위반된다.

5 법무법인 등의 특정 변호사에게만 '상대방 또는 상대방 대리인과 친족관계에 있는 경우'(제22조 제1항

인과 친족관계가 있는 경우에는 수임 자체를 할 수 없고 수임했더라도 담당변호사를 지정할 수 없는 사유가 발생할 수 있다.

2. 구성원 모두를 담당변호사로 지정 간주

(1) 법무법인이 담당변호사를 지정하지 않았거나 지정할 수 없었던 때는 구성원 모두를 담당변호사로 지정한 것으로 본다. 이때 구성원 변호사가 실제 그 사건의 업무처리에 관여하지 않았더라도 담당변호사의 지위를 갖는다. 구성원 변호사는 법무법인의 조직과 운영에 주도적인 지위에 있기 때문에 법인 명의로 수임한 사건의 담당변호사로 되는 것은 당연하다. 만약 구성원 변호사와 소속 변호사가 공동으로 담당변호사가 되었는데 소속 변호사의 이직이 있었다면 남은 구성원 변호사가 담당변호사가 된다. 반면, 구성원 변호사가 탈퇴하여 소속 변호사만 담당변호사로 남게 된 경우에는 그 법인의 모든 구성원 변호사가 담당변호사로 지정된 것으로 본다. '지정된 것으로 본다'는 것은 담당변호사의 지정서의 제출 여부와 상관없이, 실제 그 사건의 처리를 담당하였는지 여부와 무관하게 담당변호사의 권리와 의무를 인정한다는 것이다. 그러므로 사건이 계류중인 법원은 구성원 중 1인에게 소송지휘를 할 수 있다.

(2) 법무법인의 구성원은 법무법인의 채무에 대하여 연대·무한·직접책임을 진다(상법 212; 변호사법 58①). 그러므로 구성원 변호사는 담당변호사로 지정되지 않았더라도 엄격한 책임을 지게 된다. 구성원 변호사가 담당변호사일 때 유한책임을 지는 법무법인(유한)·법무조합에서는 담당변호사의 지정이 없을 때는 책임 부담에서 큰 의미를 갖게 된다.

(3) 위임인의 입장에서는 담당변호사의 지정(특정)이 없음으로 모든 구성원 변호사가 담당변호사로 간주되는 현상은 최악의 불신요소이다. 구성원 변호사 모두가 담당변호사라는 것은 곧 책임지고 처리하는 담당자가 없는 것과 다름없기 때문이다. 구성원 모두를 담당변호사로 지정된 것으로 본다는 것은 담당변호사의 지정이 없을 때의 효과에 불과할 뿐이고, 수임사건에 대해서는 어느 변호사도 관여하지 않고 있음을 말해준다. 이런 수임약정은 원만히 지속되기를 기대하기는 어렵다. 그러나 위임인과 관계에서 볼 때도 모든 구성원 변호사가 실제로 담당변호사가 되는 경우는 많지 않을 것이다.

제4호) 또는 '변호사는 공정을 해할 우려가 있을 때에는, 겸직하고 있는 당해 정부기관의 사건을 수임하지 아니한다'(제42조)에 해당하는 사유가 있는 경우, 당해 변호사가 사건의 수임 및 업무수행에 관여하지 않고 그러한 사유가 법무법인 등의 사건처리에 영향을 주지 아니할 것이라고 볼 수 있는 합리적 사유가 있는 때에는 사건의 수임이 제한되지 아니한다(변호사윤리장전 48②).

V. 담당변호사가 업무를 담당하지 못한 경우 담당변호사 재지정

1. 담당변호사가 업무를 담당하지 못하게 된 경우

(1) 법무법인은 담당변호사가 업무를 담당하지 못하게 된 경우에는 지체 없이 제 1 항에 따라 다시 담당변호사를 지정하여야 한다. 다시 담당변호사를 지정하지 아니한 경우에는 구성원 모두를 담당변호사로 지정한 것으로 본다(제 4 항). 법무법인이 담당변호사를 지정하였지만 담당변호사가 업무를 담당하지 못하게 된 경우여야 한다. '업무를 담당하지 못하게 된 경우'란 변호사로서 직무수행을 계속할 수 없는 법률상·사실상의 장애가 발생한 경우이다. 담당변호사로 지정받은 후 정직징계를 받는 등으로 변호사의 결격사유가 발생하여 직무수행을 할 수 없게 되거나, 의뢰인이 그 변호사를 사건관여에서 배제시켜 줄 것을 요구한다거나, 수임제한 사유의 발생으로 계속적으로 업무수행을 할 수 없는 상황에 놓이게 되거나, 변호사의 이직이나 정신적·육체적 건강의 악화를 들 수 있다.

(2) 무엇보다 당해 사건을 처리할 전문적인 법률지식과 경험의 부족으로 계속적으로 그 변호사에게 그 업무를 맡길 수 없는 사정도 있을 수 있다. 이와 같은 여러 사정으로 담당변호사가 업무를 담당하지 못하게 된 경우에는 지체 없이 다시 담당변호사를 지정해야 한다. 법무법인은 단순한 변호사의 교체에 그쳐서는 아니 된다. 담당변호사의 재지정으로 사건지연이 되지 않도록 해야 하며, 그 법인 내에서 그 사건처리의 경험과 능력이 탁월한 변호사가 담당변호사가 되도록 주의해야 한다.

2. 다시 담당변호사를 지정하지 아니한 경우

(1) 담당변호사가 업무를 담당하지 못하게 되었으면 법무법인은 담당변호사 교체신청을 하여야 한다. 소송대리인의 권한은 서면으로 증명하여야 한다(민사소송법 89). 담당변호사를 다시 지정한 경우에는 교체된 변호사를 기재한 담당변호사 지정서를 제출해야 한다. 그런데 소송대리 사건에서 담당변호사가 업무를 수행할 수 없음에도 다시 담당변호사를 지정하지 않은 상태로 둔다면 변론기일 불출석과 같은 효과를 야기할 수 있다.

(2) '구성원 모두를 담당변호사로 지정한 것으로 본다'는 것은 담당변호사를 지정하지 않거나(제 3 항) 지정된 담당변호사가 그 업무를 수행할 수 없을 때(제 4 항)에 법무법인 내부의 업무집행방법을 제시한 것이다. 향후 그 사건의 처리를 둘러싼 법률과오책임이 발생한 경우 법무법인 구성원 간의 내부적인 책임범위를 정하는 데 참고가 될 수 있다. 그러므로 소송사건을 진행 중인 재판부가 구성원 변호사 모두를 담당변호사로 인정하여 소송기일을 통지하는 등의 적극적인 소송행위를 해야 하는 것은 아니다.

Ⅵ. 위임인에게 담당변호사를 지정·변경 통지

1. 위임인에게 담당변호사 지정 통지

법무법인은 제1항부터 제4항까지의 규정에 따라 담당변호사를 지정한 경우에는 지체 없이 이를 수임사건의 위임인에게 서면으로 통지하여야 한다. 담당변호사를 변경한 경우에도 또한 같다(제5항). 법무법인은 위임인으로부터 수임한 사건을 위임의 본지에 따라 선량한 관리자의 주의로써 위임사무를 처리하여야 하며(민법 681), 수임인은 위임인의 청구가 있는 때에는 위임사무의 처리상황을 보고하고 위임이 종료한 때에는 지체 없이 그 전말을 보고하여야 한다(민법 683). 그러므로 법무법인은 수임사건을 처리하는 담당변호사가 지정된 경우에 지체 없이 위임인에게 통지해야 한다. 그 통지는 서면으로 하여야 한다. 통지 여부를 둘러싼 분쟁발생을 예방하기 위해서이다. 담당변호사는 그 사건의 종결에 이르기까지 위임인과 접촉하며 사건진행 경과를 보고하고 향후 있게 될 절차와 내용을 설명해야 한다. 변호사는 의뢰인에게 사건의 주요 경과를 알리고, 필요한 경우에는 의뢰인과 협의하여 처리한다(변호사윤리장전 28①). 변호사는 수임한 사건의 처리가 종료되면, 의뢰인에게 그 결과를 신속히 설명한다(변호사윤리장전 29). 그런데 수임사건의 위임인이 담당변호사로 어느 변호사가 지정되었는지를 알 수 없다면, 법령이 규정한 위임인의 권리를 행사하는데 큰 장애가 된다.

2. 담당변호사를 변경한 경우도 통지

담당변호사의 변경은 제4항의 '담당변호사가 업무를 담당하지 못하게 된 경우'가 대표적이다. 담당변호사의 변경사유는 다양할 수 있다. 아무튼 담당변호사가 변경된 경우에는 위임인에게 서면으로 통지해야 한다. 가능하면 변경사유도 간략히 언급할 필요가 있다. 위임인이 변경된 담당변호사가 작성한 서면을 검토하고 논의하는 등으로 담당변호사의 변경을 알 수도 있다. 그럼에도 변경된 담당변호사의 성명을 기재한 서면으로 통지하는 것이 필요하다.

구성원 변호사와 소속 변호사가 공동으로 담당변호사로 지정된 후 실제로는 소속 변호사가 그 업무를 전담할 수 있다. 이 경우 위임인은 법무법인에게 선관주의의무를 다하도록 요구하며 담당변호사의 변경(교체)도 요구할 수 있다. 이렇게 위임인의 요구로 담당변호사가 변경된 경우에도 통지해야 한다. 그 교체사실을 알기 어렵기 때문이다.

3. 담당변호사의 지정 통지 누락

법무법인은 담당변호사를 지정하거나 변경한 경우에는 지체 없이 이를 수임사건의 위임인에게 서면으로 통지하여야 한다. 이런 서면통지를 결여하더라도 담당변호사 지정의 효과가 소멸된다고 할 수는 없다. 다만, 담당변호사의 지정 통지를 받지 못한 의뢰인과의 관계가 악화될 수 있는 원인이 되기도 한다. 일본에서는 지정사원의 지정이 서면으로 통지되지 않으면 일본 변호사법 제30조의14 제2항, 제3항[6]에서 정하는 효과가 발생하지 않는다고 한다.[7] 그리고 의뢰인은 변호사법인에 대하여 상당한 기간을 정하여 지정사원을 지정할 것인지 아닌지를 명확하게 요구할 수 있고, 이때 변호사법인이 그 기간 내에 통지를 하지 않은 때는 변호사법인은 그 이후에 지정을 할 수 없다. 다만, 의뢰인의 동의를 얻어 지정을 하는 것은 가능하다(일본 변호사법 30의14⑤). 이런 의뢰인의 지정사원 최고권을 인정하고 있기 때문에 서면 통지의 흠결 효과를 매우 강하게 해석하고 있지만, 우리는 위임인의 최고권도 존재하지 않기 때문에 이렇게 볼 수는 없다. 담당변호사의 지정은 대외적으로 법원 등에 수임사건에 관한 업무처리자를 특정하고, 위임인과의 원활한 소통을 도모할 목적으로 서면으로 통지하도록 하는 것이라서 비록 통지의 흠결이 있더라도 담당변호사 지정 자체의 효력에는 영향이 없다.

Ⅶ. 담당변호사의 법무법인 대표

1. 지정된 업무를 수행하는 담당변호사

담당변호사는 지정된 업무를 수행할 때에 각자가 그 법무법인을 대표한다(제6항). 담당변호사는 법무법인으로부터 지정된 업무를 수행한다. 여기서 '지정된 업무'는 제49조의 변호사의 고유한 업무를 말한다. 업무의 범위는 위임인으로부터 수권받은 내용으로 제한된다. 담당변호사의 업무수행은 법무법인의 행위로 된다. 담당변호사는 법무법인의 업무집행사원과 같은 지위에 있다. 담당변호사의 과오로 위임인에게 손해를 야기한 때는 법무법인과 그 구성원 변호사는 그 책임을 진다. 구성원 변호사라도 담당변호사로 지정되지 않으면 원칙적으로 그 직무를 수행할 권한이 없다. 그러나 담당변호사로 하여금 특정행위를 할 것을 지시할 수는 있다. 담당변호사 상호간에도 내부적으로 지휘·복종의 관계에 있을 수는 있다.

6 변호사법인은 특정 사건에 대하여 업무를 담당하는 사원을 지정할 수 있다(제30조의14 제1항). 전항의 규정에 의하여 지정된 사건(이하 '지정사건'이라고 한다)에 대해서는 지정을 받은 사원(이하 '지정사원'이라고 한다)만이 업무를 집행할 권리의무를 가진다(제30조의14 제2항). 지정사건에 대하여는 전조의 규정에 관계없이 지정사원만이 변호사법인을 대표한다(제30조의14 제3항).

7 일본변호사연합회조사실, 조해 변호사법, 267면.

2. 각자가 법무법인 대표

대리인이 수인인 때에는 각자가 본인을 대리한다. 그러나 법률 또는 수권행위에 다른 정한 바가 있는 때에는 그러하지 아니하다(민법 119). 이러한 각자대리는 추정되는 본인의 의사와 거래의 편의를 고려한 규정이다.[8] 수인의 대리인이 각각 다른 내용의 대리행위를 한 경우에는 1인(본인)이 수개의 다른 행위를 한 경우에 준하여 처리하면 될 것이다.[9] 이러한 각자대리의 원칙을 변호사법도 따르고 있다. 담당변호사가 지정된 업무를 수행할 때는 각자가 그 법무법인을 대표한다. 여기서 '각자가'라는 것은 담당변호사들 모두 법무법인을 대표한다는 것이다. 물론 1인의 담당변호사는 그의 대리행위가 법무법인을 대표한다. 복수의 담당변호사는 의사결정을 공동으로 하고, 그 표시행위는 1인의 담당변호사가 하여도 된다. 따라서 소속 변호사가 구성원 변호사와 공동으로 담당변호사가 된 경우 두 변호사가 법정에 출석해야 하는 것은 아니다.

3. 정관·등기된 대표변호사와 구별

(1) 법무법인을 대표하는 변호사는 정관·등기사항인 '법무법인 대표에 관한 사항'에서 말하는 대표변호사와 변호사 직무를 수행하는 담당변호사로 나눌 수 있다. 등기된 대표변호사는 법무법인이 수행하는 변호사 직무는 물론 그 외의 법무법인 업무에 관한 대표권을 갖는다. 담당변호사는 변호사 직무를 수행하면서 법무법인을 대표한다. 일본 변호사법은 법인의 대표(제30조의13), 지정사원(제30조의14)의 규정을 별도로 두어 대표변호사와 담당변호사를 구분하고 있지만, 우리 변호사법은 담당변호사에 대해서만 상세한 규정을 두고 있다. 법무법인의 대표에 관한 사항은 정관의 기재사항이며, 등기사항이기도 하다. 정관과 등기에 기재된 법인의 대표는 그 법무법인을 대내·외적으로 대표하는 지위를 갖는다. 이 경우 법무법인의 대표변호사는 지정된 업무에 한하여 법무법인을 대표하는 지위를 갖는 담당변호사와 구별된다.

(2) 법무법인의 대표변호사는 법인의 운영에 관하여 재판상 또는 재판 외의 모든 행위를 할 권한이 있다(상법 209①; 변호사법 58①). 이들 대표변호사 역시 각자 법무법인을 대표한다. 정관이나 모든 구성원 변호사의 동의로 특정 구성원 변호사를 법인 업무를 처리할 수 있는 대표권을 부여할 수 있다. 그러므로 법무법인은 정관상의 대표변호사와 담당변호사가 대외적으로 대표기관의 지위에 있다. 담당변호사의 법정에서의 화해나 자백은 법무법인이 한 것으로 최종 인정되며 대표변호사로서의 내부적 추인절차를 요하지 않는다. 법무법인이

---

8 김준호, 민법강의(제27판), 278면.
9 곽윤직 편집대표, 민법주해[Ⅲ], 61면(손지열 집필부분).

담당변호사의 권한을 제한하였더라도 선의의 3자에게 대항할 수는 없다.

Ⅷ. 법무법인의 업무처리 방식

1. 법무법인의 업무처리 문서

법무법인이 그 업무에 관하여 작성하는 문서에는 법인명의를 표시하고 담당변호사가 기명날인하거나 서명하여야 한다(제7항). 법무법인은 법인 명의로 업무를 수행한다. 법무법인은 정관으로 정한 목적과 법률이 허용하는 범위 내에서 권리와 의무의 주체가 되므로 그 명의를 표시하게 된다. 법인 명의를 표시해야 하는 것은 그 업무에 관하여 작성하는 문서에 국한된다. 여기서 '그 업무'는 변호사의 직무를 말한다. 법무법인은 위임인과 수임약정을 체결하고 그 대리인 지위에서 업무를 수행하기 때문에 대리인 현명을 하게 된다. 구성원 변호사가 자신의 명의로 작성된 문서는 원칙적으로 법무법인의 문서로 인정받기 어렵다.

2. 담당변호사가 기명날인하거나 서명

법무법인이 업무상 작성하는 문서는 법인 명의로 하되 실제로 이를 작성하는 변호사도 표시해야 한다. 업무상 문서를 작성한 권한 있는 담당변호사는 기명날인해야 한다. 물론 서명도 무방하다. 따라서 법무법인의 문서는 법인 명의가 기재된 다음에 담당변호사의 기명날인이 있게 된다. 기명날인하는 담당변호사의 숫자는 제한이 없으며, 담당변호사로 지정된 자는 실제로 그 문서작성에 관여하지 않았더라도 기명날인할 수 있다. 법무법인과 달리 법무법인(유한)·법무조합은 담당변호사가 수임사건의 과오로 인한 손해배상책임을 진다. 그 때문에 담당변호사로 기명날인된 것은 책임소재를 정하는 데 큰 의의를 갖는다.

Ⅸ. 법무법인(유한)·법무조합의 준용

법무법인의 업무집행방법은 법무법인(유한)과 법무조합에 준용된다(변호사법 58의16·30). 법무조합은 법인이 아님에도 그의 명의로 업무수행을 하는 이유도 이 준용규정 때문이다. 법무조합은 소송의 당사자가 될 수 있다(변호사법 58의26)고 이를 명시하고 있다. 다만, 수임사건과 관련된 손해배상책임과의 관계에서 담당변호사와 지휘·감독 변호사의 지위에 따라 책임 여부가 달라지는 특징이 있다.

X. 법무법인이 소송사건의 당사자인 경우 법무법인에 소속한 변호사를 담당 변호사로 지정할 수 있는지 여부

1. 문제의 제기

법무법인은 타인으로부터 수임한 법률사건의 소송대리를 목적으로 설립된 법인이다. 그런데 법무법인이 의뢰인의 법률사건을 수임하여 처리하는 것이 아니라, 법무법인 자신이 소송당사자가 될 수도 있다. 법무법인이 수임사건과 관련된 손해배상청구를 당하여 피고가 될 수도 있다. 이때 그 법무법인의 대표변호사가 직접 소송을 수행할 수 있음은 당연하다. 그렇지 않고 법무법인에 소속해 있는 구성원 변호사를 담당변호사로 지정하여 그 사건을 처리할 수 있는지 문제된다. 이는 법무법인(유한)·법무조합에서도 동일하게 적용된다. 다행히 대법원이 2022. 5. 26. 선고한 판결에서 이 문제를 해결하였다.

2. 법무부의 유권해석

법무부는 2003. 9. 1. 법무법인이 당사자가 된 사건에서는 해당 법무법인의 구성원을 담당변호사로 지정하는 방법으로 소송을 수행할 수 없고, 다른 법무법인이나 별도의 변호사를 소송대리인으로 선임하여야 한다고 해석한 바 있다. 즉, 법무법인이 행하는 변호사의 직무에 속하는 업무는 당사자 등의 위임이나 위촉에 따라 개시되는 성격을 갖는 것이라는 점, 법무법인의 정관이나 등기부에 '법인의 대표에 관한 사항'을 필요적으로 기재하도록 하고 있는 점, 정관에 법인의 대표에 관한 사항을 기재하는 것은 상법상 합명회사의 업무집행사원을 정하는 것과 다름없고, 이러한 경우에는 업무집행사원(법무법인의 대표변호사)만이 회사를 대표할 권한을 갖는 점(상법 제207조) 등에 비추어 변호사법 제50조 규정은 '외부의 소송 당사자가 법무법인에게 소송에 관한 행위를 위임하여 그 업무를 수행하는 경우'에 한하여 적용되는 것이라는 입장에서 법무법인이 당사자가 된 소송사건에서는 해당 법무법인의 구성원을 담당변호사로 지정하는 방법으로 소송을 수행할 수 없고 다른 법무법인이나 별도의 변호사를 소송대리인으로 선임해야 한다.

3. 대한변호사협회의 견해

대한변호사협회는 법무법인은 해당 법무법인이 소송당사자로 된 합의부 관할사건에 관하여 담당변호사를 지정하는 방법으로 해당 소송업무를 수행할 수 있다고 한다.[10]

10 대한변협 2011. 2. 9. 질의회신; 이광수, 변호사법개론, 387면.

[법무법인이 당사자인 소송사건에서 담당변호사를 지정하는 방법으로 소송수행을 할 수 있는지 여부]

법무법인이 소송당사자로 된 합의부관할 소송사건에 관하여 해당 법무법인이 지배인을 선임하여 그 소송업무를 수행하도록 할 수 있는가 여부에 관한 질의에 대하여 종전 변호사법질의검토소위원회는 법무법인의 구성원 또는 소속변호사를 담당변호사로 지정하여 해당 법무법인에 대한 소송업무를 수행하도록 할 수 있는가 여부의 쟁점은 질의 내용에 포함되어 있지 아니하므로 검토의 범위에서 제외하였으나, 법제위원회에서 이 부분에 관한 추가검토가 필요하다고 결정하였으므로 이에 위 쟁점에 관하여 검토하고자 하는 것임.

[검토의견]

결론부터 제시하자면, 법무법인은 해당 법무법인이 소송당사자로 된 합의부관할사건에 관하여 담당변호사를 지정하는 방법으로 해당 소송업무를 수행할 수 있다고 할 것입니다.

이 쟁점에 관한 종래의 대한변협의 의견은 "① 법무법인이 행하는 변호사의 직무에 속하는 업무는 당사자 등의 위임이나 위촉에 따라 개시되는 성격을 갖는 것이라는 점(변호사법 제3조 참조), ② 법무법인의 정관이나 등기부에 '법인의 대표에 관한 사항'을 필요적으로 기재하도록 하고 있는 점(변호사법 제42조 제5호, 제43조 제2항 제4호), ③ 정관에 법인의 대표에 관한 사항을 기재하는 것은 상법상 합명회사의 업무집행사원을 정하는 것과 다름없고, 이러한 경우에는 업무집행사원(법무법인의 대표변호사)만이 회사를 대표할 권한을 갖는 점(상법 제207조 참조) 등에 비추어, 변호사법 제50조 규정은 '외부의 소송 당사자가 법무법인에게 소송에 관한 행위를 위임하여 그 업무를 수행하는 경우'에 한하여 적용되는 것"이라는 입장에서 법무법인이 당사자가 된 소송사건에서는 해당 법무법인의 구성원을 담당변호사로 지정하는 방법으로 소송을 수행할 수 없고 다른 법무법인이나 별도의 변호사를 소송대리인으로 선임하여야 한다는 입장을 취하였습니다.

그러나 변호사법 제50조는 반드시 '외부의 소송 당사자가 법무법인에게 소송에 관한 행위를 위임하여 그 업무를 수행하는 경우'에 한한다고 규정하고 있지 아니합니다. 명시적인 규정이 없음에도 불구하고 법무법인의 업무수행방법에 관한 위 규정의 "업무"의 개념을 위 대한변협의 견해와 같이 제한적으로 해석할 이유는 없다고 하겠습니다. 법무법인의 업무수행방법에 관한 위 규정에서 "업무"의 의미를 "당사자 등의 위임이나 위촉에 따라 개시되는 업무"만으로 제한적으로 해석하는 이러한 태도는 종래 법무법인이나 변호사의 업무가 주로 "송무대리"의 범주에 치중하고 있을 때에는 타당성을 인정받을 수 있었을지 몰라도, 지금과 같이 변호사나 법무법인이 제공하는 법률서비스의 영역이 단순한 "송무대리"의 범주는 벗어나서 광범위한 영역에 걸쳐지고 있는 현실상황에서는 더 이상 타당성을 인정받을 수 없습니다.

위 변호사법 제50조의 규정취지는 법무법인이 "송무대리"의 업무를 수행하는 경우뿐만 아니라 법무법인의 모든 업무영역에 있어서 해당 법무법인을 대표하여 업무를 집행하는 기관으로 "담당변호사"를 둘 수 있도록 근거를 제공하는 규정이라고 보는 것이 상당합니다. 이렇게 본다면 법무법인이 제3자의 송무를 대리하는 경우에도 소송대리인인 해당 법무법인을 대표하여 "담당변호사"가 송무를 대리하는 것이라고 보게 됩니다. 이런 관점에서 종전 대한변협 견해의 논거 중 ①의 논거는 타당하다고 보기 어렵습니다.

다음으로 위 ②와 ③의 논거 역시 다음과 같은 이유에서 그와 같이 해석할 이유가 없다고 하겠습니다.

상법상 합명회사에서 대표에 관한 사항은 임의적 기재사항에 불과하고(상법 제180조 참조) 대표업무집행사원을 정하지 아니한 경우에는 사원 각자가 회사를 대표한다고 규정하고 있습니다(상법 제207조). 그러나 합명회사의 경우와 달리 법무법인에서 대표에 관한 사항은 정관의 필수적 기재사항 및 법인등기사항에 해당하므로(변호사법 제42조, 제43조) 대표변호사가 없는 법무법인은 생각할 수 없습니다. 결국 법무법인에서는 언제나 대표변호사가 법무법인을 대표하여야 하며 구성원변호사를 담당변호사로 지정하는 방법으로 법무법인을 대표하도록 할 수는 없다고 볼 여지가 있는 것은 사실입니다.

그러나 이에 관하여는 다음과 같이 달리 생각해 볼 여지가 있습니다.

상법상 합명회사의 경우 회사의 대표에 관하여는 i) 정관이나 총사원의 동의에 의하여 대표사원으로 지정된 자, ii) 정관에 의하여 업무집행사원으로 지정된 자, iii) 사원의 순으로 대외적으로 합명회사를 대표합니다(상법 제207조). 상법상 "업무"란 회사가 정관에 정하여진 범위 내에서 회사의 목적 달성을 위하여 수행하는 대내적·대외적 활동을 총칭하는 개념이라고 할 것이고, 회사의 업무집행에서 회사 외부의 제3자와 관계를 맺게 되는 권한을 대표권이라고 볼 때 업무집행권에는 대표권도 포함되는 것이라고 볼 수 있습니다. 이렇게 본다면 정관이나 총사원의 동의에 의하여 대표사원을 지정하였다 하더라도 대표사원과 별개로 업무집행사원을 지정하여 업무집행사원으로 하여금 회사를 대표하도록 하는 것이 불가능하다고 볼 수는 없을 것입니다. 상법상 회사는 수인의 대표자를 두는 것이 허용되고 그 수인의 관계는 각자대표가 원칙이라는 점을 보더라도 이러한 해석은 당연하다고 하겠습니다.

한편 법무법인의 업무집행에 관하여 변호사법은 구성원변호사 중에서 업무를 담당할 변호사를 지정하여(구성원 변호사가 아닌 자를 지정하는 경우에는 구성원 변호사와 공동으로) 법무법인의 업무를 집행할 수 있다고 규정하고 있고(법 제50조 제1항), 담당변호사는 지정된 업무를 수행할 때에 각자가 그 법무법인을 대표하게 됩니다(같은조 제6항). 여기서 변호사법 제50조 소정의 "업무"의 개념을 위에서 본 상법 제207조 등의 "업무"의 개념과 달리 취급하여야 할 이유는 없다고 하겠습니다.

그렇다면 상법상 합명회사의 대표권에 관한 규정을 법무법인에 유추하여 대표사원=대표변호사, 업무집행사원=담당변호사, 사원=구성원변호사에 준하는 것으로 볼 수 있을 것입니다. 위에서 본 종래 대한변협의 견해는 법무법인의 대표변호사를 합명회사의 업무집행사원에 준하는 것으로 보았으나, 그와 같이 해석하여야 할 근거는 어디에도 없습니다.

그렇다면 법무법인이 소송당사자가 되는 소송업무에 관하여도 상법상 합명회사의 업무집행사원에 해당하는 담당변호사를 지정하는 방법으로 해당 법무법인을 대표하여 소송업무를 수행하도록 하는 것이 변호사법상 허용되는 업무수행방법이라고 보는 것이 타당합니다.

이러한 해석은 현실적인 법무법인의 책임관계를 고려하더라도 그 타당성을 수긍할 수 있습니다. 즉, 법무법인의 경우 구성원변호사 각자가 무한연대책임을 부담하고 있고, 법무법인의 업무담당변호사는 구성원변호사로 지정하는 것이 원칙이며, 구성원변호사가 아닌 소속변호사를 담당변호사로 지정할 경우에는 반드시 구성원변호사와 공동으로 담당변호사를 지정하여야 한다는 점을 고려할 때 해당 법무법인에 관하여 무한연대책임을 부담하는 구성원변호사가 해당 법무법인이 소송당사자가 되는 소송사건에서 해당 법무법인을 대표하지 못한다고 보아야 할 이유는 전혀 없다고 하겠습니다.

4. 법무법인(유한)이 소송사건의 당사자인 경우 구성원 변호사를 담당변호사로 지정할 수 있는지에 관한 판결

(1) 원심판결(서울중앙지방법원 2017. 5. 12. 선고 2016나77126 [손해배상 및 부당이득금 반환])

원고는 피고의 제1심 소송대리인인 변호사 C의 소송대리권이 증명되지 않았으므로, 위 C 변호사가 제출한 답변서는 피고의 답변서로 볼 수 없고, 따라서 제1심은 피고가 답변서를 제출하지 않은 것으로 취급하여 민사소송법 제257조 제1항에 따라 원고의 청구를 전부 인용하는 판결을 하였어야 한다는 취지로 주장한다. 그러나, 피고는 B으로서 2016. 4. 28. 변호사법 제50조 제1항에 의거하여 소속 변호사 C을 이 사건에 관한 업무를 담당할 변호사로 지정하고 이 법원에 그 취지의 담당변호사 지정서를 제출한 사실, 변호사 C이 피고의 담당변호사로서 이 사건에 관한 답변서를 작성하여 2016. 6. 10. 제1심 법원에 제출한 사실은 기록상 분명하고, 달리 위 답변서를 피고의 답변서로 취급할 수 없다고 볼 만한 사정이 있음을 인정할 증거 없다. 따라서 원고의 위 주장은 이유 없다.

(2) 대법원 2022. 5. 26. 선고 2017다23841 판결 [손해배상 및 부당이득금 반환]

1. 상고이유 제3점에 대하여

가. 변호사법은 다음과 같은 규정을 두고 있다. 변호사는 당사자와 그 밖의 관계인의 위임이나 국가·지방자치단체와 그 밖의 공공기관의 위촉 등에 의하여 소송에 관한 행위 및 행정처분의 청구에 관한 대리행위와 일반 법률 사무를 하는 것을 그 직무로 한다(제3조). 변호사는 그 직무를 조직적·전문적으로 수행하기 위하여 법무법인을 설립할 수 있고(제40조), 법무법인은 변호사법과 다른 법률에 따른 변호사의 직무에 속하는업무를 수행한다(제49조 제1항). 업무 집행방법과 관련하여 법무법인은 법인 명의로 업무를 수행하며 그 업무를 담당할 변호사를 지정하여야 하고(제50

조 제1항), 담당변호사를 지정한 경우에는 지체 없이 이를 수임사건의 위임인에게 서면으로 통지하여야 하며(제50조 제5항), 담당변호사는 지정된 업무를 수행할 때에 각자가 그 법무법인을 대표한다(제50조 제6항). 법무법인에 관하여 변호사법에 정한 것 외에는 상법 중 합명회사에 관한 규정을 준용한다(제58조 제1항). 이러한 변호사법 규정의 체계 및 내용에 비추어 보면, 변호사법 제50조 제1항에 따라 법무법인이 법인 명의로 수행하는 '업무'는 법무법인이 제3자의 위임이나 위촉 등에 의하여 소송행위 등 법률 사무를 처리하는 경우를 의미하고, 법무법인이 당사자로서 소송행위 등 법률 사무를 처리하는 경우는 포함되지 않는다고 해석함이 타당하다. 따라서 법무법인이 당사자인 경우에는 상법 중 합명회사에 관한 규정에 따라 등기된 법무법인의 대표자만이 법무법인을 대표하여 업무를 수행할 수 있을 뿐 담당변호사가 법무법인을 대표하여 해당 업무를 수행할 수 없다. 이러한 법리는 변호사법 제50조가 준용되는 법무법인(유한)의 경우에도 마찬가지이다(변호사법 제58조의16).

나. 원심판결 이유와 기록에 의하면, 피고는 법무법인(유한)으로서 이 사건 소송계속중이던 2016. 4. 28. 변호사법 제50조 제1항에 따라 구성원 변호사 소외인을 담당변호사로 지정하고 제1심법원에 그 취지의 담당변호사 지정서를 제출한 사실, 변호사 소외인이 피고의 담당변호사로서 답변서를 작성하여 2016. 6. 10. 제1심법원에 제출한 것을 비롯하여 이후 모든 소송서류를 그 명의로 제출한 다음, 변론기일에 출석하여 변론한 사실을 알 수 있다.

다. 위와 같은 사실관계를 앞서 본 법리에 비추어 살펴본다. 법무법인(유한)인 피고는 이 사건 소송의 당사자이므로 변호사법 제50조 제1항이 적용되지 않아 구성원 변호사 소외인을 피고를 대표할 담당변호사로 지정할 수 없다. 따라서 피고가 제1심에서부터 변호사 소외인을 담당변호사로 지정하여 소송을 수행하였더라도 이는 대표권이 없는 사람에 의한 소송행위에 해당하고, 원심에서 피고의 적법한 대표자가 그 소송행위를 추인하였다는 등의 특별한 사정이 없는 한 변호사 소외인의 소송행위는 무효이다. 원심으로서는 피고의 적법한 대표자가 변호사 소외인의 소송행위를 추인하였는지 여부를 심리하여 그에 따라 변호사 소외인에 의한 소송행위의 효력 유무를 판단하였어야 한다. 그런데도 원심은 이러한 사정을 살피지 아니한 채 피고가 변호사법 제50조 제1항에 따라 구성원 변호사인 소외인을 담당변호사로 지정하여 소송을 수행한 이상 이는 적법한 대표권을 가진 사람에 의한 소송행위로서 유효하다는 취지로 판단하였다. 이러한 원심판단에는 변호사법 제50조 제1항의 적용 범위 및 대표권에 관한 법리를 오해하여 필요한 심리를 다하지 않아 판결에 영향을 미친 잘못이 있다. 이를 지적하는 상고이유주장은 이유 있다.

2. 결 론

그러므로 나머지 상고이유에 대한 판단을 생략한 채 원심판결을 파기하고, 사건을 다시 심리·판단하도록 원심법원에 환송하기로 하여, 관여 대법관의 일치된 의견으로 주문과 같이 판결한다.

5. 결　론

(1) 법무법인·법무법인(유한)·법무조합은 타인이 의뢰하는 사건을 처리하는 단체임

변호사법상 법무법인의 업무는 변호사법과 다른 법률에 따른 변호사 직무에 속하는 업무를 말한다(제49조 제1항). 여기서 말하는 '변호사 직무'는 변호사법 제3조(변호사의 직무)를 말한다. 따라서 법무법인의 업무는 당사자나 그 밖의 관계인의 위임이나 국가·지방자치단체 등의 공공기관의 위촉에 의하여 소송행위 및 행정처분의 청구에 관한 대리행위와 일반 법률사무를 말한다. 법무법인의 담당변호사는 의뢰인이 위임·위촉하는 이런 업무를 법인을 대표하여 수행하는 지위에 있다. 그러므로 변호사법상 담당변호사의 지정으로 법무법인 자신의 소송사건을 대리하게 할 수는 없다.

(2) 법무법인·법무법인(유한)·법무조합에 소속한 변호사는 자기나 제3자의 계산으로 변호사 업무 수행할 수 없음

설령 법무법인의 구성원 또는 소속 변호사가 그 법무법인으로부터 소송위임을 받는 형식을 취하더라도는 이는 "법무법인의 구성원 또는 구성원 아닌 소속 변호사는 자기나 제3자의 계산으로 변호사의 업무를 수행할 수 없다"(변호사법 제52조 제1항)는 규정 위반이다. 이는 법무법인(유한)·법무조합도 동일하다. 따라서 법무법인이 소송당사자가 되는 법률사건에서 대리인의 위임관계는 변호사법이 아닌 민사소송법 '제4절 소송대리인'의 각 규정에 따라야 한다. 그러므로 대표변호사 본인이 스스로 소송을 수행하거나 다른 법무법인이나 변호사를 대리인으로 위임할 수 있다. 다만, 민사소송법 제88조가 정하는 바에 따라 법원의 허가를 얻으면 법무법인 소속의 변호사나 사무직원도 소송대리인이 될 수 있다.

(3) 대한변호사협회 해석의 문제점과 실무관행

대한변호사협회가 2011. 2. 9. 법무법인에 관하여 무한연대책임을 부담하는 구성원변호사가 해당 법무법인이 소송당사자가 되는 소송사건에서 해당 법무법인을 대표하지 못한다고 보아야 할 이유는 전혀 없다고 한 회신은 법무법인·법무법인(유한)·법무조합의 법적 지위에 관한 오해에서 비롯된 것이다. 이는 회원들의 편의를 고려한 무리한 해석이라 할 것이다.

실제로 대한변호사협회의 해석 내용을 신뢰한 법무법인이 소송당사자가 된 사건에서 소속 변호사에게 사건위임계약을 체결하고, 소정의 수임료까지 지급한 서면과 함께 담당변호사 지정서를 법원에 제출하기도 하였다. 법무법인이 그 법인에 소속한 변호사와 수임약정을 체결한 형식을 취한 것이다. 이런 경우에는 법원이 담당변호사에 대한 보정명령을 통해서 바로 잡아야 한다. 이에 관하여 대법원이 법무법인(유한)이 의뢰인의 법률사건을 수임하여 처리할 때 담당변호사를 지정할 수 있을 뿐이고, 법무법인(유한)이 제소를 당하는 등으로 소송당사자가 된 경우에는 그 대표변호사가 직접 출석하여 변론하거나, 다른 변호사나 법무법인·법무법인(유한)·법무조합에게 위임하여야 하는 취지를 명확히 한 것은 큰 의의가 크다.

제51조 업무 제한

> 제51조(업무 제한)
> 법무법인은 그 법인이 인가공증인으로서 공증한 사건에 관하여는 변호사 업무를 수행할 수 없다. 다만, 대통령령으로 정하는 경우에는 그러하지 아니하다. 〈개정 2009. 2. 6.〉

Ⅰ. 연 혁

(1) 1982. 12. 31. 개정된 변호사법은 신설한 법무법인에 공증업무를 부여하고 그 법인이 공증한 사건은 업무를 제한하는 규정을 두었다. 즉, 법무법인은 그 법인이 공증한 사건에 관하여는 변호사의 업무를 행할 수 없다. 다만, 대통령령이 정하는 경우에는 그러하지 아니하다(제41조).

(2) 2009. 2. 6. 개정된 변호사법은 '법무법인은 그 법인이 인가공증인으로서 공증한 사건에 관하여는 변호사 업무를 수행할 수 없다. 다만, 대통령령으로 정하는 경우에는 그러하지 아니하다'(제51조)고 개정하였다.

Ⅱ. 법무법인의 업무제한의 유형

변호사법상 법무법인의 업무제한의 유형은 ① 법인이 인가공증인으로서 공증한 사건에 관하여 변호사 업무를 수행할 수 없다는 법무법인 자체에 대한 제한(제51조), ② 법무법인의 구성원 또는 소속 변호사에 대하여 가해지는 업무제한(제52조), ③ 이익충돌회피를 위한 수임제한으로서의 업무제한(제57조, 제31조 제1항, 제32조)으로 구분할 수 있다.

Ⅲ. 법무법인이 인가공증인으로 공증한 사건 수임금지

1. 공증인 제도의 개관

(1) 임명공증인과 공증대행청

1961. 9. 23. 제정된 「공증인법」은 공증인은 대한민국 국민으로 지방검찰청 소속으로 하며 법무부장관이 임명하고 통산하여 10년 이상 「법원조직법」 제42조 제1항 각 호의 직에 재직했던 사람으로 한다(제12조). 법무부장관의 임명으로 그 권한이 부여된다는 의미에서 임명공증인이라고 한다.

지방검찰청의 관할구역내에 공증인이 없는 경우 또는 공증인이 그 직무를 수행할 수 없는 경우에는 법무부장관은 지방검찰청검사 또는 지방법원등기소장인 법원서기로 하여금 관할구역내에서 공증인의 직무를 행하게 할 수 있다(공증인법 8). 대한민국 영토 밖에서의 공증사무는 대한민국 재외공관에서 근무하는 총영사, 영사 및 부영사(이하 "영사관"이라 한다)가 담당한다(재외공관 공증법 2①). 이처럼 검찰청과 등기소 및 영사관에서 공증사무를 대행하는 기관을 '공증대행청'이라 할 수 있다.

(2) 인가공증인으로서의 법무법인등

1982. 12. 31. 개정된 변호사법에서 법무법인을 도입하면서 그 업무로 '법무법인은 이 법과 다른 법률에 의한 변호사 및 공증인의 직무에 속하는 업무를 행한다. 다만, 공증인의 업무는 주사무소에서만 행할 수 있다'(제39조 제1항)고 하여 공증인의 직무도 허용하게 되었다.

이처럼 공증인의 유형이 「공증인법」에 따른 임명공증인 및 공증대행청과 변호사법에 따른 법무법인 및 합동법률사무소로 이원적으로 규정되어 있어 공증인에 대한 통일적 규율이 어려웠다. 그리하여 2009. 2. 6. 개정된 「공증인법」은 변호사법에 규정된 법무법인, 법무법인(유한), 법무조합(이하 "법무법인등"이라 한다)의 공증 관련 규정을 「공증인법」에 포함시켜 법무법인등이 공증업무를 하려면 별도로 법무부장관의 공증인가를 받도록 하고, 공증인가를 받은 법무법인등(이하 "인가공증인"이라 한다)은 공증담당변호사를 지정하여 공증인의 직무를 취급하도록 하되, 공증담당변호사에 대하여 공증 관련 법령을 적용할 수 있도록 정비하게 되었다.[1]

---

1 **「공증인법」 [시행 2010. 2. 7.] [법률 제9416호, 2009. 2. 6. 일부개정] 제15조의2(공증인가)** ① 법무부장관은 다음 각 호의 요건을 모두 갖춘 자에 대하여 공증인가를 하고 그 소속 지방검찰청을 지정할 수 있다.
1. 「변호사법」에 따라 설립된 법무법인, 법무법인(유한) 또는 법무조합(이하 "법무법인등"이라 한다)일 것
2. 해당 법무법인등의 구성원 변호사 중 2명 이상이 제15조의4에 따른 공증담당변호사 자격이 있을 것
② 제1항의 인가를 받으려는 자는 법무부령으로 정하는 바에 따라 법무부장관에게 인가신청을 하여야 한다.
제15조의3(공증담당변호사의 지정 등) ① 인가공증인은 구성원 변호사 중에서 2명 이상의 공증담당변호사를 지정하여 소속 지방검찰청을 거쳐 법무부장관에게 신고하여야 한다. 공증담당변호사의 지정에 변경이

2. 법무법인이 공증한 사건의 업무수행 금지

(1) 법무법인은 그 법인이 인가공증인으로서 공증한 사건에 관하여는 변호사 업무를 수행할 수 없다. 다만, 대통령령으로 정하는 경우에는 그러하지 아니하다.여기서 '변호사 업무를 수행할 수 없다'는 것은 수임제한에 관한 변호사법 제31조 제1항에서의 '직무를 수행할 수 없다'와 같은 개념이다. 「변호사윤리장전」에서도 '공정증서 작성사무에 관여한 사건'을 수임하지 아니한다(제22조 제1항 제1호)고 이를 확인하고 있다. 다만, '업무'와 '직무'라는 다른 용어를 쓰고 있다. 직무는 변호사법 제3조의 '변호사의 직무'를 말하고, 업무는 변호사법 제49조 이하에서의 법무법인의 업무(변호사의 직무에 속하는 업무를 수행한다)를 말한다. 법무법인·법무법인(유한)·법무조합은 물론 그 구성원이나 구성원 아닌 소속 변호사는 법무법인·법무법인(유한)·법무조합이 공증한 사건을 수임하여 처리할 수 없다.

(2) 변호사법 제31조 제1항에는 법무법인이 공증한 사건을 수임할 수 없다는 명문의 규정은 없다. 그런데 공증인은 당사자나 그 밖의 관계인의 촉탁에 따라 ① 법률행위나 그 밖에 사권(私權)에 관한 사실에 대한 공정증서(公正證書)의 작성, ② 사서증서(私署證書) 또는 전자문서 등(공무원이 직무상 작성한 것은 제외한다)에 대한 인증, ③ 이 법과 그 밖의 법령에서 공증인이 취급하도록 정한 사무를 처리하는 것을 직무로 한다. 공증인은 위 직무에 관하여 공무원의 지위를 가지는 것으로 본다(공증인법 2).

(3) 변호사법 제31조 제1항 제3호에는 공무원으로서 직무상 취급하거나 취급하게 된 사건은 변호사 직무를 수행할 수 없도록 하여 수임을 금지하고 있다. 공증인이 공증업무를 할 때는 공무원 지위를 갖는다고 하고 있어 공증한 사건 역시 수임제한을 받는다 할 수 있다. 판례 역시 '공무원신분을 가진 사람이 직무상 취급한 사건만을 말하는 것이 아니라 공무원신분을 갖지 않은 사람이라 할지라도 그 사람이 취급한 사건이 국권의 하나인 사법권능에 속하는 사건이면, 즉 채무명의나 집행력 있는 정본의 형성에 관한 것이라면 그 취급사건에 관한 한 이에 해당되는 것'(대법원 1975. 5. 13. 72다1183 청구이의)[2]이라고 한다. 따라서 변호사법 제31조 제1항 제3호 위반으로 수임제한을 받는다. 아무튼 법무법인이 공증한 사건에 관하여 그 후 그 법인이 어느 한쪽 당사자의 소송대리를 할 경우에는 직무의 공정성을

있을 때에도 또한 같다.

② 인가공증인은 공증담당변호사가 1명만 남게 된 경우에는 3개월 이내에 보충하여야 한다.

2 합동법률사무소의 구성원인 변호사는 법률상 합동하여 공증사무를 처리하는 것이고 따라서 공증에 관한 문서도 합동법률사무소 명의로 작성되는 것이므로 합동법률사무소가 공증한 사건에 관하여는 그 공정증서에 서명날인한 변호사는 물론 그에 서명날인하지 아니한 변호사라 할지라도 소속 합동법률사무소 명의로 공증된 사건에 관하여는 변호사법 제16조가 준용되는 것으로 해석하여야 할 것이며 따라서 합동법률사무소 명의로 공정증서가 작성된 경우에는 그 소속구성원인 변호사는 그 공정증서에 서명날인한 여부에 불구하고 변호사법 제16조 제2호의 규정에 의하여 그 직무를 행사할 수 없는 것이라 할 것이다(대법원 1975. 5. 13. 72다1183 전원합의체 판결 청구이의).

해하고 이해관계가 상충될 우려가 있으므로 본조에서 이를 명문으로 금지하고 있다. 만약 이를 허용하면 공증한 법인이 그 효력을 부인하는 모순된 행위를 허용하게 되어 공증인 제도의 근간을 흔들 수 있게 된다.

3. 대통령령으로 정하는 경우는 예외

법무법인이 인가공증인으로 공증한 사건과 수임하려는 사건과는 관련성이 문제된다. 법문에는 '공증한 사건에 관하여는'이라고 하여 공증당사자이든 아니든 상관없이 수임제한을 받게 된다. 공증사건의 상대방이 의사능력이 없는 상태에서 성립한 공증이라는 이유로 그 효력을 부인하며 다투거나 공정증서 작성에 있어 대리권 유무의 심사를 공증인이 해태하였다는 사유 등으로 그 무효를 주장할 수 있다. 이 경우에는 공증담당변호사가 본인이 제공한 법률사무의 내용에 관하여 증언을 해야 하는 지위에 있을 수 있다. 원칙적으로 변호사는 스스로 증인이 되어야 할 사건을 수임하지 아니한다(변호사윤리장전 54①).[3] 법무법인이 공증사건에 관하여 수행할 수 없는 변호사의 업무는 다음과 같다(변호사법 시행령 13).

(1) 법률행위나 그 밖의 사권(私權)에 관한 사실에 대한 공정증서를 작성한 사건(제1호)

1) 공증인은 당사자나 그 밖의 관계인의 촉탁(囑託)에 따라 ① 법률행위나 그 밖에 사권(私權)에 관한 사실에 대한 공정증서(公正證書)의 작성, ② 사서증서(私署證書) 또는 전자문서 등(공무원이 직무상 작성한 것은 제외한다)에 대한 인증,[4] ③ 이 법과 그 밖의 법령에서 공증인이 취급하도록 정한 사무를 처리하는 것을 직무로 한다. 공증인은 위 직무에 관하여 공무원의 지위를 가지는 것으로 본다(공증인법 2). 변호사법은 이 중에서 '법률행위나 그 밖의 사권(私權)에 관한 사실에 대한 공정증서를 작성한 사건'으로 한정하고 있다.

2) 여기서 '법률행위를 내용으로 하는 공정증서'란 의사표시에 따라 단독행위(채무면제, 계약의 해지, 재단법인의 설립행위 등), 계약, 합동행위로 분류할 수 있는데 이러한 법률행위에 관

---

3 「변호사윤리장전」 제54조(증인으로서의 변호사) ① 변호사는 스스로 증인이 되어야 할 사건을 수임하지 아니한다. 다만, 다음 각 호의 1에 해당하는 경우에는 그러하지 아니하다.
1. 명백한 사항들과 관련된 증언을 하는 경우
2. 사건과 관련하여 본인이 제공한 법률사무의 내용에 관한 증언을 하는 경우
3. 사건을 수임하지 아니함으로써 오히려 의뢰인에게 불리한 영향을 미치는 경우
② 변호사는 그가 속한 법무법인 등의 다른 변호사가 증언함으로써 의뢰인의 이익이 침해되거나 침해될 우려가 있을 경우에는 당해 사건에서 변호사로서의 직무를 수행하지 아니한다.

4 사서증서란 작성자의 서명날인이나 기명날인이 있는 사문서를 말한다. 사서증서의 인증은 촉탁인으로 하여금 공증인 앞에서 사서증서에 서명 또는 날인하게 하거나 사서증서의 서명 또는 날인을 본인이나 그 대리인으로 하여금 확인하게 한 후 그 사실을 증서에 적는 방법으로 한다(공증인법 57①). 사문서를 인증받으면 공사병존문서가 된다. 공사병존문서에는 내용증명 우편에 의한 통지서, 확정일자를 부여받은 임대차계약서, 소장접수증명원 등도 있지만 이들 서류는 공문서의 진정성립으로 사문서 부분의 진정성립이 증명되지 아니한다(대한공증인협회, 공증실무, 240면).

하여 작성하는 공정증서를 말한다. 그리고 '사권에 관한 사실에 대한 공정증서'란 사권에 관련된 사실에 대하여 직접 목격한 사실과 오감의 감각기관에 의하여 직접 체득한 사실에 기하여 작성한 공정증서를 말한다.[5] 공증인은 증서를 작성할 때 그가 들은 진술, 목격한 사실, 그 밖에 실제로 경험한 사실과 그 경험한 방법을 적어야 한다(공증인법 34). 사권에 관한 사실에는 ① 사람의 출생·생존·사망 등,[6] ② 신체·재산에 대한 손해의 형상·정도 등, ③ 동산·부동산의 품질·종류·크기·형상·수량·현존상태 등, ④ 회사·조합의 총회의 의사, ⑤ 지급정지의 상황, ⑥ 동산·부동산의 점유상황 등, ⑦ 재산목록의 작성이 포함된다.[7] 이를 공증실무에서는 '사실실험 공정증서'라 표현한다.

(2) 어음, 수표 또는 이에 부착된 보충지(補充紙)에 강제집행할 것을 적은 증서를 작성한 사건(제2호)

1) 공증인은 어음·수표에 첨부하여 강제집행을 인낙(認諾)한다는 취지를 적은 공정증서를 작성할 수 있다(공증인법 56의2①). 이처럼 어음·수표에 부착하여 강제집행을 승낙하는 취지를 기재한 공정증서를 '어음·수표에 관한 공정증서'라고 한다. 제1항에 따른 증서는 「민사집행법」 제56조에도 불구하고 그 어음 또는 수표에 공증된 발행인, 배서인(背書人) 및 공증된 환어음을 공증인수(公證引受)한 지급인에 대하여는 집행권원으로 본다(공증인법 56의2④).

2) 공증인가 법무법인이 채권자와 채무자의 촉탁으로 약속어음 공증을 하여 주었는데, 이후 채권자는 채무자가 그 재산을 도피시켰음을 이유로 채무자를 상대로 사해행위취소소송을 제기하려고 하는데, 위 법무법인이 채권자로부터 위 소송을 수임하여 수행할 수 있는지 문제된다. 채권자가 제기하려는 사해행위취소청구 사건이 "약속어음에 강제집행을 할 것을 기재한 증서를 작성한 사건"에 해당하느냐 하는 것이 문제인데, 사해행위 취소사건은 약속어음 공정증서의 효력을 다투는 것이 아니라 "채무자가 채권자를 해함을 알고 재산권을 목적을 한 법률행위를 한 때" 그 취소 및 원상회복을 법원에 청구하는 것으로 볼 여지가 있다. 그러나 약속어음채권의 존부 또는 범위에 그치지 않고 약속어음 공정증서의 효력에 관해서 다투는 경우에는 법무법인이 공증한 사건에 해당하는 것으로 사료된다(대한변협 2005. 1. 26. 법제 제129호, 판례·선례 변호사법 축조해설, 279면).

---

5 신정식, 공증인법개설, 11면.

6 법무법인 소속 변호사로서 유언 공증을 하였는데 유언자 사망 후 공동상속인 중 1인이 수증자를 상대로 유류분반환청구권을 행사하였는데, 이 경우 위 수증자를 대리할 수 있는지 여부에 관하여 대한변호사협회는 '유언공증은 사권에 관한 사실에 대한 공정증서를 작성하는 행위에 해당되는 것이고, … 유언공증의 진정성립을 다투는 것이 아니라고 하더라도 공증한 사건과 관련이 있는 유류분청구소송도 수임할 수 없다고 판단된다고 했다(대한변협 2008. 5. 30. 법제 제1707호, 판례·선례 변호사법 축조해설, 278면).

7 대한공증인협회, 공증실무, 137면.

(3) 법인의 등기 절차에 첨부되는 의사록을 인증한 사건(제3호)

법인 등기를 할 때 그 신청서류에 첨부되는 법인 총회 등의 의사록은 공증인의 인증을 받아야 한다. 다만, 자본금의 총액이 10억원 미만인 회사를 「상법」 제295조 제1항에 따라 발기설립하는 경우 또는 대통령령으로 정하는 공법인이나 비영리법인의 경우에는 그러하지 아니하다(공증인법 66의2①). 법인 등기는 법인등기부에 등재하는 것을 말하므로 부동산등기는 해당되지 않는다. 의사록 인증제도는 인증을 통하여 결의절차·내용의 진실성을 담보하고 허위 또는 위조된 의사록에 의한 부실등기를 방지하여 분쟁을 미연에 방지하는 기능을 갖고 있다.[8]

(4) 「상법」 제292조 및 그 준용규정에 따라 정관을 인증한 사건(제4호)

정관은 공증인의 인증을 받음으로써 효력이 생긴다. 다만, 자본금 총액이 10억원 미만인 회사를 제295조 제1항에 따라 발기설립(發起設立)하는 경우에는 제289조 제1항에 따라 각 발기인이 정관에 기명날인 또는 서명함으로써 효력이 생긴다(상법 292). 「공증인법」에는 사서증서의 인증 외에 정관의 인증을 공증인의 직무로 한다는 명시적 규정은 없지만, 「공증인법」은 정관인증의 방법과 절차에 대하여 규정하고 있다. 「상법」 제292조와 그 준용 규정에 따라 정관의 인증을 촉탁하려면 정관(전자문서로 작성된 정관은 제외한다. 이하 같다) 두 통을 제출하여야 한다(공증인법 63①).

Ⅳ. 위반에 대한 제재

(1) 법무법인의 공증담당변호사의 공증행위는 공무원 의제규정에 의하여 공무원의 재직 중의 직무상 취급한 행위로 인정받아 처벌받을 수 있다(변호사법 113(4)). 그러나 변호사법은 제51조 위반행위를 처벌하는 명시적 규정을 두고 있다. 법무법인·법무법인(유한) 또는 법무조합의 구성원이나 구성원 아닌 소속 변호사가 제51조를 위반하면 500만원 이하의 벌금에 처한다(변호사법 115①). 법무법인, 법무법인(유한) 또는 법무조합의 구성원이나 구성원이 아닌 소속 변호사가 그 법무법인, 법무법인(유한) 또는 법무조합의 업무에 관하여 제1항의 위반행위를 하면 그 행위자를 벌하는 외에 그 법무법인, 법무법인(유한) 또는 법무조합에게도 같은 항의 벌금형을 과(科)한다. 다만, 법무법인, 법무법인(유한) 또는 법무조합이 그 위반행위를 방지하기 위하여 해당 업무에 관하여 상당한 주의와 감독을 게을리 하지 아니한 경우에는 그러하지 아니하다(변호사법 115②).

---

8 대한공증인협회, 공증실무, 288면.

(2) 이 규정에 위반한 소송행위의 효력이 문제된다. 판례는 변호사가 법관으로 재직 중 취급한 사건을 수임하여 소송대리를 한 경우 무효에 해당되지만, 당사자가 그 사유를 알고 이의하지 않은 경우에는 유효라는 입장이다.[9] 이와 마찬가지로 이 규정 위반 역시 사법상 효력 자체는 유효로 보는 것이 타당하다.

9 변호사가 판사로서 항소심변론에 관여하였던 재심대상 사건을 수임하여 소송대리를 한 것이 위 규정에 위반되어 무효한 행위 임에도 불구하고, 그 소송대리행위를 유효로 본 것은 잘못이라 하더라도, (구)민사소송법 제422조 제 1 항 단서에 의하여 당사자가 그 사유를 알고 주장하지 아니한 때에 해당하는 경우에는 원판결의 잘못은 재심의 소를 기각하는 판결의 결과에는 영향이 없다고 한다(대법원 1971. 5. 24. 71다556 소유권이전등기말소).

제52조 구성원 등의 업무 제한

제52조(구성원 등의 업무 제한)
① 법무법인의 구성원 및 구성원 아닌 소속 변호사는 자기나 제3자의 계산으로 변호사의 업무를 수행할 수 없다.
② 법무법인의 구성원이었거나 구성원 아닌 소속 변호사이었던 자는 법무법인의 소속 기간 중 그 법인이 상의를 받아 수임을 승낙한 사건에 관하여는 변호사의 업무를 수행할 수 없다.

Ⅰ. 연 혁

1982. 12. 31. 개정된 변호사법은 구성원 변호사와 소속 변호사는 법무법인의 명의와 계산으로만 업무를 수행할 수 있다는 점과 법무법인을 탈퇴하거나 이직한 변호사는 이미 법인이 수임을 승낙한 사건에 대해서는 업무를 할 수 없다는 규정을 신설했다. 즉, 법무법인의 구성원 및 구성원 아닌 소속 변호사는 자기 또는 제3자의 계산으로 변호사의 업무를 행할 수 없다(제42조 제1항). 법무법인의 구성원 및 구성원 아닌 소속 변호사이었던 자는 법무법인의 소속 기간중 그 법인이 상의를 받아 수임을 승낙한 사건에 관하여는 변호사의 업무를 행할 수 없다(제42조 제2항).

Ⅱ. 법무법인 변호사의 자기나 제3자 계산으로 업무수행 금지

1. 법무법인의 구성원·소속 변호사

법무법인의 구성원 및 구성원 아닌 소속 변호사는 자기나 제3자의 계산으로 변호사의 업무를 수행할 수 없다(제1항). 현재 법무법인의 구성원 변호사 또는 소속 변호사는 법인 명의로만 업무를 수행해야 한다. 법무법인의 변호사는 재직 중 법인의 직무에 전념해야 하는 충실의무가 있다. 구성원 변호사와 소속 변호사는 법인체에 종속된 지위에 있어 대외적으로 자신의 고유한 명의로 변호사 업무를 수행할 수 없다. 법무법인의 구성원 변호사로 가입하기로 하고 아직 등기되기 전이라도 본조의 적용을 받는다고 할 수 있다. 법인에서 탈퇴하거나 퇴사한 변호사는 이 제한에서 당연히 벗어난다.

단독으로 개업하고 있던 변호사가 법인의 구성원으로 가입하거나 소속변호사로 취업한 경우, 단독변호사 당시 수임한 사건은 그대로 계속 진행할 수 없다. 이때는 사임신고서를 제출하고 법무법인이 새로 수임하는 절차를 거쳐야 함이 원칙이다. 다만, 법인 가입 전에 그 법인을 소송복대리인으로 선정하여 계속 진행하는 방법도 있을 수 있다.

2. 자기나 제 3 자의 계산으로 변호사 업무수행 금지

(1) 여기서 '자기나 제 3 자의 계산'(his or her account or on a third person's account)이란 구성원 또는 소속 변호사가 본인 이름으로 수임약정을 체결하거나 그 업무의 보수를 본인명의나 제 3 자의 명의로 귀속시키는 것을 말한다. 변호사 업무수행으로 인한 경제적 효과를 자기나 제 3 자에게 귀속시킨다는 의미이다. 법인의 구성원 변호사가 의뢰인과 법률사무에 관한 수임약정을 변호사 개인 이름으로 체결하여 보수를 받은 다음 그 업무(계약서 작성)를 수행하는 것을 상정할 수 있다. 이렇게 되면 법인격을 갖는 법인의 기능은 무력화될 수밖에 없으며 법인을 인정한 취지에도 반하게 된다. 또한 법인이 아닌 구성원의 계산으로 수행된 변호사 업무의 과오로 책임문제가 발생할 수 있다. 이 경우 그 업무에 전혀 관여하지 않은 변호사도 연대책임을 지게 되는 문제가 생긴다.

(2) 그러므로 구성원 변호사는 법인으로부터 이익배당을 받고, 소속 변호사는 임금을 받는데 그쳐야 한다. 설령 법무법인의 승낙을 받고 자기 또는 제 3 자의 계산으로 업무수행을 하는 것도 금지된다. 반면, 구성원 변호사나 소속 변호사는 자신이 당사자인 법률사건을 법무법인에 위임하는 것은 허용된다. 자기나 제 3 자 계산으로 변호사 업무를 수행하려는 자는 법무법인을 탈퇴하여 독립하거나, 법무법인은 그 변호사를 제명하는 등의 조치를 취할 필요가 있다.

3. 제한되는 변호사 업무의 범위

본조가 금지하는 바는 변호사의 업무를 자기 또는 제 3 자의 계산으로 행하는 것이다. 여기서 '변호사의 업무'란 변호사법 제 3 조의 변호사의 직무는 소송에 관한 행위, 행정처분의 청구에 관한 대리행위, 일반 법률사무라고 할 수 있다. 변호사의 자유와 권리를 제한하는 규정은 엄격하게 해석해야 한다. 현실적으로 변호사가 수행하는 모든 업무를 말한다고 할 수 없다. 따라서 법무법인의 구성원 또는 소속 변호사가 자기나 제3자의 계산으로 변호사 업무를 금지한다고 할 때의 업무의 범위는 변호사법 제3조로 한정하고, 그 외의 영역에 대해서는 업무로 인한 경제적 효과를 자기나 제3자의 계산으로 할 수 있다. 예컨대 법무법인 소속 변호사가 정부기관의 위원회 비상임위원(행정심판위원회)으로 활동한 후 자신이 보수를 받을 수 있다. 이때 위원으로 참여하는 것은 변호사 업무가 아닌 공무원의 지위에서 하는 것이기 때문이다. 또한 변호사가 자기가 연구한 전문 분야와 관련하여 학술적인 연구용역을 수행한다거나, 관련 저서를 출간하거나 학술 토론회 등에서 발표를 하는 행위는 법무법인의 계산으로 해야 하는 업무라고 할 수 없다.

4. 다른 변호사의 승낙하에 자기의 계산으로 변호사 업무를 수행하는 문제

일본 변호사법 제30조의19 제2항은 "변호사법인의 사원은 다른 사원의 승낙이 없으면 자기 또는 제3자를 위해 그 변호사법인의 업무 범위에 속하는 업무를 수행해서는 안 된다. 다만 법령에 의한 관공서 위촉 사항을 수행하는 경우는 여기에 해당하지 않는다"라고 한다. 변호사법인의 사원은 다른 사원 전원의 승낙이 없는 한 자연인인 변호사로서 변호사법인의 업무범위의 업무를 수행해야 한다는 경업금지의무를 정한 것이다.[1] 변호사의 업무는 다양한 분야에서 고도의 전문성을 가지고 있으며, 사건의 성질상 의뢰인과 개인적 신뢰관계가 있는 변호사가 처리해야 하는 필요성도 있다. 그 점에서 그 변호사가 그 사건을 수임하여 처리할 필요성이 있다. 법인의 경업금지의무 규정은 본래 법인의 이익보호를 위한 것이라서 다른 변호사의 승낙이 있으면 자기 또는 제삼자를 위하여 변호사법인 업무에 속하는 업무를 수행할 수 있도록 한 것이다.

우리나라의 별산제 법무법인은 구성원 변호사들 각자가 자기의 계산으로 변호사 업무를 법무법인 명의로 수행한다. 처음부터 그런 목적으로 법무법인을 설립한 경우도 있어서 변호사 업무에 대한 경제적 효과의 귀속은 새삼 문제되지도 않는다. 일본 변호사법인에서 인정되는 다른 구성원의 승낙이 있으면 특정한 사건을 자기 계산으로 수임하여 처리할 수 있는데, 별산제 법무법인은 그 법인이 존속하는 동안 모든 사건을 수임한 변호사가 자기의 계산으로 처리하기 때문에 법인은 외견만 갖는 형해화된 상태이다.

1 일본변호사연합회조사실, 조해 변호사법, 276면.

Ⅲ. 법무법인이 수임을 승낙한 사건수임 금지

1. 법무법인의 구성원·소속 변호사이었던 자

법무법인의 구성원이었거나 구성원 아닌 소속 변호사이었던 자는 법무법인의 소속 기간 중 그 법인이 상의를 받아 수임을 승낙한 사건에 관하여는 변호사의 업무를 수행할 수 없다(제 2 항). 법무법인에 가입한 변호사는 임의로 탈퇴할 수 있다. 탈퇴한 변호사는 법무법인과 이익충돌이 발생하지 않도록 해야 한다. 기존의 법무법인에서 근무하던 변호사는 그 의뢰인들과 돈독한 신뢰관계를 유지할 수 있다. 의뢰인 입장에서는 법무법인이라는 추상적인 인격체보다는 변호사 개인을 보다 신뢰할 수 있다. 그 때문에 그 변호사가 법무법인을 탈퇴할 때 의뢰인은 여전히 그 개인 변호사가 기존의 사건처리를 해줄 것을 기대하고 향후 발생하는 사건 역시 위임하고 싶어 한다. 심지어는 사건을 담당하던 변호사가 의뢰인과의 신뢰관계를 이용하여 기존 법무법인과 체결한 소송위임계약의 해지를 종용하거나 사주할 가능성도 있을 수 있다.

2. 법무법인의 소속 기간 중 그 법인이 상의를 받아 수임을 승낙한 사건

(1) 여기서 '법무법인의 소속 기간 중'이란 법무법인의 구성원 또는 소속 변호사로 재직 중인 기간을 말한다. 구성원 변호사는 가입하거나 탈퇴할 때 정관변경과 등기를 거치게 되는데, 이 과정 중에 법무법인이 상의를 받아 수임할 수 있다. 법률상 탈퇴의 효과가 발생하기 전이라도 법무법인이 상의를 받아 수임한 사건에 대해서는 변호사 업무를 수행할 수 없다고 함이 타당하다.

(2) 여기서 '상의를 받아'라는 것은 현재 문제되는 구체적인 사건이나 사무에 대하여 법률적 해석이나 해결을 요청하는 법률상담을 받았다는 것이다. 그리고 '수임을 승낙'하였다는 것은 법무법인이 의뢰인의 이익을 위하여 구체적인 법률상 의견을 제시하고 그 해결수단을 고지하는 등의 절차를 거쳐 위임계약이 체결된 것을 말한다. '수임을 승낙'했다는 것은 수임약정의 시간적 근접성을 연상하게 하고 '수임한 사건'은 보다 많은 시간의 경과를 추측케 한다. 그러나 양자는 동일한 개념으로 구별할 실익은 없다.

(3) 탈퇴한 변호사는 바로 이런 수임약정에 관여하였을 수도 있다. 그러나 전혀 그 사건의 상의를 받거나 수임약정에 관여하지 않은 변호사가 탈퇴한 후 우연히 기존의 법무법인이 수임한 사건이라는 이유로 수임제한을 받는 불이익을 받을 가능성도 있다. 그 때문에 이 규정은 의뢰인의 변호사 선택권 내지 이직한 변호사의 직업수행의 자유를 과도하게 제한하는 우려도 있다. 그 때문에 '법인의 동의를 받은 경우에는 그러하지 아니하다'라고 하

여 법인의 동의가 있으면 수임이 가능하다고 할 것이다.

3. 변호사의 업무 수행금지

(1) 탈퇴한 변호사의 수임제한 시기는 수임 승낙 당시의 심급에 계속 중일 때까지로 한정된다. 그 심급에서 사건이 종결된 이후에는 수임제한을 받지 않는다고 해석해야 한다. 민사소송에서도 수권행위의 효력은 그 심급에서만 유지된다는 심급대리의 원칙이 지배한다. 한 심급이 끝나면 대리인의 임무는 끝나 더 이상 상급심에는 미치지 않는다는 견해가 다수설이다.[2] 그러므로 상소의 제기는 물론 상소에 응하는 행위도 특별한 권한이 필요하다. 형사소송법 역시 변호인선임의 효력은 그 심급에 미친다고 한다. 변호인의 선임은 심급마다 변호인과 연명 날인한 서면으로 제출하여야 한다(형사소송법 32①).

(2) 판례 역시 같다. 소송대리권의 범위는 특별한 사정이 없는 한 당해 심급에 한정되어, 소송대리인의 소송대리권의 범위는 수임한 소송사무가 종료하는 시기인 당해 심급의 판결을 송달받은 때까지라고 할 것이다(대법원 2000. 1. 31. 99마6205). 따라서 탈퇴 전에 속한 법무법인이 수임을 승낙한 사건의 당해 심급이 종결된 후에 그 사건의 상소심을 수임하는 것은 변호사법 제52조 제2항의 수임제한범위에 포함되지 않는다(대한변협 2010. 4. 7. 법무법인 탈퇴 후 종전 법무법인 사건 수임제한 여부 질의회신).

(3) 그런데 법무법인의 구성원으로 있다가 탈퇴한 후 법무법인 재직시에 취급하고 있었던 사건의 복대리인이 될 수 있는지 문제된다. 별산제 법무법인 구성원 변호사의 탈퇴시에 그 법인은 탈퇴한 변호사를 복대리인으로 선임하여 그 사건을 처리하도록 하는 것이 법인에게도 이익이 된다는 점에서 긍정하는 것이 타당하다.

---

2 강현중, 민사소송법 제7판, 271면; 김홍엽, 민사소송법 제10판, 236면; 송상현·박익환, 민사소송법[신정6판], 165면; 이시윤, 신민사소송법[제15판], 189면; 호문혁, 민사소송법[제14판], 293면.

제53조 인가취소

제53조(인가취소)
① 법무부장관은 법무법인이 다음 각 호의 어느 하나에 해당하면 그 설립인가를 취소할 수 있다.
1. 제45조 제2항을 위반하여 3개월 이내에 구성원을 보충하지 아니한 경우
2. 업무 집행에 관하여 법령을 위반한 경우
② 법무부장관은 제1항에 따라 법무법인의 설립인가를 취소하려면 청문을 하여야 한다.

I. 연 혁

(1) 1982. 12. 31. 개정된 변호사법은 신설되는 법무법인의 인가취소사유도 명시했다. 즉, 법무부장관은 법무법인이 ① 제35조의 규정에 의한 구성원의 삭[1]에 미달한 날로부터 3월 이내에 구성원을 보충하지 아니한 때, ② 업무집행에 관하여 법령에 위반한 때에는 그 설립인가를 취소할 수 있다(제43조).

(2) 1993. 3. 10. 개정된 변호사법은 인가취소의 요건 중 제1호 '구성원 삭'을 '구성원의 요건'으로 수정하고,[2] 설립인가를 취소할 때 청문절차를 거치도록 하는 규정을 신설했다. 즉, 법무부장관은 제1항의 규정에 의하여 인가를 취소하고자 하는 경우에는 미리 당해 법무법인의 대표 또는 그 대리인의 출석을 요구하여 석명이나 증거제출의 기회를 주기 위하여 청문을 행하여야 한다(제43조 제2항). 제2항의 경우에 법무부장관은 인가를 취소하고자 하는 사유와 청문기일 및 장소를 청문기일 7일 전에 당해 법무법인에 통지하여야 한다(제43조 제3항).

1 삭(數): 셀 수, 수 수, 자주 삭, 촘촘할 촉, 빠를 속
2 1. 제35조의 규정에 의한 구성원의 요건에 미달한 날부터 3월 이내에 구성원을 보충하지 아니한 때

Ⅱ. 법무법인의 설립인가 취소사유

법무부장관은 법무법인이 다음 각 호의 어느 하나에 해당하면 그 설립인가를 취소할 수 있다(제1항). 법무법인은 법무부장관의 인가를 받아 설립되고, 일정한 사유가 발생한 때는 인가취소로 그 법무법인은 소멸된다. 법무법인은 설립된 후에도 주무관청인 법무부장관의 감독을 받는다. 정관변경 사유가 발생하는 등의 사정변경이 있을 때는 법무부장관의 인가를 받는 등의 규제가 있다. 자연인이 사망함으로 권리능력을 상실하듯이 법무법인 역시 인가취소되거나 해산·합병·조직변경을 하게 되면 소멸한다. 민법은 법인의 설립허가 취소사유를 상세히 두고 있다. 법인이 목적 이외의 사업을 하거나 설립허가의 조건에 위반하거나 기타 공익을 해하는 행위를 한 때에는 주무관청은 그 허가를 취소할 수 있다(민법 38). 비영리 법인이 설립된 이후에 있어서의 그 법인에 대한 설립허가의 취소는 민법 제38조에 해당하는 경우에 한하여 가능하다(대법원 1982. 10. 26. 81누363 사단법인설립허가취소처분등취소).[3] 법무법인은 상법의 합명회사를 기본구조로 하고 있지만, 영리를 목적으로 하지 않는다는 점에서는 민법의 비영리 법인과 유사하다. 법무법인의 설립인가 취소사유는 민법의 비영리 법인의 설립허가 취소사유보다 제한적이라 할 수 있다.

1. 제45조 제2항을 위반하여 3개월 이내에 구성원을 보충하지 아니한 경우 (제1호)

(1) 법무법인의 구성원의 요건은 3명 이상의 구성원 변호사 및 그중 5년 이상의 법조경력자가 포함되어야 한다. 구성원 변호사가 3명 미만이 되거나, 5년 이상의 경력 변호사가 없을 때는 구성원 변호사 보충의무가 발생한다. 구성원 보충사유가 발생한 이유는 묻지 않는다. 구성원 탈퇴 사유는 변호사법 제46조를 들 수 있다. 3명의 구성원 변호사 중 일부가 정직처분을 받은 등으로 변호사 결격사유가 발생하면 다른 구성원을 가입시켜야 한다. 구성원 변호사의 보충의무는 구성원이 탈퇴할 때부터 발생한다. 탈퇴한 구성원 변호사는 휴업하거나 단독개업 또는 다른 법무법인에 가입할 수 있다. 이때 대한변호사협회는 법무부장관에게 보고해야 한다(변호사법 20).

(2) 다수의 변호사로 조직되어 설립인가를 받은 법무법인이 그 존속요건을 흠결하면 반드시 설립인가를 취소해야 한다. 현재 법무법인의 설립요건이 오로지 3명 이상의 변호사

---

3 비영리 법인의 설립허가의 취소는 민법 제38조의 규정에 해당하는 경우에만 가능하므로 비영리법인의 존재가 공익을 해한다고 볼만한 사정이 없고 한편 감독관청에 제출할 서류를 기한보다 지연하여 제출한 사실만으로 설립허가조건을 위배하였다 하여 설립허가를 취소하는 행위는 재량권의 범위를 심히 일탈한 위법한 처분이다(대법원 1977. 8. 23. 76누145 사단법인설립허가취소처분취소).

를 요구하는 최소한의 법인체라서 구성원 요건은 엄격히 규제해야 한다. 결원된 구성원 인원에 대한 제한이 없어 단 1명의 구성원만 잔류해도 된다. 구성원을 보충함에 있어 소속 변호사임에도 형식상으로만 구성원으로 가입(등기)시킬 수 있다. 그렇게 구성원이 된 변호사는 법무법인과의 관계에서는 근로자의 지위를 가질 수 있지만, 대외적으로는 구성원 변호사의 권리와 의무가 있다.

2. 업무 집행에 관하여 법령을 위반한 경우(제 2 호)

(1) '업무 집행'에서 업무란 법무법인의 존재목적인 변호사법과 다른 법률에 따른 변호사의 직무에 속하는 업무를 수행하는 것을 말한다. 또한 법무법인의 정관에서 정하고 있는 업무도 해당된다. 법무법인의 업무는 정관에 기재된 설립 '목적'이기도 하다. 법무법인이 영리목적으로 변호사의 직무에도 해당하지 않는 업무를 하는 것은 허용되지 않는다. 이 경우 법무법인의 고유한 업무수행이 아니지만 법무법인의 인가취소사유가 된다. 민법은 '목적 이외의 사업'을 하는 것을 설립허가 취소사유로 한다.

(2) 그리고 '법령을 위반한 경우'란 법무법인의 업무를 수권한 변호사법과 민사·형사소송법 등의 법률과 그 시행령과 같은 하위법규를 위반한 것을 말한다. 변호사법상의 각종 의무위반이나 대한변호사협회의 회칙이나 「변호사윤리장전」 등의 자치법규 위반을 들 수 있다. 법령을 위반한 경우는 사안마다 그 경중의 차이가 있다. 단 1회 위반으로도 인가취소를 당할 수 있으며, 수회 위반이라도 징계처분을 받을 사안에 불과할 수 있다. 이 점에서 제 1 호 구성원 요건흠결로 인한 인가취소사유와 구별된다. 비교적 경미한 법령위반은 징계처분에 그칠 수 있다. 법무법인에 대한 징계는 흔하지 않다. 법령위반을 한 변호사를 제재하는 것으로 그칠 수도 있다. 따라서 법령위반을 이유로 한 인가취소 여부는 비례의 원칙을 고려하여 해야 한다. 그 점에서 인가취소권자인 법무부장관에게 상당한 재량이 부여되어 있다.

Ⅲ. 법무법인의 설립인가 취소절차

법무부장관은 제 1 항에 따라 법무법인의 설립인가를 취소하려면 청문을 하여야 한다(제 2 항). 행정청이 불이익처분을 할 때는 처분의 사전통지·의견청취·결정 등의 절차를 거쳐야 한다. 법무부장관이 설립인가취소처분을 할 때는 행정절차법이 정하는 바에 따라 청문을 해야 한다. "청문"이란 행정청이 어떠한 처분을 하기 전에 당사자 등의 의견을 직접 듣고 증거를 조사하는 절차를 말한다(행정절차법 2(5)).[4] 「행정절차법」은 '다른 법령 등에서 청

---

4 **행정절차법 제28조(청문 주재자)** ① 청문은 행정청이 소속 직원 또는 대통령령으로 정하는 자격을 가진

문을 하도록 규정하고 있는 경우'에는 청문을 하도록 하고 있다(제22조 제1항 제1호). 여기서 '다른 법령'에는 변호사법도 해당되므로 법무부장관은 청문을 해야 하고, 이를 흠결한 처분은 절차상의 하자로 취소사유가 될 수 있다.[5]

사람 중에서 선정하는 사람이 주재하되, 행정청은 청문 주재자의 선정이 공정하게 이루어지도록 노력하여야 한다.

② 행정청은 청문이 시작되는 날부터 7일 전까지 청문 주재자에게 청문과 관련한 필요한 자료를 미리 통지하여야 한다.

③ 청문 주재자는 독립하여 공정하게 직무를 수행하며, 그 직무 수행을 이유로 본인의 의사에 반하여 신분상 어떠한 불이익도 받지 아니한다.

④ 제1항에 따라 대통령령으로 정하는 사람 중에서 선정된 청문 주재자는 「형법」이나 그 밖의 다른 법률에 따른 벌칙을 적용할 때에는 공무원으로 본다.

5 행정절차법 제22조 제1항 제1호에 정한 청문제도는 행정처분의 사유에 대하여 당사자에게 변명과 유리한 자료를 제출할 기회를 부여함으로써 위법사유의 시정가능성을 고려하고 처분의 신중과 적정을 기하려는 데 그 취지가 있으므로, 행정청이 특히 침해적 행정처분을 할 때 그 처분의 근거 법령 등에서 청문을 실시하도록 규정하고 있다면, 행정절차법 등 관련 법령상 청문을 실시하지 않아도 되는 예외적인 경우에 해당하지 않는 한 반드시 청문을 실시하여야 하며, 그러한 절차를 결여한 처분은 위법한 처분으로서 취소사유에 해당한다(대법원 2007. 11. 16. 2005두15700 주택조합설립인가취소처분의 취소).

제54조 해 산

제54조(해산)

① 법무법인은 다음 각 호의 어느 하나에 해당하는 사유가 있을 때에는 해산한다.

1. 정관에 정한 해산 사유가 발생하였을 때
2. 구성원 전원의 동의가 있을 때
3. 합병하였을 때
4. 파산하였을 때
5. 설립인가가 취소되었을 때

② 법무법인이 해산한 경우에는 청산인은 지체 없이 주사무소 소재지의 지방변호사회와 대한변호사협회를 거쳐 법무부장관에게 그 사실을 신고하여야 한다.

I. 연 혁

(1) 1982. 12. 31. 개정된 변호사법에 법무법인의 신설과 함께 그 해산사유도 규정했다. 즉, 법무법인은 ① 정관에 정한 해산사유의 발생, ② 구성원 전원의 동의, ③ 합병, ④ 파산, ⑤ 설립인가의 취소에 해당하는 사유가 있을 때에는 해산한다(제44조 제1항). 법무법인이 해산한 때에는 청산인은 지체 없이 주사무소 소재지의 지방변호사회 및 대한변호사협회를 거쳐 법무부장관에게 이를 신고하여야 한다(제44조 제2항).

(2) 2008. 3. 28. 개정된 변호사법은 전문개정으로 현재와 같은 내용으로 '해산사유와 그 절차'를 규정하게 되었다.

Ⅱ. 법무법인의 해산사유

(1) 법무법인은 다음 각 호의 어느 하나에 해당하는 사유가 있을 때에는 해산한다(제1항). 법무법인의 해산은 법무법인의 법인격을 소멸시키는 원인이 되는 법률사실이다. 법무법인의 해산은 자연인의 사망과 같으나 이때 자연인처럼 상속과 같은 포괄적인 승계가 인정되지 않아 법인이 해산한 경우에는 스스로 기존의 법률관계를 처리해야 한다. 먼저 해산을 하고 이어서 청산으로 들어간다. 법인이 본래의 적극적 활동을 정지하고 잔무의 처리나 재산의 처리과정을 청산절차라 하고, 해산 후 청산의 목적을 위하여 존속하는 법인을 청산법인이라 한다. 청산법인은 해산 전의 법인과 동일성이 있지만, 그 권리능력은 청산의 범위 내로 한정된다.[1] 청산절차가 종결될 때 법무법인의 법인격은 소멸한다.

(2) 법무법인의 해산은 변호사법 제54조가 정한 해산과 상법의 합명회사 사원이 회사의 해산을 법원에 청구하여 나온 해산판결에 의한 해산도 있을 수 있다(상법 241①; 변호사법 58①). 상법은 '부득이한 사유가 있는 때에는 각 사원은 회사의 해산을 법원에 청구할 수 있다'라고 한다(제241조 제1항). 여기서 '부득이한 사유'란 사원 간의 불화가 극심하여 업무집행이나 회사대표에 있어 상호 신뢰할 수 없음에도 불구하고 퇴사, 제명, 지분의 양도 등과 같은 소극적인 방법이나 총사원의 동의에 의한 회사해산이 어려워 바람직하지 못한 인적결합이 그대로 유지될 수밖에 없을 때를 뜻한다.[2] 그러나 사원 간에 불화나 대립이 있어도 그중에서 특정인을 제명하고서 인적 화합을 이룰 수 있는 때에는 회사해산을 청구하지 못한다.[3] 변호사법이 합명회사 규정을 준용함에 따라 법원의 해산판결에 의한 해산도 가능하다. 해산판결을 하려면 합명회사와 같이 법무법인에 '부득이한 사유'가 있어야 한다. 여기서 부득이한 사유는 제1호 '정관에 정한 해산 사유가 발생'하였음에도 구성원 전원의 동의가 없는 불화상태에 있는 경우를 들 수 있다.

1. 정관에 정한 해산 사유가 발생하였을 때(제1호)

법무법인은 정관에 '존립 시기나 해산 사유를 정한 경우에는 그 시기 또는 사유'를 정할 수 있다(변호사법 43①(6)). 따라서 정관에서 규정한 존립 시기의 도래나 해산 사유가 발생하면 해산할 수 있다. 물론 존립 시기나 해산사유를 정했더라도 법무법인은 그에 기속되는 것은 아니고 존속할 수 있다. 해산결정은 구성원 변호사의 전원 출석과 찬성이 있어야 한다.

---

1 곽윤직 편집대표, 민법주해[Ⅰ], 735면(최기원 집필부분).
2 이철송, 회사법강의(제21판), 135면.
3 이기수·최병규, 회사법(제9판), 111면.

2. 구성원 전원의 동의가 있을 때(제 2 호)

법무법인은 정관에 정함이 없더라도 구성원 전원의 동의가 있으면 해산할 수 있다. 법무법인은 구성원의 인적결합체라서 그 의사에 의하여 존속 여부를 결정할 수 있다. 구성원 전원의 동의가 있으면 법무법인(유한)으로 조직변경할 수 있는데(변호사법 55의2①), 이때 법무법인이 법무법인(유한)으로 인가를 받으면 2주일 이내에 주사무소 소재지에서 법무법인의 해산등기를 하여야 한다(변호사법 55의2②). 조직변경으로 인한 법무법인의 해산사유의 하나로 볼 수 있다.

3. 합병하였을 때(제 3 호)

법무법인은 다른 법무법인과 합병할 수 있다. 합병하려면 구성원 전원의 동의가 있어야 한다(변호사법 55①). 합병되는 법무법인은 해산하게 되어 청산절차 없이 소멸하게 된다.

4. 파산하였을 때(제 4 호)

법인에 대하여는 그 부채의 총액이 자산의 총액을 초과하는 때에도 파산선고를 할 수 있다(채무자 회생 및 파산에 관한 법률 306①). 법무법인의 파산원인은 채무초과로 충분하고 자연인과 같이 지급불능을 요하지 아니한다.[4] 법인이 채무초과 상태에 있는지 여부는 법인이 실제 부담하는 채무의 총액과 실제 가치로 평가한 자산의 총액을 기준으로 판단하는 것이지 대차대조표 등 재무제표에 기재된 부채 및 자산의 총액을 기준으로 판단할 것은 아니다(대법원 2007. 11. 15. 2007마887 파산선고). 「민법」 그 밖에 다른 법률에 의하여 설립된 법인에 대하여는 이사가, 합명회사 또는 합자회사에 대하여는 무한책임사원이, 주식회사 또는 유한회사에 대하여는 이사가 파산신청을 할 수 있다(채무자 회생 및 파산에 관한 법률 295①). 파산은 선고를 한 때부터 그 효력이 생긴다(위 법률 311). 일본 변호사법은 '파산절차개시 결정'이 있는 때를 해산사유로 하고 있다(제30조의23 제 4 호).

5. 설립인가가 취소되었을 때(제 5 호)

법무부장관이 법무법인의 설립인가를 취소하면 그 법인은 해산된다. 설립인가의 취소는 변호사법 제53조가 정하는 바에 따른다.

---

4 구 파산법(2005. 3. 31. 법률 제7428호 채무자 회생 및 파산에 관한 법률 부칙 제 2 조로 폐지) 제117조가 합명회사 및 합자회사를 제외한 법인에 대하여는 채무초과를 별개의 독립된 파산원인으로 규정하고 있으므로, 채무초과 상태에 있는 법인에 대하여 파산선고를 하기 위해서 그 법인이 채무초과 상태 이외에 구 파산법 제116조 제 1 항이 규정하는 보통파산원인인 지급불능 상태에 이르렀을 것까지 요하는 것은 아니다(대법원 2007. 11. 15. 2007마887 파산선고).

Ⅲ. 법무법인 청산인의 해산 신고

1. 청산인의 선임과 청산절차

법무법인이 해산한 경우에는 청산인은 지체 없이 주사무소 소재지의 지방변호사회와 대한변호사협회를 거쳐 법무부장관에게 그 사실을 신고하여야 한다(제2항). 법무법인이 해산하면 청산절차로 들어간다. 청산이란 해산한 법인에 계속 중인 사무를 처리하고 남은 재산을 정리하는 등의 법인격이 소멸할 때까지의 절차를 말한다. 청산은 '파산'으로 해산하는 경우에는 「채무자 회생 및 파산에 관한 법률」이 정하는 바에 따르고, 다른 이유로 해산하는 경우에는 상법 제245조 이하의 합명회사의 청산절차에 의하게 된다(변호사법 58①). '해산에 따른 청산인의 선임, 해임 및 잔여재산의 처분'은 구성원 회의에서 결정한다(법무법인및법무법인(유한)의설립등에관한규칙 10(9)). 일본 변호사법은 "변호사법인의 청산인은 변호사가 아니면 안된다"(제30조의26 제1항)고 한다. 우리 역시 청산인은 변호사여야 할 것이다. 청산인은 총사원 과반수의 결의로 선임한다(상법 251①). 상법과 같이 법무법인의 청산인 역시 출자지분의 과반수를 가진 구성원이 출석하고, 그 의결권의 과반수 찬성으로 하여야 한다(법무법인및법무법인(유한)의설립등에관한규칙 12①). 청산인이 선임된 때에는 법정기간 내에 등기해야 한다(상법 253).

2. 청산의 신고와 등기 및 구성원의 책임

청산인은 해산한 경우에는 지체 없이 주사무소 소재지의 지방변호사회와 대한변호사협회를 거쳐 법무부장관에게 그 사실을 신고하여야 한다. 해산신고는 '지체 없이' 하여야 한다. 청산이 종결된 때에는 청산인은 총사원의 (청산인의 임무종료)승인이 있은 날로부터 본점소재지에서는 2주간 내, 지점소재지에서는 3주간 내에 청산종결의 등기를 하여야 한다(상법 264). 이와 같이 법무법인 역시 청산종결의 등기를 요한다. 합명회사의 사원의 책임은 본점소재지에서 해산등기를 한 후 5년을 경과하면 소멸한다(상법 267①). 퇴사가 사원의 무한책임을 면탈하거나 회사채권자에 우선하여 출자를 회수하는 방법으로 악용됨을 막기 위함이다.[5] 상법과 마찬가지로 법무법인 구성원 변호사도 해산등기를 한 후 5년이 경과하면 그 책임이 소멸한다고 볼 수 있다.

---

5 이철송, 회사법강의(제21판), 163면.

제55조 합 병

> 제55조(합병)
> ① 법무법인은 구성원 전원이 동의하면 다른 법무법인과 합병할 수 있다.
> ② 제1항의 경우에는 제41조부터 제43조까지의 규정을 준용한다.

Ⅰ. 연 혁

(1) 1982. 12. 31. 개정된 변호사법은 법무법인을 신설하면서 합병에 관한 내용도 규정했다. 즉, 법무법인은 구성원 전원의 동의가 있는 때에는 다른 법무법인과 합병할 수 있다(제45조 제1항). 제31조(설립절차), 제32조(정관의 기재사항), 제33조(등기)의 규정은 제1항의 경우에 이를 준용한다(제45조 제2항).

(2) 2000. 1. 28. 개정된 변호사법은 제2항을 현재의 내용대로 규정한 바 있다.

Ⅱ. 법무법인의 다른 법무법인과 합병

1. 법무법인의 구성원 전원 동의

법무법인은 구성원 전원이 동의하면 다른 법무법인과 합병할 수 있다(제1항). 법무법인은 구성원 변호사의 전원이 동의하면 다른 법인과 합병할 수 있다. 법무법인의 합병이란 두 개 이상의 법무법인이 법정 절차에 의하여 단일한 법무법인이 되는 것을 말한다. 합병은 법무법인의 운명을 결정하는 중요한 사항이므로 전원의 동의를 요구하고 있다. 법무법인에서 구성원 전원의 출석과 전원의 찬성이 있어야 하는 의결사항으로는 ① 정관의 변경, ② 구성원의 가입·승계 및 제명, ③ 법인의 해산, 합병을 들 수 있다.

2. 다른 법무법인과 합병

(1) 법무법인은 주로 개방된 법률시장에서의 규모 확대로 경쟁력을 강화하고 전문 분야의 개척을 도모하고자 합병할 수 있다. 합병은 법무법인 간의 행위로서 당사자인 법무법인의 일부 또는 전부가 해산하고, 그 재산이 포괄적으로 존속하는 법무법인 또는 신설되는 법무법인에 이전함과 동시에 구성원 변호사가 존속 또는 신설되는 법무법인의 구성원이 되는 효과를 가져온다.

(2) 법무법인은 구성원 전원의 동의만 있으면 합병할 자유가 있다. 회사에게도 합병의 자유가 인정된다(상법 174). 회사는 원칙적으로 상법상 어떤 종류의 회사와도 합병할 수 있다. 또한 어떤 회사를 존속회사로 하든 또 어떤 종류의 회사를 신설하든 원칙적으로 제한이 없다. 그렇지만 실제로는 동종의 회사 간에 합병을 하며 특히 주식회사 간에 합병하는 것이 보통이다.[1] 그러나 변호사법은 법무법인 상호간의 합병만 인정하고 있다. 법무법인이 법무법인(유한)에 흡수되어 법인격이 소멸할 수 있지만 여기서 말하는 합병은 아니다.

(3) 합병의 형태로는 흡수합병과 신설합병이 있다. 흡수합병은 주도적으로 흡수한 법무법인은 존속하고 소멸되는 법인은 해산하게 된다. 이때 소멸되는 법인은 청산절차를 거치지 않게 된다. 신설합병은 새로운 법인을 설립하는 것이므로 합병당사자인 기존의 법인들은 당연히 해산하고 청산절차 없이 소멸한다. 법무법인의 해산사유로서의 합병(제54조 제1항 제3호)은 다른 법인에 흡수되거나 신설합병되는 것을 말한다.

Ⅲ. 합병으로 신설되는 법무법인

제1항의 경우에는 제41조부터 제43조까지의 규정을 준용한다(제2항). 합병으로 신설되는 법무법인의 설립절차 역시 최초 설립되는 법무법인의 절차와 동일하다. 그래서 제2항은 설립인가와 정관작성, 등기에 관한 규정을 준용하고 있다. 신설되는 법무법인은 구성원이 될 변호사가 정관을 작성하여 주사무소 소재지의 지방변호사회와 대한변호사협회를 거쳐 법무부장관의 인가를 받아야 한다. 정관을 변경할 때에도 또한 같다(변호사법 41). 아울러 정관의 필수적 기재사항이 포함된 정관도 새롭게 작성하여야 한다(변호사법 42). 이 법무법인은 설립인가를 받으면 2주일 이내에 설립등기를 하여야 한다. 등기사항이 변경되었을 때에도 또한 같다(변호사법 43①). 등기사항은 제2항과 같으며, 법무법인은 그 주사무소의 소재지에서 설립등기를 함으로써 성립한다(변호사법 43③).

1 최기원, 신회사법론(제14대정판), 1098면.

Ⅳ. 합병의 효과

변호사법에 합병의 효과에 관한 규정은 없다. 상법은 합명회사의 합병의 효과를 명시하고 있다. 합병 후 존속한 회사 또는 합병으로 인하여 설립된 회사는 합병으로 인하여 소멸된 회사의 권리의무를 승계한다(상법 235). 따라서 합병 후 존속한 법무법인 또는 합병으로 인하여 설립된 법무법인은 합병으로 인하여 소멸된 법무법인의 권리의무를 승계한다고 볼 수 있다. 존속한 법무법인 또는 신설된 법무법인은 해산하여 소멸한 법무법인의 권리의무를 포괄적으로 승계하기 때문에 이미 체결한 의뢰인과의 위임계약도 당연히 승계한다. 합병 전에 특정사건의 담당변호사로 지정된 자는 합병 후에도 여전히 담당변호사의 지위를 갖는다. 일본 변호사법 역시 같다. 즉, 합병 후 존속하는 변호사법인 또는 합병에 의하여 설립되는 변호사법인은 당해 합병으로 소멸하는 변호사법인의 권리의무를 승계한다(제30조의 27 제4항).

제55조의2 조직변경

제55조의2(조직변경)

① 법무법인(유한) 또는 법무조합의 설립요건을 갖춘 법무법인은 구성원 전원의 동의가 있으면 법무부장관의 인가를 받아 법무법인(유한) 또는 법무조합으로 조직변경을 할 수 있다.

② 법무법인이 제1항에 따라 법무부장관으로부터 법무법인(유한)의 인가를 받은 때에는 2주일 이내에 주사무소 소재지에서 법무법인의 해산등기 및 법무법인(유한)의 설립등기를 하여야 하고, 법무조합의 인가를 받은 때에는 2주일 이내에 주사무소 소재지에서 법무법인의 해산등기를 하여야 한다.

③ 제1항에 따른 조직변경의 경우 법무법인에 현존하는 순재산액이 새로 설립되는 법무법인(유한)의 자본총액보다 적은 때에는 제1항에 따른 동의가 있을 당시의 구성원들이 연대하여 그 차액을 보충하여야 한다.

④ 제1항에 따라 설립된 법무법인(유한) 또는 법무조합의 구성원 중 종전의 법무법인의 구성원이었던 자는 제2항에 따른 등기를 하기 전에 발생한 법무법인의 채무에 대하여 법무법인(유한)의 경우에는 등기 후 2년이 될 때까지, 법무조합의 경우에는 등기 후 5년이 될 때까지 법무법인의 구성원으로서 책임을 진다.

Ⅰ. 연 혁

2008. 3. 28. 개정된 변호사법은 법률시장 개방에 대비하여 국내 법률사무소의 대형화·전문화를 통하여 그 경쟁력을 강화하기 위한 법적 기반을 조성하는 획기적인 조치를 취했다. 즉, 「대한민국과 미합중국 간의 자유무역협정」 체결, 대한민국과 유럽연합(EU) 간의 자유무역협정 협상 진행 등으로 법률시장 개방이 임박함에 따라 국내 법률사무소의 경쟁력 강화를 위해서는 법률사무소의 대형화를 지원할 수 있는 법률적·제도적 정비가 필요하여 2005년 도입된 법무법인(유한) 및 법무조합의 설립요건을 완화하면서, 대형화된 법무법인이 상시 조직을 변경할 수 있도록 근거를 마련하기 위하여 본조를 신설했다. 이를 통하여 국내

법률사무소의 대형화가 보다 쉬워짐으로써 외국의 법률사무소와 경쟁할 수 있는 토대를 마련할 수 있을 것으로 기대된다.

Ⅱ. 법무법인의 법무법인(유한) 또는 법무조합으로 조직변경

1. 법무법인(유한)·법무조합 설립요건 갖춘 법무법인

법무법인(유한) 또는 법무조합의 설립요건을 갖춘 법무법인은 구성원 전원의 동의가 있으면 법무부장관의 인가를 받아 법무법인(유한) 또는 법무조합으로 조직변경을 할 수 있다(제1항). 3인 이상의 구성원 변호사로 설립된 법무법인이 구성원을 새롭게 영입하는 등으로 규모가 확대되면 법무법인(유한) 또는 법무조합의 설립요건을 충족할 수 있다. 법무법인이 갖추어야 하는 법무법인(유한) 또는 법무조합의 인적 설립요건은 구성원 변호사가 7명 이상이 되어야 하고, 그중 2명 이상이 10년 이상의 법조경력을 가져야 한다(변호사법 58의6①, 58의22①). 그리고 법무법인이 법무법인(유한)으로 조직변경을 하기 위해서는 5억원 이상의 자본총액과 모든 구성원 변호사가 1좌당 1만원인 출자좌수 중 3천좌 이상을 출자해야 한다(변호사법 58의7). 법무조합은 자본총액과 개인별 출자의무에 관한 규정은 없다. 법무법인(유한) 또는 법무조합의 설립요건은 법무부장관에게 설립인가 신청할 때까지 구비되어야 한다.

2. 구성원 전원의 동의

법무법인이 조직변경을 하려면 구성원 변호사 전원의 동의가 있어야 한다. 법무법인은 합명회사의 책임규정을 준용함에 따라 구성원 변호사는 무한·연대책임을 부담하지만, 법무법인(유한)이나 법무조합은 원칙적으로 담당변호사가 책임을 진다. 그 점에서는 구성원 변호사가 조직변경을 특별히 반대할 이유는 없을 것이다. 그러나 자본금 마련을 위한 출자의무가 새롭게 발생하기 때문에 전원일치의 동의를 요구하고 있다. 조직변경에 동의하지 않은 구성원은 탈퇴할 수도 있다. 탈퇴하지 않으면서 조직변경에 반대한다면 전원의 동의를 받기 어렵다. 이때는 「법무법인및법무법인(유한)의설립등에관한규칙」 제23조 제5호 '기타 중요한 사유가 있는 때'에 해당되는 것으로 보아 그 구성원의 제명의 선고를 법원에 청구할 수 있다.

3. 법무부장관의 조직변경 인가

법무법인이 법무법인(유한) 또는 법무조합으로 조직변경을 하는 것은 새로운 법무법인(유한)·법무조합을 설립행위이다. 그러므로 조직변경하려는 법무법인의 구성원 변호사는 법무법인(유한)과 법무조합의 설립절차에 따라 법무부장관에게 설립신청을 하고 그 인가를 받아야 한다. 반면, 법무법인(유한)·법무조합이 조직변경 절차로 법무법인이 될 수는 없다.

Ⅲ. 법무법인의 조직변경 절차

1. 법무법인의 법무법인(유한)으로 조직변경

법무법인이 제1항에 따라 법무부장관으로부터 법무법인(유한)의 인가를 받은 때에는 2주일 이내에 주사무소 소재지에서 법무법인의 해산등기 및 법무법인(유한)의 설립등기를 하여야 하고, 법무조합의 인가를 받은 때에는 2주일 이내에 주사무소 소재지에서 법무법인의 해산등기를 하여야 한다(제2항). 법무법인은 법무법인(유한)으로의 조직변경 요건을 구비한 후 법무부장관에게 법무법인(유한)의 설립인가신청을 하여야 한다. 법무법인이 거쳐야 할 설립인가신청에 관한 규정은 없지만, 법무법인(유한)의 설립절차에 따라야 할 것으로 본다. 따라서 법무법인(유한)을 설립하려면 구성원이 될 변호사가 정관을 작성하여 주사무소 소재지의 지방변호사회와 대한변호사협회를 거쳐 법무부장관의 인가를 받아야 한다(변호사법 58의3). 법무부장관은 법무법인(유한)의 설립요건을 갖춘 것을 확인하였으면 인가처분을 한다. 그로부터 2주일 이내에 법무법인은 주사무소 소재지에서 그 법무법인의 해산등기 및 법무법인(유한)의 설립등기를 하여야 한다. 법무법인(유한)은 설립등기를 함으로써 성립한다(변호사법 58의5③). 법무법인(유한)의 설립인가를 받아 설립등기를 마친 때는 그 때로부터 7일 이내에 소속 지방변호사회를 거쳐 대한변호사협회에 그 사유를 신고하여야 한다(법무법인및법무법인(유한)의설립등에관한규칙 5①(1)).

2. 법무법인의 법무조합으로 조직변경

법무법인이 법무조합으로 조직변경하려면, 구성원이 될 변호사가 규약을 작성하여 주사무소 소재지의 지방변호사회와 대한변호사협회를 거쳐 법무부장관의 인가를 받아야 한다(변호사법 58의19①). 법무부장관이 법무조합의 설립을 인가한 경우에는 관보에 고시하여야 하고(변호사법 58의19②), 법무조합은 제2항에 따른 고시가 있을 때에 성립한다(변호사법 58의19③). 법무법인(유한)이 설립등기를 함으로써 성립하는 것과 차이가 있다. 법무법인이 법무조합의 인가를 받은 때에는 2주일 이내에 그 법인의 해산등기를 하여야 한다. 그리고 법무부장관으로부터 법무조합의 설립인가를 받은 때는 그 때로부터 7일 이내에 구성원이 소속한 지방변호사회를 거쳐 대한변호사협회에 그 사유를 신고하여야 한다(법무조합의설립등에관한규칙 5①(1)).

Ⅳ. 법무법인(유한)으로 조직변경시 자본총액과 보충

1. 법무법인의 순재산액이 법무법인(유한)의 자본총액보다 적은 때

제1항에 따른 조직변경의 경우 법무법인에 현존하는 순재산액이 새로 설립되는 법무법인(유한)의 자본총액보다 적은 때에는 제1항에 따른 동의가 있을 당시의 구성원들이 연대하여 그 차액을 보충하여야 한다(제3항). 법무법인이 법무법인(유한)으로 조직변경을 하려면 먼저 자본총액을 충족해야 한다. 법무법인(유한)의 자본총액은 5억원 이상이어야 한다(변호사법 58의7①). 법무법인의 자산에서 부채를 공제한 순재산액이 5억원에 미달할 수 있다. 법무법인은 설립시에 출자를 하거나 수익금 중에서 구성원 변호사에게 이익금배당을 하지 않고 적립해 두는 자산이 있을 수 있다. 이러한 순재산액이 법무법인(유한)의 자본총액보다 부족한 경우를 대비한 규정이다.

2. 구성원들이 연대하여 차액보충

법무법인의 순재산액이 법무법인(유한)의 자본총액에 미치지 못할 때 조직변경에 동의가 있을 당시의 구성원들이 연대하여 그 차액을 보충한다. 여기서 '동의가 있을 당시의 구성원들'이란 법무법인(유한)으로의 조직변경에 동의하였던 구성원 변호사들을 말한다. 원칙적으로 구성원들이 연대하여 차액을 보충해야 하지만, 연대가 아닌 일부 구성원이 전담할 수도 있다. 법무법인(유한)으로 조직변경을 위한 설립인가신청 후 또는 설립등기 후에 가입한 구성원 변호사는 차액보충의 의무는 없다. 그렇지만 그 차액을 보충하기로 하고 신규 구성원으로 가입할 수 있음은 물론이다.

Ⅴ. 법무법인의 기존 채무에 대한 책임

1. 법무법인 기존 채무의 부담주체

(1) 제1항에 따라 설립된 법무법인(유한) 또는 법무조합의 구성원 중 종전의 법무법인의 구성원이었던 자는 제2항에 따른 등기를 하기 전에 발생한 법무법인의 채무에 대하여 법무법인(유한)의 경우에는 등기 후 2년이 될 때까지, 법무조합의 경우에는 등기 후 5년이 될 때까지 법무법인의 구성원으로서 책임을 진다(제4항). 법무법인이 법무법인(유한) 또는 법무조합으로 조직변경을 하면 기존의 구성원 변호사는 탈퇴하거나 새롭게 신설된 조직(사무소)의 구성원으로 남을 수 있다. 만약 탈퇴를 선택하였을지라도 기존의 법무법인의 채무

에 대한 책임을 여전히 부담한다. 변호사법에는 법무법인과 그 구성원의 책임에 관한 규정이 없어 합명회사와 그 사원의 책임규정을 준용 한다. 즉, 퇴사한 사원은 본점소재지에서 퇴사등기를 하기 전에 생긴 회사채무에 대하여는 등기 후 2년 내에는 다른 사원과 동일한 책임이 있다(상법 225①; 변호사법 58①). 퇴사는 회사 내부문제로서 외부에서는 알 수 없는 경우가 많기 때문에 회사채권자를 보호하기 위하여 인정한 책임이다.[1] 따라서 법무법인을 탈퇴한 구성원 변호사는 주사무소 소재지에서 탈퇴등기를 하기 전에 발생한 법무법인의 채무에 대하여 탈퇴등기 후 2년 내에는 다른 구성원 변호사와 연대하여 책임을 진다.

(2) 여기서 '탈퇴등기를 하기 전에 발생한 법무법인의 채무'란 그 구성원 변호사가 법무법인에 재직 중에 발생한 채무를 말한다. 또한 그 법무법인에 가입하기 전에 발생해 있던 채무까지도 포함된다. 이를 상법에서는 '신입사원의 책임'이라고 한다. 회사 성립 후에 가입한 사원은 그 가입 전에 생긴 회사채무에 대하여 다른 사원과 동일한 책임을 진다(상법 213). 이는 회사채권자 보호를 위한 강행규정이므로 사원 상호 간의 약정으로 제한할 수 없다. 따라서 새로 가입한 구성원 변호사는 가입등기가 된 때부터 기존의 구성원들과 동일한 책임을 진다. 조직변경에 따라 새로 설립되는 법무법인(유한) 또는 법무조합의 구성원이 된 자의 책임은 제 4 항에 규정된 바에 따른다.

2. 법무법인(유한)의 경우에는 등기 후 2년

제 1 항에 따라 설립된 법무법인(유한) 또는 법무조합의 구성원 중 종전의 법무법인의 구성원이었던 자는 제 2 항에 따른 등기를 하기 전에 발생한 법무법인의 채무에 대하여 법무법인(유한)의 경우에는 등기 후 2년이 될 때까지 법무법인의 구성원으로서 책임을 진다. '제 2 항에 따른 등기'란 법무법인의 해산등기 및 법무법인(유한)의 설립등기를 말한다. 법무법인(유한)의 경우 그 설립등기와 법무법인의 해산등기는 동시적일 수 있지만 해산등기가 앞서 이뤄진다. 이 등기 전에 발생했던 채무는 종전의 법무법인 구성원 변호사가 등기 후 2년이 될 때까지 그 책임을 져야 한다. 이 규정의 연혁은 상법 합명회사의 조직변경에 의하여 유한책임사원이 된 자의 책임에서 찾을 수 있다. 합명회사사원으로서 제242조 제 1 항의[2] 규정에 의하여 유한책임사원이 된 자는 전조의 규정에 의한 본점등기를 하기 전에 생긴 회사채무에 대하여는 등기 후 2년 내에는 무한책임사원의 책임을 면하지 못한다(상법 244). 이 기간은 제척기간이며, 회사의 채권자 보호를 위하여 둔 규정이다.

---

1 최기원, 신회사법론(제14대정판), 1045면.

2 **상법 제242조(조직변경)** ① 합명회사는 총사원의 동의로 일부사원을 유한책임사원으로 하거나 유한책임사원을 새로 가입시켜서 합자회사로 변경할 수 있다.

3. 법무조합의 경우에는 등기 후 5년

제1항에 따라 설립된 법무법인(유한) 또는 법무조합의 구성원 중 종전의 법무법인의 구성원이었던 자는 제2항에 따른 등기를 하기 전에 발생한 법무법인의 채무에 대하여 법무조합의 경우에는 등기 후 5년이 될 때까지 법무법인의 구성원으로서 책임을 진다(제4항). 여기서 '제2항에 따른 등기'는 법무조합으로 조직변경된 법무법인의 해산등기를 말한다. 법무조합은 소송당사자능력은 인정되지만(변호사법 58의26), 기본적으로는 민법상 조합이라 할 수 있다(변호사법 58의31①). 조직변경으로 설립된 법무조합의 구성원이 된 변호사는 종전의 법무법인 채무에 대하여 해산등기 후 5년이 될 때까지 법무법인의 구성원으로서 책임을 진다. 해산등기된 법무법인 채무의 책임기간을 5년으로 정한 것은 해산등기를 한 합명회사 사원의 책임에서 비롯된다. 상법 제212조[3]의 규정에 의한 사원의 책임은 본점소재지에서 해산등기를 한 후 5년을 경과하면 소멸한다(상법 267①). 따라서 종전의 법무법인 구성원 변호사는 해산등기를 한 후 5년이 지나면 책임이 소멸한다.

4. 법무법인(유한)·법무조합 구성원이 된 변호사의 책임기간의 차이

법무법인 구성원 변호사의 책임기간이 조직변경된 사무소의 형태에 따라 2년 또는 5년으로 차이가 있다. 법무법인(유한)으로 조직변경 되면 설립등기에 종전의 법무법인 구성원 변호사도 등기되어 공시되기 때문에 채권자로서는 권리행사에 용이하며, 유한책임자로 변경된 구성원 변호사를 둘러싼 종전의 채무관계를 조기에 종료시킬 필요성이 크기에 2년의 기간을 정하고 있다. 반면 법무조합으로 조직변경되어 종전의 법무법인이 해산등기 되면 채권자는 채무자인 종전 구성원 변호사를 상대로 권리행사가 쉽지 않다. 법무조합의 구성원으로 가입하였지만, 그 법무조합 역시 등기가 아닌 관보에 고시되어 성립하며, 구성원의 인적사항이 기재된 규약이 지방변호사회에 비치되어 채권자가 확인하기 어렵다는 점에서 비교적 장기간인 5년의 기간을 정하고 있는 것으로 보인다.

Ⅵ. 기타 — 법인세 부과 여부

「법인세법」은 '법인의 조직변경으로 인한 청산소득에 대한 과세특례'를 규정하여 내국

---

3 **상법 제212조(사원의 책임)** ① 회사의 재산으로 회사의 채무를 완제할 수 없는 때에는 각 사원은 연대하여 변제할 책임이 있다.
② 회사재산에 대한 강제집행이 주효하지 못한 때에도 전항과 같다.
③ 전항의 규정은 사원이 회사에 변제의 자력이 있으며 집행이 용이한 것을 증명한 때에는 적용하지 아니한다.

법인이 ① 「상법」의 규정에 따라 조직변경하는 경우, ② 특별법에 따라 설립된 법인이 그 특별법의 개정이나 폐지로 인하여 「상법」에 따른 회사로 조직변경하는 경우, ③ 그 밖의 법률에 따라 내국법인이 조직변경하는 경우로서 대통령령으로 정하는 경우의 어느 하나에 해당하면 청산소득에 대한 법인세를 과세하지 아니한다(제78조). 여기서 '그 밖의 법률에 따라 내국법인이 조직변경하는 경우로서 대통령령으로 정하는 경우'에서 「변호사법」에 따라 법무법인이 법무법인(유한)으로 조직변경하는 경우도 포함된다(법인세법 시행령 120의26(1)).[4]

4 **「법인세법 시행령」 제120조의26(법인의 조직변경의 범위)** 법 제78조 제3호에서 "대통령령으로 정하는 경우"란 다음 각 호에 해당하는 경우를 말한다.

1. 「변호사법」에 따라 법무법인이 법무법인(유한)으로 조직변경하는 경우
2. 「관세사법」에 따라 관세사법인이 관세법인으로 조직변경하는 경우
3. 「변리사법」에 따라 특허법인이 특허법인(유한)으로 조직변경하는 경우
4. 「협동조합 기본법」 제60조의2 제1항에 따라 법인등이 협동조합으로 조직변경하는 경우

제56조 통 지

제56조(통지)
법무부장관은 법무법인의 인가 및 그 취소, 해산 및 합병이 있으면 지체 없이 주사무소 소재지의 지방변호사회와 대한변호사협회에 통지하여야 한다.

Ⅰ. 연 혁

1982. 12. 31. 개정된 변호사법은 법무부장관이 법무법인의 인가 및 취소 등과 관련된 사항을 지방변호사회와 대한변호사협회에 통지하도록 하는 규정을 두었다. 즉, 법무부장관은 법무법인의 인가 및 그 취소, 해산 및 합병이 있는 때에는 지체 없이 주사무소 소재지의 지방변호사회 및 대한변호사협회에 이를 통지하여야 한다(제46조).

Ⅱ. 법무부장관의 법무법인 인가·취소, 해산·합병 통지

1. 법무법인의 인가 및 그 취소, 해산 및 합병

법무부장관은 법무법인의 인가 및 그 취소, 해산 및 합병이 있으면 지체 없이 주사무소 소재지의 지방변호사회와 대한변호사협회에 통지하여야 한다. 법무부장관은 법무법인의 주무관청으로 설립인가권을 비롯한 인가취소 등의 권한을 갖고 있다. 여기서 '법무법인의 인가'는 최초의 법인 설립인가(변호사법 41)는 물론 합병 및 조직변경으로 인하여 설립되는 인가도 포함된다. 그리고 '법무법인의 취소'는 변호사법 제53조의 취소사유에 해당될 때 하는 처분으로 상당한 재량이 부여되고 있다. 그리고 '해산'은 법정사유의 발생으로 법인이 당연히 소멸하거나 구성원의 의사에 의하여 소멸되므로 법무부장관이 이에 관한 처분을 해야 하는 것은 아니다. 합병은 새롭게 설립되는 법인이 있어 이를 인가하는 처분이 뒤따른다.

2. 주사무소 소재지 지방변호사회·대한변호사협회에 통지

법무부장관은 법무법인의 설립과 소멸 등의 사항을 지체 없이 지방변호사회와 대한변호사협회에 통지해야 한다. 여기서 '통지'는 단순한 사실의 통지로 법률상 효과가 발생하는 것은 아니다. 변호사회가 법무법인을 지도·감독할 수 있도록 하려는 데 의의가 있다.

변호사회는 법무부장관의 통지로 비로소 그 사실을 지득하게 되는 것은 아니다. 변호사법상 법무법인의 인가취소는 법무부장관의 독자적인 결정으로 하지만, 설립인가나 해산, 합병시에는 사전에 지방변호사회와 대한변호사협회를 거친 다음에 이뤄지기 때문이다.

제57조 준용규정

제57조(준용규정)
법무법인에 관하여는 제22조, 제27조, 제28조, 제28조의2, 제29조, 제29조의2, 제30조, 제31조 제1항, 제32조부터 제37조까지, 제39조 및 제10장을 준용한다.

Ⅰ. 연 혁

(1) 1982. 12. 31. 개정된 변호사법은 법무법인에 대해서도 개업변호사의 권리의무 등에 관한 규정을 준용하도록 했다. 즉, 제18조(사무직원)·제19조(보수)[1]·제23조(지정업무처리의무), 제24조(수임제한), 제25조(계쟁권리의 양수금지), 제26조(독직행위의 금지), 제27조(변호사 아닌 자와의 제휴금지)·제29조(감독)[2] 및 제8장(징계)의 규정은 법무법인에 관하여 이를 준용한다(제47조).

(2) 2000. 1. 28. 개정된 변호사법은 '사건유치 목적의 출입금지 등'에 관한 규정의 준용을 추가하면서 준용규정은 그 성질에 반하지 아니하는 범위에서 적용된다고 명시했다. 즉, 제22조·제27조 내지 제35조(사건유치 목적의 출입금지 등)·제39조 및 제10장의 규정은 그 성질에 반하지 아니하는 한 법무법인에 관하여 이를 준용한다(제57조).

(3) 2005. 1. 27. 개정된 변호사법에서 현행 제57조 규정과 동일한 내용으로 전문개정한 바 있다.

1 **제19조(보수)** 변호사의 보수기준은 대한변호사협회가 이를 정한다.
2 **제29조(감독)** 변호사는 소속 지방변호사회·대한변호사협회 및 법무부장관의 감독을 받는다.

Ⅱ. 법무법인에 준용되는 규정

법무법인에 관하여는 제22조, 제27조, 제28조, 제28조의2, 제29조, 제29조의2, 제30조, 제31조 제 1 항, 제32조부터 제37조까지, 제39조 및 제10장을 준용한다. 개업 '변호사의 권리와 의무'에 관한 변호사법 제 4 장의 일부 규정과 변호사의 '징계 및 업무정지'에 관한 변호사법 제10장을 법무법인에게도 준용한다는 것이다.

1. 제22조(사무직원)의 준용

법무법인도 사무직원을 둘 수 있으며(제 1 항), 처벌을 받은 일정한 전과를 가진 자 등의 결격사유 있는 자의 채용은 금지된다(제 2 항).

2. 제27조(공익활동 등 지정업무 처리의무)의 준용

법무법인은 물론 법무법인(유한)·법무조합이 구성원 및 소속변호사 전원을 위해 행한 공익활동시간은 그 법무법인·법무법인(유한)·법무조합의 구성원인 개인회원 및 소속변호사인 개인회원 전원이 공동으로 행한 것으로 보아 이를 그 전원의 수로 균등 배분하여 각 개인회원의 공익활동시간으로 인정하고 있다(공익활동 등에 관한 규정 4①).

3. 제28조(장부의 작성·보관)

법무법인은 법률사건 또는 법률사무에 관한 수임계약을 체결한 때부터 1개월 이내에 수임에 관한 장부를 작성하고, 그 작성일부터 3년간 법률사무소에 보관하여야 한다(변호사법 시행령 7①).

4. 제28조의2(수임사건의 건수 및 수임액의 보고)

법무법인은 대한변호사협회가 정하는 장부의 작성 방법, 작성 범위, 그 밖에 필요한 사항을 준수해야 한다(변호사법 시행령 7②·③).

5. 제29조(변호인선임서 등의 지방변호사회 경유)

법무법인이 수임한 법률사건이나 법률사무에 관한 변호인선임서 또는 위임장 등을 공공기관에 제출할 때 사전에 소속 지방변호사회를 경유하여야 한다. 법무법인 분사무소는 어느 지방변호사회를 경유하여야 할 것인지 문제된다. 법무법인의 주사무소 소재지 지방변호사회인지, 아니면 분사무소 소재지 지방변호사회인지 여부에 대한 논란이 있다. 이에 관하여는 변호사법 제29조 "변호인선임서 등의 지방변호사회 경유"에서 설명하였다.

6. 제29조의2(변호인선임서 등의 미제출 변호 금지)

법무법인은 법원이나 수사기관에 변호인선임서나 위임장 등을 제출하지 않고서는 재판에 계속 중인 사건 또는 수사 중인 형사사건[내사 중인 사건을 포함한다]에 대하여 변호하거나 대리할 수 없다.

7. 제30조(연고 관계 등의 선전금지)

법무법인의 구성원 또는 소속 변호사나 그 사무직원은 법률사건이나 법률사무의 수임을 위하여 재판이나 수사업무에 종사하는 공무원과의 연고 등 사적인 관계를 드러내며 영향력을 미칠 수 있는 것으로 선전하여서는 아니 된다.

8. 제31조 제 1 항(수임제한)

법무법인은 ① 당사자 한쪽으로부터 상의(相議)를 받아 그 수임을 승낙한 사건의 상대방이 위임하는 사건(제 1 호), ② 수임하고 있는 사건의 상대방이 위임하는 다른 사건(제 2 호), ③ 공무원·조정위원 또는 중재인으로서 직무상 취급하거나 취급하게 된 사건(제 3 호)에 해당하는 사건에 관하여는 그 직무를 수행할 수 없다. 다만, 제 2 호 사건의 경우 수임하고 있는 사건의 위임인이 동의한 경우에는 그러하지 아니하다.

9. 제32조부터 제37조

법무법인은 제32조(계쟁권리의 양수 금지), 제33조(독직행위의 금지), 제34조(변호사가 아닌 자와의 동업 금지 등), 제35조(사건 유치 목적의 출입금지 등), 제36조(재판·수사기관 공무원의 사건 소개 금지), 제37조(직무취급자 등의 사건 소개 금지)에서 정하는 의무를 준수해야 한다.

10. 제39조(감독)

법무법인은 소속 지방변호사회, 대한변호사협회 및 법무부장관의 감독을 받는다.

11. 제10장(징계 및 업무정지)

변호사의 징계와 업무정지에 관한 내용 역시 법무법인에게도 준용된다. 다만, "제10장을 준용한다"는 의미는 법무법인에 관하여 준용하는 변호사법 제22조, 제27조, 제28조, 제28조의2, 제29조, 제29조의2, 제30조, 제31조 제 1 항, 제32조부터 제37조까지, 제39조 위반에 관하여 징계처분을 할 수 있다는 것이다. 아울러 법무법인의 설립에 관한 변호사법 제40조부터 제56조까지의 규정을 위반한 경우에 징계처분을 할 수 있다는 의미이다. 따라서 "제10장을 준용한다"는 내용이 있다고 하여 변호사법 제 4 장 "변호사의 권리의무"에 관한 모든 규정을 법무법인에 적용하여 그 위반행위에 대하여 징계처분까지 할 수 있다는 것은 아니다. 만약 이렇게 해석한다면 굳이 준용되는 규정을 특정할 필요도 없다.

Ⅲ. 법무법인에 준용되지 않는 규정

1. 구성원 또는 소속 변호사만 규율

변호사법 제 4 장은 '변호사의 권리와 의무'에 관하여 제21조에서 제39조까지 규정하고 있다. 이런 규정은 자연인인 변호사에 관한 것이지만, 그중에서 법무법인이라는 법인도 준수해야 할 성격의 규정은 준수하도록 준용하고 있다. 법무법인에 준용되지 않은 규정에 대해서는 비록 그 법무법인 구성원 또는 소속 변호사가 어느 규정을 위반하였더라도 그 법무법인에 대하여는 징계처분을 하는 등의 제재를 할 수 없다. 물론 규정을 위반한 구성원 또는 소속 변호사는 변호사법이 정하는 바에 따른 제재처분을 받는다.

2. 품위유지의무 등

변호사의 권리와 의무에 관한 규정 중에서 제24조(품위유지의무 등), 제25조(회칙준수의무), 제26조(비밀유지의무), 제31조 제 2 항(공직퇴임변호사 수임제한), 제31조의2(변호사시험합격자의 수임제한), 제38조(겸직제한)는 준용되지 않는다. 따라서 법무법인의 구성원 또는 소속 변호사가 품위유지의무 또는 비밀유지의무를 위반하였을 경우에 그 변호사는 징계처분을 받지만, 법무법인은 그 사유로 징계처분을 할 수 없다. 법무법인·법무법인(유한)·법무조합의 품위유지의무 준용 여부에 대해서는 변호사법 제24조 "품위유지의무 등"에서 설명하였다.

제58조 다른 법률의 준용

제58조(다른 법률의 준용)
① 법무법인에 관하여 이 법에 정한 것 외에는 「상법」 중 합명회사에 관한 규정을 준용한다.
② 삭제 〈2009. 2. 6.〉

Ⅰ. 연 혁

(1) 1982. 12. 31. 개정된 변호사법은 법무법인에 관하여 변호사법에 없는 사항은 합명회사에 관한 규정을, 공증업무에 관한 감독 및 징계에 관하여는 공증인법을 준용하도록 규정했다. 즉, 법무법인에 관하여 이 법에 정한 것을 제외하고는 상법 중 합명회사에 관한 규정을 준용한다(제48조 제 1 항). 법무법인 및 그 구성원의 공증업무에 대한 감독 및 징계에 관하여는 공증인법을 준용한다(제48조 제 2 항).

(2) 2009. 2. 6. 개정된 공증인법은 「변호사법」에 규정된 법무법인, 법무법인(유한), 법무조합(이하 "법무법인등")의 공증 관련 규정을 공증인법에 포함시켜 법무법인등이 공증업무를 하려면 별도로 법무부장관의 공증인가를 받도록 하고, 공증인가를 받은 법무법인 등(이하 "인가공증인")은 공증담당변호사를 지정하여 공증인의 직무를 취급하도록 하되, 공증담당변호사에 대하여 공증 관련 법령을 적용할 수 있도록 했다.

(3) 이와 같은 배경에서 2009. 2. 6. 개정된 변호사법은 '법무법인 및 그 구성원의 공증업무에 대한 감독 및 징계에 관하여는 공증인법을 준용한다'는 제 2 항을 삭제하였다.

Ⅱ. 「상법」 중 합명회사에 관한 규정 준용

법무법인에 관하여 이 법에 정한 것 외에는 「상법」 중 합명회사에 관한 규정을 준용한다(제1항). 변호사법은 법무법인 제도를 신설하면서 설립과 업무집행 및 소멸사유를 규정하고, 나머지 사항에 대하여는 상법의 합명회사에 관한 규정을 준용하고 있다. 그러므로 법무법인의 기본구조는 합명회사의 형태를 갖고 있다. 그런데 회사는 상행위를 하지 아니하더라도 상인으로 본다(상법 5②). 법무법인이 상인인 (합명)회사 규정을 준용할지라도 의제상인이라고 할 수는 없다. 변호사의 업무는 이윤을 목적으로 하는 영리행위로 볼 수 없기 때문이다. 법무법인이 합명회사의 기본구조를 차용하고 있을지라도 그 존재 목적과 활동은 전혀 다르다. 합명회사에 관한 규정 중에서 특히 검토해야 할 주요쟁점이 회사와 대표사원의 손해배상책임(상법 210) 및 사원의 책임(상법 212)에 관한 규정이라 할 수 있다. 따라서 다음 면 [참고]에서 합명회사의 책임관계를 변호사법에 준용시켜 살펴보기로 한다.

[참고] 법무법인과 대표변호사 및 구성원 변호사의 책임

상 법

제207조(회사대표)
정관으로 업무집행사원을 정하지 아니한 때에는 각 사원은 회사를 대표한다. 수인의 업무집행사원을 정한 경우에 각 업무집행사원은 회사를 대표한다. 그러나 정관 또는 총사원의 동의로 업무집행사원중 특히 회사를 대표할 자를 정할 수 있다.

제210조(손해배상책임)
회사를 대표하는 사원이 그 업무집행으로 인하여 타인에게 손해를 가한 때에는 회사는 그 사원과 연대하여 배상할 책임이 있다.

제212조(사원의 책임)
① 회사의 재산으로 회사의 채무를 완제할 수 없는 때에는 각 사원은 연대하여 변제할 책임이 있다.
② 회사재산에 대한 강제집행이 주효하지 못한 때에도 전항과 같다.
③ 전항의 규정은 사원이 회사에 변제의 자력이 있으며 집행이 용이한 것을 증명한 때에는 적용하지 아니한다.

제213조(신입사원의 책임)
회사성립 후에 가입한 사원은 그 가입전에 생긴 회사채무에 대하여 다른 사원과 동일한 책임을 진다.

Ⅰ. 법무법인과 대표변호사의 책임관계

1. 대표변호사의 법적 지위

(1) 법무법인의 구성원 변호사 중에 그 법무법인을 대표하여 업무를 처리하는 자를 대표변호사라고 한다. 법무법인의 대표는 법인의 대표기관인 자연인이 대외적으로 법인의 의

사를 표시하거나 또는 법인에 대한 의사표시를 받는 것으로서, 그 기관의 행위가 법인의 자신의 행위로 인정되고 그 효력 역시 법인에 귀속된다. 이 대표변호사는 정관과 등기사항에 "법무법인을 대표한 구성원의 주소"에 특정된다.

(2) 다만, 변호사 고유의 직무에 관한 사항은 담당변호사가 법무법인을 대표하는 역할을 한다. 담당변호사는 지정된 업무를 수행할 때에 각자가 그 법무법인을 대표한다(변호사법 50⑥). 따라서 담당변호사는 수임사건을 처리할 때 법무법인을 대표하기 때문에 법인의 대표변호사에 해당된다. 소속 변호사도 구성원 변호사와 함께 담당변호사가 되면 그 역시 대표변호사로서의 지위를 갖는다. 법무법인은 다수의 구성원 변호사가 공동으로 법인을 대표할 것을 정할 수 있다(변호사법 58①; 상법 208①). 그 수인의 대표변호사를 공동대표라고 한다. 수임사건의 담당변호사는 대개의 경우 복수의 변호사로 지정되므로 이 경우가 공동대표에 해당된다.

(3) 그런데 법무법인과 연대하여 손해배상책임을 지는 대표변호사는 정관과 등기된 대표변호사만을 지칭하고, 지정된 업무를 수행할 때 각자가 그 법무법인을 대표하는 담당변호사는 이에 해당되지 않는다는 견해도 있을 수 있다. 합명회사 대표에 관한 상법 제207조는 "정관으로 업무집행사원을 정하지 아니한 때에는 각 사원은 회사를 대표한다"고 규정하고 있다. 대표사원과 회사의 연대책임을 규정하는 제210조는 "회사를 대표하는 사원이 그 업무집행으로 인하여 타인에게 손해를 가한 때에는 회사는 그 사원과 연대하여 배상할 책임이 있다"고 하여 '회사를 대표하는 사원'이라고 한다. 따라서 '법무법인을 대표하는 구성원'은 등기된 대표변호사에 한정하지 않고 담당변호사까지 포함된다. 설령 구성원인 담당변호사가 대표변호사에 해당되지 않을지라도, 법무법인의 재산으로 채무를 완제할 수 없는 때에는 모든 구성원 변호사는 연대하여 이를 변제할 책임이 있다. 판례 역시 법무법인의 "대표변호사나 담당변호사"가 법무법인과 연대하여 제3자에 대하여 손해배상책임을 부담한다는 취지로 판결한 바 있다.[1]

2. 법무법인과 대표변호사의 책임의 성격과 성립요건

(1) 책임의 성격(불법행위로 인한 손해배상책임)

1) 변호사법에는 법무법인의 책임에 관한 규정이 없다. 따라서 변호사법에 의하여 준용되는 상법상의 합명회사의 책임관계 규정이 적용된다. 합명회사는 회사와 대표사원과의 책임 및 회사채무에 대한 사원상호 간의 책임으로 구분하고 있다. 따라서 법무법인과 대표변호사의 책임을 규명하기 위해서는 합명회사와 대표사원과의 책임관계를 먼저 검토할 필

1 대법원 2013. 2. 14. 선고 판결 [손해배상].

요가 있다.[2] 회사를 대표하는 사원이 그 업무집행으로 인하여 타인에게 손해를 가한 때에는 회사는 그 사원과 연대하여 배상할 책임이 있다(상법 210).

2) 상법 제210조는 법인의 불법행위능력에 관한 민법 제35조 제1항의 특칙에 해당된다. 민법 제35조는 법인의 불법행위능력에 관하여 정하고 있는데, 이는 법인의 대표자가 그 직무에 관하여 타인에게 손해를 입힌 경우에 법인이 불법행위에 기한 손해배상책임을 진다는 것이다.[3] 따라서 상법 제210조에서 말하는 손해배상책임의 원인은 대표사원의 불법행위로 인한 손해배상책임으로 본다.[4] 판례 역시 같은 입장이다.[5] 타인이 입은 손해를 배상하여야 할 의무는 채무불이행을 이유로 하여서만 발생하는 것은 아니고, 불법행위를 원인으로 하여 발생하기도 한다. 회사가 불법행위능력을 가지는지에 관하여 법인의 본질론과 관련하여 다툼이 있지만, 법인실재설의 입장에서 이 규정 역시 회사의 불법행위능력에 관한 규정으로 본다.[6]

3) 합명회사와 대표사원 간의 상법 제210조의 규정은 '법무법인을 대표하는 변호사는 그 업무집행으로 인하여 타인에게 손해를 가한 때에는 법무법인은 그 대표변호사와 연대하여 배상할 책임이 있다'라고 표현할 수 있다. 따라서 법무법인의 불법행위가 성립하려면 법무법인을 대표하는 변호사가 그 업무집행으로 인하여 타인에게 손해를 입혔어야 한다. 판례도 법무법인의 대표변호사나 담당변호사가 법무법인과 연대하여 제3자에 대해 손해배상책임을 부담하는 것은 대표변호사 등이 그 업무집행 중 불법행위를 한 경우에 한정된다고 판시하고 있다(대법원 2013. 2. 14. 2012다77969).

(2) 법무법인의 불법행위책임의 성립요건

변호사법에 의하여 준용되는 상법 제210조는 법인의 불법행위능력에 관한 민법 제35조 제1항의 특칙에 해당되므로, 민법상 법인의 불법행위책임과 상법상 합명회사의 대표사원의 불법행위책임의 요건을 기초로 하여 법무법인의 불법행위책임의 성립요건을 검토할 필요가 있다.

1) 법무법인의 대표변호사의 불법행위가 있을 것

법무법인의 불법행위책임이 성립하려면 대표변호사가 그 직무에 관하여 불법행위를

2 정형근, "변호사법상 법무법인·법무법인(유한)·법무조합의 책임에 관한 연구", 경희법학(2010. 3), 192면 이하.
3 곽윤직/김재형, 민법총칙[민법강의Ⅰ], 187면; 송덕수, 민법총칙, 636면.
4 이기수/최병규, 회사법[상법강의Ⅱ], 782면; 이철송, 회사법강의, 154면; 임재연, 회사법Ⅱ, 755면.
5 상법 제389조 제3항과 동 제210조에 의하면 회사의 대표이사가 그 업무집행 중 불법행위로 인하여 제3자에게 손해를 가한 때에는 대표이사는 회사와 연대하여 배상할 책임이 있고 그 불법행위는 고의는 물론 과실 있는 때에도 성립된다(대법원 1980. 1. 15. 79다1230).
6 손주찬/정동윤, 주석상법; 회사법(Ⅰ), 209면.

하여야 한다. 대표변호사는 원칙적으로 정관에 법무법인의 대표자로 기재되고 등기된 자를 말한다. 그리고 수임사건의 담당변호사로 법인을 대표하는 변호사도 이에 해당된다. 변호사법 제50조 제6항은 "법무법인의 담당변호사는 지정된 업무를 수행할 때에 각자가 그 법무법인을 대표한다"고 규정하고 있고, 변호사법 제58조 제1항에 의하여 준용되는 상법 제210조는 "회사를 대표하는 사원이 그 업무집행으로 인하여 타인에게 손해를 가한 때에는 회사는 그 사원과 연대하여 배상할 책임이 있다"고 규정하고 있는바, 상법 제210조는 법인의 불법행위능력에 관한 민법 제35조 제1항의 특칙이므로, 법무법인의 대표변호사나 담당변호사가 법무법인과 연대하여 제3자에 대해 손해배상책임을 부담하는 것은 대표변호사 등이 그 업무집행 중 불법행위를 한 경우에 한정된다.[7]

판례는 민법 제35조 제1항에서 정한 '법인의 대표자'에는 당해 법인을 실질적으로 운영하면서 법인을 사실상 대표하여 법인의 사무를 집행하는 사람도 포함된다고 한다(대법원 2011. 4. 28. 2008다15438). 이와 같은 역할을 하는 대표기관의 행위는 법인의 행위로 되어 불법행위책임을 발생시킬 수 있다. 판례처럼 대표변호사의 불법행위에 대하여 대표변호사와 법무법인이 연대책임을 지는 것은 법무법인과 거래한 제3자를 두텁게 보호하고자 하는 정책적인 목적 때문이라는 점을 고려할 때, 사실상의 대표자도 대표변호사에 포함된다고 할 것이다.

대표변호사가 아닌 구성원 변호사가 수임사건의 담당변호사도 아니면서 법인 명의로 차용행위를 하는 등의 불법행위를 저지른 경우는 어떻게 될 것인지 문제된다. 그 구성원 변호사의 행위를 사실상의 법무법인 대표자의 행위로 볼 수 있다면 법무법인과 그 구성원 변호사는 연대책임을 진다고 할 수 있다. 반면, 사실상의 대표자 지위를 인정할 수 없다면 구성원 변호사가 법무법인의 기관이기는 하지만 대표기관은 아니므로 법무법인의 불법행위가 성립되는 것은 아니다.[8] 이 경우 법무법인은 구성원 변호사의 사용자의 지위를 인정하여 민법 제756조 사용자책임을 진다고 보아야 할 것이다.[9]

대표변호사의 불법행위 사례를 판례상 찾기 어려우므로 합명회사의 대표사원(대표이사)

---

7 따라서 원심의 판단과 같이 피고 법무법인 ○○이 원고에 대하여 불법행위로 인한 손해배상책임이 아니라 소송위임계약상의 채무불이행으로 인한 손해배상책임을 부담할 뿐이라면, 그 대표변호사이자 담당변호사인 피고 2에 대하여변호사법 제58조 제1항, 상법 제210조에 기한 연대책임을 물을 수는 없다(대법원 2013. 2. 14. 선고 판결 [손해배상]).

8 민법 제35조 법인의 불법행위에 관한 판례 역시 같은 취지이다. 민법 제35조에서 말하는 '이사 기타 대표자'는 법인의 대표기관을 의미하는 것이고 대표권이 없는 이사는 법인의 기관이기는 하지만 대표기관은 아니기 때문에 그들의 행위로 인하여 법인의 불법행위가 성립하지 않는다(대법원 2005. 12. 23. 선고 2003다30159).

9 법무법인과 구성원 변호사와의 내부관계를 민법상 위임규정을 준용(상법 382조 제2항)하는 주식회사와 이사와의 관계로 볼 수 있다는 견해도 있을 수 있다. 그러나 위임의 경우에도 위임인과 수임인 사이에 지휘·감독관계가 있고 수임인의 불법행위가 외형상 객관적으로 위임인의 사무집행에 관련된 경우 위임인은 수임인의 불법행위에 대하여 사용자책임을 진다(대법원 1998. 4. 28. 96다25500).

의 불법행위 사례를 살펴본다. 대표이사인 피고 김○○가 피고 회사의 임차사무실을 임대인에게 명도, 퇴거하면서 그의 직원을 시켜 이미 양도, 인도되어 원고 소유로 된 본건 물건을 불법 반출시켜 원고의 회수청구를 불능하게 함으로써 원고에게 그 물건의 시가 상당의 손해를 입힌 경우에는 피고 김○○는 회사와 연대하여 위 손해에 대한 배상책임이 있으며, 그 불법행위는 고의가 있는 때에는 물론이고 과실이 있는 때에도 성립된다고 해석된다(대법원 1980. 1. 15. 79다1230).[10]

2) 대표변호사가 그 업무집행으로 인하여 타인에게 손해를 가하였을 것

대표변호사가 그 업무집행으로 인하여 타인에게 손해를 발생시켜야 한다. 여기서 '업무집행으로 인하여'라는 것은 민법 제35조 제1항의 '직무에 관하여'와 같은 뜻이다. 대표변호사의 업무집행은 법률과 정관이 정하는 범위 내에서만 법무법인을 대표한다. 대표변호사의 대표행위는 법률행위에 한하여 인정되는 '대리'와 달리 사실행위나 불법행위에 관하여도 인정된다. 그러므로 업무집행 그 자체는 물론 행위의 외형상 대표사원의 직무에 속하는 행위와 업무집행과 상당한 견련관계에 있어 사회통념상 법인의 목적을 달성하기 위하여 하는 것이라고 인정되는 행위까지를 포함한다.[11]

판례는 회사의 대표이사가 회사의 권리능력 범위 내에서 대표권한을 초과하여 행한 행위의 제3자에 대한 효력 및 대표권의 범위 내에서 개인적인 이익을 위하여 그 권한을 남용한 행위의 효력에 대하여서도 회사의 불법행위책임을 인정하고 있다(대법원 2004. 3. 26. 2003다34045). 아울러 상호신용금고의 대표이사 갑이 공동대표이사 병의 자금조달을 목적으로 위 금고가 을로부터 차용한 것처럼 가장하여 금원을 차용한 경우 위 금고의 을에 대한 손해배상책임을 인정하고 있다(대법원 1990. 3. 23. 89다카555). 위와 같은 판례의 사례를 보면, 행위의 외형상 법인 대표자의 직무행위라고 인정할 수 있는 것이라면 설사 그것이 대표자 개인의 사리를 도모하기 위한 것이었거나 혹은 법령의 규정에 위반된 것이었다 하더라도 직무에 관한 행위에 해당한다고 하여 비교적 넓게 불법행위책임을 인정하고 있다.[12]

3) 일반 불법행위의 요건을 갖출 것

법무법인의 불법행위책임이 성립하려면 민법 제750조가 요구하는 일반 불법행위의 요

---

10 주식회사의 대표이사가 업무집행을 하면서 고의 또는 과실에 의한 위법행위로 타인에게 손해를 가한 경우 주식회사는 상법 제389조 제3항, 제210조에 의하여 제3자에게 손해배상책임을 부담하게 되고, 대표이사도 민법 제750조 또는 상법 제389조 제3항, 제210조에 의하여 주식회사와 연대하여 불법행위책임을 부담하게 된다(대법원 2013. 6. 27. 2011다50165).

11 곽윤직/김재형, 민법총칙[민법강의 I], 188면; 손주찬/정동윤, 주석상법; 회사법(I), 230면; 송덕수, 신민법강의, 434면.

12 이런 논의에 대하여 대표기관이 대표권의 범위를 넘어서서 행위를 한 경우와 대표권의 범위 안에서 한 경우 가운데 어느 하나인지, 아니면 두 경우 모두인지 분명치 않다는 지적이 있다(송덕수, 신민법강의, 435면).

건을 갖추어야 한다. 즉, 대표변호사가 책임능력을 가지고 있을 것, 고의 또는 과실이 있을 것, 가해행위가 위법일 것, 피해자가 손해를 입을 것 등의 요건이 필요하다.

3. 법무법인의 불법행위책임의 효과

(1) 법무법인의 불법행위가 성립하는 경우

법무법인의 불법행위가 성립하는 경우 법무법인은 그 대표변호사와 연대하여 배상할 책임이 있다(변호사법 58①; 상법 210). 기관구성원 개인인 대표변호사에게도 연대책임을 인정하는 근거에 관하여 민법상의 법인본질론에 따라 검토할 필요가 있다.[13] 법인의제설은 대표변호사가 직무집행으로 인하여 타인에게 손해를 가한 경우에 비록 정책적인 특별규정으로 법무법인이 책임을 지게 되더라도, 그것은 어디까지나 대표변호사 자신의 행위이므로 대표변호사는 불법행위로 인한 책임을 면하지 못한다고 한다. 반면, 법인실재설은 법무법인의 불법행위능력이 인정되는 결과 대표변호사의 불법행위는 법무법인의 불법행위가 되고 대표변호사 개인의 책임이 있을 수 없다고 하게 된다.[14] 그러나 피해자를 두텁게 보호하고자 하는 의도하에 기관의 현실적인 행위는 법인의 행위로 되는 측면에서는 법인의 책임이 발생하고, 기관 개인의 행위라는 측면에서는 개인책임이 발생한다고 보는 것이 일반적인 견해이다. 대표변호사로 하여금 법무법인과 연대책임을 지게 하는 것은 법무법인과 거래한 제3자를 두텁게 보호하고자 하는 정책적인 측면과 아울러 법무법인의 대표기관으로서의 주의의무를 다하지 못한 데 대한 책임으로 이해할 수 있다. 그러므로 법무법인의 불법행위책임은 민법상 사용자책임과 달리 법무법인이 대표변호사를 선임·감독에 주의를 다하였음을 이유로 면책되지는 않는다고 할 것이다.

법무법인이 대표변호사의 업무상 불법행위로 타인에게 입힌 손해를 배상하면 대표변호사는 면책된다. 그 때 법무법인은 불법행위자인 대표변호사에게 구상권을 행사할 수 있다(민법 425①). 만약 대표변호사가 손해배상을 한 경우에 법무법인을 상대로 구상권을 행사할 수 있는지 문제되지만, 대표변호사 스스로 행한 불법행위로 인한 불이익은 자신이 지는 것이 타당하다 할 것이므로 부정하는 것이 옳을 것이다.

(2) 법무법인의 불법행위가 성립하지 않은 경우

법무법인 자체에 대하여 불법행위책임을 물을 수 있는 것은, (법무)법인의 대표자가 그 직무에 관하여 타인에 대하여 불법행위를 가한 경우에만 한정된다(대법원 1964. 12. 29. 64다1321). 그런데 대표변호사의 업무상 행위가 직무집행의 범위를 벗어나거나 다른 이유로 법

13 정형근, "법무법인과 그 구성원 변호사의 책임에 관한 연구", 경희법학(2013. 12), 572면.
14 곽윤직 편집대표, 민법주해[Ⅰ], 601면(이주흥 집필부분).

무법인의 불법행위가 성립되지 않은 경우가 있을 수 있다. 이 경우 대표변호사는 민법 제750조에 의하여 타인에게 발생한 손해를 배상할 책임을 진다. 대표변호사와 대표변호사가 아닌 구성원 변호사가 법무법인의 업무와 무관하게 공동으로 불법행위를 저지른 경우에는 민법상 공동불법행위가 성립되므로(민법 760), 대표변호사와 그 구성원 변호사는 연대하여 손해배상책임을 진다고 하여야 한다.

대표변호사는 법무법인의 구성원 변호사이기 때문에 특정 수임사건의 담당변호사가 될 수 있다. 법무법인의 대표변호사가 특정 수임사건의 담당변호사가 되어 소송위임 계약상의 채무불이행으로 인한 손해배상책임을 부담할 뿐이라면, 법무법인의 불법행위가 성립하는 경우에 해당되지 않으므로 그 대표변호사이자 담당변호사는 법무법인과 연대책임을 지는 것은 아니다.

Ⅱ. 법무법인과 구성원 변호사의 책임

1. 구성원 변호사의 법적 지위

구성원 변호사는 법무법인을 조직하고 운영하는 주체로서 법무법인의 주요한 의사결정을 하며 손익의 분배를 받게 된다. 법무법인의 구성원 변호사는 법무법인에의 가입과 탈퇴가 자유롭다. 구성원 변호사는 법무법인 설립 당시의 최소 구성원인 3명 이상의 변호사 중에 참가할 수 있다. 이미 설립된 법무법인의 구성원으로 가입할 수도 있다.

구성원 변호사는 일정한 사유가 발생하게 되면 당연히 법무법인에서 탈퇴하게 된다(변호사법 46②). 이를 법정탈퇴사유라고 말할 수 있는데, 변호사 직무를 수행할 수 없는 물리적·법적 제한에 해당되는 경우이다. 변호사가 사망하거나 변호사 등록이 취소된 경우, 업무정지명령을 받거나 정직 이상의 징계처분을 받은 경우, 정관에 정한 사유가 발생한 경우가 이에 해당된다.

2. 구성원 변호사의 책임

(1) 의 의

1) 회사의 재산으로 회사의 채무를 완제할 수 없는 때에는 각 사원은 연대하여 변제할 책임이 있다(상법 212①). 합명회사의 사원은 변호사법에서의 구성원 변호사를 의미한다. 따라서 이 규정은 '법무법인의 재산으로 법무법인의 채무를 완제할 수 없는 때에는 각 구성원 변호사는 연대하여 변제할 책임이 있다'라고 표현할 수 있다. 합명회사의 사원이 무한책임을 진다는 것은 합명회사의 법률관계가 갖는 모든 특성을 지배하는 본질적 속성이다. 사원

의 책임은 사원이 전 재산에 의하여 회사의 채무를 이행하여야 하는 인적책임이다.[15] 구성원 변호사의 책임이므로 법무법인의 구성원이 아닌 소속 변호사는 책임이 없다.

2) 합명회사는 법인이므로 그와 별개의 인격자인 사원이 대외적인 활동의 결과로 부담하게 된 채무는 회사의 채무이고 사원 개인의 채무는 아니라고 할 수 있다.[16] 그러나 합명회사는 그 실질이 소수의 사원과 소액의 자본으로 조직된 개인 기업적·조합적 성격의 기업이므로[17] 회사채권자 보호를 위해서는 회사신용의 기초를 사원 개인의 신용에 두는 것이 바람직하다. 그리고 회사채무는 실질적으로 사원 모두의 공동채무인 측면도 있다. 그 때문에 사원의 성명·주소가 정관·등기에 의하여 공시되고, 중요사항의 결정에는 총사원의 동의를 요하는 형식으로 각 사원이 거부권을 갖는 것은 무한책임을 지는 데서 비롯된 제도이다. 따라서 사원의 무한책임은 회사의 외부관계에 관한 강행규정으로서 정관의 규정이나 총사원의 동의로서도 제한 또는 면제할 수 없다.[18] 대법원 판결도 이 점을 확인하면서 구성원 변호사 상호간의 무한책임을 인정하고 있다(대법원 2013. 11. 28. 2013다55812). 그러므로 무한책임제도를 변경하기 위해서는 법률의 개정이 필요하다.

(2) 구성원 변호사의 책임요건

구성원 변호사의 책임은 법무법인의 채무의 발생과 동시에 생긴다. 다만, 그 채무의 이행시기는 법무법인의 재산으로 그 채무를 완제할 수 없는 때 또는 법무법인의 재산에 대한 강제집행이 주효하지 않은 때에만 이행하게 되는 제2차적·보충적 책임이라 할 수 있다.

1) 법무법인의 재산으로 채무의 완제불능

법무법인의 재산으로 법무법인의 채무를 완제할 수 없는 때여야 한다. 여기서 '법무법인의 재산으로 법무법인의 채무를 완제할 수 없는 때'라 함은 채무초과, 즉 대차대조표상의 부채의 합계액이 자산의 합계액을 초과하는 경우를 가리킨다. 법무법인이 실제 부담하는 채무 총액과 실제 가치로 평가한 자산 총액을 기준으로 판단하여야 한다. 그러므로 대차대조표 등 재무제표에 기재된 명목상 부채 및 자산 총액을 기준으로 판단할 것은 아니며, 나아가 법무법인의 신용·노력·기능(기술)·장래 수입 등은 원칙적으로 회사의 자산 총액을 산정하면서 고려할 대상이 아니다.[19]

---

15 임재연, 회사법 Ⅱ, 756면.
16 손주찬/정동윤, 주석상법; 회사법(Ⅰ), 233면.
17 이기수/최병규, 「회사법[상법강의Ⅱ]」, 782면.
18 이기수/최병규, 회사법[상법강의Ⅱ], 782면; 이철송, 회사법강의, 166면; 임재연, 회사법 Ⅱ, 756면; 다만, 최기원, 신회사법론, 1032면은 이런 견해에 대하여 의문을 표시하고 있다. 민법 제35조 법인의 불법행위능력에 관한 규정 역시 강행규정이므로 정관으로 그 적용을 배제할 수 없다고 해석된다. 곽윤직 편집대표, 민법주해[Ⅰ], 591면(이주흥 집필부분).
19 대법원 2012. 4. 12. 2010다27847; 합명회사의 재산에 관한 판례이나 법무법인의 재산평가에도 적용될 수 있다.

여기서 법무법인 재산은 법무법인 채권자가 구성원 변호사에 대하여 청구를 할 때에 법무법인에 속하는 강제집행의 목적이 될 수 있는 적극재산의 전부를 가리킨다. 따라서 구성원 변호사에 대한 출자청구권과 잔여재산의 위법분배를 받은 구성원 변호사에 대한 법인의 반환청구권도 포함한다. 또 법무법인 채무는 법무법인의 적극재산으로써 변제하여야 할 모든 채무를 말한다. 여기서 법무법인의 채무는 대표변호사나 대표변호사 아닌 구성원 변호사 및 소속 변호사의 불법행위 또는 수임계약상의 채무불이행으로 인한 채무도 포함된다. 사무직원이 의뢰인의 돈을 횡령하여 발생한 채무도 포함한다.[20] 따라서 채무의 종류와 발생원인은 묻지 아니한다. 공법상의 채무이든[21] 사법상의 채무이든 또 계약이나 부당이득 또는 불법행위에 의하여 발생하였든 이를 묻지 아니한다.[22] 다만, 성질상 대체성이 있는 채무라야 할 것이지만, 대체성이 없는 채무라도 손해배상채무로 변하는 경우라면 구성원 변호사의 책임이 인정된다. 그러므로 법무법인이 채무초과 상태이면 모든 구성원 변호사는 이를 변제할 책임을 진다. 법무법인의 채무가 성립함과 동시에 구성원 변호사의 책임이 성립한다는 점에서 법정담보책임에 해당된다.[23] 법무법인의 채무의 발생에 관하여 구성원 변호사의 귀책사유는 필요로 하지 않는다.

2) 법무법인 재산에 대한 강제집행의 불주효

법무법인의 채권자가 구성원 변호사에 대하여 책임을 묻기 위해서는 법무법인의 재산

---

20 2010년 H법무법인의 사무장으로 근무하던 박모씨가 법인의 계좌로 입금한 의뢰인의 민사사건 합의금 중 1억 5,000여만원을 횡령하였고, 그 의뢰인은 법무법인은 물론 구성원 변호사 6명 전체를 상대로 소송을 제기한 바 있다. 원심은 적법하게 채택한 증거들에 의하여 그 판시와 같은 사실을 인정한 다음, 피고 법인이 원고와 소송위임계약을 체결하여 소송사건을 수행하는 과정에서 피고 법인의 사무장인 Ⅰ이 원고로부터 소송 상대방들에 대한 합의금 명목으로 지급받은 금원 일부를 횡령하는 불법행위를 하였는바, 피고 법인은 Ⅰ의 사용자로서, 피고 법인의 법인등기부상 구성원인 나머지 피고들은 합명회사에 관한 상법 제212조에 의거하여 연대하여 원고에게 Ⅰ이 횡령한 157,650,000원을 배상할 의무가 있고, 또한 피고 법인이 직원인 Ⅰ에 대한 감독의무를 게을리하여 이 사건 소송위임계약에서 정한 선량한 관리자의 주의의무를 다하지 못하였다는 이유로 소송위임계약을 해제한다는 내용의 의사표시가 담긴 이 사건 소장 부본의 송달로써 이 사건 소송위임계약은 적법하게 해제되었으므로, 그에 따른 원상회복의무의 이행으로 피고들은 연대하여 원고에게 원고로부터 지급받은 소송위임보수 22,000,000원을 반환할 의무가 있다고 판단하였다. 관련 법리와 기록에 비추어 살펴보면, 원심의 위와 같은 판단은 정당하고, 거기에 상고이유 주장과 같이 논리와 경험의 법칙을 위반하여 자유심증주의의 한계를 벗어나거나 법리를 오해하는 등의 위법이 없다(대법원 2013. 11. 28. 2013다55812 손해배상).

21 법무법인의 구성원에게 발생하는 세금문제란 주로 법무법인이 체납한 세금을 그 구성원이 제2차 납세의무자로서 책임을 져야 하는가와 관련해 발생한다. 변호사 A는 2007년 4월 대표자인 B의 일부 지분 양수를 원인으로 하여, 법무법인 X의 법인등기부에 구성원으로 등재되었다. 그 후 법무법인 X는 2011년 3월 폐업하였다. 관할세무서는 X법인이 법인세 및 부가가치세를 체납하자, 2011년 8월 변호사 A에 대하여 X법인의 무한책임사원이라는 이유로, 제2차 납세의무자로 지정하고, 가산세를 포함하여 법인세 등을 부과·고지하였다. 변호사 A는 조세심판청구를 제기하였으나 2012년 5월 기각되자 소송을 제기하였다(법률신문 2013. 7. 22.자).

22 손주찬/정동윤, 주석상법; 회사법(Ⅰ), 237면.

23 합명회사는 실질적으로 조합적 공동기업체여서 회사의 채무는 실질적으로 각 사원의 공동채무이므로 합명회사의 사원의 책임은 회사가 채무를 부담하면 법률의 규정에 의하여 당연히 발생한다(대법원 2009. 5. 28. 2006다65903).

에 강제집행을 하여야 한다. 회사의 재산에 대한 강제집행이 주효하지 못한 때에도 각 사원은 연대하여 변제할 책임이 있다(상법 212②). 이 규정 역시 '법무법인의 재산에 대한 강제집행이 주효하지 못한 때에도 각 구성원 변호사는 연대하여 변제할 책임이 있다'라고 표현할 수 있다. 이를 구성원 변호사 책임의 보충성이라 한다. 여기서 '강제집행이 주효하지 못한 때'란 법무법인 채권자가 강제집행을 하였음에도 결국 채권의 만족을 얻지 못한 경우를 뜻한다. 이 경우 반드시 구성원 변호사의 책임의 이행을 구하는 채권자 자신의 강제집행이 주효하지 못한 경우뿐만 아니라 제 3 자의 강제집행이 주효하지 못한 경우도 포함한다.

법무법인의 채권자는 구성원 변호사의 책임요건에 해당하는 '법무법인의 재산으로 법무법인의 채무를 완제할 수 없는 때'를 증명하는 것이 현실적으로 용이하지 않다. 그렇기 때문에 법무법인 재산에 대한 강제집행이 주효하지 못한 때에 해당한다는 객관적 사실을 증명하게 한 후 각 구성원 변호사에게 직접 변제책임을 묻도록 하는 것은 법무법인 채권자를 보다 폭넓게 보호하게 된다. 예컨대 채권자가 법무법인의 재산인 전세금 및 임대차보증금 반환청구권에 대하여 아무런 환가시도도 하지 않은 이상 '강제집행이 주효하지 못한 때'의 요건에 해당될 수 없다는 판례가 있다(대법원 2011. 3. 24. 2010다99453). 이때는 법무법인의 채권자가 구성원 변호사를 상대로 한 채무변제 청구는 기각되게 된다.

구성원 변호사의 책임은 '법무법인의 재산으로 법무법인의 채무를 완제할 수 없는 때' 또는 '법무법인 재산에 대한 강제집행이 주효하지 못한 때'에 비로소 발생하는 것은 아니다. 이는 법무법인의 채권자가 그와 같은 경우에 해당함을 증명하여 법무법인의 구성원 변호사에게 보충적으로 책임의 이행을 청구할 수 있다는 책임이행 요건을 정한 것으로 보아야 한다(대법원 2012. 4. 12. 2010다27847).

구성원 변호사는 법무법인에 변제의 자력이 있으며 집행이 용이한 것을 증명한 때에는 책임이 없다(변호사법 58①; 상법 212③). 그러므로 '회사의 채무를 완제할 수 없는 때' 또는 '강제집행이 주효하지 못한 때'에 대한 입증책임은 구성원 변호사의 연대책임을 주장하는 법무법인의 채권자가 부담한다. 그리고 보충성 적용요건에 대한 입증책임은 구성원 변호사가 진다.

(3) 구성원 변호사의 책임의 내용 및 항변권

1) 구성원 변호사는 법무법인 채권자에 대하여 직접·연대·무한책임을 진다. 여기서 구성원 변호사는 그가 대표변호사이든 아니든 관계없다. 구성원 변호사는 유한책임을 지는 법무법인(유한)이나 법무조합의 구성원 변호사와 달리 법무법인 채무 전액에 대하여 무한책임을 지게 된다. 구성원 변호사는 출자액에 한하지 않고 법무법인의 채무 전액에 대해서 책임진다는 의미에서 무한책임이다. 법무법인의 채권자는 법무법인을 통하지 아니하고 구성원 변호사에게 직접 그의 채권변제를 청구할 수 있다는 점에서 직접책임이라고 한다. 따라

서 직접책임은 자신의 전재산으로 책임을 진다는 의미에서 인적책임과 같다.[24] 그러므로 구성원 변호사가 채무변제의 방법으로 법무법인에 출연한 다음 법무법인으로부터 다시 채권자가 변제받는 것이 아니라 채권자가 법무법인을 거치지 아니하고 구성원 변호사에게 변제를 청구할 수 있다. 그러나 법무법인은 법인이고 그 구성원 변호사와는 법률상 별개의 인격체이므로 법무법인에 대한 집행권원을 가지고 직접 구성원 변호사의 개인재산에 대하여 강제집행을 할 수는 없다.[25] 만약 구성원 변호사에 대하여 강제집행을 하기 위해서는 구성원 변호사에 대한 집행력 있는 채무명의가 별도로 있어야 한다.

2) 구성원 변호사는 다른 구성원 변호사와 연대하여 책임을 진다. 그 점에서 모든 구성원 변호사는 연대채무자이다. 여기서의 '연대'는 구성원 변호사와 법무법인 사이의 연대가 아니라 구성원 변호사 상호 간의 연대이다. 법무법인과 구성원 변호사의 연대책임은 구성원 변호사가 대표변호사의 지위에서 행하는 불법행위로 인한 채무임을 앞에서 보았다. 구성원 변호사 상호 간의 연대는 수인의 보증인간에 보증연대의 약정이 있는 것처럼 연대책임을 진다는 의미이다.

법무법인이 특정 구성원 변호사에 대하여 부담하는 채무에 대하여서도 다른 구성원 변호사가 책임을 져야 하는지 문제된다.[26] 이는 구성원 변호사가 법무법인에 대하여 채권을 갖게 된 원인을 중심으로 판단하여야 할 것으로 보인다. 대표변호사가 특정 구성원 변호사에 대한 불법행위로 법무법인이 특정 구성원 변호사에 대하여 채무를 진 경우, 예컨대 특정 구성원 변호사에게만 이익을 분배하지 않을 때는 그 구성원 변호사는 나머지 구성원 변호사들에게 그 채무의 변제를 구할 수 있을 것이다.

3) 구성원 변호사는 법무법인의 채무에 관하여 변제의 청구를 받은 때에는 법무법인이 주장할 수 있는 항변으로 그 채권자에게 대항할 수 있다(변호사법 58①; 상법 214①). 이를 구성원 변호사 책임의 부종성이라고 한다. 구성원의 책임은 법무법인의 채무에 대하여 부종성을 갖기 때문에 채권자가 법무법인에 대하여 청구하는 것보다 더 유리한 지위에 있어야 할 이유는 없다. 그리고 구성원 변호사가 법무법인의 상계권·취소권·해제권을 행사하면 법무법인에 불이익을 줄 수도 있다. 이런 항변권은 구성원 변호사가 직접 행사할 수는 없고, 그 채권자에 대하여 상계, 취소 또는 해제할 권리가 있음을 이유로 변제를 거부할 수 있을 뿐이다(변호사법 58①; 상법 214②).

---

24 임재연, 회사법 Ⅱ, 756면.

25 손주찬/정동윤, 주석상법; 회사법(Ⅰ), 234면.

26 이에 관하여 상법학자들은 합명회사가 사원에 대해 부담하는 채무에 관하여 다른 사원이 책임지지 않는다는 것이 과거의 다수설이었지만, 사원의 지위와 무관하게 회사가 사원에 대하여 부담하는 채무에 관해서는 채권자인 사원을 포함하여 전 사원이 각자의 손실분담의 비율에 따라 책임을 지게 하는 것이 공평하다는 견해도 있다(이철송, 회사법강의, 167~168면; 최기원, 신회사법론, 1037면).

(4) 구성원 변호사의 책임의 범위와 소멸

1) 구성원 변호사는 법무법인의 채무를 모두 변제할 의무가 있다. 그 채무의 발생 원인이 되는 불법행위에 관여하였든, 담당변호사로서 선관주의의무에 위반하여 야기한 법률과오책임을 발생시켰든 상관없다. 책임의 범위와 관련하여 법무법인이 성립한 후에 가입한 신입 구성원 변호사, 퇴사한 구성원 변호사, 지분을 양도한 구성원 변호사, 자칭 구성원 변호사의 책임이 문제된다. 법무법인 성립 후에 가입한 신입 구성원 변호사 역시 그 가입 전에 생긴 법무법인 채무에 대하여 다른 구성원 변호사와 동일한 책임을 진다(변호사법 58①; 상법 213). 법무법인 설립 후에 가입하는 구성원 변호사라도 기존의 법무법인의 채무에 대하여 변제할 책임을 인정하고 있다.

2) 구성원 변호사가 아닌 자(소속 변호사나 사무직원 등)가 타인에게 자기를 구성원 변호사라고 오인시키는 행위를 하였을 때에는 오인으로 인하여 법무법인과 거래한 자에 대하여 구성원 변호사와 동일한 책임을 진다(변호사법 58①; 상법 215). 외관주의에 따른 금반언의 법리에 기초한 책임이다. 그리고 구성원 변호사가 법무법인에서 매월 일정한 급여를 받으며 공증업무에 전념하고, 실질적으로 법무법인 경영에 관여하지 않았더라도 법인 등기부에 구성원 변호사로 등재되어 있다면 법인의 채무를 변제할 책임이 있다(대법원 2013. 11. 28. 2013다55812). 법무법인의 운영에 관여하지 않았다는 것은 내부적 사정에 불과하기 때문에 그 점을 이유로 채권자에게 대항할 수는 없다는 것이다. 결국 구성원으로 등기된 변호사는 법인에서 실제로 취급한 업무의 내용과 무관하게 대외적인 책임을 면하기 쉽지 않다.

3) 법무법인의 존속 중에 법무법인의 채무가 변제 등으로 소멸하면 그 종속성에 의하여 구성원 변호사의 책임도 소멸한다. 퇴사한 구성원 변호사는 본점소재지에서 퇴사등기를 하기 전에 생긴 법무법인 채무에 대하여는 등기 후 2년 내에는 다른 구성원 변호사와 동일한 책임이 있다(변호사법 58①; 상법 225①). 이 규정은 지분을 양도한 사원에 준용한다. 구성원 변호사의 책임의 소멸시기는 본점소재지에서 해산등기를 한 후 5년을 경과하면 소멸한다(변호사법 58①; 상법 267①). 이들 기간은 모두 제척기간이다. 법무법인의 책임은 법무법인의 채무가 존재하는 한 독립하여 소멸시효에 걸리지 않는다.

3. 구성원 변호사의 책임이행의 효과

(1) 구성원 변호사 중의 1인이 법무법인 채권자에 대하여 법무법인 채무를 변제할 수 있다. 그 결과 법무법인의 채무는 소멸한다. 구성원 변호사 중 일부가 변제를 한 경우에는 민법상 변제자의 대위에 관한 규정(민법 481)에 의하여 채권자를 대위하게 된다. 변제한 구성원 변호사는 법무법인에 대하여 구상권을 취득하고, 다른 구성원 변호사에 대하여는 연

대채무에 관한 규정에 따라 그 부담부분에 대하여 구상권을 취득한다(민법 425①). 여기서 부담부분은 손실분담의 비율에 따르게 된다.

(2) 구상청구를 받은 사원은 회사에 자력이 있음을 이유로 이행을 거부할 수 없다고 보는 것이 다수설이다.[27] 회사의 채무를 변제한 사원이 회사에 변제의 자력이 있음을 항변하지 않은 채 변제하고 구상하는데도 불구하고 사원이 항변할 수 없다면, 변제한 사원이 다른 사원의 이익을 포기할 수 있다는 결론에 도달하기 때문에 반대하는 견해도 있다.[28] 생각건대 구성원 변호사의 책임은 법무법인의 재산으로 채무를 완제할 수 없거나 강제집행이 주효하지 못한 때 이행하여야 할 의무가 발생하는 제 2 차적·보충적 책임이다. 그러므로 다른 구성원 변호사는 법무법인에 자력이 있음을 이유로 구상청구를 거절할 수 있다고 보아야 할 것이다. 따라서 채무를 변제한 구성원 변호사는 법무법인을 상대로 구상권을 행사하여야 한다.

4. 구성원 변호사의 책임완화를 위한 입법론

(1) 구성원 변호사는 법무법인의 채무에 대하여 연대·무한책임을 지는데, 이 책임의 범위를 합리적으로 완화할 필요성이 있다. 먼저, 신입 구성원 변호사의 책임의 범위에 관한 시점을 조정하여야 한다. 법무법인 성립 후에 가입한 구성원인 신입 변호사는 그 가입 전에 생긴 법무법인 채무에 대하여 다른 구성원 변호사와 동일한 책임을 진다(변호사법 58①; 상법 213). 신입변호사가 가입 전의 법무법인 채무에 관하여서까지 책임을 지도록 하는 것은 채권자 보호는 도모할 수 있지만, 자신이 구성원이 되기 전에 발생한 채무까지 책임을 지는 것은 자기책임의 원리에 반한다. 신입변호사는 법인에 가입하기 전에는 그 내부의 채무관계를 알 수 없다. 신입변호사가 가입한 후에야 채무이행의 소가 제기될 수도 있다. 그 때문에 그 변호사는 불측의 손해를 입게 되어 가혹한 결과가 초래될 수 있다. 법무법인 구성원 변호사의 책임 문제는 분사무소에 신입 구성원 변호사로 가입등기를 한 직후에 발생하기도 한 점을 볼 때, 이 조문은 법무법인의 구성원 변호사로 '가입 등기된 날부터 퇴사 등기된 날까지' 발생한 채무로 한정하는 것이 입법론적으로 타당할 것이다.

(2) 둘째로, 합명회사의 무한책임 규정을 준용하는 법무법인 형태로는 법률시장의 개방과 대형화·전문화에 한계가 있으므로 유한책임 제도를 취하고 있는 법무법인(유한)·법무조합의 설립요건을 완화할 필요가 있다. 따라서 기존의 법무법인은 법무법인(유한)·법무조합으로 조직변경을 유도하고, 새롭게 법인을 설립하려는 경우에는 법무법인(유한)·법무조합

27 이기수/최병규, 회사법[상법강의 Ⅱ], 783면; 임재연, 회사법 Ⅱ, 759면; 최기원, 신회사법론, 1038면.
28 이철송, 회사법강의, 156~157면.

형태를 취하도록 하는 것이 타당하겠다. 따라서 ① 현행 법무법인(유한)·법무조합은 7명 이상의 구성원 변호사 중 2명 이상이 통산하여 10년 이상의 법조경력을 설립요건으로 하는데(변호사법 58의6, 58의22) 5명 이상의 구성원 변호사 중 2명 이상이 통산하여 7년 이상으로 완화하는 것과, ② 법무법인(유한)은 자본총액이 5억원 이상이어야 하는데(변호사법 58의7①), 이를 2~3억원 상당으로 완화하여 그 진입장벽을 제거하는 방안을 검토할 필요가 있다. 이렇게 하는 것이 엄격한 법무법인의 책임구조를 다소 완화시키는 효과도 낼 수 있다.

Ⅲ. 법무법인 구성원 변호사에게 합명회사 사원의 무한연대책임 준용 규정 위헌 여부

1. 판시사항

변호사법(2008. 3. 28. 법률 제8991호로 개정된 것) 제58조 제1항 중 법무법인에 관하여 합명회사 사원의 무한연대책임을 정한 상법 제212조, 신입사원에게 동일한 책임을 부과하는 상법 제213조, 퇴사한 사원에게 퇴사등기 후 2년 내에 동일한 책임을 부과하는 상법 제225조 제1항을 준용하는 부분(이하, '심판대상조항'이라 한다)이 청구인들의 재산권을 침해하는지 여부(소극)[29]

2. 결정요지

심판대상조항은 법무법인의 채무에 대하여 구성원 변호사의 가입 시기와 무관하게 무한연대책임을 부과함으로써 변호사가 법무법인 제도를 악용하는 것을 방지하고 법률서비스의 신뢰성과 안정성을 제고하기 위한 조항으로서, 국민의 기본권 보호 및 사회정의 실현이라는 변호사의 사명과 부합하고, 법무법인 채권자의 책임 재산을 증가시켜 입법목적 달성을 위한 적합한 수단이 된다.

또한, 심판대상조항은 법무법인 구성원 변호사에게 법무법인의 재산으로 법무법인의 채무를 완제할 수 없는 경우에 한하여 2차적, 보충적으로 무한연대책임을 부담시킬 뿐이고, 구성원 변호사는 변호사책임보험에 가입하여 책임을 면제 또는 감경받을 수 있으며, 상법상 이의권·감사권을 행사하여 채무발생을 예방할 수도 있으므로, 심판대상조항은 입법목적의 달성에 필요한 정도를 벗어나 과도하게 법무법인 구성원 변호사의 재산권을 제한하고 있지 아니하다.

29 헌재 2016. 11. 24. 2014헌바203·463, 2015헌바305·375, 2016헌바62(병합).

3. 재산권 침해 여부 판단

(1) 입법목적의 정당성

변호사법 제1조 제1항에서는 변호사는 기본적 인권을 옹호하고 사회정의를 실현함을 사명으로 한다고 규정하고 있고, 제2항에서 변호사는 그 사명에 따라 성실히 직무를 수행하고 사회질서 유지와 법률제도 개선에 노력하여야 한다고 규정하고 있다. 이와 같이 변호사제도를 도입하여 법률사무 전반을 변호사에게 독점시키고 그 직무수행을 엄격히 통제하고 있는 것은 전문적인 법률지식과 윤리적 소양을 갖춘 변호사에게 법률사무를 맡김으로써 법률사무에 대한 전문성, 공정성 및 신뢰성을 확보하여 일반 국민의 기본권을 보호하고 사회정의를 실현하려는 데 있는 것이다(헌재 2000. 4. 27.98헌바95등).

심판대상조항은 법무법인의 채무에 대하여 구성원변호사의 가입 시기와 무관하게 무한연대책임을 부과하고, 퇴사 후에도 일정 기간 동안 그 책임을 부담하게 함으로써, 변호사가 법무법인 제도를 악용하는 것을 방지하고, 법률소비자를 보호하며, 법률서비스의 신뢰성과 안정성을 제고하기 위한 조항으로서, 일반 국민의 기본권 보호 및 사회정의 실현이라는 변호사의 사명과 부합하므로 입법목적의 정당성이 인정된다.

(2) 수단의 적합성

심판대상조항으로 인하여 무한연대책임을 부담하게 된 구성원변호사로서는 법무법인 채무의 발생 소지를 줄이기 위하여 정상적으로 법무법인을 운영하고 위임받은 법률사무를 수행하여야 하므로 법무법인 제도의 악용 여지를 줄일 수 있고, 법률소비자인 일반 국민 입장에서는 법무법인의 변호사과오 등으로 입은 손해를 보전할 수 있는 책임 재산이 증가하게 되므로 심판대상조항은 입법목적 달성을 위한 적합한 수단이다.

(3) 침해의 최소성

심판대상조항은 법무법인 구성원변호사에게 무조건 무한연대책임을 부담시키는 조항이 아니라, 법무법인의 재산으로 법무법인의 채무를 완제할 수 없는 경우에 한하여 2차적, 보충적으로 구성원변호사들에게 연대하여 변제할 책임을 부담시킨다. 따라서 청구인들은 법무법인에게 변제의 자력이 있음을 입증하여 이러한 책임에서 벗어날 수 있고, 사전에 변호사책임보험에 가입함으로써 심판대상조항으로 인한 책임을 면제 또는 감경받는 방법을 선택할 수도 있다.

뿐만 아니라, 법무법인에 가입하기 전에 법무법인 채무의 존재를 면밀히 살펴 상법 제213조 신입사원의 책임을 부담하지 아니할 수 있고, 법무법인의 구성원변호사가 된 이후에는 다른 구성원변호사의 행위에 대한 이의권(상법 제200조) 및 감사권(상법 제195조, 민법 제710

조), 대표자의 권한상실선고제도(상법 제205조)를 적절히 행사하여 법무법인 채무의 원인이 될 수 있는 채무불이행이나 불법행위를 예방할 권한이 보장되어 있다.

특히 법무법인을 퇴사한 구성원변호사의 경우, 상법 제225조 제1항은 퇴사등기 전에 당해 법무법인의 구성원변호사로 있던 중 발생한 법무법인의 채무에 대하여, 퇴사등기 후 2년까지만 책임을 묻는 것으로서 그 요건과 범위에 제한이 있다.

이상의 이유로 심판대상조항으로 인한 청구인들의 재산권 제한은 최소화되어 있다. 청구인들이 전제하는 바와 달리, 변호사업무를 반드시 법무법인의 구성원변호사로서만 수행할 수 있는 것도 아니고, 단독 개업을 하거나 변호사단체를 구성하더라도 공동법률사무소나 법무법인(유한)을 설립할 수도 있으며, 법무법인의 소속변호사가 되는 방법도 있다는 점을 고려하면 더욱 그러하다.

(4) 법익의 균형성

심판대상조항으로 인하여 보호하려는 변호사의 공공성, 법률서비스의 안정성 및 사법제도 전반에 대한 국민의 신뢰라는 공익과 법무법인의 구성원변호사가 법무법인의 채무에 대해 보충적인 책임을 지면서 발생하는 재산상의 부담이라는 사익을 비교형량할 때, 결코 그 공익이 사익보다 작다고 할 수 없으므로 법익의 균형성 역시 지켜지고 있다.

(5) 소 결

심판대상조항은 청구인들의 재산권을 침해하지 아니한다.

4. 헌법재판소 결정에 대한 구체적인 검토

(1) 법무법인 제도의 악용을 방지하는 문제

1) 헌법재판소는 심판대상조항은 법무법인의 채무에 대하여 구성원 변호사의 가입 시기와 무관하게 무한연대책임을 부과함으로써 변호사가 법무법인 제도를 악용하는 것을 방지하고 법률서비스의 신뢰성과 안정성을 제고하기 위한 조항이라고 한다.

2) 합명회사는 법률적으로 개인기업과 차이가 있지만, 사원은 회사기업의 소유자인 동시에 기업의 경영자인 점에서 개인기업의 공동경영형태라고 할 수 있다.[30] 인적 결합이 강한 기업형태라서 합명회사는 가까운 친족간이나 친지관계와 같이 밀접한 이해관계자가에 조직되는 것이 보통이다.[31] 합명회사는 회사의 재산보다는 사원의 신용이나 능력이 더 중요한 기업형태이다. 서로 인적 신뢰관계가 있는 소수인이 동업하는데 적합한 기업형태이고

30 정형근, "법무법인 구성원 변호사에게 합명회사 사원의 무한연대책임 준용 사건" 판례평석, 로톡뉴스 2022. 5. 23.자(https://lawtalknews.co.kr/article/QJ9FIE31X9HU).
31 최기원, 신회사법론 제14대정판, 1006면.

대규모 자본조달을 위하여 다수의 출자를 받아야 하는 사업에는 적합하지 않다.[32] 법무법인은 합명회사와 규모면에서는 비슷한 점이 있지만, 직무의 공공성을 강조하면서 변호사가 상인처럼 활동하는 것을 경계하면서도, 다른 한편으로는 다수의 변호사로 조직된 법무법인을 상인으로 활동하는 합명회사 규정을 준용하도록 하는 것은 서로 모순적이다.

3) 헌법재판소는 법무법인의 채무에 대하여 무한연대책임을 부과함으로 법무법인 제도를 악용하는 것을 방지한다고 밝히고 있는데, 3명 구성원으로 법무법인을 설립하도록 요건을 완화하였기에 별산제와 같은 형태로 운영되는 것이 자연스런 현상이 되었다. 이는 법무법인 제도의 형해화 또는 남용이라고 할 수 있지만, 각자의 노력한 대가를 각자가 가져가는 인간의 본성에 부합되는 법률사무소 운영형태라고 할 수 있다. 그런데 이런 법무법인에 무한연대책임을 부과하면 그 구성원들이 법률서비스를 제공할 때 보다 세심한 주의를 기울일 것으로 예상된다. 그렇기에 법무법인을 설립하여 책임공동체 의식이 없이 운영하는 것은 각별하게 조심해야 한다는 점을 헌법재판소는 지적하고 있는 것으로 보인다. 아무리 주의를 다하여도 구성원 중 누군가가 실수를 할 수 있는 인간의 연약함 때문에 법무법인 제도는 불안할 법률사무소일 수밖에 없다. 아무튼 헌법재판소는 법무법인이 무한연대책임을 지는 구조를 위헌이라고 선언하지 않고, 법 제도를 그대로 인정하면서 변호사들에게 법무법인 설립과 가입 및 운영에 주의하라고 충고하고 있다.

(2) 구성원 변호사의 책임이 2차적, 보충적인 무한연대책임이라는 문제

1) 헌법재판소는 심판대상조항이 법무법인 구성원 변호사에게 법무법인의 재산으로 법무법인의 채무를 완제할 수 없는 경우에 한하여 2차적, 보충적으로 무한연대책임을 부담시킬 뿐이라고 한다. 그러나 소수의 변호사로 운영되는 법무법인에 저축해둔 특별한 재산이 있기 어렵다. 설령 어떤 재산이 회계상으로 존재할지라도 실제로는 무한연대책임을 면할 액수가 된다고 예상할 수 없다. 그 때문에 구성원 변호사의 책임이 2차적, 보충적이라고 보는 것은 관념상, 이론상으로 상정해 볼 수 있을 뿐 현실과는 거리가 있는 진단이다.

2) 헌법재판소는 또한 법무법인에 가입하기 전에 법무법인 채무의 존재를 면밀히 살펴 상법 제213조 신입사원의 책임을 부담하지 아니할 수 있고, 법무법인의 구성원변호사가 된 이후에는 다른 구성원변호사의 행위에 대한 이의권(상법 제200조) 및 감사권(상법 제195조, 민법 제710조), 대표자의 권한상실선고제도(상법 제205조)를 적절히 행사하여 법무법인 채무의 원인이 될 수 있는 채무불이행이나 불법행위를 예방할 권한이 보장되어 있다고 한다.

3) 변호사책임보험에 가입하면 책임을 면제나 감경받을 여지는 있다. 그러나 채무발생을 예방할 수 있을 것이라는 상법상 제도는 현실적으로 별로 도움이 될 수 없는 방안이다.

---

32 김건식·노혁준·천경훈, 회사법(제6판), 891면.

그리고 신입구성원 변호사의 책임에 대해서 법무법인에 가입하기 전에 법무법인 채무의 존재를 면밀히 살펴 상법 제213조 신입사원의 책임을 부담하지 아니할 수 있다고 하지만, 법무법인의 채무의 존재는 언제 드러날지 알 수 없는 특징이 있다. 신입구성원이 법인에 등기된 후에 비로소 채무의 존재가 드러날 수도 있다. 법무법인의 채무의 존재 여부는 기존에 가입해 있는 구성원이든 신규로 가입하는 변호사든 잘 알 수 없는 영역이다. 신입구성원의 책임이 저렇게 엄중함에도 헌법재판소의 판시 내용은 너무도 사안을 가볍게 처리한 것 같아 아쉽다. 누구나 자신의 잘못이 없이 책임을 부담하는 것은 자기책임의 원리에 맞지 않는다.

4) 합명회사의 규정을 준용하도록 하는 변호사법의 태도는 현실을 반영하지 못하는 것으로 신속하게 법무법인(유한)과 같이 담당변호사와 법인이 연대하여 책임을 지도록 하는 것으로 변경되어야 한다. 법률사무소의 대부분을 차지하는 법무법인의 구성원에 대하여 무한연대책임을 부과하는 것은 사건수임의 어려움보다 더 불안한 요소로 작용하고 있다.

Ⅳ. 법무법인과 구성원 변호사의 책임에 관한 판결의 검토

1. 사실관계

피고 법무법인 ○○은 주식회사 ○○○제약(나중에 원고에 흡수합병)과 사이에 대법원 2009다65973 사건에 관하여 소송위임계약을 체결하고 그 대표변호사인 피고 2를 담당변호사 중 1인으로 지정하였는데, 상고이유서 제출기간이 도과하도록 상고이유서를 제출하지 아니하여 위 사건의 상고가 기각되자 원고는 피고 법무법인 ○○과 담당변호사를 상대로 손해배상청구를 하였다.

2. 원심판결(서울고등법원 2012. 7. 13. 2011나81482)

피고 법무법인은 늦어도 2009. 8. 10.경에는 ○○○제약의 상고심 소송대리인으로 선임되고 피고 김○○은 이 사건 담당변호사로 지정되었음에도, 특별한 이유 없이 상고이유서 제출기간인 2009. 9. 17.까지 상고이유서를 제출하지 아니하였고, 그로 인하여 ○○○제약의 상고가 기각되었다고 판단된다. 결국 피고들은 위 소송위임계약에 따른 선량한 관리자로서의 주의의무를 다하지 아니한 채무불이행이 있었고, 이로 인하여 ○○○제약은 상고심의 실질적인 심판을 받지 못하는 불이익을 입었다. 따라서 피고 법무법인은 소송대리인으로, 피고 김○○은 피고 법무법인의 대표변호사이자 이 사건 담당변호사로서 연대하여 위 채무불이행으로 인하여 원고가 입은 손해를 배상할 책임이 있다(변호사법 제50조 제6항, 제58조

제 1 항; 상법 제210조 참조).

3. 대법원판결(대법원 2013. 2. 14. 2012다77969)

변호사법 제50조 제 6 항은 “법무법인의 담당변호사는 지정된 업무를 수행할 때에 각자가 그 법무법인을 대표한다”고 규정하고 있고, 변호사법 제58조 제 1 항에 의하여 준용되는 상법 제210조는 “회사를 대표하는 사원이 그 업무집행으로 인하여 타인에게 손해를 가한 때에는 회사는 그 사원과 연대하여 배상할 책임이 있다”고 규정하고 있는바, 상법 제210조는 법인의 불법행위능력에 관한 민법 제35조 제 1 항의 특칙이므로, 법무법인의 대표변호사나 담당변호사가 법무법인과 연대하여 제 3 자에 대해 손해배상책임을 부담하는 것은 대표변호사 등이 그 업무집행 중 불법행위를 한 경우에 한정된다.

따라서 원심의 판단과 같이 피고 법무법인 ○○이 원고에 대하여 불법행위로 인한 손해배상책임이 아니라 소송위임계약상의 채무불이행으로 인한 손해배상책임을 부담할 뿐이라면, 그 대표변호사이자 담당변호사인 피고 2에 대하여 변호사법 제58조 제 1 항, 상법 제210조에 기한 연대책임을 물을 수는 없다.

그런데도 원심은, 피고 2에 대하여 피고 법무법인 ○○과 연대하여 원고에게 채무불이행으로 인한 손해를 배상하도록 명하고 말았으니, 이러한 원심판결에는 상법 제210조의 손해배상책임에 관한 법리를 오해하여 판결 결과에 영향을 미친 위법이 있다. 이 점을 지적하는 상고이유의 주장은 이유 있다.

4. 원심판결의 문제점(채무불이행으로 인한 손해배상책임 법리의 오인)

(1) 원고는 피고 법무법인 및 담당변호사와 사이에 상고심 소송에 관한 소송위임계약을 체결하였음에도 피고들은 상고이유서를 제출기간 내에 제대로 제출하지 아니하는 등 소송대리인으로서 선관주의의무를 위반하였으므로, 피고들은 각자 원고에게 항소심 판결에 따라 원고가 추가로 입게 된 재산상 손해 929,145,000원 중 일부인 1억원과 정신적 손해에 대한 위자료 1억원 등 합계 2억원 및 이에 대한 지연손해금을 지급할 의무가 있다고 주장하였다.[33]

(2) 이에 대하여 원심판결은 피고들이 소송위임계약에 따른 선량한 관리자로서의 주의의무를 다하지 아니한 채무불이행이 있었고, 그로 인하여 원고는 상고심의 실질적인 심판을 받지 못하는 불이익을 입었다는 점을 인정하고 변호사법 제58조 제 1 항에 의하여 준용

---

33 원심판결이 기재한 원고의 청구형식을 보면, 피고들은 ‘각자’ 손해배상책임이 있다는 취지의 청구를 한 것으로 보인다. 여기서 ‘각자’라는 문구는 불가분채무나 부진정연대채무 및 주채무자와 단순보증인 사이의 채무와 같이 수인이 각자 전액의 책임을 지는 경우에 사용한다.

되는 상법 제210조를 적용하여 법무법인과 담당변호사는 연대하여 손해배상을 하여야 한다고 판결하였다.

(3) 원고는 변호사가 수임계약상의 선관주의의무를 위반한 결과 발생한 손해배상을 청구하기 위한 권원으로 채무불이행 또는 불법행위를 주장할 수 있다. 그러나 법무법인과 그 구성원 변호사를 상대로 손해배상을 청구하는 경우에는 그 청구권원의 주장에 주의할 필요가 있다. 법무법인과 대표변호사를 상대로 연대책임을 묻기 위해서는 불법행위를 원인으로 손해배상을 청구하여야 한다. 변호사법에 의하여 준용되는 상법상 합명회사는 대표사원의 채무불이행이 있을 때는 회사와의 연대책임을 인정하지 않기 때문이다.

(4) 그런데 원심판결은 법무법인의 대표변호사가 담당변호사가 되어 수임계약상의 채무불이행을 한 경우에도 법무법인과 담당변호사의 '연대책임'을 인정한 잘못이 있다. 원심의 청구취지를 보면 원고는 법무법인과 담당변호사였던 대표변호사와의 (부진정)연대책임을 구하는 것으로 보인다. 그 때문에 원심판결은 원고가 상법 제210조에 근거하여 법무법인과 담당변호사였던 대표변호사와의 연대책임 주장을 그대로 인용한 것으로 보인다. 원심판결이 법무법인과 대표변호사의 연대책임을 채무불이행에도 불구하고 인정한 것은 손해배상책임의 법리오해에 해당되지만, 소송대리인인 법무법인의 책임을 인정한 점은 타당하다. 원심판결의 이와 같은 법리오해는 법무법인의 책임관계가 그 동안 문제된 사례가 많지 않았고, 이 점에 관한 검토가 충분치 않은 사정도 있어 보인다.

5. 대법원판결의 의의(법무법인의 불법행위책임 주체의 확인)

(1) 대법원은 수임계약상의 채무불이행으로 손해를 입힌 경우에도 법무법인과 대표변호사의 연대책임을 인정한 원심판결은 상법 제210조의 손해배상책임에 관한 법리를 오해하였다고 판시하였다. 상법 제210조는 법인의 불법행위능력에 관한 민법 제35조 제1항의 특칙이므로, 법무법인의 대표변호사가 법무법인과 연대하여 제3자에 대해 손해배상책임을 부담하는 것은 대표변호사가 그 업무집행 중 불법행위를 한 경우에 한정된다고 해야 한다.

(2) 대법원은 불법행위의 주체를 대표변호사뿐만 아니라 담당변호사까지 확대하고 있다. 법무법인이 변호사 (고유의) 업무를 할 때에는 그 직무를 수행할 수 있는 변호사 중에서 업무를 담당할 자를 지정하여야 한다(변호사법 50②). 이렇게 특정업무 담당자로 지정된 자가 담당변호사이다. 변호사법 제50조에서 말하는 담당변호사의 '업무'는 변호사법 제49조 제1항이 명시하고 있는 '변호사법과 다른 법률에 따른 변호사의 직무에 속하는 업무'를 말한다. 법무법인의 담당변호사는 지정된 업무를 수행할 때에 각자가 그 법무법인을 대표한다(변호사법 50⑥). 여기서 담당변호사가 '법무법인을 대표한다'는 것은 그 수임사건의 처리에서

담당변호사가 법무법인의 대표변호사의 지위에 있다는 것을 말한다.

(3) 따라서 대법원판결은 법무법인의 책임 중 불법행위책임의 주체로 등기된 대표변호사뿐만 아니라 법무법인을 대표하는 담당변호사도 이에 해당됨을 명확히 하였다는 데 그 의의가 크다. 그리고 법무법인의 과오로 인하여 손해를 입은 의뢰인은 손해배상청구를 함에 있어서 청구권원을 불법행위로 하여야만 법무법인과 등기된 대표변호사 또는 담당변호사의 연대책임을 구할 수 있다는 점을 명시하였다.

6. 소 결

(1) 원고는 피고 법무법인과 담당변호사를 상대로 수임계약상의 채무불이행을 원인으로 하는 손해배상청구의 소를 제기하면서 상법 제210조를 근거로 한 것으로 보인다. 상법 제210조는 불법행위로 발생한 채무를 배상하는 규정이다. 그렇다면 원고는 담당변호사가 수임사건의 상고이유서 제출기간을 도과하는 과실로 인한 불법행위로 손해를 입었으므로 법무법인과 담당변호사는 연대하여 손해배상책임이 있다고 주장하였어야 한다. 그러면 대법원은 담당변호사의 불법행위가 있을 때도 상법 제210조가 적용된다고 해석하고 있기 때문에 그 청구가 인용되었을 가능성이 크다. 그런데 원고는 채무불이행에 의한 손해배상을 청구함으로써 담당변호사는 연대책임이 없다는 취지의 일부 패소판결을 받았다. 따라서 환송심에서 원고는 손해배상의 청구권원을 채무불이행뿐만 아니라 불법행위에도 해당됨을 주장할 필요가 있다.

(2) 변호사법에 의하여 준용되는 상법 제212조는 회사에 발생한 채무는 사원들이 연대하여 변제할 책임을 인정하고 있다. 따라서 법무법인의 채무가 발생하면 모든 구성원 변호사는 연대하여 그 채무를 변제할 책임이 있다. 원고는 법무법인의 수임계약상 의무위반으로 손해를 입었으므로 이 규정을 근거로 하여 법무법인의 구성원 변호사 전체를 상대로 손해배상을 청구할 수 있다. 이 때 원고는 수임인의 지위에 있는 법무법인에 대하여는 손해배상액 전부를 청구하고, 구성원 변호사들에게는 법무법인을 상대로 청구하는 같은 금액을 상호 연대하여 지급하라는 형식을 취하게 될 것이다. 아무튼 원고는 법무법인과 그 담당변호사의 과실로 입은 손해를 배상받기 위하여 제소한 재판에서 그 손해배상청구 사건을 수행한 법무법인과 담당변호사의 과실로 일부 패소판결을 받게 되는 불운을 다시 겪은 것으로 보인다.

제 5 장의2

법무법인(유한)

제58조의2 설 립

> 제58조의2(설립)
> 변호사는 그 직무를 조직적·전문적으로 수행하기 위하여 법무법인(유한)을 설립할 수 있다.

Ⅰ. 연 혁

2005. 1. 27. 개정된 변호사법[시행 2005. 7. 28.]은 법률서비스시장의 개방에 대비하여 공동법률사무소의 국제경쟁력을 강화하고 전문적 법률서비스를 제공하기 위하여, 대형화에 제약이 있었던 법무법인 외에 법무법인(유한)과 법무조합 제도를 새롭게 도입함으로써 법률사무소의 대형화, 전문화를 유도하고자 했다.

Ⅱ. 법무법인(유한)의 설립 목적

1. 법무법인(유한) 설립 주체

(1) 변호사는 그 직무를 조직적·전문적으로 수행하기 위하여 법무법인(유한)을 설립할 수 있다. 법무법인(유한)은 법인격이 부여된 변호사 법률사무소로 상법의 유한회사를 기본구조로 하고 있다. 합명회사의 구조를 준용하고 있는 법무법인과 구별된다. 법무법인(유한)의 설립주체는 자격등록을 하고 개업한 변호사이다. 법무법인(유한)은 7명 이상의 변호사로 구성된다(변호사법 58의6①). 법무법인이나 법무조합에 소속되어 있는 변호사는 법무법인(유한)을 설립할 수 없다. 또한 합동법률사무소나 단독 개업 중인 변호사가 그 사무소를 유지하면서 별도로 법무법인(유한)을 설립할 수 없다.

(2) 일본 변호사법은 '변호사법인의 사원은 다른 변호사법인의 사원이 될 수 없다'(제30

조의19 제 1 항)고 한다. 구성원 변호사가 법무법인(유한)이나 다른 법률사무소에 동시에 소속되어 있다면 두 사무소 사이에 발생하는 이익충돌 문제를 적절히 처리하기 어렵고, 두 사무소의 구성원을 겸직한 변호사는 분산되지 않는 충실의무와 직무전념의무를 다할 수 없으며, 복수 법률사무소의 설치를 금지한 변호사법을 위반하는 문제점도 있기에 이를 금지하고 있다.

2. 변호사 직무의 조직적·전문적 수행

법무법인(유한)은 그 직무를 조직적·전문적으로 수행하기 위하여 설립할 수 있다. 여기서 '그 직무'는 법무법인과 법무조합의 직무와 동일하게 변호사의 직무를 말한다(변호사법 58의16, 49). 법무법인의 업무에 관한 변호사법 제49조의 규정을 법무법인(유한)과 법무조합도 준용하고 있기 때문이다. 법무법인(유한)의 설립목적은 직무의 조직적·전문적 수행에 있다. 법무법인과 법무조합의 신설이유와 같다. 그러므로 법무법인(유한)은 다수의 구성원 변호사가 위임의 본지에 따라 그 직무를 체계적으로 수행하는 조직을 갖춰야 한다. 특정사건의 담당변호사를 지휘·감독하는 변호사를 두고 그 책임도 부담시키는 것은 직무의 조직적 수행의 표현이다. 또한 법무법인(유한)은 일반사건은 물론 특수한 전문영역의 사건도 처리할 수 있는 탁월한 직무수행능력을 구비해야 하는 전문성을 구비해야 한다.

3. 법무법인(유한) 설립

법무법인(유한)은 법무부장관의 인가를 받아 설립한다. 법무법인(유한)의 설립은 7명 이상의 구성원 변호사가 있어야 하고 5억원 이상의 자본금이 있어야 한다는 점에서 법무법인의 설립보다 까다롭다. 특히 변호사의 수임사건과 관련된 손해배상책임에 관한 명문의 규정을 두어 담당변호사의 자기책임의 원리를 관철하고 있다. 바로 이 점이 법무법인(유한)의 고유한 장점이다. 유한책임을 인정함에 따라 자본총액을 요구하고 손해배상 준비금 등을 강제하고 있다. 법무법인(유한)은 현행 변호사법에서 가장 조직적이며, 전문적인 법률사무소라 할 수 있다. 이 제도를 신설한 취지대로 법률시장이 완전 개방되었을 때 한국의 법률시장을 지킬 수 있는 역할을 할 수 있을 것으로 기대된다. 외국법자문사법이 외국법자문사의 활동 영역을 제한하고 있기 때문에 외국 로펌이 국내에서 활발하게 활동하지 못하는 실정이다. 현재 우리나라 법률사무소의 대부분을 차지하는 법무법인이 법무법인(유한)으로 조직변경을 하여 유한책임의 원리를 적용받는 것이 바람직하다. 그렇지만 5억원의 자본금 마련이 설립에 장애요소가 되고 있다.

제58조의3 설립 절차

> **제58조의3(설립 절차)**
> 법무법인(유한)을 설립하려면 구성원이 될 변호사가 정관을 작성하여 주사무소 소재지의 지방변호사회와 대한변호사협회를 거쳐 법무부장관의 인가를 받아야 한다. 정관을 변경할 때에도 또한 같다.

Ⅰ. 연 혁

2005. 1. 27. 개정된 변호사법[시행 2005. 7. 28.]에서 법무법인(유한)을 신설하면서 그 설립 절차를 규정했다. 즉, 법무법인(유한)을 설립하고자 할 때에는 구성원이 될 변호사가 정관을 작성하여 주사무소 소재지의 지방변호사회 및 대한변호사협회를 거쳐 법무부장관의 인가를 받아야 한다. 정관을 변경할 때에도 또한 같다(제58조의3).

Ⅱ. 법무법인(유한)의 설립 절차

1. 법무법인(유한)의 정관 작성

법무법인(유한)을 설립하려면 구성원이 될 변호사가 정관을 작성하여 주사무소 소재지의 지방변호사회와 대한변호사협회를 거쳐 법무부장관의 인가를 받아야 한다. 법무법인(유한)의 설립주체는 구성원이 될 변호사이다. 법무법인(유한)의 구성원은 7명 이상의 변호사로 구성하며, 그중 2명 이상이 통산하여 10년 이상 「법원조직법」 제42조 제1항 각 호의 어느 하나에 해당하는 직에 있었던 자이어야 한다(변호사법 58의6①). 구성원 변호사의 요건은 정관 작성시에 충족되어야 한다. 구성원 변호사가 장차 설립될 법인의 기본구조를 결정하고 이를 서면화한 것이 정관작성이다. 법무법인(유한)의 의사결정 방식은 장차 설립되는 '구성원회의에 관한 사항'에서 정할 수 있지만(변호사법 58의4(5)), 정관작성은 구성원의 전원일치의 결의로 해야 할 것이다.

2. 법무부장관의 인가

(1) 법무법인(유한)의 인가신청

법무법인(유한)의 구성원이 될 변호사는 정관을 작성한 후 법무부장관의 인가를 받아야 한다. 인가신청 절차는 인가신청서류를 작성하여 주사무소 소재지의 지방변호사회와 대한변호사협회를 거쳐 법무부장관에게 제출해야 한다. 구체적인 설립신청절차는 법무법인과 동일하다(변호사법 시행령 13의5). 법무법인(유한)의 설립인가를 받으려면 설립인가 신청서에 ① 정관, ② 구성원회의 회의록을 첨부하여 주사무소 소재지의 지방변호사회 및 대한변호사협회를 거쳐 법무부장관에게 제출하여야 한다(변호사법 시행령 13의5, 9①). 법무법인(유한)은 주사무소 외에 분사무소도 둘 수 있지만(변호사법 58의16, 48①), 설립인가 신청은 주사무소의 소재지의 지방변호사회에 신청한다. 신청서를 받은 지방변호사회는 지체 없이 대한변호사협회에 진달(進達)해야 한다. 대한변호사협회는 그 신청이 설립인가기준에 합당하다고 인정할 때에는 의견을 첨부하여 그 인가신청서류를 법무부장관에게 제출하여야 한다(법무법인및법무법인(유한)의설립등에관한규칙 3①). 신청이 설립인가기준에 흠결이 있어 합당하지 않더라도 신청인에게 반려할 수는 없다. 인가신청이 부적당하는 취지의 의견을 첨부하여 법무부장관에게 제출해야 한다(위 규칙 3③).

(2) 법무부장관의 인가결정

법무부장관은 법무법인(유한) 설립인가 신청서류의 기재사항에 흠결이 있거나 첨부서류가 미비되어 있으면 신청인에게 보완을 요구할 수 있으며(변호사법 시행령 13의5, 9②), 설립인가 신청서류를 심사할 때에 필요하다고 인정하면 사실 및 증거 조사를 하거나 신청인에게 관련 자료 제출을 요구할 수 있다(변호사법 시행령 13의5, 9③). 인가요건을 충족시키지 못하면 법무부장관은 인가신청을 거부(반려)할 수 있으며, 신청인은 그 처분에 불복하여 행정쟁송을 제기할 수 있다.

법무부장관은 법무법인(유한) 설립인가를 할 때에는 법무법인(유한) 인가대장에 ① 인가번호 및 인가연월일, ② 법무법인(유한)의 명칭, ③ 주사무소 및 분사무소의 소재지, ④ 구성원의 성명 및 주소, ⑤ 그 밖에 필요한 사항을 적고, 법무법인(유한) 설립인가증을 신청인에게 발급하여야 한다(변호사법 시행령 13의5, 9④). 법무부장관은 신청인에게 법무법인(유한) 설립인가증을 발급하면 대한변호사협회에 통지하여야 한다. 다만, 「공증인법」 제15조의2에 따라 공증인가를 받은 법무법인(유한)에 대하여는 소속 지방검찰청 검사장에게도 통지하여야 한다(변호사법 시행령 13의5, 9⑤).

Ⅲ. 정관의 변경

1. 정관의 기재사항의 변경

법무법인(유한)을 설립할 때 작성했던 정관의 기재사항에 변경이 발생한 경우에 정관을 변경하게 된다. 정관의 변경은 법무법인(유한)이 활발히 존속하고 있다는 증거이기도 하다. 예컨대 법무법인(유한)의 구성원가입을 이유로 정관을 변경하는 경우에는 ① 정관변경이유서 1부, ② 정관변경안 1부, ③ 정관변경에 관한 구성원 회의록 1부, ④ 신·구조문대비표 1부, ⑤ 최종 정관변경안 1부, ⑥ 가입하는 구성원에 대한 제3조 제3호 내지 제6호의 서류 각 1부의 서류를 첨부하여 주사무소 소재지의 지방변호사회 및 대한변호사협회를 거쳐 법무부장관에게 제출하여야 한다(공증인 임명, 법무법인 등의 설립, 정관변경 및 공증사무소 설치 등 인가 신청서류 기준 6④·①). 그리고 법무법인(유한)의 구성원탈퇴를 이유로 정관을 변경하고자 하는 경우에는 ① 제6조 제1항 제1호 내지 제5호의 서류 각 1부, ② 구성원 탈퇴원 1부, ③ 출자환급증명서 1부의 서류를 첨부하여 주사무소 소재지의 지방변호사회 및 대한변호사협회를 거쳐 법무부장관에게 제출하여야 한다.

2. 정관변경의 절차와 한계

정관변경 절차는 법무법인(유한) 설립절차와 같다(변호사법 58의3 후단). 정관변경은 구성원 변호사의 의견으로 변경되는 경우(목적, 명칭의 변경 등)와 정관의 기재사항의 변경으로 인한 변경이 있다(구성원 변호사의 탈퇴와 신규가입 등). 정관변경의 방법에 대하여는 변호사법에 규정이 없으므로 상법을 준용할 수 있다. 정관을 변경함에는 구성원 회의의 결의가 있어야 한다(변호사법 58의17①; 상법 584). 이 결의는 총 구성원의 반수 이상이며 총 구성원의 의결권의 4분의 3 이상을 가지는 자의 동의로 한다(변호사법 58의17①; 상법 585①).

정관변경은 소속 지방변호사회와 대한변호사협회를 거쳐 법무부장관의 인가를 받아야 한다. 정관의 기재사항의 변경이 있으면 반드시 변경절차를 밟아야 한다. 사단법인과 재단법인의 정관의 변경은 주무관청의 허가를 얻지 아니하면 그 효력이 없듯이(민법 42②, 45③), 법무법인(유한)의 정관의 변경도 법무부장관의 인가를 얻지 아니하면 효력이 없다.

제58조의4 정관의 기재 사항

제58조의4(정관의 기재 사항)
법무법인(유한)의 정관에는 다음 각 호의 사항이 포함되어야 한다.
1. 목적, 명칭, 주사무소 및 분사무소의 소재지
2. 구성원의 성명·주민등록번호 및 법무법인(유한)을 대표할 구성원의 주소
3. 자본의 총액과 각 구성원의 출자좌수
4. 구성원의 가입·탈퇴와 그 밖의 변경에 관한 사항
5. 구성원 회의에 관한 사항
6. 법무법인(유한)의 대표에 관한 사항
7. 자산과 회계에 관한 사항
8. 존립 기간이나 해산 사유를 정한 경우에는 그 기간 또는 사유

I. 연 혁

(1) 2005. 1. 27. 개정된 변호사법[시행 2005. 7. 28.]은 법무법인(유한)을 신설하면서 정관의 기재사항도 특정하였다. 즉, 법무법인(유한)의 정관에는 다음 각호[1]의 사항을 기재하여야 한다(제58조의4).

(2) 2008. 3. 28. 개정된 변호사법은 위 '기재하여야 한다'를 '포함되어야 한다'는 등으로

1 1. 목적·명칭·주사무소 및 분사무소의 소재지
2. 구성원의 성명·주민등록번호 및 법무법인(유한)을 대표할 구성원의 주소
3. 자본의 총액과 각 구성원의 출자 좌수
4. 구성원의 가입·탈퇴 그 밖의 변경에 관한 사항
5. 구성원회의에 관한 사항
6. 법무법인(유한)의 대표에 관한 사항
7. 자산 및 회계에 관한 사항
8. 존립기간 또는 해산사유를 정한 때에는 그 기간 또는 사유

자구수정을 하였다. 정관에는 절대적 기재사항과 상대적(임의적) 기재사항으로 분류할 수 있는데, 변호사법은 정관에 절대적 기재사항이 포함되어야 할 것을 요구하고 있다.

Ⅱ. 법무법인(유한) 정관의 기재사항

법무법인(유한)의 정관에는 다음 각 호의 사항이 포함되어야 한다. 법무법인(유한)의 정관은 구성원 변호사들이 필요한 사항을 정할 수 있다. 변호사법은 정관에 필수적으로 포함되어야 할 사항을 정하고 있다. 법무법인 정관의 내용과 대부분 같지만, 법무법인(유한)은 자본 총액을 설립요건으로 하고 있는 점에 차이가 있다. 법무법인은 '출자(出資)의 종류와 그 가액(價額) 또는 평가의 기준(변호사법 42(3))'을 포함시키도록 하고 있는 데 반하여, 법무법인(유한)은 '자본의 총액과 각 구성원의 출자 좌수(제 3 호)'를 정하도록 하고 있다.

1. 목적, 명칭, 주사무소 및 분사무소(分事務所)의 소재지(제 1 호)

(1) 목 적

법무법인(유한)은 변호사의 직무(변호사법 3)와 법무법인(유한)의 업무(변호사법 58의16, 49)의 범위 내에서 그 목적을 정할 수 있다.[2]

(2) 명 칭

'이 법인은 법무법인(유한) ○○○이라 한다'라고 그 법무법인(유한)의 고유한 이름을 특정 한다. 명칭의 선택은 자유이다. 다만, 그 명칭 중에 법무법인(유한)이라는 문자를 사용하여야 한다(변호사법 58의16, 44①). 법무법인(유한)이 상인이 아니라는 의미에서 '상호'가 아닌 '명칭'이라는 용어를 사용하고 있다.

(3) 주사무소 및 분사무소(分事務所)의 소재지

법무법인(유한)의 주사무소는 소속 지방변호사회의 지역에 두어야 한다. 법무법인(유한)은 분사무소를 둘 수 있다(변호사법 58의16, 48①). 분사무소는 시·군·구(자치구를 말한다) 관할 구역마다 1개를 둘 수 있다(변호사법 시행령 13의5, 12③). 분사무소에는 법무법인(유한)의 분사무소임을 표시하여야 한다.

여기서 '주사무소 및 분사무소의 소재지'는 소재하는 주소를 말하는 것이 아니라 최소한의 행정구역을 기재하면 된다. 그러므로 '이 법인의 주사무소는 서울특별시에 둔다'라고

---

2 대한변호사협회의 「법무법인 및 법무법인(유한)의 설립 등에 관한 규칙」 제 2 조에 따라 제정된 「법무법인 정관준칙」 제 2 조는 법무법인의 목적을 ① 변호사의 직무에 속하는 업무, ② 공증인의 직무에 속하는 업무, ③ 변호사법 제49조(법무법인의 업무) 제 2 항에 의한 업무, ④ 위 각호에 부대되는 일절의 업무로 정할 수 있으므로 법무법인(유한) 역시 같은 내용으로 정할 수 있다.

기재하면 된다. 분사무소 설치시에는 '이 법인은 부산광역시에 분사무소를 둔다'라고 한다.

2. 구성원의 성명·주민등록번호 및 법무법인(유한)을 대표할 구성원의 주소(제 2 호)

법무법인(유한)의 설립자인 구성원 변호사의 성명과 주민등록번호를 기재하여야 한다. 구성원 7인 이상이면 그 인원 숫자와 임기에 제한은 없다. 법무법인(유한)을 대표할 구성원은 대표변호사를 말한다. 대표변호사는 법인의 업무에 관하여 재판상 또는 재판 외의 모든 행위를 할 권한이 있다(변호사법 58의17; 상법 567, 209①). 대표변호사는 구성원 변호사 중에서 선임되므로 주소만 기재하고 성명과 주민등록번호는 다시 기재하지 않는다. 구성원은 변호사만 될 수 있다.

3. 자본의 총액과 각 구성원의 출자좌수(제 3 호)

법무법인(유한)은 변호사법에 정한 것 외에는 상법 중 유한회사에 관한 규정이 준용된다(변호사법 58의17①). 유한회사의 모든 사원은 간접·유한책임을 지기 때문에 회사채권자를 보호하기 위하여 회사의 자본금이 중요하다. 유한회사는 자본금의 액(자본금의 총액)만을 정관에 기재하고 그 전부에 대하여 출자자가 확정(각 사원의 출자좌수)되어야 회사가 성립된다(상법 543). 회사의 자본금은 다수의 균등액으로 분할되고, 모든 사원은 그가 인수한 출자가액에 대한 출자의무를 질 뿐 회사채권자에 대하여는 아무런 책임을 지지 않는다. 법무법인(유한) 역시 수임사건과 관련된 손해배상책임에서 담당변호사와 연대하여 그 손해를 배상할 책임을 진다(변호사법 58의11①).

법무법인(유한)의 자본 총액은 5억원 이상이어야 한다(변호사법 58의7①). 자본 총액의 최고액에는 제한이 없다. 출자 1좌의 금액은 1만원으로 하며, 각 구성원의 출자좌수는 3천좌 이상이어야 한다(변호사법 58의7②·③). 그러므로 정관작성에 의하여 자본 총액과 구성원의 출자좌수가 확정된다. 구성원이 출자해야 하는 목적물은 3천만원 이상의 현금이다. 현물출자도 허용하는 법무법인과 법무조합은 '출자(出資)의 종류와 그 가액(價額) 또는 평가의 기준'으로 정하고 있는 점과 차이가 있다(변호사법 42(3), 58의20(4)). 유한회사에서도 현물출자를 하는 사항은 변태설립사항으로 별도로 규정하고 있다(상법 544(1)).[3]

---

3 법무법인(유한)의 이사는 구성원으로 하여금 출자전액의 납입 또는 현물출자의 목적인 재산전부의 급여를 시켜야 한다(변호사법 58의17; 상법 548①). 법무법인(유한) 성립 후에 출자금액의 납입 또는 현물출자의 이행이 완료되지 아니하였음이 발견된 때에는 법무법인(유한) 성립당시의 구성원, 이사와 감사는 법무법인(유한)에 대하여 그 납입되지 아니한 금액 또는 이행되지 아니한 현물의 가액을 연대하여 지급할 책임이 있다(변호사법 58의17; 상법 551①).

4. 구성원의 가입·탈퇴와 그 밖의 변경에 관한 사항(제 4 호)

법무법인(유한)은 7명 이상의 변호사로 구성되며(변호사법 58의6①), 임의로 탈퇴할 수 있다(변호사법 58의16, 46①). 구성원의 가입은 이미 설립된 법무법인(유한)에 신규로 가입하는 것을 말한다. 설립 당시의 구성원은 제 2 호에 기재된다. 구성원의 신규가입은 구성원 회의의 결의로 정한다. 구성원이 새로 가입한 때에는 출자좌수를 정해야 하며(변호사법 58의7③), 구성원의 탈퇴사유도 정하여야 한다(변호사법 58의16, 46). 구성원은 언제든지 탈퇴할 수 있으므로 임의 탈퇴를 제약하여서는 아니 된다. 법무법인(유한)의 대표변호사인 구성원의 탈퇴로 발생하는 법무법인(유한)의 대표에 관한 변경사항 등을 정해야 한다.

5. 구성원 회의에 관한 사항(제 5 호)

구성원 회의는 구성원인 변호사 전원으로 구성한다. 구성원 회의는 유한회사의 사원총회와 같은 역할을 한다. 구성원 회의는 법무법인과 같이 ① 정관의 변경, ② 구성원의 가입, 승계 및 제명, ③ 출자지분의 양도에 관한 승인, ④ 대표변호사의 선임 및 해임, ⑤ 대표변호사 및 업무담당 구성원의 보수결정, ⑥ 분사무소 주재 구성원의 결정, ⑦ 계산서류의 승인, ⑧ 법인의 해산, ⑨ 해산에 따른 청산인의 선임, 해임 및 잔여재산의 처분, ⑩ 기타 법인의 운영에 관한 중요 사항을 결의할 수 있다. 구성원 회의와 관련하여 그 소집절차, 정족수, 결의방법, 구성원의 의결권에 관하여 자율적으로 정할 수 있다. 만약 그런 정함이 없다면 상법의 유한회사의 규정을 준용할 수 있다. 즉, 구성원 회의의 결의는 정관 또는 변호사법에 다른 규정이 있는 경우 외에는 총구성원 변호사의 의결권의 과반수를 가지는 구성원이 출석하고 그 의결권의 과반수로써 하여야 한다(변호사법 58의17①; 상법 574). 각 구성원 변호사는 출자 1좌마다 1개의 의결권을 가진다. 그러나 정관으로 의결권의 수에 관하여 다른 정함을 할 수 있다(변호사법 58의17①; 상법 575).

6. 법무법인(유한)의 대표에 관한 사항(제 6 호)

법무법인(유한)에는 대표변호사를 두어야 한다. 대표변호사의 인원과 임기에는 제한이 없다. 대표변호사는 구성원 중에서 선임하며, 법무법인(유한)을 대표하고 일체의 업무를 통할한다. 지정된 업무를 수행할 때는 구성원 변호사와 소속 변호사는 각자가 그 법무법인(유한)을 대표한다(변호사법 58의16, 50⑥). 담당변호사가 법무법인(유한)의 대표기관이 되는 경우는 지정된 업무집행을 할 때 국한된다.

7. 자산과 회계에 관한 사항(제 7 호)

구성원의 출자와 설립 후에 취득한 자산과 회계에 관한 사항을 정하여야 한다. 법무법인(유한)은 변호사법에 정한 것 외에는 「주식회사의 외부감사에 관한 법률」 제13조에 따른 회계처리기준에 따라 회계처리를 하여야 한다(변호사법 58의9①). 법무법인(유한)은 제 1 항의 회계처리기준에 따른 대차대조표를 작성하여 매 사업연도가 끝난 후 3개월 이내에 법무부장관에게 제출하여야 한다(변호사법 58의9②).

8. 존립 시기나 해산 사유를 정한 경우에는 그 시기 또는 사유(제 8 호)

법무법인(유한)은 존립시기나 해산사유를 정한 경우에는 이를 기재한다. 정관의 기재사항 중 필요적 기재사항은 아니다. 법무법인(유한)은 변호사법 제58조의14의 해산사유가 발생하면 해산된다.

제58조의5 등　　기

제58조의5(등기)

① 법무법인(유한)은 설립인가를 받으면 2주일 이내에 설립등기를 하여야 한다. 등기 사항이 변경되었을 때에도 또한 같다.

② 제 1 항의 등기 사항은 다음 각 호와 같다.

1. 목적, 명칭, 주사무소 및 분사무소의 소재지
2. 출좌 1좌의 금액, 자본 총액 및 이행 부분
3. 이사의 성명 및 주민등록번호
4. 법무법인(유한)을 대표할 이사의 성명 및 주소
5. 둘 이상의 이사가 공동으로 법무법인(유한)을 대표할 것을 정한 경우에는 그 규정
6. 존립 기간이나 해산 사유를 정한 경우에는 그 기간 또는 사유
7. 감사가 있을 때에는 그 성명·주민등록번호 및 주소
8. 설립인가 연월일

③ 법무법인(유한)은 그 주사무소의 소재지에서 설립등기를 함으로써 성립한다.

I. 연　　혁

(1) 2005. 1. 27. 개정된 변호사법[시행 2005. 7. 28.]은 법무법인(유한) 제도를 신설하면서 등기에 관한 규정도 두었다. 즉, 법무법인(유한)은 설립인가를 받은 때부터 2주 이내에 설립등기를 하여야 한다. 등기사항의 변경이 있는 때에도 또한 같다(제58조의5 제 1 항). 제 1 항의 등기사항은 다음 각호와 같다(제 2 항).[1] 법무법인(유한)은 그 주사무소의 소재지에서 설립등기

---

1 1. 목적·명칭·주사무소 및 분사무소의 소재지
2. 출자 1좌의 금액, 자본총액 및 이행부분
3. 이사의 성명 및 주민등록번호
4. 법무법인(유한)을 대표할 이사의 성명 및 주소

를 함으로써 성립한다(제 3 항).

(2) 2008. 3. 28. 개정된 변호사법은 '법무법인(유한)은 설립인가를 받으면 2주일 이내에 설립등기를 하여야 한다. 등기 사항이 변경되었을 때에도 또한 같다'라고 자구수정을 하였다.

Ⅱ. 법무법인(유한)의 설립등기

1. 설립인가 후 2주일 이내에 설립등기

(1) 법무법인(유한)은 설립인가를 받으면 2주일 이내에 설립등기를 하여야 한다. 등기사항이 변경되었을 때에도 또한 같다(제 1 항). 법무법인(유한)은 법무부장관으로부터 설립인가를 받으면 설립등기를 하여야 한다. 법무법인(유한)의 설립은 외관상 그 존재를 알 수 있는 자연인과 달리 제 3 자가 쉽게 알 수 없기에 등기함으로 공시한다. 설립등기를 하면 법무법인(유한)은 성립하며, 법인격도 취득한다. 법무법인(유한)의 등기는 그 주사무소 및 분사무소의 소재지를 관할하는 등기소에서 한다(변호사법 시행령 13의5, 11①).

(2) 설립등기는 상대방의 선의·악의를 불문하고 주사무소의 소재지에 등기하면 제 3 자에 대한 대항력이 발생한다. 분사무소를 두지 않을 때는 주사무소 소재지에서만 한다. 법무법인(유한)의 설립등기는 구성원 전원이 공동으로 신청하여야 하며, 정관과 법무법인 설립인가증을 첨부한 신청서를 제출하여야 한다(변호사법 시행령 13의5, 11③). 법무법인의 등기에 관하여 변호사법 및 그 시행령에 정한 것 외에는 「상업등기법」을 준용한다(변호사법 시행령 11④). 회사나 법인의 등기신청은 그 대표자가 하여야 하지만(상업등기법 23①; 비송사건절차법 63①), 법무법인이나 법무법인(유한)의 설립등기는 구성원 전원이 공동으로 신청하여야 한다(변호사법 시행령 13의5, 11③).

(3) 법무법인(유한)은 설립등기를 한 경우에는 7일 이내에 법무법인 설립등기 보고서(전자문서로 된 보고서를 포함한다)를 법무부장관에게 제출하여야 한다. 이 경우 법무부장관은 「전자정부법」 제36조 제 1 항에 따른 행정정보의 공동이용을 통하여 법인 등기사항증명서를 확인하여야 한다(변호사법 시행령 13의5, 11⑤). 설립등기를 마친 때에는 그로부터 7일 이내에 소속 지방변호사회를 거쳐 대한변호사협회에 그 사유를 신고하여야 한다(법무법인및법무법인(유한)의설립등에관한규칙 5①(1)).

---

5. 수인의 이사가 공동으로 법무법인(유한)을 대표할 것을 정한 때에는 그 규정
6. 존립기간 또는 해산사유를 정한 때에는 그 기간 또는 사유
7. 감사가 있는 때에는 그 성명·주민등록번호 및 주소
8. 설립인가 연월일

2. 등기사항이 변경되었을 때

법무법인(유한)은 등기사항의 변경이 있을 때에는 변경등기를 한다. 정관변경의 인가를 받은 경우 변경등기를 하게 된다. 변경등기 사항은 대항요건에 해당되므로 등기되지 않으면 제 3 자에게 대항할 수 없다. 변경등기의 원인이 발생하면 2주일 이내에 등기를 하여야 한다. 변경등기를 마친 때에도 7일 이내에 소속 지방변호사회를 거쳐 대한변호사협회에 그 사유를 신고하여야 한다(법무법인및법무법인(유한)의설립등에관한규칙 5①(1)).

Ⅲ. 법무법인(유한)의 등기사항

등기사항은 ① 목적, 명칭, 주사무소 및 분사무소의 소재지, ② 출좌 1좌의 금액, 자본 총액 및 이행 부분, ③ 이사의 성명 및 주민등록번호, ④ 법무법인(유한)을 대표할 이사의 성명 및 주소, ⑤ 둘 이상의 이사가 공동으로 법무법인(유한)을 대표할 것을 정한 경우에는 그 규정, ⑥ 존립 기간이나 해산 사유를 정한 경우에는 그 기간 또는 사유, ⑦ 감사가 있을 때에는 그 성명·주민등록번호 및 주소, ⑧ 설립인가 연월일이다. 등기사항 중 정관의 기재사항과 다른 점을 살펴본다.

1. 출좌 1좌의 금액, 자본 총액 및 이행 부분(제 2 호)

법무법인(유한)은 구성원 변호사가 출자한 좌수와 자본 총액 및 출자의 이행부분을 등기한다. 모든 구성원 변호사는 출자의무가 있기에 이행부분도 공시한다. 유한회사의 사원이 재산출자의무를 지는 것과 같이 법무법인(유한)의 구성원 변호사 역시 출자의무가 있다.

2. 이사의 성명 및 주민등록번호(제 3 호) 등

구성원 변호사가 이사가 된다. 유한회사에서 업무를 집행하고 회사를 대표하는 기관이 이사이기 때문에 구성원 변호사를 이사로 등기한다. 유한회사는 설립등기시에 이사를 등기한다(상법 549②(3)). 법무법인(유한)은 3명 이상의 이사를 두어야 한다(변호사법 58의6④). 이사의 숫자는 제한이 있지만(3인 이상), 임기는 자유롭게 정할 수 있다. 그리고 법무법인(유한)을 대표할 이사의 성명 및 주소(제 4 호)도 등기해야 하며, 둘 이상의 이사가 공동으로 법무법인(유한)을 대표할 것을 정한 경우에는 그 규정(제 5 호)도 등기한다.

대표변호사의 인원은 임의로 정할 수 있지만, 여러 대표변호사를 둔 경우에는 이를 등기해야 한다. 법무법인(유한)과 이사와의 관계는 민법의 위임에 관한 규정은 준용한다(변호사법 58의17; 상법 570, 382②). 유한회사는 주식회사와 달리 이사회가 존재하지 않는다. 그 때문에 법무법인(유한) 역시 이사회는 등기사항이 아니다. 정관에 포함시켜야 하는 '구성원 회의에 관한 사항'이 사실상 이사회의 역할을 할 것으로 보인다.

3. 감사가 있을 때에는 그 성명·주민등록번호 및 주소(제 7 호)

유한회사는 소수의 사원으로 구성되기에 감사를 필요적 기관으로 하지 않고 있다. 법무법인(유한) 역시 감사는 임의기관이다. (만약) 감사가 있을 때에는 그 성명·주민등록번호 및 주소(제 7 호)를 등기해야 한다. 법무법인(유한)에는 한 명 이상의 감사를 둘 수 있다. 이 경우 감사는 변호사이어야 한다(변호사법 58의6⑤).

Ⅳ. 설립등기로 법무법인(유한)의 성립

법무법인(유한)은 그 주사무소의 소재지에서 설립등기를 함으로써 성립한다(제 3 항). 법인은 그 주된 사무소의 소재지에서 설립등기를 함으로써 성립한다(민법 33). 법무법인(유한) 역시 주사무소의 소재지에서 설립등기를 하면 비로소 성립된다. 주사무소에서 등기함으로 성립되는 것은 법무법인도 같다(변호사법 43③). 법무법인(유한)은 설립등기 후부터 법무법인(유한) 명의로 사건수임을 하는 등의 업무를 수행할 수 있다. 법인격을 가진 권리의무의 주체가 된다는 것이다. 법무법인(유한)이 '설립 및 변경의 등기'를 마치면 소속 지방변호사회를 거쳐 대한변호사협회에 그 사유를 신고하여야 한다(대한변호사협회 회칙 40). 법무법인(유한)이 성립되면 당연히 대한변호사협회의 법인회원이 된다(위 회칙 7②).

제58조의6 구성원 등

제58조의6(구성원 등)

① 법무법인(유한)은 7명 이상의 변호사로 구성하며, 그중 2명 이상이 통산하여 10년 이상 「법원조직법」 제42조 제1항 각 호의 어느 하나에 해당하는 직에 있었던 자이어야 한다.

② 법무법인(유한)은 구성원 아닌 소속 변호사를 둘 수 있다.

③ 법무법인(유한)이 제1항에 따른 구성원의 요건을 충족하지 못하게 된 경우에는 3개월 이내에 보충하여야 한다.

④ 법무법인(유한)은 3명 이상의 이사를 두어야 한다. 이 경우 다음 각 호의 어느 하나에 해당하는 자는 이사가 될 수 없다.

1. 구성원이 아닌 자
2. 설립인가가 취소된 법무법인(유한)의 이사이었던 자(취소 사유가 발생하였을 때의 이사이었던 자로 한정한다)로서 그 취소 후 3년이 지나지 아니한 자
3. 제102조에 따른 업무정지 기간 중에 있는 자

⑤ 법무법인(유한)에는 한 명 이상의 감사를 둘 수 있다. 이 경우 감사는 변호사이어야 한다.

I. 연 혁

(1) 2005. 1. 27. 개정된 변호사법은 법무법인(유한)의 구성원 변호사와 이사 및 감사에 관한 규정을 신설했다. 즉, 법무법인(유한)은 10인 이상의 변호사로 구성하며, 그중 3인 이상이 통산하여 10년 이상 법원조직법 제42조 제1항 각호의 1에 해당하는 직에 있었던 자이어야 한다(제58조의6 제1항). 법무법인(유한)은 구성원 아닌 소속변호사를 둘 수 있다(제2항). 법무법인(유한)에는 구성원인 변호사와 구성원 아닌 소속변호사를 합하여 20인 이상의 변호사가 있어야 한다(제3항). 법무법인(유한)이 제1항 또는 제3항의 규정에 의한 구성원 또는 구성원 아닌 소속변호사의 요건에 미달하게 된 경우에는 3월 이내에 이를 보충하여야 한다

(제 4 항). 법무법인(유한)은 3인 이상의 이사를 두어야 한다. 이 경우 다음 각호[1]의 1에 해당하는 자는 이사가 될 수 없다(제 5 항). 법무법인(유한)에는 1인 또는 수인의 감사를 둘 수 있다. 이 경우 감사는 변호사이어야 한다(제 6 항).

(2) 2008. 3. 28. 개정된 변호사법은 법무법인(유한)의 구성원 변호사 규모를 축소했다. 구성원 변호사 '10인 이상'에서 '7명 이상'으로 줄이고, 10년 이상 법조경력 변호사를 '3인 이상'에서 '2인 이상'으로 축소했으며(제58조의6 제 1 항), 구성원인 변호사와 구성원 아닌 소속 변호사를 합하여 20인 이상의 변호사가 있어야 한다는 요건을 삭제하였다. 아울러 이때 자본총액 역시 '10억원 이상'을 '5억원 이상'으로 하향조정했다(제58조의7 제 1 항). 이를 통하여 비교적 용이하게 법무법인(유한)의 설립이 가능하게 되었다.

Ⅱ. 법무법인(유한)의 구성원과 법조경력

1. 7명 이상의 변호사로 구성

법무법인(유한)은 7명 이상의 변호사로 구성하며, 그중 2명 이상이 통산하여 10년 이상 「법원조직법」 제42조 제 1 항 각 호의 어느 하나에 해당하는 직에 있었던 자이어야 한다(제 1 항). 법무법인(유한)의 구성원은 변호사여야 한다. 변호사는 그 직무를 조직적·전문적으로 수행하기 위하여 법무법인(유한)을 설립할 수 있다(변호사법 58의2). 여기서 '변호사'는 법무법인(유한)의 설립주체로서의 구성원 변호사를 말한다. 구성원 변호사는 7인 이상이어야 한다. 법무법인(유한)을 신설했던 2005년 당시에는 10인 이상의 구성원 변호사를 요건으로 하여 상당한 규모의 법률사무소를 구상했다. 그러나 그 후에 현행과 같이 7인으로 축소했는데, 이는 조직의 규모보다 설립의 편의성을 우선시했다고 볼 수 있다. 구성원 변호사는 당연히 자격등록을 하고 개업신고를 한 변호사여야 한다. 구성원은 법인의 운영에 관한 의사결정에 참여할 수 있으며, 수익의 분배를 받고, 수임사건과 관련된 손해배상책임 외에는 그 출자금액의 범위에서 책임을 진다(변호사법 58의10). 변호사의 자격이 없거나 결격사유에 해당되는 자, 변호사시험에 합격하여 6개월 이상 법률사무에 종사하거나 연수를 마치지 않은 자는 구성원 변호사가 될 수 없다. 뿐만 아니라 정관에서 구성원 변호사의 법조경력 등의 자격에 대하여 별도로 제한할 수 있다.

---

[1] 1. 구성원이 아닌 자
2. 설립인가가 취소된 법무법인(유한)의 이사이었던 자(취소사유가 발생한 때의 이사이었던 자에 한한다)로서 그 취소 후 3년이 경과되지 아니한 자
3. 제102조의 규정에 의한 업무정지기간 중에 있는 자

2. 구성원 중 2명 이상이 10년 이상 법조경력

구성원 변호사 7명 중에 2명 이상이 10년 이상 「법원조직법」 제42조 제1항 각 호의 어느 하나에 해당하는 직에 있었던 자이어야 한다. 법무법인은 구성원을 3명 이상으로 하면서 그중 1명 이상이 5년의 법조경력을 요건으로 한다. 반면, 법무법인(유한)은 법률사무소의 대형화, 전문화를 유도하기 위하여 다수의 변호사와 장기간의 법조경력자를 요구하고 있다. 2명 이상이 통산하여 10년 이상 법원조직법상의 경력을 갖춰야 하지만, 여기에는 실제로 변호사업무를 수행한 적이 없는 판사·검사 또는 대학교수도 포함된다. 특히 변호사 자격이 있는 사람으로서 국가기관, 지방자치단체, 「공공기관의 운영에 관한 법률」 제4조에 따른 공공기관, 그 밖의 법인에서 법률에 관한 사무에 종사한 사람(법원조직법 42①(2))이 취급했던 '법률에 관한 사무'의 범위가 추상적이며 명확하지 못하여 변호사의 직무수행과 비견될 수 있을지 의문이다. 따라서 변호사 업무의 특성상 2명 이상은 10년 이상 변호사 경력자로 제한할 필요성이 크다. 특히 법무법인(유한) 제도가 우리나라의 대형화·전문화된 법률사무소의 전형으로 자리할 것이 예상되기 때문이다.

Ⅲ. 법무법인(유한)의 소속 변호사

(1) 법무법인(유한)은 구성원 아닌 소속 변호사를 둘 수 있다(제2항). 변호사의 자격등록을 하고 개업신고를 한 자는 소속 변호사가 될 수 있다. 법무법인(유한)이 소속 변호사를 둘 것인지 여부는 자유이다. 다만, 소속 변호사의 채용과 변경시에는 지체 없이 대한변호사협회에 신고하여야 한다(대한변호사협회 회칙 40(5)). 소속 변호사는 법무법인(유한)에 채용된 근로자의 지위를 가진다. 소속 변호사는 정관의 기재사항이나 등기사항에 해당되지 않는다. 실제로는 소속 변호사인데 구성원 변호사로 등기된 경우가 있을 수 있다. 법무법인의 구성원 변호사는 그 법인의 채무에 대하여 구성원 상호간에 연대책임을 지기 때문에 (소속 변호사임에도) 등기된 구성원 변호사는 책임을 면하기 어렵다. 그러나 법무법인(유한)은 이와 다르다. 모든 구성원 변호사는 3천좌 이상의 출자의무가 있지만(변호사법 58의7③), 형식적으로 구성원으로 등기된 (소속) 변호사는 출자하지 않을 것이다. 그렇다면 이 변호사는 담당변호사로 지정되지 않으면 수임사건과 관련된 손해배상책임은 없으며, 출자금액을 한도로 하는 구성원의 책임(변호사법 58의10)도 부담하지 않게 될 것이다.

(2) 소속 변호사는 구성원 변호사와 공동으로 담당변호사가 될 수 있다. 다만, 담당변호사가 되어 지정된 업무를 수행할 때에는 각자가 법무법인(유한)을 대표한다(변호사법 58의16, 50⑥). 이때는 소속 변호사도 법무법인(유한)의 대표변호사로서의 지위를 갖게 된다. 소속 변

호사라도 담당변호사가 되어 수임사건에 관하여 고의나 과실로 그 위임인에게 손해를 발생시킨 경우에는 법무법인(유한)과 연대하여 그 손해를 배상할 책임이 있다(변호사법 58의11①). 수임사건과 관련된 손해배상책임에서는 소속 변호사라도 예외가 될 수 없다.

Ⅳ. 구성원 요건의 불충족 시 보충

1. 구성원 요건의 불충족

법무법인(유한)이 제 1 항에 따른 구성원의 요건을 충족하지 못하게 된 경우에는 3개월 이내에 보충하여야 한다(제 3 항). 법무법인(유한)은 7인 이상의 구성원 변호사와 그중 2인 이상이 10년 이상의 법조경력자로 설립인가를 받고 등기한다. '구성원 요건을 충족하지 못하게 된 경우'란 법무법인(유한)의 설립 후에 유지해야 할 구성원 변호사가 결원이 된 것을 말한다. 7명 이상의 구성원 변호사가 있더라도 10년 이상의 경력 변호사가 없으면 이에 해당된다. 구성원 변호사의 결원은 탈퇴로 인하여 발생한다. 탈퇴사유로는 임의탈퇴와 일정한 사유의 발생으로 당연히 탈퇴되는 법정탈퇴가 있다(변호사법 58의16, 46). 특히 '정관에 정한 사유가 발생한 경우'도 당연탈퇴사유에 해당되는데, 구성원 변호사에 대하여 제명의 선고를 청구할 수 있도록 하는 내용을 정관에 둘 수도 있다. 상법의 유한회사에 관한 장(章)에서는 사원의 제명선고 규정이 없다. 그러므로 합명회사의 사원 제명선고에 관한 제220조 사유를 정관에 규정하여 구성원 변호사를 탈퇴시킬 수 있다. 실제로 「법무법인및법무법인(유한)의설립등에관한규칙」 제 2 조에 의한 '법무법인정관준칙' 제23조는 상법 제220조와 같이 제명선고를 청구할 수 있는 사유를 규정하고 있다.

2. 3개월 이내에 보충

법무법인(유한)이 3개월 이내에 신규 구성원 변호사를 가입시켜야 한다. 새로운 구성원 변호사의 가입은 정관 및 등기변경 사항이다. 법무법인(유한)은 법무부장관에게 구성원 가입에 의한 정관변경인가신청을 하여 인가를 받은 후 변경등기도 하여야 한다. 법무법인(유한)은 구성원 요건을 충족시킨 때에는 소속 지방변호사회를 거쳐 대한변호사협회에 신고하여야 한다(법무법인및법무법인(유한)의설립등에관한규칙 5(4)(5)). 법무부장관은 3개월 이내에 구성원을 보충하지 아니한 경우에는 그 설립인가를 취소할 수 있다(변호사법 58의13(1)).

V. 법무법인(유한)의 3명 이상의 이사

1. 3명 이상의 이사

(1) 법무법인(유한)은 3명 이상의 이사를 두어야 한다. 이 경우 다음 각 호의 어느 하나에 해당하는 자는 이사가 될 수 없다(제 4 항). 법무법인(유한)은 상법상 유한회사의 규정을 준용하고 있다(변호사법 58의17). 유한회사는 주식회사와 같이 '회사의 기관'이라는 개념을 사용하지 않고 '회사의 관리'라는 제목을 두고 그 안에 이사·감사·사원총회를 두고 있다. 이사는 회사의 업무집행 및 회사의 대표기관으로서의 역할을 한다.

(2) 법무법인(유한)도 업무집행 및 법인의 대표기관으로 이사를 두어야 한다. 초대이사는 정관으로 정할 수 있으며, 정관으로 정하지 않은 때는 법인 성립 전에 구성원 회의를 열어 이를 선임하여야 한다(변호사법 58의17; 상법 547). 이사는 구성원 변호사에 국한된다. 그러므로 이사는 7명 이상의 구성원 중에서 3명 이상을 선임하여야 한다. 유한회사는 1인 또는 수인의 이사를 두지만(상법 561), 주식회사는 3명 이상이어야 한다. 다만, 자본금 총액이 10억원 미만인 회사는 1명 또는 2명으로 할 수 있다(상법 383①).

(3) 법무법인(유한)은 1명 이상의 감사를 두어야 하는데(변호사법 58의6⑤), 상법상 감사는 이사 또는 지배인 기타의 사용인의 직무를 겸하지 못한다(변호사법 58의17; 상법 570, 411). 법무법인(유한)의 감사 역시 이사가 될 수 없다고 보아야 한다. 주식회사 이사의 임기는 3년이지만(상법 383②), 유한회사는 임기에 제한이 없다. 그러므로 법무법인(유한) 역시 이사의 임기에 제한이 없어 정관으로 정할 수 있다. 이사와 법무법인(유한)과는 민법상 위임관계이다(변호사법 58의17; 상법 570, 382②).

(4) 이사는 법무법인(유한)을 대표한다. 법무법인(유한)의 이사는 3인 이상이므로 정관에 다른 정함이 없으면 구성원 회의에서 법인을 대표할 이사를 선정하여야 한다(변호사법 58의17; 상법 562②). 정관 또는 구성원 회의는 수인의 이사가 공동으로 법인을 대표할 것을 정할 수 있다(변호사법 58의17; 상법 562③). 이와 달리 법무법인(유한)의 구성원 변호사가 이사가 아닐지라도 담당변호사가 된 경우에는 법인을 대표하는 지위를 갖게 된다(변호사법 58의16; 50⑥). 이사는 법무법인(유한)의 업무집행권이 있다. 여기서 '업무집행'은 변호사의 고유의 직무수행권을 말하는 것이 아니라(이는 담당변호사의 권한이다), 소속 변호사 및 사무직원의 채용과 해고, 주사무소의 임대차계약 체결, 분사무소의 설치 등에 관한 일반업무를 말한다. 유한회사의 이사는 정관에 다른 정함이 없으면 회사의 업무집행, 지배인의 선임 또는 해임과 지점의 설치·이전 또는 폐지는 이사 과반수의 결의에 의하여야 한다(상법 564①).

2. 이사가 될 수 없는 자

주식회사나 유한회사는 이사의 자격에 제한이 없지만(사외이사는 제한), 정관으로 이사의 자격을 제한하는 것은 사회질서에 반하지 않는 한 유효하다. 변호사법은 법무법인(유한)의 이사 자격에 제한을 두고 있다. 아래 각호의 규정이 없더라도 정관으로 이사자격을 제한할 수 있다.

(1) 구성원이 아닌 자(제1호)

법무법인(유한)은 오로지 구성원 변호사만 설립할 수 있다. 이사는 법인의 업무집행기관이자 대표기관으로 법인의 성립과 존속에 책임을 지고 있다. 따라서 이사는 법인의 설립과 운영에 관여할 권한이 있는 구성원 변호사여야 한다. 그러므로 소속 변호사나 사인 또는 다른 법무법인(유한) 구성원 변호사 역시 이사가 될 수 없다. 이사는 법인의 업무집행을 하는 자이므로 그 성질상 자연인이어야 한다. 따라서 법인은 이사가 될 수 없다.

(2) 설립인가가 취소된 법무법인(유한)의 이사이었던 자(취소 사유가 발생하였을 때의 이사이었던 자로 한정한다)로서 그 취소 후 3년이 지나지 아니한 자(제2호)

법무부장관은 법무법인(유한)의 존속에 영향을 미치는 일정한 사유가 발생하면 설립인가를 취소할 수 있다.[2] 설립인가가 취소된 법무법인(유한)의 이사였던 자가 다시 설립된 법무법인(유한) 이사가 되는 것은 그 법인의 설립목적 달성이 희박하여 존속가능성이 크지 않고 의뢰인의 피해도 발생할 수 있다. 설립인가가 취소된 법인의 이사였던 자가 새롭게 설립된 법인의 이사가 될 수 없는 요건은 ① 취소사유가 발생했던 이사였던 자여야 하며, ② 설립인가가 취소된 지 3년이 지나지 않은 자여야 한다. 취소사유가 발생한 데에는 그 당시 재직 중인 이사도 책임이 있을 수 있기에 취임제한을 한다. 다만, 그 제한이 영구적이 아니라 3년 이내의 한시적인 것이므로 직업의 자유를 과도하게 제한하는 것은 아니다.

(3) 제102조에 따른 업무정지 기간 중에 있는 자(제3호)

법무부장관은 변호사가 공소제기되거나 제97조에 따라 징계 절차가 개시되어 그 재판

---

2 **변호사법 제58조의13(인가취소)** 법무부장관은 법무법인(유한)이 다음 각 호의 어느 하나에 해당하면 그 설립인가를 취소할 수 있다.

1. 제58조의6 제3항을 위반하여 3개월 이내에 구성원을 보충하지 아니한 경우
2. 이사 중에 제58조의6 제4항 각 호의 어느 하나에 해당하는 자가 있는 경우. 다만, 해당 사유가 발생한 날부터 3개월 이내에 그 이사를 개임(改任)한 경우에는 그러하지 아니하다.
3. 제58조의8 제1항을 위반하여 다른 법인에 출자하거나 타인의 채무를 보증한 경우
4. 제58조의9 제1항을 위반하여 회계처리를 한 경우
5. 제58조의12 제1항을 위반하여 손해배상 준비금을 적립하지 아니하거나 보험 또는 공제기금에 가입하지 아니한 경우
6. 업무 집행에 관하여 법령을 위반한 경우

이나 징계 결정의 결과 등록취소, 영구제명 또는 제명에 이르게 될 가능성이 매우 크고, 그대로 두면 장차 의뢰인이나 공공의 이익을 해칠 구체적인 위험성이 있는 경우에는 법무부 징계위원회에 그 변호사의 업무정지에 관한 결정을 청구할 수 있다. 다만, 약식명령이 청구된 경우와 과실범으로 공소제기된 경우에는 그러하지 아니하다(변호사법 102①).

법무부장관으로부터 업무정지명령을 받아 그 업무정지 기간 중에 있는 변호사는 이사가 될 수 없다. 법무법인(유한)의 이사로 있던 중에 업무정지명령을 받았다면 더 이상 이사가 될 수 없다. 업무정지 기간이 도과하거나 법무부장관이 업무정지명령을 해제하면 다시 이사가 될 수 있다. 세무사법에서도 업무정지 가간에는 법인의 이사가 될 수 없도록 하고 있다.[3]

Ⅵ. 법무법인(유한)의 한 명 이상의 감사

법무법인(유한)에는 한 명 이상의 감사를 둘 수 있다. 이 경우 감사는 변호사이어야 한다(제 5 항). 법무법인(유한)은 변호사 중에서 감사를 둘 수 있다. 주식회사는 감사가 필요적 기관이지만 유한회사는 임의기관이다. 유한회사는 정관에 의하여 1인 또는 수인의 감사를 둘 수 있다(상법 568①). 정관으로 감사를 정하지 아니한 때에는 회사성립 전에 사원총회를 열어 이를 선임하여야 한다(상법 568②, 547①).

법무법인(유한)의 감사 임기와 인원수에 제한은 없다. 감사로 선임되는 변호사의 자격에 대하여 의문이 있지만, 그 법무법인(유한)의 구성원 변호사여야 한다. 감사로 선임된 변호사는 이사가 될 수 없다(변호사법 58의17①; 상법 570, 411). 이사로 선임될 수 없는 변호사는 감사도 될 수 없다고 보아야 한다. 감사는 임의기관이라 법무법인(유한)이 정관으로 그 자격을 규정할 수 있다. 감사는 언제든지 법인의 업무와 재산상태를 조사할 수 있고 이사에 대하여 업무에 관한 보고를 요구할 수 있다(변호사법 58의17①; 상법 569).

---

3 「**세무사법**」 **제16조의5(사원 및 이사 등)** ① 세무법인의 사원은 세무사이어야 하며, 그 수는 3명 이상이어야 한다.
② 세무법인은 3명 이상의 이사를 두어야 한다. 이 경우 다음 각 호의 어느 하나에 해당하는 자는 이사가 될 수 없다.
1. 사원이 아닌 자
2. 제17조에 따라 직무정지 명령을 받은 후 그 직무정지 기간 중에 있는 자
3. 제16조의15 제 1 항에 따라 등록이 취소되거나 업무가 정지된 세무법인의 이사이었던 자(등록취소나 업무정지의 사유가 발생한 때의 이사이었던 자로 한정한다)로서 등록취소 후 3년이 지나지 아니하거나 업무정지 기간 중에 있는 자

제58조의7 자본 총액 등

제58조의7(자본 총액 등)

① 법무법인(유한)의 자본 총액은 5억원 이상이어야 한다.

② 출자 1좌의 금액은 1만원으로 한다.

③ 각 구성원의 출자좌수는 3천좌 이상이어야 한다.

④ 법무법인(유한)은 직전 사업연도 말 대차대조표의 자산 총액에서 부채 총액을 뺀 금액이 5억원에 미달하면 부족한 금액을 매 사업연도가 끝난 후 6개월 이내에 증자를 하거나 구성원의 증여로 보전(補塡)하여야 한다.

⑤ 제 4 항에 따른 증여는 이를 특별이익으로 계상한다.

⑥ 법무부장관은 법무법인(유한)이 제 4 항에 따른 증자나 보전을 하지 아니하면 기간을 정하여 증자나 보전을 명할 수 있다.

I. 연 혁

(1) 2005. 1. 27. 개정된 변호사법은 법무법인(유한)의 자본총액을 10억원 이상으로 하는 규정을 신설했다. 즉, 법무법인(유한)의 자본총액은 10억원 이상이어야 한다(제58조의7 제 1 항). 출자 1좌의 금액은 1만원으로 한다(제 2 항). 각 구성원의 출자 좌수는 3천 좌 이상이어야 한다(제 3 항). 법무법인(유한)은 직전 사업연도말 대차대조표의 자산총액에서 부채총액을 차감한 금액이 10억원에 미달하는 경우에는 미달한 금액을 매 사업연도 종료 후 6월 이내에 증자를 하거나 구성원의 증여로 이를 보전하여야 한다(제 4 항). 제 4 항의 규정에 의한 증여는 이를 특별이익으로 계상한다(제 5 항). 법무부장관은 법무법인(유한)이 제 4 항의 규정에 의한 증자 또는 보전을 하지 아니하는 경우에는 기간을 정하여 증자 또는 보전을 명할 수 있다(제 6 항).

(2) 2008. 3. 28. 개정된 변호사법은 「대한민국과 미합중국 간의 자유무역협정」 체결, 대

한민국과 유럽연합(EU) 간의 자유무역협정 협상 진행 등으로 법률시장 개방이 임박함에 따라 국내 법률사무소의 경쟁력 강화를 위해서는 법률사무소의 대형화를 지원할 수 있는 법률적·제도적 정비가 필요한 시점에서 법률사무소 대형화의 기반을 조성하기 위한 조치의 하나로 2005년 도입된 법무법인(유한)의 설립요건을 완화하기 위하여 자본총액을 종래 10억원에서 5억원으로 하향 조정하면서 자구수정을 한 바 있다.

Ⅱ. 법무법인(유한)의 5억원 이상 자본 총액

(1) 법무법인(유한)의 자본 총액은 5억원 이상이어야 한다(제1항). 2005년 법무법인(유한) 제도를 신설할 때는 구성원 숫자(10인 이상 변호사)와 자본금(10억원 이상) 측면에서 대단히 큰 법인을 구상하였다. 그러나 엄격한 인적·물적 설립요건은 법무법인(유한)설립의 장애요소로 작용할 수 있어 결국 구성원 변호사의 숫자와 자본총액을 5억원으로 하향하는 개정을 하게 되었다. 법무법인(유한)의 모체인 유한회사 역시 자본총액에 관한 여러 개정을 한 바 있다. 5억원 이상의 자본총액은 구성원 변호사의 출자로 이뤄진다. 출자 1좌당 1만원으로 된 출자좌수를 3천 좌 이상 출자해야 한다(제2항, 제3항). 구성원의 구체적인 출자좌수는 정관의 기재사항에 포함되어 있다.

(2) 1962. 1. 20. 제정된 상법은 유한회사의 자본총액은 백만환 이상으로 하여야 하며(제546조 제1항), 출자 1좌의 금액은 만환 이상으로 균일하게 하여야 한다(제2항)고 했다. 그 후 1984. 4. 10. 개정된 상법은 유한회사의 자본총액은 1천만원 이상으로 하여야 하며(제546조 제1항), 출자 1좌의 금액은 5천원 이상으로 균일하게 하여야 한다(제2항)고 했다. 그러나 2011. 4. 14. 개정된 상법은 유한회사에 대한 각종 제한 규정을 철폐하였다.[1] 그중 자본총액에 대한 규정을 삭제하고 출자 1좌의 금액을 하향 조정했다. 즉, 출자 1좌의 금액은 100원 이상으로 균일하게 하여야 한다(제546조).

---

1 유한회사에 대한 각종 제한 규정 철폐(현행 제545조 삭제, 안 제556조, 제571조 및 제607조)
1) 유한회사는 폐쇄적으로 운영되는 소규모 기업을 전제로 하고 있으나, 폐쇄적 운영을 위한 규정들은 유한회사에 대한 각종 제한으로 작용하여 유한회사의 이용에 불편을 초래하고 있음.
2) 유한회사의 사원 총수 제한 규정을 삭제하고, 유한회사 사원의 지분 양도를 원칙적으로 자유롭게 하되 정관으로 지분 양도를 제한할 수 있도록 하며, 사원총회 소집방법으로 서면에 의한 통지 외에도 각 사원의 동의를 받아 전자문서로 통지를 발송할 수 있도록 하고, 유한회사를 주식회사로 조직을 변경하는 사원총회 결의 요건을 정관에서 완화할 수 있도록 함.
3) 이와 같이 유한회사에 대한 대표적인 제한 규정들을 폐지함으로써 유한회사제도의 이용이 증대될 것으로 기대됨.

Ⅲ. 출자 1좌의 금액, 구성원의 출자좌수

출자 1좌의 금액은 1만원으로 한다(제 2 항). 각 구성원의 출자좌수는 3천좌 이상이어야 한다(제 3 항). 출자의 단위는 1좌로 구별하고 1좌의 금액은 1만원으로 계산한다. 모든 구성원 변호사는 반드시 3천좌 이상을 출자해야 할 의무가 있다. 구성원의 출자이행증명은 대표변호사가 한다. 그러나 현실적으로 구성원이면서도 출자여력이 없을 수 있고, 법인의 필요에 의하여 구성원을 영입하는 경우에는 출자를 요구하기 쉽지 않다. 자본총액을 형성하기 위한 방안으로 각 구성원에게 출자의무를 부과하고 있다. 법무법인(유한)이 자본을 소유해야 할 필요성은 존속을 위한 것보다는 수임사건으로 인한 손해배상책임을 담보하기 위한 측면도 있다. 그러나 손해배상책임은 제58조의12에서 손해배상 준비금을 적립하거나 보험가입으로 해결해야 한다.

Ⅳ. 자산 총액의 미달과 보전의무

법무법인(유한)은 직전 사업연도 말 대차대조표의 자산 총액에서 부채 총액을 뺀 금액이 5억원에 미달하면 부족한 금액을 매 사업연도가 끝난 후 6개월 이내에 증자를 하거나 구성원의 증여로 보전(補塡)하여야 한다(제 4 항). 법무법인(유한)의 자본총액은 사업연도에 따라 변동될 수 있다. 법인의 사업연도란 법인세 과세표준과 세액을 산정하기 위한 시간적 단위를 말한다. 사업연도는 법령이나 법인의 정관(定款) 등에서 정하는 1회계기간으로 한다. 다만, 그 기간은 1년을 초과하지 못한다(법인세법 6①). 법인은 사업연도의 장단을 임의로 결정할 수 있지만, 1년은 초과할 수 없다는 것이다.

사업연도 말에 자산에서 부채를 뺀 자기자본이 5억원이 미달되면 그 부족액을 사업연도가 끝난 후 6개월 이내에 보전해야 한다. 보전의 방법으로는 6개월 이내에 구성원 변호사가 일정한 비율로 출자좌수를 늘려 자본금을 늘리거나 특정 구성원 변호사가 법인에 증여할 수도 있다. 법무법인(유한)에게 이 같은 보전의무가 있지만 현실적으로 이를 이행하였는지 여부를 감독하기는 쉽지 않다. 2011년 국제회계기준 도입으로 기업회계기준에서 대차대조표를 재무상태표(statement of financial position)로 변경하였는데, 아직 일제시대부터 사용하던 대차대조표라는 용어가 남아 있어서 이를 재무상태표로 변경하려는 변호사법 개정안이 2020년에 발의된 바 있다.

V. 구성원의 증여는 특별이익으로 계상

(1) 제 4 항에 따른 증여는 이를 특별이익으로 계상한다(제 5 항). 자본보전을 위한 구성원 변호사의 증여는 특별이익으로 계상한다. 기업회계기준상 '특별이익'은 비경상적, 비반복적으로 발생한 영업외수익과 자산수증이익, 채무면제이익, 보험차익 등을 포함한다(구 기업회계기준 51①). 특별손실은 비경상적, 비반복적으로 발생한 영업외비용과 재해손실 등을 포함한다(구 기업회계기준 51②). 여기서 '비경상성'이란 영업환경에 비추어 볼 때, 당해 손익을 발생시키는 거래나 사건이 기업의 경상적인 활동과 명백하게 관련이 없다고 인정되는 것이어야 한다. 그리고 '비반복성'은 영업환경에 비추어 볼 때, 당해 사건이나 거래가 예측가능한 장래에 다시 발생될 가능성이 거의 없어야 한다(기업회계기준 해석(60－51) 특별손익의 분류).

(2) 변호사법은 구성원 변호사가 법무법인(유한)에게 한 증여를 특별이익으로 본다. 「법인세법」에서는 국고보조금과 같이 법인이 무상으로 받은 자산의 가액을 '자산수증이익'이라 한다.[2] 자산수증이익은 법인의 순자산의 증가를 가져온다. 그 때문에 구성원 변호사의 증여 역시 자산수증이익이라 할 수 있다. 무상으로 받은 자산의 가액은 익금에 산입한다. 산입하는 시기는 그 수증자산을 받을 권리가 확정된 날, 즉 사실상 증여를 받은 날이 속하는 사업연도로 한다.[3]

법인이 무상으로 받은 자산의 가액 중 이월결손금의 보전에 충당된 금액은 각 사업연도의 과세표준계산에 있어서 공제된 것으로 본다(법인세법 시행령 10②(2)). 이는 결손보전을 통하여 자본충실을 촉진하고 자본의 원본에 대한 잠식과세를 규제함과 아울러 기간과세에 따

2 「법인세법 시행령」 제12조 제 1 항 제 6 호 소정의 "무상으로 받은 자산의 가액"이라 함은 수증자산과 같이 대가를 지급하지 아니하고 취득하여 증가된 자산을 의미하는 것이고, 투자법인으로부터 자산재평가적립금을 자본에 전입함으로써 받은 "무상주배당액"은 출자를 원인으로 하여 그 대가로 받은 것으로서 일종의 투자에 대한 과실소득이라고 보아야 할 것이므로 그 무상주가액은 위 법조의 익금으로서의 "무상으로 취득한 자산의 가액"이라고 할 수 없다(대법원 1983. 7. 12. 81누86 법인세등부과처분취소).

3 실질과세의 원칙에 관한 법인세법 제 3 조 2항, 법인의 각 사업년도의 소득에 관한 동법 제 9 조, 손익의 귀속사업년도에 관한 동법 제17조의 각 규정에 비추어 볼때 법인의 수익으로 되는 동법시행령 제12조 제 1 항 제 6 호 소정의 무상으로 받은 자산의 익금확정시기는 그 수증재산을 받을 권리가 확정된 때에 속하는 사업연도라고 풀이해야 할 것으로서 수증재산에 관한 소유권이전등기를 경료하지 아니하였더라도 사실상 증여받은 때에는 그 사업연도의 익금으로 확정되었다 할 것인바, 그 수증재산의 가액산정에 관한 동법시행령 제28조 소정의 그 자산을 받은 날의 의미는 그 익금으로 확정된 날로서 사실상 증여받은 날로 보아야 할 것이다.

그런데 이 사건에서 원판결 이유에 의하면 원심은 거시증거에 의하여 원고가 81. 3. 13 소외 양○○로부터 본건 토지를 사실상 증여받은 사실과 그 소유권이전등기는 같은 해 9.8 경료한 사실을 적법히 인정한 다음 원고 법인의 순자산을 증가시키는 소득은 위 토지를 사실상 증여받은 81. 3. 13 이미 발생하였다 할 것이어서 법인세법 시행령 제28조 소정의 수증자산의 가액은 81. 3. 13 당시의 정상가격이라고 판시하고 있는바 이는 위와 같은 견해에 따른 것으로서 원심의 판단은 정당하고 거기에 소론과 같은 법리오해 등의 위법은 없어 논지는 이유없다(대법원 1985. 2. 26. 84누133 법인세등부과처분취소).

른 폐해를 완화하기 위한 법적 장치라고 할 수 있다.[4] 따라서 구성원 변호사의 증여로 인하여 발생한 특별이익은 법인세법상 자산수증이익에 해당하고, 이를 결손금의 보전에 충당할 경우 익금에 산입되지 않기에 과세하지 않는다.

Ⅵ. 법무부장관의 자본증자·보전명령

1. 자본증자 또는 보전명령

법무부장관은 법무법인(유한)이 제 4 항에 따른 증자나 보전을 하지 아니하면 기간을 정하여 증자나 보전을 명할 수 있다(제 6 항). 법무법인(유한)의 자산이 5억원에 미달함에도 6개월 이내에 증자를 하거나 구성원의 증여로 보전하지 않을 수 있다. 이때 법무부장관은 기간을 정하여 증자나 보전을 명할 수 있다. 여기서 법무부장관이 발하는 명령의 '기간'은 특정되어 있지 않다. 제 4 항의 증자 또는 증여 보전을 위한 6개월 정도의 기간을 주어야 한다는 견해도 있을 수 있다. 그러나 이미 6개월의 기간이 경과하도록 이를 이행하지 않고 있으므로 결원된 구성원 변호사의 요건을 충족해야 하는 기간인 3개월 정도로 함이 타당하다고 본다.

2. 자본증자 또는 보전명령 불이행의 효과

법무부장관의 명령을 이행하지 않은 효과에 관한 명시적인 규정은 없다. 법무부장관의 명령은 법무법인(유한)이 자본총액을 유지해야 하는 변호사법 위반을 확인한 것에 해당된다. 그러나 법무법인(유한)의 인가취소에는 이를 규정하지 않고 있다. 다만, 법무법인(유한)의 인가취소(제58조의13) 사유 중 제 6 호 '업무 집행에 관하여 법령을 위반한 경우'에 해당하는지 문제된다. 여기서 '업무 집행'은 변호사법과 다른 법률에 따른 변호사의 직무에 속하는 업무를 수행하는 것은 물론 법인의 정관에서 정하고 있는 법인의 존속을 위한 일체의 업무로 이해할 수 있다. 따라서 법무법인(유한)이 자본총액을 유지하지 못하는 것은 변호사법을 위반하여 '업무 집행에 관하여 법령을 위반한 경우'로 볼 수 있어 설립인가를 취소사유가 될 수 있다. 변호사법 제58조의13 제 3 호는 '다른 법인에 출자하거나 타인의 채무를 보증한 경우' 및 제 4 호는 '회계처리를 위반한 경우'를 인가취소 사유로 하고 있는데, 자본총액 유지의무를 위반한 경우를 이와 달리 취급할 이유는 없다. 그렇지 않더라도 법무법인(유한)이 자본총액을 유지할 수 없다면 결국 해산사유로 작용하게 될 것으로 보인다.

---

4 김완석·황남석, 법인세법론(2014년 개정증보판), 230면.

제58조의8 다른 법인에의 출자 제한 등

제58조의8(다른 법인에의 출자 제한 등)
① 법무법인(유한)은 자기자본에 100분의 50의 범위에서 대통령령으로 정하는 비율을 곱한 금액을 초과하여 다른 법인에 출자하거나 타인을 위한 채무보증을 하여서는 아니된다.
② 제1항에 규정된 자기자본은 직전 사업연도 말 대차대조표의 자산 총액에서 부채 총액을 뺀 금액을 말한다. 새로 설립된 법무법인(유한)으로서 직전 사업연도의 대차대조표가 없는 경우에는 설립 당시의 납입자본금을 말한다.

Ⅰ. 연 혁

2005. 1. 27. 개정된 변호사법은 법무법인(유한)의 출자와 그 제한에 관한 규정을 신설했다. 즉, 법무법인(유한)은 자기자본에 100분의 50의 범위 안에서 대통령령이 정하는 비율을 곱한 금액을 초과하여 다른 법인에 출자하거나 타인을 위한 채무보증을 하여서는 아니 된다(제58조의8 제1항). 제1항에 규정된 자기자본은 직전 사업연도말 대차대조표의 자산총액에서 부채총액을 차감한 금액을 말한다. 새로 설립된 법무법인(유한)으로서 직전 사업연도의 대차대조표가 없는 경우에는 설립 당시의 납입자본금을 말한다(제2항).

Ⅱ. 법무법인(유한)의 다른 법인에 출자 제한·채무보증 금지

(1) 법무법인(유한)은 자기자본에 100분의 50의 범위에서 대통령령으로 정하는 비율을 곱한 금액을 초과하여 다른 법인에 출자하거나 타인을 위한 채무보증을 하여서는 아니 된다(제1항). 법무법인(유한)은 변호사법상 대표적인 자본금 중심의 단체이다. 이 점에서 인적회사의 전형인 합명회사를 기초로 하는 법무법인이나 민법상 조합과 유사한 법무조합과 다

르다. 법무법인(유한)의 자본은 법인의 존속 중에 보유하여야 하는 법인의 채권자에 대한 책임재산이기도 하다. 그래서 자본금을 유지시키기 위하여 그 처분에 대하여 엄격한 제한을 두고 있다. 법무법인(유한)은 자기자본의 100분의 50의 범위에서 다른 법인에 출자하거나 채무보증을 할 수 없다. 법무법인(유한)이 다른 법인에 출자한다는 것은 공익활동을 목적으로 하는 재단법인을 설립하는 행위를 들 수 있다. 그리고 타인을 위한 채무보증에서 '타인'은 구성원 변호사와 같은 자연인은 물론 다른 법인도 포함된다.

(2) 「변호사법 시행령」은 다른 법인에 출자할 수 있는 한도액에 관하여 변호사법의 범위보다 훨씬 축소하고 있다. ① 자기자본이 5억원인 경우에는 자기자본의 100분의 25에 해당하는 금액, ② 자기자본이 5억원을 넘는 경우에는 5억원의 100분의 25에 해당하는 금액과 5억원을 넘는 금액의 100분의 50에 해당하는 금액을 합산한 금액으로 제한하고 있다(제13조의2 제 1 호·제 2 호). 타인을 위하여 채무를 보증한 금액의 합계액은 자기자본의 100분의 10에 해당하는 금액보다 많으면 아니 된다(제13조의2 후단). 채무보증의 위험성 때문에 운용할 수 있는 자본을 소규모로 제한하고 있다.

Ⅲ. 제 1 항에 규정된 자기자본과 신설 법무법인(유한)의 납입자본금

제 1 항에 규정된 자기자본은 직전 사업연도 말 대차대조표의 자산 총액에서 부채 총액을 뺀 금액을 말한다. 새로 설립된 법무법인(유한)으로서 직전 사업연도의 대차대조표가 없는 경우에는 설립 당시의 납입자본금을 말한다(제 2 항). 법무법인(유한)이 다른 법인에 출자하거나 채무보증의 기초가 되는 자기자본에 관한 규율이다. 여기서 '자기자본'은 법인의 직전 사업연도를 기준으로 하여 자산 총액에서 부채 총액을 공제한 금액을 말한다. 이 자본금액은 법무법인(유한)이 유지해야 하는 자본총액 5억원보다 많거나 적을 수 있다. 현존하는 자기자본을 기준으로 제한된 범위에서 출자를 하거나 채무보증을 할 수 있다. 신설된 법무법인(유한)은 직전 사업연도가 있을 수 없고 대차대조표 역시 존재하지 않는다. 이때는 설립 당시의 납입자본금을 말한다. 납입자본금이란 대차대조표에 계상된 자본금 중 사실상 납입된 금액을 뜻한다.[1] 그러나 주식회사에서 가장납입과 같은 문제가 법무법인(유한)에도 발생할 가능성은 있다.

---

1 내국법인의 해산에 의한 청산소득금액은 잔여재산의 가액에서 해산등기일 현재의 납입자본금 또는 출자금액과 잉여금의 합계금액을 공제한 금액으로 한다고 규정하고 있는 법인세법 제43조 제 1 항 소정의 "납입자본금"이란 해산등기일 현재의 대차대조표에 계상된 자본금 중 사실상 납입된 금액을 뜻한다고 할 것이고, 그에 대하여 다시 물가상승률을 감안하여 조정계산하는 것은 아니다(대법원 1992. 11. 10. 91누12714 법인세등부과처분취소).

제58조의9 회계처리 등

제58조의9(회계처리 등)

① 법무법인(유한)은 이 법에 정한 것 외에는 「주식회사의 외부감사에 관한 법률」 제 5 조에 따른 회계처리기준에 따라 회계처리를 하여야 한다.

② 법무법인(유한)은 제 1 항의 회계처리기준에 따른 대차대조표를 작성하여 매 사업연도가 끝난 후 3개월 이내에 법무부장관에게 제출하여야 한다.

③ 법무부장관은 필요하다고 인정하면 제 2 항에 따른 대차대조표가 적정하게 작성되었는지를 검사할 수 있다.

Ⅰ. 연 혁

2005. 1. 27. 개정된 변호사법은 법무법인(유한)의 회계처리기준을 정하면서 법무부장관의 감독규정을 신설했다. 즉, 법무법인(유한)은 이 법에 정한 것을 제외하고는 주식회사의외부감사에관한법률 제13조의 규정에 의한 회계처리기준에 따라 회계처리를 하여야 한다(제58조의9 제 1 항). 법무법인(유한)은 제 1 항의 규정에 의한 회계처리기준에 따른 대차대조표를 작성하여 매 사업연도 종료 후 3월 이내에 법무부장관에게 제출하여야 한다(제 2 항). 법무부장관은 필요하다고 인정하는 경우에는 제 2 항의 규정에 의한 대차대조표가 적정하게 작성되었는지 여부를 검사할 수 있다(제 3 항).

Ⅱ. 법무법인(유한)의 회계처리

법무법인(유한)은 이 법에 정한 것 외에는 「주식회사의 외부감사에 관한 법률」 제 5 조에 따른 회계처리기준에 따라 회계처리를 하여야 한다(제 1 항). 법무법인(유한)은 채무의 종류에 따라 그 책임범위가 다르다. 출자금액을 한도로 책임을 지기도 하고(변호사법 58의10) 수임사건의 위임인에게 발생한 손해를 담당변호사와 법무법인(유한)이 연대하여 책임을 지기도 한다. 그 때문에 채권자를 보호하기 위해서 회계를 규제할 필요가 있다. 법무법인(유한)이 기초로 하는 유한회사는 소규모라서 대차대조표를 공개하지 않아도 되는 폐쇄성이 있다. 변호사법은 자본총액 등(제58조의7)에 관한 것과 다른 법인에의 출자 제한 등(제58조의8)에 관한 규정을 두어 규율하고 있다. 변호사법이 규정한 것 외에는 「주식회사의 외부감사에 관한 법률」 제 5 조가 정하는 회계처리기준에 따라 회계처리를 하여야 한다.[1]

Ⅲ. 대차대조표 작성과 법무부장관에게 제출

법무법인(유한)은 제 1 항의 회계처리기준에 따른 대차대조표를 작성하여 매 사업연도가 끝난 후 3개월 이내에 법무부장관에게 제출하여야 한다(제 2 항). 법무법인(유한)은 대차대조표를 사업연도가 끝난 후 3개월 이내에 법무부장관에게 제출하여야 한다. 대차대조표의 작성은 법무법인(유한)의 이사가 한다. 여기서 대차대조표는 회계처리기준에 맞게 작성된

---

1 **「주식회사의 외부감사에 관한 법률」 제 5 조(회계처리기준)** ① 금융위원회는 「금융위원회의 설치 등에 관한 법률」에 따른 증권선물위원회(이하 "증권선물위원회"라 한다)의 심의를 거쳐 회사의 회계처리기준을 다음 각 호와 같이 구분하여 정한다.

1. 국제회계기준위원회의 국제회계기준을 채택하여 정한 회계처리기준
2. 그 밖에 이 법에 따라 정한 회계처리기준

② 제 1 항에 따른 회계처리기준은 회사의 회계처리와 감사인의 회계감사에 통일성과 객관성이 확보될 수 있도록 하여야 한다.

③ 회사는 제 1 항 각 호의 어느 하나에 해당하는 회계처리기준에 따라 재무제표를 작성하여야 한다. 이 경우 제 1 항 제 1 호의 회계처리기준을 적용하여야 하는 회사의 범위와 회계처리기준의 적용 방법은 대통령령으로 정한다.

④ 금융위원회는 제 1 항에 따른 업무를 대통령령으로 정하는 바에 따라 전문성을 갖춘 민간 법인 또는 단체에 위탁할 수 있다.

⑤ 금융위원회는 이해관계인의 보호, 국제적 회계처리기준과의 합치 등을 위하여 필요하다고 인정되면 증권선물위원회의 심의를 거쳐 제 4 항에 따라 업무를 위탁받은 민간 법인 또는 단체(이하 "회계기준제정기관"이라 한다)에 회계처리기준의 내용을 수정할 것을 요구할 수 있다. 이 경우 회계기준제정기관은 정당한 사유가 없으면 이에 따라야 한다.

⑥ 「금융위원회의 설치 등에 관한 법률」에 따라 설립된 금융감독원(이하 "금융감독원"이라 한다)은 「자본시장과 금융투자업에 관한 법률」 제442조 제 1 항에 따라 금융감독원이 징수하는 분담금의 100분의 8을 초과하지 아니하는 범위에서 대통령령으로 정하는 바에 따라 회계기준제정기관에 지원할 수 있다.

⑦ 회계기준제정기관은 사업연도마다 총수입과 총지출을 예산으로 편성하여 해당 사업연도가 시작되기 1 개월 전까지 금융위원회에 보고하여야 한다.

것이어야 한다. 유한회사 역시 매결산기에 재무제표인 ① 대차대조표, ② 손익계산서, ③ 그 밖에 회사의 재무상태와 경영성과를 표시하는 것으로서 제447조 제 1 항 제 3 호에 따른 서류와 그 부속명세서를 작성하여야 한다(상법 579①).[2]

기업의 재무제표는 대차대조표, 손익계산서, 이익잉여금처분계산서(또는 결손금처리계산서), 현금흐름표, 자본변동표로 구성되며, 주석을 포함한다. 여기서 '대차대조표'는 일정 시점 현재 기업이 보유하고 있는 경제적 자원인 자산과 경제적 의무인 부채, 그리고 자본에 대한 정보를 제공하는 재무보고서이다. 대차대조표의 구성요소는 다음과 같은 자산, 부채, 자본으로 구분한다(회계기준위원회, 기업회계기준서 제21호).[3] 대차대조표는 회계처리기준에 따라야 하는데, 여기서 회계처리기준은 일반적으로 공정하고 타당한 회계관행을 말한다.

Ⅳ. 법무부장관의 대차대조표 검사

법무부장관은 필요하다고 인정하면 제 2 항에 따른 대차대조표가 적정하게 작성되었는지를 검사할 수 있다(제 3 항). 법무부장관은 법무법인(유한)의 설립인가권자이자 법정요건의 충족 여부를 감독하는 관청의 당연한 권한으로 대표대조표가 적정하게 작성되었는지 여부를 검사할 수 있다. 따라서 법무부장관은 법무법인(유한)이 직전 사업연도 말 대차대조표의 자산 총액에서 부채 총액을 뺀 금액이 5억원에 미달하면 부족한 금액을 매 사업연도가 끝난 후 6개월 이내에 증자를 하거나 구성원의 증여로 보전(補塡)하여야 하며(변호사법 58의7④), 증자나 보전을 하지 아니하면 기간을 정하여 증자나 보전을 명할 수 있다(변호사법 58의7⑥).

유한회사는 소규모의 회사로서 폐쇄성·비공개성의 요구에 따라 주식회사와 같은 대차대조표의 공고(상법 449③)와 같은 제도는 없다. 이와 같이 법무법인(유한) 역시 대차대조표를 감독관청인 법무부장관에게 제출할 뿐 대외적으로 공개하지는 않고 있다.

---

2 「상법 시행령」 제16조(주식회사 재무제표의 범위 등) ① 법 제447조 제 1 항 제 3 호에서 "대통령령으로 정하는 서류"란 다음 각 호의 어느 하나에 해당하는 서류를 말한다. 다만, 「주식회사의 외부감사에 관한 법률」 제 2 조에 따른 외부감사 대상 회사의 경우에는 다음 각 호의 모든 서류, 현금흐름표 및 주석(註釋)을 말한다.

1. 자본변동표
2. 이익잉여금 처분계산서 또는 결손금 처리계산서

3 (1) 자산은 유동자산과 비유동자산으로 구분한다. 유동자산은 당좌자산과 재고자산으로 구분하고, 비유동자산은 투자자산, 유형자산, 무형자산, 기타비유동자산으로 구분한다.
(2) 부채는 유동부채와 비유동부채로 구분한다.
(3) 자본은 자본금, 자본잉여금, 자본조정, 기타포괄손익누계액 및 이익잉여금(또는 결손금)으로 구분한다.

제58조의10 구성원의 책임

제58조의10(구성원의 책임)
법무법인(유한)의 구성원의 책임은 이 법에 규정된 것 외에는 그 출자금액을 한도로 한다.

Ⅰ. 연 혁

(1) 2005. 1. 27. 개정된 변호사법은 법무법인(유한)의 구성원 변호사의 책임에 관한 규정을 신설했다. 즉, 법무법인(유한)의 구성원의 책임은 이 법에 규정된 것을 제외하고는 그 출자금액을 한도로 한다(제58조의10).

(2) 2008. 3. 28. 개정된 변호사법은 '이 법에 규정된 것을 제외하고는' 부분을 '이 법에 규정된 것 외에는'이라고 자구수정을 한 바 있다.

Ⅱ. 법무법인(유한)의 구성원 책임

1. 법무법인(유한)의 책임구조

(1) 법인법인(유한)의 책임은 변호사법과 상법상 유한회사를 중심으로 고찰해야 한다. 법무법인(유한)의 책임은 법무법인(유한) 자체의 책임과 그 구성원 변호사의 책임으로 나눌 수 있다. 담당변호사[담당변호사가 지정되지 아니한 경우에는 그 법무법인(유한)의 구성원 모두를 말한다]는 수임사건에 관하여 고의나 과실로 그 수임사건의 위임인에게 손해를 발생시킨 경우에는 법무법인(유한)과 연대하여 그 손해를 배상할 책임이 있다(변호사법 58조의11 ①). 구성원 변호사에 대하여는 이사의 지위를 가진 자와 단순한 구성원의 지위를 가진 자의 책임으로 구분할 수 있다.

본조에서 말하는 '구성원'은 이사의 지위를 가진 변호사는 물론 그렇지 않은 구성원도 포함된다. 이사는 법인을 대표한다(변호사법 58의17①; 상법 562①). 법인을 대표한다는 것은 법인의 업무에 관하여 재판상 또는 재판외의 모든 행위를 권한이 있다는 것이다. 이사가 아닌 구성원 변호사는 원칙적으로 수임사건의 담당변호사가 되어 법인을 대표하는 때를 제외하고는 법인의 일반업무를 처리하지 않는다. 그 때문에 본조에서 말하는 '구성원'은 이사의 지위를 가진 자가 중심이 된다고 볼 수 있다.

다만, 구성원 변호사가 실제로는 이사가 아니지만 자신의 영향력을 이용하여 이사에게 업무집행을 지시하는 자 등과 같은 사실상의 이사(업무집행지시자)와 같은 행위를 할 때는 책임을 져야 하는 경우도 있을 수 있다.[1] 그리고 합명회사의 자칭사원이 사원과 동일한 책임을 져야 하는 것(상법 215)과 같이[2] 유한회사는 주식회사의 표현대표이사의 책임(상법 567, 395) 규정을 준용하고 있으므로 표현대표이사의 행위에 대하여 회사는 책임을 져야 한다. 법무법인(유한) 역시 표현대표 구성원 변호사의 행위에 대하여 책임을 져야 하는 경우도 있을 수 있다.

2. 법무법인(유한)에 대한 책임

이사의 지위에 있는 구성원 변호사의 법무법인(유한)에 대한 책임은 유한회사의 이사에게 부과된 책임을 중심으로 검토해야 한다. 즉, ① 이사의 경업피지의무위반(변호사법 58의17①; 상법 567, 397①), ② 법인과의 거래에 관한 제한(변호사법 58의17①; 상법 564③), ③ 이사가 고의 또는 과실로 법령 또는 정관에 위반한 행위를 하거나 그 임무를 게을리한 경우에는 그 이사는 법인에 대하여 연대하여 손해를 배상할 책임이 있다(변호사법 58의17①; 상법 567, 399). 여기서 '연대하여'란 수인의 이사에 의하여 법령 또는 정관에 위반한 행위를 하거나 그 임무를 게을리한 경우이다. 감사가 회사 또는 제 3 자에 대하여 손해를 배상할 책임이 있는 경우에 이사도 그 책임이 있는 때에는 그 감사와 이사는 연대하여 배상할 책임이 있다(변호사법 58의17①; 상법 414③).[3] 이사의 책임은 주주 전원의 동의로 면제할 수 있다(상법 567, 400①).

---

1 **상법 제401조의2(업무집행지시자 등의 책임)** ① 다음 각호의 1에 해당하는 자는 그 지시하거나 집행한 업무에 관하여 제399조·제401조 및 제403조의 적용에 있어서 이를 이사로 본다.
1. 회사에 대한 자신의 영향력을 이용하여 이사에게 업무집행을 지시한 자
2. 이사의 이름으로 직접 업무를 집행한 자
3. 이사가 아니면서 명예회장·회장·사장·부사장·전무·상무·이사 기타 회사의 업무를 집행할 권한이 있는 것으로 인정될 만한 명칭을 사용하여 회사의 업무를 집행한 자

② 제 1 항의 경우에 회사 또는 제 3 자에 대하여 손해를 배상할 책임이 있는 이사는 제 1 항에 규정된 자와 연대하여 그 책임을 진다.

2 일본 변호사법 제30조의16은 자칭사원의 책임에 관한 규정을 두고 있다.

3 **상법 제414조(감사의 책임)** ① 감사가 그 임무를 해태한 때에는 그 감사는 회사에 대하여 연대하여 손해를 배상할 책임이 있다.

법무법인(유한)은 주식회사의 주주가 없기 때문에 구성원 변호사 전원의 동의로 법인에 대한 책임을 면제하는 결의는 가능하다.

3. 자본충실의 책임

이사는 자본충실의 책임도 진다. 법인 성립 후에 출자금액의 납입 또는 현물출자의 이행이 완료되지 아니하였음이 발견된 때에는 법인 성립당시의 구성원, 이사와 감사는 법인에 대하여 그 납입되지 아니한 금액 또는 이행되지 아니한 현물의 가액을 연대하여 지급할 책임이 있다(변호사법 58의17①; 상법 551①). 법무법인(유한)은 설립인가신청시에 출자완료증명서를 제출하기에 이론상 출자미필액이 발생하기 어렵지만 현실적으로는 있을 수 있다. 그리고 법인의 자본금 증가 후에 아직 출자전액의 납입 또는 현물출자의 목적인 재산의 급여가 미필된 출자가 있는 때에는 이사와 감사는 연대하여 그 납입 또는 급여미필재산의 가액을 지급할 책임이 있다(변호사법 58의17①; 상법 594②). 법무법인(유한)은 최소자본금 5억원이 유지하면 되지만 자본금을 증가시키기로 한 경우에 미필된 출자에 대하여 이사와 감사가 책임을 져야 한다.

4. 제 3 자에 대한 책임

회사를 대표하는 구성원 변호사가 그 업무집행으로 인하여 타인에게 손해를 가한 때에는 법인은 그 구성원과 연대하여 배상할 책임이 있다(변호사법 58의17①; 상법 567, 210). 여기서 '업무집행'은 법인의 대표변호사가 제 3 자에 대하여 한 불법행위를 말하며, 그로 인한 손해배상책임에 관한 규정이다. 대표변호사는 통상 이사의 지위에 있겠지만 필수적인 것은 아니다.

이사가 고의 또는 중대한 과실로 그 임무를 게을리한 때에는 그 이사는 제 3 자에 대하여 연대하여 손해를 배상할 책임이 있다(변호사법 58의17①; 상법 567, 401①).[4] 이사의 이 책임은 불법행위가 아닌 제 3 자의 보호를 위하여 상법이 특별하게 인정한 법정책임으로 보는 것이 상법학자들의 통설이다. 이사가 그 임무를 고의 또는 중대한 과실로 게을리한 것을 요하고,

---

② 감사가 악의 또는 중대한 과실로 인하여 그 임무를 해태한 때에는 그 감사는 제 3 자에 대하여 연대하여 손해를 배상할 책임이 있다.
③ 감사가 회사 또는 제 3 자에 대하여 손해를 배상할 책임이 있는 경우에 이사도 그 책임이 있는 때에는 그 감사와 이사는 연대하여 배상할 책임이 있다.

4 이사가 제 3 자에 대하여 연체하여 손해배상 책임을 지는 고의 또는 중대한 과실로 인한 임무해태 행위라 함은 이사의 직무상 충실 및 선관의무 위반의 행위로서 위법한 사정이 있어야하고 통상의 거래행위로 인하여 부담하는 회사의 채무를 이행할 능력이 있었음에도 단순히 그 이행을 지체하고 있는 사실로 인하여 상대방에게 손해를 끼치는 사실만으로는 이를 임무를 해태한 위법한 경우라고 할 수는 없다(대법원 1985. 11. 12. 84다카2490(손해배상)).

제 3 자에 대하여 가해의 고의·과실을 요구하지 않는다. 여기서 '그 임무'란 의뢰인의 수임사건에 관한 것은 아니다. 수임사건과 관련된 손해배상책임은 변호사법 제58조의11에서 규율하고 있기 때문이다.

Ⅲ. 출자금액을 한도로 하는 구성원 책임

(1) 법무법인(유한)의 구성원의 책임은 이 법에 규정된 것 외에는 그 출자금액을 한도로 한다. 여기서 '이 법에 규정된 것'은 변호사법 제58조의11(수임사건과 관련된 손해배상책임)을 말한다. 그 외의 책임은 앞에서 살펴본 바와 같고, 그 책임은 출자금액을 한도로 한다. 이 점이 법무법인(유한)의 주요한 특징이다. 유한회사의 사원의 책임도 출자금액으로 제한하고 있다. 즉, 사원의 책임은 본법에 다른 규정이 있는 경우 외에는 그 출자금액을 한도로 한다(상법 553).

(2) 구성원 변호사의 출자금액은 3천만원 이상이다(변호사법 58의7③). 그러므로 구성원은 자신이 출자한 금액의 범위에서 책임을 진다. 그런데 일부 구성원 변호사가 대부분의 자본을 출자하고 다른 구성원 변호사는 출자를 하지 않을 수 있다. 법정 출자금에 미달되는 금액을 출자했거나 전혀 출자하지 않고 설립된 법인에 가입할 수 있다. 변호사법 위반에 해당되지만 있을 수 있는 일이다.

(3) 그런데 출자를 하지 않은 구성원 변호사나 법정 출자금에 미달된 금액을 출자한 자 역시 오로지 출자금액 범위에서만 책임을 지는지 문제된다. 만약 이를 긍정한다면 출자하지 않은 자는 출자금액이 없어 면책될 것이고, 법정출자금에 미치지 못한 금액(예컨대 100만원 출자)을 출자한 자는 그 금액 범위에서만 책임을 지게 될 것이다. 그러나 이는 부당한 결론이다. 변호사법이 모든 구성원 변호사에게 최소 출자금액을 반드시 출자하도록 한 취지는 자본충실을 위해서뿐만 아니라 채권자를 보호하기 위한 책임재산을 보유하도록 하는 의미도 있다. 그러므로 법인의 정관에 구성원의 출자좌수가 기재되어 있고, 제 3 자를 보호해야 할 필요성도 있다는 점에서 실제로 출자이행 여부와 상관없이 최저 출자금액(3천만원) 범위에서 그 책임을 진다고 해야 한다. 그리고 구성원 상호간의 내부적인 문제는 구상권 행사로 해결할 수 있을 것이다.

제58조의11 수임사건과 관련된 손해배상책임

제58조의11(수임사건과 관련된 손해배상책임)

① 담당변호사[담당변호사가 지정되지 아니한 경우에는 그 법무법인(유한)의 구성원 모두를 말한다]는 수임사건에 관하여 고의나 과실로 그 수임사건의 위임인에게 손해를 발생시킨 경우에는 법무법인(유한)과 연대하여 그 손해를 배상할 책임이 있다.

② 담당변호사가 제 1 항에 따른 손해배상책임을 지는 경우 그 담당변호사를 직접 지휘·감독한 구성원도 그 손해를 배상할 책임이 있다. 다만, 지휘·감독을 할 때에 주의를 게을리하지 아니하였음을 증명한 경우에는 그러하지 아니하다.

③ 법무법인(유한)은 제 1 항과 제 2 항에 따른 손해배상책임에 관한 사항을 대통령령으로 정하는 바에 따라 사건수임계약서와 광고물에 명시하여야 한다.

I. 연 혁

(1) 2005. 1. 27. 개정된 변호사법은 법무법인(유한) 제도를 신설하면서 담당변호사와 법무법인(유한)이 연대하여 수임사건과 관련된 손해배상책임을 지도록 하는 규정을 신설했다. 즉, 담당변호사[담당변호사가 지정되지 아니한 경우에는 그 법무법인(유한)의 구성원 모두를 말한다]는 수임사건에 관하여 고의 또는 과실로 그 수임사건의 위임인에게 손해를 발생시킨 때에는 법무법인(유한)과 연대하여 그 손해를 배상할 책임이 있다(제58조의11 제 1 항). 담당변호사가 제 1 항의 규정에 의한 손해배상책임을 지는 경우 그 담당변호사를 직접 지휘·감독한 구성원도 그 손해를 배상할 책임이 있다. 다만, 지휘·감독을 함에 있어서 주의를 게을리하지 아니하였음을 증명한 때에는 그러하지 아니하다(제 2 항). 법무법인(유한)은 제 1 항 및 제 2 항의 규정에 의한 손해배상책임에 관한 사항을 대통령령이 정하는 바에 의하여 사건수임계약서 및 광고물에 명시하여야 한다(제 3 항).

(2) 2006. 3. 24. 개정된 변호사법과 2008. 3. 28. 개정된 변호사법은 위 내용을 그대로 유지하면서 자구수정을 한 바 있다.

Ⅱ. 수임사건과 관련된 담당변호사와 법무법인(유한)의 손해배상책임

1. 담당변호사의 수임사건과 관련된 손해배상책임

(1) 담당변호사[담당변호사가 지정되지 아니한 경우에는 그 법무법인(유한)의 구성원 모두를 말한다]는 수임사건에 관하여 고의나 과실로 그 수임사건의 위임인에게 손해를 발생시킨 경우에는 법무법인(유한)과 연대하여 그 손해를 배상할 책임이 있다(제 1 항). 법무법인(유한)은 법인 명의로 업무를 수행하며, 그 업무를 담당할 변호사를 지정하여야 한다. 소속 변호사에게 그 업무를 담당시킬 경우에는 구성원 변호사와 공동으로 담당변호사로 지정하여야 한다(변호사법 58의16, 50①). 담당변호사가 지는 손해배상책임의 요건은 법무법인의 책임에서 살펴본 바 있다. 이 규정은 구성원 변호사 전원이 연대책임을 지는 법무법인과 달리 당해 사건을 처리한 담당변호사와 법무법인(유한)이 연대하여 책임을 지도록 그 범위를 제한하였다는 점에 특징이 있다.[1][2] 미국의 「변호사 직무에 관한 모범규칙」 Rule 5.2 (a),(b)에서는 상급변호사의 지휘·감독을 받는 변호사의 책임에 대하여 규정하고 있다.[3] 법무법인(유한)은 법인 명의로 사건을 수임하여 실제로 그 업무를 처리하는 담당변호사는 법무법인(유한)의 이행보조자의 지위에 있다. 그럼에도 담당변호사의 책임을 묻는 것은 민법에 대한 특칙이라고 하겠다.

(2) 담당변호사의 고의나 과실로 손해배상책임을 지게 되는 수임사건은 당연히 법무법인(유한) 명의로 수임한 사건이다. 여기서 '수임사건'이란 변호사(법무법인·법무법인(유한)·법무조합 포함)가 위임인(의뢰인)으로부터 변호사의 직무에 해당하는 사무의 처리를 위임받은 사건을 말한다. 수임사건은 소송에 관한 행위 및 행정처분의 청구에 관한 대리행위와 일반 법률 사무를 포함한다. 그러므로 수임사건은 위임장이나 선임서를 제출하고 변론하는 송무사건은 물론 특정 법률사무를 직접 처리해 주거나 상당하는 등의 자문사건 역시 해당된다.

---

1 정형근, "변호사법상 법무법인·법무법인(유한)·법무조합의 책임에 관한 연구", 경희법학(2010. 3), 203면.

2 일본의 변호사법 역시 담당변호사에 해당되는 '지정사원'제도를 두고 있다. 수임사건의 처리를 위하여 지정사원이 지정되거나, 의뢰인에게 통지가 된 경우(지정사원의 흠결시에 새로운 지정이 없어 전 사원이 지정사원으로 보거나, 1인의 변호사법인이 사건을 수임한 경우 그 사원도 포함)에는 지정사건에 관한 의뢰인에게 부담하게 되는 변호사법인의 채무는 변호사법인의 재산으로 완제할 수 없을 때에는 지정사원이 연대하여 변제할 책임을 진다(일본 변호사법 30의15④).

3 Rule 5.1 (a) 변호사는 다른 사람의 지시에 의해 행동하는 경우라 할지라도 윤리규칙에 구속된다. (b) 하급변호사가 직업의무에 있어서 논의의 여지가 있는 문제에 대하여 감독 변호사의 합리적인 결론에 따라 행동하였다면 윤리규칙을 위반한 것이 아니다.

(3) 담당변호사가 그 명의와 계산으로 수임하여 처리하던 중에 발생한 사건의 손해배상책임은 본조의 적용대상이 아니다. 물론 법무법인(유한)의 구성원 및 구성원이 아닌 소속 변호사는 자기나 제 3 자의 계산으로 변호사의 업무를 수행할 수 없다(변호사법 58의16, 52①). 그럼에도 담당변호사가 위 규정을 위반하여 개인 명의로 사건을 선임하여 처리 중에 손해를 야기한 경우에는 법무법인(유한)은 민법상 사용자책임을 져야 하는 경우도 발생할 수 있다(민법 756①). 담당변호사가 소속 변호사인 경우에는 법인에 대하여 임금을 목적으로 종속관계에서 근로를 제공하는 근로자 지위에 있으므로 피용자라고 보는데 어려움이 없다. 판례 역시 사용관계에 대하여 폭넓게 해석하고 있다.[4]

(4) 만약 담당변호사가 구성원 변호사인 경우에도 법인법인(유한)이 사용자의 지위에 있는지 여부가 문제된다. 법무법인(유한)은 구성원 변호사에 의하여 설립되고, 그 운영에 관한 의사결정권도 구성원 변호사에게 전속되어 있으며, 그 업무수행도 각자가 법인을 대표하게 되므로 피용자의 지위에 있는 것이 아니라고 볼 수 있다. 그러나 법무법인(유한)은 이사의 지위를 갖는 대표변호사의 일반적인 지휘·감독하에 있다고 할 수 있어 피용자의 지위를 인정할 수 있다.

2. 담당변호사의 지정과 변론 관여 여부에 따른 책임유무

(1) 구성원 변호사가 손해배상책임을 지기 위해서는 법무법인(유한)으로부터 담당변호사로 지정되어야 한다(변호사법 58의11①, 50①). 여기에서 '지정'이란 사건을 선임한 후에 소송위임장이나 변호인선임신고서 등과 함께 제출하는 '담당변호사 지정서'에 당해 사건의 담당변호사로 기재되어 기명날인된 변호사를 말한다. 이와 같이 담당변호사로 지정되어 있지만, 실제로는 그 사건에 전혀 관여하지 않은 변호사가 있을 수 있다. 법무법인(유한)이 그 업무에 관하여 작성하는 문서에는 법인명의를 표시하고 담당변호사가 기명날인하거나 서명하여야 한다(변호사법 58의16, 50⑦). 그러므로 실제로 누가 담당변호사인가는 '그 업무에 관하여 작성하는 문서에 기명날인이나 서명'을 통해서 확인할 수 있다. 담당변호사를 지정한 경우 또는 변경한 경우에는 지체 없이 이를 수임사건의 위임인에게 서면으로 통지하여야 한다(변호사법 57, 50⑤). 이런 통지를 통해서 특정되는 담당변호사가 실제로 담당변호사 지정서에 기재되어 있지 않고, 실제로 아무런 사건처리에 관여하지 않는다면 담당변호사라고 할 수는 없다.

---

4 민법 제756조 소정의 사용자와 피용자의 관계는 반드시 유효한 고용관계가 있는 경우에 한하는 것이 아니고, 사실상 어떤 사람이 다른 사람을 위하여 그 지휘·감독 아래 그 의사에 따라 사무를 집행하는 관계에 있으면 족한 것이며, 타인에게 위탁하여 계속적으로 사무를 처리하여 온 경우 객관적으로 보아 그 타인의 행위가 위탁자의 지휘·감독의 범위 내에 속한다고 보이는 경우 그 타인은 민법 제756조에 규정한 피용자에 해당한다(대법원 1998. 8. 21. 97다13702 손해배상(기)).

(2) 그러나 복수의 담당변호사 중 일부의 변호사만 그 사건의 처리에 관여하고, 법원에 제출하는 서면에 다른 담당변호사의 기명날인이 빠질 수도 있다. 이때 담당변호사로 지정되었으면서도 업무처리에 전혀 관여하지 않은 자는 그 사건과 관련된 손해배상책임을 면할 수 있는지 문제된다. 실제로 수많은 변호사를 담당변호사로 지정하는 경우도 있다. 손해를 본 의뢰인은 소송대리인의 지위에 있던 담당변호사와 법무법인(유한)을 상대로 연대하여 손해배상을 청구할 것이다. 담당변호사가 실제로 변론행위에 관여 여부는 외부에서는 알 수도 없을 뿐만 아니라 유한책임을 인정한 법무법인(유한)의 설립취지에도 반한다. 수인의 담당변호사를 지정하고 그 일부의 변호사에게만 그 사건을 처리하도록 한 것은 어디까지나 법인의 편의 때문이다. 따라서 담당변호사로 지정된 자는 그 사건의 처리에 실질적으로 관여 여부와 상관없이 책임을 진다고 보는 것이 타당하다.

3. 담당변호사가 지정되지 아니한 경우

담당변호사를 지정하지 아니한 경우에는 구성원 모두를 담당변호사로 지정한 것으로 본다(변호사법 58의16, 50④). 이 경우에는 구성원 변호사 전체가 책임을 지게 되므로 책임범위를 특정하기 위하여 반드시 담당변호사를 지정하게 될 것이다. 실제로 송무 실무에서는 반드시 담당변호사를 지정하고 있다. 담당변호사는 다른 구성원 변호사의 지휘·감독하에 업무를 하였을지라도 면책되지는 않는다.[5] 모든 변호사는 각자 독자적인 판단으로 손해를 회피할 의무가 있기 때문이다.

4. 법무법인의 손해배상책임과 구별

법무법인(유한)과 그 법무법인(유한)을 대표하는 담당변호사의 책임은 '수임사건과 관련된 손해배상책임'이라서 위임계약에서 비롯되는 채무불이행책임이라고 할 수 있다. 이는 법무조합의 수임사건과 관련된 손해배상책임에서도 동일하다(변호사법 58의25). 반면, 법무법인은 대표변호사나 담당변호사가 법무법인과 연대하여 손해배상책임을 부담하는 것은 대표변호사 등이 그 업무집행 중 불법행위를 한 경우에 한정된다. 즉, 변호사법 제58조 제 1 항에 의하여 준용되는 상법 제210조는 "회사를 대표하는 사원이 그 업무집행으로 인하여 타인에게 손해를 가한 때에는 회사는 그 사원과 연대하여 배상할 책임이 있다"고 규정하고 있는바, 상법 제210조는 법인의 불법행위능력에 관한 민법 제35조 제 1 항의 특칙이므로, 법무법인의 대표변호사나 담당변호사가 법무법인과 연대하여 제 3 자에 대해 손해배상책임을 부담하는 것은 대표변호사 등이 그 업무집행 중 불법행위를 한 경우에 한정된다.[6]

---

5 川端和治, "共同事務所の辯護士間の諸問題", 法曹の倫理と責任, 213면.

6 대법원 2013. 2. 14. 2012다77969 손해배상.

5. 소멸시효기간

채권은 10년간 행사하지 아니하면 소멸시효가 완성한다(민법 162). 따라서 위임인은 위 기간 안에 손해배상청구권을 행사하여야 한다. 민법 제163조 제 5 호는 "변호사, 변리사, 공증인, 공인회계사 및 법무사의 직무에 관한 채권"에 대하여 3년간 행사하지 아니하면 소멸시효가 완성한다고 규정하고 있다. 여기서 '직무에 관한 채권'이 변호사 등의 위임인에 대한 채권만을 말하는 것인지, 아니면 위임인의 채권도 포함하는 것인지 견해가 갈릴 수 있지만, 전자로 해석해야 한다.[7] 따라서 변호사 등이 의뢰인에 대하여 수임료 등과 같은 채권은 3년의 소멸시효기간이 적용된다.

Ⅲ. 담당변호사를 직접 지휘·감독한 구성원의 책임과 면제

1. 담당변호사를 지휘·감독한 구성원의 배상책임

(1) 담당변호사가 제 1 항에 따른 손해배상책임을 지는 경우 그 담당변호사를 직접 지휘·감독한 구성원도 그 손해를 배상할 책임이 있다. 다만, 지휘·감독을 할 때에 주의를 게을리하지 아니하였음을 증명한 경우에는 그러하지 아니하다(제 2 항). 법무법인(유한)이 담당변호사의 과실로 발생한 손해를 배상하는 것도 중요하지만, 사전에 그 손해를 예방하여 의뢰인의 이익을 보호하는 것이 필요하다. 또한 법인의 고유한 재산과 명예 등의 이익도 보호받아야 한다. 이 같은 점을 고려하여 그 담당변호사를 직접 지휘·감독한 구성원도 그 손해를 배상할 책임을 인정하고 있다. 지휘·감독한 변호사는 민법상 사용자책임에 해당하는 법무법인(유한)의 대리감독자에 해당된다. 대리감독자는 객관적으로 볼 때 사용자에 갈음하여 현실적으로 구체적인 사업을 감독하는 지위에 있는 자로 본다. '사용자에 갈음하여 사무를 감독하는 자'란 객관적으로 볼 때 사용자에 갈음하여 현실적으로 구체적인 사업을 감독하는 지위에 있는 자를 뜻한다고 할 것이다.[8]

(2) 담당변호사를 지휘·감독한 변호사는 반드시 법무법인(유한)의 구성원 변호사이어야 한다. 이는 담당변호사는 소속 변호사일 수도 있다는 점에서 구별된다. 이 규정을 통하여 구성원 변호사 상호간에도 지휘·감독 관계에 있을 수 있음을 알 수 있다. 「변호사 직무에 관한 모범규칙」 Rule 5.1 (c)에서는 감독 변호사가 책임을 지는 경우를 구체적으로 규정하

---

7 곽윤직 편집대표, 민법주해[Ⅲ] 총칙 (3), 448면(윤진수 집필부분).

8 피고 1은 피고 회사의 대표이사로서 현실적으로 피고 3을 선임 및 감독하는 지위에 있었던 자라 할 것이므로, 피고 3의 불법행위에 대하여 피고 1은 민법 제756조 제 2 항에 의한 책임이 있다고 본 원심의 조치에 잘못이 있다고 할 수 없다(대법원 1998. 5. 15. 97다58538 손해배상(기)).

고 있다.[9] 지휘·감독한 변호사의 책임이 성립하려면 담당변호사를 실질적으로 지휘·감독하는 관계에 있어야 한다.[10] 법문에 '직접 지휘·감독한'(the partner who personally directed or supervised)이라고 되어 있는 것은 이를 말해준다. 그러므로 조직구조상 상급자의 지위(대표변호사 등)에 있는 자는 이에 해당되지 않는다. 담당변호사는 법무법인(유한)을 대표하여 대외적으로 수임사건을 처리하는 지위에 있지만, 담당변호사를 지휘·감독한 변호사는 외부에는 표시되지 않으면서 법무법인(유한) 내부에서 해당 수임사건을 처리하는 책임변호사라고 할 수 있다.

담당변호사를 지휘·감독한 변호사는 당해 사건의 담당변호사를 스스로 선임하고 지휘·감독하는 것은 아닐지라도,[11] 당해 사건의 처리를 직접적·현실적으로 지휘·감독하였어야 하는 요건을 필요로 한다. 그러므로 담당변호사를 지휘·감독한 변호사는 당해 사건의 처리를 위하여 법정에 출석하거나, 의뢰인을 만나 업무에 관한 협의를 한 사실을 필요로 하지 않는다. 다만, 의뢰인에게 손해가 없도록 변호사로서의 선량한 관리자의 주의로써 위임사무를 처리하여야 한다(민법 681).

(3) 담당변호사의 업무상 과실로 의뢰인이 손해를 받은 경우에 그 과실은 담당변호사를 지휘·감독하는 자의 과실도 추정된다고 하겠다. 민법상 사용자책임에서는 실제적으로 지휘·감독을 하였느냐의 여부에 관계없이 객관적·규범적으로 보아 그 불법행위자를 지휘·감독해야 할 지위에 있었느냐의 여부를 기준으로 결정한다(대법원 2005. 2. 25. 2003다36133 매매대금). 그러나 여기서는 직접적으로 지휘·감독을 해야 하는 것을 요건으로 한다. 그러므로 수임사건과 관련된 법무법인(유한)의 책임주체는 업무를 처리한 담당변호사와 그 변호사를 직접 지휘·감독한 구성원 변호사 및 법무법인(유한)이 된다. 이들 상호간에는 부진정연

9 Rule 5.1 (c),(2) 변호사가 다른 변호사가 수행하는 법률회사의 동업 변호사이거나, 다른 변호사에 대해 직접적인 감독책임이 있고, 행위의 결과가 회피될 수 있거나 완화될 수 있는 때에 그 행위를 알면서도 합리적인 교정행위를 취하는 것을 태만히 하는 경우에는 책임이 있다.

10 변호사에게 사건의 처리를 위임하는 경우에도 위임인과 수임인 사이에 지휘·감독관계가 있고 수임인의 불법행위가 외형상 객관적으로 위임인의 사무집행에 관련된 경우 위임인은 수임인의 불법행위에 대하여 사용자책임을 진다는 판결이 있다. 피용자와 제 3 자가 공동불법행위로 피해자에게 손해를 가하여 그 손해배상채무를 부담하는 경우에 피용자와 제 3 자는 공동불법행위자로서 서로 부진정연대관계에 있고, 한편 사용자의 손해배상책임은 피용자의 배상책임에 대한 대체적 책임이어서 사용자도 제 3 자와 부진정연대관계에 있다고 보아야 할 것이므로, 사용자가 피용자와 제 3 자의 책임비율에 의하여 정해진 피용자의 부담부분을 초과하여 피해자에게 손해를 배상한 경우에는 사용자는 제 3 자에 대하여도 구상권을 행사할 수 있으며, 그 구상의 범위는 제 3 자의 부담부분에 국한된다고 보는 것이 타당하다(대법원 1992. 6. 23. 91다33070 손해배상(기)).

11 사용자는 불법행위자를 스스로 선임하고 지시·감독했어야 하는 것은 아니고, 사용자와 불법행위자의 관계가 선임·지시·감독의 가능성을 갖는 것으로 충분하다는 견해(이은영, 채권각론, 854면.)에 의하면, 명시적으로 지휘·감독자로 지정받지 않았을지라도 사무분담 구조상 지휘·감독의 위치에 있었다면 그 책임을 물을 수도 있겠지만, 이는 책임의 범위를 지나치게 확장하고, 다수의 사건을 처리하는 법무법인(유한)의 설립목적과 개별책임의 원칙에도 반하는 결론에 이를 수 있다.

대채무 관계가 성립된다.

(4) 담당변호사를 지휘·감독한 변호사가 있다는 사실은 외부에서는 알기 어렵다. 물론 지휘·감독한 변호사가 법무법인(유한) 명의로 사건을 수임할 때 의뢰인과 담당변호사로 이름을 드러내지 않고 담당변호사를 지휘·감독하는 역할로 그 사건을 처리하기로 약정하거나 그런 사실을 알릴 수 있다. 그 때문에 수임사건과 관련한 손해를 본 의뢰인이 법무법인(유한)과 담당변호사 및 지휘·감독한 변호사를 상대로 손해배상을 청구할 수 있다. 반면, 손해배상을 청구당한 담당변호사가 자신들의 과실이 없음을 입증하고자 지휘·감독한 변호사가 주의를 다하지 않았음을 주장할 수 있다. 바로 이렇게 지휘·감독한 변호사의 존재가 외부에 드러날 수도 있다.

2. 구성원 변호사의 담당변호사에 대한 지휘·감독

(1) 담당변호사를 지휘·감독한다고 할 때, '지휘'란 수임사건에 관한 업무수행과 관련하여 담당변호사에게 구체적인 사항을 이행하도록 명령하는 것을 말한다. 예컨대, 수임사건의 변론에 대한 주장·입증에 관하여 세부적인 내용을 준비서면에 기재하고 증거방법을 제출하도록 하는 것도 지휘에 해당된다. 그리고 '감독'이란 담당변호사가 수임사건을 선관주의의무를 다하여 수행하는지 여부를 확인하고 독려하는 것을 말한다. 지휘는 구체적인 행위로 나타나기에 큰 문제가 없지만, 감독은 다소 애매할 수 있다. 변호사법은 담당변호사를 '직접' 지휘·감독한 구성원일 것을 요구한다. 따라서 담당변호사가 맡고 있는 수임사건을 직접 감독하는 관계에 있어야 한다. '감독'은 '지휘'보다 소극적인 개념이지만, 지휘와 감독은 불가분적인 것이다. 지휘라는 행위 속에는 감독도 포함된다. 반면, 어떤 지휘도 하지 않으면서 감독의 역할만 한 경우에는 손해배상책임의 주체가 되는지 문제된다. 구체적인 지휘는 없었지만, 시종 그 수임사건의 진행과정에 관여하여 온 구성원 변호사는 감독권자의 지위에 있다고 할 것이라서 책임이 인정될 수 있다.

(2) 담당변호사는 각자 법무법인(유한)의 대표자(대표변호사)의 지위를 갖지만, 담당변호사를 지휘· 감독한 변호사는 법무법인(유한) 내부의 해당 사건의 실질적인 전담자·책임자이다. 현실적으로 담당변호사를 지휘·감독하는 구성원 변호사는 의뢰인과 밀접하게 접촉하고, 그 사건의 결과에 가장 관심을 가질 수 있다. 구성원 변호사의 지휘는 적법하고 적절한 것이어야 하며, 구체적인 것이어야 한다. 이러한 업무수행은 변호사 직무를 조직적·전문적으로 처리함을 설립목적으로 하는 법무법인(유한)의 운영형태의 일종이다. 지휘·감독하는 구성원 변호사가 담당변호사보다 선임이어야 하는 것은 아니다. 수임사건과 관련하여 손해를 발생하게 한 원인을 제공하였느냐 여부가 중요하기 때문이다.

3. 수임사건과 관련된 손해발생의 원인제공자

법무법인(유한)의 수임사건과 관련하여 손해가 발생한 원인은 담당변호사 또는 지휘·감독한 변호사 중 어느 일방의 과실로 기인할 수 있다. 물론 담당변호사를 직접 지휘·감독한 변호사가 주의를 게을리한 경우에도 손해배상책임이 있다. 담당변호사도 법률전문가인데, 왜 지휘·감독상의 주의를 게을리한 것이 손해발생의 원인이 될 수 있는지 문제된다. 지휘·감독한 변호사가 주의를 게을리한 결과 담당변호사의 의사결정을 지배하였을 수도 있다. 아무튼 수임사건과 관련하여 손해가 발생한 경우라면, 담당변호사의 과실도 부정하기 어렵다. 양자의 과실이 상호 결합되어 손해가 발생한 것이다. 잘못된 지휘·감독이 있더라도 담당변호사가 선관주의의무를 다하였다면 손해를 예방할 수 있다. 반면, 지휘·감독자가 담당변호사에게 필요한 적절한 지시(지휘)를 하였음에도 담당변호사가 이를 간과하여 필요한 조치를 해태할 수 있다. 이때는 감독자는 감독권을 발동하여 해태한 조치를 이행하는지 확인할 의무가 있다. 따라서 담당변호사에게 필요한 지시를 하였다는 사실만으로 면책된다고 할 수 없다. 지시의 내용이 되는 업무의 수행이 확실하게 이뤄지는지를 확인해야 할 의무가 감독권 속에 포함되었다고 볼 수 있기 때문이다.

4. 지휘·감독 때 주의를 게을리하지 아니하였음을 증명한 경우

(1) 다만, 지휘·감독을 할 때에 주의를 게을리하지 아니하였음을 증명한 경우에는 그러하지 아니하다(제 2 항 단서). 여기서 '주의를 게을리하지 하니하였음'이라고 할 때 '주의'는 수임인으로서의 선관주의의무를 말한다. 수임인은 위임의 본지에 따라 선량한 관리자의 주의로써 위임사무를 처리하여야 한다(민법 제681조). 담당변호사가 지휘·감독을 받아 해당 수임사건을 처리하였음에도 손해가 발생하였다면, 그 지휘·감독의 과실을 추정할 수 있다. 그렇지만 지휘·감독하는 변호사가 선관주의의무를 다하였음에도 담당변호사의 과실로 손해가 발생한 경우에는 지휘·감독한 변호사는 면책된다. 이러한 사정은 당해 사건을 지휘·감독한 구성원 변호사가 주장·입증해야 한다.

(2) 여기서 '주의를 게을리하지 아니하였음'이란 지휘·감독대로 담당변호사가 처리하였다면 손해배상책임이 발생하지 않았을 경우를 말한다. 주의를 게을리하지 아니하였다는 판단기준은 수임사건 처리에 정통한 지식과 경험을 가진 구성원 변호사를 기준으로 한다. 지휘·감독자로서 문제가 된 특정한 수임사건의 처리와 관련하여 입증방법이나 불변기간을 알려주고 이를 준수하도록 지시하였음에도, 담당변호사가 이를 해태하였다면 면책될 수 있을 것이다. 그러나 지휘를 하였지만 착오나 법리오해에 의하였다는 등의 사정이 있을 때는

주의를 게을리한 것에 해당된다. 문제된 사건의 처리와 관련하여 필요로 하는 구체적인 지휘나 감독을 하지 않은 부작위 상태인 경우도 주의를 게을리했다고 볼 수 있다. 또한 모든 수임사건을 선관주의의무를 다하여 처리하라는 일반적, 추상적 지시만으로는 주의를 다한 것이 될 수 없다.

(3) 민법상 사용자에게 피용자의 선임·감독상 과실 없음을 이유로 면책이 허용된 경우는 극히 적었다. 그러나 법무법인(유한)의 경우에는 구성원 변호사의 면책이 인정되더라도 법무법인(유한)과 담당변호사가 연대책임을 지게 되므로 민법에서 보다는 비교적 가볍게 면책이 인정될 여지가 있어 보인다.

Ⅳ. 손해배상책임에 관한 사항 사건수임계약서·광고물에 명시

법무법인(유한)은 제 1 항과 제 2 항에 따른 손해배상책임에 관한 사항을 대통령령으로 정하는 바에 따라 사건수임계약서와 광고물에 명시하여야 한다(제 3 항). 법무법인(유한)은 담당변호사와 그 지휘·감독 변호사의 유한책임에 관한 사항을 (예상)의뢰인들에게 알려야 한다. 법인은 손해배상책임에 관한 사항을 사건수임계약서에 명시하여 수임약정을 체결하는 의뢰인이 알 수 있도록 해야 한다. 수임계약서에 명시해야 하는 것은 구두로 이를 고지하는 것을 전제로 한다. 또한 법인은 불특정 다수인을 상대로 하는 광고물에도 유한책임에 관한 사항을 명시해야 한다. 여기서 '광고물'은 ①「출판문화산업 진흥법」 제 2 조에 따른 간행물, ②「방송법」 제 2 조에 따른 방송의 어느 하나에 해당하는 광고매체를 통하여 법무법인(유한)의 변호사 및 그 업무에 관하여 정보와 자료를 제공하는 것을 말한다(변호사법 시행령 13의3 ②). 다만, 구성원 또는 소속 변호사의 변동을 내용으로 하는 광고물은 제외한다(변호사법 시행령 13의3② 단서). 그러므로 구성원 또는 소속 변호사의 영입과 관련된 내용의 광고시에는 책임에 관한 사항을 명시할 필요가 없다.

Ⅴ. 법무법인(유한)의 담당변호사 또는 지휘·감독한 변호사에 대한 구상권

법무법인(유한)이 수임사건의 피해자에게 그 손해를 배상하여 담당변호사가 면책이 된 경우에는 법무법인(유한)은 담당변호사에게 구상권을 행사할 수 있다(민법 425①). 또한 담당변호사에 대하여 지휘·감독을 소홀히 한 구성원 변호사 역시 손해배상을 한 때는 담당변호사에게 구상할 수 있다. 이때에는 서로간의 과실비율에 따라서 구상금액이 결정될 것이다.

법무법인(유한)이 담당변호사의 지휘·감독을 게을리하여 발생한 손해를 배상하여 면책시킨 경우에 법인과 지휘·감독자인 구성원은 부진정연대채무관계에 있어 구상권이 인정되는지 문제된다. 부진정연대채무자 사이에는 주관적인 공동관계가 없어서 부담부분이 없고, 따라서 구상관계가 당연히 발생하지는 않는다는 것이 통설이었다.[12] 그러나 통설도 일정한 경우에는 구상관계가 생기는 것을 부정하지는 않는다. 판례도 구상권을 인정하고 있다.[13] 그러므로 부진정연대채무의 경우에 구상관계가 생기는 것을 전면적으로 부정하는 입장은 없다고 할 것이고, 부담부분의 결정기준이 문제되고 있다.[14] 따라서 법무법인(유한)이 손해배상을 한 경우에는 담당변호사를 지휘·감독한 변호사에게 구상권을 행사할 수 있다.

구성원 변호사와 공동으로 담당변호사가 된 소속 변호사는 그 업무 수행 중에 야기한 손해를 법무법인(유한) 또는 지휘·감독을 게을리한 구성원 변호사가 배상한 경우에는 법무법인(유한) 또는 그 구성원 변호사는 그 소속 변호사에게 구상권을 행사할 수 있다.

12 송덕수, 신민법강의, 980면.

13 이른바 부진정연대채무의 관계에 있는 복수의 책임주체 내부관계에 있어서는 형평의 원칙상 일정한 부담 부분이 있을 수 있으며, 그 부담 부분은 각자의 고의 및 과실의 정도에 따라 정하여지는 것으로서 부진정연대채무자 중 1인이 자기의 부담 부분 이상을 변제하여 공동의 면책을 얻게 하였을 때에는 다른 부진정연대채무자에게 그 부담 부분의 비율에 따라 구상권을 행사할 수 있다(대법원 2006. 1. 27. 2005다19378 구상금).

14 곽윤직 편집대표, 민법주해[Ⅹ], 채권(3), 85면.

제58조의12 손해배상 준비금 등

제58조의12(손해배상 준비금 등)

① 법무법인(유한)은 수임사건과 관련한 제58조의11에 따른 손해배상책임을 보장하기 위하여 대통령령으로 정하는 바에 따라 사업연도마다 손해배상 준비금을 적립하거나 보험 또는 대한변호사협회가 운영하는 공제기금에 가입하여야 한다.

② 제 1 항에 따른 손해배상 준비금, 손해배상보험 또는 공제기금은 법무부장관의 승인 없이는 손해배상 외의 다른 용도로 사용하거나 그 보험계약 또는 공제계약을 해제 또는 해지하여서는 아니 된다.

Ⅰ. 연 혁

(1) 2005. 1. 27. 개정된 변호사법은 법무법인(유한)의 수임사건 관련 손해배상책임을 담보하기 위하여 법무법인(유한)으로 하여금 보험 또는 공제기금에 가입하도록 의무화하는 규정을 신설했다. 즉, 법무법인(유한)은 수임사건과 관련한 제58조의11의 규정에 의한 손해배상책임을 보장하기 위하여 대통령령이 정하는 바에 따라 보험이나 대한변호사협회가 운영하는 공제기금에 가입하여야 한다(제58조의12).[1]

---

1 「**변호사법 시행령**」 [**일부개정** 2005.7.27.] [**대통령령 제**18971**호, 시행** 2005.07.28] **제**13**조의**4(**보험 또는 공제기금에의 가입**)

① 법무법인(유한)은 설립등기를 한 날부터 1월 이내에 법 제58조의12의 규정에 의한 보험 또는 공제기금에 가입하여야 한다.

② 제 1 항의 보험 또는 공제기금의 보상한도액은 보상 청구당 1억원 이상, 연간 보상한도액은 구성원 및 구성원 아닌 소속변호사의 수에 1억원을 곱하여 산출한 금액 또는 20억원 이상으로 하여야 한다.

③ 법무법인(유한)은 제 2 항의 규정에 의한 보상한도와 관련하여 잔여 보상한도액을 3억원 이상으로 유지하여야 하며, 잔여 보상한도액이 3억원 미만으로 된 때에는 그 사유발생일부터 1월 이내에 3억원 이상이 되도록 하여야 한다.

④ 법무법인(유한)은 제 1 항의 규정에 의하여 가입한 보험 또는 공제기금이 기간만료 등의 사유로 종료될 때에는 종료일 전까지 다시 보험 또는 공제기금에 가입하여야 한다.

⑤ 제 1 항의 규정에 의하여 보험 또는 공제기금에 가입하는 경우 보상 청구당 1천만원 이하의 범위에서

⑵ 2008. 3. 28. 개정된 변호사법은 기존의 제 1 항 중에 '대통령령으로 정하는 바에 따라 사업연도마다 손해배상 준비금을 적립하거나 보험 또는 대한변호사협회가 운영하는 공제기금에 가입하여야 한다'고 하여 '사업연도마다 손해배상 준비금을 적립'하도록 하는 내용을 추가했다. 그리고 손해배상 준비금 등을 손해배상 외의 다른 용도로 사용하거나 보험계약 등을 해지할 수 없도록 하는 내용을 신설했다. 즉, 제 1 항에 따른 손해배상 준비금, 손해배상보험 또는 공제기금은 법무부장관의 승인 없이는 손해배상 외의 다른 용도로 사용하거나 그 보험계약 또는 공제계약을 해제 또는 해지하여서는 아니 된다(제58조의12 제 2 항).

Ⅱ. 손해배상책임을 보장하기 위한 손해배상준비금 적립 등

1. 수임사건과 관련한 손해배상책임 보장

법무법인(유한)은 수임사건과 관련한 제58조의11에 따른 손해배상책임을 보장하기 위하여 대통령령으로 정하는 바에 따라 사업연도마다 손해배상 준비금을 적립하거나 보험 또는 대한변호사협회가 운영하는 공제기금에 가입하여야 한다(제 1 항). 법무법인(유한)은 수임사건과 관련된 손해배상에서 담당변호사와 연대하여 책임을 진다. 의뢰인의 손해배상청구권은 결국 금전채권으로 귀결된다. 채무자인 법무법인(유한)과 담당변호사는 채권의 변제에 충당할 책임재산을 보유하고 있어야 한다. 담당변호사도 이런 재산을 소유할 수도 있지만 변제를 담보할 만큼 확실하지 않다. 그 때문에 변호사법은 담당변호사의 사용주의 지위에 있는 법무법인(유한)으로 하여금 확실한 손해배상 준비금 등을 적립하도록 강제하고 있다. 법무법인(유한)은 5억원 이상의 자본총액을 보유하지만, 임차보증금, 사무실 집기 등의 재산으로 잠겨 있어 책임재산으로서의 기능이 희박하다. 손해배상 준비금을 적립해야 하는 의무의 주체는 법무법인(유한)이다. 법무법인(유한)이 손해배상책임을 지는 경우를 대비한 것이다. 구성원 변호사가 출자금액의 한도에서 책임을 지는 경우에는 사용할 수 없다. 그러므로 손해배상 준비금은 오로지 법무법인(유한)이 제58조의11에 따른 수임사건과 관련된 손해배상책임을 보장하기 위해 마련되어야 한다.

2. 손해배상 준비금 적립·보험·공제기금 가입

⑴ 법무법인(유한)은 손해배상책임을 이행하기 위하여 ① 사업연도마다 손해배상 준비금을 적립하거나, ② 보험 또는 ③ 대한변호사협회가 운영하는 공제기금에 가입해야 한다. 2005년 변호사법 개정 당시에는 보험과 공제기금만 두었지만, 2008년에 손해배상 준비금

자기부담금을 설정할 수 있다. [본조신설 2005. 7. 27.]

제도를 도입하여 책임보험과 선택적으로 활용할 수 있도록 하였다.

(2) 법무법인(유한)은 사업연도마다 해당 사업연도 총매출액의 100분의 2에 해당하는 금액을 손해배상 준비금으로 적립하거나, 설립등기를 한 날부터 1개월 이내에 보험 또는 대한변호사협회가 운영하는 공제기금에 가입하여야 한다(변호사법 시행령 13의4①). 법무법인(유한)은 법률서비스를 제공하는 과정에서 업무상 과실로 인해 발생한 의뢰인 또는 제 3 자에 대한 손해배상책임을 보상해주는 보험상품인 '변호사전문인배상책임보험'에 가입할 수 있다. 법무법인(유한)으로서는 총매출액의 100분의 2에 해당하는 적립금과 책임보험료 중에서 법인에 부담이 적은 것을 선택할 것으로 보인다.

(3) 법무법인(유한)은 제 1 항에 따른 손해배상 준비금을 직전 2개 사업연도 및 해당 사업연도의 총매출액 평균의 100분의 10에 해당하는 금액에 이를 때까지 적립하여야 한다(변호사법 시행령 13의4②). 결국 3개 사업연도의 총매출액 평균의 100분의 10에 해당하는 적립금이라도 실제로 지급의무가 발생한 손해배상금에 미치지 못할 수도 있지만, 법인의 재무사정을 배려한 것으로 볼 수 있다.

(4) 법무법인(유한)은 손해배상 준비금을 사용하여 구성원 또는 소속 변호사를 포함한 직원으로부터 취득한 구상권을 행사한 경우 그 구상한 금액을 손해배상준비금에 계상하여야 한다(변호사법 시행령 13의4③). 구성원 또는 소속 변호사의 과오로 야기한 손해를 법인이 손해배상 준비금으로 변제하였으면, 구성원 또는 소속 변호사로부터 구상한 금액은 다른 용도로 사용할 수 없고 손해배상준비금으로 계상하라는 것이다.

(5) 제 1 항의 보험 또는 공제기금의 보상한도액은 보상 청구 건당 1억원 이상으로 하여야 하며, 연간 보상한도액은 구성원 및 구성원 아닌 소속 변호사의 수에 1억원을 곱하여 산출한 금액 또는 20억원 이상으로 하여야 한다(변호사법 시행령 13의4④). 법무법인(유한)은 제 4 항에 따른 보상한도와 관련하여 남은 보상한도액을 3억원 이상으로 유지하여야 하며, 남은 보상한도액이 3억원 미만이 된 경우에는 그 사유발생일부터 1개월 이내에 3억원 이상이 되도록 하여야 한다(변호사법 시행령 13의4⑤). 법무법인(유한)은 제 1 항에 따라 가입한 보험 또는 공제기금이 기간만료 등의 사유로 종료될 때에는 종료일 전까지 다시 보험 또는 공제기금에 가입하여야 한다(변호사법 시행령 13의4⑥). 제 1 항에 따라 보험 또는 공제기금에 가입하는 경우 보상 청구 건당 1천만원 이하의 범위에서 자기부담금을 설정할 수 있다(변호사법 시행령 13의4⑦).

제58조의13 인가취소

제58조의13(인가취소)

법무부장관은 법무법인(유한)이 다음 각 호의 어느 하나에 해당하면 그 설립인가를 취소할 수 있다.

1. 제58조의6 제 3 항을 위반하여 3개월 이내에 구성원을 보충하지 아니한 경우
2. 이사 중에 제58조의6 제 4 항 각 호의 어느 하나에 해당하는 자가 있는 경우. 다만, 해당 사유가 발생한 날부터 3개월 이내에 그 이사를 개임(改任)한 경우에는 그러하지 아니하다.
3. 제58조의8 제 1 항을 위반하여 다른 법인에 출자하거나 타인의 채무를 보증한 경우
4. 제58조의9 제 1 항을 위반하여 회계처리를 한 경우
5. 제58조의12 제 1 항을 위반하여 손해배상 준비금을 적립하지 아니하거나 보험 또는 공제기금에 가입하지 아니한 경우
6. 업무 집행에 관하여 법령을 위반한 경우

I. 연 혁

(1) 2005. 1. 27. 개정된 변호사법은 법무법인(유한)의 설립인가 취소사유도 신설했다. 즉, 법무부장관은 법무법인(유한)이 다음 각호의 1에 해당하는 때에는 그 설립인가를 취소할 수 있다(제58조의13).[1]

(2) 2008. 3. 28. 개정된 변호사법은 손해배상 준비금에 관한 제58조의12 제 1 항에 '사업

---

1 1. 제58조의6 제 4 항의 규정을 위반하여 3월 이내에 구성원 또는 구성원 아닌 소속변호사를 보충하지 아니한 때
2. 이사 중에 제58조의6 제 5 항 각호의 1에 해당하는 자가 있는 때. 다만, 당해 사유가 발생한 날부터 3월 이내에 그 이사를 개임한 때에는 그러하지 아니하다.
3. 제58조의8 제 1 항의 규정을 위반하여 다른 법인에 출자하거나 타인의 채무보증을 한 때
4. 제58조의9 제 1 항의 규정을 위반하여 회계처리를 한 때
5. 제58조의12의 규정을 위반하여 보험 또는 공제기금에 가입하지 아니한 때
6. 업무집행에 관하여 법령을 위반한 때

연도마다 손해배상 준비금을 적립' 부분을 신설하여 보험이나 공제기금의 가입 중에서 선택하도록 했다. 이에 따라 설립인가 취소사유 중 제 5 호 '제58조의12 제 1 항을 위반하여 손해배상 준비금을 적립하지 아니하거나 보험 또는 공제기금에 가입하지 아니한 경우'로 개정하여 '손해배상 준비금을 적립하지 아니하거나' 부분을 추가했다.

Ⅱ. 법무법인(유한) 설립인가 취소사유

법무부장관은 법무법인(유한)이 다음 각 호의 어느 하나에 해당하면 그 설립인가를 취소할 수 있다. 설립인가의 취소란 법무부장관이 법무법인(유한)의 설립 후에 발생한 사유로 인하여 그 법인격을 박탈하는 침해적 처분을 말한다. 설립인가의 취소는 설립요건이나 법인의 본질적인 존속요건이 결여된 때 행하여진다. 여기서의 '취소'는 상대방의 유책행위에 대한 제재로서 가해지는 철회의 성질을 갖는다. 그러므로 설립인가의 취소는 장래에 향하여 효력이 발생한다. 법무부장관은 사전에 흠결요건의 보완을 명령하는 등의 행정지도를 거칠 필요가 있다. 법무법인(유한)은 자본단체로 설립되고 유한책임 제도를 채택하고 있기 때문에 자본충실과 손해배상책임을 이행하는 데 장애가 되는 요소를 인가취소 사유로 하는 특색이 있다.

1. 제58조의6 제 3 항을 위반하여 3개월 이내에 구성원을 보충하지 아니한 경우(제 1 호)

법무법인(유한)은 존속하는 동안 7명 이상의 구성원 변호사 및 그중 2명 이상이 10년 이상 법조경력자가 있어야 한다. 이는 설립요건임과 동시에 존속요건이다. 법무법인(유한)은 설립자가 필요하다는 점에서 사단법인의 성격을 갖고, 재산의 출연을 요건으로 한다는 점에서 재단법인의 성격도 갖는다. 법무법인(유한)이 토대로 하는 유한회사에서는 사원의 총수에 대한 제한을 철폐하였다.[2] 그러나 변호사법에서는 법무법인과 법무법인(유한)·법무조합 모두 최소 구성원 변호사의 숫자를 정해두고 이를 존속요건으로 삼고 있다. 구성원 변호사는 언제든지 탈퇴할 수 있으며, 여러 법정탈퇴사유(변호사법 58의16, 46)도 있기 때문에 구성원의 보충의무는 법인 존속의 중요한 요소이다.

2 1962. 1. 20. 제정된 상법은 유한회사의 사원의 총수는 50인을 초과하지 못하며, 특별한 사정이 있는 경우에 법원의 인가를 얻은 때에는 그러하지 아니하다(제545조 제 1 항)고 했다. 그러나 2011. 4. 14. 개정된 상법은 위 규정을 삭제하여 소규모일 수밖에 없던 법률상 제약을 제거하여 유한회사의 이용의 증대를 도모하였다.

2. 이사 중에 제58조의6 제 4 항 각 호의 어느 하나에 해당하는 자가 있는 경우. 다만, 해당 사유가 발생한 날부터 3개월 이내에 그 이사를 개임(改任)한 경우에는 그러하지 아니하다(제 2 호)

법무법인(유한)은 구성원 변호사 중 3명 이상의 이사를 두어야 한다. 제58조의6 제 4 항 각호의 결격사유 있는 자를 이사로 선임하는 행위는 설립인가의 취소사유가 된다. 제 4 항 제 1 호 '구성원이 아닌 자'는 소속 변호사일 수도 있으며, 변호사 아닌 자도 포함된다. 법인이 실제로는 소속 변호사임에도 구성원 변호사임과 동시에 이사로 정관변경과 등기를 하였더라도 설립인가의 취소사유가 된다. 그러나 대외적으로는 구성원 변호사로서의 지위를 갖는다고 해야 한다. 그리고 제 4 항 제 2 호 '설립인가 취소 후 3년이 지나지 아니한 자'에서 3년은 인가취소처분이 확정된 날로부터 3년을 기산해야 한다. 제 4 항 제 3 호 '업무정지기간 중에 있는 자'는 이사는 물론 구성원도 될 수 없다. 업무정지 기간 중에 있는 변호사가 구성원으로 있다면 제 1 호 위반도 문제된다. 본호 단서 '해당 사유가 발생한 날부터'란 결격사유에 해당하는 자를 이사로 등기한 때를 말한다. 이사 결격사유자가 법무법인(유한)의 설립시에 이사가 된 때는 설립등기된 때부터, 이미 설립된 법인의 이사로 취임한 경우에는 이사개임 등기가 된 때를 말한다. 이와 같은 해당 사유가 발생한 날로부터 3개월 이내에 그 이사를 탈퇴시키고 적법한 자를 이사로 개임해야 한다.

3. 제58조의8 제 1 항을 위반하여 다른 법인에 출자하거나 타인의 채무를 보증한 경우(제 3 호)

법무법인(유한)은 법정 자본액의 범위 내에서 다른 법인에 출자하거나 채무보증을 할 수 있다. 여기서 '제58조의8 제 1 항을 위반하여'란 출자나 채무보증의 한도를 정하고 있는 「변호사법 시행령」 제13조의2를 포함한다. 법무법인(유한)의 자본은 채권자에 대한 책임재산이며, 과도한 출자와 채무보증 행위는 자본단체의 성격을 상실하게 하고 법인의 설립목적에도 부합하지 않기 때문에 설립인가의 취소사유로 한다.

4. 제58조의9 제 1 항을 위반하여 회계처리를 한 경우(제 4 호)

법무법인(유한)은 변호사법과 「주식회사의 외부감사에 관한 법률」 제13조에 따른 회계처리기준에 따라 회계처리를 하여야 한다. 법인이 회계처리기준에 따른 재무제표를 작성하지 않고 회계처리를 한 경우 등은 설립인가의 취소사유가 된다.

5. 第58조의12 제 1 항을 위반하여 손해배상 준비금을 적립하지 아니하거나 보험 또는 공제기금에 가입하지 아니한 경우(제 5 호)

법무법인(유한)의 구성원 변호사는 유한책임을 인정받으면서도 재정적 부담이 되는 손해배상 준비금 적립이나 보험 또는 공제기금 가입을 기피할 수 있다. 손해배상 준비금이나 보험가입을 할 수 없을 만큼 재정상태가 악화된 법인이라면 결국 채권자의 만족을 기할 수 없을 것이라서 인가취소사유로 하고 있다.

6. 업무 집행에 관하여 법령을 위반한 경우(제 6 호)

이 사유는 법무법인의 설립인가의 취소사유와 같다(변호사법 53①(1)). 여기서 '업무집행'은 법무법인(유한)이 행하는 모든 업무를 말한다. 기본적으로는 변호사법과 다른 법률에 따른 변호사의 직무수행에 관한 내용을 들 수 있지만, 법인의 사무실 마련을 위한 건물 임대차행위나 사무직원의 채용행위 등과 같은 일반적인 업무도 포함된다. 업무집행은 법무법인(유한)의 명의로 하지만, 실제 그 행위는 구성원 또는 소속 변호사가 한다. 법인이 사건브로커를 통하여 수임하는 행위로 변호사법을 위반하거나, 위증을 교사하거나 소송사기를 범하는 등으로 형사법을 위반할 수 있다. 아울러 법인의 자본충실을 기하기 위하여 인정되는 법무부장관의 자본증자나 보전명령을 위반한 경우도 이에 해당된다고 볼 수 있다. 인가취소사유로서의 법령위반은 그 법인을 존립시키는 것이 변호사제도를 심각하게 훼손된다고 인정할 만한 특별한 사정이 있어야 한다(법익균형성). 설립인가 취소에 이르지 않고 위법행위를 한 변호사와 법인을 함께 징계(정직 또는 과태료 부과 등)하는 수단도 고려해야 한다.

Ⅲ. 설립인가의 취소절차와 그 효과

법무법인(유한) 역시 법무법인의 설립인가의 취소 절차를 준용하고 있다(변호사법 58의16, 53②). 그러므로 법무부장관은 법무법인(유한)의 설립인가를 취소할 때는 청문을 하여야 한다. 설립인가가 취소되었을 때는 법무법인(유한)의 해산사유가 된다(변호사법 58의14①(5)). 설립인가의 취소는 소급하지 않고 장래에 향하여 효력이 발생한다.

제58조의14 해 산

제58조의14(해산)

① 법무법인(유한)은 다음 각 호의 어느 하나에 해당하는 사유가 있을 때에는 해산한다.

1. 정관에 정한 해산사유가 발생하였을 때
2. 구성원 과반수와 총 구성원의 의결권의 4분의 3 이상을 가진 자가 동의하였을 때
3. 합병하였을 때
4. 파산하였을 때
5. 설립인가가 취소되었을 때
6. 존립 기간을 정한 경우에는 그 기간이 지났을 때

② 법무법인(유한)이 해산한 경우에는 청산인은 지체 없이 주사무소 소재지의 지방변호사회와 대한변호사협회를 거쳐 법무부장관에게 그 사실을 신고하여야 한다.

I. 연 혁

2005. 1. 27. 개정된 변호사법은 법무법인(유한)의 해산사유도 신설했다. 즉, 법무법인(유한)은 다음 각호의 1에 해당하는 사유가 있는 때에는 해산한다(제58조의14 제 1 항).[1] 법무법인(유한)이 해산한 때에는 청산인은 지체 없이 주사무소 소재지의 지방변호사회 및 대한변호사협회를 거쳐 법무부장관에게 이를 신고하여야 한다(제 2 항).

---

1 1. 정관에 정한 해산사유가 발생한 때
2. 구성원 과반수와 총구성원의 의결권의 4분의 3 이상을 가지는 자의 동의가 있는 때
3. 합병한 때
4. 파산한 때
5. 설립인가가 취소된 때
6. 존립기간을 정한 때에는 그 존립기간이 경과된 때

Ⅱ. 법무법인(유한)의 해산사유

법무법인(유한)은 다음 각 호의 어느 하나에 해당하는 사유가 있을 때에는 해산한다(제1항). 법무법인(유한)의 해산사유는 법무법인과 같다. 다만, 법무법인(유한)에는 '존립 기간을 정한 경우에는 그 기간이 지났을 때'(제6호)를 추가하고 있다. 법무법인(유한)의 해산은 법인격을 소멸시키는 원인이 되는 법률사실이다. 법무법인(유한)은 먼저 해산을 하고 청산절차로 이어진다. 해산 후 청산의 목적을 위하여 존속하는 청산법인은 청산의 목적범위 내로 권리능력이 한정된다. 청산절차가 종결되면 법인격이 소멸되는 점은 법무법인과 같다.

1. 정관에 정한 해산 사유가 발생하였을 때(제1호)

(1) 법무법인(유한)은 정관에 '존립 시기나 해산 사유를 정한 경우에는 그 시기 또는 사유'를 정할 수 있다(변호사법 58의4(8)). '존립 기간을 정한 경우에는 그 기간이 지났을 때'를 별도의 해산사유로 정하고 있다(제6호). 정관으로 정한 해산사유가 발생하였을 때는 법무법인(유한)은 당연히 해산한다. 따라서 그 해산사유는 객관적·구체적으로 인식할 수 있는 것이어야 한다. 어떠한 시기에 해산사유가 발생하였는가를 객관적으로 판정할 수 없도록 해산사유를 정한 때에는 그 정관의 규정은 효력이 없다.

(2) 존립 시기나 해산사유가 발생하였더라도 정관변경의 절차를 거쳐 존속할 수 있다. 그러므로 해산사유로 정한 정관에 기속되는 것은 아니다. 만약 정관에 정한 해산 사유가 발생하였을 때 별도의 해산결의가 있어야 하는지 문제된다. 구성원들이 동의하면 문제될 바 없지만, 이견이 있을 경우에 결의 자체가 쉽지 않을 수 있다. 구성원의 해산결의를 거치는 경우는 제2호에 별도로 규정하고 있다. 따라서 정관에 정한 해산사유의 발생으로 인한 해산시에는 별도의 해산결의를 요하는 것은 아니다. 해산결의를 하였더라도 그로 인하여 창설적 효과를 내는 것이 아니라 해산사유를 확인하는 의미를 갖는다. 이 경우 해산결의 역시 법무법인(유한)은 정관에 정한 '구성원의 회의에 관한 사항'에서 의결정족수를 정할 수 있다. 그렇지 않다면 유한회사의 총회의 정족수 및 사원의 의결권 규정을 준용하여 모든 구성원 의결권의 과반수를 가지는 구성원이 출석하고 그 의결권의 과반수로써 하여야 한다(변호사법 58의17①; 상법 574).

2. 구성원 과반수와 총 구성원의 의결권의 4분의 3 이상을 가진 자가 동의하였을 때(제2호)

(1) 제2호의 해산결의 요건은 유한회사의 정관변경에 관한 특별결의의 요건이기도 하

다. 즉, 정관을 변경함에는 사원총회의 결의가 있어야 한다(상법 584). 전조의 결의는 총사원의 반수 이상이며 총사원의 의결권의 4분의 3 이상을 가지는 자의 동의로 한다(상법 585①). 전항의 규정을 적용함에 있어서는 의결권을 행사할 수 없는 사원은 이를 총사원의 수에, 그 행사할 수 없는 의결권은 이를 의결권의 수에 산입하지 아니한다(상법 585②).

(2) 법무법인(유한)의 해산결의는 법인을 소멸시키는 중요한 의결사항이다. 그 때문에 보통결의사항보다 가중된 특별결의를 하도록 그 요건을 강화하고 있다. 법무법인(유한)의 해산결의의 첫째 요건은 구성원의 과반수의 찬성이 있어야 한다. 여기서 구성원은 이사의 지위를 갖거나 감사의 지위를 갖는 자도 해당된다. 법무법인(유한) 역시 구성원 상호간의 신뢰관계를 기초로 하므로 각자의 출자지분의 다소와 관계없이 구성원의 과반수의 찬성을 요건으로 하고 있다. 그러므로 7인의 구성원으로 조직된 법인은 4인이 찬성해야 한다. 그리고 법인의 해산결의의 둘째 요건은 구성원의 의결권의 4분의 3 이상을 가진 자가 동의하여야 한다. 여기서 의결권은 출자지분을 말한다. 구성원은 지분의 차이에 따라 법인의 장래 운명에 대하여 이해관계가 다를 수 있다. 그 때문에 주요한 의결권을 가진 자의 동의를 필요로 하고 있다.

(3) 해산결의에 관한 이 요건은 강행규정이다. 보통결의에 관해서는 정족수의 요건을 완화·배제할 수 있지만 특별결의의 경우에는 특별결의를 요하는 사항의 중요성에 비추어 결의의 요건을 경감하는 것은 불가능하다. 그러나 정관에 의해 결의의 요건을 가중하는 것은 가능하다.[2]

3. 합병하였을 때(제 3 호)

법무법인(유한)은 다른 법무법인(유한)과 합병할 수 있다. 법인의 합병은 해산원인의 하나로 되어 있지만, 합병에 의하여 모든 법인이 소멸하는 것은 아니다. 신설합병의 경우에는 모든 당사자인 법인이 소멸한다. 흡수합병의 경우에는 흡수하는 법인은 존속하고 피흡수법인만이 해산한다.

법무법인이 다른 법무법인과 합병하려면 구성원 전원의 동의가 있어야 하지만(변호사법 55①), 법무법인(유한)의 합병의 방법에 대하여 변호사법에 규정이 없다. 그러므로 유한회사의 합병 방법을 준용하여야 한다. 법무법인(유한)의 합병은 구성원 과반수와 총 구성원의 의결권의 4분의 3 이상을 가진 자가 동의로 한다(변호사법 58의17①; 상법 598, 585).

2 정찬형·노일석, 주석 상법, 373면.

4. 파산하였을 때(제 4 호)

법인은 파산선고로 해산한다(민법 77①; 상법 227(5), 609①(1)). 법인에 대하여는 그 부채의 총액이 자산의 총액을 초과하는 때에도 파산선고를 할 수 있다(채무자 회생 및 파산에 관한 법률 306①). 공익법인이든 영리법인이든, 민법·상법상의 법인이든 변호사법상의 법인이든 모두 파산선고를 받을 수 있는 능력인 파산능력이 있다.[3] 법인인 채무자에 대해서는 파산절차를 통하여 법인의 해체·청산이 이루어지고, 전체 채권자에 대하여 채무자의 총재산을 공평하게 분배·변제하는 것은 청산의 일환으로 행해진다고 할 수 있다. 나머지는 법무법인의 파산 설명과 동일하다.

5. 설립인가가 취소되었을 때(제 5 호)

법무부장관이 법무법인(유한)의 설립인가를 취소하면 그 법인은 해산된다. 설립인가의 취소사유는 변호사법 제58조의13(인가취소)에서 본 바 있다.

6. 존립 기간을 정한 경우에는 그 기간이 지났을 때(제 6 호)

존립기간을 정한 경우란 법무법인(유한)의 정관에 그 기간을 특정해 둔 경우를 말한다. 본호가 없더라도 제 1 호에 의하여 해산사유로 삼을 수 있다. 그럼에도 상법의 합명회사·유한회사는 '존립기간의 만료 기타 정관으로 정한 사유의 발생'을 해산사유로 정하고 있다(상법 609①(1), 227(1)). 법인이 정관으로 존립기간을 정한 때에는 그 기간의 만료에 의하여 법인은 당연히 해산한다.

Ⅲ. 법무법인(유한)의 해산신고

법무법인(유한)이 해산한 경우에는 청산인은 지체 없이 주사무소 소재지의 지방변호사회와 대한변호사협회를 거쳐 법무부장관에게 그 사실을 신고하여야 한다(제 2 항). 법무법인(유한)이 해산하면 청산절차로 들어간다. 청산절차는 법무법인의 해산과 청산에 관한 설명이 여기에 해당된다. 그러므로 청산결의방법은 출자지분의 과반수를 가진 구성원이 출석하고, 그 의결권의 과반수 찬성으로 하여야 한다(법무법인및법무법인(유한)의설립등에관한규칙 12①). 청산인이 선임된 때에는 법정기간 내에 등기해야 한다(변호사법 58의17①; 상법 613①, 253).

청산인은 해산한 경우에는 지체 없이 주사무소 소재지의 지방변호사회와 대한변호사협회를 거쳐 법무부장관에게 그 사실을 신고한다. 청산이 종결된 때에는 청산인은 총사원

3 서울중앙지방법원 파산부실무연구회, 법인파산실무(제 4 판), 28면.

의 (청산인의 임무종료)승인이 있은 날로부터 본점소재지에서는 2주간 내, 지점소재지에서는 3주간 내에 청산종결의 등기를 하여야 한다(변호사법 58의17①; 상법 613①, 264).

제58조의15 통 지

> **제58조의15(통지)**
> 법무부장관은 법무법인(유한)의 인가 및 그 취소, 해산 및 합병이 있으면 지체 없이 주사무소 및 분사무소 소재지의 지방변호사회와 대한변호사협회에 그 사실을 통지하여야 한다.

Ⅰ. 연 혁

2005. 1. 27. 개정된 변호사법은 법무법인(유한)의 설립인가와 그 취소 등의 소멸사유가 있을 때에는 지방변호사회와 대한변호사협회에 통지하도록 하는 규정을 신설했다. 즉, 법무부장관은 법무법인(유한)의 인가 및 그 취소, 해산 및 합병이 있는 때에는 지체 없이 주사무소 및 분사무소 소재지의 지방변호사회 및 대한변호사협회에 이를 통지하여야 한다(제58조의15).

Ⅱ. 법무부장관의 법무법인(유한) 인가·취소, 해산·합병 통지

법무부장관은 법무법인(유한)의 인가 및 그 취소, 해산 및 합병이 있으면 지체 없이 주사무소 및 분사무소 소재지의 지방변호사회와 대한변호사협회에 그 사실을 통지하여야 한다. 변호사는 소속 지방변호사회, 대한변호사협회 및 법무부장관의 감독을 받는다(변호사법 39). 이 규정은 법무법인과 법무법인(유한)·법무조합에도 준용된다(변호사법 57, 58의16, 58의30). 그러므로 법무부장관이 법무법인(유한)의 인가 및 그 취소, 해산 및 합병이 있으면 지방변호사회와 대한변호사협회에 통지하여 그 감독을 받도록 해야 한다. 변호사법상 설립인가나 해산, 합병 때는 사전에 지방변호사회와 대한변호사협회를 거치지만, 그 처리 결과에 대하여는 법무부장관이 통지하도록 한 것이다. 이 부분은 법무법인의 통지에 관한 제56조의 설명이 그대로 해당된다.

제58조의16 준용규정

제58조의16(준용규정)
법무법인(유한)에 관하여는 제22조, 제27조, 제28조, 제28조의2, 제29조, 제29조의2, 제30조, 제31조 제 1 항, 제32조부터 제37조까지, 제39조, 제44조, 제46조부터 제52조까지, 제53조 제 2 항 및 제10장을 준용한다.

Ⅰ. 연 혁

(1) 2005. 1. 27. 개정된 변호사법은 법무법인(유한)에 준용될 규정을 신설했다. 즉, 제22조, 제27조 내지 제37조, 제39조, 제44조, 제46조 내지 제52조, 제53조 제 2 항 및 제10장의 규정은 법무법인(유한)에 관하여 이를 준용한다(제58조의16).

(2) 2008. 3. 28. 개정된 변호사법에서는 그 내용은 동일하면서도 준용규정을 명확히 하였다.

Ⅱ. 법무법인(유한)의 준용규정

법무법인(유한)에 관하여는 제22조, 제27조, 제28조, 제28조의2, 제29조, 제29조의2, 제30조, 제31조 제 1 항, 제32조부터 제37조까지, 제39조 및 제10장을 준용한다. 법무법인(유한)이 준용하는 규정은 법무법인과 동일하다. 개업한 '변호사의 권리와 의무'에 관한 변호사법 제 4 장의 일부 규정과 징계에 관한 제10장의 전체 규정이 준용되고 있다. 즉, 사무직원(제22조), 공익활동 등 지정업무 처리의무(제27조), 장부의 작성·보관(제28조), 수임사건의 건수 및 수임액의 보고(제28조의2), 변호인선임서 등의 지방변호사회 경유(제29조), 변호인선임서 등의 미제출 변호 금지(제29조의2), 연고 관계 등의 선전금지(제30조), 수임제한(제31조 제 1

항), 계쟁권리의 양수금지(제32조), 독직행위의 금지(제33조), 변호사가 아닌 자와의 동업 금지(제34조), 사건 유치 목적의 출입금지(제35조), 재판·수사기관 공무원의 사건 소개 금지(제36조), 직무취급자 등의 사건 소개 금지(제37조), 감독(제39조), 변호사의 '징계 및 업무정지'(제10장)가 이에 해당된다. 구체적인 내용은 법무법인에 관한 제57조의 설명과 같다. 품위유지의무 등 준용되지 않는 규정과의 관계도 마찬가지다.

제58조의17 다른 법률의 준용

> **제58조의17(다른 법률의 준용)**
> ① 법무법인(유한)에 관하여 이 법에 정한 것 외에는 「상법」 중 유한회사에 관한 규정(「상법」 제545조는 제외한다)을 준용한다.
> ② 삭제 〈2009. 2. 6.〉

Ⅰ. 연 혁

(1) 2005. 1. 27. 개정된 변호사법은 법무법인(유한)을 상법의 유한회사 규정을 기초로 하여 신설하면서 변호사법에 규정된 내용을 제외하고는 유한회사에 관한 규정을 준용하도록 했다. 즉, 법무법인(유한)에 관하여 이 법에 정한 것을 제외하고는 상법 중 유한회사에 관한 규정(상법 제545조를 제외한다)을 준용한다(제58조의17).

(2) 2007. 1. 26. 개정된 변호사법은 위 규정에 새로운 제 2 항을 신설·추가했다. 즉, 법무법인(유한) 및 그 구성원의 공증에 관한 업무 및 그 감독과 징계에 관하여는 「공증인법」을 준용한다(제58조의17 제 2 항).

(3) 2008. 3. 28. 개정된 변호사법은 전문개정으로 자구수정을 한 바 있고, 2009. 2. 6. 개정된 변호사법은 위 제 2 항을 삭제하였다.[1]

1 같은 날(2009. 2. 6) 개정된 「공증인법」은 「변호사법」에 규정된 법무법인, 법무법인(유한), 법무조합(이하 "법무법인등")의 공증 관련 규정을 공증인법에 포함시켜 법무법인등이 공증업무를 하려면 별도로 법무부장관의 공증인가를 받도록 하고, 공증인가를 받은 법무법인 등(이하 "인가공증인")은 공증담당변호사를 지정하여 공증인의 직무를 취급하도록 하되, 공증담당변호사에 대하여 공증 관련 법령을 적용할 수 있도록 했다.

Ⅱ. 법무법인(유한)의 「상법」 유한회사 규정준용

1. 유한회사에 관한 규정준용

법무법인(유한)에 관하여 이 법에 정한 것 외에는 「상법」 중 유한회사에 관한 규정(「상법」 제545조는 제외한다)을 준용한다(제1항). 법무법인(유한)에 관하여 유한회사의 규정 중에서 준용될 수 있는 주요내용을 살펴볼 필요가 있다.

(1) 유한회사 사원의 권리의무

각 사원은 그 출자좌수에 따라 지분을 가진다(상법 554). 사원은 그 지분의 전부 또는 일부를 양도하거나 상속할 수 있다. 다만, 정관으로 지분의 양도를 제한할 수 있다(상법 556). 법무법인(유한) 역시 구성원 회의의 결의로 변호사 자격을 가진 사람에게 지분의 양도나 상속을 인정하여 새로운 구성원을 가입시킬 수 있다.

(2) 회사의 관리

1) 회사가 이사에 대하여 또는 이사가 회사에 대하여 소를 제기하는 경우에는 사원총회는 그 소에 관하여 회사를 대표할 자를 선정하여야 한다(상법 563). 이에 따르면 이사인 구성원 변호사와 법무법인(유한) 사이에 구상금 청구와 같은 소가 제기된 경우 법인을 대표할 담당변호사의 지정은 구성원 회의에서 결정할 수 있을 것처럼 보인다. 법무법인의 대표변호사가 법무법인이 당사자가 된 소송사건에서의 대리인이 누가 되어야 할 것인지 문제가 되었듯이, 여기에서도 같은 문제가 생긴다. 법무법인(유한)을 대표하는 대표변호사는 본인이 직접 소송사건을 수행하거나 다른 변호사를 대리인으로 위임하여야 한다.

2) 이사가 법령 또는 정관에 위반한 행위를 하여 이로 인하여 회사에 회복할 수 없는 손해가 생길 염려가 있는 경우에는 감사 또는 자본금 총액의 100분의 3 이상에 해당하는 출자좌수를 가진 사원은 회사를 위하여 이사에 대하여 그 행위를 유지할 것을 청구할 수 있다(상법 564의2). 법무법인(감사) 또는 자본금 총액의 100의 3 이상의 출자좌수를 가진 구성원은 이사의 법령 또는 정관에 위반한 행위로 법인에 회복할 수 없는 손해가 생길 염려가 있는 경우에는 그 행위의 중단할 것을 청구하는 유지청구권을 행사할 수 있다.

3) 자본금 총액의 100분의 3 이상에 해당하는 출자좌수를 가진 사원은 회사에 대하여 이사의 책임을 추궁할 소의 제기를 청구할 수 있다(상법 565①). 자본금 총액의 100분의 3 이상에 해당하는 출자좌수를 가진 사원은 회의의 목적사항과 소집의 이유를 기재한 서면을 이사에게 제출하여 총회의 소집을 청구할 수 있다(상법 572①). 자본금의 100분의 3 이상에 해당하는 출자좌수를 가진 사원은 회계의 장부와 서류의 열람 또는 등사를 청구할 수 있다

(상법 581①). 회사의 업무집행에 관하여 부정행위 또는 법령이나 정관에 위반한 중대한 사유가 있는 때에는 자본금 총액의 100분의 3 이상에 해당하는 출자좌수를 가진 사원은 회사의 업무와 재산상태를 조사하게 하기 위하여 법원에 검사인의 선임을 청구할 수 있다(상법 582①).

자본금 총액의 100분의 3 이상에 해당하는 출자좌수를 가진 구성원은 법인에 대하여 이사의 책임을 추궁할 소의 제기를 청구할 수 있으며(대표소송), 구성원 회의의 소집도 청구할 수 있고(총회소집청구), 회계장부열람권 및 법인의 업무와 재산상태의 조사를 위한 검사인의 선임을 법원에 청구할 수 있다(업무, 재산상태의 검사).

4) 각 사원은 출자 1좌마다 1개의 의결권을 가진다. 그러나 정관으로 의결권의 수에 관하여 다른 정함을 할 수 있다(상법 575). 이익의 배당은 정관에 다른 정함이 있는 경우 외에는 각 사원의 출자좌수에 따라 하여야 한다(상법 580). 구성원 변호사는 원칙적으로 출자1좌마다 1개의 의결권을 가지며, 이익배당의 기준도 출자좌수에 따른다.

2.「상법」 제545조 제외

(1) 1962. 1. 20. 제정된 상법은 유한회사의 사원총수에 대한 규제를 두었다. 즉, 사원의 총수는 50인을 초과하지 못한다. 그러나 특별한 사정이 있는 경우에 법원의 인가를 얻은 때에는 그러하지 아니하다(제545조 제 1 항). 전항의 규정은 상속 또는 유증으로 인하여 사원의 수에 변경이 생기는 경우에는 적용하지 아니한다(제 2 항).

(2) 2005. 1. 27. 개정된 변호사법은 법무법인(유한)은 10명 이상의 구성원 변호사로 조직된 형태로 구상하였다. 그래서 이보다 훨씬 많은 사원을 상정하고 있는 유한회사의 총사원에 관한 규정의 준용을 피하고자 '상법 제545조는 제외한다'라는 규정을 두었다.

(3) 그러나 2011. 4. 14. 개정된 상법은 유한회사제도의 이용증진을 도모하고자 회사설립의 제한으로 작용되던 사원총수에 관한 상법 제545조를 삭제하였다. 따라서 이 규정을 제외한다는 변호사법의 규정은 사문화되었기에 향후 삭제되어야 한다.

제5장의3

법무조합

제58조의18 설 립

제58조의18(설립)
변호사는 그 직무를 조직적·전문적으로 수행하기 위하여 법무조합을 설립할 수 있다.

Ⅰ. 연 혁

2005. 1. 27. 개정된 변호사법[시행 2005. 7. 28.]은 법률시장의 개방에 대비하여 대형화, 전문화된 법률사무소의 설립을 유도하고자 법무법인(유한)과 함께 법무조합 제도에 관한 규정을 신설했다. 즉, 변호사는 그 직무를 조직적·전문적으로 행하기 위하여 법무조합을 설립할 수 있다(제58조의18). 그 후 2008. 3. 28. 개정된 변호사법은 전문개정으로 자구수정을 하였다.

Ⅱ. 법무조합의 설립 목적

1. 법무조합의 설립 주체

변호사는 그 직무를 조직적·전문적으로 수행하기 위하여 법무조합을 설립할 수 있다. 법무조합은 민법상 조합의 구조를 기본으로 하고 있다. 이 점에서 합명회사를 기초로 하는 법무법인과 유한회사를 기본으로 하는 법무법인(유한)과 구별된다. 법무조합 역시 그 설립 주체는 자격등록을 마친 개업 변호사이다. 변호사의 자격이 있는 자가 개업과 동시에 법무조합을 설립하고자 할 때도 자격등록이 선행되어야 한다. 여기서 '변호사'는 법무조합의 구성원이 될 7명 이상의 변호사를 말한다. 그중 2명 이상은 통산하여 10년의 법조경력을 가져야 한다. 구체적으로는 '구성원이 될 변호사'를 말한다(제58조의19). 이들은 법무법인 또는 법무법인(유한)에 소속할 수 없다. 해산하여 청산 중에 있는 법인의 구성원 변호사 역시 법무조합의 설립주체가 될 수 없다.

2. 변호사 직무의 조직적·전문적 수행

법무조합은 그 직무를 조직적·전문적으로 수행하기 위하여 설립한다. 법무조합의 설립취지는 '직무의 조직적·전문적 수행'이다. 이는 법무법인과 법무법인(유한)의 설립취지와 동일하다. 여기서 '그 직무'는 변호사의 직무를 말한다. 법무법인의 업무에 관한 변호사법 제49조의 규정을 법무조합도 준용하고 있다(변호사법 58의30, 49). 또한 제50조 업무집행방법도 준용하고 있어 법무조합의 명의로 업무를 수행할 수 있다. 이는 민법의 조합이 조합 명의로 행위를 할 수 없고 조합원 전원의 이름으로 해야 하는 것과 큰 차이점이다. 법무조합의 구성원을 7인 이상으로 한 것은 직무의 조직성을 고려했으며, 구성원 변호사 중 2인 이상을 10년 이상의 법조경력을 요구하는 것은 직무의 전문성을 감안한 것이라 할 수 있다. 물론 단순한 법조경력보다 변호사의 능력과 특수한 경험이 오히려 전문성의 표징이 될 수 있다.

3. 법무조합의 설립

법무조합은 법무부장관의 인가를 받아 설립된다. 법무조합은 법무법인(유한)처럼 자본금을 마련해야 하는 것은 아니다. 법무법인(유한)보다 설립이 용이함에도 현재까지 법무조합이 설립된 경우는 없다.[1] 법무조합이라는 명칭 자체가 2인 이상의 동업관계인 민법상 조합을 연상시킨다는 데 그 이유를 찾는 지적도 있다.[2] 법무조합 역시 수임사건과 관련된 손해배상책임은 담당변호사가 지는 특징을 갖고 있다. 그리고 법무조합은 소송당사자능력이 인정되고 있다.

---

1 [대한변협 회원현황] https://www.koreanbar.or.kr/pages/introduce/stat.asp[2022. 5. 26. 방문]

2 법무법인(유한)과 법무조합의 신설을 위한 정부의 변호사법 개정안에서는 법무법인(유한)은 '변호사법인', 법무조합은 '변호사조합'으로 호칭했다.

제58조의19 설립 절차

제58조의19(설립 절차)
① 법무조합을 설립하려면 구성원이 될 변호사가 규약을 작성하여 주사무소 소재지의 지방변호사회와 대한변호사협회를 거쳐 법무부장관의 인가를 받아야 한다. 규약을 변경하려는 경우에도 또한 같다.
② 법무부장관은 제 1 항에 따라 법무조합의 설립을 인가한 경우에는 관보에 고시하여야 한다.
③ 법무조합은 제 2 항에 따른 고시가 있을 때에 성립한다.

Ⅰ. 연 혁

2005. 1. 27. 개정된 변호사법은 법무조합을 신설하면서 그 설립절차를 규정했다. 즉, 법무조합을 설립하고자 할 때에는 구성원이 될 변호사가 규약을 작성하여 주사무소 소재지의 지방변호사회 및 대한변호사협회를 거쳐 법무부장관의 인가를 받아야 한다. 규약을 변경하고자 할 때에도 또한 같다(제58조의19 제 1 항). 법무부장관은 제 1 항의 규정에 의하여 법무조합의 설립을 인가한 때에는 이를 관보에 고시하여야 한다(제 2 항). 법무조합은 제 2 항의 규정에 의한 고시가 있은 때에 성립한다(제 3 항).

Ⅱ. 법무조합의 설립 절차

1. 법무조합의 규약 작성

법무조합을 설립하려면 구성원이 될 변호사가 규약을 작성하여 주사무소 소재지의 지방변호사회와 대한변호사협회를 거쳐 법무부장관의 인가를 받아야 한다. 규약을 변경하려는 경우에도 또한 같다(제 1 항). 법무조합은 장차 구성원이 될 변호사가 설립주체가 된다.

법무조합의 구성원은 7명 이상이어야 하고, 그중 2명 이상이 통산하여 10년 이상 법조경력이 있어야 하는 점은 법무법인(유한)과 동일하다. 법무조합은 그 명칭에서 알 수 있듯이 조합의 일종이다. 법무조합에 관하여 이 법에 정한 것 외에는 「민법」 중 조합에 관한 규정(「민법」 제713조는 제외한다)을 준용한다(변호사법 58의31①). 구성원이 될 변호사가 작성하는 '규약'은 법무법인이나 법무법인(유한)의 정관에 해당되는 것으로 그 법적 성질은 조합계약이라 할 수 있다.[1] 그렇다고 규약이 민법상 조합계약 그 자체는 아니고, 일반적으로 비법인사단과 같이 단체성이 인정되는 단체에서 작성되고 있다.

민법상 조합은 두 사람 이상이 서로 출자하여 공동사업을 경영할 것을 약정함으로써 성립한다. 조합계약은 특별한 방식을 필요로 하지 않은 불요식계약이다. 조합계약의 합의는 조합을 구성하려는 당사자의 의사의 합치이므로, 이 의사가 서면의 형식으로 대외적으로 공표된다면 권리의무 관계를 특정하는 데 유익할 것이다. 그 때문에 변호사법은 법무조합의 설립시에 규약의 작성을 요구하고 있다. 규약(規約)이란 장차 설립하게 될 법무조합의 목적, 출자, 손익분배, 존속기간 등의 조합의 구성에 관한 사항을 특정하여 서면화한 것을 말한다. 법인의 근본규칙을 기재한 서면인 정관과 구별된다. 민법상 조합은 2인 이상의 소규모이다. 그러나 법무조합은 7인 이상의 변호사로 구성된 단체라는 점에서 그 조직과 활동에 관한 규약을 정할 필요가 크다. 민법상 조합은 법인도 조합계약의 당사자가 될 수 있지만, 법무조합은 오로지 자연인인 변호사만 당사자가 될 수 있다.

2. 법무부장관의 인가

(1) 법무조합의 인가신청

법무조합의 구성원이 될 변호사는 규약을 작성한 후 법무부장관의 설립인가를 받아야 한다. 인가를 받아야 한다는 점은 법무법인이나 법무법인(유한)과 동일하다. 인가신청 절차는 인가신청서류를 작성하여 주사무소 소재지의 지방변호사회와 대한변호사협회를 거쳐 법무부장관에게 제출한다. 구체적인 설립신청절차는 법무법인과 동일하다(변호사법 시행령 13

1 민법상의 조합과 법인격은 없으나 사단성이 인정되는 비법인사단을 구별함에 있어서는 일반적으로 그 단체성의 강약을 기준으로 판단하여야 하는바, 조합은 2인 이상이 상호간에 금전 기타 재산 또는 노무를 출자하여 공동사업을 경영할 것을 약정하는 계약관계에 의하여 성립하므로 어느 정도 단체성에서 오는 제약을 받게 되는 것이지만 구성원의 개인성이 강하게 드러나는 인적 결합체인 데 비하여 비법인사단은 구성원의 개인성과는 별개로 권리·의무의 주체가 될 수 있는 독자적 존재로서의 단체적 조직을 가지는 특성이 있다 하겠는데, **어떤 단체가 고유의 목적을 가지고 사단적 성격을 가지는 규약을 만들어** 이에 근거하여 의사결정기관 및 집행기관인 대표자를 두는 등의 조직을 갖추고 있고, 기관의 의결이나 업무집행방법이 다수결의 원칙에 의하여 행하여지며, 구성원의 가입, 탈퇴 등으로 인한 변경에 관계없이 단체 그 자체가 존속되고, 그 조직에 의하여 대표의 방법, 총회나 이사회 등의 운영, 자본의 구성, 재산의 관리 기타 단체로서의 주요사항이 확정되어 있는 경우에는 비법인사단으로서의 실체를 가진다고 할 것이다(대법원 1999. 4. 23. 99다4504[매매대금]).

의7). 법무조합의 설립인가를 받으려면 설립인가 신청서에 ① 규약, ② 구성원회의 회의록을 첨부하여 주사무소 소재지의 지방변호사회 및 대한변호사협회를 거쳐 법무부장관에게 제출하여야 한다(변호사법 시행령 13의7, 9①).[2] 신청서를 받은 지방변호사회는 지체 없이 대한변호사협회에 진달(進達)해야 한다(법무조합의설립등에관한규칙 2). 대한변호사협회는 그 신청이 설립인가기준에 합당하다고 인정할 때에는 의견을 첨부하여 그 인가신청서류를 법무부장관에게 제출하여야 한다(위 규칙 3①). 신청이 설립인가기준에 흠결이 있더라도 신청인에게 반려할 수는 없다. 대한변호사협회는 인가신청서류에 기재사항의 흠결이 있거나 첨부서류의 미비가 있는 때에는 경유한 지방변호사회를 거쳐 그 신청인에게 보완을 명할 수 있다(위 규칙 3②). 설립인가신청이 인가기준에 합당하지 아니하다고 인정할 때에도 (인가신청이 부적당하는 취지의) 의견을 첨부하여 법무부장관에게 제출해야 한다(위 규칙 3③).

(2) 법무부장관의 인가결정

법무부장관은 법무조합의 설립인가 신청서류의 기재사항에 흠결이 있거나 첨부서류가 미비되어 있으면 신청인에게 보완을 요구할 수 있으며(변호사법 시행령 13의7, 9②), 설립인가 신청서류를 심사할 때에 필요하다고 인정하면 사실 및 증거 조사를 하거나 신청인에게 관련 자료 제출을 요구할 수 있다(변호사법 시행령 13의7, 9③). 인가요건을 충족시키지 못하면 법무부장관은 인가신청을 거부(반려)할 수 있다. 신청인은 거부처분에 불복할 경우 법무부장관을 상대로 행정심판 또는 행정소송으로 다툴 수 있다.

법무부장관은 법무조합 설립인가를 할 때에는 법무법인(유한) 인가대장에 ① 인가번호 및 인가연월일, ② 법무조합의 명칭, ③ 주사무소 및 분사무소의 소재지, ④ 구성원의 성명 및 주소, ⑤ 그 밖에 필요한 사항을 적고, 법무조합 설립인가증을 신청인에게 발급하여야 한다(변호사법 시행령 13의7, 9④). 법무부장관은 신청인에게 법무조합 설립인가증을 발급하면 대한변호사협회에 통지하여야 한다. 다만, 「공증인법」 제15조의2에 따라 공증인가를 받은 법무조합에 대하여는 소속 지방검찰청 검사장에게도 통지하여야 한다(변호사법 시행령 13의7, 9⑤).

---

2 [법무부] **공증인 임명, 법무법인 등의 설립, 정관변경 및 공증사무소 설치 등 인가 신청서류 기준 제 5 조 [법무조합 설립]** 법무조합을 설립하고자 하는 자는 법무조합설립인가신청서에 다음 각호의 서류를 첨부하여 주사무소 소재지의 지방변호사회 및 대한변호사협회를 거쳐 법무부장관에게 제출하여야 한다.

1. 규약 1부
2. 제 3 조 제 2 호 내지 제 9 호의 서류 각 1부(2. 구성원 회의록 1부, 3. 구성원 경력증명서 각 1부, 4. 구성원 징계관계증명서 각 1부, 5. 구성원 출자이행증명서 각 1부, 6. 구성원 이력서(사진첨부) 각 1부, 7. 구성원 변호사개업증명원 각 1부, 8. 법무법인을 대표할 구성원의 주민등록표 등본 또는 초본 1부, 9. 사무소 등기부등본 또는 임대차계약서 1부)
3. 기타 필요로 하는 서류

3. 규약을 변경하려는 경우

(1) 규약의 변경

법무조합의 설립시에 작성했던 규약의 기재사항에 변경이 발생한 경우 규약변경 인가를 받아야 한다. 법무조합인의 규약의 인가를 받으려면 규약변경 인가신청서에 ① 규약변경이유서 1부, ② 규약변경안 1부, ③ 규약변경에 관한 구성원 회의록 1부의 서류를 첨부하여 주사무소 소재지의 지방변호사회 및 대한변호사협회를 거쳐 법무부장관에게 제출하여야 한다(변호사법 시행령 13의7, 10①).

(2) 규약변경의 절차와 한계

규약변경 절차는 법무조합의 설립절차와 같다(변호사법 58의19 후단). 규약변경의 방법에 대하여는 변호사법에 규정이 없다. 규약의 변경에는 구성원 과반수의 결의가 있어야 한다. 법무조합의 업무 집행은 구성원 과반수의 결의에 의한다. 다만, 둘 이상의 업무집행구성원을 두는 경우에는 그 과반수의 결의에 의한다(변호사법 58의23①). 법무조합의 해산과 같은 중요한 의사결정의 방법도 구성원 과반수의 동의를 요하고 있음에 비춰보아도 그렇다(변호사법 58의28①(2)). 이와 달리 법무법인(유한)은 총 구성원의 반수 이상이며 총 구성원의 의결권의 4분의 3 이상을 가지는 자의 동의로 한다(변호사법 58의17①; 상법 585①). 규약의 기재사항의 변경이 있으면 반드시 변경인가 절차를 거쳐야 한다. 사단법인과 재단법인의 정관의 변경은 주무관청의 허가를 얻지 아니하면 그 효력이 없다(민법 42②, 45③). 법무조합의 규약의 변경도 법무부장관의 인가를 얻지 아니하면 효력이 없다.

Ⅲ. 법무조합의 설립 인가한 경우 관보 고시

법무부장관은 제 1 항에 따라 법무조합의 설립을 인가한 경우에는 관보에 고시하여야 한다(제 2 항). 법무부장관은 법무조합의 구성원이 될 변호사가 필요적 기재사항이 포함된 '규약'을 작성하여 제출한 설립인가신청을 인가할 수 있다. 인가 요건을 갖추지 못한 인가처분은 법규의 중요한 부분을 위반한 중대한 하자가 있다고 할 수 있다. 설립인가를 한 경우에는 법무부장관은 관보에 고시하여야 한다. 법무법인과 법무법인(유한)은 설립인가를 받으면 2주일 이내에 설립등기를 하여야 한다(변호사법 43, 58의5①). 이와 달리 법무조합은 설립등기를 하지 않고 법무부장관이 직권으로 관보에 고시함으로 그 설립을 공시한다. 법무부장관은 설립인가를 한 경우 지체 없이 주사무소 및 분사무소 소재지의 지방변호사회와 대한변호사협회에 통지하여야 한다(변호사법 58의29). 그리고 법무조합은 설립인가를 받은 때로부터 7일 이내에 구성원이 소속한 지방변호사회를 거쳐 대한변호사협회에 그 사유를 신고하여야 한다(법무조합의설립등에관한규칙 5①(1)).

Ⅳ. 관보 고시로 법무조합 성립

법무조합은 제2항에 따른 고시가 있을 때에 성립한다(제3항). 법무조합은 관보에 설립인가의 고시가 있을 때 성립한다. 여기서 '고시가 있을 때'란 인가사실이 기재된 관보가 발행되어 일반인이 열람 또는 구독할 수 있는 상태에 놓이게 된 최초의 시기를 말한다. 관보는 종이로 발행되는 관보(이하 "종이관보"라 한다)와 전자적인 형태로 발행되는 관보(이하 "전자관보"라 한다)로 운영한다(법령 등 공포에 관한 법률 11③). 법령 등의 공포일 또는 공고일은 해당 법령 등을 게재한 관보 또는 신문이 발행된 날로 한다(법령 등 공포에 관한 법률 12). 법무조합은 고시가 있을 때 성립한다는 점에서, 법무법인과 법무법인(유한)이 주사무소의 소재지에서 설립등기를 함으로써 성립한다(변호사법 43③, 58의5③)는 것과 차이가 있다. 법무부장관이 법무조합의 설립인가 신청에 대하여 인가처분을 하였더라도 그 법무조합이 곧바로 변호사의 업무를 수행할 수 없다. 관보에 고시가 있을 때 비로소 법무조합이 성립하기 때문이다. 법무부장관이 인가처분 후 고시를 하면 이 처분에 이해관계를 갖는 자는 고시가 효력을 발생하는 날에 그 처분이 있음을 알았다고 보아야 한다.

제58조의20 규약의 기재 사항

제58조의20(규약의 기재 사항)
법무조합의 규약에는 다음 각 호의 사항이 포함되어야 한다.
1. 목적, 명칭, 주사무소 및 분사무소의 소재지
2. 구성원의 성명·주민등록번호 및 법무조합을 대표할 구성원의 주소
3. 구성원의 가입·탈퇴와 그 밖의 변경에 관한 사항
4. 출자의 종류 및 그 가액과 평가기준에 관한 사항
5. 손익분배에 관한 사항
6. 법무조합의 대표에 관한 사항
7. 자산과 회계에 관한 사항
8. 존립 기간이나 해산 사유를 정한 경우에는 그 기간 또는 사유

I. 연 혁

(1) 2005. 1. 27. 개정된 변호사법은 법무조합의 규약에 반드시 기재해야 할 사항에 관한 규정을 신설했다. 즉, 법무조합의 규약에는 ① 목적·명칭·주사무소 및 분사무소의 소재지, ② 구성원의 성명·주민등록번호 및 법무조합을 대표할 구성원의 주소, ③ 구성원의 가입·탈퇴 그 밖의 변경에 관한 사항, ④ 출자의 종류 및 그 가액과 평가기준에 관한 사항, ⑤ 손익분배에 관한 사항, ⑥ 법무조합의 대표에 관한 사항, ⑦ 자산 및 회계에 관한 사항, ⑧ 존립기간 또는 해산사유를 정한 때에는 그 기간 또는 사유를 기재하여야 한다(제58조의20).

(2) 2008. 3. 28. 개정된 변호사법은 위 '기재하여야 한다'를 '포함되어야 한다'로 개정했다. 즉, 법무조합의 규약에는 다음 각 호의 사항이 포함되어야 한다(제58조의20).

Ⅱ. 법무조합 규약의 기재 사항

법무조합의 규약에는 다음 각 호의 사항이 포함되어야 한다. 법무조합이 설립 목적과 구성원 및 출자와 손익분배에 관한 일체의 내용을 포함시킨 것이 규약이다. 법인이 아니라서 정관이라는 용어를 사용하지 않지만, 그 조직의 특성을 나타내는 점은 동일하다. 변호사법은 필요적 기재사항을 특정하여 그 내용이 포함되도록 하고 있다. 조합은 상호출자하여 공동사업을 경영하는 것이므로 조합원 각자는 출자를 하여야 한다. 그 때문에 법무법인과 법무법인(유한)의 정관에 포함되지 않은 '손익분배에 관한 사항'(제5호)이 규약에 포함되어 있다.

1. 목적, 명칭, 주사무소 및 분사무소의 소재지(제1호)

법무조합은 변호사의 직무(변호사법 3)와 법무조합의 업무(변호사법 58의30, 49)의 범위 내에서 그 목적을 정할 수 있다. 명칭 역시 '이 법무조합은 법무조합 ○○이라 한다'라고 그 이름을 특정한다. 그 명칭 중에는 법무조합이라는 문자를 사용하여야 한다(변호사법 58의30, 44①).

법무조합의 주사무소는 소속 지방변호사회의 지역에 두어야 한다. 법무조합은 분사무소를 둘 수 있다(변호사법 58의30, 48①). 분사무소는 시·군·구(자치구를 말한다) 관할구역마다 1개를 둘 수 있다(변호사법 시행령 13의7, 12③). 분사무소에는 법무조합의 분사무소임을 표시하여야 한다. 따라서 '이 법무조합의 주사무소는 서울특별시에 둔다'라고 기재하면 된다. 분사무소 설치시에는 '이 법무조합은 광주광역시에 분사무소를 둔다'라고 한다.

2. 구성원의 성명·주민등록번호 및 법무조합을 대표할 구성원의 주소(제2호)

법무조합의 설립자인 7명 이상의 구성원 변호사의 성명과 주민등록번호를 기재하여야 한다. 법무조합을 대표할 구성원은 대표변호사를 말한다. 대표변호사는 구성원 변호사 중에서 선임되므로 주소만 기재한다.

3. 구성원의 가입·탈퇴와 그 밖의 변경에 관한 사항(제3호)

(1) 법무조합은 7명 이상의 변호사로 구성되며(변호사법 58의22①), 임의로 탈퇴할 수 있다(변호사법 58의30, 46①). 여기서 '구성원의 가입'은 설립 당시를 말하는 것이 아니라 법무조합이 성립된 후에 신규로 가입하는 것을 말한다. 설립 당시의 구성원은 제2호에 기재되기 때문이다. 법무조합은 법무법인과 법무법인(유한)과 달리 '구성원 회의'에 관한 사항이 없다. 민법상 조합은 법인격이 없으므로 조합이 제3자와 법률행위를 할 때에는 조합원 전원의

이름으로 한다. 실제로는 업무집행 조합원이 조합을 대리하는 방식을 이용한다.

(2) 그러나 법무조합은 이런 형식을 취하지 않는다. 법무법인과 법무법인(유한)과 같이 법무조합 명의로 업무를 수행하며(변호사법 58의30, 50①), 법무조합은 소송의 당사자가 될 수 있다(변호사법 58의26). 법무조합의 구성원 또는 소속 변호사는 자기나 제 3 자의 계산으로 변호사의 업무를 수행할 수 없다(변호사법 58의30, 52). 구성원의 신규가입과 탈퇴에 관하여 규약에서 자율적으로 정한다. 구성원은 언제든지 탈퇴할 수 있으므로(변호사법 58의30, 46①) 이를 제약하는 규율을 둘 수는 없다. 법무조합의 구성원 탈퇴로 인한 법률관계(상속, 손익분배 등)도 정하여야 한다.

4. 출자의 종류 및 그 가액과 평가기준에 관한 사항(제 4 호)

(1) 조합은 조합원이 상호 출자하여 공동사업을 경영한다. 조합원이 출자의무를 부담하는 것은 조합의 성립요건이다. 법무조합의 구성원은 금전 기타 재산 또는 노무로 출자할 수 있다(변호사법 58의31①; 민법 703②). 출자의 종류는 규약에 기재해야 한다. 모든 구성원이 동일한 내용의 출자를 해야 하는 것은 아니다. 출자를 하지 않는 자를 구성원으로 하는 단체는 조합이 아니다.[1] 법무조합에는 법무법인(유한)과 같이 3천 좌 이상을 출자해야 한다는 규정은 없지만, 법무조합의 모든 구성원 역시 출자의무가 있다고 할 수 있다.

(2) 출자는 설립인가 신청시에 이행되어야 원칙이지만, 장차 발생하게 될 비용을 부담하기로 하는 약정도 출자로 인정된다. 출자의 비율은 평등으로 추정되지만, 손익분배에 관한 사항(제 5 호)을 정함에 있어 구체적인 출자 비율을 정하게 된다. 금전을 출자의 목적으로 한 구성원이 출자시기를 지체한 때에는 연체이자를 지급하는 외에 손해를 배상하여야 한다(변호사법 58의31①; 민법 705). 일반적인 금전채무의 불이행의 손해배상액은 법정이율에 의한다(민법 397①). 그런데 금전을 출자의 목적으로 한 구성원이 그 출자의무를 지체한 때에는 지연이자를 지급하는 것 외에 손해까지 배상해야 하는 특색이 있다.

(3) 규약에는 출자의 종류와 그 가액을 기재한다. 금전은 '원'이라는 액수를 기재하고, 부동산이나 노무는 돈으로 환산한 액수를 적는다. 출자한 금품의 평가기준은 '원'으로 하는 것이 일반적이다.

5. 손익분배에 관한 사항(제 5 호)

(1) 법무조합이 업무를 수행한 결과 이익과 손실이 발생할 수 있다. 이익은 조합의 활동으로 취득한 재산에서 비용을 공제하고 남은 것을 말하고, 손실은 적극재산이 채무를 변

---

1 곽윤직 편집대표, 민법주해[XVI], 42면(김재형 집필부분).

제하기에 부족한 경우 그 채무초과액을 지칭한다. 법무조합은 특정회계연도를 기준으로 손익을 평가할 수 있다. 손익을 정산하여 그 분배는 언제, 어떤 비율로 할 것인지 문제된다. 민법은 손익분배의 비율만 정하고 있다. 즉, 당사자가 손익분배의 비율을 정하지 아니한 때에는 각 조합원의 출자가액에 비례하여 이를 정한다(민법 711①). 이익 또는 손실에 대하여 분배의 비율을 정한 때에는 그 비율은 이익과 손실에 공통된 것으로 추정한다(민법 711②). 이는 임의규정이므로 법무조합은 이와 달리 규약에 정할 수 있다.

(2) 보통 출자비율을 고려하여 손익분배의 비율도 결정할 것이나 어떻게 약정하느냐는 자유이다. 손익분배의 비율과 손실부담의 비율을 달리 약정하는 것도 가능하다. 그러나 손익분배의 비율은 규약에서 사전에 정해두어야 한다. 손익이 발생한 다음에 조합원의 다수결로 분배비율을 정하기로 하는 약정은 무효이다. 조합 재산(합유물)의 처분은 조합원 전원의 동의가 있어야 하기 때문이다(민법 273①). 모든 조합원은 출자의무가 있지만, 손실을 부담하지 않은 조합원을 인정해도 된다. 손실의 부담은 조합의 본질상 요구되지 않기 때문이다.

(3) 민법은 손익분배의 시기와 그 방법은 정하고 있지 않다. 영리목적의 조합은 업무집행규정에 따라서 분배하여야 하고(민법 706), 비영리를 목적으로 하는 경우에는 전 조합원의 합의에 의하여 또는 청산할 때 분배하여야 한다는 것이 일반적이다. 법무조합은 영리를 목적으로 활동할 수는 없기에 모든 구성원의 합의로 분배시기를 정할 수 있다. 이익의 분배방법은 금전의 지급으로 행하여질 것이다.

6. 법무조합의 대표에 관한 사항(제 6 호)

법무조합을 대표할 방법을 정해야 한다. 민법상 조합에는 법인격이 인정되지 않으므로 법인에서와 같은 대표기관은 없다. 그 결과 조합의 대외관계는 조합의 구성원인 모든 조합원과 제 3 자와의 관계이다. 조합은 외부에 대하여 스스로를 대표하는 주체가 되지 못한다. 그러므로 조합원 전체의 이름으로 법률행위를 하는 것이 원칙이다. 그러나 법무조합은 민법상 조합과 달리 법무조합 명의로 그 업무를 수행한다(변호사법 58의30, 50①). 법무조합은 규약으로 구성원의 일부 또는 전부가 조합을 대표할 수 있음을 정할 수 있다. 특정의 구성원이 조합을 대표하도록 하는 경우 그 자를 대표변호사라 할 수 있다. 대표변호사의 선정방법은 자유롭게 정할 수 있다. 그 인원과 임기는 제한이 없다. 대표변호사는 당연히 구성원 중에서 선임된다. 대표변호사는 법무조합을 대표하고 일체의 업무를 통할한다. 이와 달리 지정된 업무를 수행할 때는 구성원 변호사와 소속 변호사는 각자가 그 법무조합을 대표한다(변호사법 58의30, 50⑥).

7. 자산과 회계에 관한 사항(제7호)

구성원의 출자로 형성된 자산과 설립 후에 취득하게 될 자산과 회계에 관한 사항을 정한다. 법무조합 역시 법무법인(유한)과 동일하게 변호사법에 정한 것 외에는 「주식회사의 외부감사에 관한 법률」 제13조에 따른 회계처리기준에 따라 회계처리를 하여야 한다(변호사법 58의30, 58의9①). 그러나 법무조합은 법무법인(유한)에게 부과된 회계처리기준에 따른 대차대조표를 작성하여 매 사업연도가 끝난 후 3개월 이내에 법무부장관에게 제출하여야 한다(변호사법 58의9②)는 규정은 준용되지 않고 있다.

8. 존립 시기나 해산 사유를 정한 경우에는 그 시기 또는 사유(제8호)

법무조합은 처음부터 존립시기를 정할 수 있다. 해산사유 역시 정할 수 있다. 구성원의 과반수의 동의로 해산할 수 있다고 정할 수 있다(변호사법 58의28①(2)). 이런 해산결의는 조합 설립 후에 할 수 있지만, 규약에 정해둘 수도 있다. 존립시기나 해산사유는 임의적 기재사항이다. 존립시기나 해산 사유를 정하지 않은 경우에는 규약에 기재할 필요는 없다. 그런데 규약의 기재 사항으로 위와 같은 사항이 '포함되어야 한다'고 되어 있지만, 이는 본호를 제외한 다른 사항에 국한되는 의미이다.

제58조의21 규약의 제출 등

제58조의21(규약의 제출 등)

① 법무조합은 설립인가를 받으면 2주일 이내에 주사무소 및 분사무소 소재지의 지방변호사회에 규약과 다음 각 호의 사항을 적은 서면을 제출하여야 한다. 규약이나 기재 사항을 변경한 경우에도 또한 같다.

1. 목적, 명칭, 주사무소 및 분사무소의 소재지
2. 구성원의 성명·주민등록번호 및 법무조합을 대표할 구성원의 주소
3. 출자금액의 총액
4. 법무조합의 대표에 관한 사항
5. 존립 기간이나 해산 사유를 정한 경우에는 그 기간 또는 사유
6. 설립인가 연월일

② 법무조합의 주사무소 및 분사무소 소재지의 지방변호사회는 대통령령으로 정하는 바에 따라 다음 각 호의 서면을 비치하여 일반인이 열람할 수 있도록 하여야 한다.

1. 제 1 항 각 호의 사항이 적힌 서면
2. 제58조의29에 따른 설립인가 및 그 취소와 해산에 관한 서면
3. 제58조의30에 따라 준용되는 제58조의12에 따른 손해배상 준비금을 적립하였거나 보험 또는 공제기금에 가입하였음을 증명하는 서면

I. 연 혁

(1) 2005. 1. 27. 개정된 변호사법은 설립인가를 받은 법무조합이 지방변호사회에 규약 등을 제출하도록 하고, 그 서면을 일반인이 열람할 수 있도록 하는 규정을 신설했다. 즉, 법무조합은 설립인가를 받은 때부터 2주 이내에 주사무소 및 분사무소 소재지의 지방변호사회에 규약과 다음 각호의 사항을 기재한 서면을 제출하여야 한다.[1] 규약 또는 기재사항을

---

1 1. 목적·명칭·주사무소 및 분사무소의 소재지
2. 구성원의 성명·주민등록번호 및 법무조합을 대표할 구성원의 주소

변경한 때에도 또한 같다(제58조의21 제1항). 법무조합의 주사무소 및 분사무소 소재지의 지방변호사회는 대통령령이 정하는 바에 의하여 다음 각호의 서면을 비치하여 일반인이 열람할 수 있도록 하여야 한다(제2항).[2]

(2) 2008. 3. 28. 개정된 변호사법은 법무조합이 규약과 함께 지방변호사회에 제출할 서면의 기재사항 중 제1항 제3호 '출자금액의 총액과 각 구성원의 출자금액'을 '출자금액의 총액'으로, 제6호 '손익분배에 관한 사항'을 삭제하였다. 제2항 중 제3호 '제58조의30에 따라 준용되는 제58조의12에 따른 손해배상 준비금을 적립하였거나 보험 또는 공제기금에 가입하였음을 증명하는 서면'이라 하여 '손해배상 준비금을 적립하였거나' 부분을 추가하였다.

Ⅱ. 법무조합의 규약 제출

1. 지방변호사회에 규약 제출

(1) 법무조합은 설립인가를 받으면 2주일 이내에 주사무소 및 분사무소 소재지의 지방변호사회에 규약과 다음 각 호의 사항을 적은 서면을 제출하여야 한다. 규약이나 기재 사항을 변경한 경우에도 또한 같다(제1항). 법무조합은 설립인가를 받으면 주사무소 및 분사무소 소재지의 지방변호사회에 규약과 함께 ① 목적, 명칭, 주사무소 및 분사무소의 소재지, ② 구성원의 성명·주민등록번호 및 법무조합을 대표할 구성원의 주소, ③ 출자금액의 총액, ④ 법무조합의 대표에 관한 사항, ⑤ 존립 기간이나 해산 사유를 정한 경우에는 그 기간 또는 사유, ⑥ 설립인가 연월일을 적은 서면을 제출해야 한다.

(2) 규약과 관련 사항이 기재된 서면의 제출은 설립인가를 받으면 2주일 이내에 하여야 한다. 법무조합은 법무부장관이 설립인가를 관보에 고시한 때 성립한다. 따라서 '설립인가를 받으면 2주일 이내'라는 의미는 관보에 고시되어 성립된 날로부터 2주일 이내로 보아야 한다. 법무법인이나 법무법인(유한)은 설립인가를 받으면 2주일 이내에 설립등기를 하여야 하고, 설립등기를 함으로써 성립한다. 법무조합 역시 관보에 고시되어 성립된 날부터 2주일 이내에 규약 등을 지방변호사회에 제출해야 한다. 법무조합은 법무법인처럼 등기를 하지

3. 출자금액의 총액과 각 구성원의 출자금액
4. 법무조합의 대표에 관한 사항
5. 존립기간 또는 해산사유를 정한 때에는 그 기간 또는 사유
6. 손익분배에 관한 사항
7. 설립인가 연월일

2 1. 제1항 각호의 사항이 기재된 서면
2. 제58조의29의 규정에 의한 설립인가 및 그 취소와 해산에 관한 서면
3. 제58조의30의 규정에 의하여 준용되는 제58조의12의 규정에 의한 보험 또는 공제기금에 가입하였음을 증명하는 서면

않기에 규약과 관련사항을 지방변호사회에 비치해 두어 이해관계인의 열람에 제공할 필요가 있다.

(3) 법무조합의 규약은 이미 설립신청 당시에 지방변호사회와 대한변호사협회에 제출되어 있다. 즉, 법무조합은 설립인가신청을 할 때 규약을 작성하여 주사무소 소재지의 지방변호사회와 대한변호사협회를 거친다(변호사법 58의19①). 설립인가신청을 할 때 구성원이 될 변호사가 설립인가신청서류 3통을 소속한 지방변호사회에 제출하여야 하고, 지방변호사회는 그 1통을 보관하고 나머지 2통은 경유사실을 증명하여 지체 없이 대한변호사협회에 진달하여야 한다(법무조합의설립등에관한규칙 2). 그리고 규약 외에 법무조합의 구조에 관한 사항을 적은 서면의 제출을 요구하도록 하고 있다. 다만, 출자금액의 총액(제 3 호)과 설립인가 연월일(제 6 호)은 규약에 기재되지 않은 사항이다. 법무부장관이 법무조합의 설립인가를 하면 그 사실을 지체 없이 주사무소 및 분사무소 소재지의 지방변호사회와 대한변호사회에 통지하여야 한다(변호사법 58의29). 따라서 이 점에서는 법무조합의 규약과 관련 사항을 기재한 서면의 제출은 중복된 감이 있다.

2. 규약이나 기재 사항을 변경한 경우

규약을 변경하려는 경우 주사무소 소재지의 지방변호사회와 대한변호사협회를 거쳐 법무부장관의 인가를 받아야 한다(변호사법 58의19). 따라서 규약의 변경 인가를 받은 다음에는 그 규약과 함께 관련사항이 기재된 서면을 지방변호사회에 제출하여야 한다. 그리고 '기재 사항'은 규약 중의 특정한 사항을 말하는 것으로 규약과 특히 구별되는 개념은 아니다.

Ⅲ. 지방변호사회의 법무조합 관련 서면 비치

1. 법무조합의 주사무소 및 분사무소 소재지 지방변호사회

법무조합의 주사무소 및 분사무소 소재지의 지방변호사회는 대통령령으로 정하는 바에 따라 다음 각 호의 서면을 비치하여 일반인이 열람할 수 있도록 하여야 한다(제 2 항). 법무조합은 등기하지 않기 때문에 규약과 관련사항을 기재한 서면을 지방변호사회에 비치하고 있다. 설립인가 신청시에는 대한변호사협회도 경유하지만, 규약 등의 비치는 지방변호사회에 국한된다. 법무조합도 주사무소는 물론 분사무소를 둘 수 있다(변호사법 58의30, 48). 분사무소를 둔 경우에는 그 소재지 지방변호사회에도 동일한 규약과 서면을 비치한다.

법무조합의 채권자와 같은 이해관계인은 그 권리행사를 위하여 조합의 내부관계를 확인할 필요가 있다. 예컨대 구성원은 법무조합의 채무(제58조의25에 따른 손해배상책임과 관련한 채무는 제외한다)에 대하여 그 채무 발생 당시의 손실분담 비율에 따라 책임을 진다(변호사법 58의24). 의뢰인은 법무조합의 구성원의 인적사항은 물론 '손실분담 비율'도 알 수 없지만, 비치된 규약의 기재사항으로 구성원의 성명을 알 수 있으며, '손익분배에 관한 사항'에서 손실분담 비율도 추론할 수 있다. 법무조합의 수임사건과 관련된 손해배상책임에서 담당변호사 또는 그 지휘·감독변호사가 아닌 구성원 변호사는 조합재산의 범위 내에서 그 책임을 진다(변호사법 58의25③). 여기서 '조합재산'의 내역은 규약에 기재된 '출자의 종류 및 그 가액'(제4호)을 통해서 확인할 수 있다.

2. 대통령령으로 정하는 서면 비치·열람 제공

법무조합의 주사무소 및 분사무소 소재지의 지방변호사회는 법무조합으로부터 제출받은 ① 제1항 각 호의 사항이 적힌 서면, ② 제58조의29에 따른 설립인가 및 그 취소와 해산에 관한 서면, ③ 제58조의30에 따라 준용되는 제58조의12에 따른 손해배상 준비금을 적립하였거나 보험 또는 공제기금에 가입하였음을 증명하는 서면을 제출받은 후 1주일 이내에 제목, 제출자 및 제출일자를 적은 후 제출 서면의 사본을 첨부하여 일반인이 열람할 수 있도록 비치하여야 한다(변호사법 시행령 13의6①). 여기서 '손해배상 준비금을 적립하였거나 보험 또는 공제기금에 가입하였음을 증명하는 서면'은 수임사건과 관련된 손해배상을 청구하게 될 의뢰인의 입장에서는 주요한 관심사항이라 사전에 공시하도록 한 것이다. 지방변호사회는 제1항에 따라 비치하는 서면의 내용 중 구성원의 주민등록번호 뒷자리 및 주소 등 개인의 사생활을 침해할 우려가 있는 부분을 삭제하여야 한다(변호사법 시행령 13의6②).

제58조의22 구성원 등

제58조의22(구성원 등)

① 법무조합은 7명 이상의 변호사로 구성하며, 그중 2명 이상이 통산하여 10년 이상 「법원조직법」 제42조 제1항 각 호의 어느 하나에 해당하는 직에 있었던 자이어야 한다.

② 법무조합은 구성원 아닌 소속 변호사를 둘 수 있다.

③ 법무조합이 제1항에 따른 구성원의 요건을 충족하지 못하게 된 경우에는 3개월 이내에 보충하여야 한다.

Ⅰ. 연 혁

(1) 2005. 1. 27. 개정된 변호사법은 법무조합의 구성원을 10명 이상으로, 그중 3명 이상이 10년 이상의 법조경력을 갖도록 하는 규정을 신설했다. 즉, 법무조합은 10인 이상의 변호사로 구성하며, 그중 3인 이상이 통산하여 10년 이상 법원조직법 제42조 제1항 각호의 1에 해당하는 직에 있었던 자이어야 한다(제58조의22 제1항). 법무조합은 구성원 아닌 소속변호사를 둘 수 있다(제2항). 법무조합이 제1항의 규정에 의한 구성원의 요건에 미달하게 된 경우에는 3월 이내에 이를 보충하여야 한다(제3항).

(2) 2008. 3. 28. 개정된 변호사법은 구성원 변호사를 종전의 10명 이상에서 7명 이상으로 하고, 법조경력자 역시 2명 이상으로 하여 설립요건을 완화했다. 즉, 법무조합은 7명 이상의 변호사로 구성하며, 그중 2명 이상이 통산하여 10년 이상 「법원조직법」 제42조 제1항 각 호의 어느 하나에 해당하는 직에 있었던 자이어야 한다(제58조의22).

Ⅱ. 법무조합의 구성원과 법조경력

1. 7명 이상의 구성원 변호사

법무조합은 7명 이상의 변호사로 구성하며, 그중 2명 이상이 통산하여 10년 이상 「법원조직법」 제42조 제1항 각 호의 어느 하나에 해당하는 직에 있었던 자이어야 한다(제1항). 법무조합은 법무법인(유한)과 동일하게 7명 이상의 구성원 변호사로 조직된다. 여기서 구성원은 등록을 마치고 개업신고를 한 변호사이다. 7명 이상의 구성원을 요구하는 것은 법무조합의 조직성을 갖추도록 하기 위함이다. 구성원 변호사는 설립인가를 받을 때만이 아니라 조합의 존속 중에도 유지해야 할 요건이다. 그리고 구성원은 법무조합의 성립 후에도 가입과 탈퇴가 자유롭다. 구성원은 법무조합의 의사결정에 참여할 수 있고, 이익의 분배와 손해의 분담을 한다. 그 외에 6개월의 법률사무 또는 연수에 종사하지 않는 변호사시험 합격자는 구성원이 될 수 없음은 물론이다.

2. 구성원 2명 이상이 10년 이상의 법조경력

구성원 변호사 7명 이상 중에는 2명 이상이 10년 이상의 법조경력을 가진 자여야 한다. 법무조합의 전문성을 기하기 위해서 10년 이상의 법조경력자를 요구하고 있다. 법원조직법 제42조 제1항 각 호는 변호사 아닌 각종 직역에서 법률사무 또는 법률연구에 종사한 자를 포함하고 있다. 비교적 광범위하게 법조경력을 인정하고 있는 셈이다. 그러나 변호사 업무의 특성상 10년 이상의 법조경력자 2명은 적어도 변호사로 재직한 자로 구성함이 바람직할 것이다.

Ⅲ. 법무조합의 소속 변호사

법무조합은 구성원 아닌 소속 변호사를 둘 수 있다(제2항). 법무조합은 소속 변호사를 채용할 수 있다. 소속 변호사는 구성원 변호사의 가입과 탈퇴와 같은 절차를 거치지 않는다. 변호사를 구성원으로 가입시킬 것인지 소속 변호사로 채용할 것인지는 법무조합이 그 변호사와 약정으로 결정하게 된다. 소속 변호사를 둘 것인지 여부는 자유이다. 소속 변호사의 채용과 변경시에는 지체 없이 대한변호사협회에 신고하여야 한다(대한변호사협회 회칙 40의2(5)). 소속 변호사는 법무조합과의 내부적 관계에서는 임금을 받는 근로자이다. 소속 변호사가 구성원 변호사와 함께 담당변호사가 되어 대외적으로 업무수행을 할 때는 법무조합의 대표자로서의 지위를 갖는다(변호사법 58의30, 50⑥). 그러므로 변호사 직무수행에서는 구성원이든 소속 변호사이든 제한이 없다.

소속 변호사는 규약에 기재되지 않는다. 소속 변호사가 담당변호사가 되어 수임사건에 관하여 고의나 과실로 그 위임인에게 손해를 발생시킨 경우에는 담당변호사는 그 손해를 배상할 책임이 있다(변호사법 58의25①). 수임사건과 관련된 손해배상책임에서는 소속 변호사라도 예외가 될 수 없다.

Ⅳ. 구성원 요건의 불충족 시 보충

1. 구성원 요건의 불충족

법무조합이 제 1 항에 따른 구성원의 요건을 충족하지 못하게 된 경우에는 3개월 이내에 보충하여야 한다(제 3 항). 법무조합은 7인 이상의 구성원 변호사와 그중 2인 이상이 10년 이상의 법조경력자로 구성되어야 한다. 여기서 '구성원 요건을 충족하지 못하게 된 경우'란 법무조합이 관보에 고시되어 성립한 후에 구성원 변호사가 결원이 된 것을 말한다. 설립 당시부터 이 요건의 흠결이 있었음에도 이를 감추고 설립인가신청을 할 수 있다. 그 결과 법무조합이 성립되기에 이르렀다면 설립의 하자로 인가취소사유가 될 것이다. 구성원 요건은 7명 이상의 구성원 변호사와 10년 이상의 경력 소유자 2명 이상이므로 이 두 요건은 법무조합이 존속하는 동안 충족하고 있어야 한다. 구성원 변호사의 결원은 탈퇴로 인하여 발생한다. 탈퇴사유는 임의탈퇴와 법정탈퇴로 구분할 수 있다(변호사법 58의30, 46).

2. 3개월 이내에 보충

법무조합은 3개월 이내에 구성원 요건을 충족시켜야 한다. 이렇게 구성원 변호사가 가입하면 규약의 변경사유가 되고 법무부장관의 인가를 받아야 한다. 법무조합은 구성원 요건을 충족시킨 때에는 소속 지방변호사회를 거쳐 대한변호사협회에 신고하여야 한다(법무조합의설립등에관한규칙 5(4)). 법무부장관은 법무조합이 3개월 이내에 구성원을 보충하지 아니한 경우에는 그 설립인가를 취소할 수 있다(변호사법 58의27(1)).

제58조의23 업무 집행

제58조의23(업무 집행)
① 법무조합의 업무 집행은 구성원 과반수의 결의에 의한다. 다만, 둘 이상의 업무집행구성원을 두는 경우에는 그 과반수의 결의에 의한다.
② 법무조합은 규약으로 정하는 바에 따라 업무집행구성원 전원으로 구성된 운영위원회를 둘 수 있다.

Ⅰ. 연 혁

(1) 2005. 1. 27. 개정된 변호사법은 법무조합의 업무집행의 방법과 운영위원회 설치에 관한 규정을 신설했다. 즉, 법무조합의 업무집행은 구성원 과반수의 결의에 의한다. 다만, 수인의 업무집행구성원을 두는 경우에는 그 과반수의 결의에 의한다(제58조의23 제 1 항). 법무조합은 규약이 정하는 바에 따라 업무집행구성원 전원으로 구성된 운영위원회를 둘 수 있다(제 2 항).

(2) 2008. 3. 28. 개정된 변호사는 제 1 항 단서 '수인의 업무집행구성원'을 '둘 이상의 업무집행구성원'으로 하는 전문개정으로 자구수정을 한 바 있다.

Ⅱ. 법무조합의 업무 집행

법무조합은 민법상 조합의 업무집행에 관한 내용을 기본구조로 하고 있다. 민법상 조합의 업무집행은 모든 조합원이 그 업무집행을 담당하는 경우와 일부의 조합원에게 업무집행을 맡기는 경우가 있다. 또한 제 3 자에게 업무집행을 위임할 수도 있다. 모든 조합원이 업무를 집행하는 경우에는 조합원의 과반수로 결정한다(민법 706②). 여기서 '과반수'는 조합원의 인원수로 계산하여야 하겠지만, 조합계약에서 출자액으로 계산하는 것으로 정해도 유효하다.[1] 조합계약으로 업무집행자를 정하지 아니한 경우에는 조합원의 3분의 2 이상의 찬성으로써 이를 선임한다(민법 706①).

1. 법무조합의 업무 집행

(1) 법무조합의 업무 집행은 구성원 과반수의 결의에 의한다. 다만, 둘 이상의 업무집행구성원을 두는 경우에는 그 과반수의 결의에 의한다(제 1 항). 여기서 '법무조합의 업무'란 변호사법과 다른 법률에 따른 변호사의 직무에 속하는 업무를 말한다(변호사법 58의30, 49①). 법무조합의 규약에 기재된 설립 '목적'의 내용이기도 하다. 그리고 '다른 법률에 따른 변호사의 직무'란 소송대리를 규정한 민사소송법이나 행정소송법·행정심판법 또는 형사사건의 변론권을 인정하는 형사소송법에서 정한 변호사의 권한을 말한다. 변호사에게 인정된 이런 권한이 법무조합에게도 인정된다. 법무조합은 조합의 명의로 업무를 수행한다(변호사법 58의30, 50①).

(2) 구성원 전원이 업무집행을 하는 경우에는 의견이 대립될 수 있다. 그래서 변호사법은 '구성원 과반수의 결의에 의한다'라고 다수결의 원칙을 정하고 있다.[2] 이는 어떻게 업무집행을 할 것인가를 결정하는 방법에 관한 것이다. 특정사건을 수임할 것인지 여부 및 수임 후 그 사건의 담당변호사를 누구로 지정할 것인지를 결정할 수 있다. 그러므로 업무집행 그 자체를 구성원의 과반수로 한다는 것은 아니다. 변호사 직무수행은 담당변호사를 지정하여 처리한다. 법무조합은 변호사의 직무가 아닌 일상적·반복적으로 행하여지는 통상적인 사무는 모든 구성원이 처리할 수 있다. 그러나 그 사무의 완료 전에 다른 조합원 또는 다른 업무집행자의 이의가 있는 때에는 즉시 중지하여야 한다(변호사법 58의31①; 민법 706③).

---

1 민법 제706조에서는 조합원 3분의 2 이상의 찬성으로 조합의 업무집행자를 선임하고 조합원 과반수의 찬성으로 조합의 업무집행방법을 결정하도록 규정하고 있는바, 여기서 말하는 조합원은 조합원의 출자가액이나 지분이 아닌 조합원의 인원수를 뜻한다. 다만, 위와 같은 민법의 규정은 임의규정이므로, 당사자 사이의 약정으로 업무집행자의 선임이나 업무집행방법의 결정을 조합원의 인원수가 아닌 그 출자가액 내지 지분의 비율에 의하도록 하는 등 그 내용을 달리 정할 수 있고, 그와 같은 약정이 있는 경우에는 그 정한 바에 따라 업무집행자를 선임하거나 업무집행방법을 결정하여야만 유효하다(대법원 2009. 4. 23. 2008다4247 점포인도등).

2 조합 재산의 처분과 변경에는 조합원 전원의 동의가 있어야 한다(민법 704, 272). 판례는 조합재산의 처분·변경행위는 조합의 특별사무에 해당하는 업무집행에 해당하므로 민법 제272조가 아닌 제706조 제 2 항을 적용하고 있다. 즉, 조합재산의 처분·변경도 조합의 업무집행의 범위에 포함된다고 할 것이므로, 결국 업무집행자가 없는 경우에는 조합의 통상사무의 범위에 속하지 아니하는 특별사무에 관한 업무집행은 원칙적으로 조합원의 과반수로써 결정하는 것이고, 조합재산의 처분·변경에 관한 행위는 다른 특별한 사정이 없는 한 조합의 특별사무에 해당하는 업무집행이라고 보아야 한다. 다만, 조합의 업무집행 방법에 관한 위와 같은 민법 규정은 임의규정이라고 할 것이므로 당사자 사이의 약정에 의하여 조합의 업무집행에 관하여 조합원 전원의 동의를 요하도록 하는 등 그 내용을 달리 정할 수 있고, 그와 같은 약정이 있는 경우에는 조합의 업무집행은 조합원 전원의 동의가 있는 때에만 유효하다(대법원 1998. 3. 13. 95다30345 공사대금).

2. 둘 이상의 업무집행구성원을 두는 경우

둘 이상의 업무집행구성원을 두는 경우에는 그 과반수의 결의에 의한다. 법무조합은 구성원 과반수의 결의에 의하여 특정사건의 업무집행구성원을 지정할 수 있다. 이렇게 지정받은 업무집행구성원이 1명이라면 그가 단독으로 업무집행을 할 수 있다. 그렇지 않고 둘 이상의 구성원을 두는 경우라면 그 구성원의 과반수의 결의에 의한다. 여기서 '둘 이상의 업무집행구성원'이란 법무조합으로부터 특정 업무의 처리자로 지정받은 2명 이상의 구성원 변호사를 말한다. 담당변호사는 소속 변호사도 될 수 있지만, 여기서의 업무집행구성원은 될 수 없다. 담당변호사를 지휘·감독하는 지위에 있는 변호사는 업무집행구성원이 될 수 있다. 지휘·감독하는 변호사가 있을 때는 그 변호사의 지휘·감독을 받아야 하고, 과반수의 결의에 의하는 것은 아니다. 그러므로 2명 이상의 구성원 변호사가 업무집행자로 지정된 경우에 과반수의 결의를 거치는 것이 원칙이다.

Ⅲ. 법무조합의 운영위원회

법무조합은 규약으로 정하는 바에 따라 업무집행구성원 전원으로 구성된 운영위원회를 둘 수 있다(제 2 항). 법무조합의 모든 구성원 변호사는 원칙적으로 업무집행권을 가진다. 법무조합은 업무집행권을 가진 구성원으로 구성된 운영위원회를 둘 수 있다. 여기서 '운영위원회'는 법무법인이나 법무법인(유한)의 구성원 회의와 같은 역할을 한다. '구성원 회의에 관한 사항'을 정관의 필요적 기재사항으로 정하고 있는 법무법인·법무법인(유한)과 달리 법무조합의 규약에는 운영위원회에 관한 사항이 없다. 운영위원회의 설치 여부는 법무조합이 자율적으로 결정할 수 있으며, 운영위원회의 관장사항도 특별한 제한은 없다고 할 수 있다.

제58조의24 구성원의 책임

> 제58조의24(구성원의 책임)
> 구성원은 법무조합의 채무(제58조의25에 따른 손해배상책임과 관련한 채무는 제외한다)에 대하여 그 채무 발생 당시의 손실분담 비율에 따라 책임을 진다.

Ⅰ. 연 혁

2005. 1. 27. 개정된 변호사법은 법무조합의 구성원 변호사가 조합채무에 대하여 지는 책임규정을 신설했다. 즉, 구성원은 법무조합의 채무(제58조의25의 규정에 따른 손해배상책임과 관련한 채무를 제외한다)에 대하여 그 채무발생 당시의 손실분담 비율에 따라 책임을 진다(제58조의24).

Ⅱ. 구성원의 법무조합 채무에 대한 책임

1. 법무조합의 채무

(1) 구성원은 법무조합의 채무(제58조의25에 따른 손해배상책임과 관련한 채무는 제외한다)에 대하여 그 채무 발생 당시의 손실분담 비율에 따라 책임을 진다. 법무조합은 변호사의 직무수행을 위하여 창설된 제도로 수임사건을 그 명의로 처리한다. 그렇지만 법무조합은 법인이 아닌 조합이다. 민법상 조합은 법인격이 없으므로 조합의 채무는 곧 조합원의 채무가 된다. 법무조합의 구성원 역시 조합원의 지위에서 조합채무를 부담한다. 예컨대 법무조합이 사무실 용도로 건물을 임차하여 내부공사와 관련된 공사대금채무를 지거나 차용으로 인한 대여금 채무를 질 수 있다.[1] 이런 조합채무는 조합원인 구성원 전원에게 합유적으로 귀속된다.

1 조합채무란 조합이 사회적으로 활동하는 과정에서 부담하는 채무이다. 즉 조합이 다른 사람으로부터 차용

⑵ 법무조합의 채권자는 채권전액에 관하여 조합재산으로부터 변제를 받을 수 있다. 구성원이 그의 건물을 법무조합에 임대한 것처럼, 조합의 구성원이 조합에 대한 채권을 가지는 경우에도 같다. 채권자인 제3자가 가진 조합에 대한 채권을 조합원 중 한 명이 양도받을 수 있다. 그렇더라도 혼동으로 채권이 소멸하지 않는다. 조합재산에 의한 공동책임과 각 조합원의 개인적 책임이 구별되기 때문이다.

⑶ 상법상 합명회사는 채권자가 회사로부터 변제받지 못한 때에 사원들이 (연대·무한) 개별책임을 진다는 점에서 채무의 보충성이 인정된다(상법 212). 민법의 조합에는 이런 보충성에 관한 규정이 없다. 조합채권자는 먼저 조합재산으로부터 변제를 받고, 변제받지 못한 부분에 대하여 조합원에게 청구하여야 하는 것은 아니다. 채권자는 처음부터 조합원에게 변제를 청구할 수 있다. 구성원은 조합채무가 발생함과 동시에 변제할 책임을 진다.

2. 채무 발생 당시의 손실분담 비율에 따른 책임

⑴ 구성원은 조합채무가 발생하면 조합재산과 그의 개인재산으로 책임을 져야 한다. 구성원 변호사가 조합채무에 대하여 개인재산으로 지는 책임은 그 손실분담액을 한도로 한다. 조합채무는 모든 구성원에게 분할채무로 분담되어 있다. 그러므로 구성원은 규약에서 미리 정하여진 손실부담(손익분배)의 비율로 책임을 지는 것이 원칙이다. 손실분담 비율은 곧 수익분배 비율의 반면이기도 하다.

⑵ 조합채무에 대한 책임은 '채무 발생 당시'의 손실분담 비율이 기준이 된다. 조합채무가 이미 발생한 후에 가입하였거나, 탈퇴한 후 발생한 채무에 대해서는 책임을 지지 않는다. 채무 발생 당시의 구성원은 그 당시 규약의 기재를 기준으로 한다. 만약 손실부담의 비율에 관한 정함이 없다면 균등한 비율로 책임을 진다. 민법은 이 점을 명시하고 있다. 즉, 조합채권자는 그 채권발생 당시에 조합원의 손실부담의 비율을 알지 못한 때에는 각 조합원에게 균분하여 그 권리를 행사할 수 있다(민법 712). 민법상 조합원간의 내부적인 계약내용은 공시되지 않아 제3자가 이를 알 수 없기 때문이다. 조합원에 대하여 균분하여 권리를 행사하는 조합채권자에 대하여 손실부담의 비율이 다른 조합원이 있는 경우에는 그 조합원이 이를 주장 입증할 책임이 있다(대법원 1975. 5. 27. 75다169 대여금). 그러나 법무조합은 규약에 이미 '손익분배에 관한 사항'을 명시하고 있다.

⑶ 조합의 채무가 불가분채무이거나 연대의 특약이 있는 때는 불가분 내지 연대책임을 진다 할 수 있다.[2] 또한 조합채무가 조합원 전원을 위하여 상행위가 되는 행위로 인하여

한 자금의 반환의무, 상품 등을 구입한 대금채무, 조합재산의 설치·보존의 하자로 인하여 타인에게 손해를 가하거나 또는 조합의 업무집행자가 업무의 집행에 관해서 다른 사람에게 손해를 가했기 때문에 조합이 부담하는 손해배상채무 등이다(박준서 집필대표, 주석민법[채권각칙(5)], 76면).

부담하게 된 것이라면 그 채무에 관하여 조합원들에 대하여 상법 제57조 제1항을 적용하여 연대책임을 인정함이 상당하다(대법원 1992. 11. 27. 92다30405 보증금). 구성원이 법무조합에 대하여 채권을 가지는 경우 그는 조합채권자로서 직접 다른 구성원들에게 각자의 손실부담에 따라 그 권리를 행사할 수 있다.

3. 수임사건과 관련된 손해배상책임 채무 제외

구성원의 법무조합의 채무 중 변호사법 제58조의25(수임사건과 관련된 손해배상책임)에 따른 손해배상책임과 관련한 채무는 제외한다. 법무조합은 변호사의 직무수행을 위하여 설립된 것이므로, 조합채무는 주로 수임사건과 관련된 손해배상책임에서 발생할 수 있다. 이로 인한 채무는 변호사법 제58조의25에서 규정한 바에 따른다. 그러므로 그 채무 발생 당시의 손실분담 비율에 따라 책임을 지는 것이 아니다.

Ⅲ. 무자력조합원의 채무와 타조합원의 변제책임(민법 제713조) 제외

(1) 변호사법은 법무조합에 관하여 변호사법에 정한 것 외에는 민법 중 조합에 관한 규정을 준용한다(변호사법 58조의31①). 그러나 조합원 중에 무자력자가 있을 때는 다른 조합원이 그 채무를 균분하여 변제하도록 하는 민법 제713조는 준용하지 않고 있다. 조합원 중에 변제할 자력 없는 자가 있는 때에는 그 변제할 수 없는 부분은 다른 조합원이 균분하여 변제할 책임이 있다(민법 713). 그러므로 변제자력이 없는 구성원 변호사가 있더라도 다른 구성원이 균분하여 변제할 책임은 없다. 법무조합에 이런 특례를 인정한 이유는 민법상 조합이 아닌 특수한 조합형태를 갖고 있기 때문이기도 하지만, 수임사건 관련한 채무는 담당변호사가 연대하여 책임을 지는 점에서도 찾을 수 있다.

(2) 그러나 조합채무와 관련한 민법 제712조(조합원에 대한 채권자의 권리행사) 내지 제713조(무자력조합원의 채무와 타조합원의 변제책임)는 민법상 조합에만 적용되고 특수한 조합에는 적용되지 않는다(대법원 1988.10.25. 86다카175 운임).[3] 판례는 내적 조합에 관하여는 조합채무가 발생하지 않는다고 한다. 다수인 공동사업을 영위함에 있어서 대외적 업무집행을 오로지 조

---

2 조합의 채무는 각 조합원의 채무로서 그 채무가 불가분의 채무이거나 연대의 특약이 없는 한 조합채권자는 각 조합원에 대하여 지분의 비율에 따라 또는 균일적으로 변제의 청구를 할 수 있을 뿐이지 달리 그 금원 전부나 연대의 지급을 구할 수는 없는 것이다(대법원 1985. 11. 12. 85다카1499 약정금).

3 음식점시설제공자의 이익 여부에 관계없이 정기적으로 일정액을 지급할 것을 약정하되 대외적 거래관계는 경영자가 그 명의로 단독으로 하여 그 권리의무가 그에게만 귀속되는 동업관계는 상법상 익명조합도 아니고 민법상 조합도 아니어서 대외적으로는 오로지 경영자만이 권리를 취득하고 채무를 부담하는 것이고 그가 변제자력이 없거나 부족하다는 등의 특별한 사정이 있더라도 민법 제713조가 유추적용될 여지는 없다(대법원 1983. 5. 10. 81다650 약속어음금).

합원 중의 1인 또는 수인의 이름으로 할 것을 정할 수가 있다. 조합의 외부적 업무에 대하여 조합원 중의 1인 또는 수인에게 그 개인의 이름으로 업무집행을 할 권한을 부여하는 경우이다. 이를 내적조합이라 한다. 내적조합은 내부적으로는 공동사업을 영위하고 각 조합원이 경영에 참여하고 조합을 관리하고 업무를 감시하는 권한이 있고 손실분담 및 이익배당에 참여하는 권한이 있기 때문에 일종의 조합이다.[4] 내적 조합은 내부관계에서는 민법상 조합의 일종이라 할 수 있지만, 대외적으로는 조합원들의 합유인 조합재산이 없고 대외적인 법률행위를 할 때 조합원이 다른 조합원을 대리할 필요도 없이 단독으로 하고, 이를 위한 권리의무는 행위자인 조합원에게 귀속된다.[5]

---

4 박준서(편), 주석 민법[채권각칙(8)], 87면.
5 곽윤직 편집대표, 민법주해[XVI], 124면(김재형 집필부분).

第58조의25 수임사건과 관련된 손해배상책임

제58조의25(수임사건과 관련된 손해배상책임)

① 담당변호사(담당변호사가 지정되지 아니한 경우에는 그 법무조합의 구성원 모두를 말한다)가 수임사건에 관하여 고의나 과실로 그 수임사건의 위임인에게 손해를 발생시킨 경우 담당변호사는 그 손해를 배상할 책임이 있다.

② 담당변호사가 제1항에 따른 손해배상책임을 지는 경우 그 담당변호사를 직접 지휘·감독한 구성원도 그 손해를 배상할 책임이 있다. 다만, 지휘·감독을 할 때에 주의를 게을리하지 아니하였음을 증명한 경우에는 그러하지 아니하다.

③ 제1항 및 제2항에 따른 책임을 지지 아니하는 구성원은 제1항에 따른 손해배상책임에 대하여는 조합재산의 범위 내에서 그 책임을 진다.

④ 법무조합은 제1항과 제2항에 따른 손해배상책임에 관한 사항을 대통령령으로 정하는 바에 따라 사건수임계약서와 광고물에 명시하여야 한다.

I. 연 혁

(1) 2005. 1. 27. 개정된 변호사법은 법무조합의 수임사건과 관련된 손해배상책임에 관한 규정을 신설했다. 즉, 담당변호사(담당변호사가 지정되지 아니한 경우에는 그 법무조합의 구성원 모두를 말한다)가 수임사건에 관하여 고의 또는 과실로 그 수임사건의 위임인에게 손해를 발생시킨 경우 담당변호사는 그 손해를 배상할 책임이 있다(제58조의25 제1항). 담당변호사가 제1항의 규정에 의한 손해배상책임을 지는 경우 그 담당변호사를 직접 지휘·감독한 구성원도 그 손해를 배상할 책임이 있다. 다만, 지휘·감독을 함에 있어서 주의를 게을리하지 아니하였음을 증명한 때에는 그러하지 아니하다(제2항). 법무조합은 제1항 및 제2항의 규정에 의한 손해배상책임에 관한 사항을 대통령령이 정하는 바에 의하여 사건수임계약서 및 광고물에 명시하여야 한다(제3항).

(2) 2008. 3. 28. 개정된 변호사법은 현행 제3항에 관한 내용을 추가하여 신설한 바 있다. 즉, 제1항 및 제2항에 따른 책임을 지지 아니하는 구성원은 제1항에 따른 손해배상책임에 대하여는 조합재산의 범위 내에서 그 책임을 진다(제58조의25 제3항).

Ⅱ. 담당변호사의 수임사건과 관련된 손해배상책임

1. 손해배상책임의 주체(담당변호사)

담당변호사(담당변호사가 지정되지 아니한 경우에는 그 법무조합의 구성원 모두를 말한다)가 수임사건에 관하여 고의나 과실로 그 수임사건의 위임인에게 손해를 발생시킨 경우 담당변호사는 그 손해를 배상할 책임이 있다(제1항). 법무조합이 수임한 사건과 관련하여 담당변호사의 고의나 과실로 의뢰인에게 손해를 발생시킨 경우에는 담당변호사가 책임을 진다.[1] 7명의 구성원 변호사 중 3명이 담당변호사가 되어 처리한 수임사건에 관하여 과실로 위임인에게 손해를 발생시킨 경우라면, 3명의 담당변호사만 책임을 진다는 것이다. 담당변호사는 조합명의로 조합을 대표하여 업무를 수행한다. 구성원 변호사가 아닌 소속 변호사를 담당변호사로 지정한 때에는 구성원 변호사와 함께 지정하여야 한다(변호사법 58의30, 50①). 소송대리인의 권한은 서면으로 증명되어야 하므로(민사소송법 89①), 법무조합은 소송위임장(선임서)을 제출해야 한다. 이때 담당변호사지정서도 제출한다. 담당변호사가 지정되지 아니한 경우에는 그 법무조합의 구성원 모두가 담당변호사로 인정된다(변호사법 58의25①).

2. 손해배상책임의 요건

(1) 담당변호사가 수임사건에 관하여 고의나 과실로 위임인에게 손해를 발생시켜야 한다. 여기서 '수임사건'이란 법무조합이 위임인(의뢰인)으로부터 변호사의 직무에 해당하는 사무의 처리를 위임받은 사건이나 사무를 말한다. 수임사건은 변호사가 수임약정을 체결하고 처리해야 하는 모든 사건을 말한다. 변호사법 제3조 '변호사의 직무'에 규정된 소송에 관한 행위 및 행정처분의 청구에 관한 대리행위와 일반 법률 사무를 포함한다. 따라서 수임사건은 송무사건은 물론 자문사건과 법률사무 등 명칭 여하를 불문하고 수임약정을 체결하고 수임받은 사건을 말한다.

(2) 담당변호사의 손해배상책임은 법무법인에서 본 바와 같은 변호사과오책임의 설명이 그대로 해당된다. 담당변호사가 수임사건처리에 필요한 전문지식의 결여로 주장·입증책임을 다하지 못하거나, 불변기일을 지키지 못하거나, 수임의 범위를 초과하여 행한 소송

---

1 정형근, "변호사법상 법무법인·법무법인(유한)·법무조합의 책임에 관한 연구", 경희법학(2010. 3.), 212면.

행위로 위임인에게 손해를 발생시킬 수 있다. 담당변호사의 이런 행위는 선관의무를 위반한 것에 해당될 수 있다. 위임계약으로 인한 수임인의 선관주의의무는 변호사뿐만 아니라 부동산중개업자·법무사·세무사·관세사 등의 전문직업인에게 인정되는 보편적 규범이다.[2] 수임사건에 관하여 과실로 손해를 야기했다면 채무불이행이 문제되겠지만, 고의로 손해를 발생시켰다면 불법행위도 문제된다.

(3) 원고는 손해배상청구의 권원으로서 위임계약에 의한 수임약정상의 채무불이행을 주장할 수 있다. 다만, 계약불이행으로 인한 채무불이행에 의한 손해배상책임과 불법행위로 인한 손해배상책임은 모두 위법행위에 의한 책임이라는 점에서 공통성을 갖고 있다. 동일한 당사자 사이에서 하나의 사실이 계약책임(채무불이행)의 요건과 불법행위의 요건을 모두 충족시키는 경우 피해자인 채권자는 그의 선택에 따라서 가해자인 채무자에 대하여 계약책임 또는 불법행위책임 중 한쪽만을 주장하거나 양 청구권을 선택적으로 주장할 수 있다는 청구권경합설이 통설[3]·판례[4]이다. 따라서 채무불이행과 불법행위로 인한 손해배상청구권은 각각 독립하여 성립하고 서로 대립하지 않는다. 채무불이행이 성립하였다고 하여 언제나 불법행위가 성립되는 것은 아니지만, 하나의 행위가 채무불이행과 불법행위의 요건도 충족하는 경우에는 양 청구권의 병존을 인정하는 것이 채권자 보호에 적합하다고 할 것이다.

(4) 법무법인의 책임은 상법상 합명회사의 책임규정을 준용하고 있다. 합명회사의 대표사원이 그 업무집행으로 인하여 타인에게 손해를 가한 때는 회사는 그 대표사원과 연대하여 배상할 책임을 인정하는 상법 제210조는 법인의 대표기관의 불법행위에 관한 민법 제35조의 특칙에 해당한다. 따라서 법무법인과 대표변호사의 책임은 불법행위로 인한 손해배상

---

2 부동산중개업자와 중개의뢰인과의 법률관계는 민법상의 위임관계와 같으므로 중개업자는 중개의뢰의 본지에 따라 선량한 관리자의 주의로 의뢰받은 중개업무를 처리할 의무가 있다(대법원 1993. 5. 11. 92다55350).

3 송덕수, 신민법강의(제 8 판), 1612면.

4 일반 운송계약상의 채무불이행 책임과 불법행위 책임의 관계에 관하여 보건대, 해상운송인이 운송 도중 운송인이나 그 사용인 등의 고의 또는 과실로 인하여 운송물을 멸실 또는 훼손시킨 경우에 운송계약상의 운송물 인도청구권과 그 운송물의 소유권을 아울러 가지고 있는 선하증권 소지인은 운송인에 대하여 **운송계약상의 채무불이행으로 인한 손해배상청구권과 아울러 소유권 침해의 불법행위로 인한 손해배상청구권을 취득하며 이 두 청구권은 서로 경합하여 병존하고,** 운송계약상의 면책특약이나 상법상의 면책조항은 오로지 운송계약상의 채무불이행책임에만 적용될 뿐 당사자 사이에 명시적 또는 묵시적인 합의가 없는 한 불법행위로 인한 손해배상 책임에는 영향을 미치지 않는다는 것이 당원의 판례이다. 본래 채무불이행책임과 불법행위책임은 각각 요건과 효과를 달리하는 별개의 법률관계에서 발생하는 것이므로 하나의 행위가 계약상 채무불이행의 요건을 충족함과 동시에 불법행위의 요건도 충족하는 경우에는 두 개의 손해배상청구권이 경합하여 발생한다고 보는 것이 당연할 뿐 아니라, 두 개의 청구권의 병존을 인정하여 권리자로 하여금 그중 어느 것이든 선택하여 행사할 수 있게 하는 것이 피해자인 권리자를 두텁게 보호하는 길이라는 실제적인 이유에 비추어 보더라도 당원은 위와 같은 당원의 종전 견해를 변경할 필요가 없다고 본다(대법원 1983. 3. 22. 82다카1533 전원합의체 판결 구상금).

책임에 해당되고 채무불이행책임이라고 할 수 없다.[5]

3. 손해배상책임의 효과

(1) 담당변호사는 자신의 과오로 발생한 손해를 배상할 의무가 있다. 법무조합과 연대하여 손해배상책임을 지는 것은 아니다. 이 점에서 법무법인의 채무에 대하여 구성원 변호사 모두가 연대·무한책임을 지는 법무법인과 담당변호사가 법무법인(유한)과 연대하여 책임을 지는 법무법인(유한)과 차이가 있다. 조합사업의 경영에 의하여 생긴 채무는 모두 조합재산에 의하여 변제되는 것을 원칙으로 하고 조합원의 사유재산에 의하여 지급되는 것은 통상이 아니다.[6] 그러나 담당변호사는 법무조합의 출자금액이나 손익분배에 관한 사항과 무관하게 의뢰인이 입은 손해에 대하여 자기재산으로 배상을 해야 하는 무한책임을 지게 된다. 의뢰인은 민사채권의 소멸시효기간인 10년 내에 담당변호사들을 상대로 연대하여 손해를 배상할 것을 청구할 수 있다.

(2) 상고심 사건을 수임한 변호사는 재판진행에 따라 필요한 절차적인 조치를 취할 의무가 있다.[7] 그런데 상고이유서 제출기간이 도과하도록 상고이유서를 제출하지 아니하여 상고가 기각되었다면, 소송위임계약에 따른 선량한 관리자로서의 주의의무를 다하지 못한 과실로 손해배상책임이 있다. 판례는 손해배상의무를 인정함에 있어서 그 사건이 승소하였을 것이라는 엄격한 요건을 요구하고 있다. 즉, 상고이유서를 제출하지 아니하여 상고가 기각되어 패소되었더라도 상고이유가 없어 상고가 배척될 것이었던 이상 그 패소로 상고인에게 그 소송대리인에 대하여 손해배상을 청구할 수 있는 어떤 손해가 발생하였다고 보기 어렵다고 한다(대법원 1973. 1. 16. 72다2035).[8] 여기서 손해는 재산상 손해를 말한다. 이때 제소당한 변호사는 그 수임사건이 상고심 판결을 받더라도 승소할 수 없었을 것이라는 주장을 하

5 상법 제210조는 법인의 불법행위능력에 관한민법 제35조 제1항의 특칙이므로, 법무법인의 대표변호사나 담당변호사가 법무법인과 연대하여 제3자에 대해 손해배상책임을 부담하는 것은 대표변호사 등이 그 업무집행 중 불법행위를 한 경우에 한정된다. 따라서 원심의 판단과 같이 피고 법무법인 ○○이 원고에 대하여 불법행위로 인한 손해배상책임이 아니라 소송위임계약상의 채무불이행으로 인한 손해배상책임을 부담할 뿐이라면, 그 대표변호사이자 담당변호사인 피고 2에 대하여변호사법 제58조 제1항, 상법 제210조에 기한 연대책임을 물을 수는 없다(대법원 2013. 2. 14. 2012다77969 [손해배상]).

6 日大判 昭 11(1936). 2. 25. (民集 150-4281).

7 민사재판의 경우 변론기일에 출석하여 불출석에 따른 불이익(취하간주 등)이 발생하지 않도록 하여야 함은 물론 상소기간 등 불복기간이 도과되지 않도록 하여야 하고, 나아가 소멸시효가 완성하기 전에 소제기 등을 하여야 하며, 보전처분사건을 수임한 경우는 상대방이 재산을 처분하기 전에 조속히 이를 신청할 주의의무가 있다(박준서(편), 주석 민법[채권각칙(8)], 180면].

8 상고사건을 수임한 변호사가 수임사건을 태만히 하여 상고이유서 제출기간 내에 상고이유서를 제출하지 아니하여 상고가 기각됨으로 인한 재산상 손해배상을 청구하는 경우, 그 변호사가 전소송의 상고이유서 제출기간 내에 상고이유서를 제출하였더라면 그 원심판결이 취소되고 상고인이 승소하였을 것이라는 점에 관한 입증이 없다고 하여 손해배상청구를 기각한 원심판결이 정당하다고 본 사례(대법원 1995. 5. 12. 93다62508).

게 될 것이다. 그러나 변호사의 과오로 상고기각 되어 심급의 이익을 상실한 경우에 의뢰인의 고통에 대한 위자료는 배상해야 한다.

Ⅲ. 담당변호사를 지휘·감독한 구성원의 손해배상책임

1. 담당변호사를 직접 지휘·감독한 구성원

(1) 담당변호사가 제1항에 따른 손해배상책임을 지는 경우 그 담당변호사를 직접 지휘·감독한 구성원도 그 손해를 배상할 책임이 있다. 다만, 지휘·감독을 할 때에 주의를 게을리하지 아니하였음을 증명한 경우에는 그러하지 아니하다(제2항). 변호사 직무를 조직적으로 수행하기 위하여 설립된 법무조합은 담당변호사를 지휘·감독할 구성원 변호사가 필요하다. 지휘·감독한 구성원 변호사는 법무조합의 대표변호사여야 하는 것은 아니다. 법무조합의 구성원 변호사로서 실제로 그 수임사건에 관하여 지휘·감독을 하였어야 한다. 법무법인(유한)에서와 같이 여기서도 '직접 지휘·감독한'(the partner who personally directed or supervised)이라고 되어 있다. 이 점은 민법 제756조 제1항의 사용자의 면책사유에서 객관적·규범적으로 보아 사용자가 그 불법행위자를 지휘·감독해야 할 지위에 있었느냐의 여부를 기준으로 결정하여야 한다는 것과 구별된다.[9]

(2) 수임사건과 관련된 손해배상책임에서 소속 변호사는 다른 소속 변호사의 지휘·감독권자가 될 수 없다. 담당변호사를 직접 지휘·감독한 변호사는 사용자에 해당하는 법무조합의 대리감독자이다. 감독자는 법무조합에 갈음하여 직접적·현실적으로 업무수행을 감독하는 지위에 있는 자를 뜻한다. 단순히 법무조합의 내부조직상 감독이 가능한 지위에 있는 것만으로는 충분하지 않다. 담당변호사를 지휘·감독한 변호사는 구성원 변호사라는 점에서 구성원 변호사 상호간에도 지휘·감독관계가 성립될 수 있음을 말해준다.

2. 지휘·감독 주의를 게을리하지 아니하였음을 증명한 경우

(1) 담당변호사를 지휘·감독한 변호사가 지휘·감독에 관한 주의를 게을리하지 아니하였을 때는 면책된다. 주의를 게을리하지 아니하였음은 지휘·감독 변호사가 입증해야 한다.[10] 여기서 '주의를 게을리하지 아니하였음'이란 수임인으로서의 위임의 본지에 따른 선

9 민법 제756조가 규정하고 있는 사용자책임의 요건으로서의 사용관계가 있느냐 여부는 실제적으로 지휘·감독을 하였느냐의 여부에 관계없이 객관적·규범적으로 보아 사용자가 그 불법행위자를 지휘·감독해야 할 지위에 있었느냐의 여부를 기준으로 결정하여야 한다(대법원 2001. 8. 21. 2001다3658 손해배상(기)).

10 민법 제756조 제1항 및 제2항의 책임에 있어서 사용자나 그에 갈음하여 사무를 감독하는 자는 그 피용자의 선임과 사무감독에 상당한 주의를 하였거나 상당한 주의를 하여도 손해가 있을 경우에는 손해배상

량한 관리자가 가져야 할 주의를 해태하지 않았다는 것을 말한다. 법무법인(유한)의 수임사건과 관련된 손해배상책임에 관한 변호사법 제58조의11 제 2 항에 관한 설명이 여기에도 해당된다. 특정 수임사건을 직접 지휘·감독하는 구성원 변호사는 수임사건의 처리에 필요한 법률지식과 경험의 소유자여야 한다. 그리고 그 지휘와 감독은 적법하고도 적절해야 한다. 특정 사건에 대한 구체적인 지시가 없었다면 주의를 다했다고 평가받기 쉽지 않을 것이다.

(2) 지휘·감독의 적절성 여부는 구체적인 사건의 내용을 보아 판단해야 한다. 단순히 특정 쟁점을 주장·입증하라고 말로 지시한 것만으로는 주의를 다하였다고 할 수 없을 것이다. 실제로 법정에 출석하여 변론하지 않을지라도 담당변호사가 작성한 서면을 검토하고 증거관계를 보완하도록 하는 등의 행위가 있어야 한다. 법무조합은 당해 사건처리에 가장 적합한 지식과 경험을 가진 변호사가 그 사건의 담당변호사가 되도록 해야 한다. 수임사건에 관한 전문지식과 경험이 부족한 자가 담당변호사로 지정된 경우라면 지휘·감독 변호사는 담당변호사의 교체를 건의하는 등의 조치를 취해야 한다. 지휘·감독 변호사가 주의를 게을리하지 아니하였음을 증명할 정도로 관심을 기울였다면 담당변호사의 과오로 손해가 발생할 가능성은 크지 않을 것이다. 보다 자세한 내용은 변호사법 제58조의11(수임사건과 관련된 손해배상책임) 제 2 항에서 설명하였다.

Ⅳ. 담당변호사와 지휘·감독자가 아닌 구성원 변호사의 손해배상책임

1. 담당변호사와 지휘·감독자가 아닌 구성원 변호사

제 1 항 및 제 2 항에 따른 책임을 지지 아니하는 구성원은 제 1 항에 따른 손해배상책임에 대하여는 조합재산의 범위 내에서 그 책임을 진다(제 3 항). 법무조합에는 담당변호사(제 1 항) 또는 이를 직접 지휘·감독한 변호사(제 2 항)가 아닌 구성원 변호사가 있을 수 있다. 모든 구성원이 책임을 져야 하는 담당변호사 또는 지휘·감독한 변호사 지위에 있다면 제 3 항은 문제될 수 없다. 수임사건에 관여하지 않은 구성원 변호사는 동료 구성원의 과오로 인한 손해에 대하여 개인재산으로 책임을 지는 것은 아니다.

2. 조합재산의 범위 내에서 손해배상책임

(1) 원고는 담당변호사 또는 지휘·감독한 변호사를 상대로 손해배상책임을 물을 수 있다. 그러나 그들로부터 변제받을 수 없는 경우도 있을 수 있다. 원고는 법무조합에 재산이

의 책임이 없으나, 이러한 사정은 사용자 등이 주장 및 입증을 하여야 한다(대법원 1998. 5. 15. 97다58538 손해배상(기)).

있는 경우에는 그 법무조합을 상대로 손해배상청구를 할 수 있다. 법무조합은 의뢰인과 수임약정을 한 당사자이며, 손해를 야기한 담당변호사의 사용자의 지위에 있어 그 책임을 면하기 어렵다.

(2) 민법상 조합은 당사자능력이 없고 조합재산은 전 조합원의 합유재산이므로 조합채무에 대하여 조합재산에 강제집행하기 위하여는 조합원 전원에 대한 채무명의를 필요로 한다.[11] 조합의 채권자는 조합원 전원을 피고로 하여 채권액 전부에 관한 이행의 소를 제기하고, 그 판결에 의하여 조합재산에 대하여 강제집행을 하게 된다.[12] 그러나 변호사법은 구성원 변호사 중에서 담당변호사 및 그를 지휘·감독한 변호사를 제외한 구성원 변호사는 조합재산의 범위 내에서만 그 책임을 인정하고 있다. 따라서 원고는 위 구성원 변호사를 상대로 손해배상청구의 소를 제기하여 판결을 받은 후 조합재산에 집행을 할 수 있다.[13] 다만, 이행판결의 주문에 '조합재산의 범위' 내에서만 집행할 수 있다는 취지를 명시할 필요성이 있다. 결국 담당변호사나 지휘·감독한 변호사가 아닌 구성원 변호사는 제소를 당하더라도 개인재산으로 채무를 변제할 의무는 없다.

(3) 조합재산은 각 구성원이 출자한 재산(동산·부동산 등), 구성원에 대한 출자청구권, 조합의 업무집행으로 취득한 재산(채권), 조합재산으로부터 생긴 재산(과실, 손해배상청구권) 및 조합명의로 부담한 채무(소극재산)를 포함한다. 법무조합이 소유한 이러한 조합재산으로 손해배상책임을 담보하기 부족할 수 있어 「변호사법 시행령」에서는 책임재산을 확보하도록 하고 있다. 법무조합은 사업연도마다 해당 사업연도 총매출액의 100분의 2에 해당하는 금액을 손해배상 준비금으로 적립하거나, 관보에 고시한 날부터 1개월 이내에 보험 또는 대

11 김홍엽, 민사소송법(제 5 판), 133면.

12 김준호, 민법강의(제21판), 1739면; 박준서 집필대표, 주석민법[채권각칙(5)], 78면.

13 강제집행의 대상은 채무자의 총재산이지만 채무자의 책임재산 가운데 일정한 재산에 한정되는 유한책임에서는 판결주문에서도 이를 기재하고 있으며, 변론과정에서 유한책임의 항변을 제출하지 아니하였다고 하더라도 집행단계에서 유한책임을 주장하면서 한정된 책임재산의 범위 내에서만 집행하고 채무자의 고유재산에 대한 집행력의 배제를 구하는 청구이의의 소를 제기할 수 있다고 한다. 판례를 보면, 상속의 한정승인은 채무의 존재를 한정하는 것이 아니라 단순히 그 책임의 범위를 한정하는 것에 불과하기 때문에, 상속의 한정승인이 인정되는 경우에도 상속채무가 존재하는 것으로 인정되는 이상, 법원으로서는 상속재산이 없거나 그 상속재산이 상속채무의 변제에 부족하다고 하더라도 상속채무 전부에 대한 이행판결을 선고하여야 하고, 다만, 그 채무가 상속인의 고유재산에 대해서는 강제집행을 할 수 없는 성질을 가지고 있으므로, 집행력을 제한하기 위하여 이행판결의 주문에 상속재산의 한도에서만 집행할 수 있다는 취지를 명시하여야 한다(대법원 2003. 11. 14. 2003다30968 구상금).

채권자가 피상속인의 금전채무를 상속한 상속인을 상대로 그 상속채무의 이행을 구하여 제기한 소송에서 채무자가 한정승인 사실을 주장하지 않으면 책임의 범위는 현실적인 심판대상으로 등장하지 아니하여 주문에서는 물론 이유에서도 판단되지 않으므로 그에 관하여 기판력이 미치지 않는다. 그러므로 채무자가 한정승인을 하고도 채권자가 제기한 소송의 사실심 변론종결시까지 그 사실을 주장하지 아니하여 책임의 범위에 관한 유보가 없는 판결이 선고되어 확정되었다고 하더라도, 채무자는 그 후 위 한정승인 사실을 내세워 청구에 관한 이의의 소를 제기할 수 있다(대법원 2006. 10. 13. 2006다23138 청구이의).

한변호사협회가 운영하는 공제기금에 가입하여야 한다(변호사법 시행령 13의7, 13의4①).

(4) 민법 제713조는 조합원 중에 변제할 자력 없는 자가 있는 때에는 그 변제할 수 없는 부분은 다른 조합원이 균분하여 책임이 있다고 한다. 이 규정에 의하면 담당변호사가 변제할 자력이 없으면 다른 구성원 변호사가 균분하여 책임을 져야 한다. 그러나 변호사법 제58조의31(다른 법률의 준용) 제 1 항은 '법 제713조는 제외한다'고 명시하고 있다. 따라서 원고는 담당변호사 또는 그 지휘·감독자인 구성원이 변제자력이 없을 때 다른 구성원 변호사에게 균분하여 청구할 수 없다.

V. 손해배상책임 사항을 사건수임계약서·광고물에 명시

법무조합은 제 1 항과 제 2 항에 따른 손해배상책임에 관한 사항을 대통령령으로 정하는 바에 따라 사건수임계약서와 광고물에 명시하여야 한다(제 4 항). 법무조합은 그 의뢰인에게 손해배상책임에 관한 사항을 사건수임계약서와 광고물에 명시하여야 한다. 법무조합은 사건수임계약서와 광고물(구성원 또는 소속변호사의 변동을 내용으로 하는 광고물은 제외한다)에 손해배상책임에 관한 사항을 명시하여야 한다(변호사법 시행령 13의7, 13의3①). 제 1 항의 광고물은 ①「출판문화산업 진흥법」 제 2 조에 따른 간행물, ②「방송법」 제 2 조에 따른 방송에 해당하는 광고매체를 통하여 법무법인(유한)의 변호사 및 그 업무에 관하여 정보와 자료를 제공하는 것을 말한다(변호사법 시행령 13의7, 13의3②). 그리고 법무조합은 손해배상 준비금을 적립하거나 보험 또는 공제기금에 가입하여야 한다(변호사법 58의30, 58의12). 그 구체적인 내용은 「변호사법 시행령」에 규정되어 있다.[14]

14 법무조합은 사업연도마다 해당 사업연도 총매출액의 100분의 2에 해당하는 금액을 손해배상 준비금으로 적립하거나, 관보에 고시한 날부터 1개월 이내에 보험 또는 대한변호사협회가 운영하는 공제기금에 가입하여야 한다(변호사법 시행령 13의7, 13의4①). 법무조합은 제 1 항에 따른 손해배상 준비금을 직전 2개 사업연도 및 해당 사업연도의 총매출액 평균의 100분의 10에 해당하는 금액에 이를 때까지 적립하여야 한다(변호사법 시행령 13의7, 13의4②). 법무조합은 손해배상 준비금을 사용하여 구성원 또는 소속 변호사를 포함한 직원으로부터 취득한 구상권(求償權)을 행사한 경우 그 구상한 금액을 손해배상준비금에 계상(計上)하여야 한다(변호사법 시행령 13의7, 13의4③).

제58조의26 소송당사자능력

제58조의26(소송당사자능력)
법무조합은 소송의 당사자가 될 수 있다.

I. 연 혁

2005. 1. 27. 개정된 변호사법은 법무조합에도 소송당사자능력을 인정하는 규정을 신설하여 오늘에 이르고 있다. 즉, 법무조합은 소송의 당사자가 될 수 있다(제58조의26).

II. 법무조합의 소송당사자능력

1. 소송당사자능력의 의의

법무조합은 소송의 당사자가 될 수 있다. 따라서 법무조합은 소송당사자능력이 인정된다. 여기서 '소송당사자능력'이란 소송의 주체(원고·피고·참가인 등)가 될 수 있는 일반적인 능력(일반적인 자격)을 말한다. 당사자능력, 소송능력, 소송무능력자의 법정대리와 소송행위에 필요한 권한의 수여는 이 법에 특별한 규정이 없으면 민법, 그 밖의 법률에 따른다(민사소송법 51). 민법상 권리능력을 가진 자(자연인·법인, 법인이 아닌 사단·재단)는 민사소송에서 당사자능력을 가진다.

2. 민법상 조합의 당사자능력

(1) 민법상 조합이 당사자능력을 가지는지 논의되고 있다. 특히 민법상의 조합에 대표자가 정하여져 있어 그를 통하여 대외적 활동을 하고 있을 때에 문제가 된다. 민법상 조합

도 단체성이 있고 독립한 관리를 받는 조합재산을 기초로 하여 그 이름으로 활동하는 일이 있기 때문에 당사자능력을 긍정하는 견해가 있다. 이와 달리 조합은 동업목적의 조합원 간의 계약적 기속관계에 지나지 않으며, 조합원의 개성과 독립된 단체적 조직이라고 인정할 수 있는 실질이 없다는 이유로 부정하는 견해가 있다.[1] 민사소송법은 법인이 아닌 사단 등의 당사자능력을 인정하고 있다. 즉, 법인이 아닌 사단이나 재단은 대표자 또는 관리인이 있는 경우에는 그 사단이나 재단의 이름으로 당사자가 될 수 있다(민사소송법 52). 그러나 조합은 사단이나 재단이 아니므로 이 규정을 조합에 적용할 수는 없다. 결국 조합은 조합원 전원이 공동소송인으로 당사자가 되어야 한다. 이처럼 조합에 당사자능력을 인정하지 않으면 조합원 전원이 당사자가 되어야 하는 필수적 공동소송이 되는 불편이 따르게 된다.[2] 이는 선정당사자 제도(민사소송법 53)를 이용하거나 업무집행조합원을 대리인으로 하여(민법 709) 소송을 하면 된다. 따라서 조합의 당사자능력은 부정함이 통설·판례이다.[3·4] 판례는 민법상의 조합과 법인격은 없으나 사단성이 인정되는 비법인사단을 구별함에 있어서는 일반적으로 그 단체성의 강약을 기준으로 판단하고 있다. 즉, 민법상 조합의 명칭을 가지고 있는 단체라 하더라도 고유의 목적을 가지고 사단적 성격을 가지는 규약을 만들어 이에 근거하여 의사결정기관 및 집행기관인 대표자를 두는 등의 조직을 갖추고 있고, 기관의 의결이나 업무집행방법이 다수결의 원칙에 의하여 행해지며, 구성원의 가입, 탈퇴 등으로 인한 변경에 관계없이 단체 그 자체가 존속되고, 그 조직에 의하여 대표의 방법, 총회나 이사회 등의 운영, 자본의 구성, 재산의 관리 기타 단체로서의 주요사항이 확정되어 있는 경우에는 비법인사단으로서의 실체를 가진다고 할 것이다(대법원 1992. 7. 10. 92다2431 약속어음금).

(2) 민법상 조합이 제3자에게 부동산에 관한 소유권이전등기청구에 관한 소를 제기하는 경우에는 조합원 전원이 원고가 되어야 하고,[5] 제3자가 조합의 부동산을 매수하였다는

1 김홍엽, 민사소송법(제5판), 132면; 이시윤, 신민사소송법(제9판), 145~146면.

2 조합재산에 속하는 권리에 관한 소송에 있어서는 다른 조합원 전원이 본건 채권의 추심을 원고에게 위임하였다는 사실만 가지고서는 원고 단독명의로 본건 소송을 제기할 권원이 발생하였다고는 볼 수 없고, 본건 소송을 원고 갑 단독명의로 제기한 것은 결국 비법인사단인 위 조합을 원고로 하는 뜻에서 갑은 그 대표자의 자격으로 나온 것이 아닌가 하는 의문도 있으므로, 원심은 이 점을 석명하여 실체적 권리관계에 부합하는 당사자를 원고로 표시하도록 조치하고, 만일 그렇지 아니하면 본건 소송은 필요적 공동소송에 속한다 할 것이므로, 원고 단독으로 제기한 본건 소송은 부적법하다 하여 이를 각하하여야 할 것이다(대법원 1967. 8. 29. 66다2200 물품대금).

3 이시윤, 신민사소송법(제9판), 146면; 호문혁, 민사소송법(제12판), 228면.

4 한국원호복지공단법(1984. 8. 2. 법률 제3742호로 한국보훈복지공단법으로 개정됨) 부칙 제8조 제2항에 의하여 설립된 원호대상자광주목공조합은 민법상의 조합의 실체를 가지고 있으므로 소송상 당사자능력이 없다(대법원 1991. 6. 25. 88다카6358 물품대금).

5 동업약정에 따라 동업자 공동으로 토지를 매수하였다면 그 토지는 동업자들을 조합원으로 하는 동업체에서 토지를 매수한 것이므로 그 동업자들은 토지에 대한 소유권이전등기청구권을 준합유하는 관계에 있고, 합유재산에 관한 소는 이른바 고유필요적공동소송이라 할 것이므로 그 매매계약에 기하여 소유권이전등기의 이행을 구하는 소를 제기하려면 동업자들이 공동으로 하지 않으면 안된다(대법원 1994. 10. 25. 93다

이유로 소유권이전등기를 구하는 경우에는 조합원 전원을 피고로 삼아야 한다. 대체성이 없는 조합채무에 대하여는 조합재산만이 책임재산이 되기 때문이다. 반면, 조합에 대하여 금전채권 같이 대체성이 있는 채권을 가진 제 3 자는 조합원 1인을 상대로 소를 제기할 수 있다. 조합채권자는 항상 조합원 전원에게 공동으로 채무의 이행을 청구하여야 하는 것은 아니다.[6] 그러므로 조합채권자는 어느 조합원을 상대로 그가 부담하는 채무에 관하여 이행의 소를 제기하고 그 판결에 기해 그의 개인재산에 대해 강제집행을 할 수 있다.[7]

3. 법무조합의 소송당사자능력

(1) 민사소송법은 '당사자능력(當事者能力), 소송능력(訴訟能力), 소송무능력자(訴訟無能力者)의 법정대리와 소송행위에 필요한 권한의 수여는 이 법에 특별한 규정이 없으면 민법, 그 밖의 법률에 따른다'(제51조)고 한다. 여기서 '그 밖의 법률'은 법무조합의 소송당사자능력을 인정하는 변호사법 제58조의26도 해당된다. 법무조합은 민법의 조합규정을 준용하고 있지만, 소송당사자능력은 인정하고 있다. 법무조합은 설립목적을 달성하기 위하여 변호사 직무를 수행할 때도 법무조합의 이름으로 한다. 법무조합은 법인격이 부여된 법무법인·법무법인(유한)과 같이 그 업무를 수행할 수 있다. 아울러 소송에서의 당사자능력까지 부여하고 있다. 법무조합처럼 「언론중재 및 기해구제에 관한 법률」에서도 당사자능력이 없는 기관이나 단체에게 정정보도의 청구를 인정하고 있다. 즉, 「민사소송법」상 당사자능력이 없는 기관 또는 단체라도 하나의 생활단위를 구성하고 보도 내용과 직접적인 이해관계가 있을 때에는 그 대표자가 정정보도를 청구할 수 있다(언론중재 및 기해구제에 관한 법률 14④).

(2) 법무조합은 당사자능력을 갖기 때문에 소송에서 원고나 피고가 될 수 있다. 따라서 법무조합은 그의 이름으로 본안판결을 받을 수 있다. 법무조합은 변호사보수에 관한 약정금 청구의 소를 적극적으로 제기할 수 있다. 아울러 퇴직한 사무직원이 제기한 퇴직금청구 또는 법무조합의 사무소 공사대금 청구의 소를 제기하려는 자는 구성원 변호사 전원을 상대로 하지 않고 법무조합을 피고로 할 수 있다.

54064 소유권이전등기).

6 곽윤직 편집대표, 민법주해[XVI], 99~100면(김재형 집필부분).

7 김준호, 민법강의(제21판), 1740면.

제58조의27 인가취소

> **제58조의27(인가취소)**
> 법무부장관은 법무조합이 다음 각 호의 어느 하나에 해당하면 그 설립인가를 취소할 수 있다.
> 1. 제58조의22 제 3 항을 위반하여 3개월 이내에 구성원을 보충하지 아니한 경우
> 2. 제58조의30에 따라 준용되는 제58조의12 제 1 항을 위반하여 손해배상 준비금을 적립하지 아니하거나 보험 또는 공제기금에 가입하지 아니한 경우
> 3. 업무 집행에 관하여 법령을 위반한 경우

Ⅰ. 연 혁

(1) 2005. 1. 27. 개정된 변호사법은 법무조합의 설립인가를 취소할 수 있는 사유에 관한 규정을 신설했다. 즉, 법무부장관은 법무조합이 ① 제58조의22 제 3 항의 규정을 위반하여 3월 이내에 구성원을 보충하지 아니한 때, ② 제58조의30의 규정에 의하여 준용되는 제58조의12의 규정을 위반하여 보험 또는 공제기금에 가입하지 아니한 때, ③ 업무집행에 관하여 법령을 위반한 때에는 그 설립인가를 취소할 수 있다(제58조의27).

(2) 2008. 3. 28. 개정된 변호사법은 설립인가 취소사유 중 제 2 호에 '손해배상 준비금을 적립하지 아니하거나' 부분을 추가하는 전문개정을 하였다.

Ⅱ. 법무조합의 설립인가 취소사유

법무부장관은 법무조합이 다음 각 호의 어느 하나에 해당하면 그 설립인가를 취소할 수 있다. 설립인가 받은 법무조합이라도 계속적으로 존속시킬 수 없는 사정이 발생한 경우에는 설립인가를 취소할 수 있다. 변호사법상 설립인가의 취소는 장래에 향하여 그 효력을

발생시키는 철회에 해당되다. 설립인가 취소는 법무조합에게 있어 침해적 처분이라서 법률에 그 사유가 특정되어야 한다. 법무조합의 설립인가 취소사유는 법무법인과 유사하다. 다만, 법무조합이 수임사건에 관한 책임을 담보할 수 있는 손해배상 적립금을 적립하지 않거나 하는 등의 사유를 추가하고 있는 특징이 있다.

1. 제58조의22 제 3 항을 위반하여 3개월 이내에 구성원을 보충하지 아니한 경우(제 1 호)

법무조합은 구성원 변호사가 탈퇴 등의 사유로 결원이 되면 3개월 이내에 보충해야 한다. 구성원 요건은 7명 이상의 구성원과 그중 2명 이상이 10년 이상 법조경력자가 있어야 한다는 것이다. 법무조합은 조직적·전문성 있는 직무수행을 위하여 설립된 것이므로 소정의 구성원의 존재는 필수적이다. 결원된 구성원의 인원이 몇 명 이내인지에 관한 제한은 없다. 극단적으로는 주된 설립자 1명이 모든 구성원을 탈퇴시키고 3개월 이내에 새로운 구성원을 가입(보충)시키는 것도 가능하다. 이런 경우는 새로운 법무조합의 설립과 다름없기에 결원된 구성원의 숫자를 제한하는 규제도 신설할 필요가 있다.

2. 제58조의30에 따라 준용되는 제58조의12 제 1 항을 위반하여 손해배상 준비금을 적립하지 아니하거나 보험 또는 공제기금에 가입하지 아니한 경우(제 5 호)

법무조합 구성원은 출자의무가 없다. 업무수행을 위하여 법률사무소를 개설하는 등의 최소한의 법무조합 재산이 있을 수 있다. 그러나 이러한 재산만으로는 수임사건과 관련된 손해배상책임을 질 수 없다. 그리하여 법무조합의 채권자 보호를 위하여 강제하는 손해배상 준비금 적립이나 보험 또는 공제기금에 가입해야 한다. 이런 별도의 재산을 형성해 놓지 않으면 결국 의뢰인의 손해를 배상할 수 없어 유한책임을 인정한 취지를 무색케 할 수 있다. 손해배상 준비금 등을 적립해야 하는 것은 법무조합의 본질적인 존속요건이라 할 수 있다. 손해배상 준비금을 적립했더라도 「변호사법 시행령」의 기준에 미치지 못할 때 역시 설립인가 취소사유가 될 수 있다.

3. 업무 집행에 관하여 법령을 위반한 경우(제 3 호)

법무조합 역시 업무 집행을 함에 있어 법령을 위반한 경우에는 설립인가가 취소될 수 있다. 여기서 '업무 집행'은 법무조합이 변호사법과 다른 법률에서 정한 변호사의 직무를 수행하는 것을 말한다. 그 외에 법무조합의 통상적인 업무처리가 법령위반일 때도 이에 해당될 수 있다. 법령 위반에서 '법령'은 헌법과 법률·명령·규칙과 법의 일반원칙도 포함될 수 있다. 예컨대 법무조합이 정치행위를 주된 업무로 하거나 특정 계층의 사람이나 외국인에 대하여서는 수임하지 않는다고 표방하는 행위는 법령위반에 해당될 수 있다. 설립인가의 취소사유가 되는 법령위반은 법무조합을 존속시킬 수 없을 정도의 심각한 것이어야 한다. 상습적으로 위증을 교사하거나 고소사건을 대리하여 무고죄를 범하도록 하는 등의 법령위반이 있을 때 비례의 원칙을 고려하여 처분하여야 한다.

Ⅲ. 설립인가의 취소절차와 그 효과

법무부장관은 법무조합의 설립인가를 취소할 때는 청문을 열어야 한다(변호사법 58의30, 53②). 그 후 설립인가가 취소되었을 때는 법무조합은 해산한다(변호사법 58의28①(3)). 그럼에도 설립인가가 취소된 법무조합의 구성원들이 다시 종전과 동일한 법무조합의 설립을 추진할 수 있다. 법무부장관은 이미 설립인가 취소된 법무조합의 대체조직으로 판단되면 그 설립인가신청은 거부해야 할 것으로 본다.

제58조의28 해 산

제58조의28(해산)
① 법무조합은 다음 각 호의 어느 하나에 해당하는 사유가 있을 때에는 해산한다.
1. 규약에 정한 해산사유가 발생하였을 때
2. 구성원 과반수의 동의가 있을 때. 다만, 규약으로 그 비율을 높게 할 수 있다.
3. 설립인가가 취소되었을 때
4. 존립 기간을 정한 경우에는 그 기간이 지났을 때
② 법무조합이 해산한 경우 청산인은 지체 없이 주사무소 소재지의 지방변호사회와 대한 변호사협회를 거쳐 법무부장관에게 그 사실을 신고하여야 한다.

Ⅰ. 연 혁

2005. 1. 27. 개정된 변호사법은 법무조합의 해산사유를 신설했다. 즉, 법무조합은 ① 규약에 정한 해산사유가 발생한 때, ② 구성원 과반수의 동의가 있는 때. 다만, 규약으로 그 비율을 높게 할 수 있다. ③ 설립인가가 취소된 때, ④ 존립기간을 정한 때에는 그 존립기간이 경과된 때에는 해산한다(제58조의28 제 1 항). 법무조합이 해산한 때에는 청산인은 지체 없이 주사무소 소재지의 지방변호사회 및 대한변호사협회를 거쳐 법무부장관에게 이를 신고하여야 한다(제 2 항).

Ⅱ. 법무조합의 해산사유

(1) 법무조합은 다음 각 호의 어느 하나에 해당하는 사유가 있을 때에는 해산한다(제 1 항). 법무조합의 해산은 설립목적의 달성을 위한 적극적인 활동을 멈추고 청산절차로 들어

가는 것을 말한다. 해산을 하면 잔무와 재산을 정리하는 청산절차를 거친 후에 소멸하게 된다. 물론 처리할 잔무가 없거나 재산이 없는 경우에는 청산절차를 밟을 필요는 없다.[1] 법무조합은 해산하고 청산의 목적을 위하여 존속하는 동안은 청산의 목적범위 내로 권리능력이 한정된다.

(2) 민법은 조합을 해산시킬 부득이한 사유가 있는 때에는 각 조합원은 조합의 해산을 청구할 수 있다(민법 720)고 한다.[2] 그러나 해산사유는 다양하게 인정되고 있다. 조합계약에서 정한 사유의 발생,[3] 조합원 전원의 합의, 조합의 목적인 사업의 성공 또는 성공불능, 해산청구 등에 의하여 조합관계가 종료되고, 2인으로 된 조합관계에 있어 그 가운데 한 사람이 탈퇴하는 경우에도 역시 조합관계는 종료되며, 경제계의 사정변경에 따른 조합 재산상태의 악화나 영업부진 등으로 조합의 목적달성이 매우 곤란하다고 인정되는 객관적인 사정이 있거나 조합 당사자 간의 불화·대립으로 인하여 신뢰관계가 파괴됨으로써 조합업무의 원활한 운영을 기대할 수 없는 경우 등 부득이한 사유가 있는 때에는 조합원이 조합의 해산을 청구할 수 있다(대법원 1997. 5. 30. 95다4957 소유권이전등기).

1. 규약에 정한 해산 사유가 발생하였을 때(제 1 호)

법무조합은 규약에 '존립 기간이나 해산 사유를 정한 경우에는 그 기간 또는 사유'를 정할 수 있다(변호사법 58의20(8)). 존립기간의 만료로 하는 해산은 제 4 호에 해당된다. 그러므로 여기서의 해산사유는 규약에 특별히 정해둔 사유를 말한다. 규약에서는 해산사유로 정한 바 없지만 더 이상 법무조합을 존속시킬 수 없는 특별한 사정이 있다면 제 2 호 '구성원 과반수의 동의'로 해산할 수 있다. 또한 규약에서 정한 해산사유인지 여부가 문제되거나 일부 구성원이 해산을 반대한 경우에는 구성원이 과반수로 결정할 수 있다. 규약에 정한 해산

---

1 조합의 목적달성으로 인하여 조합이 해산된 경우 당사자 사이에 별도의 약정이 없는 이상 청산절차를 밟는 것이 통례로서 조합원들에게 분배할 잔여재산과 그 가액은 청산절차가 종료된 때에 확정되는 것이므로 원칙적으로 청산절차가 종료되지 아니한 상태에서 잔여재산의 분배를 청구할 수는 없는 것이지만, 조합의 잔무로서 처리할 일이 없고 다만 잔여재산의 분배만이 남아 있을 때에는 따로 청산절차를 밟을 필요가 없이 각 조합원은 자신의 잔여재산분배비율의 범위 내에서 그 분배비율을 초과하여 잔여재산을 보유하고 있는 조합원에 대하여 바로 잔여재산의 분배를 청구할 수 있다(대법원 1995. 2. 24. 94다13749 전부금).

2 민법 제720조는 부득이한 사유가 있는 때에는 각 조합원은 조합의 해산을 청구할 수 있다고 규정하고 있는바, 조합의 해산청구는 조합이 소멸하기 위하여 그의 목적인 사업을 수행하기 위한 적극적인 활동을 중지하고, 조합재산을 정리하는 단계에 들어가는 것이고, 여기서 '부득이한 사유'라 함은 경제계의 사정변경에 따른 조합 재산상태의 악화나 영업부진 등으로 조합의 목적달성이 매우 곤란하다고 인정되는 객관적인 사정이 있거나 조합 당사자 간의 불화·대립으로 인하여 신뢰관계가 파괴됨으로써 조합업무의 원활한 운영을 기대할 수 없는 경우를 말한다(대법원 2007. 11. 15. 2007다48370 손해배상(기)).

3 민법의 조합의 해산사유와 청산에 관한 규정은 그와 내용을 달리하는 당사자의 특약까지 배제하는 강행규정이 아니므로 당사자가 민법의 조합의 해산사유와 청산에 관한 규정과 다른 내용의 특약을 한 경우, 그 특약은 유효하다(대법원 1985. 2. 26. 84다카1921 소유권이전등기).

사유가 발생했더라도 구성원들은 이에 구속되는 것은 아니다.

2. 구성원 과반수의 동의가 있을 때. 다만, 규약으로 그 비율을 높게 할 수 있다(제 2 호)

구성원 변호사의 과반수의 동의가 있을 때 해산할 수 있다. 과반수의 근거는 민법상 조합원이 업무집행할 때를 참고할 수 있다. 조합의 업무집행은 조합원의 과반수로써 정한다. 업무집행자 수인 때에는 그 과반수로써 결정한다(민법 706②). 해산결의를 하기 위해서는 모든 구성원 변호사의 과반수의 동의가 있어야 한다. 결의에 참여한 구성원의 과반수가 아니다. 다만, 규약으로 그 비율을 높게 할 수 있다. 구성원의 동의로 해산하는 사유는 묻지 않는다. 해산결의를 위한 동의비율은 해산결의 하기 전에 규약에 기재되어 있어야 한다. 규약으로 동의비율을 과반수 보다 낮추는 것은 구성원의 의결권을 침해하는 것으로 허용될 수 없다.

3. 설립인가가 취소되었을 때(제 3 호)

법무조합은 법무부장관의 설립인가로 존속하고 설립인가의 취소로 해산한다. 설립인가의 취소가 있으면 구성원 변호사의 결의 없이도 청산절차로 넘어간다.

4. 존립 기간을 정한 경우에는 그 기간이 지났을 때(제 4 호)

법무조합은 규약에 '존립 기간이나 해산 사유를 정한 경우에는 그 기간 또는 사유'를 정할 수 있다(변호사법 58의20(8)). 규약에서 정한 존립기간이 만료되었으면 해산한다. 그러나 구성원의 특약으로 존립기간을 연장하는 규약변경을 할 수 있다.

Ⅲ. 법무조합의 해산 신고

(1) 법무조합이 해산한 경우 청산인은 지체 없이 주사무소 소재지의 지방변호사회와 대한 변호사협회를 거쳐 법무부장관에게 그 사실을 신고하여야 한다(제 2 항). 법무조합이 해산하면 청산절차로 들어간다. 법무조합의 청산인 선임과 업무집행방법은 민법의 규정을 준용한다. 조합이 해산한 때에는 청산은 총 구성원 공동으로 또는 그들이 선임한 자가 그 사무를 집행한다. 전항의 청산인의 선임은 조합원의 과반수로써 결정한다(변호사법 58의31①; 민법 721). 청산인의 직무는 ① 현존사무의 종결, ② 채권의 추심 및 채무의 변제, ③ 잔여재산의 인도이다(민법 724①, 87①). 잔여재산은 각 조합원의 출자가액에 비례하여 이를 분배한다

(민법 724②).

⑵ 민법의 조합의 해산사유와 청산에 관한 규정은 그와 내용을 달리하는 당사자의 특약까지 배제하는 강행규정이 아니다(대법원 1985. 2. 26. 84다카1921 소유권이전등기). 따라서 법무조합에서도 구성원 변호사의 결의로 민법이 정하는 청산절차를 따르지 않고 적당한 방법으로 조합재산을 처분할 수 있다. 법무조합의 해산은 법무법인과 법무법인(유한)과 달리 청산종결 등기를 하는 것과 같은 공시제도가 없다. 법무부장관은 법무조합의 해산을 관보에 고시하여 대외적으로 공시할 필요가 있다.

제58조의29 통 지

제58조의29(통지)
법무부장관은 법무조합의 설립인가 및 그 취소나 해산이 있으면 지체 없이 주사무소 및 분사무소 소재지의 지방변호사회와 대한변호사협회에 통지하여야 한다.

Ⅰ. 연 혁

2005. 1. 27. 개정된 변호사법은 법무조합의 설립인가나 취소나 해산이 있는 때에는 지방변호사회와 대한변호사협회에 통지하는 내용을 신설했다. 즉, 법무부장관은 법무조합의 설립인가 및 그 취소나 해산이 있는 때에는 지체 없이 주사무소 및 분사무소 소재지의 지방변호사회 및 대한변호사협회에 이를 통지하여야 한다(제58조의29).

Ⅱ. 법무부장관의 법무조합 설립인가·취소·해산 통지

법무부장관은 법무조합의 설립인가 및 그 취소나 해산이 있으면 지체 없이 주사무소 및 분사무소 소재지의 지방변호사회와 대한변호사협회에 통지하여야 한다. 법무부장관은 법무조합의 설립인가 및 그 취소나 해산이 있으면 지방변호사회와 대한변호사협회에 통지한다. 이 통지규정은 법무법인과 법무법인(유한)에서도 동일하다(변호사법 57, 58의16). 이 부분은 법무법인의 통지에 관한 제56조의 설명이 그대로 해당된다.

제58조의30 준용규정

제58조의30(준용규정)
법무조합에 관하여는 제22조, 제27조, 제28조, 제28조의2, 제29조, 제29조의2, 제30조, 제31조 제 1 항, 제32조부터 제37조까지, 제39조, 제44조, 제46조부터 제52조까지, 제53조 제 2 항, 제58조의9 제 1 항, 제58조의12 및 제10장을 준용한다.

I. 연 혁

(1) 2005. 1. 27. 개정된 변호사법은 '변호사의 권리와 의무'에 관한 변호사법 제 4 장의 일부 규정, 법무법인 및 징계에 관한 제10장의 전체 내용을 준용하는 규정을 신설했다. 즉, 제22조, 제27조 내지 제37조, 제39조, 제44조, 제46조 내지 제52조, 제53조 제 2 항, 제58조의9 제 1 항, 제58조의12 및 제10장의 규정은 법무조합에 관하여 이를 준용한다(제58조의30).

(2) 2008. 3. 28. 개정된 변호사법에서는 그 내용은 동일하면서도 준용규정을 명확히 하였다.

Ⅱ. 법무조합의 준용규정

법무조합에 관하여는 제22조, 제27조, 제28조, 제28조의2, 제29조, 제29조의2, 제30조, 제31조 제 1 항, 제32조부터 제37조까지, 제39조, 제44조, 제46조부터 제52조까지, 제53조 제 2 항, 제58조의9 제 1 항, 제58조의12 및 제10장을 준용한다. 법무조합이 준용하는 규정은 법무법인·법무법인(유한)의 준용규정과 기본적으로 동일하다. 개업한 '변호사의 권리와 의무'에 관한 변호사법 제 4 장의 사무직원(제22조), 공익활동 등 지정업무 처리의무(제27조), 장부의 작성·보관(제28조), 수임사건의 건수 및 수임액의 보고(제28조의2), 변호인선임서 등의 지방변호사회 경유(제29조), 변호인선임서 등의 미제출 변호 금지(제29조의2), 연고 관계 등의 선전금지(제30조), 수임제한(제31조 제 1 항), 계쟁권리의 양수금지(제32조), 독직행위의 금지(제33조), 변호사가 아닌 자와의 동업 금지(제34조), 사건 유치 목적의 출입금지(제35조), 재판·수사기관 공무원의 사건 소개 금지(제36조), 직무취급자 등의 사건 소개 금지(제37조), 감독(제39조)에 관한 규정을 준용하고 있다. 아울러 법무법인의 명칭(제44조), 구성원의 탈퇴(제46조), 구성원 아닌 소속 변호사(제47조), 사무소(제48조), 업무(제49조), 업무 집행 방법(제50조), 업무 제한(제51조), 구성원 등의 업무 제한(제52조), 설립인가 취소시 청문(제53조 제 2 항), 주식회사의 외부감사에 관한 법률에 따른 회계처분(제58조의9 제 1 항), 손해배상 준비금 등(제58조의12) 및 변호사의 '징계 및 업무정지'(제10장)가 이에 해당된다. 구체적인 내용은 법무법인에 관한 제57조의 설명과 같다. 품위유지의무 등 준용되지 않는 규정과의 관계도 마찬가지다.

제58조의31 다른 법률의 준용

제58조의31(다른 법률의 준용)
① 법무조합에 관하여 이 법에 정한 것 외에는 「민법」 중 조합에 관한 규정(「민법」 제713조는 제외한다)을 준용한다.
② 삭제 〈2009. 2. 6.〉

Ⅰ. 연 혁

(1) 2005. 1. 27. 개정된 변호사법은 법무조합의 근간이 되는 민법의 조합에 관한 내용의 준용규정을 신설했다. 즉, 법무조합에 관하여 이 법에 정한 것을 제외하고는 민법 중 조합에 관한 규정(민법 제713조를 제외한다)을 준용한다(제58조의31).

(2) 2007. 1. 26. 개정된 변호사법은 법무조합 및 구성원의 공증업무 등에 관한 규정을 신설했다. 즉, 법무조합 및 그 구성원의 공증에 관한 업무 및 그 감독과 징계에 관하여는 「공증인법」을 준용한다(제58조의31 제 2 항).

(3) 2008. 3. 28. 개정된 변호사법은 전문개정으로 현행 규정처럼 자구수정을 한 바 있다.

(4) 2009. 2. 6. 개정된 변호사법은 그 날 개정된 「공증인법」이 변호사법에 규정된 공증 관련 규정을 전부 「공증인법」에 포함시킴에 따라 법무조합과 그 구성원의 공증업무에 관한 내용인 제 2 항을 삭제하였다.

Ⅱ. 법무조합의 「민법」 중 조합에 관한 규정 준용

1. 「민법」 중 조합에 관한 규정 준용

법무조합에 관하여 이 법에 정한 것 외에는 「민법」 중 조합에 관한 규정(「민법」 제713조는 제외한다)을 준용한다(제 1 항). 법무조합은 변호사법 제 5 장의3 '법무조합'에 구체적인 사항이 규정되어 있지만, 그 외의 사항은 법무조합의 성질에 부합하는 범위에서 민법 중 조합의 규정을 준용한다.

(1) 조합원의 업무 및 재산상태 검사권

각 조합원은 언제든지 조합의 업무 및 재산상태를 검사할 수 있다(민법 710). 법무조합에는 법무법인(유한)처럼 감사를 두고 있지 않다. 따라서 모든 구성원 변호사는 업무 및 재산상태를 검사할 권한이 있다. 다만, 규약에서 이를 달리 정할 수 있다.

(2) 손익분배의 비율

당사자가 손익분배의 비율을 정하지 아니한 때에는 각 조합원의 출자가액에 비례하여 이를 정한다. 이익 또는 손실에 대하여 분배의 비율을 정한 때에는 그 비율은 이익과 손실에 공통된 것으로 추정한다(민법 711). 법무조합의 규약에 기재하게 되는 '손익분배에 관한 사항'에는 민법의 위 규정을 기초로 할 필요가 있다.

(3) 조합원에 대한 채권자의 권리행사

조합채권자는 그 채권발생 당시에 조합원의 손실부담의 비율을 알지 못한 때에는 각 조합원에게 균분하여 그 권리를 행사할 수 있다(민법 712). 수임사건과 관련된 손해배상책임이 아닌 구성원의 책임은 손실분담 비율에 따라 책임을 지는데, 채권자가 그 비율을 알 수 없을 때는 구성원들에게 균분하여 청구할 수 있다. 구성원 변호사는 그 때 손실분담비율을 입증해야 할 것이다.

(4) 제 명

조합원의 제명은 정당한 사유 있는 때에 한하여 다른 조합원의 일치로써 이를 결정한다(민법 718①). 전항의 제명결정은 제명된 조합원에게 통지하지 아니하면 그 조합원에게 대항하지 못한다(민법 718②). 구성원의 제명 사항은 규약에 구성원의 가입과 탈퇴에서 정할 수 있지만, 그렇지 않은 경우에는 위 규정을 준용할 수 있다.

2. 「민법」 제713조 제외

민법 제713조는 무자력조합원의 채무와 타조합원의 변제책임에 관한 것이다. 즉, 조합원 중에 변제할 자력없는 자가 있는 때에는 그 변제할 수 없는 부분은 다른 조합원이 균분하여 변제할 책임이 있다. 구성원 변호사는 수임사건과 관련된 손해배상책임에서 담당변호사 또는 지휘·감독한 변호사가 아니면 손실분담비율에 따라 책임을 진다. 따라서 무자력 구성원이 있다고 하여 다른 구성원 변호사가 균분하여 변제할 책임이 있는 것은 아니다. 이로 인하여 변제받지 못한 채권자를 보호하기 위하여 손해배상 준비금 적립 등을 의무화하고 있다.

제 6 장

공증인가합동법률사무소

제 6 장 삭제 <2005. 1. 27.>[1·2]

제59조 삭제 <2005. 1. 27.>

제60조 삭제 <2004. 1. 27.>

제61조 삭제 <2005. 1. 27.>

제62조 삭제 <2005. 1. 27.>

제63조 삭제 <2005. 1. 27.>

---

1 **변호사법** [**시행** 2000. 7. 29.] [**법률 제6207호**, 2000. 1. 28. **전부개정**]
제 6 장 공증인가합동법률사무소
제59조(공증인가합동법률사무소의 설립) 변호사는 공증인법에 의한 공증인의 직무에 속하는 업무를 행하기 위하여 공증인가합동법률사무소(이하 "합동법률사무소"라 한다)를 설립할 수 있다.
제60조(설립절차) 합동법률사무소를 설립하고자 하는 때에는 구성원이 될 변호사가 합동하여 법률사무에 종사할 것을 약정하고 규약을 작성하여 사무소소재지의 지방변호사회 및 대한변호사협회를 거쳐 법무부장관의 인가를 받아야 한다. 규약을 변경하고자 하는 때에도 또한 같다.
제61조(구성원) 합동법률사무소는 대법원소재지에서는 5인 이상의 변호사로, 고등법원·지방법원 및 지방법원지원 소재지에서는 3인 이상의 변호사로 각각 구성하며, 그중 1인 이상은 통산하여 10년 이상 법원조직법 제42조 제 1 항 각호의 1에 해당하는 직에 있었던 자이어야 한다.
제62조(업무집행방법) ① 공증에 관한 문서는 합동법률사무소 명의로 작성하고, 대표자 또는 대표자가 지명한 구성원이 서명날인하여야 한다.
② 합동법률사무소의 채무에 대하여는 모든 구성원이 균분하여 책임을 진다.
제63조(준용) ① 합동법률사무소의 조직과 운영에 관하여 이 법에 정한 것을 제외하고는 민법 중 조합에 관한 규정을 준용한다.
② 제42조·제46조·제51조·제53조·제56조·제57조 및 제58조 제 2 항의 규정은 합동법률사무소에 관하여 이를 준용한다.

2 **변호사법** [**시행** 2005. 1. 27.] [**법률 제7357호**, 2005. 1. 27. **일부개정**] 공증인가합동법률사무소 제도를 폐지하되 기존 공증인가합동법률사무소와 공증담당변호사에 대해서는 적용하지 아니하도록 함.
변호사법 중 개정법률안(정부제출) 검토보고 – 변호사법에 의한 공증인가 제도를 폐지하고자 하는 이유에 대하여 법무부는 다음과 설명하고 있음.
① 공증인가제도는 공증제도 초창기에 변호사자격을 가진 임명공증인 지망자가 부족하여 부득이 고안된 제도라는 점,
② 공증인이 작성한 공정증서는 당연히 증거능력이 부여되고 공증인은 강제집행문을 부여할 수 있다는 점 등에서 공증사무는 객관성·중립성을 가져야 할 국가사무로서, 일방 개인의 대리를 주업무로 하는 변호사가 공증사무를 겸업하는 하는 것은 부적절하다는 점,
③ 공증서류작성이나 보관 등을 소홀히 다루는 부실공증행위가 난립이 예상되는 상황에서 공증사무에 대한 충실성과 전문성을 담보하기 위하여서는 변호사업무와 공증사무 간에 역할분담이 효율적일 수 있다는 점,
③ 법률서비스 시장의 개방으로 외국인에게 법무법인의 설립이 허용될 경우를 대비하여 국가사무인 공증사무를 보호할 필요가 있다는 점,
④ 총정원이나 지역적 안배를 고려하여 공증인을 임명함으로써 공증사무에 대한 관리·감독을 강화할 수 있다는 점 등에서 공증인가제도폐지에 관한 개정안은 나름대로 의미가 있는 정책방향이라고 할 것임.

제 7 장

지방변호사회

제64조 목적 및 설립

제64조(목적 및 설립)
① 변호사의 품위를 보전하고, 변호사 사무의 개선과 발전을 도모하며, 변호사의 지도와 감독에 관한 사무를 하도록 하기 위하여 지방법원 관할 구역마다 1개의 지방변호사회를 둔다. 다만, 서울특별시에는 1개의 지방변호사회를 둔다.
② 지방변호사회는 법인으로 한다.

Ⅰ. 연 혁

(1) 1949. 11. 7. 제정된 변호사법은 '제5장 변호사회'라고 하여 오늘날 '지방변호사회'에 해당하는 장(章)을 두면서 변호사회의 법인격 인정과 설립목적 및 설립기준을 신설했다. 즉, 변호사회는 법인으로 한다(제25조 제1항). 변호사회는 변호사의 품위보전과 변호사사무의 개량진보를 도모함을 목적으로 한다(제25조 제2항). 변호사회는 지방법원의 관할구역마다 설치하여야 한다. 단, 당해구역의 변호사가 5인 미만인 때에는 변호사회를 조직하지 아니하고 법무부장관이 지정하는 인접 변호사회의 회원이 된다(제26조).

(2) 1982. 12. 31. 개정된 변호사법[1]에서 '제6장 지방변호사회'라고 개정하고 설립목적

1 1982. 12. 31. 개정된 변호사법 [시행 1982. 12. 31.]은 법무법인제도를 창설하여 현대사회의 법무수요에 효율적으로 대처하고, 변호사단체의 자율성을 강화하여 그 기능을 활성화하며, 변호사업무의 공공성을 높여 사회봉사기능을 확충하고, 벌칙을 현실에 맞게 정비하려는 취지로 아래와 같은 내용으로 대폭적인 개정이 있었음은 앞서 본 바와 같다.
① 변호사의 공공성 제고를 위하여 변호사직의 공공성을 선언하는 규정을 두고 변호사단체의 법률구조의무 및 변호사 연수제도를 신설함.
② 변호사활동의 기초가 되는 변호사의 등록업무를 법무부장관으로부터 대한변호사협회로 전면 이관하고 다만, 그 적정을 기하기 위하여 부당한 등록 및 등록거부 등에 대한 법무부장관의 시정명령권을 두고 법무부장관의 변호사 개업지지시권, 변호사단체의 총회등 임석권과 의사정지권 및 법무부장관에 대한 변호사단체의 총회 등 신고의무를 삭제하며, 변호사단체의 기능을 강화하기 위하여 이사 및 감사제도를 신설하고, 임원의 임기를 회칙으로 정하도록 자율화함.

등을 규정했다. 즉, 변호사의 품위를 보전하고, 변호사사무의 개선과 발전을 도모하며, 변호사의 지도와 감독에 관한 사무를 행하기 위하여 지방법원관할구역마다 1개의 지방변호사회를 둔다(제49조 제1항). 지방변호사회는 법인으로 한다(제49조 제2항).

(3) 2004. 1. 20. 개정된 변호사법은 지방변호사회의 '목적 및 설립'에 관한 제64조 제1항에 '서울특별시에는 1개의 지방변호사회를 둔다'는 단서 규정을 신설했다.

Ⅱ. 변호사의 지방변호사회 강제가입제도

1. 자격등록한 변호사는 특정 지방변호사회 회원

변호사는 자격등록을 하거나 개업신고를 할 때는 필수적으로 지방변호사회에 가입해야 하는 강제가입주의를 채택하고 있다(변호사법 7, 14, 15). 변호사법 제7조에 따른 등록을 한 변호사는 가입하려는 지방변호사회의 회원이 된다(변호사법 68①). 제14조에 따른 소속 변경등록을 한 변호사는 새로 가입하려는 지방변호사회의 회원이 되고, 종전 소속 지방변호사회를 당연히 탈퇴한다(변호사법 68②). 이처럼 변호사의 지방변호사회 강제가입제도는 국가가 변호사회를 통하여 변호사를 감독하기 위한 수단이 되고 있다.

2. 법무법인·법무법인(유한)·법무조합의 지방변호사회 회원인지 여부

변호사법에는 법무법인·법무법인(유한)·법무조합이 지방변호사회에 가입해야 한다는 명문의 규정을 두고 있지 않다. 법무법인·법무법인(유한)·법무조합의 인가 및 그 취소, 해산 및 합병이 있으면 지체 없이 주사무소 소재지의 지방변호사회와 대한변호사협회에 통지하여야 한다(변호사법 56, 58의15, 58의29). 이런 규정을 보면 당연히 법무법인·법무법인(유한)·법무조합 역시 지방변호사회에 가입을 전제하고 있다. 대한변호사협회 회칙은 법무법인·법무법인(유한)·법무조합을 법인회원으로 인정하고 있다(제7조 제3항). 서울지방변호사회 회칙 역시 마찬가지다(제7조 제3항).

일본 변호사법은 변호사회의 목적에 변호사법인을 포함시키고, 변호사법인의 변호사회 가입을 명시하고 있다. 변호사회는 변호사 및 변호사법인의 사명 및 직무를 감안하여, 그 품위를 유지하고, 변호사 및 변호사법인의 사무 개선진보를 도모하기 위해, 변호사 및

---

③ 법무법인제도를 신설하여 법무부장관의 인가를 받아 설립하도록 하는 한편 법무법인은 법조경력 15년 이상인 자 2인을 포함한 5인 이상의 변호사로 구성하며, 구성원 아닌 변호사와 분사무소를 둘 수 있고 법인명의로 변호사 및 공증인의 업무를 행하며 법무법인에 관하여는 상법 중 합명회사에 관한 규정과 공증법을 준용함.

④ 형을 받은 변호사의 결격기간, 징계처분에 의한 정직기간 및 징계시효기간을 유사직에 맞추어 단축함.

⑤ 죄질의 경중에 따른 형량의 조정 및 벌금형의 추가등 벌칙을 정비함.

변호사법인의 지도, 연락 및 감독에 관한 사무를 수행하는 것을 목적으로 한다(일본 변호사법 31①). 변호사법인은 그 성립 시에 주된 법률사무소가 소재하는 지역의 변호사회(2개 이상의 변호사회가 있는 때는 당해 변호사법인이 정관에 기재한 변호사회)의 회원이 된다(변호사법 36의2①).

3. 지방변호사회 강제가입제도가 결사의 자유 등을 침해하는지 여부

일본에서는 변호사의 변호사회 강제가입제도에 대해서는 헌법상 결사의 자유, 직업선택의 자유를 침해하는 것은 아닌지 문제되었다. 변호사법은 변호사 사명실현의 제도적 보장으로서 변호사회에 고도의 자치권을 정하고 있으므로, 관련 자치권을 철저히 시키기 위해서는 변호사회에 소속하지 않은 변호사를 허용할 수 없는 것이라서 강제가입제도는 불가결한 요건이 된다고 이해한다. 따라서 변호사법에 의한 변호사의 변호사회 강제가입제도는 변호사회 자치권에 불가결한 것이라서 공공의 복지 요청에 합치하기 때문에 위헌이 아니라고 합헌성을 인정한 바 있다(最判 平成 4·7·7 判タ 804호 82면). 일본과 달리 우리나라 서울지방변호사회에 가입한 변호사들은 지방법원 관할구역마다 1개의 지방변호사회를 두는 원칙과 달리 단 1개의 지방변호사회만 있을 뿐이라서 지방변호사회의 설립과 가입에 관한 결사의 자유 등을 침해받는지 여부에 대한 검토가 필요하다. 이 점은 후술하기로 한다.

Ⅲ. 지방변호사회의 설립목적

변호사의 품위를 보전하고, 변호사 사무의 개선과 발전을 도모하며, 변호사의 지도와 감독에 관한 사무를 하도록 하기 위하여 지방법원 관할 구역마다 1개의 지방변호사회를 둔다(제 1 항). 이는 지방변호사회의 설립목적이다. 지방변호사회의 회칙에는 설립목적을 보다 상세히 규정하고 있다. 예컨대, 이 회는 다음 사항(① 기본적 인권의 옹호와 사회정의의 실현, ② 법률문화의 창달과 국제적 교류, ③ 회원의 권익옹호와 친목 및 복지증진, ④ 변호사 사무의 개선 및 발전, ⑤ 변호사의 품위보전과 지식함양, ⑥ 변호사·법무법인·법무법인(유한)·법무조합·공증인가합동법률사무소 및 공동법률사무소의 지도와 감독)을 그 설립목적으로 한다(서울지방변호사회 회칙 2).

1. 변호사의 품위 보전

지방변호사회는 변호사의 품위보전을 위해서 존재한다. 여기서 '변호사'란 자연인인 변호사뿐만 아니라 공동법률사무소나 법무법인·법무법인(유한)·법무조합도 포함된다. 그리고 '품위보전'이란 변호사의 사명과 그 직무에 비추어 갖추어야 할 인품을 유지하고 고양시켜 가는 것을 말한다. 품위보전의 주요내용은 품위손상행위를 하여서는 아니 되는 품위유지의무(변호사법 24①)라 할 수 있다. 너 나아가서는 손색이 없는 인품에 법률전문직다운 전문성도 포함된다. 탁월한 전문성이 결여된 변호사의 직무수행은 의뢰인의 손해는 물론 사법기능의 불신까지 초래되기에 가장 큰 품위훼손이라 할 수 있다.

2. 변호사 사무의 개선과 발전 도모

(1) 지방변호사회는 변호사 사무의 개선과 발전을 도모한다. 여기서 '변호사의 사무'란 변호사의 자격등록과 개업 및 휴업·폐업 등과 관련된 일체의 사무를 말한다. 그러므로 변호사법 제3조의 '변호사의 직무'를 말하는 것이 아니다. 변호사의 직무를 잘 수행하도록 돕는 일체의 일을 말한다. 지방변호사회와 대한변호사협회는 변호사 자격을 취득한 자가 등록과 개업신고를 하고 그 직무수행 중의 변호사법상의 권리의무에 관한 사항을 주관한다. 예컨대 지방변호사회는 국선변호 활동을 지원하기 위하여 국선변론 예정자의 명단을 제출하는 등으로 국선변호인제도의 효율적인 운영에 적극 협력하여야 한다(변호사법 72). 또한 회원인 변호사 상호간의 분쟁이나 변호사와 위임인 사이에 직무상 분쟁이 있으면 당사자의 청구에 의하여 이를 조정할 수 있다(변호사법 74).

(2) 지방변호사회는 법령의 제정과 개폐, 법제도의 운영과 개선 기타 모든 분야에 걸쳐 의견을 발표하거나 건의할 수 있다. 「대한변호사협회 회칙」 제5조 제2항은 '지방변호사회는 그 지역에 국한되는 문제에 관하여 의견발표와 건의를 할 수 있다'라고 규정하고 있지만, 법령의 제정과 개폐 등의 문제가 특정지역 문제로 국한될 수 없기에 이는 개정되어야 할 조항이다. 서울지방변호사회 회칙 역시 지역문제에 국한하고 있지 않다.[2] 지방변호사회의 이런 의견발표나 건의행위를 할 수 있는 것이 정치활동에 해당되는 것은 아니지만, 명확히 구별될 수는 없다. 기본적 인권을 옹호하고 사회정의를 실현함을 사명으로 하는 변호사는 사회질서 유지와 법률제도 개선에 노력해야 한다(변호사법 1②)는 사명을 구현하는 일환으로 이해할 수 있다. 아무튼 이 같은 활동을 통하여 변호사 직무의 공공성을 확인하고, 변호사에 대한 사회적 신뢰도 제고하는 역할을 하게 된다. 또한 지방변호사회는 의뢰인의 변호사 선임의 편의를 도모하고 법률사건이나 법률사무 수임의 투명성을 확보하기 위하여 회원들의 학력, 경력, 주요 취급 업무, 업무 실적 등 사건 수임을 위한 정보를 의뢰인에게 제공하여야 한다(변호사법 76). 이를 통하여 소속 변호사의 권익증진과 국민의 변호사 조력권 향유에 기여할 수 있다.

(3) 그렇다고 하여 지방변호사회가 임의로 변호사의 권리의무를 제한하는 등의 행위는

2 **「서울지방변호사회 회칙」 제6조(의견발표와 건의)** 이 회는 법령의 제정과 개폐 또는 법제도의 운영과 개선 문제에 관하여 제2조에 정한 설립목적에 비추어 필요하다고 인정할 때에는 의견을 발표하거나 건의할 수 있다.

허용되지 않는다. 변호사법이 부여한 권한의 범위에서 작용하는 한계를 갖고 있다. 예컨대 지방변호사회는 자격등록 및 개업신고와 입회신청을 접수받은 후 그 변호사회의 입회를 불허할 사유가 있다는 이유로 자격등록 및 개업신고를 반려해서는 아니 된다.

3. 변호사의 지도와 감독에 관한 사무

(1) 변호사의 지도와 감독에 관한 사무는 변호사 자치(권)의 주요한 내용 중의 하나이다.[3] 일본에서는 변호사 자치를 변호사회가 변호사자격시험이나 연수를 자율적으로 시행하거나, 변호사의 자격부여와 등록을 변호사회가 관장하며, 변호사에 대한 감독과 징계를 자체적으로 하고, 가입이 강제된 변호사회의 설립 등으로 이해하고 있다.[4]

(2) 지방변호사회는 변호사로 하여금 성실하게 직무를 수행하고 직업윤리를 준수하도록 지도한다. 지방변호사회는 회칙 등을 제정하여 이를 규율하고 있다. 변호사는 변호사의 전문성과 윤리의식을 높이기 위하여 대한변호사협회가 실시하는 연수교육을 대통령령으로 정하는 시간 이상 받아야 한다(변호사법 85①). 지방변호사회는 대한변호사협회로부터 위임받은 연수교육을 실시할 수 있다. 그리고 변호사의 광고에 관한 심사를 위하여 대한변호사협회와 지방변호사회에 광고심사위원회를 두어(변호사법 23③) 법령에 따른 광고를 하도록 지도할 수 있다.

(3) 지방변호사회는 변호사에 대한 감독사무도 처리한다. 여기서 감독사무는 수임사건의 처리에 관하여 구체적인 지도감독을 말하는 것이 아니라(변호사직무의 독립성을 침해하기 때문이다) 변호사법 등의 법령준수와 그 위반시에 제재를 가하는 권한을 말한다. 지방변호사회는 소속 변호사에게 등록취소사유가 있다고 인정하면 지체 없이 대한변호사협회에 이를 보고하며(변호사법 18⑤), 소속 변호사가 상업이나 영리를 목적으로 하는 업무를 경영하고자 할 때 겸직허가를 한다(변호사법 38②). 그리고 지방변호사회 회장은 변호사에게 징계사유가 있는 것을 발견한 경우에는 대한변호사협회의 장에게 징계개시를 신청(변호사법 97의2②)하는 감독권을 행사할 수 있다. 그리고 변호사의 보수는 사회통념에 비추어 현저하게 부당한 것

---

3 변호사회의 자치권이란 변호사단체에 대하여 독립성과 자율성을 부여함으로써 변호사의 공공성을 유지하고 발전시키기 위하여 마련된 제도적 장치이고, 구체적으로는 변호사회가 자율적으로 변호사 등록을 심사하고, 소속 변호사를 징계하는 것 등을 내용으로 하고, 위와 같은 변호사 등록, 징계에 대하여 법무부장관에 대한 이의신청과 같은 불복절차(등록에 관하여는 변호사법 제8조 제3항, 징계에 관하여는 같은 법 제100조 등)를 두고 있음에 비추어 볼 때, 변호사회의 자치권이 다른 국가권력인 사법권의 심사를 받지 아니한다는 것까지 의미한다고 볼 수는 없고, 변호사에 대한 원칙적인 영리 목적 업무의 겸직 제한은 변호사의 공공성을 유지하기 위한 것으로서, 변호사에 대한 중대한 권익 제한 사항인 업무정지명령과 같은 사항은 국가행정기관이 직접 권한을 행사하는 반면, 상대적으로 권익 제한 정도가 경미한 겸직 허가와 같은 사항은 지방변호사회에 그 권한이 위임되어 있는 것이라고 봄이 상당하므로, 그러한 사항에 대하여 변호사회의 자치권에 관한 사항이라고 하면서 사법적 심사의 대상이 될 수 없다고 볼 수는 없다(서울행정법원 2003. 4. 16. 2002구합32964 겸직불허처분취소).

4 일본변호사연합회, 조해 변호사법, 314면.

이어서는 아니 되며(대한변호사협회 회칙 44③ 단서), 변호사는 직무의 공공성과 전문성에 비추어 부당하게 과다한 보수를 약정하지 아니한다(변호사윤리장전 31①). 그럼에도 변호사가 과다한 보수약정을 한 결과 품위훼손에 이르게 되면 징계라는 감독권을 행사하게 된다. 지방변호사회의 지도와 감독사무는 별개의 독립된 것이 아니라 상호연관성을 갖고 있다. 변호사가 연수교육을 받지 아니하면 감독권의 수단으로 징계에 처할 수 있는 것은 이를 말해준다.

(4) 지방변호사회가 회원인 변호사 또는 법무법인·법무법인(유한)등에 대하여 수행하는 감독사무는 법령에 근거를 두어야 한다. 변호사의 변호 활동을 불필요하게 규제하는 위법·부당한 감독권을 행사를 하여서는 아니 된다. 지방변호사회의 회원에 대한 감독권 행사는 변호사법 또는 그 시행령과 각종 회칙에 근거를 두어야 한다. 특히 지방변호사회는 국가의 사무를 위임·위탁받아 수행하는 행정청이므로 법치행정의 원칙을 준수해야 한다. 이를 위하여 법령의 변천에 따라 회칙의 정비작업도 게을리해서는 아니 된다.

4. 지방법원 관할 구역마다 1개의 지방변호사회

지방변호사회는 지방법원 관할 구역에 둔다. 지방법원의 관할 구역은 「각급 법원의 설치와 관할구역에 관한 법률」 제4조에 따른다. 지방법원은 서울중앙, 서울동부, 서울남부, 서울북부, 서울서부, 의정부, 인천, 수원, 춘천, 대전, 청주, 대구, 부산, 울산, 창원, 광주, 전주, 제주에 둔다(각 고등법원·지방법원과 그 지원의 관할구역: 별표 3).

현재 설치된 지방변호사회는 서울(서울특별시에 수개의 지방법원이 있지만, 1개의 지방변호사회만을 둔다는 단서에 따름), 경기북부, 인천, 경기중앙, 강원, 충북, 대전, 대구, 부산, 울산, 경남, 광주, 전북, 제주에 설치되어 있다. 지방변호사회의 관할구역은 지방법원의 관할구역과 같다.

5. 서울특별시에는 1개의 지방변호사회

(1) 다만, 서울특별시에는 1개의 지방변호사회를 둔다(제1항). 서울특별시에는 서울중앙·동부·서부·남부·북부지방법원이 있다. 이처럼 수개의 지방법원이 있어 여러 개의 지방변호사회를 둘 수도 있지만, 1개의 지방변호사회를 두는 것으로 했다. 이에 따라 「서울지방변호사회 회칙」 제3조는 '이 회의 관할구역은 서울특별시로 한다'라고 규정하여 본조 제1항 단서를 따르고 있다.

(2) 2004. 1. 20. 종전의 서울지방법원 동부·남부·북부·서부 및 의정부 지원(支院)을 각각 지방법원(地方法院)으로 승격시키고, 그 일부의 관할구역을 조정하여 종전 서울지방법원의 과도한 업무를 분산시킴으로써, 주민의 편의와 법원행정 업무의 능률을 높여 수준 높은

사법(司法) 서비스를 제공할 수 있도록 하는 차원에서 현재와 같이 중앙·동부·서부·남부·북부지방법원으로 승격시킬 때 서울특별시에는 1개의 지방변호사회를 둔다는 규정이 신설되었다.

(3) 서울지방변호사회는 1907. 9. 창립된 漢城辯護士會에서 비롯되었다. 그 후 1909. 7. 경성변호사회, 1921. 10. 조선변호사협회가 창립되었으며, 1936. 4. 경성조선인변호사회가 '제1경성변호사회'로 명칭을 변경하였다. 1936. 6. 위 두 개의 변호사회가 '경성변호사회'로 통합되었다. 광복 직후 1945. 11. '조선변호사회 서울분회'가 되었다가 1948. 7. 미군정령 제207호에 따라 '서울변호사회'라는 이름을 갖게 되었으며, 1948. 11. 7. 변호사법 제정 후에도 '서울변호사회'로 불리게 되었다. 1960년에는 서울지방변호사회가 '서울변호사회'와 '서울제 1 변호사회'로 나뉘었으며, 1962. 6. '서울변호사회 인천분회'를 모체로 '서울제 2 변호사회'가 창립되었다. 1969. 2. '首都변호사회'가 추가로 창립되었으며, 1974. 6. '서울제 2 변호사회'와 '수도변호사회'가 법정 회원수 미달로 해산하였다. 1980. 7. '서울변호사회'와 '서울제일변호사회'를 통합하여 '서울통합변호사회'를 설립하였다. 1983. 3. 개정된 변호사법에 따라 '서울지방변호사회'로 명칭을 변경하여 오늘에 이르고 있다.[5]

Ⅳ. 지방변호사회는 법인으로 설립

지방변호사회는 법인으로 한다(제 2 항). 지방변호사회는 변호사법에 의하여 설립되는 법인이다. 지방변호사회는 1949년 변호사법 제정 당시부터 법인으로 출발했다(제25조 제 1 항). 법인 중에 공법상의 사단법인이라 할 수 있다.[6] 지방변호사회는 반드시 설립되어야 하고, 변호사는 가입이 강제된다(변호사법 7②). 지방변호사회와 대한변호사협회는 종래 법무부가 관장하던 변호사관련 사무(등록, 개업신고, 징계권 등)를 위임받아 행사하기 때문에 공행정을 수행하는 공무수탁사인으로 행정청이라 할 수 있다. 그러므로 지방변호사회의 겸직허가행위나 대한변호사협회의 징계처분은 행정소송법상의 처분에 해당된다. 헌법재판소도 법무부

---

5 대한변호사협회, 大韓辯協五十年史, 115~116면; https://www.seoulbar.or.kr

6 변호사회는 공법상의 사단법인이고, 변호사회의 사무 중 변호사의 지도, 감독 등의 사무에 관하여는, 국가가 이를 공행정(공행정)의 일부로 인정하고, 그 사무에 대한 감독과 통제를 실시하면서, 지방변호사회에게 이와 관련하여 소속 변호사에 대한 공권(감독권이나 지방변호사회를 경유한 대한변호사협회 등록 등)을 부여하고 있는 점에 비추어 볼 때 지방변호사회는 행정주체의 하나인 공공조합에 해당한다고 봄이 상당하고, 지방변호사회가 소속 변호사에 대하여 행하는 겸직허가행위는 지방변호사회가 소속 변호사 사이에 맺는 공법관계에서 우러나는 것이고, 직업선택의 자유나 영업의 자유를 제한하는 것을 의미하는 변호사의 영리 목적 업무 경영 제한을 해제하여 주는 강학상 '허가'에 해당하는 것이므로, 지방변호사회의 겸직허가행위는 항고소송으로 그 위법 여부를 다툴 수 있는 행정소송법상의 처분에 해당한다(서울행정법원 2003. 4. 16. 2002구합32964 겸직불허처분취소).

변호사징계위원회의 징계결정이나 기각결정은 그 판단주체 및 기능으로 보아 행정심판에 불과하다(헌재 2002. 2. 28. 2001헌가18)고 한다.[7]

V. 변호사단체의 임의화 및 복수화 문제

1. 일본 변호사법상 복수 변호사회

(1) 변호사회는 지방재판소의 관할구역마다 설립해야 한다(일본 변호사법 32). 구법[8]에 있어서는 변호사회는 지방재판소 관할구역마다 1개의 변호사회를 설립해야 하는 것으로 하고, 예외로서 구구법[9] 제18조 제2항과 마찬가지로 1개의 변호사회에 소속하는 변호사가 300명 이상인 경우에 그중 100명 이상의 자는 동일 지방재판소 관할구역 내에 별도로 변호사회를 설립하는 것이 가능하게 되었다(제30조). 그러나 현행 변호사법은 설립 기준을 재판소법(하급재판소 설립 및 관할구역에 관한 법률)에서 정하는 지방재판소 관할구역을 단위로 하고 그 구역 내에 1개의 변호사회를 설립할 것으로 하였다.[10] 소속변호사의 수가 적은 경우에 다른 지방재판소 관할구역 내 변호사와 합동해서 변호사회를 설립하거나 동일 지방재판소 구역 내에 복수의 변호사회를 설립하는 예외적인 조치는 인정하지 않고, 「1 지방재판소 관

---

7 2. **대한변호사협회징계위원회에서 징계를 받은 변호사는 법무부변호사징계위원회에서의 이의절차를 밟은 후 곧바로 대법원에 즉시항고하도록 하고 있는 변호사법 제100조 제4항 내지 제6항이, 법관에 의한 재판을 받을 권리를 침해하는 것인지 여부(적극)**

대한변호사협회변호사징계위원회나 법무부변호사징계위원회의 징계에 관한 결정은 비록 그 징계위원 중 일부로 법관이 참여한다고 하더라도 이를 헌법과 법률이 정한 법관에 의한 재판이라고 볼 수 없으므로, 법무부변호사징계위원회의 결정이 법률에 위반된 것을 이유로 하는 경우에 한하여 법률심인 대법원에 즉시항고할 수 있도록 한 변호사법 제100조 제4항 내지 제6항은, 법관에 의한 사실확정 및 법률적용의 기회를 박탈한 것으로서 헌법상 국민에게 보장된 "법관에 의한" 재판을 받을 권리를 침해하는 위헌규정이다.

3. **위 법률조항들이, 전심절차로서 기능하여야 할 법무부변호사징계위원회를 최종적인 사실심으로 기능하게 함으로써, 일체의 법률적 쟁송에 대한 재판기능을 대법원을 최고법원으로 하는 법원에 속하도록 규정하고 있는 헌법 제101조 제1항 및 제107조 제3항에 위반되는지 여부**(적극)

변호사법 제100조 제4항 내지 제6항은 행정심판에 불과한 법무부변호사징계위원회의 결정에 대하여 법원의 사실적 측면과 법률적 측면에 대한 심사를 배제하고 대법원으로 하여금 변호사징계사건의 최종심 및 법률심으로서 단지 법률적 측면의 심사만을 할 수 있도록 하고 재판의 전심절차로서만 기능해야 할 법무부변호사징계위원회를 사실확정에 관한 한 사실상 최종심으로 기능하게 하고 있으므로, 일체의 법률적 쟁송에 대한 재판기능을 대법원을 최고법원으로 하는 법원에 속하도록 규정하고 있는 헌법 제101조 제1항 및 재판의 전심절차로서 행정심판을 두도록 하는 헌법 제107조 제3항에 위반된다(헌재 2002. 2. 28. 2001헌가18 변호사법 제100조 제4항 등 위헌제청).

8 구 변호사법(소화 8년 1933년 5월 1일 법률 제53호).

9 구 구변호사법(명치 26년 1893년 3월 4일).

10 홋카이도에는 4개의 지방법원(삿포로, 아사히카와, 쿠시로, 하코다테)이 있으며 그에 따라 4개의 변호사회 [1. 쿠시로(釧路) 변호사회(https://www.946jp.com/ben54), 2. 삿포로(札幌) 변호사회(https://satsuben.or.jp), 3. 아사히카와(旭川) 변호사회(http://kyokuben.or.jp), 4. 하코다테(函館) 변호사회(https://hakoben.or.jp/)]가 있다.

내에 1 변호사회」라는 원칙을 견지했다.[11]

⑵ 이 법 시행 때 실제로 같은 지방법원의 관할 구역 내에 있는 2개 이상의 변호사회는 제32조의 규정에 불구하고 이 법 시행 후 여전히 존속될 수 있다(일본 변호사법 89①). 전항의 변호사회는 언제든지 합병 또는 해산할 수 있다(일본 변호사법 89②). 구법 당시에도 하나의 지방법원의 관할 구역마다 1개의 변호사회를 설립한다는 원칙이었지만, 예외적으로 300명 이상의 회원이 있는 변호사회에 대해서는, 그 중 100명 이상의 회원 찬성으로 동일한 지방법원의 관할 구역 내에 별도의 변호사회를 설립하는 것이 인정되었다(구법 제30조). 실제로 이 법 시행 시 東京지방법원의 관할 구역 내에는 東京변호사회, 제1東京변호사회, 제2東京변호사회가 설립되었고, 이 규정에 의하여 3개 변호사회의 존속이 인정되었다. 위와 같이 東京변호사회, 제1東京 변호사회, 제2東京 변호사회가 정립되었더라도 장차 변호사법 제32조의 원칙으로 복귀하는 것을 고려하여 언제든지 합병, 해산을 할 수 있도록 하였다.

⑶ 변호사법인의 입회와 탈퇴와 관련하여 복수의 변호사회 관계를 고려하여 변호사법 제36조의2에서는 다음과 같이 규정하고 있다. ① 변호사법인은 그 성립 시에 주된 법률사무소가 소재하는 지역의 변호사회(2개 이상의 변호사회가 있는 때는 당해 변호사법인이 정관에 기재한 변호사회)의 회원이 된다. ② 변호사법인은 소속변호사회의 지역 외에 법률사무소를 설치, 이전한때는 법률사무소의 신소재지에 있어서 그 취지의 등기를 한 때에 당해 법률사무소가 소재하는 지역의 변호사회(2개 이상의 변호사회가 있는 때는 당해 변호사 법인이 정관에 기재한 변호사회)의 회원이 된다. ③ 변호사법인은 그 법률사무소의 이전 또는 폐지에 따라 소속변호사회의 지역 내에 법률사무소를 가지지 않게 된 때는 구소재지에 있어서 그 취지의 등기를 한 때에 당해 변호사회를 퇴회하는 것으로 한다. ④ 변호사법인은 그 법률사무소의 소재지에 2개 이상의 변호사회가 있는 경우에 한하여 정관 변경에 따라 소속변호사회를 변경하는 것이 가능하다. ⑤ 변호사법인은 동일한 지역에 있는 복수의 변호사회에 소속하는 것은 불가능하다. ⑥ 변호사법인은 제2항 또는 제4항의 규정에 따라 새롭게 변호사회에 입회한 때는 입회의 날부터 2주간 이내로 등기사항증명서 및 정관의 사본을 첨부해서 그 취지를 당해 변호사회 및 일본변호사연합회에 신고해야 한다. ⑦ 변호사법인은 제3항 또는 제4항의 규정에 의해 소속변호사회를 퇴회한 때는 퇴회의 날로부터 2주간 이내에 그 취지를 당해 변호사회 및 일본변호사연합회에 신청해야 한다.

2. 우리나라의 변호사단체 임의화 및 복수화 논의

제208회 국회 법제사법위원회는 1999. 12. 17. 회의에서 변호사단체의 임의화 및 복수

11 일본변호사법연합회조사실, 조해 변호사법, 325~326면.

화 문제에 대하여 아래와 같은 논의가 이뤄진 바 있다.12

⑴ **변호사단체의 임의화 및 복수화 주장 논거**

변호사단체의 임의화 및 복수화를 주장하는 측은 현행 변호사법에 의한 변호사단체의 설립 제한과 변호사에 대한 단체가입 및 회비납부의 법률상 강제로 인하여 시장경쟁원리에 입각한 사업자간·단체간의 경쟁이 억제되고 그 결과 법률 서비스의 질적 저하와 변호사 수임료의 인상이 초래되고 있으므로, 시장경쟁원리에 의한 자유경쟁을 통해 궁극적으로 국민에게 보다 값싼 양질의 법률서비스를 제공하기 위해서는 변호사단체의 임의화 및 복수화가 반드시 필요하다는 주장을 하고 있습니다.

⑵ **변호사단체의 임의화 및 복수화되었을 때의 문제점**

우리 위원회는 1999년 5월 25일 관계전문가와 시민단체 대표, 언론인 등의 참석하에 공청회를 개최한 것을 비롯하여 수차에 걸친 심도있는 논의 끝에 다음과 같은 이유에서 변호사단체의 임의화 및 복수화는 부당하다는 결론을 도출하였습니다.

첫째, 변호사단체의 성격과 관련한 사항입니다. 특별한 업종에 종사하는 동업자들의 이익을 보호하기 위하여 조직된 이익단체인 다른 사업자단체와는 달리 변호사단체는 법원, 검찰과 함께 법조삼륜의 한 축으로 법률 제정·개정시 의견을제출하고 사법제도 및 그 운영개선에 관한 건의를 하는 한편 사법연수생에 대한 실무교육의 일익을 담당하고 있으며, 우리 헌법이 인신의 자유를 구속하기 위해서는 검사가 청구하고 법관이 발부한 영장이 있어야 하되 구속 등 인신제한 조치를 당한 자에게 변호인의 조력을 받을 권리를 인정하고 스스로 변호인을 구할 수 없는 형사피고인을 위해 국가가 변호인을 선임해 주도록 규정하고 있는 것에서 알 수 있는 것처럼, 변호사 내지 변호사단체는 헌법적인 근거하에서 국가의 수사재판 등 사법업무를 담당하는 준사법기관이라고 할 것입니다. 이렇듯 변호사단체는 헌법적인 차원에서 국민의 기본적인 인권옹호와 사회정의의 실현이라는 막중한 책무를 부여받고 있는 공익적 성격을 강하게 띤 단체라는 점에서 다른 사업자단체와는 그 차원을 달리하는 것이며, 이와 같은 관점에서 독일을 비롯한 세계 각국은 변호사단체를 사법기관의 일부로 인정하고 있는 것입니다.

둘째, 변호사단체가 수행하는 공익적 활동에 관한 사항입니다. 현재 변호사단체는 무료법률상담, 당직변호사제도, 외국인 노동자 법률상담, 중소기업 법률자문, 국선변호인제도 등 국가가 수행하기 힘든 여러 공익적 활동을 수행하고 있는 바, 만약 변호사단체가 임의화 및 복수화될 경우에는 회원확보, 회비징수 등에 애로가 발생하여 재정이 공동화됨으로써 이러한 공익적 활동이 위축될 것이 예상되고 결국 이에 따른 피해는 일반 국민들에게 돌아갈 것으로 생각됩니다.

셋째, 정부인력 및 예산의 낭비에 관한 사항입니다. 변호사단체가 임의화·복수화될 경우 현재 대한변호사협회가 수행하고 있는 변호사 등록 및 징계업무, 변호사 사무직원에 대한 감독 및 교

12 국회사무처, 제208회 국회 법제사법위원회회의록 제16호(1999. 12. 17), 4~5면.

육업무, 변호사 광고 심사업무, 사법연수생 교육업무 등을 국가가 대신 수행하여야 하는바, 이러한 변호사 등록·징계업무 등의 국가환수로 인한 정부의 조직과 예산의 증가는 "작은 정부"를 지향하는 국가의 시책과도 어긋난다고 생각됩니다.

넷째, 인권옹호기능의 위축에 관한 사항입니다. 변호사단체는 그동안 시국과 관련한 각종 성명발표와 부천서 성고문사건 진상조사 등 각종 인권활동을 통하여 국가권력의 남용을 견제하고 정부에 대한 비판적 기능을 수행함으로써 국민의 인권옹호와 민주발전에 상당한 기여를 해왔는바 변호사단체의 임의화·복수화에 따른 필연적 결과로 변호사 등록·징계권이 국가로 환수되는 경우에는 이러한 대정부 비판 기능의 위축을 초래함은 물론, "법조삼륜"의 한 축인 검찰을 지휘·감독하는 법무부가 변호사에 대한 징계권을 행사하게 됨으로써 법원·검찰·변호사단체 3자의 견제·균형은 무너지고, 그 결과 국민의 인권옹호에도 부정적 결과를 초래하게 될 것입니다.

다섯째, 변호사단체간의 부당한 경쟁 등에 대한 사항입니다. 변호사단체의 복수설립이 허용될 경우 각 단체간의 회원확보 경쟁에 따라 가입회비의 감면, 자체 정화기능의 포기, 단체의 선명성 부각을 위한 극단적인 성명서발표 등의 행태가 유행할 것으로 예상되는 바 이는 변호사단체간의 경쟁을 통해 법률서비스의 개선과 변호사 수임료의 인하유도라는 당초 의도와는 정반대로 오히려 법률시장의 혼탁을 초래할 우려가 있다고 할 것입니다.

결국 변호사단체의 설립제한과 변호사에 대한 단체가입 및 회비납부의 법률상 강제라는 규제를 철폐함으로써 법률서비스의 개선과 변호사 수임료의 인하유도를 도모하려는 변호사단체의 임의화·복수화는 변호사단체와 공익적 성격에 기본적으로 반하는 것은 물론 그 필연적 결과로 변호사에 대한 징계권을 국가가 행사하게 됨으로써 강력한 대정부 비판기능을 수행해 온 변호사 내지 변호사단체에 대한 국가의 징계·감독권의 행사라는 더 큰 규제를 낳는 결과에 도달하고 말 것으로 판단됩니다.

이러한 여러 가지 사정을 고려하여 스위스와 오스트레일리아를 제외한 세계 각국은 변호사의 변호사단체에의 가입을 강제하고 있는 바 세계적 추세에도 반하는 변호사단체의 임의화·복수화는 문제점이 많은 것으로 판단되어 우리 소위원회는 변호사단체 및 변호사 등록·징계업무와 관련한 규정은 현행대로 유지하는 것이 적절하다고 보았습니다.

3. 서울특별시에 복수의 지방변호사회 설립 필요성

(1) 변호사단체 복수화 범위

국회에서 논의되었던 변호사단체의 임의화 및 복수화 문제를 보면, 변호사단체의 범위를 어디까지 염두에 두고 있는지 명확하지 않다. 일반적으로 지방변호사회와 대한변호사협회를 변호사단체라고 한다. 변호사단체를 복수화한다고 할 때 대한변호사협회까지 그 대상으로 한다면, 국회에서 우려하는 지적이 타당한 측면이 있다. 국회에서의 변호사단체 복수화 논의 역시 지방변호사회는 물론 대한변호사협회까지를 그 대상으로 한 것으로 보인다. 그러나 변호사단체의 복수화 문제는 대한변호사협회는 제외하고 지방변호사회를 중심으로 하여 검토할 필요가 있다.

(2) 일본 동경변호사회

일본 東京에는 東京弁護士会(東弁), 第一東京弁護士会(一弁), 第二東京弁護士会(二弁)가 있다. 각 변호사회에 소속된 회원 변호사는 2021년 7월 기준으로 동경변호사회는 8,786명, 제1동경변호사회는 6,065명, 제2동경변호사회는 6,064명이라고 한다. 서울특별시에 개업중인 변호사의 숫자와 비슷한 인원이 동경에 있음을 알 수 있다. 그리고 같은 고등법원재판소의 관할 구역 내의 변호사회는 공동으로 특정의 사항을 행하기 위하여 규약을 정하고 일본변호사연합회의 승인을 얻어서 변호사연합회를 설립할 수 있다(변호사법 44).[13] 전국 변호사회는 일본변호사연합회를 설립해야 한다(일본 변호사법 45①).

(3) 지방변호사회별 회원현황

우리나라 지방변호사회별 '개업회원과 준회원'에 관한 회원현황을 보면(2022. 4. 21. 기준),[14] 서울 23,552명, 경기북부 526명, 인천 755명, 경기중앙 1,400명, 강원 211명, 충북 243명, 대전 807명, 대구 834명, 부산 1,189명, 울산 236명, 경남 457명, 광주 687명, 전북 372명, 제주 168명이다. 개업회원을 중심으로 보더라도 서울 19,846명, 경기중앙 1,137명, 부산 1,023명 등으로 여전히 서울지방변호사회에 가장 많은 회원이 가입되어 있다.

(4) 전국 변호사 대부분이 서울지방변호사회 회원

2004. 1. 20. 개정된 변호사법에서 서울특별시에는 1개의 지방변호사회를 둔다는 규정이 신설되기 이전에는 서울지방법원과 그 관할 구역 내에는 5개의 지원으로 구성되어 있었으므로, 지방법원 관할구역마다 1개의 지방변호사회를 둔다는 원칙이 준수되었다. 그런데 현재는 서울특별시에 5개(중앙·동부·서부·남부·북부)의 지방법원이 존재하기 때문에 각 지방법원 관할 구역 내에 1개의 지방변호사회를 두어야 하는 원칙을 적용할 필요가 있다. 그리고 서울특별시에 1개의 지방변호사회를 둔다고 한 2004년에는 사법시험 합격인원이 1,000명 정도로 변호사 배출인원이 지금처럼 많지도 않았다. 그래서 서울지방변호사회 1개만으로도 회원의 지도와 감독 및 국민의 변호사 조력권 확대를 위한 역할을 수행할 수 있었다. 그러나 2009년 로스쿨이 도입되고 2012년부터 1,500명 이상의 변호사가 해마다 배출됨에

---

13 이 규정에 의하여 北海道변호사회연합회, 東京변호사회연합회, 関東변호사회연합회, 中部변호사회연합회, 近畿변호사회연합회, 中国지방변호사회연합회, 四国변호사연합회 및 九州변호사회연합회의 8개의 연합회가 설치되어 있다.

14 https://www.koreanbar.or.kr/pages/introduce/stat.asp[2022. 4. 23. 방문]

따라 변호사의 서울 집중현상은 심화되었다. 현재 전국 31,437명(개업회원과 준회원 포함)의 변호사 중에서 75% 상당의 23,552명 변호사들이 서울지방변호사회에 소속하고 있다(2022. 5. 19. 기준).

⑸ 지방변호사회 설립목적 달성을 위한 증설필요성

서울지방변호사가 회원으로 가입한 수많은 변호사를 상대로 설립목적을 달성하기 어렵다. 서울지방변호사회는 다른 지방변호사회와 예산과 인력 규모면에서도 비교도 할 수 없는 상황이다. 특히 서울 이외의 지역에 소재한 법무법인의 분사무소가 선임서·위임장의 경유를 함에 있어서도 경유증표의 가격이 저렴한 주사무소 소재지인 서울지방변호사회를 경유하고 있어 지방 소재 지방변호사회는 재정자립상의 심각한 문제도 야기하고 있다. 이 쟁점에 관해서는 나중에 검토하기로 한다. 앞으로도 증가하게 될 변호사 배출추세를 고려하면, 서울특별시에도 지방변호사회의 설립원칙대로 각 지방법원 관할구역마다 지방변호사회를 설립할 수 있는 자유를 허용할 필요가 있다.

⑹ 일정 인원 이상의 변호사가 모여 지방변호사회를 설립하는 방안

과거 일본에서는 1개의 변호사회에 소속하는 변호사가 300명 이상인 경우에 그중 100명 이상의 자는 동일 지방재판소 관할구역 내에 별도로 변호사회를 설립할 수 있도록 한 바 있다. 서울특별시에 복수의 지방변호사회를 증설한다고 할 때 변호사법의 기준대로 지방법원 관할구역에 두는 방안도 있지만, 일본 동경에서와 같이(동경변호사회 8,786명, 제1동경변호사회 6,065명, 제2동경변호사회 6,064명) 일정 인원 이상이 모여 지방변호사회를 설립하는 방안도 있을 수 있다. 현재 2만명 이상의 서울지방변호사회 회원 중 5,000명씩 분산하여도 서울특별시 지역 내에 4개의 지방변호사회를 만들 수 있다. 현재 서울특별시에서 개업중인 변호사들은 변호사단체의 설립과 가입에 관한 결사의 자유를 제한받고 있다.

제65조 설립 절차

> **제65조(설립 절차)**
> 지방변호사회를 설립할 때에는 회원이 될 변호사가 회칙을 정하여 대한변호사협회를 거쳐 법무부장관의 인가를 받아야 한다. 회칙을 변경할 때에도 또한 같다.

Ⅰ. 연 혁

(1) 1949. 11. 7. 제정된 변호사법은 지방변호사회는 법무부장관의 인가를 얻어 설립할 수 있도록 했다. 즉, 변호사회를 설치하고자 할 때에는 회원이 된 변호사는 규약을 정하고 법무부장관의 인가를 얻어야 한다(제27조 제1항). 변호사회의 설립이 있는 때에는 전항의 변호사는 당연히 종전 소속변호사회를 퇴회하고 그 회원이 되며 제8조 제2항에 의하여 등록변경을 청구한 것으로 한다(제27조 제2항). 변호사회 규약을 변경코자 하는 때에는 법무부장관의 인가를 얻어야 한다(제27조 제3항).

(2) 1973. 1. 25. 개정된 변호사법은 종전의 규정 중 '규약'을 '회칙'으로 변경했다. 즉, 변호사회를 설치하고저 할 때에는 회원이 된 변호사는 회칙을 정하고 법무부장관의 인가를 얻어야 한다(제27조 제1항). 변호사회 회칙을 변경코저 하는 때에는 법무부장관의 인가를 얻어야 한다(제27조 제3항).

(3) 2000. 1. 28. 개정된 변호사법은 종전의 제2항과 제3항을 삭제하고 현행 조문과 동일하게 개정하게 되었다. 즉, 지방변호사회를 설립하고자 할 때에는 회원이 될 변호사가 회칙을 정하여 대한변호사협회를 거쳐 법무부장관의 인가를 받아야 한다. 회칙을 변경할 때에도 또한 같다(제65조).

Ⅱ. 지방변호사회의 설립 절차

1. 지방변호사회 설립을 위한 회칙제정과 법무부장관 인가

(1) 회원이 될 변호사가 회칙제정

지방변호사회를 설립할 때에는 회원이 될 변호사가 회칙을 정하여 대한변호사협회를 거쳐 법무부장관의 인가를 받아야 한다. 회칙을 변경할 때에도 또한 같다. 지방변호사회는 지방법원 관할 구역에 1개를 두어야 한다. 지방변호사회의 회원은 그 지방법원 관할 구역에 개업한 변호사들이며, 지방변호사회의 설립주체이기도 하다. 지방변호사회는 의무적으로 설립해야 한다. 변호사는 광고의 허가를 얻거나 수임사건의 위임장 제출 전에 소속 지방변호사회를 경유하여야 하는 등으로 지방변호사회를 설립할 수밖에 없다. 지방변호사회는 설립인가 또는 회칙변경인가 신청을 하려면 인가신청서에 ① 회칙, ② 회칙 작성에 관한 회의록 서류를 첨부하여야 한다(변호사법 시행령 16). 회칙은 법무법인의 정관과 같이 지방변호사회의 조직과 운영 등에 관한 기본규범이다. 회칙의 제정은 설립주체인 변호사들의 총의에 의하여야 한다. 회칙의 제정 또는 개정은 총회의 의결사항이다(서울지방변호사회 회칙 18). 변호사법은 회칙의 필수적 기재사항을 정하고 있다(제66조).[1] 변호사는 2개 이상의 지방변호사회에 가입할 수는 없다. 등록을 한 변호사는 가입하려는 지방변호사회의 회원이 된다(변호사법 68①). 지방변호사회의 회원은 개인회원, 법인회원, 조합회원 및 외국회원으로 분류한다.[2] 관할지역 안에 법률사무소를 개설하는 변호사 등은 그 지역 지방변호사회에 입회할 의무가 있다.[3]

---

1 「서울지방변호사회 회칙」은 명칭과 설립목적 및 소재지 등에 관한 총칙, 회원의 종류와 권리의무, 총회, 이사회, 임원 및 상임이사회, 사업회 및 위원회, 사무국, 지도와 감독, 법률구조와 공제, 재정, 보칙, 부칙으로 구성되어 있다.

2 「**서울지방변호사회 회칙**」 **제7조(회원의 종류)** ① 이 회 회원의 종류는 개인회원, 법인회원, 조합회원 및 외국회원으로 한다(1993. 7. 1. 변경인가).
② 개인회원은 개업신고를 한 변호사로 한다.
③ 법인회원은 법무법인·법무법인(유한), 조합회원은 법무조합·공증인가합동법률사무소·공동법률사무소로 한다(1993. 7. 1., 2005. 6. 16., 2008. 2. 15. 변경인가).
④ 외국회원은 외국법자문사법 제10조 제1항에 따라 대한변호사협회에 등록한 외국법자문사로서 이 회에 가입을 신청하여 입회된 자로 한다(2013. 3. 15. 변경인가).

3 「**서울지방변호사회 회칙**」 **제8조(입회)** 다음 각호의 1에 해당하는 자는 이 회에 입회하여야 한다. 제7조 제4항에 의한 외국법자문사의 경우도 또한 같다(2013. 3. 15. 변경인가).
1. 이 회의 관할지역 안에 법률사무소를 개설하는 변호사.
2. 이 회의 관할지역 안에 설립된 공증인가합동법률사무소의 구성원인 변호사(2005. 6. 16. 변경인가)
3. 이 회의 관할지역 안에 설치하는 법무법인의 주사무소 또는 분사무소에 주재하는 구성원인 변호사 또는 구성원 아닌 소속변호사.
4. 이 회의 관할지역 안에 주사무소를 두는 법무법인.
5. 이 회의 관할지역 안에 설립하는 법무조합(1993. 7. 1. 신설인가, 2005. 6. 16. 변경인가).

(2) 법무부장관의 인가

지방변호사회를 설립하는 변호사는 회칙과 회의록을 대한변호사협회를 거쳐 법무부장관에게 제출한다. 지방변호사회를 설립하는 변호사의 숫자에 제한은 없지만 2인 이상이어야 한다. 법무부장관은 변호사법이 정하는 업무를 수행할 수 있는 실체와 조직을 구비하고 있으면 설립신청을 인가한다. 법무부장관은 이를 통하여 지방변호사회의 회칙의 내용을 조정하고 지방변호사회를 지도·감독을 통하여 회원인 변호사나 법무법인 등의 활동도 규율하는 효과를 갖게 된다. 만약 회칙에 필요적 기재사항이 누락되어 있을 때는 보정명령을 발하거나 설립인가신청을 반려할 수 있다. 또한 동일한 지방법원 관할 내의 복수의 설립인가신청 역시 거부될 수 있다. 설립인가거부처분에 불복할 때는 그 처분의 취소를 구하는 행정쟁송을 제기할 수 있다.

2. 회칙을 변경할 때

지방변호사회가 회칙을 변경할 때는 총회의 의결을 받아야 한다(서울지방변호사회 회칙 55①). 회칙변경은 대한변호사협회를 거쳐 법무부장관의 인가를 받아야 한다(서울지방변호사회 회칙 55①). 지방변호사회의 장은 지방변호사회를 대표하여 법무부장관에게 회칙변경 인가신청을 하여야 한다. 법무부장관의 인가로 변경된 회칙은 효력을 갖게 된다.

여기서 '회칙'은 지방변호사회가 제정하여 회칙이라 명명한 규범만을 의미한다. 지방변호사회는 회칙에서 위임한 사항과 회칙을 시행하기 위한 사항을 정하기 위하여 '규칙'이나 '규정'을 제정할 수 있다.[4] 지방변호사회가 회칙 및 규칙의 제정 또는 변경에 관한 사항은 총회결의를 거치게 된다(서울지방변호사회 18(1)). 법무부장관은 총회결의가 법령이나 회칙에 위반된 때에는 대한변호사협회의 장의 의견을 들어 취소할 수 있다(변호사법 77③).

6. 이 회의 관할지역 안에 설립하는 법무법인(유한)(2005. 6. 16. 신설인가).
7. 이 회의 관할지역 안에 설립하는 법무법인(유한)의 주사무소 또는 분사무소에 주재하는 구성원인 변호사 또는 구성원 아닌 소속변호사(2005. 6. 16. 신설인가).
8. 이 회의 관할지역 안에 설립하는 법무조합의 주사무소 또는 분사무소에 주재하는 구성원인 변호사 또는 구성원 아닌 소속변호사(2005. 6. 16. 신설인가).
9. 이 회의 관할지역 안에 설립하는 공동법률사무소의 구성원인 변호사(2008. 2. 15. 신설인가).

4 서울지방변호사회 회칙 제56조는 규칙과 규정의 관장사항과 의결절차를 정하고 있다.

제66조 회칙의 기재 사항

제66조(회칙의 기재 사항)
지방변호사회의 회칙에는 다음 각 호의 사항이 포함되어야 한다.
1. 명칭과 사무소의 소재지
2. 회원의 가입 및 탈퇴에 관한 사항
3. 총회, 이사회, 그 밖의 기관의 구성·권한 및 회의에 관한 사항
4. 임원의 구성·수·선임·임기 및 직무에 관한 사항
5. 회원의 권리 및 의무에 관한 사항
6. 회원의 지도 및 감독에 관한 사항
7. 자산과 회계에 관한 사항

Ⅰ. 연 혁

(1) 1949. 11. 7. 제정된 변호사법은 지방변호사회의 규약(회칙)에 필수적으로 기재할 사항을 특정했다. 즉, 변호사회의 규약에는 좌기 사항(① 명칭과 사무소의 소재지, ② 회장 기타 기관의 조직과 직무권한에 관한 규정, ③ 회의에 관한 규정, ④ 수습변호사의 실무수습에 관한 규정, ⑤ 변호사의 보수에 관한 규정, ⑥ 회원과 촉탁자 간의 분쟁조정에 관한 규정, ⑦ 변호사명부의 등록과 등록변경청구의 송달에 관한 사항, ⑧ 입회, 퇴회와 휴업에 관한 규정, ⑨ 징계신청에 관한 규정, ⑩ 회비에 관한 규정, ⑪ 자산에 관한 규정)을 기재하여야 한다(제33조).

(2) 1973. 1. 25. 개정된 변호사법은 지방변호사회의 '규약'을 '회칙'이라는 용어로 개정했다. 즉, 변호사회의 회칙에는 좌기 사항을 기재하여야 한다(제33조).

(3) 2000. 1. 28. 개정된 변호사법은 종전의 회칙 기재사항 중 '수습변호사의 실무수습에 관한 규정'(제4호), '변호사의 보수에 관한 규정'(제5호), '회원과 촉탁자 간의 분쟁조정에 관

한 규정'(제6호), '변호사명부의 등록과 등록변경청구의 송달에 관한 사항'(제7호), '징계신청에 관한 규정'(제9호), '회비에 관한 규정'(제10호)을 삭제하였다. 즉, 지방변호사회의 회칙에는 다음 각호(① 명칭 및 사무소의 소재지, ② 회원의 입회 및 퇴회에 관한 사항, ③ 총회·이사회 기타 기관의 구성·권한 및 회의에 관한 사항, ④ 임원의 선임·임기 및 직무에 관한 사항, ⑤ 회원의 권리 및 의무에 관한 사항, ⑥ 회원의 지도 및 감독에 관한 사항, ⑦ 자산 및 회계에 관한 사항)의 사항을 기재하여야 한다(제66조).

(4) 2008. 3. 28. 개정된 변호사법은 소정의 회칙사항을 '기재하여야 한다'를 '포함되어야 한다'로 개정하였다. 즉, 지방변호사회의 회칙에는 다음 각 호의 사항이 포함되어야 한다(제66조).

(5) 2011. 4. 5. 개정된 변호사법은 종전의 '임원의 선임·임기 및 직무에 관한 사항'(제4호)을 '임원의 구성·수·선임·임기 및 직무에 관한 사항'(제4호)로 개정하여 '임원의 구성과 수'를 추가하였다.[1]

Ⅱ. 지방변호사회 회칙의 기재 사항

1. 명칭과 사무소의 소재지(제1호)

여기서 '명칭'은 지방법원 관할 지역의 고유한 지명을 따르지만, 반드시 그런 것은 아니다. 회칙상 명칭은 '이 회는 변호사법에 의하여 설립되는 법인으로서 서울지방변호사회라 한다'(서울지방변호사회 회칙 1, 이하 '회칙'이라 함)고 규정한다. 지방변호사회는 지방법원 관할구역에 1개를 설치하기 때문에 다른 변호사회와의 구별의 필요성은 희박하다. 그리고 '사무소의 소재지'는 주소를 기재하여 위치를 특정할 수도 있지만, 지역명을 기재해도 된다. 예건대, '이 회의 사무소는 서울특별시에 둔다'(회칙 5)라고 하면 된다.

2. 회원의 가입 및 탈퇴에 관한 사항(제2호)

법인 구성원의 가입과 탈퇴는 당해 지방변호사회의 존립의 근거가 되므로 이를 사전에 규정함이 필요하다. 지방변호사회는 회원으로 조직된다. 보통 회원은 당해 지방변호사회 관할 구역에 개업한 개인회원, 법인회원, 조합회원 및 외국회원으로 분류한다. 회원의 가입

---

1 변호사법 [시행 2011. 4. 5.] [법률 제10540호, 2011. 4. 5. 일부개정]
[제·개정이유] 법률시장의 개방과 법학전문대학원의 시행으로 변호사 수가 증가함에 따라 협회장의 대표성과 민주적 정당성을 강화하고, 많은 회원을 협회의 사무에 참여시켜 변호사단체의 임무를 효율적으로 수행할 필요성이 요구되므로 대한변호사협회장의 선출방식, 지방변호사회와 대한변호사협회의 임원의 정원 및 대한변호사협회 총회의 구성에 관한 사항을 자율적으로 정하도록 하려는 것임.

은 입회신청을 통하여 이뤄진다. 예컨대 서울지방변호사회에 입회하고자 하는 자가 법에 의한 변호사자격등록, 소속변경등록 또는 법무법인·법무법인(유한)·법무조합의 설립인가를 받은 경우 및 공동법률사무소의 신고를 마친 때에는 지체 없이 입회원서를 제출하여야 한다(회칙 9①). 이러한 입회신청이 있을 때에는 입회의 적정 여부를 심사하여야 한다(회칙 9③). 변호사법은 입회신청에 대한 거부사유를 규정하고 있지 않다. 따라서 변호사의 자격등록 거부사유를 이유로 입회를 거부할 수는 없고, 입회신청서, 입회금의 납부 여부 등을 심사해야 한다.

회칙에는 회원으로 존속할 수 없는 사유발생 시에는 탈퇴(퇴회)된다는 규정도 두어야 한다. 서울지방변호사회는 ① 변호사 자격등록이 취소된 때, ② 소속변경등록에 의하여 다른 지방변호사회의 회원이 된 때, ③ 법무법인·법무법인(유한)·법무조합 및 공증인가합동법률사무소·공동 법률사무소가 해산하거나 인가 취소된 때, ④ 법무법인·법무법인(유한)·법무조합 및 공증인가합동법률사무소·공동 법률사무소가 그 주사무소를 이전하여 다른 지방변호사회의 회원이 된 때는 당연히 퇴회한다(회칙 10).

3. 총회, 이사회, 그 밖의 기관의 구성·권한 및 회의에 관한 사항(제 3 호)

지방변호사회는 그 활동을 위한 의사결정기관과 집행기관 등이 필요하므로 그 기관의 구성과 권한 및 운영에 관한 사항을 사전에 특정해야 한다. '총회'는 최고의결기관으로서 개인회원 및 외국회원으로 구성한다(회칙 16). 총회는 정기총회와 임시총회가 있으며, 소정의 의결사항이 있다.[2]

회무에 관한 중요사항을 의결하기 위하여 이사회를 두어야 한다. 이사회는 회장, 부회장, 상임이사 및 이사로 구성한다(회칙 23①). 그리고 목적사업 수행을 위하여 산하기구로서 사업회를 둘 수 있으며(회칙 36①), 운영에 관하여 필요한 사항을 심의하기 위하여 보좌기구로서 각종 위원회를 둔다(회칙 36의2①).

총회와 이사회는 특히 의결사항이 다르고, 총회 의결사항은 법무부장관에게 보고하여야 하고, 그 결의가 법령이나 회칙에 위반된 때에는 취소할 수 있다. 회원인 변호사들의 권리의무를 제한하는 기본권을 제한하는 내용을 포함할 수 있기 때문이다. 이사회 의결사항

2 「**서울지방변호사회 회칙**」 **제18조(의결사항)** 총회는 다음 사항을 의결한다(2012. 6. 21. 변경인가).
1. 회칙 및 규칙의 제정 또는 변경에 관한 사항
2. 예산 및 결산의 승인에 관한 사항
3. 임원의 선임에 관한 사항
4. 법령, 회칙 또는 규칙에 의하여 총회의 의결을 받아야 할 사항
5. 회의 중요 재산의 처분, 취득 또는 일시 기채를 제외한 대규모 재산의 차입에 관한 사항
6. 기타 회장이 이사회의 의결을 거쳐 부의한 사항

에 대해서는 법무부장관에게 보고의무가 없으며, 상위법령에 위반되는지 여부에 관한 심사를 받지 않는다는 점에서 중요한 의미를 가진다.

4. 임원의 구성·수·선임·임기 및 직무에 관한 사항(제4호)

2011. 4. 5. 개정된 변호사법은 지방변호사회와 대한변호사협회의 임원의 정원을 자율적으로 정하도록 하려는 등의 취지로 '임원의 구성·수'에 관한 사항을 신설했다. 서울지방변호사회는 회장 1인, 부회장 2인, 상임이사 10인 이내, 이사 20인 이내, 감사 2인의 임원을 둔다(회칙 29). 회장, 부회장, 및 감사는 그 임기 중 정당의 당적을 가지지 못한다(회칙 35).

임원의 임기는 임원으로 선임된 정기총회 다음날부터 임원으로 선임된 지 2년이 되는 해의 차기 임원을 선임하는 정기총회일까지로 한다(회칙 33①). 그리고 임원의 직무에 관한 사항도 규정하고 있다.[3]

5. 회원의 권리 및 의무에 관한 사항(제5호)

개인회원은 이 회칙 또는 규칙이 정하는 바에 따라 임원의 선거권 및 피선거권을 가진다(회칙 11①). 회원은 이 회의 운영에 관하여 회장에게 의견을 진술하고 권익옹호 등에 관한 필요한 조치를 취할 것을 요구할 수 있으며, 규칙 또는 규정이 정하는 바에 따라 이 회의 시설, 도서 등을 이용할 수 있다. 또한 회원은 이 회의 문서를 열람할 수 있다. 다만, 회원의 징계 및 인사에 관한 기록은 예외로 한다(회칙 11②·③·④).

반면, 회원은 이 회의 회칙, 규칙 및 규정이나 회의 결의를 준수하여야 한다(회칙 12①). 회원은 규칙 또는 총회의 의결에 따라 부과한 월회비, 경유회비 및 특별 회비를 부담한다(회칙 12②). 그리고 변호사법이 정하는 바에 따른 수임사건의 건수 및 수임액의 보고(회칙 12의2), 공직퇴임변호사의 수임자료 등 제출(회칙 12의3), 공익활동 참가(회칙 12의4), 겸직제한(회칙 12의5) 등에 관한 의무규정을 두어야 한다.

그리고 입회하였으나 개업신고를 하지 아니한 자는 준회원, 이 회의 회원으로 있다가

---

3 「서울지방변호사회 회칙」 **제34조(직무)** ① 회장은 이 회를 대표하고 회무를 통할한다.
② 회장이 사고가 있을 때는 부회장, 상임이사 중 규칙이 정하는 순서에 따라 직무를 대행한다. 다만, 부회장은 연장자순으로 한다(2014. 8. 21. 변경인가).
③ 부회장은 회장을 보좌하여 회무를 처리한다.
④ 상임이사는 이사회의 구성원으로서 회무에 관한 중요사항을 심의·의결하고 회장을 보좌하여 회무를 처리한다. 다만, 상임이사는 규정으로 정하는 바에 따라 전담별로 회무를 처리할 수 있다(2014. 8. 21. 변경인가).
⑤ 이사는 이사회의 구성원으로서 회무에 관한 중요사항을 심의·의결하고 이사회 또는 회장으로부터 위임받은 회무를 처리한다.
⑥ 감사는 회의 재정 및 업무집행사항을 감사하고 그 결과를 총회에 보고한다.
⑦ 회장은 재임 중에 대한변호사협회장 등의 선거에 입후보하여서는 아니된다(2014. 8. 21. 신설인가).

휴업신고를 한 자는 휴업회원에 관한 규정을 두고 있으며(회칙 14), 회원이 2년 이상 행방불명, 사무소폐쇄 등으로 소재를 파악할 수 없을 경우 휴업한 것으로 추정할 수 있다(회칙 14의2).

6. 회원의 지도 및 감독에 관한 사항(제6호)

변호사는 공공성을 지닌 법률전문직이므로 회원의 지도와 감독에 관한 사항이 특히 중요하다. 변호사 자치권의 일환으로 인정되고 있다. 개인회원 또는 외국회원이 변호사법 또는 대한변호사협회 회칙의 규정에 의하여 등록 또는 신고를 하고자 할 때에는 이 회를 경유하여야 한다(회칙 41①). 등록이나 신고가 있을 때에는 등록이나 신고에 필요한 자격요건의 유무, 등록요건의 구비 여부 등을 심사하여야 한다(회칙 41⑤). 회원이 채용하는 사무직원, 준수해야 할 직업윤리, 광고, 연수교육 실시에 관한 규정을 둔다. 그리고 변호사법에서 규율하지 않은 보수에 관한 규정도 두고 있다.[4]

그리고 회원에 대한 감독권으로 징계에 관한 절차를 두고 있다. 회장은 변호사인 회원(휴업회원 포함)의 징계사유가 있다고 인정될 때에는 대한변호사협회장에게 징계개시의 신청을 하여야 한다(회칙 46①). 휴업회원도 징계대상자로 하고 있다. 회원 상호간 또는 회원과 위임인 또는 그 상대방 사이에 분쟁이 발생하였을 경우 그 분쟁 당사자는 서면으로 이 회에 조정을 청구할 수 있다(회칙 48①). 의뢰인의 변호사 선임의 편의를 도모하고 법률사건 또는 법률사무 수임의 투명성을 확보하기 위하여 회원들의 학력·경력·주요취급업무·업무실적 등 사건수임을 위한 정보를 의뢰인에게 제공한다(회칙 48의2①).

7. 자산과 회계에 관한 사항(제7호)

자산의 취득과 관리 및 처분 등에 관한 내용과 회계연도, 예산, 결산 등의 재정에 관한 기본적인 사항을 기재해야 한다. 재원이 되는 경비는 ① 회비, ② 입회금, ③ 찬조금, ④ 기타 수입금으로 충당한다(회칙 51). 회계연도는 매년 1월 1일부터 12월 31일까지로 하며(회칙 52), 매년도 세입·세출예산은 총회의 승인을 받아야 한다(회칙 53①). 그리고 회원공제, 법률원조, 변호사연수 기타 사업을 실시하기 위하여 필요하다고 인정할 때에는 총회의 승인을 얻어 특별회계를 둘 수 있다(회칙 54).

---

4 「서울지방변호사회 회칙」 **제45조(보수 및 비용)** ① 회원은 그 직무에 관하여 사무보수, 사건보수 및 실비변상을 받을 수 있다(2000. 7. 26. 변경인가).
② 사무보수는 상담료, 감정료, 문서작성료 및 고문료로, 사건보수는 그 사건의 종류에 따라 착수금과 성공보수로, 실비변상은 수임사무 및 사건의 처리 비용과 여비 등으로 나눌 수 있다(2000. 7. 26. 변경인가).
③ 회원의 보수는 위임인과의 계약으로 정한다. 다만, 보수는 사회통념에 비추어 현저하게 부당한 것이어서는 아니 된다(1995. 3. 31., 2000. 7. 26. 변경인가).

제67조 고 시

> 제67조(고시)
> 법무부장관은 지방변호사회의 설립을 인가하였을 때에는 그 명칭, 사무소의 소재지 및 설립 연월일을 고시하여야 한다. 명칭이나 사무소 소재지가 변경되었을 때에도 또한 같다.

Ⅰ. 연 혁

(1) 1949. 11. 7. 제정된 변호사법은 법무부장관이 지방변호사회의 설립인가를 하거나 명칭과 사무소 소재지가 변경된 때는 이를 고시하도록 했다. 즉, 법무부장관이 변호사회의 설립을 인가한 때에는 변호사회의 명칭, 사무소의 소재지와 설립의 년월일을 고시하여야 한다(제28조 제1항). 법무부장관이 변호사회의 명칭 또는 사무소의 소재지의 변경을 인가한 때에는 그 변경을 고시하여야 한다(제28조 제2항).

(2) 2000. 1. 28. 개정된 변호사법은 현행 조문과 같은 내용으로 개정하고 제67조로 배치하였다.

Ⅱ. 지방변호사회의 설립 인가 고시

1. 지방변호사회 설립인가

법무부장관은 지방변호사회의 설립을 인가하였을 때에는 그 명칭, 사무소의 소재지 및 설립 연월일을 고시하여야 한다. 법무부장관은 지방변호사회 설립인가신청이 적법하면 이를 인가한다. 설립인가처분으로 지방변호사회는 성립한다. 법무부장관은 인가신청을 한 지방변호사회에 인가처분을 통지해야 한다. 설립인가는 해당 지방변호사회 회칙에 대한 승인의 성격도 갖는다. 지방변호사회는 설립인가처분이 있는 날에 성립한다. 이 점이 고시가 있을 때 성립하는 법무조합이나, 설립등기를 함으로써 성립하는 법무법인·법무법인(유한)과 차이가 있다. 물론 지방변호사회 설립인가처분이 있을 때도 이를 고시하지만, 고시가 된 때 성립하는 것은 아니다. 「서울지방변호사회 회칙」 중 부칙은 '이 회칙은 법무부장관의 인가를 받는 날로부터 시행한다'라고 한다. 인가를 받는 날부터 지방변호사회가 성립되어 회칙 역시 시행된다는 것이다.

2. 그 명칭, 사무소 소재지 및 설립 연월일 고시

법무부장관은 설립인가된 지방변호사회의 명칭, 사무소의 소재지와 설립 연월일을 고시한다. 지방변호사회의 명칭은 지방법원의 관할구역의 지명과 일치하지 않을 수 있는데, 현재 설립인가된 경기북부, 경기중앙, 강원, 충북 등을 들 수 있다. 그리고 사무소의 소재지 역시 고시해야 한다. 지방변호사회의 사무소는 변호사법상 자격등록과 개업신고는 물론 변호사법상의 의무이행과 관련하여 중요한 의미를 갖고 있다. 아울러 설립연월일은 지방변호사회의 회칙의 시행일이 되며, 지방변호사회의 업무개시일로서의 의의를 지닌다. 이러한 사항을 고시함으로써 지방변호사회가 법인으로써 권리의무의 주체라는 점을 확인하게 된다. 동일한 지방법원 관할구역 내에서는 복수의 지방변호사회 설립신청은 허용되지 않고 있다. 또한 불특정 다수인이나 이해관계인(징계신청을 할 수 있는 의뢰인 등)에게 지방변호사회의 존재를 공시하는 효과도 발생한다. 일본 변호사법은 변호사회는 소재지에서 설립등기를 함으로써 성립한다(제34조 제1항)고 한다.

법무부장관은 법무법인 등의 설립인가 등의 처분을 할 때는 지방변호사회와 대한변호사협회에 통지한다(변호사법 56, 58의15, 58의29). 그러나 지방변호사회 설립인가처분을 한 때는 통지에 관한 규정은 없다. 그렇기 때문에 위와 같은 고시가 필요하겠지만, 해당 지방변호사회와 대한변호사협회에 이를 통지하는 것이 필요하다.

Ⅲ. 명칭·사무소 소재지 변경되었을 때도 고시

지방법원의 관할구역의 변경으로 새로운 지방변호사회가 설립될 수 있다. 예컨대 2004. 2. 1. 서울지방법원 의정부지원이 의정부지방법원으로 승격됨에 따라 '의정부지방변호사회'가 설립되었고, 2008. 9. 9. '경기북부지방변호사회'로 그 명칭변경 인가를 받았다. 그 후 수원지방변호사는 2010. 1. '경기중앙지방변호사회'로 개칭을 하였다. 지방변호사회 사무소를 이전한 경우 그 소재지의 변경도 불가피하다.

지방변호사회의 명칭이나 사무소 소재지는 회칙의 기재사항에 해당된다. 회칙은 법무부장관의 인가를 받아야 하기 때문에 명칭이나 사무소 소재지 변경에도 변경인가처분을 받아야 한다. 법무부장관은 이와 같은 변경인가를 한 때는 이를 고시하여야 한다. 지방변호사회가 명칭 변경을 광고하는 행위는 여기서 말하는 '고시'는 아니다. 변경고시의 주체는 법무부장관이기 때문이다. 지방변호사회의 설립인가나 명칭이나 사무소 소재지 변경인가에 대한 고시가 필요하지만, 고시가 없다고 하여 인가처분의 효력이 소멸되는 것은 아니다.

第68조 가입 및 탈퇴

第68조(가입 및 탈퇴)

① 제7조에 따른 등록을 한 변호사는 가입하려는 지방변호사회의 회원이 된다.

② 제14조에 따른 소속 변경등록을 한 변호사는 새로 가입하려는 지방변호사회의 회원이 되고, 종전 소속 지방변호사회를 당연히 탈퇴한다.

③ 제18조에 따라 등록이 취소된 변호사는 소속 지방변호사회를 당연히 탈퇴한다.

I. 연 혁

(1) 1949. 11. 7. 제정된 변호사법은 지방변호사회의 회원자격의 득실을 규정했다. 즉, 제27조[1]에 규정하는 경우를 제외하고 변호사명부에 등록 또는 등록변경이 된 자는 당연히 그 입회코저 하는 변호사회의 회원이 되고 등록변경의 경우에는 종전 소속변호사회를 퇴회한 것으로 한다(제30조). 변호사가 제9조 제3항 또는 제10조에 의하여 등록이 취소된 때에는 당연히 소속변호사회를 퇴회한 것으로 한다(제31조).

(2) 2000. 1. 28. 개정된 변호사법은 제68조(입회 및 퇴회)에 등록변호사의 입회와 퇴회를 규정했다. 즉, 제7조의 규정에 의한 등록을 한 변호사는 입회하고자 하는 지방변호사회의 회원이 된다(제68조 제1항). 제14조의 규정에 의한 소속변경등록을 한 변호사는 새로 입회하고자 하는 지방변호사회의 회원이 되고, 종전 소속 지방변호사회를 당연 퇴회한다(제68조 제2항). 제18조의 규정에 의하여 등록이 취소된 변호사는 소속지방변호사회를 당연 퇴회한다(제68조 제3항).

1 **제27조** 변호사회를 설치하고저 할 때에는 회원이 된 변호사는 규약을 정하고 법무부장관의 인가를 얻어야 한다. 변호사회의 설립이 있는 때에는 전항의 변호사는 당연히 종전 소속변호사회를 퇴회하고 그 회원이 되며 제8조 제2항에 의하여 등록변경을 청구한 것으로 한다. 변호사회 규약을 변경코저 하는 때에는 법무부장관의 인가를 얻어야 한다.

(3) 2008. 3. 28. 개정된 변호사법은 기존의 '입회'를 '가입'으로, '퇴회'를 '탈퇴'로 전문개정을 하였다.

Ⅱ. 등록 변호사는 가입한 지방변호사회의 회원

1. 등록과 개업신고를 한 변호사

제7조에 따른 등록을 한 변호사는 가입하려는 지방변호사회의 회원이 된다(제1항). 변호사 자격등록을 하려는 변호사는 가입하려는 지방변호사회를 거쳐 등록신청을 한다. 등록실무에서는 변호사자격등록신청과 개업신고서 및 입회신고서를 비치하고 있다. 변호사법은 등록과 동시에 개업하는 것을 전제하고 있다. 이에 따라 등록과 개업을 한 변호사는 그 지방변호사회의 회원이 된다. 뿐만 아니라 변호사법에는 규정이 없지만, 법무법인·법무법인(유한), 조합회원은 법무조합·공증인가합동법률사무소·공동법률사무소 역시 법인회원으로서 입회가 강제되고 있다. 분사무소를 둘 수 있는 경우 분사무소 소재지를 관할하는 지방변호사회의 회원이 되어 지도·감독을 받아야 한다. 분사무소에 상주하는 변호사는 그 지방변호사회 회원이 되기 때문이다. 따라서 변호사법상 변호사의 의무사항은 그 지방변호사회 회칙이 정하는 바에 따라야 한다.

변호사는 개업하는 지역의 지방변호사회에 가입해야 한다. 지방변호사회 가입강제주의를 채택하고 있다. 변호사에 대한 자치권의 일환으로 지도감독권을 지방변호사회와 대한변호사협회에 위임하고 있기 때문이다. 당해 변호사의 의사를 묻지 않고 가입한 지방변호사회 회원으로 간주한다. 지방변호사회에 소속하지 않은 개업변호사는 있을 수 없다. 따라서 회원이 된 변호사는 그 지방변호사회의 회칙을 준수해야 하는 등 회원으로서의 권리의무를 가진다.

2. 등록을 하고 개업신고를 하지 않은 변호사

그렇지만 그간의 실무는 등록과 개업이 별도로 행해져 왔다. 변호사 자격이 있는 자(변호사법 4)가 개업을 하지 않으면서도 등록을 할 수 있었다. 변호사시험에 합격한 자 역시 6개월간 법률사무 또는 연수를 받지 않으면 변호사로 개업하여 그 직무수행을 할 수 없음에도 등록은 할 수 있다. 등록을 한 변호사는 가입하려는 지방변호사회의 회원이 되므로 지방변호사회의 지도와 감독을 받는다. 그렇지만 변호사 등록만 하고 현재 판사나 검사로 근무중인 자를 지방변호사회가 지도·감독할 수 없다. 등록을 한 후 개업하지 않는 사람 또는 휴업변호사도 특정 지방변호사회 회원이 아니다.

등록을 먼저 한 후 개업신고를 하면 등록거부사유로 개업신고를 반려할 수 없는 문제도 있다. 공직에 근무 중인 변호사 자격 등록한 자가 징계처분을 받거나 기소된 후에 하는 개업신고를 거부하기 쉽지 않다. 물론 변호사 자격이 없는 자, 변호사 결격사유에 해당하는 자에 대한 개업신고는 당연히 반려할 수 있다고 해야 한다. 따라서 이런 문제점을 해결하기 위해서는 현재의 등록과 개업신고의 분리시행 관행에서 벗어나 등록과 개업이 동시에 이뤄지도록 해야 한다. 즉, '변호사로서 개업을 할 때 대한변호사협회에 등록을 하여야 한다'(변호사법 7①)로 변호사법을 개정함이 필요하다.

Ⅲ. 소속 변경등록을 한 변호사와 지방변호사회 관계

1. 소속 변경등록한 변호사는 새로 가입하려는 지방변호사회 회원

제14조에 따른 소속 변경등록을 한 변호사는 새로 가입하려는 지방변호사회의 회원이 되고, 종전 소속 지방변호사회를 당연히 탈퇴한다(제2항). 변호사는 지방변호사회의 소속을 변경하려면 새로 가입하려는 지방변호사회를 거쳐 대한변호사협회에 소속 변경등록을 신청하여야 한다(변호사법 14①). 변호사는 그 고유한 직무수행에는 장소적 제한 없다. 법률사무소를 다른 소속 지방변호사회의 지역으로 이전할 때는 소속 변경을 해야 한다. 소속 변경등록을 하면 새로운 지방변호사회의 회원이 된다. 새로 가입한 지방변호사회의 특별한 확인 절차가 있어야 하는 것도 아니고 당해 변호사의 의사도 묻지 않는다. 그 때문에 새로운 회원으로서 입회비를 납부해야 하는 등의 의무가 부과된다. 변호사가 현재 회원으로 있는 지방변호사회 관할 밖에 있는 법무법인의 구성원 또는 소속 변호사가 된 경우에도 소속 변경등록을 하고 그 지방변호사회 회원이 된다.

2. 종전 소속 지방변호사회 탈퇴

소속 변경을 한 변호사가 새로 가입한 지방변호사회의 회원이 되면 종전 소속 지방변호사회를 탈퇴한다. 탈퇴를 위한 별도의 절차를 요하지 않는다. 변호사는 동시에 두 개의 지방변호사회의 회원이 될 수는 없다. 만약 탈퇴한 변호사에게 소속 당시 징계사유가 있었음을 나중에 발견한 때 누가 징계개시 신청을 하여야 하는지 문제된다. 새로 가입한 지방변호사회장이 이를 행사할 수 있음은 물론이지만, 종전 지방변호사회장도 할 수 있다고 할 것이다.

Ⅳ. 등록취소된 변호사는 소속 지방변호사회 탈퇴

제18조에 따라 등록이 취소된 변호사는 소속 지방변호사회를 당연히 탈퇴한다(제3항). 변호사법 제18조의 등록취소 사유가 발생하면 등록이 취소된다. 등록이 취소된 변호사는 종전의 소속 지방변호사회를 당연히 탈퇴한 것으로 본다. 등록이 취소된 변호사는 변호사의 직무를 수행할 수 없다. 종전의 소속 지방변호사회는 그 변호사에게 경유증서를 판매하는 등의 행위를 할 수 없다. 그러나 탈퇴의 효과는 영구적이지 않다(사망한 경우는 제외). 등록취소사유가 소멸되어 다시 등록을 하고 개업신고가 수리된다면 당연히 지방변호사회의 회원이 된다. 본조 제1항은 이를 말해준다.

제69조 임 원

제69조(임원)

① 지방변호사회에는 다음 각 호의 임원을 둔다.

1. 회장
2. 부회장
3. 상임이사
4. 이사
5. 감사

② 제1항 각 호의 임원의 구성·수·선임·임기 및 직무에 관한 사항은 지방변호사회 회칙으로 정한다.

I. 연 혁

(1) 1949. 11. 7. 제정된 변호사법은 지방변호사회의 임원과 선임방법 및 임기를 규정했다. 즉, 변호사회에 회장, 부회장, 총무, 회계 각 1인을 둔다(제29조 제1항). 각 임원은 총회에서 선임하며 그 임기는 1년으로 한다(제29조 제2항).

(2) 1973. 1. 25. 개정된 변호사법은 임원 중 '회계'를 '재무'로 개정했다. 즉, 변호사회에 회장, 부회장, 총무, 재무 각 1인을 둔다(제29조 제1항).

(3) 2000. 1. 28. 개정된 변호사법은 임원의 종류와 인원을 구체화하는 개정을 했다. 즉, 지방변호사회에는 다음 각호(① 회장 1인, ② 부회장 1인(회원수가 200인 이상인 경우에는 2인), ③ 상임이사 5인 이내(회원수가 200인 이상인 경우에는 10인 이내), ④ 이사 20인 이내, ⑤ 감사 2인)의 임원을 둔다(제69조 제1항). 임원은 총회에서 선임한다(제69조 제2항).

(4) 2011. 4. 5. 개정된 변호사법은 법률시장의 개방과 법학전문대학원의 시행으로 변호사 수가 증가함에 따라 많은 회원을 협회의 사무에 참여시켜 변호사단체의 임무를 효율적

으로 수행할 필요성이 요구되므로 지방변호사회의 임원의 정원의 구성에 관한 사항을 자율적으로 정하도록 임원의 인원수에 대한 제한을 삭제하였다. 즉, 지방변호사회에는 다음 각 호(① 회장, ② 부회장, ③ 상임이사, ④ 이사, ⑤ 감사)의 임원을 둔다(제69조 제1항).

(5) 2014. 12. 30. 개정된 변호사법은 지방변호사회의 임원 구성·수·선임·임기 및 직무에 관한 사항을 회칙에서 자율적으로 정할 수 있도록 개정했다. 즉, 제1항 각 호의 임원의 구성·수·선임·임기 및 직무에 관한 사항은 지방변호사회 회칙으로 정한다(제69조 제2항).

Ⅱ. 지방변호사회 임원

지방변호사회에는 다음 각 호의 임원을 둔다(제1항). 임원의 구성·수·선임·임기 및 직무에 관한 사항은 지방변호사회 회칙의 필수적 기재사항이다(변호사법 66(4)). 따라서 지방변호사회는 임원의 구성·수·선임·임기 및 직무에 관한 사항에 대하여는 자율적으로 정할 수 있다. 임원은 법인인 지방변호사회의 기관이다. 지방변호사회는 ① 회장, ② 부회장, ③ 상임이사, ④ 이사, ⑤ 감사의 임원을 반드시 두어야 한다.

Ⅲ. 임원의 구성·수·선임·임기 및 직무에 관한 사항

제1항 각 호의 임원의 구성·수·선임·임기 및 직무에 관한 사항은 지방변호사회 회칙으로 정한다(제2항). 지방변호사회의 임원의 구성이나 숫자는 회원의 규모나 회무의 다과 등의 여러 사정을 고려하여 회칙으로 정할 수 있다. 편의상 「서울지방변호사회 회칙」을 중심으로 임원 등에 대하여 살펴보기로 한다.

1. 임원의 구성·수·선임

「서울지방변호사회 회칙」 제29조는 ① 회장 1인, ② 부회장 5인, ③ 상임이사 15인 이내, ④ 이사 40인 이내, ⑤ 감사 2인의 임원을 두고 있다. 임원의 입후보, 선임, 선거운동, 기타 필요한 사항은 규칙 및 규정으로 정한다(회칙 30②). 임원은 총회에서 선임하며(회칙 30①), 부회장, 상임이사 및 이사는 회장당선자가 총회에 추천하여 승인받아 선임한다(회칙 30⑦).

2. 임원의 임기

임원의 임기는 위 회칙 제33조에 규정되어 있다. 임원의 임기는 임원으로 선임된 정기총회 다음날부터 임원으로 선임된 지 2년이 되는 해의 차기 임원을 선임하는 정기총회일까지로 한다(제1항). 제31조의 규정에 의하여 보선된 임원의 임기는 전임자의 잔임기간으로 한다(제2항). 임기가 만료된 임원은 후임자가 취임할 때까지 계속하여 그 직무를 행한다(제3항).

3. 임원의 직무

임원의 직무에 대하여는 위 회칙 제34조가 정하고 있다. 회장은 이 회를 대표하고 회무를 통할한다(제1항). 회장은 지방변호사회의 대표자로서 모든 회무를 통할할 권한을 갖는다. 회장이 사고가 있을 때는 미리 정한 순서에 따라 회장의 직무를 대행한다(제2항). 여기서 '사고가 있을 때'란 질병이나 여행 등으로 일시적으로 직무를 행할 수 없거나 사망 또는 사임 등의 사유가 영구적으로 직무를 수행할 수 없는 경우를 말한다.

부회장은 회장을 보좌하여 회무를 처리한다(제3항). 상임이사는 이사회의 구성원으로서 회무에 관한 중요사항을 심의·의결하고 회장을 보좌하여 회무를 처리한다. 다만, 상임이사는 규정으로 정하는 바에 따라 전담별로 회무를 처리할 수 있다(제4항). 이사는 이사회의 구성원으로서 회무에 관한 중요사항을 심의·의결하고 이사회 또는 회장으로부터 위임받은 회무를 처리한다(제5항). 감사는 회의 재정 및 업무집행사항을 감사하고 그 결과를 총회에 보고한다(제6항). 회장은 재임 중에 대한변호사협회장 등의 선거에 입후보하여서는 아니된다(제7항). 그리고 회장, 부회장, 및 감사는 그 임기 중 정당의 당적을 가지지 못한다(제35조).

제69조의2 회 장

> **제69조의2(회장)**
> 지방변호사회의 장은 지방변호사회를 대표하고, 지방변호사회의 업무를 총괄한다.

Ⅰ. 연 혁

2011. 4. 5. 개정된 변호사법은 지방변호사회의 회장에 대한 대표성과 민주적 정당성을 강화하고자 '회장'에 관한 본조를 신설했다. 이와 함께 대한변호사협회의 장에 대한 규정도 신설했다. 즉, 대한변호사협회의 장은 대한변호사협회를 대표하고, 대한변호사협회의 업무를 총괄한다(제80조의2).

Ⅱ. 지방변호사회 장의 지위

1. 지방변호사회 대표

지방변호사회의 장은 지방변호사회를 대표하고, 지방변호사회의 업무를 총괄한다. 지방변호사회의 장의 권한은 각 지방변호사회의 회칙에서 규율되어 왔다. 그럼에도 2011. 4. 5. 개정된 변호사법에서 회장의 법적 지위와 그 권한을 명시하여, 회장은 회칙이 아닌 법률로 인정된 법적 지위와 권한을 갖고 있음을 확인했다. 회장은 이 회를 대표하고 회무를 통할한다(서울지방변호사회 회칙 34①). 회장은 법인인 지방변호사회의 대표자로서 대외적으로 지방변호사회를 대표한다. 대표하는 사무에는 제한이 없다. 회장이 대표행위를 할 때는 대리행위와 같이 지방변호사회를 위한 것임을 표시해야 한다. 회장의 대표권은 회칙으로 제한할 수 있다(변호사법 66(4)). 회장은 회원인 소속 변호사에게 징계사유가 있는 것을 발견한 때에는 징계개시신청을 하여야 한다(변호사법 97의2②). 또한 지방변호사회의 겸직불허처분의 취소를 구하는 소송이 제기된 경우 회장은 지방변호사회의 대표가 되어 변론을 하거나 소송대리인을 선임할 수 있다.

2. 지방변호사회 업무 총괄

회장은 지방변호사회의 모든 업무를 총괄한다. 총괄한다는 것은 회장이 모든 업무를 관장한다는 것이다. 회장이 총괄하는 회무는 독자적으로 결정하여 집행하는 것은 아니다. 지방변호사회의 의사결정기관이 의결해야 하는 절차를 두고 있다. 상임이사는 회무에 관한 중요사항을 심의·의결하고 회장을 보좌하여 회무를 처리하며, 이사는 회무에 관한 중요사항을 심의·의결하고 이사회 또는 회장으로부터 위임받은 회무를 처리하는 절차가 있다. 회장은 총회의 의장이 되는 등 지방변호사회의 내부 운영을 위한 주요 업무를 취급한다.

제70조 총 회

제70조(총회)
① 지방변호사회에 총회를 둔다.
② 총회는 개업신고를 한 변호사로 구성한다. 다만, 회원수가 200명 이상인 경우에는 회칙으로 정하는 바에 따라 회원이 선출하는 대의원으로 구성할 수 있다.
③ 다음 각 호의 사항은 총회의 결의를 거쳐야 한다.
　1. 회칙의 변경
　2. 예산 및 결산

Ⅰ. 연 혁

(1) 1949. 11. 7. 제정된 변호사법은 법무부장관이 총회 등의 장소에 임석할 수 있음과 지방변호사회는 정기총회와 임시총회를 개최할 수 있음을 규정했다. 즉, 법무부장관은 변호사회의 총회 또는 임원선거의 장소에 임석하거나 또는 소속관리로 하여금 임석케 할 수 있다(제37조). 변호사회는 매년 정기총회를 열고 필요가 있는 때에는 임시총회를 열 수 있다(제34조 제1항). 임시총회는 회장 또는 규약에 정한 일정수의 회원의 청구에 의하여 소집된다(제34조 제2항). 또한 필수적으로 총회결의를 거쳐야 할 사항을 특정했다. 즉, 좌기 사항(① 규약의 변경, ② 예산과 결산)은 총회의 결의를 거쳐야 한다(제39조).

(2) 1973. 1. 25. 개정된 변호사법은 종전의 제2항 '규약'을 '회칙'으로 변경하는 개정을 했다. 즉, 임시총회는 회장 또는 회칙에 정한 일정수의 회원의 청구에 의하여 소집된다(제34조 제2항).

(3) 2000. 1. 28. 개정된 변호사법은 현행처럼 제70조로 조문의 위치를 변경하고 총회의 구성과 필수적 의결사항을 특정했다. 즉, 지방변호사회에 총회를 둔다(제70조 제1항). 총회는

개업신고를 한 변호사로 구성한다. 다만, 회원수가 200인 이상인 경우에는 회칙이 정하는 바에 따라 회원이 선출하는 대의원으로 구성할 수 있다(제70조 제2항). 다음 각호(① 회칙의 변경, ② 예산 및 결산)의 사항은 총회의 결의를 거쳐야 한다(제70조 제3항).

Ⅱ. 지방변호사회 총회

지방변호사회에 총회를 둔다(제1항). 총회는 지방변호사회의 최고의결기관이다. 사단법인에는 의사결정기관으로 사원총회를 둔다. 이런 사원총회는 모든 사원으로 구성되며 정관으로도 폐지할 수 없는 필수적 기관이다. 재단법인에는 사원이 없어 사원총회가 존재하지 않는다. 총회는 소속 변호사들이 공평하고 평등하게 의사결정에 참여하여 총의를 형성할 수 있는 구조를 갖춰야 한다. 총회의 개최는 정기총회와 임시총회로 구분된다. 정기총회는 매년 1월 중에 회장이 소집한다(서울지방변호사회 회칙 17②). 임시총회는 총회구성원의 10분의 1 이상이 회의의 목적사항과 소집의 이유를 기재한 서면을 회장에게 제출하고 총회의 소집을 요구한 때 또는 회장이 필요하다고 인정할 때에 소집한다. 다만, 회장이 임시총회를 소집할 때에는 이사회의 의결을 거쳐야 한다(회칙 17③). 임시총회는 총회구성원의 10분의 1 이상의 회원이 소집을 요구할 수 있다.

Ⅲ. 총회의 구성

1. 개업신고를 한 변호사로 구성

총회는 개업신고를 한 변호사로 구성한다. 다만, 회원수가 200명 이상인 경우에는 회칙으로 정하는 바에 따라 회원이 선출하는 대의원으로 구성할 수 있다(제2항). 지방변호사회의 회원으로는 개인회원, 법인회원, 조합회원 및 외국회원이 있다. 총회의 구성원은 개업신고를 한 변호사만이 될 수 있다. 여기서 '개업신고'는 그 지방변호사회 관할 구역 내에 개업한 것을 말한다. 법인회원은 그 대표자가 의사결정에 참여할 수 있기 때문에 제외하고 있다. 외국법자문사로 등록한 외국회원은 변호사법에 의하여 자격이 인정되는 것이 아니고 변호사의 고유한 직무수행을 할 수 없어 제외되고 있다. 그러나 서울지방변호사회의 총회는 개인회원 및 외국회원으로 구성한다(서울지방변호사회 회칙 16②).

2. 회원수가 200명 이상인 경우 대의원으로 구성

지방변호사회의 회원수가 200명 이상이라면 총의의 수렴이 어려울 수 있다. 이 경우에는 의결의 신속성 등을 고려하여 회칙에 대의원 선출에 관한 근거규정을 둘 수 있다. 그 결과 선출된 대의원으로 총회를 구성하여 의결사항을 의결할 수도 있다. 그렇지만 현재는 서울지방변호사회는 대의원 선출에 관한 규정을 두고 있지 않다. 다만, 대한변호사협회 총회는 지방변호사회 회장, 지방변호사회 회장이 지명하는 소속 지방변호사회 부회장 중 1인 및 회원들의 직접 무기명 투표로 선출되는 선출직 대의원으로 구성하며, 대의원 총수는 400인 이상 500인 이내로 한다(대한변호사협회 회칙 11②).

Ⅳ. 총회의 결의사항

1. 변호사법상 총회의 결의사항

지방변호사회가 ① 회칙의 변경, ② 예산 및 결산에 대하여는 총회의 결의를 거쳐야 한다. 여기서 '회칙의 변경'은 변호사법 제66조 회칙의 기재사항을 변경하려는 경우를 말한다. 그리고 총회의 의결사항으로 정하고 있는 회칙도 포함된다. 지방변호사회(대한변호사협회도 마찬가지)의 회칙 종류로는 ① 회칙, ② 규칙, ③ 규정을 들 수 있다.[1] 이 중에서 총회의 의결사항은 "회칙 및 규칙의 제정 또는 변경에 관한 사항"을 포함한다(서울지방변호사회 회칙 18). 따라서 '회칙의 변경'이라고 할 때 '회칙'은 지방변호사회를 설립할 때 제정하여 법무부장관의 인가를 받아 시행하는 '회칙'은 물론 '규칙'까지 포함한다.

'변경'이란 개정하거나 일부 조항을 삭제하는 것을 말한다. 회칙은 지방변호사회의 조직과 활동에 관한 근본규범이므로 회원들의 총의를 거치도록 하고 있다. 또한 예산 및 결산에 대한 재정부분도 총회의 의결을 통하여 감시받게 한다. 물론 감사라는 임원도 있지만 총회를 통하여 투명한 예산집행을 기하도록 하고 있다. 회칙변경과 예산 및 결산을 총회의 의결을 거치도록 한 것은 총회가 최고의사결정기관이라는 점을 명확히 한 것이다. 변호사법에서 총회의 필수적 결의사항으로 두 가지 사항을 제시하고 있지만 이는 예시적인 것이다. 회칙으로 총회결의 사항을 추가할 수 있다.

2. 회칙상의 총회 의결사항

총회는 ① 회칙 및 규칙의 제정 또는 변경에 관한 사항,[2] ② 예산 및 결산의 승인에 관

1 이런 회칙을 대한변호사협회 「회규관리규칙」은 회규라고 부른다.

2 「**서울지방변호사회 회칙**」 **제56조(규칙 및 규정)** ① 이 회는 법령에 의하여 위임 또는 위탁된 사무를 처리

한 사항, ③ 임원의 선임에 관한 사항, ④ 법령, 회칙 또는 규칙에 의하여 총회의 의결을 받아야 할 사항, ⑤ 회의 중요 재산의 처분, 취득 또는 일시 기채를 제외한 대규모 재산의 차입에 관한 사항, ⑥ 기타 회장이 이사회의 의결을 거쳐 부의한 사항을 의결한다(서울지방변호사회 회칙 18).

총회는 재적구성원의 10분의 1 이상의 출석으로 성립한다(회칙 19①). 총회는 이 회칙에서 달리 정한 경우를 제외하고는 재적구성원의 10분의 1 이상의 출석과 출석구성원의 과반수 찬성으로 의결한다. 가부동수인 때에는 의장이 결정권을 가진다(회칙 19②). 전항에도 불구하고, 제18조 제5호의 경우에는 재적구성원의 5분의 1 이상의 출석과 출석구성원 3분의 2 이상의 찬성으로 의결한다(회칙 19③).

3. 대한변호사협회와 법무부장관에 보고

지방변호사회는 총회의 결의내용을 지체 없이 대한변호사협회와 법무부장관에게 보고하여야 한다(변호사법 77②). 따라서 총회의 의결을 거쳐야 하는 '회칙'과 '규칙'의 제정과 개정을 할 때는 대한변호사협회와 법무부장관에게 이를 보고해야 한다. 변호사법상 총회 결의 내용은 물론 회칙으로 정한 사항의 결의도 보고해야 한다. 법무부장관에 대한 이 보고는 그 총회가 종료된 날부터 7일 이내에 하여야 한다(변호사법 시행령 17①). 회칙의 제정이나 변경은 법무부장관의 인가를 받아야 한다(변호사법 65). 만약 인가를 받지 못하면 회칙은 그 효력을 발생할 수 없다. 법무부장관은 총회의 결의가 법령이나 회칙에 위반된다고 인정하면 대한변호사협회의 장의 의견을 들어 취소할 수 있다(변호사법 77③).

4. 이사회 의결사항과 차이

지방변호사회의 회칙 중 '규정'은 이사회의 의결을 거쳐 정한다. 이사회의 의결사항은 "규정의 제정 및 변경에 관한 사항" 등이 포함된다(서울지방변호사회 회칙 25).[3] 이 회는 회무를

하고, 회칙에서 위임한 사항과 회칙을 시행하기 위한 사항을 정하기 위하여 규칙을 제정할 수 있다.
② 이 회는 회무를 처리하고, 회칙에서 위임한 사항과 규칙을 시행하기 위한 사항을 정하기 위하여 규정을 제정할 수 있다.
③ 규칙은 총회의, 규정은 이사회의 의결을 거쳐 정한다.

3 「**서울지방변호사회 회칙**」 **제25조(의결사항)** 이사회는 다음 사항을 의결한다.
1. 규정의 제정 및 변경에 관한 사항
2. 사업계획의 승인에 관한 사항
3. 제6조에 의한 의견발표 또는 건의에 관한 중요사항
4. 회칙, 규칙 또는 규정에 의하여 이사회 의결을 받아야 할 사항
5. 총회가 위임한 사항
6. 총회의 소집과 총회에 부의할 의안에 관한 사항
7. 조사위원의 선임에 관한 사항(1993. 7. 1. 신설인가)

처리하고, 회칙에서 위임한 사항과 규칙을 시행하기 위한 사항을 정하기 위하여 '규정'을 제정할 수 있다(위 회칙 56②). 여기서 '규정'은 회규의 명칭만으로 구분되는 것이 아니고, 그 실질적 내용을 기준으로 정해야 한다. 이사회 의결사항은 법무부장관에게 보고하지 않는다. 이미 그 상위회규에 해당하는 회칙 또는 규칙에 대하여 총회의 의결을 거친 후 법무부장관의 합법성 심사를 마쳤고, '규정'은 회칙에서 위임한 사항과 규칙을 시행하기 위한 경미한 절차상의 내용을 포함하고 있기 때문이다. 이사회 의결사항은 법령이나 회칙에 위반되는지 여부를 심사받지 않는 특징이 있다.

---

8. 기타 회장이 부의한 회 운영에 관한 중요사항

제71조 이 사 회

> 제71조(이사회)
> ① 지방변호사회에 이사회를 둔다.
> ② 이사회는 지방변호사회 업무에 관한 중요 사항을 결의한다.

Ⅰ. 연 혁

(1) 1982. 12. 31. 개정된 변호사법은 변호사단체의 기능을 강화하기 위하여 이사 및 감사제도를 신설하고, 임원의 임기를 회칙으로 정하도록 자율화했다. 즉, 지방변호사회에 이사회를 둔다(제56조 제1항). 이사회는 회무에 관한 중요사항을 결의한다(제56조 제2항).

(2) 2008. 3. 28. 개정된 변호사법은 종전의 제2항 '회무'를 '지방변호사회의 업무'로 수정하는 개정을 했다. 즉, 이사회는 지방변호사회 업무에 관한 중요 사항을 결의한다(제71조 제2항).

Ⅱ. 지방변호사회 이사회

1. 이사와 이사회

지방변호사회에 이사회를 둔다(제1항). 법인은 이사를 두어야 한다(민법 57). 이사는 법인을 대표하고 법인의 사무를 집행하는 기관으로 사단법인이든 재단법인이든 반드시 두어야 한다. 이사가 수인인 경우 이사전원으로 이사회를 구성한다. 민법은 이사회를 법인의 필수기관으로 정하고 있지 않다. 변호사법이나 상법의 주식회사에서는 이사회를 필수기관으로 정하고 있다. 총회, 이사회는 지방변호사회 회칙의 필수적 기재사항이므로 반드시 두어야 한다. 그래서 변호사법은 총회와 이사회의 설치의무와 권한을 명시하고 있다.

2. 지방변호사회의 이사회

이 회의 회무에 관한 중요사항을 의결하기 위하여 이사회를 둔다(서울지방변호사회 회칙 23①). 이사회는 회장, 부회장, 상임이사 및 이사로 구성한다(회칙 23②). 이사회의 구성이 이사로만 되어 있는 것은 아니다. 서울지방변호사회는 상임이사 15인 이내, 이사 40인 이내로 두고 있다(회칙 29). 회무의 집행을 위하여 상임이사회를 둘 수 있으며(회칙 35의2①), 상임이사회는 회장, 부회장 및 상임이사로 구성한다(회칙 35의2②). 변호사법상 상임이사회는 필수적인 기관은 아니다. 상임이사회는 매주 1회 정기적으로 소집함을 원칙으로 한다(회칙 35의2④).

Ⅲ. 이사회 의결사항

이사회는 지방변호사회 업무에 관한 중요 사항을 결의한다(제2항). 이사회는 지방변호사회의 업무 중 중요사항을 결의한다. 이사회의 결의사항은 회칙에 미리 정할 수 있다. 통상적인 업무도 이사회의 의결사항으로 할 수 있지만, 중요업무는 필수적으로 이사회의 의결을 거치라는 것이다. 그러나 회칙의 변경이나 예산 및 결산에 관한 사항은 중요 사항이지만, 이는 이사회가 아닌 총회의 결의사항이다(변호사법 70③).

서울지방변호사회의 이사회는 ① 규정의 제정 및 변경에 관한 사항, ② 사업계획의 승인에 관한 사항, ③ 제6조에 의한 의견발표 또는 건의에 관한 중요사항, ④ 회칙, 규칙 또는 규정에 의하여 이사회 의결을 받아야 할 사항, ⑤ 총회가 위임한 사항, ⑥ 총회의 소집과 총회에 부의할 의안에 관한 사항, ⑦ 조사위원의 선임에 관한 사항, ⑧ 기타 회장이 부의한 회 운영에 관한 중요사항을 의결한다(회칙 25).

제72조 국선변호 협력의무 등

제72조(국선변호 협력의무 등)
① 지방변호사회는 법원에 국선변호인 예정자 명단을 제출하고 국선변호인의 변호 활동을 지원하는 등 국선변호인제도의 효율적인 운영에 적극 협력하여야 한다.
② 지방변호사회는 재정결정(裁定決定)에 따라 법원의 심판에 부쳐진 사건에 대한 공소유지 변호사의 추천, 「민사조정법」에 따른 조정위원의 추천 등 사법제도의 건전한 운영에 성실히 협력하여야 한다.

Ⅰ. 연 혁

(1) 2000. 1. 28. 개정된 변호사법은 변호사단체는 국선변호인제도의 효율적인 운영에 적극 협력하여야 하며, 공소유지변호사의 추천 등 사법제도의 건전한 운영에 성실히 협력하여야 한다는 '국선변호 협력의무 등'에 관한 규정을 신설했다. 즉, 지방변호사회는 법원에 국선변호인예정자 명단을 제출하고 국선변호인의 변호활동을 지원하는 등 국선변호인제도의 효율적인 운영에 적극 협력하여야 한다(제72조 제1항). 지방변호사회는 재정결정에 의하여 법원의 심판에 부쳐진 사건에 대한 공소유지변호사의 추천, 민사조정법에 의한 조정위원의 추천 등 사법제도의 건전한 운영에 성실히 협력하여야 한다(제72조 제2항).

(2) 2007. 1. 26. 개정된 변호사법과 2008. 3. 28. 개정된 변호사법은 전문개정으로 자구수정을 하였다.

Ⅱ. 국선변호인제도의 효율적인 운영에 협력

1. 행정주체의 일종인 지방변호사회

지방변호사회는 법원에 국선변호인 예정자 명단을 제출하고 국선변호인의 변호 활동을 지원하는 등 국선변호인제도의 효율적인 운영에 적극 협력하여야 한다(제1항). 지방변호사회는 공법상의 사단법인으로 변호사의 지도, 감독 등의 사무를 국가로부터 위임받아 처리하는 행정청이다. 지방변호사회는 인권옹호와 사회정의 실현을 사명으로 하는 변호사를 회원으로 둔 단체로서 국선변호인제도의 운영에 협력해야 한다. 그 협력을 위하여 회원들에게 국선변호인으로 활동할 의사를 확인하고, 취합된 명단을 법원에 제출해야 한다. 국선변호인제도의 협력뿐만 아니라 민사소송에서의 소송구조를 받은 사건을 담당할 변호사의 선임안내 등의 업무도 처리할 의무가 있다. 지방변호사회는 '법령에 의한 국선변호 및 국선대리'를 공익활동으로 규정하여(서울지방변호사회 공익활동등에관한규정 3①(2)) 국선변호 활동 등을 적극 장려하고 있다.

2. 국선변호인 예정자명부의 작성

법원은 변호인이 없는 피고인이나 피의자에게 국선변호인을 선임할 수 있다(형사소송법 33, 214의2⑩). 지방법원 또는 지원은 국선변호를 담당할 것으로 예정한 변호사, 공익법무관, 사법연수생 등을 일괄 등재한 국선변호인 예정자명부를 작성할 수 있다(형사소송규칙 16의2①). 지방법원 또는 지원의 장은 제1항의 명부 작성에 관하여 관할구역 또는 인접한 법원의 관할구역 안에 있는 지방변호사회장에게 협조를 요청할 수 있다(형사소송규칙 16의2②). 제1항의 명부가 작성된 경우 법원 또는 지방법원 판사는 특별한 사정이 없는 한 명부의 기재에 따라 국선변호인을 선정하여야 한다(형사소송규칙 16의2⑤).

Ⅲ. 사법제도의 건전한 운영에 성실히 협력

1. 재정결정(裁定決定)에 따른 공소유지 변호사 추천

지방변호사회는 재정결정(裁定決定)에 따라 법원의 심판에 부쳐진 사건에 대한 공소유지 변호사의 추천, 「민사조정법」에 따른 조정위원의 추천 등 사법제도의 건전한 운영에 성실히 협력하여야 한다(제2항). 고소권자로서 고소를 한 자(「형법」 제123조부터 제126조까지의 죄에 대하여는 고발을 한 자를 포함한다)는 검사로부터 공소를 제기하지 아니한다는 통지를 받은 때에는 그 검사 소속의 지방검찰청 소재지를 관할하는 고등법원(이하 "관할 고등법원"이라 한다)에 그 당부에 관한 재정을 신청할 수 있다(형사소송법 260①).

법원은 재정신청서를 송부받은 날부터 3개월 이내에 항고의 절차에 준하여 다음 각 호[1]의 구분에 따라 결정한다. 이 경우 필요한 때에는 증거를 조사할 수 있다(형사소송법 262②). 제2항 제2호의 결정에 따른 재정결정서를 송부받은 관할 지방검찰청 검사장 또는 지청장은 지체 없이 담당 검사를 지정하고 지정받은 검사는 공소를 제기하여야 한다(형사소송법 262⑥).

2007. 6. 1. 개정된 형사소송법은 재판상 준기소절차에서 법원에서 지정한 공소유지변호사가 공소유지를 담당하였던 것을 검사가 공소를 제기하고 이를 유지하도록 개정했다(제262조 제6항). 따라서 재정결정에 따라 지방변호사회가 공소유지변호사를 추천해야 한다는 위 내용은 삭제되어야 한다.

2. 「민사조정법」에 따른 조정위원의 추천 등

조정위원은 고등법원장, 지방법원장 또는 지방법원지원장이 학식과 덕망이 있는 사람 중에서 미리 위촉한다. 다만, 상임 조정위원은 변호사 자격이 있는 사람으로서 대법원규칙으로 정하는 일정한 경력을 가진 사람 중에서 법원행정처장이 위촉한다(민사조정법 10①). 지방변호사회는 조정위원의 추천의뢰가 있을 때는 민사조정법이 정하는 요건을 충족하는 변호사를 추천해야 한다.

그리고 지방변호사회는 민사소송에서의 소송구조를 관장하기도 한다. 각급법원에서 소송구조를 받은 사건을 담당할 변호사의 선임안내 및 우선상담 변호사의 지정에 관한 사무는 대응 지방변호사회 또는 지회(다음부터 "변호사회"라 한다)에서 관장함을 원칙으로 한다. 다만, 소송구조 수요, 업무효율 등에 비추어 필요한 경우에는 해당 법원에서 운영할 수 있다(소송구조 제도의 운영에 관한 예규 8).

제8조 단서에 따라 법원이 사무를 관장하는 경우, 법원장은 매년 연말까지 변호사회에서 소송구조사건의 선임을 희망하는 변호사 명단을 제출받아 다음 해에 소송구조를 받은 사건을 담당할 변호사로 예정한 자 및 지정순서를 일괄 등재한 명부(다음부터 "명부"라 한다)를 작성하여야 한다. 법무법인 소속 변호사의 경우에는 그 변호사 개인을 지정한다(소송구조 제도의 운영에 관한 예규 9①).

---

1 1. 신청이 법률상의 방식에 위배되거나 이유 없는 때에는 신청을 기각한다.
2. 신청이 이유 있는 때에는 사건에 대한 공소제기를 결정한다.

제73조 사법연수생의 지도

제73조(사법연수생의 지도)
지방변호사회는 사법연수원장의 위촉에 따라 사법연수생의 변호사 실무 수습을 담당한다.

Ⅰ. 연 혁

1982. 12. 31. 개정된 변호사법은 지방변호사회가 사업연수생의 지도를 담당하도록 하는 규정을 신설했다. 즉, 지방변호사회는 사법연수원의 위촉에 의하여 사법연수생의 변호사실무수습을 담당한다(제57조).

Ⅱ. 사법연수생의 변호사 실무 수습

1. 사법연수생의 변호사 실무 수습의 근거

지방변호사회는 사법연수원장의 위촉에 따라 사법연수생의 변호사 실무 수습을 담당한다. 사법연수원장은 연수생으로 하여금 여러 분야에서의 실무내용을 실제 업무수행기관에서 연마·체득하게 하기 위하여, 각급법원·검찰청·변호사회·기타 적절한 기관 및 단체(이하 "수습기관"이라 한다)의 장과 협의하여 연수생의 실무수습을 위탁할 수 있다(사법연수원 운영규칙 37①). 사법시험이 폐지되어 사법연수생이 변호사 실무 수습을 하는 경우는 없기 때문에 향후 본조는 폐지해야 한다. 그 대신 변호사시험에 합격한 변호사의 6개월 실무수습 지도를 할 수 있는 규정을 신설할 필요가 있다.

2. 지방변호사회의 사법연수생의 지도

(서울지방변호사)회는 사법연수원장의 위촉에 의하여 사법연수생의 변호사실무수습을 담당한다(서울지방변호사회 회칙 47①). 이 회는 필요하다고 인정할 때에는 사법연수생을 회원에게 위촉하여 개별지도를 하게 할 수 있다(회칙 47②).

3. 대한변호사협회의 변호사시험 합격한 자의 연수

변호사시험에 합격한 자의 연수는 현재 대한변호사협회에서 관장하고 있다. 이 연수를 실시함에 있어 법률사무종사기관에 위탁연수를 할 수도 있다(변호사시험 합격자 연구규칙 3(2)). 사법연수생과 같이 변호사시험에 합격한 자의 연수 역시 지방변호사회에 위촉하여 그 관할구역 내의 법률사무소 등에서 연수를 할 수 있도록 해야 한다.

제74조 분쟁의 조정

제74조(분쟁의 조정)
지방변호사회는 그 회원인 변호사 상호간 또는 그 회원인 변호사와 위임인 사이에 직무상 분쟁이 있으면 당사자의 청구에 의하여 이를 조정할 수 있다.

Ⅰ. 연 혁

(1) 1949. 11. 7. 제정된 변호사법은 지방변호사회가 변호사와 의뢰인 사이에 발생한 분쟁을 조정할 수 있음을 규정했다. 즉, 변호사회는 변호사와 위촉자 간에 분쟁을 생한 때에 당사자의 청구에 의하여 그 조정을 할 수 있다(제41조).

(2) 1982. 12. 31. 개정된 변호사법은 변호사와 위임인 간의 '직무상 분쟁'이 있는 때에 조정할 수 있음을 특정했다. 즉, 지방변호사회는 변호사와 위임인 간에 직무상 분쟁이 있는 때에는 당사자의 청구에 의하여 이를 조정할 수 있다(제59조).

(3) 1993. 3. 10. 개정된 변호사법은 종전의 '변호사와 위임인 간에'를 '변호사와 변호사 사이 또는 변호사와 위임인 사이에'로 하여 변호사 상호 간의 분쟁도 조정의 대상이 됨을 추가했다. 즉, 지방변호사회는 변호사와 변호사 사이 또는 변호사와 위임인 사이에 직무상 분쟁이 있는 때에는 당사자의 청구에 의하여 이를 조정할 수 있다(제59조).

(4) 2000. 1. 28. 개정된 변호사법은 분쟁 당사자인 변호사를 '그 회원인 변호사'로 특정하여 지방변호사회 소속 회원이어야 함을 명시했다. 즉, 지방변호사회는 그 회원인 변호사 상호간 또는 그 회원인 변호사와 위임인 상호간에 직무상 분쟁이 있는 때에는 당사자의 청구에 의하여 이를 조정할 수 있다(제74조).

(5) 2008. 3. 28. 개정된 변호사법은 종전의 '변호사와 위임인 상호간에'를 '변호사와 위

임인 사이에'로 자구수정을 하였다.

Ⅱ. 지방변호사회의 분쟁 조정

지방변호사회는 그 회원인 변호사 상호간 또는 그 회원인 변호사와 위임인 사이에 직무상 분쟁이 있으면 당사자의 청구에 의하여 이를 조정할 수 있다. 변호사 상호간 또는 위임인과의 직무상 분쟁은 소비자의 피해를 야기하고 변호사의 품위도 훼손할 수 있다. 특히 위임인과의 분쟁은 사회적 물의를 야기할 수 있어 변호사제도에 대한 신뢰를 해칠 수 있다. 따라서 지방변호사회가 자율적으로 평화로운 분쟁해결에 나서도록 한 것이다.

1. 변호사 상호간 또는 변호사와 위임인 사이의 직무상 분쟁

(1) 변호사 상호간에 직무상 분쟁

지방변호사회는 그 회원인 변호사 상호간에 분쟁이 있으면 이를 조정할 수 있다. 여기서 회원인 변호사에는 법인회원인 법무법인·법무법인(유한)·법무조합 등도 포함된다. 지방변호사회가 조정할 수 있는 것은 회원인 변호사 상호 간의 분쟁이어야 한다. 분쟁 당사자 모두 회원이어야 하는 것이 원칙이지만, 일방 당사자만 회원이어도 된다. 분쟁조정은 당사자의 청구에 의하여 개시될 수 있기 때문이다. 변호사 상호간의 직무상 분쟁은 변호사 직무수행 과정에서 발생하여야 한다. 예컨대 사무직원의 채용이나 이미 수임된 사건을 부당하게 유치하거나, 상대방 변호사를 비방하거나 수임하지 않은 사건에 개입하는 등으로 발생할 수 있다. 또한 공동대리인으로 직무수행 중 다른 변호사와 의견이 맞지 아니하여 발생한 분쟁도 있을 수 있다. 그리고 직무상 분쟁이라고 할 수는 없지만, 법무법인에 소속 변호사로 취업하였음에도 구성원 등기를 한 경우에 이직할 때 그 등기를 말소해 주지 않아서 분쟁조정 신청을 하기도 하고, 근로분쟁에 해당하는 임금이나 퇴직금 등을 둘러싼 분쟁도 발생하고 있다. 그리고 직무상 분쟁이 아닌 민사상 거래관계에서 야기된 분쟁은 조정의 대상이 될 수 없다. 이때 분쟁 당사자인 변호사는 「민사조정법」에 의한 조정신청을 할 수 있다.

(2) 변호사와 위임인 사이에 직무상 분쟁

지방변호사회는 회원인 변호사와 그 위임인 사이에 직무상 발생한 분쟁을 조정할 수 있다. 변호사와 위임인 사이의 직무상 분쟁은 위임계약의 이행과 관련하여 발생하게 된다. 위임약정은 언제든지 해지할 수 있는 계약의 성격상 사소한 문제로 위임인이 수임계약을 해지한 경우에는 수임료 반환 문제가 발생하고, 양자간에 원만히 해결되지 않으면 분쟁 조정신청을 하게 된다. 가장 빈번하게 발생하는 분쟁 유형이다. 그리고 변호사가 수임사건의 처리에 과실이 있을 때도 손해배상을 둘러싸고 분쟁이 발생할 수 있다. 아무튼 변호사와 위임인 사이에는 약정한 보수문제, 공탁금이나 예탁금의 관리, 사건처리를 위하여 보관중인 서류의 반환문제, 수임사건의 처리와 관련된 손해배상책임 문제 등과 관련하여 분쟁이 생길 수 있다.

2. 당사자의 청구로 조정

(1) 임의적인 조정신청

지방변호사회는 당사자의 청구가 있을 때 그 분쟁을 조정할 수 있다. 조정은 분쟁 당사자의 청구가 있어야 한다. 당사자 일방이 조정청구를 하였더라도 그 상대방이 이에 응하지 않을 수 있다. 「민사조정법」은 피신청인이 조정기일에 출석하지 아니한 경우 조정담당판사는 상당한 이유가 없으면 직권으로 제30조에 따른 결정을 하도록 하고 있다(제32조).[1] 이와 달리 지방변호사회는 이런 결정을 할 수 있는 근거가 없다. 결국 조정이 성립되지 않게 될 것이다. 변호사와 위임인 간의 분쟁에서 위임인은 지방변호사회의 조정이 변호사에게 우호적일 것이라는 의구심을 가질 수도 있다. 따라서 민사소송을 통하거나 민사조정을 선택할 수도 있다.

「변호사윤리장전」은 변호사에게 분쟁 발생시 우선적으로 조정신청할 것을 권유하고 있다. 변호사는 의뢰인과 직무와 관련한 분쟁이 발생한 경우에는, 소속 지방변호사회의 조정에 의하여 분쟁을 해결하도록 노력한다(변호사윤리장전 30). 실제로 변호사가 과도한 수임료 반환을 요구하는 의뢰인을 상대로 수임료 감액을 조정해 줄 것을 청구하기도 한다.

일본 변호사법은 지방변호사회 회칙의 필수적 기재사항으로 '회원의 직무에 관한 분쟁의 조정에 관한 규정'(변호사법 33②⑿)을 두고 있다. 그러나 우리 변호사에는 그 같은 규정이 없다. 따라서 분쟁조정절차는 지방변호사회가 자율적으로 정할 수 있다. 서울지방변호사회는 「분쟁조정규칙」을 제정·시행하고 있다.

(2) 조정절차

지방변호사회의 조정은 간이한 절차에 따라 조리를 바탕으로 실정에 맞게 해결하여야 한다. 「민사조정법」 제1조는 이를 명시하고 있다. 분쟁 당사자는 서면으로 조정을 청구할 수 있다(서울지방변호사회 회칙 48①). 서울지방변호사회는 분쟁조정청구사건을 처리하기 위하여 분쟁조정위원회를 두며(회칙 48②), 분쟁조정위원회는 위원장인 조정위원을 포함하여 5인 이

---

1 **「민사조정법」 제30조**(조정을 갈음하는 결정) 조정담당판사는 합의가 성립되지 아니한 사건 또는 당사자 사이에 성립된 합의의 내용이 적당하지 아니하다고 인정한 사건에 관하여 상당한 이유가 없으면 직권으로 당사자의 이익이나 그 밖의 모든 사정을 고려하여 신청인의 신청 취지에 반하지 아니하는 한도에서 사건의 공평한 해결을 위한 결정을 하여야 한다.

상 9인 이하의 조정위원으로 구성한다(회칙 48③), 분쟁조정위원회의 위원장은 총회에서 선출하며 조정위원은 변호사, 판사, 검사, 대학교수, 언론인, 소비자단체 임원중에서 회장이 임명 또는 위촉하되 조정위원의 2분의 1 이상은 변호사 아닌 자이어야 한다(회칙 48④).

Ⅲ. 지방변호사회의 분쟁조정의 효력

변호사법은 분쟁조정의 효력에 관한 규정을 두고 있지 않다. 지방변호사회의 조정으로 합의가 되면 민법상 화해계약(제731조)이 성립된 것으로 본다. 「민사조정법」상 조정은 당사자 사이에 합의된 사항을 조서에 기재함으로써 성립한다(제28조). 지방변호사회의 조정은 합의된 사항을 기재한 서면에 양 당사자가 서명날인함으로써 성립한다. 그렇지만 조정성립으로 강제집행력 같은 효력은 인정되지 않다. 반면, 「민사조정법」상 조정은 재판상의 화해와 동일한 효력이 있다(제29조). 이와 같은 조정의 효력 차이는 지방변호사회의 조정이 활성화되지 못하는 원인이 될 수 있다. 지방변호사회가 조정을 하였지만 당사자들이 화해하지 않으면 조정은 성립되지 않는다. 이때는 당사자는 민사·형사사건 등의 일반절차에 따라 권리구제를 청구할 수 있다.

Ⅳ. 피진정인 변호사의 징계혐의 조사

분쟁조정을 신청하는 진정인의 주장과 관련 증거자료를 통해서 피진정인인 변호사의 직무상 과오 또는 품위훼손행위 등이 발견될 수 있다. 분쟁조정위원회는 조정이 성립되지 않을 때 피진정인 변호사가 변호사법 또는 회칙위반행위가 있을 경우에는 징계혐의 사실에 대한 조사를 실시하기 위하여 조사위원회로 회부하기도 한다. 조사위원회의 조사 중에도 분쟁 당사자 사이에 화해가 성립될 수 있다.

제75조 자문과 건의

> **제75조(자문과 건의)**
> 지방변호사회는 공공기관에서 자문받은 사항에 관하여 회답하여야 하며, 법률사무나 그 밖에 이와 관련된 사항에 대하여 공공기관에 건의할 수 있다.

Ⅰ. 연 혁

(1) 1949. 11. 7. 제정된 변호사법은 지방변호사회의 관청자문과 답신의무를 규정했다. 즉, 변호사회는 특별한 규정이 없는 한 수습변호사의 실무수습을 담당하고 관청에서 자문을 받은 사항에 관하여 답신을 하여야 한다(제32조).

(2) 1982. 12. 31. 개정된 변호사법은 지방변호사회가 법률사무 등에 대하여 공무소에 건의할 수 있는 내용을 신설했다. 즉, 지방변호사회는 공무소에서 자문을 받은 사항에 관하여 회답하여야 하며, 법률사무 기타 이에 관련된 사항에 대하여 공무소에 건의할 수 있다(제58조).

(3) 2000. 1. 28. 개정된 변호사법은 종전의 규정 중 '공무소'를 '공공기관'으로 변경하게 되었다. 즉, 지방변호사회는 공공기관에서 자문을 받은 사항에 관하여 회답하여야 하며, 법률사무 기타 이와 관련된 사항에 대하여 공공기관에 건의할 수 있다(제75조).

Ⅱ. 공공기관의 자문 회답과 건의

1. 공공기관 자문받은 사항 회답

지방변호사회는 공공기관에서 자문받은 사항에 관하여 회답하여야 하며, 법률사무나 그 밖에 이와 관련된 사항에 대하여 공공기관에 건의할 수 있다. 지방변호사회와 대한변호사협회는 공공기관에서 자문받은 사항에 대하여 회답의무가 있다(변호사법 87). 지방변호사회는 공공성을 지닌 법률전문직인 변호사단체이므로 공공기관의 각종 자문에 응하는 것은 공익활동의 일환이기도 하다. 여기서 '공공기관'은 국가나 지방자치단체는 물론 각종 공사와 같은 기관을 말한다. 공공기관이 아닌 사인이 그의 권리구제를 위한 자문요청을 한 경우에 이를 회답할 의무는 없다. 그리고 '자문받은 사항'은 법령의 해석·적용에 관한 내용이어야 한다. 자문사항에 '회답하여야' 한다는 것은 질의에 대한 해석의 결과를 통지하는 것을 말한다.

회답의무를 이행하지 않았더라도 그에 대한 제재수단은 없다. 그러나 자문한 내용이 통상적인 법률자문 외에 회원인 변호사에게 직무수행을 위임할 것인지 여부를 결정하기 위한 목적일 수 있다. 따라서 그 회답은 정확하고 신속해야 한다. 공공기관이 자문을 하지 않고 특정행위의 요청권고를 한 경우에 이를 수용하는 취지의 회신도 해야 한다. 예컨대 공정거래위원회가 변호사 약정서에 있는 불공정약관조항(착수금 불반환조항, 성공간주조항, 조정청구강제조항 등)에 대하여 「약관규제에 관한 법률」에 의해 적법한 시정조치를 요청한 경우 이를 수용하여 회원들로 하여금 새로운 계약서 작성을 권고할 의무가 있다.

지방변호사회의 공공기관에 대한 자문의무는 1949년 변호사법 제정 당시부터 인정되어 왔다. 그러나 현재는 지방변호사회의 도움을 받지 않더라도 자체적으로 고용한 변호사나 외부 로펌 간의 자문계약으로 해결하고 있다. 따라서 지방변호사회의 자문의무는 전통적이며 연혁적인 의미를 가진다.

2. 법률사무나 그 밖의 관련 사항 공공기관에 건의

변호사의 사명은 기본적 인권의 옹호와 사회정의의 실현이며, 이를 위하여 사회질서의 유지와 법률제도 개선에 노력해야 한다. 지방변호사회 역시 이러한 변호사의 사명을 달성하기 위한 목적으로 법률사무나 그 밖에 이와 관련된 사항을 공공기관에 건의할 수 있다. 건의의 대상은 '법률사무나 그 밖에 이와 관련된 사항'이다. 서울지방변호사회는 법령의 제정과 개폐 또는 법제도의 운영과 개선 문제에 관하여 제 2 조에 정한 설립목적에 비추어 필요하다고 인정할 때에는 의견을 발표하거나 건의할 수 있다(회칙 6)고 한다.[1] 공공기관은 국

---

1 「**서울지방변호사회 회칙**」 **제 2 조(목적)** 이 회는 다음 사항을 그 설립목적으로 한다.
1. 기본적 인권의 옹호와 사회정의의 실현
2. 법률문화의 창달과 국제적 교류
3. 회원의 권익옹호와 친목 및 복지증진
4. 변호사 사무의 개선 및 발전
5. 변호사의 품위보전과 지식함양

회나 법원 및 행정부의 기관은 물론 공사단체도 포함된다. 국회에 대하여 특정 법령의 제정과 개정을 건의할 수 있으며, 국회의원과 지방의회 의원들의 의정활동에 관한 자료를 제시하여 그 시정을 요청할 수 있다. 또한 수사기관의 변호인 입회권과 조력권의 보장을 건의하거나 재판진행과 관련한 변호사들의 건의사항을 전달할 수 있다.

6. 변호사·법무법인·법무법인(유한)·법무조합·공증인가합동법률사무소 및 공동법률사무소의 지도와 감독(1993. 7. 1, 2005. 6. 16, 2008. 2. 15. 변경인가)

제75조의2 사실조회 등

> 제75조의2(사실조회 등)
> 지방변호사회는 회원인 변호사가 수임사건과 관련하여 공공기관에 조회하여 필요한 사항의 회신이나 보관 중인 문서의 등본 또는 사본의 송부를 신청하는 경우에는 그 신청이 적당하지 아니하다고 인정할 만한 특별한 사유가 있는 경우가 아니면 그 신청에 따라 공공기관에 이를 촉탁하고 회신 또는 송부 받은 결과물을 신청인에게 제시하여야 한다.

Ⅰ. 연 혁

2008. 3. 28. 개정된 변호사법은 지방변호사회를 통한 사실조회 제도를 신설했다. 변호사가 업무를 수행하던 중 공공기관 등을 상대로 정확한 사실관계 확인이 필요한 경우 소송을 제기하기 전에는 사실조회를 신청할 수가 없어 의뢰인을 위한 적정한 업무수행을 할 수 없다는 지적이 있었다. 그에 따라 변호사가 업무수행에 필요한 사실관계의 확인 등이 필요한 경우 지방변호사회에 공공기관에 대한 사실조회를 신청하고, 지방변호사회는 그 신청이 부당한 경우가 아니면 그 신청에 따라 공공기관에 이를 촉탁하고 그 결과물을 신청인에게 제시하도록 함으로써 의뢰인을 위한 신속하고 정확한 법률서비스를 제공할 수 있도록 하였다.

Ⅱ. 수임사건과 관련한 사항의 공공기관에 조회

1. 변호사가 수임사건과 관련하여 공공기관에 조회신청한 경우

지방변호사회는 회원인 변호사가 수임사건과 관련하여 공공기관에 조회하여 필요한 사항의 회신이나 보관 중인 문서의 등본 또는 사본의 송부를 신청하는 경우에는 그 신청이 적당하지 아니하다고 인정할 만한 특별한 사유가 있는 경우가 아니면 그 신청에 따라 공공기관에 이를 촉탁하고 회신 또는 송부 받은 결과물을 신청인에게 제시하여야 한다. 변호사는 수임사건의 처리를 위하여 공공기관에 사실조회를 할 필요가 있다. 변호사는 수임사건이 제소되어 재판에 계류 중이라면 법원을 통하여 사실조사를 촉탁할 수 있다. 법원은 공공기관·학교, 그 밖의 단체·개인 또는 외국의 공공기관에게 그 업무에 속하는 사항에 관하여 필요한 조사 또는 보관중인 문서의 등본·사본의 송부를 촉탁할 수 있다(민사소송법 294). 민사소송에서는 공공기관·학교, 그 밖의 단체·개인 또는 외국의 공공기관에 조회할 수 있다. 반면, 변호사법은 공공기관에 조회하는 것으로 한정되어 있다. 그리고 조회신청은 필요한 사실내용이나 문서의 송부에 관한 것이다. 법원은 직권으로라도 송부촉탁할 수 있지만, 지방변호사회는 회원인 변호사의 신청이 있을 때만 할 수 있다.

2. 공공기관에 촉탁·회신받은 결과물 신청인에게 제시

지방변호사회는 신청을 받은 후에는 특별한 사유가 없는 한 공공기관에 촉탁하여야 한다. 특별한 사유란 그 변호사를 대행하여 조회할 필요가 없는 명백한 사정이 있는 것을 말한다. 촉탁이란 지방변호사회가 필요한 사항이나 문서의 송부를 요청하는 행위이다. 변호사가 제소 전에 의뢰인의 대리인 지위에서 필요한 자료를 구하기 쉽지 않을 때, 지방변호사회를 통하여 사실조회나 문서의 송부를 신청할 실익이 있다.

본조의 신설로 지방변호사회는 회원이 신청한 조회를 대행할 수 있는 법적 근거가 마련되었지만, 실효성은 의문이다. 촉탁받은 공공기관은 회신할 의무가 없기 때문이다. 이와 달리 법조윤리협의회의 사실조회 등의 요구에는 회신 의무를 규정하고 있다. 법조윤리협의회가 징계개시의 신청 또는 수사 의뢰 등 업무수행을 위하여 필요하다고 인정하면 관계인 및 관계 기관·단체 등에 대하여 관련 사실을 조회하거나 자료 제출 또는 윤리협의회에 출석하여 진술하거나 설명할 것을 요구할 수 있다. 이 경우 요구를 받은 자 및 기관·단체 등은 이에 따라야 한다(변호사법 89②). 이 규정에 따른 윤리협의회의 요구에 정당한 이유 없이 따르지 아니한 자는 500만원 이하의 과태료를 부과한다(변호사법 117③(2)). 이와 같은 강제조항과 제재규정이 필요하지만, 변호사가 자신의 수임사건 처리를 위한 공공기관에 사실조회에 대한 회신 또는 결과물 제출의무를 부과하기는 어렵다.

제76조 회원들에 관한 정보제공의무

> **제76조(회원들에 관한 정보제공의무)**
> ① 지방변호사회는 의뢰인의 변호사 선임의 편의를 도모하고 법률사건이나 법률사무 수임의 투명성을 확보하기 위하여 회원들의 학력, 경력, 주요 취급 업무, 업무 실적 등 사건 수임을 위한 정보를 의뢰인에게 제공하여야 한다.
> ② 제 1 항에 따른 정보의 제공 범위, 제공 방법, 그 밖에 필요한 사항은 각 지방변호사회가 정한다.

Ⅰ. 연 혁

2000. 1. 28. 개정된 변호사법은 변호사 선임의 편의를 위하여 회원들의 업무실적 등에 관한 정보를 제공하기로 하는 의무규정을 신설했다. 즉, 지방변호사회는 의뢰인의 변호사 선임의 편의를 도모하고 법률사건 또는 법률사무 수임의 투명성을 확보하기 위하여 회원들의 학력·경력·주요취급업무·업무실적 등 사건수임을 위한 정보를 의뢰인에게 제공하여야 한다(제76조 제 1 항). 제 1 항의 규정에 의한 정보의 제공범위·제공방법 기타 필요한 사항은 각 지방변호사회가 정한다(제76조 제 2 항).

Ⅱ. 의뢰인의 변호사 선임 편의를 위한 정보제공

1. 변호사 선임의 편의도모·사건수임의 투명성 확보

지방변호사회는 의뢰인의 변호사 선임의 편의를 도모하고 법률사건이나 법률사무 수임의 투명성을 확보하기 위하여 회원들의 학력, 경력, 주요 취급 업무, 업무 실적 등 사건수임을 위한 정보를 의뢰인에게 제공하여야 한다(제 1 항). 지방변호사회는 변호사에 관한 정보를 의뢰인에게 제공하여야 한다. 정보제공은 의뢰인을 개업변호사에게 안내하는 역할을 한다. 정보제공의 첫째 목적은 의뢰인의 변호사 선임의 편의를 위하여서이다. 의뢰인이 변호사의 조력을 받고자 할 때 그가 필요로 하는 경험과 지식을 가진 변호사를 찾기 쉽지 않다. 이때 지방변호사회가 제공하는 신뢰할 수 정보는 변호사의 선임에 큰 도움이 될 것이다. 그리고 정보제공의 둘째 목적은 법률사건이나 법률사무 수임의 투명성을 확보하기 위하여서이다. 의뢰인이 제공받은 정보를 기초로 변호사와 상담하면 사건수임 문화의 개선도 기대할 수 있다. 의뢰인이 다급하게 변호사의 조력을 받아야 할 상태에서 사건브로커를 통하여 수임하게 되면 적절한 조력을 받지 못할 수도 있다. 따라서 지방변호사회의 정보제공 의무는 변호사에의 접근권을 보장하고 충분한 조력을 받도록 하려는 취지라 할 수 있다.

2. 회원들의 학력, 경력, 주요 취급 업무, 업무 실적 등 정보제공

(1) 지방변호사회가 제공할 정보

지방변호사회가 제공할 정보는 회원들의 학력·경력·주요취급업무·업무실적 등이다. 서울지방변호사회의 「정보제공 등에 관한 규정」 제5조는 정보의 제공범위를 ① 성명, 생년월일, 개업연월일, ② 사무소의 주소·전화·팩스번호, ③ 학력 및 경력, ④ 회원이 신고한 주요 취급업무 및 업무실적, ⑤ 회원이 신고한 저서 및 논문의 목록으로 한정하고 있다. 여기서 '개업연월일'은 변호사의 사건처리의 경험을, '학력과 경력'은 전문인으로서 쌓아온 지식과 경륜을, '주요 취급업무 및 업무실적'은 주로 취급해온 전문영역을, '저서와 논문'은 특정 분야의 지식과 경험을 각각 엿보게 한다. 이런 정보는 법률전문직으로서의 변호사 수임 시에 긍정적으로 작용하는 평가요소이다. 이런 정보는 변호사법 제23조 제1항이 정하는 변호사의 광고사항과 비슷하다. 2000. 1. 28. 개정된 변호사법은 지방변호사회가 회원들에 관한 정보를 제공할 의무를 부과하면서 그와 함께 변호사는 스스로 광고를 할 수 있도록 하였다(제23조).

(2) 대한변호사협회의 장이 제공할 정보

의뢰인으로서는 그 변호사의 부정적인 측면도 알아야 한다. 선임하려는 변호사가 과연 적법한 직무수행을 할 권한이 있는지에 관한 기본적인 정보도 있어야 한다. 그래서 변호사법은 징계처분에 관한 정보도 제공하도록 하고 있다. 대한변호사협회의 장은 변호사를 선임하려는 자가 해당 변호사의 징계처분 사실을 알기 위하여 징계정보의 열람·등사를 신청하는 경우 이를 제공하여야 한다(변호사법 98의5④). 징계에 관한 정보의 제공은 지방변호사회가 아닌 대한변호사협회의 장이 한다. 회원들에 관한 정보제공의무 규정은 대한변호사협회에 준용하지 않기 때문에(변호사법 87) 대한변호사협회가 회원들에 관한 정보제공의무는 존재하지 않는다.

(3) 제공된 정보의 한계

변호사단체를 통하여 의뢰인에게 제공된 정보는 수임여부를 결정하는 데 유익할 것이다. 이러한 정량적인 요소보다는 그 변호사에 대한 평판도가 더욱 중요하다. 평판도는 수임사건에 대한 열정과 성실함 및 능력을 가늠하게 해준다. 지방변호사회가 회원들의 정보를 계량화하여 제공하는 것이 변호사 선임에 실제로 얼마나 도움이 될지는 의문이다. 지방변호사회의 정보제공의무는 변호사의 조력권이라는 기본권을 행사하려는 의뢰인을 향한 최소한의 노력이라는 의미를 부여할 수 있다.

Ⅲ. 정보의 제공 범위, 방법 등은 지방변호사회가 결정

제 1 항에 따른 정보의 제공 범위, 제공 방법, 그 밖에 필요한 사항은 각 지방변호사회가 정한다(제 2 항). 지방변호사회는 의뢰인에게 제공하는 정보의 범위와 그 방법 및 기타 사항을 자율적으로 정한다. 변호사법의 위임에 따라 서울지방변호사회는 「정보제공 등에 관한 규정」을 제정·시행하고 있다. 지방변호사회는 변호사를 선임하려는 자의 변호사 정보제공 신청을 받은 후에 제공한다. 의뢰인이 변호사 선임, 법률사건 또는 법률사무의 위임을 목적으로 하지 아니하는 경우에는 정보를 제공하지 아니할 수 있다(위 규정 4). 담당 상임이사는 제 6 조의 규정에 의하여 정보제공의 신청이 있을 때에는 신청을 받은 날부터 10일 이내에 정보제공 여부를 결정하여야 한다(위 규정 7). 정보제공 여부를 결정하는 방법은 신속하지 못하다. 회원들의 동의를 얻어 제공받은 정보를 의뢰인이 검색할 수 있도록 하는 것이 바람직할 것으로 보인다.

신청된 정보는 신청인 본인 또는 그 대리인에게 직접 교부하거나 지정하는 주소로 우송하는 방법으로 할 수 있다(위 규정 8①). 지방변호사회 회장은 회원에게 이 규정에 의한 정보제공에 필요한 자료의 제출 등을 요구할 수 있다(위 규정 9).

제77조 감 독

제77조(감독)
① 지방변호사회는 대한변호사협회와 법무부장관의 감독을 받는다.
② 지방변호사회는 총회의 결의 내용을 지체 없이 대한변호사협회와 법무부장관에게 보고하여야 한다.
③ 법무부장관은 제2항의 결의가 법령이나 회칙에 위반된다고 인정하면 대한변호사협회의장의 의견을 들어 취소할 수 있다.

I. 연 혁

(1) 1949. 11. 7. 제정된 변호사법은 법무부장관의 지방변호사회 및 총회에 관련된 사항에 대하여 광범위한 감독권을 규정했다. 즉, 변호사와 변호사회는 법무부장관의 감독을 받는다(제36조 제1항). 변호사회는 총회의 일시, 장소, 의제와 임원선거의 일시, 장소를 미리 법무부장관에게 신고하여야 한다(제36조 제2항). 법무부장관은 변호사회의 총회 또는 임원선거의 장소에 임석하거나 또는 소속관리로 하여금 임석케 할 수 있다(제37조). 변호사회는 지체없이 총회의 결의, 임원의 취임과 퇴임을 법무부장관에게 신고하여야 한다(제38조). 법무부장관은 변호사회의 회의 또는 결의가 법령 또는 규약에 위반하거나 공익을 해한다고 인정하는 때에는 그 결의를 취소하거나 또는 의사를 정지시킬 수 있다(제40조).

(2) 1982. 12. 31. 개정된 변호사법은 현행과 같이 지방변호사회(총회의 결의내용 포함)에 대하여 대한변호사협회의 감독권을 신설하면서(제1항·제2항), 총회의 결의가 '공익을 해한다고 인정할 때'는 취소할 수 있다는 규정도 두었다. 즉, 지방변호사회는 대한변호사협회 및 법무부장관의 감독을 받는다(제60조 제1항). 지방변호사회는 총회의 결의내용을 지체 없이 대한변호사협회와 법무부장관에게 보고하여야 한다(제60조 제2항). 법무부장관은 제2항의 결의가 법령 또는 회칙에 위반하거나 공익을 해한다고 인정할 때에는 대한변호사협회의 장

의 의견을 들어 이를 취소할 수 있다(제60조 제3항).

(3) 2007. 1. 26. 개정된 변호사법은 법무부장관이 지방변호사회의 총회결의를 취소사유로 두었던 '공익을 해한다고 인정할 때'를 삭제하게 되었다. 즉, 법무부장관은 제2항의 결의가 법령 또는 회칙에 위반된다고 인정할 때에는 대한변호사협회의 장의 의견을 들어 이를 취소할 수 있다(제77조 제3항).

Ⅱ. 대한변호사협회와 법무부장관의 감독

1. 대한변호사협회의 감독

개업변호사는 소속 지방변호사회와 대한변호사협회의 감독을 받는다. 지방변호사회 역시 대한변호사협회의 지도감독을 받아야 한다(변호사법 78). 지방변호사회는 소속 회원의 자격등록과 개업 및 입회신고나 징계권 등에 대한 독자적인 규율권이 없다. 그 점에서 지방변호사회와 대한변호사협회는 대등관계가 아닌 상하관계의 지위에 있다. 일본 변호사법 역시 변호사회의 감독기관은 일본변호사연합회이다. 변호사회는 총회의 결의나 임원의 취임 및 퇴임을 일본변호사연합회에 보고해야 한다(일본 변호사법 38). 이와 달리 우리 변호사법은 지방변호사회의 결의내용을 법무부장관에게 보고하도록 하고, 법령 위반 등의 사유가 있으면 이를 취소할 수 있도록 하고 있다. 지방변호사회는 대한변호사협회는 물론 최종적으로 법무부장관의 감독하에 있다.

2. 법무부장관의 감독

지방변호사회는 대한변호사협회와 법무부장관의 감독을 받는다(제1항). 법무부장관은 변호사와 지방변호사회 및 대한변호사협회의 감독관청이다. 지방변호사회는 회원들인 변호사의 자유와 권리를 제한할 수 있는 회칙을 제정·시행하고, 그 위반시에는 징계개시 신청도 할 수 있기에 적법성 통제를 위한 감독을 하고 있다. 판례는 지방변호사회가 겸직허가행위의 법적 성격을 공공조합이 행하는 행정처분이라고 하고,[1] 형법의 무고죄에 있어서 징계처분을 하는 공무소로 판시하고 있다.[2] 대법원은 대한변호사협회의 장을 국가배상법상 공무원이라고 판시한 바 있다.[3] 이처럼 지방변호사회는 국가가 위임·위탁하는 사무를 처리하는 분야에서는 공무를 수행하는 행정청이라 할 수 있기 때문에 법치행정을 위한 국가의 감

1 서울행정법원 2003. 4. 16. 선고 2002구합32964 판결 [겸직불허처분취소]
2 대법원 2010. 11. 25. 선고 2010도10202 판결 [무고].
3 대법원 2021. 1. 28. 선고 2019다260197 판결 [손해배상(기)].

독을 위하여 법무부장관의 감독권을 인정하고 있다.

Ⅲ. 총회 결의 내용을 대한변호사협회·법무부장관에게 보고

1. 지방변호사회의 총회 결의 내용

지방변호사회는 총회의 결의 내용을 지체 없이 대한변호사협회와 법무부장관에게 보고하여야 한다(제2항). 지방변호사회의 총회는 최고의결기관이다. 총회에서 결의한 내용은 대한변호사협회와 법무부장관에게 보고해야 한다. 보고대상은 총회결의 내용이므로 지방변호사회의 이사회나 감사 등의 기관이 결의한 내용은 해당되지 않는다. 총회의 결의 내용은 자율적으로 정할 수 있다.[4] 그러나 회칙의 변경 및 예산과 결산은 반드시 총회결의를 거쳐야 한다(변호사법 70③). 보고사항인 총회의 결의의 내용은 묻지 않는다.

2. 대한변호사협회와 법무부장관에게 보고

지방변호사회의 총회결의 보고의무는 대한변호사협회와 법무부장관의 감독권에서 비롯된다. 보고 시기는 지체 없이 하여야 한다. 총회의 결의내용을 보고하지 않는다면 그 결의는 취소의 대상이 될 수 있다. 총회의 결의가 회칙변경에 관한 것이라면 법무부장관으로부터 변경인가를 받아야 된다. 회칙변경에 관한 결의가 아니라면 총회결의로 효력발생 시기를 정할 수 있다. 물론 결의내용에 대하여 보고는 해야 한다. 대한변호사협회는 총회결의 내용을 보고받은 후 결의내용의 적법성 여부를 심사할 수는 없다. 법무부장관에게 그 의견을 밝힌 후 보고해야 할 것으로 보인다.

Ⅳ. 총회 결의가 법령·회칙에 위반되면 취소

1. 총회 결의가 법령에 위반

법무부장관은 제2항의 결의가 법령이나 회칙에 위반된다고 인정하면 대한변호사협회 의장의 의견을 들어 취소할 수 있다(제3항). 법무부장관은 총회결의 내용을 보고받은 후 그

---

4 「서울지방변호사회 회칙」 **제18조(의결사항)** 총회는 다음 사항을 의결한다(2012. 6. 21. 변경인가).
1. 회칙 및 규칙의 제정 또는 변경에 관한 사항
2. 예산 및 결산의 승인에 관한 사항
3. 임원의 선임에 관한 사항
4. 법령, 회칙 또는 규칙에 의하여 총회의 의결을 받아야 할 사항
5. 회의 중요 재산의 처분, 취득 또는 일시 기채를 제외한 대규모 재산의 차입에 관한 사항
6. 기타 회장이 이사회의 의결을 거쳐 부의한 사항

결의가 법령이나 회칙에 위반되는지 여부를 심사한다. 여기서 '법령에 위반된다'는 것은 헌법은 물론 법률·명령·규칙에 위반되는 것을 말한다. 변호사와 관련한 법령은 헌법, 변호사법, 변호사법 시행령이 있다(변호사법 시행규칙은 없음). 총회 의결사항은 법령의 위임을 받은 사항을 규율하는 '회칙과 규칙'도 포함되고, 회원인 변호사들의 기본권을 침해할 수 있기 때문에 이런 국가의 감독권이 필요하다. 그리고 회칙변경을 총회결의가 아닌 이사회의 결의로 변경하는 내용의 결의를 하였다면 변호사법 제70조(총회) 제3항 위반이다. 또한 변호사법의 수권 없이 겸직허가 사유를 지나치게 제한하는 내용으로 「겸직허가 및 신고규정」을 제정하여 직업선택의 자유를 침해하는 경우가 있다.[5] 그런데 이런 위헌·위법한 내용을 담은 「겸직허가 및 신고규정」은 '규정'이라고 하여 이사회 의결로 제정·개정할 것이라서 법무부장관에게 보고하지도 않을 것으로 예상되고,[6] 그 결과 법무부장관은 법령 위반을 이유로 취소권을 행사하지도 못하는 문제점이 있다. 지방변호사회가 총회 의결사항이라도 이사회 의결을 거친 후 시행한다면, 사실상 국가의 감독을 면탈하는 결과를 초래할 수 있다.

2. 총회 결의가 회칙에 위반

변호사법상 총회 결의 사항은 ① 회칙의 변경, ② 예산 및 결산이 해당된다(변호사법 70③). 여기서 '회칙'은 지방변호사회 설립할 때 법무부장관의 인가를 받아 정하는 '회칙'과 총회의 의결사항인 '규칙'을 말한다. 따라서 총회 결의가 회칙에 위반된다고 할 때 '총회 결의'는 '규칙'의 제정과 개정을 말한다. 물론 총회 결의 사항인 회칙에 고유한 의미의 '회칙'을 개정한 내용이 기존의 회칙과 상충되는 경우도 있을 수는 있다. 규칙은 총회의, 규정은 이사회의 의결을 거쳐 정한다(서울지방변호사회 회칙 56③). '규칙의 제정 또는 변경'은 총회의 결의를 거치기에 법령이나 상위 회칙에 위반될 때는 취소대상이 될 수 있다. 그러나 총회의 의결을 거치지 않는 '규정'은 취소대상이 될 수 없다. 지방변호사회가 총회의 결의 사항을 이사회 의결 사항으로 정하여 실제로 이사회 의결로 처리해버리면, 법무부장관에게 보고할 필요도 없게 되는 문제점이 있다. 일본 변호사법은 총회의 결의가 공익을 해할 때 기타 법령 또는 그 변호사회 또는 일본변호사연합회 회칙에 의반할 때는 일본변호사연합회는 그

5 겸직허가에 관한 구체적인 사항은 서울지방변호사회를 비롯한 각 지방변호사회는 「겸직허가 및 신고규정」을 제정·시행 중이다. 서울지방변호사회의 「겸직허가 및 신고규정」에는 겸직허가 취소사유를 두고 있다. 그중 '업무방식, 사건 수 등을 종합적으로 판단하여 송무업무를 주목적으로 겸직하는 것이 명백하다고 판단될 때'를 취소사유로 하고 있다(위 규정 16(5)). 그리고 위 규정의 시행을 위한 「겸직허가 및 신고지침」에는 겸직허가 취소기준의 하나로 '겸직허가를 받은 회원이 당해 회사의 송무사건을 연간 10건을 초과하여 수임 또는 처리하였는지 여부'를 명시하고 있다(위 지침 6①). 겸직허가를 받은 사내변호사가 송무업무를 주목적으로 겸직하는 것이 명백하면 겸직허가 취소사유가 되며, 당해 회사의 송무사건을 연간 10건을 초과하여 수임 또는 처리할 수 없도록 하고 있다.

6 '규정'의 제정과 개정은 이사회 의결사항이다(서울지방변호사회 회칙 25).

결의를 취소할 수 있도록 한다(제40조).

3. 대한변호사협회의 장의 의견을 들어 취소

(1) 법무부장관은 지방변호사회의 총회결의 내용을 취소할 수 있다. 취소를 함에 있어 대한변호사협회의 장의 의견을 들어야 한다. 그러나 그 의견에 기속되는 것은 아니다. 대한변호사협회의 장이 이미 취소의견서를 첨부하였다면 다시 의견을 구할 필요는 없다. 법무부장관은 총회결의가 아닌 회칙상 이사회 의결사항을 적법하게 결의하였으면, 취소할 수 없는 것이 원칙이다. 취소시기는 총회결의 내용을 보고받고 상당한 심사기간을 거친 후에 하여야 한다. 법무부장관의 취소권은 변호사단체의 자치권과 상충된다는 비판이 있을 수 있다. 그러나 지방변호사회는 국가로부터 위임·위탁받은 사무를 처리하기 때문에 법치행정을 위한 국가의 감독은 절대적으로 필요하다. 특히 지방변호사회와 같은 변호사단체가 자율적으로 제정·시행하는 회칙으로 변호사의 기본권이 제한을 받을 수 있기 때문에 더욱 그러하다. 변호사가 지방변호사회와 대한변호사협회 회원이라는 이유로 변호사단체의 내부규율로 야기될 수 있는 과도한 기본권의 제한은 허용될 수 없다. 그 점에서 법무부장관의 취소는 법률이 허용하는 상급감독청의 취소권 발동으로 이해할 수 있다.

(2) 이러한 국가의 감독권 행사로 지방변호사회와 대한변호사협회와 같은 공법인은 물론 다양한 지방자치단체에서도 통일적인 국가 법질서가 유지되고 있다. 지방자치법도 국가사무를 위임받아 처리하는 지방자치단체나 그 장에 대한 지도와 감독을 허용한다(지방자치법 185). 지방자치단체의 사무에 관한 지방자치단체의 장의 명령이나 처분이 법령에 위반되거나 현저히 부당하여 공익을 해친다고 인정되면 시·도에 대해서는 주무부장관이, 시·군 및 자치구에 대해서는 시·도지사가 기간을 정하여 서면으로 시정할 것을 명하고, 그 기간에 이행하지 아니하면 이를 취소하거나 정지할 수 있다(지방자치법 188①).

4. 법무부장관의 취소권 행사의 한계

(1) 법무부장관은 제2항의 결의가 법령이나 회칙에 위반된다고 인정하면 대한변호사협회의 장의 의견을 들어 취소할 수 있다(변호사법 77③). '취소할 수 있다'고 마치 재량행위와 같이 규정되어 있지만, 위헌·위법한 총회 결의를 묵인할 수는 없기 때문에 기속행위로 해석해야 한다. 법무부장관은 지방변호사회에서 보고하는 총회 결의 사항에 대한 심사도 매우 신중하게 해야 한다.

(2) 그런데 총회 의결을 거친 후 법무부장관의 심사를 거쳤는데, 그 후 법령의 개정으로 해당 회칙이 위헌·위법한 경우에도 그런 사실 자체를 알지 못한 채 계속 그 회칙 내용

이 적용될 수 있다. 이 경우에 해당 지방변호사회가 개정안을 만들어 총회의 의결을 거친 후 법무부장관에게 보고하지 않으면, 위헌·위법한 회칙이 그대로 적용되는 문제가 있다.

(3) 「서울지방변호사회 회칙」 제43조의2(광고) 제2항은 "광고매체의 종류, 광고회수, 광고료의 총액, 광고내용 등에 관하여는 대한변호사협회가 정한 기준의 범위 안에서 규정으로 정한다"(2000. 7. 26. 신설인가)라고 되어 있다. 그런데 이 내용은 2000. 1. 28. 개정된 변호사법 제23조 제2항에서 규정된 것인데, 2007. 1. 26. 개정된 변호사법은 대한변호사협회에 위임된 변호사광고 제한의 사유가 지나치게 넓어 소비자에 대한 정보제공 역할이 미흡함에 따라 사건브로커를 고용하는 등 병폐의 원인이 될 수 있다고 삭제된 것이다. 그럼에도 서울지방변호사회는 변호사법이 개정된 사실도 모르고, 지난 2000년에 신설된 조항을 존치하고 있다. 변호사의 광고는 대한변호사협회의 광고규정의 규율을 받기 때문에 서울지방변호사회 회칙상의 광고규정은 사실상 문제될 여지가 없다.[7] 법무부장관이 인가한 회칙의 제정·시행된 후에 상위 법령의 변화로 위헌·위법한 내용의 회칙이 여전히 존속하는 것은 큰 문제라 할 수 있다.

(4) 지방변호사회 임원이 직접 선거로 선출되고, 그 임기도 2년이라서 기존의 회칙에 있는 위헌·위법한 내용을 파악하지 못한 상태로 회무에 임하고 있기에 초래된 현상이다. 지방변호사회는 회원 변호사의 기본권을 신장시키기 위해서는 법령과 제반사정의 변경에 따른 위헌적인 회칙의 정비작업을 게을리해서는 아니 된다. 아무튼 위 「서울지방변호사회 회칙」 제43조의2(광고) 제2항은 변호사법을 위반하여 변호사의 기본권을 제한하는 위헌·위법한 것이다.

---

7 정형근, "변호사업무의 플랫폼 광고 규제에 관한 헌법적 고찰", 헌법재판소 헌법실무연구회 발표문(2022. 4. 22), 53면 이하.

제77조의2 비밀 준수

제77조의2(비밀 준수)
지방변호사회의 임직원이거나 임직원이었던 자는 법률에 특별한 규정이 있는 경우가 아니면 제28조의2, 제89조의4 제1항 및 제89조의5 제1항에 관한 업무처리와 관련하여 알게 된 비밀을 누설하여서는 아니 된다.

Ⅰ. 연 혁

2008. 3. 28. 개정된 변호사법은 그간 모든 변호사의 수임사건 건수 및 수임액 보고(제28조의2), 공직퇴임변호사 및 특정 변호사의 수임자료 등 제출 의무(제89조의4 제1항, 제89조의5 제1항)는 있으나, 해당 업무를 처리하는 지방변호사회의 임직원에 의한 비밀누설 행위를 방지할 규정이 없었다. 이를 고려하여 변호사의 직무상 비밀 및 의뢰인의 사생활의 비밀 보호에 이바지하고자 지방변호사회의 임직원에 대한 비밀 준수 의무와 위반 시 처벌규정을 신설한 이래 오늘에 이르고 있다. 아울러 비밀 준수 의무만 부과하고 위반행위에 대한 처벌규정이 없었던 법조윤리협의회 위원 등에 대하여도 처벌조항도 함께 마련한 바 있다(제89조의8, 제112조 제7호).

Ⅱ. 지방변호사회 임직원의 비밀누설 금지

1. 지방변호사회의 임직원·임직원이었던 자

지방변호사회의 임직원이거나 임직원이었던 자는 법률에 특별한 규정이 있는 경우가 아니면 제28조의2, 제89조의4 제1항 및 제89조의5 제1항에 관한 업무처리와 관련하여 알게 된 비밀을 누설하여서는 아니 된다. 비밀 준수의 주체는 지방변호사회의 현재 임직원이거나 과거에 임직원이었던 자이다. 임직원은 임원과 직원을 포함한 개념이다. 서울지방변호사회는 임원으로 회장, 부회장, 상임이사, 이사, 감사를 두고 있다(서울지방변호사회 회칙 29). 그리고 지방변호사회의 일반사무를 처리하기 위하여 사무국을 두며, 사무국에는 사무총장 1인과 필요한 직원을 둔다(회칙 38). 임직원으로 재직 중이거나 퇴직 후에도 업무처리와 관련하여 알게 된 비밀을 누설해서는 아니 된다.

2. 법률에 특별한 규정이 있는 경우

비밀 준수의무는 법률에 특별한 규정이 있는 경우에는 해제된다. 여기서 '법률에 특별한 규정이 있는 경우'는 변호사의 비밀유지의무에 관한 변호사법 제26조 단서와 같다. 즉, 본인의 승낙이 있거나 중대한 공익상 필요가 있는 때에는 증인으로 진술할 수 있으며(형사소송법 149 단서), 업무상 위탁을 받아 소지 또는 보관하는 물건의 압수를 허용할 수 있다(형사소송법 112 단서). 민사소송에서는 직무상 비밀을 지킬 의무가 면제된 경우에는 문서를 제출하거나 증언할 수 있다(민사소송법 315②, 344①(3)).

변호사의 비밀유지의무는 법률뿐만 아니라 「변호사윤리장전」이 정하는 사유에 의해서도 해제될 수 있다(변호사윤리장전 18④). 그러나 지방변호사회의 임직원에 대해서는 법률에 특별한 규정에 있는 경우에만 적용된다. 「변호사윤리장전」상 비밀유지의무의 해제는 변호사와 의뢰인 사이를 규율하고 있기 때문이다.

3. 비밀누설 금지의 대상

임직원의 비밀 준수의 대상은 변호사의 수임사건 건수 및 수임액(제28조의2), 공직퇴임변호사 및 특정 변호사의 수임자료 등(제89조의4 제1항, 제89조의5 제1항)과 관련된 비밀에 한정된다. 이 점에서 업무상 비밀누설죄에서 업무처리 중 알게 된 타인의 모든 비밀과 차이가 있다. 변호사의 수임사건 건수나 수임액 및 공직퇴임변호사나 특정 변호사에 대한 수임자료에는 그 변호사의 영업비밀뿐만 아니라 그 변호사의 의뢰인의 비밀도 포함되고 있다. 특히 변호사는 수임액이나 수임자료를 제출하지 않을 수 없다. 그 결과 의뢰인의 비밀이 보호되지 않는다면 자료를 제출한 변호사는 비밀유지의무 위반 문제에 휘말릴 수 있다. 그래서 변호사로부터 제출받은 자료를 관리하는 지방변호사회 임직원은 비밀을 누설해서는 아니 될 의무가 있다.

Ⅲ. 비밀 준수위반의 효과

먼저 변호사법 위반으로 처벌을 받게 된다. 제77조의2 또는 제89조의8을 위반하여 비밀을 누설한 자는 3년 이하의 징역 또는 2천만원 이하의 벌금에 처한다. 이 경우 벌금과 징역은 병과할 수 있다(변호사법 112(7)). 변호사가 임직원으로 그 업무상 알게 된 비밀을 누설한 경우에는 형법상 업무상 비밀누설죄(제317조)로 처벌되지 않는다. 변호사법에서 처벌규정을 두고 있기 때문이기도 하지만, 임직원인 변호사가 지방변호사회의 회무를 처리 중에 지득한 비밀은 변호사의 고유한 업무에 해당되지 않기 때문에 업무상 비밀누설죄에서의 비밀로 볼 수 없기 때문이다. 그리고 타인의 비밀을 누설한 불법행위로 손해가 발생한 경우 이를 배상할 책임이 있다. 손해배상을 청구할 수 있는 자는 수임건수와 수임액 및 수임자료 등을 제출한 변호사 및 그 의뢰인이 될 수 있다.

제 8 장

대한변호사협회

제78조 목적 및 설립

제78조(목적 및 설립)
① 변호사의 품위를 보전하고, 법률사무의 개선과 발전, 그 밖의 법률문화의 창달을 도모하며, 변호사 및 지방변호사회의 지도 및 감독에 관한 사무를 하도록 하기 위하여 대한변호사협회를 둔다.
② 대한변호사협회는 법인으로 한다.

Ⅰ. 연 혁

(1) 1949. 11. 7. 제정된 변호사법은 대한변호사협회의 설립과 그 목적 및 설치장소를 규정했다. 즉, 대한변호사협회는 법률학의 발달, 사법사무, 변호사사무의 쇄신개선, 변호사의 품위보전과 국제적 친선을 도모함을 목적으로 한다(제43조). 대한변호사협회는 법인으로 하며 법무부장관의 감독을 받는다(제42조 제2항). 대한변호사협회의 사무소는 서울시에 둔다(제42조 제3항).

(2) 1982. 12. 31. 개정된 변호사법은 설립목적과 법인격을 명시하는 내용으로 개정했다. 즉, 변호사의 품위를 보전하고, 법률사무의 개선과 발전 기타 법률문화의 창달을 도모하며, 변호사 및 지방변호사회의 지도 및 감독에 관한 사무를 행하기 위하여 대한변호사협회를 둔다(제61조 제1항). 대한변호사협회는 법인으로 한다(제61조 제2항).

(3) 2000. 1. 28. 및 2008. 3. 28. 개정된 변호사법은 전문개정으로 자구수정을 하였다.

Ⅱ. 대한변호사협회의 창립

(1) 일제강점기에 우리나라에서 활동하던 일본인 변호사와 우리 변호사는「朝鮮辯護士規則」에 의하여 京城內地辯護士會와 京城朝鮮人辯護士會로 구분되었다. 1936년에는「朝

鮮辯護士令」이 공포되면서 '경성변호사회'와 '제1경성변호사회'로 나뉘었다가 1938년에 '경성변호사회'로 통합되었다.

(2) 해방 후 1945년 미군정 法務國令 제 4 호 '변호사회에 관한 명령'에 따라 '조선변호사회'가 탄생했고, 기존의 경성변호사회는 '조선변호사회 서울分會'가 되었으나 비공식적으로는 '서울분회' 대신 '서울변호사회'라고 불렀다. 1948년 7월 1일 미군정령 제207호 「변호사법」이 발효되면서 조선변호사회와 각 지방분회를 없애고 각 지방변호사회의 연합회를 설치하는 근거 규정을 마련했다. 그해에 서울, 대전, 대구, 부산, 광주, 전주의 지방변호사회가 창립되었다.

(3) 1950년 6월 17일 새 변호사법에 의한 대한변호사협회를 창설하기 위해서 창립총회를 개최하고 임원을 선출하고 협회규약에 대한 인가를 법무부에 신청하였으나 인가가 나기 전 6·25전쟁이 일어나 부산으로 피난하게 되었다. 그 후 1952년 대한변호사협회 창립총회를 속개하여 초대집행부를 구성한 후 1952년 8월 29일 법무부장관으로부터 「대한변호사협회규약」의 인가를 받음으로써 대한변호사협회가 탄생하게 되었다.[1]

(4) 그리하여 대한변호사협회는 1949. 11. 7. 법률 제63호로 제정 공포된 변호사법에 근거하여 설립된 변호사단체가 되었다.

Ⅲ. 대한변호사협회의 설립목적

변호사의 품위를 보전하고, 법률사무의 개선과 발전, 그 밖의 법률문화의 창달을 도모하며, 변호사 및 지방변호사회의 지도 및 감독에 관한 사무를 하도록 하기 위하여 대한변호사협회를 둔다. 본조는 대한변호사협회의 설립목적이다. 「대한변호사협회의 회칙」 제 2 조에는 설립목적을 구체적으로 규정하고 있다. 즉, 이 회는 다음 사항(① 기본적 인권의 옹호와 민주적 기본질서의 확립, ② 준법정신의 앙양과 법률지식의 보급, ③ 법률문화의 창달과 국제적 교류, ④ 법제도의 개선과 법률사무의 쇄신, ⑤ 법률구조사업의 수행과 사법복지의 증진, ⑥ 변호사의 품위보전과 자질향상, ⑦ 변호사·법무법인·법무법인(유한)·법무조합·공증인가합동법률사무소 및 지방변호사회의 지도와 감독, ⑧ 외국법자문사의 품위보전, 자질향상 및 외국법자문사·외국법자문사법률사무소의 지도와 감독)을 그 설립목적으로 한다(대한변호사협회 회칙 2). 대한변호사협회는 변호사회가 완전한 자율자치의 단체가 되기 위해서는 ① 변호사등록의 자치, ② 회칙·규칙의 제정의 자유, ③ 변호사회의 의사결정과 의결의 자유, ④ 회원징계의 자치 등 4대 자유가 있어야 할 것으로 주장한다.[2]

---

1 대한변호사협회, 大韓辯協五十年史, 106~107면.
2 대한변호사협회, 大韓辯協五十年史, 95~96면.

⑴ 변호사의 품위 보전

대한변호사협회는 변호사의 품위보전을 위하여 변호사 연수교육을 실시하여 윤리의식을 제고하고 있다. 변호사는 전문성과 윤리의식을 높이기 위하여 대한변호사협회가 시행하는 연수교육을 받아야 한다(변호사법 85). 품위보전의무를 지는 '변호사'는 자연인인 변호사를 말한다. 그러나 법무법인·법무법인(유한)·법무조합에 대해서는 품위유지의무 규정은 준용하지 않고 있다(변호사법 57, 58의16, 58의30). 변호사가 전문직으로서의 손색없는 인품과 자질을 갖는 것은 당연하다. 그 때문에 품위보전은 품위훼손행위를 하지 않아야 하는 소극적인 의미가 크다. 변호사의 품위훼손행위는 징계사유가 된다.

⑵ 법률사무의 개선과 발전, 그 밖의 법률문화의 창달 도모

1) 대한변호사협회는 법률사무의 개선과 발전 및 법률문화의 창달을 도모하고 있다. 지방변호사회가 변호사 사무의 개선과 발전을 도모하는 것과 차이가 있다. 여기서 '법률사무'란 변호사 관련 사무는 물론 법원·검찰 등 수사기관에서 행하는 사무를 포함한다. 변호사 법률사무의 종류로는 변호사법 제109조에 예시되어 있다. 그리고 행정부에서 행하는 권리구제절차의 간이화와 신속성 확보를 위한 입법안을 제시하며, 국회의 입법과 의원들의 직무수행의 개선과 발전을 위한 감시활동까지도 포함하고 있다.

2) 그리고 '법률문화의 창달'이란 변호사의 직무수행의 장이 되는 재판 또는 수사기관의 잘못된 관행의 제거와 같은 활동을 말한다. 대한변호사협회가 법조계의 고질적인 전관예우 타파를 위한 제도적인 개선안을 제시하거나 준법정신의 함양을 위한 학교에서 법생활교육을 하는 행위도 이에 해당된다. 이런 목적을 위하여 대한변호사협회는 법령의 제정과 개폐, 법제도의 운영과 개선 기타 모든 분야에 걸쳐 설립목적에 비추어 필요하다고 인정할 때에는 의견을 발표하거나 건의할 수 있다(대한변호사협회 회칙 5①).

⑶ 변호사의 지도 및 감독에 관한 사무

변호사의 지도와 감독에 관한 사무는 지방변호사회와 대한변호사회의 공통적인 설립목적이다. 다만, 지방변호사회의 지도 및 감독에 관한 사무를 대한변호사협회에 부여하고 있다. 대한변호사협회가 행사하는 지도 및 감독권은 변호사자치권의 주요 요소이다.

대한변호사협회는 개업변호사에게 등록거부사유가 있거나 등록취소사유가 있으면 등록을 거부하거나 취소할 수 있다. 그리고 변호사에게 부과된 각종 신고의무의 이행을 지방변호사회를 경유하여 이행하도록 하고 있다. 그리고 변호사법 제91조의 징계사유가 존재할 때는 변협징계위원회에서 징계할 수 있다. 이런 징계권이 대한변호사협회가 행사하는 변호사에 대한 대표적인 감독권에 해당된다.

(4) 지방변호사회의 지도 및 감독에 관한 사무

1) 대한변호사협회는 지방변호사회의 지도 및 감독에 관한 사무를 처리한다. 대한변호사협회는 여러 지방변호사회가 구성원이 되는 연합회가 아니고 각 지방변호사회의 회원인 변호사 모두가 회원이 되는 큰 변호사단체이므로[3] 대한변호사협회와 지방변호사회는 대등한 지위에 있다는 견해도 있을 수 있다. 대한변호사협회는 지방변호사회가 연합하여 설립된 단체이고(변호사법 79), 변호사 및 지방변호사회를 지도 및 감독에 관한 사무를 처리하기 때문에 대등한 관계라고는 볼 수 없다. 따라서 대한변호사협회는 조직법상으로는 지방변호사회의 상급기관의 지위에 있다.

2) 지방변호사회는 대한변호사협회와 법무부장관의 감독을 받는다(변호사법 77①). 지방변호사회는 변호사의 권리와 의무에 관하여 위임받은 사항에 한하여 독자적으로 처분할 수 있다. 지방변호사회는 소속 변호사가 상업이나 영리를 목적으로 하는 업무를 경영하고자 할 때 겸직허가를 한다(변호사법 38②). 겸직허가는 변호사의 기본적 사명 및 직무독립성과 자율성에 반하지 않고, 변호사로서의 신용 및 품위를 손상하지 않는 경우 이를 허가할 수 있다(서울지방변호사회 회칙 12의5①). 그러나 개업변호사에 대한 수익적·침해적 처분은 대부분 대한변호사협회가 한다. 지방변호사회는 소속 변호사에게 등록취소 사유가 있다고 인정하면 지체 없이 대한변호사협회에 이를 보고하여야 한다(변호사법 18⑤). 그러면 대한변호사협회는 해당 변호사의 등록을 취소하여야 한다.

(5) 대한변호사협회의 설립

대한변호사협회는 서울특별시에 1개를 두어야 한다. 대한변호사협회는 지방변호사회가 연합하여 설립하게 된다. 대한변호사협회는 반드시 두어야 하는 의무사항이다. 대한변호사협회는 국가로부터 위임·위탁받은 사무를 처리하는 범위에서는 행정청이며, 협회장은 국가배상법상 공무원의 지위에 있다. 대한변호사협회는 다른 전문자격사와 비교하여 광범위한 자율권을 부여받은 공법인이라 할 수 있다.

Ⅳ. 대한변호사협회는 법인

대한변호사협회는 법인으로 한다(제 2 항). 대한변호사협회는 변호사법에 의하여 설립되는 공법인이다. 대한변호사협회는 변호사법 제정 당시부터 법인으로 출발했다. 대한변호사협회는 그의 명의로 변호사에 대하여 각종 처분을 할 수 있다. 징계처분에서 원처분청으로서의 법적 지위를 갖고 있다. 또한 대외적으로도 권리의무의 주체로 인정된다.

3 대한변호사협회, 大韓辯協五十年史, 107면.

第79조 설립 절차

> **第79조(설립 절차)**
> 지방변호사회는 연합하여 회칙을 정하고 법무부장관의 인가를 받아 대한변호사협회를 설립하여야 한다. 회칙을 변경할 때에도 또한 같다.

Ⅰ. 연 혁

(1) 1949. 11. 7. 제정된 변호사법은 지방변호사회가 연합하여 대한변호사협회를 조직해야 함을 규정했다. 즉, 각 지방변호사회는 연합하여 규약을 정하고 법무부장관의 인가를 얻어 대한변호사협회를 조직하여야 한다(제42조 제 1 항).

(2) 1982. 12. 31. 개정된 변호사법은 종전의 대한변호사협회의 '규약'을 '회칙'으로 변경하고, 회칙변경시에도 인가를 받도록 하는 후문을 신설했다. 즉, 지방변호사회는 연합하여 회칙을 정하고 법무부장관의 인가를 받아 대한변호사협회를 설립하여야 한다. 회칙을 변경할 때에도 또한 같다(제62조).

(3) 2000. 1. 28. 개정된 변호사법은 설립절차에 관한 종전의 제62조를 현행과 같이 제79조로 이동하였다.

Ⅱ. 대한변호사협회의 설립 절차·회칙 변경

1. 지방변호사회는 연합하여 회칙 제정

지방변호사회는 연합하여 회칙을 정하고 법무부장관의 인가를 받아 대한변호사협회를 설립하여야 한다. 회칙을 변경할 때에도 또한 같다. 대한변호사협회의 설립주체는 설립인가 받은 지방변호사회이다. 여기서 '지방변호사회는 연합하여'란 설립인가를 받은 전국의 지방변호사회가 새로운 법인을 설립하고자 하는 계약을 말한다. 대한변호사협회의 설립은 모든 지방변호사회가 참여해야 한다. 복수의 대한변호사협회는 설립될 수 없기 때문이다. 대한변호사협회는 설립인가 또는 회칙변경인가 신청을 하려면 인가신청서에 ① 회칙, ② 회칙 작성에 관한 회의록 서류를 첨부하여야 한다(변호사법 시행령 16). 지방변호사회가 연합하여 제정한 회칙은 대한변호사협회의 조직과 활동에 관한 근본규범이다.

2. 법무부장관의 인가를 받아 대한변호사협회 설립

대한변호사협회를 설립하는 변호사는 설립인가신청서에 회칙과 회의록을 첨부하여 법무부장관에게 제출하여야 한다. 법무부장관은 이미 설립인가 받은 지방변호사회가 연합하여 인가신청을 하였으면 그 신청을 인가한다. 법무부장관은 회칙의 내용이 변호사법은 물론 관련 법령과 상충됨이 없고 지방변호사회의 상급기관으로서의 역할을 할 수 있는 실체를 갖추고 있으면 인가처분을 하게 된다.

3. 회칙을 변경할 때

대한변호사협회가 회칙을 변경할 때는 총회의 의결을 거쳐야 한다(대한변호사협회 회칙 13(1)). 이렇게 의결된 회칙은 법무부장관의 인가를 받아야 한다. 법무부장관의 인가로 변경된 회칙은 효력을 갖게 된다. 여기서 '회칙'은 대한변호사협회가 제정하여 회칙이라 명명한 규범만을 의미한다. 대한변호사협회 역시 회칙에서 위임받은 사항의 시행을 위한 '규칙'이나 '규정'을 제정한다. 규칙이나 규정 역시 광의로는 회칙의 개념에 포함될 수 있지만, 이를 명백히 구별하고 있다. 즉, 규칙은 총회의, 규정은 이사회의 의결을 거쳐 정한다(대한변호사협회 회칙 57③). '규칙의 제정 또는 변경'은 총회의 결의사항이지만, 규정은 이사회의 의결로 성립된다. 규칙이나 규정의 제정 및 변경은 인가사항은 아니다. 규칙의 제정과 변경은 총회의결을 거치게 되므로 이를 법무부장관에게 보고해야 한다(변호사법 86②). 법무부장관은 총회결의가 법령이나 회칙에 위반된 때에는 이를 취소할 수 있다(변호사법 86③). 따라서 회칙이 아닌 규칙은 인가대상은 아니지만, 법무부장관의 합헌성·합법성 통제를 받고 있다.

제80조 회칙의 기재 사항

제80조(회칙의 기재 사항)
대한변호사협회의 회칙에는 다음 각 호의 사항이 포함되어야 한다.
1. 제66조 각 호의 사항
2. 법률구조사업에 관한 사항
3. 변호사의 연수에 관한 사항
4. 변호사의 징계에 관한 사항
5. 변호사와 지방변호사회의 지도 및 감독에 관한 사항

Ⅰ. 연 혁

(1) 1982. 12. 31. 개정된 변호사법에 이르러 비로소 대한변호사협회 회칙에 필수적으로 기재해야 하는 사항을 신설했다. 즉, 대한변호사협회의 회칙에는 다음 각호(① 제51조 각호의 사항, ② 변호사의 보수기준에 관한 사항, ③ 법률구조사업에 관한 사항, ④ 변호사의 연수에 관한 사항, ⑤ 변호사의 징계개시의 청구에 관한 사항, ⑥ 변호사 및 지방변호사회의 지도 및 감독에 관한 사항)의 사항을 기재하여야 한다(제63조).

(2) 2000. 1. 28. 개정된 변호사법은 종전의 제 2 호 '변호사의 보수기준에 관한 사항'을 삭제하고 제 5 호 '변호사의 징계개시의 청구에 관한 사항'을 '변호사의 징계에 관한 사항'(제 4 호)로 변경하는 개정을 하였다. 즉, 대한변호사협회의 회칙에는 다음 각호(① 제66조 각호의 사항, ② 법률구조사업에 관한 사항, ③ 변호사의 연수에 관한 사항, ④ 변호사의 징계에 관한 사항, ⑤ 변호사 및 지방변호사회의 지도 및 감독에 관한 사항)의 사항을 기재하여야 한다(제80조).

(3) 2008. 3. 28. 개정된 변호사법은 소정의 회칙사항을 '기재하여야 한다'를 '포함되어야 한다'로 개정하였다. 즉, 대한변호사협회의 회칙에는 다음 각 호의 사항이 포함되어야

한다(제80조).

Ⅱ. 대한변호사협회 회칙의 기재 사항

1. 제66조 각 호의 사항(제 1 호)

변호사법 제66조는 지방변호사회의 회칙 기재사항이다. 대한변호사협회의 회칙에도 다음의 사항이 반드시 포함되어야 한다.

(1) 명칭과 사무소의 소재지(제 1 호)

대한변호사협회의 명칭은 회칙의 기재사항이지만, 이미 변호사법에 명시되어 있다. 이 회는 변호사법에 의하여 설립되는 법인으로서 대한변호사협회라 한다(대한변호사협회 회칙 1, 이하 '회칙'이라 함). 그리고 '사무소의 소재지'는 지방법원 관할구역에 두는 지방변호사회와 같은 제한은 없다. '이 회는 서울특별시에 둔다'(회칙 4)라고 규정하고 있다.

(2) 회원의 가입 및 탈퇴에 관한 사항(제 2 호)

1) 대한변호사협회 회원은 변호사법에 의하여 설립되는 지방변호사회로 구성되며(회칙 3①), 지방변호사회의 회원은 당연히 회원이 된다(회칙 3②). 그러므로 별도로 입회심사와 같은 절차는 없다. 이 회의 회원은 단체회원(지방변호사회), 법인회원(법무법인·법무법인(유한)·법무조합 및 공증인가법률사무소), 개인회원 및 외국회원으로 한다(회칙 7①). 그리고 개업신고를 하지 않았거나 휴업신고를 한 변호사는 이 회의 준회원이 된다(회칙 10①). 대한변호사협회의 회원의 탈퇴규정은 별도로 없다. 그러므로 지방변호사회 회원의 탈퇴규정의 일부가 그 성질에 반하지 않은 범위에서 준용된다고 할 수 있다.

2) 서울지방변호사회는 ① 변호사 자격등록이 취소된 때, ② 소속변경등록에 의하여 다른 지방변호사회의 회원이 된 때, ③ 법무법인·법무법인(유한)·법무조합 및 공증인가합동법률사무소·공동 법률사무소가 해산하거나 인가 취소된 때, ④ 법무법인·법무법인(유한)·법무조합 및 공증인가합동법률사무소·공동 법률사무소가 그 주사무소를 이전하여 다른 지방변호사회의 회원이 된 때는 당연히 퇴회한다(회칙 10). 위 퇴회 사유 중 제 4 호는 대한변호사협회 회원의 탈퇴사유가 될 수 없다.

(3) 총회, 이사회, 그 밖의 기관의 구성·권한 및 회의에 관한 사항(제 3 호)

1) 대한변호사협회는 최고의결기관으로서 총회를 둔다(회칙 11①). 총회는 회칙 및 규칙의 제정 및 개정에 관한 사항 등을 의결한다(회칙 13(1)). 회무에 관한 중요 사항을 의결하기 위하여 이사회를 둔다(회칙 18①). 회무집행에 관한 사항을 심의하기 위하여 상임이사회를

두며(회칙 28①), 회의 일반사무를 처리하기 위하여 사무국을 둔다(회칙 33①). 그리고 운영에 관하여 필요한 사항을 심의하기 위하여 자문기관으로서 각종 위원회를 둔다(회칙 31①).

2) 특히 회칙을 개정하고자 할 때에는 총회의 의결을 거쳐 법무부장관의 인가를 받아야 한다(회칙 56). 법령에 의하여 위임 또는 위탁된 사무를 처리하고, 회칙에서 위임한 사항과 회칙을 시행하기 위한 사항을 정하기 위하여 규칙을 제정할 수 있으며(회칙 57①), 규칙은 총회의 의결을 거쳐 정한다(회칙 57③). 회무를 처리하고 규칙에서 위임한 사항과 규칙을 시행하기 위한 사항을 정하기 위하여 규정을 제정할 수 있으며(회칙 57②), 규정은 이사회의 의결을 거쳐 정한다(회칙 57③).

(4) 임원의 구성·수·선임·임기 및 직무에 관한 사항(제 4 호)

2011. 4. 5. 개정된 변호사법은 지방변호사회와 더불어 대한변호사협회의 임원의 정원을 자율적으로 정하도록 하려는 취지로 '임원의 구성·수'에 관한 사항을 신설했다. 대한변호사협회 임원으로는 협회장 1인, 부협회장 5인 이상 13인 이내, 상임이사 17인 이내, 이사 50인 이내, 감사 3인 이내를 둔다(회칙 23). 임원의 임기는 2년으로 한다(회칙 26①). 협회장은 이 회를 대표하며 회무를 통할한다. 협회장은 지방변호사회 회장을 겸하지 못하며, 재임기간 중 정당의 당적을 가지지 못한다(회칙 27①). 부협회장, 상임이사 및 이사와 감사의 직무에 관한 사항은 회칙 제27조 제 2 항 이하에 규정되어 있다. 2019. 5. 28. 개정된 회칙에는 협회장이 직무집행을 함에 있어 법령이나 회칙을 위반한 때 총회는 협회장의 탄핵을 의결할 수 있다(회칙 27의4①)는 규정을 신설한 바 있다.

(5) 회원의 권리 및 의무에 관한 사항(제 5 호)

1) 개인회원은 이 회칙 또는 규칙이 정하는 바에 따라 임원의 선거권 및 피선거권을 가진다(회칙 8①). 모든 회원은 이 회의 운영에 관하여 협회장에게 의견을 진술하고 필요한 조치를 취할 것을 건의할 수 있다(회칙 8②). 그리고 모든 회원은 규칙 또는 규정이 정하는 바에 따라 이 회의 시설을 이용할 수 있다(회칙 8③).

2) 모든 회원은 이 회의 회칙, 규칙, 규정 및 결의를 준수하여야 하며, 이 회로부터 지정 또는 위촉받은 사항을 신속·정확하게 처리하여야 한다(회칙 9①). 모든 회원은 회칙, 규칙 또는 총회의 의결에 의하여 부과한 분담금, 특별회비 및 등록료 등을 납부하여야 한다(회칙 9②). 그리고 개인회원, 법인회원은 법률사건 또는 법률사무에 관한 수임장부를 작성하여 보관하여야 한다(회칙 9④). 그 외에 법원 또는 수사기관에 변호인선임서 또는 위임장 등을 제출하여야 하며(회칙 9⑤), 이를 제출할 때 소속 지방변호사회를 경유하여야 한다(회칙 9⑥). 또한 개인회원은 연간 일정 시간 이상 공익활동에 종사하여야 한다(회칙 9의2①). 준회원은 회원의 권리·의무와 변호사의 지도·감독에 관한 규정을 적용하지 아니한다(회칙 10②).

(6) 회원의 지도 및 감독에 관한 사항(제6호)

1) 대한변호사협회는 회원의 종류에 따른 지도 및 감독에 관한 규율을 하고 있다. 변호사는 그 사명에 따라 성실하게 그 직무를 수행하고 직업윤리를 준수하여 품위를 보전하여야 한다(회칙 42). 이 의무는 외국법자문사에게도 해당되며, 외국법자문사윤리장전을 준수해야 한다(회칙 42의2). 변호사의 연수교육을 받을 의무(회칙 43), 변호사시험 합격자의 연수(회칙 43의2), 변호사·법무법인·법무법인(유한)·법무조합은 그 직무에 관하여 사무보수, 사건보수 및 실비변상을 받을 수 있다(회칙 44①). 변호사법에는 보수에 관한 규정이 없어 이 회칙 규정이 보수에 관한 기본원칙을 규율하고 있다.

2) 대한변호사협회는 지방변호사회를 감독한다. 지방변호사회 사이에 이해가 상반하게 되었을 때는 이를 조정할 수 있다(회칙 46). 지방변호사회는 ① 설립의 인가, ② 회칙의 제정 및 개정인가, ③ 총회의 개최 및 결의내용, ④ 임원의 선임 및 퇴임, ⑤ 공무소에 대한 자문회답 및 건의, ⑥ 기타 회무에 관한 중요 사항을 지체 없이 보고하여야 한다(회칙 47).

3) 대한변호사협회의 감독권의 대표적인 사항은 징계권이다. 이 회에 등록한 변호사, 법인회원에 대한 징계사건을 심의하기 위하여 대한변호사협회 변호사징계위원회를 둔다(회칙 48의2). 대한변호사협회는 '이 회에 등록한 변호사'는 자격등록을 하고 개업한 변호사는 물론 휴업한 변호사도 포함된다고 한다. 그러나 휴업신고를 한 변호사는 준회원으로 징계권과 같은 감독권 행사의 대상자가 아니다. 이 점에 관해서는 변호사법 제16조(휴업)에서 상세하게 설명한 바 있다. 징계혐의사실에 대한 조사를 담당하게 하기 위하여 조사위원회를 둔다(회칙 48의3①). 그리고 외국법자문사징계위원회도 둔다(회칙 48의5①).

(7) 자산과 회계에 관한 사항(제7호)

대한변호사협회의 경비는 ① 분담금 및 특별분담금, ② 특별회비, ③ 등록료, ④ 찬조금, ⑤ 기타 수입금으로 충당한다(회칙 52). 회계연도는 매년 1월 1일부터 12월 31일까지로 한다(회칙 53). 매년도 세입·세출예산은 총회의 승인을 받아야 한다(회칙 54①). 그리고 법률구조, 변호사연수 기타 사업을 실시하기 위하여 필요하다고 인정할 때에는 총회의 승인을 얻어 특별회계를 둘 수 있다(회칙 55).

2. 법률구조사업에 관한 사항(제2호)

대한변호사협회는 빈곤 기타 사유로 권리구제를 받기 어려운 자에 대하여 법률구조사업을 실시한다(회칙 49). 경제적 사유(빈곤)나 기타 사유(난민 신청 등)로 권리구제가 필요한 자에 대한 법률구조사업을 의무화하고 있다. 법률구조사업을 실시하기 위하여 이 회에 법률구조재단을 둔다(회칙 50). 법률구조사업의 기금은 이 회 및 지방변호사회의 출연금, 변호사·법무법인·법무법인(유한)·법무조합 또는 독지가의 찬조금 및 사업수익금으로 충당한다(회칙 51①). 대한변호사협회는 2010년 대한변협 인권재단을 창립한 바 있는데, 이 공익재단에 기부행위도 공익활동으로 인정하고 있다(공익활동 등에 관한 규정 2(8)).

3. 변호사의 연수에 관한 사항(제3호)

대한변호사협회 회칙 제43조에는 변호사의 연수교육에 관한 내용을 규정하고 있다. 변호사는 연수교육을 받아야 할 의무가 있다. 변호사는 변호사의 전문성과 윤리의식을 높이기 위하여 대한변호사협회가 실시하는 연수교육(이하 "연수교육"이라 한다)을 대통령령으로 정하는 시간 이상 받아야 한다(변호사법 85①). 대한변호사협회는 변호사의 연수교육을 실시하기 위하여 변호사연수원을 둔다(회칙 43②). 이러한 연수교육을 실시하기 위한 「변호사연수규칙」을 제정·시행하고 있다. 이는 변호사시험에 합격한 자의 6개월의 법률사무 종사 또는 연수의무와는 구별된다.

4. 변호사의 징계에 관한 사항(제4호)

변호사의 징계는 회원의 감독에 관한 사항이기도 하다. 대한변호사협회에 등록한 변호사, 법인회원에 대한 징계사건을 심의하기 위하여 대한변호사협회 변호사징계위원회를 둔다(회칙 48의2). 이를 위하여 「변호사징계규칙」과 「변호사징계처분집행규정」을 제정·시행하고 있다.

5. 변호사와 지방변호사회의 지도 및 감독에 관한 사항(제5호)

이 부분은 변호사법 제66조 제6호 '회원의 지도 및 감독에 관한 사항'에 기재된 내용과 같다.

제80조의2 협 회 장

> **제80조의2(협회장)**
> 대한변호사협회의 장은 대한변호사협회를 대표하고, 대한변호사협회의 업무를 총괄한다.

Ⅰ. 연　　혁

(1) 2011. 4. 5. 개정된 변호사법은 법률시장의 개방과 법학전문대학원의 시행으로 변호사 수가 증가함에 따라 협회장의 대표성과 민주적 정당성을 강화하고, 많은 회원을 협회의 사무에 참여시켜 변호사단체의 임무를 효율적으로 수행할 필요성이 요구되므로 대한변호사협회장의 선출방식, 지방변호사회와 대한변호사협회의 임원의 정원 및 대한변호사협회 총회의 구성에 관한 사항을 자율적으로 정하도록 하려는 취지로 개정된 여러 내용 중에 본 조가 신설되었다.

(2) 이 규정의 신설되기 전에는 대한변호사협회에 협회장 1명을 둔다는 취지의 규정만 있었다(제81조 제 1 호). 따라서 협회장의 법적 지위와 권한은 회칙의 기재사항에 불과했다.

Ⅱ. 대한변호사협회장의 지위

1. 대한변호사협회를 대표

대한변호사협회의 장은 대한변호사협회를 대표하고, 대한변호사협회의 업무를 총괄한다. 대한변호사협회장은 이 회를 대표하고 회무를 통할한다(회칙 27①). 협회장은 대한변호사협회의 의사나 판단을 결정하여 대외적으로 표시하는 권한을 가진다. 변호사법은 대한변호사협회의 권한과 협회장의 권한을 구분하여 규정하고 있다. 앞서 본 바와 같이, 변호사의 자격등록이나 등록거부 또는 등록취소는 대한변호사협회가 한다(변호사법 12②, 18①). 이때는 협회장이 대한변호사협회의 대표자가 된다.

반면, 법조윤리협의회 위원의 위촉(변호사법 89의2), 징계개시의 청구(변호사법 97), 징계의 집행(변호사법 98의5) 등은 협회장의 명의로 한다. 이 경우는 협회장이 독자적인 의사결정기관으로서의 지위를 갖는다.

2. 대한변호사협회의 업무 총괄

협회장은 대한변호사협회의 모든 업무를 총괄한다. '총괄'이란 모든 업무를 관장하여 추상적인 지휘·감독권을 행사한다는 것이다. 회칙에는 '통할'이라고 표현하고 있다. 협회에는 부협회장, 상임이사, 이사, 감사와 같은 임원이 있으며, 각자에게 고유한 권한이 인정되고 있다. 업무의 집행은 회칙의 절차를 거친 후 행하여진다. 그러므로 협회장이 협회의 모든 업무를 직접 수행하는 것은 아니다. 변호사법과 회칙이 정하는 바에 따라 그 직무를 행한다. 협회장은 이사회의 의장이 되며(회칙 21), 상설위원회의 위원장을 추천하고(회칙 32②), 일반사무를 처리하기 위하여 사무국장에게 명할 수 있다(회칙 34①).

제81조 임 원

제81조(임원)

① 대한변호사협회에는 다음 각 호의 임원을 둔다.

1. 협회장
2. 부협회장
3. 상임이사
4. 이사
5. 감사

② 제 1 항 각 호의 임원의 구성·수·선임·임기 및 직무에 관한 사항은 대한변호사협회 회칙으로 정한다.

Ⅰ. 연 혁

(1) 1949. 11. 7. 제정된 변호사법은 임원의 종류와 선임 및 임기를 규정했다. 즉, 대한변호사협회에 회장, 부회장, 총무, 회계 각 1인을 둔다(제45조 제 1 항). 각 임원은 총회에서 선임하며 그 임기는 1년으로 한다(제45조 제 2 항).

(2) 1973. 12. 20. 개정된 변호사법은 임원의 수를 조정하는 내용을 규정했다. 즉, 대한변호사협회에 회장 1인 부회장 3인, 총무, 재무 각 1인을 둔다(제45조 제 1 항).

(3) 1982. 12. 31. 개정된 변호사법은 임원의 구성과 수를 구체적으로 규정했다. 즉, 대한변호사협회에는 다음(① 협회장 1인, ② 부협회장 3인, ③ 상임이사 10인 이내, ④ 이사 30인 이내, ⑤ 감사 2인)의 임원을 둔다(제64조).

(4) 2000. 1. 28. 개정된 변호사법은 임원의 수를 조정(제 2 호 부협회장 3인을 5인으로, 제 4 호 이사 30인 이내를 50인 이내로, 제 5 호 감사 2인을 3인 이내로)하게 되었다(제81조).

(5) 2011. 4. 5. 개정된 변호사법은 임원의 종류만 규정하고 그 수에 관한 제한을 삭제하

였으며, 임원의 구성·수·선임·임기 및 직무에 관한 사항은 대한변호사협회 회칙으로 정하도록 하는 규정을 신설했다. 즉, 대한변호사협회에는 다음 각 호(① 협회장, ② 부협회장, ③ 상임이사, ④ 이사, ⑤ 감사)의 임원을 둔다(제81조 제 1 항). 제 1 항 각 호의 임원의 구성·수·선임·임기 및 직무에 관한 사항은 대한변호사협회 회칙으로 정한다(제81조 제 2 항).

Ⅱ. 대한변호사협회의 임원

대한변호사협회에는 다음 각 호의 임원을 둔다(제 1 항). 대한변호사협회는 협회장, 부협회장, 상임이사, 이사, 감사를 두어야 한다. 대한변호사협회는 권리주체인 법인이지만 실제 업무집행은 법인이 할 수 없다. 그 때문에 대한변호사협회의 의사를 대외적으로 표시하고 내부의 업무처리를 위한 기관으로 임원을 두어야 한다. 여기서 임원은 민법상 법인의 기관과 일치하는 것은 아니다. '임원의 구성·수·선임·임기 및 직무에 관한 사항'은 회칙에 필수적으로 포함되어야 한다(변호사법 80(1), 66(4)). 변호사법은 임원의 구성과 수 등에 대하여 회칙으로 자율적으로 정하도록 하면서도 필수적인 임원을 특정하고 있다.

Ⅲ. 임원의 구성·수·선임·임기 및 직무에 관한 사항

1. 임원의 구성·수·선임

(1) 제 1 항 각 호의 임원의 구성·수·선임·임기 및 직무에 관한 사항은 대한변호사협회 회칙으로 정한다(제 2 항). 대한변호사협회는 ① 협회장 1인, ② 부협회장 5인 이상 17인 아내, ③ 상임이사 17인 이내, ④ 이사 50인 이내, ⑤ 감사 3인 이내의 임원을 둔다(회칙 23). 임원의 구성은 변호사법이 정하는 바에 따르고 수에 대하여서만 자율적으로 정하고 있다.

(2) 협회장은 회원의 직접 무기명 비밀투표로 선출하되, 총 유효 투표수의 1/3 이상을 득표하여야 한다(회칙 24①). 부협회장 및 상임이사는 협회장이 추천한 자 중에서 총회가 선임한다(회칙 24③). 이사는 협회장이 추천하는 자 중에서 총회가 선임하고 매년 그 정원의 2분의 1씩을 교체한다. 단, 협회장은 전체 이사들 중에서 각 지방변호사회 소속 회원이 각 최소 1인 이상이 될 수 있도록 추천하여야 한다(회칙 24④). 감사는 총회에서 대의원의 직접 무기명투표로 선출한다(회칙 24⑤). 임원선임을 위한 투표권은 이를 대리인에 의하여 행사하지 못한다(회칙 24⑥).

2. 임원의 임기

임원의 임기는 2년으로 한다(회칙 26①). 제25조의 규정에 의하여 보선된 임원의 임기는 전임자의 잔임기간으로 한다(회칙 26②). 임기가 만료된 임원은 후임자가 취임할 때까지 계속하여 그 직무를 행한다(회칙 26③).

3. 임원의 직무

협회장은 이 회를 대표하고, 회무를 통할한다. 협회장은 지방변호사회 회장을 겸하지 못하며, 재임기간 중 정당의 당적을 가지지 못한다(회칙 27①). 협회장은 정당원이 될 수 없기 때문에 정당의 공천을 받아 공직후보가 될 수 없다. 아울러 정당의 당원이 아닌 무소속 후보자로 선거에 출마하는 것도 정당의 당적을 금지하는 취지를 고려할 때 금지되어야 한다. 다만, 변호사의 사명달성을 위한 정치적인 의견표명이나 제도의 개선을 촉구하는 것은 제한이 없다.

부협회장은 협회장을 보좌하고, 협회장이 사고 있을 때에는 미리 정한 순서에 따라 그 직무를 대행한다(회칙 27②). 상임이사는 협회장을 보좌하여 회무를 처리한다. 다만, 상임이사는 규칙으로 정하는 바에 따라 전담별로 회무를 분담 처리할 수 있다(회칙 27③). 이사는 이사회의 구성원으로서 회무에 관한 중요사항을 심의·의결하고 이사회 또는 협회장으로부터 위임받은 회무를 처리한다(회칙 27④). 감사는 독립하여 이 회의 재정 및 업무집행사항을 감사하고 그 결과를 총회에 보고한다(회칙 27⑤).

제82조 총 회

> **제82조(총회)**
> ① 대한변호사협회에 총회를 둔다.
> ② 총회의 구성에 관한 사항은 회칙으로 정한다.

Ⅰ. 연 혁

(1) 1949. 11. 7. 제정된 변호사법은 의사결정기관인 총회와 그 구성원 및 의결정족수를 규정했다. 즉, 총회는 각 지방변호사회의 회장과 회원 30인마다 1인의 비례로 선출한 대표자로써 구성한다(제46조). 총회는 회원의 과반수의 출석으로 성립하며 그 의사는 출석회원의 과반수로써 결정한다(제47조).

(2) 1982. 12. 31. 개정된 변호사법은 필수적 기관으로서 총회와 그 구성원에 관한 내용을 규정했다. 즉, 대한변호사협회에 총회를 둔다(제65조 제 1 항). 총회는 지방변호사회 회장과 지방변호사회에서 개업신고를 한 회원수의 비례로 선출한 대의원으로 구성한다(제65조 제 2 항).

(3) 2011. 4. 5. 개정된 변호사법은 총회의 구성을 회칙으로 정하도록 하는 규정을 신설했다. 즉, 대한변호사협회에 총회를 둔다(제82조 제 1 항). 총회의 구성에 관한 사항은 회칙으로 정한다(제82조 제 2 항).

Ⅱ. 대한변호사협회 총회

대한변호사협회에 총회를 둔다(제 1 항). 대한변호사협회는 최고의사결정기관인 총회를 두어야 한다. 총회를 두지 않은 대한변호사협회의 설립인가신청은 거부될 수 있다. 여기서 총회는 지방변호사회의 총회와 그 법적 지위와 성격이 동일하다. 법인은 집행기관이 통상적인 업무를 처리하지만 그 의사결정기관은 별도로 두고 있다. 총회는 전국의 모든 회원들의 의사를 의결하는 최고의 기관이다. 실제로 의결행위에 참여할 자를 어떻게 구성할 것인지는 회칙으로 정할 수 있다. 그러므로 전국 회원들의 의사가 집약되어 반영될 구조를 갖춰야 한다. 총회에서 의결된 사항은 이사와 같은 집행기관이 맡게 된다.

Ⅲ. 총회 구성에 관한 사항

1. 총회구성의 자율권

총회의 구성에 관한 사항은 회칙으로 정한다(제3항). 대한변호사협회의 '총회 구성'에 관한 사항은 회칙으로 정할 수 있다. 과거에는 총회는 지방변호사회 회장과 지방변호사회에서 개업신고를 한 회원수의 비례로 선출한 대의원으로 구성한다고 한 바 있다. 변호사법은 총회구성에 관하여만 자율성을 인정하고 있지만, 총회의 운영과 관련된 총회의 종류 및 소집, 의결사항, 정족수 등에 관한 사항은 회칙으로 정할 수 있다고 해야 한다. 지방변호사회 총회는 개업신고를 한 변호사로 구성하는데(변호사법 70②), 대한변호사협회에 대하여는 회칙으로 정하도록 하는 차이가 있다. 지방변호사회는 개업변호사로 구성되어 있고, 여러 지방에 산재해 있어 통일적인 기준을 제시할 필요가 있기 때문이다.

2. 회칙상의 총회구성 및 의결사항

(1) 총회는 지방변호사회 회장 및 회원들의 직접 무기명 투표로 선출되는 선출직 대의원으로 구성하며, 대의원 총수는 400인 이상 500인 이하로 한다(회칙 11②). 대의원의 임기는 2년으로 한다(회칙 11③). 총회는 정기회와 임시회로 한다(회칙 12①).

(2) 총회의 의결사항으로는 ① 회칙 및 규칙의 제정 또는 개정에 관한 사항, ② 예산 및 결산의 승인에 관한 사항, ③ 협회장을 제외한 임원의 선임에 관한 사항, ④ 법령, 회칙 또는 규칙에 의하여 총회의 의결을 받아야 할 사항, ⑤ 변호사징계위원회 위원 및 예비위원의 선임에 관한 사항, ⑥ 등록심사위원회 위원 및 예비위원의 선임에 관한 사항, ⑦ 외국법자문사등록심사위원회 위원 및 예비위원의 선임에 관한 사항, ⑧ 기타 협회장이 이사회의 의결을 거쳐 부의한 사항이 있다(회칙 13).

3. 변호사법상 총회의 필수적인 결의사항

대한변호사협회는 지방변호사회 총회의 필수적인 결의사항에 관한 규정을 준용하고 있다(변호사법 87, 70③). 따라서 ① 회칙의 변경, ② 예산 및 결산은 반드시 총회의 결의를 거쳐야 한다. 대한변호사협회 회칙에도 이를 총회결의사항으로 하고 있다. 회칙의 일부 내용을 개정하거나 삭제하는 '회칙변경'은 법무부장관의 인가를 받아야 한다(변호사법 79 후단). 넓은 의미에서 회칙이라 할 수 있는 '규칙'의 제정 및 개정에 관한 사항은 총회가 의결한다(회칙 13(1)). 이와 달리 '규정'은 이사회의 의결로 성립한다(회칙 57③). 규칙이나 규정은 법무부장관의 인가사항은 아니다. 그러나 규칙은 총회의 결의사항이고, 총회결의사항이 법령이나 회칙에 위반되면 법무부장관은 이를 취소할 수 있다(변호사법 86③). 규칙과 규정은 회규의 명칭으로 구분하는 것이 아니고, 그 법적 성질을 기준으로 한다. 예컨대 대한변호사협회는 2021. 5. 31. 「변호사윤리장전」을 총회 의결로 개정한 바 있다. 이는 「변호사윤리장전」이 '법령에 의하여 위임 또는 위탁된 사무와 회칙에서 위임한 사항과 회칙을 시행하기 위한 사항'을 정하는 '규칙'에 해당되기 때문이었다.

4. 총회의 종류와 소집 및 의안의 제출

(1) 총회의 종류

총회는 정기회와 임시회로 한다. 정기회는 매년 2월 중에 의장이 소집한다(대한변호사협회 회칙 12①,②). 임시회는 다음 각 호의 1에 해당하는 경우에 의장이 소집한다(대한변호사협회 회칙 12③).

1 총회 구성원의 3분의 1 이상이 회의의 목적사항과 소집의 이유를 기재한 서면을 의장에게 제출하고 총회의 소집을 요구한 때
2. 협회장이 이사회의 의결을 거쳐 회의의 목적사항을 정하여 총회의 소집을 요구한 때
3. 전국지방변호사회장협의회 구성원의 3분의 2 이상이 회의의 목적사항과 소집의 이유를 기재한 서면을 의장에게 제출하고 총회의 소집을 요구한 때(신설 2018. 12. 28).

(2) 총회의 소집절차

정기회는 매년 2월 중 의장이 적당하다고 인정하는 날에 소집한다. 임시회는 회칙 제12조 제3항에 의한 소집요구가 있을 때에 의장이 적당하다고 인정하는 날에 소집한다(총회운영규칙 18①,②). 의장이 회칙 제12조 제5항에 의하여 총회를 소집할 때에는 다음 사항을 명시한 소집통지서를 개회 1주일 전까지 총회 구성원 전원에게 발송하여야 한다(총회운영규칙 20①).

1. 개회일시
2. 개회장소
3. 회의의 목적사항

4. 기타 필요한 사항

이 중에서 '회의의 목적사항'을 분명하게 명시한 소집통지서를 개회 1주일 전까지 총회 구성원 전원에게 발송해야 한다(발신주의). 만약 이 절차를 누락한 가운데 의결된 의안은 무효가 된다.[1]

⑶ 총회 의안의 제출 절차(이사회 의결 여부)

총회에 부의할 의안은 협회장이 이사회의 의결을 거쳐 총회일 10일 전까지 총회 의장에게 제출하여야 한다. 그러나 임시회의 경우는 소집을 요구한 자가 지체 없이 의안을 작성하여 총회 의장에게 제출하여야 한다(총회운영규칙 22①). 총회에 부의할 의안을 총회 의장에게 제출하는 절차에 관하여 살펴볼 점이 있다. 협회장은 정기총회는 물론 임시총회를 요구할 때도 '회의의 목적사항'을 이사회의 의결을 거쳐서 총회 의장에게 제출하여야 한다. 그러나 임시총회를 요구권자인 총회 구성원의 3분의 1 이상 또는 전국지방변호사회장협의회 구성원의 3분의 2 이상은 총회 의결 의안에 해당하는 '회의의 목적사항'을 총회 의장에게 제출하면 되고, 반드시 이사회 의결을 거쳐야 하는 것은 아니다. 만약 이때도 이사회 의결을 거칠 것을 요구한다면, 협회장과 같은 임원들이 반대하는 총회 의안은 이사회에 상정될 가능성도 없게 되고, 총회 의장에게 제출될 수도 없는 문제점이 있다. 그러면 임시총회 요구권자를 규정하는 취지를 살릴 수 없다.

서울지방변호사회 「총회운영규칙」 제12조 제1항은 "총회에 부의할 의안은 총회일 10일 전까지 이사회의 의결을 거쳐야 한다. 다만, 구성원의 10분의 1 이상에 의하여 임시총회의 소집을 요구한 때에는 그러하지 아니하다"라고 하여 구성원의 10분의 1 이상에 의하여 소집되는 임시총회 의안은 이사회 의결을 거칠 필요가 없다고 한다. 대한변호사협회의 총회운영규정에 이런 규정이 없지만, 같은 취지로 해석해야 한다.

---

1 학교법인의 이사회는 학교법인에 필수적이면서 유일한 심의·의결기관으로 소수의 이사들이 참여하여 결의가 이루어지는 점, 사립학교법 제17조 제3항은 이사회를 소집할 때에는 적어도 회의 7일 전에 회의의 목적을 명시하여 각 이사에게 통지하여야 하고, 다만 이사 전원이 집합되고 또 전원이 이사회의 개최를 요구한 때를 예외로 정하고 있는 점 등을 고려할 때, 학교법인이 이사회를 개최하려면 회의의 목적을 명시하여 적어도 이사회 개최일 7일 전까지 각 이사에게 통지하여야 하고, 이러한 절차를 거치지 않은 채 이루어진 이사회 결의는 특별한 사정이 없는 한 무효이다. 그리고 학교법인의 이사회가 특정 이사에게 적법한 소집통지를 하지 아니하여 그 이사가 출석하지 아니한 채 개최되었다면 결과가 설령 적법한 소집통지를 받지 못한 이사가 출석하여 반대의 표결을 하였던들 이사회 결의의 성립에 영향이 없었다고 하더라도 이사회 결의는 당연무효이다.

다만 이사회 소집통지에 관한 규정은 학교법인의 이사들이 사전에 회의의 목적 사항을 알 수 있게 함으로써 이사회 참석 여부를 결정하거나 적정한 심의권 행사를 위하여 필요한 준비를 할 수 있도록 하는 데 취지가 있으므로 이사회 소집통지 기간을 1일이나 2일 지연하였을 뿐이고 이사들이 이사회의 목적 사항을 충분히 숙지한 상태에서 이의 없이 이사회에 참석하여 의결에 참여한 경우 등 **이사들의 출석권과 의결권의 적정한 행사**가 방해받지 않았다고 볼 만한 특별한 사정이 있을 경우에는 이사회 결의는 유효하다(대법원 2015. 11. 27. 선고 2014다44451 판결 [이사회결의무효확인등]).

(4) 총회 구성원 7인 이상 의안제출

총회 구성원은 7인 이상 찬반으로 서면으로써 총회 의장에게 의안을 제출할 수 있다(총회운영규칙 22②). 이 규정에 따라 총회 당일 현장에서 구성인 7인 이상이 의안을 제출할 수 있는지 문제된다. 총회는 의안에 해당하는 '회의의 목적사항'을 총회 구성원 전원에게 통지하여 구성원의 출석권과 의결권 행사의 기회를 보장해야 하는 것이 원칙이다. 총회 구성원 7인 이상이 총회 당일에 회의장소에서 불쑥 의안을 제출하여 의결을 한다면, '회의의 목적사항'을 사전에 파악하고 회의에 출석할 것인지 여부와 출석할 경우 어떤 의결을 할 것인지를 결정할 기회를 박탈하는 것이 된다.

그러나 민법상 법인의 총회 소집과 결의사항을 보면, 총회 안건으로 통지한 사항에 관해서만 결의할 수 있는 것은 아니다. 즉, 총회의 소집은 1주간 전에 그 회의의 목적사항을 기재한 통지를 발하고 기타 정관에 정한 방법에 의하여야 한다(민법 71). 총회는 전조의 규정에 의하여 통지한 사항에 관하여서만 결의할 수 있다. 그러나 정관에 다른 규정이 있는 때에는 그 규정에 의한다(민법 72). 소집통지에 기재하지 않은 사항을 결의한 때에는 그 결의는 무효이다.[2]

그러나 정관에 다른 규정이 있을 때는 그렇지 않다. 따라서 소집통지에 기재하지 않은 사항도 결의할 수 있다는 규정이 정관에 있을 때는 그에 따르면 된다.

총회운영규정 제22조 제2항은 민법 제72조 후문 "정관에 다른 규정이 있는 때"에 해당된다. 총회 구성원 7인 이상이 찬반으로 총회 의장에게 제출하는 의안은 두 가지 경우로 나눠볼 수 있다. 먼저 총회 소집절차상의 요건을 충족한 경우(사전에 총회 목적사항으로 통지)라면, 별도의 이사회 의결이 없더라도 총회의 의결로 의안은 성립된다. 이때는 별다른 문제가 없다. 그런데 사전에 회의의 목적사항을 통지하지 않은 상태에서 총회 당일 또는 총회에 임박한 상태에서 의안을 총회 의장에게 제출할 수도 있다. 총회운영규정 제22조 제 2 항은 바로 이렇게 의안 의결의 긴박성·필요성이 있을 때 유효적절하게 활용할 수 있다. 만약 이때도 이사회 의결을 거친 후에 총회 의안으로 제출해야 한다면, 대한변호사협회 협회장 등 집행부 임원이 반대하는 의안은 이사회에 안건으로 상정하지도 않을 것이다. 이렇게 되면 소수의 총회 구성원에게 의안 제출을 허용하고 있는 규정은 그 의미를 상실하게 될 수밖에 없다. 총회운영규칙 제22조 제 2 항은 소수의 의견을 총회에 반영하기 위한 특별한 규정(상법상 소수주주의 주주제안권에 대응하는 제도)이라고 보아야 한다. 따라서 이 규정에 따라 총회 의장에게 제출된 의안은 총회소집 통지서에 회의의 목적사항으로 규정되지 않았고, 이사회 의결을 거치지 않았다고 할지라도 총회에서 의결되었다면 유효한 안건으로 보아야 한다.

---

2 김준호, 민법강의 제28판, 137면.

제83조 분 담 금

제83조(분담금)
지방변호사회는 대한변호사협회가 정하는 바에 따라 대한변호사협회의 운영에 필요한 경비를 내야 한다.

Ⅰ. 연 혁

(1) 1949. 11. 7. 제정된 변호사법은 지방변호사회의 분담금 납부의무를 규정했다. 즉, 각 지방변호사회는 대한변호사협회의 경리상 필요한 분담금을 거출할 의무가 있다(제44조).

(2) 1982. 12. 31. 개정된 변호사법은 분담금을 대한변호사협회가 정하는 할 수 있도록 개정했다. 즉, 지방변호사회는 대한변호사협회가 정하는 바에 따라 대한변호사협회의 운영에 필요한 경비를 납부하여야 한다(제66조).

(3) 2008. 3. 28. 개정된 변호사법은 대한변호사협회의 운영에 필요한 경비를 '납부하여야 한다'를 '경비를 내야 한다'로 자구수정을 하였다. 즉, 지방변호사회는 대한변호사협회가 정하는 바에 따라 대한변호사협회의 운영에 필요한 경비를 내야 한다(제83조).

Ⅱ. 지방변호사회의 대한변호사협회 운영 경비 부담

(1) 지방변호사회는 대한변호사협회가 정하는 바에 따라 대한변호사협회의 운영에 필요한 경비를 내야 한다. 대한변호사협회는 운영에 필요한 재원의 조달이 필요하다. 변호사단체의 자치는 국가의 재정적 지원 없이 자립하는 것도 의미한다. 대한변호사협회는 필요한 경비를 지방변호사회가 납부하는 분담금 및 특별분담금, 특별회비, 등록료, 찬조금, 기타 수입금으로 충당한다(회칙 52). 이를 위하여 대한변호사협회는 「분담금납부규칙」을 제

정·시행하고 있다. 이 규칙은 단체회원, 법인회원, 개인회원 및 외국회원에게 모두 적용된다(규칙 2). 지방변호사회는 물론 대한변호사협회 회원은 회비 납부의무가 있다. 대한변호사협회의 단체회원인 지방변호사회는 회비납부 의무의 일환으로 분담금을 납부해야 한다.

(2) 지방변호사회는 매월 1일 현재의 소속 회원 수에 당해 연도 정기총회가 정한 분담금 월정액을 곱한 금액 및 특별분담금을 매월 이 회에 납부하여야 한다(규칙 3①). 대한변호사협회는 지방변호사회 외에 개인회원이나 외국회원에게도 특별회비 납부의무를 명하고 있다. 협회장은 회지의 발간, 법률구조사업, 변호사연수, 국제회의의 개최 또는 참가, 기타 협회의 설립목적을 달성하기 위한 자금을 조달하기 위하여 특히 필요하다고 인정할 때에는 총회의 의결을 거쳐 법인회원, 개인회원 및 외국회원에게 특별회비를 납부할 것을 명할 수 있다(규칙 7①). 그러나 변호사법은 지방변호사회에게만 대한변호사협회의 운영에 필요한 경비를 내도록 규정하고 있음에도, 다른 법률의 근거도 없이 법인회원, 개인회원 및 외국회원에게 특별회비를 납부할 것을 명할 수 있다고 하는 것은 법률유보의 원칙에 위반된다.

제84조 법률구조기구

제84조(법률구조기구)
대한변호사협회에 법률구조사업을 하도록 하기 위하여 법률구조기구를 두며, 지방변호사회에는 그 지부를 둘 수 있다.

Ⅰ. 연 혁

(1) 1982. 12. 31. 개정된 변호사법은 변호사업무의 공공성을 높여 사회봉사기능을 확충하기 위하여 법률구조기구에 관한 규정을 신설했다. 즉, 대한변호사협회에 법률구조사업을 행하기 위하여 법률구조기구를 두며, 지방변호사회에는 그 지부를 둘 수 있다(제67조).

(2) 2008. 3. 28. 개정된 변호사법은 전문개정으로 자구수정을 했다. 즉, 대한변호사협회에 법률구조사업을 하도록 하기 위하여 법률구조기구를 두며, 지방변호사회에는 그 지부를 둘 수 있다(제84조).

Ⅱ. 법률구조사업을 위한 법률구조기구 설치

1. 변호사의 사명달성을 위한 법률구조사업

대한변호사협회에 법률구조사업을 하도록 하기 위하여 법률구조기구를 두며, 지방변호사회에는 그 지부를 둘 수 있다. 기본적 인권을 옹호하는 것을 그 사명으로 하는 변호사들을 회원으로 두는 대한변호사협회가 인권 옹호를 위한 법률구조사업을 하는 것은 당연하다. 1982. 12. 31. 개정된 변호사법 제 2 조는 변호사는 공공성을 지닌 법률전문직이라는 규정과 함께 대한변호사협회는 법률구조사업을 하도록 하는 규정도 신설했다. 또한 회칙의 필수적 기재사항에도 '법률구조사업에 관한 사항'이 포함되도록 했다. 이를 통하여 변호사가 오로지 사익의 추구에만 전념하지 않고 특히 경제적 어려움 등에 처한 자의 법률구조활동을 하도록 했다.

2. 법률구조사업의 내용

「대한변호사협회 회칙」은 '법률구조사업'에 관한 독자적인 장을 두어 구체적인 시행방안을 규정하고 있다. 대한변호사협회는 빈곤 기타 사유로 권리구제를 받기 어려운 자에 대하여 법률구조사업을 실시한다(회칙 49). 경제적 사유가 주를 이룰 것이지만, 기타 사유(정치적 사유 등)로 법률구조가 필요한 자에 대한 활동을 구체화하고 있다. 법률구조사업을 실시하기 위하여 이 회에 법률구조재단을 두며(회칙 50①), 지방변호사회에 법률구조재단의 지부를 둘 수 있다(회칙 50②).

대한변호사협회는 2003년 재단법인 법률구조재단을 설립하여 사회소외계층(경제적 약자, 고령자 등), 다문화가정 및 이주외국인의 근로관련 임금 등의 법률구조, 북한이탈주민, 국제법상 난민으로 인정될 수 있는 신청활동, 성폭력피해자 등의 법률구조 활동을 하고 있다. 아울러 북한이탈주민법률지원위원회규정, 노인법률지원위원회규정, 범죄피해자지원특별위원회규정 등을 제정·시행하고 있다. 법률구조사업의 기금은 이 회 및 지방변호사회의 출연금, 변호사·법무법인·법무법인(유한)·법무조합 또는 독지가의 찬조금 및 사업수익금으로 충당한다(회칙 51①).[1]

1 대한변호사협회는 법률 구조 사업회를 두고 수익원의 기금을 조성하여 법률 구조 사업을 벌이고 있습니다. 경제적 사정 때문에 변호사 선임이 어려운 사람들로부터 사건의 신청을 받은 후 법률 구조의 여부를 심사한 후 구조 결정이 된 사건에 대하여는 대한변호사협회 소속의 변호사로 하여금 소송을 수행하게 한 후 신청인의 능력의 유무 등에 따라 무료 또는 저렴한 비용을 부담하게 함으로써 경제적 형편 때문에 소송을 해보지도 못하고 패소하는 억울한 경우가 발생하지 않도록 노력을 기울이고 있습니다(http://www.koreanbar.or.kr/info/info04_1.asp).

제85조 변호사의 연수

제85조(변호사의 연수)

① 변호사는 변호사의 전문성과 윤리의식을 높이기 위하여 대한변호사협회가 실시하는 연수교육(이하 "연수교육"이라 한다)을 대통령령으로 정하는 시간 이상 받아야 한다. 다만, 다음 각 호의 어느 하나에 해당하는 경우에는 그러하지 아니하다.

1. 질병 등으로 정상적인 변호사 업무를 수행할 수 없는 경우
2. 휴업 등으로 연수교육을 받을 수 없는 정당한 사유가 있는 경우
3. 고령으로 연수교육을 받기에 적당하지 아니한 경우로서 대한변호사협회가 정하는 경우

② 대한변호사협회는 연수교육을 지방변호사회에 위임하거나 기관 또는 단체를 지정하여 위탁할 수 있다.

③ 대한변호사협회는 변호사가 법학 관련 학술대회 등에 참여한 경우에는 대한변호사협회가 정하는 바에 따라 연수교육을 받은 것으로 인정할 수 있다.

④ 연수교육에는 법조윤리 과목이 포함되어야 한다.

⑤ 연수교육의 방법·절차, 연수교육을 위탁받을 수 있는 기관·단체의 지정 절차 및 지정 기준 등에 관하여 필요한 사항은 대한변호사협회가 정한다.

I. 연 혁

(1) 1982. 12. 31. 개정된 변호사법은 변호사의 공공성 제고를 위하여 대한변호사협회가 변호사 연수교육을 실시하도록 하는 규정을 신설했다. 즉, 대한변호사협회는 변호사의 연수교육을 실시하여야 한다(제68조).

(2) 2000. 1. 28. 개정된 변호사법은 변호사의 연수교육을 위하여 변호사연수원의 설치에 관한 내용을 신설했다. 즉, 대한변호사협회는 변호사의 연수교육을 실시하여야 하며 이를 위하여 변호사연수원을 설치·운영할 수 있다(제85조).

(3) 2007. 1. 26. 개정된 변호사법은 현행 조문과 같은 내용으로 연수교육 규정을 구체

화했다. 즉, 변호사연수를 받지 않아도 되는 예외사유를 인정하고(제 1 항 단서),[1] 연수교육을 지방변호사회에 위임하거나 기관·단체에 위임할 수 있으며(제 2 항), 변호사가 법학 관련 학술대회 등에 참여한 경우 연수교육 이수로 인정하며(제 3 항), 연수교육에는 법조윤리 과목이 포함되어야 하고(제 4 항), 연수교육의 방법·절차, 연수교육을 위탁받을 수 있는 기관·단체의 지정절차 및 지정기준 등은 대한변호사협회가 정하도록 했다(제 5 항).

Ⅱ. 대한변호사협회가 실시하는 연수교육

1. 연수교육의 목적

변호사는 변호사의 전문성과 윤리의식을 높이기 위하여 대한변호사협회가 실시하는 연수교육(이하 "연수교육"이라 한다)을 대통령령으로 정하는 시간 이상 받아야 한다. 다만, 다음 각 호의 어느 하나에 해당하는 경우에는 그러하지 아니하다(제 1 항). 변호사의 연수교육의 목적은 전문성과 윤리의식 제고에 있다. 변호사는 그 자격을 취득하기까지 상당한 법학교육과 실무연수 또는 사법부·수사기관의 공직경력을 가질 수 있다. 변호사가 되기 전에도 높은 인격과 교양을 가질 수 있다. 그러나 변호사법은 모범적인 시민의식 수준을 뛰어넘는 전문직다운 고도의 지식과 직업윤리를 요구하고 있다.

변호사는 의뢰인을 위하여 선량한 관리자로서의 의무를 다해야 한다. 선관주의의무를 다하려면 충분한 지식과 경험이 있어야 한다. 전문지식은 해마다 쌓여가고 깊어진다. 이런 전문지식의 습득을 변호사 개인의 노력에만 맡겨둘 수 없기에 연수교육이 필요하다.

헌법을 비롯한 법령에서 여러 특권을 부여받은 변호사는 다른 직업보다 엄격한 직업윤리가 요구된다. 그 때문에 연수교육은 존경받을 인품을 연마하고 수임한 사건을 성실하게 처리할 열정을 새롭게 다짐할 수 있는 좋은 계기가 될 수 있다.

---

1 **변호사법 [법률 제8271호, 2007. 1. 26. 일부개정] 제85조(변호사의 연수)** ① 변호사는 변호사의 전문성과 윤리의식을 제고하기 위하여 대한변호사협회가 실시하는 연수교육(이하 "연수교육"이라 한다)을 대통령령이 정하는 시간 이상 받아야 한다. 다만, 다음 각 호의 어느 하나에 해당하는 경우에는 그러하지 아니하다.
1. 질병 등으로 인하여 정상적인 변호사 업무를 수행할 수 없는 경우
2. 휴업 등으로 인하여 연수교육을 받을 수 없는 정당한 사유가 있는 경우
3. 고령으로 인하여 연수교육을 받기에 적당하지 아니한 경우로서 대한변호사협회가 정하는 경우
② 대한변호사협회는 연수교육을 지방변호사회에 위임하거나 기관 또는 단체를 지정하여 위탁할 수 있다.
③ 대한변호사협회는 변호사가 법학 관련 학술대회 등에 참여한 경우에는 이를 대한변호사협회가 정하는 바에 따라 연수교육을 받은 것으로 인정할 수 있다.
④ 연수교육에는 법조윤리 과목이 포함되어야 한다.
⑤ 연수교육의 방법·절차, 연수교육을 위탁받을 수 있는 기관·단체의 지정절차 및 지정기준 등에 관하여 필요한 사항은 대한변호사협회가 정한다. [전문개정 2007. 1. 26]

2. 변호사의 연수교육을 받을 의무

(1) 변호사의 연수교육 시간은 1년에 법조윤리 과목 1시간 이상을 포함하여 8시간 이상으로 하되, 연수교육 이수시간의 계산방법 및 연수교육 이수의 주기 등에 관한 사항은 대한변호사협회가 정한다(변호사법 시행령 17의2). 개업한 변호사는 의무적으로 연수교육을 받아야 한다. 의무연수는 개업신고를 한 60세 미만의 등록회원을 대상으로 한다(변호사연수규칙 6①). 연수주기는 매 홀수연도의 1월 1일부터 그 다음해의 12월 31일까지 2년으로 한다(변호사연수규칙 7①). 대한변호사협회는 의무연수의 실효성을 확보하고, 회원의 연수기회를 늘리기 위해 연수원운영위원회의 심의를 거쳐 의무전문연수와 의무윤리연수의 전부 또는 일부의 연수주기를 조정할 수 있다(규칙 7②).

(2) 2012년부터 신규변호사에게 기존 변호사 의무연수시간에 총 8시간의 의무연수를 추가로 부여한 바 있다. 그러나 이로 인한 신규변호사의 경제적·심리적 부담이 상당하여 2시간으로 줄이는 내용으로 「변호사연수규칙」을 개정하였다. 즉, 의무연수이수시간은 의무전문연수의 경우 1년 7시간을 기준으로, 의무윤리연수의 경우 1년 1시간을 기준으로 각 연수주기에 맞추어 비례적으로 계산한다(규칙 7③). 구 「변호사연수규칙」 제 7 조 제 3 항 단서에서 사내변호사에게도 연수의무를 인정하였지만, 2018. 2. 2. 위 단서를 삭제하였다.

3. 연수교육 면제사유

(1) 질병 등으로 정상적인 변호사 업무를 수행할 수 없는 경우(제 1 호)

연수교육은 질병 등으로 정상적인 변호사 업무를 수행할 수 없는 자는 제외된다. 여기서 '질병'은 정상적인 변호사 업무를 수행할 수 없는 경우의 한 예시이다. 그 외에 징계처분으로 정직·제명을 받거나 업무정지명령을 받아 변호사 업무를 수행할 수 없는 법률상의 장애도 이에 포함된다. 사건수임을 할 수 없어 통상적인 변호사 업무를 수행하지 못한 경우는 이에 해당되지 않는다.

(2) 휴업 등으로 연수교육을 받을 수 없는 정당한 사유가 있는 경우(제 2 호)

연수교육은 개업변호사를 대상으로 한다. 휴업하여 변호사 업무를 하지 않은 자는 연수교육을 받지 않아도 된다. 휴업하지 않더라도 외국 유학 중인 변호사도 정당한 사유가 있다고 할 수 있다.

(3) 고령으로 연수교육을 받기에 적당하지 아니한 경우로서 대한변호사협회가 정하는 경우(제 3 항)

「변호사연수규칙」은 개업신고를 한 60세 미만의 등록 회원은 의무연수의 대상이라고 한다(제 6 조 제 1 항). 구 「변호사연수규칙」은 65세 미만의 등록 회원으로 하였다가 2021. 2. 22. 60세 미만으로 하향 조정하였다. 또한 질병, 출산, 장기 해외체류, 군복무 기타 연수교육을 받지 못할 정당한 사유가 있는 회원의 신청이 있는 경우에는 협회장이 그 의무의 전부 또는 일부를 면제 또는 유예할 수 있도록 하고 있다(제 6 조 제 3 항).

Ⅲ. 연수교육의 위임·위탁

1. 지방변호사회에 연수교육의 위임

대한변호사협회는 연수교육을 지방변호사회에 위임하거나 기관 또는 단체를 지정하여 위탁할 수 있다(제 2 항). 서울특별시에 소재하는 대한변호사협회가 전국 회원들을 상대로 연수교육을 하는 것은 쉽지 않다. 그래서 지방변호사회의 주관으로 그 지역 회원들의 수요에 부합하는 교육을 할 필요가 크다. 대한변호사협회는 지방변호사회에 연수교육을 위임하면서 내실 있는 연수교육을 감독할 수 있다. 대한변호사협회의 위임에 따라 지방변호사회가 '위임연수'를 실시하고자 할 때는 1년간의 연수계획과 강좌의 세부내용 및 연수시간 등을 기재한 신청서를 제출하여야 한다(변호사연수규칙 10①). 이를 위임연수라고 한다. 대한변호사협회는 연수가 효율적으로 이루어질 수 있도록 강의 주제, 강의 자료 및 강사 관련 정보를 당해 지방회에 제공할 수 있다(규칙 10④).

2. 기관 또는 단체에 위탁

대한변호사협회는 지방변호사회 이외의 기관이나 단체를 지정하여 '위탁연수'를 시행할 수 있다. 위탁연수를 실시하고자 하는 기관 또는 단체는 연수 실시 30일 전까지 신청기관 또는 단체의 설립연도와 설립목적, 활동개요 및 위탁연수로 인정받고자 하는 강좌의 세부내용, 강의기간 및 강의시간 합계 등을 기재한 신청서를 제출하여야 한다(변호사연수규칙 11①). 협회의 위탁으로 연수를 실시한 기관 또는 단체는 당해 강좌를 종료한 후 30일 이내에 이를 이수한 회원의 명부, 출결상황 및 이수시간 합계 등을 기재한 위탁연수실시결과보고서를 협회에 제출하여야 한다(규칙 11④).

Ⅳ. 법학 관련 학술대회 등에 참여한 경우 연수교육 인정

(1) 대한변호사협회는 변호사가 법학 관련 학술대회 등에 참여한 경우에는 대한변호사협회가 정하는 바에 따라 연수교육을 받은 것으로 인정할 수 있다(제 3 항). 연수교육은 법학

관련 학술대회 등의 참여 형태로도 이루어질 수 있다. 변호사연수로 포함되는 교육연수, 학술대회, 세미나 기타 강좌 등을 참여함으로써 연수교육을 받은 것으로 보는 '인정연수'도 실시할 수 있다. 변호사는 인정연수로 지정받고자 하는 교육연수, 학술대회, 세미나 기타 강좌를 개최하는 학술단체 등은 학술대회의 주제, 발표자의 약력, 발표예정내용, 학술대회 등의 기간 등을 기재한 신청서를 제출하여야 한다(변호사연수규칙 12①). 협회는 이 신청이 있는 경우 당해 학술대회 등을 인정연수로 지정할 수 있다(규칙 12②). 인정의 효력은 신청서에 기재된 학술대회 등에 한한다(규칙 12③).

(2) 위임, 위탁, 인정연수는 사전에 협회의 승인절차를 거치는 것이 원칙이지만 사후교육인정신청도 할 수 있다. 위임, 위탁, 인정연수로 미리 지정받지 않은 변호사연수를 실시한 기관이나 그 변호사연수를 받은 회원은 그 연수를 의무연수로 인정해 줄 것을 협회에 신청할 수 있다(규칙 16①). 협회는 이 신청이 있는 경우 당해 회원의 연수 전부 또는 일부를 의무연수로 인정할 수 있다(규칙 16④).

Ⅴ. 연수교육에 법조윤리 과목 포함

연수교육에는 법조윤리 과목이 포함되어야 한다(제4항). 연수교육의 목적은 변호사의 전문성의 함양과 윤리의식의 고취에 있다. 연수교육의 실시 주체는 대한변호사협회이다. 협회는 연수교육의 취지에 맞는 내용으로 기획하여 실시해야 한다. 변호사법은 연수교육에는 반드시 법조윤리 과목을 포함시키도록 한다. 법조윤리는 변호사의 직업윤리로서의 직무규범을 말한다. 법조윤리는 변호사는 물론 법관과 검사의 직업윤리도 포함되지만, 변호사의 직업적 책임에 관한 내용이 대부분을 차지하고 있다.[2] 법조윤리는 변호사법과 그 시행령 및 대한변호사협회 회칙 등의 법령에 담겨 있다. 이들 법령에는 변호사의 자격취득과 권리의무 및 징계 등에 관한 내용이 포함되어 있다. 법조윤리는 그 위반시에 형사처벌을 받거나 징계처분을 받는 강제규범이며, 변호사로 하여금 자율적인 준수를 요청하는 윤리 도덕은 아니다.

Ⅵ. 연수교육의 방법·절차 등을 대한변호사협회가 결정

연수교육의 방법·절차, 연수교육을 위탁받을 수 있는 기관·단체의 지정 절차 및 지정 기준 등에 관하여 필요한 사항은 대한변호사협회가 정한다(제5항). 대한변호사협회는 변호

2 정형근, 법조윤리강의 제11판, 3면.

사연수교육과 변호사연수원의 조직과 운영을 정하기 위하여 「변호사연수규칙」을 제정·시행하고 있다. 이 규칙으로 정하는 바에 따라 의무연수와 변호사연수의 위임 등, 변호사연수원이 운영되고 있다.

Ⅶ. 연수교육의 불이행 제재

대한변호사협회가 실시하는 연수교육을 받지 아니한 변호사에게는 500만원 이하의 과태료가 부과된다(변호사법 117③(1)).

제86조 감 독

제86조(감독)

① 대한변호사협회는 법무부장관의 감독을 받는다.

② 대한변호사협회는 총회의 결의 내용을 지체 없이 법무부장관에게 보고하여야 한다.

③ 법무부장관은 제 2 항의 결의가 법령이나 회칙에 위반된다고 인정하면 이를 취소할 수 있다.

I. 연 혁

(1) 1948. 11. 7. 제정된 변호사법은 법무부장관의 변호사단체 감독권을 규정했다. 즉, 대한변호사협회는 법인으로 하며 법무부장관의 감독을 받는다(제42조 제 2 항). 법무부장관은 변호사회의 회의 또는 결의가 법령 또는 규약에 위반하거나 공익을 해한다고 인정하는 때에는 그 결의를 취소하거나 또는 의사를 정지시킬 수 있다(제47조 제 2 항).

(2) 1982. 12. 31. 개정된 변호사법은 현행과 같이 법무부장관의 감독권을 구체화하여 총회의 결의내용을 보고하도록 하고, 결의가 '공익을 해한다고 인정할 때'는 취소할 수 있다는 사유도 추가했다. 즉, 대한변호사협회는 법무부장관의 감독을 받는다(제69조 제 1 항). 대한변호사협회는 총회의 결의내용을 지체 없이 법무부장관에게 보고하여야 한다(제69조 제 2 항). 법무부장관은 제 2 항의 결의가 법령 또는 회칙에 위반하거나 공익을 해한다고 인정할 때에는 이를 취소할 수 있다(제69조 제 3 항).

(3) 2007. 1. 26. 개정된 변호사법은 현행 조문으로 변경하면서 법무부장관의 총회결의 취소사유로 두었던 '공익을 해한다고 인정할 때'를 삭제하게 되었다. 즉, 법무부장관은 제 2 항의 결의가 법령 또는 회칙에 위반된다고 인정할 때에는 이를 취소할 수 있다(제86조 제 3 항).

Ⅱ. 대한변호사협회에 대한 법무부장관의 감독

대한변호사협회는 법무부장관의 감독을 받는다(제 1 항). 대한변호사협회는 변호사와 지방변호사회와 함께 법무부장관의 감독을 받는다. 과거와 달리 변호사의 등록과 징계권 행사 등에서 변호사 자치권이 부여되었지만, 여전히 변호사와 그 단체는 국가의 감독을 받고 있다. 대한변호사협회도 국가의 사무를 처리하는 행정청이라서 상급관청인 법무부장관의 감독을 받는다. 따라서 대한변호사협회의 자율권과 국가의 감독은 충돌되는 것이 아니다. 모든 행정청은 상급행정청의 감독을 받기 때문이다.

법무부장관은 대한변호사협회의 설립과 회칙 제정 및 변경시에 인가권을 갖는다. 그리고 총회결의 사항을 보고받고, 그 결의사항을 취소할 수도 있는 상급관청으로서의 권한을 행사할 수 있다. 일본 변호사법은 최고재판소가 필요시에는 일본변호사연합회에 그 사무의 보고를 요구할 수 있도록 한다(제49조). 이 규정을 근거로 하여 일본변호사연합회의 상급기관은 최고재판소로 이해되고 있다.

Ⅲ. 총회의 결의 내용을 법무부장관에게 보고

대한변호사협회는 총회의 결의 내용을 지체 없이 법무부장관에게 보고하여야 한다(제 2 항). 총회는 최고의결기관으로서 변호사법과 회칙이 정하는 사항을 의결하게 된다. 변호사법은 총회의 필수적 결의사항을 정하면서(제87조, 제70조 제 3 항) 모든 총회결의 내용을 보고하도록 한다. 총회 결의내용은 「대한변호사협회 회칙」 제13조에서 총회의 의결사항으로 정하고 있다. 총회결의가 법령에 위반되거나 회칙에 위반된 때는 이를 취소할 수 있다. 보고하지 않은 총회의 결의는 내부적으로는 유효할지라도 법무부장관은 보고의무를 명하는 변호사법 위반을 이유로 취소할 수 있다.

Ⅳ. 총회의 결의사항을 이사회 의결로 감독권 면탈 사례

대한변호사협회가 회칙상 총회의 의결을 거쳐야 할 사항을 이사회 의결을 거치게 되면 법무부장관에게 보고할 의무가 없게 된다. 이렇게 되면 변호사단체에 대한 국가의 감독권이 무력화된다. 예컨대 대한변호사협회가 2021. 5. 3. 개정·시행한 「변호사 광고에 관한 규정」은 변호사법이 위임하는 사항을 포함하고 있는 '규칙'에 해당된다. 그런데 '규칙'의 제정과 개정은 총회의 의결을 거쳐야 함에도 이사회 의결로 위 광고규정을 개정하였다. 그 결과 법무부장관에게 보고하지도 않았고, 「변호사 광고에 관한 규정」에 대한 국가의 합헌성·합법성 여부에 관한 심사도 받지 않고 시행되는 결과가 되었다.

V. 총회 결의가 법령·회칙에 위반된 경우 취소

법무부장관은 제2항의 결의가 법령이나 회칙에 위반된다고 인정하면 이를 취소할 수 있다(제3항). 총회 결의는 법령이나 회칙을 위반해서는 아니 되는 한계를 갖는다. 법령에 위반되는 총회 결의란 헌법과 변호사법은 물론 변호사의 직무를 규정하는 각종 소송법규에 위반되는 것을 말한다. 예컨대 회칙의 변경을 상임이사회의 결의사항으로 하는 결의를 한다면 이는 변호사법을 위반한 것에 해당된다. 그리고 회칙에 위반되는 결의는 결의내용 자체가 총회결의사항이 아니거나 결의 절차의 위반을 들 수 있다. 회칙은 제정과 변경시에 법무부장관의 인가를 받은 것이므로 회원은 물론 대한변호사협회 역시 회칙준수의무가 있다. 따라서 총회결의가 이를 위반할 때는 결국 회칙준수의무를 위반한 것에 해당되므로 취소권을 행사할 수 있다. 회칙과 총회 결의 내용이 법령과 상위규범인 회칙에 위반하여 변호사의 기본권을 침해하는 경우 등에는 취소할 수 있다.

제87조 준용규정

제87조(준용규정)
대한변호사협회에 관하여는 제70조 제 3 항, 제71조 및 제75조를 준용한다.

I. 연 혁

(1) 1982. 12. 31. 개정된 변호사법은 대한변호사협회에 준용되는 규정을 신설했다. 즉, 제54조 제 2 항[1] · 제55조 제 3 항[2] · 제56조 및 제58조[3]의 규정은 대한변호사협회에 관하여 이를 준용한다(제70조).

(2) 2008. 3. 28. 개정된 변호사법 역시 변경된 조문에 따라 준용규정을 두었다. 즉, 대한변호사협회에 관하여는 제69조 제 2 항, 제70조 제 3 항, 제71조 및 제75조[4]를 준용한다(제87조).

---

1 **제54조(임원)** ② 임원은 총회에서 선임한다.

2 **제55조(총회)** ③ 다음 사항은 총회의 결의를 거쳐야 한다.
1. 회칙의 변경
2. 예산 및 결산

3 **제56조(이사회)** ① 지방변호사회에 이사회를 둔다.
② 이사회는 회무에 관한 중요사항을 결의한다.
제57조(사법연수생의 지도) 지방변호사회는 사법연수원의 위촉에 의하여 사법연수생의 변호사실무수습을 담당한다.
제58조(자문과 건의) 지방변호사회는 공무소에서 자문을 받은 사항에 관하여 회답하여야 하며, 법률사무 기타 이에 관련된 사항에 대하여 공무소에 건의할 수 있다.

4 **제71조(이사회)** ① 지방변호사회에 이사회를 둔다.
② 이사회는 지방변호사회 업무에 관한 중요 사항을 결의한다.
제72조(국선변호 협력의무 등) ① 지방변호사회는 법원에 국선변호인 예정자 명단을 제출하고 국선변호인의 변호 활동을 지원하는 등 국선변호인제도의 효율적인 운영에 적극 협력하여야 한다.
② 지방변호사회는 재정결정(裁定決定)에 따라 법원의 심판에 부쳐진 사건에 대한 공소유지 변호사의 추천, 「민사조정법」에 따른 조정위원의 추천 등 사법제도의 건전한 운영에 성실히 협력하여야 한다.
제73조(사법연수생의 지도) 지방변호사회는 사법연수원장의 위촉에 따라 사법연수생의 변호사 실무 수습을 담당한다.

(3) 2011. 4. 5. 개정된 변호사법은 기존의 '임원은 총회에서 선임한다'는 준용규정을 삭제했다. 즉, 대한변호사협회에 관하여는 제70조 제3항, 제71조 및 제75조를 준용한다(제87조).

Ⅱ. 대한변호사협회의 준용규정

대한변호사협회에 관하여는 제70조 제3항, 제71조 및 제75조를 준용한다. 대한변호사협회는 지방변호사회의 총회결의사항(제70조 제3항)과 이사회(제71조), 국선변호 협력의무(제72조), 사법연수생의 지도(제73조), 분쟁의 조정(제74조), 자문과 건의(제75조)에 관한 규정을 준용하고 있어 지방변호사회의 구조와 역할이 상당히 유사하다.

1. 총회의 결의사항

대한변호사협회는 ① 회칙의 변경, ② 예산 및 결산은 총회의 결의를 거쳐야 한다(변호사법 70③). 회칙의 변경을 결의한 후에는 법무부장관의 변경인가를 받아야 한다. 예산 및 결산을 총회에서 결의한 후에는 법무부장관에게 보고해야 한다.

2. 이사회

대한변호사협회에 이사회를 두어야 하며(변호사법 71①), 이사회는 대한변호사협회업무에 관한 중요 사항을 결의한다(변호사법 71②). 「대한변호사협회 회칙」에는 이사회를 규정하고 있으며, 임원으로 이사를 두고 이사회의 결의를 거쳐야 할 사항을 특정하고 있다. 즉, 이 회의 회무에 관한 중요 사항을 의결하기 위하여 이사회를 둔다(대한변호사협회 회칙 18①). 이사회는 협회장, 부협회장, 상임이사 및 이사로 구성한다(회칙 18②).

3. 국선변호 협력의무 등

대한변호사협회는 국선변호 협력의무를 이행하기 위하여 법원에 국선변호인 예정자 명단을 제출하고 국선변호인의 변호 활동을 지원하는 등 국선변호인제도의 효율적인 운영에 적극 협력하여야 하며(변호사법 72①), 「민사조정법」에 따른 조정위원의 추천 등 사법제도의 건전한 운영에 성실히 협력하여야 한다(변호사법 72②). 이와 같은 차원에서 특별검사임용에 관한 법률에 따라 특별검사를 추천하기도 한다.

제74조(분쟁의 조정) 지방변호사회는 그 회원인 변호사 상호간 또는 그 회원인 변호사와 위임인 사이에 직무상 분쟁이 있으면 당사자의 청구에 의하여 이를 조정할 수 있다.

제75조(자문과 건의) 지방변호사회는 공공기관에서 자문받은 사항에 관하여 회답하여야 하며, 법률사무나 그 밖에 이와 관련된 사항에 대하여 공공기관에 건의할 수 있다.

4. 사법연수생의 실습 및 이해조정

대한변호사협회는 사법연수원장의 위촉에 따라 사법연수생의 변호사 실무 수습을 담당한다(변호사법 73). 회원인 변호사 상호간 또는 그 회원인 변호사와 위임인 사이에 직무상 분쟁이 있으면 당사자의 청구에 의하여 이를 조정할 수 있다(변호사법 74). 대한변호사협회는 지방법원의 신설, 폐합 또는 그 관할구역의 변경으로 인하여 지방변호사회 사이에 이해가 상반하게 되었을 때에는 이를 조정할 수 있다(대한변호사협회 회칙 46).

5. 공공기관의 자문과 의견발표

대한변호사협회는 공공기관에서 자문받은 사항에 관하여 회답하여야 하며, 법률사무나 그 밖에 이와 관련된 사항에 대하여 공공기관에 건의할 수 있다(변호사법 75). 이에 따라 대한변호사협회는 법령의 제정과 개폐, 법제도의 운영과 개선 기타 모든 분야에 걸쳐 대한변호사협회의 설립목적에 비추어 필요하다고 인정할 때에는 의견을 발표하거나 건의할 수 있다(대한변호사협회 회칙 5①).

Ⅲ. 대한변호사협회에 준용되지 않은 규정

1. 회원들에 대한 정보제공의무

지방변호사회는 의뢰인의 변호사 선임의 편의를 도모하고 법률사건이나 법률사무 수임의 투명성을 확보하기 위하여 회원들의 학력, 경력, 주요 취급 업무, 업무 실적 등 사건수임을 위한 정보를 의뢰인에게 제공하여야 한다(변호사법 76). 이 규정을 대한변호사협회에 준용하지 않는 이유는 전국 14개 지방변호사회에서 해당 지역에 있는 변호사들에 대한 정보를 사건수임을 원하는 국민에게 신속하고 정확하게 제공할 수 있기 때문이다. 따라서 대한변호사협회가 변호사에 대한 정보를 제공하기 위한 광고용 홈페이지 개설 등의 행위는 할 수 없다.

2. 비밀준수

지방변호사회의 임직원이거나 임직원이었던 자는 법률에 특별한 규정이 있는 경우가 아니면 제28조의2, 제89조의4 제1항 및 제89조의5 제1항에 관한 업무처리와 관련하여 알게 된 비밀을 누설하여서는 아니 된다(변호사법 77의2). 임직원의 비밀준수의 대상이 제28조의2(수임사건의 건수 및 수임액의 보고), 제89조의4(공직퇴임변호사의 수임 자료 등 제출), 제89조의5(특정변호사의 수임 자료 등 제출)에 관한 사항으로 전부 지방변호사의 관장 사무에 해당되므로 이 규정을 대한변호사협회에 준용하지 않는다.

제 9 장

법조윤리협의회 및 수임자료 제출

제88조 법조윤리협의회

제88조(법조윤리협의회)
법조윤리를 확립하고 건전한 법조풍토를 조성하기 위하여 법조윤리협의회(이하 "윤리협의회"라 한다)를 둔다.

Ⅰ. 연 혁

(1) 2000. 1. 28. 개정된 변호사법은 당시 심각하게 대두되고 있는 법조비리를 척결하고 법조풍토를 쇄신하기 위하여 '법조윤리협의기구'를 신설하게 되었다. 즉, 법조윤리를 확립하고 건전한 법조풍토를 조성하기 위하여 지방법원 관할구역마다 법조윤리협의기구를 둔다(제88조).[1]

---

1 「변호사법 시행령」 [시행 2000. 7. 29.] [대통령령 제16914호, 2000. 7. 27. 전부개정]
제18조(법조윤리협의기구의 구성) ① 법 제88조의 규정에 의하여 지방법원관할구역마다 설치되는 법조윤리협의기구는 법조윤리협의회로 하며, 위원장 및 부위원장 각 1인을 포함한 10인 이내의 위원으로 구성한다.
② 법조윤리협의회의 위원장은 지방법원의 수석부장판사가 되고, 부위원장은 지방검찰청 검사장이 추천하는 검사가 된다.
③ 법조윤리협의회의 나머지 위원은 위원장과 부위원장이 협의하여 위촉한다. 다만, 위촉된 위원중 제4항 제1호의 위원은 3분의 2를 넘지 못한다.
④ 제3항의 규정에 의한 위원의 위촉기준은 다음 각호와 같다.
1. 변호사인 위원
법원조직법 제42조 제1항 각호의 1에 해당하는 직에 10년 이상 있고 변호사로서 5년 이상 개업한 경력이 있는 자로서 지방변호사회의장으로부터 추천받은 자
2. 법과대학교수인 위원
법률학 조교수 이상으로 5년 이상 재직한 경력이 있는 자
3. 경험과 덕망이 있는 자인 위원
일정한 직업을 가지고 10년 이상 사회활동을 한 경력이 있는 자
제19조(법조윤리협의회의 기능) ① 법조윤리협의회는 다음 각호의 사항을 협의한다.
1. 법률·제도 및 법률사무의 개선 등에 관한 사항
2. 지방법원·지방검찰청·지방변호사회 또는 법학계 등 관계기관·단체의 상호교류 및 이해증진에 관한 사항

(2) 2007. 1. 26. 개정된 변호사법은 법조윤리 전반에 대한 상시적인 감시와 분석 및 대책 업무를 수행하는 기관으로 '법조윤리협의회'를 신설하였으며, 법관·검사 등 공직에서 퇴직한 변호사로부터 수임자료 등을 제출받아 징계사유나 위법혐의가 발견된 때에는 징계신청 또는 수사의뢰를 할 수 있도록 했다.

Ⅱ. 법조윤리협의회의 설립 목적

1. 법조윤리 확립하고 건전한 법조풍토 조성

(1) 법조윤리를 확립하고 건전한 법조풍토를 조성하기 위하여 법조윤리협의회(이하 "윤리협의회"라 한다)를 둔다. 법조윤리협의회의 설립목적은 법조윤리 확립과 건전한 법조풍토의 조성에 있다. 한국 법조계의 고질적인 부패현상인 전관예우와 사건브로커 등을 이용한 공정한 수임질서를 바로 잡기 위해서 윤리협의회를 신설하였다. 법조윤리는 법관, 검사 및 변호사가 준수해야 할 직무규범을 말한다. 이들 직무규범은 법원조직법·검찰청법·변호사법 및 법원·검찰·변호사단체에서 제정한 윤리강령에 포함되어 있다. 법조윤리의 확립이란 의정부·대전 법조비리를 통해서 드러난 법관·검사 및 변호사에 대한 직무규범이 무너져 있는 것을 다시 회복하려는 의도이다. 준수되는 상태를 말한다. 구체적으로는 징계사유나 위법혐의가 발견된 때에는 징계권이 행사되거나 수사를 받고 의법조치되는 것으로 드러난다. 특히 사건수임과 관련하여 변호사법 위반행위가 발생할 때 문제될 수 있다. 그 점에서 변호사뿐만 아니라 법관이나 검사 역시 그 대상이 된다. 그렇지만 법관과 검사는 변호사의 수임사건 처리와 관련하여 법조윤리 위반이 문제될 것이므로 변호사가 그 중심이 될 수밖에 없다. 법조윤리가 확립되면 그 결과 건전한 법조풍토가 조성된다고 할 수 있다.

(2) 건전한 법조풍토를 조성한다고 할 때, 법조풍토는 법조계를 지배하는 문화라고 할 수 있다. 변호사는 검사 또는 법관이 직무상 취급하는 사건을 수임하여 그 직무를 수행하기에 이들 직역 상호간에는 제도적으로 확립되거나 관행으로 굳어진 공통적인 법조풍토 내지 법조문화가 형성되어 있다.[2] 먼저 들 수 있는 것은 법관 또는 검사로 퇴직한 변호사에 대한

---

3. 법을 위반한 자에 대한 징계의뢰 또는 수사의뢰 등에 관한 사항
4. 기타 법조윤리의 확립과 건전한 법조풍토의 조성에 필요하다고 인정되는 사항

② 법조윤리협의회는 필요하다고 인정하는 경우에 관계전문가 등을 참석하게 하여 의견을 듣거나 관계기관·단체 등에 대하여 자료 및 의견제출 등 필요한 협조를 요청할 수 있다.

제20조(법조윤리협의회의 운영) ① 법조윤리협의회는 분기마다 정기회의를 소집하고, 위원장이 필요하다고 인정하는 경우에 임시회의를 소집할 수 있다.

② 제1항의 법조윤리협의회의 운영에 관하여 필요한 사항은 위원회의 심의를 거쳐 위원장이 정한다.

2 정형근, "법조윤리협의회의 기능 및 권한에 관한 고찰", 474면.

전관예우라고 할 수 있다. 외국에는 판사, 검사나 퇴직공무원의 퇴직 후 변호사 활동과 관련하여 전관예우라는 일반화된 용어 자체가 존재하지 않는다.[3] 전관예우를 한다고 할 때 '예우'는 재판결과와 재판절차의 측면으로 나누어, 유리한 재판결과 외에 절차편의를 해주는 예우도 그 대상에 포함된다.[4] 뿐만 아니라 판사, 검사가 특정사건을 처리하는 동료 판사, 검사에게 청탁하는 현관예우 또는 관선변호 현상도 있다.[5] 결국 건전한 법조풍토의 조성이란 특정한 변호사나 사회적 지위가 있는 의뢰인이 특혜를 누리지 않고 모든 변호사나 의뢰인이 평등한 대우를 받는 재판과 수사 및 변호 문화가 정착되는 것을 말한다.

2. 법조윤리협의회 설립

(1) 법조윤리협의회는 변호사제도와 재판 및 수사에 대한 국민의 신뢰를 회복하기 위하여 설치되었다. 법조윤리협의기구인 법조윤리협의회는 2000. 1. 28. 개정된 변호사법에서 법조비리를 척결하고 법조풍토를 쇄신하기 위하여 신설된 바 있다. 그 때의 법조윤리협의회 위원장은 지방법원의 수석부장판사가 되고, 부위원장은 지방검찰청 검사장이 추천하는 검사가 되었으며, 법조윤리협의회의 나머지 위원은 위원장과 부위원장이 협의하여 위촉했다. 이 같은 구조를 가진 법조윤리협의회는 다분히 법원의 부속기관과 같은 성격을 가졌으며, 법조비리를 척결할 수 있는 실효성 있는 역할을 하기에는 제한이 컸다.

(2) 그리하여 2007. 1. 26. 개정된 변호사법은 법원과 검찰 및 대한변호사협회로부터 상당히 독립적인 기관으로 법조윤리협의회를 개편·출범시켰다. 이 기관의 독립성과 그 직무사항을 고려할 때 변호사법에 규정하기 보다는 독립된 법률로 정하는 것이 타당하다. 다만, 대부분의 직무사항이 변호사와 관련된 것이라 현행 법체계를 유지하고 있다. 명칭이 법조윤리협의회라서 기존의 기관을 개편한 것으로 볼 수 있지만, 위원의 구성과 직무사항을 고려할 때 실질적으로는 신설기관이라 할 수 있다. 위원장은 대한변호사협회의 장이 지명하거나 위촉한 위원 중에서 선출한다(변호사법 89의2②)는 점에서 초창기의 협의회와 차이가 있다. 법조윤리협의회는 법조윤리 확립과 건전한 법조풍토 조성역할을 독점하는 것은 아니다. 변호사법이 정한 바에 따라 전관예우(공직퇴임변호사의 수임자료 등 제출)와 사건브로커를 통한 사건수임 방지(특정 변호사의 수임자료 등 제출)를 목적으로 하고 있다.

---

3 사법정책연구원(연구책임자 차성안), 해외의 전관예우 규제사례와 국내 규제방안 모색(1) –퇴직법관의 변호사 개업에 대한 해외 규제사례–, 사법정책연구원, 2019. 12. 31, 3면.

4 사법정책연구원(연구책임자 차성안), 해외의 전관예우 규제사례와 국내 규제방안 모색(2) –해외사례를 토대로 한 퇴직법관의 변호사 개업 규제방안–, 사법정책연구원, 2019. 12. 31, 13면.

5 박준, "이른바 현관예우·관선변호 현상에 대한 법적 고찰", 서울대학교 법학 제52권 제2호(2011. 6) 1면 이하.

제89조 윤리협의회의 기능 및 권한

제89조(윤리협의회의 기능 및 권한)
① 윤리협의회는 다음 각 호의 업무를 수행한다.
1. 법조윤리의 확립을 위한 법령·제도 및 정책에 관한 협의
2. 법조윤리 실태의 분석과 법조윤리 위반행위에 대한 대책
3. 법조윤리와 관련된 법령을 위반한 자에 대한 징계개시(懲戒開始)의 신청 또는 수사 의뢰
4. 그 밖에 법조윤리의 확립을 위하여 필요한 사항에 대한 협의

② 윤리협의회는 제1항 제3호에 따른 징계개시의 신청 또는 수사 의뢰 등 업무수행을 위하여 필요하다고 인정하면 관계인 및 관계 기관·단체 등에 대하여 관련 사실을 조회하거나 자료 제출 또는 윤리협의회에 출석하여 진술하거나 설명할 것을 요구할 수 있으며, 관계인 및 관계 기관·단체 등이 정당한 이유 없이 이를 거부할 때에는 소속 직원으로 하여금 법무법인, 법무법인(유한), 법무조합, 법률사무소, 「외국법자문사법」 제2조 제9호에 따른 합작법무법인에 출입하여 현장조사를 실시하게 할 수 있다. 이 경우 요구를 받은 자 및 기관·단체 등은 이에 따라야 한다. 〈개정 2017. 3. 14.〉

③ 제2항에 따라 출입·현장조사를 하는 사람은 그 권한을 표시하는 증표를 지니고 이를 관계인에게 내보여야 한다. 〈신설 2017. 3. 14.〉

④ 제2항에 따른 사실조회·자료제출·출석요구 및 현장조사에 필요한 사항은 대통령령으로 정한다. 〈신설 2017. 3. 14.〉

Ⅰ. 연 혁

(1) 2000. 1. 28. 개정된 변호사법은 법조윤리협의기구로서 법조윤리협의회를 신설하면서 그 기능 및 권한에 대하여는 대통령령에 위임했다. 즉, 제88조의 규정에 의한 협의기구는 판사·검사·변호사·법과대학교수 및 경험과 덕망이 있는 자로 구성한다(제89조 제1항). 제88조의 규정에 의한 협의기구의 구성·운영 등에 관하여 필요한 사항은 대통령령으로 정

한다(제89조 제2항).[1]

(2) 2007. 1. 26. 개정된 변호사법은 법조윤리협의회의 기능 및 권한에 관한 규정을 신설했다. 즉, 윤리협의회는 다음 각 호(① 법조윤리의 확립을 위한 법령·제도 및 정책에 관한 협의, ② 법조윤리 실태의 분석 및 법조윤리 위반행위에 대한 대책의 수립, ③ 법조윤리와 관련된 법령을 위반한 자에 대한 징계개시의 신청 또는 수사 의뢰, ④ 그 밖에 법조윤리의 확립을 위하여 필요한 사항에 대한 협의)의 업무를 수행한다(제89조 제1항). 윤리협의회는 필요하다고 인정하는 경우에는 관계인 및 관계 기관·단체 등에 대하여 사실의 조회, 자료의 제출 또는 윤리협의회에 출석하여 진술하거나 설명할 것을 요청할 수 있다(제89조 제2항).

(3) 2008. 3. 28. 개정된 변호사법은 기존의 '법조윤리 실태의 분석 및 법조윤리 위반행위에 대한 대책의 수립'(제89조 제1항 제2호)을 '법조윤리 실태의 분석과 법조윤리 위반행위에 대한 대책'(제2호)으로 수정했다.

(4) 2013. 5. 28. 개정된 변호사법은 법조윤리협의회의 자료요구에 대해 응할 의무를 관계 기관에 부과하는 규정을 신설했다. 즉, 윤리협의회는 제1항 제3호에 따른 징계개시의 신청 또는 수사 의뢰 등 업무수행을 위하여 필요하다고 인정하면 관계인 및 관계 기관·단체 등에 대하여 관련 사실을 조회하거나 자료 제출 또는 윤리협의회에 출석하여 진술하거나 설명할 것을 요구할 수 있다. 이 경우 요구를 받은 자 및 기관·단체 등은 이에 따라야 한다(제89조 제2항).

(5) 2017. 3. 14. 개정된 변호사법은 다음 같은 내용을 신설하였다. ① 법조윤리협의회는 관계인 및 관계 기관·단체 등이 윤리협의회의 사실 조회, 자료 제출 또는 윤리협의회에의 출석 및 진술·설명요구를 정당한 이유 없이 거부할 때에는 소속 직원으로 하여금 법무법인, 법무법인(유한), 법무조합, 법률사무소, 「외국법자문사법」 제2조 제9호에 따른 합작법무법인에 출입하여 현장조사를 실시할 수 있도록 함(제89조 제2항). ② 법조윤리협의회의 위원·간사·사무직원으로서 공무원이 아닌 사람은 그 직무상 행위와 관련하여 「형법」이나 그 밖의 법률에 따른 벌칙을 적용할 때에는 공무원으로 의제함(제89조의10 신설). ③ 법조윤리협의회의 현장조사를 정당한 이유 없이 거부·방해 또는 기피한 자에게 500만원 이하의 과태

---

1 **「변호사법 시행령」 [시행 2000. 7. 29.] [대통령령 제16914호, 2000. 7. 27. 전부개정]**
제19조(법조윤리협의회의 기능) ① 법조윤리협의회는 다음 각호의 사항을 협의한다.
1. 법률·제도 및 법률사무의 개선 등에 관한 사항
2. 지방법원·지방검찰청·지방변호사회 또는 법학계 등 관계기관·단체의 상호교류 및 이해증진에 관한 사항
3. 법을 위반한 자에 대한 징계의뢰 또는 수사의뢰 등에 관한 사항
4. 기타 법조윤리의 확립과 건전한 법조풍토의 조성에 필요하다고 인정되는 사항
② 법조윤리협의회는 필요하다고 인정하는 경우에 관계전문가 등을 참석하게 하여 의견을 듣거나 관계기관·단체 등에 대하여 자료 및 의견제출 등 필요한 협조를 요청할 수 있다.

료를 부과하도록 함(제117조 제3항 제2호).

Ⅱ. 윤리협의회의 업무

1. 법조윤리의 확립을 위한 법령·제도 및 정책에 관한 협의(제1호)

(1) 윤리협의회는 법조윤리의 확립을 위하여 법령·제도 및 정책에 관한 협의를 한다. 법조윤리 확립은 윤리협의회의 가장 중요한 존재목적이다. 법조윤리의 확립은 현행 윤리규범의 준수와 보다 실효성 있는 규범의 정립이 포함된다. "법조윤리의 확립을 위한 법령·제도 및 정책에 관한 협의(Consulting about statutes, the legal system and policies for the establishment of legal ethics)"를 하는 것이 곧 법조윤리의 확립을 위한 활동이다. 법조윤리협의회가 법령·제도 및 정책을 주도적으로 제안하거나 시행할 수 있다는 것이 아니라 '협의'(Consulting)를 하는 것이다. 여기서 '협의'는 누구와 한다는 것인지에 관한 협의의 대상자 문제와 협의의 내용은 무엇인지를 규명할 필요가 있다.[2]

(2) 먼저, 협의의 대상자는 법조윤리를 실천하는 기관이다. 구체적으로는 법조윤리를 윤리강령 형식과 같은 규범으로 정립하고 시행하는 대한변호사협회, 대법원, 법무부가 우선적인 협의대상자이다. 이들 기관과의 협의로 도출된 법안이 국회에 제출된 경우에는 국회 역시도 협의대상 기관이 된다. 그리고 전관예우나 사건브로커 등의 법조비리 근절을 주장하면서 보다 강력한 법조윤리 확립을 요청하는 시민단체나 언론기관도 협의대상으로 볼 수 있다. 그 때문에 법조윤리협의회는 법조윤리의 확립을 위한 법령·제도 및 정책에 대한 협의의 상대방은 원칙적으로 제한이 없다고 할 수 있다.

(3) 둘째, 협의의 내용은 무엇인지 문제된다. 법조윤리의 확립을 위한 법령의 제정과 개정 및 폐지와 제도나 정책의 수립·개선 등을 말한다. 법령이나 제도 및 정책을 협의한다고 하므로 사실상 그 범위에 제한이 없다고 할 수 있다. 법조윤리의 확립을 위한 목적이라면 입법안을 제시하거나 현행 제도의 개선안을 제안하는 등의 역할을 할 수 있다. 반드시 주도적이어야 하는 것은 아니고 대한변협이나 법무부, 대법원의 협의요청에 응하는 것도 포함된다.

(4) 그러나 현실적으로 법조윤리협의회가 법조윤리 확립을 위한 주도적인 역할을 하는 데 한계가 있다. 이미 법조윤리협의회가 신설되기 전부터 각 직역별로 직업윤리 규범이 정립되어 있고, 그 개정작업 역시 독자적으로 이뤄지고 있기 때문이다. 그 때문에 법조윤리협의회는 변호사법이 고유한 직무사항으로 정하고 있는 공직퇴임변호사와 특정변호사 및 퇴직공직자의 활동내역 파악 등의 업무와 비리변호사에 대한 징계개시 청구 등에 필요한 법

---

2 정형근, "법조윤리협의회의 기능 및 권한에 관한 고찰", 473면.

령이나 제도 및 정책에 관련된 사항으로 제한된다고 할 수 있다.

(5) 윤리협의회가 법조인과 사법작용에 대한 국민의 신뢰를 회복하기 위하여 직무규범인 「법조인윤리선언」을 2015. 11. 25. 법원·법무부·대한변호사협회와 협의하여 제정·선포한 것은 이를 말해준다.[3]

> 「법조인윤리선언」
> 우리는 법조인으로서 인권이 보장되는 정의로운 사회를 추구하면서, 사법에 대한 국민의 신뢰를 높이고 올바른 법조인 상을 확립하기 위하여 다음과 같이 나아갈 것을 엄숙히 선언한다.
> 1. 우리는 인권 옹호와 정의 실현이 최고의 사명임을 분명히 인식한다.
> 2. 우리는 법의 정신과 양심에 따라 행동하고, 일체의 부정을 배격한다.
> 3. 우리는 사회적 약자의 권익을 옹호하고, 국민 전체의 권리 보호에 앞장선다.
> 4. 우리는 지위와 권한을 남용하지 아니하고, 경력과 개인적 인연을 부당하게 이용하지 아니한다.
> 5. 우리는 경청하고 배려하는 자세로 성의와 정성을 다하여 직무를 수행한다.
> 6. 우리는 윤리의식을 고양하는 데 힘쓰며, 윤리규범을 철저히 준수한다.

2. 법조윤리 실태의 분석과 법조윤리 위반행위에 대한 대책(제2호)

윤리협의회는 공직퇴임변호사 또는 특정 변호사의 수임자료 등을 제출받는다. 이 수임자료를 통하여 법령에 위반한 수임이 있었는지 여부를 확인하게 된다. '법조윤리 실태의 분석'이라는 것은 모든 법조인들에 대한 직업윤리 실태, 특히 위반행위의 유형을 일반적·추상적으로 분석하는 것이다. 그 결과 드러난 법조윤리 위반행위의 원인과 방지대책을 강구한다. 법관이나 검사윤리강령에서 변호사와의 만남·사건알선 등에 관한 규율을 엄격하게 개정해 줄 것을 건의하거나, 대한변호사협회에 비리 변호사의 엄격한 징계권 행사를 요청할 수 있다. 이 점에서 그 역할이 상당히 제한적이라 할 수 있다. 따라서 법조윤리 실태의 '조사'와 대책의 '수립'으로 그 업무를 강화할 필요가 있다.

3. 법조윤리와 관련된 법령을 위반한 자에 대한 징계개시(懲戒開始)의 신청 또는 수사 의뢰(제3호)

(1) 법조윤리와 관련된 법령은 변호사법이나 그 시행령 및 「변호사윤리장전」 등을 말

3 **'법조인윤리선언' 제정 경과**
법조윤리협의회(위원장 이홍훈, 전 대법관)는 법조윤리 확립 및 건전한 법조풍토 조성의 방안으로 2014년 3월 법조인윤리선언을 제정하기로 하고, 법률가, 언론인, 시민사회단체 등으로 구성된 법조윤리헌장 실무전담기구를 만들어 약 1년 6개월 동안의 수차례에 걸친 회의 및 공청회, 자문과 관련기관 의견조회를 거쳐 전문과 6개 조문으로 구성된 법조인윤리선언을 제정하였다. 그러나 관련기관의 무관심과 비협조로 법조인윤리선언은 법조윤리 확립에 큰 영향을 미치지 못하였다.

한다. 그 외에 법관·검사 등의 공무원 법령위반도 포함된다. 법령 위반자에 대한 징계개시의 신청이나 수사 의뢰의 대상이 누군지에 대하여 의문이다. 윤리협의회 위원장은 공직퇴임변호사나 특정 변호사 및 퇴직공직자 활동내역 등 제출과 관련된 관련자들에게 징계사유나 위법의 혐의가 있는 것을 발견하였을 때에는 대한변호사협회의 장에게 징계개시의 신청을 하거나 관할 수사기관의 장에게 수사를 의뢰할 수 있다(변호사법 89의4④, 89의5③, 89의6⑤). 이처럼 변호사법이 규정하는 자들로 한정해야 한다는 견해도 있을 수 있다. 그러나 법조윤리협의회는 법조비리를 감시하고 그 대책수립 기관으로 설립되었으며, 공직퇴임변호사와 특정 변호사에 대한 규율은 협의회의 대표적인 업무에 해당된다고 할 수 있다. 비리변호사에 대한 진정을 받는 등으로 비리사실을 알게 되었을 때는 수사의뢰 또는 징계개시 신청을 할 수 있다고 해야 한다. 그 점에서 '법령을 위반한 자'는 모든 변호사를 지칭한다고 할 수 있다.[4] 실제로 법조윤리협의회의 실무 역시 이에 따르고 있다.

(2) 물론 징계개시 신청을 하지 않고 대한변호사협회에 이첩하는 방법도 있을 수 있다. 그러나 징계개시 신청인에게는 대한변호사협회장 또는 변협징계위원회의 결정에 대하여 이의신청권이 인정되는 실익이 있다. 지방검찰청 검사장과 또는 고위공직자범죄수사처장 및 지방변호사회장에게는 대상의 제한이 없이 징계개시의 신청 또는 수사의뢰를 인정하고 있다. 따라서 법조윤리협의회 위원장에게도 동일한 권한을 부여함이 타당하다. 그 점에서 제3호는 징계개시 신청권의 일반조항이라고 할 수 있다.

4. 그 밖에 법조윤리의 확립을 위하여 필요한 사항에 대한 협의(제4호)

윤리협의회는 법조윤리 확립을 위한 사항을 협의할 수 있다. 협의대상 기관은 제한되어 있지 않다. 법조윤리 확립을 위한 권한을 가진 기관이나 단체가 이에 해당될 것이다. 예컨대 법관으로 퇴직한 자가 특정 법무법인의 고문변호사로 (개업신고 없이) 취업한 경우는 퇴직공직자의 범위에 포함되어 있지 않기 때문에 활동내역의 제출의무가 없다. 윤리협의회는 이 경우도 규율할 수 있도록 변호사법의 개정을 법무부 또는 국회와 협의할 수 있다.

Ⅲ. 윤리협의회 사실조회·자료 제출 요구·현장조사 등

1. 사실조회·자료 제출·윤리협의회 출석 요구

윤리협의회는 제1항 제3호에 따른 징계개시의 신청 또는 수사 의뢰 등 업무수행을 위하여 필요하다고 인정하면 관계인 및 관계 기관·단체 등에 대하여 관련 사실을 조회하거

4 이성일, "퇴직공직자에 대한 변호사법의 규율방법의 문제점과 개선방안", 법조(2015. 6), 26~28면.

나 자료 제출 또는 윤리협의회에 출석하여 진술하거나 설명할 것을 요구할 수 있으며, 관계인 및 관계 기관·단체 등이 정당한 이유 없이 이를 거부할 때에는 소속 직원으로 하여금 법무법인, 법무법인(유한), 법무조합, 법률사무소, 「외국법자문사법」 제2조 제9호에 따른 합작법무법인에 출입하여 현장조사를 실시하게 할 수 있다. 이 경우 요구를 받은 자 및 기관·단체 등은 이에 따라야 한다(제2항). 윤리협의회는 법조윤리와 관련된 법령을 위반한 자에 대한 징계개시의 신청 또는 수사 의뢰 등 업무수행에 필요하다고 인정할 때는 사실조회를 하거나 자료 제출을 요구할 수 있다. 윤리협의회는 공직퇴임변호사와 특정 변호사의 수임자료 등을 제출받은 후 징계사유나 위법 혐의 유무를 검토하게 된다. 이때 관계인 및 관계기관·단체 등에 대하여 사실조회와 자료 제출 또는 윤리협의회에 출석하여 진술하거나 설명할 것을 요구할 수 있다. 여기서 '관계인'은 의뢰인과 같은 사건당사자는 물론 변호사를 소개한 의뢰인의 지인 등을 말한다. 그리고 '관계기관·단체 등'은 선임서 등의 제출시에 지방변호사회를 경유하였는지 여부, 경유증서가 첨부된 위임장이 제출되었는지, 형사사건의 경우 사건번호와 처리결과, 담당변호사가 누구였는지 등에 관한 사실을 알고 있는 지방변호사회나 경찰서, 검찰청 및 법원 등을 말한다. 윤리협의회는 사실확인을 위하여 특정인에게 출석하여 진술하거나 설명할 것을 요구할 수도 있다. 「변호사법 시행령」에 사실조회(제18조의2),[5] 자료제출의 요구(제18조의3),[6] 출석요구(제18조의4)[7]에 관한 규정을 두고 있다.

---

5 **제18조의2(사실조회)** ① 윤리협의회는법 제89조 제2항에 따라 관련 사실을 조회하는 때에는 관계인 및 관계 기관·단체 등에 사실조회서(「정보통신망 이용촉진 및 정보보호 등에 관한 법률」 제2조 제5호에 따른 전자문서를 포함한다)를 회신기한 7일 전까지 통지하여야 한다.
② 제1항에 따른 사실조회서에는 다음 각 호의 사항을 기재하여야 한다.
1. 사실조회의 사유
2. 조회 대상
3. 회신기한
4. 윤리협의회의 요구에 정당한 이유 없이 따르지 아니하는 경우의 제재(근거 법령 및 조항 포함)
5. 그 밖에 사실조회와 관련하여 필요한 사항

6 **제18조의3(자료제출 요구)** ① 윤리협의회는법 제89조 제2항에 따라 자료제출을 요구하는 때에는 관계인 및 관계 기관·단체 등에 자료제출요구서(「정보통신망 이용촉진 및 정보보호 등에 관한 법률」 제2조 제5호에 따른 전자문서를 포함한다)를 제출기한 7일 전까지 통지하여야 한다.
② 제1항에 따른 자료제출요구서에는 다음 각 호의 사항을 기재하여야 한다.
1. 자료제출 요구의 사유
2. 제출할 자료
3. 제출기한
4. 제출자료의 반환 여부
5. 윤리협의회의 요구에 정당한 이유 없이 따르지 아니하는 경우의 제재(근거 법령 및 조항 포함)
6. 그 밖에 자료제출과 관련하여 필요한 사항

7 **제18조의4(출석요구)** ① 윤리협의회는법 제89조 제2항에 따라 윤리협의회에 출석하여 진술하거나 설명할 것을 요구하는 때에는 관계인에게 출석요구서(「정보통신망 이용촉진 및 정보보호 등에 관한 법률」 제2조 제5호에 따른 전자문서를 포함한다)를 출석요구일 7일 전까지 통지하여야 한다.
② 제1항에 따른 출석요구서에는 다음 각 호의 사항을 기재하여야 한다.
1. 출석요구의 취지

윤리협의회는 사실조회·자료제출요구·출석요구 및 현장조사를 징계개시의 신청 또는 수사 의뢰 업무를 수행하는데 필요한 최소한의 범위 안에서 실시하여야 한다(변호사법 시행령 18의6). 이는 비례의 원칙을 준수하라는 취지다.

2. 현장조사와 보충성 문제

(1) 윤리협의회는 관계인 및 관계 기관·단체 등이 정당한 이유 없이 이를 거부할 때에는 소속 직원으로 하여금 법무법인, 법무법인(유한), 법무조합, 법률사무소, 「외국법자문사법」 제 2 조 제 9 호에 따른 합작법무법인에 출입하여 현장조사를 실시하게 할 수 있다(제 2 항). 윤리협의회는 법 제89조 제 2 항에 따라 현장조사를 실시할 때에는 법무법인, 법무법인(유한), 법무조합, 법률사무소, 「외국법자문사법」 제 2 조 제 9 호에 따른 합작법무법인(이하 "현장조사대상기관"이라 한다)에 현장조사계획서(「정보통신망 이용촉진 및 정보보호 등에 관한 법률」 제 2 조 제 5 호에 따른 전자문서를 포함한다)를 현장조사 개시일 7일 전까지 통지하여야 한다. 다만, 미리 통지하면 증거인멸 등으로 인하여 그 목적을 달성할 수 없다고 판단되는 경우에는 현장에서 현장조사계획서를 제시할 수 있다(변호사법 시행령 18의5①). 제 1 항에 따른 현장조사계획서에는 다음 각 호의 사항을 기재하여야 한다(변호사법 시행령 18의5②).[8] 현장조사는 해가 뜨기 전이나 해가 진 뒤에는 할 수 없다. 다만, 다음 각 호의 어느 하나에 해당하는 경우에는 그러하지 아니하다(변호사법 시행령 18의5③).[9]

(2) 현장조사권을 행사하기 위해서는 "관계인 및 관계 기관·단체 등이 정당한 이유 없이 이를 거부할 때"라는 보충성 요건을 충족해야 한다. 이처럼 현장조사권의 행사를 엄격히 규정하고 있는 것은 신속하고 원활한 직무수행에 지장을 초래할 수 있다.[10] 이런 점을

---

2. 출석일시와 장소
3. 출석하여 진술하거나 설명하여야 하는 내용
4. 윤리협의회의 요구에 정당한 이유 없이 따르지 아니하는 경우의 제재(근거 법령 및 조항 포함)
5. 그 밖에 해당 출석요구와 관련하여 필요한 사항

③ 제 1 항에 따라 출석을 요구받은 사람은 지정된 출석일시에 출석하는 경우 업무 또는 생활에 지장이 있는 때에는 윤리협의회에 출석일시를 변경하여 줄 것을 신청할 수 있다.

8 1. 현장조사의 목적
2. 현장조사 기간과 장소
3. 현장조사를 실시하는 윤리협의회 소속 직원의 성명과 직위
4. 현장조사 범위와 내용
5. 현장조사를 정당한 이유 없이 거부·방해 또는 기피한 경우의 제재(근거 법령 및 조항 포함)
6. 그 밖에 당해 현장조사와 관련하여 필요한 사항

9 1. 현장조사대상기관(대리인 및 관리책임이 있는 자를 포함한다)이 동의한 경우
2. 현장조사대상기관의 업무시간에 현장조사를 실시하는 경우
3. 해가 뜬 후부터 해가 지기 전까지 현장조사를 실시하는 경우에는 현장조사의 목적 달성이 불가능하거나 증거인멸로 인하여 법령 등의 위반 여부를 확인할 수 없는 경우

10 정형근, "법조윤리협의회의 역할 및 기능, 위상에 관한 진단 및 전망", 2020년 법조윤리협의회 연구보고서

고려하여 법무부에서도 현장조사권의 보충성을 폐지하여 즉시 현장조사를 할 수 있도록 개선함으로써 법조 비리를 신속하고 효율적으로 적발할 수 있도록 기능을 강화하겠다고 한 바 있다.[11]

(3) 윤리협의회 직원이 법무법인 등의 현장에 나가서 조사를 하는 것은 「행정조사기본법」의 행정조사에 해당한다. 행정조사의 법적 성격은 사실행위라고 할 수 있다.[12] 윤리협의회 직원이 현장조사를 하면서 형사사건의 압수·수색과 같은 행위를 할 수는 없다. 법무법인 등이 요구하는 자료를 제출하지 않을 때 직원이 강제로 필요한 자료를 찾기 위하여 법률사무소를 수색할 수는 없는 한계가 있다.

3. 구금시설 등 방문조사권 신설 필요성

공직퇴임변호사나 특정변호사의 위임인 중에는 구치소나 교도소에 구금되어 있는 경우가 있을 수 있다. 현행 변호사법에서 인정되는 현장조사 규정으로는 이런 구금시설을 방문하여 조사할 수 없다. 변호사법과 달리 「국가인권위원회법」에서는 구금시설이나 보호시설을 방문하여 조사할 수 있도록 한다.[13] 이처럼 윤리협의회에서도 공직퇴임변호사나 특정변호사의 위임인이 구금시설에 미결수용 내지 수형되어 있을 경우에는 위임 경위 등을 확인할 필요가 있을 때는 윤리협의회 소속 직원이나 수임 자료를 검토하는 전문위원이 구금시설을 방문하여 조사할 수 있도록 하는 규정을 신설할 필요가 있다.[14]

4. 사실자료 제출 등 요구를 받은 자 및 기관·단체 의무

윤리협의회로부터 사실조회나 자료제출 또는 출석요구를 받은 자는 이에 따라야 할 의무가 있다. 기존에는 윤리협의회의 사실조회 등에 대하여 불응하는 경우가 많았고, 그에 대한 제제수단도 없었다. 2013. 5. 28. 개정된 변호사법에서 의무규정을 두면서 그 실효성 확보를 위하여 과태료를 부과할 수 있도록 했다. 변호사법 제89조 제2항에 따른 윤리협의회의 요구에 정당한 이유 없이 따르지 아니하거나 같은 항에 따른 현장조사를 정당한 이유 없이 거부·방해 또는 기피한 자는 500만원 이하의 과태료를 부과한다(변호사법 117②(2)).

(2020. 6.), 94면.

11 법무부, "법무부, 법조계 전관특혜 근절 방안 마련 –수임·변론부터 수사절차, 사후감시 등 모든 단계 개선 추진–", 보도자료(2020. 3. 17), 8면.

12 정형근, 행정법 제10판, 414면.

13 「국가인권위원회법」 **제24조(시설의 방문조사)** ① 위원회(상임위원회와 소위원회를 포함한다. 이하 이 조에서 같다)는 필요하다고 인정하면 그 의결로써 구금·보호시설을 방문하여 조사할 수 있다.

14 이성일, 법조윤리협의회 관련 법령의 문제점 및 개선방안과 법무법인(공익)제도 관련 검토, 법조윤리협의회 세미나 자료집, 2014. 2, 10면.

5. 출입·현장조사자의 증표 제시

제2항에 따라 출입·현장조사를 하는 사람은 그 권한을 표시하는 증표를 지니고 이를 관계인에게 내보여야 한다(제3항). 2017. 3. 14. 개정된 변호사법에 신설된 내용이다.

제89조의2 윤리협의회의 구성

> 제89조의2(윤리협의회의 구성)
> ① 윤리협의회는 다음 각 호의 어느 하나에 해당하는 자 중에서 법원행정처장, 법무부장관 및 대한변호사협회의 장이 각 3명씩 지명하거나 위촉하는 9명의 위원으로 구성한다. 이 경우 법원행정처장, 법무부장관 및 대한변호사협회의 장은 제4호나 제5호에 해당하는 자를 1명 이상 위원으로 위촉하여야 한다.
> 1. 경력 10년 이상의 판사
> 2. 경력 10년 이상의 검사
> 3. 경력 10년 이상의 변호사
> 4. 법학 교수 또는 부교수
> 5. 경험과 덕망이 있는 자
>
> ② 위원장은 대한변호사협회의 장이 지명하거나 위촉하는 위원 중에서 재적위원 과반수의 동의로 선출한다.
> ③ 위원장과 위원의 임기는 2년으로 하되, 연임할 수 있다.
> ④ 제1항 제1호부터 제4호까지의 요건에 따라 지명되거나 위촉된 위원이 임기 중 지명 또는 위촉의 요건을 상실하면 위원의 신분을 상실한다.

I. 연 혁

(1) 2000. 1. 28. 개정된 변호사법 제88조는 법조윤리협의기구로 법조윤리협의회를 신설하면서 그 협의기구는 판사·검사·변호사·법과대학교수 및 경험과 덕망이 있는 자로 구성하며(제89조 제1항), 제88조의 규정에 의한 협의기구의 구성·운영 등에 관하여 필요한 사항은 대통령령으로 정하도록 했다(제89조 제2항).

(2) 2007. 1. 26. 개정된 변호사법은 종전에 대통령령에 위임된 윤리협의회의 구성에 관하여 법원행정처장, 법무부장관 및 대한변호사협회장이 3인씩 지명 또는 위촉하는 9인의 위원으로 구성된 법조윤리협의회를 설치하도록 하는 규정을 신설했다. 즉, 윤리협의회는

다음 각 호(① 경력 10년 이상의 판사, ② 경력 10년 이상의 검사, ③ 경력 10년 이상의 변호사, ④ 법학 교수 또는 부교수, ⑤ 경험과 덕망이 있는 자)의 어느 하나에 해당하는 자 중에서 법원행정처장·법무부장관 및 대한변호사협회의 장이 각 3인씩 지명 또는 위촉하는 9인의 위원으로 구성한다. 이 경우 법원행정처장·법무부장관 및 대한변호사협회의 장은 제4호 또는 제5호에 해당하는 자를 1인 이상 위원으로 위촉하여야 한다(제89조의2 제1항). 위원장은 대한변호사협회의 장이 지명 또는 위촉하는 위원 중에서 재적위원 과반수의 동의로 선출한다(제89조의2 제2항). 위원장 및 위원의 임기는 2년으로 하되, 연임할 수 있다(제89조의2 제3항). 제1항 제1호 내지 제4호의 요건에 따라 지명 또는 위촉된 위원이 임기 중 지명 또는 위촉의 요건을 상실하는 경우에는 위원의 신분을 상실한다(제89조의2 제4항).

Ⅱ. 윤리협의회의 구성

윤리협의회는 다음 각 호의 어느 하나에 해당하는 자 중에서 법원행정처장, 법무부장관 및 대한변호사협회의 장이 각 3명씩 지명하거나 위촉하는 9명의 위원으로 구성한다. 이 경우 법원행정처장, 법무부장관 및 대한변호사협회의 장은 제4호나 제5호에 해당하는 자를 1명 이상 위원으로 위촉하여야 한다(제1항). 윤리협의회는 법원행정처장, 법무부장관 및 대한변호사협회의 장이 각 3명씩 지명하거나 위촉하는 9명의 위원으로 구성한다. 법원행정처장은 경력 10년 이상의 판사 2명, 법무부장관은 10년 이상의 검사 2명, 대한변호사협회의 장은 경력 10년 이상의 변호사 2명을 지명할 수 있다. 또한 법원행정처장, 법무부장관 및 대한변호사협회의 장은 ① 법학 교수 또는 부교수, ② 경험과 덕망이 있는 자 중에서 1명 이상 위원으로 위촉해야 한다.

법문은 지명과 위촉을 구별하고 있지만 그 내용은 같다. 윤리협의회가 오로지 판사, 검사 및 변호사로만 구성하면 법조인을 감시하는 윤리협의회의 설립목적에 부합하지 않을 수 있다. 그래서 비법조인을 위원으로 위촉하도록 하고 있다. 윤리협의회는 법원과 법무부 및 변호사단체의 관여로 구성하되, 위원회 형식을 취하여 중립성과 독립성을 갖도록 하고 있다.

Ⅲ. 위원장의 선출

위원장은 대한변호사협회의 장이 지명하거나 위촉하는 위원 중에서 재적위원 과반수의 동의로 선출한다(제2항). 윤리협의회 위원장은 대한변호사협회의 장이 지명한다. 윤리협의회의 기능과 권한이 특히 변호사에 대한 것이므로 대한변호사협회의 장에게 위원장 지명권을 부여하고 있다. 위원장은 윤리협의회의 위원이어야 한다. 위원장은 지명 또는 위촉받은 위원 중에서 재적위원 과반수의 동의로 선출한다. 여기서 '동의'는 위원장 지명에 대한 추인의 성격을 갖는다.

윤리협의회 위원장은 윤리협의회를 대표하고 윤리협의회의 업무를 총괄한다(변호사법 시행령 20의2①). 위원장이 부득이한 사유로 직무를 수행할 수 없을 때에는 대한변호사협회의 장이 지명 또는 위촉한 위원 중에서 위원장이 미리 지명한 사람이 그 직무를 대행한다(변호사법 시행령 20의2②).

Ⅳ. 위원장과 위원의 임기

위원장과 위원의 임기는 2년으로 하되, 연임할 수 있다(제3항). 위원장과 위원의 임기는 2년이다. 지명 또는 위촉자로부터 재지명이나 위촉받은 때에는 연임할 수 있다. 연임된 임기 역시 2년이다. 위원장의 임기가 만료되거나 그 직을 사임한 때 또는 그 밖의 사유로 궐위된 때에는 대한변호사협회의 장이 지명 또는 위촉한 위원 중 연장자가 위원장의 직무를 대행하며, 궐위된 날부터 30일 이내에 후임 위원장을 선출하여야 한다(변호사법 시행령 20의2③). 위원의 임기가 만료되는 경우에는 해당 위원을 지명 또는 위촉한 법원행정처장, 법무부장관, 대한변호사협회의 장은 임기만료일 30일 전까지 후임 위원을 지명 또는 위촉하고 이를 윤리협의회에 통보하여야 한다(변호사법 시행령 20①). 위원장과 위원의 임기 2년은 매우 짧은 기간이고 연임도 되지 않은 상태라서 윤리협의회의 기능과 역할 수행에 장애요소가 되고 있다.

Ⅴ. 위원 임기 중 지명·위촉의 요건 상실

제1항 제1호부터 제4호까지의 요건에 따라 지명되거나 위촉된 위원이 임기 중 지명 또는 위촉의 요건을 상실하면 위원의 신분을 상실한다(제4항). '판사, 검사와 변호사'였기에 위원으로 지명되었거나, '법학교수나 부교수'였기에 위촉된 위원은 2년의 임기 동안 그 신분을 유지해야 한다. 만약 법원행정처장의 지명으로 위원이 되었던 판사가 퇴직한다면 위원의 신분을 상실한다. 윤리협의회는 설립취지를 달성하기 위하여 위원의 구성을 특히 법정하고 있기 때문이다. 위원이 신분을 상실하는 사정변경이 있으면 같은 신분을 가진 자를 위원으로 지명 또는 위촉해야 한다.

위원이 위원신분을 상실하거나 사임한 때 또는 그 밖의 사유로 궐위된 때에는 해당 위원을 지명 또는 위촉한 법원행정처장, 법무부장관, 대한변호사협회의 장은 그 사유가 발생한 날부터 30일 이내에 후임 위원을 지명 또는 위촉하고 이를 윤리협의회에 통보하여야 한다(변호사법 시행령 20②).

제89조의3 윤리협의회의 조직·운영 및 예산

제89조의3(윤리협의회의 조직·운영 및 예산)
① 윤리협의회의 사무를 처리하기 위하여 윤리협의회에 간사 3명과 사무기구를 둔다.
② 간사는 법원행정처장이 지명하는 판사 1명, 법무부장관이 지명하는 검사 1명, 대한변호사협회의 장이 지명하는 변호사 1명으로 한다.
③ 위원장은 효율적으로 업무를 처리하기 위하여 간사 중에서 주무간사를 임명할 수 있다.
④ 정부는 윤리협의회의 업무를 지원하기 위하여 예산의 범위에서 윤리협의회에 보조금을 지급할 수 있다.
⑤ 윤리협의회의 조직과 운영에 관하여 필요한 사항은 대통령령으로 정한다.

Ⅰ. 연 혁

2007. 1. 28. 개정된 변호사법은 윤리협의회의 조직·운영 및 예산에 관한 내용을 신설했다. 즉, 윤리협의회의 사무를 처리하기 위하여 윤리협의회에 간사 3인과 사무기구를 둔다(제89조의3 제1항). 간사는 법원행정처장이 지명하는 판사 1인, 법무부장관이 지명하는 검사 1인, 대한변호사협회의 장이 지명하는 변호사 1인으로 한다(제89조의3 제2항). 위원장은 효율적인 업무처리를 위하여 간사 중에서 주무간사를 임명할 수 있다(제89조의3 제3항). 정부는 윤리협의회의 업무를 지원하기 위하여 예산의 범위 안에서 윤리협의회에 대하여 보조금을 교부할 수 있다(제89조의3 제4항). 윤리협의회의 조직 및 운영에 관하여 필요한 사항은 대통령령으로 정한다(제89조의3 제5항).

우에는 그 한계는 명백하다. 따라서 사무국 직원의 증원과 함께 독자적인 예산편성권의 부여 없이는 윤리협의회의 역할에는 한계가 있을 수밖에 없다.

Ⅵ. 윤리협의회의 조직과 운영

윤리협의회의 조직과 운영에 관하여 필요한 사항은 대통령령으로 정한다(제 5 항). 윤리협의회는 윤리협의회의 운영 등에 관하여 필요한 사항을 규칙으로 정할 수 있다(변호사법 시행령 20의10). 이와 같은 위임에 따라 2007. 7. 27. 윤리협의회의 구성과 운영, 기능 및 권한에 관한 사항을 정함을 목적으로 「법조윤리협의회규칙」이 제정·시행되고 있다. 위 규칙은 윤리협의회는 그 권한에 속하는 업무를 독립하여 수행한다(제 3 조)고 하여 독립적인 직무수행기관의 성격을 선언하고 있다.

「법조윤리협의회규칙」은 윤리협의회의 구성과 운영(규칙 제 2 장), 소위원회 등을 비롯한 특별기구 및 자문위원(규칙 제 3 장), 간사(규칙 제 4 장), 사무국(규칙 제 5 장), 재정(규칙 제 6 장) 등을 규정하고 있다.

제89조의4 공직퇴임변호사의 수임자료 등 제출

제89조의4(공직퇴임변호사의 수임자료 등 제출)

① 공직퇴임변호사는 퇴직일부터 2년 동안 수임한 사건에 관한 수임자료와 처리 결과를 대통령령으로 정하는 기간마다 소속 지방변호사회에 제출하여야 한다.

② 공직퇴임변호사가 제50조·제58조의16 또는 제58조의30에 따라 법무법인·법무법인(유한) 또는 법무조합의 담당변호사로 지정된 경우나 「외국법자문사법」 제35조의20에 따라 합작법무법인의 담당변호사로 지정된 경우에도 제 1 항과 같다.

③ 지방변호사회는 제 1 항에 따라 제출받은 자료를 윤리협의회에 제출하여야 한다.

④ 윤리협의회의 위원장은 공직퇴임변호사에게 제91조에 따른 징계사유나 위법의 혐의가 있는 것을 발견하였을 때에는 대한변호사협회의 장이나 관할 수사기관의 장에게 그 변호사에 대한 징계개시를 신청하거나 수사를 의뢰할 수 있다. 〈개정 2021. 1. 5.〉

⑤ 공직퇴임변호사가 제출하여야 하는 수임자료와 처리 결과의 기재사항, 제출 절차 등에 관하여 필요한 사항은 대통령령으로 정한다.

Ⅰ. 연 혁

(1) 2007. 1. 26. 개정된 변호사법은 퇴직공직변호사의 퇴직일부터 2년간 수임자료 및 처리결과를 제출하도록 함과 동시에 대통령령이 정하는 수 이상의 사건을 수임한 변호사(특정 변호사)에 대하여 수임경위 등을 확인할 필요가 있는 경우 수임자료 및 처리결과를 제출하도록 하여 법조브로커를 근절하고자 하는 규정을 신설했다. 즉, 법관, 검사, 장기복무 군법무관 그 밖의 공무원의 직에 있다가 퇴직(사법연수생과 병역의무의 이행을 위하여 군인·공익법무관 등으로 근무한 자를 제외한다)하여 변호사 개업을 한 자(이하 “공직퇴임변호사”라 한다)는 퇴직일부터 2년 동안 수임한 사건에 관한 수임자료 및 처리결과를 대통령령이 정하는 기간마다 소속 지방변호사회에 제출하여야 한다(제89조의4 제 1 항). 공직퇴임변호사가 제50조·제58조

의16 또는 제58조의30의 규정에 따라 법무법인·법무법인(유한) 또는 법무조합의 담당변호사로 지정된 경우에도 제 1 항과 같다(제89조의4 제 2 항). 지방변호사회는 제 1 항의 규정에 따라 제출받은 자료를 윤리협의회에 제출하여야 한다(제89조의4 제 3 항). 윤리협의회의 위원장은 공직퇴임변호사에게 제91조의 규정에 따른 징계사유나 위법의 혐의가 있는 것을 발견한 때에는 대한변호사협회의 장 또는 지방검찰청 검사장에게 해당 변호사에 대한 징계개시를 신청하거나 수사를 의뢰할 수 있다(제89조의4 제 4 항). 공직퇴임변호사가 제출하여야 하는 수임자료 및 처리결과의 기재사항·제출절차 등에 관하여 필요한 사항은 대통령령으로 정한다(제89조의4 제 5 항).

(2) 2013. 5. 28. 개정된 변호사법은 제31조 제 3 항에서 공직퇴임변호사를 '법관, 검사, 장기복무 군법무관, 그 밖의 공무원 직에 있다가 퇴직(재판연구원, 사법연수생과 병역의무를 이행하기 위하여 군인·공익법무관 등으로 근무한 자는 제외한다)하여 변호사 개업을 한 자'로 정의함에 따라 '공직퇴임변호사'라고만 적시하는 수정을 했다. 즉, 공직퇴임변호사는 퇴직일부터 2년 동안 수임한 사건에 관한 수임 자료와 처리 결과를 대통령령으로 정하는 기간마다 소속 지방변호사회에 제출하여야 한다(제89조의4 제 1 항).

(3) 2021. 1. 5. 개정된 변호사법은 「고위공직자범죄수사처 설치 및 운영에 관한 법률」의 제정으로 고위공직자범죄수사처가 신설됨에 따라, 법조윤리협의회 위원장이 공직퇴임변호사 등의 위법행위에 대한 수사를 의뢰하는 기관을 지방검찰청 검사장에서 관할 수사기관의 장으로 확대하고(제89조의4 제 4 항, 제89조의6 제 5 항), 변호사 징계개시의 신청권자에 고위공직자범죄수사처장을 추가하였다(제97조의2 제 1 항, 제97조의4 제 3 항).

Ⅱ. 공직퇴임변호사의 수임 자료와 처리 결과 제출

1. 공직퇴임변호사(공수처 검사와 수사관 포함)

공직퇴임변호사는 퇴직일부터 2년 동안 수임한 사건에 관한 수임 자료와 처리 결과를 대통령령으로 정하는 기간마다 소속 지방변호사회에 제출하여야 한다(제 1 항). 법관, 검사, 장기복무 군법무관, 그 밖의 공무원의 직에 있다가 퇴직하여 변호사 개업을 한 사람을 공직퇴임변호사라고 한다. 여기서 '변호사 개업'은 공직에 있을 당시 변호사 자격이 있는 자가 퇴직을 한 후에 변호사 자격등록(변호사법 7)과 개업신고(변호사법 15)를 한 것을 말한다. 특히 수임제한 기간이 퇴직한 날로부터 1년에 불과하다는 점에서 공직퇴임변호사는 판사와 검사처럼 공직에 있을 때부터 변호사 자격이 있는 자를 말한다. 공직퇴임변호사의 수임제한(변호사법 31③)과 수임자료의 제출의무를 부과한 것은 전관예우를 금지하기 위해서이다. 재판연구원·사법연수생과 병역의무의 이행을 위하여 군인(군법무관 임용시험에 합격하지 아니한 군법무관), 공익법무관 등으로 근무하고 개업한 자는 이런 우려가 없어 제외하고 있다. 고위공직자범죄수사처에 근무하였던 사람은 퇴직 후 1년 동안 수사처의 사건을 변호사로서 수임할 수 없다(공수처법 16④). 따라서 공수처에 근무하였던 공수처 검사와 수사관도 공직퇴임변호사라 할 수 있다. 공수처에 근무하였던 사람의 수임제한 관련 쟁점은 변호사법 제31조 제 3 항에서 설명하였다.

2. 퇴직일부터 2년 동안 제출

수임자료와 처리 결과를 제출해야 하는 시기는 '퇴직일로부터' 2년간이다. 퇴직 후에 곧바로 개업을 전제로 하는 내용이다. 개업 후 단독 법률사무소를 개설할 수 있지만, 법무법인·법무법인(유한)·법무조합 또는 공동법률사무소에 소속할 수 있다. 만약 퇴직 후 2년이 지난 후에 비로소 개업하는 경우라면 수임자료 및 처리결과를 제출할 의무는 없다. 따라서 공직퇴임변호사는 "변호사 개업일부터 2년 동안" 수임한 사건에 관한 수임자료와 처리결과를 제출하도록 하는 내용으로 개정할 필요가 있다. 변호사법 시행령 제20조의11(공직퇴임변호사의 수임자료 등 제출) 제 1 항은 "변호사 개업을 한 사람"이라고 하고 있다. 그런데 변호사 개업일을 기준으로 하더라도 불합리한 경우가 있을 수 있다. 예컨대 공직퇴임변호사가 대학교수로 임용되어 10년 또는 20년 재직 후 퇴직하여 비로소 개업한 경우를 상정해 볼 수 있는데, 이때는 전관예우 등의 문제가 발생할 가능성도 예상하기 어렵다고 할 것이다. 그 때문에 공직퇴임변호사가 퇴직한 후 일정기간(예컨대 5년 이내)에 개업한 경우로 한정할 필요가 있다.

3. 수임한 사건에 관한 수임 자료와 처리 결과

(1) 수임한 사건이란 변호사법 제 3 조의 '변호사의 직무'에서 정하는 소송에 관한 행위 및 행정처분의 청구에 관한 대리행위와 일반 법률 사무를 말한다. 공직퇴임변호사가 의뢰인으로부터 수임한 소송행위를 내용으로 하는 송무사건은 물론 특정 법률문제를 검토하여 조력하는 자문사건을 포함한다. 그리고 사건이라는 용어가 아닌 '법률사무'로 표현할 수 있는 수임사무도 수임사건에 해당된다고 해야 한다.

(2) 윤리협의회는 제89조의8에도 불구하고 「인사청문회법」에 따른 인사청문회 또는 「국정감사 및 조사에 관한 법률」에 따른 국정조사를 위하여 국회의 요구가 있을 경우에는 제89조의4 제 3 항 및 제89조의5 제 2 항에 따라 제출받은 자료 중 다음 각 호의 구분에 따른 자료를 국회에 제출하여야 한다(변호사법 89의9②).

1. 제89조의4 제3항에 따라 제출받은 자료: 공직퇴임변호사의 성명, 공직퇴임일, 퇴직 당시의 소속 기관 및 직위, 수임일자, 사건명, 수임사건의 관할 기관, 처리 결과
2. 제89조의5 제2항에 따라 제출받은 자료: 변호사의 성명, 사건목록(수임일자 및 사건명에 한한다)

공직퇴임변호사가 국회 인사청문회나 국정조사시에 국회에 제출한 사건에는 자문사건이 포함되어 있지 않기 때문에 공직퇴임변호사가 공직후보자로 지정된 경우에는 이를 둘러싼 논란이 계속되고 있다. 따라서 공직퇴임변호사의 수임 자료 제출 시에 자문사건도 포함됨을 명시할 필요가 있다. 이렇게 제출받은 자문사건 관련한 자료도 윤리협의회가 국회 인사청문회 때 제출할 수 있도록 입법적으로 정리해야 한다.

(3) 공직퇴임변호사가 단독 개업한 경우는 그의 명의로 수임한다. 만약 법무법인·법무법인(유한)·법무조합에 구성원이나 소속 변호사로 가입한 경우에는 법무법인 등의 명의로 수임한다. 의뢰인이 법무법인 등에 있는 공직퇴임변호사를 방문하여 수임에 이르게 된 경우 수임명의와 상관없이 수임자료와 처리결과를 제출해야 한다. 수임사건의 처리는 공직퇴임변호사가 직접 할 수 있지만, 별도의 담당변호사를 지정할 수도 있다. 공직퇴임변호사가 제출하는 수임자료 및 처리결과에는 수임일자, 위임인, 상대방, 사건번호, 수임사무의 요지 및 처리결과 등이 기재된다(변호사법 시행령 20의11②). 내부적인 법률자문에 그치는 자문사건이나 법률사무는 사건번호가 부여되지 않은 경우가 많지만, 수임사무의 요지와 처리결과 등을 기재하면 된다.

4. 수임자료 등에 "수임액" 기재와 "수임약정서" 등의 제출 문제

변호사법 시행령 제20조의11 제2항이 규정하는 "공직퇴임변호사가 제출하여야 할 수임자료"에는 "수임액"에 관한 기재는 별도로 언급하지 않고 있다. 그 때문에 공직퇴임변호사는 수임자료에 수임액을 기재할 의무는 없다. 그러나 향후 시행령의 개정을 통하여 수임액을 기재하도록 명시해야 한다. 아울러 변호사 "수임약정서"의 사본을 제출하도록 하여 수임경위를 파악하고, 당사자와 주소 등의 연락처를 알 수 있도록 함이 타당하다. 국회에서 수임자료 제출 범위와 관련하여 논의를 할 때 법무부 법무심의관은 "수임료까지의 경우는 의뢰인의 입장에서 오히려 더 과도한 사생활 침해의 소지가 있다"고 밝히고 있다.[1] 이런 논의 끝에 수임료 부분이 제외된 것으로 보이지만, 수임 자료 중에서 가장 중요한 내용은 수임액수라는 점에서 이 자료의 제출이 필요하다.

---

1 국회사무처, 제315회 국회(임시회), 법제사법위원회회의록(법안심사제1소위원회) 제1호, 2013. 4. 23, 19면.

5. 소속 지방변호사회에 제출

공직퇴임변호사가 수임자료 및 처리결과를 제출하여야 하는 시기는 ① 매년 1월 1일부터 6월 30일까지의 수임사건에 대하여는 7월 31일까지, ② 매년 7월 1일부터 12월 31일까지의 수임사건에 대하여는 다음 해 1월 31일까지이다(변호사법 시행령 20의11①). 수임자료 및 처리결과는 법조윤리협의회가 아니라 소속 지방변호사회에 제출하여야 한다.

그런데 지방변호사회나 윤리협의회는 공직퇴임변호사가 언제, 어느 기관에서 퇴직하였는지 알 수 없다. 공직퇴임변호사가 자격등록과 개업신고를 할 때 비로소 소속 지방변호사회와 대한변호사협회는 알게 된다. 지방변호사회는 입회신고를 한 공직퇴임변호사의 존재를 윤리협의회에 통보할 필요성이 있으며, 그 변호사에게 수임자료 등을 제출하도록 독려해야 한다.

Ⅲ. 공직퇴임변호사가 법무법인 등의 담당변호사로 지정된 경우

공직퇴임변호사가 제50조·제58조의16 또는 제58조의30에 따라 법무법인·법무법인(유한) 또는 법무조합의 담당변호사로 지정된 경우나 「외국법자문사법」 제35조의20에 따라 합작법무법인의 담당변호사로 지정된 경우에도 제1항과 같다(제2항). 법무법인·법무법인(유한) 또는 법무조합에 소속된 공직퇴임변호사가 주도적으로 수임한 법률사건도 그 수임명의는 법무법인 등으로 한다. 공직퇴임변호사의 수임자료 제출은 수임사건뿐만 아니라 담당변호사로 지정된 경우도 포함한다. 담당변호사로 지정되어 처리한 사건 자료 등을 수임사건과 같이 제출해야 한다. 법무법인이 담당변호사를 지정하여 특정사건을 처리한 경우에도 전관예우의 폐해가 발생할 수 있기 때문이다. 법무법인의 업무집행 방법은 변호사법 제50조에 규정되어 있으며, 법무법인(유한)과 법무조합은 이 규정을 준용하고 있다. 공직퇴임변호사는 퇴직일부터 2년 동안 담당변호사로 지정받아 처리한 사건에 관한 수임자료와 처리결과를 제출해야 한다. 그러나 현실적으로 공직퇴임변호사가 담당변호사로 지정받지 않더라도 영향력을 발휘할 여지도 있기 때문에 입법취지를 살릴 수 있을런지는 의문이다.

Ⅳ. 지방변호사회의 제출받은 자료를 윤리협의회에 제출

(1) 지방변호사회는 공직퇴임변호사로부터 제출받은 수임자료와 처리결과 및 담당변호사로 지정받은 사건자료를 윤리협의회에 제출해야 한다. 공직퇴임변호사는 지방변호사회의

회원 지위에서 수임자료 등을 지방변호사회에 제출할 의무를 진다. 지방변호사회장은 공직퇴임변호사가 수임자료 등의 제출의무를 이행하지 않을 때는 '변호사법 위반한 경우'에 해당하므로 징계개시 신청을 하여야 한다(변호사법 97의2②).

(2) 지방변호사회는 소속 회원 중 수임자료와 처리결과를 제출하여야 할 공직퇴임변호사의 명단 및 공직퇴임변호사로부터 제출받은 수임자료와 처리결과를 제 1 항 각 호(① 매년 1월 1일부터 6월 30일까지의 수임사건에 대하여는 7월 31일까지, ② 매년 7월 1일부터 12월 31일까지의 수임사건에 대하여는 다음 해 1월 31일까지)에 규정된 제출시한으로부터 1개월 내에 윤리협의회에 제출하여야 한다(변호사법 시행령 20의11④).

V. 공직퇴임변호사에게 징계사유나 위법 혐의가 있을 때 징계개시 신청·수사의뢰

(1) 윤리협의회의 위원장은 공직퇴임변호사에게 제91조에 따른 징계사유나 위법의 혐의가 있는 것을 발견하였을 때에는 대한변호사협회의 장이나 관할 수사기관의 장에게 그 변호사에 대한 징계개시를 신청하거나 수사를 의뢰할 수 있다. 윤리협의회 위원장은 공직퇴임변호사에게 징계사유가 있는 것을 발견한 때에는 대한변호사협회의 장에게 징계개시를 신청할 수 있다. 또한 위법의 혐의가 있을 때는 관할 수사기관의 장에게수사를 의뢰할 수 있다. 법조윤리와 관련된 법령을 위반한 자에 대한 징계개시의 신청 또는 수사 의뢰는 윤리협의회의 기능 및 권한이다(변호사법 89①③). 윤리협의회의 「정밀심사 대상자 선정에 관한 규정」 제 2 조는 공직퇴임변호사는 원칙적으로 정밀심사 대상자로 선정하도록 한다.

(2) 윤리협의회는 「법조윤리협의회규칙」 제14조에 의하여 70인 이내의 전문위원으로 구성하는 '수임자료 검토에 관한 특별위원회'를 두고 있다. 전문위원은 협의회위원장을 보조하여 공직퇴임변호사와 특정 변호사의 수임자료를 검토하고, 관계법령 위반 및 징계사유가 있다고 의심되는 경우 심사하여 결과를 위원장에게 보고하여야 한다(수임자료 검토에 관한 특별위원회 규정 3①). 협의회위원장은 전문위원의 요청에 따라 변호사, 사무원, 의뢰인 및 진정인 등 관계인에게 심사에 필요한 자료의 제출 및 설명을 요구할 수 있다. 다만, 협의회위원장은 전문위원이 직접 제출 및 설명을 요구하도록 위임할 수 있다(위 규정 7①).

(3) 위원장은 공직퇴임변호사는 물론 그를 고용한 법무법인·법무법인(유한) 또는 법무조합에 대해서도 징계개시 신청을 할 수 있다. 윤리협의회 위원장은 대한변호사협회의 장이 징계개시 신청을 기각하거나 징계개시의 신청이 접수된 날부터 3개월이 지나도록 징계개시청구 여부를 결정하지 아니하면 변협징계위원회에 이의신청을 할 수 있다(변호사법 97의

5①). 그리고 변협징계위원회의 결정에 불복할 때는 그 통지를 받은 날부터 30일 이내에 법무부징계위원회에 이의신청을 할 수 있다(변호사법 100①).

(4) 변호사법은 윤리협의회 위원장의 징계신청 또는 수사개시는 공직퇴임변호사·특정변호사와 퇴직공직자 활동내역 등 제출과 관련하여서도 이를 허용하고 있다(변호사법 89의5③, 89의6⑤). 그러나 윤리협의회의 「민원및진정처리규정」에는 진정사건에서 (일반)변호사에 대한 징계신청과 수사의뢰를 규정하고 있다. 변호사의 사건수임 및 사건처리과정에서의 관련 법령 위반행위에 관하여 조사·심사·처벌을 원하는 진정사건에서 위원장은 심사검토 결과 징계혐의나 위법혐의가 발견된 경우에는 윤리협의회의 의결을 거쳐 해당 변호사에 대한 징계신청 또는 수사의뢰를 할 수 있다(민원및진정처리규정14①(7)).

Ⅵ. 공직퇴임변호사가 제출하는 수임 자료·처리 결과 기재사항, 제출 절차 등

(1) 공직퇴임변호사가 제출하여야 하는 수임 자료와 처리 결과의 기재사항, 제출 절차 등에 관하여 필요한 사항은 대통령령으로 정한다(제 5 항). 공직퇴임변호사가 제출하는 수임자료 및 처리결과의 기재사항은 다음 각 호(① 공직퇴임일, ② 퇴직 당시의 소속기관 및 직위, ③ 수임일자, ④ 위임인, ⑤ 위임인의 연락처, ⑥ 상대방, ⑦ 사건번호, ⑧ 사건명, ⑨ 수임사건의 관할기관, ⑩ 수임사무의 요지, ⑪ 진행상황 및 처리결과)와 같다(변호사법 시행령 20의11②). 여기서 제 9 호는 '수임사건', 제10호는 '수임사무'라고 표현하고 있지만, 의뢰인으로부터 위임받고 수임약정을 체결한 대상으로 같은 개념이라 하겠다. 자문사건의 경우 사건번호나 관할기관이 없는 경우에는 다른 사항을 기재하면 된다.

(2) 수임자료 기재사항에는 수임료(보수액) 항목이 없다. 수임료는 사건의 경중과 적정한 보수를 받았는지를 판단할 수 있는 중요 요소로 향후 시행령에 추가되어야 한다. 수임사건이 형사사건(형사신청사건 및 내사사건을 포함한다)인 경우에는 제 2 항 제11호(진행상황 및 처리결과)의 사항을 적을 때에는 인신구속 여부 및 그 변경사항도 포함하여 적어야 한다(변호사법 시행령 20의11③).

Ⅶ. 수임 자료와 처리 결과에 대한 거짓 자료를 제출한 자 및 제출하지 아니한 자에 대한 제재

공직퇴임변호사가 수임 자료와 처리 결과를 거짓으로 제출하거나 아예 제출하지 않은 경우에는 그 제재로 과태료를 부과한다. 거짓제출 또는 미제출행위만 있으면 과태료를 부과하는지, 아니면 이에 대한 고의나 과실이 있어야 하는지 문제된다.

1. 수임 자료와 처리 결과에 대한 거짓 자료를 제출한 자

수임 자료와 처리 결과에 대한 거짓 자료를 제출한 자에게는 2천만원 이하의 과태료를 부과한다(변호사법 117①). 여기서 "거짓 자료를 제출"하였다는 것은 공직퇴임변호사가 제출하는 수임 자료 및 처리 결과에 대한 기재사항을 거짓으로 기재한 경우를 말한다. 공직퇴임변호사가 제출하여야 할 수임 자료에 기재할 사항은 「변호사법 시행령」에 규정되어 있다. 만약 공직퇴임변호사가 전관예우 또는 수임비리를 숨길 목적으로 거짓으로 위임인, 위임인의 연락처를 기재하여 제출한 경우에는 이 규정위반이 된다.

2. 수임 자료와 처리 결과를 제출하지 아니한 자

수임 자료와 처리 결과를 제출하지 아니한 자에게는 1천만원 이하의 과태료를 부과한다(변호사법 117②(8)). 수임 자료와 처리 결과를 제출하지 않았다고 할 때, 언제까지 제출하지 않았느냐의 기준이 필요하다. 공직퇴임변호사는 퇴직일부터 2년 동안 수임한 사건에 관한 수임 자료와 처리 결과를 대통령령으로 정하는 기간마다 소속 지방변호사회에 제출하여야 한다. 지방변호사회는 제 1 항에 따라 제출받은 자료를 윤리협의회에 제출하여야 한다. 지방변호사회는 … 공직퇴임변호사로부터 제출받은 수임 자료와 처리 결과를 제 1 항 각 호에 규정된 제출시한으로부터 1개월 내에 윤리협의회에 제출하여야 한다(변호사법 시행령 20의11 ④). 만약 공직퇴임변호사가 수임 자료와 처리 결과를 소속 지방변호사회에 제출하였다면, 설령 지방변호사회가 제출시한으로부터 1개월 내에 법조윤리협의회에 이를 제출하지 않았다고 할지라도, 공직퇴임변호사는 수임자료 등의 제출 의무를 이행한 것이 된다.

3. 거짓 자료 제출 또는 미제출 행위에 질서위반행위규제법이 적용되는지 여부

공직퇴임변호사가 수임 자료 등에 대한 거짓자료의 제출 또는 미제출 행위를 한다는 고의·과실이 있어야 하는지, 아니면 고의·과실이 없더라도 결과책임을 지는지 문제된다. 이 문제는 질서위반행위의 성립요건과 과태료의 부과·징수 및 재판 등에 관한 사항을 규정하는 것을 목적으로 하는 질서위반행위규제법에 따라 해결해야 한다. "질서위반행위"란 법률(지방자치단체의 조례를 포함한다)상의 의무를 위반하여 과태료를 부과하는 행위를 말한다. 다만, 다음 각 목의 어느 하나에 해당하는 행위를 제외한다(질서위반행위규제법 2).

그런데 질서위반행위규제법 시행령 제 2 조(질서위반행위에서 제외되는 행위) 제 2 항은 "법 제 2 조 제 1 호 나목에서 "대통령령으로 정하는 법률에 따른 징계사유에 해당하여 과태료를 부과하는 행위"란 공증인법·법무사법·변리사법·변호사법 등 기관·단체 등이 질서 유지를 목적으로 구성원의 의무 위반에 대하여 제재를 할 수 있도록 규정하는 법률에 따른 징계사유에 해당하여 과태료를 부과하는 행위를 말한다"고 규정하고 있다. 여기서 "징계사유에 해당하여 과태료를 부과하는 행위"란 변호사법상의 징계처분으로 과태료를 부과하는 행위를 말하는 것으로, 이 경우에는 질서위반행위에서 제외하여 질서위반행위규제법을 적용하지 않는다는 것이다.

변호사법에서 과태료를 부과하는 경우로는 징계처분의 일종으로 3천만원 이하의 과태료를 부과하는 경우(변호사법 90(4))와 변호사법 제117조 위반으로 과태료를 부과하는 경우이다. 따라서 변호사법상 공직퇴임변호사의 수임 자료 및 처리 결과 제출 의무위반 행위로 가해지는 과태료는 "변호사법에 따른 징계사유 해당하여 과태료를 부과하는 행위"에 해당하지 않기 때문에 과태료 부과에 관한 일반법인 질서위반행위규제법 이 그대로 적용된다. 따라서 "고의 또는 과실이 없는 질서위반행위는 과태료를 부과하지 아니한다"(질서위반행위규제법 7)는 규정에 따라 공직퇴임변호사가 수임 자료 등에 대한 거짓자료의 제출 또는 미제출 행위에 고의나 과실이 있어야 한다.

제89조의5 특정 변호사의 수임 자료 등 제출

제89조의5(특정 변호사의 수임 자료 등 제출)
① 지방변호사회는 대통령령으로 정하는 수 이상의 사건을 수임한 변호사[제50조, 제58조의16 및 제58조의30에 따른 법무법인·법무법인(유한)·법무조합의 담당변호사나 「외국법자문사법」 제35조의20에 따른 합작법무법인의 담당변호사를 포함하며, 이하 "특정변호사"라 한다]의 성명과 사건 목록을 윤리협의회에 제출하여야 한다.
② 윤리협의회는 제30조, 제31조, 제34조 제 2 항·제 3 항 및 제35조 등 사건수임에 관한 규정의 위반 여부를 판단하기 위하여 수임 경위 등을 확인할 필요가 있다고 인정되면 특정 변호사에게 제 1 항의 사건 목록에 기재된 사건에 관한 수임 자료와 처리 결과를 제출하도록 요구할 수 있다. 이 경우 특정 변호사는 제출을 요구받은 날부터 30일 이내에 제출하여야 한다.
③ 특정 변호사에 대하여는 제89조의4 제 4 항 및 제 5 항을 준용한다.

I. 연 혁

2007. 1. 26. 개정된 변호사법은 일부 변호사의 사건수임과 관련한 비리로 인하여 법조 전체에 대한 국민적 불신이 초래되는 점을 고려하여 법조브로커를 근절함으로써 법조에 대한 신뢰 회복의 계기가 마련될 것으로 기대하면서 특정 변호사의 수임자료 등의 제출규정을 신설했다. 즉, 지방변호사회는 대통령령이 정하는 수 이상의 사건을 수임한 변호사[제50조·제58조의16 및 제58조의30의 규정에 따른 법무법인·법무법인(유한)·법무조합의 담당변호사를 포함하며, 이하 "특정 변호사"라 한다]의 성명과 사건목록을 윤리협의회에 제출하여야 한다(제89조의5 제 1 항). 윤리협의회는 제30조, 제31조, 제34조 제 2 항·제 3 항 및 제35조 등 사건수임에 관한 규정의 위반 여부를 판단하기 위하여 수임경위 등을 확인할 필요가 있다고 인정되는 경우에는 특정 변호사에게 제 1 항의 사건목록에 기재된 사건에 관한 수임자료 및 처리결과의 제출을 요구할 수 있다. 이 경우 특정 변호사는 제출을 요구받은 날부터 30일 이내에 제출

하여야 한다(제89조의5 제 2 항). 제89조의4 제 4 항 및 제 5 항의 규정은 특정 변호사에 대하여 준용한다(제89조의5 제 3 항).

Ⅱ. 특정 변호사의 성명과 사건 목록을 윤리협의회에 제출

1. 대통령령으로 정하는 수 이상의 사건을 수임한 변호사(특정 변호사)

(1) 지방변호사회는 대통령령으로 정하는 수 이상의 사건을 수임한 변호사[제50조, 제58조의16 및 제58조의30에 따른 법무법인·법무법인(유한)·법무조합의 담당변호사나 「외국법자문사법」 제35조의20에 따른 합작법무법인의 담당변호사를 포함하며, 이하 "특정변호사"라 한다]의 성명과 사건 목록을 윤리협의회에 제출하여야 한다(제 1 항). 지방변호사회 소속 변호사 중에서 대통령령으로 정하는 수 이상의 사건을 수임한 변호사 또는 법무법인·법무법인(유한)·법무조합의 담당변호사로 지정받은 경우를 특정 변호사라고 한다. 변호사가 많은 사건을 수임하는 과정에서 사건브로커를 고용했거나 수임규정을 위반하였는지 여부를 규율하기 위한 취지이다. 「변호사법 시행령」 제20조의12 제 2 항은 특정 변호사의 선정기준을 정하고 있다.

(2) 특정 변호사를 선정하는 단위는 6개월이며, 이 기간 내에 수임한 사건을 기준으로 특정 변호사 여부를 정한다. 즉, 지방변호사회는 매년 1월 1일부터 6월 30일까지의 수임사건과 7월 1일부터 12월 31일까지의 수임사건이 ① 형사사건(형사신청사건 및 내사사건을 포함한다. 이하 이 항에서 같다)의 수임건수가 30건 이상이고 소속 회원의 형사사건 평균 수임건수의 2.5배 이상인 변호사, ② 형사사건 외의 본안사건의 수임건수가 60건 이상이고 소속 회원의 형사사건 외의 본안사건 평균 수임건수의 2.5배 이상인 변호사, ③ 형사사건 외의 신청사건의 수임건수가 120건 이상이고 소속 회원의 형사사건 외의 신청사건 평균 수임건수의 2.5배 이상인 변호사 중 어느 하나에 해당하는 사람을 특정 변호사로 선정하고, 그 선정의 근거를 제 1 항의 성명 및 사건목록과 함께 제출하여야 한다(변호사법 시행령 20의12②).

(3) 하나의 사건을 둘 이상의 변호사[법무법인·법무법인(유한)·법무조합을 포함한다]가 공동으로 수임한 경우에는 각 변호사의 수임사건 수는 1건으로 한다(변호사법 시행령 20의12③). 법무법인·법무법인(유한)·법무조합이 수임한 사건에 관하여는 1을 담당변호사의 수로 나눈 값을 각 담당변호사의 수임사건 수로 계산한다. 다만, 담당변호사가 4명 이상인 경우에는 각 담당변호사의 수임사건 수는 4분의 1건으로 본다(변호사법 시행령 20의12④). 인력과 물적 설비를 공동으로 이용하는 법률사무소로서 대한변호사협회가 정하는 바에 따라 대한변호사협회에 신고한 합동사무소의 구성원 둘 이상의 이름으로 수임한 사건의 수임사건 수 계산에 관하여는 제 4 항을 준용한다(변호사법 시행령 20의12⑤).

2. 「변호사윤리장전」의 "특정 변호사"와 구별

변호사법상 특정변호사와 구별되는 개념으로 「변호사윤리장전」 제48조에서 규정하고 있는 "특정 변호사"가 있다. 즉, 법무법인·법무법인(유한)·법무조합 및 대한변호사협회 회칙에서 정한 공증인가합동법률사무소 및 공동법률사무소(이하 "법무법인 등"이라 한다)의 특정 변호사에게만 제22조 제1항 제4호(상대방 또는 상대방 대리인과 친족관계에 있는 경우) 또는 제42조(겸직하고 있는 당해 정부기관의 사건을 수임)에 해당하는 사유가 있는 경우, 당해 변호사가 사건의 수임 및 업무수행에 관여하지 않고 그러한 사유가 법무법인 등의 사건처리에 영향을 주지 아니할 것이라고 볼 수 있는 합리적 사유가 있는 때에는 사건의 수임이 제한되지 아니한다(변호사윤리장전 48②). 여기서 '특정 변호사'란 법무법인 등의 변호사로서 수임제한 사유 중 '상대방 또는 상대방 대리인과 친족관계에 있는 경우(제22조 제1항 제4호)' 또는 '겸직하고 있는 당해 정부기관의 사건 수임(제42조)'에 관한 제한사유의 적용을 받는 변호사를 말한다.

3. 성명과 사건 목록을 윤리협의회에 제출

(1) 지방변호사회는 수임사건을 기준으로 특정 변호사를 선정하여 그 성명과 사건목록을 윤리협의회에 제출하여야 한다. 지방변호사회는 특정 변호사의 사건목록에 수임일자, 위임인, 사건번호 및 사건명을 적어야 한다(변호사법 시행령 20의12⑥). 변호사는 수임사건의 건수를 소속 지방변호사회에 보고하며(변호사법 28의2), 변호인선임서 등을 지방변호사회를 경유하여 제출해야 한다(변호사법 29). 이를 통하여 지방변호사회는 수임사건의 규모를 파악할 수 있다. 그러나 현실적으로는 '인터넷 경유업무시스템'에 수임사건의 입력을 조절하여 특정 변호사의 요건에 해당되지 않도록 할 수 있어 정확한 수임사건 파악이 쉽지 않다. 자문사건의 경우 지방변호사회를 경유하지 않고 수임건수를 보고하지 않는다면 사건수임 여부를 알 수 없다.

(2) 법무법인·법무법인(유한)·법무조합은 그 명의로 사건수임을 하므로 담당변호사로 지정받은 경우를 특정 변호사 선정의 기준으로 한다. 담당변호사 지정은 법무법인의 대표변호사 1명만을 기재하거나 모든 구성원 변호사를 기재하기도 한다. 이러한 관행으로 인하여 담당변호사의 지정을 기준으로 특정 변호사로 선정된 자를 상대로 수임자료 등을 심사하는데 어려움이 있다.

Ⅲ. 사건수임 규정 위반 여부를 판단하기 위한 수임 자료·처리 결과 제출 요구

1. 제30조, 제31조, 제34조 제2항·제3항 및 제35조 등 사건수임에 관한 규정의 위반 여부 판단

(1) 윤리협의회는 제30조, 제31조, 제34조 제2항·제3항 및 제35조 등 사건수임에 관한 규정의 위반 여부를 판단하기 위하여 수임 경위 등을 확인할 필요가 있다고 인정되면 특정 변호사에게 제1항의 사건 목록에 기재된 사건에 관한 수임 자료와 처리 결과를 제출하도록 요구할 수 있다. 이 경우 특정 변호사는 제출을 요구받은 날부터 30일 이내에 제출하여야 한다(제2항). 윤리협의회는 지방변호사회로부터 특정 변호사의 성명과 사건목록을 제출받은 후 특정 변호사가 사건수임에 관한 규정을 위반하였는지 여부를 검토한다. 특정 변호사가 연고 관계 등의 선전금지(제30조), 수임제한(제31조), 변호사가 사건수임을 위하여 금품제공금지(제34조 제2항), 사건알선과 명의이용금지(제34조 제3항), 사건유치 목적의 법원 등 출입금지(제35조)규정을 위반하였는지를 검토하게 된다. 이 규정들은 사건수임 위반의 하나의 예시이다. 변호사법이 금지하는 규정에 위반하여 수임한 경우는 모두 이에 포함된다고 할 것이다.

(2) 윤리협의회는 형사사건 특정 변호사나 개인회생사건 등 일정한 사건을 다수 수임한 변호사를 정밀심사 대상자로 선정하는 등 위원전원회의에서 개별적으로 결정한다(정밀심사 대상자 선정에 관한 규정 2). 윤리협의회는 수임 경위 등을 확인할 필요가 있다고 인정되면 특정 변호사에게 사건목록에 기재된 사건수임자료와 처리결과를 제출하도록 요구할 수 있다. 처음부터 수임자료와 처리결과를 제출하는 공직퇴임변호사와 구별된다.

2. 특정 변호사는 제출을 요구받은 날부터 30일 이내에 제출

특정 변호사는 윤리협의회의 요구가 있으면 수임자료와 처리결과를 30일 이내에 제출하여야 한다. 여기서 '수임자료와 처리결과'는 공직퇴임변호사가 제출하여야 하는 수임자료와 처리결과에 관한 규정이 준용된다(제89조의5 제3항). 그러므로 「변호사법 시행령」 제20조의11 제2항에 따라 수임일자, 위임인, 상대방, 사건번호 및 사건명, 관할기관, 수임사건의 요지, 사건처리결과 등을 기재한 자료를 제출해야 한다. 여기에는 송무사건이 아닌 자문사건도 포함된다.

Ⅳ. 특정 변호사에 대하여 제89조의4 제4항 및 제5항 준용

1. 징계신청 또는 수사개시 의뢰

(1) 특정 변호사에 대하여는 제89조의4 제4항 및 제5항을 준용한다. 윤리협의회의 위원장은 특정 변호사에게 제91조에 따른 징계사유나 위법의 혐의가 있는 것을 발견하였을 때에는 대한변호사협회의 장이나 관할 수사기관의 장에게 그 변호사에 대한 징계개시를 신청하거나 수사를 의뢰할 수 있다. 윤리협의회 위원장의 징계신청 또는 수사개시는 특정 변호사는 물론 공직퇴임변호사와 퇴직공직자 활동내역 등 제출과 관련하여서도 허용됨은 앞서 본 바 있다(변호사법 89의5③, 89의6⑤).

(2) 윤리협의회의 전문위원은 협의회위원장을 보조하여 공직퇴임변호사와 특정 변호사의 수임자료를 검토하고, 관계법령 위반 및 징계사유가 있다고 의심되는 경우 심사하여 결과를 위원장에게 보고하여야 한다(수임자료 검토에 관한 특별위원회 규정 3①). 협의회위원장은 전문위원의 요청에 따라 변호사 등 관계인에게 필요한 자료의 제출과 설명을 요구할 수 있다.

2. 수임 자료와 처리 결과의 기재사항, 제출 절차 등

특정 변호사가 제출하는 수임자료 및 처리결과의 기재사항은 다음 각 호(① 공직퇴임일, ② 퇴직 당시의 소속기관 및 직위, ③ 수임일자, ④ 위임인, ⑤ 위임인의 연락처, ⑥ 상대방, ⑦ 사건번호, ⑧ 사건명, ⑨ 수임사건의 관할기관, ⑩ 수임사무의 요지, ⑪ 진행상황 및 처리결과)와 같다(제89조의4 제5항; 변호사법 시행령 20의11②). 여기서 '공직퇴임일'은 변호사 개업일을 의미한다. 그리고 수임사건이 형사사건(형사신청사건 및 내사사건을 포함한다)인 경우에는 제2항 제11호(진행상황 및 처리결과)의 사항을 적을 때에는 인신구속 여부 및 그 변경사항도 포함하여 적어야 한다(변호사법 시행령 20의11③).

제89조의6 법무법인 등에서의 퇴직공직자 활동내역 등 제출

제89조의6(법무법인 등에서의 퇴직공직자 활동내역 등 제출)

① 「공직자윤리법」 제 3 조에 따른 재산등록의무자 및 대통령령으로 정하는 일정 직급 이상의 직위에 재직했던 변호사 아닌 퇴직공직자(이하 이 조에서 "퇴직공직자"라 한다)가 법무법인·법무법인(유한)·법무조합 또는 「외국법자문사법」 제 2 조 제 9 호에 따른 합작법무법인(이하 이 조에서 "법무법인등"이라 한다)에 취업한 때에는, 법무법인등은 지체 없이 취업한 퇴직공직자의 명단을 법무법인등의 주사무소를 관할하는 지방변호사회에 제출하여야 하고, 매년 1월 말까지 업무활동내역 등이 포함된 전년도 업무내역서를 작성하여 법무법인등의 주사무소를 관할하는 지방변호사회에 제출하여야 한다.

② 제 1 항에 따른 취업이란 퇴직공직자가 근로 또는 서비스를 제공하고, 그 대가로 임금·봉급, 그 밖에 어떠한 명칭으로든지 금품 또는 경제적 이익을 받는 일체의 행위를 말한다.

③ 제 1 항은 법무법인등이 아니면서도 변호사 2명 이상이 사건의 수임·처리나 그 밖의 변호사 업무 수행 시 통일된 형태를 갖추고 수익을 분배하거나 비용을 분담하는 형태로 운영되는 법률사무소에도 적용한다.

④ 지방변호사회는 제 1 항에 따라 제출받은 자료를 윤리협의회에 제출하여야 한다.

⑤ 윤리협의회의 위원장은 제 4 항에 따라 제출받은 자료를 검토하여 관련자들에 대한 징계사유나 위법의 혐의가 있는 것을 발견하였을 때에는 대한변호사협회의 장에게 징계개시를 신청하거나 관할 수사기관의 장에게 수사를 의뢰할 수 있다.

⑥ 제 1 항에 따른 업무내역서에는 퇴직공직자가 관여한 사건·사무 등 업무활동내역 및 그 밖에 대통령령으로 정하는 사항을 기재하여야 한다.

I. 연 혁

2011. 5. 17. 개정된 변호사법은 변호사 아닌 고위공직자가 법무법인 등에 취업한 현황 및 업무내역서를 지방변호사회를 통하여 법조윤리협의회에 제출하도록 함으로써 공직 전

반에 대한 국민의 신뢰를 확보하고 관련 업무의 공정성과 객관성을 담보하려는 취지의 규정을 신설했다.

Ⅱ. 법무법인등에 취업한 퇴직공직자의 명단과 업무내역서 제출

1. 「공직자윤리법」상 재산등록의무자 및 대통령령으로 정하는 변호사 아닌 퇴직공직자

⑴ 퇴직공직자를 규율하는 입법취지

「공직자윤리법」 제3조에 따른 재산등록의무자 및 대통령령으로 정하는 일정 직급 이상의 직위에 재직했던 변호사 아닌 퇴직공직자(이하 이 조에서 "퇴직공직자"라 한다)가 법무법인·법무법인(유한)·법무조합 또는 「외국법자문사법」 제2조 제9호에 따른 합작법무법인(이하 이 조에서 "법무법인등"이라 한다)에 취업한 때에는, 법무법인등은 지체 없이 취업한 퇴직공직자의 명단을 법무법인등의 주사무소를 관할하는 지방변호사회에 제출하여야 하고, 매년 1월 말까지 업무활동내역 등이 포함된 전년도 업무내역서를 작성하여 법무법인등의 주사무소를 관할하는 지방변호사회에 제출하여야 한다(제1항). 퇴직공직자를 규율하는 입법취지는 "고위공직자들이 공직에 몸담으면서 쌓아왔던 경력과 인맥을 이용하여 퇴임 이후 법무법인 등에 고문 등으로 영입되어 고액의 연봉을 받고 로비스트 역할을 수행하고 있는 사례가 있으므로 공직전반에 대한 국민의 신뢰를 확보하고 관련업무의 공정성과 객관성을 담보하기 위해 법무법인 등은 변호사 아닌 고위공직자가 법무법인 등에 취업한 현황 및 업무내역서를 지방변호사회를 통하여 법조윤리협의회에 제출하도록 하고자 함"이라고 되어 있다.[1]

⑵ 퇴직공직자의 개념

퇴직공직자란 대통령·국무총리·국무위원·국회의원 등 국가의 정무직공무원 등과 같이 「공직자윤리법」 제3조에 따른 재산등록의무자[2] 및 5급 일반직 공무원 및 지방공무원과

---

1 국회사무처, 변호사법 일부개정법률안(대안), 대안이유(의안번호 11659)(2011. 4. 29), 4면.

2 **「공직자윤리법」 제3조(등록의무자)** ① 다음 각 호의 어느 하나에 해당하는 공직자(이하 "등록의무자"라 한다)는 이 법에서 정하는 바에 따라 재산을 등록하여야 한다.

1. 대통령·국무총리·국무위원·국회의원 등 국가의 정무직공무원
2. 지방자치단체의 장, 지방의회의원 등 지방자치단체의 정무직공무원
3. 4급 이상의 일반직 국가공무원(고위공무원단에 속하는 일반직공무원을 포함한다) 및 지방공무원과 이에 상당하는 보수를 받는 별정직 공무원(고위공무원단에 속하는 별정직공무원을 포함한다)
4. 대통령령으로 정하는 외무공무원과 4급 이상의 국가정보원 직원 및 대통령경호실 경호공무원
5. 법관 및 검사
6. 헌법재판소 헌법연구관
7. 대령 이상의 장교 및 이에 상당하는 군무원

이에 상당하는 보수를 받는 별정직 공무원과 같이 대통령령으로 정하는 일정 직급 이상의 직위에 재직했던 변호사 아닌 자를 말한다.[3] 변호사법상 퇴직공직자는 공직자윤리법상의 재산등록의무자 외에 「변호사법 시행령」으로 새로운 공직자를 추가하고 있는 특징이 있다. 여기서의 퇴직공직자는 변호사 아닌 자를 말한다. 퇴직공직자가 변호사 개업을 한 경우에는 공직퇴임변호사의 수임제한 및 수임 자료 등 제출 관련규정을 적용받는다. 따라서 법관 및 검사는 「공직자윤리법」에 의한 재산등록의무자로서 공직자윤리위원회의 규율대상이지만, 본조의 퇴직공직자에 해당되지 않는다. 그 때문에 변호사 아닌 퇴직공직자를 '변호사법의 퇴직공직자'로 분류하기도 한다.[4]

(3) 퇴직공직자의 범위

퇴직공직자의 활동내역 등의 제출의무는 2011. 5. 17. 개정·시행된 변호사법에 신설된 것이므로 2011. 5. 17.에 퇴직한 공직자부터 적용된다고 할 것이다. 물론 그 이전에 퇴직한 공직자라도 2011. 5. 17. 이후 취업한 공직자도 포함된다고 볼 여지도 있다. 그러나 본조와 같이 신설된 공직퇴임변호사의 수임제한의 시기에 대하여 변호사법 부칙은 '이 법 시행 후 퇴직하는 공직퇴임변호사부터 적용한다'고 정하고 있다. 따라서 퇴직공직자 역시 이 법 시행 후 퇴직하는 공직자부터 적용된다고 보는 것이 타당하다. 윤리협의회의 실무 역시 이에

---

8. 교육공무원 중 총장·부총장·대학원장·학장(대학교의 학장을 포함한다) 및 전문대학의 장과 대학에 준하는 각종 학교의 장, 특별시·광역시·특별자치시·도·특별자치도의 교육감·교육장 및 교육위원
9. 총경(자치총경을 포함한다) 이상의 경찰공무원과 소방정 및 지방소방정 이상의 소방공무원
10. 제 3 호부터 제 7 호까지 및 제 9 호의 공무원으로 임명할 수 있는 직위 또는 이에 상당하는 직위에 임용된 「국가공무원법」 제26조의5 및 「지방공무원법」 제25조의5에 따른 임기제공무원
11. 「공공기관의 운영에 관한 법률」에 따른 공기업(이하 "공기업"이라 한다)의 장·부기관장·상임이사 및 상임감사, 한국은행의 총재·부총재·감사 및 금융통화위원회의 추천직 위원, 금융감독원의 원장·부원장·부원장보 및 감사, 농업협동조합중앙회·수산업협동조합중앙회의 회장 및 상임감사
12. 제 3 조의2에 따른 공직유관단체(이하 "공직유관단체"라 한다)의 임원
13. 그 밖에 국회규칙, 대법원규칙, 헌법재판소규칙, 중앙선거관리위원회규칙 및 대통령령으로 정하는 특정 분야의 공무원과 공직유관단체의 직원

② 삭제 <1993. 6. 11.>

3 **「변호사법 시행령」 제20조의13(활동내역 등 제출대상 퇴직공직자 범위)** 법 제89조의6 제 1 항에서 "대통령령으로 정하는 일정 직급 이상의 직위에 재직했던 변호사 아닌 퇴직공직자"란 다음 각 호의 사람을 말한다.
1. 5급 일반직 공무원 및 지방공무원과 이에 상당하는 보수를 받는 별정직 공무원
2. 5등급 외무공무원과 5급 국가정보원 직원 및 대통령경호실 경호공무원
3. 헌법재판소 헌법연구관보
4. 중령 및 3급 군무원
5. 「연구직 및 지도직 공무원의 임용 등에 관한 규정」에 따른 연구직 및 지도직 공무원 중 5급 일반직 공무원에 상당하는 연구관 및 지도관
6. 5급 일반직 공무원에 상당하는 직위에 임명된 장학관·교육연구관
7. 제 1 호부터 제 6 호까지의 공무원으로 임명할 수 있는 직위 또는 이에 상당하는 직위에 채용된 임기제 공무원
8. 금융감독원의 3급 및 4급 직원

4 이성일, "퇴직공직자에 대한 변호사법의 규율방법의 문제점과 개선방안", 법조(2015. 6), 9면.

따르고 있다.[5]

2. 법무법인등에 취업

(1) 퇴직공직자가 법무법인·법무법인(유한) 또는 법무조합 또는 「외국법자문사법」 제2조 제9호에 따른 합작법무법인(이하 이 조에서 "법무법인등"이라 한다)에 취업해야 한다. 공동법률사무소에 취업한 경우도 해당된다(제89조의6 제3항). 재산등록의무자였던 자의 취업은 상당한 제한이 있다. 재산등록의무자는 퇴직일부터 3년간 퇴직 전 5년 동안 소속하였던 부서 또는 기관의 업무와 밀접한 관련성이 있는 연간 외형거래액이 일정 규모 이상인 「변호사법」 제40조에 따른 법무법인, 같은 법 제58조의2에 따른 법무법인(유한), 같은 법 제58조의18에 따른 법무조합, 같은 법 제89조의6 제3항에 따른 법률사무소(이하 "법무법인등"이라 한다) 등과 같은 취업제한기관에 취업할 수 없다. 다만, 관할 공직자윤리위원회의 승인을 받은 때에는 그러하지 아니하다(공직자윤리법 17①). 「공직자윤리법 시행령」은 퇴직공직자의 취업이 제한되는 법무법인등은 연간 외형거래액이 100억원 이상으로 정하고 있다(제33조 제1항 제2호).[6] 법무부 변호사법 개정안은 공직퇴임변호사에 대해서도 변호사 사무직원의 결격사유와 유사한 제한을 두고 있다.

(2) 「변호사법 시행령」으로 정하는 일정 직급 이상의 직위에 재직했던 변호사 아닌 자의 취업에는 「공직자윤리법」에서 정한 취업승인과 같은 절차는 없다. 5급 일반직공무원 및 지방공무원과 이에 상당하는 보수를 받는 별정직 공무원 등과 같은 대통령령으로 정하는 퇴직공무원이 아닌 5급 이하의 공무원이 법무법인등에 취업할 수 있다. 그렇지만 이들은 활동내역을 제출할 의무는 없다. 그리고 퇴직공직자가 단독 개업 중인 변호사 사무소에 취업한 경우도 활동내역을 제출할 의무는 없다. 이때는 사무직원의 채용으로 보아야 할 것이므로, 지체 없이 소속 지방변호사회에 신고하여야 한다(변호사사무원규칙 8).

3. 취업한 퇴직공직자의 명단 제출

퇴직공직자를 채용한 법무법인등은 지체 없이 그 명단을 지방변호사회에 제출하여야 한다. 여기서 '지체 없이'란 취업 후 곧바로 또는 상당한 시간 내로 이해된다. 법무부 변호사법 개정안은 취업 후 '4주 이내'로 한정한 바 있다. 법무법인등이 대한변호사협회 등에 아무런 신고절차를 거치지 않고 퇴직공직자를 채용하기에 그 명단을 자발적으로 제출하지 않

---

5 *Ibid.*, 10~11면.

6 (재산)공개대상자가 아닌 취업심사대상자 중 「변호사법」 제4조에 따른 변호사는 법무법인등에, 「공인회계사법」 제3조에 따른 공인회계사는 회계법인에, 「세무사법」 제3조에 따른 세무사는 세무법인에 각각 취업할 수 있다(공직자윤리법 17⑦).

으면 채용사실을 알 수가 없는 문제점이 있다. 법조윤리협의회는 취업 후 4주 이상이 경과된 경우에는 지체 없는 명단제출의무를 위반한 것으로 보아 징계개시 신청을 한 사례도 있다.[7] 재산등록의무자의 취업은 법조윤리협의회가 공직자윤리위원회에 사실조회를 하여 취업명단을 파악할 수는 있다(변호사법 89②).[8] 실무상으로는 퇴직공직자가 취업한 법무법인등의 주사무소를 관할하는 서울지방변호사회는 퇴직공직자 명단과 업무내역서를 제출받으면 그 자료에 접수인을 날인하고, 이를 48시간 이내에 법조윤리협의회에 전자우편으로 제출하고 있다.

4. 매년 1월 말까지 전년도 업무내역서를 제출

법무법인등은 퇴직공직자의 전년도 업무내역서를 매년 1월말까지 지방변호사회에 제출해야 한다. 여기서 '매년 1월 말까지'는 취업중인 동안에는 해마다 제출하라는 것이다. 이와 달리 공직퇴임변호사는 수임자료의 제출기간은 2년이다. 그런데 퇴직공직자에 대하여는 영구적으로 하라는 것은 과도한 규제라 할 수 있다. 그 때문에 법무부 변호사법 개정안은 5년간으로 한정하고 있다. 「공직자윤리법」상 업무취급 제한 퇴직공직자의 업무내역서 제출은 2년간으로 제한하고 있다.[9]

퇴직공직자의 업무내역서는 퇴직공직자가 스스로 작성하는 것이 아니라, 법무법인등에서 작성책임자로 지정된 변호사가 한다(변호사법 시행령 20의15①(5)). 업무내역서에 기재할 사항에 대하여 「변호사법 시행령」 제20조의15에서는 다음과 같이 특정하고 있다. 즉, ① 퇴직공직자가 법무법인 등의 의뢰인 및 변호사 등 소속원에게 제공한 자문·고문 내역(서면의 형태로 제공되었을 경우에는 그 개요를 말한다), ② 퇴직공직자의 보수, ③ 업무내역서의 작성 책임 변호사에 관한 사항을 말한다. 자문·고문 내역은 퇴직공직자가 퇴직 전 5년 이내에 소속하였던 부처의 업무와 관련된 사항에 한정한다(위 시행령 제20조의15②). 따라서 퇴직공직자는 법무법인등의 변호사와 그 의뢰인에게 '자문과 고문' 업무만 수행해야 한다. 만약 퇴직공직자

---

7 이성일, "퇴직공직자에 대한 변호사법의 규율방법의 문제점과 개선방안", 23면.

8 **「공직자윤리법」 제19조의2(취업 여부 확인방법 등)** ① 국가기관, 지방자치단체 또는 공직유관단체의 장은 취업심사대상자가 퇴직한 경우에는 그 퇴직 후 3년 동안 관련 취업제한기관에의 취업 여부를 직접 확인하거나 「국민건강보험법」 제13조에 따른 국민건강보험공단에 조회하는 등의 방법으로 확인하여야 하며, 매년 1회 이상 그 점검 결과를 관할 공직자윤리위원회에 보고하여야 한다.
② 관할 공직자윤리위원회는 취업제한, 업무취급의 제한 및 행위제한 등과 관련하여 관련 취업제한기관의 장에게 해당 자료 제출을 요구할 수 있으며, 취업제한기관의 장은 정당한 사유가 없으면 자료를 제공하여야 한다.
③ 삭제 <2014. 12. 30.>

9 **「공직자윤리법」 제18조의3(업무취급 제한 퇴직공직자의 업무내역서 제출)** ① 제18조의2 제 2 항에 따라 퇴직 후 일정한 업무취급을 제한받는 기관업무기준 취업심사대상자는 퇴직 후 2년간 업무활동내역 등이 포함된 업무내역서를 매년 작성하여 소속 취업제한기관의 장의 확인을 거쳐 관할 공직자윤리위원회에 제출하여야 한다.

가 과거에 재직하였던 부처 또는 다른 부처의 공무원을 만나 특정 업무의 처리와 관련하여 접촉하였다면 '자문과 고문'의 범위를 넘는 것이다. 퇴직공직자가 로비스트 역할을 하는 것은 허용되지 않는다.[10]

Ⅲ. 퇴직공직자의 취업 개념

제 1 항에 따른 취업이란 퇴직공직자가 근로 또는 서비스를 제공하고, 그 대가로 임금·봉급, 그 밖에 어떠한 명칭으로든지 금품 또는 경제적 이익을 받는 일체의 행위를 말한다(제 2 항). 퇴직공직자의 취업은 법무법인등에서 근로나 서비스를 제공하고 그 대가로 금품이나 경제적 이익을 받은 것을 말한다. 퇴직공직자가 제공하는 근로나 서비스의 내용은 불문한다. 퇴직한 공직에서의 직무와 관련되지 않더라도 법무법인등이 요구하는 일체의 업무도 포함된다. 퇴직공직자는 근로 또는 서비스를 제공한다. 「근로기준법」은 '근로'란 정신노동과 육체노동을 말한다(제 2 조 제 3 호)고 본다. 퇴직공직자가 출근하여 일정시간 노동력을 제공하는 것은 '근로'로 보고, 상근하지 않더라도 업무에 대한 자문이나 의견제시 또는 특정문제를 해결하는 것을 '서비스를 제공'한 것으로 볼 수 있다. 퇴직공직자가 하는 근로나 서비스는 변호사의 업무에 해당될 수 있다. 이때 퇴직공직자가 근로 또는 서비스의 제공으로 임금 등의 보수를 받는 것이 비변호사와의 동업금지 등에 관한 변호사법 제34조 제 5 항 위반이 아닌지 문제된다. 퇴직공직자의 채용은 보수분배를 목적으로 하는 관계가 아니고, 변호사법이 허용하는 근로관계이므로 이에 해당되지 않는다.

Ⅳ. 공동법률사무소도 적용

제 1 항은 법무법인등이 아니면서도 변호사 2명 이상이 사건의 수임·처리나 그 밖의 변호사 업무 수행 시 통일된 형태를 갖추고 수익을 분배하거나 비용을 분담하는 형태로 운영되는 법률사무소에도 적용한다(제 3 항). 이 때문에 우리나라 최고의 로펌이라 불리는 법률사무소가 국무총리·장관 등의 퇴직공직자들의 주된 취업처가 되고 있다. 결국 퇴직공직자는 단독으로 개업 중인 1인 변호사 법률사무소만 고용할 수 없다. 이러한 공동법률사무소는 수임제한과 관련하여서도 독특한 규정을 두고 있는데,[11] 특정 법률사무소에 대하여 특혜를 베푼다는 의심을 지우기 어려운 입법태도이다.

---

10 정형근, "전관예우 근절은 공정사회의 첫발", 세계일보 2022. 4. 7.자.

11 정형근, "변호사법상 법무법인등에 취업한 퇴직공직자에 관한 고찰 ", 경희법학 제55권 제 2 호(2020. 6), 204면.

Ⅴ. 지방변호사회는 제출받은 자료를 윤리협의회에 제출

지방변호사회는 제 1 항에 따라 제출받은 자료를 윤리협의회에 제출하여야 한다(제 3 항). 지방변호사회는 법무법인등으로부터 제출받은 퇴직공직자의 활동내역 자료를 윤리협의회에 제출해야 한다. 지방변호사회가 언제까지 윤리협의회에 그 자료를 제출해야 하는지 기간의 제한은 없다. 법무법인등은 매년 1월말까지 업무내역서를 제출해야 하므로 지방변호사회는 지체 없이 윤리협의회로 제출해야 할 것으로 보인다. 현재 서울지방변호사회는 퇴직공직자의 명단과 업무내역서를 제출받으면 48시간 이내에 윤리협의회에 제출하고 있다. 퇴직공직자의 명단과 업무내역서를 제출받은 지방변호사회장은 법무법인등에 징계사유가 있는 것을 발견한 때는 징계개시를 신청하여야 한다. 퇴직공직자에게 위법행위가 있음을 알게 된 때는 수사의뢰도 할 수 있다. 윤리협의회 위원장이 주로 행사하는 권한이지만 지방변호사회장 역시 할 수 있다.

Ⅵ. 윤리협의회 위원장의 징계개시 신청·관할 수사기관 장에게 수사 의뢰

(1) 윤리협의회의 위원장은 제 4 항에 따라 제출받은 자료를 검토하여 관련자들에 대한 징계사유나 위법의 혐의가 있는 것을 발견하였을 때에는 대한변호사협회의 장에게 징계개시를 신청하거나 관할 수사기관의 장에게 수사를 의뢰할 수 있다(제5 항). 윤리협의회 위원장은 제출받은 자료를 검토하여 관련자들에 대한 징계사유나 위법혐의를 발견할 수 있다. 여기서 '관련자들'은 퇴직공직자를 채용한 법무법인등 또는 퇴직공직자 본인일 수도 있다. 퇴직공직자의 업무수행과 관련된 자도 포함된다.

(2) 법무법인등에 징계사유가 있는 것을 발견하였을 때는 대한변호사협회의 장에게 징계개시를 신청할 수 있다. 그러나 변호사 아닌 퇴직공직자에 대해서는 징계개시를 신청할 수 없다. 퇴직공직자는 변호사법상 징계대상이 아니기 때문이다. 그러므로 여기서 '징계개시를 신청'할 수 있는 대상자는 퇴직공직자를 채용한 법무법인등이나 그 소속 변호사를 말한다. 변호사·법무법인등 또는 퇴직공직자와 같은 자에게 범죄행위와 같은 위법사유가 있을 때에는 관할 수사기관의 장에게 수사를 의뢰할 수 있다. 예컨대 서울특별시 서초구 소재 법무법인등에 취업한 퇴직공직자의 업무수행 과정에서 변호사법이 금지하는 사건수임과 관련하여 금품이 수수되었다면 징계개시의 신청과 함께 관할 수사기관인 서초경찰서장에게 수사의뢰를 할 수 있다. 법문은 징계개시 신청이나 수사의뢰가 재량행위처럼 규정되어 있지만, 그런 사유를 발견한 때는 반드시 그런 조치를 취해야 하는 기속행위로 해석해야 한다.

(3) 퇴직공직자의 명단의 제출을 취업 후 2개월 도과하거나 3개월 도과하여 징계개시 신청을 한 사례가 있다. 징계혐의자는 ○○부 ○○으로 재직하다 2011. 7. 23. 퇴직한 문○○를 2014. 9. 1. 취업시켰다. 따라서 혐의자는 지체 없이 취업한 퇴직공직자의 명단을 주사무소를 관할하는 ○○지방변호사회에 제출하여야 한다. 그럼에도 불구하고 혐의자는 문○○가 2014. 9. 1. 취업하였음에도, 2014. 12. 30. 그 명단을 ○○지방변호사회에 지체하여 제출하여 과태료 1,000만원에 처해졌다.[12]

(4) 대한변호사협회의 장은 징계개시 신청인 또는 징계개시에 관한 재청원이 있을 때는 징계개시 청구 여부를 결정하여야 한다. 그런데 징계개시의 청구 여부를 결정하여야 하는 변호사법 규정에는 퇴직공직자의 업무수행과 관련한 징계사유가 있을 때에 대하여 징계개시 신청에 대한 규정은 없다. 대한변호사협회의 장은 제89조의4 제 4 항(제89조의5 제 3 항에 따라 준용되는 경우를 포함한다) 또는 제97조의2에 따른 징계개시의 신청이 있거나 제97조의3 제 3 항에 따른 재청원이 있으면 지체 없이 징계개시의 청구 여부를 결정하여야 한다(변호사법 97의4①). 그렇다면 윤리협의회 위원장이 퇴직공직자와 관련하여 징계개시 신청을 한 경우에는 대한변호사협회의 장은 지체 없이 징계개시의 청구 여부를 결정하지 않아도 되는지 문제된다. 생각건대, 공직퇴임변호사나 특정변호사의 수임자료 및 처리결과에 드러난 위법행위에 대한 징계개시 신청권을 허용하면서 퇴직공직자의 위법행위와 관련된 자에 대해서 이를 부정할 합리적인 이유는 존재하지 않는다는 점에서 대한변호사협회의 장은 퇴직공직자의 업무와 관련된 변호사에 대하여도 당연히 포함된다고 할 것이다. 변호사의 징계개시 신청에 대한 대한변호사협회의 장이 징계개시 청구여부를 결정하는 사유에 관한 제89조의4 제 4 항(제89조의5 제 3 항에 따라 준용되는 경우를 포함한다)은 예시적인 규정이라고 해석된다.[13]

Ⅶ. 퇴직공직자의 업무내역서에 기재할 사항

제 1 항에 따른 업무내역서에는 퇴직공직자가 관여한 사건·사무 등 업무활동내역 및 그 밖에 대통령령으로 정하는 사항을 기재하여야 한다(제 6 항). 제 1 항에 따라 법무법인등이 제출하는 퇴직공직자의 명단에는 ① 퇴직공직자의 성명, ② 퇴직공직자의 주민등록번호, ③ 퇴직공직자의 퇴직 시 소속 기관과 직급, ④ 퇴직공직자의 법무법인 등 취업일, ⑤ 명단 제출 책임변호사를 기재하여야 한다(변호사법 시행령 20의14).

'그 밖에 대통령령으로 정하는 사항'은 ① 퇴직공직자가 법무법인 등의 의뢰인 및 변호

12 대한변호사협회, 제7집 징계사례집[2015년~2018년 징계결정사례 중심], 533~534면.
13 정형근, "법조윤리협의회의 역할 및 기능, 위상에 관한 진단 및 전망", 2020년 법조윤리협의회 연구보고서, 82면.

사 등 소속원에게 제공한 자문·고문 내역(서면의 형태로 제공되었을 경우에는 그 개요를 말한다), ② 퇴직공직자의 보수, ③ 업무내역서의 작성 책임변호사에 관한 사항을 말한다(변호사법 시행령 20의15①). 제1항에 따른 자문·고문 내역은 퇴직공직자가 퇴직 전 5년 이내에 소속하였던 부처의 업무와 관련된 사항에 한정한다. 이 경우 「정부조직법」 등의 개정에 따른 조직의 통합·분리, 명칭변경 등으로 인하여 부처명이 바뀐 경우 변경 전후 부처는 동일한 부처로 본다(변호사법 시행령 20의15②). 여기서 "퇴직공직자가 퇴직 전 5년 이내에 소속하였던 부처의 업무와 관련된 사항에 한정"하는 이유는 공직자윤리법 제17조 제1항에서 퇴직공직자의 취업제한과 관련되어 있기 때문이다. 등록의무자(이하 이 장에서 "취업심사대상자"라 한다)는 퇴직일부터 3년간 퇴직 전 5년 동안 소속하였던 부서 또는 기관의 업무와 밀접한 관련성이 있는 다음 각 호의 어느 하나에 해당하는 기관(이하 "취업제한기관"이라 한다)에 취업할 수 없다. 다만, 관할 공직자윤리위원회의 승인을 받은 때에는 그러하지 아니하다(공직자윤리법 17①). 퇴직공직자의 취업제한과 법무법인등에 취업하여 어떤 활동을 하였는지에 관한 업무내역은 입법취지를 달리하기 때문에 변호사법 시행령 제20조의15 제2항과 같이 "퇴직공직자가 퇴직 전 5년 이내에 소속하였던 부처의 업무와 관련된 사항에 한정"할 필요가 있는지는 의문이다.

Ⅷ. 퇴직공직자의 활동내역 등 제출 제도 개선을 위한 입법론

1. 퇴직공직자의 퇴직 시기를 특정 필요성

퇴직공직자의 활동내역 등을 제출하도록 하는 것은 고위직으로 퇴직한 공직자가 전관예우를 받는 등으로 현직 공무원과의 연고관계를 이용하는 행위를 규율하려는 데 있다.[14] 그렇기에 그 공직자가 언제 퇴직하였는지가 중요하다. 변호사법은 퇴직공직자가 비교적 최근에 퇴직하였음을 전제로 하고 있다. 이른바 전관으로서의 영향력을 행사하려면 현직 공무원과의 직연 등으로 친밀감을 유지할 수 있는 퇴직과 근접한 시간이어야 할 것이다. 만약 퇴직한지 10년이 지난 퇴직공직자를 채용하였다고 한다면, 전관예우 등의 비리가 발생할 가능성은 상당히 낮을 것이다. 그 때문에 퇴직공직자의 활동내역 등을 규율하기 위해서는 그 공직자가 언제 퇴직한 자였는지를 특정해 둘 필요가 있다. 공직자윤리법에서는 취업심사대상 공직자는 퇴직일부터 3년간 퇴직 전 5년 동안 소속하였던 부서 또는 기관의 업무와 밀접한 관련성이 있는 기관(취업제한기관)에 취업할 수 없다(제17조 제1항)고 규정하고 있다. 그러므로 퇴직공직자가 퇴직한 후 5년 이내에 법무법인등에 취업한 경우에 한하여 채용명단과 활동내역 등을 제출하도록 할 필요가 있을 것으로 본다. 공직자가 퇴직한지 5년이 지

14 정형근, "변호사법상 법무법인등에 취업한 퇴직공직자에 관한 고찰", 214면 이하.

나면 현직 공무원과의 유착관계 등으로 인한 문제점도 상당 부분 소멸될 수 있기 때문이다. 그리고 퇴직공직자의 활동내역 등 제출기한을 변호사법에는 한정하고 있지 않기 때문에 취업 후 5년 동안으로 제한하자는 입법론을 제시할 수 있다. 그 점에서 공직에서 퇴직한지 5년이 지난 후에 취업한 자에 대해서는 취업명단이나 활동내역 제출의무를 면제하는 방안도 검토할 필요가 있다.

2. 퇴직공직자의 신규 채용시에 신고제도 신설

퇴직공직자가 어느 법무법인등에서 몇 명이 취업하여 있는지를 확인하기 어렵다. 퇴직공직자를 고용한 법무법인등에서 그 명단을 소속 지방변호사회에 제출할 때 그제야 비로소 알게 된다. 변호사의 사무직원을 신규로 채용할 때는 소속 지방변호사회에 신고하도록 함과 같이, 퇴직공직자에 대해서도 지방변호사회와 대한변호사협회에 신고하도록 하는 규정을 신설할 필요가 있다.

반면, 법무법인등에서 누구를 고용하느냐는 영업비밀에 해당되는데, 이를 신고하도록 하는 것은 지나친 규제라는 비판도 있을 수 있다. 그러나 퇴직공직자를 채용하기 전에 신고를 하는 것과 채용명단을 제출하는 것은 동일하게 볼 수는 없다. 그리고 그런 규제가 법무법인등의 내부 비밀을 침해하느냐 여부도 현행 변호사법에서도 퇴직공직자의 채용 명단을 소속 지방변호사회에 제출하는 것이라서 영업비밀을 침해하는 것은 아니라고 할 수 있다.

3. 퇴직공직자의 결격사유 신설

퇴직공직자가 어떤 사유로 공직을 퇴직한 후에 법무법인등에 취업을 하였는지 현재로서는 알 수 없다. 만약 징계처분을 받거나 형사처벌을 받은 자일 수도 있지만, 현행제도에서는 그런 사유의 존재 여부와 상관이 없이 채용할 수 있다. 따라서 변호사의 사무직원의 결격사유에 관한 규정을 퇴직공직자의 채용시에도 적용되도록 할 필요가 있다. 퇴직공직자는 사무직원과 달리 많은 보수를 받고, 업무 역시 단순한 변호사의 보조적 기능에 그치는 것이 아니라는 점에서 그 채용을 위한 요건을 보다 엄격하게 할 필요가 있다. 그러므로 사무직원의 결격사유를 규정하고 있는 변호사법 제22조 제2항과 같은 내용을 신설함이 타당할 것이다.

4. 퇴직공직자의 명단·업무내역서를 거짓으로 작성하거나 미제출에 대한 제재규정 신설

공직퇴임변호사와 특정변호사가 수임자료 및 처리결과를 거짓으로 작성하여 제출하거나 아예 제출하지 않는 경우에는 과태료를 부과한다. 변호사법 제89조의4 제 1 항 · 제 2 항 및 제89조의5 제 2 항을 위반하여 수임자료와 처리결과에 대한 거짓 자료를 제출한 자에게는 2천만원 이하의 과태료를 부과한다(변호사법 117①). 제89조의4 제 1 항 · 제 2 항 및 제89조의5 제 2 항을 위반하여 수임자료와 처리결과를 제출하지 아니한 자는 1천만원 이하의 과태료를 부과한다(변호사법 117②(8)).

그런데 퇴직공직자의 채용 명단과 업무내역서를 거짓으로 작성하거나 미제출에 대한 제재규정이 존재하지 않는다. 따라서 현재로서는 변호사법 제117조 과태료 부과규정에 의한 제재는 할 수 없다. 다만, 채용 명단과 업무내역서를 거짓으로 작성하거나 미제출에 관련된 변호사가 있는 경우에는 "변호사법 위반"으로 징계개시 신청을 할 수 있다. 실제로 퇴직공직자의 명단을 지체없이 제출하지 않거나 업무내역서를 제출하지 않는 경우에 관련 변호사나 해당 법무법인등이 징계처분을 받는다. 그러므로 공직퇴임변호사와 특정변호사의 수임자료 등의 거짓 작성과 미제출에 대하여 불이익 제재를 하고, 퇴직공직자에 대해서는 이와 달리 처리할 필요는 없다고 할 것이라서 변호사법 제117조 제 1 항과 제 2 항 제 8 호에 "변호사법 제89조의6 제 1 항"을 추가함이 타당할 것이다.

제89조의7 수임사건 처리 결과 등의 통지

> **제89조의7(수임사건 처리 결과 등의 통지)**
> ① 윤리협의회는 제89조의4 제3항과 제89조의5 제2항에 따라 자료를 제출받으면 지체 없이 그 사건목록을 관할 법원·검찰청 등 사건을 관할하는 기관의 장에게 통지하여야 한다.
> ② 제1항에 규정된 각 기관의 장은 제1항의 통지를 받은 날부터 1개월 이내에 통지받은 사건에 대한 처리 현황이나 처리 결과를 윤리협의회에 통지하여야 한다. 다만, 사건이 종결되지 아니한 경우에는 사건이 종결된 때부터 1개월 이내에 통지하여야 한다.

Ⅰ. 연 혁

2007. 1. 26. 개정된 변호사법은 공직퇴임변호사 및 특정 변호사로부터 제출받은 사건의 목록을 법원·검찰청에 통지하여 처리현황 또는 처리결과를 조회할 수 있는 규정을 신설했다. 즉, 윤리협의회는 제89조의4 제3항 및 제89조의5 제2항의 규정에 따라 자료를 제출받은 때에는 지체 없이 그 사건목록을 관할 법원·검찰청 등 사건을 관할하는 기관의 장에게 통지하여야 한다(제89조의6 제1항). 제1항에 규정된 각 기관의 장은 제1항의 통지를 받은 날부터 1개월 이내에 통지받은 사건에 대한 처리현황 또는 처리결과를 윤리협의회에 통지하여야 한다. 다만, 사건이 종결되지 아니한 경우에는 사건이 종결된 때부터 1개월 이내에 통지하여야 한다(제89조의6 제2항).

Ⅱ. 공직퇴임변호사·특정변호사가 제출한 사건 목록을 법원·검찰청에 통지

윤리협의회는 제89조의4 제3항과 제89조의5 제2항에 따라 자료를 제출받으면 지체 없이 그 사건 목록을 관할 법원·검찰청 등 사건을 관할하는 기관의 장에게 통지하여야 한다(제1항). 윤리협의회는 공직퇴임변호사와 특정 변호사로부터 제출받은 자료를 법원·검찰청 등 기관의 장에게 통지해야 한다. 단순한 통지가 아니라 수임사건을 관할하는 기관으로부터 사건처리현황이나 그 결과를 알기 위해서이다. 공직퇴임변호사나 특정 변호사는 '수임사건 진행상황 및 처리결과'를 기재하여 제출한다. 그럼에도 윤리협의회는 직권으로 사건처리 현황과 처리결과를 직접 조회하게 된다. 윤리협의회는 관계 기관·단체 등에 대하여 관련 사실을 조회하거나 자료 제출 또는 윤리협의회에 출석하여 진술하거나 설명할 것을 요구할 수 있으며, 이 경우 요구를 받은 자 및 기관·단체 등은 이에 따라야 한다(변호사법 89②).

Ⅲ. 법원·검찰청의 사건처리 현황·결과를 윤리협의회에 통지

제1항에 규정된 각 기관의 장은 제1항의 통지를 받은 날부터 1개월 이내에 통지받은 사건에 대한 처리 현황이나 처리 결과를 윤리협의회에 통지하여야 한다. 다만, 사건이 종결되지 아니한 경우에는 사건이 종결된 때부터 1개월 이내에 통지하여야 한다(제2항). 사건의 관할 기관장은 윤리협의회로부터 통지를 받은 날부터 처리현황과 처리결과를 통지해야 한다. 통지기간은 1개월 이내라고 하지만 훈시규정이다. 아직 종결되지 아니한 사건의 경우는 종결된 후에 통지해야 한다. 윤리협의회는 공직퇴임변호사의 사건처리 현황이나 그 결과를 통하여 전관예우가 행하여졌는지 여부를 추론할 수 있을 것이다. 그리고 특정 변호사의 사건처리 현황을 통하여서는 브로커를 고용하여 손해배상이나 파산·회생사건을 수임하였는지 여부를 알 수도 있다. 윤리협의회는 관할 기관의 회신을 받고 징계사유의 존재 또는 위법의 혐의 유무를 파악하여 징계개시를 신청하거나 수사의뢰를 할 수 있게 된다.

제89조의8 비밀 누설의 금지

> 제89조의8(비밀 누설의 금지)
> 윤리협의회의 위원·간사·사무직원 또는 그 직에 있었던 자는 업무처리 중 알게 된 비밀을 누설하여서는 아니 된다.

Ⅰ. 연 혁

2007. 1. 26. 개정된 변호사법은 윤리협의회의 구성원들에 대한 비밀유지의무 규정을 신설했다. 즉, 윤리협의회의 위원·간사·사무직원 또는 그 직에 있었던 자는 업무처리 중 알게 된 비밀을 누설하여서는 아니 된다(제89조의7).

Ⅱ. 윤리협의회 위원 등의 비밀 누설 금지

1. 윤리협의회의 위원·간사·사무직원 또는 그 직에 있었던 자

(1) 윤리협의회의 위원·간사·사무직원 또는 그 직에 있었던 자는 업무처리 중 알게 된 비밀을 누설하여서는 아니 된다. 윤리협의회는 위원·간사·사무직원 등 여러 구성원이 그 직무를 수행한다. 여기서 '위원'은 윤리협의회의 위원이다. 여기서 '위원' 중에 「법조윤리협의회규칙」에 의한 전문위원이나 자문위원 역시 포함되는지 문제된다. 윤리협의회의 조직과 운영에 관하여 필요한 사항은 대통령령으로 정한다(변호사법 89의3⑤). 「변호사법 시행령」 제20조의10은 '윤리협의회는 윤리협의회의 운영 등에 관하여 필요한 사항을 규칙으로 정할 수 있다.'는 위임에 따라 제정된 것이 「법조윤리협의회규칙」이다. 이 규칙에 의하여 전문위원과 자문위원이 인정되고 있다. 특히 전문위원은 사건의 수임경위 등을 의뢰인에게 확인

하는 등으로 비밀과 관련된 업무를 처리하고 있다. 따라서 이들 역시도 비밀누설 금지의 주체가 된다고 할 수 있다.

(2) '사무직원'은 사무국장과 필요한 직원 및 법원·법무부·대한변호사협회에서 파견 받은 직원을 말한다. 윤리협의회의 사무를 처리하기 위하여 두는 사무국에는 위원장의 명을 받아 윤리협의회의 사무처리를 총괄하는 사무국장 1인과 필요한 직원을 두되, 사무국장은 소속 직원을 지휘·감독한다(법조윤리협의회규칙 17③). 위원장은 사무국에서 필요로 하는 직원을 즉시 채용하기 곤란한 사정이 있는 경우 법원행정처·법무부 및 대한변호사협회에 요청하여 직원을 일시 파견 받을 수 있다(법조윤리협의회규칙 18①). 파견직원은 파견기간 동안 수임자료 검토에 관한 특별위원회에서 규정한 전문위원에 당연직으로 위촉된 것으로 본다(법조윤리협의회규칙 18②).

2. 업무처리 중 알게 된 비밀 누설 금지

윤리협의회는 공직퇴임변호사·특정 변호사·퇴직공직자의 업무상 비밀을 취급하고 있다. 공직퇴임변호사 등이 제출하는 수임자료는 의뢰인의 비밀에 해당되는 사항이다. 예컨대 어느 변호사가 특정 변호사로 선정되었으며, 공직퇴임변호사가 몇 건을 수임하였는지는 비밀에 해당된다. 따라서 이런 내용을 언론기관 등에 누설해서는 아니 된다. 윤리협의회는 본조에 의하여 비밀누설금지 의무를 갖지만, 변호사와 법무법인등의 비밀유지의무를 침해하지 않도록 해야 한다. 윤리협의회가 누설해서는 아니 되는 비밀은 업무처리 중에 알게 된 비밀이어야 한다. 여기서 '업무처리'는 변호사법이 윤리협의회의 기능과 권한으로 정한 사항이다. 비밀유지의무는 위원 등으로 재직 중은 물론 퇴직 후에도 계속된다.

Ⅲ. 비밀 누설 금지의 예외

윤리협의회는 제89조의8에도 불구하고 「인사청문회법」에 따른 인사청문회 또는 「국정감사 및 조사에 관한 법률」에 따른 국정조사를 위하여 국회의 요구가 있을 경우에는 제89조의4 제 3 항 및 제89조의5 제 2 항에 따라 제출받은 자료 중 다음 각 호의 구분에 따른 자료를 국회에 제출하여야 한다(변호사법 89의9①).

1. 제89조의4 제 3 항에 따라 제출받은 자료: 공직퇴임변호사의 성명, 공직퇴임일, 퇴직당시의 소속 기관 및 직위, 수임일자, 사건명, 수임사건의 관할 기관, 처리 결과
2. 제89조의5 제 2 항에 따라 제출받은 자료: 변호사의 성명, 사건목록(수임일자 및 사건명에 한한다)

Ⅳ. 위반의 효과

제77조의2 또는 제89조의8을 위반하여 비밀을 누설한 자는 3년 이하의 징역 또는 2천만원 이하의 벌금에 처한다. 이 경우 벌금과 징역은 병과할 수 있다(변호사법 112(7)). 비밀을 누설한 자가 공무원 또는 변호사인 경우 별도로 징계처분도 받을 수 있다.

제89조의9 국회에 대한 보고

제89조의9(국회에 대한 보고)

① 윤리협의회는 매년 제89조 제 1 항의 업무수행과 관련한 운영상황을 국회에 보고하여야 한다.

② 윤리협의회는 제89조의8에도 불구하고 「인사청문회법」에 따른 인사청문회 또는 「국정감사 및 조사에 관한 법률」에 따른 국정조사를 위하여 국회의 요구가 있을 경우에는 제89조의4 제 3 항 및 제89조의5 제 2 항에 따라 제출받은 자료 중 다음 각 호의 구분에 따른 자료를 국회에 제출하여야 한다.

1. 제89조의4 제 3 항에 따라 제출받은 자료: 공직퇴임변호사의 성명, 공직퇴임일, 퇴직 당시의 소속 기관 및 직위, 수임일자, 사건명, 수임사건의 관할 기관, 처리 결과
2. 제89조의5 제 2 항에 따라 제출받은 자료: 변호사의 성명, 사건목록(수임일자 및 사건명에 한한다)

I. 연 혁

2013. 5. 28. 개정된 변호사법은 법조윤리협의회의 활동을 국회에 보고하도록 하면서 법조윤리협의회는 인사청문회 또는 국정조사를 위하여 국회로부터 요구가 있는 경우에 자료를 제출하도록 하는 규정을 신설하였다. 그 입법취지를 보면 다음과 같다. “최근 대형로펌을 중심으로 법조계 및 금융부처 등 정부 고위공직 출신자에 대한 과도한 전관예우 사실이 확인되고 있어 사회적인 문제로 대두되고 있음. 공직자에 대한 전관예우는 사회정의에 반하는 것은 물론이고 국민의 법 신뢰도를 저하시킬 우려가 있을 뿐 아니라 로펌을 통하여 사회적 강자의 로비 수단으로 활용될 가능성이 있으며, 로펌 출신 인사의 정무직 공무원 임용이 많아지는 상황에서 현직 공무원들의 전관 눈치보기로 이어질 우려가 높은 편임. 현재 법조비리를 조사하고 법조윤리를 정비하는 법조윤리위원회가 운영 중이나 권한이 약하고 업무처리결과가 국민들에게 공개되지 아니하는 면이 있다. 이에 법조윤리위원회의 자료요구에 대해 응할 의무를 관계 기관에 부과하고, 법조윤리위원회의 활동을 국회에 보고하도

록 하며, 인사청문회 또는 국정조사를 위하여 국회는 법조윤리위원회로부터 자료를 제출받을 수 있도록 함으로써 법조윤리를 강화하고 국민의 사법신뢰 제고에 기여하려는 것임."[1]

Ⅱ. 윤리협의회의 운영상황 국회에 보고

윤리협의회는 매년 제89조 제1항의 업무수행과 관련한 운영상황을 국회에 보고하여야 한다(제1항). 윤리협의회는 변호사법 제89조 제1항(윤리협의회의 기능과 권한)의 업무수행과 관련된 운영상황을 국회에 보고해야 한다. 윤리협의회는 법조비리의 원인으로 지적되는 전관예우와 수임규정에 위반한 수임행위 등을 방지하기 위하여 설립된 기관이므로 그 운영상황을 국회에 보고토록 한 것이다. 윤리협의회는 매년 국회에 법조윤리 확립을 위한 활동상황을 보고해야 한다. 어떤 사항을 보고해야 하는지 구체적인 규정이나 양식은 없다. 윤리협의회가 지난 1년간 수행한 업무내역, 예산집행, 향후 계획 등을 보고하게 된다. 예컨대 윤리협의회가 새롭게 제정한 규범, 공직퇴임변호사나 특정 변호사의 숫자, 징계개시나 수사의뢰한 건수와 행위유형 등과 같은 일반적이며 개괄적인 사항을 말한다. 특정한 공직퇴임변호사나 특정 변호사가 제출한 수임자료 등을 제출하는 것이 아니다. 국회는 윤리협의회로부터 보고받은 운영상황을 토대로 법조윤리 확립을 위한 입법자료로 활용할 수 있다. 국회는 법조윤리협의회의 업무수행과 관련된 운영상황의 보고사항을 통하여 법조윤리협의회의 업무에 대한 이해도를 높일 수 있고, 업무와 관련하여 비판적 감독기능도 할 수 있으며, 예산 증원 등의 요청에 대하여 호의적인 태도를 보일 수 있는 계기로 작용할 수 있다. 다만, 법조윤리협의회에서 해마다 제출하는 운영상황에 관한 보고서를 꼼꼼히 확인하여 보고서 제출취지에 부합하는 역할을 하게 될 것인지는 의문이다.

Ⅲ. 「인사청문회법」상 인사청문회 또는 「국정감사 및 조사에 관한 법률」상 국정조사를 위하여 제출받은 자료 국회 제출

1. 인사청문회 또는 국정조사를 위하여 국회의 요구가 있을 경우

(1) 윤리협의회는 제89조의8에도 불구하고 「인사청문회법」에 따른 인사청문회 또는 「국정감사 및 조사에 관한 법률」에 따른 국정조사를 위하여 국회의 요구가 있을 경우에는 제89조의4 제3항 및 제89조의5 제2항에 따라 제출받은 자료 중 다음 각 호의 구분에 따른 자료를 국회에 제출하여야 한다(제2항). 공직퇴임변호사가 대통령·대통령당선인 또는

1 국회사무처, 변호사법 일부개정법률안(대안)(의안번호 4723), 제안자 법제사법위원장(2013. 4. 29), 2면.

대법원장으로부터 국회에 인사청문이 요청될 수 있다. 이때 국회는 공직후보자를 검증하기 위하여 인사청문과 직접 관련된 자료의 제출을 국가기관 등에 요구할 수 있다. (인사청문특별)위원회는 그 의결 또는 재적의원 3분의 1 이상의 요구로 공직후보자의 인사청문과 직접 관련된 자료의 제출을 국가기관·지방자치단체, 기타 기관에 대하여 요구할 수 있다(인사청문회법 12①).

(2) 또한 국회는 국정감사 및 조사를 위하여 자료제출을 윤리협의회에 요구할 수 있다. 위원회·제 5 조의 소위원회 또는 반은 감사 또는 조사를 위하여 그 의결로 감사 또는 조사와 관련된 보고 또는 서류등의 제출을 관계인 또는 기관 기타에 요구하고, 증인·감정인·참고인의 출석을 요구하고 검증을 행할 수 있다. 다만, 위원회가 감사 또는 조사와 관련된 서류등의 제출 요구를 하는 경우에는 재적위원 3분의 1 이상의 요구로 할 수 있다(국정감사 및 조사에 관한 법률 10①).

(3) 그럼에도 윤리협의회는 변호사법 제89조의8 비밀누설금지 규정 때문에 자료제출을 할 수 없었다. 그리하여 '89조의8에도 불구하고'라고 규정하여 인사청문자료의 제출과 「국정감사 및 조사에 관한 법률」에 의한 서류 등의 제출시에는 비밀누설금지 의무를 배제시켰다.[2]

2. 제출받은 자료 중 다음 각 호의 구분에 따른 자료를 국회에 제출

윤리협의회는 국회의 인사청문회 또는 국정조사를 위하여 국회의 요구가 있을 경우에는 공직퇴임변호사의 수임자료(제89조의 제 3 항) 및 특정 변호사의 수임자료와 처리결과(제89조의5 제 2 항)를 아래 구분에 따라 국회에 제출해야 한다. 제출시기는 국회의 요구가 있는 때로부터 지체 없이 해야 한다.

(1) 제89조의4 제 3 항에 따라 제출받은 자료: 공직퇴임변호사의 성명, 공직퇴임일, 퇴직 당시의 소속 기관 및 직위, 수임일자, 사건명, 수임사건의 관할 기관, 처리 결과(제 1 호)

1) 윤리협의회는 공직퇴임변호사가 공직후보자가 되거나 국정감사 및 조사의 대상이 된 경우에는 '제89조의4 제 3 항에 따라 제출받은 자료'를 제출해야 한다. 구체적으로는 제89조의4 제 3 항에 따라 제출받은 자료 중 제 1 호의 구분에 따른 자료를 제출한다. 제 1 호

2 본조를 신설하기 위한 법제사법위원회 회의록을 보면 "처음에 수임 건수와 유형별 사건 건수도, 수임 건수도 안 냈기 때문에 그것을 좀 보자고 법조윤리협의회에다가 요청을 했는데 윤리협의회는 그것은 공무상 비밀이다, 누설금지 규정 때문에 줄 수가 없다고 해서 다시 후보자한테 요청을 하고 요청을 해서 난리쳐 가지고 받은 것이에요"라고 한다{국회사무처, 제315회 국회(임시회), 법제사법위원회회의록(법안심사제 1 소위원회) 제 1 호, 2013. 4. 23, 21면)}.

는 공직퇴임변호사의 성명, 공직퇴임일, 퇴직 당시의 소속 기관 및 직위, 수임일자, 사건명, 수임사건의 관할 기관, 처리 결과로 한정하고 있다.

2) 따라서 윤리협의회는 공직퇴임변호사로부터 송무사건이 아닌 의뢰인에게 법률의견서 작성과 같은 자문사건 또는 담당변호사로 지정된 자료를 제출받아 있더라도 이를 모두 제출해야 하는 것은 아니다. 국회에서 본조 신설 당시의 논의과정에서 자문사건에 대해서는 아무런 논의가 진행된 바 없다. 물론 공직퇴임변호사의 성명, 공직퇴임일, 수임사건의 관할기관 등에 관한 사항은 예시적인 것으로 보아 자문사건 역시 해당된다고 볼 수도 있다. 그러나 제2항 본문은 '제출받은 자료 중 다음 각 호의 구분에 따른 자료'를 국회에 제출하도록 하고 있다. '각 호의 구분에 따른 자료'가 아닌 것은 이에 해당된다고 할 수 없다. 따라서 고문사건이나 담당변호사로 지정된 자료의 제출을 요구하려면 이에 관한 명시적인 입법이 있어야 한다.

3) 국회에 제출할 자료에는 공직퇴임변호사가 수임했던 특정 사건의 ① 수임료, ② 사건당사자, ③ 공직후보자가 변호사로 수행한 업무내용은 기재하지 않는다. 사건 당사자의 보호(비밀유지) 목적 때문이기도 하지만, 과다보수를 받았는지 여부와 전관예우를 받아왔는지 여부를 확인할 수 없는 한계가 있다. 실효성 있는 인사청문을 위해서는 이 사항도 추가하는 입법을 검토해야 한다.

⑵ 제89조의5 제2항에 따라 제출받은 자료: 변호사의 성명, 사건목록(수임일자 및 사건명에 한한다)(제2호)

1) 윤리협의회는 특정 변호사가 공직후보자가 되어 인사청문을 하거나 국정감사 및 조사의 대상이 된 경우에는 '제89조의5 제2항에 따라 제출받은 자료'를 제출해야 한다. 구체적으로는 제89조의5 제2항에 따라 특정 변호사로부터 제출받은 자료 중 제2호의 구분에 따른 자료를 제출한다. 따라서 수임자료와 처리결과 중에서 '변호사의 성명, 사건목록(수임일자 및 사건명에 한한다)'에 한정된다. 특히 사건목록에는 '수임일자 및 사건명'만 특정되어야 한다.

2) 공직퇴임변호사에게 인정되는 '수임사건의 관할 기관, 처리 결과'는 기재하지 않는다. 수임일자와 사건명이 기재된 자료만으로 공직후보자가 된 변호사의 수임규정 준수 여부를 확인할 수 있을지 의문이다. 특정 변호사의 수임사건은 대부분 지방변호사회를 경유하여야 하기에 그 수임사건의 규모를 확인할 수 있다. 지방변호사회를 경유하지 않은 자문사건도 '수임일자 및 사건명'만 기재하기 때문에 제출의 대상이 된다고 할 수 있다. 그러나 여기서 '사건명'을 송무사건에서의 사건명으로 이해하여 자문사건은 해당되지 않는다고 볼 수 있다. 실제로 공직퇴임변호사와 특정 변호사를 달리 취급할 이유는 없다는 점에서는 자

문사건은 포함되지 않는다고 하는 것이 자연스럽다. 향후 공직후보자의 검증과 국정조사를 위한 입법취지를 살리려면 그 취지를 반영한 구체적인 입법이 필요하다.

Ⅳ. 퇴직공직자에 대한 취업명단·업무내역서 제출의무 입법 필요성

법조윤리협의회가 국회에 제출해야 할 자료의 종류로서 퇴직공직자의 법무법인 등에서의 활동내역에 관한 사항은 제외되어 있다. 그래서 국회에서는 법조윤리 강화를 위해 국회의 요구가 있는 경우에는 관련 자료도 제출될 수 있도록 현행법을 개정할 필요성이 제기된 바 있다.[3] 인사청문회 및 국정조사뿐만 아니라 국정감사를 위하여 국회가 법조윤리협의회에 자료를 요구하는 경우에도 자료제출이 가능하도록 하는 한편, 퇴직공직자의 법무법인 등에서 활동내역의 경우에도 국회의 요구가 있는 경우에는 법조윤리협의회가 자료를 제출하도록 현행법을 개정하려는 법률안이 제출되었지만 임기만료로 폐기되었다. 법무법인등에 취업하였던 퇴직공직자가 공직후보자가 되어 인사청문회 대상자가 되는 현실을 고려할 때 향후에 입법의 필요성이 크다 할 것이다.

3 2015. 10. 5. 임내현 국회의원 대표 발의.

제89조의10 벌칙 적용에서 공무원 의제

제89조의10(벌칙 적용에서 공무원 의제)
윤리협의회의 위원·간사·사무직원으로서 공무원이 아닌 사람은 그 직무상 행위와 관련하여 「형법」이나 그 밖의 법률에 따른 벌칙을 적용할 때에는 공무원으로 본다.

Ⅰ. 연　　혁

2017. 3. 14. 개정된 변호사법은 법조윤리협의회 위원 등에 대하여 벌칙을 적용할 경우 공무원으로 의제하는 규정을 신설하였다. 이때 법조윤리협의회 역할을 강화하기 위하여 법조윤리협의회는 관계인 및 관계 기관·단체 등이 윤리협의회의 사실 조회, 자료 제출 또는 윤리협의회에의 출석 및 진술·설명요구를 정당한 이유 없이 거부할 때에는 소속 직원으로 하여금 법무법인, 법무법인(유한), 법무조합, 법률사무소, 「외국법자문사법」 제2조 제9호에 따른 합작법무법인에 출입하여 현장조사를 실시할 수 있도록 하는 내용도 신설하였다(제89조 제2항).

Ⅱ. 윤리협의회의 위원 등에 대하여 벌칙을 적용할 경우 공무원 의제

1. 공무원이 아닌 윤리협의회의 위원 등

윤리협의회의 위원·간사·사무직원으로서 공무원이 아닌 사람은 그 직무상 행위와 관련하여 「형법」이나 그 밖의 법률에 따른 벌칙을 적용할 때에는 공무원으로 본다. 법조윤리협의회의 위원·간사·사무직원 중에는 법원이나 법무부에서 파견받은 공무원이 있다. 그 외에 민간인 신분의 위원·간사·사무직원이 그 직무상 행위와 관련하여 형법이나 다른 법률의 벌칙을 적용할 때는 공무원으로 의제된다. 이는 윤리협의회의 직무가 공무와 유사하기 때문에 위원·간사·사무직원에 대하여 공무원과 같은 직무상 의무를 부과하고 있다.

2. 다른 공무원 의제 규정과 비교

보통 공무원 의제규정은 형법 제129조부터 제132조까지 규정을 적용할 때 공무원으로 의제된다. 법무부징계위원회의 위원 또는 예비위원으로서공무원이 아닌 사람은 「형법」 제129조부터 제132조까지의 규정을 적용할 때에는 공무원으로 본다(변호사법 94⑦). 이와 달리 윤리협의회의 공무원이 아닌 위원·간사·사무직원은 그 직무상 행위와 관련하여 「형법」이나 그 밖의 법률에 따른 벌칙을 적용함에 있어서 공무원 의제를 하기 때문에 그 범위가 넓다고 할 수 있다. 윤리협의회의 위원 등에 대하여 변호사법상 처벌규정이 있을 때는(변호사법 112(7)) 「형법」이나 그 밖의 법률에 따른 벌칙 조항보다 우선 적용된다.

제 10 장

징계 및 업무정지

제90조 징계의 종류

제90조(징계의 종류)
변호사에 대한 징계는 다음 다섯 종류로 한다.
1. 영구제명
2. 제명
3. 3년 이하의 정직
4. 3천만원 이하의 과태료
5. 견책

Ⅰ. 연 혁

(1) 1949. 11. 7. 제정된 변호사법은 변호사의 징계 종류를 규정했다. 즉, 징계는 좌의 4종(① 견책, ② 3만원 이하의 과료, ③ 1년 이하의 정직, ④ 제명)으로 한다(제21조 제1항). 과료의 재판은 검사의 지휘로써 집행하며 이 명령은 집행력있는 채무명의와 동일한 효력이 있다(제21조 제2항).

(2) 1962. 9. 24. 개정된 변호사법은 '과료'를 '과태료'로, 정직기간의 상한을 '1년 이하'에서 '3년 이하'로 개정했다. 즉, 징계는 좌의 4종(① 견책, ② 3만원 이하의 과태료, ③ 3년 이하의 정직, ④ 제명)으로 한다(제21조 제1항). 과태료의 결정은 검사의 지휘로써 집행하며 이 명령은 집행력있는 채무명의와 동일한 효력이 있다(제21조 제2항).

(3) 1982. 12. 31. 개정된 변호사법은 정직기간의 상한을 '3년 이하'에서 '2년 이하'로, 과태료 상한액을 '3만원 이하'에서 '100만원 이하'로 개정했다. 즉, 징계는 다음의 4종(① 제명, ② 2년 이하의 정직, ③ 100만원 이하의 과태료, ④ 견책)으로 한다(제73조 제1항). 과태료의 결정은 집행력있는 채무명의와 동일한 효력이 있고 검사의 지휘로 집행한다(제73조 제2항).

(4) 1993. 8. 10. 개정된 변호사법은 과태료 상한액을 '100만원 이하'에서 '500만원 이하'로 개정했다. 즉, 징계는 다음 4종(① 제명, ② 2년 이하의 정직, ③ 500만원 이하의 과태료, ④ 견책)으로 한다(제72조 제1항). 과태료의 결정은 집행력있는 채무명의와 같은 효력이 있고, 검사의 지휘로 집행한다(제72조 제2항).

(5) 2000. 1. 28. 개정된 변호사법은 심각하게 대두되는 법조비리 척결을 위하여 변호사 영구제명제도를 신설하고, 정직기간을 '2년 이하'에서 '3년 이하'로, 과태료의 상한액을 '500만원 이하'에서 '3,000만원 이하'로 인상하는 내용으로 개정했다. 즉, 변호사에 대한 징계의 종류는 다음 5종(① 영구제명, ② 제명, ③ 3년 이하의 정직, ④ 3천만원 이하의 과태료, ⑤ 견책)으로 한다(제90조 제1항). 제1항 제4호의 규정에 의한 과태료의 결정은 집행력있는 채무명의와 같은 효력이 있고, 검사의 지휘로 이를 집행한다(제90조 제2항).

(6) 2007. 1. 26. 개정된 변호사법은 과태료의 결정은 집행력있는 채무명의와 같은 효력이 있고, 검사의 지휘로 이를 집행한다(제90조 제2항)는 규정을 삭제하고, 신설된 '징계의 집행'에 관한 조문으로 이동했다. 즉, 제90조 제4호의 과태료의 결정은 「민사집행법」에 따른 집행력 있는 집행권원과 같은 효력이 있으며, 검사의 지휘로 집행한다(제98조의5 제2항).

Ⅱ. 변호사 징계의 종류

1. 변호사 징계의 의의

(1) 변호사에 대한 징계는 다음 다섯 종류로 한다. 변호사는 직무수행의 독립성과 국가사법작용과의 관계에서 강력한 공공성이 요구된다.[1] 변호사는 자유롭고 독립적으로 직무를 수행하면서도 공공성을 기본구조로 하고 있다. 변호사의 사명이 실현되고 변호사에 대한 지도·감독으로 국민의 신뢰를 확보해 가는 수단이 징계제도라 할 수 있다. 징계제도는 변호사 개인에 대한 불만이 증가되어 직업 전체에 대한 사회적 비난으로 확산되는 것을 방지하고 선량하고 성실한 변호사를 보호하게 된다. 그리고 장기적으로 변호사가 맡고 있는 특정 직역의 특수성을 유지하는 기능도 한다.[2]

(2) 변호사는 전문직업인으로 일반인과 달리 많은 특권이 부여되고 있다. 그 때문에 고도의 직무규범의 준수가 요청된다. 그렇지만 변호사도 스스로의 노력으로 사건을 수임하고 그 보수로 생활하는 전문자격사라서 공정한 수임질서를 해치는 등의 위법행위를 할 가능성도 있다. 변호사가 본연의 모습을 갖도록 교정하고, 특정한 경우에는 당해 직무수행에서 배

---

1 정형근, "변호사의 징계제도에 관한 비판적 고찰", 법과 정책연구(2010. 12), 929면.
2 안원모, "미국에서의 변호사징계 제도발전에 대한 역사적 고찰", 법조(1998. 9), 220면.

제할 필요성이 있다.[3] 비리 변호사가 소수일지라도 이를 방치하는 경우, 사법질서 전체의 명예와 신뢰의 붕괴로 이어지게 되므로 엄격한 징계제도의 수립과 시행이 요청된다.[4]

2. 징계대상 변호사

(1) 대한변호사협회에 자격등록하고 개업신고를 한 변호사

1) 변호사법은 징계대상 변호사의 요건에 관한 규정이 없다. 변호사법 제10장은 「징계 및 업무정지」의 대상으로 '변호사'라고만 되어 있다. 변호사 자격을 갖춘 자가 개업을 하려면 대한변호사협회에 등록하여야 한다(변호사법 7). 따라서 징계대상 변호사는 개업하기 위하여 대한변호사협회에 자격등록과 개업신고를 마친 변호사이다. 변호사법은 등록은 곧 개업이라는 전제하에 "대한변호사협회에 등록을 하지 않고 변호사의 직무를 수행한 변호사"는 3년 이하의 처벌을 한다(변호사법 112(4)). 그러나 변호사 직무수행을 위해서는 변호사 등록과 개업신고를 마쳐야 한다. 변호사시험에 합격한 변호사는 자격등록을 할 수 있지만, 개업신고를 할 수 없고, 변호사직무도 수행할 수 없다. 이를 위반하여 사건을 수임한 때는 형사처벌을 한다(변호사법 113(6)).

2) 과거 「대한변호사협회 회칙」은 징계대상 변호사로 '휴업회원'도 포함된다고 했다(구 회칙 48의2). 그 후 대한변협은 ① 휴업신고를 한 변호사뿐만 아니라 변호사 자격등록 후 개업신고를 하지 아니한 변호사와 변호사시험 합격자 중 변호사 자격등록 후 법률사무종사기관에서 법률사무에 종사 중이거나, 협회 연수를 마치지 아니한 변호사도 변호사법을 위반하는 경우에는 징계의 대상이 되고, ② 법인회원(법무법인·법무법인(유한)·법무조합·공증인가합동법률사무소)도 징계의 대상이 되기 때문에 징계대상을 명확히 하기 위하여 회칙을 개정했다. 즉, 이 회에 등록한 변호사, 법인회원에 대한 징계사건을 심의하기 위하여 대한변호사협회 변호사징계위원회를 둔다(회칙 48의2). 「서울지방변호사회 회칙」 역시 휴업회원을 징계대상자로 규정하고 있다. 즉, 회장은 변호사인 회원(휴업회원 포함)의 징계사유가 있다고 인정될 때에는 대한변호사협회장에게 징계개시의 신청을 하여야 한다(회칙 46①). 이러한 회칙 규정에 의하면 등록 후 휴업한 변호사도 징계대상자가 된다. 변호사법 제38조 제3항은 변호사가 휴업하면 겸직제한을 받지 않는데, 이런 휴업변호사를 징계대상으로 하는 것은 변호사법을 위반한 것이다. 휴업변호사에 대한 징계 문제는 변호사법 제38조에서 설명하였다.

(2) 법무법인·법무법인(유한)·법무조합

법무법인(변호사법 57, 제10장)·법무법인(유한)(변호사법 58의16, 제10장)·법무조합(변호사법 58

3 田中宏三, 辯護士の役割と倫理, 428면.
4 이상수, 법조윤리의 이론과 실제, 402면.

의30, 제10장)도 징계대상이 된다. 이 경우도 변호사의 징계와 동일하게 적용되는 것이 아니라, 법무법인과 법무법인(유한), 법무조합에 대하여 준용하는 규정을 위반한 경우에 한하여 징계사유가 될 수 있다. 이 점에 대해서는 변호사법 제57조(준용규정)에서 설명하였다. 그러나 공동법률사무소(변호사법 31②)는 징계 규정을 준용하고 있지 않아 징계대상이 아니다. 공증담당변호사는 변호사법이 아닌 「공증인법」에 따른 징계를 받는다(공증인법 83). 일본 변호사법은 "변호사 및 변호사법인은 그 법률 또는 소속변호사회·일본변호사연합회 회칙에 위반"(제56조)한 경우로 명시하여 변호사법인도 징계대상자임을 명시하고 있다.

(3) 변호사 자격결격사유 있는 자에 대한 징계적격

1) 변호사의 징계적격과 관련하여 변호사 자격결격사유 있는 자에 대한 것이 문제된다.[5] 변호사가 결격사유에 해당되면 변호사 등록거부 사유(변호사법 8), 등록취소 사유(변호사법 18), 법무부장관의 등록취소명령 사유(변호사법 19)에 해당된다.

2) 대한변호사협회는 변호사법 제90조 이하에서 규정하고 있는 징계는 변호사에 대한 감독권의 행사이므로, 변호사가 금고 이상의 형의 확정으로 변호사 자격결격사유가 발생하면 이미 그 자는 변호사가 아니므로 징계권이 없다고 한다.[6] 그 때문에 금고 이상의 형이 확정된 변호사에 대한 징계개시청구를 '각하'하고 있다(대한변협 2002. 11. 25. 결정, 법제 1997-7호 변호사징계).

3) 그러나 위와 같은 대한변호사협회의 입장은 재고되어야 한다. 변호사에게 등록취소사유가 존재하여 등록이 취소되면 변호사의 자격이 상실되는 점은 맞다. 그러나 변호사의 자격이 상실되는 점과 징계대상이 되는지 여부와는 별개의 문제이다. 형식논리로만 보면 변호사 자격을 상실한 자는 이미 변호사가 아니고, 변호사 아닌 자에 대한 감독권 행사의 일환인 징계를 할 수 없다는 점은 수긍할 수 있다. 변호사 결격사유에 해당되면, 그는 변호사 자격을 상실하게 되어 더 이상 변호사는 아니다.[7] 변호사에 대한 등록취소 역시 이를 공적으로 확인하는 절차에 지나지 않는다. 그런데 변호사법은 영구제명 사유를 '변호사의 직무와 관련하여 2회 이상 금고 이상의 형을 선고받아 그 형이 확정된 경우'로 규정하고 있다(제91조 제1항). 형이 확정된 자에게 징계권을 행사할 수 없다면 이 사유로는 영구제명을 할 수 없다.

4) 그리고 기소된 변호사에 대한 유죄판결이 선고된 후에 진행된 징계에서 영구제명

---

5 정형근, "변호사의 징계제도에 관한 비판적 고찰", 932면 이하.
6 대한변협 2004. 12. 20. 결정, 제2003-25호 변호사징계; 대한변협 2003. 7. 14. 결정, 제2002-16호 변호사징계 등 다수의 결정례가 있다.
7 「상실」이라는 용어보다 일정기간 경과 후에 변호사 자격을 회복할 수 있으므로(영구제명 제외) 변호사 자격의 「정지」라고 하는 것이 더 옳은 표현으로 보인다.

또는 제명이 예상되면 업무정지명령을 하도록 한 변호사법 제102조 규정에도 위반된다.[8] 즉, 법무부장관은 변호사가 공소제기되거나 제97조에 따라 징계 절차가 개시되어 그 재판이나 징계 결정의 결과 등록취소, 영구제명 또는 제명에 이르게 될 가능성이 매우 크고, 그대로 두면 장차 의뢰인이나 공공의 이익을 해칠 구체적인 위험성이 있는 경우에는 법무부 징계위원회에 그 변호사의 업무정지에 관한 결정을 청구할 수 있다. 다만, 약식명령이 청구된 경우와 과실범으로 공소제기된 경우에는 그러하지 아니하다(변호사법 102①). 법무부장관은 법무부징계위원회의 결정에 따라 해당 변호사에 대하여 업무정지를 명할 수 있다(변호사법 102②). 이는 변호사가 공소제기되어 그 재판의 결과 등록취소사유에 해당되거나, 그 유죄판결 선고 후에 개시된 징계절차에서 영구제명 또는 제명에 이르게 될 가능성이 있을 때는 업무정지명령을 할 수 있다는 것이다. 따라서 유죄판결이 선고된 변호사에 대한 징계개시 청구를 각하한 결정은 법리오해라고 할 수 있다.

5) 「변호사징계규칙」은 피고인의 무죄추정원칙을 반영하여 징계혐의 변호사가 징계청구된 징계혐의사실로 공소제기되어 있을 때에는 그 사건이 확정될 때까지 심의절차를 정지한다고 하면서, 예외적으로 징계사유에 관한 명백한 증명자료가 있는 경우에는 징계심의를 진행할 수 있다고 한다(규칙 19). 공소제기 전 또는 재판 계속 중에 징계절차가 진행된 변호사는 징계처분을 받게 되지만, 유죄판결로 그 형이 확정된 후에는 징계를 당하지 않게 되는 것은 징계혐의 변호사 상호 간의 형평성 내지 평등의 원칙에도 반하게 된다. 어느 시점에 징계개시가 청구되었느냐에 따라 징계권 행사가 달라지는 것은 옳지 않다. 무엇보다 「변호사징계규칙」에서 징계혐의사실로 공소제기된 때는 그 사건이 확정될 때까지 심의절차를 정지한다는 의미는 형의 확정으로 재판이 종료된 후에 징계권을 행사한다는 의미로 보는 것이 자연스럽다.

6) 따라서 변호사자격을 상실한 자는 징계적격이 없다는 이유로 각하결정을 한 대한변호사협회의 입장은 변경되어야 할 것이다. 그럼에도 이 징계관행은 계속되고 있다. 그 이유로는 징계혐의 변호사는 자신에게 유리한 결정이라 불복할 필요가 없다. 변호사법상 이 같은 징계결정을 시정할 제도적 장치는 징계개시신청인들(지방검찰청 검사장, 지방변호사회장, 법조윤리협의회 위원장)이 법무부징계위원회에 할 수 있는 이의신청제도이다(변호사법 100①). 그런데도 징계개시신청인들은 지금까지 이 점에 관하여 이의신청을 한 적이 없다. 그렇지만 이의신청을 통하여 법무부 변호사징계위원회의 판단을 받아보아야 한다. 그 결과 징계혐의 변호사는 불리한 결정이 나오면 행정소송을 제기하여 법원의 최종 판단을 받아 이 문제의 궁극적인 해결을 볼 수 있게 된다.

8 정형근, 법조윤리강의 제11판, 334면.

⑷ 징계대상 변호사 특정(변호사법 개정안)

결국 이런 논란은 변호사법이 징계대상을 '변호사'라고만 규정하는 데서 비롯된다. 그러므로 향후 변호사법 개정시에 징계대상 변호사의 범위를 특정할 필요성이 있다. 법무부가 마련하였던 변호사법 개정안에는 '징계대상 변호사'에 관한 규정이 있었다. 즉, (변호사의 결격사유인) '변호사법 제5조 제1호 내지 제3호 사유로 등록이 취소되었거나 그 대상이 되는 자 또는 징계사유 발생 후 휴업·폐업한 자도 이 법의 징계대상이 된다'(변호사법 개정안 166).

3. 징계의 종류와 효력

⑴ 영구제명

1) 의 의

㈎ 영구제명은 변호사 자격(신분)을 영구적으로 박탈하는 징계처분이다. 영구제명을 받으면 변호사의 결격사유에 해당된다(변호사법 5(9)). 변호사법은 영구제명과 제명의 효력에 대하여 변호사의 결격사유(제5조 제9호, 제4호)에서 정하고 있다. 대한변호사협회는 결격사유 있는 변호사의 등록을 취소하여야 한다(변호사법 18①(2)). 법무부장관은 변호사 명부에 등록된 변호사가 영구제명을 당하였으면 대한변호사협회에 그 변호사의 등록취소를 명하여야 한다(변호사법 19).

㈏ 영구제명은 2000. 1. 28. 개정된 변호사법에서 신설되었다. 심각한 법조 비리를 척결하고 변호사 징계제도의 공정성을 확보하려는 의도였다. 일본 변호사법은 영구제명을 두고 있지 않다.[9] 우리나라 변호사의 수임질서가 얼마나 부패한지를 말해주는 입법례라 할 것이다. 영구제명을 당하면 영구적으로 재등록이 불가능하다. 이는 변호사에게 윤리의식을 고취시킴과 동시에, 부적격의 변호사로부터 의뢰인 및 공공의 이익을 보호하기 위한 입법이라고 평가된다.[10] 영구제명의 징계처분은 징계혐의자의 변호사등록원부에 그 징계결정의 내용을 기재하여 등록을 취소하고 변호사등록원부를 말소한다(변호사징계규칙 43①(1)). 대한변호사협회 회장은 징계결정의 결과를 법무부장관에게 보고하고 소속 지방변호사회에 통지하여야 한다(변호사징계규칙 44①). 그리고 협회장은 징계혐의자에게 징계집행사실을 서면으로 통지하여야 한다(변호사징계규칙 44②). 변호사회 등은 처분의 고지에 있어 피징계자가 영구제명, 제명 또는 정직의 징계처분을 받은 때에는 피징계변호사에게 업무규제조치로 정한 사

---

9 **일본 변호사법 제57조** ① 변호사에 대한 징계는 다음의 4종으로 한다.
1. 계고
2. 2년 이내의 업무정지
3. 퇴회명령
4. 제명

10 오종근, 변호사징계제도, 37~38면.

항 및 변호사회가 따로 정한 규제조치에 대하여 설명하고 그 준수를 설시하여야 한다(변호사징계처분집행규정 3).

㈐ 영구제명 징계처분이 내려진 첫 사례가 있다.[11] 원고(징계혐의자)는 2008년 부장판사로 퇴임하고 서울지방변호사회 소속 변호사로 대한변호사협회에 변호사 자격등록을 하였다. 원고는 영구제명 징계결정을 받기 이전에 대한변협 변호사징계위원회(이하 변협 징계위)로부터 3회 정직 징계를 받았다. 대한변호사협회장은 ① 제2017-218호: 성공보수금 4,000만원 중 24,00만원을 반환하지 않아 품위유지의무 위반, ② 제2018-27호: 명의대여금지의무 위반, 변호사가 아닌 자와의 동업금지의무 위반 및 법무법인자금, 공탁금 등 돈을 개인용도로 임의 소비하여 품위유지의무 위반, ③ 제2018-50호: 반환하기로 한 선임비용을 반환하지 않아 품위유지의무 위반, ④ 제2018-59호: 정직 중 위임계약을 체결한 후 다른 변호사가 소송을 진행하는 등 품위유지의무위반 징계혐의사실로 원고에 대한 징계개시를 청구하였다. 변협징계위원회는 2018. 8. 20. 징계혐의사실을 모두 인정하고, 원고에게 영구제명의 징계 결정을 하였다.

법무부변호사징계위원회(피고)는 원고의 이의신청에 대하여 기각결정을 하였다. 피고는, 원고가 ① 변호사징계 제2017-218호와 관련하여 금원을 추가 반환하였다고 인정할 증거가 없고, ② 변호사징계 제2018-27호와 관련한 형사판결이 확정되지 않기는 하였으나 서울○○지방법원이 원고에 대하여 유죄를 인정하여 징역 2년 및 집행유예 3년형을 선고하였고, 항소심 법원이 항소를 기각하였으며, ③ 변호사징계 제2018-59호와 관련해서는 원고가 제출한 경위서 등에 비추어 볼 때 원고가 직접 사무장을 통해 사건을 진행한 것으로 보인다는 등으로 원고의 징계혐의사실이 모두 인정되며 징계양정도 적정하다는 이유로 이의신청을 기각하였다. 이에 불복한 원고의 영구제명처분 취소청구에 대하여 서울행정법원은 2020. 8. 21.은 원고의 청구를 기각하였다(서울행정법원 2020. 8. 21. 선고 2019구합85256 판결).

2) 업무정지명령

법무부장관은 변호사가 공소제기되거나 징계절차가 개시되어 그 재판이나 징계 결정의 결과 등록취소, 영구제명 또는 제명에 이르게 될 가능성이 매우 크고, 그대로 두면 장차 의뢰인이나 공공의 이익을 해칠 구체적인 위험성이 있는 경우에는 법무부 변호사징계위원회에 그 변호사의 업무정지에 관한 결정을 청구할 수 있다(변호사법 102①). 업무정지결정을 '법무부 변호사징계위원회'에서 하도록 하였지만, 징계가 개시되어 변협징계위원회에 그 징계사건이 계류 중인 때에는 변협징계위원회에 업무정지결정을 구하는 것이 징계혐의사실 파악과 신속한 결정에도 도움이 될 것이다.

11 정형근, "첫 영구제명된 변호사에 대한 1심 판결 검토", 법률신문 2020. 9. 10.자.

3) 영구제명된 변호사의 행위의 효력

㈎ 영구제명은 변호사의 신분을 박탈하는 처분이므로 변호사업무를 하는 것이 당연히 금지된다. 그럼에도 이러한 금지의무를 위반하는 행위가 있을 경우에는 변호사법 제109조 제 1 호의 '변호사가 아니면서 법률사무를 취급하는 것'에 해당되어 처벌을 받게 된다.

㈏ 영구제명된 변호사가 의뢰인과의 위임계약을 해제하지 않고 종전의 위임계약에 따라 재판 외에서 대리인으로 행한 행위의 사법상 효력은 어떠한지 문제된다. 영구제명 되거나 제명처분을 받은 변호사는 의뢰인과 위임계약을 해제하지 않은 이상 위임계약은 당사자 사이에 여전히 유효하므로 그 행위 역시 유효하다는 견해와 영구제명 처분을 받으므로 변호사 신분을 상실하였으므로 위임계약은 당연히 종료되고 그 행위 역시 무권대리행위가 되어 원칙적으로 무효가 된다는 견해도 있다. 「변호사징계처분집행규정」 제 3 조 제 1 호는 징계처분을 받은 변호사는 의뢰인과 위임계약을 해제할 의무를 부과하고 있어 당사자 간에는 유효로 보는 듯한 해석도 가능하다. 그러나 대가를 받고 법률사무를 처리하는 것은 변호사의 신분을 갖는 자에게만 허용되는 것이 원칙이므로(변호사법 3, 109), 법률사무의 처리를 위한 종전의 위임계약은 수임인인 변호사가 신분을 상실함으로써 그 위임계약은 이행불능상태에 빠지게 되었으며, 민법 제103조에도 위반되어 무효라고 보아야 할 것이다. 결국 제명 또는 영구제명처분을 받은 변호사가 종전의 위임계약에 따라 대리인으로 행한 행위는 무권대리행위로서 원칙적으로 무효가 된다.

⑵ 제 명

1) 의 의

제명은 징계혐의자인 변호사 신분을 박탈하는 징계처분이다. 제명처분을 받은 변호사는 5년이 경과하면 다시 변호사등록을 하여 변호사 신분을 회복할 수 있다(변호사법 5). 일본에서는 제명처분을 받으면 3년 동안 변호사가 될 자격을 잃는다. 제명처분의 집행과 법무부장관에게 보고하는 등의 절차는 영구제명과 같다.

이에 관한 실제 징계 사례로는, 약 2년 동안 소송사건을 변호사 아닌 소외인으로 하여금 변호사 명의를 이용하여 소장 등 각종 법률서류를 작성, 제출하게 하고, 그 명의대여에 대한 대가로 매월 400만원을 수령한 사실로 제명된 사례가 있다(대한변호사협회 2002. 2. 18. 결정, 1998－15호).

2) 업무금지의 범위

㈎ 제명된 변호사는 변호사의 신분을 상실하는 것이므로 일체의 변호사 업무를 할 수 없다. 업무금지의 범위는 '정직' 처분을 받은 변호사의 업무금지의 범위와 대체적으로 일치

한다. 제명처분은 정직기간이 경과한 후 업무의 재개가 예정되어 있는 정직처분과는 달리, 법률사무소에 대한 관리행위 및 임대차계약을 계속하는 것이 가능하지 않으며, 사무직원과의 고용계약도 계속하여서는 아니 된다. 다만 수임인의 지위에 있는 변호사는 위임계약에 따른 긴급처리의무를 부담하므로(민법 691), 다른 변호사에게 계류 중인 사건을 위임하는 등의 조치를 취하여 의뢰인에게 손해가 발생하지 않도록 하여야 한다.

(나) 피징계변호사는 수임한 법률사건(법원, 검찰청 및 행정청에 계속 중인 것도 포함)에 대하여 즉시 의뢰자와의 위임계약에 의한 사무처리를 정지한다. 다만, 피징계변호사가 6월 이상의 정직처분을 받은 때에는 의뢰자와의 위임계약을 해제하여야 한다(변호사징계처분집행규정 3(1)). 그러므로 제명처분을 받은 변호사는 의뢰인과의 위임계약을 해제하여야 한다. 제명처분을 받은 변호사의 업무금지의 위반의 효력은 영구제명처분을 받은 변호사와 같다고 하겠다. 변호사징계처분집행규정 제3조(업무규제조치)가 정하는 사항은 제명처분을 받은 변호사에게도 동일하다.

(3) 3년 이하의 정직

정직은 징계혐의자에게 일정 기간 변호사 업무를 하지 못하도록 제한하는 것이다. 이 징계처분을 받은 변호사는 영구제명 및 제명과 달리, 변호사자격 및 변호사로서의 신분을 잃는 것은 아니다. 정직기간 동안 일체의 변호사업무를 행하지 않을 의무를 부담한다. 정직은 징계혐의자의 변호사등록원부에 정직개시일과 정직기일을 명시하여 징계결정의 내용을 기재한다(변호사징계규칙 43①(2)). 대한변호사협회는 징계혐의자에 대한 처분이 확정된 때에는 대법원, 대검찰청, 피징계변호사가 속한 소속 지방변호사회 및 해당 지방변호사회의 관할 고등, 지방, 가정, 특허, 행정 등 각 법원에 징계집행사실을 통보하여야 한다(변호사징계집행규정 2①). 이는 정직처분을 받은 변호사가 위임장이나 선임계를 제출하여 변론행위를 하려는 것을 방지하기 위해서이다. 정직처분을 받은 사례는 다양한 사안에서 발견되고 있다.

① 53건의 사건을 소개받아 알선료 명목으로 2,980만원을 지급하고, 명의대여 명목으로 1,600만원을 수수하고, 변제공탁금을 수령하고도 공탁하지 않은 사실로 정직 6월(대한변호사협회 2005. 8. 22. 결정, 2003-16, 2004-12호),

② 교제비 명목으로 3,000만원을 수수하고, 의뢰인의 비밀을 누설하고, 76회에 걸쳐 8,200여 만원을 알선료로 지급한 사실로 정직 2년(대한변호사협회 2004. 12. 20. 결정, 2004-31호),

③ 경매사건의 취급·알선을 업으로 하는 자에게 총 39회에 걸쳐 명의를 대여해 주고 5,503만원을 수령한 사실로 정직 3월(대한변호사협회 2004. 12. 20. 결정, 2004-27호),

④ 로비활동자금조로 3,000만원을 수령하고, 500만원을 반환하지 않았으며, 1억원을 차용하여 이를 미변제하였으며, 성공보수 4,000만원을 선 수령한 사실로 정직 1년, 법무부

에 이의신청하여 정직 3월로 감경(법무부 2003. 2. 21. 결정, 대한변호사협회 2002. 11. 25. 결정, 2000－15, 2002－11호),

⑤ 항소기간 도과, 불성실 변론, 사무직원 감독소홀, 공탁금 유용 및 미반환, 국세체납, 착수금 미반환 사실로 정직 2년 6월, 법무부에 이의신청하여 정직 2년으로 감경(법무부 2004.5.8. 결정, 대한변호사협회 2002.10.14. 결정, 2002－8호),

⑥ 합의금으로 상대방에게 전달해 달라고 한 돈 3억원을 주식투자 등으로 전액 소비한 사실로 정직 3월(대한변호사협회 2003. 1. 20. 결정, 2002－3호),

⑦ 보관금 1,000만원 횡령, 불성실 변론(쌍방불출석에 의한 소취하 간주), 수임료 반환거절, 사건 수임 후 연락두절 사실로 정직 8월(대한변호사협회 2005. 2. 28. 결정, 2003－8호),

⑧ 조정합의금 1억 6,000만원 중 의뢰인에게 6,500만원만 지급하고, 9,500만원은 미지급한 사실로 정직 3월(대한변호사협회 2002.2.18. 결정, 1998－15호),

⑨ 교제비 1억 7,300만원 편취한 사실로 정직 1년(대한변호사협회 2004. 5. 31. 결정, 2000－20, 2001－10호),

⑩ 결격 사무직원 채용 및 소속회 채용신고 해태한 사실로 정직 4월(대한변호사협회 2003. 7. 14. 결정, 2003－4호),

⑪ 위증교사한 사실로 정직 6월(대한변호사협회 2003.11.17. 결정, 2000－23호 변호사징계),

⑫ 국세체납, 진정인의 승낙이나 합당한 이유없이 사임계 제출, 공탁금 3,090만원 유용, 차용금 미변제, 수임료 미반환 사실로 정직 1년(대한변호사협회 2002. 10. 14. 결정, 2002－8호 변호사징계) 등이 있다.

(4) 3천만원 이하의 과태료

1) 과태료 처분은 변호사의 신분에는 영향을 미치지 않고 금전적인 부담을 가하는 것이다. 과태료 결정은 민사집행법에 따른 집행력 있는 집행권원과 같은 효력이 있으며, 검사의 지휘로 집행한다(변호사법 98조의5②). 변호사 신분이 유지된다는 점에서 견책과 같은 효력을 갖는다. 과태료는 징계결정의 내용을 변호사등록원부에 기재하고, 협회장이 검사에게 의뢰하여 집행한다(변호사징계규칙 43①(3)).

2) 과태료 징계를 받은 사례로는, 변호사가 ① 알선료를 지급, ② 명의를 대여하고 금품수령, ③ 성공보수를 선수령,[12] ④ 소송위임장의 제출 없이 변론, ⑤ 항소기간 도과, ⑥ 변호사업무광고에 관한 규정을 위반, ⑦ 의뢰인의 보관금을 미지급, 임의로 사용하여 횡령, ⑧ 교제비 명목의 금품을 수령, 뇌물을 공여, ⑨ 수임규정을 위반, ⑩ 진실은폐 및 허위진술을 교사, ⑪ 계쟁권리를 양수, ⑫ 불성실 변론을 하여 의뢰인에게 손해, ⑬ 공직선거에

12 현재 성공보수 선수령 금지규정이 폐지된 것은 '변호사의 보수'에서 본 바 있다.

출마하여 사전 선거운동으로 입건, ⑭ 수임에 관한 장부를 작성하지 않음, ⑮ 허위영수증 작성, ⑯ 상습도박 및 외국환거래법위반, ⑰ 구치소에서 부당한 방법으로 총 4회에 걸쳐 전화통화를 하게 함, ⑱ 말다툼 후 상대방에게 상해를 가함, ⑲ 미성년자와 성매매 등의 사유로 과태료 징계처분을 받은 사례가 많다.

(5) 견 책

견책은 가장 가벼운 징계처분으로 근신자숙하라는 내용의 징계이다. 견책은 변호사의 신분에 전혀 영향을 미치지 않는다. 그러므로 변호사 직무수행에 아무런 제한도 없다. 견책은 협회장이 징계혐의자에게 근신자숙하라는 취지의 문서를 송달하고, 징계결정의 내용을 변호사등록원부에 기재한다(변호사징계규칙 43①(4)). 가장 가벼운 징계인 견책을 받은 사례도 많다. ① 600만원의 알선료 지급, ② 수임료 650만원 중 50만원을 알선료로 지급, ③ 성공보수 2,000만원을 선수령, ④ 소송위임장 미제출, ⑤ 항소기간 도과, ⑥ 이의신청기간 도과, ⑦ 58만원의 뇌물공여, ⑧ 300만원의 착수금 수령 후 사건수임한 적 없다고 다툼, ⑨ 세금체납, ⑩ 음주운전으로 인한 상해 등이 있다.

제91조 징계사유

제91조(징계사유)

① 제90조 제 1 호에 해당하는 징계사유는 다음 각 호와 같다.

1. 변호사의 직무와 관련하여 2회 이상 금고 이상의 형을 선고받아(집행유예를 선고받은 경우를 포함한다) 그 형이 확정된 경우(과실범의 경우는 제외한다)
2. 이 법에 따라 2회 이상 정직 이상의 징계처분을 받은 후 다시 제 2 항에 따른 징계사유가 있는 자로서 변호사의 직무를 수행하는 것이 현저히 부적당하다고 인정되는 경우

② 제90조 제 2 호부터 제 5 호까지의 규정에 해당하는 징계사유는 다음 각 호와 같다.

1. 이 법을 위반한 경우
2. 소속 지방변호사회나 대한변호사협회의 회칙을 위반한 경우
3. 직무의 내외를 막론하고 변호사로서의 품위를 손상하는 행위를 한 경우

I. 연 혁

(1) 1949. 11. 7. 제정된 변호사법은 변호사법과 변호사회 회칙에 위반된 때를 징계사유로 규정했다. 즉, 변호사가 본법 또는 변호사회 회칙에 위반한 때에는 검찰총장은 직권 또는 신고에 의하여 징계위원회에 대하여 징계개시의 신청을 하여야 한다(제20조 제 1 항). 전항의 경우에는 소속 변호사회회장은 검찰총장에게 신고하여야 한다(제20조 제 2 항).

(2) 1973. 1. 25. 개정된 변호사법은 종전의 '변호사회 회칙'을 '소속 변호사회 및 대한변호사협회의 회칙'으로 구체화했다. 즉, 변호사가 본법 또는 소속 변호사회 및 대한변호사협회의 회칙에 위반한 때에는 검찰총장은 직권 또는 신고에 의하여 징계위원회에 대하여 징계개시의 신청을 하여야 한다(제20조 제 1 항). 전항의 경우에는 소속 변호사회회장은 검찰총장에게 신고하여야 한다(제20조 제 2 항).

(3) 1973. 12. 20. 개정된 변호사법은 징계개시의 신청권자에 '대한변호사협회장'을 추가

하는 개정을 하였다. 즉, 변호사가 본법 또는 소속변호사회 및 대한변호사협회의 회칙에 위반한 때에는 검찰총장 및 대한변호사협회회장은 직권 또는 신고에 의하여 징계위원회에 대하여 징계개시의 신청을 하여야 한다(제20조 제1항). 전항의 경우에는 소속 변호사회회장은 검찰총장에게 신고하여야 한다(제20조 제2항).

(4) 1982. 12. 31. 개정된 변호사법은 징계사유에 관한 독자적인 규정을 신설했다. 즉, 변호사에 대한 징계사유는 다음 각호(① 이 법에 위반한 때, ② 소속 지방변호사회 또는 대한변호사협회의 회칙에 위반한 때)와 같다(제72조).

(5) 1993. 3. 10. 개정된 변호사법은 징계사유 중 '공소가 제기된 때'와 '품위를 손상하는 행위'를 추가했다. 즉, 변호사에 대한 징계사유는 다음 각호(① 이 법에 위반한 때, ② 형사사건으로 입건되어 공소가 제기된 때, ③ 소속 지방변호사회 또는 대한변호사협회의 회칙에 위반한 때, ④ 직무의 내외를 막론하고 변호사로서의 품위를 손상하는 행위를 한 때)와 같다(제71조).

(6) 1995. 12. 29. 개정된 변호사법은 종전의 '형사사건으로 입건되어 공소가 제기된 때'를 삭제하였다. 즉, 변호사에 대한 징계사유는 다음 각호(① 이 법에 위반한 때, ② 삭제 <1995. 12. 29.>, ③ 소속 지방변호사회 또는 대한변호사협회의 회칙에 위반한 때, ④ 직무의 내외를 막론하고 변호사로서의 품위를 손상하는 행위를 한 때)와 같다(제71조).

(7) 2000. 1. 28. 개정된 변호사법은 징계의 종류 중 '영구제명'을 신설하면서 그 사유를 특정하고, 나머지 징계의 종류(제명, 정직, 과태료, 견책)에 해당하는 사유로 구분했다. 즉, ① 제90조 제1항 제1호의 규정에 해당하는 징계사유는 다음 각호와 같다(제91조 제1항).

1. 2회 이상 금고 이상의 형을 선고받아(집행유예를 선고받은 경우를 제외한다) 그 형의 집행이 종료되거나 집행을 받지 아니하기로 확정된 자로서 변호사의 직무를 수행함이 현저히 부적당하다고 인정되는 경우
2. 이 법에 의하여 2회 이상 정직 이상의 징계처분을 받은 후 다시 제2항의 규정에 의한 징계사유가 있는 자로서 변호사의 직무를 수행함이 현저히 부적당하다고 인정되는 경우

② 제90조 제1항 제2호 내지 제5호의 규정에 해당하는 징계사유는 다음 각호와 같다(제91조 제2항).

1. 이 법에 위반한 경우
2. 소속 지방변호사회 또는 대한변호사협회의 회칙에 위반한 경우
3. 직무의 내외를 막론하고 변호사로서의 품위를 손상하는 행위를 한 경우

(8) 2007. 1. 26. 개정된 변호사법은 영구제명의 징계사유 중 '과실범의 경우는 제외'하는 것으로 완화하였다. 즉, 변호사의 직무와 관련하여 2회 이상 금고 이상의 형을 선고받아

(집행유예를 선고받은 경우를 포함한다) 그 형이 확정된 경우(과실범의 경우를 제외한다)

Ⅱ. 영구제명에 해당하는 징계사유

제90조 제 1 호(영구제명)에 해당하는 징계사유는 다음 각 호와 같다(제 1 항). 변호사에 대한 징계처분은 법률의 근거가 있어야 한다. 징계사유는 영구제명에 해당되는 징계사유와 그 외의 징계의 종류에 해당되는 징계사유로 구분된다. 이처럼 징계사유를 2분하는 것은 2000. 1. 28. 개정된 변호사법에서 '영구제명'을 도입하면서 영구제명 사유와 그 외의 징계종류에 대한 사유를 별도로 정할 필요가 있었기 때문이다. 영구제명 제도가 도입되기 전에는 변호사가 '제명'처분을 받더라도 3년이 경과하면 변호사 직무를 재개할 수 있었지만, 영구제명이 도입된 후에는 제명을 당하면 5년이 경과해야 한다.

1. 변호사의 직무와 관련하여 2회 이상 금고 이상의 형을 선고받아(집행유예를 선고받은 경우를 포함한다) 그 형이 확정된 경우(과실범의 경우는 제외한다)(제 1 호)

1) 영구제명을 하기 위해서는 변호사의 직무와 관련된 범죄행위가 있어야 하고, 그 결과 금고 이상의 형을 선고받아 확정되어야 한다. '변호사의 직무와 관련하여'는 변호사법상의 변호사의 직무와 관련됨은 물론 민사·형사법 등과 같은 법령이 정하는 변호사의 직무와 관련하여 형사재판을 받고 유죄확정 판결을 받은 경우를 말한다. 피해자가 의뢰인일 가능성이 있지만 이에 국한되는 것은 아니다. 변호사의 직무와 관련이 없는 범죄(도박이나 음주운전 등)로 형을 선고받은 것은 해당되지 아니한다.

2) 2회 이상 금고 이상의 형을 선고받아 그 형이 확정되어야 한다. 변호사법 제 5 조 제 1 호는 '금고 이상의 형을 선고 받고 그 집행이 끝나거나 그 집행을 받지 아니하기로 확정된 후 5년이 지나지 아니한 자'는 변호사 결격사유에 해당되어 변호사가 될 수 없다. 이렇게 2회 이상 금고 이상의 형을 선고받아 그 형이 확정되어야 한다. 여기서 선고받은 형은 고의로 범한 범죄로 인한 것이어야 한다. 이렇게 2회 이상 금고 이상의 형을 선고받아 확정되면 영구제명시킬 수 있다. 그런데 영구제명 사유에 해당되기 위해서는 2회 이상 금고 이상의 형을 선고받아 그 집행을 종료한 후 5년이 경과하여 다시 재등록을 하게 되었던 변호사를 말한다는 견해도 있다.[1] 당연히 첫째로 금고 이상의 형의 선고를 받고 두 번째 형의 선고를 받은 자는 재등록한 변호사였던 것은 맞다. 그러나 영구제명의 대상자는 모든 경우

---

1 오종근, "변호사징계", 법률가의 윤리와 책임, 380면.

에 5년 경과 후 재등록한 자로 볼 수는 없다. 만약 5년이 경과하여 재등록한 변호사를 과거의 비리사실로 징계를 하려고 할지라도 이미 3년의 징계시효가 경과한 상태라서 징계를 할 수 없다. 이 같은 견해는 형의 확정으로 변호사 자격을 상실하게 되면 변호사등록 취소사유에 해당되고, 그런 자는 변호사가 아니므로 징계할 수 없다는 변협징계위원회의 논거에 기초한 것으로 보인다.

3) 영구제명에서 금고 이상의 형의 확정에는 집행유예 선고도 해당된다. 2회 이상의 금고 이상의 형을 선고받아 확정된 사실은 변호사의 일생 동안에 걸쳐 포함된다. 그런데 직무와 관련 없는 범죄행위로 금고 이상의 형을 수차례 선고받았더라도 여기에 해당되지는 않는다. 다만, 영구제명이 아닌 제명이나 정직 등의 징계에 처할 수 있으므로 2회 이상 정직 이상의 징계처분을 받은 경우에는 영구제명도 가능하게 된다.

4) 과실범의 경우는 제외되므로 직무와 관련된 범죄행위는 고의범이어야 한다. 변호사가 피고인 접견을 위하여 구치소에 가던 중 야기한 교통사고로 처벌받더라도 이는 과실범이므로 제외된다.

5) 변협징계위원회는 변호사가 금고 이상의 형의 확정으로 변호사 자격결격사유가 발생하면 이미 그 자는 변호사가 아니므로 징계권이 없다고 각하결정을 하고 있다.[2] 따라서 2회 이상 금고 이상의 형을 선고받아 그 형이 확정된 경우라도 징계를 하지 않을 것이라서 영구제명사유인 제 1 호의 실효성이 의문시된다.

2. 이 법에 따라 2회 이상 정직 이상의 징계처분을 받은 후 다시 제 2 항에 따른 징계사유가 있는 자로서 변호사의 직무를 수행하는 것이 현저히 부적당하다고 인정되는 경우(제 2 호)

1) 변호사법에 따라 2회 이상 정직 이상의 징계처분을 받아야 한다. 정직 이상이란 정직과 제명을 말한다. 2회 이상 정직 이상의 징계처분을 받은 전력이 있는 변호사가 또다시 변호사법 제91조 제 2 항 소정의 징계사유에 해당되어야 한다. 이 규정상의 징계사유에 해당되는 행위가 존재하는 것만으로는 충분하지 않다. 그러한 행위가 실질적으로 징계처분을 받을 만한 행위로 판단되어야 한다. 왜냐하면 징계사유에 해당되는 행위를 범하게 된 동기나 경위, 과거의 전력 및 행위의 경중 등의 제반요소를 참작하여 징계를 결정하는 재량행위로서의 성격을 갖고 있기 때문이다. 변호사에게 있어서 징계는 형벌은 아니지만, 변호사에게 불이익을 주기 때문에 징계사유는 엄격하게 해석해야 한다.[3] 징계사유에 해당될지라도 당해

2 대한변협 2004. 12. 20. 결정, 제2003-25호 변호사징계; 대한변협 2003. 7. 14. 결정, 제2002-16호 변호사징계 등 다수의 결정례가 있다.

3 이상수, 법조윤리의 이론과 실제, 412면.

변호사의 징계사실의 경중에 따라 징계의 종류가 비교적 가벼운 종류에 해당될 수 있다.

2) 변호사의 직무를 수행하는 것이 현저히 부적당하다고 인정되는 경우여야 한다. 징계개시를 청구하는 대한변호사협회장이나 징계의 양정을 결정하는 변협징계위원회에서 바로 이 요건을 근거로 동료 징계혐의자인 변호사에게 온정적인 결정을 해 줄 수 있다. 변호사가 그 직무를 수행할 수 없는 사유로는 '건강의 이유'와 '전문지식과 경험의 부족'을 들 수 있다. 그런데 2회 이상 정직 이상의 징계처분을 받은 전력이 있는 비리 변호사는 '반법규적 습벽'을 제외하고는 변호사로서 그 직무를 수행하는 것이 부적당하지 않을 수 있다. 그 때문에 영구제명의 요건으로 제시하고 있는 이 요건은 불필요하다. 입법론적으로는 폐지하는 것이 바람직할 것이다. 2회 이상 정직 이상의 중징계를 받은 전력 자체가 변호사의 직무를 수행하는 것이 현저히 부적당한 경우에 해당된다고 볼 수 있다. 현재까지 영구제명에 해당하는 징계를 한 사례는 단 1건으로 징계당한 변호사가 불복하여 재판에 계류중인 것으로 알려졌다.

Ⅲ. 제명·정직·과태료·견책에 해당하는 징계사유

제90조 제2호부터 제5호(제명·정직·과태료·견책)까지의 규정에 해당하는 징계사유는 다음 각 호와 같다(제2항). 영구제명과 달리 제명·정직·과태료·견책에 해당되는 징계사유는 공통적이다. 구체적인 징계사안의 경중에 따라 징계양정을 하게 된다.

1. 변호사법을 위반한 경우(제1호)

징계사유로서의 변호사법 위반은 변호사가 준수해야 할 의무규정을 위반한 것을 말한다. 변호사법 제3장 변호사의 등록과 개업 및 제4장은 '변호사의 권리와 의무'라고 하여 변호사가 개업시에 지켜야 할 사항을 규정하고 있다. 이뿐만 아니라 법무법인 등의 구성원으로서의 의무위반도 포함된다. 이와 같은 징계사유 중에는 그 위반시에 형사처벌까지 받는 경우도 있다. 변호사에 대한 징계처분과 아울러 형사처벌까지 하는 것이 헌법상의 이중처벌금지의 원칙에 위반되는지 여부가 문제될 수 있지만, 형벌과 징계벌은 처벌의 목적과 방향이 다르기 때문에 형사처벌과는 별도로 징계처분도 가능하다.

2. 소속 지방변호사회나 대한변호사협회의 회칙을 위반한 경우(제2호)

등록을 한 변호사는 가입하려는 지방변호사회의 회원이 된다(변호사법 68①). 등록하여 개업한 변호사는 지방변호사회 및 대한변호사협회의 회원으로 회칙준수의무가 있다. 대한

변호사협회나 지방변호사회가 회칙을 제정할 수 있는 권한은 변호사법(제79조, 제80조)에 근거하고 있다. 회칙을 제정·변경하는 경우에는 법무부장관의 인가를 받아야 한다(제79조). 법무부장관의 인가는 법령상의 직무규정에 부합하는 회칙을 제정하고 준수하도록 하는 지도·감독권한이다.

변호사의 회칙의무 위반 중에서 회비를 납부하지 않은 경우에 관한 사례가 많다.[4][5] 그리고 변호사의 회칙 준수의무는 '회칙'에만 국한되는 것이 아니라 회칙에 근거하여 제정된 '규칙, 규정, 결의' 등도 포함된다(대한변호사협회 회칙 제 9 조). 그러나 (총회의) 결의는 변호사가 준수해야 할 의무가 있는 회칙이라고 할 수 없기 때문에 그 위반시에도 징계사유로 삼을 수는 없다. 따라서 변호사는 「변호사징계규칙」이나 「변호사 광고에 관한 규정」 또는 「공익활동 등에 관한 규정」 등을 준수할 의무가 있다. 변호사에 대한 징계처분의 근거로 변호사법, 「변호사윤리장전」 다음에 「변호사 광고에 관한 규정」이 가장 많이 언급되고 있다.

3. 직무의 내외를 막론하고 변호사로서의 품위를 손상하는 행위를 한 경우(제 3 호)

(1) 변호사는 그 품위를 손상하는 행위를 하여서는 아니 된다(변호사법 24). 「대한변호사협회 회칙」 역시 '품위를 보전하여야 한다.'는 규정을 두고 있다(제42조). 품위손상행위를 징계사유로 한 것은 변호사의 사명을 실현하기 위해서는 변호사에게 높은 윤리적 가치가 요구되기 때문이다.[6] 여기서 '품위'란 변호사로서 직무를 수행해 나가기에 손색이 없는 인품을 말한다. 품위를 손상하는 행위는 직무수행에 있어서 구비해야 할 인품의 흠결 내지 신뢰를 훼손시키는 행위를 말한다. 어떤 행위가 품위손상행위인지 여부는 사회통념에 의하여 판단하여야 한다(대법원 2000. 6. 9. 98두16613). 변호사의 사생활이 명예스럽지 못하거나 의심스러운 행위도 이에 해당될 수 있다.[7] 품위손상행위는 대개는 변호사의 직업윤리를 준수하지 않을 때 문제된다. 불성실하게 업무를 수행하거나 수임제한 등 이익충돌회피의무 위반이나 비밀유지의무 위반 및 과다한 수임료로 인한 의뢰인과의 분쟁 등이 품위손상행위의 유형으로 지적되기도 한다.[8]

(2) 변호사가 변호사법 외의 다른 법률을 위반할 수 있다. 이 경우 변호사는 일반 국민의 지위에서 해당 법률을 위반한 것에 대하여 불이익 제재를 받고, 변호사라는 전문자격사 지위에서 '품위를 손상하는 행위를 한 경우'에 해당되므로 징계처분도 받게 된다.

---

4 田中宏三, 辯護士の役割と倫理, 431면.
5 飯島 澄雄 외 1인, 辯護士倫理, 305면.
6 오종근, "변호사 징계", 법률가의 윤리와 책임, 379면.
7 A.C. Hutchinson, Legal Ethics and Professional Responsibility, p.71.
8 김재원, 미국의 법학교육과 변호사 윤리, 132면.

(3) 품위손상행위는 그 직무와 직접적인 관련이 없는 영역에서도 문제된다. 음주운전이라든가 상습도박·폭행 등의 법규위반으로 처벌을 받는 등의 행위와,[9] 사기, 부정한 방법으로 조세를 환급받거나, 중범죄로 유죄판결을 받거나, 의뢰인의 돈을 횡령하는 등의 행위가 이에 해당된다.[10] 어떤 행위가 품위손상행위에 해당되는지 여부는 변호사 징계제도의 취지에 비추어 형법이나 민법의 불법행위 규정과는 다른 관점에서 판단할 것이 요청된다.[11] 「변호사 직무에 관한 모범규칙」 Rule 8.4에서도 변호사의 품위손상행위로서의 변호사의 위법행위를 규정하고 있다. 헌법재판소는 변호사로서의 품위를 손상하는 행위를 한 경우를 징계사유로 한 변호사법 규정이 명확성원칙 및 과잉금지원칙에 위배되지 않는다고 하였다(헌재 2012. 11. 29. 2010헌바454).[12]

Ⅳ. 「변호사징계규칙」상의 징계사유 문제점

「변호사징계규칙」 제9조는 변호사법이 정하는 징계사유를 정하는 외에 추가로 "이 규칙에 의하여 출석, 경위서 및 소명자료제출 등의 요구를 받고도 2회 이상 불응한 경우"(제6호)를 두고 있다. 변호사에 대하여 불이익을 가하는 징계처분은 법률(변호사법)에 명확한 근거를 두어야 한다. 그러나 변호사법은 대한변호사협회에게 징계사유를 추가로 정할 수 있다는 위임규정을 둔 바 없다. 징계혐의 변호사는 대리인을 선임한 후 심의기일에 출석을 하지 않을 수도 있으며, 경위서와 소명자료의 제출 역시 대리인을 통해서 할 수 있다. 징계혐의자가 심의기일에 출석하여 자신에게 유리한 진술을 할 수 있고, 유리한 자료를 제출할 권리가 있는데, 변협징계위원회의 출석명령 등을 받고 이를 불응하였다는 사실을 새로운 징계사유로 삼는 것은 법률유보의 원칙에 위반하는 위헌·위법한 규정이라 할 수 있다. 징계심의 절차에 협조하지 않았다는 사유를 새로운 징계사유로 삼을 수는 없다.

---

9 대한변호사협회, 징계사례집 제4집, 261면.

10 A.C. Hutchinson, Legal Ethics and Professional Responsibility, p.72.

11 小島武司 외 3인, 法曹倫理, 269면.

12 구 변호사법 제91조 제2항 제3호의 '변호사로서의 품위'란 '기본적 인권의 옹호와 사회정의 실현을 사명으로 하는 법률 전문직인 변호사로서 그 직책을 맡아 수행해 나가기에 손색이 없는 인품'으로 그 의미내용을 합리적으로 파악할 수 있으므로 위 법률조항은 명확성원칙에 위배되지 아니한다. 또한 변호사의 전문성, 공정성, 도덕성에 대한 국민의 신뢰는 직무와 관련이 없는 행위에 의하여서도 형성되는 점, 변호사의 품위유지의무는 직무의 내외를 불문하는 점 등에 비추어 보면 구 변호사법 제91조 제2항 제3호가 직무 외의 행위까지 징계사유로 삼고 있다 하더라도 과잉금지원칙에 위배되지 아니한다(헌재 2012. 11. 29. 2010헌바454).

V. 징계사유에 관한 비판과 입법론적 제언

1. 영구제명 사유의 요건 완화의 필요성

변호사 징계종류는 영구제명과 그 외의 제명과 정직, 과태료, 견책이 있다. 먼저, 영구제명에 해당하는 징계사유는 지나치게 엄격하여 실효성을 거두기 어렵다. 영구제명을 하기 위해서는 변호사의 직무와 관련하여 2회 이상 금고 이상의 형이 확정되어야 한다. 그렇지만 현재 대한변호사협회의 징계관행은 형이 확정되면, 변호사 아닌 자에게는 징계를 할 수 없다는 이유로 징계를 하지 않고 넘어갈 수 있다. 둘째는, 또 다른 영구제명 사유는 지나치게 추상적이라 징계를 하지 않고 비리변호사의 옹호근거가 될 수 있다. 변호사법 제91조 제1항 제2호는 "2회 이상 정직 이상의 징계처분을 받은 후 변호사의 직무를 수행하는 것이 현저히 부적당하다고 인정되는 경우"로 규정한다. 변호사 직무를 수행하는 것이 현저히 부적당한 사유의 해석을 너그럽게 할 경우에는 이 요건에 해당되는 경우는 없게 된다. 그러므로 영구제명에 해당되는 징계사유로 위 요건은 삭제하는 것이 옳을 것이다.

2. 회칙위반을 징계사유로 하는 문제

(1) 소속 지방변호사회나 대한변호사협회의 회칙을 위반한 경우에는 변호사법 제90조 제2호부터 제5호까지(2. 제명, 3. 3년 이하의 정직, 4. 3천만원 이하의 과태료, 5. 견책제명) 징계사유가 된다. 변호사는 소속 지방변호사회와 대한변호사협회의 회칙을 지켜야 한다(변호사법 25). 지방변호사회와 대한변호사협회의 회칙은 ① 법무부장관의 인가를 받아 제정·개정하는 '회칙', ② 총회의 의결로 제정·개정한 후 법무부장관의 합헌성·합법성 통제를 받는 '규칙', ③ 이사회의 의결로 제정·개정하는 '규정'이 있다.

(2) 「대한변호사협회 회칙」은 '회칙'의 개정절차 및 '규칙'과 '규정'으로 정할 사항과 그 제정과 개정절차를 두고 있다. 즉, 이 회칙을 개정하고자 할 때에는 총회의 의결을 거쳐 법무부장관의 인가를 받아야 한다(제56조 제1항). 이 회는 법령에 의하여 위임 또는 위탁된 사무를 처리하고, 회칙에서 위임한 사항과 회칙을 시행하기 위한 사항을 정하기 위하여 규칙을 제정할 수 있다(제57조 제1항). 이 회는 회무를 처리하고, 규칙에서 위임한 사항과 규칙을 시행하기 위한 사항을 정하기 위하여 규정을 제정할 수 있다(제57조 제2항). 규칙은 총회의, 규정은 이사회의 의결을 거쳐 정한다(제57조 제3항).[13]

(3) '회칙과 규칙'은 변호사법이 위임하는 사항을 포함하고 있으며, 그 제정과 개정에 국가의 감독을 받기 때문에 변호사가 준수해야 할 의무가 있는 회칙의 종류에 포함된다고

---

13 「서울지방변호사회 회칙」 제55조(회칙변경), 제56조(규칙 및 규정)에서도 동일한 내용을 두고 있다.

할 수 있다. 반면, '규정'은 ① 이 회의 업무를 처리함에 있어서 준칙이 될 사항, ② 규칙에서 개별적으로 위임한 사항, ③ 규칙을 시행하기 위하여 필요한 사항을 정하며(회규관리규칙 3③), 이사회의 의결로 제정·개정한다. 따라서 '규정'은 '회칙'과 '규칙'과 달리 법무부장관의 합헌성·합법성 감독도 받지 않는다. 따라서 변호사의 징계사유에 해당하는 '회칙을 위반한 경우'에서 회칙의 종류로는 변호사의 자유와 권리를 제한하는 법규적 내용을 포함하여 '변호사법 시행규칙'(부령)과 유사한 성격을 갖는 '회칙'과 '규칙'으로 한정해야 할 것이다. 현재처럼 '규정'위반까지 회칙위반으로 징계사유로 삼는 것은 변호사단체의 자율권 행사라는 명분으로 회원인 변호사를 과도하게 통제하는 규제라 할 수 있다.

제92조 변호사징계위원회의 설치

제92조(변호사징계위원회의 설치)
① 변호사의 징계는 변호사징계위원회가 한다.
② 대한변호사협회와 법무부에 각각 변호사징계위원회를 둔다.

Ⅰ. 연 혁

(1) 1949. 11. 7. 제정된 변호사법은 법무부에 변호사징계위원회를 두는 형식을 취했다. 즉, 변호사의 징계는 징계위원회가 행한다(제19조 제1항). 징계위원회는 위원장 1인과 위원 4인으로 조직하며 그 외에 예비위원 4인을 둔다(제19조 제2항). 법무부장관은 직무상 위원장이 되며, 위원과 예비위원은 법무부 국장 이상의 직에 있는 자와 변호사 중에서 법무부장관이 동삭의 인원을 임명한다(제19조 제3항). 위원과 예비위원의 임기는 1년으로 한다(제19조 제4항).

(2) 1993. 3. 10. 개정된 변호사법은 변호사단체의 자율정화기능을 활성화하기 위하여 법무부가 관장하는 변호사징계권 중 공소제기사건 및 변협징계위원회의 결정에 대한 이의신청사건등은 법무부변호사징계위원회에서 심의하고, 새로이 대한변호사협회에 두는 변호사징계위원회는 변호사법위반사건 및 회칙위반사건등에 대하여 심의하도록 하여 변호사단체의 자율성 강화를 유도하게 되었다. 즉, 변호사의 징계는 변호사징계위원회가 행한다(제73조 제1항). 대한변호사협회와 법무부에 각각 변호사징계위원회를 둔다(제73조 제2항). 변협징계위원회는 다음 각호(① 이 법 위반사건, ② 소속 지방변호사회 또는 대한변호사협회의 회칙위반사건, ③ 변호사로서의 품위손상사건)의 징계사건을 심의한다. 다만, 형사입건되어 공소가 제기된 징계사건을 제외한다(제76조 제1항). 변협징계위원회는 징계사건이 변협징계위원회의 심의사항이

아니라고 인정한 때에는 징계사건을 법무부징계위원회에 이송하여야 한다(제76조 제2항).

(3) 1995. 12. 29. 개정된 변호사법은 변호사단체의 자치권을 확대하고 공익성을 제고하기 위하여 종전에는 공소가 제기된 변호사 징계사건과 3회 이상 징계전력자에 대한 변호사 징계사건은 법무부에서 관장하였으나 앞으로는 이를 변협에 이관하여 모든 변호사 징계사건을 변협에서 관장하도록 하고, 법무부는 변협의 징계결정에 대한 이의신청사건만 심의하도록 하여 변호사단체의 자율성을 강화하였다. 즉, 변협징계위원회는 제71조[1]의 규정에 의한 징계사유에 해당하는 징계사건을 심의한다(제76조). 법무부징계위원회는 변협징계위원회의 징계결정에 대한 이의신청사건을 심의한다(제77조).

Ⅱ. 변호사징계위원회의 설치

변호사의 징계는 변호사징계위원회가 한다(제1항). 변호사의 징계는 대한변호사협회와 법무부에 설치된 변호사징계위원회에서 한다. 대한변호사협회의 변호사징계위원회를 '변협징계위원회'라 한다. 변호사법 제정 당시에는 법무부에 둔 징계위원회에서 시심적으로 관장했다. 그 후 변호사단체의 자율성 확보의 일환으로 시심적 징계권을 대한변호사협회로 위임했다. 그 결과 변호사의 징계는 변협징계위원회를 거쳐 최종적으로는 법무부의 변호사징계위원회에서 결정되고, 이에 불복하는 경우에는 행정소송으로 다툴 수 있다. 징계처분을 받은 변호사는 형사처벌을 받기도 한다. 징계제도는 특정 조직의 내부질서유지를 위한 제재이고, 형벌은 국가법질서의 유지를 목적으로 하고 있어 양자는 그 성질을 달리하고 있다. 따라서 변호사에게 징계와 형벌을 병과하더라도 일사부재리의 원칙에 위반되는 것은 아니다. 또한 변호사가 비위사건에 관하여 형사재판이 계류 중이더라도 징계처분을 할 수도 있다.[2]

---

1 **변호사법 [법률 제5055호, 1995. 12. 29. 일부개정] 제71조(징계사유)** 변호사에 대한 징계사유는 다음 각호와 같다.

1. 이 법에 위반한 때
2. 삭제 <1995. 12. 29>
3. 소속 지방변호사회 또는 대한변호사협회의 회칙에 위반한 때
4. 직무의 내외를 막론하고 변호사로서의 품위를 손상하는 행위를 한 때

2 비위사건에 관하여 현재 형사사건으로 기소되어 재판계류 중이라 하더라도 형사사건의 귀추를 기다릴 것 없이 징계처분을 할 수 있음은 물론, 징계와 형벌은 그 권력의 기초, 목적, 내용 및 그 사유를 각각 달리하는 것이므로 형사재판의 결과는 징계사유의 인정에 방해가 되지 아니한다(대법원 1982. 9. 14. 82누46 파면처분취소).

Ⅲ. 대한변호사협회·법무부 변호사징계위원회

1. 대한변호사협회의 변호사징계위원회(변협징계위원회)

대한변호사협회와 법무부에 각각 변호사징계위원회를 둔다(제 2 항). 대한변호사협회는 변호사 및 지방변호사회를 지도·감독에 관한 사무를 하기 위하여 설립된 공법상 사단법인이고, 국가로부터 위임받은 징계권을 행사하는 행정청의 지위에 있는 공무수탁사인이라고 할 수 있다. 따라서 변협징계위원회의 징계는 항고소송으로 그 위법 여부를 다툴 수 있는 행정소송법상의 처분에 해당한다. 법무부 변호사징계위원회의 징계결정이나 기각결정은 그 판단주체 및 기능으로 보아 행정심판이라고 보는 헌법재판소의 결정(헌재 2002. 2. 28. 2001헌가18)에 비춰보더라도 변협징계위원회의 징계결정은 원처분에 해당된다. 그리고 변호사에 대한 징계처분은 형법 제156조(무고)에서 정하는 '징계처분'에 포함된다고 봄이 상당하고, 징계 개시의 신청권이 있는 지방변호사회의 장은 형법 제156조에서 정한 '공무소 또는 공무원'에 포함된다(대법원 2010. 11. 25. 2010도10202 무고).

2. 법무부 변호사징계위원회

법무부 변호사징계위원회는 변협징계위원회의 징계결정에 대하여 이의신청을 받아 원처분인 변협징계위원회 징계결정이 적정한지 여부를 심판한다. 헌법재판소는 법무부 변호사징계위원회의 징계결정은 행정심판의 성격을 갖는다고 판시한 바 있다. 대한변호사협회 변호사징계위원회나 법무부 변호사징계위원회의 징계에 관한 결정은 비록 그 징계위원 중 일부로 법관이 참여한다고 하더라도 이를 헌법과 법률이 정한 법관에 의한 재판이라고 볼 수 없으므로, '법무부 징계위원회의 결정에 대하여 불복이 있는 징계혐의자는 그 통지를 받은 날부터 7일 이내에 대법원에 즉시항고를 할 수 있다'는 구 변호사법(2000. 1. 28. 법률 제6207호로 개정된 것) 제100조 제 4 항은 헌법에 위반된다는 결정이 있다(헌재 2002. 2. 28. 2001헌가18).

Ⅳ. 대한변호사협회의 변호사 징계권, 국가로 환원 검토 필요성

1. 대한변호사협회의 복수화 관련 징계권 논의

(1) 국회는 1999. 12. 17. 대한변호사협회와 같은 변호사단체를 복수화하고, 가입 여부에 대해서도 임의화할 경우의 문제점에 대하여 부정적인 입장을 논의한 바 있다.[3] 즉, 변호사

3 국회사무처, 제208회국회 법제사법위원회 회의록 제16호(1999. 12. 17) 5면.

단체는 그동안 시국과 관련한 각종 성명발표와 부천서 성고문사건 진상조사 등 각종 인권활동을 통하여 국가권력의 남용을 견제하고 정부에 대한 비판적 기능을 수행함으로써 국민의 인권옹호와 민주발전에 상당한 기여를 해왔는 바, 변호사단체의 임의화·복수화에 따른 필연적 결과로 변호사 등록·징계권이 국가로 환수되는 경우에는 이러한 대정부 비판 기능의 위축을 초래함은 물론, "법조삼륜"의 한 축인 검찰을 지휘·감독하는 법무부가 변호사에 대한 징계권을 행사하게 됨으로써 법원·검찰·변호사단체 3자의 견제·균형은 무너지고 그 결과 국민의 인권옹호에도 부정적 결과를 초래하게 될 것이다.

(2) 그러나 현재는 대한변호사협회를 복수화하고, 가입 여부를 임의화하자는 논의는 존재하지 않는다. 지방변호사회 역시 마찬가지다. 다만, 서울특별시에는 서울지방변호사회 단 1개의 변호사회가 설치되어 있으며, 이곳에 전국 변호사의 75% 정도가 회원으로 가입되어 있다. 따라서 서울특별시에 설치된 지방법원 관할구역마다 지방변호사회를 추가로 설치해야 하는 필요성은 있다.

2. 대한변호사협회에 변호사 징계권 이관 배경

1993. 3. 10. 개정된 변호사법은 변호사징계권의 일부를 대한변호사협회로 이관하였다. 정부가 제안한 변호사법 개정이유는 "변호사단체의 자율정화기능을 활성화하기 위하여 현재 법무부가 관장하고 있는 변호사징계권의 일부를 대한변호사협회에 이관"한다고 했다. 그리하여 법무부가 관장하는 변호사 징계권 중 공소제기사건 및 변협징계위원회의 결정에 대한 이의신청 사건등은 법무부변호사징계위원회에서 심의하고, 새로이 대한변호사협회에 두는 변호사징계위원회는 변호사법위반 사건 및 회칙위반 사건등에 대하여 심의하도록 하여 변호사단체의 자율성 강화를 유도한다고 하였다. 이처럼 변호사의 징계를 2원화시킨 것은 법무부와 대한변호사협회의 타협의 결과라고도 한다. 그때 변호사법 제73조는 변호사징계위원회의 설치에 관하여 다음과 같은 규정을 두었다. ① 변호사의 징계는 변호사징계위원회가 행한다. ② 대한변호사협회와 법무부에 각각 변호사징계위원회를 둔다.

3. 다른 전문자격사에 대한 주무부처의 징계권 행사

변호사를 제외한 다른 전문자격사(세무사, 변리사, 공인회계사, 법무사, 관세사, 의사 등)는 자격등록에서부터 징계처분까지 주무 부처가 담당하고 있다. 세무사의 등록과 등록의 취소 업무는 기획재정부장관이 직접 관장한다(세무사법 6, 7). 변리사의 등록과 등록거부 및 등록취소의 업무를 특허청장이 직접 관장한다(변리사법 5, 5의2, 5의3). 관세사도 등록과 등록거부 및 등록취소 업무를 관세청장이 관장하고 있다(관세법 7, 7의2, 8). 공인회계사도 등록과 등록거부 및 등록취소 업무를 금융위원회가 직접 관장한다(공인회계사법 7, 8, 9). 보건복지부장관은 의료인이 다음 각 호의 어느 하나에 해당할 경우에는 그 면허를 취소할 수 있다(의료법 65 ①). 그리고 세무사 등의 자격사에 대한 징계권도 주무부처의 장이 행사한다. 기획재정부장관은 세무사가 다음 각 호의 어느 하나에 해당하면 세무사징계위원회의 의결에 따라 제2항에서 정하는 징계를 명할 수 있다(세무사법 17①). 관세사에 대한 징계처분 사항을 심의·의결하기 위하여 관세청에 관세사자격심의·징계위원회를 둔다(관세사법 6의4①). 특허청장은 변리사가 이 법 또는 이 법에 따른 명령을 위반하는 행위를 하였을 때에는 위원회의 의결에 따라 징계를 할 수 있다(변리사법 17①). 지방법원장은 법무사가 다음 각 호의 어느 하나에 해당하면 제49조에 따른 법무사징계위원회에 징계의결을 요구하고 그에 따라 징계처분을 하여야 한다(법무사법 48①).

4. 대한변호사협회의 징계권, 법무부로 환원 필요성

(1) 변호사에 대한 징계권이 대한변호사협회에 완전하게 이관된 지 30년이 되었다. 그 사이에 우리나라의 정치·경제·사회의 변화가 있었다. 인권이 위협받던 군부의 권위주의 정부가 물러가고 민주화된 사회가 되었다. 변호사가 과거처럼 민주화운동을 하는 사람을 변호한 행위로 정부의 탄압을 받게 될 우려도 사라졌다. 이제 변호사는 정부나 수사기관 및 법원의 권한남용과 같은 위법행위를 감시·비판하는 역할을 거리낌 없이 충실하게 할 수 있게 되었다. 특히 검찰이 수사기관의 성격보다 수사의 통제기관으로 형사법제가 변경됨에 따라 검찰의 상급기관인 법무부가 변호사와 긴장관계에 있을 가능성도 없어졌다.

(2) 대한변호사협회에 변호사에 대한 징계권을 부여한 것은 변호사단체의 자율권 내지 자치권을 보장하고, 회원인 변호사들을 국가권력으로부터 보호하려는 차원이었다. 그러나 현재는 변호사가 수사나 재판, 각종 행정처분 등과 관련된 국가기관의 권력남용을 감시하는 활동을 하는데 제한을 받지 않고 자유롭게 할 수 있다. 따라서 변호사에 대한 징계권 행사는 엄정해야 하고, 제식구 감싸기와 같은 폐단도 사라져야 한다. 대한변호사협회가 행사하는 징계권을 변호사의 기본권을 가장 강하게 제한하는 준사법작용에 해당되기 때문에 국가기관이 신중하게 행사해야 한다. 다른 전문자격사 단체도 개별법률에서 상당한 자율권 행사를 부여받고 있으면서도 징계권은 주무부처에서 행사하고 있다. 국가기관이 징계권을 행사한다고 하여 전문자격사의 업무수행에 어떤 제약을 받는 것도 아니다. 법령을 위반한 비리 전문자격사를 징계하여 그 자격사제도의 신뢰를 제고시키고 있다.

(3) 변호사 징계권이 법무부로 환원되면 검사와의 법정 변론의 제약을 받는다거나, 국가를 상대로 한 업무수행에 제약을 받는다는 주장도 있을 수 있다. 그러나 이는 과거 군사

정권 시절의 우려를 말하는 것에 불과하다. 변호사법 제97조의2 제 1 항은 “지방검찰청검사장 또는 고위공직자범죄수사처장은 범죄수사 등 업무의 수행 중 변호사에게 제91조에 따른 징계 사유가 있는 것을 발견하였을 때에는 대한변호사협회의 장에게 그 변호사에 대한 징계개시를 신청하여야 한다”라고 규정하고 있다. 이 규정에 따라 전국에 있는 지방검찰청검사장은 변호사가 법을 위반한 경우(변호사법상 금지되는 사건수임, 사건의 소개와 알선에 대한 금품제공 등, 음주운전이나 도박과 같은 품위훼손행위)에 대한변호사협회장에게 징계개시를 신청하여 왔다. 그러는 과정에서 지방검찰청검사장이 오로지 변호사의 법정변론을 문제삼아 법 위반 사실이 없음에도 징계개시를 신청한 사례는 없다. 따라서 변호사에 대한 징계권이 법무부로 환원되더라도 변호사의 적법한 업무수행을 문제삼아 징계를 하는 경우는 상상할 수 없다.

(4) 과거와 달리 대한변호사협회 협회장의 선출이 직선제로 변경됨에 따라 징계권도 법적인 차원이 아닌 정치적인 측면에서 오히려 회원들을 규제하는 도구로 악용될 가능성이 커졌다. 이는 변호사에 대한 징계사유가 회칙위반한 경우까지 포함되어 회칙의 종류와 상관이 없이 준수의무가 부과되고, 이를 위반시에는 징계처분을 할 수 있다. 대한변호사협회가 2021. 5. 3. 개정한「변호사 광고에 관한 규정」제 4 조 는 협회의 유권해석에 반하는 내용의 광고 금지를 규정하였는데, 헌법재판소는 재판관 9인 만장일치로 위헌결정을 하였다.[4] 협회장의 법령에 대한 의견에 불과한 ‘유권해석’으로 변호사의 광고의 자유를 제한하는 회칙을 개정하여 이를 위반할 때는 징계사유로 삼고자 한 것이다. 변호사단체 집행부를 구성하는 임원들이 회원들을 위헌, 위법하게 통제할 수 있는 수단으로 징계권을 남용할 위험성도 증가하였음을 말해주는 사례이다. 따라서 이제는 다른 전문자격사와 마찬가지로 대한변호사협회의 회원인 변호사에 대한 징계권은 법무부로 환원하는 것을 검토할 시점이 되었다.

4 헌재 2022. 5. 26. 2021헌마619 변호사 광고에 관한 규정 제 3 조 제 2 항 등 위헌 확인.

제92조의2 조사위원회의 설치

> 제92조의2(조사위원회의 설치)
> ① 변호사의 징계혐의사실에 대한 조사를 위하여 대한변호사협회에 조사위원회를 둔다.
> ② 조사위원회는 필요하면 관계 기관·단체 등에 자료 제출을 요청할 수 있으며, 당사자나 관계인을 면담하여 사실에 관한 의견을 들을 수 있다.
> ③ 조사위원회의 구성과 운영 등에 관하여 필요한 사항은 대한변호사협회가 정한다.

Ⅰ. 연 혁

2007. 1. 26. 개정된 변호사법은 대한변호사협회에 변호사의 징계혐의사실에 대한 조사를 위하여 조사위원회를 신설했다. 즉, 변호사의 징계혐의사실에 대한 조사를 위하여 대한변호사협회에 조사위원회를 둔다(제92조의2 제1항). 조사위원회는 필요한 경우에는 관계 기관·단체 등에 대하여 자료의 제출을 요청할 수 있으며, 당사자 또는 관계인을 면담하여 사실에 관한 의견을 청취할 수 있다(제92조의2 제2항). 조사위원회의 구성 및 운영 등에 관하여 필요한 사항은 대한변호사협회가 정한다(제92조의2 제3항).

Ⅱ. 징계혐의사실 조사를 위한 조사위원회

(1) 변호사의 징계혐의사실에 대한 조사를 위하여 대한변호사협회에 조사위원회를 둔다(제1항). 대한변호사협회의 장은 변호사가 제91조에 따른 징계사유에 해당하면 변협징계위원회에 징계개시를 청구하여야 한다(변호사법 97). 대한변호사협회의 장은 징계개시의 청구 여부를 결정하기 위하여 필요하면 조사위원회로 하여금 징계혐의사실에 대하여 조사하도록 할 수 있다(변호사법 97의4②). 보다 상세한 조사위원회 회부 절차는 「변호사징계규칙」에

규정되어 있다.

(2) 대한변호사협회장은 징계개시를 청구하기 전에 조사위원회로 하여금 징계혐의사실에 대한 조사를 한 후 그 결과를 보고하도록 할 수 있다(변호사징계규칙 38, 41①). 조사위원회의 조사를 반드시 거쳐야 하는 것은 아니다. 징계혐의 사실을 보다 상세히 특정하고 그 사실이 징계사유에 해당하는지 여부를 판단할 필요가 있을 때 조사위원회에 회부할 수 있다. 조사위원회에 회부여부는 대한변호사협회장이 결정한다. 대한변호사협회장은 징계개시청구권의 공정한 행사를 위하여 절차의 지연이 예상되지 않는다면 조사위원회의 조사를 거칠 필요가 있다. 대한변호사협회장은 반드시 조사위원회로 하여금 징계사실을 조사하도록 하여야 한다는 견해도 있는데,[1] 입법론으로는 수긍할 수 있다. 조사위원회의 조사는 징계개시청구 전이 원칙이지만, 징계가 청구된 후에도 가능하다.

(3) 변협징계위원회 역시 조사위원회로 하여금 징계혐의사실 존재 여부에 대한 조사를 요청할 수 있다(변호사법 95②). 조사위원회는 징계혐의사실의 존재유무를 조사하여 대한변호사협회장 또는 변협징계위원회에 보고하는 보조기관에 해당된다. 조사위원회는 협회장의 요구가 있거나 변호사에게 징계사유에 해당하는 혐의가 있다고 인정될 때에는 혐의유무에 대하여 조사를 한 후 그 결과를 협회장에게 보고하여야 한다(변호사징계규칙 38①). 징계청구를 함이 타당하지 않다는 조사결과 내지 의결내용에 대한변협회장이 구속되는지 문제된다. 조사위원회는 협회장의 징계개시청구권을 보조하기 위한 자체적인 보좌기관에 지나지 않으므로 대한변호사협회장은 독자적으로 징계개시청구를 할 수 있다고 하겠다.

Ⅲ. 조사위원회의 관계 기관·단체 등에 자료 제출 요청 등

(1) 조사위원회는 필요하면 관계 기관·단체 등에 자료 제출을 요청할 수 있으며, 당사자나 관계인을 면담하여 사실에 관한 의견을 들을 수 있다(제 2 항). 조사위원회는 징계혐의 사실을 확인하기 위하여 필요하면 관계기관이나 단체에 자료 제출을 요청할 수 있다. 지방검찰청검사장 또는 고위공직자범죄수사처장은 범죄수사 등 업무의 수행 중 변호사에게 제91조에 따른 징계 사유가 있는 것을 발견하였을 때에는 대한변호사협회의 장에게 그 변호사에 대한 징계개시를 신청하여야 한다(변호사법 97의2①). 지방변호사회의 장이 소속 변호사에게 제91조에 따른 징계 사유가 있는 것을 발견한 경우에도 제 1 항과 같다(변호사법 97의2②). 윤리협의회의 위원장은 공직퇴임변호사(특정변호사, 퇴직공직자를 채용한 법무법인등 관련자)에게 제91조에 따른 징계사유나 위법의 혐의가 있는 것을 발견하였을 때에는 대한변호사협회

1 이상수, 법조윤리의 이론과 실제, 414면.

의 장이나 관할 수사기관의 장에게 그 변호사에 대한 징계개시를 신청하거나 수사를 의뢰할 수 있다(변호사법 89의4④, 89의5③, 89의6⑤). 따라서 지방검찰청검사장 또는 고위공직자범죄수사처장에게 범죄혐의 자료를, 법조윤리협의회 위원장에게는 공직퇴임변호사나 특정변호사의 수임자료를 그리고 지방변호사회장에게 의뢰인의 징계청원 자료 제출을 요청할 수 있다. 또한 조사위원회는 징계개시를 청원한 자 등을 면담할 수 있다. 조사위원회는 징계혐의 변호사를 면담할 수 있으며, 징계청원 또는 재청원인도 만나 의견을 청취할 수 있다. 이를 통하여 확인하고자 하는 바는 징계혐의 '사실에 관한 의견'이다.

(2) 대한변호사협회는 2014. 2. 24. 「변호사징계규칙」의 개정을 통하여 변호사에 대한 징계개시신청 사건 및 재청원 사건에 대한 조사위원회의 업무를 처리함에 있어, 피신청인 및 피청원인에 대한 경위서 등을 요청하는 규정을 명시적으로 적시하고, 「개인정보보호법」에 위반될 소지가 있는 사항을 검토하여 징계규칙에 반영함으로써 개인정보보호에 관한 분쟁 등을 방지하고자 하였다.

(3) 조사위원회는 변호사법 제89조의4 제4항, 제89조의5 제3항, 제89조의6 제5항, 동법 제97조의2, 이 규칙 제11조에 의한 징계개시 신청서를 접수한 때에는 징계개시신청서의 부본을 첨부하여 피신청인에게 경위서 및 소명자료 제출을 요구할 수 있다(변호사징계규칙 41의2①). 조사위원회는 변호사법 제97조의3 제3항, 이 규칙 제12조 제3항에 의한 재청원서를 접수한 때에는 재청원서의 부본을 첨부하여 피청원인에게 경위서 및 소명자료 제출을 요구할 수 있다(변호사징계규칙 41의2②).

Ⅳ. 조사위원회의 구성과 운영 등에 관하여 필요한 사항

(1) 조사위원회의 구성과 운영 등에 관하여 필요한 사항은 대한변호사협회가 정한다(제3항). 대한변호사협회는 「변호사징계규칙」을 제정하여 조사위원회의 구성과 운영에 관하여 필요한 사항을 정하고 있다. 조사위원회는 10인 이상 50인 이내의 조사위원으로 구성하며(변호사징계규칙 37②), 조사위원은 협회장의 추천으로 이사회에서 선출한다(규칙 37③). 위원의 임기는 2년으로 하며(규칙 37④), 조사위원회는 위원장이 소집한다(규칙 40①). 조사위원회는 재적위원 과반수의 출석과 출석위원 과반수의 찬성으로 결정한다(규칙 40③).

(2) 협회장은 조사위원회의 결정 또는 결과보고에 대하여 재조사를 요구할 수 있다(규칙 40⑤). 조사위원회는 징계혐의사실에 대한 조사를 한 후 그 결과를 조사기록과 함께 협회장에게 보고하여야 한다(규칙 41③). 조사위원회는 징계위원회로부터 징계혐의사실에 대한 조사 요청을 받은 경우 이를 조사하여 그 결과를 징계위원회에 보고하여야 한다(규칙 41④). 협

회장은 조사위원회에 조사를 '요구'할 수 있다고 하고, 징계위원회는 이를 '요청'할 수 있다고 달리 표현하고 있지만 그 취지는 동일하다.

(3) 징계개시 신청인은 대한변호사협회의 장이 징계개시의 신청을 기각하거나 부작위 상태에 있을 때는 변협징계위원회에 이의신청할 수 있다. 징계개시 신청인은 대한변호사협회의 장이 징계개시의 신청을 기각하거나 징계개시의 신청이 접수된 날부터 3개월이 지나도 징계개시의 청구 여부를 결정하지 아니하면 변협징계위원회에 이의신청을 할 수 있다. 이 경우 이의신청은 제97조의4 제 3 항에 따른 통지를 받은 날 또는 징계개시의 신청이 접수되어 3개월이 지난 날부터 14일 이내에 하여야 한다(변호사법 97의5①). 변협징계위원회는 제 1 항에 따른 이의신청이 이유 있다고 인정하면 징계절차를 개시하여야 하며, 이유 없다고 인정하면 이의신청을 기각하여야 한다(변호사법 97의5②). 변협징계위원회는 징계개시의 청구를 받거나 제97조의5 제 2 항에 따라 징계 절차를 개시한 날부터 6개월 이내에 징계에 관한 결정을 하여야 한다. 다만, 부득이한 사유가 있을 때에는 그 의결로 6개월의 범위에서 기간을 연장할 수 있다(변호사법 98의①). 변협징계위원회는 징계사유의 심의를 위하여 필요하면 조사위원회에 징계혐의사실에 대한 조사를 요청할 수 있다(변호사법 95②). 조사위원회는 징계위원회로부터 징계혐의사실에 대한 조사 요청을 받은 경우 이를 조사하여 그 결과를 징계위원회에 보고하여야 한다(규칙 41④).

V. 지방변호사회 조사위원회

지방변호사회장은 소속 변호사에게 징계사유가 있는 것을 발견한 경우에는 대한변호사협회의 장에게 징계개시를 신청하여야 한다(변호사법 97의2②). 이에 따라 지방변호사회에도 조사위원회를 두고 있다. 서울지방변호사회 회칙 제46조는 회장이 징계개시를 신청할 때의 절차를 규정하고 있다. ① 회장은 변호사인 회원(휴업회원 포함)의 징계사유가 있다고 인정될 때에는 대한변호사협회장에게 징계개시의 신청을 하여야 한다. ② 회장이 제 1 항에 의하여 징계개시신청을 하기 위해서는 조사위원회로 하여금 사실과 증거를 조사하게 하여야 한다. 다만, 임원선거 관련 회규를 위반한 회원에 대해 선거관리위원회가 징계개시신청을 요청한 때에는 조사위원회에 회부하지 아니하고 징계개시신청을 할 수 있다. ③ 조사위원회의 조직 및 운영에 관하여 필요한 사항은 규칙으로 정한다. 이에 따라 「조사위원회규칙」을 제정·시행하고 있다.

第93조 대한변호사협회 변호사징계위원회의 구성

第93조(대한변호사협회 변호사징계위원회의 구성)

① 대한변호사협회 변호사징계위원회(이하 "변협징계위원회"라 한다)는 다음 각 호의 위원으로 구성한다.

1. 법원행정처장이 추천하는, 판사 1명과 변호사가 아닌 경험과 덕망이 있는 자 1명
2. 법무부장관이 추천하는, 검사 1명과 변호사가 아닌 경험과 덕망이 있는 자 1명
3. 대한변호사협회 총회에서 선출하는 변호사 3명
4. 대한변호사협회의 장이 추천하는, 변호사가 아닌 법학 교수 및 경험과 덕망이 있는 자 각 1명

② 변협징계위원회에 위원장 1명과 간사 1명을 두며, 위원장과 간사는 위원 중에서 호선한다.

③ 제1항의 위원을 추천하거나 선출할 때에는 위원의 수와 같은 수의 예비위원을 함께 추천하거나 선출하여야 한다.

④ 변호사의 자격을 취득한 날부터 10년이 지나지 아니한 자는 위원장이나 판사·검사·변호사인 위원 또는 예비위원이 될 수 없다.

⑤ 위원과 예비위원의 임기는 각각 2년으로 한다.

⑥ 변협징계위원회의 위원 및 예비위원은 제94조에 따른 법무부징계위원회의 위원 및 예비위원을 겸할 수 없다.

I. 연 혁

(1) 1993. 3. 10. 개정된 변호사법은 변호사단체의 자율정화기능을 활성화하기 위하여 법무부가 관장하는 변호사징계권 중 공소제기사건 및 변협징계위원회의 결정에 대한 이의신청사건등은 법무부변호사징계위원회에서 심의하고, 변호사법위반사건 및 회칙위반사건등에 대하여는 대한변호사협회에 변호사징계위원회를 신설하여 심의하도록 하였다. 즉, 대한변호사협회 변호사징계위원회(이하 "변협징계위원회"라 한다)는 위원장 1인과 위원 6인으로 구성하며, 예비위원 6인을 둔다(제74조 제1항). 위원장·위원 및 예비위원은 총회에서 각각

선출한다(제74조 제 2 항). 변호사의 자격을 취득한 날부터 10년을 경과하지 아니한 자는 위원장·위원 및 예비위원이 될 수 없다(제74조 제 3 항). 위원장·위원 및 예비위원의 임기는 각각 2년으로 한다(제74조 제 3 항). 변협징계위원회의 위원장·위원 및 예비위원은 법무부변호사징계위원회의 위원 및 예비위원을 겸할 수 없다(제74조 제 4 항). 변협징계위원회의 구성과 운영 기타 필요한 사항은 대한변호사협회가 이를 정한다(제74조 제 5 항).

(2) 1995. 12. 29. 개정된 변호사법은 종전의 변협변호사징계위원회는 변호사들로만 구성하였으나 앞으로는 판사·검사·법학교수 및 민간인도 위원으로 위촉하도록 함으로써 변협변호사징계위원회의 공정성과 공익성을 제고하였다.[1] 즉, 대한변호사협회 변호사징계위원회(이하 "변협징계위원회"라 한다)는 법원행정처장이 추천하는 판사 1인, 법무부장관이 추천하는 검사 1인, 대한변호사협회 총회에서 선출하는 변호사 5인, 대한변호사협회의 장이 추천하는 법과대학교수 및 경험·덕망이 있는 자 각 1인의 위원으로 구성한다(제74조 제 1 항). 변협징계위원회에 위원장 1인과 간사 1인을 두며, 위원장과 간사는 위원중에서 호선한다(제74조 제 2 항). 제 1 항의 위원을 추천 또는 선출하는 때에는 위원과 동수의 예비위원을 함께 추천 또는 선출하여야 한다(제74조 제 3 항). 변호사의 자격을 취득한 날부터 10년을 경과하지 아니한 자는 위원장이나 판사·검사·변호사인 위원 또는 예비위원이 될 수 없다(제74조 제 4 항). 위원과 예비위원의 임기는 각각 2년으로 한다(제74조 제 5 항). 변협징계위원회의 위원 및 예비위원은 법무부변호사징계위원회의 위원 및 예비위원을 겸할 수 없다(제74조 제 6 항). 변협징계위원회의 구성·운영에 관하여 기타 필요한 사항은 대한변호사협회가 정한다(제74조 제 7 항).

(3) 2007. 1. 26. 개정된 변호사법은 종전의 제74조 제 7 항 '변협징계위원회의 구성·운영 등에 관하여 필요한 사항은 대한변호사협회가 정한다'는 규정을 삭제했다. 그리고 변호사의 징계에 관하여 검사징계법을 준용한다는 규정을 삭제하고 신설한 제101조 제 2 항으로 이동시켰다.[2] 즉, 변협징계위원회의 운영 등에 관하여 필요한 사항은 대한변호사협회가 정한다(제101조 제 1 항).

(4) 2017. 12. 19. 개정된 변호사법은 대한변호사협회 변호사징계위원회에 변호사가 아닌 자의 참여를 확대하기 위하여 법원행정처장과 법무부장관이 각각 추천하는 판사 및 검사 위원을 각 2명에서 각 1명으로 줄이고, 변호사 아닌 경험과 덕망 있는 자 각 1명을 추가

---

1 **변호사법 [시행 1996. 6. 30.] [법률 제5055호, 1995. 12. 29. 일부개정]**
[제·개정이유] 종전에는 공소가 제기된 변호사 징계사건과 3회 이상 징계전력자에 대한 변호사 징계사건은 법무부에서 관장하였으나 앞으로는 이를 변협에 이관하여 모든 변호사 징계사건을 변협에서 관장하도록 하고, 법무부는 변협의 징계결정에 대한 이의신청사건만 심의하도록 하여 변호사단체의 자율성을 강화함.

2 **변호사법 [법률 제6207호, 2000. 1. 28. 전부개정] 제101조**(다른 법률의 준용) 변호사의 징계에 관하여 이 법에 정한 사항을 제외하고는 검사징계법을 준용한다.

하였다(제93조 제 1 항).

Ⅱ. 대한변호사협회 변호사징계위원회(변협징계위원회)의 구성

1. 변협징계위원회의 위원구성

대한변호사협회 변호사징계위원회(이하 "변협징계위원회"라 한다)는 다음 각 호의 위원으로 구성한다(제 1 항). 대한변호사협회는 변호사등록과 감독 및 징계 등의 직무를 국가로부터 위탁받아 수행하는 공공단체이다. 그리고 변협징계위원회는 국가로부터 위탁받은 징계권을 행사하는 의결기관에 해당된다.

2. 변협징계위원회의 외부 위원 증원

2017. 12. 19. 개정된 변호사법은 대한변호사협회 변호사징계위원회에 변호사가 아닌 자의 참여를 확대하기 위하여 법원행정처장과 법무부장관이 각각 추천하는 판사 및 검사 위원을 각 2명에서 각 1명으로 줄이고, 변호사 아닌 경험과 덕망 있는 자 각 1명을 하였다. ① 법원행정처장이 추천하는 판사1명과 변호사가 아닌 경험과 덕망이 있는 자 1명, ② 법무부장관이 추천하는 검사1명과 변호사가 아닌 경험과 덕망이 있는 자 1명, ③ 대한변호사협회 총회에서 선출하는 변호사 3명, ④ 대한변호사협회의 장이 추천하는 변호사가 아닌 법학 교수 및 경험과 덕망이 있는 자 각 1명으로 구성된다.

변호사 징계에 관한 결정은 의원 과반수의 찬성으로써 의결하게 되어 있다(변호사법 98의4). 「변호사징계규칙」은 의결정족수를 재적의원 과반수의 찬성으로 구체화하고 있는데(변호사징계규칙 31②), 기존에는 변호사 아닌 법학교수 1인과 경험과 덕망이 있는 자 1인의 의견은 징계결정에 전혀 영향을 미칠 수 없는 구조였다. 과거에는 국가로부터 변호사자치권 확보가 과제였지만, 오늘날은 비리변호사로부터 국민을 보호해야 하는 것도 중요한 문제가 되었다. 따라서 변협징계위원회의 위원을 구성함에 있어서 판사와 검사 각 1명을 변호사가 아닌 경험과 덕망이 있는 자 각 1명씩으로 추천하게 하는 변화를 주었다. 이렇게 외부위원의 비중이 높인 것은 징계처분에 대한 엄정성과 공정성을 도모하고자 함이다. 그리고 대한변호사협회 총회에서 선출하는 변호사 3명도 2명으로 줄이고 외부위원으로 구성할 필요가 있다.

Ⅲ. 변협징계위원회 위원장과 간사

변협징계위원회에 위원장 1명과 간사 1명을 두며, 위원장과 간사는 위원 중에서 호선한다(제 2 항). 변협징계위원회에는 위원장 1명을 둔다. 위원장은 위원 중에서 호선한다. 그러나 「변호사징계규칙」은 이와 달리 정하고 있다. 위원장은 변호사인 위원 중에서 협회장이 추천한 위원 중에서 선임한다(변호사징계규칙 2④). 이 규정은 변호사를 위원장으로 하려는 것으로 위원 중에서 위원장을 호선하라는 변호사법을 위반한 것에 해당되므로 향후 개정되어야 한다. 위원장은 징계위원회를 대표하며 징계위원회 업무를 통할한다(규칙 4①). 징계위원회는 위원장이 소집한다(규칙 6①). 협회장 또는 위원 2인 이상의 소집요구가 있을 때에는 위원장은 징계위원회를 소집하여야 한다(규칙 6②).

징계위원회에 간사 1인과 서기 약간인을 둔다(규칙 4③). 간사는 위원 중에서 호선하며(규칙 4④), 위원장의 명을 받아 징계위원회의 심의에 참여하여 의사록 등을 작성한다(규칙 4⑤).

Ⅳ. 변협징계위원회 예비위원

제 1 항의 위원을 추천하거나 선출할 때에는 위원의 수와 같은 수의 예비위원을 함께 추천하거나 선출하여야 한다(제 3 항). 변협징계위원회는 위원과 같은 수의 예비위원을 두어야 한다. 위원을 추천하는 법원행정처장과 법무부장관은 2명의 위원과 함께 같은 수의 예비위원도 추천해야 한다.[3] 변호사인 위원 및 예비위원은 총회에서 선출하고, 법학 교수 및 경험과 덕망이 있는 자인 위원 및 예비위원은 협회장이 상임이사회의 심의를 거쳐 위촉한다(규칙 2②).

예비위원은 위원이 사고, 결원, 제척, 기피, 회피 등의 사유로 직무를 수행할 수 없을 때 같은 자격으로 위촉된 예비위원이 그 직무를 대행한다. 그러므로 법원행정처장이 추천한 판사 위원 1명이 직무수행을 할 수 없을 때는 함께 추천했던 예비위원 중 1명이 그 직무를 수행한다. 판사, 검사, 변호사인 예비위원의 직무대행 순서는 위원장이 지정한다(규칙 2⑦). 위원장, 위원 및 예비위원에 결원이 생겼을 때에는 조속히 위촉하거나 선출하여야 한다(규칙 2⑥). 예비위원이 직무수행 중 결원된 위원이 위촉되거나 선출된 때에는 그 위원이 직무를 승계한다고 볼 것이다. 예비위원 역시 위원장, 위원과 같이 제척, 기피, 회피 규정이

---

3 예비위원은 신속한 징계를 위하여 각종 징계위원회에서 두고 있다. 법관에 대한 징계사건을 심의·결정하기 위한 법관징계위원회는 위원장 1명과 위원 6명으로 구성하고, 예비위원 3명을 둔다(법관징계법 4①). 검사의 징계 사건을 심의하기 위하여 법무부에 두는 검사 징계위원회는 위원장 1명을 포함한 7명의 위원으로 구성하고, 예비위원 3명을 둔다(검사징계법 4).

적용된다(규칙 3①).

V. 위원장이나 판사·검사·변호사인 위원 또는 예비위원 자격

변호사의 자격을 취득한 날부터 10년이 지나지 아니한 자는 위원장이나 판사·검사·변호사인 위원 또는 예비위원이 될 수 없다(제4항). 판사, 검사, 변호사인 위원 및 예비위원은 변호사자격을 취득한 날부터 10년을 경과한 자이어야 한다. 변호사자격을 취득하고 곧바로 판사, 검사로 재직하거나 변호사 개업을 할 수도 있지만, 그렇지 않은 경우도 있다. 변호사 징계처분의 중요성에 비추어 실제로 판사, 검사로 재직하거나 변호사로 개업한 지 10년이 경과한 자로 개정할 필요성이 있다.

「변호사징계규칙」은 변호사인 위원 및 예비위원은 변호사로서 5년 이상 개업한 경력을 요구하고 있다(제2조 제3항). 변호사의 징계를 심도 있게 심의하기 위해서 필요한 최소한의 변호사 개업경력을 요구하고 있다. 위원 중에서 변호사자격을 취득한 날부터 10년이 지나지 아니한 위원이 참여한 가운데 징계결정이 있었다면, 의결기관 구성원의 자격 흠결을 이유로 그 처분은 취소사유가 될 수 있다.

VI. 위원과 예비위원 임기

위원과 예비위원의 임기는 각각 2년으로 한다(제5항). 위원장, 위원 및 예비위원의 임기는 2년으로 한다. 다만 보선된 위원장, 위원 및 예비위원의 임기는 전임자의 잔임기간으로 한다(규칙 2⑤). 임기의 개시는 판사, 검사는 추천된 날부터, 변호사는 총회에서 선출된 날부터, 법학 교수 및 경험과 덕망이 있는 자는 협회장으로부터 위촉받은 날부터 시작된다. 추천이나 선출된 후 첫 징계위원회 개최일로 볼 수도 있지만, 징계혐의자가 없으면 위원회는 소집되지 않는다.

VII. 변협징계위원회 위원·예비위원의 법무부징계위원회 위원·예비위원 겸직 금지

변협징계위원회의 위원 및 예비위원은 제94조에 따른 법무부징계위원회의 위원 및 예비위원을 겸할 수 없다(제6항). 변협징계위원회의 위원 및 예비위원은 동시에 법무부징계위원회의 위원 및 예비위원이 될 수 없다. 변협징계위원회의 위원 및 예비위원을 추천하는 법원행정처장·법무부장관이 동일인을 법무부징계위원회의 위원 또는 예비위원으로 동시에 추천할 수 없다. 변호사인 위원 및 예비위원 역시 같다. 두 위원회의 위원 임기가 겹쳐서는 아니 된다.

법무부징계위원회는 변협징계위원회의 상급기관으로 이의신청 사건을 관할하는 행정심판기관의 지위에 있다. 따라서 원처분을 한 징계위원이 행정심판 기관의 위원이 될 수는 없다. 행정심판의 절차도 사법절차가 준용되어야 한다(헌법 107③). 따라서 변호사의 징계에서도 서로 다른 심판관들에 의한 심급의 이익을 제공해야 한다. 변협징계위원회의 위원 및 예비위원의 임기가 종료된 후에는 법무부징계위원회의 위원 및 예비위원이 될 수 있다.

제94조 법무부 변호사징계위원회의 구성

제94조(법무부 변호사징계위원회의 구성)

① 법무부 변호사징계위원회(이하 "법무부징계위원회"라 한다)는 위원장 1명과 위원 8명으로 구성하며, 예비위원 8명을 둔다.

② 위원장은 법무부장관이 되고, 위원과 예비위원은 다음 각 호의 구분에 따라 법무부장관이 임명 또는 위촉한다.

1. 법원행정처장이 추천하는 판사 중에서 각 2명
2. 법무부차관, 검사 및 법무부의 고위공무원단에 속하는 일반직공무원 중에서 각 2명
3. 대한변호사협회의 장이 추천하는 변호사 중에서 각 1명
4. 변호사가 아닌 자로서 법학 교수 또는 경험과 덕망이 있는 자 각 3명

③ 위원과 예비위원의 임기는 각각 2년으로 한다.

④ 위원장은 법무부징계위원회의 업무를 총괄하고 법무부징계위원회를 대표하며 회의를 소집하고 그 의장이 된다.

⑤ 위원장이 부득이한 사유로 그 직무를 수행할 수 없을 때에는 위원장이 미리 지명하는 위원이 그 직무를 대행한다.

⑥ 법무부장관은 제2항에 따른 위원 또는 예비위원이 다음 각 호의 어느 하나에 해당하는 경우에는 해당 위원 또는 예비위원을 해임(解任)하거나 해촉(解囑)할 수 있다.

1. 심신장애로 인하여 직무를 수행할 수 없게 된 경우
2. 직무와 관련된 비위사실이 있는 경우
3. 직무 태만, 품위 손상, 그 밖의 사유로 인하여 위원 또는 예비위원의 직을 유지하는 것이 적합하지 아니하다고 인정되는 경우

⑦ 법무부징계위원회의 위원 또는 예비위원으로서 공무원이 아닌 사람은 「형법」 제129조부터 제132조까지의 규정을 적용할 때에는 공무원으로 본다.

Ⅰ. 연 혁

(1) 1949. 11. 7. 제정된 변호사법은 법무부에 변호사 징계위원회를 두고 모든 징계사건을 관할하게 하면서 위원회의 구성도 규정했다. 즉, 변호사의 징계는 징계위원회가 행한다(제19조 제1항). 징계위원회는 위원장 1인과 위원 4인으로 조직하며 그 외에 예비위원 4인을 둔다(제19조 제2항). 법무부장관은 직무상 위원장이 되며, 위원과 예비위원은 법무부 국장 이상의 직에 있는 자와 변호사 중에서 법무부장관이 동삭의 인원을 임명한다(제19조 제3항). 위원과 예비위원의 임기는 1년으로 한다(제19조 제4항).

(2) 1993. 3. 10. 개정된 변호사법은 변협징계위원회의 이의신청 사건을 관할하는 법무부변호사징계위원회의 구성에 관한 규정을 신설했다. 즉, 법무부변호사징계위원회(이하 "법무부징계위원회"라 한다)는 위원장 1인과 위원 6인으로 구성하며, 예비위원 6인을 둔다(제75조 제1항). 위원장은 법무부장관이 되고, 위원과 예비위원은 법원행정처장이 추천하는 판사 중에서 각 2인, 검사 중에서 각 2인과 대한변호사협회의 장이 추천하는 변호사 중에서 각 2인을 법무부장관이 임명 또는 위촉한다. 다만, 위원의 경우 검사 2인 중 1인은 법무부차관으로 할 수 있다(제75조 제2항). 위원과 예비위원의 임기는 각각 2년으로 한다(제75조 제3항).

(3) 2000. 1. 28. 개정된 변호사법은 법무부 변호사징계위원회의 위원 9인 중 3인은 변호사가 아닌 자를 위촉하도록 하여 비법조인의 참여를 확대했다. 즉, 위원장은 법무부장관이 되고, 위원과 예비위원은 법원행정처장이 추천하는 판사 중에서 각 2인, 검사 중에서 각 2인과 대한변호사협회의 장이 추천하는 변호사 중에서 각 1인, 변호사가 아닌 자로서 법과대학교수 또는 경험과 덕망이 있는 자 각 3인을 법무부장관이 임명 또는 위촉한다. 다만, 위원의 경우 검사 2인 중 1인은 법무부차관으로 할 수 있다(제94조 제2항).

(4) 2005. 1. 27. 개정된 변호사법은 위원장의 권한과 유고시에 직무대행에 관한 규정을 신설했다. 즉, 위원장은 법무부징계위원회의 회무를 통할하고 법무부징계위원회를 대표하며 회의를 소집하고 그 의장이 된다(제94조 제4항). 위원장이 부득이한 사유로 그 직무를 수행할 수 없는 때에는 위원장이 미리 지명하는 위원이 그 직무를 대행한다(제94조 제5항).

(5) 2018. 12. 18. 개정된 변호사법은 법무부 법무실장을 검사 외에 고위공무원단에 속하는 일반직공무원으로도 보할 수 있게 됨에 따라 종전에 법무부 변호사징계위원회의 위원 또는 예비위원 중 각 2명을 검사로 임명하던 것을 검사 외에 고위공무원단에 속하는 일반직공무원도 위원 또는 예비위원으로 임명될 수 있도록 하는 한편, 법무부 변호사징계위원회의 위원 또는 예비위원이 심신장애로 인하여 직무를 수행할 수 없는 경우 등 일정한 사유에 해당하면 해임·해촉할 수 있도록 하고, 공무원이 아닌 법무부 변호사징계위원회의 위

원 또는 예비위원이 「형법」 제129조부터 제132조까지의 규정을 위반한 경우 공무원으로 의제하여 처벌하도록 함으로써 변호사 징계의 공정성과 공공성을 강화하였다.

Ⅱ. 법무부 변호사징계위원회(법무부징계위원회)의 구성

(1) 법무부 변호사징계위원회(이하 "법무부징계위원회"라 한다)는 위원장 1명과 위원 8명으로 구성하며, 예비위원 8명을 둔다(제1항). 법무부징계위원회는 변협징계위원회의 징계처분의 위법·부당성을 심리하는 행정심판에 해당된다. 행정심판은 사법절차가 준용되어야 한다(헌법 107③). 따라서 법무부징계위원회는 위원의 구성이 변협징계위원회와 달리 판사와 검사 위원이 많은 특징이 있다. 법무부징계위원회는 위원장 1명과 위원 8명으로 구성된다.[1] 위원과 같은 숫자로 예비위원도 두고 있다. 법무부징계위원회는 변협징계위원회의 징계결정에 대한 이의신청이 있을 때 개최된다. 이때 위원장과 위원이 참여한 위원회에서 심리한다. 위원회에 위원장과 위원 8명이 전원 참여해야 하는지 문제된다. 변협징계위원회의 징계심의에서도 같은 문제가 생길 수 있다.

(2) 「행정심판법」상 행정심판위원회의 회의는 위원장과 위원장이 회의마다 지정하는 8명의 위원으로 구성한다(제7조 제5항). 행정심판위원회는 제5항에 따른 구성원 과반수의 출석과 출석위원 과반수의 찬성으로 의결한다(행정심판법 7⑥). 이처럼 행정심판법은 구성원 과반수의 출석이 있으면 개회하도록 하고 있지만, 변호사법에는 이에 관한 규정이 없다. 징계의결 정족수는 위원 과반수의 찬성으로 의결한다(변호사법 98의4①, 100③). 따라서 법무부징계위원회 위원이 사고나 제척, 기피 등의 사유로 회의에 출석할 수 없다면, 같은 자격으로 위촉된 예비위원이 출석하여 그 직무를 대행한다고 해야 한다. 그러므로 「행정심판법」과 같이 위원 과반수의 출석으로 심의할 수는 없다.

---

1 **「변호사법 시행령」 제21조(법무부 변호사징계위원의 자격)** 법 제94조 제1항에 따른 법무부 변호사징계위원회(이하 "법무부징계위원회"라 한다)의 위원 및 예비위원의 임명 또는 위촉 기준은 다음 각 호와 같다.

1. 판사, 검사인 위원 및 예비위원: 「법원조직법」 제42조 제1항 각 호의 어느 하나에 해당하는 직에 10년 이상 재직한 사람
2. 변호사인 위원 및 예비위원: 「법원조직법」 제42조 제1항 각 호의 어느 하나에 해당하는 직에 10년 이상 재직한 사람으로서 변호사로 5년 이상 개업한 경력이 있는 사람
3. 법학 교수인 위원 및 예비위원: 법률학 조교수 이상으로 5년 이상 재직한 경력이 있는 사람
4. 경험과 덕망이 있는 자인 위원 및 예비위원: 일정한 직업을 가지고 10년 이상 사회활동을 한 경력이 있는 사람 또는 「비영리민간단체 지원법」 제2조에 따른 비영리민간단체에서 추천하는 사람

Ⅲ. 법무부징계위원회 위원장, 위원과 예비위원

위원장은 법무부장관이 되고, 위원과 예비위원은 다음 각 호의 구분에 따라 법무부장관이 임명 또는 위촉한다.

1. 법원행정처장이 추천하는 판사 중에서 각 2명
2. 법무부차관, 검사 및 법무부의 고위공무원단에 속하는 일반직공무원 중에서 각 2명
3. 대한변호사협회의 장이 추천하는 변호사 중에서 각 1명
4. 변호사가 아닌 자로서 법학 교수 또는 경험과 덕망이 있는 자 각 3명

법무부징계위원회의 위원장은 법무부장관이 된다. 위원 중 기존에는 검사 중에서 2명이었는데, 현재는 법무부차관, 검사 및 법무부의 고위공무원단에 속하는 일반직공무원 중에서 각 2명으로 개정되었다. 법무부에 검사가 아닌 고위공무원단에 속하는 일반직공무원이 채용되어 재직하게 됨에 따른 변화라고 할 수 있다. 위원장이 부득이한 사유로 그 직무를 수행할 수 없을 때에는 위원장이 미리 지명하는 위원이 그 직무를 대행한다(제5항). 법무부차관은 위원장인 법무부장관에게 직무를 수행할 수 없는 부득이한 사유가 있을 때는 직무대행자가 될 수 있다.

Ⅳ. 위원과 예비위원 임기

위원과 예비위원의 임기는 각각 2년으로 한다(제3항). 연임에 관한 규정은 없지만, 이를 금하는 것은 아니다. 여기서 '위원' 중에는 위원장은 제외된다. 제2항이 위원장과 위원을 구별하고 있기 때문이다. 그러나 변협징계위원회에서는 위원장도 위원에 포함된다(변호사법 93②). 판사나 검사, 변호사 및 법학교수나 경험과 덕망이 있는 자는 임명 또는 지명된 날부터 임기가 개시된다. 법무부장관은 당연직 위원장으로 임기에 제한이 없다. 취임한 날부터 퇴임한 날까지 위원장의 지위에 있게 된다. 법무부차관 역시 취임한 날부터 위원의 임기가 개시되며, 퇴임 또는 전보되면 그 때부터 위원 자격을 상실한다.

Ⅴ. 법무부징계위원회 위원장 직무

위원장은 법무부징계위원회의 업무를 총괄하고 법무부징계위원회를 대표하며 회의를 소집하고 그 의장이 된다(제4항). 위원장은 변협징계위원회의 징계결정에 불복하는 징계혐의자 또는 징계개시신청인의 이의신청이 있으면 회의를 소집한다. 이의신청을 심리한 한

후 내린 결정은 법무부징계위원회 명의로 한다. 법무부장관이 위원회를 대표한다고 하여 장관 명의로 처분을 하는 것은 아니다. 법무부징계위원회가 처분청이 된다. 따라서 이에 불복하는 징계혐의자는 '법무부징계위원회'를 피고로 하여 행정소송을 제기하여야 한다. 실무에서는 법무부장관을 피고로 하는 등으로 정리되어 있지 않다. 그 때문에 변호사법 개정안에는 징계혐의자는 '법무부징계위원회'를 피고로 하여 행정소송을 제기할 수 있다고 규정하고 있다.

Ⅵ. 위원장이 부득이한 사유로 그 직무를 수행할 수 없을 때

위원장이 부득이한 사유로 그 직무를 수행할 수 없을 때에는 위원장이 미리 지명하는 위원이 그 직무를 대행한다(제 5 항). 여기서 '부득이한 사유'는 직무수행에 공정성을 의심받을 사유가 존재하는 것과 같은 법률상 장애사유가 있거나 위원회 회의가 있을 때 외국 출장 중이거나 일시적인 건강상의 이유 등을 말한다. 법무부장관의 지정에 의한 변호사징계위원회의 위원장 직무대리는 적법하다.[2] 위원장과 위원은 자기 또는 자기의 친족이거나 친족이었던 자에 대한 징계 사건의 심의에 관여하지 못한다(변호사법 98의3). 이런 제척사유가 아니더라도 법무부장관이 특정 변호사에 대한 징계결정에 관여하는 것이 정치적 논란을 불러일으킬 사유가 될 우려가 있을 때도 해당된다. 따라서 위원장이 직무대행을 시킬 수 있는 부득이한 사유는 비교적 광범위하다고 볼 수 있다.

위원이 직무수행을 할 수 없을 때는 예비위원이 그 직무를 대행한다. 이와 같이 위원장 역시 부득이한 사유가 있을 때에는 위원인 법무부차관으로 하여금 그 직무를 대행케 할 수 있다. 여기서 '직무대행'은 권한의 위임이 아니라 일시적 사유로 인한 권한대행에 해당된다. 법무부차관이 위원장 직무를 대행할 때는 검사 예비위원 1명이 위원회에 참석하여야 할 것인지 의문이다. 변호사법이 구성원 과반수의 출석이 있으면 개회하도록 하는 것과 같은 규정을 두고 있지 않기 때문에 위원장을 제외한 위원은 출석해야 한다는 점에서 예비위원이 참석하는 것이 타당하다고 본다. 위원장 직무대리를 하는 법무부차관이 위원으로서의 지위를 겸하고 있더라도 그렇다.

2 법무부 변호사징계위원회가 변호사협회 변호사징계위원회의 징계결정에 대한 이의신청 사건을 처리함에 있어 그 위원장인 법무부장관이 업무수행상의 부득이한 사고로 인하여 그 위원 중의 한 사람인 법무부차관을 위원장 대리로 지정하여 그로 하여금 위원장의 직무를 대리하게 한 조치는 적법하다(대법원 1995. 12. 26. 94누21 변호사징계).

Ⅶ. 위원 또는 예비위원의 해임·해촉 사유

법무부장관은 제2항에 따른 위원 또는 예비위원이 다음 각 호(① 심신장애로 인하여 직무를 수행할 수 없게 된 경우, ② 직무와 관련된 비위사실이 있는 경우, ③ 직무 태만, 품위 손상, 그 밖의 사유로 인하여 위원 또는 예비위원의 직을 유지하는 것이 적합하지 아니하다고 인정되는 경우)의 어느 하나에 해당하는 경우에는 해당 위원 또는 예비위원을 해임(解任)하거나 해촉(解囑)할 수 있다(제6항). 법무부장계위원회의 원활한 운영과 공정한 의사결정을 위하여 위원의 해임·해촉사유를 신설하였다. 다만, 직무 태만이나 그 밖의 사유를 이유로 해임·해촉권을 남용할 우려도 있으므로 그 요건의 판단에 신중해야 한다.

Ⅷ. 공무원 의제

법무부징계위원회의 위원 또는 예비위원으로서 공무원이 아닌 사람은 「형법」 제129조부터 제132조까지의 규정을 적용할 때에는 공무원으로 본다(제7항). 위원 또는 예비위원으로서 공무원이 아닌 사람이 징계처분을 받은 변호사로부터 형법 제129조부터 제132조 소정의 뇌물을 수수한 경우와 같은 죄를 범한 때에는 형사처벌을 받게 된다.

제95조 변협징계위원회의 심의권

제95조(변협징계위원회의 심의권)

① 변협징계위원회는 제91조에 따른 징계사유에 해당하는 징계 사건을 심의한다.

② 변협징계위원회는 제 1 항의 심의를 위하여 필요하면 조사위원회에 징계혐의사실에 대한 조사를 요청할 수 있다.

Ⅰ. 연 혁

(1) 1993. 3. 10. 개정된 변호사법은 변호사징계권 중 공소제기사건 및 변협징계위원회의 결정에 대한 이의신청사건 등은 법무부변호사징계위원회에서 심의하고, 대한변호사협회에 두는 변호사징계위원회는 변호사법위반사건 및 회칙위반사건 등에 대하여 심의하도록 했다. 변협징계위원회는 다음 각호(① 이 법 위반사건, ② 소속 지방변호사회 또는 대한변호사협회의 회칙위반사건, ③ 변호사로서의 품위손상사건)의 징계사건을 심의한다. 다만, 형사입건되어 공소가 제기된 징계사건을 제외한다(제76조 제 1 항). 변협징계위원회는 징계사건이 변협징계위원회의 심의사항이 아니라고 인정한 때에는 징계사건을 법무부징계위원회에 이송하여야 한다(제76조 제 2 항).

(2) 1995. 12. 29. 개정된 변호사법은 모든 변호사 징계사건은 변협징계위원회에서 관장하고, 법무부는 변협의 징계결정에 대한 이의신청사건만 심의하도록 했다. 즉, 변협징계위원회는 제71조[1]의 규정에 의한 징계사유에 해당하는 징계사건을 심의한다(제76조). 법무부징

1 **변호사법 [법률 제5055호, 1995. 12. 29. 일부개정] 제71조(징계사유)** 변호사에 대한 징계사유는 다음 각호와 같다.
1. 이 법에 위반한 때
2. 삭제 <1995. 12. 29>
3. 소속 지방변호사회 또는 대한변호사협회의 회칙에 위반한 때

계위원회는 변협징계위원회의 징계결정에 대한 이의신청사건을 심의한다(제77조).

(3) 2000. 1. 28. 개정된 변호사법은 변협징계위원회의 심의권에 관해서만 규정하고 법무부징계위원회의 심의사항에 관한 별도의 규정을 신설했다. 즉, 변협징계위원회는 제91조의 규정에 의한 징계사유에 해당하는 징계사건을 심의한다(제95조).

(4) 2007. 1. 26. 개정된 변호사법은 변협징계위원회의 심의를 위하여 조사위원회를 신설하면서(제92조의2) 사전에 징계혐의사실을 조사위원회에서 조사할 수 있도록 했다. 즉, 변협징계위원회는 제91조의 규정에 따른 징계사유에 해당하는 징계사건을 심의한다(제95조 제1항). 변협징계위원회는 제1항의 심의를 위하여 필요한 경우에는 조사위원회에 징계혐의사실에 대한 조사를 요청할 수 있다(제95조 제2항).

Ⅱ. 변협징계위원회의 징계 사건 심의

(1) 변협징계위원회는 제91조에 따른 징계사유에 해당하는 징계 사건을 심의한다(제1항). 변협징계위원회는 제91조에 따른 변호사의 징계사유에 해당하는 사건을 심의한다. 변호사법 제91조는 영구제명, 제명, 정직, 과태료, 견책에 관한 징계사유를 특정하고 있다. 변협징계위원회는 변호사의 모든 징계종류에 대하여 심의·의결권을 갖는다. 이와 달리 「외국법자문사법」에서는 외국법자문사를 징계함에 있어 법무부의 외국법자문사징계위원회는 '자격승인취소'를, 대한변호사협회에 두는 변협징계위원회는 '등록취소, 3년 이하의 정직, 3천만원 이하의 과태료, 견책'에 해당하는 징계사건을 심의하도록 하고 있다(외국법자문사법 41).

(2) 변협징계위원회 위원장은 필요한 때에는 징계사건에 대한 심사를 담당하게 하기 위하여 주임징계위원을 지명할 수 있다(변호사징계규칙 5①). 징계위원회는 징계청구가 있거나(징계개시 신청권자의) 이의신청이 이유 있다고 인정할 때에는 징계절차를 개시한 날부터 6월 이내에 징계에 관하여 결정하여야 한다(규칙 18). 그리고 징계혐의자가 징계청구된 징계혐의사실로 공소제기 되어 있을 때에는 그 사건이 확정될 때까지 심의절차를 정지한다(규칙 19). 심의기일은 공개하지 않지만(규칙 21①), 징계혐의자가 공개신청을 한 때에는 공개한다(규칙 21②). 징계위원회는 징계혐의자를 심문할 수 있고 참고인에게 사실의 진술이나 감정을 요구할 수 있다(규칙 26①).

4. 직무의 내외를 막론하고 변호사로서의 품위를 손상하는 행위를 한 때

Ⅲ. 변협징계위원회의 조사위원회에 조사 요청

(1) 변협징계위원회는 제 1 항의 심의를 위하여 필요하면 조사위원회에 징계혐의사실에 대한 조사를 요청할 수 있다(제 2 항). 변협징계위원회는 조사위원회에 징계혐의사실에 대한 조사를 요청할 수 있다. 변협징계위원회는 징계혐의자에 대한 징계사유가 존재하는지 여부를 확인해야 한다. 비상설기관인 변협징계위원회가 징계혐의사실을 조사하기는 쉽지 않기에 조사위원회를 두고 있다. 조사위원회에 조사를 요청할 것인지는 징계혐의자가 혐의사실을 인정하는지 여부 등의 사정을 고려하여 위원회가 결정한다. 대한변호사협회장의 징계청구로 징계절차가 개시되지 않고 징계신청권자의 이의신청이 있을 때 변협징계위원회가 조사위원회에 조사를 요청하여 징계혐의 사실유무를 판단할 자료를 얻을 수 있는 점이 특히 실효성이 있다.

(2) 조사위원회는 징계위원회로부터 징계혐의사실에 대한 조사 요청을 받은 경우 이를 조사하여 그 결과를 징계위원회에 보고하여야 한다(규칙 41④). 조사위원회는 징계혐의사실을 조사할 뿐이며, 징계양정에 관한 의견을 제시하는 것은 아니다. 조사위원회는 변호사법 위반 등 범죄혐의가 있는 피조사자가 조사에 불응하거나 허위의 자료를 제출하는 때에는 위원장은 위원회의 의결을 거쳐 수사기관에 고발하거나 수사의뢰할 것을 협회장에게 요청할 수 있다(규칙 41①).

(3) 조사위원회는 조사 중 징계개시 청구된 징계혐의사실 외에 징계개시 청구될 수 있는 새로운 혐의사실을 발견할 수 있다. 그때는 징계위원회에 그 사안의 내용을 보고해야 한다. 징계위원회는 추가로 발견한 징계혐의사실도 직권으로 추가하여 심의할 수 있는지 문제된다. 이를 긍정하면 대한변호사협회장은 새로운 징계혐의사실에 대하여 징계개시 청구권의 행사가 배제된다. 또한 징계혐의자는 심급의 이익을 침해받게 되며, 어떤 사실이 징계사유에 해당하는지 여부의 심사를 대한변호사협회장에게 위임하고 있는 현행 제도하에서는 부정함이 타당하다. 따라서 조사위원회는 추가로 발견한 징계혐의사실을 대한변호사협회장에게 통지하여 징계개시 청구 여부를 검토하도록 해야 한다.

제96조 법무부징계위원회의 심의권

> **제96조(법무부징계위원회의 심의권)**
> 법무부징계위원회는 변협징계위원회의 징계 결정에 대한 이의신청 사건을 심의한다.

Ⅰ. 연 혁

(1) 1949. 11. 7. 제정된 변호사법은 법무부 변호사징계위원회에서 변호사에 관한 모든 징계사건을 관할하도록 했지만, 1993. 3. 10. 개정된 변호사법은 공소제기사건 및 변협징계위원회의 결정에 대한 이의신청사건등을 맡도록 하였다.

(2) 1995. 12. 29. 개정된 변호사법에서 법무부는 변협의 징계결정에 대한 이의신청사건만 심의하도록 하였다. 즉, 법무부징계위원회는 변협징계위원회의 징계결정에 대한 이의신청사건을 심의한다(제77조).

Ⅱ. 법무부징계위원회의 심의권

(1) 법무부징계위원회는 변협징계위원회의 징계 결정에 대한 이의신청 사건을 심의한다. 변호사제도는 헌법에서 인정되고 있으며, 국가의 보호와 감독을 받고 있다. 국가가 변호사를 감독하는 전형적인 제도가 징계권이다. 그래서 변호사법 제정 당시부터 1995년까지 법무부징계위원회에서 시심적으로 징계결정을 해왔다. 아울러 변호사단체의 자율권 보장을 위하여 대한변호사협회의 장에게는 징계개시 청구권을 인정하고, 변협징계위원회는 모든 징계사건을 관할하도록 했다.

(2) 법무부징계위원회는 행정심판법 제 4 조가 정하는 '사안의 전문성과 특수성을 살리

기 위하여 특히 필요한 경우'에 인정되는 특별행정심판기관에 해당된다. 법무부징계위원회는 행정심판기관 지위에서 징계결정에 불복하는 이의신청 사건을 심의·의결한다. 변협징계위원회의 징계결정을 받은 자는 그 취소를 구하고자 곧바로 행정소송을 제기할 수 없다. 반드시 법무부징계위원회의 심판(재결)을 거친 다음에 제소해야 한다. 법무부징계위원회의 결정에 불복하는 징계혐의자는 「행정소송법」으로 정하는 바에 따라 그 통지를 받은 날부터 90일 이내에 행정법원에 소를 제기할 수 있다(변호사법 100④). 그 점에서 필수적 이의신청전치주의를 채택하고 있다고 볼 수 있다.

제97조 징계개시의 청구

제97조(징계개시의 청구)
대한변호사협회의 장은 변호사가 제91조에 따른 징계사유에 해당하면 변협징계위원회에 징계개시를 청구하여야 한다.

I. 연 혁

(1) 1949. 11. 7. 제정된 변호사법은 검찰총장이 법무부 변호사징계위원회에 징계개시를 신청하도록 했다. 즉, 변호사가 본법 또는 변호사회 회칙에 위반한 때에는 검찰총장은 직권 또는 신고에 의하여 징계위원회에 대하여 징계개시의 신청을 하여야 한다(제20조 제1항). 전항의 경우에는 소속변호사회회장은 검찰총장에게 신고하여야 한다(제20조 제2항).

(2) 1973. 12. 20. 개정된 변호사법은 변호사의 자율성을 확립하기 위하여 검찰총장만이 행하던 징계개시의 신청을 대한변호사협회장도 할 수 있도록 했다. 즉, 변호사가 본법 또는 소속변호사회 및 대한변호사협회의 회칙에 위반한 때에는 검찰총장 및 대한변호사협회회장은 직권 또는 신고에 의하여 징계위원회에 대하여 징계개시의 신청을 하여야 한다(제20조 제1항). 전항의 경우에는 소속변호사회회장은 검찰총장에게 신고하여야 한다(제20조 제2항).

(3) 1993. 3. 10. 개정된 변호사법은 변호사에 대한 징계권을 2원화하여 대한변호사협회와 법무부에 징계위원회를 설치하게 되었다. 이렇게 변호사의 징계를 2원화시킨 것은 법무부와 대한변호사협회의 타협의 결과로 평가된다.[1] 법무부가 관장하는 변호사징계권 중 공소제기사건 및 변협징계위원회의 결정에 대한 이의신청사건 등은 법무부변호사징계위원회에서 심의하고, 새로이 대한변호사협회에 두는 변호사징계위원회는 변호사법위반사건 및

1 대한변호사협회, 대한변협오십년사, 278면(김광년·김평우 집필부분).

회칙위반사건 등에 대하여 심의하도록 하여 검찰총장과 대한변호사협회장이 심의권의 범위에 따른 징계개시청구를 할 수 있도록 했다.[2] 또한 소속 지방변호사회장은 징계개시 신청을 할 수 있도록 하는 규정을 신설했다.

第78조(징계개시의 청구) ① 변호사가 제71조의 규정에 의한 징계사유에 해당할 때에는 그 심의권의 범위에 따라 검찰총장은 법무부징계위원회에 대하여, 대한변호사협회의 장은 변협징계위원회 또는 법무부징계위원회에 대하여 각각 징계개시의 청구를 하여야 한다. 다만, 징계사유가 있은 날부터 2년을 경과한 때에는 이를 청구하지 못한다.

② 제71조의 규정에 의한 징계사유가 있는 때에는 소속 지방변호사회의 장은 대한변호사협회의 장에게 징계개시의 신청을 하여야 한다.

(4) 1995. 12. 29. 개정된 변호사법은 종전에는 공소가 제기된 변호사 징계사건과 3회 이상 징계전력자에 대한 변호사 징계사건은 법무부에서 관장하였으나 이를 대한변호사협회에 이관하여 모든 변호사 징계사건을 대한변협에서 관장하도록 하고, 법무부는 변협의 징계결정에 대한 이의신청사건만 심의하도록 했다. 즉, 대한변호사협회의 장은 변호사가 제71조의 규정에 의한 징계사유에 해당할 때에는 변협징계위원회에 징계개시의 청구를 하여야 한다. 다만, 징계사유가 있은 날부터 2년을 경과한 때에는 이를 청구하지 못한다(제78조 제1항). 제71조의 규정에 의한 징계사유가 있는 때에는 소속 지방변호사회의 장은 대한변호사협회의 장에게 징계개시의 신청을 하여야 한다(제78조 제2항).

(5) 2000. 1. 28. 개정된 변호사법은 지방검찰청검사장이 검찰업무수행 중 변호사에게 징계사유가 있는 것을 발견한 때에는 징계개시 신청을 할 수 있는 규정을 신설했다. 즉, 지방검찰청검사장은 범죄의 수사 등 검찰업무수행중 변호사에게 제91조의 규정에 의한 징계사유가 있는 것을 발견한 때에는 대한변호사협회의 장에게 해당 변호사에 대한 징계개시의 신청을 하여야 한다(제97조 제2항).

(6) 2007. 1. 26. 개정된 변호사법은 대한변호사협회장의 징계개시 청구에 관한 제1항

---

2 **第76조(변협징계위원회의 심의권)** ① 변협징계위원회는 다음 각호의 징계사건을 심의한다. 다만, 형사입건되어 공소가 제기된 징계사건을 제외한다.
1. 이 법 위반사건
2. 소속 지방변호사회 또는 대한변호사협회의 회칙위반사건
3. 변호사로서의 품위손상사건
② 변협징계위원회는 징계사건이 변협징계위원회의 심의사항이 아니라고 인정한 때에는 징계사건을 법무부징계위원회에 이송하여야 한다.
第77조(법무부징계위원회의 심의권) 법무부징계위원회는 다음 각호의 징계사건을 심의한다.
1. 형사사건으로 입건되어 공소가 제기된 징계사건
2. 3회 이상 징계처분을 받은 전력이 있는 자에 대한 징계사건
3. 변협징계위원회가 제76조 제2항의 규정에 의하여 법무부징계위원회에 이송한 사건
4. 변협징계위원회의 징계결정에 대한 이의신청사건

만 두고 지방검찰청 검사장 및 지방변호사회장의 징계개시 신청권은 신설한 제97조의2로 이동했다. 즉, 대한변호사협회의 장은 변호사가 제91조의 규정에 의한 징계사유에 해당할 때에는 변협징계위원회에 징계개시의 청구를 하여야 한다(제97조).

Ⅱ. 대한변호사협회장의 변협징계위원회에 징계개시 청구

1. 대한변호사협회장의 징계개시청구권

대한변호사협회의 장은 변호사가 제91조에 따른 징계사유에 해당하면 변협징계위원회에 징계개시를 청구하여야 한다. 대한변호사협회장은 변호사가 징계사유에 해당하면 징계개시를 청구해야 한다. 여기서 '변호사'는 법무법인·법무법인(유한)·법무조합도 포함된다. 변호사단체의 자치권 내지 자율성 보장을 위하여 협회장이 징계개시 청구권을 행사할 수 있도록 하였다. 일본 변호사법 제58조 제 1 항은 '누구라도' 변호사 또는 변호사법인에게 징계사유가 있을 때에는 소속 변호사회에 징계를 청구할 수 있다고 한다. 협회장은 변호사가 징계사유에 해당하면 반드시 징계를 청구해야 한다. 여기서 '징계사유에 해당하면'은 징계사실이 존재한다고 믿을 만한 상당히 높은 개연성이 있는 정도를 말한다. 협회장은 직권 또는 징계개시 신청권자인 지방검찰청검사장 또는 고위공직자범죄수사처장과 지방변호사회장(변호사법 97의2), 법조윤리협의회 위원장(변호사법 89의4④)의 신청을 받아 징계개시를 청구한다. 또한 의뢰인이나 그 법정대리인·배우자·직계친족 또는 형제자매의 징계개시의 재청원에 의해서도 징계개시를 청구할 수 있다.

2. 징계개시청구의 절차

협회장은 징계청구 여부를 결정하기 위하여 필요한 경우에는 조사위원회로 하여금 징계혐의사실에 대하여 조사하도록 할 수 있다(변호사징계규칙 14②). 징계청구를 할 때에는 징계혐의자의 인적사항, 징계혐의사실 등을 기재한 징계개시청구서와 부본 10통 및 조사위원회의 조사기록 또는 지방변호사회장이나 지방검찰청 검사장의 징계개시신청서를 징계위원회에 제출하여야 한다(규칙 16①). 협회장은 징계사유가 있는 날부터 3년을 경과한 때에는 징계청구를 하지 못한다(규칙 16④).

3. 변협징계위원회의 징계개시 결정

징계개시는 협회장의 청구에 의하지만, 변협징계위원회의 결정으로도 할 수 있다. 징계개시 신청인은 대한변호사협회의 장이 징계개시의 신청을 기각하거나 징계개시의 신청이 접수된 날부터 3개월이 지나도 징계개시의 청구 여부를 결정하지 아니하면 변협징계위원회에 이의신청을 할 수 있다(변호사법 97의5①). 변협징계위원회는 제 1 항에 따른 이의신청이 이유 있다고 인정하면 징계절차를 개시하여야 하며, 이유 없다고 인정하면 이의신청을 기각하여야 한다(변호사법 97의5②). 징계위원회의 징계개시 결정은 징계청구권의 행사와 같은 법적 효력을 갖는다. 그 점에서 협회장의 독자적인 징계개시청구권을 견제·보완하는 역할을 하게 된다. 그러나 징계개시 신청인은 징계개시 신청을 하는데 그칠 뿐이고, 대한변호사협회장이 징계개시 신청을 기각한 경우에 변협징계위원회에 이의신청을 하거나(변호사법 97의5①), 변협징계위원회의 징계양정이 부당한 경우에 법무부징계위원회에 이의신청을 한 경우(변호사법 100①)는 찾아보기 어렵다.

제97조의2 징계개시의 신청

제97조의2(징계개시의 신청)
① 지방검찰청검사장 또는 고위공직자범죄수사처장은 범죄수사 등 업무의 수행 중 변호사에게 제91조에 따른 징계 사유가 있는 것을 발견하였을 때에는 대한변호사협회의 장에게 그 변호사에 대한 징계개시를 신청하여야 한다.
② 지방변호사회의 장이 소속 변호사에게 제91조에 따른 징계사유가 있는 것을 발견한 경우에도 제 1 항과 같다.

Ⅰ. 연 혁

(1) 1949. 11. 7. 제정된 변호사법은 소속 지방변호사회장도 징계개시 청구권자인 검찰총장에게 징계사유가 존재한 변호사를 신고할 수 있게 했다. 즉, 변호사가 본법 또는 변호사회 회칙에 위반한 때에는 검찰총장은 직권 또는 신고에 의하여 징계위원회에 대하여 징계개시의 신청을 하여야 한다(제20조 제 1 항). 전항의 경우에는 소속 변호사회회장은 검찰총장에게 신고하여야 한다(제20조 제 2 항).

(2) 1993. 3. 10. 개정된 변호사법은 또한 소속 지방변호사회장은 징계개시 신청을 할 수 있도록 하는 규정을 신설했다. 즉, 제71조의 규정에 의한 징계사유가 있는 때에는 소속 지방변호사회의 장은 대한변호사협회의 장에게 징계개시의 신청을 하여야 한다(제78조 제 2 항).

(3) 2000. 1. 28. 개정된 변호사법은 지방검찰청검사장에게도 징계개시 신청권을 부여했다. 즉, 지방검찰청검사장은 범죄의 수사 등 검찰업무수행 중 변호사에게 제91조의 규정에 의한 징계사유가 있는 것을 발견한 때에는 대한변호사협회의 장에게 해당 변호사에 대한 징계개시의 신청을 하여야 한다(제97조 제 2 항).

(4) 2021. 1. 5. 개정된 변호사법은 「고위공직자범죄수사처 설치 및 운영에 관한 법률」의 제정으로 고위공직자범죄수사처가 신설됨에 따라, 법조윤리협의회 위원장이 공직퇴임 변호사 등의 위법행위에 대한 수사를 의뢰하는 기관을 지방검찰청 검사장에서 관할 수사기관의 장으로 확대하고, 변호사 징계개시의 신청권자에 고위공직자범죄수사처장을 추가하였다.

Ⅱ. 지방검찰청검사장 또는 고위공직자범죄수사처장의 징계개시 신청

1. 지방검찰청검사장 또는 고위공직자범죄수사처장의 징계사유 발견

(1) 지방검찰청검사장 또는 고위공직자범죄수사처장은 범죄수사 등 업무의 수행 중 변호사에게 제91조에 따른 징계 사유가 있는 것을 발견하였을 때에는 대한변호사협회의 장에게 그 변호사에 대한 징계개시를 신청하여야 한다(제 1 항). 지방검찰청검사장은 검찰 업무의 수행 중에 변호사에게 징계사유가 있음을 발견할 수 있다. 검사장의 검찰업무는 「검찰청법」과 「형사소송법」 등의 법령에 규정되어 있다. 여기서 '수사'란 범죄혐의의 유무를 명백히 하여 공소의 제기와 유지 여부를 결정하기 위하여 범인을 발견·확보하고 증거를 수집·보전하는 수사기관의 활동을 말한다(대법원 1999. 12. 7. 98도3329). 수사는 공소제기 전에 공소제기 여부를 결정하기 위한 것이 대부분이지만, 항상 공소제기로 이어지는 것은 아니고 불기소처분이 되는 경우도 있다. 그리고 수사단계 이전에 범죄혐의 유무를 확인하기 위하여 행하는 내사(內査)도 있다.[1]

(2) 검사장의 징계개시 신청권은 변호사제도 및 의뢰인 등을 보호하기 위하여 인정되었다. 검사장은 그 업무 수행 중 변호사가 의뢰인 등의 금전을 횡령하였던 사실을 발견할 수 있다. 변호사가 범죄행위를 범한 것은 변호사로서의 품위훼손행위에 해당되어 징계사유가 될 수 있다. 검사장의 징계개시 신청은 징계혐의 변호사의 존재를 대한변호사협회에 알리는 정보제공기능을 한다. 그리고 대한변협회장만이 갖는 징계개시청구권의 발동을 촉구하는 역할을 한다.[2] 변호사가 부여받은 특권이 큰 만큼 국가의 감독도 받아야 하는 것은 당연하다.

(3) 1949. 11. 7. 제정된 「변호사법」은 그 입법취지에서 변호사는 국가권력을 감시하기 위하여 창설된 제도라고 밝혔다. 여기서의 국가권력은 경찰 및 검찰과 같은 수사기관이 대표적이다. 그래서 변호사와 수사기관은 두 제도의 본질상 긴장관계에 있을 수밖에 없다. 형

1 이재상, 형사소송법(제 9 판), 185면; 이창현, 형사소송법(제 2 판), 189면.
2 정형근, '검사장의 변호사에 대한 징계개시 신청권 부여', 법률신문(2015. 1. 30.).

사사건에서 공소권자인 검사와 피고인의 조력자인 변호인의 지위가 이를 말해준다. 검사장이 특정 변호사에 대하여 징계처분을 받게 할 목적으로 수사나 내사를 하여서는 아니 된다. 검사는 그 직무를 수행할 때 국민 전체에 대한 봉사자로서 정치적 중립을 지켜야 하며 주어진 권한을 남용하여서는 아니 된다(검찰청법 4②).

(4) 검사장의 징계개시 신청권은 징계대상 비리 변호사를 적극적으로 색출하라는 것은 아니다. 적법한 검찰 업무의 수행 중 '우연하게' 징계사유가 있는 변호사를 발견하였을 때 징계개시를 신청하라는 것이다. 징계개시를 신청할 때도 징계사유 있는 변호사가 범죄사실로 기소되는 것과 같은 엄격한 요건이 구비되어야 한다. 변호사가 의뢰인과의 민사상 분쟁으로 고소당한 사실이 언론에 보도되어 변호사의 품위를 훼손하게 된 경우에는 검사장은 징계개시 신청할 수 없다고 해야 한다. 따라서 검사장은 징계개시 신청권의 행사를 지방변호사회장과 법조윤리협의회 위원장보다 제한적이며 신중하게 행사할 것이 요청된다.

(5) 「고위공직자범죄수사처 설치 및 운영에 관한 법률」은 대법원장 및 대법관, 헌법재판소장 및 헌법재판관, 검찰총장, 특별시장·광역시장·특별자치시장·도지사·특별자치도지사 및 교육감, 판사 및 검사, 경무관 이상 경찰공무원 등과 같은 고위공직자의 범죄에 관한 내용을 규율하고 있다. 고위공직자범죄수사처장이 그 직무수행 중에 변호사가 징계사유에 해당하는 사실을 발견하면 대한변호사협회장에게 징계개시 신청을 할 수 있다.

2. 대한변호사협회장에게 그 변호사에 대한 징계개시 신청

지방검찰청검사장 또는 고위공직자범죄수사처장의 징계개시 신청은 국가의 변호사(단체)에 대한 감독권 행사라 할 수 있다. 법문은 '신청하여야 한다'라고 하여 재량권을 배제하는 듯한 표현을 하고 있다. 그렇지만 이에 기속되는 것은 아니다. 다만, 징계개시 신청인은 협회장이 징계개시 신청을 기각하거나 3개월이 지나도 징계개시 청구 여부를 결정하지 않으면 변협징계위원회에 이의신청할 수 있으며(변호사법 97의5①), 변협징계위원회의 징계결정에 대하여 법무부징계위원회에 이의신청할 수 있다(변호사법 100①)는 점에서 적정한 징계권 행사를 감시하는 기관의 성격도 갖고 있다.

검사장의 징계개시 신청은 「국가공무원법」상 공무원 구속시에 소속 기관장에게 통보하는 제도와 유사하다. 수사기관이 공무원을 구속하려면 그 소속 기관의 장에게 미리 통보하여야 한다. 다만, 현행범은 그러하지 아니하다(제58조 제2항). 공무원의 구속사실을 통보받은 기관장은 징계처분 등의 내부질서유지를 위한 규율권을 행사하게 된다.

Ⅲ. 지방변호사회장의 소속 변호사에 대한 징계개시 신청

1. 소속 변호사에게 징계사유가 있는 것을 발견한 경우

지방변호사회의 장이 소속 변호사에게 제91조에 따른 징계사유가 있는 것을 발견한 경우에도 제 1 항과 같다(제 2 항). 지방변호사회의 장은 개업신고를 하고 입회한 소속 변호사에게 징계사유가 있는 것을 발견할 수 있다. 지방변호사회는 전국에 소재하고 있어 징계개시청구권을 갖는 협회장이 특정 변호사에게 있는 징계사유를 알기 어렵다. 지방변호사회는 소속 변호사의 지도·감독을 설립목적으로 하고 있다. 지방변호사회장은 그 지역에 소속한 변호사에게 징계혐의사실의 존재를 가장 잘 파악할 수 있는 위치에 있다. 따라서 변호사에 대한 지도감독권의 행사로 징계개시 신청권을 행사할 수 있다.

2. 징계개시 신청

지방변호사회장은 징계사유가 있는 변호사를 발견한 때에는 대한변호사협회장에게 징계개시 신청을 하여야 한다. 이 경우의 신청권 행사는 지방검찰청 검사장의 신청권과는 성격을 달리한다. 지방검찰청검사장 또는 고위공직자범죄수사처장의 신청권은 변호사단체의 자율권을 침해한다고 비난받을 수 있는 측면도 있어 상당히 신중할 필요가 있다. 그러나 지방변호사회장은 비리변호사를 징계함으로써 변호사제도에 대한 국민의 신뢰를 회복하는 자치권의 행사로 이해되므로 적극적으로 신청권을 행사해야 한다. 그러므로 지방변호사회장의 신청권 행사는 의무적인 기속행위에 해당한다.

Ⅳ. 법조윤리협의회 위원장의 공직퇴임변호사 등에 대한 징계개시 신청

법조윤리협의회 위원장 역시 변호사에게 징계사유가 있음을 발견한 경우에는 징계개시 신청을 할 수 있다. 윤리협의회의 위원장은 공직퇴임변호사에게 제91조에 따른 징계사유나 위법의 혐의가 있는 것을 발견하였을 때에는 대한변호사협회의 장이나 관할 수사기관의 장에게 그 변호사에 대한 징계개시를 신청하거나 수사를 의뢰할 수 있다(변호사법 89의4④). 특정변호사에 대하여는 제89조의4 제 4 항 및 제 5 항을 준용한다(변호사법 89의5③). 윤리협의회의 위원장은 제 4 항에 따라 제출받은 자료를 검토하여 관련자들에 대한 징계사유나 위법의 혐의가 있는 것을 발견하였을 때에는 대한변호사협회의 장에게 징계개시를 신청하거나 관할 수사기관의 장에게 수사를 의뢰할 수 있다(변호사법 89의6⑤).

제97조의3 징계개시의 청원 및 재청원

제97조의3(징계개시의 청원 및 재청원)

① 의뢰인이나 의뢰인의 법정대리인·배우자·직계친족 또는 형제자매는 수임변호사나 법무법인[제58조의2에 따른 법무법인(유한)과 제58조의18에 따른 법무조합을 포함한다]의 담당변호사에게 제91조에 따른 징계사유가 있으면 소속 지방변호사회의 장에게 그 변호사에 대한 징계개시의 신청을 청원할 수 있다.

② 지방변호사회의 장은 제 1 항의 청원을 받으면 지체 없이 징계개시의 신청 여부를 결정하고 그 결과와 이유의 요지를 청원인에게 통지하여야 한다.

③ 청원인은 지방변호사회의 장이 제 1 항의 청원을 기각하거나 청원이 접수된 날부터 3개월이 지나도 징계개시의 신청 여부를 결정하지 아니하면 대한변호사협회의 장에게 재청원할 수 있다. 이 경우 재청원은 제 2 항에 따른 통지를 받은 날 또는 청원이 접수되어 3개월이 지난 날부터 14일 이내에 하여야 한다.

Ⅰ. 연 혁

2007. 1. 26. 개정된 변호사법은 의뢰인 등의 수임 변호사에 대한 징계개시의 청원·재청원권을 인정하는 규정을 신설했다. 이를 통하여 변호사 징계절차에 국민의 참여기회 제공 등으로 변호사 징계제도의 실효성을 도모했다. 즉, 의뢰인 또는 의뢰인의 법정대리인·배우자·직계친족 또는 형제자매는 수임변호사 또는 법무법인[제58조의2의 규정에 따른 법무법인(유한) 및 제58조의18의 규정에 따른 법무조합을 포함한다]의 담당변호사에게 제91조의 규정에 따른 징계사유가 있는 경우에는 소속 지방변호사회의 장에게 해당 변호사에 대한 징계개시의 신청을 청원할 수 있다(제97조의3 제 1 항). 지방변호사회의 장은 제 1 항의 청원이 있는 경우에는 지체 없이 징계개시의 신청 여부를 결정하고 그 결과와 이유의 요지를 청원인에게 통지하여야 한다(제97조의3 제 2 항). 청원인은 지방변호사회의 장이 제 1 항의 청원을 기각하거나 청원이 접수된 날부터 3개월이 경과하여도 징계개시의 신청 여부를 결정하지 아니하는 때에

는 대한변호사협회의 장에게 재청원할 수 있다. 이 경우 재청원은 제 2 항의 규정에 따른 통지를 받은 날 또는 청원이 접수되어 3개월이 경과한 날부터 14일 이내에 하여야 한다(제97조의3 제 3 항).

Ⅱ. 의뢰인 등의 수임변호사에 대한 징계개시 청원

1. 징계개시 청원권자

의뢰인이나 의뢰인의 법정대리인·배우자·직계친족 또는 형제자매는 수임변호사나 법무법인[제58조의2에 따른 법무법인(유한)과 제58조의18에 따른 법무조합을 포함한다]의 담당변호사에게 제91조에 따른 징계사유가 있으면 소속 지방변호사회의 장에게 그 변호사에 대한 징계개시의 신청을 청원할 수 있다(제 1 항). 징계개시의 청원권자는 의뢰인·의뢰인의 법정대리인·배우자·직계친족 또는 형제자매이다. 피고인 또는 피의자의 법정대리인·배우자·직계친족 또는 형제자매는 독립하여 변호인을 선임할 수 있는 자이다(형사소송법 30②). 변호사에 대한 징계개시 청원권자는 위에 열거된 자에 한정된다. 의뢰인은 특정 변호사와 수임약정을 체결한 자이다. 수임약정한 사건의 종류는 묻지 않는다. 변호사와 상담을 했던 수준의 예상의뢰인은 여기에 포함되지 않는다. 변호사의 징계에 이해관계인의 참여는 보장하되, 참여대상은 한정하여 징계청원의 남용을 방지하고 변호사를 보호할 필요가 있다.

2. 징계개시 청원자가 아닌 사람의 (재)청원 문제

청원권자가 아닌 사람이 변호사에 대한 징계개시 청원을 한 경우에는 각하해야 한다. 만약 청원권자가 아닌 자의 징계개시 청원을 수리하면 청원권자를 특정해 둔 변호사법 규정은 사문화된다. 또한 사건브로커가 의뢰인을 부추켜 수임료를 반환받을 등의 목적으로 징계개시 청원을 대리하여 할 가능성도 있다. 그런데 대한변호사협회의 「변호사징계규칙」은 변호사로 하여금 징계를 받게 할 목적으로 제기되는 진정, 고발, 고소 등은 그 명칭을 불문하고 징계개시 신청의 청원으로 본다(변호사징계규칙 13①). 이 규정은 진정인, 고발인, 고소인이 누구인지 불문하고 징계의 청원으로 본다고 해석해서는 아니 된다. 적법한 청원권자가 '징계개시 청원'이라고 하지 않고 '진정, 고발, 고소 등'의 명칭을 사용한 경우에는 이를 징계개시 청원으로 본다고 해야 한다. 만약 대한변호사협회가 비청원권자의 '진정, 고발, 고소 등'의 명칭으로 행하여진 징계 청원을 모두 징계개시 신청의 청원으로 인정한다면, 변호사법이 청원권자를 법정한 의미는 사라진다.

다만, 징계개시 청원권자가 아닌 사람이 지방변호사회장에게 진정, 고발, 고소 등을 한다면 징계개시 신청권의 발동을 촉구하는 의미의 민원으로 인정할 수도 있다. 청원권자인지 여부를 구별할 실익은 지방변호사회장의 결정에 대한 재청원권 인정 여부이다. 지방변호사회장이 청원을 기각하면 대한변호사협회장에게 재청원을 할 수 있는데, 대한변호사협회장은 재청원인이 변호사법상의 청원권자가 아니면 그 재청원은 각하해야 한다. 왜냐하면 지방변호사회장이 비청원권자의 청원을 징계개시 신청의 직권발동 의미로 인정하고 징계사유 여부를 조사하였음에도 그런 사실이 존재하지 않는다고 판단하였는데, 다시 대한변호사협회장에게 재청원할 때는 그 요건을 엄격하게 심사해야 하기 때문이다.

3. 수임변호사·담당변호사에게 징계사유

의뢰인과 수임약정으로 수임변호사가 된 자에게 징계사유가 있어야 한다. 법무법인·법무법인(유한)·법무조합의 담당변호사에게 징계사유가 있어도 청원할 수 있다. 법무법인·법무법인(유한)·법무조합과의 수임약정은 법무법인 등의 명의로 하여야 한다. 그런데 그 구성원 변호사가 자기 명의로 수임약정을 체결하거나, 법무법인 등의 명의로 약정한 후 자기 계산으로 직무수행을 한 경우도 변호사법 위반에 해당되어 징계사유가 된다. 법무법인·법무법인(유한)·법무조합 자체도 징계대상자이므로 이들에게 징계사유가 있으면 징계청원을 할 수 있다. 공동법률사무소에 관한 규정은 없지만, 징계사유 있는 변호사에 대하여 징계청원할 수 있다.

4. 소속 지방변호사회장에게 징계개시 신청을 청원

징계청원은 징계사유 있는 변호사가 소속한 지방변호사회의 장에게 할 수 있다. 지방변호사회장은 소속 변호사가 아닌 변호사에 대한 청원이 제출된 경우라면 해당 지방변호사회로 이송하는 것이 타당할 것이다. 대한변호사협회로 청원이 제출된 경우에도 같다. 청원인이 징계혐의사실이 없음을 알면서도 징계처분을 받게 할 목적으로 징계청원을 하면 무고죄에 해당될 수 있다.

판례는 지방변호사회의 장은 형법 제156조(무고)에서 정한 '공무소 또는 공무원'에 포함된다고 한다. 피고인이 변호사인 피해자로 하여금 징계처분을 받게 할 목적으로 서울지방변호사회에 위 변호사회 회장을 수취인으로 하는 허위 내용의 진정서를 제출한 사안에서, 무고죄를 인정한 원심판단을 수긍한 바 있다(대법원 2010. 11. 25. 2010도10202 무고).[1]

---

1 구 변호사법(2008. 3. 28. 법률 제8991호로 개정되기 전의 것, 이하 '구 변호사법'이라 한다) 제92조, 제95조, 제96조, 제100조 등 관련 규정에 의하면 변호사에 대한 징계가 대한변호사협회 변호사징계위원회를 거쳐 최종적으로 법무부의 변호사징계위원회에서 결정되고 이에 불복하는 경우에는 행정소송을 할 수 있는 점, 구 변호사법 제93조, 제94조, 제101조의2 등은 판사 2명과 검사 2명이 위원으로 참여하여 대한변호

Ⅲ. 지방변호사회장의 징계개시 신청 여부 결정

지방변호사회의 장은 제 1 항의 청원을 받으면 지체 없이 징계개시의 신청 여부를 결정하고 그 결과와 이유의 요지를 청원인에게 통지하여야 한다(제 2 항). 지방변호사회장이 징계개시 청원을 받으면 적법한 청원인이 제기한 것인지를 검토한다. 서울지방변호사회 회칙 제46조는 다음과 같이 정하고 있다. ① 회장은 변호사인 회원(휴업회원 포함)의 징계사유가 있다고 인정될 때에는 대한변호사협회장에게 징계개시의 신청을 하여야 한다. ② 회장이 제 1 항에 의하여 징계개시신청을 하기 위해서는 조사위원회로 하여금 사실과 증거를 조사하게 하여야 한다. 다만, 임원선거 관련 회규를 위반한 회원에 대해 선거관리위원회가 징계개시신청을 요청한 때에는 조사위원회에 회부하지 아니하고 징계개시신청을 할 수 있다. ③ 조사위원회의 조직 및 운영에 관하여 필요한 사항은 규칙으로 정한다. 이에 따라 1993. 6. 21. 「조사위원회규칙」을 제정·시행하고 있다. 징계청원대로 변호사에게 징계사유가 있으면 지방변호사회장은 징계개시 신청을 하여야 한다. 징계사유가 없으면 그 청원을 기각한다는 취지와 이유를 청원인에게 통지해야 한다. 징계개시 신청 여부에 관한 결정은 지체 없이 하여야 한다. 제 3 항에서 청원이 접수된 날부터 3개월이 지나도 징계개시의 신청 여부를 결정하지 아니하면 대한변호사협회의 장에게 재청원할 수 있다는 것에 비추어 보면 적어도 3개월 이내에는 결정해야 할 것이다.

청원인은 청원에 대한 기각결정을 받으면 재청원으로 불복할 수 있다. 청원인은 재청원이나 민·형사상의 제도를 이용하지 않고 분쟁 당사자인 변호사와 직접 해결을 시도할 우려도 있다. 수임약정이 해지된 후 수임료의 반환 여부를 둘러싼 분쟁이 많이 발생하고 있는데, 이때 분쟁조정을 신청하지 않고 곧바로 징계개시 청원을 할 수도 있다. 이 경우에는 지방변호사회장은 청원인과 해당 변호사의 분쟁조정(변호사법 74) 절차를 통하여 조정이 성립되도록 하여 회원의 권익과 의뢰인의 피해가 조절되도록 할 필요가 있다.

Ⅳ. 청원인의 대한변호사협회장에게 재청원

청원인은 지방변호사회의 장이 제 1 항의 청원을 기각하거나 청원이 접수된 날부터 3

사협회 변호사징계위원회나 법무부의 변호사징계위원회를 구성하고, 서류의 송달, 기일의 지정이나 변경 및 증인·감정인의 선서와 급여에 관한 사항에 대하여 '형사소송법'과 '형사소송비용 등에 관한 법률'의 규정을 준용하도록 정하고 있는 점, 위와 같은 절차를 마련한 것은 변호사의 공익적 지위에 기인하여 공법상의 특별권력관계에 준하여 징계에 관하여도 공법상의 통제를 하려는 의도로 보여지는 점 등을 고려하여 보면, 변호사에 대한 징계처분은 형법 제156조에서 정하는 '징계처분'에 포함된다고 봄이 상당하고, 구 변호사법 제97조의2 등 관련 규정에 의하여 그 징계 개시의 신청권이 있는 지방변호사회의 장은 형법 제156조에서 정한 '공무소 또는 공무원'에 포함된다(대법원 2010. 11. 25. 2010도10202 무고).

개월이 지나도 징계개시의 신청 여부를 결정하지 아니하면 대한변호사협회의 장에게 재청원할 수 있다. 이 경우 재청원은 제 2 항에 따른 통지를 받은 날 또는 청원이 접수되어 3개월이 지난 날부터 14일 이내에 하여야 한다(제 3 항). 청원인은 지방변호사회장이 한 청원기각 결정에 대하여 불복한 경우에는 대한변호사협회의 장에게 재청원할 수 있다. 청원이 접수된 날부터 3개월이 지나도 징계개시의 신청 여부를 결정하지 아니한 경우에도 재청원할 수 있다. 재청원 제기기간은 청원기각 결정 통지를 받은 날부터 14일 이내에 하여야 한다. 여기서 '통지를 받은 날'은 초일불산입의 원칙(민법 157)에 따라 통지서를 받은 다음날부터 기산해야 할 것이다. 징계개시 청원에 대한 부작위 상태인 경우에는 청원이 접수되어 3개월이 지난 날부터 14일 이내에 하여야 한다. 재청원의 법정기간을 준수하지 않은 경우에는 각하해야 한다. 재청원인은 대한변호사협회장의 징계개시 청구 여부의 결정에 대하여 불복할 수 없다. 이 점에서 변협징계위원회에 이의신청을 할 수 있는 징계개시 신청권자와 차이가 있다.

제97조의4 대한변호사협회의 장의 결정

제97조의4(대한변호사협회의 장의 결정)

① 대한변호사협회의 장은 제89조의4 제 4 항(제89조의5 제 3 항에 따라 준용되는 경우를 포함한다) 또는 제97조의2에 따른 징계개시의 신청이 있거나 제97조의3 제 3 항에 따른 재청원이 있으면 지체 없이 징계개시의 청구 여부를 결정하여야 한다.

② 대한변호사협회의 장은 징계개시의 청구 여부를 결정하기 위하여 필요하면 조사위원회로 하여금 징계 혐의사실에 대하여 조사하도록 할 수 있다.

③ 대한변호사협회의 장은 제 1 항의 결정을 하였을 때에는 지체 없이 그 사유를 징계개시 신청인(징계개시를 신청한 윤리협의회 위원장이나 지방검찰청검사장 또는 고위공직자범죄수사처장을 말한다. 이하 같다)이나 재청원인에게 통지하여야 한다.

Ⅰ. 연 혁

(1) 1949. 11. 7. 제정된 변호사법은 검찰총장에게 징계개시의 신청을 하도록 하였다. 즉, 변호사가 본법 또는 변호사회 회칙에 위반한 때에는 검찰총장은 직권 또는 신고에 의하여 징계위원회에 대하여 징계개시의 신청을 하여야 한다(제20조 제 1 항). 전항의 경우에는 소속변호사회회장은 검찰총장에게 신고하여야 한다(제20조 제 2 항). 여기서 '신청'은 오늘날의 청구와 같은 개념이며, 지방변호사회장의 '신고'는 신청에 해당된다.

(2) 1973. 1. 25. 개정된 변호사법은 검찰총장이 징계위원회에 징계개시 신청을 하면 징계위원회가 징계 여부를 결정하도록 하는 규정을 신설했다. 즉, 징계위원회는 징계개시의 신청을 받은 때에는 그 신청서를 접수한 날로부터 6월 이내에 징계에 관한 결정을 하여야 한다. 다만, 부득이한 사유가 있을 때에는 징계위원회의 의결로 6월에 한하여 그 기간을 연장할 수 있다(제23조 제 3 항).

(3) 2007. 1. 26. 개정된 변호사법은 대한변호사협회장이 징계사유 있는 변호사에 대하여 징계개시 청구 여부에 관한 규정을 신설했다. 즉, 대한변호사협회의 장은 제89조의4 제4항(제89조의5 제3항의 규정에 따라 준용되는 경우를 포함한다) 또는 제97조의2의 규정에 따른 징계개시의 신청이 있거나 제97조의3 제3항의 규정에 따른 재청원이 있는 경우에는 지체 없이 징계개시의 청구 여부를 결정하여야 한다(제97조의4 제1항). 대한변호사협회의 장은 징계개시의 청구 여부를 결정하기 위하여 필요한 경우에는 조사위원회로 하여금 징계혐의사실에 대하여 조사하도록 할 수 있다(제97조의4 제2항). 대한변호사협회의 장은 제1항의 결정을 한 때에는 지체 없이 그 사유를 징계개시 신청인(징계개시를 신청한 윤리협의회 위원장 또는 지방검찰청 검사장을 말한다. 이하 같다) 또는 재청원인에게 통지하여야 한다(제97조의4 제3항).

Ⅱ. 대한변호사협회장의 징계개시 청구 여부 결정

1. 제89조의4 제4항(제89조의5 제3항에 따라 준용되는 경우를 포함한다) 또는 제97조의2에 따른 징계개시의 신청

대한변호사협회의 장은 제89조의4 제4항(제89조의5 제3항에 따라 준용되는 경우를 포함한다) 또는 제97조의2에 따른 징계개시의 신청이 있거나 제97조의3 제3항에 따른 재청원이 있으면 지체 없이 징계개시의 청구 여부를 결정하여야 한다(제1항). 대한변호사협회장은 징계사유에 해당하는 변호사에 대하여 직권으로 징계개시를 청구할 수 있다(제97조). 그리고 법조윤리협의회 위원장의 공직퇴임변호사·특정 변호사에 대한 징계개시 신청(제89조의4 제4항, 제89조의5 제3항) 또는 지방검찰청검사장·고위공직자범죄수사처장 또는 지방변호사회장의 징계개시 신청이 있으면(제97조의2) 징계개시 청구 여부를 결정해야 한다.

2. 퇴직공직자 활동내역 등 제출과 관련된 관련자 징계개시 청구문제(변호사법 89의6⑤) 등

(1) 법조윤리협의회 위원장은 공직퇴임변호사·특정 변호사뿐만 아니라 퇴직공직자 활동내역 등의 자료 검토 결과 관련자들에게 징계사유가 있는 것을 발견하였을 때는 대한변호사협회의 장에게 징계개시 신청을 할 수 있다(변호사법 89의6⑤). 그런데 본조에는 이 규정이 없다. 「변호사징계규칙」 제11조 제3항도 공직퇴임변호사·특정 변호사의 징계개시 신청에 대해서만 규정되어 있다.

(2) 2011. 5. 17. 개정된 변호사법에 '퇴직공직자 활동내역 등의 자료제출'에 관한 위 변호사법 규정의 신설 시에 본조에도 이를 추가해야 했는데 누락된 것으로 보인다. 따라서 대

한변호사협회장은 법조윤리협의회 위원장이 변호사법 제89조의6 제5항에 따른 징계개시 신청에 대하여도 징계개시 청구 여부를 결정해야 한다. 변호사법 제97조의4 제1항에 제89조의6 제5항이 당연히 포함되는 것으로 보아야 한다.[1] 그렇지 않더라도 퇴직공직자 활동 내역 등의 자료제출과 관련하여 징계개시 신청권을 인정하고 있는 근거조문인 변호사법 제89조의6 제5항에 의하더라도 대한변호사협회장은 징계개시 신청 여부를 결정해야 한다.

(3) 또한 법조윤리협의회가 변호사법 제89조 제1항 제3호(법조윤리와 관련된 법령을 위반한 자에 대한 징계개시의 신청 또는 수사의뢰)에 의하여 비리변호사에 대한 징계개시 신청을 한 경우에도 대한변호사협회장은 징계개시 청구 여부를 결정해야 한다.

3. 징계개시 재청원에 대한 징계개시 청구 여부 결정

대한변호사협회장은 의뢰인이나 의뢰인의 법정대리인·배우자·직계친족 또는 형제자매가 한 징계개시 신청에 대한 재청원이 있으면 징계개시 청구 여부를 결정해야 한다. 협회장은 지방변호사회장의 청원 기각 결정의 적법 여부를 판단하여야 한다. 만약 지방변호사회장이 청원에 따라 징계개시 신청을 하였음에도 그 사실의 통지가 지연되어 재청원된 경우에는 이를 통지해 주어야 한다. 협회장이 징계개시 재청원에 대하여 기각결정을 하면 재청원인은 불복할 수 없으므로 신중한 판단이 요청된다. 협회장은 분쟁조정(변호사법 87, 74)으로 해결할 여지가 있는지도 검토해야 한다.

Ⅲ. 대한변호사협회장의 조사위원회 회부

대한변호사협회의 장은 징계개시의 청구 여부를 결정하기 위하여 필요하면 조사위원회로 하여금 징계혐의사실에 대하여 조사하도록 할 수 있다(제2항). 대한변호사협회장은 징계개시의 청구 여부를 결정하기 위하여 필요하면 징계혐의사실을 조사하도록 할 수 있다. 이를 위하여 설치된 기관이 조사위원회이다(변호사법 92의2). 협회장의 요구가 있을 때 조사위원회는 변호사에게 징계사유에 해당하는 혐의유무를 조사한다. 협회장의 조사위원회 조사요구는 필수적인 것은 아니다. 징계혐의사실이 충분하다고 여겨지면 징계개시 청구를 하면 된다. 협회장은 조사위원회의 조사결과에 구속되는 것은 아니지만, 징계혐의사실에 대한 조사이므로 다른 사정이 없다면 존중하게 될 것이다. 협회장의 징계개시 청구에 따라 개시된 변협징계위원회 역시 심의를 위하여 필요하면 조사위원회에 조사를 요청할 수 있다(변호사법 95②).

---

1 이성일, "퇴직공직자에 대한 변호사법의 규율방법의 문제점과 개선방안", 24~25면.

Ⅳ. 대한변호사협회장의 징계개시 청구 여부 결정 통지

1. 징계개시 청구 여부 결정

대한변호사협회의 장은 제 1 항의 결정을 하였을 때에는 지체 없이 그 사유를 징계개시 신청인(징계개시를 신청한 윤리협의회 위원장이나 지방검찰청검사장 또는 고위공직자범죄수사처장을 말한다. 이하 같다)이나 재청원인에게 통지하여야 한다(제 3 항). 협회장은 징계혐의사실이 있다고 인정되면 징계개시 신청에 따른 징계개시 청구를 할 수 있다. 그와 반대로 그 신청을 기각하거나 3개월 동안 가부간의 결정을 내리지 않은 부작위에 이를 수 있다. 징계개시 신청을 기각당하거나 부작위를 당한 신청인들은 변협징계위원회에 이의신청할 수 있다(변호사법 97의5). 징계개시의 재청원에 대해서도 위와 같은 결정을 내릴 수 있다. 재청원인은 협회장의 결정에 대하여 이의신청할 수 없으므로 불복할 수단이 없다.

2. 징계개시 신청인·재청원인에게 통지

협회장은 징계개시 청구 여부에 대한 결정을 징계개시 신청인(징계개시를 신청한 윤리협의회 위원장이나 지방검찰청검사장 또는 고위공직자범죄수사처장을 말한다) 또는 재청원인에게 통지하여야 한다.

징계결정에 대한 통지는 징계개시 신청권자의 이의신청 제기기간 기산과 관련된다(변호사법 97의5① 후단). 협회장이 3개월 동안 가부간의 결정을 내리지 않은 부작위에 이른 경우에는 통지도 없을 것으로 보인다. 제 1 항에는 규정되어 있지 않지만, 법조윤리협의회의 퇴직공직자 활동내역 등 제출과 관련된 관련자 징계개시 신청에 대한 결정도 통지해야 한다.

3. 지방변호사회장에 대한 통지 문제

대한변호사협회장이 징계개시 청구 여부 결정에 대하여 통지할 대상자로 지방변호사회장을 명시하지 않고 있지만, 통지의 대상인 '징계개시 신청인'에 당연히 포함된다. 특별히 지방변호사회장에게 통지하지 않을 이유가 없으므로, 대한변호사협회장은 그 결정을 통지해야 한다.

제97조의5 이의신청

제97조의5(이의신청)
① 징계개시 신청인은 대한변호사협회의 장이 징계개시의 신청을 기각하거나 징계개시의 신청이 접수된 날부터 3개월이 지나도 징계개시의 청구 여부를 결정하지 아니하면 변협징계위원회에 이의신청을 할 수 있다. 이 경우 이의신청은 제97조의4 제3항에 따른 통지를 받은 날 또는 징계개시의 신청이 접수되어 3개월이 지난 날부터 14일 이내에 하여야 한다.
② 변협징계위원회는 제1항에 따른 이의신청이 이유 있다고 인정하면 징계절차를 개시하여야 하며, 이유 없다고 인정하면 이의신청을 기각하여야 한다.
③ 변협징계위원회는 제2항의 결정을 하였을 때에는 지체 없이 그 결과와 이유를 이의신청인에게 통지하여야 한다.

Ⅰ. 연 혁

2007. 1. 26. 개정된 변호사법은 대한변호사협회의 장의 징계개시 신청에 대한 결정에 대하여 이의신청할 수 있는 규정을 신설했다. 즉, 징계개시 신청인은 대한변호사협회의 장이 징계개시의 신청을 기각하거나 징계개시의 신청이 접수된 날부터 3개월이 경과하여도 징계개시의 청구 여부를 결정하지 아니하는 때에는 변협징계위원회에 이의신청을 할 수 있다. 이 경우 이의신청은 제97조의4 제3항의 규정에 따른 통지를 받은 날 또는 징계개시의 신청이 접수되어 3개월이 경과한 날부터 14일 이내에 하여야 한다(제97조의5 제1항). 변협징계위원회는 제1항의 규정에 따른 이의신청이 이유 있다고 인정하는 때에는 징계절차를 개시하여야 하며, 이유 없다고 인정하는 때에는 이의신청을 기각하여야 한다(제97조의5 제2항). 변협징계위원회는 제2항의 결정을 한 때에는 지체 없이 그 결과와 이유를 이의신청인에게 통지하여야 한다(제97조의5 제3항).

Ⅱ. 징계개시 신청인의 이의신청

1. 징계개시 신청인의 이의신청 사유

징계개시 신청인은 대한변호사협회의 장이 징계개시의 신청을 기각하거나 징계개시의 신청이 접수된 날부터 3개월이 지나도 징계개시의 청구 여부를 결정하지 아니하면 변협징계위원회에 이의신청을 할 수 있다. 이 경우 이의신청은 제97조의4 제3항에 따른 통지를 받은 날 또는 징계개시의 신청이 접수되어 3개월이 지난 날부터 14일 이내에 하여야 한다(제1항). 징계개시 신청인은 협회장의 징계개시 신청기각 또는 3개월이 지나도록 결정하지 않은 부작위에 대하여 이의신청할 수 있다. 이의신청은 대한변호사협회장의 징계권 행사의 남용을 견제하는 기능을 하는 제도라 할 수 있다. 변호사징계와 관련한 이의신청은 협회장의 징계개시 기각(거부) 또는 부작위 결정 및 변협징계위원회의 결정에 대하여 하는 두 종류가 있다(변호사법 100①). 협회장은 조사위원회의 조사결과가 징계혐의사실이 없다는 취지의 보고가 있다면 기각결정을 할 수 있을 것이다. 징계혐의사실은 존재하지만, 징계사유가 발생한 날부터 3년이 지나 징계시효가 완성된 경우에는 기각결정을 해야 한다. 징계개시를 재청원한 자와 징계혐의 변호사 간에 화해가 성립되는 등의 사정변경만으로는 기각하기 어려울 것이다. 협회장은 동의하기 어려운 징계혐의사유로 징계개시 신청이 있으면 적극적으로 기각결정을 하지 않고 부작위 상태로 둘 수도 있다. 징계개시의 신청이 접수된 날부터 3개월이 지나도 징계개시의 청구 여부를 결정하지 아니하면 이의신청할 수 있다.

2. 이의신청 기간

징계개시 신청인은 협회장으로부터 신청에 대한 통지를 받은 날로부터 14일 이내에 하여야 한다. 이의신청은 변협징계위원회에 하여야 한다. 이의신청서가 대한변호사협회 또는 협회장에게 제출되었더라도 적법한 이의신청으로 보아 변협징계위원회로 이송해야 할 것이다. 만약 협회장이 3개월이 지나도록 결정을 하지 않아 통지 역시 없으면 징계개시 신청이 접수되어 3개월이 지난날부터 14일 이내에 이의신청을 하여야 한다.

Ⅲ. 변협징계위원회의 이의신청에 대한 조치

1. 이의신청이 이유 있을 때는 징계절차 개시

변협징계위원회는 제1항에 따른 이의신청이 이유 있다고 인정하면 징계절차를 개시하여야 하며, 이유 없다고 인정하면 이의신청을 기각하여야 한다(제 2 항). 변협징계위원회는 징계개시 신청인의 이의신청에 대하여 심의한 후 이유 있다고 인정하면 징계절차의 개시를 결정한다. 여기서 '이유 있다'는 것은 징계개시 결정을 할 만한 사유가 존재하여 신청인의 신청대로 협회장이 징계개시 청구를 해야 될 사안이라는 것이다. 징계개시 신청을 기각한 협회장의 결정이 적법하지 않다는 것이기도 하다. 변협징계위원회는 징계권과 관련하여 협회장의 상급기관으로서의 지위를 갖는다.

협회장이 가부간에 징계개시 청구 여부를 결정하지 않았던 부작위 상태인 경우에도 징계개시 청구를 했어야 한다고 인정되면 징계절차의 개시를 결정한다. '징계절차를 개시'한다는 것은 이의신청 사건에 대한 징계혐의 변호사를 변협징계위원회에 회부하여 심리를 시작한다는 것이다. 이 경우는 협회장의 징계개시 청구권이 배제된다. 협회장은 징계절차 개시결정에 대하여 불복할 수 없다. 변호사법 제100조 제 1 항은 '변협징계위원회의 결정'에 대한 불복권자로 협회장은 인정하지도 않고 있다. 결국 변호사의 징계는 협회장의 징계개시 청구만이 아니라 변협징계위원회의 결정으로도 개시되는 특징이 있다.

2. 이유 없다고 인정하면 이의신청을 기각

변협징계위원회는 협회장의 결정이 적법하면 이의신청을 기각하여야 한다. 만약 이의신청권이 없는 징계개시 재청원인이 이의신청을 하였다면 각하하여야 한다. 변협징계위원회는 이의신청에 대한 결정을 하기 전에 조사위원회에 징계혐의사실 유무에 대하여 조사를 요청할 수 있다고 할 것이다. 변협징계위원회는 조사위원회에 협회장으로부터 징계개시 청구된 징계 사건에 대하여 조사요청을 할 수 있다(변호사법 95②). 이의신청 사건에서도 필요한 경우 조사를 요청할 수 있다 하겠다. 결국 징계개시 신청의 기각결정에 대한 이유 유무를 결정할 기준은 징계혐의사실의 존재 여부가 될 것이기 때문이다.

Ⅳ. 변협징계위원회의 이의신청인에게 통지

(1) 변협징계위원회는 제 2 항의 결정을 하였을 때에는 지체 없이 그 결과와 이유를 이의신청인에게 통지하여야 한다(제 3 항). 변협징계위원회는 징계절차의 개시결정 또는 이의신청 기각결정을 하였으면 지체 없이 이의신청인에게 통지하여야 한다. 변협징계위원회가 이의신청 사건에 대한 결정기간은 법정되어 있지 않다. 이의신청을 제기 받은 때로부터 상당한 기간 내에 결정해야 한다.

(2) 변협징계위원회의 이의신청 기각결정을 통지받은 이의신청인은 어떤 불복절차를

거쳐야 하는지 문제된다. 결국 징계결정의 불복에 관한 변호사법 제100조 제 1 항의 '변협징계위원회의 결정'의 해석문제이다. 여기서의 '결정'이 징계개시 청구된 사건의 결정(처분)이라고 보면, 이의신청권자는 법무부징계위원회에 이의신청할 수 없다. 그러나 법문은 징계처분의 본안에 관한 결정이라고만 제한적으로 볼 이유가 없다. 따라서 변협징계위원회의 이의신청 기각결정에 대해서도 법무부징계위원회에 이의신청할 수 있다고 본다.

(3) 협회장이 법령위반으로 징계를 받아야 할 자를 징계청구도 하지 않고, 그런 부작위를 적법하다고 한 변협징계위원회의 결정에 대하여 불복할 수 없다면 변호사단체를 통한 자율적 정화기능은 기대할 수 없게 된다. 그리고 변협징계위원회가 이의신청에 대하여 상당한 기간 내에 결정하지 않은 부작위 상태로 있다면 이에 대하여 불복하는 것은 당연하다. 이렇게 불복을 인정하는 것은 변호사단체의 자율권이나 자치권을 훼손하는 것에 해당되지 않는다.

제98조 징계 결정 기간 등

제98조(징계 결정 기간 등)

① 변협징계위원회는 징계개시의 청구를 받거나 제97조의5 제2항에 따라 징계 절차를 개시한 날부터 6개월 이내에 징계에 관한 결정을 하여야 한다. 다만, 부득이한 사유가 있을 때에는 그 의결로 6개월의 범위에서 기간을 연장할 수 있다.

② 법무부징계위원회는 변협징계위원회의 결정에 대한 이의신청을 받은 날부터 3개월 이내에 징계에 관한 결정을 하여야 한다. 다만, 부득이한 사유가 있는 때에는 그 의결로 3개월의 범위에서 기간을 연장할 수 있다.

③ 징계개시의 청구를 받거나 징계 절차가 개시되면 위원장은 지체 없이 징계심의 기일을 정하여 징계혐의자에게 통지하여야 한다.

Ⅰ. 연　혁

(1) 1973. 1. 25. 개정된 변호사법은 법무부에 소속된 징계위원회는 징계개시의 신청을 받은 날로부터 6월 이내에 결정하도록 하면서 징계절차를 규정했다. 즉, 징계사유가 있는 때로부터 3년을 경과한 때에는 징계개시의 신청을 할 수 없다(제23조 제1항). 전항의 징계시효는 징계개시의 신청으로 인하여 중단된다(제23조 제2항). 징계위원회는 징계개시의 신청을 받은 때에는 그 신청서를 접수한 날로부터 6월 이내에 징계에 관한 결정을 하여야 한다. 다만, 부득이한 사유가 있을 때에는 징계위원회의 의결로 6월에 한하여 그 기간을 연장할 수 있다(제23조 제3항). 징계신청이 있는 때에는 위원장은 지체 없이 징계심의기간을 정하여 징계혐의자에게 통지하여야 한다(제23조 제4항). 징계혐의자는 기일에 출석하여 서면 또는 구술로 자기에게 유리한 사실을 진술하고 필요한 증거를 제출할 수 있다(제23조 제5항).

(2) 1993. 3. 10. 개정된 변호사법은 법무부가 관장하는 변호사징계권 중 공소제기사건 및 변협징계위원회의 결정에 대한 이의신청사건 등은 법무부 변호사징계위원회에서 심의

하고, 대한변호사협회에 신설하는 변호사징계위원회는 변호사법위반사건 및 회칙위반사건 등에 대하여 심의하도록 하면서 징계결정 기간을 정했다. 즉, 변호사징계위원회는 징계개시의 청구를 받은 날부터 6월 이내에 징계에 관한 결정을 하여야 한다. 다만, 부득이한 사유가 있는 때에는 징계위원회의 의결로 6월에 한하여 그 기간을 연장할 수 있다(제79조 제1항). 법무부징계위원회는 변협징계위원회의 결정에 대한 이의신청을 받은 날부터 3월이내에 징계에 관한 결정을 하여야 한다. 다만, 부득이한 사유가 있는 때에는 법무부징계위원회의 의결로 3월에 한하여 그 기간을 연장할 수 있다(제79조 제2항). 징계개시의 청구가 있는 때에는 위원장은 지체 없이 징계심의기일을 정하여 징계혐의자에게 통지하여야 한다(제79조 제3항). 징계혐의자는 기일에 출석하여 구술 또는 서면으로 자기에게 유리한 사실을 진술하거나 필요한 증거를 제출할 수 있다(제79조 제4항).

(3) 1995. 12. 29. 개정된 변호사법은 종전의 '변호사징계위원회'를 '변협징계위원회'로 변경하고, 징계결정 통지를 받은 후 이의신청기간 만료시에 효력이 발생한다는 규정을 신설했다. 즉, 변협징계위원회는 징계개시의 청구를 받은 날부터 6월 이내에 징계에 관한 결정을 하여야 한다. 다만, 부득이한 사유가 있는 때에는 징계위원회의 의결로 6월에 한하여 그 기간을 연장할 수 있다(제79조 제1항). 변협징계위원회의 징계는 징계혐의자가 징계결정의 통지를 받은 후 이의신청을 하지 아니한 때에는 제81조 제1항의 규정에 의한 이의신청기간이 만료한 때부터 효력이 발생한다(제79조 제5항).

(4) 2007. 1. 26. 개정된 변호사법은 징계결정기간에 '변협징계위원회의 징계개시 결정을 한 경우'를 추가했다. 또한 징계혐의자의 징계절차에서의 권리와 징계개시 신청인인 검사장의 의견진술권에 관한 규정을 삭제한 후 별도의 규정으로 신설했다. 즉, 변협징계위원회는 징계개시의 청구를 받거나 제97조의5 제3항의 규정에 따라 징계절차를 개시한 날부터 6월 이내에 징계에 관한 결정을 하여야 한다. 다만, 부득이한 사유가 있는 때에는 그 의결로 6월에 한하여 그 기간을 연장할 수 있다(제98조 제1항). 징계개시의 청구가 있거나 징계절차가 개시된 때에는 위원장은 지체 없이 징계심의기일을 정하여 징계혐의자에게 통지하여야 한다(제98조 제3항).

Ⅱ. 변협징계위원회의 징계 결정 기간

1. 징계 절차 개시한 날부터 6개월 이내 징계 결정

변협징계위원회는 징계개시의 청구를 받거나 제97조의5 제2항에 따라 징계 절차를 개시한 날부터 6개월 이내에 징계에 관한 결정을 하여야 한다. 다만, 부득이한 사유가 있을 때에는 그 의결로 6개월의 범위에서 기간을 연장할 수 있다(제 1 항). 변협징계위원회는 대한변호사협회장의 징계개시 청구가 있을 때와 징계개시 신청인의 이의신청이 이유 있다고 변협징계위원회가 인정하고 징계개시를 결정할 때 개시된다. 징계에 관한 결정은 징계절차를 개시한 날부터 6개월 이내에 하여야 한다. 여기서 '징계에 관한 결정'이란 징계혐의자에 대한 징계사실을 확정하고 징계양정을 하여 징계의 종류를 결정하는 행위를 말한다. 「검사징계법」은 검사징계위원회는 징계혐의자의 평소의 행실과 직무성적을 고려하고, 징계 대상 행위의 경중에 따라 징계의 여부 또는 징계의 종류와 정도를 정하도록 한다(제19조). 징계혐의 변호사도 평소의 행실과 직무수행태도 등을 고려하여 결정해야 한다. 이러한 징계결정은 행정청의 지위에 있는 변협징계위원회의 처분에 해당된다. 그렇기에 불복시에는 법무부 변호사징계위원회에 이의신청할 수 있다. 징계결정기간인 6개월은 훈시규정이라 할 수 있다. 징계혐의 변호사는 징계절차가 개시되면 법무부장관으로부터 업무정지명령을 받을 수도 있다(변호사법 102). 그 때문에 징계결정은 신속성과 신중함이 함께 요구된다.

2. 6개월의 범위에서 기간 연장 가능

여기서 '부득이한 사유'란 징계결정을 6개월 이내에 할 수 없는 사유를 말한다. 징계절차에서는 징계혐의자의 출석·진술권이 보장되며, 특별변호사의 선임과 보충진술과 증거제출이 허용된다. 아울러 징계개시 신청인은 징계사건에 관하여 의견을 제시할 수 있다(변호사법 98의2). 변협징계위원회의 징계개시 결정으로 징계절차가 진행 중인 때에는 대한변호사협회장의 의견도 들을 필요가 있다.

징계위원회는 징계혐의자가 징계청구된 징계혐의사실로 공소제기 되어 있을 때에는 그 사건이 확정될 때까지 심의절차를 정지한다. 다만 공소의 제기가 있는 경우로서 징계사유에 관하여 명백한 증명자료가 있거나 징계혐의자의 심신상실·질병 등의 사유로 형사재판절차가 진행되지 아니할 때에는 징계심의를 진행할 수 있다(변호사징계규칙 19). 징계혐의 변호사에 대한 형사재판이 진행 중인 때에는 법정기간을 지킬 수 없다. 이런 부득이한 사유가 있을 때에는 위원회의 의결로 6개월의 범위에서 기간을 연장할 수 있다. 연장한 기간은 훈시기간이라 할 수 없어 그 기간 안에는 징계결정을 해야 한다.

Ⅲ. 법무부징계위원회의 이의신청에 대한 결정 기간

1. 변협징계위원회의 결정에 대한 이의신청

법무부징계위원회는 변협징계위원회의 결정에 대한 이의신청을 받은 날부터 3개월 이내에 징계에 관한 결정을 하여야 한다. 다만, 부득이한 사유가 있는 때에는 그 의결로 3개월의 범위에서 기간을 연장할 수 있다(제 2 항). 변협징계위원회의 징계결정에 불복하려는 자는 법무부징계위원회에 이의신청을 제기하여야 한다. 징계혐의 변호사는 변협징계위원회의 결정에 대하여 당연히 불복할 수 있다. 아울러 징계개시 신청인에게도 징계제도의 적정한 운용을 위하여 불복할 수 있도록 한다. 만약 이의신청서가 변협징계위원회에 제출된 경우 법무부징계위원회로 이송해야 할 것이다. 「행정심판법」은 행정심판을 청구하려는 자는 심판청구서를 피청구인(처분청)이나 행정심판위원회에 제출하도록 하고 있다(제23조 제 1 항).

2. 3개월 이내에 징계에 관한 결정

변협징계위원회의 결정에 불복하는 징계혐의자 및 징계개시 신청인은 그 통지를 받은 날부터 30일 이내에 법무부징계위원회에 이의신청을 할 수 있다(변호사법 100①). 법무부징계위원회는 이의신청을 받은 날부터 3개월 이내에 징계에 관한 결정을 하여야 한다. '이의신청을 받은 날'부터이므로 대한변호사협회로부터 이의신청서를 이송받은 때는 접수한 날부터 기산해야 한다. 법무부징계위원회는 제 1 항에 따른 이의신청이 이유 있다고 인정하면 변협징계위원회의 징계 결정을 취소하고 스스로 징계 결정을 하여야 하며, 이의신청이 이유 없다고 인정하면 기각하여야 한다(변호사법 100②).

변협징계위원회의 징계에 관한 결정기간은 6개월이 원칙이지만, 법무부징계위원회는 그 절반인 3개월이다. 징계혐의사실이 확정된 상태에서 징계양정의 적정성 여부를 판단하는 것이라 결정기간을 짧게 하고 있다. 그러나 일반 행정심판의 재결은 심판청구서를 받은 날부터 60일 이내에 하도록 하고 있다(행정심판법 45①). 법무부징계위원회의 결정기간도 보다 단기간으로 축소할 필요가 있다.

3. 부득이한 사유가 있는 때에는 3개월 범위에서 기간 연장

법무부 변호사징계위원회는 심의를 거쳐 이의신청이 이유 있는지 여부를 결정해야 한다. 심의절차는 징계혐의자인 변호사로 하여금 출석하여 진술하도록 할 수 있으며, 징계개시 신청인의 의견도 청취할 수 있다(변호사법 100②). 징계의결을 연장해야 하는 부득이한 사유로는 징계위원장 또는 징계위원 또는 예비위원의 충원의 지연 등의 사정을 상정할 수 있다. 연장기간은 3개월의 범위이지만, 이 기간을 다시 연장할 수 없다고 해야 한다.

Ⅳ. 징계심의 기일을 징계혐의자에게 통지

징계개시의 청구를 받거나 징계 절차가 개시되면 위원장은 지체 없이 징계심의 기일을 정하여 징계혐의자에게 통지하여야 한다(제3항). 징계개시의 청구를 받거나 징계절차가 개시되면 변협징계위원회 위원장은 지체 없이 심의기일을 정해야 한다. 이 규정은 법무부징계위원회에 관한 것은 아니다. 법무부징계위원회의 징계심의 절차에 관하여는 제98조의2를 준용하는 규정을 두고 있기 때문이다(변호사법 100② 후단). 위원장은 징계심의기일을 징계혐의자에게 통지하여야 한다. 위원장의 통지사항은 심의기일만이 아니라 변호사법 제98조의2에서 정하는 징계절차에서의 징계혐의 변호사의 권리에 대해서도 고지해야 한다. 징계청구가 징계개시 신청인의 신청에 의한 것일 때에는 당해 징계개시 신청인에게도 심의기일의 일시·장소를 통지를 하여야 한다(변호사징계규칙 20①).

제98조의2 징계혐의자의 출석·진술권 등

제98조의2(징계혐의자의 출석·진술권 등)

① 변협징계위원회의 위원장은 징계심의의 기일을 정하고 징계혐의자에게 출석을 명할 수 있다.

② 징계혐의자는 징계심의기일에 출석하여 구술 또는 서면으로 자기에게 유리한 사실을 진술하거나 필요한 증거를 제출할 수 있다.

③ 변협징계위원회는 징계심의기일에 심의를 개시하고 징계혐의자에 대하여 징계 청구에 대한 사실과 그 밖의 필요한 사항을 심문할 수 있다.

④ 징계혐의자는 변호사 또는 학식과 경험이 있는 자를 특별변호인으로 선임하여 사건에 대한 보충 진술과 증거 제출을 하게 할 수 있다.

⑤ 변협징계위원회는 징계혐의자가 위원장의 출석명령을 받고 징계심의기일에 출석하지 아니하면 서면으로 심의할 수 있다.

⑥ 변협징계위원회의 위원장은 출석한 징계혐의자나 선임된 특별변호인에게 최종 의견을 진술할 기회를 주어야 한다.

⑦ 징계개시 신청인은 징계사건에 관하여 의견을 제시할 수 있다.

I. 연 혁

(1) 1949. 11. 7. 제정된 변호사법은 징계절차에서의 징계혐의자의 권리를 특정하지 않고 검찰관의 징계절차를 준용토록 했다. 즉, 징계에 관하여는 본법에 특별한 규정이 없는 한 검찰관의 징계절차에 의한다(제24조).

(2) 1982. 12. 31. 개정된 변호사법은 징계혐의자에게 유리한 진술을 하거나 증거제출에 관한 규정을 신설했다. 즉, 징계혐의자는 기일에 출석하여 구술 또는 서면으로 자기에게 유리한 사실을 진술하거나 필요한 증거를 제출할 수 있다(제75조 제3항).

(3) 2007. 1. 26. 개정된 변호사법은 징계혐의자의 출석·진술권 등에 관한 절차적 권리

를 별도의 규정으로 신설했다. 즉, 변협징계위원회의 위원장은 징계심의의 기일을 정하고 징계혐의자의 출석을 명할 수 있다(제98조의2 제 1 항). 징계혐의자는 기일에 출석하여 구술 또는 서면으로 자기에게 유리한 사실을 진술하거나 필요한 증거를 제출할 수 있다(제98조의2 제 2 항). 변협징계위원회는 심의기일에 심의를 개시하고 징계혐의자에 대하여 징계청구에 대한 사실과 그 밖의 필요한 사항을 심문할 수 있다(제98조의2 제 3 항). 징계혐의자는 변호사 또는 학식과 경험이 있는 자를 특별변호인으로 선임하여 사건에 대한 보충진술과 증거제출을 하게 할 수 있다(제98조의2 제 4 항). 변협징계위원회는 징계혐의자가 위원장의 출석명령을 받고 심의기일에 출석하지 아니하는 때에는 서면으로 심의할 수 있다(제98조의2 제 5 항). 변협징계위원회의 위원장은 출석한 징계혐의자 또는 선임된 특별변호인에게 최종의견을 진술할 기회를 주어야 한다(제98조의2 제 6 항). 징계개시 신청인은 징계사건에 관하여 의견을 제시할 수 있다(제98조의2 제 7 항).

Ⅱ. 징계심의 기일 결정·징계혐의자 출석 명령

변협징계위원회의 위원장은 징계심의의 기일을 정하고 징계혐의자에게 출석을 명할 수 있다(제 1 항). 변협징계위원회 위원장은 심의기일을 정한 다음 징계혐의자에게 통지하여야 한다. 이때 심의기일의 일시·장소를 통지하여야 한다(변호사징계규칙 20①). 위원장은 필요한 때에는 징계혐의자의 출석을 명할 수 있다. 출석명령은 받은 징계혐의자는 출석해야 한다. 물론 징계혐의자는 출석명령이 없더라도 심의기일에 출석하여 유리한 사실을 진술할 수 있고 증거도 제출할 수 있다. 위원장은 필요하면 출석명령을 할 수 있지만, 기일통지는 필수적이다. 만약 심의기일의 통지 없이 내린 징계결정은 징계혐의자에 대한 절차적 권리를 침해한 것으로 위법하여 취소될 수 있다.

Ⅲ. 징계혐의자의 출석·진술·증거 제출

징계혐의자는 징계심의기일에 출석하여 구술 또는 서면으로 자기에게 유리한 사실을 진술하거나 필요한 증거를 제출할 수 있다(제 2 항). 징계혐의자는 심의기일에 출석하여 구술 또는 서면으로 진술할 수 있다. 징계혐의자는 심의기일에 출석하여야 한다(변호사징계규칙 23①). 징계혐의자의 의무적 출석은 출석명령(제 5 항)이 발하여진 경우이다. 그러나 징계혐의자는 변호사 또는 특별변호인을 선임하여 출석시킬 수 있으므로 원칙적으로 심의기일에 출석해야 할 의무가 있는 것은 아니다. 징계혐의자는 증거서류나 증거물을 제출할 수도 있다.

징계에 관한 의견도 진술할 수 있다(변호사징계규칙 25①). 또한 참고인의 심문, 검증 등의 증거방법을 제출할 수 있다. 징계혐의자는 심의기록과 증거물 등을 열람 또는 등사할 수 있다(변호사징계규칙 27).

Ⅳ. 징계심의기일에 심의 개시·징계혐의자 심문

변협징계위원회는 징계심의기일에 심의를 개시하고 징계혐의자에 대하여 징계 청구에 대한 사실과 그 밖의 필요한 사항을 심문할 수 있다(제3항). 변협징계위원회는 징계혐의자에게 통보한 심의기일에 심의를 개시해야 한다. 최초의 심의기일의 통지는 그 기일의 7일 전까지 통지서를 송달하여야 한다(변호사징계규칙 20③). 7일 후에 송달되었더라도 징계혐의자가 기일에 출석하여 진술하는 등의 권리를 행사한 경우에는 송달에 관한 하자는 치유된다. 출석명령을 하였음에도 징계혐의자가 출석하지 않을 수 있다. 징계위원회는 징계혐의자나 그 특별변호인이 심의기일에 출석하지 않는 경우에도 심의절차를 진행하고 심의를 종결할 수 있다(변호사징계규칙 23②). 위원회는 징계혐의자에게 징계청구에 대한 사실의 인정 여부를 심문할 수 있다. 징계혐의사실로 공소제기된 경우에 그 재판의 진행경과 또는 징계청원인과의 피해에 대한 화해여부를 심문할 수 있다. 위원회는 징계혐의자를 대리하여 출석한 대리인 또는 특별변호인에게 제출한 증거방법의 설명을 요구할 수 있다.

Ⅴ. 징계혐의자의 변호사·특별변호인 선임, 보충 진술과 증거 제출

징계혐의자는 변호사 또는 학식과 경험이 있는 자를 특별변호인으로 선임하여 사건에 대한 보충 진술과 증거 제출을 하게 할 수 있다(제4항). 징계혐의자는 변호사 또는 학식과 경험이 있는 자를 특별변호인으로 선임할 수 있다. 징계혐의 변호사는 재판이나 행정심판 절차에서 의뢰인의 이익을 위하여 대리행위를 해온 법률전문가이다. 그럼에도 정작 자신을 변호하려고 할 때는 냉정한 이성과 변별력을 유지하기 어렵다. 그래서 징계혐의 변호사에게도 변호사의 조력을 받을 권리를 인정하고 있다. 아울러 변호사가 아닌 학식과 경험 있는 자를 특별변호인으로 선임할 수 있다.

변호사와 특별변호인은 징계혐의사실에 대한 보충진술을 할 수 있다. 징계혐의자가 혐의사실에 대하여 출석하여 진술할 수 있지만, 변호사와 특별변호인은 이에 더하여 혐의자에게 유리한 진술을 할 수 있다. 변호사징계위원회는 물론 변호사 또는 특별변호인은 국가기관 등에 사실조회를 하는 등 유리한 변호활동을 할 수 있다.

Ⅵ. 출석명령 받은 징계혐의자의 불출석과 서면 심의

변협징계위원회는 징계혐의자가 위원장의 출석명령을 받고 징계심의기일에 출석하지 아니하면 서면으로 심의할 수 있다(제 5 항). 징계혐의자는 심의기일에 출석하여야 한다(변호사징계규칙 23①). 그러나 위원장의 출석명령은 받은 징계혐의자는 출석하지 않을 수 있다. 징계위원들 앞에 서는 것이 불명예스럽다고 생각하면 불출석할 수 있다. 출석하지 않고도 선임한 변호사를 통하여 유리한 자료를 제출하거나 보충진술할 수 있기 때문이다. 위원회는 징계혐의자의 출석을 기다리지 않고 서면으로 심의할 수 있다. 여기서 '서면'은 징계개시청구서·신청서 또는 징계혐의사실에 관한 증거자료 등을 말한다. 징계위원회는 직권 또는 신청에 의하여 필요한 물건이나 장소에 대한 검증을 할 수 있고 서류 기타의 물건의 소지인에게 그 제출을 요구할 수 있다(변호사징계규칙 26②). 또한 징계위원회는 필요한 때에는 직권으로 징계혐의사실에 대한 조사를 담당한 자를 소환하여 의견을 청취할 수 있다(변호사징계규칙 26③). 여기서 '조사를 담당한 자'는 조사위원회의 위원을 말한다. 징계혐의 변호사를 수사한 공무원에 대하여는 사실조회를 할 수 있다. 징계혐의자의 출석을 필수적 사항으로 하면 불출석하는 징계혐의자에 대한 징계결정을 할 수 없기에 서면심의할 수 있도록 하고 있다.

Ⅶ. 최종 의견 진술 기회 부여

변협징계위원회의 위원장은 출석한 징계혐의자나 선임된 특별변호인에게 최종 의견을 진술할 기회를 주어야 한다(제 6 항). 위원장은 출석한 징계혐의자나 선임된 특별변호인에게 최종 의견을 진술할 기회를 주어야 한다. 징계혐의자가 불출석한 경우에는 그 변호사나 특별변호인에게 기회를 주면 된다. 심의과정에서 징계혐의자나 그 변호사가 유리한 변호활동을 충분히 했더라도 최종 의견을 진술할 기회는 반드시 주어져야 한다. 최종 의견 진술 기회를 부여하지 않으면 위법한 징계처분으로 취소되어야 한다. 국가공무원법은 소청인에게 진술 기회를 부여하지 않고 행한 결정은 무효라고 한다. 소청심사위원회가 소청 사건을 심사할 때에는 대통령령등으로 정하는 바에 따라 소청인 또는 제76조 제 1 항 후단에 따른 대리인에게 진술 기회를 주어야 한다(국가공무원법 13①). 제 1 항에 따른 진술 기회를 주지 아니한 결정은 무효로 한다(국가공무원법 13②). 최종 의견을 진술할 기회를 주는 것은 징계혐의자에게 징계절차의 종결을 고지하고, 앞으로는 당해 절차에서 추가 진술의 기회가 없다는 점을 알리는 효과가 있다. 징계혐의자나 변호사 또는 특별변호인이 출석하지 않을 때는 징계절차를 원칙적으로 종결할 수 없다. 그러나 심의절차의 종결을 사전에 고지 받고도 출석하지 않을 때에는 최종 진술 없이 결정할 수 있다.

Ⅷ. 징계개시 신청인의 의견 제시

징계개시 신청인은 징계사건에 관하여 의견을 제시할 수 있다(제7항). 징계개시 신청인인 지방검찰청검사장 또는 고위공직자범죄수사처장, 지방변호사회장, 법조윤리협의회 위원장은 징계절차에 출석하여 의견을 제시할 수 있다. 여기서 '의견 제시'는 징계혐의자에 대하여 엄정한 징계양정의 필요성에 관한 의견이라 할 수 있다. 신청인의 의견제시는 서면으로도 가능하다. 징계위원회는 징계개시 신청인에게 심의기일을 통지하고 의견제시를 요구할 필요는 없다.

만약 징계개시 신청인이 징계혐의자에 대한 추가 징계혐의를 발견하여 이를 추가하여 징계해 줄 것을 신청할 수 있는지 문제된다. 지방검찰청검사장 또는 고위공직자범죄수사처장은 이미 징계개시된 혐의사실 외에 피해자의 고소로 새롭게 진행된 수사결과 징계혐의사실을 발견할 수 있다. 이때 징계위원회는 직권으로 추가 징계혐의사실을 기존의 사건에 병합할 수는 없다고 해야 한다. 징계개시 신청인은 대한변호사협회장에게 징계개시 신청을 하고, 협회장의 징계개시 청구에 의하여 기존사건에 병합하여 심의하는 것이 타당할 것이다. 징계위원회는 징계혐의자에게는 그 사실을 통지해야 한다.

第98조의3 제척 사유

제98조의3(제척 사유)
위원장과 위원은 자기 또는 자기의 친족이거나 친족이었던 자에 대한 징계 사건의 심의에 관여하지 못한다.

Ⅰ. 연 혁

2007. 1. 26. 개정된 변호사법은 1949년 변호사법 제정 당시부터 준용되어 왔던 「검사징계법」을 준용하지 아니하고[1] 위원장과 위원의 제척사유에 관한 규정을 신설했다. 즉, 위원장과 위원은 자기 또는 자기의 친족이거나 친족이었던 자에 대한 징계사건의 심의에 관여하지 못한다(제98조의3).

Ⅱ. 위원장과 위원의 제척 사유

위원장과 위원은 자기 또는 자기의 친족이거나 친족이었던 자에 대한 징계 사건의 심의에 관여하지 못한다. 위원장과 위원은 자기 또는 자기의 친족이거나 친족이었던 자에 대한 징계심의에 관여할 수 없다. 징계위원회 위원과 배우자였던 징계혐의자에 대한 징계심의에는 관여할 수 없게 된다. 「변호사징계규칙」은 위원 등의 제척사유를 보다 구체화하고 있다. 위원장·위원 및 예비위원은 자기 또는 8촌 이내의 혈족이나 4촌 이내의 인척 및 배우자에 관한 징계혐의사건, 조사위원회에 관여한 사건 및 지방변호사회의 징계혐의자에 대한 조사에 관여한 사건의 심사에서 제척된다(변호사징계규칙 3①).

1 **「검사징계법」 제17조(제척 사유)** ① 위원장과 위원은 자기 또는 자기의 친족이거나 친족이었던 사람에 대한 징계 사건의 심의에 관여하지 못한다. ② 징계를 청구한 사람은 사건심의에 관여하지 못한다.

그리고 위원장·위원 및 예비위원에 대한 기피·회피에 관한 사유도 두고 있다. 위원장·위원 및 예비위원에 관하여 심사의 공정을 현저히 해할 우려가 있는 때에는 징계개시 청구를 받은 자는 기피의 신청을 할 수 있다(변호사징계규칙 3②). 제 2 항의 사유가 있을 때에는 위원장·위원 및 예비위원은 회피할 수 있다. 회피의 신청이 있을 때에는 징계위원회는 지체 없이 결정하여야 한다(변호사징계규칙 3③).

제98조의4 징계 의결 등

제98조의4(징계 의결 등)
① 변협징계위원회는 사건 심의를 마치면 위원 과반수의 찬성으로써 의결한다.
② 변협징계위원회는 징계의 의결 결과를 징계혐의자와 징계청구자 또는 징계개시 신청인에게 각각 통지하여야 한다.
③ 징계혐의자가 징계 결정의 통지를 받은 후 제100조 제1항에 따른 이의신청을 하지 아니하면 이의신청 기간이 끝난 날부터 변협징계위원회의 징계의 효력이 발생한다.

I. 연 혁

2007. 1. 26. 개정된 변호사법은 변협징계위원회의 징계의결에 관한 규정을 신설했다. 즉, 변협징계위원회는 사건심의를 종료한 때에는 위원 과반수의 찬성으로써 의결한다(제98조의4 제1항). 변협징계위원회는 징계의 의결결과를 징계혐의자와 징계청구자 또는 징계개시 신청인에게 각각 통지하여야 한다(제98조의4 제2항). 변협징계위원회의 징계는 징계혐의자가 징계결정의 통지를 받은 후 제100조 제1항의 규정에 따라 이의신청을 하지 아니하는 때에는 이의신청기간이 만료한 날부터 효력이 발생한다(제98조의4 제3항).

II. 변협징계위원회의 의결

1. 변협징계위원회의 사건 심의 종결

변협징계위원회는 사건 심의를 마치면 위원 과반수의 찬성으로써 의결한다(제1항). 변협징계위원회는 사건 심의를 마치면 징계할 것인지 여부, 징계할 경우 어떤 징계처분을 내릴 것인지, 과태료처분 및 정직처분을 내릴 경우 그 금액 및 기간에 대해서도 결정하여야 한다. 징계위원회는 심의를 종료하였을 때에는 지체 없이 징계사건에 관하여 결정을 하여야 한다(변호사징계규칙 31①). 징계위원회는 징계혐의자에게 기본적 인권옹호를 위한 사회공헌활동, 협회 변호사포상규칙에 의한 수상 등 법률문화향상에 기여한 공로가 인정된 때에는 징계양정을 함에 있어 참작할 수 있다(변호사징계규칙 31③). 2014년 징계혐의자에게 국민의 인권옹호를 위한 사회공헌(공익활동, 마을변호사 등) 및 협회 발전(공로상, 청년변호사상, 표창, 감사포상 등)에 공로가 인정되면, 징계 양정시에 참작할 수 있도록 하기 위하여 이 규정을 신설하였다.

2. 위원 과반수의 찬성으로 의결

(1) 징계의결은 재적위원 과반수의 찬성으로 의결한다. 과반수의 찬성을 얻은 의견이 없을 때에는 과반수에 달할 때까지 징계혐의자에게 가장 불리한 의견의 수에 순차 유리한 의견의 수를 더하여 그중 가장 유리한 의견을 합의된 의견으로 한다(변호사징계규칙 31② 단서). 징계위원회가 징계에 관하여 결정을 하였을 때에는 징계결정서를 작성하여야 하며, 징계결정서에는 주문과 이유를 기재하고 위원장과 출석한 위원 및 간사가 기명날인 또는 서명하여야 한다(변호사징계규칙 32).

(2) 징계의결은 부적법한 징계청구에 대하여는 "징계혐의자에 대한 징계청구를 각하한다"라고 한다. 변협징계위원회는 변호사가 금고 이상의 형의 확정으로 변호사 자격결격사유가 발생하면 이미 그 자는 변호사가 아니므로 징계권이 없다면서 금고 이상의 형이 확정된 변호사에 대한 징계개시 청구를 '각하'해 왔다.[1] 이 결정이 타당하지 않음은 변호사법 제90조(징계의 종류)에서 살펴보았다.

(3) 징계혐의사실이 인정되지 않거나 인정되더라도 정상을 참작할 만한 사유가 있어 처분을 하지 않음이 타당한 경우에는 "징계혐의자에 대한 징계청구를 기각한다"고 한다. 혐의사실이 인정되고 정상을 참작하여도 처분을 하는 것이 타당한 경우에는 징계처분을 하게 된다.

Ⅲ. 징계 의결 결과 통지

변협징계위원회는 징계의 의결 결과를 징계혐의자와 징계청구자 또는 징계개시 신청인에게 각각 통지하여야 한다(제 2 항). 변협징계위원회는 징계의결 결과를 징계혐의자에게 통지해야 한다. 징계위원회는 지체 없이 결정서를 징계혐의자에게 송달해야 한다(변호사징계

1 대한변협 2002. 11. 25. 결정, 법제 1997-7호 변호사징계.

규칙 33②). 통지기간은 법정되어 있지 않지만 지체 없이 하여야 한다. 징계결정은 징계청구자인 대한변호사협회장에게도 통지해야 한다. 징계청구가 징계개시 신청인의 신청에 의한 경우에는 당해 징계개시 신청인에게 징계결정 결과를 통지하여야 한다(변호사징계규칙 33③). 징계청구권자인 대한변호사협회장은 징계의결 결과에 대하여 불복할 수 없다. 반면, 징계혐의자와 징계개시 신청인은 이의신청을 제기할 수 있다. 징계혐의자 또는 징계개시 신청인에게 통지되지 않은 징계의결 처분은 효력을 발생할 수 없다.

Ⅵ. 변협징계위원회 징계결정에 불복

징계혐의자가 징계 결정의 통지를 받은 후 제100조 제 1 항에 따른 이의신청을 하지 아니하면 이의신청 기간이 끝난 날부터 변협징계위원회의 징계의 효력이 발생한다(제 3 항). 변협징계위원회의 징계결정에 불복할 때는 반드시 법무부징계위원회에 이의신청을 하여야 한다(필수적 이의신청 전치주의). 징계혐의자는 징계결정 통지를 받은 후 불복할 때는 법무부징계위원회에 이의신청을 할 수 있다(변호사법 100①). 이의신청을 하지 않으면 이의신청 기간이 끝난 날부터 효력이 발생한다(변호사법 98조의4③; 변호사징계규칙 35). 징계결정에 대한 불복이 있으면 징계결정 통지를 받은 날로부터 30일 이내에 법무부징계위원회에 이의신청하여야 하므로(변호사법 100①), 30일이 경과하면 징계결정은 확정된다. 그리고 법무부징계위원회에 이의신청을 한 경우에는 이의신청에 대한 결정을 송달받은 날부터 효력이 발생한다(변호사징계규칙 35). 이에 대하여 불복할 때는 행정소송을 제기하고 집행정지신청을 하여야 할 것이다.

제98조의5 징계의 집행

제98조의5(징계의 집행)

① 징계는 대한변호사협회의 장이 집행한다.

② 제90조 제 4 호의 과태료 결정은 「민사집행법」에 따른 집행력 있는 집행권원과 같은 효력이 있으며, 검사의 지휘로 집행한다.

③ 대한변호사협회의 장은 징계처분을 하면 이를 지체 없이 대한변호사협회가 운영하는 인터넷 홈페이지에 3개월 이상 게재하는 등 공개하여야 한다.

④ 대한변호사협회의 장은 변호사를 선임하려는 자가 해당 변호사의 징계처분 사실을 알기 위하여 징계정보의 열람·등사를 신청하는 경우 이를 제공하여야 한다.

⑤ 징계처분의 공개 범위와 시행 방법, 제 4 항에 따른 변호사를 선임하려는 자의 해당 여부, 열람·등사의 방법 및 절차, 이에 소요되는 비용에 관하여 필요한 사항은 대통령령으로 정한다.

I. 연 혁

(1) 1949. 11. 7. 제정된 변호사법은 검사징계법을 준용하면서 징계의 종류 중 '과료'의 집행에 관한 규정을 두었다. 즉, 과료의 재판은 검사의 지휘로써 집행하며 이 명령은 집행력있는 채무명의와 동일한 효력이 있다(제21조 제 2 항).

(2) 2007. 1. 26. 개정된 변호사법은 대한변호사협회장이 징계의 집행권자가 되고 징계처분을 공개하도록 하는 규정을 신설했다. 즉, 징계는 대한변호사협회의 장이 집행한다(제98조의5 제 1 항). 제90조 제 4 호의 과태료의 결정은 「민사집행법」에 따른 집행력 있는 집행권원과 같은 효력이 있으며, 검사의 지휘로 집행한다(제98조의5 제 2 항). 대한변호사협회의 장은 징계처분을 한 때에는 이를 지체 없이 공개하여야 한다(제98조의5 제 3 항). 징계처분의 공개범위와 시행방법에 관하여 필요한 사항은 대한변호사협회가 정한다(제98조의5 제 4 항).

(3) 2011. 7. 25. 개정된 변호사법은 대한변호사협회장은 징계처분의 내용을 인터넷 홈

페이지에 공개하고, 징계정보를 제공하도록 하는 규정을 신설했다. 즉, 대한변호사협회의 장은 징계처분을 하면 이를 지체 없이 대한변호사협회가 운영하는 인터넷 홈페이지에 3개월 이상 게재하는 등 공개하여야 한다(제98조의5 제 3 항). 대한변호사협회의 장은 변호사를 선임하려는 자가 해당 변호사의 징계처분 사실을 알기 위하여 징계정보의 열람·등사를 신청하는 경우 이를 제공하여야 한다(제98조의5 제 4 항). 징계처분의 공개 범위와 시행 방법, 제 4 항에 따른 변호사를 선임하려는 자의 해당 여부, 열람·등사의 방법 및 절차, 이에 소요되는 비용에 관하여 필요한 사항은 대통령령으로 정한다(제98조의5 제 5 항).

Ⅱ. 대한변호사협회장이 징계 집행

(1) 징계는 대한변호사협회의 장이 집행한다(제 1 항). 대한변호사협회장은 징계의 효력이 발생하면 징계처분을 집행하여야 한다. 협회장의 징계개시 청구권과 함께 징계집행은 변호사자치를 실현하는 기능을 한다. 협회장은 징계처분 중 제명에 대하여는 변호사등록원부에 그 징계결정의 내용을 기재하여 등록을 취소하고 변호사등록원부를 말소한다(변호사징계규칙 43①(1)). 정직은 징계혐의자의 변호사등록원부에 정직개시일과 정직기일을 명시하여 징계결정의 내용을 기재한다(변호사징계규칙 43①(2)). 과태료는 징계결정의 내용을 변호사등록원부에 기재하고, 협회장이 검사에게 의뢰하여 집행한다(변호사징계규칙 43①(3)). 견책은 협회장이 징계혐의자에게 근신자숙하라는 취지의 문서를 송달하고, 징계결정의 내용을 변호사등록원부에 기재한다(변호사징계규칙 43①(4)).

(2) 대한변호사협회의 장은 변협징계위원회에서 징계에 관한 결정을 하면 지체 없이 그 사실을 법무부장관에게 보고하여야 한다(변호사법 99). 대한변호사협회는 징계혐의자에 대한 처분이 확정된 때에는 대법원, 대검찰청, 피징계변호사가 속한 소속 지방변호사회 및 해당 지방변호사회의 관할 고등, 지방, 가정, 특허, 행정 등 각 법원에 징계집행사실을 통보하여야 한다(변호사징계집행규정 2①).

Ⅲ. 과태료 결정의 효력과 집행

(1) 제90조 제 4 호의 과태료 결정은 「민사집행법」에 따른 집행력 있는 집행권원과 같은 효력이 있으며, 검사의 지휘로 집행한다(제 2 항). 징계처분으로 한 과태료 결정은 「민사집행법」에 따른 집행력 있는 집행권원과 같은 효력이 있다. 여기서 '집행권원'이란 실체법상의 청구권의 존재와 범위를 표시하고 법률상 집행력을 인정한 공문서이다. 구법에서는

'채무명의'라고 한 바 있다(현재도 형사소송법 제477조 제 2 항 참조).[1] 집행권원은 강제집행을 할 수 있는 자격증과 같은 기능을 한다. 집행권원에 기하여 발생한 집행청구권의 행사를 위하여 원칙적으로 집행문을 부여받아야 한다.[2]

⑵ 벌금, 과료, 몰수, 추징, 과태료, 소송비용, 비용배상 또는 가납의 재판은 검사의 명령에 의하여 집행한다(형사소송법 477①; 민사집행법 60①). 이러한 검사의 집행명령은 집행력 있는 집행권원과 같은 효력이 있다(형사소송법 477②; 민사집행법 60②). 따로 집행문을 부여받을 필요가 없다.[3] 변호사의 징계의 종류인 과태료 집행은 검사의 집행명령으로 집행한다. 변협 징계위원회에서 과태료 부과 결정을 하면 대한변호사협회는 법무부로 집행의뢰서를 송부한다. 법무부는 과태료 처분을 받은 변호사가 소속한 지방변호사회를 관할하는 지방검찰청 검사장에게 집행의뢰서를 보내고 그 검찰청 검사가 집행을 한다.

Ⅳ. 징계처분 결정을 대한변호사협회 홈페이지에 공개

대한변호사협회의 장은 징계처분을 하면 이를 지체 없이 대한변호사협회가 운영하는 인터넷 홈페이지에 3개월 이상 게재하는 등 공개하여야 한다(제 3 항). 대한변호사협회장은 징계처분 후 지체 없이 대한변협 인터넷 홈페이지에 이를 공개하여야 한다. 협회장은 징계처분의 확정일로부터 2주일 이내에 인터넷 홈페이지에 게재하고, 해당 징계처분의 확정일 이후 최초로 발간하는 대한변호사협회 발행 정기간행물에 게재야 한다(변호사징계규칙 46). 징계정보의 공개는 징계처분을 받은 변호사와 수임약정을 체결하려는 의뢰인을 보호하려는 목적 때문이다. 징계정보의 공개사항은 징계처분을 받은 변호사의 성명 등 인적사항, 사무실의 주소, 징계처분의 내용 및 징계사유의 요지, 징계처분의 효력발생일 등이다(변호사법 시행령 23의2①). 공개기간은 3개월 이상이어야 한다. 공개기간은 최초 게재일부터 기산하여 영구제명·제명은 3년, 정직은 1년(정직기간이 1년보다 장기인 경우 그 정직기간), 과태료는 6개월, 견책은 3개월로 한다(변호사법 시행령 23의2②). 대한변호사협회의 장은 제 1 항 및 제 2 항에 따라

---

1 **형사소송법 제477조(재산형 등의 집행)** ① 벌금, 과료, 몰수, 추징, 과태료, 소송비용, 비용배상 또는 가납의 재판은 검사의 명령에 의하여 집행한다.
② 전항의 명령은 집행력 있는 채무명의와 동일한 효력이 있다.
③ 제 1 항의 재판의 집행에는 「민사집행법」의 집행에 관한 규정을 준용한다. 단, 집행 전에 재판의 송달을 요하지 아니한다. <개정 2002. 1. 26., 2007. 6. 1.>
④ 제 3 항에도 불구하고 제 1 항의 재판은 「국세징수법」에 따른 국세체납처분의 예에 따라 집행할 수 있다. <신설 2007. 6. 1.>
⑤ 검사는 제 1 항의 재판을 집행하기 위하여 필요한 조사를 할 수 있다. 이 경우 제199조 제 2 항을 준용한다. <신설 2007. 6. 1.>

2 이시윤, 민사집행법(제 6 보정판), 97~98면.

3 김홍엽, 민사집행법(제 3 판), 61면; 이시윤, 민사집행법(제 6 보정판), 144면.

징계처분정보를 인터넷 홈페이지에 공개할 경우 홈페이지 최상단 메뉴에 변호사 정보란을, 그 하위 메뉴로 변호사 징계 내역을 두고, 변호사 징계 내역 메뉴에 징계처분정보를 기재하는 방법으로 게재하여야 한다(변호사법 시행령 23의2③). 대한변호사협회의 장은 제 3 항에 따라 설치되는 변호사 징계 내역 메뉴에서 변호사의 성명 및 사무실의 명칭(해당 변호사가 법무법인등에 소속되어 있거나 그 구성원인 경우에는 그 법무법인등의 명칭을 말한다)으로 징계처분정보가 검색될 수 있도록 하여야 한다(변호사법 시행령 23의2④).

V. 변호사의 징계정보 열람·등사 신청 시 제공

대한변호사협회의 장은 변호사를 선임하려는 자가 해당 변호사의 징계처분 사실을 알기 위하여 징계정보의 열람·등사를 신청하는 경우 이를 제공하여야 한다(제 4 항). 대한변호사협회장은 변호사를 선임하려는 자에게 변호사의 징계정보를 제공해야 한다. 여기서 '변호사를 선임하려는 자'는 해당 변호사와 수임약정을 체결하려는 자를 말한다. 그러나 이미 수임약정을 체결하여 의뢰인이 된 자도 포함되어야 한다. 「변호사법 시행령」은 징계정보의 열람·등사 신청자격으로 '변호사를 선임하였거나 선임하려는 자' 및 그 직계존비속, 동거친족 또는 대리인을 포함시키고 있다(제23조의3 제 1 항). 인터넷 홈페이지를 통한 징계정보의 공개제도는 불특정 다수인에 대하여 공개기간 동안만 징계정보를 제공하는 한계를 갖는다. 그 때문에 특정 변호사에 대한 징계정보를 구체적으로 알 수는 없기 때문에, 이런 정보를 신청한 자에게 제공하도록 하고 있다. 협회장은 정보제공 신청을 받으면 신청일부터 1주일 이내에 해당 변호사에 관한 징계정보 확인서를 제공하여야 한다(변호사징계규칙 50). 열람·등사를 신청할 수 있는 징계정보의 범위는 신청일부터 기산하여 다음 각 호(① 영구제명·제명: 10년, ② 정직: 7년, ③ 과태료: 5년, ④ 견책: 3년)의 구분에 따른 기간 이내에 확정된 징계처분정보로 한다(변호사법 시행령 23의3③). 대한변호사협회의 장은 제 1 항의 신청이 다음 각 호(① 신청서에 필수적 기재사항을 누락하였거나 제 1 항에 따른 신청권이 있음을 증명하는 서류를 제출하지 아니한 경우, ② 정당한 이유 없이 수회에 걸쳐 반복적으로 열람·등사를 신청하거나, 징계정보의 제공신청대상 변호사가 사건에 비추어 과도하게 다수인 경우 등 열람·등사 신청의 목적이 변호사를 선임하기 위한 것이 아님이 명백한 경우)의 어느 하나에 해당하는 경우에는 그 신청에 따른 징계정보를 제공하지 아니할 수 있다(변호사법 시행령 23의3④). 대한변호사협회의 장은 제 4 항에 따라 징계정보를 제공하지 아니하기로 결정한 때에는 지체 없이 신청인에게 그 취지 및 사유를 통지하여야 한다(변호사법 시행령 23의3⑤).

징계정보의 제공은 회원인 변호사에 대하여서도 행해진다. 회원은 언제든지 자신의 징계처분 기록에 대한 열람·등사 및 징계처분 여부에 대한 확인서 발급을 신청할 수 있다(변호사징계규칙 54①).

Ⅵ. 징계처분의 공개 범위·시행 방법 등 대통령령에 규정

징계처분의 공개 범위와 시행 방법, 제 4 항에 따른 변호사를 선임하려는 자의 해당 여부, 열람·등사의 방법 및 절차, 이에 소요되는 비용에 관하여 필요한 사항은대통령령으로 정한다(제 5 항). 징계정보의 열람·등사 신청 방법은, 신청권자는 신청서 및 그 첨부서류를 대한변호사협회의 장에게 직접 제출하거나 우편, 모사전송 또는 이메일 등 정보통신망을 이용하여 징계정보의 열람·등사를 신청할 수 있다(변호사법 시행령 23의4①). 대한변호사협회의 장은 제 1 항의 신청을 받으면 신청일부터 1주일 이내에 직접 수령, 우편, 모사전송 또는 이메일 등 정보통신망을 이용한 방법 중 신청인이 선택한 방법으로 해당 변호사에 관한 징계정보 확인서를 제공하여야 한다(변호사법 시행령 23의4②). 대한변호사협회의 장은 제 2 항에 따라 정보통신망을 이용하여 정보를 제공하는 경우에는 위조방지를 위한 조치를 하여야 한다(변호사법 시행령 23의4③). 제 1 항 및 제 2 항에 따른 정보의 열람·등사 및 우송 등에 드는 비용은 대한변호사협회의 장이 정하는 바에 따라 실비의 범위에서 신청인이 부담하여야 한다(변호사법 시행령 23의4④). 제 2 항에 따라 징계정보를 제공받은 자는 해당 정보를 변호사 선임 목적 외의 용도로 사용하여서는 아니 된다(변호사법 시행령 23의4⑤).

제98조의6 징계 청구의 시효

제98조의6(징계 청구의 시효)
징계의 청구는 징계사유가 발생한 날부터 3년이 지나면 하지 못한다.

Ⅰ. 연 혁

(1) 1949. 11. 7. 제정된 변호사법은 징계시효를 3년으로 정했다. 즉, 징계사유가 있는 때로부터 3년을 경과한 때에는 징계개시의 신청을 할 수 없다(제23조).

(2) 1982. 12. 31. 개정된 변호사법은 징계시효를 2년으로 변경한 법령에 따라 단축했다.[1] 즉, 변호사가 제72조의 규정에 의한 징계사유에 해당할 때에는 검찰총장 또는 대한변호사협회의 장은 직권 또는 소속 지방변호사회의 장의 신청에 의하여 변호사징계위원회에 대하여 징계개시의 청구를 하여야 한다. 다만, 징계사유가 있은 날로부터 2년을 경과한 때에는 이를 청구하지 못한다(제74조 제1항).

(3) 2007. 1. 26. 개정된 변호사법은 징계시효를 2년에서 3년으로 연장하였다. 즉, 징계의 청구는 징계사유가 발생한 날부터 3년이 경과하면 이를 하지 못한다(제98조의6).

Ⅱ. 징계 청구의 시효

1. 징계의 청구

징계의 청구는 징계사유가 발생한 날부터 3년이 지나면 하지 못한다. 징계의 청구는

1 「법관징계법」 [법률 제5642호, 1999.1.21., 전부개정] 제8조(징계사유의 시효) 징계사유가 있은 날부터 2년이 경과하면 그 사유에 관하여 징계를 청구하지 못한다.

대한변호사협회장이 한다. 징계개시 신청인의 이의신청으로 변협징계위원회가 징계개시 결정을 할 때도 징계의 청구가 있는 것에 해당된다. 여기서 '징계개시의 청구 또는 징계개시의 결정'은 조사위원회의 조사 착수와 같은 내부적인 절차진행시점이 아니라 협회장의 징계개시의 청구일 또는 변협징계위원회의 징계개시 결정일을 기준으로 한다.

2. 징계사유가 발생한 날

'징계사유가 발생한 날'은 징계사유를 현실적으로 알게 된 날이 아니라 징계사유가 발생된 날을 말한다. 구체적으로는 징계사유에 해당하는 행위가 종료된 때이다. 변호사가 의뢰인이 보관 의뢰한 돈을 수회에 걸쳐 지속적으로 횡령한 경우 최종 행위가 있을 때가 징계사유가 발생한 날에 해당된다. 또한 변호사의 도박행위로 인한 품위훼손행위와 의뢰인의 공탁금을 기망한 행위가 경합하는 경우처럼 수개의 행위는 최종 행위의 종료시가 징계사유가 발생한 날이다.

만약 변호사의 자격을 취득하기 전에 발생한 징계사유를 이유로 징계할 수 있는지 문제된다. 「국가공무원법」은 임용전의 행위라도 임용 후의 공무원의 체면 또는 위신을 손상하게 된 경우에는 징계사유로 삼을 수 있도록 한다. 징계에 관하여 다른 법률의 적용을 받는 공무원이 이 법의 징계에 관한 규정을 적용받는 공무원으로 임용된 경우에 임용 이전의 다른 법률에 따른 징계사유는 그 사유가 발생한 날부터 이 법에 따른 징계사유가 발생한 것으로 본다(국가공무원법 78③).[2] 이와 달리 변호사가 신분을 취득하기 전에 발생한 사유가 징계사유에 해당될지라도 행위시에는 변호사가 아니고, 징계권은 변호사에 대한 감독권의 행사이므로 징계할 수는 없다 하겠다. 그리고 징계는 변호사에 대한 불이익처분이므로 법률(변호사법)의 규정에 의해서만 가능하다고 해야 한다.

3. 3년이 지나면 징계 불가

징계청구는 징계사유가 발생한 날부터 3년이 지나면 할 수 없다. 징계시효는 3년으로 제척기간에 해당된다. 「국가공무원법」 제83조의2, 「법관징계법」 제 8 조, 「검사징계법」 제

---

2 국가공무원으로 임용되기 전의 행위는 국가공무원법 제78조 제 2 항, 제 3 항의 경우외에는 원칙적으로 재직중의 징계사유로 삼을 수 없다 할 것이나, 비록 임용전의 행위라 하더라도 이로 인하여 임용 후의 공무원의 체면 또는 위신을 손상하게 된 경우에는 위 제 1 항 제 3 호의 징계사유로 삼을 수 있다고 보아야 할 것인바, 원고가 장학사 또는 공립학교 교사로 임용해 달라는 등의 인사청탁과 함께 금 1,000만원을 제 3 자를 통하여 서울시 교육감에게 전달함으로써 뇌물을 공여하였고, 그 후 공립학교 교사로 임용되어 재직 중 검찰에 의하여 위 뇌물공여죄로 수사를 받다가 기소되기에 이르렀으며 그와 같은 사실이 언론기관을 통하여 널리 알려졌다면, 비록 위와 같은 뇌물을 공여한 행위는 공립학교 교사로 임용되기 전이었더라도 그 때문에 임용 후의 공립학교 교사로서의 체면과 위신이 크게 손상되었다고 하지 않을 수 없으므로 이를 징계사유로 삼은 것은 정당하다(대법원 1990. 5. 22. 89누7368 파면처분취소).

25조 역시 징계시효를 3년으로 정하고 있다.[3] 징계시효는 징계사유에 해당하는 비위가 있더라도 그에 따른 징계절차를 진행하지 않았거나 못한 경우 그 사실상태가 일정 기간 계속되면 그 적법·타당성 등을 묻지 아니하고 그 상태를 존중함으로써 공직의 안정성을 보장하려는 취지에서 인정된다(대법원 2007. 7. 12. 2006도1390). 그 때문에 대한변호사협회장은 변호사에게 징계사유가 발생하면 이에 대한 충분한 조사를 한 다음, 특별한 사정이 없는 한 지체없이 징계의결요구를 할 직무상 의무가 있다고 할 것이다.

Ⅲ. 징계 청구의 시효 도과의 효과

변호사에 대한 징계사유가 발생한 날부터 3년이 지나면 징계청구를 할 수 없다. 따라서 조사위원회도 징계혐의사실을 조사할 수 없다. 징계사유가 발생한 날부터 3년이 지난 후에 징계개시 청구를 하거나 징계개시 결정을 한 후 징계처분을 하였다면 이는 징계시효를 도과한 것으로 위법한 처분에 해당된다. 이미 징계시효가 지난 비위행위도 (새로운 징계사건의) 징계양정에 있어서 참작자료로 할 수는 있다(대법원 1999. 11. 26. 98두10424).

---

3 「국가공무원법」 제83조의2(**징계 및 징계부가금 부과 사유의 시효**) ① 징계의결등의 요구는 징계 등 사유가 발생한 날부터 다음 각 호의 구분에 따른 기간이 지나면 하지 못한다.<개정 2021. 6. 8.>
1. 징계 등 사유가 다음 각 목의 어느 하나에 해당하는 경우: 10년
   가. 「성매매알선 등 행위의 처벌에 관한 법률」 제 4 조에 따른 금지행위
   나. 「성폭력범죄의 처벌 등에 관한 특례법」 제 2 조에 따른 성폭력범죄
   다. 「아동·청소년의 성보호에 관한 법률」 제 2 조 제 2 호에 따른 아동·청소년대상 성범죄
   라. 「양성평등기본법」 제 3 조 제 2 호에 따른 성희롱
2. 징계 등 사유가 제78조의2 제 1 항 각 호의 어느 하나에 해당하는 경우: 5년
3. 그 밖의 징계 등 사유에 해당하는 경우: 3년

「법관징계법」 제 8 조(징계사유의 시효) 징계사유가 있는 날부터 3년{금품 및 향응 수수(授受), 공금의 횡령(橫領)·유용(流用)의 경우에는 5년}이 지나면 그 사유에 관하여 징계를 청구하지 못한다.

「검사징계법」 제25조(징계 등 사유의 시효) ① 징계 등은 징계 등의 사유가 있는 날부터 3년(금품 및 향응 수수, 공금의 횡령·유용의 경우에는 5년)이 경과하면 이를 청구하지 못한다.

제99조 보 고

> **제99조(보고)**
> 대한변호사협회의 장은 변협징계위원회에서 징계에 관한 결정을 하면 지체 없이 그 사실을 법무부장관에게 보고하여야 한다.

Ⅰ. 연 혁

(1) 2000. 1. 28. 개정된 변호사법은 대한변호사협회의 장은 징계개시 청구를 한 때와 징계결정이 있은 때 법무부장관에게 보고하도록 했다. 즉, 대한변호사협회의 장은 변협징계위원회에 대하여 징계개시청구를 한 때와 변협징계위원회에서 징계에 관한 결정이 있은 때에는 지체 없이 이를 법무부장관에게 보고하여야 한다(제99조).

(2) 2007. 1. 26. 개정된 변호사법은 대한변호사협회의 장이 징계위원회에 징계개시 청구를 한 경우 이를 법무부장관에게 보고하도록 하고 있으나, 징계결정에 대한 보고만으로도 징계권 감독이라는 행정목적을 충분히 달성할 수 있어 징계개시 청구에 대한 보고의무를 폐지하고, 징계결정에 대한 보고의무만 존치했다. 즉, 대한변호사협회의 장은 변협징계위원회에서 징계에 관한 결정이 있은 때에는 지체 없이 이를 법무부장관에게 보고하여야 한다(제99조).

Ⅱ. 징계 결정의 법무부장관에 보고

1. 변협징계위원회의 징계 결정

대한변호사협회의 장은 변협징계위원회에서 징계에 관한 결정을 하면 지체 없이 그 사실을 법무부장관에게 보고하여야 한다. 징계위원회는 결정을 하였을 때에는 지체 없이 협회장에게 서면으로 그 결과와 이유를 통보하여야 한다(변호사징계규칙 33①). 징계위원회의 통보를 받은 협회장은 징계결정의 불복 여부와 상관없이 법무부장관에게 보고해야 한다. 변협징계위원회의 징계개시 결정에 의하여 한 징계처분이라도 대한변호사협회를 대표하는 협회장이 보고해야 한다.

2. 징계결정 사실을 법무부장관에게 보고

법무부장관은 대한변호사협회의 상급관청의 지위에 있어 변호사 및 변호사단체의 지도·감독권을 갖는다. 법무부장관은 변협징계위원회의 징계결정에 대한 이의신청을 심판하는 법무부징계위원회의 위원장의 지위도 있다. 법무부장관은 변호사에 대한 징계결정뿐만 아니라 변호사의 등록 및 등록거부 등 개업과 관련된 사항을 보고받는다(변호사법 20). 징계결정을 보고받은 법무부장관은 징계개시 신청한 지방검찰청 검사장에게 징계결정에 대한 이의신청을 하도록 하명할 수도 있다. 또한 변호사법 제5조 결격사유에 해당하는 자의 등록취소명령을 할 수도 있다(변호사법 19).

제100조 징계 결정에 대한 불복

제100조(징계 결정에 대한 불복)

① 변협징계위원회의 결정에 불복하는 징계혐의자 및 징계개시 신청인은 그 통지를 받은 날부터 30일 이내에 법무부징계위원회에 이의신청을 할 수 있다.

② 법무부징계위원회는 제 1 항에 따른 이의신청이 이유 있다고 인정하면 변협징계위원회의 징계 결정을 취소하고 스스로 징계 결정을 하여야 하며, 이의신청이 이유 없다고 인정하면 기각하여야 한다. 이 경우 징계심의의 절차에 관하여는 제98조의2를 준용한다.

③ 제 2 항의 결정은 위원 과반수의 찬성으로 의결한다.

④ 법무부징계위원회의 결정에 불복하는 징계혐의자는 「행정소송법」으로 정하는 바에 따라 그 통지를 받은 날부터 90일 이내에 행정법원에 소(訴)를 제기할 수 있다.

⑤ 제 4 항의 경우 징계 결정이 있었던 날부터 1년이 지나면 소를 제기할 수 없다. 다만, 정당한 사유가 있는 경우에는 그러하지 아니하다.

⑥ 제 4 항에 따른 기간은 불변기간으로 한다.

Ⅰ. 연 혁

(1) 1949. 11. 7. 제정된 변호사법은 징계위원회의 처분에 대한 불복은 대법원에 즉시항고하도록 했다. 즉, 징계위원회의 처분에 대하여 불복이 있는 자는 그 통지를 받은 날로부터 7일 이내에 대법원에 즉시항고를 할 수 있다(제22조).

(2) 1993. 3. 10. 개정된 변호사법은 법무부가 관장하는 변호사징계권 중 공소제기사건 및 변협징계위원회의 결정에 대한 이의신청사건 등은 법무부 변호사징계위원회에서 심의하고, 새로이 대한변호사협회에 두는 변호사징계위원회는 변호사법위반사건 및 회칙위반사건 등에 대하여 심의하도록 하면서 변협징계위원회의 결정에 불복하는 징계혐의자는 법무부징계위원회에 불복하도록 하는 규정을 신설했다. 즉, 변협징계위원회의 결정에 대하여

불복이 있는 징계혐의자는 그 통지를 받은 날부터 7일 이내에 법무부징계위원회에 이의신청을 할 수 있다(제81조 제 1 항). 법무부징계위원회는 제 1 항의 규정에 의한 이의신청이 이유 있다고 인정한 때에는 변협징계위원회의 징계결정을 취소하고 스스로 징계결정을 하여야 한다(제81조 제 2 항). 법무부징계위원회는 제 1 항의 규정에 의한 이의신청이 이유없다고 인정한 때에는 이를 기각하여야 한다(제81조 제 3 항). 법무부징계위원회의 결정에 대하여 불복이 있는 징계혐의자는 그 통지를 받은 날부터 7일 이내에 대법원에 즉시항고를 할 수 있다(제81조 제 4 항). 제 4 항의 규정에 의한 즉시항고는 집행정지의 효력이 없다(제81조 제 5 항). 제 4 항의 규정에 의한 즉시항고에 관하여는 민사소송법 중 재항고에 관한 규정을 준용한다(제81조 제 6 항).

(3) 2000. 1. 28. 개정된 변호사법은 변협징계위원회의 징계결정에 대한 이의신청권자로 제97조 제 2 항의 징계개시신청을 한 지방검찰청검사장을 추가하는 규정을 신설했다. 즉, 변협징계위원회의 결정에 대하여 불복이 있는 징계혐의자 및 제97조 제 2 항의 징계개시신청을 한 지방검찰청검사장은 그 통지를 받은 날부터 7일 이내에 법무부징계위원회에 이의신청을 할 수 있다(제100조 제 1 항).

(4) 2005. 1. 27. 개정된 변호사법은 법무부징계위원회의 결정에 대하여 대법원에 즉시항고할 수 있다는 규정이 위헌결정을 받음에 따라 이를 삭제하고 행정소송법에 따라 제소할 수 있는 규정을 신설했다.[1] 즉, 법무부징계위원회의 결정에 대하여 불복이 있는 징계혐

---

1 **헌재 2000. 6. 29. 99헌가9 변호사법 제81조 제 4 항 등 위헌제청**

1. 법관에 의한 재판을 받을 권리를 보장한다고 함은 법관이 사실을 확정하고 법률을 해석·적용하는 재판을 받을 권리를 보장한다는 뜻이고, 그와 같은 법관에 의한 사실확정과 법률의 해석적용의 기회에 접근하기 어렵도록 제약이나 장벽을 쌓아서는 아니되며, 만일 그러한 보장이 제대로 이루어지지 아니한다면 헌법상 보장된 재판을 받을 권리의 본질적 내용을 침해하는 것으로서 우리 헌법상 허용되지 아니한다.
2. 대한변호사협회 변호사징계위원회나 법무부변호사징계위원회의 징계에 관한 결정은 비록 그 징계위원 중 일부로 법관이 참여한다고 하더라도 이를 헌법과 법률이 정한 법관에 의한 재판이라고 볼 수 없으므로, 법무부변호사징계위원회의 결정이 법률에 위반된 것을 이유로 하는 경우에 한하여 법률심인 대법원에 즉시항고할 수 있도록 한 변호사법 제81조 제 4 항 내지 제 6 항은, 법관에 의한 사실확정 및 법률적용의 기회를 박탈한 것으로서 헌법상 국민에게 보장된 "법관에 의한" 재판을 받을 권리를 침해하는 위헌규정이다.
3. 변호사법 제81조 제 4 항 내지 제 6 항은 행정심판에 불과한 법무부변호사징계위원회의 결정에 대하여 법원의 사실적 측면과 법률적 측면에 대한 심사를 배제하고 대법원으로 하여금 변호사징계사건의 최종심 및 법률심으로서 단지 법률적 측면의 심사만을 할 수 있도록 하고 재판의 전심절차로서만 기능해야 할 법무부변호사징계위원회를 사실확정에 관한 한 사실상 최종심으로 기능하게 하고 있으므로, 일체의 법률적 쟁송에 대한 재판기능을 대법원을 최고법원으로 하는 법원에 속하도록 규정하고 있는 헌법 제101조 제 1 항 및 재판의 전심절차로서 행정심판을 두도록 하는 헌법 제107조 제 3 항에 위반된다.
4. 변호사법 제81조 제 4 항 내지 제 6 항은 변호사징계사건에 대하여는 법원에 의한 사실심리의 기회를 배제함으로써, 징계처분을 다투는 의사·공인회계사·세무사·건축사 등 다른 전문자격종사자에 비교하여 변호사를 차별대우하고 있는데, 변호사의 자유성·공공성·단체자치성·자율성 등 두드러진 직업적 특성들을 감안하더라도 이러한 차별을 합리화할 정당한 목적이 있다고 할 수 없다.

의자는 행정소송법이 정하는 바에 의하여 그 통지를 받은 날부터 90일 이내에 행정법원에 소를 제기할 수 있다(제100조 제 4 항). 제 4 항의 경우 징계결정이 있은 날부터 1년을 경과하면 소를 제기할 수 없다. 다만, 정당한 사유가 있는 때에는 그러하지 아니하다(제100조 제 5 항). 제 4 항의 규정에 의한 기간은 불변기간으로 한다(제100조 제 6 항).

(5) 2007. 1. 26. 개정된 변호사법은 변협징계위원회의 결정에 대하여 검사장뿐만 아니라 모든 징계개시 신청권자에게 이의신청권을 추가하고 이의신청 절차와 의결정족수를 규정했다. 즉, 변협징계위원회의 결정에 대하여 불복이 있는 징계혐의자 및 징계개시 신청인은 그 통지를 받은 날부터 30일 이내에 법무부징계위원회에 이의신청을 할 수 있다(제100조 제 1 항). 법무부징계위원회는 제 1 항의 규정에 의한 이의신청이 이유있다고 인정한 때에는 변협징계위원회의 징계결정을 취소하고 스스로 징계결정을 하여야 하며, 이의신청이 이유없다고 인정한 때에는 이를 기각하여야 한다. 이 경우 징계심의의 절차에 관하여는 제98조의2의 규정을 준용한다(제100조 제 2 항). 제 2 항의 결정은 위원 과반수의 찬성으로써 의결한다(제100조 제 3 항).

Ⅱ. 변협징계위원회 결정에 불복할 때 법무부징계위원회에 이의신청

1. 변협징계위원회의 결정에 불복

(1) 변협징계위원회의 결정에 불복하는 징계혐의자 및 징계개시 신청인은 그 통지를 받은 날부터 30일 이내에 법무부징계위원회에 이의신청을 할 수 있다(제 1 항). 변협징계위원회의 징계결정을 받은 징계혐의자는 법무부징계위원회에 이의신청할 수 있다. 여기서 '변협징계위원회의 결정'에는 징계청구에 대한 인용과 기각·각하결정을 포함한다. 징계청구를 인용한 결정에는 징계혐의자가 불복할 가능성이 크고, 기각하는 결정에는 징계개시 신청인이 불복할 것으로 보인다.

(2) 징계혐의자는 불이익한 징계결정을 받은 것이므로 그 처분의 취소를 구할 법률상 이익을 가진 자이다. 그런데 징계개시 신청인도 불복할 수 있도록 하고 있다. 지방검찰청 검사장, 고위공직자범죄수사처장, 지방변호사회장, 법조윤리협의회 위원장은 징계개시 신청인으로서 징계혐의자에 대한 적정한 법적용을 구하는 취지에서 이의신청을 할 수 있다. 징계혐의사실보다 과중한 징계결정에 대해서도 이의신청할 수 있지만, 그보다는 경한 처분의 시정을 위하여 이의신청할 수 있다. 변호사제도의 공공성 유지라는 정책적 이유로 징계개시 신청인에게 불복제도가 인정된다. 그러나 현실적으로 징계개시 신청인의 이의신청은 활성화되어 있지 않다.

2. 그 통지를 받은 날부터 30일 이내에 이의신청

(1) 징계결정 통지서를 받은 날부터 30일 이내에 법무부징계위원회에 이의신청할 수 있다. '통지를 받은 날'은 초일은 산입하지 않고 그 다음날부터 기산한다. 이의신청 기간을 30일로 짧게 정한 것은 조속한 징계결정의 확정으로 비리변호사를 제재하려는 취지이다.[2] 여기서 '이의신청'은 행정심판법상 특별행정심판에 해당된다. 판례는 지방자치법 제140조 제 3 항에서 정한 이의신청은 행정청의 위법·부당한 처분에 대하여 행정기관이 심판하는 행정심판과는 구별되는 별개의 제도이나, 이의신청과 행정심판은 모두 본질에 있어 행정처분으로 인하여 권리나 이익을 침해당한 상대방의 권리구제에 목적이 있고, 행정소송에 앞서 먼저 행정기관의 판단을 받는 데에 목적을 둔 엄격한 형식을 요하지 않는 서면행위로 보았다(대법원 2012. 3. 29. 2011두26886 도로점용료부과처분취소).[3]

(2) 변호사 징계처분의 적정성 여부를 심의하는 법무부징계위원회는 행정심판기관이라 할 수 있다. 변호사법은 징계처분에 불복하는 자는 반드시 이의신청을 거치도록 하고 있다(필수적 이의신청 전치주의). 변협징계위원회의 결정을 받고 곧바로 행정소송을 제기할 수는 없다.

(3) 변호사법 제100조 제 2 항에 의하면 법무부가 징계혐의자의 이의신청이 이유있다고 인정한 때에는 변협징계위원회의 징계결정을 취소하고 스스로 징계결정을 하도록 규정하고 있고, 제100조 제 4 항은 법무부의 결정에 대해 불복이 있는 징계혐의자는 통지를 받은 날로부터 90일 이내에 행정법원에 소송을 제기할 수 있도록 규정하고 있다"며 "이 규정들을 종합해 보면 변호사의 징계처분과 관련해서는 원처분주의가 아닌 재결주의가 채택돼 있다고 봄이 상당하므로, 변협징계위원회의 결정에 대해 막 바로 행정소송을 제기할 것이 아니라 법무부에 대한 이의신청절차를 거친 다음 그 결정에 대해 행정소송을 제기해야 한다.[4]

---

2 특별행정심판에서 불복기간을 30일로 하는 예는 많다. 「공익사업을 위한 토지등의 취득 및 보상에 관한 법률」 제83조 제 3 항, 「국가공무원법」 제74조, 제76조.

3 갑 주식회사가 관할 구청장의 도로점용료 부과처분에 대하여 지방자치법이 정한 이의신청을 제기하여야 함에도 '행정심판청구서'라는 제목으로 불복신청서를 제출하였다가 행정심판위원회에서 행정심판 대상이 아니라는 이유로 각하결정을 받은 뒤 위 처분에 대한 취소소송을 제기한 사안에서, 비록 표제가 '행정심판청구서'라고 되어 있다 하더라도 갑 회사가 위 서면을 어느 행정청에 접수하였는지, 그리고 서면의 기재 내용이 이의신청 시 기재하여야 할 내용을 포함하고 있는지에 관하여 심리하여 위 서면의 제출을 이의신청으로 선해할 수 있는지 판단하지 아니한 채 행정심판청구가 위법하여 각하된 이상 제소기간은 원처분을 안 날부터 기산하는 것이 타당하다는 이유로 소를 각하한 제 1 심판결을 유지한 원심판결에 법리오해의 위법이 있다고 한 사례(대법원 2012. 3. 29. 2011두26886 도로점용료부과처분취소).

4 서울고법 2008. 10. 25. 2008누5485 [징계처분취소].

Ⅲ. 법무부징계위원회의 이의신청에 대한 결정

1. 법무부징계위원회의 징계결정 취소·변경 및 기각결정

(1) 법무부징계위원회는 제 1 항에 따른 이의신청이 이유 있다고 인정하면 변협징계위원회의 징계 결정을 취소하고 스스로 징계 결정을 하여야 하며, 이의신청이 이유 없다고 인정하면 기각하여야 한다. 이 경우 징계심의의 절차에 관하여는 제98조의2를 준용한다(제 2 항). 법무부징계위원회는 이의신청에 대한 기본요건을 직권으로 심의하여야 한다. 이의신청이 적법하지 아니하면 그 청구를 각하한다. 징계혐의자 또는 징계개시 신청인이 아닌 자가 제기한 이의신청이나 신청기간을 도과한 이의신청은 각하한다. 그런데 「행정심판법」에서는 천재지변, 전쟁과 같은 불가항력으로 그 기간을 도과한 경우에는 추완제도를 두고 있다. 청구인이 천재지변, 전쟁, 사변, 그 밖의 불가항력으로 인하여 제 1 항에서 정한 기간에 심판청구를 할 수 없었을 때에는 그 사유가 소멸한 날부터 14일 이내에 행정심판을 청구할 수 있다. 다만, 국외에서 행정심판을 청구하는 경우에는 그 기간을 30일로 한다(행정심판법 27②).

(2) 변호사법에 규정이 없지만 징계결정의 이의신청에서도 위 규정을 준용할 수 있는지 문제된다. 다른 법률에서 특별행정심판이나 이 법에 따른 행정심판 절차에 대한 특례를 정한 경우에도 그 법률에서 규정하지 아니한 사항에 관하여는 이 법에서 정하는 바에 따른다(행정심판법 4②). 여기서 '다른 법률'은 변호사법을 말하고, 심판청구기간의 추완여부도 「행정심판법」이 정하는 바에 따른다고 할 수 있다. 따라서 법무부징계위원회는 천재지변 등으로 30일 이내에 이의신청하지 못한 자가 그 사유가 소멸된 날부터 14일 이내에 한 이의신청을 적법한 것으로 볼 수 있다. 이의신청의 재신청은 허용되지 않는다(행정심판법 51) 할 것이므로 두 번 제기한 이의신청은 각하해야 한다.

(3) 법무부징계위원회의 심리와 재결은 「행정심판법」상 불고불리의 원칙과 불이익변경금지의 원칙이 원칙적으로 적용된다. 위원회는 이의신청의 대상이 되는 징계처분에 대해서만 심의·결정하고, 이의신청의 대상이 되는 원래의 징계결정보다 이의신청인에게 불리한 결정을 하지 못한다(행정심판법 47). 여기서 '결정'은 재결을 말한다. 그런데 징계개시 신청인이 이의신청을 한 경우에는 징계혐의자에게 불리한 결정도 할 수 있다. 이때는 불이익변경금지의 원칙이 적용되지 않는다.

(4) 법무부징계위원회는 이의신청이 이유 있다고 인정하면 징계결정을 취소하고 스스로 징계결정을 한다. '이유 있다고 인정'하는 것은 이의신청을 누가 하였느냐에 따라 그 내용이 달라진다. 징계혐의자가 징계사실의 존부 또는 징계양정에 대하여 불복한 때는 징계혐의사실 유무와 징계처분의 적정성 여부가 쟁점이 된다. 그리고 '스스로 징계결정을 한다'

는 의미는 징계혐의사실이 존재하지 않을 때는 징계결정을 취소해야 하며, 징계양정이 무거울 때는 그 결정을 취소하고 감경된 징계로 변경할 수 있다(처분의 변경재결)는 것이다. 행정법원이 징계처분의 적법·위법 여부만을 판단하는 것과의 구별된다.

(5) 징계혐의자와 징계개시 신청인의 이의신청이 이유 없다고 인정되면 기각한다. 변협징계위원회의 징계절차와 징계결정에 하자가 없을 때 하는 판단이다.

2. 징계심의의 절차에 제98조의2 준용

법무부징계위원회의 심의절차에서도 변협징계위원회의 심의절차인 징계혐의자의 출석·진술권 등(제98조의2)이 준용된다. 위원장은 징계혐의자 또는 징계개시 신청인에게 심의기일을 통지하고 출석을 명할 수 있다. 출석명령은 징계기록에 미흡한 점의 확인을 위하여 임의적·보충적으로 할 수 있다. 이의신청자는 징계심의기일에 출석하여 유리한 사실을 진술하거나 증거를 제출할 수 있다. 징계결정 후에 피해자와 화해를 하는 등의 사정변경에 관한 자료를 추가할 수 있다. 제98조의2(징계혐의자의 출석·진술권 등)에 관한 규정을 위반하면 위법한 징계결정(재결)에 해당되어 취소될 수 있다.

Ⅳ. 법무부징계위원회의 의결 결정

제 2 항의 결정은 위원 과반수의 찬성으로 의결한다(제 3 항). 법무부징계위원회의 결정은 재적위원 과반수의 찬성으로 의결한다. 위원장 역시 의결에 참여한다. 이 의결은 이의신청을 받은 날부터 3개월 이내에 하여야 하는 것이 원칙이다(변호사법 98②). 위원 과반수의 찬성이 없는 가운데 한 의결, 재적의원이 아닌 출석위원 과반수의 찬성으로 한 의결은 적법하게 구성되지 아니한 합의체 의결기관으로 하자 있는 위법한 처분이다. 일반 행정심판에서는 이의신청이 이유가 있다고 인정하는 경우에도 공공복리에 크게 위배된다고 인정하면 그 신청을 기각하는 사정재결도 할 수 있다. 징계제도에서는 공공복리를 위하여 징계혐의 없는 자를 징계할 수 없고, 과중한 징계양정을 시정하지 않는 것은 국가의 불법행위가 될 수 있기에 사정재결은 할 수 없다. 위원의 의결 후에는 이의신청의 요지와 징계혐의사실에 대한 판단과 증거관계 및 적용법조 등을 기재한 결정서(재결서)를 '법무부변호사징계위원회' 명의로 작성한다. 그리고 그 결정서를 징계혐의자 또는 징개개시 신청인에게 통지한다.

Ⅴ. 법무부징계위원회의 결정에 대한 불복

1. 법무부징계위원회 결정에 불복하는 징계혐의자

법무부징계위원회의 결정에 불복하는 징계혐의자는 「행정소송법」으로 정하는 바에 따라 그 통지를 받은 날부터 90일 이내에 행정법원에 소(訴)를 제기할 수 있다(제4항). 법무부징계위원회의 결정을 통지 받은 징계혐의자는 행정소송을 제기할 수 있다. 행정소송은 처분 등의 취소를 구할 법률상 이익이 있는 자가 제기할 수 있다(행정소송법 12). 징계개시 신청인은 적정한 징계제도 운영을 감시하는 공익적·정책적 차원에서 이의신청권이 인정되었지만, 처분등을 취소를 구할 법률상 이익은 없다. 징계개시 신청인은 보다 중한 징계양정으로 징계결정을 변경해 줄 것을 구하며 이의신청을 하지만, 행정법원에서는 처분을 중하게 변경할 수 없다. 또한 징계청구를 각하한 결정에 대하여 징계처분을 하도록 명하는 의무이행판결도 할 수 없기에 징계개시 신청인에게 행정소송을 제기할 수 없도록 한다.

2. 「행정소송법」상 제소기간, 피고적격, 처분의 대상(재결주의)

(1) 징계혐의자는 법무부징계위원회의 결정에 불복한 때는 「행정소송법」으로 정하는 바에 따라 그 통지를 받은 날부터 90일 이내에 행정법원에 소를 제기할 수 있다. 법문에는 행정소송법상의 제소기간만 언급하고 있지만, 원고 및 피고적격, 처분성 등의 요건의 충족여부도 행정소송법으로 판단해야 한다. 법무부징계위원회의 결정은 행정심판법상 재결에 해당된다. 헌법재판소 역시 법무부변호사징계위원회의 징계결정이나 기각결정은 그 판단주체 및 기능으로 보아 행정심판이라고 했다.[5] 법무부징계위원회의 구성이 법무부 직원이 아닌 외부 위원들로 조직되어 있어 징계심의에서 헌법이 행정심판에서 요구하는 사법절차가 준용되는 등의 공정성을 갖춘 점을 볼 때, 법무부징계위원회의 결정은 행정심판위원회의 재결과 같다고 할 수 있다. 이와 달리 변호사법 제8조 제4항이 규정하는 변호사의 등록거부에 대한 법무부장관에 이의신청과 이에 대한 법무부장관의 결정은 행정심판이라 할 수 없다.

(2) 행정소송법 제19조의 규정에 의하면, 취소소송은 행정청이 행하는 구체적 사실에 관한 법집행으로서의 공권력의 행사 또는 그 거부와 그 밖에 이에 준하는 행정작용 및 행정심판에 대한 재결을 대상으로 하게 되어 있으나, 다만 그 후단에 해당되는 재결취소소송의 경우에는 재결 자체에 고유한 위법이 있음을 이유로 하는 경우에 한정하고 있다.

(3) 행정심판에 대한 재결도 취소소송의 대상임이 명백하나(행정소송법 제2조 제1항 제1

5 헌재 2002. 2. 28. 2001헌가18 변호사법 제100조 제4항 등 위헌제청.

호), 원처분에 불복하여 행정심판의 재결을 거친 경우에 아무런 제한없이 위법한 원처분과 재결 모두를 소송의 대상으로 허용한다면 판결의 저촉이나 소송경제에 반하는 문제가 발생하므로 우리 행정소송법은 원처분에 대하여만 제소를 허용하고, 재결에 대하여는 예외적으로 재결 자체에 고유한 위법이 있는 경우에 한하여 제소를 허용하는 이른바 '원처분주의'를 입법화하고 있다. 그러나 위법한 원처분을 소송의 대상으로 하여 다투는 것보다는 행정심판에 대한 재결을 다투는 것이 당사자의 권리구제에 보다 효율적이고, 판결의 적정성을 더욱 보장할 수 있는 경우에는 행정심판에 대한 재결에 대하여만 제소하도록 하는 것이 국민의 재판청구권의 보장이라는 측면에서 더욱 바람직한 경우도 있으므로, 개별법률에서 이러한 취지를 정하는 때에는 원처분주의의 적용은 배제되고 재결에 대해서만 제소를 허용하는 이른바 '재결주의'가 인정된다(행정소송법 8①).[6]

(4) 따라서 법무부징계위원회의 결정에 대한 불복은 재결주의에 따라 피고는 원처분청인 '변협징계위원회'가 아닌 '법무부징계위원회'가 되며, 관할 역시 법무부를 관장하는 서울행정법원이 된다. 실무에서는 법무부장관을 피고로 제소하기도 한다. 그래서 변호사법 개정안에는 '법무부징계위원회'를 피고로 한다고 명시하고 있다. 중앙행정기관, 중앙행정기관의 부속기관과 합의제행정기관 또는 그 장에 해당하는 피고에 대하여 취소소송을 제기하는 경우에는 대법원소재지를 관할하는 행정법원에 제기할 수 있다(행정소송법 9②). 따라서 징계처분의 취소를 구하는 소송의 관할은 서울행정법원이 된다. 그리고 재결주의에 따라 행정소송의 대상 역시 '재결에 고유한 하자'에 국한하지 않고 징계처분을 대상으로 한다. 따라서 원처분에 존재하는 위법성은 물론 재결의 위법성도 다툴 수 있다.

(5) 행정소송의 제기로 징계처분은 집행이 정지되지 아니한다. 따라서 회복하기 어려운 손해발생이 우려되는 등 집행정지의 요건에 해당되면 그 결정을 받을 필요가 있다. '그 통지를 받은 날'은 처분이 있음을 안 날을 말한다. 이는 통지·공고 기타의 방법에 의하여 당해 처분이 있은 것을 현실적, 구체적으로 안 날을 말한다. 추상적으로 알 수 있었던 날을 말하는 것은 아니다. 기간의 계산은 행정소송법에 특별한 규정이 없으므로 초일은 산입하지 않는다(행정소송법 8②; 민법 157).

3. 일본 변호사법상 징계처분에 대한 취소소송

(변호사법) 제56조의 규정에 의하여 변호사회가 한 징계처분에 관한 심사청구가 각하 혹은 기각되거나, 제60조의 규정에 의하여 일본변호사연합회로부터 징계를 받은 자는 東京고등법원에 취소소송을 제기할' 수 있다(일본 변호사법 61①).[7][8] 제56조의 규정에 의하여 변호사

6 헌재 2001. 6. 28. 2000헌바77 토지수용법 제75조의2 제 1 항 본문위헌소원.

회가 한 징계처분에 관하여는 일본변호사연합회의 재결에 대해서만 취소소송을 제기할 수 있다(일본 변호사법 61②). 변호사의 징계는 1차적으로 변호사회에서 행해지지만, 일본변호사연합회는 "스스로 그 변호사 또는 변호사법인을 징계하는 것이 적당하다고 인정할 때"라는 보충성 요건이 있을 때는 직접 징계를 할 수 있다. 변호사회의 징계처분을 받은 징계혐의자는 그 징계처분이 행정처분이라서 행정불복심사법에 의하여 일본변호사연합회에 심사청구를 할 수 있고, 일본변호사연합회는 징계위원회에 사안의 심사를 요구하고, 그 의결에 기초하여 재결을 하여야 한다. 이 재결에 대하여 불복할 때는 동경고등법원에 재결의 취소를 구하는 소송을 제기할 수 있다.

Ⅵ. 징계 결정이 있었던 날부터 1년이 지나면 제소 불가

1. 징계 결정이 있었던 날부터 1년 도과

(1) 제4항의 경우 징계 결정이 있었던 날부터 1년이 지나면 소를 제기할 수 없다. 다만, 정당한 사유가 있는 경우에는 그러하지 아니하다(제5항). 행정소송의 제기기간은 처분 등이 있음을 안 날부터 90일 이내, 처분 등이 있은 날부터 1년(재결이 있은 날부터 1년) 이내에 제기해야 한다(행정소송법 20①②). 상대방이 있는 행정처분의 경우 행정소송법 제20조 제2항 소정의 제소기간의 기산점인 '처분이 있은 날'은 상대방이 있는 행정처분의 경우는 특별한 규정이 없는 한 의사표시의 일반적 법리에 따라 그 행정처분이 상대방에게 고지되어 효력이 발생한 날을 말한다고 할 것이다(대법원 1990. 7. 13. 90누2284 전자오락실영업허가취소처분취소). 즉, '처분이 있은 날'이란 처분이 효력을 발생한 날을 의미한다.[9] 징계결정문이 징계혐의자에게 통보되지 않은 상태는 '처분의 부존재'에 해당된다. 그러므로 '징계결정이 있었던 날' 역시 징계결정(재결)의 효력이 발생한 날을 말한다.

(2) 복효적 행정처분에서 처분을 알지 못한 제3자는 처분이 있은 날부터 1년이 지나면 제소할 수 없다. 그 점에서는 이 규정은 의미가 있다. 그러나 징계처분은 징계혐의 변호사

---

7 일본 변호사법 (징계사유 및 징계권자) 제56조 1. 변호사 및 변호사법인은 그 법률 또는 소속변호사회 혹은 일본변호사연합회의 회칙에 위반하여 소속변호사회의 질서 또는 신용을 해하고 기타 직무 내외를 막론하고 그 품위를 훼손하는 비행이 있었던 때에는 징계를 받는다. 2. 징계는 그 변호사 또는 변호사법인의 소속변호사회가 행한다. 3. 변호사회가 그 지역 내에서 종사하는 법률사무소만을 가진 변호사법인에 대하여 행한 징계사유는 그 지역 내에 종사하는 법률사무소에 관계하는 자에 한한다.

8 (일본변호사연합회의 징계) 제60조 1. 일본변호사연합회는 제56조 제1항에서 규정하는 사안에 대하여 스스로 그 변호사 또는 변호사법인을 징계하는 것이 적당하다고 인정할 때에는 다음 항부터 제6항까지 규정하는 바에 따라 이를 징계 할 수 있다. 2. 일본변호사연합회는 변호사 또는 변호사법인에 대한 징계 사유가 있다고 사료하는 때에는 징계 절차에 부치고 일본변호사연합회의 기강위원회에 사안의 조사를 시킬 수 있다.

9 법원행정처, 법원실무제요(행정), 전정증보, 158면.

에 대한 상대방 있는 행정처분이며, 그에게 처분서가 송달되어야 제소기간도 기산되므로(송달받은 날부터 90일 경과하면 제소기간 도과됨) 결국 징계결정이 있었던 날부터 1년 내에 제소할 수 있도록 한 것은 사실상 무의미하다.

(3) 징계혐의 변호사에 대한 징계결정은 복효적 처분이라 할 수 없어 징계개시 청원인은 제소권자가 될 수 없다. 처분을 안 날부터 90일과 있은 날부터 1년은 서로 선택적인 것이 아니라 그중 어느 하나의 기간이 도과되면 제소기간은 만료된다.

2. 정당한 사유가 있는 경우 예외

여기서 '정당한 사유'란 당사자가 그 소송행위를 하기 위하여 일반적으로 하여야 할 주의를 다하였음에도 불구하고 그 기간을 준수할 수 없었던 사유를 말한다(대법원 2001. 5. 8. 2000두6916). 그러므로 정당한 사유는 불확정 개념으로서 행정심판법 제27조 제2항 소정의 '천재, 지변, 전쟁, 사변 그 밖에 불가항력'보다는 넓은 개념이다. 처분청 또는 담당공무원의 잘못된 교시가 원인이 되어 제소기간을 도과한 경우나 처분이 공시송달된 경우 등을 들 수 있다.[10] 징계결정서에 잘못 고지된 제소기간을 오신한 원고가 뒤늦게 제소한 경우와 같은 사정을 상정해 볼 수 있지만, 고지제도는 행정심판에 적용되고 행정소송의 제기시에는 적용되지 않는다는 점에서 정당한 사유라고 할 수 없다.

Ⅶ. 제4항에 따른 기간은 불변기간

(1) 제4항에 따른 기간은 불변기간으로 한다(제6항). 제소기간 1년은 불변기간으로 한다. 법정기간은 불변기간과 통상기간으로 나눌 수 있다. 불변기간은 '불변기간으로 한다'라고 정해 놓고 있으며, 그 밖의 기간은 통상기간이다.[11] 불변기간은 불복신청기간으로 법원이 주소 또는 거소가 멀리 떨어진 곳에 있는 사람을 위하여 부가기간을 정할 수 있지만(민사소송법 172②),[12] 이를 늘리고 줄이는 신축을 할 수 없다(민사소송법 172① 단서).

(2) 불변기간에서는 당사자가 책임질 수 없는 사유(불귀책사유)로 그 기간이 도과되었을 때는 추후보완이 허용된다. 당사자가 책임질 수 없는 사유로 말미암아 불변기간을 지킬 수 없었던 경우에는 그 사유가 없어진 날부터 2주 이내에 게을리한 소송행위를 보완할 수 있다(민사소송법 173①). 불변기간의 준수 여부는 직권조사사항에 속하는 소송요건이다.

---

10 *Ibid.*, 161면.

11 이시윤, 신민사소송법(제9판), 419면.

12 부가기간을 정한 경우 원래의 기간과 부가기간이 일체가 되어 연장된 기간까지 합하여 전체 기간이 불변기간이 된다(김홍엽, 민사소송법(제5판), 498면).

(3) 행정심판법은 청구인이 천재지변, 전쟁, 사변, 그 밖의 불가항력으로 인하여 심판청구를 할 수 없었을 때에는 그 사유가 소멸한 날부터 14일 이내에 행정심판을 청구할 수 있다(제27조 제 2 항)고 명시하고 있다. 국외에서의 추완기간은 14일에서 30일로 한다(행정소송법 5).

제101조 위 임

제101조(위임)
① 법무부징계위원회의 운영이나 그 밖에 징계에 필요한 사항은 대통령령으로 정한다.
② 변협징계위원회의 운영 등에 필요한 사항은 대한변호사협회가 정한다.

Ⅰ. 연 혁

(1) 1949. 11. 7. 제정된 변호사법은 징계운영 절차에 관하여 검찰관 징계절차를 준용하도록 했다. 즉, 징계에 관하여는 본법에 특별한 규정이 없는 한 검찰관의 징계절차에 의한다(제24조).

(2) 1993. 3. 10. 개정된 변호사법은 변호사에 대한 징계절차를 「검사징계법」을 준용하도록 하는 규정을 신설했다. 즉, 변호사의 징계에 관하여 이 법에 정한 사항을 제외하고는 검사징계법을 준용한다(제82조).

(3) 2007. 1. 26. 개정된 변호사법은 징계절차에 있어서 「검사징계법」을 준용하지 아니하고 직접 운영 등에 관한 필요한 규정을 정하도록 했다. 즉, 법무부징계위원회의 운영 그 밖에 징계에 관하여 필요한 사항은 대통령령으로 정한다(제101조 제 1 항). 변협징계위원회의 운영 등에 관하여 필요한 사항은 대한변호사협회가 정한다(제101조 제 2 항).

Ⅱ. 법무부징계위원회 운영·징계에 필요한 사항은 대통령령에 위임

1. 「변호사법 시행령」의 법무부징계위원회의 운영 규정

법무부징계위원회의 운영이나 그 밖에 징계에 필요한 사항은 대통령령으로 정한다(제

1항). 법무부징계위원회의 운영 등에 관한 구체적인 사항은 대통령령에 위임되어 있다. 이에 따라 「변호사법 시행령」에는 법무부 변호사징계위원의 자격(제21조)과 법무부징계위원회의 직원(제22조)에 관한 규정을 두고 있다. 법무부징계위원회에 출석한 위원과 예비위원에게는 예산의 범위에서 수당을 지급할 수 있으며(제23조), 법무부징계위원회 위원이 부득이한 사유로 인하여 직무를 수행할 수 없는 때에는 위원장이 지명하는 예비위원이 그 직무를 수행한다(제24조의4).

2. 법무부징계위원회에 제출하는 이의신청의 방식

변호사법 제100조 제1항에 따른 이의신청을 하려는 자는 법무부징계위원회에 이의신청서를 제출하여야 하며, 이의신청서에는 이의신청의 취지와 이유를 적어야 하고, 그 밖에 필요한 자료를 첨부할 수 있다는 이의신청 방식에 관한 규정(변호사법 시행령 24①)도 있다.

3. 법무부징계위원회의 심의권한

법무부징계위원회는 직권 또는 징계혐의자나 특별변호인의 청구에 따라 다음 각 호(① 참고인에 대한 진술 또는 감정의 요청, ② 필요한 물건이나 장소에 대한 검증, ③ 서류 또는 그 밖에 심의에 필요한 물건의 소지인에 대한 제출 요청, ④ 행정기관, 그 밖의 기관에 대한 사실의 조회)의 사항을 실시할 수 있다(변호사법 시행령 24의2).

4. 대한변호사협회장의 의견제시

대한변호사협회의 장은 변호사법 제100조 제2항에 따른 법무부징계위원회의 결정에 앞서 의견을 제시할 수 있다(변호사법 시행령 24의3). 예컨대 협회장이 징계개시 신청을 기각한 경우 신청인은 변협징계위원회에 이의신청을 할 수 있고, 그 징계결정에 대해서도 신청인은 법무부징계위원회에 이의신청을 할 수 있다. 이때 협회장은 이의신청 대상의 범위와 한계 등에 관한 의견을 제시할 수 있도록 했다.

5. 법무부징계위원회의 징계결정서 작성과 통지

법무부징계위원회가 징계에 관한 의결을 하였을 때에는 결정서를 작성하여야 하며, 결정서에는 주문과 이유를 적고 위원장과 심의에 관여한 위원이 서명하고 날인하여야 한다(변호사법 시행령 24의5①). 간사는 심사기록을 작성하고 위원장과 함께 서명하고 날인하여야 하며(변호사법 시행령 24의5②), 징계에 관한 의결 결과는 징계혐의자에게 송달하고, 대한변호사협회의 장 및 징계개시를 신청한 자에게 각각 통지하여야 한다(변호사법 시행령 24의5③).

Ⅲ. 변협징계위원회 운영에 필요한 사항은 대한변호사협회에 위임

변협징계위원회의 운영 등에 필요한 사항은 대한변호사협회가 정한다(제 2 항). 변협징계위원회의 운영 등에 관한 사항은 대한변호사협회가 자율적으로 정한다. 법무부징계위원회는 대통령령(변호사법 시행령)으로 정하는 것은 앞서 본 바 있다. 대한변호사협회가 정하여야 하는 것은 변협징계위원회의 운영 등에 필요한 사항이다.

1. 「변호사징계규칙」의 제정과 그 내용

「변호사징계규칙」은 변호사법과 그 시행령이 정하는 바에 따라 변협징계위원회의 운영과 관련된 세부적 사항을 정하고 있다. 위 규칙은 징계사유와 징계개시청구(제 2 장), 징계위원회의 심의절차(제 3 장), 조사위원회의 설치(제 4 장), 징계의 집행 및 공고(제 5 장), 징계정보의 제공(제 6 장)에 관한 장으로 구성되어 있다. 그 구체적인 내용은 앞에서 언급해 왔다.

2. 「변호사징계처분집행규정」의 규율사항

징계처분을 받은 변호사(피징계변호사)의 징계집행에 관하여 통보할 관계기관 및 피징계변호사에 대한 정직기간 중의 업무규제 등 처분의 집행에 관하여 대한변호사협회 및 지방변호사회가 취할 조치를 정한 「변호사징계처분집행규정」이 있다. 대한변호사협회는 징계혐의자에 대한 처분이 확정된 때에는 대법원, 대검찰청, 피징계변호사가 속한 소속 지방변호사회 및 해당 지방변호사회의 관할 고등, 지방, 가정, 특허, 행정 등 각 법원에 징계집행사실을 통보하여야 한다(변호사징계집행규정 2①). 징계처분을 받은 변호사에 대한 정보를 상호 공유하여 변호사 직무수행을 규율하고 그를 지도·감독하기 위한 취지이다.

변호사회 등은 피징계변호사에게 징계처분을 고지함에 있어 준수해야 할 사항을 고지해야 한다. 사건의 취급(제 1 호), 고문계약의 취급(제 2 호), 기일변경신청 등(제 3 호), 보석보증금의 환부 등(제 4 호), 의뢰자 등에게 인계(제 5 호), 복대리의 선임 등(제 6 호), 복대리인들이 감독(제 7 호), 사무소의 관리행위 등(제 8 호), 사무소의 사용(제 9 호), 법률사무소 표시의 제거(제10호), 변호사 명함 등의 사용(제11호), 회무활동(제12호), 공직 등의 사임(제13호), 변리사, 세무사 업무(제14호), 지도·감독(제15호)에 관한 내용을 정하고 있다.

제101조의2 「형사소송법」 등의 준용

제101조의2(「형사소송법」 등의 준용)
서류의 송달, 기일의 지정이나 변경 및 증인·감정인의 선서와 급여에 관한 사항에 대하여는 「형사소송법」과 「형사소송비용 등에 관한 법률」의 규정을 준용한다.

I. 연 혁

2007. 1. 26. 개정된 변호사법은 징계종류 중 영구제명의 요건을 완화하고, 징계절차에 있어서 「검사징계법」을 준용하지 아니하고 직접 규정하며, 징계시효기간을 현행 2년에서 3년으로 하는 등 변호사징계에 관한 제도를 전반적으로 정비하면서 징계절차에서의 형사소송법 등의 준용에 관한 규정을 신설한 바 있다.

Ⅱ. 서류 송달, 기일 지정·변경 등에 관한 사항 「형사소송법」 등 준용

서류의 송달, 기일의 지정이나 변경 및 증인·감정인의 선서와 급여에 관한 사항에 대하여는 「형사소송법」과 「형사소송비용 등에 관한 법률」의 규정을 준용한다. 징계절차에서 서류의 송달, 기일의 지정이나 변경 및 증인·감정인의 선서는 「형사소송법」의 규정을 준용한다. 증인·감정인의 급여에 관한 사항에 대하여는 「형사소송비용 등에 관한 법률」의 규정을 준용한다.

징계절차는 기본적으로 징계결정이라는 불이익처분을 위한 행정절차에 해당된다. 따라서 서류의 송달, 기일의 지정이나 변경 등에 관해서는 「행정심판법」을 준용함이 타당하다. 그러나 「행정심판법」은 서류의 송달에 관하여는 「민사소송법」 중 송달에 관한 규정을 준용하고 있으며(제57조), 「형사소송법」 역시 서류의 송달에 관하여는 법률에 다른 규정이 없는 때에는 「민사소송법」을 준용한다(제65조)는 점에서 차이가 없다.

1. 서류의 송달

서류의 송달이란 당사자나 소송관계인에게 소송상의 서류(소장, 기일통지서, 상소장, 판결정본 등)의 내용을 알리기 위한 법원 또는 법관의 통지행위를 말한다. 형사소송법의 송달에 관한 규정에 없는 사항은 민사소송법에 의하므로, 전화·팩시밀리·전자우편 등의 간이통지방법(민사소송법 167②, 「민사소송 등에서의 전자문서 이용 등에 관한 법률」 11, 12)[1]과 외국에 하는 촉탁송달(민사소송법 91)을 할 수 있다.

(1) 송달영수인의 신고

피고인, 대리인, 대표자, 변호인 또는 보조인이 법원 소재지에 서류의 송달을 받을 수 있는 주거 또는 사무소를 두지 아니한 때에는 법원 소재지에 주거 또는 사무소 있는 자를 송달영수인으로 선임하여 연명한 서면으로 신고하여야 한다(형사소송법 60①). 징계혐의변호사는 송달영수인을 선임하여 변협징계위원회 또는 법무부징계위원회에 신고할 수 있다. 징계위원회는 신고 받은 주거 등으로 기일지정통지서 등을 송달해야 한다.

(2) 송달방법

주거, 사무소 또는 송달영수인의 선임을 신고하여야 할 자가 그 신고를 하지 아니하는 때에는 법원사무관 등은 서류를 우체에 부치거나 기타 적당한 방법에 의하여 송달할 수 있다(형사소송법 61①). 서류를 우체에 부친 경우에는 도달된 때에 송달된 것으로 간주한다(형사소송법 61②). 검사에 대한 송달은 서류를 소속검찰청에 송부하여야 한다(형사소송법 62). 따라

---

1 **「민사소송 등에서의 전자문서 이용 등에 관한 법률」 제11조(전자적 송달 또는 통지)** ① 법원사무관 등은 송달이나 통지를 받을 자가 다음 각 호의 어느 하나에 해당하는 경우에는 전산정보처리시스템에 의하여 전자적으로 송달하거나 통지할 수 있다.
1. 미리 전산정보처리시스템을 이용한 민사소송등의 진행에 동의한 등록사용자로서 대법원규칙으로 정하는 자인 경우
2. 전자문서를 출력한 서면이나 그 밖의 서류를 송달받은 후 등록사용자로서 전산정보처리시스템을 이용한 민사소송 등의 진행에 동의한 자인 경우
3. 등록사용자가 국가, 지방자치단체, 그 밖에 그에 준하는 자로서 대법원규칙으로 정하는 자인 경우

② 소송대리인이 있는 경우에는 제1항의 송달 또는 통지는 소송대리인에게 하여야 한다.
③ 제1항에 따른 송달은 법원사무관 등이 송달할 전자문서를 전산정보처리시스템에 등재하고 그 사실을 송달받을 자에게 전자적으로 통지하는 방법으로 한다.
④ 제3항의 경우 송달받을 자가 등재된 전자문서를 확인한 때에 송달된 것으로 본다. 다만, 그 등재사실을 통지한 날부터 1주 이내에 확인하지 아니하는 때에는 등재사실을 통지한 날부터 1주가 지난 날에 송달된 것으로 본다.
⑤ 전산정보처리시스템의 장애로 인하여 송달받을 자가 전자문서를 확인할 수 없는 기간은 제4항 단서의 기간에 산입하지 아니한다. 이 경우 전자문서를 확인할 수 없는 기간의 계산은 대법원규칙으로 정하는 바에 따른다.

서 징계개시 신청인인 검사장에 대한 송달은 소속 검찰청에 송부한다.

(3) 공시송달

피고인의 주거, 사무소와 현재지를 알 수 없는 때에는 공시송달을 할 수 있다(형사소송법 63①). 공시송달은 법원사무관 등이 송달할 서류를 보관하고 그 사유를 법원게시장에 공시하여야 한다(형사소송법 64②). 법원은 전항의 사유를 관보나 신문지상에 공고할 것을 명할 수 있다(형사소송법 64③). 최초의 공시송달은 제 2 항의 공시를 한 날로부터 2주일을 경과하면 그 효력이 생긴다. 단, 제 2 회 이후의 공시송달은 5일을 경과하면 그 효력이 생긴다(형사소송법 64④). 따라서 징계혐의변호사의 소재를 알 수 없어 송달할 수 없을 때 공시송달을 할 수 있다.

2. 기일의 지정이나 변경

(1) 기일이란 법원, 당사자, 그 밖의 소송관계인이 일정한 장소에 모여서 소송행위를 하도록 정해진 시간을 말한다. 변론기일, 변론준비기일, 증거조사기일(증인신문기일), 판결선고기일 등이 있다.

(2) 기일의 지정은 변협징계위원회 또는 법무부징계위원회의 위원장이 심의기일을 정한다(변호사법 96, 98의2①). 징계심의기일을 정한 때는 징계혐의변호사에게 통지해야 한다. 형사소송에서 재판장이 공판기일을 정하고(형사소송법 267①), 공판기일에 피고인, 대표자 또는 대리인을 소환하여야 하는 것과 같다.

(3) 기일의 변경은 기일 개시 전에 그 지정을 취소하고 새로운 기일을 지정하는 것을 말한다. 위원장은 지정된 징계심의기일을 변경할 수 있다. 형사소송에서는 재판장이 직권 또는 검사, 피고인이나 변호인의 신청에 의하여 공판기일을 변경할 수 있다(형사소송법 270①). 변호사징계절차에서도 위원장이 직권 또는 징계혐의변호사나 그 대리인이나 특별변호인은 심의기일의 변경을 신청할 수 있다.

3. 증인·감정인의 선서

(1) 증인에게는 신문 전에 선서하게 하여야 한다. 단, 법률에 다른 규정이 있는 경우에는 예외로 한다(형사소송법 156). 선서는 선서서에 의하여야 한다(형사소송법 157①). 선서서에는 「양심에 따라 숨김과 보탬이 없이 사실 그대로 말하고 만일 거짓말이 있으면 위증의 벌을 받기로 맹세합니다」라고 기재하여야 한다(형사소송법 157②). 재판장은 증인으로 하여금 선서서를 낭독하고 기명날인 또는 서명하게 하여야 한다. 단, 증인이 선서서를 낭독하지 못하거나 서명을 하지 못하는 경우에는 참여한 법원사무관등이 이를 대행한다(형사소송법 157③). 선

서는 기립하여 엄숙히 하여야 한다(형사소송법 157④). 재판장은 선서할 증인에 대하여 선서 전에 위증의 벌을 경고하여야 한다(형사소송법 158). 그리고 선서무능력자(제159조)에 관한 규정 등이 준용된다.

(2) 법원은 학식 경험있는 자에게 감정을 명할 수 있다(형사소송법 169). 감정인에게는 감정 전에 선서하게 하여야 한다(형사소송법 170①). 선서는 선서서에 의하여야 한다(형사소송법 170②). 선서서에는 「양심에 따라 성실히 감정하고 만일 거짓이 있으면 허위감정의 벌을 받기로 맹서합니다」라고 기재하여야 한다(형사소송법 170③). 제157조 제 3 항, 제 4 항과 제158조의 규정은 감정인의 선서에 준용한다(형사소송법 170④).

(3) 변호사징계 절차에서 증언이나 감정을 할 때는 형사소송법에 따른 선서를 하도록 한다. 만약 징계사건에 관하여 증인선서를 하고 징계혐의변호사를 모해할 목적으로 허위의 진술을 한 때에는 위증죄로 처벌받을 수 있다(형법 152②). 위증죄는 법률에 의하여 선서를 한 자가 허위의 진술을 하는 것이므로 변호사법에 의하여 선서한 자도 포함된다고 할 수 있다.

4. 증인·감정인의 급여에 관한 사항

변호사징계 절차에서 증인·감정인의 급여에 관한 사항은 「형사소송비용 등에 관한 법률」에 따른다. 「형사소송법」에 따른 소송비용은 ① 증인·감정인·통역인 또는 번역인의 일당, 여비 및 숙박료, ② 감정인·통역인 또는 번역인의 감정료·통역료·번역료, 그 밖의 비용, ③ 국선변호인의 일당, 여비, 숙박료 및 보수 등이 해당된다(형사소송비용 등에 관한 법률 2). 증인·감정인·통역인 또는 번역인의 일당은 출석 또는 조사와 이를 위한 여행(이하 "출석 등"이라 한다)에 필요한 일수(日數)에 따라 지급한다(형사소송비용 등에 관한 법률 3①). 증인·감정인·통역인 또는 번역인의 여비는 운임과 그 밖에 이에 준하는 비용으로 하고, 운임은 철도운임·선박운임·자동차운임 및 항공운임 네 종류로 구분하되, 법원이 적절하다고 인정하는 교통수단을 기준으로 하여 지급한다(형사소송비용 등에 관한 4①). 감정인·통역인 또는 번역인에게 지급할 감정료·통역료·번역료, 그 밖의 비용은 법원이 적절하다고 인정하는 금액으로 한다(형사소송비용 등에 관한 법률 7).

제102조 업무정지명령

> **제102조(업무정지명령)**
>
> ① 법무부장관은 변호사가 공소제기되거나 제97조에 따라 징계 절차가 개시되어 그 재판이나 징계 결정의 결과 등록취소, 영구제명 또는 제명에 이르게 될 가능성이 매우 크고, 그대로 두면 장차 의뢰인이나 공공의 이익을 해칠 구체적인 위험성이 있는 경우에는 법무부징계위원회에 그 변호사의 업무정지에 관한 결정을 청구할 수 있다. 다만, 약식명령이 청구된 경우와 과실범으로 공소제기된 경우에는 그러하지 아니하다.
>
> ② 법무부장관은 법무부징계위원회의 결정에 따라 해당 변호사에 대하여 업무정지를 명할 수 있다.

Ⅰ. 연 혁

(1) 1982. 12. 31. 개정된 변호사법은 변호사의 업무정지에 관한 규정을 신설했다. 즉, 법무부장관은 형사사건으로 공소가 제기된 변호사에 대하여 그 판결이 확정될 때까지 업무정지를 명할 수 있다. 다만, 약식명령이 청구된 경우에는 그러하지 아니하다(제15조).[1]

---

1 **헌재 1990. 11. 19. 90헌가48 변호사법 제15조에 대한 위헌심판**

1. 변호사업무정지명령제도의 당위성은, 형사소추 받은 변호사에게 계속 업무활동을 하도록 방치하면 의뢰인이나 사법제도의 원활한 운영에 구체적 위험이 생길 염려가 있어서 이를 예방하려는 데에 있다 할 것이고, 이는 잠정적이고 가처분적 성격을 가지는 것이다.
2. 변호사법 제15조는, 동 규정에 의하여 입히는 불이익이 죄가 없는 자에 준하는 취급이 아님은 말할 것도 없고, 직업선택의 자유를 제한함에 있어서, 제한을 위해 선택된 요건이 제도의 당위성이나 목적에 적합하지 않을 뿐 아니라 그 처분주체와 절차가 기본권제한을 최소화하기 위한 수단을 따르지 아니하였으며 나아가 그 제한의 정도 또한 과잉하다 할 것으로서 헌법 제15조, 동 제27조 제4항에 위반된다.
3. 공소제기가 된 피고인이라도 유죄의 확정판결이 있기까지는 원칙적으로 죄가 없는 자에 준하여 취급하여야 하고 불이익을 입혀서는 안된다고 할 것으로 가사 그 불이익을 입힌다 하여도 필요한 최소제한에 그치도록 비례의 원칙이 존중되어야 한다는 것이 헌법 제27조 제4항의 무죄추정의 원칙이며, 여기의 불이익에는 형사절차상의 처분에 의한 불이익뿐만 아니라 그 밖의 기본권제한과 같은 처분에 의한 불이익도 입어서는 아니된다는 의미도 포함된다고 할 것이다.
4. 법무부장관의 일방적 명령에 의하여 변호사 업무를 정지시키는 것은 당해 변호사가 자기에게 유리한

(2) 1993. 3. 10. 개정된 변호사법은 형사사건으로 공소가 제기된 변호사에 대하여 업무정지를 명할 수 있는 종전의 업무정지명령의 요건이 포괄적이므로, 이를 공소제기로 인하여 등록취소가 될 가능성이 매우 크거나 공익을 해할 구체적 위험성이 있는 경우로 한정하여 그 요건을 엄격화하는 등 업무정지명령의 사유·절차·기간·불복방법·해제 등에 관한 규정을 신설했다. 즉, 법무부장관은 변호사가 형사사건으로 공소제기 되어 그 재판의 결과 등록취소에 이르게 될 가능성이 매우 크고 그대로 두면 장차 의뢰인 또는 공공의 이익을 해할 구체적인 위험성이 있는 경우에는 법무부징계위원회에 대하여 당해 변호사의 업무정지에 관한 결정을 청구할 수 있다. 다만, 약식명령이 청구된 경우와 과실범으로 공소제기된 경우에는 그러하지 아니하다(제83조 제 1 항). 법무부장관은 법무부징계위원회의 결정에 따라 당해 변호사에 대하여 업무정지를 명할 수 있다(제83조 제 2 항).

(3) 2000. 1. 27. 개정된 변호사법은 징계개시의 청구에 의하여 징계절차가 개시되어 그 재판이나 징계결정의 결과 '영구제명 또는 제명'에 이르게 될 가능성을 추가하는 규정을 신설했다. 즉, 법무부장관은 변호사가 공소제기되거나 제97조의 규정에 의하여 징계절차가 개시되어 그 재판이나 징계결정의 결과 등록취소·영구제명 또는 제명에 이르게 될 가능성이 매우 크고 그대로 두면 장차 의뢰인 또는 공공의 이익을 해할 구체적인 위험성이 있는 경우에는 법무부징계위원회에 대하여 당해 변호사의 업무정지에 관한 결정을 청구할 수 있다. 다만, 약식명령이 청구된 경우와 과실범으로 공소제기된 경우에는 그러하지 아니하다(제102조 제 1 항).

Ⅱ. 법무부장관의 변호사에 대한 업무정지명령 요건

1. 변호사가 공소제기·징계 절차의 개시

(1) 법무부장관은 변호사가 공소제기되거나 제97조에 따라 징계 절차가 개시되어 그 재판이나 징계 결정의 결과 등록취소, 영구제명 또는 제명에 이르게 될 가능성이 매우 크고, 그대로 두면 장차 의뢰인이나 공공의 이익을 해칠 구체적인 위험성이 있는 경우에는 법무부징계위원회에 그 변호사의 업무정지에 관한 결정을 청구할 수 있다. 다만, 약식명령이 청구된 경우와 과실범으로 공소제기된 경우에는 그러하지 아니하다(제 1 항). 업무정지명령의 요건 중 첫째는 변호사가 형사사건으로 공소제기되거나 징계절차가 개시되어야 한다. 공소제기된 형사사건은 변호사의 직무수행과 관련된 범죄일 필요는 없다. 음주운전, 도박,

---

사실을 진술하거나 필요한 증거를 제출할 수 있는 청문의 기회가 보장되지 아니하여 적법절차를 존중하지 아니한 것이 된다.

폭행 등과 같이 변호사직무와 관계없는 사건으로 기소되어도 된다. 공소의 제기가 약식명령이 청구된 경우와 과실범으로 공소제기된 경우에는 제외한다. 과실범은 제외하므로 고의범이어야 한다. 형사사건이 아닌 민사사건의 피고로 제소되는 것은 업무정지명령의 대상은 아니다.

(2) 그리고 제97조에 따라 징계절차가 개시되어야 한다. 여기서 징계절차가 개시된 징계혐의사실은 기소된 공소사실을 포함할 수도 있지만, 그 사실과 다른 혐의일 수도 있다. 제97조는 대한변호사협회장이 징계개시 청구를 하여 징계절차가 개시된 경우이다. 그런데 징계절차는 제97조의5 제 2 항(이의신청에 따른 변협징계위원회의 징계개시 결정)에 따라 개시되기도 한다. 따라서 변호사에 대한 징계절차의 개시는 변협징계위원회의 징계개시 결정도 포함된다고 할 수 있다. 제97조의5 제 2 항을 기재하지 않은 것은 이 경우를 제외하려는 취지는 아니고 단순한 누락으로 보인다. 변호사에 대한 공소제기나 징계절차의 개시로 충분하고 그 절차의 진행 정도는 불문한다. 공소제기되어 1심에 계류 중이어야 하는 것은 아니고 상소중이어도 상관없다. 징계절차의 개시는 변협징계위원회에서 심의 중인 때를 상정하는 것이 자연스럽다. 그렇지만 징계절차의 개시는 법무부징계위원회에 이의신청을 한 단계를 배제한다고 볼 수 없기 때문에 그 단계에서도 업무정지명령을 발할 수도 있다.

2. 재판·징계 결정의 결과 등록취소, 영구제명 또는 제명 가능성

(1) 변호사가 재판이나 징계 결정의 결과 등록취소, 영구제명 또는 제명처분을 받을 가능성 커야 한다. 여기서 '재판이나 징계 결정의 결과'는 공소제기된 직후 또는 변협징계위원회의 징계처분만을 말하는 것인지 문제된다. 업무정지명령은 등록취소되어 변호사 직무수행을 할 수 없게 되거나, 중징계를 받을 것이 예상된 변호사의 업무를 정지하여 의뢰인이나 공공의 이익을 보호하려는 취지이다. 그 점에서 업무정지명령은 가능한 신속하게 행하여질 필요는 있다. 그러나 법무부장관은 업무정지에 관한 결정을 청구할 적절한 시점을 판단할 수 있다. 이 점에서 '재판이나 징계 결정의 결과'는 반드시 1심 또는 변협징계위원회의 징계 결정에 국한되는 것은 아니다.

(2) 업무정지를 청구하기 위해서는 재판이나 징계 결정의 결과가 변호사의 결격사유에 해당되어야 한다. 변호사가 금고 이상의 형이 확정되거나 집행유예·선고유예를 받거나 영구제명 또는 제명처분을 당하면 변호사의 결격사유에 해당된다(변호사법 5). 그 결과 그 변호사에 대한 등록은 취소하게 된다(변호사법 18①(2)). 그러므로 법무부장관은 기소된 변호사의 법정형, 예상되는 선고형 등을 고려하여 장차 변호사의 결격사유에 해당되는 유죄판결이 있을 것인지를 예상해야 한다. 아울러 징계혐의사실을 고려하여 영구제명이나 제명결정이

나올 가능성이 매우 큰지를 검토해야 한다. 변호사가 제명 또는 정직처분을 받고서도 의뢰인으로부터 사건수임을 하여 영구제명 처분이 내려지기도 하였다. 이런 변호사에 대해서는 업무정지명령이 신속하게 내려져야 한다.

3. 장차 의뢰인이나 공공의 이익을 해칠 구체적인 위험성 존재

(1) 여기서 '그대로 두면'은 공소제기 또는 징계개시된 상태에서 변호사 업무를 하도록 하는 것을 말한다. 만약 기소되었거나 징계절차 개시 후에 그 변호사가 휴업을 하면 업무정지를 청구할 필요성이 없게 된다. 형사재판 또는 징계절차 개시로 의뢰인의 이익을 해칠 위험성이 있어야 한다. 이익을 해칠 위험성은 추상적·관념적이어서는 아니 되고 구체적이어야 한다. 공소사실이나 징계혐의사실이 일회성인지 상습성을 갖는지 및 행위의 방법과 피해변제 여부 및 전과 존재 여부 등의 사정도 판단자료가 된다. 변호사가 수회에 걸쳐 판결문을 위조하여 강제집행에 나서려 하거나 서류를 위조하여 등기를 경료하는 등의 혐의로 기소되었다면 구체적인 위험성을 인정할 수 있다. 또한 변호사가 구속된 상태에서 의뢰인이 다른 변호사를 선임하지 못하도록 방해하거나 수임사건을 방치하다시피 하는 경우를 들 수 있다. 이러한 상습적인 비위행위로 기소되거나 징계개시 청구된 경우에는 의뢰인 또는 공공의 이익을 해칠 위험성이 있다고 할 수 있다. 형사재판 또는 징계 절차 중에 있는 변호사는 의뢰인의 이익을 위하여 수임인으로서의 의무를 다할 여유가 없을 것이다. 그 때문에 업무수행을 정지시켜 다른 변호사의 조력을 받도록 함이 의뢰인에게 이익이 될 수 있다.

(2) 또한 형사재판 또는 징계 절차 중에 있는 변호사가 업무를 수행하도록 하면 공공의 이익을 해칠 구체적인 위험성이 있어야 한다. 여기서 '공공의 이익을 해칠 구체적인 위험성'은 불확정개념이지만, 법무부장관은 입법취지에 맞게 올바르게 해석해야 하고 임의로 판단해서는 아니 된다. 변호사는 지방의회 의원 또는 상시 근무가 필요 없는 공무원이 될 수도 있다(변호사법 38① 단서). 또한 정부기관의 위원회 위원 또는 법원의 조정위원, 국선변호인 등을 할 수도 있으며, 세무사나 변리사로 있을 수 있다. 머지않아 유죄판결 또는 중징계를 받아 변호사의 결격사유에 해당될 자라고 하여도 그 지위에서 사임하도록 강요할 수는 없다. 그럼에도 그 변호사가 종전과 같이 업무를 계속 수행하는 것은 공공의 이익을 해칠 우려가 크다. 또한 변호사에 대한 신뢰와 변호사제도의 공공성도 훼손할 가능성이 있기에 업무집행을 정지할 필요성이 있다.

4. 법무부징계위원회에 변호사의 업무정지결정 청구

(1) 법무부장관은 그 변호사의 업무정지에 관한 결정을 법무부징계위원회에 청구할 수

있다. 변협징계위원회에 징계 절차가 개시되었다면, 그곳에 업무정지 명령을 청구하는 것이 보다 신속하고 적절할 것으로 보이지만, 변호사법은 법무부징계위원회가 업무정지명령 요건을 판단하도록 하고 있다. 법무부장관은 변호사의 업무정지에 관한 결정을 청구하려면 피청구인의 인적사항, 공소사실 또는 징계혐의사실, 의뢰인이나 공공의 이익을 침해할 구체적 위험성 등을 업무정지결정 청구서에 적어 법무부징계위원회에 제출하여야 한다(변호사법 시행령 25).

(2) 법무부장관은 징계혐의변호사의 징계 절차가 변협징계위원회에 계류중이라도 업무정지의 청구는 법무부징계위원회에 한다. 신속한 업무정지 결정을 위해서는 징계절차가 계속 중인 징계위원회에 청구하는 것으로 개정할 필요가 있다. 정지대상인 '변호사의 업무'는 변호사법 제 3 조 '변호사의 직무'에 관한 것을 말한다. 그리고 업무의 '정지'란 일정 기간 동안 업무수행을 할 자격이 정지되는 것이다. 법무부징계위원회는 해당 변호사에게 업무정지 명령의 요건에 해당되지 않는다고 인정할 만한 특별한 사정이 없는 한 업무정지결정을 하여야 한다.

(3) 형사피고인은 유죄의 판결이 확정될 때까지는 무죄로 추정된다(헌법 27④). 무죄추정을 받는 변호사에게 기소되었다는 이유로 업무정지를 하는 것은 직업의 자유를 침해한 위헌규정은 아닌지 문제된다. 그러나 약식명령 또는 과실범으로 기소된 경우는 제외하며, 업무정지기간은 6개월로 한시적이며, 의뢰인이나 공공의 이익을 해칠 구체적인 위험성이 없어졌다고 인정할 만한 이유가 있으면 해제할 수 있고, 형사판결이나 징계결정이 확정되면 업무정지명령은 그 효력을 잃는다는 점에서 기본권 침해의 최소성은 갖고 있어 위헌이라고 할 수는 없다.

5. 약식명령의 청구·과실범으로 공소제기된 경우 예외

법무부장관은 변호사에게 약식명령이 청구된 경우와 과실범으로 기소된 경우에는 업무정지를 청구할 수 없다. 약식명령의 청구대상은 지방법원의 관할에 속하는 사건으로서 벌금·과료 또는 몰수에 처할 수 있는 사건이다(형사소송법 448). 약식명령이 청구된 사건은 비교적 경미한 사건이라서 의뢰인이나 공공의 이익을 해칠 우려가 크지 않을 수 있다. 또한 과실범으로 기소된 경우는 비난가능성 높지 않고, 등록취소에 해당되는 형이 선고될 가능성이 높지 않기 때문이다.

Ⅲ. 법무부징계위원회의 결정에 따른 업무정지명령

1. 법무부징계위원회의 결정

(1) 법무부장관은 법무부징계위원회의 결정에 따라 해당 변호사에 대하여 업무정지를 명할 수 있다(제 2 항). 법무부징계위원회는 법무부장관으로부터 업무정지에 관한 결정의 청구를 받으면 그 요건을 심사해야 한다. 법무부징계위원회는 업무정지의 결정을 할 만한 사정이 없다고 인정하면 청구를 기각할 수 있다. 법무부장관은 기소된 변호사는 쉽게 알 수 있지만, 징계 절차에 계류 중인 변호사는 알기 어렵다. 1993. 3. 10. 개정된 변호사법 제80조는 '대한변호사협회의 장은 변협징계위원회에 대하여 징계개시청구를 한 때와 변협징계위원회에서 징계에 관한 결정이 있은 때에는 지체 없이 이를 법무부장관에게 보고하여야 한다'라고 하였기에 징계개시된 사실을 알 수 있었다. 그러나 현재는 징계에 관한 결정만 법무부장관에게 보고하도록 했다(변호사법 99). 따라서 대한변호사협회장도 업무정지명령의 청구권자로 할 필요가 있다.

(2) 법무부징계위원회가 업무정지를 결정하기 위한 명시적 규정은 없다. 법무부징계위원회에서의 징계결정과 같이(변호사법 100③) 위원 과반수의 찬성으로 결정해야 할 것이다. 이 결정에 따라 법무부장관은 업무정지명령을 하게 된다. 업무정지명령은 징계처분 중 '정직'과 같은 효과를 내는 잠정적인 처분에 해당된다.

2. 업무정지명령의 방식·효력발생 및 통지

법무부장관(행정청)이 업무정지명령(처분)을 할 때에는 다른 법령 등에 특별한 규정이 있는 경우를 제외하고는 문서로 하여야 하며, 전자문서로 하는 경우에는 당사자 등의 동의가 있어야 한다(행정절차법 24①). 법무부장관의 업무정지명령은 해당 변호사에게 송달된 때부터 효력을 발생한다(변호사법 시행령 26). 법무부장관은 변호사에게 업무정지를 명한 경우에는 지체 없이 대법원장, 검찰총장 및 대한변호사협회에 통보하여야 한다(변호사법 시행령 27①). 법무부장관이 법 제105조 제 1 항 및 제 3 항에 따라 업무정지명령을 해제한 경우에도 제 1 항과 같다(변호사법 시행령 27②).

제103조 업무정지 결정기간 등

> 제103조(업무정지 결정기간 등)
> ① 법무부징계위원회는 제102조 제1항에 따라 청구를 받은 날부터 1개월 이내에 업무정지에 관한 결정을 하여야 한다. 다만, 부득이한 사유가 있는 때에는 그 의결로 1개월의 범위에서 그 기간을 연장할 수 있다.
> ② 업무정지에 관하여는 제98조 제3항 및 제98조의2 제2항부터 제6항까지의 규정을 준용한다.

Ⅰ. 연 혁

(1) 1993. 3. 10. 개정된 변호사법은 업무정지에 관한 결정기간과 그 절차에 관한 규정을 신설했다. 즉, 법무부징계위원회는 제83조 제1항의 규정에 의한 청구가 있은 날부터 1월 이내에 업무정지에 관한 결정을 하여야 한다. 다만, 부득이한 사유가 있는 때에는 징계위원회의 의결로 1월에 한하여 그 기간을 연장할 수 있다(제84조 제1항). 제79조 제3항과 제4항의 규정은 업무정지에 관하여 이를 준용한다(제84조 제2항).

(2) 2008. 3. 28. 개정된 변호사법은 업무정지결정기간에서 준용되는 규정을 추가(제98조 제3항 및 제98조의2 제2항부터 제6항까지의 규정)하였다. 즉, 업무정지에 관하여는 제98조 제3항 및 제98조의2 제2항부터 제6항까지의 규정을 준용한다(제103조 제2항).

Ⅱ. 법무부징계위원회의 업무정지에 관한 결정

(1) 법무부징계위원회는 제102조 제1항에 따라 청구를 받은 날부터 1개월 이내에 업무정지에 관한 결정을 하여야 한다. 다만, 부득이한 사유가 있는 때에는 그 의결로 1개월의 범위에서 그 기간을 연장할 수 있다(제1항). 법무부징계위원회는 청구를 받은 날부터 1개월

이내에 업무정지에 관한 결정을 하여야 한다. 법무부장관은 업무정지의 결정을 청구할 때 기소된 변호사의 공소장과 징계개시 청구서 또는 징계개시 결정서 등의 자료를 징계위원회에 제출해야 한다. 아울러 그대로 두면 의뢰인이나 공공의 이익을 해칠 구체적 위험성에 대하여 소명해야 할 것이다. 법무부징계위원회는 과연 해당 변호사에게 변호사 결격사유에 해당하는 형이 선고되거나 중징계가 나올 사안인지를 살펴 업무정지에 관한 결정을 해야 한다. 그러나 법무부징계위원회는 그 위원장인 법무부장관의 청구를 거부하기 쉽지 않을 것이다.

(2) 법무부징계위원회의 위원장은 법무부장관이다. 따라서 업무정지에 관한 결정의 공정성을 위해서는 법무부차관이 위원장 직무대행을 하는 것이 타당할 것이다. 1개월 이내에 업무정지에 관한 결정을 판단하기 어려운 부득이한 사유가 있는 때에는 1개월의 범위에서 그 기간을 연장할 수 있다. 여기서 '부득이한 사유'는 공소사실의 추가나 철회 등의 사정변경과 업무정지를 결정할 자료의 미비나 위원들 상호간의 의견조율 등을 상정할 수 있다.

Ⅲ. 업무정지의 결정에 준용되는 규정

업무정지에 관하여는 제98조 제3항 및 제98조의2 제2항부터 제6항까지의 규정을 준용한다(제2항). 업무정지에 관한 결정의 청구를 받거나 그 절차가 개시되면 위원장은 지체 없이 심의 기일을 정하여 해당 변호사에게 통지하여야 한다(제98조 제3항). 그리고 해당 변호사는 준용되는 제98조의2 제2항부터 제6항에 규정된 바와 같이 심의 기일에 징계위원회에 출석하여 진술하는 등 유리한 자료를 제출할 수 있다. 변호사나 특별변호인을 선임하여 보충진술과 증거를 제출하게 할 수도 있다. 이때 변호사 또는 특별변호인은 공소사실의 부인 여부와 재판진행 경과 및 징계혐의사실이 중징계를 받을 사안이 아니라는 점을 밝힐 수 있다. 위원장은 출석한 해당 변호사나 선임된 특별변호인에게 최종 의견을 진술할 기회를 주어야 한다.

제104조 업무정지 기간과 갱신

제104조(업무정지 기간과 갱신)
① 업무정지 기간은 6개월로 한다. 다만, 법무부장관은 해당 변호사에 대한 공판 절차 또는 징계 절차가 끝나지 아니하고 업무정지 사유가 없어지지 아니한 경우에는 법무부징계위원회의 의결에 따라 업무정지 기간을 갱신할 수 있다.
② 제 1 항 단서에 따라 갱신할 수 있는 기간은 3개월로 한다.
③ 업무정지 기간은 갱신 기간을 합하여 2년을 넘을 수 없다.

Ⅰ. 연 혁

(1) 1993. 3. 10. 개정된 변호사법은 업무정지기간과 갱신기간에 관한 규정을 신설했다. 즉, 업무정지기간은 6월로 한다. 다만, 법무부장관은 당해 변호사에 대한 형사절차가 종료되지 아니하고 업무정지사유가 소멸되지 아니한 경우에는 법무부징계위원회의 의결에 따라 업무정지기간을 갱신할 수 있다(제85조 제 1 항). 제 1 항 단서의 규정에 의하여 갱신한 기간은 3월로 한다(제85조 제 2 항). 업무정지기간은 갱신기간을 합하여 2년을 넘을 수 없다(제85조 제 3 항).

(2) 2000. 1. 28. 개정된 변호사법은 업무정지갱신 사유에 '징계절차가 종료되지 아니하고'를 추가했다. 즉, 업무정지기간은 6월로 한다. 다만, 법무부장관은 당해 변호사에 대한 형사절차 또는 징계절차가 종료되지 아니하고 업무정지사유가 소멸되지 아니한 경우에는 법무부징계위원회의 의결에 따라 업무정지기간을 갱신할 수 있다(제104조 제 1 항).

Ⅱ. 업무정지 기간과 갱신

1. 업무정지 기간은 6개월

업무정지 기간은 6개월로 한다. 다만, 법무부장관은 해당 변호사에 대한 공판 절차 또는 징계 절차가 끝나지 아니하고 업무정지 사유가 없어지지 아니한 경우에는 법무부징계위원회의 의결에 따라 업무정지 기간을 갱신할 수 있다(제1항). 업무정지명령은 받은 변호사는 6개월간 업무를 수행할 수 없다. 정지되는 기간 동안은 징계의 종류 중 정직처분을 받은 것과 같다. 업무정지는 그 명령을 통지받은 날부터 기산된다. 업무정지 기간은 6개월이라 그보다 짧거나 길게 할 수 없다. 업무정지명령을 받은 변호사가 정지기간 중에 여전히 변호사직무를 수행하면 '변호사법을 위반한 경우'에 해당되어 징계사유가 된다. 또한 변호사법 제112조 제4호 '업무정지명령을 위반하여 변호사의 직무를 수행한 변호사'에 해당되어 처벌을 받는다. 법원은 업무정지 중인 변호사의 변론행위를 금지시켜야 한다.

2. 법무부징계위원회 의결에 따라 업무정지 기간 갱신

업무정지명령은 그 명령을 받은 변호사에 대한 형사 판결이나 징계 결정이 확정되면 그 효력을 잃는다(변호사법 106). 업무정지 기간인 6개월 내에 공판 절차 또는 징계 절차가 끝나지 않고, 업무정지 사유가 소멸되지 아니한 경우에는 그 기간을 갱신할 수 있다. 이때 법무부장관은 법무부징계위원회에 업무정지 기간의 갱신청구를 하여야 한다. 법무부징계위원회는 심의기일을 정하여 갱신여부를 의결하게 된다. 갱신결정은 업무정지 사유가 여전히 존재하는지 여부이다. 기소된 변호사가 무죄를 받거나 벌금형을 선고받아 항소 중이라면 기간의 갱신청구를 기각할 수도 있다. 징계위원회는 갱신 심의기일을 해당 변호사에게 통지하여 그가 출석하여 유리한 자료제출을 허용할 수 있다. 만약 그 변호사가 이미 휴업 또는 폐업을 하였다면 업무정지 사유는 소멸했다고 볼 수 있다.

Ⅲ. 갱신할 수 있는 기간은 3개월

제1항 단서에 따라 갱신할 수 있는 기간은 3개월로 한다(제2항). 갱신된 업무정지 기간은 3개월로 한다. 정지기간의 갱신제도는 6개월의 업무정지를 한 사유와 동일하다. 갱신기간 내에 변호사에 대한 형사판결이나 징계결정이 확정되면 업무정지도 종료된다. 그러므로 특별한 사정이 없는 한 판결이나 징계가 확정되지 않는 동안은 계속적으로 기간 갱신의 필요성이 있다. 그렇다면 갱신기간 역시 6개월로 하는 것이 효율적으로 보인다.

Ⅳ. 업무정지 기간은 2년

업무정지 기간은 갱신 기간을 합하여 2년을 넘을 수 없다(제 3 항). 업무정지 기간의 최대한은 2년이다. 최초의 업무정지 기간 6개월과 그 후 3개월씩 6회에 걸쳐 갱신할 수 있다는 것이다. 그 변호사가 형사판결 또는 징계결정으로 적어도 2년 이상의 업무수행을 할 수 없는 경우가 전제되고 있다. 한편으로는 법원 또는 징계위원회의 절차 지연으로 인한 손해를 변호사가 받는 측면도 있다. 그 점에서 기간 단축의 필요성도 제기될 수 있다. 변호사는 형사판결 또는 징계결정이 확정될 때까지 업무정지를 당하고 있는 것은 아니다. 업무정지 명령 또는 기간 갱신처분에 대하여 해제사유가 존재한다는 이유로 해제신청을 하거나(변호사법 105②) 행정법원에 불복(변호사법 108)하여 업무의 재개를 도모할 수 있다.

제105조 업무정지명령의 해제

제105조(업무정지명령의 해제)

① 법무부장관은 업무정지 기간 중인 변호사에 대한 공판 절차나 징계 절차의 진행 상황에 비추어 등록취소·영구제명 또는 제명에 이르게 될 가능성이 크지 아니하고, 의뢰인이나 공공의 이익을 침해할 구체적인 위험이 없어졌다고 인정할 만한 상당한 이유가 있으면 직권으로 그 명령을 해제할 수 있다.

② 대한변호사협회의 장, 검찰총장 또는 업무정지명령을 받은 변호사는 법무부장관에게 업무정지명령의 해제를 신청할 수 있다.

③ 법무부장관은 제 2 항에 따른 신청을 받으면 직권으로 업무정지명령을 해제하거나 법무부징계위원회에 이를 심의하도록 요청하여야 하며, 법무부징계위원회에서 해제를 결정하면 지체 없이 해제하여야 한다.

I. 연 혁

(1) 1993. 3. 10. 개정된 변호사법은 업무정지명령의 해제사유와 해제신청 및 해제절차에 관한 규정을 신설했다. 즉, 법무부장관은 업무정지명령을 해제할 상당한 이유가 있는 경우에는 직권으로 이를 해제할 수 있다(제86조 제 1 항). 대한변호사협회의 장, 검찰총장 또는 업무정지명령을 받은 변호사는 법무부장관에게 업무정지명령의 해제를 신청할 수 있다(제86조 제 2 항). 법무부장관은 제 2 항의 규정에 의한 신청이 있는 때에는 직권으로 업무정지명령을 해제하거나 법무부징계위원회로 하여금 이를 심의하도록 요청하여야 하며, 법무부징계위원회에서 해제를 결정하면 즉시 이를 해제하여야 한다(제86조 제 3 항).

(2) 2008. 3. 28. 개정된 변호사법은 업무정지명령의 해제사유를 종전의 '해제할 상당한 이유'를 보다 구체화하는 규정을 신설했다. 즉, 법무부장관은 업무정지 기간 중인 변호사에 대한 공판 절차나 징계 절차의 진행 상황에 비추어 등록취소·영구제명 또는 제명에 이르게 될 가능성이 크지 아니하고, 의뢰인이나 공공의 이익을 침해할 구체적인 위험이 없어졌다고 인정할 만한 상당한 이유가 있으면 직권으로 그 명령을 해제할 수 있다(제105조 제 1 항).

Ⅱ. 업무정지명령의 해제 요건

1. 업무정지 기간 중인 변호사에 대한 등록취소·영구제명 또는 제명에 이르게 될 가능성이 크지 않음

법무부장관은 업무정지 기간 중인 변호사에 대한 공판 절차나 징계 절차의 진행 상황에 비추어 등록취소·영구제명 또는 제명에 이르게 될 가능성이 크지 아니하고, 의뢰인이나 공공의 이익을 침해할 구체적인 위험이 없어졌다고 인정할 만한 상당한 이유가 있으면 직권으로 그 명령을 해제할 수 있다(제 1 항). 법무부장관은 업무정지명령의 사유가 소멸된 때는 그 명령을 해제해야 한다. 업무정지명령의 해제는 사정변경으로 인한 철회로서 장래에 향하여 효력을 발생한다. 업무정지가 해제되면 해당 변호사는 업무를 개시할 수 있다. 업무정지의 해제는 공판 절차나 징계 절차의 진행 상황에 비추어 등록취소·영구제명 또는 제명에 이르게 될 가능성이 크지 않아야 한다. 변호사를 고소한 자의 무고혐의가 인정되거나 피해자와의 화해 등과 같은 사유로 변호사의 결격사유에 해당하는 형이 선고될 가능성이 없어야 한다. 또한 징계 절차에서도 징계혐의사실이 확인되지 않거나 징계양정에 참작할 사유가 발생할 수 있다. 그 결과 영구제명이나 제명과 같은 중징계가 의결될 가능성이 크지 아니하여야 한다.

2. 의뢰인이나 공공의 이익을 침해할 구체적인 위험이 없어졌다고 인정할 만한 상당한 이유

법무부장관은 의뢰인이나 공공의 이익을 침해할 가능성이 소멸되었다고 인정되면 업무정지명령을 해제해야 한다. 변호사의 등록취소·영구제명 또는 제명처분을 할 수 없는 변호사라면 그 업무수행으로 의뢰인이나 공공의 이익을 침해할 구체적인 위험은 없다고 할 수 있다. 법무부장관은 직권으로 업무정지명령을 해제할 수 있다. 실제로는 해당 변호사가 법무부장관에게 해제신청을 하는 것이 필요하다. 업무정지 기간은 2년을 넘을 수 없기에(변호사법 104③) 2년이 되면 법무부장관은 직권으로 그 명령을 해제해야 할 것이다. 업무정지명령을 해제할 사유가 있음에도 이를 거부하면 국가의 불법행위가 될 수 있다.

Ⅲ. 업무정지명령 해제신청

대한변호사협회의 장, 검찰총장 또는 업무정지명령을 받은 변호사는 법무부장관에게 업무정지명령의 해제를 신청할 수 있다(제 2 항). 법무부장관이 업무정지명령 해제사유가 존재함에도 이를 해제하지 않을 수 있다. 이때 업무정지명령의 이해관계인은 그 해제를 신청할 수 있다. 대한변호사협회장은 진행 중인 징계절차에서 중징계 사유가 소멸된 점을 인지할 지위에 있다. 회원의 권익보호를 위한 차원에서 해제신청을 할 수 있다. 검찰총장 역시 공판절차의 진행을 통하여 변호사에 대한 처벌 여부를 예상할 수 있다. 그 때문에 이들은 업무정지명령의 취지와 변호사의 법익을 비교하여 해제신청을 할 수 있다. 업무정지된 변호사 역시 해제사유를 소명하여 신청할 수 있다. 해제신청의 시기에는 제한이 없지만, 해제사유가 드러나기 위해서는 상당한 기간이 경과해야 한다.

Ⅳ. 법무부장관의 업무정지명령 해제

1. 법무부장관의 업무정지명령 해제·법무부징계위원회에 심의 요청

법무부장관은 제 2 항에 따른 신청을 받으면 직권으로 업무정지명령을 해제하거나 법무부징계위원회에 이를 심의하도록 요청하여야 하며, 법무부징계위원회에서 해제를 결정하면 지체 없이 해제하여야 한다(제 3 항). 법무부장관은 해제신청을 받으면 해제사유가 존재하는지 판단해야 한다. 법무부장관은 해제신청권자가 업무정지를 계속할 필요가 없다고 제출한 자료와 공판 절차와 징계 절차를 통하여 드러난 사실에 기초하여 해제여부를 직권으로 결정한다. 신중한 판단이 요청되는 경우에는 법무부징계위원회에 이를 심의하도록 요청할 수 있다. 징계위원회는 업무정지를 결정한 바 있어 해제 사유가 존재하는지도 용이하게 파악할 수 있다. 그러나 반드시 징계위원회의 심의를 거쳐야 하는 것은 아니다.

2. 법무부징계위원회의 해제 결정

법무부징계위원회는 심의기일을 열고 위원들의 의결을 거쳐야 한다. 징계위원회는 필요하면 신청인들의 의견을 들을 수도 있다. 특히 해당 변호사를 심의기일에 출석시켜 해제사유 소멸여부를 확인할 수 있다. 징계위원회의 의결로 해제를 결정하면 법무부장관에게 통지해야 한다. 법무부장관은 해제결정을 하면 지체 없이 해제하여야 한다. 그럼에도 해제를 하지 않으면 변호사는 다시 해제신청을 할 수 있다. 이를 거부하면 행정소송으로 다툴 수 있다. 만약 징계위원회에서 해제거부 결정을 하였더라도 법무부장관은 직권으로 해제할 수 있다고 할 것이다.

제106조 업무정지명령의 실효

> 제106조(업무정지명령의 실효)
> 업무정지명령은 그 업무정지명령을 받은 변호사에 대한 해당 형사 판결이나 징계 결정이 확정되면 그 효력을 잃는다.

Ⅰ. 연 혁

(1) 1993. 3. 10. 개정된 변호사법은 형사판결이 확정된 때는 업무정지명령이 실효된다는 규정을 신설했다. 즉, 업무정지명령은 그 업무정지명령을 받은 변호사에 대한 당해 형사판결이 확정된 때에는 효력을 상실한다(제87조).

(2) 2000. 1. 28. 개정된 변호사법은 업무정지명령의 실효사유로 '징계결정이 확정된 때'를 신설했다. 즉, 업무정지명령은 그 업무정지명령을 받은 변호사에 대한 당해 형사판결이나 징계결정이 확정된 때에는 그 효력을 상실한다(제106조).

Ⅱ. 업무정지명령의 실효

(1) 업무정지명령은 그 업무정지명령을 받은 변호사에 대한 해당 형사 판결이나 징계 결정이 확정되면 그 효력을 잃는다. 변호사에 대한 형사판결 또는 징계결정이 확정되면 업무정지명령은 효력을 잃는다. 여기서 '효력을 잃는다'는 것은 업무정지명령의 효력이 법무부장관의 의사와 관계없이 일정한 사실의 발생으로 장래에 향하여 당연히 실효된다는 것이다. 실효사유는 업무정지명령을 받은 변호사에 대한 형사판결이 확정되어야 한다. 유·무죄와 같은 판결의 종류는 묻지 않는다. 만약 유죄판결이 확정되었다면 그 형의 종류에 따라

변호사의 결격사유에 해당하는지 여부가 결정된다. 결격사유에 해당되면 등록취소사유가 되므로 여전히 변호사 업무를 수행할 수 없다.

(2) 징계결정이 확정된 경우에는 그 징계에 따른 제재를 받게 된다. 제명을 받으면 5년 동안 업무수행이 정지되며, 과태료를 받았으면 그 금액을 납부해야 한다. 업무정지명령 기간은 갱신기간을 합하여 2년을 넘을 수 없다. 형사판결이나 징계결정이 확정되지 않은 상태라도 2년이 경과하면 업무정지명령은 실효된다고 할 수 있다. 따라서 업무정지명령의 실효는 정지기간 2년이 경과하지 않은 상태에서 판결과 징계의 확정으로 발생된다.

제107조 업무정지기간의 통산

> 제107조(업무정지기간의 통산)
> 업무정지명령을 받은 변호사가 공소제기된 해당 형사사건과 같은 행위로 징계개시가 청구되어 정직 결정을 받으면 업무정지기간은 그 전부 또는 일부를 정직 기간에 산입한다.

Ⅰ. 연 혁

1993. 3. 10. 개정된 변호사법은 업무정지기간을 정직결정에 산입하는 규정을 신설했다. 즉, 업무정지명령을 받은 변호사가 공소제기된 당해 형사사건과 동일한 행위로 징계개시청구 되어 정직결정을 받은 때에는 업무정지기간은 그 전부 또는 일부를 정직기간에 산입한다(제83조).

Ⅱ. 업무정지기간의 통산

1. 업무정지명령을 받은 변호사의 정직 결정

(1) 업무정지명령을 받은 변호사가 공소제기된 해당 형사사건과 같은 행위로 징계개시가 청구되어 정직 결정을 받으면 업무정지기간은 그 전부 또는 일부를 정직 기간에 산입한다. 업무정지는 실질적으로 정직과 유사하다. 정직은 3년 이하이므로 업무정지기간의 전부 또는 일부를 이에 산입하여야 한다. 그런데 정직기간의 산입요건은 변호사가 공소제기된 해당 형사사건과 같은 행위로 징계개시가 청구되어 정직 결정을 받아야 한다.

(2) 공소제기된 행위는 징계사유에 해당되는 것이 일반적이다. 그렇지만 공소제기되지 않더라도 징계를 받는 경우는 많다. 상고이유서 제출기간을 도과하여 의뢰인에게 손해를

입히는 것과 같은 선관주의의무를 다하지 못하여 징계개시되어 정직처분을 받을 수도 있다. 따라서 업무정지기간을 정직에 산입할 필요성은 형사사건과 같은 행위로 징계결정이 된 사유로 국한할 필요성이 없다. 형사사건과 같은 행위로 징계개시 청구되어 정직결정을 받은 변호사 보다는 기소되지 않고 징계처분을 받은 변호사를 보호할 필요성이 더 크고, 업무정지 기간을 산입해 주어야 할 이유도 있다. 그러므로 법문에서 '공소제기된 해당 형사사건과 같은 행위로 징계개시가 청구되어' 부분은 삭제하거나 정직결정을 받은 예시규정으로 보아야 한다.

2. 업무정지기간은 그 전부·일부를 정직 기간에 산입

(1) 업무정지기간의 전부 또는 일부를 정직기간에 산입한다. 일부만 산입한다는 근거가 무엇인지 의문이다. 그렇지만 전부 산입해 주는 것이 임시적·잠정적인 업무정지명령의 취지에 부합할 것이다. 업무정지기간이 1년이었는데 정직 1년 처분을 받았다면 전부 산입해 주어 업무를 재개하도록 하는 것이 타당할 것이다. 이미 그 변호사는 정직처분과 동일한 효과인 정신적·물질적 제재(불이익)를 충분히 받았기 때문이다.

(2) 변호사법의 위 규정은 과거에 형법 제57조 제1항 '판결선고 전 구금일수의 통산'에 관하여 '판결선고 전의 구금일수는 그 전부 또는 일부를 유기징역, 유기금고, 벌금이나 과료에 관한 유치 또는 구류에 산입한다'고 하였던 것과 같은 맥락에서 이해할 수 있다. 그러나 헌법재판소는 판결선고 전 구금일수의 산입을 규정한 형법 제57조 제1항 중 "또는 일부" 부분이 헌법상 무죄추정의 원칙 및 적법절차의 원칙 등을 위배하여 신체의 자유를 침해한다고 하였다(헌재 2009. 6. 25. 2007헌바25).[1] 이에 따라 2014. 12. 30. 위 형법 규정을 개정하여 전부 산입하도록 하였다. 즉, 판결선고 전의 구금일수는 그 전부를 유기징역, 유기금고, 벌금이나 과료에 관한 유치 또는 구류에 산입한다(형법 57①). 향후 위 변호사법 조문도 업무정지기간을 전부 산입하도록 하는 내용으로 개정할 필요가 있다.

1 헌법상 무죄추정의 원칙에 따라 유죄판결이 확정되기 전에 피의자 또는 피고인을 죄 있는 자에 준하여 취급함으로써 법률적·사실적 측면에서 유형·무형의 불이익을 주어서는 아니되고, 특히 미결구금은 신체의 자유를 침해받는 피의자 또는 피고인의 입장에서 보면 실질적으로 자유형의 집행과 다를 바 없으므로, 인권보호 및 공평의 원칙상 형기에 전부 산입되어야 한다. 따라서 형법 제57조 제1항 중 "또는 일부 부분"은 헌법상 무죄추정의 원칙 및 적법절차의 원칙 등을 위배하여 합리성과 정당성 없이 신체의 자유를 침해한다(헌재 2009. 6. 25. 2007헌바25 성폭력범죄의 처벌 및 피해자보호 등에 관한 법률 제5조 제2항 등 위헌소원).

제108조 업무정지명령에 대한 불복

제108조(업무정지명령에 대한 불복)
업무정지명령, 업무정지 기간의 갱신에 관하여는 제100조 제4항부터 제6항까지의 규정을 준용한다.

Ⅰ. 연 혁

1993. 3. 10. 개정된 변호사법은 업무정지명령에 대한 불복에 관한 규정을 신설했다. 즉, 제81조 제4항 내지 제6항[1]의 규정은 업무정지명령, 업무정지기간의 갱신에 관하여 이를 준용한다(제89조).

Ⅱ. 업무정지명령, 업무정지 기간 갱신에 관한 불복

업무정지명령, 업무정지 기간의 갱신에 관하여는 제100조 제4항부터 제6항까지의 규정을 준용한다. 업무정지명령과 기간의 갱신에 대한 불복절차는 법무부징계위원회의 징계결정에 대한 불복과 같다. 법무부장관의 업무정지명령에 불복하는 변호사는 「행정소송법」으로 정하는 바에 따라 그 통지를 받은 날부터 90일 이내에 행정법원에 소를 제기할 수 있다(제100조 제4항). 제4항의 경우 업무정지명령이 있었던 날부터 1년이 지나면 소를 제기할 수 없다. 다만, 정당한 사유가 있는 경우에는 그러하지 아니하다(제100조 제5항). 제4항에 따른 기간은 불변기간으로 한다(제100조 제6항). 업무정지명령의 해제신청을 거부당한 경

1 **변호사법 [시행 1993. 3. 10.] [법률 제4544호, 1993. 3. 10. 일부개정] 제81조(징계결정에 대한 불복)** ④ 법무부징계위원회의 결정에 대하여 불복이 있는 징계혐의자는 그 통지를 받은 날부터 7일 이내에 대법원에 즉시항고를 할 수 있다.
⑤ 제4항의 규정에 의한 즉시항고는 집행정지의 효력이 없다.
⑥ 제4항의 규정에 의한 즉시항고에 관하여는 민사소송법 중 재항고에 관한 규정을 준용한다.

우에도 불복할 수 있다. 법무부장관의 업무정지명령은 원처분에 해당하므로 변호사는 행정소송을 제기하기 전에 그 처분의 취소를 구하는 행정심판을 중앙행정심판위원회에 제기할 수도 있다.

제 11 장

벌 칙

제109조 벌 칙

제109조(벌칙)
다음 각 호의 어느 하나에 해당하는 자는 7년 이하의 징역 또는 5천만원 이하의 벌금에 처한다. 이 경우 벌금과 징역은 병과(併科)할 수 있다.
1. 변호사가 아니면서 금품·향응 또는 그 밖의 이익을 받거나 받을 것을 약속하고 또는 제 3 자에게 이를 공여하게 하거나 공여하게 할 것을 약속하고 다음 각 목의 사건에 관하여 감정·대리·중재·화해·청탁·법률상담 또는 법률 관계 문서 작성, 그 밖의 법률사무를 취급하거나 이러한 행위를 알선한 자
   가. 소송 사건, 비송 사건, 가사 조정 또는 심판 사건
   나. 행정심판 또는 심사의 청구나 이의신청, 그 밖에 행정기관에 대한 불복신청 사건
   다. 수사기관에서 취급 중인 수사 사건
   라. 법령에 따라 설치된 조사기관에서 취급 중인 조사 사건
   마. 그 밖에 일반의 법률사건
2. 제33조 또는 제34조(제57조, 제58조의16 또는 제58조의30에 따라 준용되는 경우를 포함한다)를 위반한 자

Ⅰ. 의 의

1. 제109조 제 1 호

변호사법 제109조 제 1 호는 변호사 아닌 자가 법률사무의 취급에 관여하는 것을 금지함으로써 변호사제도를 유지하고자 함이 그 취지이다. 변호사 자격이 없고, 변호사법의 규율에 따르지 않는 사람이 처음부터 금품 기타 이익을 위해 타인의 법률사건에 개입함을 방치하면 당사자 기타 이해관계인의 이익을 해하고 법률생활의 공정, 원활한 운용을 방해하며, 나아가 법질서를 문란케 할 우려가 있다(대법원 1995. 2. 14. 93도3453). 제 1 호는 변호사제도의 유지를 보호법익으로 한다. 비변호사의 행위를 규율함으로써 변호사가 보호받는 반사적

효과는 있지만, 개업 중인 변호사를 보호하기 위한 것은 아니다.

제 1 호는 변호사의 직무에 관한 일반적·개괄적 내용인 변호사법 제 3 조를 구체적으로 열거하고 있다. 따라서 제 1 호에서 금지하고 있는 비변호사의 행위는 변호사라면 할 수 있는 법률사무에 한정된다(대법원 2010. 7. 15. 2010도2527).[1] 변호사의 고유한 직무에 해당하지 않는 행위는 규율대상이 아니다.

2. 제109조 제 2 호

변호사는 수임하고 있는 사건에 관하여 상대방으로부터 이익을 받거나 이를 요구 또는 약속하는 독직행위가 금지된다(제33조). 변호사·법무법인·법무법인(유한)·법무조합은 수임시에 금품을 교부하거나 변호사명의를 대여하거나 변호사 아닌 자와의 동업 등이 금지된다(제34조).

Ⅱ. 변호사가 아닌 자가 금품을 받고 법률사건 등의 법률사무 취급과 알선

1. 변호사가 아닌 자

(1) 변호사가 아니면서 금품·향응 또는 그 밖의 이익을 받거나 받을 것을 약속하고 또는 제 3 자에게 이를 공여하게 하거나 공여하게 할 것을 약속하고 다음 각 목[2]의 사건에 관하여 감정·대리·중재·화해·청탁·법률상담 또는 법률 관계 문서 작성, 그 밖의 법률사무를 취급하거나 이러한 행위를 알선한 자는 7년 이하의 징역 또는 5천만원 이하의 벌금에 처한다. 이 경우 벌금과 징역은 병과(併科)할 수 있다(변호사법 109(1)). 본죄의 주체는 변호사 아닌 자이다. 변호사가 아닌 자는 변호사의 직무를 수행하고 그 대가를 받거나 제 3 자에게 공여하게 할 수 없다. 여기서 '변호사가 아니면서'는 변호사의 자격이 없는 자를 말한다. 변호사의 자격은 있지만 자격등록을 하지 않은 자도 이에 해당되는지 의문이다. 등록을 하지 아니하고 변호사의 직무를 수행한 자는 제112조 제 4 호에서 별도로 처벌하고 있으므로 본

---

1 이 사건의 경우 지구대 소속 경찰관이던 피고인이 2006년 12월경 피해자들을 조사하고, 피의자들을 지구대로 임의동행한 다음 그 사건을 경찰서로 인계하는 행위는 권한의 남용이나 대가의 수수에 따라 다른 범죄를 구성할 여지가 있음은 별론으로 하고, 피고인 자신의 업무행위라고 볼 수 있을 뿐 변호사가 할 수 있는 법률사무에는 해당하지 않으므로, 이를 구 변호사법 제109조 제 1 호 위반죄로 처벌할 수는 없다(대법원 2010. 7. 15. 2010도2527 사기·변호사법위반 등).

2 가. 소송 사건, 비송 사건, 가사 조정 또는 심판 사건
나. 행정심판 또는 심사의 청구나 이의신청, 그 밖에 행정기관에 대한 불복신청 사건
다. 수사기관에서 취급 중인 수사 사건
라. 법령에 따라 설치된 조사기관에서 취급 중인 조사 사건
마. 그 밖에 일반의 법률사건

조의 대상자는 아니라고 해야 한다.

(2) 법무사·변리사·세무사·공인회계사·행정사 등이 법률에 의하여 허용되는 특정 법률행위를 하고 금품을 받는 행위는 허용된다. 이들의 행위도 일정 부분 변호사의 직무와 중복되는 측면이 많다. 그러므로 각 관련 법률에서 정하는 직무수항을 엄격히 살펴 변호사법에 위반 여부를 살펴야 한다. 예컨대 「변리사법」 제 8 조에 의하여 변리사에게 허용되는 소송대리의 범위는 특허심판원의 심결에 대한 심결취소소송에 한정되고 특허 등 침해를 청구원인으로 하는 침해금지청구 또는 손해배상청구 등과 같은 민사사건에서 변리사의 소송대리가 허용되지 않는다.[3] 그런데 변리사가 특허 등 침해를 청구원인으로 하는 침해금지청구 또는 손해배상청구의 민사사건에서 소송대리행위를 한다면 본조위반이 될 수 있다.

(3) 변호사의 사무직원이라 할지라도 변호사의 지휘·감독을 받음이 없이 자기의 계산 아래 독자적으로 등기신청사건을 유치하여 수수료를 받으면서 변호사의 이름으로 상습적으로 그 신청을 대리한 행위도 변호사가 아닌 자의 행위이다.[4] 여기서 '비변호사의 행위'는 '변호사라면 할 수 있는 법률사무'에 한정된다.[5]

2. 금품 등을 수수하거나 약속

(1) 변호사 아닌 자가 변호사의 직무를 수행하고 금품·향응 또는 그 밖의 이익을 받거나 받을 것을 약속하고 또는 제 3 자에게 이를 공여하게 하거나 공여하게 할 것을 약속해야 한다. 비변호사로서 변호사법이 금지하는 변호사의 직무를 수행하고 이익의 취득 또는 약

---

3 민사소송법 제87조는 "법률에 따라 재판상 행위를 할 수 있는 대리인 외에는 변호사가 아니면 소송대리인이 될 수 없다"라고 정하여 이른바 변호사 소송대리의 원칙을 선언하고 있다. 한편 변리사법 제 2 조는 "변리사는 특허청 또는 법원에 대하여 특허, 실용신안, 디자인 또는 상표에 관한 사항을 대리하고 그 사항에 관한 감정과 그 밖의 사무를 수행하는 것을 업으로 한다"고 정하는데, 여기서 '특허, 실용신안, 디자인 또는 상표에 관한 사항'이란 특허·실용신안·디자인 또는 상표(이하 '특허등'이라고 줄여 부른다)의 출원·등록, 특허등에 관한 특허심판원의 각종 심판 및 특허심판원의 심결에 대한 심결취소소송을 의미한다. 따라서 "변리사는 특허, 실용신안, 디자인 또는 상표에 관한 사항의 소송대리인이 될 수 있다"고 정하는 변리사법 제 8 조에 의하여 변리사에게 허용되는 소송대리의 범위 역시 특허심판원의 심결에 대한 심결취소소송으로 한정되고, 현행법상 특허등의 침해를 청구원인으로 하는 침해금지청구 또는 손해배상청구 등과 같은 민사사건에서 변리사의 소송대리는 허용되지 아니한다(대법원 2012. 10. 25. 2010다108104 상표권침해금지등).

4 명목상 변호사의 사무원이나 변호사의 지휘 감독을 받음이 없이 자기의 계산 아래 독자적으로 사무원을 고용하여 비송사건인 등기신청사건을 유치하여 수수료를 받으면서 위 변호사의 이름으로 상습적으로 그 신청을 대리한 행위는 변호사법 제55조, 제48조 제 1 호(현재의 제109조 제 1 호)에 해당한다(대법원 1981. 7. 7. 80도1445 변호사법위반).

5 경찰관이 피해자들을 조사하고, 피의자들을 지구대로 임의동행한 다음 그 사건을 경찰서로 인계하는 행위는 자신의 업무행위라고 볼 수 있을 뿐 변호사가 할 수 있는 법률사무에는 해당하지 않음에도, 위 사건에 관하여 금품을 교부받은 행위가 구 변호사법 제109조 제 1 호 위반죄에 해당한다고 본 원심판단에 법리오해의 위법이 있다고 한 사례(대법원 2010. 7. 15. 2010도2527 사기·공갈·사문서위조·위조사문서행사·사기미수·사서명위조·위조사서명행사·변호사법위반).

속에 대한 고의가 있어야 한다. 여기서 '이익'은 실비변상을 넘는 경제적 이익을 말한다. (이익을 받았지만 그 가치가) 단순한 실비변상을 받았음에 불과할 때에는 범죄가 된다고 할 수 없다(대법원 1996. 5. 10. 95도120). 이익은 액수만을 기준으로 판단할 수 없다. 소액일지라도 수인으로부터 받으면서 본조의 행위를 할 수 있기 때문이다. 또한 이익은 법률사건의 대리 등의 행위를 한 횟수도 고려해야 한다. 이익의 귀속주체는 본인이거나 제 3 자이거나 불문한다. 사전에 이익제공에 관한 약정이 있어야 하는 것은 아니다. 이익을 직접 받지 않고 제 3 자에게 건네게 하는 것 역시 이익을 취득하는 방법이다. 제 3 자 속에는 공범도 포함된다. 장차 이익을 받을 것을 약속하는 행위도 금지된다. 약속한 이익을 실제 받지 못했더라도 상관없다.

(2) 이익을 받을 수 있을 것으로 기대하고 법률사무를 처리하였지만 실제로는 이익을 취하거나 약속받지 못한 경우에는 처벌되지 않는다.[6] 변호사가 아니면서도 제 1 호 각 목의 사건에 관한 직무를 수행하고 이익을 받지 않거나 받기로 약속하지 않으면 처벌대상이 되지 않는다. 변호사 아닌 법대 교수가 무료로 법률상담이나 법률문서를 작성해 주는 것은 허용된다.

(3) 헌법재판소는 법률사무를 변호사에게 독점시키는 결과를 가져오는 제 1 호는 일반 국민의 직업선택의 자유를 침해하는 것은 아니며,[7] 변호사 아닌 다른 법률사무관련 직종에 종사하는 자에게는 법률사무의 일부만이 허용되는 결과를 가져왔다고 하더라도, 그것은 법률사무관련 직업에 대한 자격제도를 도입하게 된 배경과 목적, 각 전문분야가 갖는 특성 등에 비추어 볼 때 합리적인 차이에 따른 것이므로 평등원칙에 위반된다고 볼 수 없다고 했다.[8]

---

6 피고인이 와병중인 공소외인을 동정하여 수차 공소외인의 손해배상청구소송수행에 조력하였으므로 이를 고맙게 여긴 공소외인이 피고인에게 위 소송이 끝나면 사례하겠다는 말을 한 바 있고 이때 피고인도 내심으로 약 300만원을 받을 수 있으리라고 생각하였으되 양인간에 금품수수의 약정은 없었다면, 피고인의 위 소위를 가리켜 변호사법 제78조 제 2 호 위반에 해당한다고 할 수 없다(대법원 1984. 7. 10. 84도1083 변호사법위반).

7 입법자가 변호사제도를 도입하여 법률사무 전반을 변호사에게 독점시키고 그 직무수행을 엄격히 통제하고 있는 것은 전문적인 법률지식과 윤리적 소양을 갖춘 변호사에게 법률사무를 맡김으로써 법률사무에 대한 전문성, 공정성 및 신뢰성을 확보하여 일반 국민의 기본권을 보호하고 사회정의를 실현하려는 데 있는 것이다. 이 사건 법률규정은 위와 같은 변호사제도를 보호·유지하려는 데 그 목적이 있어 실현하고자 하는 공익이 정당하고, 변호사제도의 목적을 달성하기 위해서는 비변호사의 법률사무취급의 금지는 불가피한 것으로 공익실현을 위한 기본권제한의 수단이 적정하다. 또한 변호사제도의 배경과 목적, 변호사 아닌 자의 모든 법률사무취급을 금지하는 것이 아니라 단지 금품 등 이익을 얻을 목적의 법률사무취급만을 금지하고 있고, 금지되는 법률사무취급의 범위와 방법 및 그 정도 등에 관하여도 법률에 상세히 규정하고 있는 점에 비추어 보면, 이 사건 법률조항이 일반 국민의 직업선택의 자유에 대한 과도한 제한으로 과잉금지의 원칙에 위배된다고는 볼 수 없다(헌재 2007. 8. 30. 2006헌바96 변호사법 제109조 제 1 호 위헌소원).

8 이 사건 법률규정이 비변호사에 대하여 법률사무 전반을 금지함으로써 변호사 아닌 다른 법률사무관련 직종에 종사하는 자에게는 법률사무의 일부만이 허용되는 결과를 가져왔다고 하더라도, 그것은 변호사를 비

3. 다음 각 목의 사건

(1) 소송 사건, 비송 사건, 가사 조정 또는 심판 사건

소송사건은 사법상의 권리를 확정·보전·실현을 목적으로 하는 재판절차인 민사소송, 형사법의 적용·실현에 관한 형사소송, 행정청의 처분에 대한 불복절차인 행정소송 등을 말한다. 비송사건은 법원의 관할에 속하는 민사사건 중 소송절차로 처리하지 않는 사건을 말한다. 민사비송사건(법인, 신탁, 재판상 대위, 공탁, 감정에 관한 사건 등), 상사비송사건(회사의 경매, 사채, 회사의 청산, 상업등기 등), 과태료사건, 가사비송사건(가족관계등록부 성년후견, 성별정정사건 등의 라·마류사건) 등이 있다.[9] 그리고 「가사소송법」 제4편의 가사조정과 가사비송사건 중 성년후견 개시의 심판과 그 종료의 심판, 한정후견 개시의 심판과 그 종료의 심판 등에 관한 사건을 들 수 있다.

(2) 행정심판 또는 심사의 청구나 이의신청, 그 밖에 행정기관에 대한 불복신청 사건

정식재판절차를 거치지 않고 행정청의 처분에 대한 각종 불복절차에 관한 것을 말한다. 행정청의 처분에 대하여 행정심판위원회에 불복하는 각종 행정심판(소청, 토지수용, 특허, 조세 등 특별행정심판)과 「국세기본법」에 의한 심사와 심판청구, 처분청에 대한 이의신청(도로교통법 제94조 운전면허 처분에 대한 이의신청 등), 기타 행정기관에 대한 불복사건(민원의 회신에 대한 이의신청)을 말한다.

(3) 수사기관에서 취급 중인 수사 사건

경찰·검찰·특별사법경찰관리·군검찰 등에서 취급중인 수사 사건을 말한다. 취급 중인 사건만이 아니라 이미 수사 종료한 사건이라도 재수사를 요청하는 행위도 포함된다.

(4) 법령에 따라 설치된 조사기관에서 취급 중인 조사 사건

'법령에 따라 설치된 조사기관'은 특정사안의 진실을 규명하기 위하여 법령에 따라 설치된 수사기관이 아닌 기관을 말한다. 예컨대 「진실·화해를 위한 과거사정리 기본법」의 '진실·화해를 위한 과거사정리위원회', 「4·16세월호참사 진상규명 및 안전사회 건설 등을 위한 특별법」의 '4·16세월호참사 특별조사위원회' 등과 같은 조사기관에서 취급 중인 조사 사건을 말한다.

롯하여 법무사, 변리사 및 손해사정인 등 법률사무관련 직업에 대한 자격제도는 그 제도를 도입하게 된 배경과 목적, 각 전문분야가 갖는 특성과 그 업무의 성격, 각 전문분야의 자격요건 및 직무수행에 있어서의 통제가 서로 다른 합리적, 합목적적인 차이에 따른 정당한 것으로 보여지며, 달리 입법자가 형성권을 자의적으로 행사하여 변호사와 비교하여 청구인을 포함한 다른 법률사무관련 직종에 종사하는 자를 부당하게 차별하는 것으로서 평등원칙에 위반된다고 볼 수 없다(헌재 2007. 8. 30. 2006헌바96 변호사법 제109조 제1호 위헌소원).

9 김홍엽, 민사소송법(제5판), 10면; 송상현·박익환, 민사소송법(신정6판) 29면; 이시윤, 신민사소송법(제9판), 13면; 호문혁, 민사소송법(제12판), 61면.

'법령에 의하여 설치된 조사기관에서 취급중인 조사사건'이라 함은 사인의 공법상 또는 사법상의 권리의무나 법률관계에 대하여 이를 조사하거나 조정 해결하는 절차로써 그 절차에 관여하는 것이 법률사무를 취급하는 변호사의 직역에 속하는 것을 이른다 할 것이므로, 한국감정원에서 하는 부동산시가감정업무는 이에 해당하지 아니한다(대법원 1988. 4. 12. 86도5).

(5) 그 밖에 일반의 법률사건

'그 밖의 일반의 법률사건'는 가.목에서 라.목까지 열거된 사건과 같이 법률상의 권리·의무에 관하여 다툼 또는 의문이 있거나, 새로운 권리의무관계의 발생에 관한 사건 일반을 의미한다. 판례도 같다.[10] 상가의 분양 및 임대에 관하여 분쟁이 발생한 이해관계인들 사이에 화해, 합의서, 분양계약서의 작성 및 등기사무 등을 처리한 것은 '기타 일반의 법률사건'에 관하여 법률사무를 취급한 것에 해당한다(대법원 1998. 8. 21. 96도2340 변호사법위반·배임).

헌법재판소 역시 '일반의 법률사건'은 법률상의 권리·의무의 발생·변경·소멸에 관한 다툼 또는 의문에 관한 사건을 의미하는 것으로, 그 구체적인 사례가 바로 이 사건 법률규정(제109조 제1호)에 열거된 소송사건 등이다. 마찬가지로 이 사건 법률규정의 '법률사무'란 '법률상의 효과를 발생·변경·소멸시키는 사항의 처리 및 법률상의 효과를 보전하거나 명확화하는 사항의 처리'를 뜻하는 것으로 법률사무의 전형적·구체적인 예로 열거된 감정 등은 법률사무가 무엇인지를 해석하는 판단지침으로서 위 규정의 '법률사무'도 법관의 보충적 해석에 의하여 확정될 수 있는 개념이라고 보여진다(헌재 2007. 8. 30. 2006헌바96).

4. 감정·대리·중재·화해·청탁·법률상담 또는 법률 관계 문서 작성, 그 밖의 법률사무를 취급하거나 이러한 행위를 알선한 자

변호사가 아닌 자는 이익을 취득하고서 변호사의 직무에 대하여 감정·대리·중재·화해·청탁·법률상담 또는 법률 관계 문서 작성, 그 밖의 법률사무를 취급하거나 이러한 행위를 알선할 수 없다.

(1) 감 정

1) 여기서 '감정'이란 비변호사가 법률상 전문지식으로 특정 사안에 대하여 판단을 내리는 행위이다. 예컨대 아파트 입주민들이 아파트건설사업주체에 대한 손해배상 청구소송

10 구 변호사법(2008. 3. 28. 법률 제8991호로 개정되기 전의 것) 제109조 제1호에서 정한 '기타 법률사무'라고 함은 법률상의 효과를 발생·변경·소멸시키는 사항의 처리 및 법률상의 효과를 보전하거나 명확하게 하는 사항의 처리를 뜻하는 것인데, 그러한 법률사무를 취급하는 행위는 법률상의 효과를 발생·변경·소멸·보전 또는 명확하게 하는 사항의 처리와 관련된 행위이면 족하고, 직접적으로 법률상의 효과를 발생·변경·소멸·보전 또는 명확하게 하는 행위에 한정되는 것은 아니다(대법원 2010. 10. 14. 2010도387).

을 하려고 비변호사(피고인)에게 그 하자감정에 관한 용역을 의뢰하였고, 피고인은 아파트 입주민들의 아파트건설사업주체에 대한 손해배상청구에 필요한 자료제공의 일환으로 하자 감정을 실시한 바 있다. 피고인의 하자감정은 구체적인 법률사건에 관하여 피고인의 건축 관계 전문지식에 기한 판단으로서의 성질뿐만 아니라, 피고인 나름대로의 경험을 토대로 한 법률적 지식에 기하여 장차 아파트 입주민들의 청구가능한 손해배상액에 관한 피고인의 법률적 견해표명을 겸하고 있다고 봄이 상당하므로 피고인의 이 사건 하자감정행위는 변호사법 제90조 제 2 호 소정의 '감정'에 해당한다고 보아야 할 것이다(대법원 1999. 12. 24. 99도771 변호사법위반(일부 인정된 죄명: 변호사법위반방조)).

2) 의사가 의학지식으로 신체장애감정을 하거나 대한건축사협회와 같은 건축하자전문기관이 전문적인 건축지식으로 건축물 하자의 감정을 하는 행위는 이에 해당되지 않는다. 예컨대 아파트관리 및 하자보수공사 등을 목적으로 하는 회사가 아파트 입주자대표회의와 아파트 하자보수에 관한 손해배상청구소송을 대신 수행하여 주기로 하는 소송약정을 체결한 다음 그에 필요한 자료제공의 일환으로 하자내역을 조사하고 하자보고서를 작성한 경우, 하자보수비용을 산출하여 하자보고서를 작성하는 행위 부분은 위 회사의 통상적 업무수행에 불과하여 변호사법 제109조 제 1 호의 '감정'에 해당하지 않는다고 한 사례(대법원 2007. 9. 6. 2005도9521변호사법위반)[11]도 있다.

3) 따라서 '감정'은 법률상의 권리의무에 관하여 다툼 또는 의문이 있거나 새로운 권리의무관계의 발생에 관한 사건 일반에 있어서 그 분쟁이나 논의의 해결을 위하여 행하여지는 법률사무취급의 한 태양으로 이해되어야 하고, 따라서 '감정'은 법률상의 전문지식에 기하여 구체적인 사안에 관하여 판단을 내리는 행위로서 법률 외의 전문지식에 기한 것은 제외되어야 한다(대법원 2007. 9. 6. 2005도9521 변호사법위반).

(2) 대 리

1) 변호사 아닌 자가 법률사건이나 사무의 처리를 위임 받아 본인을 대신하여 행하는

---

11 기록에 의하면, 피고인이 대표이사로 있는 화신은 아파트관리 및 하자보수공사 등을 목적으로 하는 회사인 점, 피고인이 4곳의 아파트에 대한 하자의 내역을 파악하기 위하여 하자조사를 실시하고 하자보수공사금액을 산출하여 하자조사보고서를 작성한 점 등의 사정을 알 수 있으므로, 화신이 그 영위하는 사업의 성질상 그 분야의 전문지식과 경험을 갖추고 그에 기해 아파트 등 대상 건축물에 내재된 하자 및 그 보수에 필요한 비용을 조사·산정하여 하자조사보고서를 작성하는 것은 사업 수행 과정에서 통상적으로 행할 수 있는 업무라고 할 것인바, 이러한 경우 그 하자조사보고서의 작성이 '법률상의 감정'에 해당되는 것으로 인정하기 위해서는, 그 하자보고서의 내용 중 회사의 통상적인 업무 범위에 속하지 않는 법률적 지식이나 경험을 바탕으로 한 법률상의 판단이나 견해가 포함되어 있어야 할 것이므로 과연 어떠한 부분이 그에 해당하는지를 심리하여 구체적으로 적시하여야 할 것이고, 그 내용이 위 회사가 업무 수행상 통상적으로 행할 수 있는 조사보고에 불과하다면 비록 피고인이 원심 판시의 입주자대표회의와 맺은 소송약정이 위법하고 그 하자보고서를 소송수행에 필요한 자료제공의 일환으로 작성하였다 하여도 그것만으로 곧 위 하자보고서의 작성이 변호사법 제109조 제 1 호 소정의 '감정'에 해당한다고 할 수는 없을 것이다(대법원 2007. 9. 6. 2005도9521 변호사법위반).

행위를 말한다. 여기서 '대리'는 법률사건에 관하여 본인을 대신하여 사건을 처리하는 제반 행위로서 분쟁처리에 관한 사실행위를 포함하는 것으로 이해해야 한다(대법원 1995. 2. 14. 93도3453). 그러므로 법률상의 대리는 물론 행위는 본인이 하는 형식을 취하면서도 실질적으로 대리가 행하여지는 것과 동일한 효과를 발생시키는 경우도 포함한다. 따라서 민법상 대리보다 훨씬 넓은 개념이다.

2) 판례 역시 '대리'에는 본인의 위임을 받아 대리인의 이름으로 법률사건을 처리하는 법률상의 대리뿐만 아니라, 법률적 지식을 이용하는 것이 필요한 행위를 본인을 대신하여 행하거나, 법률적 지식이 없거나 부족한 본인을 위하여 사실상 사건의 처리를 주도하면서 그 외부적인 형식만 본인이 직접 행하는 것처럼 하는 등으로 대리의 형식을 취하지 않고 실질적으로 대리가 행하여지는 것과 동일한 효과를 발생시키고자 하는 경우도 당연히 포함된다(대법원 1999. 12. 24. 99도2193)고 한다.[12] 예컨대 아파트 관리수탁업체인 갑 주식회사가 무이자로 소송비용을 대납하는 방법으로 을 입주자대표회의가 아파트 하자보수보증업체를 상대로 제기하는 하자보수보증금 청구소송을 진행하기로 한 사안에서, 갑 회사가 소송비용을 부담하고 사실상 변호사를 선임하여 하자보수보증금 청구소송을 제기하고 진행을 주도하였다고 보아 갑 회사가 위 소송에 관여한 행위는 '대리'에 해당한다(대법원 2014. 7. 24. 2013다28728).

또한 경찰의 현장검증 등에서 의뢰인을 대신하여 참가하고 의견을 개진한 것은 사실상의 변호행위로서 "대리"에 해당하고, 의뢰인의 명의로 고소, 항고, 재항고 등을 하였다면 그 비용을 누가 부담하였던 간에 피고인이 의뢰인을 대신하여 고소장 등을 작성, 제출한 것은 사실상 사건해결을 주도하고 법률사건에 변호사가 아니면서 개입한 것으로서, 변호사법상의 "대리"에 해당한다고 보아야 할 것이다(대법원 1995. 2. 14. 93도3453).

법률적 지식이 없거나 부족한 매수희망자들을 위하여 경매절차가 진행 중인 부동산에 대한 권리의 하자 유무를 확인한 결과를 설명해 주면서 공동 명의로 낙찰받아 분할하여 주겠다고 제의하여 승낙을 받은 다음 그들 중 한 사람으로 하여금 대리 입찰하게 하고 입찰법정에 함께 가서 입찰할 금액을 정해 주는 등 입찰을 위한 제반 절차를 사실상 주도하면서 그 외부적인 형식만 매수희망자들이 직접 입찰을 하는 것처럼 하여 실질적으로 입찰을

12 원심판결 이유에 의하면, 원심은 피고인 2, 3, 4가 의뢰인들로부터 건당 일정한 수임료를 받고 개인회생신청사건 또는 개인파산·면책신청사건을 수임하여 사실상 그 사건의 처리를 주도하면서 의뢰인들을 위하여 그 사건의 신청 및 수행에 필요한 모든 절차를 실질적으로 대리한 사실을 인정한 다음, 위 피고인들의 그와 같은 행위는 법무사의 업무범위를 초과한 것으로서 변호사법 제109조 제1호에 규정된 법률사무를 취급하는 행위에 해당한다고 판단하였다. 원심이 인용하고 있는 제1심판결이 채택한 증거들과 위 법리에 비추어 살펴보면 원심의 그와 같은 사실인정과 판단은 정당하고, 거기에 피고인들이 상고이유로 주장하는 바와 같은 채증법칙 위반 등으로 인한 사실오인이나 법무사의 업무범위 및 변호사법 제109조 제1호에 관한 법리오해 등의 위법이 없다(대법원 2007. 6. 28. 2006도4356 변호사법위반).

대리한 행위는 변호사법 제90조 제 2 호 소정의 '대리'에 해당할 뿐 부동산중개업법시행령 제19조의2 제 2 호 소정의 '경매대상 부동산에 대한 권리분석 및 취득의 알선'에는 해당하지 않는다(대법원 1999. 12. 24. 99도2193).

(3) 중 재

1) '중재'란 당사자 간의 합의로 사법상의 분쟁을 법원의 재판에 의하지 아니하고 중재인(仲裁人)의 판정에 의하여 해결하는 절차를 말한다(중재법 3(1)). 중재인의 선정절차는 당사자 간의 합의로 정한다(중재법 12②). 중재법이 적용되는 중재합의란 계약상의 분쟁인지의 여부에 관계없이 일정한 법률관계에 관하여 당사자 간에 이미 발생하였거나 장래 발생할 수 있는 분쟁의 전부 또는 일부를 중재에 의하여 해결하도록 하는 당사자 간의 합의를 말하는 것이다(대법원 2007. 5. 31. 2005다74344 중재판정취소의소). 중재는 대한상사중재원과 같은 기관중재도 있지만, 이런 상설중재기관을 이용하지 않고 당사자들이 합의로 중재인을 정하여 중재절차를 진행하는 임의중재(ad hoc arbitration)도 있다. 예컨대 건축공사계약에 "상기 합의내용이 이행되지 않을 경우 당사자의 합의로 선정한 제 3 자(○○○)의 중재를 받는다"라는 내용을 둘 수도 있다. 따라서 법률사건을 중재함으로 처벌되는 본조에서의 중재와 구별할 필요가 있다.

2) 그러므로 변호사가 아닌 자가 하는 '중재'는 금품 등의 이익을 받거나 받을 것을 약속하는 등으로 법률사건의 당사자들에게 적극적으로 접근하여 중재해 주겠다고 하거나 실제로 중재를 하는 행위를 말한다. 변호사 아닌 자가 중재를 한다는 점에서는 기관중재나 임의중재에서 변호사 자격이 없는 자가 중재하는 것과 유사하다. 기관중재·임의중재와 처벌대상으로서의 중재는 그 중재인이 중재에 이르게 된 경위와 중재할 만한 전문지식의 유무, 중재 보수의 적정성 여부, 중재인의 직업 등을 고려하여 판단해야 한다. 「중재법」에 따른 합법적인 중재는 당사자 상호 간의 약정으로 중재합의를 한 결과 특정인이 중재인이 된다. 그러나 여기서의 '중재'는 비변호사가 주도적으로 당사자들에게 접근하거나 그 요청을 이끌어 내는 방법으로 중재인 지위를 얻은 것이다. 「중재법」상 중재합의는 서면으로 해야 하지만(제 8 조 제 1 항), 여기서는 그 방식을 묻지 않는다. 변호사가 아니면서 중재제도를 이용하여 금품을 얻고자 하는 행위를 규제하려는 것이므로, 실제로 중재판정에 이르렀는지 여부도 묻지 않는다. 예컨대 변호사 아닌 자(미국 변호사)가 대한상사중재원에서 중재판정을 받기 위하여 마치 한국 변호사처럼 그가 취업한 법무법인의 명의로 중재요청서를 작성하여 제출하고 심리에 참여한 경우라면 여기서 말하는 '중재'는 아니고 '대리'에 해당된다고 볼 수 있다. 그러나 본인을 중재인으로 선정하도록 하여 중재를 하였다면 여기에 해당될 수 있다.

(4) 화 해

화해는 당사자가 상호 양보하여 당사자간의 분쟁을 종지(終止)할 것을 약정함으로써 그 효력이 생긴다(민법 731). 화해는 법률사건의 당사자 사이에서 서로 양보하도록 하여 그들 사이의 분쟁을 그만두게 하는 것을 말하며, 이에는 재판상 화해뿐만 아니라 민법상 화해도 포함된다(대법원 2001. 11. 27. 2000도513). 변호사 아닌 자가 금품을 받기로 하고 민사소송사건에 관하여 재판외 화해가 이루어지도록 주선한 행위도 위 법조에 위반된다(대법원 1981. 3. 10. 80도628).

예컨대 손해사정인이 금품을 받거나 보수를 받기로 하고 교통사고의 피해자측과 가해자가 가입한 자동차보험회사 등과의 사이에서 이루어질 손해배상액의 결정에 관하여 중재나 화해를 하는 것은 손해사정인의 업무범위에 속하는 손해사정에 관하여 필요한 사항이라 할 수 없다.[13]

(5) 청 탁

1) 청탁이란 '청하여 남에게 부탁한다'는 사전적 의미를 가진다. 청탁은 변호사 아닌 자가 법원, 수사기관 공무원 등에게 변호사의 직무에 해당하는 사건이나 사무의 처리를 요청하는 행위를 말한다. 예컨대 '공무원이 담당·처리하는 사무에 관하여 청탁하는 일'이란 '공무원에 대하여 일정한 직무행위를 할 것을 의뢰하는 것'을 의미한다 할 것이다(헌재 2014. 4. 24. 2011헌바254).

2) 비변호사의 청탁행위를 처벌하는 것이므로, 청탁받은 공무원이 법령에 위반하여 직무수행하는 것을 요건으로 하지 않는다. 신속한 사건송치를 부탁받은 경찰관이 절차에 따라 검찰로 사건을 송치하였어도 상관없다. 청탁시에 상대방에게 금품이 제공되었을 것을 요하지 않는다. 청탁의 상대방이 공무원이어야 하는 것은 아니다. 형사사건의 피해자 지인에게 화해를 주선해 달라고 요청하는 행위도 청탁에 해당된다. 비변호사가 이익을 취득하기 위해서 청탁하는 것이므로 널리 해석하여 규율할 필요가 있다. 「부정청탁 및 금품등 수수의 금지에 관한 법률」은 부정청탁을 공무원이 법령에 위반하는 직무행위를 해 줄 것을 요청하는 행위로 한정하고 있다.

---

13 손해사정인이 그 업무를 수행함에 있어 보험회사에 손해사정보고서를 제출하고 보험회사의 요청에 따라 그 기재 내용에 관하여 근거를 밝히고 타당성 여부에 관한 의견을 개진하는 것이 필요할 경우가 있다고 하더라도 이는 어디까지나 보험사고와 관련한 손해의 조사와 손해액의 사정이라는 손해사정인 본래의 업무와 관련한 것에 한하는 것이고, 여기에서 나아가 금품을 받거나 보수를 받기로 하고 교통사고의 피해자측을 대리 또는 대행하여 보험회사에 보험금을 청구하거나 피해자측과 가해자가 가입한 자동차보험회사 등과 사이에서 이루어질 손해배상액의 결정에 관하여 중재나 화해를 하도록 주선하거나 편의를 도모하는 등으로 관여하는 것은 위와 같은 손해사정인의 업무범위에 속하는 손해사정에 관하여 필요한 사항이라고 할 수 없다(대법원 2001. 11. 27. 2000도513 변호사법위반).

⑹ 법률상담 또는 법률 관계 문서 작성

1) 법률상담이란 법적 분쟁에 관련되는 실체적, 절차적 사항에 관하여 조언 또는 정보를 제공하거나 그 해결에 필요한 법적, 사실상의 문제에 관하여 조언, 조력을 하는 행위를 말한다. 민사소송의 당사자로부터 소송에 관한 법률적인 지원을 부탁받고 당사자를 만나 변호사선임 문제 등을 논의한 후 소송 관련 서류와 함께 착수금 명목의 금원을 교부받은 경우가 변호사법 제109조 제1호 위반죄에 해당한다(대법원 2005. 5. 27. 2004도6676 변호사법위반).

2) 법률 관계 문서 작성이란 법률상의 권리의무에 관한 사건이나 사무를 처리하기 위해서 소장이나 준비서면, 고소장, 내용증명 등과 같은 문서를 작성해 주는 행위를 말한다. 이런 문서작성에 사건 당사자의 사전 요청이 있어야 하는 것은 아니다. 문서 작성을 먼저 제안할 수도 있다. 문서 작성시에 금품수수에 관한 합의가 있어야 하는 것은 아니다. 작성한 고소장을 경찰서에 접수시켜 준 행위는 법률문서 작성과 더불어 대리행위에도 해당된다.

⑺ 그 밖의 법률사무를 취급

1) 변호사 아닌 자가 위의 열거된 행위 외에 '그 밖의 법률사무를 취급'하는 행위도 금지된다. 앞서 본 감정·대리·중재·화해·청탁·법률상담 또는 법률 관계 문서 작성은 법률사무의 한 예시라고 할 수 있다. 예시된 행위태양 외의 새로운 방법으로 하는 것을 '그 밖의 법률사무'의 취급이라 할 수 있다. 마.목에서의 '그 밖에 일반의 법률사건'은 가.목에서 라.목까지 규정된 바와 같은 종류 외의 사건을 말하고, 여기서의 법률사무는 구체적인 행위태양이라는 점에서 양자는 구별된다.

2) 부동산 권리관계 내지 부동산등기부 등본에 등재되어 있는 권리관계의 법적 효과에 해당하는 권리의 득실·변경이나 충돌 여부, 우열관계 등을 분석하는 이른바 권리분석업무는 변호사법 제109조 제1호 소정의 법률사무에 해당함이 분명하다고 할 것이지만, 단지 부동산등기부등본을 열람하여 등기부상에 근저당권, 전세권, 임차권, 가압류, 가처분 등이 등재되어 있는지 여부를 확인·조사하거나 그 내용을 그대로 보고서 등의 문서에 옮겨 적는 행위는 일종의 사실행위에 불과하여 이를 변호사법 제109조 제1호 소정의 법률사무 취급행위라고 볼 수는 없다(대법원 2008. 2. 28. 2007도1039 변호사법위반·법무사법위반).

⑻ 이러한 행위를 알선한 자

1) 알선이라 함은 법률사건의 당사자와 그 사건에 관하여 대리 등의 법률사무를 취급하는 상대방 사이에서 양자간에 법률사건이나 법률사무에 관한 위임계약 등의 체결을 중개하거나 그 편의를 도모하는 행위를 말한다. 현실적으로 위임계약 등이 성립하지 않아도 무방하며, 그 대가인 보수를 알선 의뢰하는 자뿐만 아니라 그 상대방 또는 쌍방으로부터 지급

받는 경우도 포함한다. 비변호사가 법률사건의 대리를 다른 비변호사에게 알선하는 경우는 물론 변호사에게 알선하는 경우도 이에 해당된다.

2) 비변호사인 피고인이 변호사에게 소송사건의 대리를 알선하고 그 대가로 금품 기타 이익을 받거나 제 3 자에게 이를 공여하게 한 행위도 알선에 해당한다(대법원 2000. 9. 29. 2000도2253 변호사법위반). 변호사 법률사무소의 사무직원이 그 소속 변호사에게 소송사건의 대리를 알선하고 그 대가로 금품을 받은 행위는 구 변호사법(2000. 1. 28. 법률 제6207호로 전문 개정되기 전의 것) 제90조 제 2 호 후단의 알선에 해당한다(대법원 2001. 7. 24. 2000도5069 변호사법위반·상해).

(9) 변호사법 제34조의 알선과의 관계

변호사법 제34조(변호사가 아닌 자와의 동업 금지 등) 제 1 항, 제 2 항, 제 3 항에서도 사건의 알선을 금지하는 규정을 두고 있다. 그 점에서 변호사법 제109조 제 1 호의 알선과 중복된다. 이 점에 관하여는 변호사법 제34조 제 1 항에서 설명하였다.

5. 제109조 제 1 호 위반행위의 사법상 효력

(1) 위반행위에 대한 처벌이 있다고 하여 사법상 효력까지 일률적으로 부정되는 것은 아니다. 변호사가 계쟁권리를 양수한 경우 의뢰인과 체결한 양수행위의 사법적 효력에는 영향이 없다(대법원 1985. 4. 9. 83다카1775). 그러나 변호사법 제109조 제 1 호는 강행법규로서 같은 법조에서 규정하고 있는 이익취득을 목적으로 하는 법률행위는 그 자체가 반사회적 성질을 띠게 되어 사법적 효력도 부정된다.

(2) 변호사법 제109조 제 1 호를 위반하여 소송 사건을 대리하는 자가 소송비용을 대납한 행위는 성격상 대리를 통한 이익취득 행위에 불가결하게 수반되는 부수적 행위에 불과하므로, 위와 같이 대납하는 소송비용을 소송 종료 후에 반환받기로 하는 약정은 특별한 사정이 없는 한, 이익취득 약정과 일체로서 반사회질서의 법률행위에 해당하여 무효라고 보아야 하고 이 부분만을 따로 떼어 효력을 달리한다고 볼 것은 아니다(대법원 2014. 7. 24. 2013다28728).[14]

변호사 아닌 갑과 소송당사자인 을이 갑은 을이 소송당사자로 된 민사소송사건에 관하여 을을 승소시켜 주고 을은 소송물의 일부인 임야지분을 그 대가로 갑에게 양도하기로 약

---

14 변호사 아닌 자 갑이 소송당사자인 을로부터 소송사건을 떠맡아 을을 대리하여 갑의 비용과 책임하에 소송대리인을 선임하는 등의 일체의 소송수행을 하여 을을 승소시켜 주고 그 대가로서 소송물의 일부를 양도받기로 하는 내용의 양도약정이 변호사법에 저촉되어 무효라 하더라도 그 무효는 그 대가 약정부분에 한정된다 할 것이고, 그 대가 약정부분이 아닌 소송대리인 선임권한 위임부분까지 무효로 볼 수는 없으므로 갑이 변호사보수금을 현실적으로 지급하지 아니 하였다면 을로서는 갑이 위 약정에 따라 을의 이름으로 선임한 변호사에 대하여 그 보수금의 지급채무를 여전히 부담하고 있다 할 것이다(대법원 1987. 4. 28. 86다카1802).

정한 경우 위 약정은 강행법규인 변호사법 제78조 제 2 호에 위반되는 반사회적 법률행위로서 무효이다(대법원 1990. 5. 11. 89다카10514).

Ⅲ. 제33조 또는 제34조(제57조, 제58조의16 또는 제58조의30에 따라 준용되는 경우를 포함한다)를 위반한 자

1. 제33조를 위반한 자

변호사는 수임하고 있는 사건에 관하여 상대방으로부터 이익을 받거나 이를 요구 또는 약속하여서는 아니 된다(제33조). 독직행위를 한 변호사만 처벌하고 변호사에게 이익을 공여하거나 약속한 상대방은 처벌하지 않는다.

2. 변호사·법무법인·법무법인(유한)·법무조합은 변호사가 아닌 자와의 동업 금지 등의 의무를 위반한 자(제34조)

(1) 제34조 제 1 항

1) 법률사무의 수임에 관하여 당사자를 특정 변호사에게 소개한 후 그 대가로 금품을 수수하면 변호사법 제109조 제 2 호, 제34조 제 1 항을 위반하는 죄가 성립한다. 그 경우 소개의 대가로 금품을 받을 고의를 가지고 변호사에게 소개를 하면 실행행위의 착수가 있다(대법원 2006. 4. 7. 2005도9858).

2) 제34조 제 1 항은 '누구든지 법률사건 또는 법률사무의 수임에 관하여 사전에 금품·향응 기타 이익을 받거나 받을 것을 약속하고 당사자 기타 관계인을 특정 변호사 또는 그 사무직원에게 소개·알선 또는 유인하거나, 법률사건 또는 법률사무의 수임에 관하여 당사자 기타 관계인을 특정 변호사 또는 그 사무직원에게 소개·알선 또는 유인한 후 그 대가로 금품·향응 기타 이익을 받거나 이를 요구하여서는 아니 된다'라고 규정하고 있는바, 위 조항 후단의 위반행위가 성립하기 위하여는 금품 등을 받을 고의를 가지고 법률사건 등을 변호사 또는 그 사무직원에게 소개하는 등의 행위를 한 후 그 대가로 금품 등을 받거나 요구하면 되는 것이고, 위 조항 전단의 위반행위와 달리 반드시 사전에 소개료 등에 관한 약정이 있어야 하는 것은 아니다. 또한, 위 조항의 위반행위가 될 수 있으려면 법률사건 등을 실제 특정 변호사의 사무직원인 자에게 소개하는 경우여야 하지만, 이후 수수되는 금품 등이 그 소개의 대가로 인정되는 이상, 소개된 사무직원이 반드시 금품 등이 수수될 때까지 사무직원으로서의 지위를 유지하고 있어야 하는 것은 아니다(대법원 2009. 5. 14. 2008도4377).

3) 제34조 제 1 항(구 변호사법 제27조 제 1 항)은 변호사에게 사건을 알선해 주고 금품을 수

수하는 법조주변의 부조리를 척결하기 위한 것으로서 변호사에게 고용되어 있는 사무직원도 변호사에게 위와 같은 사건 알선행위를 하는 것이 금지됨이 법 문언상 명백하다(헌재 2005. 11. 24. 2004헌바83). 따라서 '누구든지'에는 변호사 사무직원도 포함된다.

(2) 제34조 제 2 항

1) 비변호사인 경찰관, 법원·검찰의 직원 등이 변호사인 피고인에게 소송사건의 대리를 알선하고 그 대가로 금품을 받은 행위는 변호사법 제90조 제 2 호 후단 소정의 알선에 해당하고, 따라서 변호사인 피고인이 그러한 사정을 알면서 위와 같이 비변호사들로부터 법률사건의 수임을 알선받은 행위는 변호사법 제90조 제 3 호, 제27조 제 2 항, 제90조 제 2 호 위반죄를 구성한다고 풀이함이 마땅하다(대법원 2000. 6. 15. 98도3697).

2) 피고인(변호사)은 2008. 9.경부터 2009.경까지 사이에 법무법인 ○○ 사무실에서 김○○의 소개에 따라 '교통사고 피해 관련 손해배상청구 사건'을 선임한 후 선임료로 550만원을 받게 되자 위 김○○에게 그 대가로 100만원을 교부한 것을 비롯하여, 그때부터 2012. 6.경까지 별지 범죄일람표(사건 알선) 순번 1 내지 3, 10 내지 14, 16 내지 18, 26, 27기재와 같이 13회에 걸쳐 김○○ 등의 소개에 따라 법률사건을 선임한 후 그 대가로 금품을 제공하거나 제공을 약속하였다(수원지방법원 2013. 11. 15. 2013고합445).

(3) 제34조 제 3 항

1) ① 변호사가 아니면서 금품·향응 또는 그 밖의 이익을 받거나 받을 것을 약속하고 또는 제 3 자에게 이를 공여하게 하거나 공여하게 할 것을 약속하고 소송 사건 등에 관하여 감정·대리·중재·화해·청탁·법률상담 또는 법률관계 문서 작성, 그 밖의 법률사무를 취급하거나 이러한 행위를 알선한 자(제109조 제 1 호), ② 공무원이 취급하는 사건 또는 사무에 관하여 청탁 또는 알선을 한다는 명목으로 금품·향응, 그 밖의 이익을 받거나 받을 것을 약속한 자 또는 제 3 자에게 이를 공여하게 하거나 공여하게 할 것을 약속한 자(제111조), ③ 타인의 권리를 양수하거나 양수를 가장하여 소송·조정 또는 화해, 그 밖의 방법으로 그 권리를 실행함을 업(業)으로 한 자(제112조 제 1 호)는 처벌을 받게 된다. 만약 변호사가 이들로부터 사건을 알선받아 수임하면 결국 그들과 불법한 업무제휴가 되는 셈이다. 변호사가 알선의 대가로 이익을 제공하거나 약속하였다면 제 2 항과 제 3 항에 중복적으로 적용된다.[15]

---

15 변호사 아닌 자가 금품을 수수하고 변호사에게 법률사건을 알선하는 행위에 대하여는 구 변호사법(2000. 1. 28. 법률 제6207호로 전문 개정되기 전의 것) 제90조 제 2 호와 제90조 제 3 호, 제27조 제 1 항이 중첩적으로 적용될 수 있는 것으로 볼 수밖에 없는바, 결국 동일한 법률에서 하나의 행위에 대하여 2개의 처벌규정이 병존하는 셈이고 이를 법조경합의 특별관계 또는 상상적 경합관계로 볼 것은 아니며, 이는 변호사에 대한 법률사건의 알선을 포괄적으로 금지하는 제27조 제 1 항을 신설하면서 그 적용 범위의 일부가

2) 변호사는 제109조 제 1 호, 제111조 또는 제112조 제 1 호에 규정된 자에게 명의대여를 하여서는 아니 된다. 명의대여는 무자격자의 법률사건에 대한 무분별한 개입을 초래할 수 있어 궁극적으로 사법서비스의 소비자인 국민들에게 피해를 주고, 변호사제도의 근간을 훼손하는 범행이다. 예컨대 명목은 변호사의 사무원으로 되어 있으나 법률사무소의 운영실태에 있어서는 국가배상사건만을 전담하되 자기계산하에 또는 변호사의 지휘감독을 받음이 없이 독자적으로 사건을 처리하고 변호사에게는 배상결정액의 10%를 명의대여료로 지급하였다면 이는 변호사법 제17조 제 4 항의 "명의"를 이용하게 한 것에 해당한다(대법원 1978. 5. 23. 78도609).

피고인들은 법무법인 ○○을 공동 설립한 사법연수원 동기생들로서 공모하여, 2007. 4. 경 위 법무법인 사무실에서 변호사가 아닌 성명불상자에게 의뢰인 ○○○으로부터 금품을 받고 피고인 ○○○ 명의로 파산·면책 사건을 전담하여 취급하도록 한 것을 비롯하여, 그 때부터 2009. 1. 2.경까지 별지 범죄일람표 기재와 같이 232회에 걸쳐 변호사가 아니면서 금품을 받고 비송사건에 관하여 법률사무를 취급하는 자에게 변호사인 피고인들의 명의를 이용하게 하였다(수원지방법원 2013. 11. 15. 2013고합445).

(4) 제34조 제 4 항

변호사 아닌 자가 변호사를 고용하여 법률사무소를 개설·운영해야 한다. 변호사를 고용한 자라도 법률사무소를 개설하지 않으면 처벌되지 않는다. 변호사 아닌 자에게 고용되어 법률사무소를 개설·운영한 변호사는 공범으로 처벌을 받지 않는다. 변호사 아닌 자가 변호사를 고용하여 법률사무소를 개설·운영하는 행위에 있어서는 변호사 아닌 자는 변호사를 고용하고 변호사는 변호사 아닌 자에게 고용된다는 서로 대향적인 행위의 존재가 반드시 필요하고, 나아가 변호사 아닌 자에게 고용된 변호사가 고용의 취지에 따라 법률사무소의 개설·운영에 어느 정도 관여할 것도 당연히 예상되는바, 이와 같이 변호사가 변호사 아닌 자에게 고용되어 법률사무소의 개설·운영에 관여하는 행위는 위 범죄가 성립하는 데 당연히 예상될 뿐만 아니라 범죄의 성립에 없어서는 아니 되는 것인데도 이를 처벌하는 규정이 없는 이상, 그 입법 취지에 비추어 볼 때 변호사 아닌 자에게 고용되어 법률사무소의 개설·운영에 관여한 변호사의 행위가 일반적인 형법 총칙상의 공모, 교사 또는 방조에 해당된다고 하더라도 변호사를 변호사 아닌 자의 공범으로서 처벌할 수는 없다(대법원 2004. 10. 28. 2004도3994).

기존의 제90조 제 2 호 후단과 중복됨에도 이를 배려하지 않은 부적절한 입법에서 비롯된 것이라고 보아야 할 것이다(대법원 2000. 9. 29. 2000도2253).

(5) 제34조 제5항

1) 변호사 아닌 자는 변호사와 변호사 업무를 동업하여 보수나 이익을 분배받을 수 없다. 변호사는 비변호사와 동업 결과 나온 보수나 이익을 분배할 수 있지만, 제5항은 비변호사의 보수나 이익분배 금지규정이므로 변호사는 공범으로 처벌되지 않고 징계책임을 진다. 변호사가 비변호사와 동업약정을 하고 변호사의 명의대여까지 허용했다면 경합범 관계에 있다. 국가 등을 상대로 하는 손해배상청구소송과 관련하여 사무장이 주민을 상대로 소송위임장을 받아오는 대가로 그에게 수임료의 일부를 지급하는 것을 약속하고 위 소송을 위임받은 것은 변호사법에 위반되는 행위이다(대법원 2007. 12. 13. 2007두21662).

2) 변호사법 제34조 제5항은 강력한 처벌규정을 동반하는 강행법규로 되어 있는 점, 위의 규정을 위반하여 변호사가 아닌 자가 변호사가 아니면 할 수 없는 업무에 대하여 보수를 받기로 약정한 경우 그 사법상 효력이 유효하다고 한다면, 강행규정인 변호사법 제109조 제1호 내지 제111조 의 입법취지를 잠탈하는 결과를 초래하게 되는 점, 변호사법 제34조 위반행위는 변호사 자격을 가진 자만이 법률사무를 취급할 수 있다는 사회질서에 반하고 변호사법의 입법목적을 중대하게 침해하는 결과를 초래하게 되는 점 등을 고려할 때, 변호사법 제34조 제5항에 위반된 약정은 그 사법상 효력 역시 무효라고 보아야 할 것이다(춘천지방법원 2007. 6. 22. 2006가합319).

제110조 벌 칙

제110조(벌칙)
변호사나 그 사무직원이 다음 각 호의 어느 하나에 해당하는 행위를 한 경우에는 5년 이하의 징역 또는 3천만원 이하의 벌금에 처한다. 이 경우 벌금과 징역은 병과할 수 있다.
1. 판사·검사, 그 밖에 재판·수사기관의 공무원에게 제공하거나 그 공무원과 교제한다는 명목으로 금품이나 그 밖의 이익을 받거나 받기로 한 행위
2. 제 1 호에 규정된 공무원에게 제공하거나 그 공무원과 교제한다는 명목의 비용을 변호사 선임료·성공사례금에 명시적으로 포함시키는 행위

I. 의 의

(1) 변호사나 그 사무직원은 재판·수사기관의 공무원에게 제공하거나 그 공무원과 교제한다는 명목으로 금품이나 그 밖의 이익을 받거나 받기로 한 행위는 금지된다. 본죄의 행위 주체는 변호사 또는 사무직원이다. 본죄는 변호사가 의뢰인으로부터 받은 금품이나 이익을 판사·검사, 그 밖에 재판·수사기관의 공무원에게 제공하거나 교제한 것을 처벌하는 것이 아니다.

(2) 재판·수사기관의 공무원에게 제공하거나 그 공무원과 교제한다는 명목의 비용을 변호사 선임료·성공사례금에 명시적으로 포함시키는 행위도 허용되지 않는다. 교제비용을 받아내기 위한 수단으로 그 비용을 수임료에 포함시키는 편법을 금지하고 있다.

(3) 「변호사윤리장전」도 같은 취지의 규정을 두고 있다. 변호사는 담당 공무원에 대한 접대 등의 명목으로 보수를 정해서는 아니 되며, 그와 연관된 명목의 금품을 요구하지 아니한다(변호사윤리장전 33③).

Ⅱ. 변호사·사무직원이 재판·수사기관 공무원에게 제공·교제 명목으로 금품 등을 수수한 행위

1. 변호사나 그 사무직원

(1) 변호사나 그 사무직원이 판사·검사, 그 밖에 재판·수사기관의 공무원에게 제공하거나 그 공무원과 교제한다는 명목으로 금품이나 그 밖의 이익을 받거나 받기로 한 행위를 한 경우에는 5년 이하의 징역 또는 3천만원 이하의 벌금에 처한다. 이 경우 벌금과 징역은 병과할 수 있다(변호사법 110(1)). 본조는 인신구속이나 재산상의 손해회복을 위하여 변호사의 조력을 받아야 하는 다급한 의뢰인의 사정을 이용하여 재판·수사기관의 공무원에게 제공하거나 교제를 한다고 속여서 금품등을 받아내는 기망행위를 처벌하고 있다. 수임약정상의 수임료의 수수와 별도로 금품을 받아내려는 행위는 사법작용에 대한 불신을 야기하고 변호사제도를 남용하는 대표적인 범죄행위라 할 수 있다.

(2) 여기서 '변호사'는 원칙적으로 자격등록을 하고 개업신고를 한 변호사를 말한다. 그러나 등록을 하지 않고 개업하지도 않은 상태에서도 본죄를 범할 수 있고, 그 행위를 처벌해야 할 필요성이 크므로 등록과 개업신고를 하지 않은 변호사도 그 주체가 될 수 있다. 의뢰인 입장에서는 그 변호사가 등록과 개업을 했는지 여부를 확인하기도 쉽지 않다. 만약 등록과 개업신고를 하지 않은 변호사가 그 직무를 수행하면서 제110조를 위반하게 되면 본죄는 물론 제112조 제 4 호와 경합범이 될 수 있다.

(3) 그리고 '사무직원'은 특정 변호사나 법무법인 등에 고용된 자를 말한다. 본죄의 주체인 변호사와 같은 법률사무소에 근무해야 하는 것은 아니다. 변호사·법무법인·법무법인(유한)·법무조합이 사무직원을 채용한 때에는 이를 지체 없이 소속 지방변호사회에 신고하여야 한다(대한변호사협회 회칙 41). 그러나 여기서의 사무직원은 반드시 소속 지방변호사회에 신고된 것을 요건으로 하지 않지만, 사무직원이 아닌 자는 본죄의 주체가 될 수 없다. 사무직원 신고 여부는 변호사단체의 회칙 준수 여부의 문제이다.

2. 판사·검사, 그 밖에 재판·수사기관의 공무원

(1) 변호사나 사무직원은 판사·검사, 그 밖에 재판·수사기관의 공무원에게 제공하거나 교제한다는 명목으로 이익을 받거나 받기로 약속해서는 아니 된다. 이른바 로비자금을 받을 수 없다는 것이다. 금품제공의 대상은 판사·검사, 그 밖에 재판·수사기관의 공무원이다. 재판기관의 공무원은 「법원조직법」과 「군사법원법」에 의한 공무원을 모두 포함한다. 수사기관의 공무원은 경찰·검찰·군검찰·특별사법경찰관리 등도 해당된다.

(2) 재판·수사기관 공무원은 의뢰인의 사건을 처리하는 지위 또는 그 사건이 계속 중인 기관이어야 하는지 문제된다. 일반적으로는 사건이 계류 중인 법원·수사기관의 공무원을 상대로 하는 것으로 보인다. 그러나 반드시 이에 국한되는 것은 아니다. 현재의 직무취급중인 공무원과 연고관계 있는 다른 법원·수사기관의 공무원을 통할 수도 있기 때문이다. 따라서 재판·수사기관 공무원이 의뢰인의 사건을 직무상 처리하는 지위에 있어야 하는 것은 아니다. 공무원이 소속한 재판·수사기관에 현재 의뢰인의 사건이 계류 중이어야 하는 것도 아니다.

(3) 재판·수사기관이 아닌 다른 행정기관의 공무원에 대하여 금품을 제공하겠다는 명목으로 이익을 받을 수도 있다. 이 경우에는 본조의 적용대상이 아니고 변호사법 제111조 제1항 '공무원이 취급하는 사건 또는 사무에 관하여 청탁 또는 알선을 한다는 명목으로 금품·향응, 그 밖의 이익을 받거나 받을 것을 약속한 자 또는 제3자에게 이를 공여하게 하거나 공여하게 할 것을 약속한 자'에 해당된다고 할 수 있다.

3. 재판·수사기관의 공무원에게 제공하거나 교제한다는 명목

(1) 변호사나 사무직원이 금품을 받거나 받기로 약속한 것은 재판·수사기관의 공무원에게 제공하거나 그 공무원과 교제한다는 명목이어야 한다. 실제로 공무원에게 이익을 제공하거나 교제할 의사가 있어야 하는 것은 아니다. 본조는 변호사가 공무원에 제공 또는 교제명목으로 금품을 받은 행위를 금지하고 있기 때문이다. 사적으로 사용할 목적으로 공무원에 대한 접대비를 요구하는 것도 상관없다. 그러므로 교부받은 금품을 실제로 공무원에게 제공하였거나 교제비용으로 사용했는지는 묻지 않는다.

(2) 여기서 '교제'란 의뢰받은 사건의 해결을 위하여 접대나 향응은 물론 사적인 연고관계나 친분관계를 이용하는 등 이른바 공공성을 지닌 법률전문직으로서의 정상적인 활동이라고 보기 어려운 방법으로 당해 공무원과 직접·간접으로 접촉하는 것을 뜻하는 것이라고 해석된다(대법원 2006. 11. 23. 2005도3255 변호사법위반). 실제로 변호사가 공무원에게 직무에 관하여 이익을 제공하였다면 형법상 증뢰죄에 해당될 수 있다. 변호사가 판사 14명에게 총 42회에 걸쳐 명절 떡값 및 휴가비 명목으로 870만원 금품을 공여한 사실로 처벌을 받고 정직 2월의 징계처분을 받은 사례도 있다(대한변협 1998. 6. 29. 결정, 징계 제98-3호).

4. 금품이나 그 밖의 이익을 받거나 받기로 한 행위

(1) 변호사는 수임사건에서 수임료와 인지대 등의 필요경비만 받아야 한다. 변호사는 정당한 사유 없이 추가보수를 요구하지 아니한다(변호사윤리장전 33①). 변호사가 수임약정시

에 원하는 만큼의 수임료 약정을 하지 못한 것을 기화로 공무원에게 제공한다는 이유로 추가로 금품을 받는 행위는 허용되지 않는다. 변호사가 재판·수사기관 공무원에게 금품을 제공하거나 교제하는 행위는 변호사의 직무에 해당되지 않는다. 변호사가 금품을 요구하면 의뢰인은 유리한 해결을 기대하고 돈을 줄 수밖에 없다. 교부되는 금액이 어느 정도여야 하는지 의문이나 사회상규상 허용되지 않는 액수로 보아야 한다.

(2) 재판·수사기관의 공무원이 공정하고 적법한 직무를 했더라도 의뢰인은 사법작용을 불신하게 된다. 공공성을 지닌 법률전문직으로서의 변호사 제도에 대한 신뢰가 훼손됨은 물론이다. 교제비 명목으로 받은 돈을 나중에 반환했더라도 본죄의 성립에는 영향이 없다. 금품을 후에 받기로 했지만 상대방의 번의로 실제 받지 못한 경우도 처벌된다. 그러나 금품제공을 요청하였지만 거절당한 경우에는 처벌규정이 없다. 변호사나 사무직원의 요청으로 금품을 제공하거나 약속한 자는 처벌되지 않는다.

(3) 변호사나 사무직원이 금품제공을 요구하는 상대방이 의뢰인에 한정되는지 문제된다. 제 2 호는 공무원과의 교제비용을 선임료에 포함시키는 행위를 금지한다. 이 점을 보면 의뢰인이 포함됨은 분명하다. 그런데 변호사가 수임약정을 하지 않은 채 재판을 받는 자에게 그 사건을 잘 해결되도록 하겠다며 공무원에게 제공할 돈을 받을 수 있다. 사무직원 역시 수임하지 않은 사건당사자에게 접근하여 잘 처리되게 해주겠다며 접대비를 받기로 약속할 수 있다. 이 경우에는 변호사법 제111조 제 1 항으로 규율해야 할 것이다. 따라서 제 1 호는 수임사건의 의뢰인이 그 상대방이라 할 수 있다.

Ⅲ. 재판·수사기관 공무원에게 제공·교제 명목의 비용을 선임료·성공사례금에 포함시키는 행위

(1) 변호사나 그 사무직원이 제 1 호에 규정된 공무원에게 제공하거나 그 공무원과 교제한다는 명목의 비용을 변호사 선임료·성공사례금에 명시적으로 포함시키는 행위를 한 경우에는 5년 이하의 징역 또는 3천만원 이하의 벌금에 처한다. 이 경우 벌금과 징역은 병과할 수 있다(변호사법 110(2)). 변호사의 선임료와 성공보수는 해당 수임사건의 처리에 관한 보수를 말하지만, 본조에서는 수임료와 별도로 제 1 호에 규정된 공무원에게 제공하거나 그 공무원과 교제한다는 명목의 비용을 변호사 수임료 속에 명시적으로 포함시키는 것을 말한다. 변호사나 사무직원은 판사·검사, 그 밖에 재판·수사기관의 공무원에게 제공 또는 교제비 명목의 비용을 선임료·성공사례금에 포함시켜서는 아니 된다. 선임료와 성공보수는 오로지 위임사무의 처리에 대한 보수여야 한다. 수임료에 교제비를 포함시킬 수 있다면 의뢰

인은 적정한 보수 외의 추가비용을 부담하는 셈이다. 변호사가 금품제공의 의사도 없으면서도 접대비용을 수임료에 포함시켜 부당이익을 할 수도 있다. 또한 보수와 교제비의 구별이 어려워 제 1 호 위반으로 처벌하기도 쉽지 않다. 적정한 보수 문제로 분쟁이 발생한 경우 수임료의 한계를 파악하기도 어려운 점이 있다. 그러므로 의뢰인이 변호사나 사무직원에게 금전이 교부된 경위를 잘 살펴볼 필요가 있다.

(2) 변호사는 명시적으로 교제비를 선임료나 성공보수로 포함시킬 수 없다. 여기서 '명시적으로'란 수임약정서에 그 사실을 기재하거나 구두약정하는 것을 말한다. 이런 약정이 없더라도 사건진행 상황을 보아가며 필요에 따라 접대비를 지급한다는 묵시적인 약정도 금지된다고 보아야 한다. 설령 의뢰인이 명시적 약정을 하였더라도 그 돈을 변호사에게 지급할 의무는 없다. 변호사 역시 수임료 약정에 기하여 그 지급을 청구할 수 없다. 판례가 형사사건의 성공사례금 약정은 반사회질서 위반행위로 무효라고 함에 따라 교제비 명목의 비용을 사례금 약정에 포함시키는 것 역시 무효에 해당될 수 있다. 변호사가 수사검사를 직접 만나 선처를 부탁하면서 수임료 중 절반을 검사에게 제공하기로 약속한 후 의뢰인에게 그 금품을 요구한 혐의로 과태료 1,000만원의 징계처분을 받은 사례가 있다(법무부징계위원회 2005. 5. 16. 결정).

Ⅳ. 재판·수사기관 공무원에게 제공·교제 명목으로 수수된 금품등의 반환 문제

1. 불법원인급여로 반환청구 부정

변호사나 그 사무직원이 ① 판사·검사, 그 밖에 재판·수사기관의 공무원에게 제공하거나 그 공무원과 교제한다는 명목으로 금품이나 그 밖의 이익을 받거나 받기로 한 행위, ② 제 1 호에 규정된 공무원에게 제공하거나 그 공무원과 교제한다는 명목의 비용을 변호사 선임료·성공사례금에 명시적으로 포함시킨 후 실제로 그 금품등이 변호사나 그 사무직원에게 제공될 수 있다. 이런 행위에 대한 형사처벌과 별도로 위와 같은 사유로 금품등을 제공한 의뢰인이 그 반환을 청구할 수 있는지 문제된다. 변호사와 그 사무직원과 의뢰인이 공무원에게 금품등을 제공하여 사건을 유리하게 처리할 목적이었다면, 이는 사회질서에 반하는 불법원인급여에 해당되어 반환청구는 부정된다. 그리고 장차 지급하기로 약속한 금품의 지급청구는 허용되지 않는다.

2. 불법원인이 수익자에게만 있는 때에는 반환청구 가능

불법의 원인으로 인하여 재산을 급여하거나 노무를 제공한 때에는 그 이익의 반환을 청구하지 못한다. 그러나 그 불법원인이 수익자에게만 있는 때에는 그러하지 아니하다(민법 746). 민법 제746조가 규정하는 불법원인이라 함은 그 원인될 행위가 선량한 풍속 기타 사회질서에 위반하는 경우를 말하는 것으로서 설사 법률의 금지에 위반하는 경우라 할지라도 그것이 선량한 풍속 기타 사회질서에 위반하지 않는 경우에는 이에 해당하지 않는 것이다.[1] 그러나 변호사나 그 사무직원이 재판이나 수사의 사정을 모르는 의뢰인을 속여서 ① 판사·검사, 그 밖에 재판·수사기관의 공무원에게 제공하거나 그 공무원과 교제한다는 명목으로 금품이나 그 밖의 이익을 받거나 받기로 한 행위, ② 제 1 호에 규정된 공무원에게 제공하거나 그 공무원과 교제한다는 명목의 비용을 변호사 선임료·성공사례금에 포함시켜 실제로 수령한 경우에는 반환청구를 할 수 있다. 그 불법원인이 수익자인 변호사와 그 사무직원에게만 있는 때에 해당되기 때문이다.

1 대법원 1983. 11. 22. 83다430 [손해배상].

제111조 벌　　칙

제111조(벌칙)

① 공무원이 취급하는 사건 또는 사무에 관하여 청탁 또는 알선을 한다는 명목으로 금품·향응, 그 밖의 이익을 받거나 받을 것을 약속한 자 또는 제3자에게 이를 공여하게 하거나 공여하게 할 것을 약속한 자는 5년 이하의 징역 또는 1천만원 이하의 벌금에 처한다. 이 경우 벌금과 징역은 병과할 수 있다.

② 다른 법률에 따라 「형법」 제129조부터 제132조까지의 규정에 따른 벌칙을 적용할 때에 공무원으로 보는 자는 제1항의 공무원으로 본다.

Ⅰ. 의　　의

(1) 공무원이 취급하는 사건 또는 사무는 금전적 이득을 취하려는 청탁 또는 알선의 대상이 될 수는 없다. 누구든지 공무원이 취급하는 사건 또는 사무의 처리에 관하여 유리한 조치를 구할 때는 본인이 직접 하거나 대리인에게 위임해야 한다. 변호사가 사건을 수임했더라도 그 해결을 위한 접대나 뇌물의 제공은 적법한 직무수행이 아니다. 변호사가 아닌 자 역시 공무원의 직무에 대하여 청탁 또는 알선한다는 명목으로 금품을 받아서는 아니 된다. 따라서 본조의 주체는 변호사는 물론 모든 자가 해당된다.[1]

(2) 청탁 또는 알선의 대상이 되는 직무는 재판·수사기관 공무원의 직무에 한정되지

1 변호사 지위의 공공성과 직무범위의 포괄성에 비추어 볼 때, 특정범죄 가중처벌 등에 관한 법률 제3조 및 구 변호사법(2000. 1. 28. 법률 제6207호로 전문 개정되기 전의 것) 제90조 제1호의 규정은 변호사가 그 위임의 취지에 따라 수행하는 적법한 청탁이나 알선행위까지 처벌대상으로 한 규정이라고는 볼 수 없고, 정식으로 법률사건을 의뢰받은 변호사의 경우, 사건의 해결을 위한 접대나 향응, 뇌물의 제공 등 이른바 공공성을 지닌 법률전문직으로서의 정상적인 활동이라고 보기 어려운 방법을 내세워 의뢰인의 청탁 취지를 공무원에게 전하거나 의뢰인을 대신하여 스스로 공무원에게 청탁을 하는 행위 등을 한다는 명목으로 금품 등을 받거나 받을 것을 약속하는 등, 금품 등의 수수의 명목이 변호사의 지위 및 직무범위와 무관하다고 평가할 수 있는 경우에 한하여 특정범죄 가중처벌 등에 관한 법률 제3조 및 구 변호사법 제90조 제1호 위반죄가 성립한다(대법원 2007. 6. 28. 2002도3600).

않는다. 모든 공무원의 직무가 이에 해당된다. 공무원의 직무가 부정한 청탁 또는 알선의 대상이 되면, 공무원은 뇌물의 유혹으로 국가 기능의 부패를 야기할 수 있다. 본죄는 변호사 자격 없는 자의 청탁, 알선을 금지하여 공무수행의 공정성을 확보하고 그 결과 변호사제도 역시 보호받는 간접적 효과가 있다.

Ⅱ. 공무원이 취급하는 사건·사무에 관하여 청탁·알선 명목의 금품등을 받거나 약속

1. 공무원이 취급하는 사건 또는 사무

(1) 공무원이 취급하는 사건 또는 사무에 관하여 청탁 또는 알선을 한다는 명목으로 금품·향응, 그 밖의 이익을 받거나 받을 것을 약속한 자 또는 제 3 자에게 이를 공여하게 하거나 공여하게 할 것을 약속한 자는 5년 이하의 징역 또는 1천만원 이하의 벌금에 처한다. 이 경우 벌금과 징역은 병과할 수 있다(제 1 항). 여기서 '공무원'은 국가공무원법·법원조직법·검찰청법·형사소송법 등과 같은 법률에 의하여 공무원의 신분을 가진 자를 말한다. 재판·수사기관의 공무원뿐만 아니라 모든 부서의 공무원을 포함한다. 법령에 의하여 행정권한의 위임 또는 위탁을 받은 공공단체 및 그 기관이나 사인은 여기의 공무원에 해당되지 않는다. 공무원으로 의제되는 경우는 제 2 항에 규정되어 있다.

(2) 공무원이 취급하는 '사건 또는 사무'는 소송사건 또는 법률사무만으로 좁게 볼 수는 없고 널리 공무원의 직무라고 할 수 있다. 여기서 '사건'은 재판·수사기관의 공무원이 주로 취급하는 직무를, '사무'란 각종 법령에서 공무원의 권한으로 규정해 둔 직무로 구분해 볼 수도 있다. 그러나 탈세사건을 선처해 주도록 세무서장에게 부탁해 달라는 명목으로 금품이 수수될 수 있는데, 여기서 사건과 사무의 개념을 엄격히 구별하기도 어렵고 그 실익도 없다. 판례는 공무원이 취급하는 사건 또는 사무라 함은 자기 자신을 제외한 모든 자의 사건 또는 사무를 가리키는 것으로 해석하는 것이 상당하다(대법원 1995. 9. 15. 94도940)고 한다.[2] 자신의 사건이나 사무에 대하여 본인이 직접 공무원에게 선처를 구하는 행위는 허용된다.[3]

2 피고인이 관계 공무원에게 청탁한다는 명목으로 비영리사단법인의 대표이사로부터 금원을 받고 로비활동을 하여 오던 중, 그 활동상의 편의를 위하여 그 법인의 통상업무에는 전혀 관여함이 없이 형식적으로 그 법인의 이사로 등기를 경료하고 그 법인의 이사 겸 부회장의 직함을 사용하면서 그 후에도 관계 공무원에 대한 청탁 명목으로 금원을 교부받았다면, 피고인이 비록 그 법인의 이사직에 있었다고 하더라도 그 법인이 추진하던 일에 관한 청탁을 가리켜 피고인 자신의 사무라고는 볼 수 없다(대법원 1995.9.15. 94도940).

3 피고인이 도로의 부지로 편입된 토지의 소유자들 중의 한 사람으로서 다른 토지의 소유자들과 함께 정당한 보상금을 빨리 지급받겠다는 공동의 목적을 실현하기 위하여 그들 중에서 선발한 추진위원의 대표자로 뽑혀 보상금지급추진활동을 전개하면서 그 활동에 필요한 경비를 우선 지급한 다음, 보상금을 지급받는 토지의 소유자들로부터 피고인이 지급한 보상금지급추진활동의 경비명목으로 돈을 받았다면, 피고인의 이와

공무에 관하여 금품을 제공하지 않는다면 사인은 공무원에게 유리한 처분을 구할 행정행위 발급청구권을 갖는다.

(3) 공무원이 취급하는 사건이나 사무는 어느 정도 특정되어야 한다(구체성). 아울러 현재 존재하거나 존재할 가능성이 커야 한다(현재성). 현재 경찰서에서 수사 중이거나 장차 수사가 개시될 사기사건, 구청에서 처분하기로 사전통지된 영업정지 사건과 같이 청탁 또는 알선의 대상이 되는 사건 또는 사무가 존재해야 한다. 청탁 또는 알선할 사건이나 사무가 전혀 존재하지 않은 가정적인 상태에서 금품을 수수하는 것은 상정하기 어렵기 때문이다. 그러나 나중에 발각되어 위법행위가 드러나 조사를 받게 되면 그 때 청탁 또는 알선한다고 할 수는 있다.

2. 청탁 또는 알선을 한다는 명목

(1) 공무원이 취급하는 사건 또는 사무에 대하여 청탁 또는 알선한다는 명목이 있어야 한다. '청탁'이란 직무수행을 직접 의뢰(요청)하는 행위이다. '알선'이란 사건 또는 사무를 취급하는 공무원과 금품제공자를 중개하는 것을 말한다. 그리고 청탁 또는 알선을 한다는 '명목으로'는 청탁·알선의 대가로 또는 빌미로 금품을 받아내려는 일체의 행위를 말한다. 판례는 '청탁 또는 알선을 하는 것의 명목으로'의 의미로서 결국 '청탁 또는 알선을 내세우거나 이에 관하여'의 취지와 다르지 않다(대법원 2006. 4. 14. 2005도7050 변호사법위반)고 한다.[4]

(2) 공무원에게 청탁·알선한다는 명목으로 돈을 받은 경우 그 대상 공무원을 특정하지 않아도 무방하다. 청탁 대상 공무원이 실제로 처리권한을 가진 자인지도 묻지 않는다. 청탁은 법령에 적합한 직무의 처리도 포함된다. 관계 공무원에게 청탁한다는 명목으로 금원을 수수한 경우, 비록 청탁할 공무원을 특정하지 않았다고 하더라도 관계 사무를 담당하는 공무원에 대한 청탁 명목으로 금품을 수수하였다고 보아야 한다(대법원 1995. 9. 15. 94도940).

(3) 금품 수수의 명목이 된 청탁·알선의 상대방은 구체적으로 특정될 필요는 없다 하더라도 최종적으로는 공무원일 것을 요하고 또 청탁·알선의 대상이 그의 직무에 속한 사항이거나 그가 취급하는 사건 또는 사무에 해당하여야 하지만, 중간인물은 반드시 공무원일 필요는 없고 공무원이라 하더라도 청탁·알선의 대상이 반드시 그의 직무에 속하여야 하는 것은 아니다(대법원 1995. 9. 15. 94도940).

같은 행위가 변호사법 제78조 제1호 소정의 "공무원이 취급하는 사무에 관하여 청탁을 한다는 명목으로 금품을 받은 행위"에 해당한다고 볼 수 없다(대법원 1991. 4. 23. 91도416 변호사법위반, 횡령, 사기미수).

4 청탁 또는 알선의 부탁을 하고, 이를 수락하는 행위와 그 이익을 받거나 받을 것을 약속하는 행위 사이의 관련성 내지 대가성이 인정되는 한 청탁 또는 알선의 부탁을 하고, 이를 수락하는 행위가 먼저 있은 뒤 나중에 그와 관련하여 또는 그 대가로 이익을 받을 것을 약속하거나 이익을 받는 행위가 있었다고 하여 이에 해당되지 않는다고 볼 수 없다(대법원 2006. 4. 14. 2005도7050 변호사법위반).

(4) 공무원이 취급하는 사건 또는 사무에 관하여 공무원과 의뢰인 사이를 중개한다는 명목으로 금품을 수수한 경우를 말하는 것으로, 단순히 공무원이 취급하는 사건 또는 사무와 관련하여 노무나 편의를 제공하고, 그 대가로서 금품 등을 수수하였을 뿐인 경우는 이에 포함되지 아니한다 할 것이나(대법원 1997. 12. 23. 97도547 등 참조), 공무원이 취급하는 사건 또는 사무에 관하여 청탁한다는 명목으로서의 성질과 단순히 공무원이 취급하는 사건 또는 사무와 관련하여 노무나 편의를 제공하고 그 대가로서의 성질이 불가분적으로 결합되어 금품이 수수된 경우에는 그 전부가 불가분적으로 공무원이 취급하는 사건 또는 사무에 관하여 청탁한다는 명목으로서의 성질을 가진다고 할 것이다(대법원 2005. 4. 29. 2005도514 등 참조).

3. 금품등을 받거나 받을 것을 약속한 자 또는 제 3 자에게 공여하게 하거나 약속한 자

(1) 금품등을 받거나 받을 것을 약속한 자는 제한이 없다. 변호사나 그 사무직원도 포함될 수 있지만, 누구든지 행위의 주체가 될 수 있다. 여기서 '이익'의 의미는 뇌물죄에서의 뇌물의 내용인 이익과 마찬가지로 금전, 물품 기타의 재산적 이익뿐만 아니라, 사람의 수요·욕망을 충족시키기에 족한 일체의 유형·무형의 이익을 포함한다고 해석되고, 투기적 사업에 참여하거나 어떤 수익을 얻을 수 있는 사업에 투자할 기회를 얻는 것도 이에 해당한다(대법원 2006. 4. 14. 2005도7050 변호사법위반).

(2) 금품은 청탁·알선에 대한 대가관계로 수수되어야 한다. 실제로 청탁할 의사도 없이 금품을 받아도 된다.[5] 그런데 공무원이 취급하는 사건에 관하여 청탁 또는 알선을 할 의사와 능력이 없음에도 청탁 또는 알선을 한다고 기망하고 금품을 교부받은 경우, 사기죄와 변호사법 위반죄가 상상적 경합의 관계에 있다(대법원 2006. 1. 27. 2005도8704).[6] 청탁 또는 알선

5 금품을 교부받은 자가 실제로 청탁할 생각이 없었다 하더라도 그와 같은 청탁의 명목으로 금품을 교부받은 것이 자기의 이득을 취하기 위한 것이라면 그 죄의 성립에는 영향이 없는 것이다(대법원 2007. 6. 29. 2007도2181 변호사법위반).

6 [변경된 범죄사실] 사실은 위 구 장군관사 부지 사이에 섞여 있는 원주시 소유의 부지 2필지를 대토하는 일에 관하여 원주시청 공무원과 협의할 의사나 능력이 없음에도 불구하고,

가. 2004. 10. 초순경 피해자 공소외 1에게 전화하여 위와 같이 대토하는 일을 처리하는 문제로 원주시청 공무원에게 로비자금이 필요하다는 대화를 나누던 중 위 자금을 가지고 일을 잘 처리하겠다고 거짓말하여, 같은 달 11. 이에 속은 피해자로부터 위와 같은 로비자금 명목으로 자신 명의의 위 국민은행 통장으로 금 30,000,000원을 입금받아 이를 편취함과 동시에 공무원이 취급하는 사건에 관하여 청탁을 한다는 명목으로 금품을 받고,

나. 같은 달 11. 위 제2의 가.항과 같이 금원을 교부받은 후 다시 위 피해자와 통화를 하면서 위 로비자금으로 금 40,000,000원이 소요되어 자신이 금 10,000,000원을 대신 납부하였다고 거짓말하여 같은 해 11.2. 이에 속은 피해자가 그 후배인 공소외 2에게 부탁하여 공소외 2로부터 위와 같은 로비자금 명목으로 자신 명의의 위 국민은행 통장으로 금 10,000,000원을 입금받아 이를 편취함과 동시에 공무원이 취급하는 사건에 관하여 청탁을 한다는 명목으로 금품을 받은 것이다(고등군사법원 2005. 10. 25. 2005노126 변호사법위반·사기(예비적죄명: 사기, 제 3 자뇌물취득)).

을 할 능력이 없다는 점의 판단은 공무원이 취급하는 사건·사무의 내용을 인식할 지적능력과 공무원에게 접근하여 청탁·알선할 수 있는 사회적으로 영향력 있는 신분 등을 고려해야 한다.

(3) 공무원이 취급하는 사무에 관한 청탁을 받고, 청탁상대방인 공무원에 제공할 금품을 받아 그 공무원에게 단순히 전달한 경우에는 증뢰물전달죄가 성립한다. 반면, 자기 자신의 이득을 취하기 위하여 공무원이 취급하는 사건 또는 사무에 관하여 청탁한다는 등의 명목으로 금품 등을 교부받으면 본죄가 성립되고 알선수뢰죄나 증뢰물전달죄는 성립할 여지가 없다(대법원 1982. 3. 9. 81도2765). 따라서 받은 금품의 사용용도는 불문하므로 교제비로 받은 후 사적으로 사용해도 된다.

Ⅲ. 공무원 의제 규정

1. 다른 법률에 따라 「형법」 제129조부터 제132조까지의 공무원으로 보는 자

(1) 다른 법률에 따라 「형법」 제129조부터 제132조까지의 규정에 따른 벌칙을 적용할 때에 공무원으로 보는 자는 제 1 항의 공무원으로 본다(제 2 항). 제 1 항의 공무원은 다른 법률에 따라 공무원 의제규정에 의하여 공무원 신분을 갖는 자도 포함한다. 여기서 '다른 법률'은 공무원 의제규정을 두고 있는 법률로서 「민사조정법」 제40조의2(상임 조정위원의 공무원 의제),[7] 「행정심판법」 제11조(벌칙 적용 시의 공무원 의제),[8] 「국가공무원법」 제10조(소청심사위원회 위원의 자격과 임명),[9] 「노동위원회법」 제29조(벌칙 적용에서 공무원 의제),[10] 「사법시험법」 제20조(벌칙적용에 있어서의 공무원의제),[11] 「변호사시험법」 제21조(벌칙 적용시의 공무원의제)[12] 등을 들 수 있다.

(2) 신분상 공무원이 아닐지라도 법령에 의하여 공무를 수행할 때는 「형법」 제129조부터 제132조까지의 규정에 따른 벌칙이 적용된다. 공무를 수행하는 모든 사인이 형법상 뇌

---

7 상임 조정위원은 「형법」 제129조부터 제132조까지의 규정에 따른 벌칙을 적용할 때에는 공무원으로 본다.

8 위원 중 공무원이 아닌 위원은 「형법」과 그 밖의 법률에 따른 벌칙을 적용할 때에는 공무원으로 본다.

9 ⑤ 소청심사위원회의 공무원이 아닌 위원은 「형법」이나 그 밖의 법률에 따른 벌칙을 적용할 때 공무원으로 본다.

10 노동위원회의 위원 중 공무원이 아닌 위원은 「형법」이나 그 밖의 법률에 따른 벌칙을 적용할 때에는 공무원으로 본다.

11 **제20조**(벌칙적용에 있어서의 공무원 의제) 위원회의 위원 또는 시험위원중 공무원이 아닌 위원은 형법 제127조 및 제129조 내지 제132조의 적용에 있어서는 이를 공무원으로 본다.

12 **제21조**(벌칙 적용 시의 공무원 의제) 위원회의 위원 또는 시험위원 중 공무원이 아닌 위원, 제 8 조 제 4 항에 따라 법조윤리시험 실시기관으로 지정된 외부기관의 임직원 중 공무원이 아닌 사람은 그 업무에 관하여 「형법」 제127조 및 제129조부터 제132조까지의 규정을 적용할 때에는 공무원으로 본다.

물죄의 벌칙적용 대상이 되는 것이 아니다. 법률에 '「형법」 제129조부터 제132조까지의 규정에 따른 벌칙을 적용할 때에는 공무원으로 본다' 또는 '「형법」이나 그 밖의 법률에 따른 벌칙을 적용할 때 공무원으로 본다'는 특별규정을 두고 있어야 한다.

2. 공무원 의제

공무원 의제 규정에 의하여 공무원 신분을 갖는 자도 본조의 공무원으로 간주된다. 따라서 이들이 담당하는 사건 또는 사무에 관하여 청탁 또는 알선을 한다는 명목으로 금품 등을 받으면 본조 위반이 된다. 공무는 누가 수행하든지 금품과 결부되어 청탁 또는 알선의 대상이 되어서는 아니 되기 때문이다.

제112조 벌 칙

제112조(벌칙)
다음 각 호의 어느 하나에 해당하는 자는 3년 이하의 징역 또는 2천만원 이하의 벌금에 처한다. 이 경우 벌금과 징역은 병과할 수 있다.

1. 타인의 권리를 양수하거나 양수를 가장하여 소송·조정 또는 화해, 그 밖의 방법으로 그 권리를 실행함을 업(業)으로 한 자
2. 변호사의 자격이 없이 대한변호사협회에 그 자격에 관하여 거짓으로 신청하여 등록을 한 자
3. 변호사가 아니면서 변호사나 법률사무소를 표시 또는 기재하거나 이익을 얻을 목적으로 법률 상담이나 그 밖의 법률사무를 취급하는 뜻을 표시 또는 기재한 자
4. 대한변호사협회에 등록을 하지 아니하거나 제90조 제3호에 따른 정직 결정 또는 제102조 제2항에 따른 업무정지명령을 위반하여 변호사의 직무를 수행한 변호사
5. 제32조(제57조, 제58조의16 또는 제58조의30에 따라 준용되는 경우를 포함한다)를 위반하여 계쟁 권리를 양수한 자
6. 제44조 제2항(제58조의16이나 제58조의30에 따라 준용되는 경우를 포함한다)을 위반하여 유사 명칭을 사용한 자
7. 제77조의2 또는 제89조의8을 위반하여 비밀을 누설한 자

Ⅰ. 의 의

본조는 변호사가 아닌 자가 법률사무에 관여함으로써 발생하는 국민의 법률생활상의 이익 및 사법 기능에 대한 폐해를 방지하고 변호사제도를 유지하기 위하여 제1호, 제2호, 제3호를 두고 있다. 변호사의 자격이 있지만 그 직무를 수행할 수 없는 사정이 있는 변호사에 대한 규율(제4호)과 개업 중인 변호사의 직무규범 중 계쟁권리를 양수하거나(제5호), 법무법인 등의 유사명칭의 사용(제6호)을 금지하고 있다. 변호사관련 단체에 대한 규율로서

지방변호사회의 임직원의 비밀준수 의무 및 법조윤리협의회 위원 등의 비밀누설금지(제 7 호)에 관한 내용을 포함하고 있다.

Ⅱ. 타인의 권리를 양수하거나 양수를 가장하여 소송·조정 또는 화해, 그 밖의 방법으로 그 권리를 실행함을 업(業)으로 한 자(제 1 호)

1. 입법취지

(1) 제 1 호는 변호사법 제109조 제 1 호를 잠탈하는 탈법행위를 규제하고, 국민들의 법률생활상의 이익에 대한 폐해를 방지하며, 민사 사법제도의 공정하고 원활한 운영을 확보하고자 마련된 규정으로, 법률에 밝은 자가 업으로서 타인의 권리를 유상 또는 무상으로 양수하여 이를 실행하기 위하여 법원을 이용하여 소송, 조정 또는 화해 기타의 수단을 취하는 것을 금지함으로써 남소의 폐단을 방지하는 데에 그 취지가 있다.

(2) 또한 이 사건 처벌규정은 법률사무의 처리에 필요한 전문지식과 객관적 신뢰성을 갖춘 것으로 공인받지도 않은 사람이 다른 사람으로부터 권리를 양수한 다음 그 권리를 행사하는 형식을 빌려 실질적으로는 다른 사람의 법률사무를 취급하는 행위를 반복·계속적으로 하는 것을 금지함으로써 중대한 공익들을 달성하려는 것에 그 존재 의의가 있으므로, 비록 어떠한 행위가 형식적으로는 이 사건 처벌규정의 구성요건에 해당한다고 하더라도 실질적으로는 새로운 사회·경제적인 필요에 따른 정당한 업무 범위 내의 행위로서 그 입법목적을 해할 우려가 없다고 인정되는 경우에는 적용되지 않는다(대법원 2011. 11. 24. 2009도11468).

2. 타인의 권리를 양수하거나 양수를 가장

(1) 채권은 원칙적으로 양도할 수 있다(민법 449①). 금전 채권 등의 권리를 자유롭게 양도할 수 있음을 이용하여 그 권리를 변호사 아닌 자에게 양도한 다음 그 자가 마치 양도받은 자신의 권리를 소송 등의 방법으로 실행하는 형식을 취할 수 있다. 또한 양수를 가장할 수도 있다. 양도가 제한되는 권리 외에는 양수한 권리의 종류는 묻지 않는다. 타인의 권리에 채권만 포함되는 것은 아니다.[1] 그리고 물품할부판매계약은 타인의 권리를 양수하더라

---

1 변호사 아닌 피고인들이 공모하여 타인으로부터 도로 부지 등을 양수한 후 차임 상당의 부당이득반환을 청구하는 소송·조정 등을 계속적·반복적으로 제기하는 방법으로 권리를 실행하였다고 하여 변호사법 위반으로 기소된 사안에서, 피고인들의 행위가 변호사법 제112조 제 1 호의 구성요건에 해당하고 위 규정의 '타인의 권리'에 채권만이 포함된다고 제한 해석할 이유가 없다는 등의 이유로 유죄를 인정한 원심판단을 수긍한 사례(대법원 2011. 11. 24. 2009도11468 부동산소유권이전등기 등에 관한 특별조치법위반·변호사법위반).

도 소송하는 것을 주된 목적으로 하지 않으므로 본호 위반이 아니다.[2]

⑵ 행위의 주체는 제한이 없다. 변호사대리의 원칙을 잠탈할 수 있는 자는 모두 해당된다. 변호사라도 수임약정을 하여 정상적인 직무수행을 하지 않고 오로지 권리를 양수하거나 양수를 가장하여 그 권리실행을 업으로 할 수도 있다. 법률사무의 처리에 필요한 전문지식을 갖춘 자라 할지라도 그 주체가 될 수 있다.

3. 소송·조정 또는 화해, 그 밖의 방법으로 그 권리를 실행

타인의 권리를 양수한 자는 소송·조정 또는 화해, 그 밖의 방법으로 그 권리를 실행하는 것을 업(業)으로 해야 한다. '권리의 실행'은 실제로 타인의 권리를 양수하거나 양수를 가장하여 그 권리자로서 자기의 권리를 실행한 경우를 말한다. 권리실행은 소송·조정 또는 화해, 그 밖의 방법이 있다. 법률상 제도를 이용하지 않고 사적인 교섭을 통하는 것도 가능하다. 소송 등의 방법으로 권리실행에 나서면 충분하고 현실적으로 권리가 실현되어야 하는 것은 아니다. 채권자로부터 그 수령권한만을 위임받아 채무자들에게 채무의 변제를 요구한 행위는 권리실행에 해당하지 않는다(대법원 1988. 12. 6. 88도56).

4. 업(業)으로 한 자

⑴ '업(業)으로 한'(engaged in the business)다는 것은 마치 직업처럼 상당시간 계속적·반복적으로 행해져야 하는 것을 말한다. 권리실행의 결과 취득된 이익을 가장 권리양도인과 분배하기로 했어도 상관없다. 금품을 받고 타인의 권리실행에 관여한 단일한 행위는 변호사법 제109조 위반이 될 수 있다. 업으로 하는 것은 개업 중인 변호사가 그 직무를 계속하는 것과 유사하다. 타인의 권리를 양수한 다음 그 권리의 실현을 위한 수단을 취하지 않으면 처벌되지 않는다.

⑵ 소송 등의 방법에 의하여 금전 채권 등 채무자에 대한 권리를 실행하는 것은, 그 권리의 성립 여부, 이를 입증할 증거자료의 수집 및 평가, 실현가능성의 유무 및 방법에 관한 정확한 법률적 분석이 요구될 뿐만 아니라 그 성질상 채무자의 자유에 대한 압박이 되고 경우에 따라서는 채무자와 관계없는 그 가족의 사생활과 평온한 생활을 해칠 우려가 있으므로 충분한 법률지식과 윤리적 소양을 갖춘 변호사에 의하여 수행되어야 할 전형적인 법률사무이다(헌재 2004. 1. 29. 2002헌바36). 따라서 채권양도의 형식을 빌려 소송행위를 업으로

---

2 회사가 타인의 기존의 권리를 양수한 것이 아니고 물품할부판매계약의 성립단계에서부터 금융을 제공하는 당사자로서 개입하여 사실상 채권발생과 동시에 채권양도가 이루어지고, 타인의 권리를 양수한다고 하더라도 당초부터 소송을 하는 것을 주된 목적으로 하지 아니할 뿐 아니라, 소송 등의 수단에 의한 것이 다수의 양수권리 중 적은 일부에 지나지 아니하여, 계속적 반복적으로 소송을 할 것을 예정하고 있었다고 보기 어려운 경우 등은 이에 해당하지 아니한다(대법원 1994. 4. 12. 93도1735).

하는 행위를 처벌하는 것은 과도하게 사적자치의 영역을 침범하는 것은 아니다.

Ⅲ. 변호사의 자격이 없이 대한변호사협회에 그 자격에 관하여 거짓으로 신청하여 등록을 한 자(제 2 호)

변호사 자격이 있는 자가 개업을 하려면 등록해야 한다. 등록은 변호사 직무수행의 전제조건이다. 변호사의 자격이 없는 자가 대한변호사협회에 그 자격에 관하여 거짓으로 신청할 수 있다. 변호사의 자격은 처음부터 없을 수 있고, 자격 취득 후 형의 확정으로 변호사 결격사유의 발생으로 그 자격이 상실될 수도 있다. 변호사시험에 합격하여 그 자격을 취득하였으나 후에 그 합격이 취소되거나, 변호사의 결격사유에 해당된 자가 개명허가를 받거나 생년월일을 수정하여 등록을 할 수 있다. 폐업한 변호사의 명의를 빌려 재등록신청을 하여 등록된 경우도 이에 해당된다. 변호사 아닌 자가 거짓으로 신청하여 등록이 되어야 한다. 등록처분을 한 대한변호사협회의 고의·과실 유무는 묻지 않는다. 등록신청을 하였지만 발각되어 등록이 거부된 경우에는 처벌되지 않는다. 변호사의 자격이 없이 등록한 후 변호사의 직무를 수행하면 본조에 해당될 뿐만 아니라 변호사법 제109조 제 1 호 위반이 될 수 있다.

Ⅳ. 변호사가 아니면서 변호사나 법률사무소를 표시 또는 기재하거나 이익을 얻을 목적으로 법률 상담이나 그 밖의 법률사무를 취급하는 뜻을 표시 또는 기재한 자(제 3 호)

1. 변호사가 아닌 자

변호사가 아닌 자는 변호사라는 명칭을 사용하거나 표시할 수 없다. 여기서 '변호사가 아니면서'는 변호사의 자격이 없는 자를 말한다. 그리고 변호사의 결격사유 발생으로 일정기간 변호사 자격이 상실된 자(변호사법 제18조 제 1 항 제 2 호에 의하여 등록이 취소되겠지만, 결격사유에 해당되면 바로 변호사의 신분 또는 자격이 상실된다)와 영구제명된 자 역시 변호사 아닌 자에 해당된다. 외국의 변호사 자격이 있는 자라도 '변호사'라고 표시하거나 기재해서는 아니 된다. 외국의 변호사 자격이 있는 자는 「외국법자문사법」이 정하는 바에 따라 자격승인과 등록을 거쳐 외국법자문사로 표시해야 한다.[3]

---

3 피고인은 미국 시민권을 가지고 미국에서 변호사 자격을 취득하였으나 국내에서 변호사로서 활동할 수 없는 신분임에도 불구하고 그 판시 일시경 국내에서 이○○과 공소외 1에게 '피고인 이민·특허 전문변호사'

2. 변호사나 법률사무소를 표시 또는 기재

(1) 변호사만이 변호사 명칭을 사용할 수 있고 법률사무소를 개설할 수 있다. 통상적으로 법률사무소는 단독개업 변호사의 법률사무소와 법무법인·법무법인(유한)·법무조합으로 구분하기도 한다. 여기서 표시 또는 기재가 금지되는 것은 '변호사' 또는 '법률사무소'이다. 변호사나 법률사무소의 표시 또는 기재는 변호사나 법률사무소로 오인될 수 있어야 한다. 변호사나 법률사무소의 표시가 반드시 법률상 권리의무에 관한 문서에 기재해야 하는 것은 아니다. 명함처럼 자신을 표상할 수 있는 문서에 변호사라고 표시하는 것도 금지된다.

(2) 변호사가 아니면서 표시 또는 기재해서는 아니 되는 법률사무소는 오로지 '법률사무소'라는 고유한 명칭에 국한되는지, 법무법인·법무법인(유한)·법무조합 또는 공증인가 합동법률사무소 역시 포함되는지 문제된다. 변호사법 제44조 제2항은 '법무법인이 아닌 자는 법무법인 또는 이와 유사한 명칭을 사용하지 못한다'고 규정하고 있으며, 본조 제6호는 법무법인·법무법인(유한)·법무조합의 '유사 명칭'을 사용한 자를 처벌하고 있다. 따라서 유사 명칭이 아닌 '법무법인·법무법인(유한)·법무조합'이라는 정식 명칭을 사용하는 행위는 제3호 위반으로 규율해야 한다고 볼 수도 있다. 법무법인·법무법인(유한)·법무조합 역시 법률사무소의 한 종류이기 때문이다. 그러나 법무법인·법무법인(유한)·법무조합은 '변호사 아닌 자' 속에 포함시킬 수 없다. 제6호는 법무법인·법무법인(유한)·법무조합이 아니면서 유사명칭을 사용하는 것을 규율하기 때문에 변호사도 그 대상이 될 수 있다. 그 점에서 제3호의 법률사무소는 단어 그대로 '법률사무소'라는 고유명칭의 사용으로 국한해야 한다. 제6호에서 유사명칭의 사용을 금지한다면 당연히 진정한 명칭의 사용도 자격 없는 자가 사용할 수 없다고 해야 한다. 이를 위반한 자는 제6호 위반이 된다. 이와 달리 제6호는

또는 '변호사 공소외 3 법률사무소 피고인 국제변호사'라고 기재되어 있고 사무실 주소가 미국 로스엔젤레스시와 서울의 두 곳으로 기재된 명함을 건넨 사실과 자신의 직원에게 지시하여 자신이 미국에 있던 1996. 7. 26.경 발송자가 '피고인 미국이민·미국특허 전문변호사'로 되어 있고, 피고인이 현재 서울 서초동과 미국에서 사무실을 개업하고 있는데 미국 특허법과 이민법을 전문으로 변호사 업무를 하고 있으니 미국 특허에 관한 문의가 있으면 서울 전화번호 02-○○○-○○○○ 등으로 연락하라고 하고 피고인의 경력을 1990년 5월부터 현재까지 이민/특허 전문 변호사라고 기재된 문서를 팩시밀리를 통하여 변리사들에게 발송한 사실을 인정하고, 이러한 피고인의 행위는 변호사법 제91조 제3호 위반에 해당한다고 판단하고 있다. 기록에 비추어 살펴보면 원심의 위와 같은 사실인정은 수긍이 가고, 거기에 채증법칙 위반 또는 심리미진의 위법이 없으며, 나아가 피고인이 대한민국의 변호사 자격이 없음에도 불구하고 명함 또는 팩스문서에 자신을 이민·특허 전문변호사 또는 국제변호사라고 표시한 것은 그 기재자체에 의하여 변호사라는 표시가 포함되어 있음은 물론 우리 나라의 변호사법에 의한 변호사가 아니라는 취지가 명백하다고 할 수 없고, 그 밖에 피고인이 자신의 직원을 통하여 발송한 팩스문서에 미국 특허에 관한 문의가 있으면 연락하라고 기재한 것은 그 자체로서 피고인이 이익을 얻을 목적으로 국내에서 법률상담 내지 법률사무를 취급하는 뜻을 표시한 것에 해당한다고 할 것이므로, 원심이 같은 취지에서 피고인의 그 판시 범죄사실이 변호사법 제91조 제3호 위반에 해당한다고 판단한 조치는 정당하고, 거기에 변호사법의 법리를 오해한 위법이 없다(대법원 2000. 4. 21. 99도3403 사기·출입국관리법위반·변호사법위반).

오로지 유사명칭의 사용만 금지하는 것으로 본다면, 제 3 호의 '법률사무소'는 법무법인·법무법인(유한)·법무조합도 포함되는 것으로 보게 된다.

(3) 변호사 아닌 자가 '변호사 ○○○법률사무소'라고 건물이나 간판 등에 표시할 수 있다. 또한 신문, 방송, 컴퓨터통신 등의 매체에 광고할 수도 있다. 예컨대 '노무법률사무소'로 표시할 수 있다.[4] 권리의무에 관한 법률문서에 이를 기재할 수 있다. 법조 관련 전문자격사는 특정범위에서 법률사무를 취급할 수 있어 법률사무소라는 표시를 할 수 있는지 문제된다. 법무사,[5] 변리사,[6] 세무사,[7] 공인회계사,[8] 관세사,[9] 공인중개사,[10] 행정사,[11] 감정평가사[12] 등은 해당 법률에 '사무소를 둘 수 있다' 또는 '사무소를 두어야 한다'라고 규정되어 있다. 반면, 변호사법 제21조 제 1 항은 '변호사는 법률사무소를 개설할 수 있다'라고 되어 있다. 변호사를 비롯한 국가가 인정하는 자격소지자들이 근무하는 장소는 모두 사무소이다. 그러나 '법률사무소'라는 고유한 명칭을 사용할 수 있는 자는 변호사뿐이다. 따라서 변호사 아닌 자격자가 해당 법률이 정한 명칭 외에 '법률사무소'라고 사용할 수는 없다.

(4) 이와 같은 표시나 기재의 목적은 묻지 않는다. 이익을 얻을 목적으로 법률상담 또는 법률사무를 취급한다고 표시하는 것과 차이가 있다. 그러나 이익취득을 위해서 변호사라고 사칭하여 표시하거나 기재할 수 있음은 물론이다. 변호사인 자가 자격등록을 거치지 않고 변호사나 법률사무소를 표시하면서 변호사 직무를 하면 제 4 호에 해당된다. 변호사 아닌 자가 대외적으로 변호사라고 표시한다면, 제 3 자는 그를 변호사로 오인하고 수임약정을 할 수도 있다. 그렇게 되면 그 무자격자의 행위로 변호사제도와 사법작용의 권위와 신뢰는 크게 훼손될 수 있다.

변호사 아닌 자가 거짓으로 변호사 자격등록을 한 후에 변호사나 법률사무소를 표시할

---

4 변호사가 아닌 노무사가 그 사무소의 명칭에 '노무법률사무소'라는 표현을 사용하는 경우 그 의미는 노무에 관한 법률사무를 취급하는 곳이라고 할 것이므로, 이는 변호사법을 위반하는 것이라는 질의회신이 있다(대한변협 2011. 10. 19. 공인노무사의 법률사무소 명칭 사용).

5 「법무사법」 제14조(사무소의 설치 등) ① 법무사가 등록을 한 후 업무를 시작하려면 소속 지방법무사회를 감독하는 지방법원의 관할 구역에 사무소를 설치하여야 한다.

6 「변리사법」 제 6 조의2(사무소 설치) ① 변리사 업무를 수행하기 위한 사무소는 변리사 한 사람당 1개소만 설치할 수 있다.

7 「세무사법」 제13조(사무소의 설치) ① 세무사는 세무대리를 하기 위하여 1개의 사무소만을 설치할 수 있다.

8 「공인회계사법」 제12조(사무소의 개설) ① 공인회계사는 제 2 조의 규정에 의한 직무를 행하기 위하여 사무소를 개설할 수 있다.

9 「관세사법」 제 9 조(사무소의 설치 등) ① 관세사는 그 업무를 하기 위하여 1개의 사무소만을 설치하여야 한다. 다만, 제 2 조 제 5 호부터 제 8 호까지의 업무만을 하려는 경우에는 그러하지 아니하다.

10 「공인중개사법」 제13조(중개사무소의 설치기준) ① 개업공인중개사는 그 등록관청의 관할 구역 안에 중개사무소를 두되, 1개의 중개사무소만을 둘 수 있다.

11 「행정사법」 제14조(사무소의 설치) ① 행정사는 행정사 업무를 하기 위한 사무소를 하나만 설치할 수 있다.

12 「부동산 가격공시 및 감정평가에 관한 법률」 제27조(사무소 개설신고 등) ④ 감정평가사는 감정평가업을 영위하기 위하여 1개의 사무소만을 설치할 수 있다.

수도 있다. 이때는 제 2 호와 제 3 호가 경합된다. 변호사나 법률사무소를 표시 또는 기재하고 법률상담을 해주고 금품을 얻고자 할 수도 있다. 변호사가 아니면서 변호사나 법률사무소를 표시하면서 금품을 받고 소송사건의 문서를 작성해 주면 제109조 제 1 호와 경합된다.

3. 이익을 얻을 목적으로 법률 상담이나 그 밖의 법률사무를 취급하는 뜻을 표시 또는 기재한 자

(1) 변호사 아닌 자가 변호사의 자격을 가진 것처럼 보수를 받고 법률상담이나 법률사무를 취급할 수 없다. 법무사·변리사·세무사·공인회계사·관세사·공인중개사·행정사·감정평가사 등도 일정범위에서 법률상담이나 법률사무를 할 수 있다. 그러나 이들은 해당법률에서 특정하고 있는 직무와 관련된 범위에서만 상담하고 사무를 처리해야 한다.[13] 그 범위와 한계를 벗어나면 본조위반이 될 수 있다. 예컨대 부동산매매를 중개한 공인중개사가 매매 관련 분쟁이 발생한 경우 상담은 해줄 수는 있지만, 돈을 받고 고소장 또는 소장을 작성해 주는 것은 허용되지 않는다. 이익을 얻을 목적으로 하려는 법률상담 또는 법률사무 역시 변호사 고유의 직무에 해당되어야 한다. 변호사가 모든 분야의 법률사무를 독점하고 있는 것은 아니기 때문이다. 변호사가 아니면서 이익을 얻을 목적으로 법률상담 기타 법률사무를 취급하는 뜻의 표시 또는 기재에 이익을 얻을 목적이 나타나야만 되는 것이 아니다. 그 이익과 법률상담 기타 법률사무의 취급 사이에 직접적인 대가관계가 있어야만 되는 것도 아니다(대법원 1988. 11. 22. 87도2248).[14]

(2) 변호사 아닌 자가 이익을 얻고자 법률상담 또는 법률사무의 취급을 표시 또는 기재하는 것은 일반인이 접근하여 알 수 있는 장소는 물론 인터넷과 같은 사이버 공간도 포함된다. 전철과 같은 대중교통시설이나 도로변에 유인물을 비치하거나 특정 아파트 단지에 상담코너를 설치하거나 홈페이지를 개설할 수도 있다. 그러나 실제로 법률상담이나 법률사무의 취급이 이뤄져야 하는 것은 아니다. 변호사 아닌 자가 '변호사○○○법률사무소'라고

13 부동산중개업자가 간판, 유리벽, 명함에 상호 또는 공인중개사 표시와 함께 '법률중개사'나 '부동산법률중개사'라는 표시·기재를 한 행위가 변호사법 제112조 제 3 호 후단에서 금지하는 '법률상담 기타 법률사무를 취급하는 뜻의 표시 또는 기재'에 해당하지 않는다고 본 사례(대법원 2007. 6. 14. 2006도7899 변호사법위반).

14 피고인들이 공모하여 변호사가 아니면서 이익을 얻을 목적으로 "상담식 법률백과"라는 책을 판매하는 수단으로 "법생활무료상담소(상호생략)"라는 간판을 걸어놓고 상담소 소속 홍보요원을 통하여 누구든지 회비로 금 90,000원만 납부하면 평생 무료로 법률상담을 하여 준다고 선전하는 등의 방법으로 회원을 2,000명 가량 모집하여 회비를 징수하고 각종 법률상담을 함은 물론 법원에 제출하는 소장등 소송서류를 100여 건 작성하여준 사실을 인정하고 피고들의 이와 같은 행위가 변호사법 제79조 제 3 호에 해당한다고 판단하였는바 원심이 인용한 제 1 심판결이 채용한 증거들(특히 증인 김○○의 제 1 심공판정에서의 진술 및 검사가 작성한 피고인 1에 대한 제 1 회 피의자신문조서의 기재)을 기록과 대조하여 검토하면, 원심의 위와 같은 사실인정과 판단은 정당한 것으로 수긍이 (된다)(대법원 1988. 11. 22. 87도2248 변호사법위반).

간판을 설치한 후 유료로 법률사무를 취급한다면 제109조 제 1 호와 경합범이 될 수 있다.

V. 대한변호사협회에 등록을 하지 아니하거나 제90조 제 3 호에 따른 정직 결정 또는 제102조 제 2 항에 따른 업무정지명령을 위반하여 변호사의 직무를 수행한 변호사(제 4 호)

1. 대한변호사협회에 등록을 하지 아니하고 변호사의 직무를 수행한 변호사

대한변호사협회에 등록하지 않은 변호사 자격자는 변호사의 직무를 수행할 수 없다. 등록을 해야 개업할 수 있고, 지방변호사회의 회원이 되며, 변호사단체의 지도·감독도 받게 된다. 등록을 하지 않은 이유는 묻지 않는다. 처음부터 등록을 하지 않았거나, 등록거부 처분을 받았을 수도 있다. 폐업을 위해 등록을 취소한 후 변호사의 직무를 하는 경우일 수 있다. 변호사의 결격사유 발생으로 등록이 취소된 상태에서의 직무수행은 비변호사의 행위이므로 여기에 해당되지 않는다. 등록하지 않은 변호사 자격자는 실제로 그가 변호사인지 여부를 알 수 없다. 무등록 변호사의 직무수행은 등록하여 개업한 변호사의 직무규범의 준수를 감독할 수 없다. 탈세문제가 발생할 수 있으며, 변호사 자격이 없는 자와의 구별이 곤란하게 되기에 엄격한 규율이 필요하다.

2. 제90조 제 3 호에 따른 정직 결정 또는 제102조 제 2 항에 따른 업무정지명령을 위반하여 변호사의 직무를 수행한 변호사

(1) 변호사가 정직의 징계결정을 당하면 그 기간 동안 직무수행을 할 수 없다. 아울러 법무부장관으로부터 업무정지명령을 받으면 그 기간의 종료나 해제될 때까지 직무를 할 수 없다. 변호사가 정직이나 업무정지명령을 받으면 법률사무소를 운영할 수 없으며 외부에서 변호사의 직무도 할 수 없다.[15]

(2) 그런데 변호사가 '제명'결정을 당한 상태에서 그 직무를 수행하는 것에 관한 명시적인 처벌규정이 없다. 정직처분을 받은 변호사의 직무수행을 처벌한다면, 그보다 중한 징계를 받은 자의 직무수행도 처벌하는 것은 당연하다. 변호사가 제명결정을 받으면 변호사법 제 5 조 '변호사의 결격사유'에 해당되고 등록이 취소된다(변호사법 18①(2)). 그리고 5년이 지나지 않으면 변호사가 될 수 없으므로 그 5년간은 변호사가 아니다. 제명결정 후 자격등록

15 정직의 징계처분을 받았음에도 불구하고 정직기간 중 총 11회에 걸쳐 ○○방송이 운영하는 라디오 프로그램에 출연하여 법률상담 등을 함으로써 변호사의 직무를 행한 사유로 과태료 300만원에 처한 사례(대한변협 2006. 6. 19. 결정, 징계 제2005-38호).

이 취소되지 않고 변호사명부에 등재되어 있더라도 변호사는 아니다. 판례 역시 변호사명부에 등록된 변호사가 구 변호사법 제 5 조 제 2 호에 해당하므로 법무부장관이 등록을 취소하는 행위는 변호사로서의 신분 또는 자격을 상실하고 있다는 사실을 공적으로 증명하는 행위에 불과하다(대법원 1974. 5. 14. 74누2 변호사명부등록취소처분무효확인)고 한다.[16] 따라서 제명처분을 당한 후에 여전히 본조 제 3 호와 같이 변호사 또는 법률사무소를 표시 또는 기재하고서 변호사의 직무를 수행하면 제 3 호의 위반이 된다. 그리고 변호사의 직무수행으로 금품 등의 이익을 취득한다면 제109조 제 1 호 위반에도 해당될 수 있다.

Ⅵ. 제32조(제57조, 제58조의16 또는 제58조의30에 따라 준용되는 경우를 포함한다)를 위반하여 계쟁 권리를 양수한 자(제 5 호)

(1) 변호사는 계쟁권리를 양수하여서는 아니 된다(변호사법 32). 계쟁권리의 양수금지 규정은 변호사뿐만 아니라 법무법인·법무법인(유한)·법무조합도 준용되고 있다. 그러나 공동법률사무소에는 준용규정이 없다. 계쟁권리는 계쟁 중에 있는 권리이며, 계쟁목적물이었던 부동산 자체를 계쟁권리라 할 수 없다(대법원 1985. 4. 9. 83다카1775). 예컨대 공사대금청구소송 중 의뢰인으로부터 소송목적 계쟁권리인 '공사대금채권'을 양수하는 행위는 허용되지 않는다.

(2) 계쟁권리는 의뢰인이 동의해도 양수할 수 없는 절대적 수임제한사유로 이해된다. 변호사가 사건수임 기회에 수임료 외의 이득을 취하려는 것은 변호사 직무의 공정성도 훼손하게 된다. 또한 당사자와 변호사 사이의 신임관계에 균열을 초래하며 또는 당사자와 이해상반하는 결과를 가져오는 등 변호사의 일반적 품위를 손상시킬 염려가 있다(대법원 1985. 4. 9. 83다카1775).

(3) 계쟁권리 양수는 변호사가 계쟁권리를 양수하여야 하며, 변호사가 자기의 계산으

---

16 구 변호사법(1949. 11. 7 법률63호) 제 5 조 제 2 호에 "금고 이상의 형을 받은 자는 변호사의 자격이 없다"라는 것은 금고 이상의 형을 받고 그 재판의 확정에 의하여 변호사의 자격이 없을 뿐만 아니라 당초에는 그 자격이 있어서 변호사명부에 등록된 자라 하더라도 그 후에 금고 이상의 형을 받으면 그와 동시에 그 자격이 상실되고 변호사법상의 변호사의 직무의 공공성과 사회성에 비추어 위 자격상실과 동시에 변호사직도 실직한다고 봄이 상당하다 할 것이고, 다만 동 변호사법 제 7 조에 의하면 변호사로서 업무를 개시하자면 변호사명부에 등록되어야 한다고 규정되어 있어 등록함으로써 변호사개업을 할 수 있음은 물론이나 그 등록된 변호사가 동법 제 5 조 제 2 호의 결격사유에 해당될 경우에는 앞에서의 설시에 비추어 위 등록의 취소에 의하여 그 직이 상실하는 것도 아니며, 또한 위 경우 동 변호사법 제10조 제 2 호에 의하여 변호사명부의 등록의 취소는 그에 의하여 변호사로서의 신분 또는 자격 그 자체를 상실시키는 행위가 아니고, 변호사로서의 신분 또는 자격을 상실하고 있다는 사실을 공적으로 증명하는 행위라고 해석하여야 할 것이므로 따라서 비록 변호사가 동 변호사법 제 5 조 제 2 호 소정의 결격사유에 해당되면 바로 변호사로서의 신분 또는 자격을 상실하는 것으로서 가사 위와 같은 경우에 변호사명부의 등록이 취소되지 아니하고 남아있다 하더라도 이는 변호사라 할 수 없고, 변호사의 직무를 행할 수 없다 할 것이다(대법원 1974. 5. 14. 74누2 변호사명부등록취소처분무효확인).

로 계쟁권리를 양수해야 한다. 그리고 변호사가 수임한 사건의 대리행위 중에 계쟁권리를 양수해야 한다. 변호사가 계쟁권리의 양수를 제안했지만 거절당한 경우에는 처벌되지 않는다.

Ⅶ. 제44조 제2항(제58조의16이나 제58조의30에 따라 준용되는 경우를 포함한다)을 위반하여 유사 명칭을 사용한 자(제6호)

⑴ 법무법인이 아닌 자는 법무법인 또는 이와 유사한 명칭을 사용하지 못한다(변호사법 44②). 이 규정은 법무법인(유한)·법무조합에서도 준용되고 있다. 본죄의 주체는 법무법인·법무법인(유한)·법무조합이 아닌 자이다. 변호사 아닌 자는 물론 변호사인 자도 해당된다. 변호사법 제44조 제2항은 법무법인 명칭의 사용도 금지하는데, 제6호는 유사 명칭의 사용만을 금하고 있다. 유사명칭의 사용을 금한다면 당연히 고유한 명칭의 사용도 금한다고 볼 수 있다. 따라서 법무법인·법무조합(유한)이 아닌 자(개인 또는 변호사)가 '○○법무법인' 또는 '법무조합(유한)○○'이라고 사용하는 행위 역시 금지된다.

⑵ 유사 명칭이란 정식명칭과 비슷한 것을 말한다.「세무사법」제16조의9 제1항은 유사 명칭을 '비슷한 명칭'이라 풀어쓰고 있다. 유사 명칭을 사용했다고 하기 위해서는 신중한 접근이 필요하다. '법인'이라는 명칭을 사용할 수 있도록 한 법률은 많다. 예컨대「법무사법」제33조 '법무사합동법인',「변리사법」제6조의3 '특허법인',「세무사법」제16조의3 '세무법인' 등이 있다. 변호사법상 법무법인과 같이 '법인'이라는 명칭이 허용되고 있다.

⑶ 따라서 유사한 명칭 사용을 처벌하기 위해서는 유사명칭이 법무법인·법무법인(유한)·법무조합과 혼동될 수 있어야 한다. 일반인의 입장에서 그 명칭이 변호사의 직무를 수행하는 것으로 인식되어야 한다. 그렇지 않으면 유사명칭의 사용을 규제할 위험성이 없기 때문이다. 대개는 유사명칭을 사용하면서 변호사의 직무를 할 것이다. 그러므로 유사명칭과 그 취급하는 업무가 무엇인지를 참작하여 판단해야 할 필요가 있다. 변호사 아닌 자가 '○○변호사법인'이라는 명칭하에 변호사의 직무를 한다면 본조 위반이 될 것이다. 또한「노무사법」과 같이 특정 법률에서 법인의 설립에 관한 명시적 규정이 없는 자격소지자가 '노무사법무법인'이라는 명칭을 사용할 수도 있다. 이때는 비교적 쉽게 유사명칭의 사용으로 인정할 수 있고 본호 위반으로 규율할 수 있다.

Ⅷ. 제77조의2 또는 제89조의8을 위반하여 비밀을 누설한 자

1. 제77조의2에 위반하여 비밀을 누설한 자

지방변호사회의 임직원이거나 임직원이었던 자는 법률에 특별한 규정이 있는 경우가 아니면 제28조의2, 제89조의4 제 1 항 및 제89조의5 제 1 항에 관한 업무처리와 관련하여 알게 된 비밀을 누설하여서는 아니 된다(변호사법 77의2). 여기서 '임직원'은 변호사법 제69조의 임원에 해당하는 '회장, 부회장, 상임이사, 이사, 감사'와 사무직원을 말한다. 사무직원을 제외한 임원은 전부 변호사인데, 임원으로 비밀을 누설한 경우는 형법 제317조 업무상비밀누설죄에는 해당되지 않는다. 임원으로서 알게 된 비밀은 '(변호사) 업무처리 중 지득한 타인의 비밀'이라고 볼 수 없기 때문이다. 그리고 '법률에 특별한 규정이 있는 경우'란 「형사소송법」 또는 「민사소송법」 등에서 중대한 공익상의 이유, 본인의 승낙, 비밀을 지킬 의무가 면제된 경우를 말한다. 이때는 업무처리와 관련된 비밀을 누설하여 증언할 수도 있다.

2. 제89조의8을 위반하여 비밀을 누설한 자

법조윤리협의회의 위원·간사·사무직원 또는 그 직에 있었던 자는 업무처리 중 알게 된 비밀을 누설하여서는 아니 된다(변호사법 89의8). 윤리협의회의 위원 등도 변호사인 경우에는 지방변호사회의 임원과 같은 의무가 부과되고 있다. '법률에 특별한 규정이 있는 경우'가 명시되어 있지 않지만, 소송법규에 의하여 비밀을 누설할 수 있는 예외가 있다.

제113조 벌 칙

제113조(벌칙)

다음 각 호의 어느 하나에 해당하는 자는 1년 이하의 징역 또는 1천만원 이하의 벌금에 처한다.

1. 제21조의2 제1항을 위반하여 법률사무소를 개설하거나 법무법인·법무법인(유한) 또는 법무조합의 구성원이 된 자
2. 제21조의2 제3항(제31조의2 제2항에 따라 준용하는 경우를 포함한다)에 따른 확인서를 거짓으로 작성하거나 거짓으로 작성된 확인서를 제출한 자
3. 제23조 제2항 제1호 및 제2호를 위반하여 광고를 한 자
4. 조세를 포탈하거나 수임제한 등 관계 법령에 따른 제한을 회피하기 위하여 제29조의2(제57조, 제58조의16또는제58조의30에 따라 준용되는 경우를 포함한다)를 위반하여 변호하거나 대리한 자
5. 제31조 제1항 제3호(제57조, 제58조의16 또는 제58조의30에 따라 준용되는 경우를 포함한다)에 따른 사건을 수임한 변호사
6. 제31조의2 제1항을 위반하여 사건을 단독 또는 공동으로 수임한 자
7. 제37조 제1항(제57조, 제58조의16 또는 제58조의30에 따라 준용되는 경우를 포함한다)을 위반한 자

Ⅰ. 연 혁

본조는 대부분 변호사의 직무규범 위반행위에 대한 처벌을 그 내용으로 하고 있다. 재판이나 수사업무에 종사하는 공무원의 사건소개금지에 관한 제6호를 제외하고는 모두 변호사가 행위의 주체이다. 2011. 5. 17. 개정된 변호사법은 변호사시험에 합격한 자에게 6개월간 법률사무 또는 의무연수를 받도록 하는 규정을 신설했다. 이 제도의 실효성을 확보하기 위하여 법률사무에 종사거나 의무연수를 받지 않고 법률사무소를 개설하거나 법무법인 등의 구성원이 된 변호사(제1호) 및 사건을 수임한 자(제5호), 법률사무종사기관의 확인서를 허위작성 또는 제출행위(제2호)를 처벌하고 있다. 이런 행위는 범죄라기보다는 법률상의

의무위반인 질서위반행위로 여겨지고, 변호사법 제117조의 과태료 부과사유를 고려해 볼 때 형벌보다 과태료 부과대상으로 함이 입법론적으로 타당하다.

Ⅱ. 제21조의2 제 1 항을 위반하여 법률사무소를 개설하거나 법무법인·법무법인(유한) 또는 법무조합의 구성원이 된 자(제 1 호)

1. 제21조의2 제 1 항을 위반하여 법률사무소를 개설

변호사시험에 합격한 자는 6개월간 법률사무에 종사하거나 연수를 마치지 않으면 단독으로 법률사무소를 개설할 수 없다. 법률사무소를 최초로 개설하거나 구성원 변호사가 되려면 확인서를 제출해야 한다(변호사법 21의2③). 개업신고가 수리되려면 법률사무종사기관의 확인서를 제출해야 하는데, 이 확인서가 허위로 작성되어 제출되었을 것으로 보인다. 이 경우에는 제 2 호 위반도 경합된다. 법률사무소의 개설은 개업신고를 마치고 법률사무소를 마련하면 된다. 사건을 수임하고 변호사의 직무수행을 할 수 있는 사무직원의 채용과 집기 등의 물적 설비를 구비해야 한다. 법문이 '법률사무소를 개설하거나'라고 하고 있어 단순히 개업신고만 한 경우에는 이에 해당되지 않는다.

2. 법무법인·법무법인(유한) 또는 법무조합의 구성원이 된 자

법률사무에 종사 또는 의무연수를 받지 않은 자는 법무법인, 법무법인(유한) 및 법무조합의 구성원 변호사도 될 수 없다. 3명으로 구성된 법무법인의 구성원이 결원된 경우에는 3개월 이내에 보충해야 하므로 6개월 법률사무종사 또는 연수를 마치지 않은 자를 가입시킬 필요가 크다. 법무법인의 경우 새로운 구성원 변호사가 가입하면 정관변경사유가 되고 법무부장관의 인가를 받아야 한다. 따라서 확인서를 허위작성하여 제출하지 않는 한 구성원 변호사로 가입될 가능성은 크지 않다. 그 변호사를 구성원으로 가입시킨 법무법인·법무법인(유한) 또는 법무조합은 처벌되지 않는다.

Ⅲ. 제21조의2 제 3 항(제31조의2 제 2 항에 따라 준용하는 경우를 포함한다)에 따른 확인서를 거짓으로 작성하거나 거짓으로 작성된 확인서를 제출한 자(제 2 호)

1. 제21조의2 제 3 항에 따른 확인서를 거짓으로 작성

변호사시험에 합격한 자가 단독으로 법률사무소를 최초로 개설하거나 법무법인, 법무법인(유한) 또는 법무조합의 구성원이 되려면 법률사무종사기관에서 제 1 항의 요건에 해당한다는 사실을 증명하는 확인서(제 1 항 제 6 호의 연수는 제외한다)를 받아 지방변호사회를 거쳐 대한변호사협회에 제출하여야 한다(변호사법 21의2③). 여기서 확인서 작성의 주체는 법률사무종사기관이다. '법률사무종사기관에서 제 1 항의 요건에 해당한다는 사실을 증명하는 확인서를 받아'라고 하고 있기 때문이다. '확인서를 거짓으로 작성하거나'는 6개월간 법률사무에 종사한 사실이 없다는 점을 알면서도 법률사무에 종사한 것처럼 그 취지를 기재하여 확인서를 작성하는 것을 말한다. 거짓으로 확인서를 작성한 이유는 묻지 않는다. 형식적으로 법률사무에 종사하도록 한 후에 실제로는 출근한 적이 없거나 6개월을 채우지 못했음에도 확인서를 작성하는 것은 거짓으로 작성한 것에 해당된다.

2. 거짓으로 작성된 확인서를 제출한 자

변호사시험에 합격한 자가 거짓으로 작성된 확인서를 제출해도 처벌된다. 제출시에 거짓으로 작성된 확인서라는 점을 알아야 한다. 본인 스스로 6개월간 법률사무에 종사하지 않았음에도 확인서를 받았다면 거짓으로 작성된 것임을 충분히 알 수 있다. 그가 이런 확인서를 제출했다면 거짓으로 작성된 확인서를 제출한 자에 해당된다. 개업신고를 할 때 거짓으로 작성된 확인서를 제출하게 되는데, 타인으로 통해서 제출했더라도 상관없다.

3. 제31조의2 제 2 항에 따라 준용하는 경우를 포함

최초로 단독 또는 공동으로 수임하는 경우에 관하여는 제21조의2 제 3 항을 준용한다(변호사법 31의2②). 개업신고시에 확인서를 제출받고 있기에 개업 후에 사건수임을 하여 위임장 등의 지방변호사회를 경유를 할 때 다시 확인서를 제출하도록 하고 있지는 않다. 아무튼 이때 허위로 작성된 확인서를 제출하였다면 개업신고시의 제출행위와 경합되게 된다.

Ⅳ. 제23조 제 2 항 제 1 호 및 제 2 호를 위반하여 광고를 한 자(제 3 호)

변호사 등은 ① 변호사의 업무에 관하여 거짓된 내용을 표시하는 광고(제 1 호), ② 국제변호사를 표방하거나 그 밖에 법적 근거가 없는 자격이나 명칭을 표방하는 내용의 광고(제 2 호)에 해당하는 광고를 하여서는 아니 된다(변호사법 23②(1)·(2)). 광고는 어느 정도 과장된 내용이 포함되어 있지만 비난 가능성이 큰 위반행위에 대하여는 규제의 필요성이 있다. 이에 따라 변호사법은 여러 광고방법 중 변호사의 공공성 또는 공정한 수임질서를 해치거나 소비자에게 피해를 줄 우려가 있는 경우는 처벌까지 하고 있다.

1. 변호사의 업무에 관하여 거짓된 내용을 표시하는 광고(제23조 제 2 항 제 1 호)

변호사의 광고는 '변호사의 업무'에 관하여 소비자에게 정보를 제공하고자 함에 있다. 변호사의 업무란 그 변호사의 주요 취급 업무, 업무 실적, 그 밖에 그 업무를 들 수 있다. 변호사법 제 3 조 '변호사의 직무'보다 넓게 보아야 한다. '거짓된 내용을 표시하는 광고'는 광고에 허용되는 사회상규상 인정되는 과장을 벗어나 허위의 사실을 알리는 것을 말한다. 예컨대 주요 취급업무가 '기업의 인수·합병'이라고 광고했지만 실제로는 그런 실적이 전혀 없는 경우가 이에 해당된다. 건축분야 전문변호사 등록을 했다고 광고하였지만 등록한 사실이 없는 경우도 있을 수 있다. 또한 승소율이 100%라고 하였지만 실제로는 그런 사건을 재판해 본 적도 없을 때는 거짓된 내용을 표시하는 광고이다. 변호사가 광고내용이 거짓된 내용이라는 점에 대한 인식이 있어야 한다. 그런 거짓된 내용은 광고에 표시되어 일반인이 알 수 있어야 한다.

거짓된 내용의 광고 중 변호사의 업무에 관한 것이 아닐 수 있다. 학력·경력을 허위로 표시한 경우는 '변호사의 업무'에 관한 사항이 아니다. 수임료는 완전 후불로 하겠다고 광고한 후 착수금을 요구한 경우를 생각해 볼 수 있다. 변호사의 업무가 수임약정에서부터 비롯된다고 보면 이 사항도 거짓된 내용을 표시하는 광고로 볼 수 있다.

2. 국제변호사를 표방하거나 그 밖에 법적 근거가 없는 자격이나 명칭을 표방하는 내용의 광고(제23조 제 2 항 제 2 호)

(1) 국제변호사는 존재하지 않기에 정의할 수 없다. 외국에서 변호사 자격을 취득하였더라도 그는 국제변호사가 아니다. 외국변호사는 자격승인과 등록을 거쳐 외국법자문사로 표기할 수 있는 경우가 있을 뿐이다. 외국법자문사는 직무를 수행하면서 본인을 표시할 때는 대한민국에서 통용되는 원자격국의 명칭에 이어 "법자문사"를 덧붙인 직명을 사용하여야 한다. 이 경우 직명과 함께 괄호 안에 원자격국언어로 된 원자격국의 명칭을 포함한 해당 외국변호사의 명칭을 부기할 수 있고, 이어 국어로 된 대한민국에서 통용되는 원자격국의 명칭에 "변호사"를 덧붙인 명칭을 병기할 수 있다(외국법사문사법 27①). 1949년 제정된 변호사법은 '국가공로 외국변호사'를 인정한 바 있지만, 2008. 3. 28. 개정 변호사법에서 폐지되었다. 그러므로 현재는 변호사법에 외국변호사는 존재하지 않는다.

(2) 그리고 '그 밖에 법적 근거가 없는 자격이나 명칭'은 변호사법이 허용하는 광고사항에 해당되지 않는다. '국제변호사'와 같이 변호사로 오인될 수 있는 외관을 가진 자격이나 명칭에 국한되는 것은 아닌지 의문이다. 외국법자문사가 국내에서 '외국변호사'라는 명칭만

으로 하는 광고는 허용될 수 없다. 또한 '서울지방변호사협회장'과 같이 법적 근거가 없는 자격이나 명칭을 사용하여 광고해서도 아니 된다. 그런데 동창회장, 사회단체의 장, 향우회장 등 혈연, 지연, 학연과 같은 연고나 사회활동으로 맡은 명칭을 광고한 경우도 있을 수 있다. 이는 법적 근거가 없는 자격이나 명칭에 해당되고, 변호사법이 허용하는 광고사항도 아니지만 처벌할 정도의 비난가능성이 큰 것은 아니다. 이런 광고에 대하여 품위훼손으로 징계하는 것은 별론으로 하고 처벌할 수는 없다고 할 것이다.

V. 조세를 포탈하거나 수임제한 등 관계 법령에 따른 제한을 회피하기 위하여 제29조의2(제57조, 제58조의16 또는 제58조의30에 따라 준용되는 경우를 포함한다)를 위반하여 변호하거나 대리한 자(제4호)

1. 변호인선임서 등의 제출 없이 재판·수사기관에서 변호하거나 대리

2017. 3. 14. 개정된 변호사법은 조세를 포탈하거나 수임제한 등 관계 법령에 따른 제한을 회피하기 위하여 변호인선임서 등의 미제출 변호 금지 규정을 위반한 자를 처벌함으로써 건전한 법조풍토를 조성하고 사건수임 및 변호사활동의 투명성을 강화하려고 제4호를 신설하였다. 변호사법 제29조의2(변호인선임서 등의 미제출 변호 금지)는 재판, 수사 중인 형사사건(내사 중인 사건 포함)에서 변호인선임서 등의 미제출행위를 처벌한다. 선임서 등의 제출 없이 하는 전화변호와 같은 이른바 몰래변호 등을 금지시켜 전관예우를 금지하려는 취지로 신설된 조문이다. 선임서나 위임장의 미제출사유로 법문이 들고있는 '조세를 포탈하거나 수임제한 등 관계법령에 따른 제한을 회피하기 위하여'는 예시에 불과하고, 다른 사유로 선임서 등의 미제출행위도 포함된다. 그리고 선임서 등이 미제출은 재판과 수사중인 사건에 한정되고, 다른 분야(행정심판 등)에서 변호나 대리행위를 할 때는 적용되지 않는다.

2. 변호인선임서 등의 제출 없이 변호하거나 대리행위에 정당한 사유가 있을 때

2017. 3. 14. 개정되기 이전의 변호사법 제117조(과태료) 제2항 제3호는 "정당한 사유 없이 제29조의2(제57조, 제58조의16 또는 제58조의30에 따라 준용되는 경우를 포함한다)를 위반하여 변호하거나 대리한 자"라고 하여 선임서 등의 미제출 변호 또는 대리행위에 '정당한 사유'를 필수적인 요건으로 규정하였다. 현행법에서도 변호인선임서 등의 제출 없이 변호하거나 대리하는 행위에 '정당한 사유'가 있을 때는 처벌되지 않는다고 할 수 있다. 이 쟁점에 대하여는 변호사법 제29조의2에서 설명하였다.

Ⅵ. 제31조 제 1 항 제 3 호(제57조, 제58조의16 또는 제58조의30에 따라 준용되는 경우를 포함한다)에 따른 사건을 수임한 변호사(제 5 호)

(1) 변호사는 공무원·조정위원 또는 중재인으로서 직무상 취급하거나 취급하게 된 사건에 관하여는 그 직무를 수행할 수 없다(변호사법 31①(3)). 이 규정은 법무법인·법무법인(유한)·법무조합에게도 적용된다. 그러나 변호사법 제31조 제 2 항의 공동법률사무소는 준용되지 않는다.

공무원·조정위원 또는 중재인으로서 직무상 취급하거나 취급하게 된 사건의 요건과 적용범위는 앞서 기술한 바 있다. 먼저, 공무원·조정위원 또는 중재인으로서 직무상 취급한 사건이어야 한다. 공무원 등으로 재직 시에 직무상 '취급하거나'와 '취급하게 된' 사건은 수임이 금지된다. 공무원이 수임제한을 받을 수 있는 직무에 관여 정도에 대해서는 명확하지 않다. 「변호사 직무에 관한 모범규칙」(Model Rules of Professional Conduct) Rule 1.12(a)처럼 변호사가 전직 판사나 재판관, 중재인이나 그들의 사무관으로서 '직접적이며 실질적으로'(personally and substantially) 관여한 사안에 한하여 수임제한을 받는다고 해야 한다.

(2) 공무원 등으로 재직 중에 취급한 사건의 수임제한은 영구적이다. 재판연구원으로 재직 중 처리에 직접 관여한 사건은 수임이 제한된다. 사법연수생이 검사시보로서의 직무수행 중 취급한 사건은 변호사 개업 후에 수임제한을 받는다. '병역의무를 이행하기 위하여 군인으로 근무한 자'에 해당하는 단기 군법무관은 자신의 이름으로 수사와 재판을 할 수 있기에 수임제한을 받는다. 공익법무관도 국가송무 업무에 관여하면서 자신의 이름으로 국가를 대리하는 등의 업무를 수행할 수 있어 수임제한을 받을 수 있다. 법원사무관에서 퇴직한 자도 직무상 취급한 사건은 변호사 개업을 한 후에 수임제한을 받게 된다.

Ⅶ. 제31조의2 제 1 항을 위반하여 사건을 단독 또는 공동으로 수임한 자(제 6 호)

(1) 변호사시험에 합격한 변호사는 법률사무종사기관에서 통산하여 6개월 이상 법률사무에 종사하거나 연수를 마치지 아니하면 사건을 단독 또는 공동으로 수임할 수 없다(변호사법 31의2①). 변호사시험에 합격하는 자는 변호사의 자격을 취득한 것이다. 6개월 이상 법률사무에 종사하거나 연수를 마치지 않은 변호사는 변호사의 직무를 수행할 수 없다. 법률사무종사기관에서 하는 법률사무는 변호사의 실무능력향상을 위한 수습과정이다. 따라서 이 기간에는 단독 또는 공동으로 수임할 수 없다.

(2) '단독으로 수임한다'는 것은 그 변호사의 명의로 수임약정을 체결한다는 것이다. 따라서 공직퇴임변호사가 ① 공직퇴임변호사가 다른 변호사, 법무법인 등으로부터 명의를 빌려 사건을 실질적으로 처리하는 등 사실상 수임하는 경우, ② 법무법인 등의 경우 사건수임계약서, 소송서류 및 변호사의견서 등에는 공직퇴임변호사가 담당변호사로 표시되지 않았으나 실질적으로는 사건의 수임이나 수행에 관여하여 수임료를 받는 경우(변호사법 31③)의 사례를 여기서도 준용할 수 있을 것이다. 법무법인·법무법인(유한) 또는 법무조합의 담당변호사로 지정하는 경우는 제 1 호 위반이 된다.

Ⅷ. 제37조 제 1 항(제57조, 제58조의16 또는 제58조의30에 따라 준용되는 경우를 포함한다)을 위반한 자(제 7 호)

(1) 재판이나 수사 업무에 종사하는 공무원은 직무상 관련이 있는 법률사건 또는 법률사무의 수임에 관하여 당사자 또는 그 밖의 관계인을 특정한 변호사나 그 사무직원에게 소개·알선 또는 유인하여서는 아니 된다(변호사법 37①). 이 규정은 법무법인·법무법인(유한)·법무조합에도 준용된다. 법원이나 각종 수사기관에 소속된 공무원이 직무상 관련이 있는 법률사건 또는 법률사무의 수임에 관하여 소개하거나 알선 또는 유인하는 것이다. 여기서 '소개·알선'은 법률사건 또는 법률사무의 당사자 등과 특정한 변호사 또는 그 사무직원 사이에서 서로 상대방을 알게 하는 등의 방법으로 그 법률사건 또는 법률사무에 관한 위임계약의 체결을 주선, 중재하거나 그 편의를 도모하는 행위를 말한다(대법원 2002. 3. 15. 2001도970).

(2) 어떠한 행위가 위 규정의 '소개·알선'에 해당하는지는 대상 법률사건 또는 법률사무에 관한 공무원의 직무 내용과 성격, 공무원이 그 행위에 이르게 된 동기, 경위와 행위의 내용, 공무원과 당사자 또는 변호사와의 관계, 공무원과 당사자 또는 변호사 사이의 사건에 관한 의사연락의 방법과 내용, 실제 사건 수임의 여부와 경위 등 관련 사정을 종합적으로 고려하여 판단하여야 할 것이다(대법원 2013. 1. 31. 2012도2409). 따라서 법원에 재직 중인 공무원이라도 무료로 다른 법원에서 재판중인 사건의 소개나 알선은 할 수 있다. 직무상 관련이 되는 경우는 변호사법 제37조 제 2 항의 ① 재판이나 수사 업무에 종사하는 공무원이 직무상 취급하고 있거나 취급한 경우(제 1 호), ② 제 1 호의 공무원이 취급하고 있거나 취급한 사건에 관하여 그 공무원을 지휘·감독하는 경우(제 2 호)를 말한다. 사건의 '소개·알선'의 개념에 대해서는 변호사법 제34조에서 설명하였다.

제114조 상 습 범

제114조(상습범)
상습적으로 제109조 제 1 호, 제110조 또는 제111조의 죄를 지은 자는 10년 이하의 징역에 처한다.

I. 연　혁

(1) 1993. 1. 25. 개정된 변호사법은 신설한 제48조와 제54조를 상습적으로 범한 자에 대한 처벌규정을 신설했다. 즉, 상습적으로 제48조의 규정에 위반한 자와 제54조의 죄를 범한 자는 5년 이하의 징역에 처한다(제55조).[1]

(2) 2000. 1. 28. 개정된 변호사법은 상습범의 처벌을 종전의 제109조 제 1 호에 '제110조 또는 제111조'를 추가하는 규정을 신설하고 법정형을 상향하여 오늘에 이르고 있다. 즉, 상습으로 제109조 제 1 호·제110조 또는 제111조의 죄를 범한 자는 10년 이하의 징역에 처한다(제114조).

---

1 **변호사법 [시행 1973. 1. 25.] [법률 제2452호, 1973. 1. 25. 일부개정] 제48조** 변호사 아닌 자가 금품·향응 기타 이익을 받거나 받기로 약속하고 또는 제 3 자에게 이를 공여하게 하거나 공여하게 할 것을 약속하고 다음 각호에 규정된 사건에 관하여 감정·대리·중재·화해 또는 청탁을 하거나 이러한 행위를 알선할 수 없다.
1. 소송사건·비송사건·가사조정 또는 심판사건·소원 또는 심사의 청구나 이의신청 기타 행정기관에 대한 불복신청사건
2. 수사기관에서 수사중인 형사피의사건 또는 수사사건
3. 법령에 의하여 설치된 조사기관에서의 조사사건

제54조 공무원이 취급하는 사건 또는 사무에 관하여 청탁 또는 알선을 한다는 명목으로 금품·향응 기타 이익을 받거나 받을 것을 약속하고 또는 제 3 자에게 이를 공여하게 하거나 공여하게 할 것을 약속한 자는 3년 이하의 징역에 처한다.

Ⅱ. 상습적으로 제109조 제 1 호, 제110조 또는 제111조의 죄를 지은 자

1. 변호사법 제109조 제 1 호

상습적으로 제109조 제 1 호, 제110조 또는 제111조의 죄를 지은 자는 10년 이하의 징역에 처한다. 변호사법의 벌칙 중 가장 중한 죄는 징역 7년 이하의 징역형이 규정된 제109조이다. 그중에서 제 1 호는 변호사가 아닌 자가 금품 등 이익을 얻고자 변호사의 직무에 관한 행위를 수행하는 것을 내용으로 한다. 이런 행위는 국가가 변호사제도를 인정하는 근간을 흔드는 해악을 초래한다. 그리고 모든 국민이 변호사 조력을 충분하게 받을 권리의 행사에도 지장을 받게 된다. 또한 변호사가 아닌 자에게 법률행위를 의뢰한 피해자는 금전은 물론 적절한 권리행사를 하지 못함으로 인한 막대한 피해를 입게 된다.

2. 변호사법 제110조

제109조 다음으로 법정형이 중한 징역 5년 이하로 규정된 죄로는 제110조와 제111조가 있다. 제110조는 변호사가 사건수임을 기회로 판사·검사 등 재판·수사기관의 공무원에게 제공하거나 교제한다는 명목으로 금품을 받거나 그 비용을 변호사 선임료·성공사례금에 포함시키는 행위를 처벌한다. 변호사가 상습적으로 이런 행위를 하면 적법한 재판·수사작용이라도 뇌물을 받고 직무를 하는 것으로 오인될 수 있어 국가의 사법기능에 대한 심각한 불신을 야기할 수 있다. 또한 변호사가 돈으로 수임사건을 처리하는 듯한 태도는 변호사의 공공성과 신뢰에 말할 수 없는 타격을 주게 된다. 변호사가 수임사건이 잘 처리되기를 바라는 의뢰인의 간절한 마음을 이용하여 돈을 요구하는 행위는 기망행위로 볼 수도 있고 변호사제도의 남용에 해당되기에 엄벌이 필요하다.

3. 변호사법 제111조

누구든지 상습적으로 공무원이 취급하는 사건 또는 사무에 관하여 청탁 또는 알선을 한다는 명목으로 금품 등을 받는 행위는 가중처벌된다. 공무원의 직무가 부정한 청탁 또는 알선의 대상이 되면 공무원의 직무에 대한 불가매수성도 위협받게 된다. 청탁 등의 명목으로 돈을 받으면 공무원에게 전달할 가능성도 있기 때문이다.

명목으로만 청탁 또는 알선을 한다고 하면서 돈을 받아낸 경우라면 이는 사기죄의 성질도 갖고 있다. 사기죄는 10년 이하의 징역 또는 2천만원 이하의 벌금에 처하며(형법 347 ①), 상습으로 이 죄를 범한 자는 그 죄에 정한 형의 2분의 1까지 가중한다(형법 351). 그런데 상습적으로 제111조를 범한 자는 10년 이하의 징역에 처한다고 하여 사기죄의 상습범보다 상당히 미흡하다.

제115조 법무법인 등의 처벌

제115조(법무법인 등의 처벌)

① 법무법인·법무법인(유한) 또는 법무조합의 구성원이나 구성원 아닌 소속 변호사가 제51조를 위반하면 500만원 이하의 벌금에 처한다.

② 법무법인, 법무법인(유한) 또는 법무조합의 구성원이나 구성원이 아닌 소속 변호사가 그 법무법인, 법무법인(유한) 또는 법무조합의 업무에 관하여 제 1 항의 위반행위를 하면 그 행위자를 벌하는 외에 그 법무법인, 법무법인(유한) 또는 법무조합에게도 같은 항의 벌금형을 과(科)한다. 다만, 법무법인, 법무법인(유한) 또는 법무조합이 그 위반행위를 방지하기 위하여 해당 업무에 관하여 상당한 주의와 감독을 게을리하지 아니한 경우에는 그러하지 아니하다.

Ⅰ. 의 의

변호사법은 법무법인이 행할 수 없는 업무 중 하나로 법인이 인가공증인으로서 공증한 사건에 관하여 변호사 업무를 수행할 수 없다고 한다(제51조). 다만, 대통령령으로 정하는 경우에는 그러하지 아니하다(변호사법 51 단서). 이 규정은 법무법인(유한)·법무조합에도 준용된다.

2012. 1. 17. 개정된 변호사법은 헌법재판소가 양벌규정에서 책임주의 원칙이 관철되도록 하는 결정을 따라서 제 2 항을 신설했다.[1] 종전에는 법무법인 등이 소속 변호사에 대한

1 개인 영업주가 종업원 등의 위반행위와 관련하여 선임·감독상의 주의의무를 다하여 아무런 잘못이 없는 경우까지에도 영업주에게 형벌을 부과할 수밖에 없게 된다. 이처럼 이 사건 심판대상 법률조항들은 종업원 등의 범죄행위에 관하여 비난할 근거가 되는 개인 영업주의 의사결정 및 행위구조, 즉 종업원 등이 저지른 행위의 결과에 대한 영업주 개인의 독자적인 책임에 관하여 전혀 규정하지 않은 채, 단순히 개인 영업주가 고용한 종업원 등이 업무에 관하여 범죄행위를 하였다는 이유만으로 영업주 개인에 대하여 형사처벌을 과하고 있는바, 이 사건 심판대상 법률조항들은 아무런 비난받을 만한 행위를 한 바 없는 자에 대해서까지, 다른 사람의 범죄행위를 이유로 처벌하는 것으로서 형벌에 관한 책임주의에 반하는 것이라 하지 않을 수 없다(헌재 2009. 7. 30. 2008헌가10).

관리·감독상 주의의무를 다하였는지에 관계없이 법무법인 등을 처벌하도록 하고 있어 책임주의 원칙에 위배될 소지가 있으므로, 법무법인 등에 대한 관리·감독상 주의의무를 다한 경우에는 처벌을 면하게 함으로써 양벌규정에도 책임주의 원칙이 관철되도록 했다.

Ⅱ. 법무법인·법무법인(유한)·법무조합의 변호사가 제51조 위반

(1) 법무법인·법무법인(유한) 또는 법무조합의 구성원이나 구성원 아닌 소속 변호사가 제51조를 위반하면 500만원 이하의 벌금에 처한다(제 1 항). 법무법인, 법무법인(유한) 또는 법무조합의 구성원이나 구성원이 아닌 소속 변호사가 제 1 항의 위반행위를 하면 그 행위자는 500만원 이하의 벌금에 처한다. 여기서 '행위자'는 법무법인, 법무법인(유한) 또는 법무조합이 인가공증인으로서 공증한 사건을 수임하여 변호사 업무를 수행한 자이다. 여기서 '공증한 사건'은 「변호사법 시행령」 제13조에 규정되어 있다.[2] 인가공증인은 구성원 변호사 중에서 2명 이상의 공증담당변호사를 지정하여 소속 지방검찰청을 거쳐 법무부장관에게 신고하여야 한다. 공증담당변호사의 지정에 변경이 있을 때에도 또한 같다(공증인법 15의3①). 공증업무는 구성원 변호사만 처리할 수 있지만, 공증담당변호사로 지정되지 않은 변호사라도 공증한 사건을 수임하여 업무를 처리하는 것은 금지된다. 법무법인, 법무법인(유한) 또는 법무조합은 사건수임과 업무수행은 법무법인, 법무법인(유한) 또는 법무조합의 명의로 하지만, 그 위반행위를 실제로 한 자연인은 담당변호사이기에 그를 처벌하고 있다. 담당변호사를 지휘·감독한 변호사는 행위자에 해당되지 않는다. 지휘·감독한 변호사는 법무법인(유한)·법무조합의 수임사건과 관련된 손해배상책임에서 문제되기 때문이다.

(2) 공증인은 공무원의 지위를 갖기에 변호사법 제31조 제 1 항 제 3 호의 공무원으로서 직무상 취급하거나 취급하게 된 사건의 수임제한 규정도 적용될 수 있다.[3] 판례 역시 합동법률사무소의 구성원인 변호사는 법률상 합동하여 공증사무를 처리하는 것이고 따라서 공증에 관한 문서도 합동법률사무소 명의로 작성되는 것이므로 합동법률사무소가 공증한 사

2 **「변호사법 시행령」 제13조(법무법인의 업무범위)** 법 제51조 단서에 따라 법무법인이 수행할 수 있는 변호사의 업무는 다음 각 호의 어느 하나에 해당하는 사건에 대한 소송에 관한 행위를 제외한 것으로 한다.
1. 법률행위나 그 밖의 사권(私權)에 관한 사실에 대한 공정증서를 작성한 사건
2. 어음, 수표 또는 이에 부착된 보충지(補充紙)에 강제집행할 것을 적은 증서를 작성한 사건
3. 법인의 등기 절차에 첨부되는 의사록을 인증한 사건
4. 「상법」 제292조 및 그 준용규정에 따라 정관을 인증한 사건

3 **「공증인법」 제 2 조(공증인의 직무)** 공증인은 당사자나 그 밖의 관계인의 촉탁(囑託)에 따라 다음 각 호의 사무를 처리하는 것을 직무로 한다. 공증인은 위 직무에 관하여 공무원의 지위를 가지는 것으로 본다.
1. 법률행위나 그 밖에 사권(私權)에 관한 사실에 대한 공정증서(公正證書)의 작성
2. 사서증서(私署證書) 또는 전자문서등(공무원이 직무상 작성한 것은 제외한다)에 대한 인증
3. 이 법과 그 밖의 법령에서 공증인이 취급하도록 정한 사무

건에 관하여는 그 공정증서에 서명날인한 변호사는 물론 그에 서명날인하지 아니한 변호사라 할지라도 소속 합동법률사무소 명의로 공증된 사건에 관하여는 변호사법 제16조가 준용되는 것으로 해석하여야 할 것이며 따라서 합동법률사무소 명의로 공정증서가 작성된 경우에는 그 소속구성원인 변호사는 그 공정증서에 서명날인한 여부에 불구하고 변호사법 제16조 제2호(현행 변호사법 31①(3))의 규정에 의하여 그 직무를 행사할 수 없는 것이라 할 것이다(대법원 1975. 5. 13. 72다1183 청구이의)라고 하여 위 제3호 위반으로 수임제한을 받는다고 한다. 그러나 법무법인 등이 공증한 사건은 위 제3호 위반으로도 볼 수 있지만, 본조와 같이 별도의 처벌규정을 두고 있다.

Ⅲ. 제1항의 위반행위를 하면 그 법무법인, 법무법인(유한) 또는 법무조합에게도 벌금형

1. 법무법인, 법무법인(유한) 또는 법무조합의 책임

법무법인, 법무법인(유한) 또는 법무조합의 구성원이나 구성원이 아닌 소속 변호사가 그 법무법인, 법무법인(유한) 또는 법무조합의 업무에 관하여 제1항의 위반행위를 하면 그 행위자를 벌하는 외에 그 법무법인, 법무법인(유한) 또는 법무조합에게도 같은 항의 벌금형을 과(科)한다. 다만, 법무법인, 법무법인(유한) 또는 법무조합이 그 위반행위를 방지하기 위하여 해당 업무에 관하여 상당한 주의와 감독을 게을리하지 아니한 경우에는 그러하지 아니하다(제2항). 제1항의 사건을 수임하여 구성원이나 소속 변호사로 하여금 변호사의 업무를 수행하도록 한 법무법인, 법무법인(유한) 또는 법무조합에게도 같은 항의 벌금형을 과(科)한다. 수임이 금지된 사건을 수임한 후 구성원이나 소속 변호사로 하여금 그 사건을 처리하도록 한 책임을 묻는 것이다. 이론상으로는 구성원이나 소속 변호사에 대한 주의와 감독을 게을리한 책임이다. 엄밀하게는 법무법인이 스스로 수임이 금지된 사건을 수임한 후 그 처리를 변호사에게 맡긴 것에 대한 책임이고, 주의와 감독소홀에 대한 책임이라 볼 수는 없다. 이처럼 구성원이나 소속 변호사를 벌하는 외에 그 감독자인 법무법인, 법무법인(유한) 또는 법무조합도 벌하는 법률규정을 양벌규정이라고 한다.

2. 법무법인, 법무법인(유한) 또는 법무조합의 면책사유

다만, 법무법인, 법무법인(유한) 또는 법무조합이 그 위반행위를 방지하기 위하여 해당 업무에 관하여 상당한 주의와 감독을 게을리하지 아니한 경우에는 그러하지 아니하다. 양벌규정에서도 감독자가 행위자의 위반행위를 방지하기 위하여 주의와 감독을 하는데 과실이 없으면 처벌되지 않는다. 어느 경우가 주의와 감독을 게을리하지 아니한 경우라 할 수 있는지 문제된다. 많은 사건의 경우 수임약정 당시부터 그 사건이 수임제한에 해당하는지 알기 어렵다. 변호사는 법률전문직이라 수임제한규정에 정통한다고 여겨지고, 이와 같은 법률전문가인 변호사가 법무법인은 최소 3명, 법무법인(유한)·법무조합은 최소 7명의 변호사들로 구성되어 있다. 따라서 수임당시에 그 법인법인에서 공증한 사건이라는 자료가 현출된 상태에서 상담하여 수임하였다면 면책되기 어렵다. 만약 수임 후 소송대리 중에 공증자료가 법원에 제출되는 등으로 뒤늦게 업무를 수행할 수 없는 사정발생을 알게 된 후 곧바로 사임하는 절차를 취했다면 주의와 감독을 다했다고 볼 수 있다. 이때는 그 사건의 담당변호사 역시 처벌되지 않을 것이다. 법무법인, 법무법인(유한) 또는 법무조합이 사전에 변호사법 제51조의 공증담당변호사는 송무사건 등의 수임사건처리에 관여하지 않도록 조치를 취해 왔던 사실이 있다면 면책을 인정하는 데 도움이 될 것이다.

제116조 몰수·추징

제116조(몰수·추징)
제34조(제57조, 제58조의16 또는 제58조의30에 따라 준용되는 경우를 포함한다)를 위반하거나 제109조 제1호, 제110조, 제111조 또는 제114조의 죄를 지은 자 또는 그 사정을 아는 제3자가 받은 금품이나 그 밖의 이익은 몰수한다. 이를 몰수할 수 없을 때에는 그 가액을 추징한다.

Ⅰ. 의 의

1. 몰 수

몰수는 범죄반복의 방지나 범죄에 의한 이득의 금지를 목적으로 범죄행위와 관련된 재산을 박탈하여 이를 국고에 귀속시키는 재산형이다.[1] 몰수는 타형에 부가하여 과하는 것을 원칙으로 한다. 이를 몰수의 부가성이라고 한다.

범인 외의 자의 소유에 속하지 아니하거나 범죄 후 범인 외의 자가 사정을 알면서 취득한 다음 각 호(① 범죄행위에 제공하였거나 제공하려고 한 물건, ② 범죄행위로 인하여 생겼거나 취득한 물건, ③ 제1호 또는 제2호의 대가로 취득한 물건)의 물건은 전부 또는 일부를 몰수할 수 있다(형법 48①). 문서, 도화(圖畵), 전자기록(電磁記錄) 등 특수매체기록 또는 유가증권의 일부가 몰수의 대상이 된 경우에는 그 부분을 폐기한다(형법 48③). 몰수는 임의적 몰수와 필수적 몰수로 구분할 수 있다. 몰수는 임의적 몰수가 원칙이다. 그러므로 몰수 여부는 원칙적으로 법관의 자유재량에 맡겨져 있다.[2] 이와 달리 필요적 몰수는 형법상 뇌물죄의 경우에서 찾을 수 있다. 범인 또는 정을 아는 제3자가 받은 뇌물 또는 뇌물에 공할 금품은 몰수한다. 그를 몰

1 이재상, 형법총론(제7판), 571면.
2 김일수·서보학, 형법총론(제12판), 566면.

수하기 불능한 때에는 그 가액을 추징한다(형법 134). 변호사법은 필요적 몰수의 형식을 취하고 있다.

2. 추 징

제 1 항 각 호의 물건을 몰수할 수 없을 때에는 그 가액(價額)을 추징한다(형법 48②). 추징은 몰수의 대상물의 전부 또는 일부를 몰수할 수 없을 때에는 몰수에 갈음하여 그 가액의 납부를 명령하는 사법처분으로 실질적으로는 부가형의 성질을 띠고 있다. 몰수하기 불능한 때는 소비·분실·혼동·훼손·양도 등으로 판결 당시에 사실상 또는 법률상 몰수할 수 없는 경우를 말한다. 추징의 가액산정의 기준은 '판결선고시'이다.[3]

Ⅱ. 제34조 위반·제109조 제 1 호, 제110조, 제111조 또는 제114조의 죄를 지은 자가 받은 금품등 몰수

1. 제34조(제57조, 제58조의16 또는 제58조의30에 따라 준용되는 경우를 포함한다)를 위반하거나 제109조 제 1 호, 제110조, 제111조 또는 제114조의 죄를 지은 자 또는 그 사정을 아는 제 3 자가 받은 금품이나 그 밖의 이익

(1) 제34조(제57조, 제58조의16 또는 제58조의30에 따라 준용되는 경우를 포함한다)를 위반

제34조(제57조, 제58조의16 또는 제58조의30에 따라 준용되는 경우를 포함한다)를 위반하거나 제109조 제 1 호, 제110조, 제111조 또는 제114조의 죄를 지은 자 또는 그 사정을 아는 제 3 자가 받은 금품이나 그 밖의 이익은 몰수한다. 이를 몰수할 수 없을 때에는 그 가액을 추징한다. 제34조는 변호사가 아닌 자와의 동업 금지 등에 관한 규율을 내용으로 하고 있다. 이를 위반할 때는 처벌된다(변호사법 109(2)).

1) 법률사건이나 법률사무의 수임에 관하여 당사자 또는 그 밖의 관계인을 특정한 변호사나 그 사무직원에게 소개·알선 또는 유인하는 행위의 대가로 금품·향응 또는 그 밖의 이익을 받거나 받기로 약속했다면(제34조 제 1 항), 실제로 교부된 금품은 범죄행위에 제공된 것이므로 몰수할 수 있다. 소개·알선 또는 유인하는 행위의 대가를 제공하겠다고

---

3 몰수의 취지가 범죄에 의한 이득의 박탈을 그 목적으로 하는 것이고 추징도 이러한 몰수의 취지를 관철하기 위한 것이라는 점을 고려하면 몰수하기 불능한 때에 추징하여야 할 가액은 범인이 그 물건을 보유하고 있다가 몰수의 선고를 받았더라면 잃었을 이득상당액을 의미한다고 보아야 할 것이므로 그 가액산정은 재판선고시의 가격을 기준으로 하여야 할 것이다(대법원 1991. 5. 28. 91도352 대마관리법위반, 마약법위반, 특정범죄가중처벌 등에 관한 법률위반, 향정신성의약품관리법위반).

한 경우(회원권의 양도나 수표의 제시)는 범조행위에 제공하려고 한 물건으로 보아 몰수한다.[4] 그 밖의 이익 역시 몰수의 대상이 된다. 수인이 공동하여 변호사법 제90조 제2호(현행 제109조 제2호)에 규정한 죄를 범하고 교부받은 금품을 분배하는 경우에는 각자가 실제로 분배받은 금품만을 개별적으로 몰수하거나 그 가액을 추징하여야 할 것이다(대법원 1999. 4. 9. 98도4374 변호사법위반).

2) 변호사나 그 사무직원은 법률사건이나 법률사무의 수임에 관하여 소개·알선 또는 유인의 대가로 금품·향응 또는 그 밖의 이익을 제공하거나 제공하기로 약속(제34조 제2항)한 후 실제로 소개·알선 또는 유인의 대가로 금품·향응 또는 그 밖의 이익을 제공된 경우에는 그 금품이나 이익을 몰수한다.

3) 변호사나 그 사무직원은 제109조 제1호, 제111조 또는 제112조 제1호에 규정된 자로부터 법률사건이나 법률사무의 수임을 알선받거나, 이러한 자에게 자기의 명의를 이용하게 하여서는 아니 되는데(제34조 제3항), 사건수임의 알선료가 제공되거나 명의대여의 대가로 제공된 금전은 몰수한다.

4) 변호사가 아닌 자는 변호사를 고용하여 법률사무소를 개설·운영하여서는 아니 된다(제34조 제4항). 변호사가 아닌 자가 취득한 금품은 몰수한다. 변호사 아닌 자에게 고용된 변호사는 제4항 위반죄의 공범으로 처벌할 수 없다(대법원 2004. 10. 28. 2004도3994). 따라서 변호사가 변호사 아닌 자로부터 급여 명목으로 받은 돈은 몰수할 수 없다.

5) 변호사가 아닌 자는 변호사가 아니면 할 수 없는 업무를 통하여 보수나 그 밖의 이익을 분배받아서는 아니 된다(제34조 제5항). 이때 변호사 아닌 자가 받은 보수나 이익명목의 금전은 몰수한다.

6) 위 각호는 금품이나 이익의 제공을 제3자에게 공여하도록 하는 행위에 대한 언급은 없다. 그렇지만 그 사정을 아는 제3자에게 금품이나 그 밖의 이익을 공여하도록 했다면, 이는 금품을 받는 하나의 방법에 불과하므로 몰수의 대상이 될 수 있다.

(2) 제109조 제1호, 제110조, 제111조 또는 제114조의 죄를 지은 자 또는 그 사정을 아는 제3자가 받은 금품이나 그 밖의 이익은 몰수

1) 제109조 제1호에서는 변호사가 아니면서 금품·향응 또는 그 밖의 이익을 받거나 받을 것을 약속하고 또는 제3자에게 이를 공여하게 하거나 공여하게 할 것을 약속하고 소

---

4 피해자로 하여금 사기도박에 참여하도록 유인하기 위하여 고액의 수표를 제시해 보인 경우, 형법 제48조 소정의 몰수가 임의적 몰수에 불과하여 법관의 자유재량에 맡겨져 있고, 위 수표가 직접적으로 도박자금으로 사용되지 아니하였다 할지라도, 위 수표가 피해자로 하여금 사기도박에 참여하도록 만들기 위한 수단으로 사용된 이상, 이를 몰수할 수 있고, 그렇다고 하여 피고인에게 극히 가혹한 결과가 된다고 볼 수는 없다고 한 사례(대법원 2002. 9. 24. 2002도3589 상습사기).

송사건 등의 사건에 관하여 감정·대리·중재·화해·청탁·법률상담 또는 법률관계 문서 작성, 그 밖의 법률사무를 취급하거나 이러한 행위를 알선한 자를 처벌하고 있다. 이때 변호사 아닌 자가 금품·향응 또는 그 밖의 이익을 받은 경우에는 그 금품이나 이익을 몰수한다. 변호사 아닌 자가 금품을 은닉의 방법으로 그의 처 또는 제3에게 공여하도록 한 경우에는 피고인(변호사 아닌 자)으로부터 몰수한다. 이는 '그 사정을 아는 제 3 자'가 받은 금품이나 이익에 해당하기 때문이다.

제109조 제 2 호 중 제33조(독직행위의 금지) 위반으로 인한 금전의 수수가 있을 때 변호사법상 몰수·추징 규정의 적용이 없다. 변호사가 수임사건의 상대방으로부터 이익을 받는 경우에는 형법 제48조 제 1 항 제 2 호(범죄행위로 인하여 생하였거나 이로 인하여 취득한 물건)에 의하여 몰수할 수 있다 할 것이다.

2) 제110조에서는 변호사가 판사·검사 등 재판·수사기관의 공무원에게 제공하거나 교제한다는 명목으로 금품을 받거나 그 비용을 변호사 선임료·성공사례금에 포함시킨 후 실제로 수령할 수 있다. 이때 변호사가 뇌물로 제공한다거나 교제비로 수령한 돈과 선임료나 성공보수에 포함시켜 추가로 받은 돈은 몰수한다.

3) 제111조에서는 공무원이 취급하는 사건 또는 사무에 관하여 청탁 또는 알선을 한다는 명목으로 금품·향응, 그 밖의 이익을 받거나 받을 것을 약속한 자 또는 제 3 자에게 이를 공여하게 하거나 공여하게 할 것을 약속할 수 있다. 이때 청탁 또는 알선 명목으로 받은 금품이나 이익은 몰수한다. 위와 같은 사정을 알고 있는 제 3 자에게 공여하도록 한 금품이나 이익 역시 몰수할 수 있다.

2. 이를 몰수할 수 없을 때 그 가액 추징

(1) 이를 몰수할 수 없을 때

위와 같은 사유로 받은 금품이나 이익은 소비되는 등으로 몰수의 대상물로서 현상이 변경될 수 있다. 그렇게 되면 몰수할 수 없다. 그러면 금액으로 환산한 가액을 추징한다. 금전이 소비되거나 혼동되지 않고 그대로 있을 가능성은 낮기 때문에 추징하는 경우가 많다. 예컨대 피고인이 (변호사법 제109조 제 1 호 위반으로) 공소외인으로부터 돈을 받은 후에 ○○사(寺)의 증축공사비로 금 1,070만원을 지급하였다고 하더라도 이는 변호사법 위반으로 취득한 재물을 피고인이 독자적인 판단에 따라 소비한 것에 불과하므로, 공소외인으로부터 받은 금액을 추징한 원심의 조치는 정당하다(대법원 2007. 6. 28. 2007도2737 변호사법위반).

(2) 그 가액을 추징

추징은 범인 또는 그 정을 아는 제 3 자가 받은 금품 기타 이익을 박탈하여 그들로 하여금 불법한 이득을 보유하지 못하게 함에 그 목적이 있다. 그러므로 그 이익이 수인 중에서 개별적으로 귀속한 때는 그 이익의 한도 내에서 개별적으로 추징하여야 하고,[5] 그 이익의 한도를 넘어서 추징할 수는 없다. 비록 변호사법 제90조 제1호의 죄를 범한 범인이라 하더라도 불법한 이득을 보유하지 아니한 자라면 그로부터 해당 금품을 몰수·추징할 수 없고, 피고인이 공무원이 취급하는 사건 또는 사무에 관하여 청탁 또는 알선을 한다는 명목으로 제3자에게 금품을 공여하게 한 경우에는 피고인이 그 제3자로부터 그 금품을 건네받아 보유한 때를 제외하고는 피고인으로부터 그 금품 상당액을 추징할 수 없다(대법원 1999. 3. 9. 98도4313 변호사법위반).[6] 그리고 사후에 그 금품에 상당하는 돈을 지급하고 화해하였다 하더라도 교부받은 돈 자체가 반환된 것이 아니므로 이를 추징하여야 한다(대법원 1990. 10. 30. 90도1770 변호사법위반). 피고인 등 여럿이 함께 향응을 받아 피고인만의 접대비가 불분명한 경우에는 평등하게 분할한 액을 피고인의 이득액으로 보아 이를 징수하여야 한다(대법원 1982. 8. 24. 82도1487 변호사법위반).[7·8]

5 따라서 피고인이 교부받은 금 170만원 중 금 100만원을 공동피고인에게 청탁의 명목으로 교부한 경우에는 피고인이 보유한 금 70만원에 한하여 추징하여야 한다(대법원 1982. 7. 27. 82도1310 변호사법위반).

6 이 사건의 경우 공소사실 자체에 의하더라도 공소외 1이 교부한 금 203,000,000원 중 피고인이 받은 돈은 금 53,000,000원이고, 나머지 금 150,000,000원은 신○○○교회에 헌금 형식으로 교부되었으며, 기록에 의하면 위 금 150,000,000원은 공소외 1이 피고인을 거치지 아니하고, 또한 피고인의 이름이 아니라 공소외 1 자신의 이름으로 직접 신○○○교회에 교부한 것임이 뚜렷하고, 또한 피고인이 신○○○교회에 대하여 그와 같은 헌금을 할 채무를 부담하고 있었다거나, 혹은 사후에 피고인이 신○○○교회로부터 금 150,000,000원을 건네 받아 보유하게 되었다고 볼 근거가 없다. 따라서 원심으로서는 피고인이 공소외 1로부터 받은 금품 상당액인 금 53,000,000원을 추징할 수 있을 뿐이고, 공소외 1가 신○○○교회에 헌금 형식으로 교부한 금 150,000,000원 상당액은 이를 추징할 수 없다 할 것이다(대법원 1999. 3. 9. 98도4313 변호사법위반).

7 피고인은 장의차 면허의 알선에 관하여 피해자로부터 2차례에 걸쳐 3인이 합석한 자리에서 합계 230,000원 상당의 주연향응을 받았는데, 피고인의 접대에 필요한 비용액이 불분명하므로 평등하게 분할한 액을 피고인의 이득액으로 볼 것이므로, 그 3분의 1인 금 76,666원과 피고인이 공소외 인을 통하여 받아 소비한 교제비 명목의 금 400만원 합계 금 4,076,666원을 변호사법 제56조 후단에 의하여 추징하여야 할 것이다(대법원 1982. 8. 24. 82도1487 변호사법위반).

8 피고인이 증뢰자와 함께 향응을 하고 증뢰자가 이에 소요되는 금원을 지출한 경우 이에 관한 피고인의 수뢰액을 인정함에 있어서는 먼저 피고인의 접대에 요한 비용과 수뢰자가 소비한 비용을 가려내어 전자의 수액을 가지고 피고인의 수뢰액으로 하여야 하고 만일 각자에 요한 비용액이 불명일 때에는 이를 평등하게 분할한 액을 가지고 피고인의 수뢰액으로 인정하여 그 가액을 추징하여야 한다(대법원 1977. 3. 8. 76도1982 뇌물수수).

제117조 과 태 료

제117조(과태료)

① 제89조의4 제 1 항·제 2 항 및 제89조의5 제 2 항을 위반하여 수임 자료와 처리 결과에 대한 거짓 자료를 제출한 자에게는 2천만원 이하의 과태료를 부과한다.

② 다음 각 호의 어느 하나에 해당하는 자에게는 1천만원 이하의 과태료를 부과한다.

1. 제21조의2 제 5 항(제21조의2 제 6 항에 따라 위탁하여 사무를 처리하는 경우를 포함한다)에 따른 개선 또는 시정 명령을 받고 이에 따르지 아니한 자

1의2. 제22조 제 2 항 제 1 호, 제28조의2, 제29조, 제35조 또는 제36조(제57조, 제58조의16 또는 제58조의30에 따라 준용되는 경우를 포함한다)를 위반한 자

2. 제28조에 따른 장부를 작성하지 아니하거나 보관하지 아니한 자
3. 삭제 〈2017. 3. 14.〉
4. 제54조 제 2 항, 제58조의14 제 2 항 또는 제58조의28 제 2 항을 위반하여 해산신고를 하지 아니한 자
5. 제58조의9 제 2 항을 위반하여 대차대조표를 제출하지 아니한 자
6. 제58조의21 제 1 항을 위반하여 규약 등을 제출하지 아니한 자
7. 제58조의21 제 2 항에 따른 서면을 비치하지 아니한 자
8. 제89조의4 제 1 항·제 2 항 및 제89조의5 제 2 항을 위반하여 수임 자료와 처리 결과를 제출하지 아니한 자

③ 다음 각 호의 어느 하나에 해당하는 자에게는 500만원 이하의 과태료를 부과한다.

1. 제85조 제 1 항을 위반하여 연수교육을 받지 아니한 자
2. 제89조 제 2 항에 따른 윤리협의회의 요구에 정당한 이유 없이 따르지 아니하거나 같은 항에 따른 현장조사를 정당한 이유 없이 거부·방해 또는 기피한 자

④ 제 1 항부터 제 3 항까지에 따른 과태료는 대통령령으로 정하는 바에 따라 지방검찰청검사장이 부과·징수한다.

⑤ 삭제 〈2017.12. 12.〉

⑥ 삭제 〈2017. 12. 12.〉

⑦ 삭제 〈2017. 12. 12.〉

Ⅰ. 연 혁

(1) 1982. 12. 31. 개정된 변호사법에서 최초로 과태료 부과규정이 신설된 바 있다. 즉, 대한변호사협회에 등록되지 아니한 변호사가 변호사의 직무를 행한 때에는 100만원 이하의 과태료에 처한다(제83조).

(2) 2000. 1. 28. 개정된 변호사법은 과태료 부과사유를 늘리고 징수절차를 구체적으로 신설했다. 즉, 다음 각호(① 제22조 제2항 제1호·제29조·제35조 또는 제36조의 규정에 위반한 자, ② 제28조의 규정에 의한 장부를 작성하지 아니하거나 보관하지 아니한 자)의 1에 해당하는 자는 1천만원 이하의 과태료에 처한다(제117조 제1항). 제1항의 규정에 의한 과태료는 대통령령이 정하는 바에 의하여 지방검찰청 검사장이 부과·징수한다(제117조 제2항). 제2항의 규정에 의한 과태료처분에 불복이 있는 자는 그 처분의 고지를 받은 날부터 30일 이내에 그 처분을 한 지방검찰청 검사장에게 이의를 제기할 수 있다(제117조 제3항). 제3항의 규정에 의한 이의가 제기된 경우에는 그 처분을 한 지방검찰청 검사장은 지체 없이 관할법원에 그 사실을 통보하여야 하고, 그 통보를 받은 관할법원은 비송사건절차법에 의한 과태료의 재판을 한다(제117조 제4항). 제3항의 규정에 의한 기간 내에 이의를 제기하지 아니하고 과태료를 납부하지 아니한 때에는 국세체납처분의 예에 의하여 이를 징수한다(제117조 제4항).

(3) 그 후에도 거듭되는 변호사법의 개정을 통하여 과태료 부과사유가 추가되어 왔다. 과태료는 비교적 경미한 의무규정의 위반에 대한 제재로서 가해지는 금전적 제재이다. 법무부 변호사법 개정안은 변호사법을 위반한 자에 대하여 과태료와 징계가 모두 가능하여 이중규제라는 지적에 따라 변호사에 대한 과태료 규정을 삭제하고 대한변호사협회의 징계로 일원화하려고 하고 있다.

(4) 2017. 12. 12. 개정된 변호사법은 과태료 부과·징수, 재판 및 집행 등의 절차에 관하여는 「질서위반행위규제법」이 우선적으로 적용되므로, 「질서위반행위규제법」에서 정하고 있는 내용과 중복되거나 저촉되는 내용으로 변호사법 제117조 제5항에서 제7항에서 정하고 있는 과태료 처분에 대한 이의절차, 과태료 재판, 과태료 체납처분 관련 규정을 삭제하였다.

Ⅱ. 공직퇴임변호사·특정변호사가 수임 자료·처리 결과에 대한 거짓 자료 제출

(1) 제89조의4 제1항·제2항 및 제89조의5 제2항을 위반하여 수임 자료와 처리 결과

에 대한 거짓 자료를 제출한 자에게는 2천만원 이하의 과태료를 부과한다(제 1 항). 2013. 5. 28. 개정된 변호사법에서 제89조의4 제 1 항·제 2 항에 따라 공직퇴임변호사의 수임 자료 등 제출과 법무법인·법무법인(유한) 또는 법무조합의 담당변호사로 지정된 경우에 관하여 거짓자료를 제출한 자에게 과태료를 부과하는 규정을 신설했다.

(2) 또한 제89조의5 제 2 항에 따라 법조윤리협의회가 제30조, 제31조, 제34조 제 2 항·제 3 항 및 제35조 등 사건수임에 관한 규정의 위반 여부를 판단하기 위하여 수임 경위 등을 확인할 필요가 있다고 인정되면 특정변호사에게 제 1 항의 사건 목록에 기재된 사건에 관한 수임 자료와 처리 결과를 제출하도록 요구할 수 있는데, 이때 거짓 자료를 제출한 자에게는 과태료를 부과한다.

(3) 여기서 '거짓 자료를 제출한 자'는 공직퇴임변호사 또는 특정변호사이다. 거짓 자료의 제출에 고의나 과실이 있어야 하는지 문제된다. 질서위반행위에 대한 과태료 부과에 관한 일반법인 「질서위반행위규제법」 제 7 조는 '고의 또는 과실이 없는 질서위반행위는 과태료를 부과하지 아니한다'고 한다. 따라서 거짓 자료를 제출할 때 고의 또는 과실이 있어야 할 것이다.[1] 사무직원이 고의나 과실로 수임자료와 처리결과를 작성하여 제출하였더라도 그로 인한 의무자의 책임이 면해지는 것은 아니다.

(4) 제89조의4 제 1 항·제 2 항 및 제89조의5 제 2 항을 위반하여 수임 자료와 처리 결과를 제출하지 아니 한 자는 1천만원 이하의 과태료에 처한다(제117조 제 2 항 제 8 호).

Ⅲ. 1천만원 이하의 과태료 부과사유(제 2 항)

1. 제21조의2 제 5 항(제21조의2 제 6 항에 따라 위탁하여 사무를 처리하는 경우를 포함한다)에 따른 개선 또는 시정 명령을 받고 이에 따르지 아니한 자(제 1 호)

(1) 법무부장관은 제21조의2 제 1 항 단서에 따라 지정된 법률사무종사기관에 대하여 필요하다고 인정하면 종사 현황 등에 대한 서면조사 또는 현장조사를 실시할 수 있고, 조사 결과 원활한 법률사무 종사를 위하여 필요하다고 인정하면 개선 또는 시정을 명령할 수 있

---

1 그러나 변호사법에 따른 징계절차에서 과태료 징계결정을 한 경우에는 질서위반행위규제법을 적용하지 않는다(제 2 조 제 1 호 나.목). **「질서위반행위규제법 시행령」 제 2 조(질서위반행위에서 제외되는 행위)** ② 법 제 2 조 제 1 호 나목에서 "대통령령으로 정하는 법률에 따른 징계사유에 해당하여 과태료를 부과하는 행위"란 「공증인법」·「법무사법」·「변리사법」·「변호사법」 등 기관·단체 등이 질서 유지를 목적으로 구성원의 의무 위반에 대하여 제재를 할 수 있도록 규정하는 법률에 따른 징계사유에 해당하여 과태료를 부과하는 행위를 말한다.

다(제21조의2 제 5 항).

(2) 또한 법무부장관은 제 5 항에 따른 서면조사 또는 현장조사를 대한변호사협회에 위탁하여 실시할 수 있고, 대한변호사협회의 장은 그 조사 결과를 법무부장관에게 보고하고 같은 항에 따른 개선 또는 시정을 건의할 수 있다. 이 경우 수탁 사무의 처리에 관한 사항은 대한변호사협회의 회칙으로 정하고 법무부장관의 인가를 받아야 한다(제21조의2 제 6 항).

(3) 위와 같은 법무부장관의 개선 또는 시정 명령을 받고 이에 따르지 아니하여야 한다. 언제까지 개선 또는 시정명령을 따라야 하는지는 그 명령서에 기재된 일시까지라 할 수 있고, 그 일시가 없으면 상당한 일시로 보아야 한다. 법무부장관의 개선 또는 시정 명령은 법률사무종사기관의 임의적 협력을 요청하는 단순한 행정지도가 아니라 변호사법에 근거한 처분에 해당된다.

1의2. 제22조 제 2 항 제 1 호, 제28조의2, 제29조, 제35조 또는 제36조(제57조, 제58조의16 또는 제58조의30에 따라 준용되는 경우를 포함한다)를 위반한 자(제1의2호)

변호사는 제22조 제 2 항 1호에 해당하는 자를 사무직원으로 채용할 수 없다.[2] 또한 제28조의2(수임사건의 건수 및 수임액의 보고), 제29조(변호인선임서 등의 지방변호사회 경유), 제35조(사건유치 목적의 출입금지 등), 제36조(재판·수사기관 공무원의 사건 소개 금지)를 위반한 자에게 과태료를 부과한다. 제36조는 법무법인·법무법인(유한)·법무조합에게도 준용된다.

2. 제28조에 따른 장부를 작성하지 아니하거나 보관하지 아니한 자(제 2 호)

변호사는 수임에 관한 장부를 작성하고 보관하여야 한다. 제 1 항의 장부에는 수임받은 순서에 따라 수임일, 수임액, 위임인 등의 인적사항, 수임한 법률사건이나 법률사무의 내용, 그 밖에 대통령령으로 정하는 사항을 기재하여야 한다(제28조).

3. 삭제 <2017. 3. 14.>

---

2 **변호사법 제22조(사무직원)** ② 변호사는 다음 각 호의 어느 하나에 해당하는 자를 제 1 항에 따른 사무직원으로 채용할 수 없다.
1. 이 법 또는 「형법」 제129조부터 제132조까지, 「특정범죄가중처벌 등에 관한 법률」 제 2 조 또는 제 3 조, 그 밖에 대통령령으로 정하는 법률에 따라 유죄 판결을 받은 자로서 다음 각 목의 어느 하나에 해당하는 자
  가. 징역 이상의 형을 선고받고 그 집행이 끝나거나 그 집행을 받지 아니하기로 확정된 후 3년이 지나지 아니한 자
  나. 징역형의 집행유예를 선고받고 그 유예기간이 지난 후 2년이 지나지 아니한 자
  다. 징역형의 선고유예를 받고 그 유예기간 중에 있는 자

4. 제54조 제 2 항, 제58조의14 제 2 항 또는 제58조의28 제 2 항을 위반하여 해산신고를 하지 아니한 자(제 4 호)

법무법인·법무법인(유한)·법무조합이 해산한 경우에는 청산인은 지체 없이 주사무소 소재지의 지방변호사회와 대한변호사협회를 거쳐 법무부장관에게 그 사실을 신고하여야 한다(제54조 제 2 항, 제58조의14 제 2 항, 제58조의28 제 2 항).

5. 제58조의9 제 2 항을 위반하여 대차대조표를 제출하지 아니한 자(제 5 호)

법무법인(유한)은 제 1 항의 회계처리기준에 따른 대차대조표를 작성하여 매 사업연도가 끝난 후 3개월 이내에 법무부장관에게 제출하여야 한다(제58조의9 제 2 항).

6. 제58조의21 제 1 항을 위반하여 규약 등을 제출하지 아니한 자(제 6 호)

법무조합은 설립인가를 받으면 2주일 이내에 주사무소 및 분사무소 소재지의 지방변호사회에 규약과 다음 각 호의 사항을 적은 서면을 제출하여야 한다. 규약이나 기재 사항을 변경한 경우에도 또한 같다(제58조의21 제 1 항). 법무조합의 설립인가를 받은 후에 주사무소 및 분사무소 소재지의 지방변호사회에 규약제출의무를 위반한 경우이다.

7. 제58조의21 제 2 항에 따른 서면을 비치하지 아니한 자(제 7 호)

법무조합의 주사무소 및 분사무소 소재지의 지방변호사회는 대통령령으로 정하는 바에 따라 다음 각 호(① 제 1 항 각 호의 사항이 적힌 서면, ② 제58조의29에 따른 설립인가 및 그 취소와 해산에 관한 서면, ③ 제58조의30에 따라 준용되는 제58조의12에 따른 손해배상 준비금을 적립하였거나 보험 또는 공제기금에 가입하였음을 증명하는 서면)의 서면을 비치하여 일반인이 열람할 수 있도록 하여야 한다(제58조의21 제 2 항). 법무조합의 이해관계인 등이 그 권리행사를 위하여 조합의 내부관계를 확인할 필요가 있어 이 의무를 부과하고 있다.

8. 제89조의4 제 1 항·제 2 항 및 제89조의5 제 2 항을 위반하여 수임 자료와 처리 결과를 제출하지 아니한 자(제 8 호)

공직퇴임변호사와 특정 변호사가 수임자료와 처리를 결과를 제출하지 아니한 경우이다. 법조윤리협의회에 제출해야 할 시기는 「변호사법 시행령」 제20조의11(공직퇴임변호사의 수임자료 등 제출) 및 제20조의12(특정 변호사의 수임자료 등 제출)에 규정되어 있다.

Ⅳ. 500만원 이하의 과태료 부과사유(제 3 항)

1. 제85조 제 1 항을 위반하여 연수교육을 받지 아니한 자(제 1 호)

변호사는 변호사의 전문성과 윤리의식을 높이기 위하여 대한변호사협회가 실시하는 연수교육을 대통령령으로 정하는 시간 이상 받아야 한다(제85조 제 1 항). 여기서의 연수교육은 변호사시험에 합격한 자의 의무연수와 구별된다.

2. 제89조 제 2 항에 따른 윤리협의회의 요구에 정당한 이유 없이 따르지 아니하거나 같은 항에 따른 현장조사를 정당한 이유 없이 거부·방해 또는 기피한 자

윤리협의회는 제 1 항 제 3 호에 따른 징계개시의 신청 또는 수사 의뢰 등 업무수행을 위하여 필요하다고 인정하면 관계인 및 관계 기관·단체 등에 대하여 관련 사실을 조회하거나 자료 제출 또는 윤리협의회에 출석하여 진술하거나 설명할 것을 요구할 수 있으며, 관계인 및 관계 기관·단체 등이 정당한 이유 없이 이를 거부할 때에는 소속 직원으로 하여금 법무법인, 법무법인(유한), 법무조합, 법률사무소, 「외국법자문사법」 제 2 조 제 9 호에 따른 합작법무법인에 출입하여 현장조사를 실시하게 할 수 있다. 이 경우 요구를 받은 자 및 기관·단체 등은 이에 따라야 한다(제89조 제 2 항). 법조윤리협의회의 사실조회나 자료제출 등의 실효성을 위하여 과태료 부과규정을 두었다.

Ⅴ. 제 1 항부터 제 3 항까지 과태료는 지방검찰청검사장이 부과·징수

1. 제 1 항부터 제 3 항까지에 따른 과태료

(1) 제 1 항에서 제 3 항까지의 과태료는 대통령령으로 정하는 바에 따라 지방검찰청검사장이 부과하고 징수한다. 여기서 '대통령령으로 정하는 바에 따라' 「변호사법 시행령」 제28조에 과태료의 부과·징수절차를 규정한 바 있지만,[3] 2008. 9. 3. 이 규정은 폐지되었다.

---

3 **「변호사법 시행령」 [대통령령 제18971호, 2005. 7. 27. 일부개정] 제28조(과태료의 부과·징수절차)** ① 지방검찰청 검사장은 법 제117조 제 1 항의 규정에 의하여 과태료를 부과하는 때에는 당해 위반행위를 조사·확인한 후 위반사실·과태료금액·이의방법 및 이의기간 등을 서면으로 명시하여 이를 납부할 것을 과태료 처분대상자에게 통지하여야 한다. ② 지방검찰청 검사장은 제 1 항의 규정에 의하여 과태료를 부과하고자 하는 때에는 10일 이상의 기간을 정하여 과태료처분대상자에게 구술 또는 서면에 의한 의견진술의 기회를 주어야 한다. 이 경우 지정된 기일까지 의견진술이 없는 때에는 의견이 없는 것으로 본다. ③ 지방검찰청 검사장은 과태료의 금액을 정함에 있어서는 당해 위반 행위의 동기와 그 결과 등을 참작하여야 한다. ④ 과태료는 국고금관리법령의 수입금 징수에 관한 절차에 따라 징수한다. 이 경우 납입고지서에는 이의

(2) 이는 2007. 12. 21. 과태료 부과·징수에 관한 일반법인 「질서위반행위규제법」이 제정·시행됨에 따라 기존의 과태료 부과·징수에 관한 법률의 규정이 삭제된 것에 따른 것이다. 따라서 과태료를 부과·징수하는 규정을 두었던 각종 법률에서는 과태료를 부과할 수 있다는 근거 규정만 두고 있다.[4]

(3) 법치주의 국가는 질서위반행위라고 할지라도 그 제재요건을 법률로 규정하여 형사벌과 같은 죄형법정주의의 정신을 준수하고 있다.[5] 법률에 따르지 아니하고는 어떤 행위도 질서위반행위로 과태료를 부과하지 아니한다(질서위반행위규제법 6). 고의 또는 과실이 없는질서위반행위는 과태료를 부과하지 아니한다(질서위반행위규제법 7).

(4) 「질서위반행위규제법」 제2조 제1호는 '질서위반행위란 법률(지방자치단체의 조례를 포함한다. 이하 같다)상의 의무를 위반하여 과태료를 부과하는 행위를 말한다'고 정의하면서 가. 대통령령으로 정하는 사법(私法)상·소송법상 의무를 위반하여 과태료를 부과하는 행위, 나. 대통령령으로 정하는 법률에 따른 징계사유에 해당하여 과태료를 부과하는 행위는 제외한다고 했다.

(5) 이에 따라 「질서위반행위규제법 시행령」 제2조는 '질서위반행위에서 제외되는 행위'를 특정했다. 즉, ① 「질서위반행위규제법」(이하 "법"이라 한다) 제2조 제1호 가.목에서 "대통령령으로 정하는 사법(私法)상·소송법상 의무를 위반하여 과태료를 부과하는 행위"란 「민법」, 「상법」 등 사인(私人) 간의 법률관계를 규율하는 법 또는 「민사소송법」, 「가사소송법」, 「민사집행법」, 「형사소송법」, 「민사조정법」 등 분쟁 해결에 관한 절차를 규율하는 법률상의 의무를 위반하여 과태료를 부과하는 행위를 말한다. ② 법 제2조 제1호 나.목에서 "대통령령으로 정하는 법률에 따른 징계사유에 해당하여 과태료를 부과하는 행위"란 「공증인법」·「법무사법」·「변리사법」·「변호사법」 등 기관·단체 등이 질서 유지를 목적으로 구성원의 의무 위반에 대하여 제재를 할 수 있도록 규정하는 법률에 따른 징계사유에 해당하여 과태료를 부과하는 행위를 말한다.

(6) 따라서 변호사법에 따른 징계사유에 해당하여 과태료를 부과하는 행위는 현재와 같이 변호사법에 따르고, 변호사법상의 의무위반에 대한 과태료 부과·징수, 재판 및 집행

방법 및 이의기간 등을 함께 기재하여야 한다.

4 **「지방자치법」 제27조(조례위반에 대한 과태료)** ① 지방자치단체는 조례를 위반한 행위에 대하여 조례로써 1천만원 이하의 과태료를 정할 수 있다.
② 제1항에 따른 과태료는 해당 지방자치단체의 장이나 그 관할 구역 안의 지방자치단체의 장이 부과·징수한다. <개정 2009. 4. 1.>
③ 삭제 <2009. 4. 1.>
④ 삭제 <2009. 4. 1.>
⑤ 삭제 <2009. 4. 1.>

5 정형근, "질서위반행위규제법에 대한 고찰", 외법논집 제33권 제3호(2009. 8), 581면.

등의 절차는 「질서위반행위규제법」에 따른다. 과태료 부과·징수, 재판 및 집행 등의 절차에 관하여는 「질서위반행위규제법」이 우선적으로 적용된다. 과태료의 부과·징수, 재판 및 집행 등의 절차에 관한 다른 법률의 규정 중 이 법의 규정에 저촉되는 것은 이 법으로 정하는 바에 따른다(질서위반행위규제법 5).

2. 지방검찰청검사장이 부과·징수

과태료 부과사유는 위에서 본 바와 같이 다양하다. 변호사에게 부과된 의무를 위반한 경우 그를 단속할 권한을 가진 법무부장관이나 법조윤리협의회 위원장 또는 대한변호사협회장이 검사장에게 부과의뢰를 하게 된다. 지방검찰청검사장이 과태료라는 질서벌을 부과하는 행정청이다.[6] 예컨대 변호사법 제21조의2 제5항(제21조의2 제6항에 따라 위탁하여 사무를 처리하는 경우를 포함한다)에 따른 개선 또는 시정 명령을 받고 이에 따르지 아니한 자에 대하여는 법무부장관이 해당 법률사무종사기관 소재지의 지방검찰청에게 과태료 부과의뢰를 하여야 한다. 공직퇴임변호사나 특정 변호사는 법조윤리협의회 위원장이 해당 변호사의 소재지 관한 지방검찰청검사장에게 과태료 부과의뢰를 하여야 한다. 그리고 나머지 사항에 대해서는 대한변호사협회장이 지방검찰청검사장에게 과태료 부과의뢰를 하여야 할 것으로 보인다.

지방검찰청검사장이 과태료를 부과함에 있어 「질서위반행위규제법」에서 정하는 부과절차를 거쳐야 한다. 사전통지를 하고 의견진술기회를 준 다음에 과태료를 부과해야 한다. 과태료를 자진납부자에 대하여는 감경할 수 있다(질서위반행위규제법 16, 17, 18). 과태료 부과는 위반행위가 종료된 날부터 5년이 경과한 경우에는 해당 질서위반행위에 대하여 과태료를 부과할 수 없다(질서위반행위규제법 19①).

---

6 이와 달리 징계처분으로 과태료 의결이 된 경우에는 검사의 지휘로 집행한다(변호사법 98의5②).

사항색인

판례색인

(헌법재판소 결정)

(하급심)

[저자 약력]

정 형 근(鄭 亨 根)

경희대 법대·동 대학원(법학박사, 행정법)
제34회 사법시험 합격(사법연수원 24기)
변호사
경희대학교 법과대학 교수
변호사시험·사법시험·입법고시 출제위원
서울특별시 등 9급, 7급 공무원시험 출제위원
법조윤리시험 출제위원
중앙행정심판위원회 위원
법무부 변호사제도개선위원회 위원
서울북부지방검찰청 정보공개심의회 위원
법조윤리협의회 자문위원
국민권익위원회 청탁금지법, 공공재정환수법 해석 자문위원
서울지방변호사회 분쟁조정위원회 위원
대한변호사협회 법학전문대학원평가위원회 특별위원
대학입학전형공정관리위원회 위원
경희대학교 법학전문대학원 교무부원장·학생지도부원장
법무대학원 부원장
법학전문대학원장·법무대학원장·법과대학장
경희대학교 법학전문대학원 교수

주요 저서
행정법, 피앤씨미디어(2022, 제10판)
법조윤리강의, 도서출판 정독(2022, 제11판)
법조윤리 문제편, 도서출판 정독(2022, 제11판)
공법기록형 공법소송실무, 도서출판 정독(2022, 제7판)
기출 공법기록형, 도서출판 정독(2022년판)
로스쿨입시특강, 도서출판 정독(2021, 초판)
행정법입문, 피앤씨미디어(2019, 제3판)
이익충돌에 관한 법적 연구, 박영사(공저, 2018, 초판)
도로하자소송, 피앤씨미디어(2016, 초판)
공법선택형강의, 박영사(2013, 초판)
행정법연습, 동방문화사(2012, 초판)

제2판
변호사법주석

초판발행 2016년 1월 20일
제2판발행 2022년 8월 20일

지은이 정형근
펴낸이 김중용

편 집 심성보·김인숙

펴낸곳 도서출판 정독
경기도 고양시 일산서구 하이파크로 113, 102-204
등록 제406-2014-000093호
전 화 031)924-7203 팩 스 02)718-8554
홈페이지 www.jeongdok.co.kr 이메일 admin@jeongdok.co.kr
ISBN 979-11-6858-069-5 93360

※ 무단복사 및 전재를 금합니다. 파본 및 낙장본은 교환하여 드립니다.

정 가 80,000원